山东科技年鉴 2012

SHANDONG SCIENCE & TECHNOLOGY YEARBOOK

山东省科学技术厅 编

科学技术文献出版社
SCIENTIFIC AND TECHNICAL DOCUMENTATION PRESS

图书在版编目（CIP）数据

山东科技年鉴.2012/山东省科学技术厅编.——北京：科学技术文献出版社，2012.11
ISBN 978-7-5023-7618-5

Ⅰ.①山... Ⅱ.①山... Ⅲ.①科学研究事业—山东省—2012—年鉴
Ⅳ.①G322.752-54

中国版本图书馆 CIP 数据核字（2012）第 243762 号

《山东科技年鉴 2012》

出 版 者：科学技术文献出版社
地　　址：北京市复兴路 15 号　邮编 100038
编 务 部：（010）58882938，58882087（传真）
发 行 部：（010）58882868，58882866（传真）
邮 购 部：（010）58882873
网　　址：www.stdp.com.cn
责任编辑：赵　青
发 行 者：科学技术文献出版社发行　全国各地新华书店经销
印 刷 者：济南三元印刷有限责任公司
版　　次：2012 年 11 月第 1 版第 1 次印刷
开　　本：大 16 开
字　　数：920 千字
印　　张：45
印　　数：1 ～ 2000 册
书　　号：ISBN 978-7-5023-7618-5
定　　价：260.00 元

《山东科技年鉴》编纂委员会

编辑说明

一、《山东科技年鉴》是由山东省科学技术厅主办、山东省科学技术情报研究所承办的地方专业年鉴，是一本逐年编纂、连续出版、公开发行的资料性工具书，是山东省大型、权威的科技编年史册。

二、《山东科技年鉴（2012）》是《山东科技年鉴》创刊以来的第九卷，主要收录2011年度山东省各行各业科技工作的新进展和依靠科技进步促进各项工作的情况。记载起止时间为2011年1月1日～2011年12月31日，凡未明确界定的均指2011年，为保证内容的完整性，有些资料适当上溯或下延。

三、《山东科技年鉴》主体内容一般划分为栏目、分目和条目3个层次。本卷分设科技管理、行业科技进步、高新技术产业开发区科技发展、高校科技发展、科研院所科技发展、区域科技发展、科技成果和奖励、科技统计、科技大事记9个栏目，卷首设特载，卷尾设附录。卷中署名为稿件作者或提供单位。

四、本卷采用记述文体和说明文体，以第三人称书写。全卷的标点符号、数字用法、计量单位和各种专业术语等，均执行国家相关规定。

五、本卷的统计资料由山东省科学技术厅提供，正文中的数据由各供稿单位提供。主要数据以统计部门的为准，但因个别供稿单位统计口径不同等原因，有的数据在不同条目中不尽一致，使用时请注意出处。本卷仍对高校科技发展、科研院所科技发展、区域科技发展的相关内容作出汇总表。对获得国家科学技术奖和省科学技术奖一等奖的项目内容在“科技成果和奖励”部分统一作出介绍，以便查阅。

六、本卷在卷首提供目录，卷尾设有索引，页眉上标注栏目、分目名称与页码。

七、《山东科技年鉴》编辑部向多年来一直支持年鉴编纂工作的组稿单位与撰稿人员表示诚挚谢意。同时恳请广大读者一如既往地支持年鉴工作，并对本卷年鉴的不足之处给予批评指正。

《山东科技年鉴》编辑部

2012年10月

2011年2月28日，全省科学技术奖励大会在济南召开。

省委书记、省人大常委会主任姜异康（中）向于金明教授（左）和王恩东研究员（右）颁发2010年度全省科学技术最高奖。

省委副书记、省长姜大明出席全省科学技术奖励大会并作重要讲话。

省委常委、副省长王军民主持全省科学技术奖励大会。

1月25日，2011年全省科技工作会议在济南召开。副省长李兆前出席会议，省政府办公厅副主任刘爱军主持会议，省科技厅厅长翟鲁宁作工作报告。

5月14日，“振兴老区 服务三农 科技列车沂蒙行”活动暨2011年山东省科技活动周在临沂市全面展开，中央纪委驻科技部纪检组长、科技部党组成员郭向远出席开幕式并作重要讲话，省委常委、副省长孙伟，省政协副主席李德强出席开幕式。

5月16日，中国科学院量子技术与应用研究中心暨济南量子技术研究院揭牌仪式在山东信息通信技术研究院举行，中科院院长白春礼，省委副书记、省长姜大明，省委常委、副省长孙伟，济南市委副书记、市长张建国为中国科学院量子技术与应用研究中心和济南量子技术研究院揭牌，揭牌仪式由省科技厅厅长翟鲁宁主持。

8月17～19日，全省科技系统领导干部读书会在枣庄召开，会议分析了当前全省科技工作形势，研究部署了下半年工作任务。省科技厅厅长翟鲁宁出席会议并讲话。

8月22日，科技部与山东省人民政府在济南举行2011年部省工作会商会议，全国政协副主席、科技部部长万钢，副部长张来武、陈小娅，省委书记、省人大常委会主任姜异康，省委副书记、省长姜大明，省委常委、副省长孙伟，省委常委、秘书长王敏，省政协副主席王志民，省科技厅厅长翟鲁宁等领导出席会议。

10月12日，推进烟台高新区蓝色经济创新型特色园区建设研讨会在烟台召开。科技部副部长曹健林，省委常委、副省长孙伟等领导出席会议。

10月27日，国家超级计算济南中心在济南高新区正式揭牌启用，省委书记、省人大常委会主任姜异康，省委副书记、省长姜大明，全国政协常委、科教文卫体委员会主任、科技部原部长徐冠华出席仪式并揭牌，省委常委、济南市委书记焉荣竹出席仪式，省委常委、副省长孙伟讲话，省科技厅厅长翟鲁宁主持仪式。

11月26日，临沂国家高新技术产业开发区建设推进大会在临沂召开，科技部副部长曹健林，省长助理周齐，临沂市委书记张少军共同为临沂国家高新技术产业开发区揭牌，省科技厅厅长翟鲁宁出席大会。

11月30日，我国新一代海洋科学综合考察船——“科学”号在武汉武昌船舶重工有限责任公司顺利下水，标志着我国海洋科学考察能力迈入国际先进行列，中国科学院副院长丁仲礼，山东省委常委、副省长孙伟及湖北省政府、国家发展改革委、教育部等部门和单位有关人员出席仪式。

12月16日，山东首条高端集成电路封装测试生产线投产仪式在济南高新区举行，省委副书记、省长姜大明，省委常委、副省长王军民，国家外国专家局副局长刘延国，省委常委、济南市委书记焉荣竹，济南市委副书记杨鲁豫等有关领导出席投产仪式，省科技厅厅长翟鲁宁参加仪式并致辞。

2011年度山东省获科技部立项

国家高压超高压电缆工程技术研究中心

HAEFLY 730kV超高压交联电缆局放耐压检测装置

国家海洋腐蚀防护工程技术研究中心

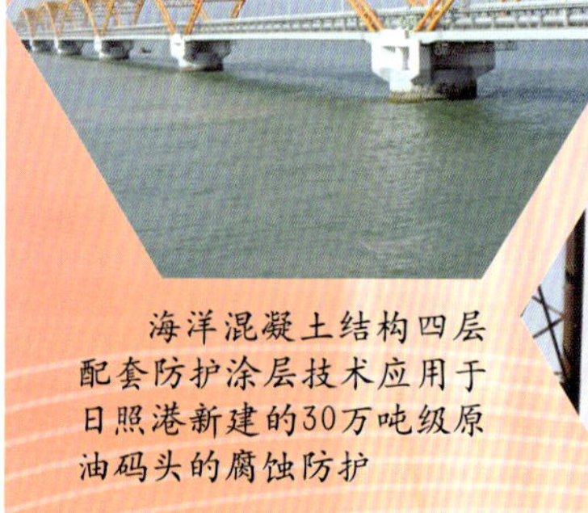

海洋混凝土结构四层配套防护涂层技术应用于日照港新建的30万吨级原油码头的腐蚀防护

海洋混凝土结构四层配套防护涂层技术应用于青岛海湾大桥的腐蚀防护

海洋钢结构浪花飞溅区复层矿脂包覆防腐技术应用于青岛港液体化工码头钢桩的腐蚀防护

海洋钢结构浪花飞溅区复层矿脂包覆防腐技术应用于胜利油田CB273新建计量平台的腐蚀防护

建设的国家工程技术研究中心

国家胶类中药工程技术研究中心

实验室　　生产线

国家信息存储工程技术研究中心

测试环境　　办公区

测试平台

2011年度国家技术发明二等奖

水下无封底混凝土套箱建造技术

青岛海湾大桥通车典礼

成果鉴定会

混凝土套箱下放安装

2011年度国家技术发明二等奖

玉米芯废渣制备纤维素乙醇技术与应用

扩大建设中的玉米芯生物炼制生产纤维素乙醇示范生产线

2011年度国家科技进步二等奖

建筑钢结构新型连接节点及体系的设计理论、关键技术与工程应用

新加坡圣陶沙名胜世界应用

汶川灾后重建应用

北京国贸三期应用

2011年度国家科技进步二等奖

第三代头孢抗菌素中间体活性酯关键技术及产业化

活性酯车间

2011年度国家科技进步二等奖

中国东部成熟探区新增17亿吨探明储量油气成藏新认识与勘探新技术

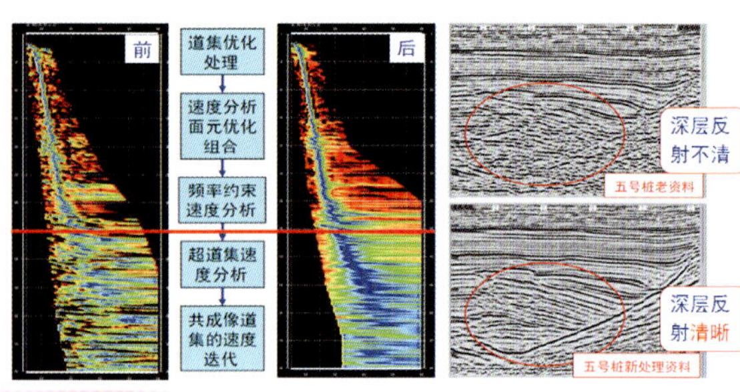

高密度三维地震资料处理前后对比

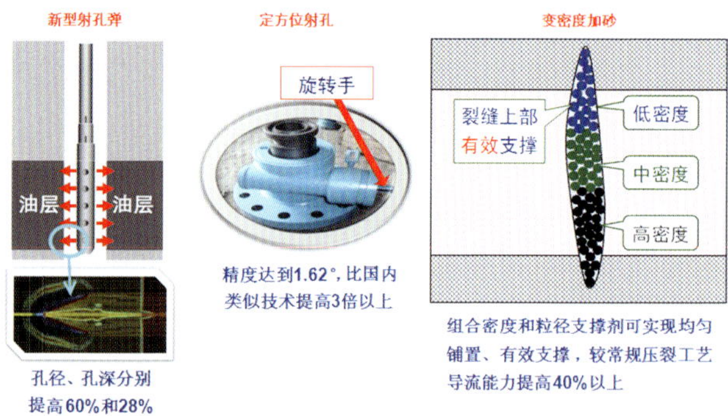

深层超高温射孔压裂工艺

2011年度国家科技进步二等奖

胜利油田边际稠油高效开发技术与应用

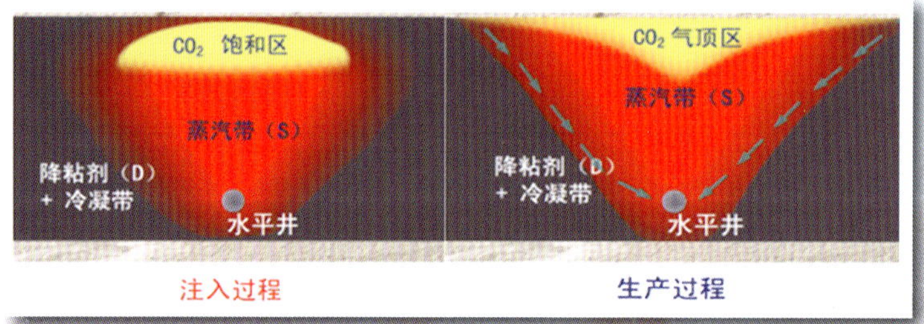

特超稠油HDCS开发技术机理示意图

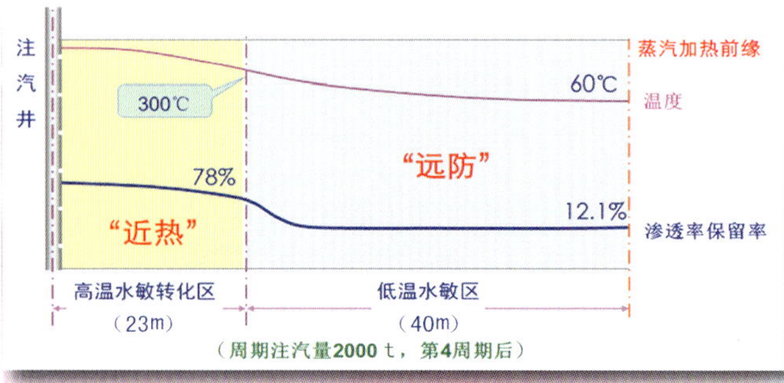

敏感性稠油油藏近热远防示意图

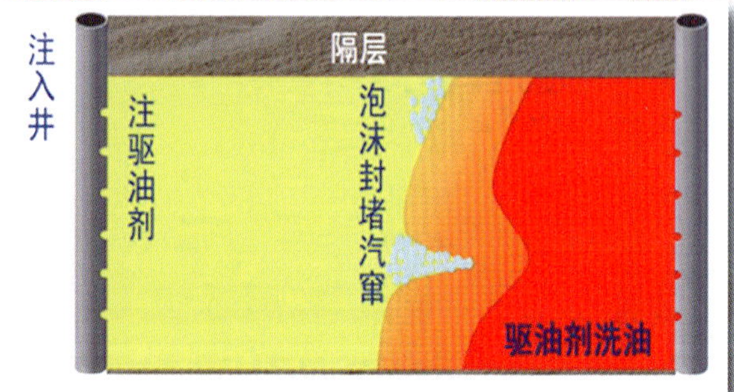

热化学蒸汽驱机理示意图

2011年度国家科技进步二等奖

隧道含水构造等不良地质超前预报定量识别及其灾害防治关键技术

研发的准三维裂隙动水注浆试验台

复合式激发极化仪器

研发的大型地质力学模型试验系统

2011年度国家科技进步二等奖

海洋仪器海上试验与作业基础平台若干关键技术及应用

在成果规范和标准体系指导下完成海试的部分国产海洋仪器装备

2011年度国家科技进步二等奖

禽白血病流行病学及防控技术

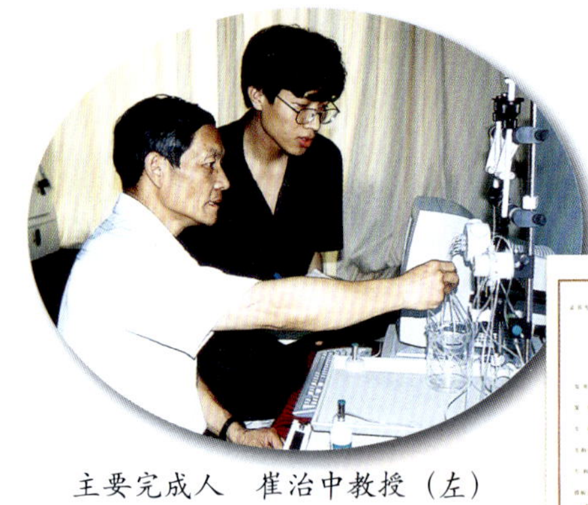

主要完成人　崔治中教授（左）

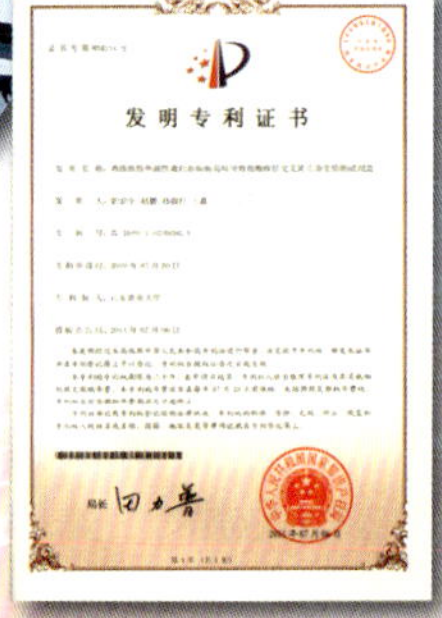

发明专利证书

“鸡致病性外源性禽白血病病毒特异性核酸探针交叉斑点杂交检测试剂盒”发明专利证书

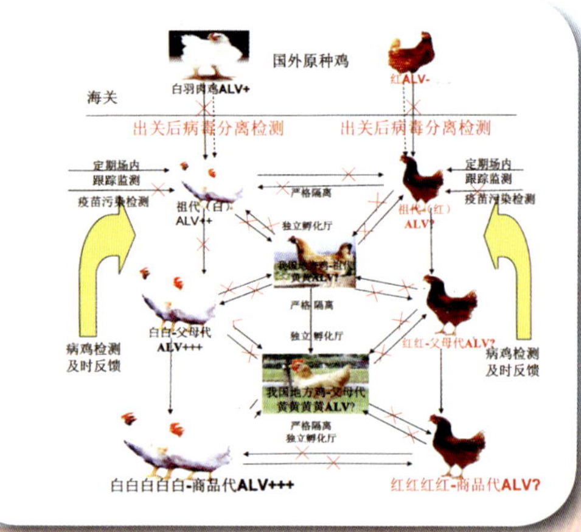

种鸡场防控鸡白血病综合措施

2011年度国家科技进步二等奖

感染性角膜病创新理论及其技术应用

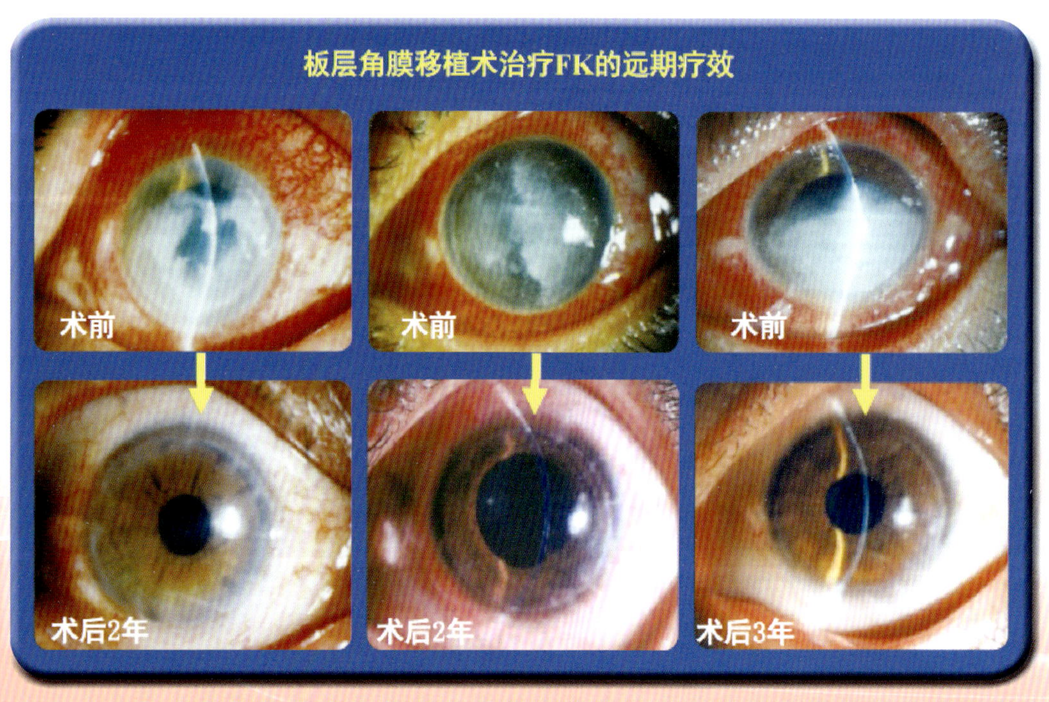

2011年度国家科技进步二等奖

重组人白介素-11的研制及产业化关键技术

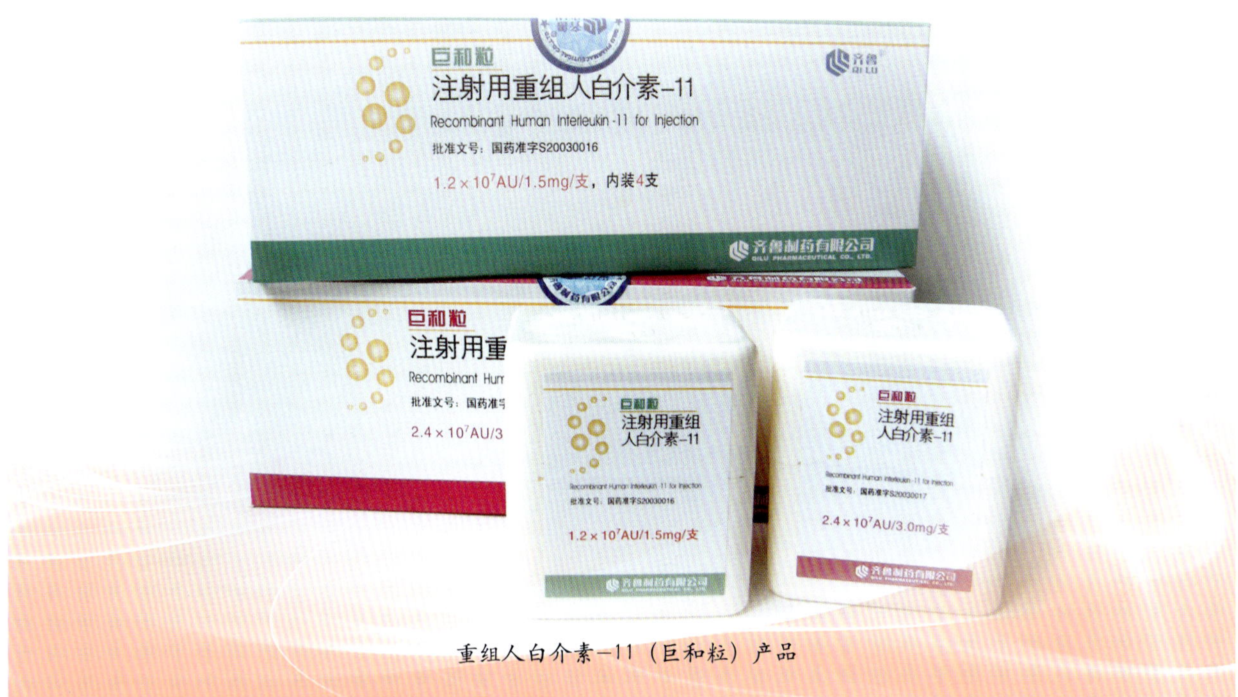

重组人白介素-11（巨和粒）产品

2011年度国家科技进步二等奖

猪主要繁殖障碍病防控技术体系的建立与应用

猪繁殖障碍病血清学抗体荧光定量PCR检测方法

2011年度国家科技进步二等奖

造纸纤维组分的选择性酶解技术及其应用

2011年度国家科技进步二等奖

棉冷轧堆染色关键技术的研究与产业化

“一种纺织品面料的冷轧堆染色方法”发明专利证书

冷轧堆染色生产场景

2011年度国家科技进步二等奖

工业连续化废橡胶废塑料低温裂解资源化利用成套技术及装备

工业连续化废塑料裂解生产线

工业连续化废轮胎裂解生产线

2011年度国家科技进步二等奖

农产品高值化挤压加工与装备关键技术研究及应用

2011年度国家科技进步二等奖

架空线路清障检测机器人（工人农民技术创新）

±660kV直流架空输电线路带电作业

架空输电线路

架空线路清障检测机器人

2011年度国家科技进步二等奖

海尔以开放式研发平台建设为核心的创新体系（企业技术创新工程）

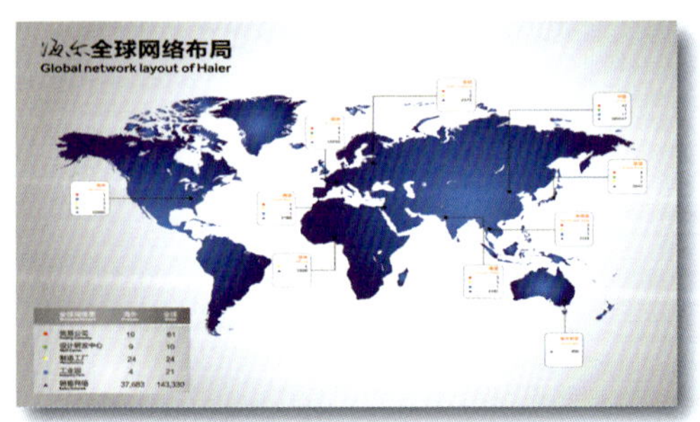

海尔全球网络布局

海尔数字化家电国家重点实验室

海尔全球研发实验室

海尔集团总部中心大楼

目 录

特 载

科技管理

知识产权

科技合作与交流

政策法规与环境建设

软科学与科技咨询

科学技术普及

行业科技进步

农业科技

林业科技

畜牧科技

渔业科技

海洋科技

水利科技

黄河科技

工业科技

煤炭科技

电力科技

化工科技

冶金科技

机械科技

轻工科技

纺织科技

卫生科技

医药科技

油田科技

汽车工业科技

电子科技

交通科技

广播电视科技

邮政科技

建设科技

测绘科技

环保科技

出入境检验检疫科技

海关科技

气象科技

地震科技

人口和计划生育科技

高新技术产业开发区科技发展

济南高新技术产业开发区

青岛高新技术产业开发区

淄博高新技术产业开发区

潍坊高新技术产业开发区

威海火炬高技术产业开发区

烟台高新技术产业开发区

济宁高新技术产业开发区

临沂高新技术产业开发区

东营经济技术开发区

泰安高新技术产业开发区

日照高新技术产业开发区

莱芜高新技术产业开发区

滨州高新技术产业开发区

菏泽高新技术产业开发区

即墨省级高新技术产业开发区

山东禹城高新技术产业开发区

高校科技发展

科研院所科技发展

中国农业科学院烟草研究所（中国烟草总公司青州烟草研究所、山东省烟草研究所）

山东省科学院

山东省医学科学院

山东省农业科学院

山东社会科学院

山东省水利科学研究院

山东省海洋化工科学研究院

山东省化工研究院

山东省林业科学研究院

山东省食品发酵工业研究设计院

山东省计量科学研究院

山东省中医药研究院

山东省产品质量监督检验研究院

山东省特种设备检验研究院

山东省国土测绘院

山东省科学技术情报研究所

山东省科学院生物研究所（生物中心）

山东省农药研究所

区域科技发展

济南市

青岛市

淄博市

枣庄市

东营市

烟台市

潍坊市

济宁市

泰安市

威海市

日照市

莱芜市

临沂市

德州市

聊城市

滨州市

菏泽市

科技成果和奖励

国家技术发明奖

国家科技进步奖

2011年度山东省科学技术奖励情况概述

科技统计

科技大事记

附　录

特　载

TEZAI

重 要 讲 话

省长姜大明在全省科学技术奖励大会上的讲话

（2011年2月28日）

“十一五”时期是山东发展进程中极不平凡的五年，也是全省科技事业发展取得重大突破的五年。五年来，全省按照“自主创新、重点跨越、支撑发展、引领未来”的方针，认真落实中长期科技发展规划纲要，大力实施自主创新战略，加快推进创新型省份建设，取得显著成效。科技自主创新能力明显增强。五年来，共取得重大科技成果11 686项，其中获得国家科技奖励149项；专利申请和授权量分别达到29.3万件、15.1万件；国家级创新型（试点）企业和技术创新战略联盟分别达到31家、73家，90%以上的大中型企业建立了长期的产学研合作关系；国家工程技术研究中心和企业国家重点实验室分别达到26家、10家，均居全国首位。科技支撑引领作用日益突出。去年高新技术产业产值达到3.16万亿元，占规模以上工业产值的35.2%；高新技术企业达到1 285家；重大科技专项和高技术自主创新行动实施成效显著，科技成果向现实生产力转化速度加快，战略性高新技术产业快速发展，在应对国际金融危机、促进经济平稳较快发展中发挥了至关重要的作用。科技服务民生水平大幅提高。省资源节约型社会科技支撑体系建设科技专项深入实施，农村信息化试点示范、农业良种产业化工程实施、海洋科技产业开发、医药科技创新体系建设等取得新突破，广大群众享受到更多科技成果。科技发展环境不断优化。省级以上高新技术开发区达到20个，其中国家级高新区7个，国家创新型园区5个；全社会研发经费投入达到519.6亿元，占全省生产总值的1.53%；两院院士和泰山学者的人数分别达到37名、235名，国家有突出贡献的中青年专家122名；科技创新政策法规体系进一步完善。

胡锦涛总书记在去年两院院士大会上强调，“加快转变经济发展方式，赢得发展先机和主动权，最根本的是要靠科技的力量，最关键的是要大幅提高自主创新能力”。温家宝总理在今年国家科学技术奖励大会上指出，“加快转变经济发展方式，实现科学发展，必须依靠科技支撑和引领”。今后五年是我省全面建设小康社会、实现富民强省新跨越的关键时期，是深化改革开放、加快转变经济发展方式的攻坚时期。我们要抓住这一重大战略机遇期，打好转方式调结构这场硬仗，打牢全面可持续发展基础，就必须认真学习、深刻领会中央领导同志的重要讲话精神，充分认识科技进步和创新的重要性、紧迫性，把科技摆在更加突出的位置，进一步深化改革，突出重点，强化措施，狠抓落实，加快推进创新型省份建设，大力提升科技对经济社会发展的支撑能力。

要进一步完善促进高新技术产业发展的宏观激励措施，加大对自主创新成果转化重大专项和高新技术自主创新行动计划等各类资源整合力度，加强对制约产业发展的技术难点和瓶颈问题技术攻关与开发，培植壮大一批高新技术新兴产业。大力实施高新区建设发展提升工程，加快高新区“二次创业”步伐，不断增强区域创新能力。深入实施技术创新工程，组建一批以企业为主体的产业技术创新战略联盟，引导创新要素向企业集聚。要抓住实施山东半岛蓝色经济区和黄河三角洲高效生态经济区发展规划的重大机遇，重点强化对农业、海洋、环保、公共安全、医药卫生等领域的科技攻关，加快科技成果转化，进一步提高科技惠民水平。要抢占科技制高点，在基础研究和源头创新上下大功夫，着力突破核心关键技术，切实做好新一轮产业转型升级的技术储备。继续加强青岛海洋科学与技术国家实验室、黄河三角洲可持续发展研究院、山东省国家新药研发平台和山东省超级计算中心等重大科技创新平台以及工程技术研究中心、重点实验室、企业重点实验室等建设，提升支撑服务能力。继续搞好与中国科学院、中国工程院和国家各部委的战略合作，提升对外科技合作的层次和水平。要坚持培养与引进相结合，着力造就一支素质优良、规模宏大、结构合理的科技人才队伍。要逐步加大财政科技投入，加快形成以政府投入为引导、企业投入为主体、全社会积极参与的科技投入格局。要在全社会大力弘扬科学精神，鼓励创新，宽容失败，努力营造有利于科技创新的良好环境。

科技支撑发展，创新引领未来。全面实现“十二五”规划的宏伟蓝图，广大科技工作者责任更加重大，使命更加光荣。我们要更加紧密地团结在以胡锦涛同志为总书记的党中央周围，深入贯彻落实科学发展观，抢抓机遇，继往开来，乘势而上，开拓奋进，不断开创科技进步和创新工作新局面，为加快推进经济文化强省建设、实现富民强省新跨越作出新的更大贡献。

副省长李兆前在2011年全省科技工作会议上的讲话

（2011年1月25日）

这次全省科技工作会议是省政府确定召开的一次重要会议，会议的主要任务是：认真学习贯彻党的十七届五中全会和中央、省经济工作会议精神，总结“十一五”期间的科技工作，分析我省科技工作面临的新形势、新任务，对“十二五”时期科技工作进行安排部署。刚才，烟台市政府、济宁高新区和东营市科技局分别做了大会发言，翟鲁宁同志总结了去年全省科技工作情况，对今年的工作任务进行了认真部署和安排，讲的都很好，我都同意。特别是3个典型发言的市和单位，充分发挥自身优势，结合实际，不断创新思维，努力工作，取得了明显成效，积累了许多好的工作思路和做法。烟台市积极为产学研合作牵线搭桥，不断拓展产学研合作空间，大力推进以企业为主体、市场为导向、院校为依托、政府为引导的产学研合作创新，形成了多元主体之间“零距离”的大联合、大协作、大创新的良好局面；东营市科技部门以实施黄河三角洲高效生态经济区战略规划为契机，紧紧围绕生态高效和可持续发展的目标任务，大力加强创新园区和特色产业基地建设，取得明显成效；济宁高新区以转方式调结构为主线，努力推动科技进步、产业升级和转型发展，综合实力、创新能力、辐射带动作用大幅提升。这些做法为我们下一步工作提供了参考，希望各级各有关部门认真学习借鉴。下面我再谈几点意见。

一、“十一五”期间全省科技工作取得了显著成效

过去的五年，全省科技工作坚持以科学发展观为指导，全面落实“自主创新、重点跨越、支撑发展、引领未来”的科技工作方针，紧紧围绕转方式调结构这一中心任务，准确把握国内外经济和科技发展的新趋势，立足现有基础和优势，突出战略性和前瞻性，加快实施自主创新战略，大力加强创新平台和服务能力建设，积极构建产业技术创新联盟，着力突破重大关键技术，扎实推进创新型省份建设，取得了明显成效。

（一）科技战略地位不断提高。“十一五”是新中国发展史上不平凡的五年，期间，我们经历了汶川大地震、全球金融危机、承办青岛奥帆赛和全运会、应对奥帆赛场浒苔自然灾害等一系列重大历史事件，在应对这些急难险重的任务中，科学技术发挥了重要作用，科技工作的战略地位也得到进一步提升。特别是在应对金融危机中，科技工作充分发挥了支撑和引领作用，为有效应对危机，实现经济企稳

回升起到了关键作用。这期间，中央和省主要领导多次强调了科技工作的重要性。胡锦涛总书记在视察我省时强调，“山东要大力提高自主创新能力，加快转变发展方式，推进产业结构战略性调整”。温家宝总理在视察中关村时指出：“应对国际金融危机，知识和科技是根本力量，也是增强产业、产品和企业竞争力的不竭动力，既要重视当前，也要关注长远”。异康书记和大明省长在省委常委会议和其他会议上也多次指出：“科技创新不仅关系山东当前发展，也关系山东在新的发展周期更好发展。要加快创新体系建设，着眼长远和未来，培植新的经济增长点，切实提升我省的自主创新能力和核心竞争力”。全省各级各有关部门和广大企业进一步提高了对科技工作重要性的认识，科技工作得到了社会各界的广泛认可，形成了政府鼓励引导创新、各相关部门支持创新、企业依靠创新的良好局面，科技工作的战略地位显著提升。

（二）科技支撑引领经济社会发展的作用日益突出。一是不断加大工作力度，高新技术产业实现质和量同步发展。高新技术产业产值由“十五”末的7 346亿元增长到约3万亿元，占工业总产值的比重由24.07%增长到35%以上，圆满完成“十一五”确定的目标任务，涌现出一批以离子膜、碳纤维、如意纺等项目突破为支撑的高新技术新兴产业。二是认真组织实施重大科技专项，一大批科技成果得到快速转化。从2007年起设立省自主创新成果转化重大专项，专项资金从1亿元增加到2010年的2.8亿元，围绕省政府重大战略部署和重点产业，每年组织实施50～80个重大专项，带动大量金融社会资本注入，大幅度提升了我省主导产业和优势产业的核心竞争力。三是深入实施和推进高技术自主创新行动，战略性新兴产业发展布局初步形成。省政府颁布实施了《高技术产业自主创新行动计划》，明确省级财政三年内将投入20亿元，带动社会投入600亿元以上，以重大技术突破和产业需求为基础，重点培植高端电子信息、新材料、半导体照明等十大战略性高新技术新兴产业发展，目前已取得明显成效。

（三）民生科技实现重大发展。连续三年实施省资源节约型社会科技支撑体系建设科技专项，突破了一批“五节一循环”关键共性技术，经济和社会效应良好。一是医药科技创新体系取得重大突破。组建了“山东省重大新药创制中心”，成功进入国家综合性新药研发技术大平台建设计划；以国家创新药物孵化基地为载体的医药科技成果转化体系初步形成；“国家中药现代化科技产业（山东）基地省”建设通过国家验收，中药现代化科技示范企业、示范县和示范园区分别达到33家、13家和3家，初步构建了山东省的中医药现代化科技支撑体系。二是良种工程稳步推进。共引进搜集培育作物、畜禽、水产等各类种质3 000多份，其中审定品种300余个，占全省同期审定品种的80%。粮食丰产工程成效显著，夏粮实现连续七年增产，平均单产从“十五”末的389公斤／亩增加到“十一五”末的409公斤／亩，为保证我省粮食安全生产和实现增产百亿斤商品粮能力建设规划目标奠定了坚实的基础。三是海洋科技继续保持全国领先。承担国家科技计划项目近1 500项、经费29亿元；11项重大海洋科技成果获国家级奖励；现代海水养殖、海洋药物、海水淡化、海洋新能源等一批海洋新兴产业不断发展壮大；以海洋科学与技术国家实验室为标志的一批海洋科技创新平台得以建设和发展。

（四）科技创新能力显著增强。着眼于我省经济社会发展的重大科技需求，不断加大技术创新工程和创新平台的建设力度，大力推进科研成果转化，有力促进了创新能力的提高。一是取得一大批科技成果。“十一五”期间，全省共取得近12 000项重要科技成果，其中获国家级奖励项目数量达到149项，获得国家奖励数量保持在全国前列。特别是在2009年，管华诗院士海洋寡糖的制备项目继矮孟牛项目获奖12年后再次获得了国家技术发明一等奖。二是技术创新能力不断增强。积极开展国家技术创新工程试点工作，全省国家级创新型（试点）企业总数达到31家。技术创新战略联盟达到73家，企业占受奖科技项目的比重达到54%。90%以上的大中型企业建立了长期的产学研合作关系，以企业为主体的技术创新能力正逐步增强。三是平台支撑能力大幅提高。以青岛海洋科学与技术国家实验室、山东信息通信技术研究院、山东量子科学技术研究院、国家综合性新药研发技术大平台为代表的九大战略平台已相继建成或正在建设中；国家工程技术研究中心数量已达到26家，比“十五”末增加22家，跃居全国第一位；中国科学院青岛生物能源与过程研究所、烟台海岸带可持续发展研究所正式成立并通过验收；国家重点实验室达到3家；企业国家重点实验室达到10家，居全国首位。

（五）科技发展环境不断优化。一是区域创新环境不断优化。全省高新技术开发区数量达到20家，其中国家级高新区达到7家，国家创新型园区4家。农业科技园区和省级农业高新技术产业示范区建设取得新突破，数量分别达到3家和5家。以黄河三角洲可持续发展实验区建设为标志，我省国家级可持续发展先进示范区和实验区数量各达到3家。我省与青岛市、济南市分别进入国家技术创新工程试点省和国家创新型试点城市行列，区域创新环境得到优化。二是投资环境不断优化。全社会科技投入水平迅速提高，财政科技投入力度不断加大。金融与科技的结合不断加深，科技系统先后与省开发银行、农业发展银行和东方资产管理公司等金融机构建立了战略合作关系。三是人才环境不断优化。积极参与人才引进千人计划和万人计划，仅省信息工程技术研究院近年来引进海外高层次创新创业人才就达11人，引进高层次研发团队28个。高层次科技人才加快向山东聚集。目前我省院士人数达到37名，“泰山学者”235人，国家有突出贡献的中青年专家122人，享受国务院政府特殊津贴专家2 776人。四是政策环境不断优化。“十一五”期间出台或修订了《山东省中长期科学与技术发展规划纲要（2006～2020年）》《山东省人民政府关于发挥科技引领和支撑作用促进经济社会平稳较快发展的实施意见》《山东省高技术产业自主创新行动计划》《关于加快医药科技创新体系建设的意见》等54项法规和规范性文件，使现行政策法规数量达到了88项，初步形成了较为完善的科技创新政策法规体系。

回顾“十一五”以来全省科技工作，有以下几点做法值得肯定。一是坚持把科技创新作为一项长期的战略任务稳步加以推进。工作中注重引导和鼓励各级政府、各有关部门、企业、高校和科研院所、金融机构等，牢固树立长远的、全局的发展观念和战略眼光，加强基础领域的研究，强化源头创新，对科技创新工作坚持长期投入、持续投入，不搞急功近利，不单纯追求短期回报，取得了明显成效，为科技事业发展积蓄了后劲。二是充分发挥政府投入的导向作用。相继出台了一系列鼓励科技创新的财税、金融等方面的政策，以少量的政府投入引导和带动企业、金融机构和社会资本等大量的资金注入科技创新和技术研发；实施了高技术产业自主创新行动计划，确定今后三年内，省政府投入20亿元，带动各级和社会各界投入不低于600亿元用于科技创新工作；同时，积极搭建服务平台，改进服务模式，加大舆论宣传，推动科技创新与金融融资本的有机结合，为各科技企业和科研项目提供了资金保障。三是集中优势财力解决重大科技问题。在安排使用财政资金上，注重充分发挥政府资金的最大使用效益，坚持集中力量办大事，把有限的经费优先安排在重点项目上集中使用，不撒芝麻盐，大幅提高了对单个项目支持力度；重点支持应急领域，医药科技、种子工程等民生科技，以及经济社会发展重点领域和关键共性技术的创新；支持发展前景好、各方面重点关注的技术项目。省自然科学基金增设了杰出青年基金专项，每年拿出1 000万元，重点支持20名优秀青年科技工作者创业成才。在创新平台建设方面，重点支持公共平台的建设，避免了重复建设，提高了资源利用率，大幅度减少了社会总支出。四是坚持把管理体系创新作为一项基础性、前提性工作来抓。工作中一方面高度重视制度建设，通过不断完善政策体系，优化创新环境，来强化对科技工作的引导和指导；另一方面，注重处理好科技系统内部、科技部门与其他部门之间，以及科技部门与各市之间、各企业之间、各高校及科研机构之间的关系，加强广泛联合、集中整合资源、统筹协调，合理分配，逐步形成了由科技部门牵头负责，各级各有关积极配合、密切合作、齐抓共管、合力推进的良好工作局面。五是紧密结合山东经济社会发展实际开展工作。针对我省目前产业结构不合理、发展方式相对粗放、自主创新能力不强、创新人才少、地方财力弱的实际，坚持把转方式调结构作为科技工作的中心任务，大力实施重大专项，积极构建产业创新联盟，不断加大创新平台建设力度，努力推进高新技术产业发展，积极争取国家和吸引社会各方面资金参与我省科技事业发展，科技工作支撑和服务经济社会发展的作用得到了有效发挥。这些做法，在前期工作中起到了很好的效果，对做好下一步工作也是很好的借鉴，希望大家继续保持和发扬。

二、准确把握“十二五”科技工作面临的新形势

党的十七届五中全会提出了“十二五”规划建议，绘制了未来五年国民经济和社会发展的宏伟蓝图，同时为科技事业发展指明了方向。中央和省经济工作会议、省九届十一次全委会也对加快推进科技创新和技术进步，以科技引领和支撑转方式调结构作出了专门部署，提出了新的要求。广大科技工作者一定要认真学习领会，进一步提高思想认识，深入了解时情、世情和国情，把握经济社会发展的阶段性特征，认清科技发展的新形势，切实把思想认识高度统一到中央的决策部署和省委、省政府的要求上来，为全面做好“十二五”各项工作奠定坚实的思想基础。

首先，要充分认清加快推进转方式调结构，科技工作肩负着重大历史责任。“十二五”时期是全面建设小康社会的关键时期，更是深化改革开放、加快转变经济发展方式的攻坚时期。这是十七届五中全会对“十二五”经济发展的阶段性定位，也是对科技工作提出的明确要求。从发达国家走过的发展历程和实践经验表明，经济转型变轨，仅靠传统的“关停并转”等行政强制性手段难以实现，而且，操作不好很可能导致发展速度和就业保障上的硬伤，出现经济滑坡，影响社会稳定。因此，只有依靠自主创新开辟新兴产业、提升传统产业，做到有保有压，在发展中加快转变方式，以加快转变方式促进更好的发展，才是实现经济结构的战略性调整和平稳转型的必由出路。由此可见，科技工作在转方式调结构中肩负着重大历史责任。

*其次，要充分认清解决我省经济社会发展的深层次矛盾，科技工作面临着巨大压力。*改革开放以来，我省经济社会得到快速发展，实现了向经济文化大省的跨越，经济实力显著增强，全省经济已经站在一个新的起点上。但从总体上看，我省还不是一个经济强省。从第八次党代会提出的建设“大而强、富而美”的社会主义新山东、九次党代会提出的“实现富民强省新跨越”，再到2008年省委工作会议提出的建设“经济文化强省”奋斗目标。可以说每一个阶段我们都高度重视经济强省建设，但从现实情况看，我们离经济文化强省建设的目标还有不小差距。分析深层次原因，从根本上来说还是科技发展水平不高、自主创新能力不强、产业结构不合理、经济发展方式粗放。目前，我省的高新技术及其产业规模还相对偏小，企业的自主创新能力还不够强，科技投入渠道单一，部分科技政策还没有完全落实到位，人才环境也不够优化等，这些问题一定程度上影响了经济发展质量。要想解决好这些问题，大幅度提高全省整体科技实力，切实把我省经济引上创新驱动、内生增长的轨道上来，科技工作面临的压力还相当大、任务十分艰巨。

因此，全省广大科技工作者一定要充分认清当前形势，正确面对压力，敢于正视差距，找准工作的突破口，变压力为动力，变挑战为机遇，进一步增强做好科技工作的紧迫感和责任感，抓住“十二五”这一宝贵机遇期，积极作为，超前谋划，认真做好各项工作，为推进经济文化强省建设贡献应有的力量。

三、全面完成好“十二五”规划确定的目标任务

“十二五”是实施中长期科技发展规划纲要承上启下、继往开来的关键时期，也是可以大有作为的重要战略机遇期，既面临难得的历史机遇，也面对诸多可以预见和难以预见的风险挑战。我们要增强忧患意识和机遇意识，主动适应环境变化，有效化解各种矛盾，把握规律性，增强预见性，富于创造性，全面推进“十二五”各项目标任务的顺利实现。做好“十二五”工作的总体要求是：在省委、省政府的坚强领导下，认真贯彻落实科学发展观，以支撑转方式调结构为主线，坚持高点定位，强化多点支撑，实施重点带动，进一步整合集成资源，优化创新环境，实现优势领域的技术跨越和重点领域的技术突破，大幅度提高自主创新能力和科技服务能力，为加快推动创新型省份建设提供了坚实的科技支撑。到“十二五”末高新技术产业产值占规模以上工业总产值比重达到30%，全社会研发经费占地区生产总值的比重达到2.2%。重点做好以下几个方面的工作：

*（一）围绕转方式调结构，加快推进科技创新和技术进步，支撑经济社会发展。*科技工作是转方式、调结构的关键环节和重要支撑，要首当其冲，率先实现突破。各级有关部门要进一步提高对科技工作重要性的认识，牢固树立科学技术是第一生产力的思想，坚持从全局和战略的高度，把推进科技进步和提高自主创新能力摆在更加突出的位置，列入重要议事日程，纳入经济社会发展的总体规划，大力加以推进；要把自主创新的成效作为落实科学发展观和正确政绩观的重要内容，不断加大对科技创新

的投入，进一步优化创新环境，加大科技创新政策扶持力度，切实维护科技人才的合法权益；要抓住“十二五”期间转方式调结构的重大机遇，准确把握国际上研发活动和科技创新模式的新变化、新特点，更广泛地利用全球科技资源，提高我省的自主创新能力；要结合我省经济社会发展和转方式调结构对科技工作提出的新需求，立足我省基础优势和特色重点行业，选择一批对我省经济增长具有较强带动性作用和战略性影响的重大科技专项，实现重大关键技术突破；要跳出自身发展的小循环，把眼光投入到经济社会发展的主战场，走向更广阔的发展舞台，加快科技成果的产业化进程，推进产业结构的优化升级，为我省转方式、调结构提供更加坚实的科技支撑，更好地服务我省的经济社会发展大局。

（二）结合国家重点发展战略实施，加快构建具有区域特色的科技创新体系，辐射和带动全省经济发展。黄河三角角洲高效生态经济区和山东半岛蓝色经济区建设规划先后上升为国家战略，我们要紧紧围绕“两大战略”的实施，结合贯彻落实《国家中长期科技规划纲要》，积极开展针对两个区域的基础性研究，重点在地质、气象、水文等方面加强攻关，早出成果，为两大战略的实施提供科学的依据和相关发展资料；要瞄准“两大战略”重点发展的低碳技术、深海技术、新能源技术、食品安全、环境安全和生态安全等六大方向，着眼资源整合和共享共用，扎实推进各类重点实验室和技术研发中心等建设，引导和支持建设一批技术密集的产业化示范园区和基地，努力培植现代海水生态养殖业、海洋药物和生化制品产业、海水综合利用产业、海洋精细化工产业、新材料产业、新能源产业、现代船舶制造业、仪器装备产业和海洋工程产业等高新技术产业，突出科技在黄三角高效生态和蓝色半岛经济区建设中的先导作用，为“两大战略”实施提供支撑，带动和辐射全省其他区域的发展。

（三）进一步完善技术创新体系，不断优化创新环境。完善的政策体系和创新环境是做好科技工作的基础。我们要在现有科技政策和创新环境基础上，进一步创新机制，完善措施，优化环境，提高服务能力，为科技创新提供保障。一是完善政策措施。要深入研究探索科技管理工作中激励分配、公平竞争、成果保护等工作的特点，研究和制定鼓励和促进科技创新的财政、税收、金融等方面的政策措施，形成完善的制度体系，依靠制度创新激发科技创新的热情和动力。二是大力加强创新平台建设。要在现有基础上加强分类管理，进一步解放思想，整合资源，积极探索平台建设的新模式，制定符合新形势下服务和支撑区域科技发展的建设目标和发展规划，并结合发展实际，科学布局，优化资源配置，着力提升其创新服务效能。三是积极构建产业技术创新联盟。要以我省开展国家技术创新工程试点为契机，围绕发展特色优势产业和高新技术产业，重点发展一批由企业主导，科研机构、高校积极参与的产业技术创新联盟，把企业、高校、研究机构和中介组织紧紧联接在一起，实施科技立项、研发、中试、孵化、批量生产一条龙，加快科技成果向现实生产力转化。四是加强人才队伍建设。要按照国家和省人才发展规划的部署和要求，建立起鼓励自由讨论、自主探索的科研管理制度，进一步优化科技人才创新创业的环境，依托重点创新项目、创新平台和创新园区，加大各类人才引进和培养的力度，加快高层次人才向山东聚集，逐步凝聚和造就一支素质优、规模大、结构合理的科技创新人才、管理人才、专业技术人才、高技能人才和农村实用人才队伍，为加快推进我省科技创新提供智力支持。

（四）充分发挥基地和平台的集聚效应，推动自主创新能力的提高和高新技术产业的发展。近年来，我省创新载体建设取得了很大进步，国家重点实验室、技术研究中心、企业实验室、高新区等方面的建设和发展势头迅猛，引领产业集聚和经济发展的作用不断放大，综合实力显著增强，为我省的科学发展起到了良好的示范效应。但与发达省份相比，我们在发展理念、技术创新、规划设计和人才队伍等深层次问题上还存在较大差距，下一步要排找差距，咬定目标，抓紧工作，进一步加大各类创新载体的建设力度，使之真正成为带动我省自主创新、推动创新创业的主导力量。一是继续搞好重大综合性研发平台建设。继续抓好青岛海洋科学与技术国家实验室、山东信息通信技术研究院、山东量子科学技术研究院、国家综合性新药研发技术大平台为代表的九大战略平台的建设与发展，吸引和争取更多重大科技专项来我省孵化，凝聚更多高层次人才来我省创新创业；二是加快推进开发区“二次创业”。要紧紧围绕做大做强工业经济的主线，着力建设特色、生态、高效园区。坚持高起点规划，高标准建设，进一步强化集聚资源、集约发展和高端发展的理念，修订完善开发区建设总体规划，坚持用最新、最先进的理念指导规划，注重规划的前瞻性、协调性、开放性，注重开发区建设规划与全省总体规划相衔接。积极探索开发新模式，注重提高投入产出水平，在形成发展合力、引进重大项目、产业集聚发展、高新技术创新、优化产业布局、提高承载能力等方面寻求突破；要加快推进科技创新，推动开发区由工业园区向科技工业园区的转变。要按照引进龙头项目、培育优势板块、打造特色产业集群”的思路，通过产业招商和专题园区招商，加快打造高新技术特色产业园。要进一步推进管理创新，降低商务成本，构筑综合优势，形成有竞争力的发展环境，真正把开发区建设成为率先发展、科学发展、和谐发展的示范区，推动全省经济实现又好又快发展。

（五）*充分调动各方面积极性，形成推动工作的整体合力。*我省科技事业实现较快发展的一条重要经验就是部门之间密切协同配合，形成了齐抓共管的工作格局。今后，各级各部门要继续发扬团结协作精神，进一步加大对科技工作的支持力度，加强上下之间、部门之间的协调配合，相互衔接，相互理解，相互支持，形成科技部门组织协调，有关部门各司其职、密切配合，社会力量广泛参与、共同推动的科技工作运行机制。要加强科技系统自身建设，健全完善各级科技管理机构，增强其服务科技创新的能力和水平。要加强政策落实，充分发挥政策的引导激励作用，充分发挥和调动各级各有关部门参与支持科技创新的积极性和主动性。

（六）*切实重视加强基础研究和源头创新，着力探索深层次科学规律和技术。*基础研究和源头创新对于生产力发展具有先导作用，开辟着产业发展的新领域，引导生产力发展的方向。因此，要加快实施面向国家和我省战略需求的重大基础研究项目，在关系国家和我省未来发展和长远竞争力和重点领域，部署一批重大前沿技术研究项目，加强技术科学领域的基础研究，着力突破核心关键技术，努力攻占未来科技竞争的制高点，为新一轮产业转型升级做好技术储备。

省科技厅厅长翟鲁宁在2011年全省科技工作会议上的讲话

（2011年1月25日）

今天召开全省科技工作会议，主要是认真贯彻全省经济工作会议精神，总结“十一五”和2010年全省科技工作，分析我省科技发展面临的新形势，研究“十二五”科技工作思路，部署2011年具体工作。针对“十一五”工作情况和“十二五”工作思路，李省长还要作重要讲话。下面，我简要汇报一下2010年全省科技工作情况，以及2011年科技工作打算。

一、2010年全省科技工作回顾

2010年，在省委、省政府的正确领导下，全省科技系统认真贯彻落实科学发展观，紧紧围绕全省经济社会发展大局，不断提升自主创新能力，完善自主创新体制，优化自主创新环境，为经济文化强省建设提供了重要支撑。全省共取得重要科技成果2 333项，获国家科技奖励成果36项，再创新高。高新技术产业产值占规模以上工业产值比重达到35.2%，圆满完成了“十一五”任务目标。全省R&D经费支出实现大幅增长，达到519.6亿元，居全国第四位，占GDP的比重为1.53%。争取国家各类科技计划经费近15亿元。根据《2010年中国区域创新能力报告》显示，我省区域创新能力位居全国第6位。我们主要做了以下几方面的工作。

（一）着力培育战略性高新技术产业，增强科技支撑经济发展方式转变能力

在加快运用高新技术改造提升传统产业的同时，把培育高新技术产业作为推动产业结构优化升级的突破口，努力培育新的经济增长点，引领我省未来经济发展方向。

一是推动高新技术产业实现质和量同步提高。认真贯彻《山东省高技术产业自主创新行动计划》，在高端计算机及服务器、物联网、特种纤维、氟硅材料、新药创制和现代服务业等领域，加强了关键技术的攻关，培植了一批具有较强国际竞争力的优势企业，全省高新技术企业发展到1 285家。加快发展科技型中小企业，获得国家中小企业创新基金1.2亿元。新增2家高新技术产业化基地，全省达到8家。新增4家国家火炬计划特色产业基地，总数达到33家。全省高新技术产业实现蓬勃发展，全年规模以上高新技术产业实现产值3.16万亿元，同比增长28.85%，占规模以上工业产值比重比年初提高了2.26个百分点。

二是加快实施自主创新成果转化重大专项。积极搞好重大专项顶层设计，突出技术创新，将重大专项与《山东省高技术产业自主创新行动计划》结合起来，针对重点发展的十大战略性高新技术产业，优先安排了80个重大专项，下达资金2.5亿元，着重加强了对高端电子信息、新药创制、新材料、新能源、装备制造、节能环保等产业的支持。完善了自主创新成果转化重大专项组织形式，引入招标机制，对“山东省重大药物产值利税双倍增科技示范工程”和“山东省氟化工产品研究开发项目”面向全国公开招标，取得了良好效果。

三是加快高新区“二次创业”步伐。济宁、烟台高新区升级为国家高新区，这是我省高新区发展的重要一步，省政府分别召开了高规格的建设动员大会，国家高新区增加到7家，并列全国第二位。文登高新区纳入省级高新区管理，省级以上高新区达到20家。创新型园区建设取得实质性进展，青岛、淄博高新区进入国家创新型科技园区行列，全省达到4家。全年省级以上高新区批准入区项目2 190个，全社会规模以上固定资产投资2 115.73亿元，实现技工贸总收入12 552.18亿元，成为我省经济发展最快、运行质量最好、创新能力最强、聚集和辐射带动作用最大的特色园区，并成为地方经济发展和产业结构调整的重要支撑。

（二）着力提高企业技术创新能力，增强重点产业的核心竞争力

在全面部署开展国家技术创新工程山东省试点工作的同时，积极推动济南市开展国家创新型试点城市工作，支持青岛市开展国家技术创新工程试点市工作。

一是积极构建和发展技术创新战略联盟。围绕我省优势产业和战略性高新技术产业，新构建了53家产业技术创新战略联盟，联盟围绕产业技术创新链开展了集成创新，突破了部分产业发展的核心关键环节，提升了产业核心竞争力。3家战略联盟被批准为国家试点联盟，获得国家科技支撑计划1.5亿元支持。

二是着力培育创新型（试点）企业。针对不同类型的企业进行分类指导、重点扶持，探索不同类型企业创新发展的有效模式，发挥其辐射和示范作用，提升产业核心竞争力。新增9家国家创新型试点企业，总数达到35家，并列全国第一位。积极开展省级创新型企业试点工作，新增省级创新型（试点）企业196家，总数达到392家，同时认定了58家省级创新型企业。

三是强化技术创新服务平台建设。目前我省已建成各类孵化器60余家，其中国家级创业服务中心22家，国家级留学人员创业园2家。全省生产力促进中心达到111家，其中国家级示范中心12家，省级示范中心23家。

（三）着力建设科技创新平台，占领科技前沿阵地

一是全面部署重大科技创新平台建设。目前，青岛海洋科学与技术国家实验室二期工程建设资金已经得到落实，进入了实质性建设阶段。山东量子科学技术研究院在推进量子通信实用化方面取得了重要进展，启动了量子保密通信试验网建设，确定了量子通信技术研发平台建设方案。山东千万亿次超级计算中心顺利通过专家论证，进入了建设阶段。同时，安排部署了山东钢铁研究院建设，着力在钢铁产业结构调整方面培植新的增长点。

二是工程技术研究中心和重点实验室建设实现新突破。今年新增8家国家工程技术研究中心，总数达到26家，居全国各省市第一位。新增119家省级工程技术研究中心，总数达到744家。作物生物学国家重点实验室建设通过科技部验收。5个企业国家重点实验室被批准筹建，总数达到10个，居全国首位。3

个实验室被批准建设省部共建国家重点实验室培育基地，总数达到6个。

三是科技合作平台建设取得新进展。新建5家国家级科技合作基地，成立了山东省对独联体国家科技合作联盟。推动中科院有关机构与日照、烟台等市开展了全面合作，建立了多家技术开发平台和产业化基地。通过实施科技合作项目，获国家科技经费支持首次超过亿元大关，占全国1/10以上。

（四）着力发展民生科技和农业科技，科技成果更多地惠及人民群众

一是医药科技创新体系取得重大突破。省政府出台了《关于加快医药科技创新体系建设的意见》，为把医药产业打造成为我省的支柱产业提供了重要保障。重大新药创制体系和重大新药成果转化体系取得新进展，山东国家综合性新药研究开发技术大平台构建了12个单元技术平台，培育了20家国家新药大平台产业化示范企业，启动了“泰山学者—药学特聘专家”专项建设工程，系统整合济南高新区、潍坊高新区和烟台高新区医药科技园区的优势资源，构建了山东创新药物孵化基地，成为全国7个国家创新药物孵化基地之一，争取经费3亿多元。中医药现代化建设也取得了重要进展。

二是农业科技创新能力得到加强。我省作为唯一的试点省正在开展国家农村农业信息化示范省建设，这是我省发展现代农业、扩大农村内需的重要支撑。滨州农业科技园区被批准为国家农业科技园区，重点探索高效生态农业发展新模式。农业良种工程取得新突破，安排了18个重大课题，并重点支持了小麦、玉米、林草、肉牛和水产等农业生物资源创新利用研究。围绕小麦、棉花、蔬菜等全省农业主导产业或地方特色优势产业，组织认定了26个第一批省级科技特派员创业链。组织实施了15个省级科技富民强县专项行动计划项目，为县域经济发展注入了活力。国家粮食丰产科技工程成效显著，为全省开展超高产创建活动和实现粮食连续8年增长提供了有力的支撑。

（五）着力服务全省重点区域带动战略，提高区域创新能力

一是努力支撑山东半岛蓝色经济区建设。制定完善了《山东半岛蓝色经济区建设科技发展专项规划》，组织编写了《山东半岛蓝色经济区海洋科技优先行动计划》，并积极争取科技部在政策等方面支持我省开展海洋经济试点工作。推动全省海洋大院大所、涉海企业申报承担国家科技计划，加快了海洋领域创新步伐。全年新增国家、省市海洋领域项目412项，合同国拨经费总额3.65亿元。重点培育了现代生态海水养殖、海水淡化、海洋新能源、海洋新材料等海洋新兴产业，取得了多项重要科研成果并在全国处于领先位置。

二是努力支撑黄河三角洲高效生态经济区发展。充分抓住黄河三角洲高效生态经济区上升为国家战略的重要机遇，重点为黄三角经济区打造平台支撑和科技支撑。推动黄河三角洲可持续发展实验区成为我国第一个跨行政区域的国家可持续发展实验区。加快建设黄河三角洲可持续发展研究院，攻克了一批制约高效生态经济发展的核心技术，开发了适合不同类型湿地生态保护的关键技术。

（六）着力培养引进高层次创新人才，为自主创新提供智力保障

把科技人才工作摆在全部科技工作的突出位置，积极优化创新创业环境，加快推动高层次人才向我省聚集。省农科院、青岛海洋科学与技术国家实验室被省委、省政府确定为“山东省海外高层次人才创新创业基地”。全省科研院所系统共引进8名海外高层次创新创业人才，并授予“泰山学者海外特聘专家”称号。山东信息通信技术研究院累计引进28个研发团队，其中来自海外创新创业人才领军或加盟的团队达17个。新建48个院士工作站，共有49位院士进站工作，院士工作站达到108个，进站院士119人，院士与企业合作了大批项目，转化了大批科技成果。争取国家自然科学基金3.2亿元，增幅达到38%，有力地支持了基础研究领域的人才队伍建设。认真做好省自然科学基金，加大了对青年科技工作者的资助力度，特别是省自然科学杰出青年基金，成为了我省公认的高层次人才成长的重要台阶。

这一年来，全省科技工作呈现出诸多的亮点，形成了鲜明的特点，并在多个领域开展了积极的探索，为全国积累了有益经验，特别是高新园区和创新平台建设等重点工作取得了大丰收，受到省委、省政府领导的高度肯定并多次作出重要批示。取得这些成绩，是省委、省政府正确领导的结果，是地方政府和社会各界鼎力支持的结果，是全省科技系统和广大科技工作者开拓进取的结果。在这里，我代表省

科技厅，向为全省科技进步作出积极贡献的各方面表示衷心的感谢！同时，我们也清醒地认识到，科技支撑引领作用的发挥，离全省加快经济发展方式的要求还有一定差距，离全社会的需求还有不相适应的地方，在“十二五”期间，我们将进一步解放思想，强化措施，努力实现科技工作快速进步发展。

二、2011年全省科技工作部署

当前，我省正处于加快经济发展方式转变的攻坚期。加快转变经济发展方式，实现科学发展，必须依靠科技支撑和引领。全省科技工作者要充分担负起这一重要责任，以坚定的信念努力开创科技工作新局面。2011年，全省科技工作的总体要求是，认真贯彻落实党的十七届五中全会精神，坚持以科学发展观为指导，以提高自主创新能力为主线，以发展战略性高新技术产业为重点，以建设高层次科技创新平台为支撑，以实施自主创新成果转化重大专项为抓手，以推进体制创新、培养吸纳创新人才队伍、促进科技和金融结合为保障，使科技成果更多惠及群众百姓，支撑经济发展方式加快转变，实现山东经济又好又快发展。主要目标是，力争全省高新技术产业产值占规模以上工业产值比重增加1个百分点（按新口径），省级以上高新区技工贸总收入增加25%以上，全社会研发经费占GDP的比重增加0.15个百分点以上，省级以上创新型企业达到600家，新建10个省重点实验室，20个省企业重点实验室，获国家科技奖励数量继续位居全国前列。重点做好以下工作：

（一）加快实施国家技术创新工程

将实施国家技术创新工程作为我省加快经济发展方式转变的重要抓手，进一步落实工作方案，细化分解工作任务，确保试点工作扎实开展，加快建设以企业为主体、市场为导向、产学研相结合的技术创新体系。

一是推动产业技术创新战略联盟健康有序发展。围绕战略性高新技术产业发展方向和产业优化升级的重点，进一步完善构建联盟的工作布局，突出重点，明确目标，加快建设产业技术创新战略联盟。把构建产业技术创新链作为联盟发展的重点任务，按照产业技术创新链来开展集成创新，突破关键共性技术，贯通科技成果转化渠道，加速科技成果转化为现实生产力。把体制机制创新作为联盟发展的突破口，将活跃的企业技术创新需求和高校、科研机构丰富的科技资源、人才资源有机结合起来。支持联盟单位承担各类科技计划，并给予倾斜。

二是加快培育创新型企业。引导和支持政策要素、人才要素、技术要素、资金要素和管理要素向企业集聚，引导企业加大创新投入，增强研发能力，掌握核心技术，形成自主知识产权和知名品牌，各类科技计划将优先支持创新型企业发展。

三是争取开展市、县试点工作。充分发挥县市区和各类园区在推进自主创新、加快经济发展方式转变中的核心带动作用，选择不同类型的、有条件的市、县（市、区）开展技术创新工程试点工作，同时，开展创新型县市区创建活动。

（二）加快发展战略性高新技术产业

一是围绕转方式、调结构，继续实施自主创新成果转化重大专项。围绕省委、省政府重大战略部署，立足省情和科技、产业基础，加快实施《山东省高技术产业自主创新行动计划》，以重大技术突破和重大发展需求为基础，重点支持新信息、新材料、新能源、新医药和海洋科技开发等知识技术密集、物质资源消耗少、成长潜力大、综合效益好、对经济社会全局和长远发展具有重大引领带动作用的产业，进一步拓展产业链，发展产业群，形成规模经济和特色优势，建成一批产业链完善、创新能力强、特色鲜明的高新技术产业集聚区。同时，继续加强与国家科技计划和“十二五”科技发展规划的衔接，最大限度地争取和承担国家重大科技项目。

二是按新口径做好高新技术产业统计考核工作。在全省加快转变经济发展方式、大力发展高新技术产业的形势下，省政府重新调整了高新技术产业产值统计考核办法，并将列入省委、省政府推动科学发展促进社会和谐考核监督体系。新口径下的高新技术产业包括以新能源、新材料、新医药、新信息、海洋开发“四新一海”为主体的战略性新兴产业，和《山东省高技术产业自主创新行动计划》确定的十大战略性高新技术产业。主要统计工业领域高新技术产业产值及其所占比重，以此考核全省工业领域转方式、调结构的情况。从今年起，每季度将以明电形式按新口径统计发布高新技术产业统计指标数据。这是今年科技工作的一大转变和创新，希望各市认真研究统计指标体系，确定正确的投资方向，推动高新技术产业快速发展。

三是加快实施高新区提升工程。近年来，我省高新区从无到有，从小到大，成为地方经济发展的重要增长极，引领着地方经济发展方式的转变，高新区建设进入了一个新的发展阶段。特别是国家即将出台《关于加快国家高新区发展的意见》，将为高新区提供重要的发展机遇。今年，省政府将适时召开高规格的高新区工作会议，专题研究加快高新区发展的政策措施，出台关于加快高新区发展的相关文件，完善高新区考核管理办法。同时，进一步加强对全省高新区的指导，引导高新区围绕地方产业结构调整凝练发展目标，确定调整重点，大力发展战略性高新技术产业，推进高新区量和质的同步提升，加快高新区“二次创业”的步伐。深化我省高新区建设创新型科技园区试点工作，力争我省国家级高新区全部进入国家创新型科技园区行列。

（三）加快建设重大科技创新平台

将科技创新平台作为增强我省自主创新能力的一项基础性工程，持之以恒地抓好建设工作。突出创新平台支撑发展、整合资源和转化成果的作用，着力突破关键共性技术，占领科技制高点，推动产业结构调整，赢得未来发展主动权。

青岛海洋科学与技术国家实验室要加快二期工程建设进度，尽快建成海洋分子生物技术、深海科学、海洋高端仪器设备研发和滨海综合实验4个公共实验平台，以及海洋药物与生物制品、海水资源综合利用2个工程技术研究中心，积极争取科技部、财政部等部门尽快正式批复海洋国家实验室建设。同时，与国家自然基金委联合，凝练海洋领域重大科学问题，支撑山东半岛蓝色经济区建设。山东信息通信技术研究院将聚焦世界信息通信领域的前沿技术，建设研发平台、人才聚集、自主创新、成果转化“四大高地”，重点打造好量子科学技术研究院、千万亿次超级计算中心、卫星产业园和集成电路设计等高端研发平台。山东量子科学技术研究院要加快量子保密通信试验网和量子通信技术研发平台建设，实施好国家863计划信息技术领域“光纤量子通信综合应用演示网络”主题项目。山东省千万亿次超级计算中心要尽快启动建设工程，以提升我省科技创新能力，带动重点支柱产业。黄河三角洲可持续发展研究院要提升发展层次和水平，力求在应用基础研究、关键技术产业化攻关等方面取得较大突破，真正成为黄河三角洲高效生态经济区这一国家战略的支撑平台。鲁南煤化工研究院要深化与中国科学院、华东理工大学的合作，强化煤炭清洁高效转化方面的攻关，研发具有国际竞争力的煤化工成套工艺和装备。实质性推动山东船舶设计研究院、山东海洋工程研究院、山东钢铁研究院建设，着力在船舶设计制造、海洋工程装备和钢铁产业结构调整等方面培植新的优势。同时，研究制定“十二五”省工程技术研究中心发展规划，建立健全工程技术研究中心统计考核指标体系，提高其服务能力和辐射作用。积极争取建设更多的国家工程技术研究中心。

（四）加快发展民生科技

民生科技是全部科技工作的出发点和落脚点，也是我省科技工作的传统优势所在，今年要继续加大工作力度，努力使科技成果更多地惠及群众百姓。

一是以建设山东国家综合性新药研究开发技术大平台和国家山东创新药物孵化基地为突破口，构筑我省重大新药创制体系和重大新药成果转化体系，培育新医药战略性新兴产业。加快软硬件建设，围绕新药技术链，从新药创制、技术平台建设、大品种药培育、关键技术与装备、医药企业孵化基地、医药科技园区等六个重点内容，建立和完善国内一流水平的医药产业科技创新体系。今年重点建设“一个中心区、六类研发基地、二十个示范企业和三十个创新团队”为主要内容的山东省重大新药创制中心，确保完成国家新药研发大平台建设任务。做好“泰山学者—药学特聘专家”专项建设工程，组建高水平的医药创制团队，力争进入国内先进行列。

二是抓住山东半岛蓝色经济区上升为国家战略的重大机遇，加快发展海洋科技。蓝色经济，科技先行。抓紧整合海洋科技资源，打造国际一流水平的国家深海基地、综合性海洋科学考察船等科技创新平台。瞄准国际海洋科学前沿，强化低碳技术、深海技术、新能源技术、食品安全、环境安全和生态安全六大技术研发。培植现代海水生态养殖业、海洋药物和生化制品产业、海水综合利用产业、海洋精细化工产业、海洋新材料产业、海洋新能源产业、现代船舶制造业、海洋仪器装备产业、海洋工程产业等九大战略性海洋新兴产业，加快海洋经济增长方式转变。

三是全面提高农业科技创新能力。扎实推进国家农村农业信息化示范省建设，着力加强信息化综合服务平台、信息化基层服务站和示范基地建设，努力探索农村农业信息化长效运行机制。出台《山东省现代种业科技振兴计划》，省里将拿出1亿元资金支持种业科技发展，加大对种质资源保护、农业良种培育和科技型现代种业企业培育的支持力度，建立从资源保护、种质创新、品种培育到企业培植、种苗扩繁、基地建设、转化应用的现代种业技术体系，推进种子产业化进程。加快滨州国家农业科技园建设，筹建国家黄河三角洲农业物联网工程技术研究中心。制定出台《省级农业高新技术产业示范区管理实施细则》，新认定1～2家省级农业高新技术产业示范区。围绕我省现代农业发展和新农村建设的新需求，重点推进科技特派员农村科技创业行动和科技特派员创业链建设。

四是继续加快建设资源节约型社会和重要社会事业两个科技支撑体系。攻克行业节能减排共性技术，建立技术共享机制和政策推动体系，推动行业节能减排。围绕建设环境友好型社会，进行技术集成与攻关，加快绿色城镇建设和污染物减排科技示范，着力解决农村城镇化过程中的污染问题和节约问题。重点加强太阳能、风能和生物质等可再生资源的开发利用，培育新的经济增长点。组织公共安全科技攻关，构筑公共安全科技支撑体系。

（五）加快提升原始创新能力

围绕我省经济社会发展的重大战略需求，完善学科布局，促进新兴学科和交叉学科的全面发展，着力解决资源、能源、农业等领域的重大基础研究问题，提高原始创新能力，促进科技向现实生产力的转化。

一是加强重点实验室建设与管理。制定“十二五”省重点实验室发展规划，在国家和我省经济社会发展的重大需求领域、科学发展的前沿领域和交叉科学领域，建设好省级重点实验室和省企业重点实验室，重点支持有特色有优势、有实力和建设运行好的实验室申报国家重点实验室和省部共建国家重点实验室培育基地。出台《山东省重点实验室建设与运行管理办法》，健全管理、运行和考核机制。

二是提升科技条件基础支撑作用。完善大型科学仪器设备协作共用服务功能，建设10个大型科学仪器设备资源共享检测研发公共服务基地。进一步规范实验动物管理，启动实验动物管理立法调研工作。开通科技文献共享网，推进科技文献共享。

三是加快推广应用创新方法。与国家技术创新工程试点工作相结合，面向产业技术创新战略联盟、创新型企业，开展创新方法试点应用。成立创新方法研究会，以数字化技术促进创新方法推广与应用。面向广大青少年和儿童宣传普及创新方法，培养创新兴趣，提高创新思维和能力。

（六）加快推进科技合作

科技合作要树立大合作、大科技的理念，高起点整合国内外科技资源，进一步拓宽合作渠道，夯实合作基础。针对高新技术产业自主创新行动计划重点开发的高新技术产品，全面分析整理国内的院士、重点实验室、工程技术研究中心、高等院校一级学科和国外相关专利等科技资源情况，通过实施科技合作支撑计划，服务好战略性高新技术产业发展。深化院士工作站建设，与院士合作开展更多项目，转化更多科技成果。全面加强与中科院的合作，力争尽快建设中科院山东分院。适时召开与中国工程院的高层次合作会议，开展与中国工程院的新一轮战略合作。全面加强与北京大学、清华大学等重点高校的合作，重点深化区域规划设计、新材料、电子信息等领域的合作。

（七）加快创新型科技人才队伍建设

坚持“项目、基地、人才”一体化原则，强化各类创新平台建设以延揽人才，突出支持参与省委、省政府重大战略部署和战略性高新技术产业的高层次创新人才，突出科技人才在科技计划实施中的主体地位，努力做到引进一个领军人才、组建一个创新团队、孵化一个科技项目、兴办一家高新企业、带动一个新兴产业。做好高层次创新人才建设工作，积极参与“泰山学者”工程、引进海外人才“千人计划”和省“万人计划”等工作，加快高层次创新创业人才向山东聚集。继续做好省自然科学基金、杰出青年基金和优秀中青年科学家科研奖励基金，为基础研究领域人才提供支持。完善人才评价使用机制，建立符合人才队伍成长规律的体制机制。大力弘扬追求真理、独立思考、大胆探索、勇攀高峰的科学精神，发扬学术民主，倡导百家争鸣，鼓励创新，宽容失败，为创新型科技人才队伍建设营造良好的氛围。

（八）加快促进科技和金融结合

为加快实施《国家中长期科学和技术发展规划纲要（2006～2020年）》及其金融配套政策，增强自主创新能力，培育发展战略性新兴产业，支撑和引领经济发展方式转变，科技部等五部门印发了《促进科技和金融结合试点实施方案》，联合开展“促进科技和金融结合试点”，并选择国家高新区、国家自主创新示范区、国家技术创新工程试点省（市）、创新型试点城市等科技金融资源密集的地区先行先试。试点的主要内容是，通过创新财政科技投入方式，引导和促进银行业、证券业、保险业金融机构及创业投资等各类资本创新金融产品、改进服务模式、搭建服务平台，实现科技创新链条与金融资本链条的有机结合，为从初创期到成熟期各发展阶段的科技企业提供差异化的金融服务。这是我省科技发展的一项重要机遇，是短时间内快速增加科技投入的一项重要选择。我省将积极争取进入国家科技和金融合作试点行列，并与交通银行等金融部门合作开发科技金融产品，推动有条件的企业上市。同时，有条件的市或高新区要探索建立科技银行。

三、深化改革，创新思维，全面实现科技工作各项任务目标

今年是“十二五”的开局之年，做好今年的科技工作事关大局、事关长远。全省科技系统要进一步解放思想，敢于突破常规，提高新形势下驾驭科技工作的能力和水平，确保2011年各项科技工作任务落到实处。

一是深化改革，增强活力。坚持改革创新，增强发展活力，是实践科学发展观、加快全省科技工作事业发展的迫切需要。努力探索科技计划管理体制和运行机制，着力深化科技计划管理改革。统筹考虑战略性高新技术产业培育、经济社会发展关键共性技术研发、基础研究和创新人才培养、创新平台建设等不同要求，对现有省级科技计划体系进行科学梳理和分类，充分发挥科技计划的指导和调控作用。对科技攻关计划进行合理定位，一方面支持自主创新成果转化重大专项，另一方面实现对基础类计划研究成果的应用和产业化开发。根据省“十二五”科技发展规划，围绕服务科学发展、支撑经济发展方式转变，进一步深化科技奖励制度改革，提高省科技奖励的科学性和公正性，充分发挥科技奖励激励科技创新，服务经济社会发展大局的作用。

二是创新思维，整合资源。适应新形势、应对新挑战、解决新问题、完成新任务，首要条件是创新思维。特别是面对我省创新资源较为短缺的状况，更要开阔眼界，树立世界眼光，在全国范围、全球范围内整合科技资源，为我所用。省科技厅系统内部单位之间实现有效沟通，协调一致，资源共享。全省科技系统也要成为一个有机整体，加强相互之间的学习交流，步调一致推进全省科技重点工作。要摈弃“只有经费才是资源”的观念，积极争取更多国家级平台、品牌，通过平台、品牌凝聚人才，争取各类计划落地。要提升发展的境界，争取更多优质资源。

三是宏观指导，抓好落实。结合山东省“十二五”规划和国家“十二五”科技发展规划，科学务实做好我省科技发展规划的编制工作，确保省委、省政府关于科技工作的总体要求和思路落到实处。编制省“十二五”科技发展规划，要紧紧围绕科学发展这个主题，牢牢把握支撑加快经济发展方式转变这条主线，注重发展民生科技，以富民强省和建设创新型省份为目标。进一步加强基层科技工作力度，推动县（市）域经济科学发展。加快修订完善山东省科技进步条例，形成全社会推动科技进步发展的良好格局。

省科技厅厅长翟鲁宁在全省科技系统领导干部读书会上的讲话

（2011年8月19日）

这次全省科技系统领导干部读书会，是在“十二五”开局之年，我省加快转变经济发展方式关键时期召开的一次重要会议。会议的主要任务是，学习贯彻科技部和省委有关会议精神，分析当前全省科技工作形势，研究下一步的工作思路，部署下半年工作任务，统一思想，提高认识，扎实工作，确保完成今年科技工作任务目标，实现“十二五”良好开局。

一、统一思想认识，准确把握我省科技工作的新形势新任务

2010年我国人均GDP超过了4 000美元，成为中等收入水平国家，也将进入各种矛盾的集中爆发和凸显期，能否冲出这个“中等收入陷阱”阶段，关键要看我们能否顺利实现经济发展方式的转变。“十二五”时期是我国全面建设小康社会的关键时期，是转方式调结构的攻坚阶段，也是我们提高自主创新能力，加快建设创新型国家的重要战略机遇期。胡锦涛总书记在2010年两院院士大会上指出，建设创新型国家，加快转变经济发展方式，赢得发展先机和主动权，最根本的是要靠科技的力量，最关键的是要提高自主创新能力。温家宝总理在今年中国科协第八次全国代表大会的讲话中强调，要依靠科技创新加快转变经济发展方式，并进一步指出，没有科技的发展，就没有中国的发展；科技发展的未来，决定着中国的未来。刘延东国务委员在全国科技工作会议上强调要坚持“三个必须”，必须尽快把科技创新作为经济发展的重要驱动力，必须尽快把科技创新作为产业发展的核心竞争要素，必须尽快推动科技创新成为惠及民众的重要手段。姜异康书记在省委九届十二次全体会上讲话指出，要不断提高创新能力和水平。在今后的工作中，要更加自觉地提高自主创新能力，以加快建设创新型省份为目标，完善科技创新政策，构建科技创新体系，健全产学研合作创新机制，组织科技攻关，充分发挥创新人才作用，加快形成一大批自主创新企业、自主创新品牌，提高核心竞争力。姜大明省长近期调研时多次强调，自主创新是转变发展方式的中心环节，没有自主创新，就没有山东经济运行质量的提高，转方式调结构就是一句空话。各类企业尤其是中小企业，都要把自主创新作为发展的生命线，两眼盯住市场，盯住先进技术前沿，推动新技术研究，创造自主品牌。要强化科技人才队伍建设，通过各种方式引进培养科技人才，打造拥有核心竞争力的科研团队。省委常委、副省长孙伟对科技工作也提出了新的要求，他指出，科技工作要突出重点，抓几件有影响的大事。可以说，从中央到省委、省政府都对充分发挥科技支撑引领作用，保持经济社会全面协调可持续发展奇遇了厚望。

今年以来，面对错综复杂的国内外环境，全省上下深入贯彻落实科学发展观，深入实施“十二五”规划纲要，正确处理保持经济平稳较快发展、调整经济结构和管理通胀预期三者关系，经济社会发展呈现出增长平稳、结构优化、质量提升和民生改善的特点，继续朝着宏观调控的预期方向发展。上半年全省生产总值达到21 880.83亿元，同比增长11.1%；居民消费价格累计上涨4.7%，低于全国0.7个百分点；全省高新技术产业投资增长34.2%，比全社会固定资产投资高12.3个百分点。在肯定成绩的同时，我们要看到我省经济社会发展形势总体是好的，但发展中不平衡、不协调、不可持续的矛盾仍然突出，传统产业仍然占主导地位，高新技术产业产值占工业产值的比重仍然偏低，中小企业科技创新能力仍然十分薄弱，科技对经济社会发展的支撑和引领作用没有得到充分发挥和显现，经济发展仍延续着高投入、高消耗、高排放和低效益的发展模式。特别是受美国经济疲软、欧债危机加深、日本强震、西亚北非动荡以及人民币持续升值、贸易摩擦加剧等多重因素影响，发展中的这些矛盾将变得更加突出。彻底解决这些问题，关键要靠创新，根本出路在科技。

未来“十二五”期间，国内外的经济社会发展形势十分复杂，全面建设小康社会对科技的需求不断增加，加快经济发展方式转变赋予科技的任务更加艰巨，科技肩负着建设创新型山东和经济文化强省的双重使命和历史责任。面对当前的时代背景、面对新的形势，面对机遇与挑战并存的局面，全省科技系统必须统一思想，提高认识，保持清醒头脑，增强忧患意识，加大科技工作的紧迫感、责任感和使命感，发挥积极性、主动性和创造性，切实担负起依靠科技创新加快转变经济发展方式的重大任务，紧紧围绕全省经济社会发展大局，围绕蓝黄两大国家战略，整合科技资源，调动社会力量，集中力量抓重点、抓亮点、抓特色、抓成效，为提高自主创新能力服务，为加快转变经济发展方式提供科技支撑，推动经济进入科学发展、创新驱动、内生增长的发展轨道。

二、今年上半年科技工作情况

上半年全省科技系统解放思想，理清思路，各项工作继续保持快速健康发展态势，为“十二五”发展开了个好头。

（一）围绕省委、省政府战略部署，加大省自主创新成果转化专项实施力度。今年省自主创新成果转化重大专项优先安排重大专项72项，重点支持项目13项，安排资金2.5亿元。实施重大专项时，我们围绕省委、省政府战略部署，充分发挥重大专项在转方式调结构中的作用，加强了顶层设计，完善了程序安排。主要有三个方面的特点：一是更加注重培育战略性新兴产业，围绕《山东省高技术产业自主创新行动计划》确定的十大战略性新兴产业，重点加强了对高端电子信息、新材料、装备制造、电动汽车、节能环保、农业高新技术等产业的支持，占立项项目80%以上；二是更加注重科技创新平台建设，推动产学研结合，支持依托工程技术研究中心、技术创新联盟、院士工作站的项目达到51项，总资金1.7亿元；三是更加注重项目投入产出效益，这批项目转化了高等院校、科研单位自主创新成果65项，总投资164.9亿元,预计年新增销售收入491.7亿元，产生自主知识产权664项。

（二）围绕新指标体系的实施，引导高新技术产业加快发展。根据省政府调整后的高新技术产业统计口径，今年上半年，全省规模以上高新技术产业实现产值13 354.00亿元，同比增长29.97%，占规模以上工业产值比重为26.97%，比年初提高0.87个百分点，17个市高新技术产业实现产值与上年比全部实现增长；全省专利申请44 599件，其中发明专利申请9 347件，专利授权27 743件，其中发明专利授权2 843件，均比去年同期实现较大幅度增长。这说明，全社会更加重视高新技术产业发展在促进产业结构调整中的作用，在此带动下，产业结构正在向好的方向发展，我们的企业也逐步提高了获取和运用知识产权的能力。

全省高新技术产业实现健康快速发展，3个重要因素发挥了积极作用。一是高新区逐渐成为战略性高新技术产业发展的重要载体。今年上半年，省级及省级以上高新区批准入区项目1 359个，全社会规模以上固定资产投资1 095.17亿元；实际外商直接投资10.46亿美元；出口额91.20亿美元。高新区正为全省高新技术产业发展作出更加突出的贡献。特别值得庆贺的是，国家级高新区继续保持强劲发展势头，临沂高新区于今年6月份升级为国家级高新区，全省国家级高新区达到8个。二是为一批重点高新技术项目实行“土地点供”。为破解重点高新技术企业用地紧张的难题，我们围绕全省重点发展的十大战略性高新技术产业，与省国土资源厅共同调度了681项重点高新技术项目，这些重点项目具备拥有自主知识产权、能够带动当地产业结构优化调整，投资强度大、占地面积小、投入产出比高、资源消耗少、成长潜力大的特点，由国土部门对其给予保证指标的单独性保障性供地。三是多举措快速提升企业创新能力。国家技术创新工程试点工作迈出新步伐，完善了以企业为主体的技术创新体系。新建了一批产业技术创新战略联盟并实现了健康发展，新增了13家国家第三批创新型企业，总量增至24家。组织实施了2011年科技型中小企业创新基金项目，扶持省级项目114项，扶持资金总额为4 000万元。争取国家项目172项，获经费支持1.25亿元。

（三）围绕战略目标任务，大手笔规划建设各类重大创新平台。我省坚持“平台、项目、人才”相结合的原则，吸引各类重大项目和高层次创新人才落户各类创新平台，一批国字号的重大创新平台取得突破进展，逐步打造了能够参与国际、国家竞争，引领全省发展的战略高地。各地方全面参与和中科院、中国工程院等著名院所的合作，转化了大批高新技术。

一是重大科技创新平台建设取得重要进展。青岛海洋科学与技术国家实验室建设即将完成一期二批工程立项事宜，省里和青岛市3亿元建设资金也即将到位。国家新药研发大平台启动了“泰山学者–药学特聘专家”评审工作，拟聘请10位“泰山学者—药学特聘专家”。中国科学院量子技术与应用研究中心成立，推动了量子通信平台和保密试验网建设顺利进行，同时，山东量子科学技术研究院有限公司承担了863项目“光纤量子通信综合应用演示网络”，获得3 000万元支持。国家超级计算济南中心筹建工作进展顺利，建设方案顺利通过了科技部组织的专家论证，省政府配套资金近期将得到落实，将在今年10月份对外发布超算中心建设情况。

二是工程技术研究中心和重点实验室建设取得新进展。加强了国家工程技术研究中心的争取，4家拟建国家工程技术研究中心已准备就绪。作物生物学国家重点实验室通过科技部评估。“高效能服务器和存储技术”和“煤液化及煤化工”两家首批企业国家重点实验室通过验收。启动了2011年度省企业重点实验室建设工作，计划在7大领域17个方向建设一批省企业重点实验室，完善我省企业实验室布局。

（四）围绕国家重大战略实施，不断创新农业、社会和海洋科技发展模式。这几方面是我省科技工作的传统优势领域。全省科技系统牢牢抓住“蓝、黄”两大国家战略实施的重要战略机遇，以及新时期社会主义新农村发展建设的需要，创新发展思路，提升发展层次，取得了良好效果，巩固并扩大了这些优势。

在农业领域，今年我省有24个项目获得国家农业科技成果转化资金支持，资金额度达到1 760万元，立项总数及资金额度并列全国第一位。我省在“十二五”时期继续实施国家粮食丰产科技工程。加快推动了国家农村农业信息化示范省建设，山东省农村农业信息化综合服务平台建设已实现网上测试，先期启动了六大专业信息服务系统建设工作。这些都为我省开创“十二五”农业科技工作新局面奠定了良好基础。

在社会领域，《黄河三角洲高效生态经济区科技发展规划》通过专家论证，为科技支撑黄三角经济区建设提供了有力基础。峡山区和山亭区被批准为国家可持续发展实验区，我省国家可持续发展实验区和先进示范区达到8家，位居全国前列。节能减排科技工作成绩突出，受到省政府表彰。

在海洋领域，组织山东海洋科技界召开了“建设山东半岛蓝色经济区海洋科技座谈会”，完成了《山东半岛蓝色经济区发展规划科技工作实施意见》，提出了科技支撑蓝区建设的意见和政策。强化了国家和省重大项目管理，力争一批973项目、科技支撑计划落户山东。积极谋划推动海洋新兴产业发展和科技成果转化，组织编写了《山东海洋新兴产业调研分析报告》，对我省海洋新兴产业发展基本情况进行了分析。构建了卤水精细化工、海洋防腐蚀等4家省级产业技术创新战略示范联盟。

上半年科技工作的顺利开展，凝聚了全省广大科技工作者的努力和心血，也是在座的科技管理骨干精心组织的结果。在成绩的面前，我们不能沾沾自喜，还要直面当前科技工作面临的形势和问题。在全省的大环境下，省委、省政府将科技工作作为加快转变经济发展方式的中心环节，在省委九届十二次会议上，姜异康书记、姜大明省长都对科技工作提出了很高的要求，充分表明对科技工作的重视，期望我们能在全省加快经济发展方式中有更大的作为。分析科技工作自身情况，我们还确实存在着不少需要加强和改进的地方。

一是企业创新能力亟待提高。企业的创新主体地位不明确，企业特别是中小企业R&D经费投入不足，建有工程技术研究中心等技术创新平台的更是少数。大部分企业缺乏核心技术，真正具有自主知识产权或核心技术的大型企业或企业集群较少，更无法提高企业运用知识产权的能力，导致产业附加值较低。虽然我省大型工业企业数量多年来位居全国前列，但这些企业对技术创新中的基础研究问题缺乏足够重视，无法主导行业发展方向，制约了产品质量和国际竞争力的提升。同时，制约企业创新能力提高的制度因素尚未破除，一些企业参与构建了产业技术创新战略联盟，但是联盟如何围绕行业共性关键技术开展研究还未破题；一些企业加强了与科研院所的合作，投入了大量资金，但是研究出的成果没有很好的转化。

二是在战略性高新技术产业领域缺乏关键性核心技术。我省重点发展的“四新一海”新兴产业和高端电子信息、新材料、新能源等十大战略性高新技术产业尚处于起步阶段，其关键共性技术研究需要尽快实现突破。虽然我们也取得一些重要科技成果，但是真正能给产业发展带来突破性进展的成果还是少数，能有较高影响因子的论文等也是少数。高新技术企业数量较少，仅1 434家，与江苏等省份差距较大。

三是高新区发展质量需进一步提高。部分高新区在发展定位、发展方式、工作重点等方面缺乏正确认识和全面把握，急功近利现象有所抬头。部分高新区发展理念落后，产业定位不明确，对主导产业发展缺乏科学论证和战略研究，产业结构趋同，对发展战略性新兴产业一拥而上，导致产业重叠和资源浪费，难以形成地方特色和优势。高新区综合实力较弱，根据最新国家高新区评价，我省高新区没有一家进入综合排名前十位，尤其是知识创造与孕育创新能力排名普遍不高。

四是科技创新的人才支撑尚待提高。作为重要支撑的高层次科技创新人才和创新团队较为匮乏，特别是进入国家“千人计划”的人才数量还较少，仅有30人，与江苏、广东等省份存在不小的差距。

三、下半年工作思路和重点

今年的科技工作，在年初召开的全省科技工作会议上已经做了明确部署，全省科技系统要按照会议要求，扎实推进工作，务求工作实效。今天在这里，我就着重讲一下下半年的工作思路，以及几项重点工作，供大家讨论参考。

（一）要进一步创新工作思路

我们这次全系统领导干部读书会选择在枣庄召开，就是想让大家来实地看一看，枣庄市如何从一个资源枯竭型的城市，实现战略转型，在文化旅游、科技创新等方面取得了突破。枣庄市委、市政府没有投入太多的财政资金，走了一条社会化融资的路子，拉动了枣庄各方面快速发展。枣庄高新区近年来实现了快速发展，关键在于高新区选择了一批成长性非常好的企业。淄博市沂源县本来是个山区贫困县，近年来，沂源县依靠发展高新技术实现了跨越发展，去年全县高新技术产业产值占规模以上工业总产值的比重达到53.4%，全省最高，高出全省20.5个百分点。目前，全县拥有6家上市公司。沂源县快速发展的关键在于沂源县科技局始终如一帮助企业找项目，与中科院及其他一些高校搞合作。从前面讲的这些例子中可以看出，科技工作做的好不好，关键在于我们的思路新不新。同样基础条件的县，为什么有的县搞得的生龙活虎，争取了很多国家的资源，有的县则无事可干。我们不要过于考虑资金的困难，更要看到我们所掌握的科研院所、大专院校、专家学者的科技资源，用好这些资源，地方科技工作、地方经济发展实现跨越发展指日可待。因此说，当前要加快科技事业发展，重要的是要创新工作思路，改变长期形成的思维模式，解放思想，与时俱进，用战略发展的眼光去谋划工作、开拓创新。

（二）要进一步明确工作重点

全省科技工作的重点，必须紧密围绕蓝黄两大国家战略的实施以及十大战略性高新技术产业发展，集中全省优质科技资源，每年利用省自主创新成果转化重大专项、科技发展计划等各类科技计划集中支持产业链发展，打造一批在全国拥有较高显示度和较强影响力的产业集群。一是围绕山东半岛蓝色经济区建设，重点推进青岛海洋科学与技术国家实验室建设。我们将加强与科技部、青岛市和有关部门的协调沟通，尽快完成实验室建设方案、管理运行模式和一期二批工程立项等事宜，早日落实3亿元建设资金，推动基础设施建设，并争取国家有关部门尽快正式批复实验室建设，在2012年基本建成实验室。二是围绕黄河三角洲高效生态经济区建设，重点建设好黄河三角洲可持续发展研究院和黄河三角洲国家现代农业科技示范区。抓住建设国家农村农业信息化示范省和实施国家科技支撑计划项目“农村农业信息化关键技术集成与示范”的机遇，按照“一区多园”的模式，建设黄河三角洲国家现代农业科技示范区，重点建设5 000亩有机蔬菜科技示范基地，实施山东黑牛“十百千万”科技开发工程，开展滨海盐碱地生态化开发科技示范。三是要打造重点产业集群。围绕省里确定的十大战略性高新技术产业，继续凝练发展重点，布局建设产业集群。各市地和高新区在确定发展重点时，也要做到与市委、市政府重点工作的紧密结合，结合当地产业结构特点和资源禀赋，选择对经济发展和产业结构调整具有关键支撑作用的产业，利用科技的力量，将这些产业做大做强。

（三）要加快构建技术创新体系

科技工作要实现大的突破，不能将眼光仅仅局限在一项两项技术突破上，或者是个别产业发展、个别科技工程完成上，必须从全局角度出发，加快建设完善技术创新体系。

一是继续推进国家技术创新工程试点工作。开展技术创新工程的主要目的，就是加快推进产学研结合，构建以企业为主体的技术创新体系。要全面了解企业的科技创新需求、专利技术需求。对有能力进行自身创新的企业，我们要给予大力支持，特别要支持一些大型企业开展基础研究，解决科学问题。对没有能力创新的企业，要主动提供服务，在全国范围内为企业牵线搭桥，支持企业加强与科研院所的合作，帮助企业引进一批专利。要重点加强创新型企业建设，引导企业树立自主创新发展战略，加大R&D投入力度，组织开展“一企一技术”为主要内容的自主创新活动。这其中最关键的还是培育一支具有创新精神的企业家，提升企业家的眼界和层次，让企业家认识到企业要实现长远发展跨越发展，必须以科技创新来支撑，把这种认识转化为对自主创新的主动追求。

二是继续推进各类创新平台建设。创新平台要继续瞄准国家目标，争取一批国家工程技术研究中心、国家重点实验室、国家企业重点实验室等。要继续抓好青岛海洋科学与技术国家实验室、山东信息通信技术研究院、国家新药研发大平台、超算中心，以及量子科学技术研究院的建设和使用，早日实现对我省战略性高新技术产业和重大战略的支撑。

三是要完善创新的政策环境支持。可以说，我省的技术创新体制建设，在政策环境上存在着较大的约束。高校科技成果转化率低，受国有资产管理规定制约，高校抱着职务发明不放手。我们将尽快与省教育厅对这个问题进行探讨，借鉴外省市的成功做法，争取让高校允许一年内转让不出去的专利，放手让发明人通过各种途径进行转让。各地认定高新技术企业积极性不高，部分受制于地方税收问题，但这种行为也限制了地方培植新的税收来源。菏泽市虽然在税收上与发达地区有一定的差距，但是对申报高新技术企业认识十分到位，规定高新技术企业三年内的新增税收全部返还给县区，极大提高了县区申报高新技术企业的积极性。因此，科技部门还要主动与当地政府主要领导和税务部门进行沟通。

（四）要继续完善科技体制改革

科技体制改革是“十二五”科技工作的重点任务之一。刘延东国务委员对改革的决心十分坚定，她说“推进科技体制改革，我们将一往直前，死而后生”。万钢部长也多次在会议上介绍科技体制改革工作。我省将重点完善科技计划管理改革和科技奖励制度改革。目前，省里对“十二五”省自主创新成果转化重大专项有了初步的改革思路，主要是以战略性新兴产业培育和产业结构调整为中心，以“十二五”科技规划战略布局为重点，建立项目预选数据库，扩大项目来源，省里将根据省委、省政府重点战略部署，以及重点打造的产业集群，认真梳理产业链，优化资源配置，完善管理模式，提高管理效益。这就对各市地提报重点项目提出了新的要求，如果地方提报的项目不符合地方发展战略，即使进入了省里的项目库，也不可能得到省里支持。同时，科技评价奖励制度也在进一步完善中，要通过改革，充分发挥科技奖励在转变发展方式中的导向作用。

另外，要加快推动科技金融结合。争取省里和潍坊高新区、济宁高新区列入国家科技和金融结合试点。我们还要筹建省级科技投融资及担保平台，发起设立省科技投资担保有限公司，以高新技术企业、科技型中小企业为主要服务对象，积极开展担保、咨询、投资业务。

（五）要进一步提高科技管理干部队伍素质

全省科技管理干部队伍整体来说是一支知识水平高，业务素质精，工作作风实的队伍，但是也不均衡，参差不齐。胡锦涛总书记在七一讲话中指出，我们面临着精神懈怠、能力不足、脱离群众、消极腐败四大危险。我们系统里也确实存在着个别同志这山望着那山高，有心思做官，无心思做事，大事做不了，小事不愿做的现象。我们全省科技系统要加强学习，不断提高个人的素质。现在党委政府对科技工作都非常重视，县级科技局要树立有为才能有位观念，要通过自身积极的努力，提高认识，端正态度，开创出县域科技工作的新局面，我们的科技工作才能真正拥有自己的位置。

2011年山东省科技工作综述

2011年，在山东省委、省政府的正确领导下，全省科技系统深入贯彻落实科学发展观，紧紧围绕转变经济发展方式，深入实施“蓝黄”两大战略，科技支撑经济社会发展、建设经济文化强省的能力明显增强，实现了“十二五”良好开局。全省共取得重要科技成果2 379项，获国家科技奖励39项，其中国家技术发明奖6项，国家科技进步奖33项。按照新的统计口径，全省规模以上高新技术产业实现产值2.8万亿元，同比增长27%，占规模以上工业产值比重为27.31%，比年初提高1.21个百分点。全省专利申请109 599件，专利授权58 843件。实施国家科技计划的能力显著提升，获得国家科技经费支持近20亿元。根据《2011年中国区域创新能力报告》显示，山东省区域创新能力位居全国第6位。

一、高新技术产业实现快速发展

山东省始终把高新技术产业发展作为推动产业结构优化升级突破口，着力突破核心关键技术，抢占经济科技战略制高点。一是积极培育战略性新兴产业。优先安排了72项省自主创新成果转化重大专项，安排资金2.5亿元，着重加强了对高端电子信息、新材料、装备制造、电动汽车、节能环保、农业高新技术等产业的支持。二是加快培育高新技术企业。新认定了353家高新技术企业，总数达到1 434家（不含青岛市）。新增国家级创新型企业13家，总数达到35家，新增量和总数均居全国各省市之首。三是加快推进高新区“二次创业”。临沂高新区升级为国家高新区，总数达到8家，并列全国第二位。省级及省级以上高新区批准入区项目2 753个，固定资产投资2 777亿元，规模以上工业总产值1.3万亿元，出口额192亿美元，高新区已经成为带动区域经济结构调整和经济发展方式转变的强大引擎。

二、科技创新平台建设取得重要突破

重大科技创新平台加快发展。青岛海洋科学与技术国家实验室完成一期工程，二期工程3亿元建设资金得到落实。济南量子科学技术研究院和中科院量子技术与应用研究中心成立，量子通信技术研发平台和量子保密通信试验网建设进展顺利，使我省跨入量子通信这一国际高端研究领域。国家超级计算济南中心正式启用，使我国成为继美国、日本之后能够采用自主中央处理器构建千万亿次计算机的国家。企业科技创新平台健康发展。新增4家国家工程技术研究中心，工程技术研究中心、企业重点实验室数量分别达到30家和10家，继续保持全国领先水平。新建院士工作站69家，引进院士78位，总数分别达到175家和197位，院士与企业合作了大批项目，有力促进了企业科技创新。

三、科技成果更多地惠及人民群众

一是农业科技创新保障了我省粮食实现连续九年增产。继续推进国家农村农业信息化示范省建设，组织实施了国家科技支撑和863计划2个项目，获资金支持近2亿元。深入实施农业良种工程，启动了科技型种业企业自主创新能力建设项目。黄河三角洲国家现代农业科技示范区列入部省会商固定议题，纳入国家现代农业发展“一城两区”战略部署。二是海洋科技创新能力继续保持全国领先地位。新争取了两个海洋领域973计划项目，总数达到18项，海洋863计划项目累计近200项，新增的两项国家海洋领域重大科学研究计划全部落户山东，获得经费超过1.3亿元。三是医药科技创新体系建设有序进行。山东国家综合性新药研发技术大平台和国家山东创新药物孵化基地建设进展顺利，已取得显著科技成果。四是区域可持续发展工作取得新进展。新建2家国家可持续发展实验区，国家可持续发展先进示范区和实验区总数达到8家，位居全国前列。黄河三角洲可持续发展研究中心已得到科技部正式批准，成为黄河三角洲可持续发展的重要支撑。

四、高层次科技人才加快向山东省聚集

紧紧围绕创新型人才队伍建设这一重点工作，充分发挥好科技资源的引导和支撑作用。一是加强协调与服务，积极参与实施“千人计划”和“泰山学者”工程，引进国家“千人计划”高级人才20名，总数增加到50名。二是集成省自主创新成果转化重大专项等各类科技计划和项目资源向高层次人才倾斜，吸引和带动了一大批创新人才和创新团队投身到创新创业中。新争取国家自然科学基金项目约1 300项，获得国拨经费6.6亿元，同比增长超过100%。省自然科学基金安排“杰青”项目21项、面上项目617项、博士基金320项，共投入经费6 400多万元，为一大批中青年科技人才开辟了快速成长的通道。

五、科技创新环境逐步优化

一是努力营造政策环境。《山东省科学技术进步条例》已经省第十一届人大常委会第28次会议审议通过，将于2012年5月1日实施，对于构建具有山东特色的科技创新体系建设具有重大的现实意义。二是深化国内外科技合作。争取国家重大国际科技合作项目经费预算突破2亿元，居全国各省市前列。省政府与科技部签署了新一轮《部省工作会商制度议定书》，部省合作进入新的阶段。三是强化基层科技管理体系建设。134个县（市、区）通过了国家科技进步考核，12个市、69个县（市、区）、255名先进个人受到表彰，受表彰先进数量居全国第一位。四是深化科技管理体制改革。对现有省级科技计划体系进行科学梳理和分类，避免重复交叉。改进完善了科技奖励评审系统，大幅增加了省外专家数量，强化了对公务员报奖的管理，有效避免了“搭车”报奖问题。

科技管理

KEJI GUANLI

高新技术及其产业

【概述】 2011年，全省规模以上高新技术产业实现产值28 125.84亿元，同比增长27.05%，占规模以上工业产值比重为27.31%，比年初提高1.21个百分点。全省高新技术产业固定资产投资3 450.62亿元，占工业固定资产投资比重为28.76%；规模以上高新技术产业实现增加值7 353.0亿元，17个市高新技术产业产值比上年均实现增长。

表1 2011年全省及各市高新技术产业主要指标

地区	高新技术产业总产值		累计占规模以上工业比重（%）	比重比年初增减百分点（个）	高新技术产业固定资产投资占工业固定资产投资的比重（%）
	累计（万元）	同比增长（%）			
山东省	281 258 422	27.05	27.31	1.21	28.76
济南	19 796 705	12.20	38.66	1.01	35.97
青岛	46 400 777	11.16	38.95	1.03	24.9
淄博	25 449 028	27.03	26.60	1.25	31.57
枣庄	5 423 384	23.11	16.24	−0.34	19.27
东营	25 542 893	34.79	30.74	−0.28	31.59
烟台	47 093 054	22.71	38.69	2.01	26.73
潍坊	23 497 391	30.11	24.93	1.12	65.71
济宁	7 510 375	29.62	19.42	1.15	20.33
泰安	9 789 178	27.35	21.27	1.18	24.63
威海	17 655 384	37.52	33.64	1.06	33.08
日照	4 012 730	30.01	14.62	1.27	16.48
莱芜	1 973 456	36.63	14.01	1.73	14.3
临沂	11 621 375	26.99	20.60	1.10	26.92
德州	10 595 119	37.24	20.50	1.24	21.69
聊城	7 896 562	34.26	14.90	1.04	10.85
滨州	9 010 248	32.41	18.93	3.50	26.00
菏泽	7 990 763	52.23	23.53	3.06	22.61

注：1. 统计范围按新的高新技术产业统计口径为年销售收入2 000万元及以上的工业企业；
2. 高新产业产值增速按现行价格计算。
（数据来源：山东省科技厅）

【高新技术发展及产业化政策】 2011年，省科技厅会同省财政厅印发《山东省科技型中小企业创新发展专项扶持资金支持集群试点工作方案》（鲁科高字〔2011〕54号）。会同省委组织部出台《山东省高新技术产业开发区人才工作目标责任制考核办法（试行）》（鲁科高字〔2011〕69号）。制定《山东省“十二五”制造业信息化科技工程规划》《山东省“十二五”科技服务业发展规划纲要》《山东省高新技术产业集群创新示范工程实施方案》等发展规划。

【2011年度高新技术领域重大事件】

国家超级计算济南中心组建 2011年，国家超级计算济南中心被科技部正式批准组建，实现了国家大型关键信息基础设施核心技术的自主可控目标。“神威蓝光”超算系统前期主要应用于海洋科学、新药研制、气象预报、金融分析、工业仿真等领域中的一些重点课题领域。

工业领域国家工程技术研究中心 浪潮电子信息产业股份有限公司的信息存储工程技术研究中心、青岛汉缆股份有限公司的高压超高压电缆工程技术研究中心获科技部批准，山东省工业领域国家级工程技术研究中心再增加2家，达到13家。

临沂高新区升级为国家级高新区 2011年6月，经国务院批复，临沂高新区升级为国家级高新区。全省国家级高新区达到8个。

重新确定高新技术产业统计体系 为充分发挥高新技术产业统计在山东省强化自主创新、促进结构调整中的导向作用，更好地调动市地和企业积极性，引导带动全社会正确投资，以《山东省高技术产业自主创新行动计划》确定的十大战略性新兴产业为主要内容，结合国民经济行业分类标准，2011年重新确定了山东省高新技术产业统计范围。

【高新技术研究开发】

科技发展计划　坚持将科技发展计划与全省经济建设和社会可持续发展的重大需求相结合，通过工业领域关键技术的突破、引进技术的创新、高新技术的应用及产业化，为经济方式转变、产业结构调整提供技术支撑。2011年，共受理工业领域网评项目455个，通过专家评审和筛选，对133个项目给予立项支持。

科技型中小企业创新基金专项　2011年，山东省有172个项目列入国家科技型中小企业创新基金，支持金额12 525万元，省级财政安排省科技型中小企业创新发展专项扶持资金项目114项，扶持资金总额4 000万元。验收省创新资金项目38项，验收国家创新基金项目134项。省级科技型中小企业创新发展扶持资金在争取国家支持、拉动企业投入方面发挥了重要作用，经测算，省级财政投入与争取中央财政投入比例为1：3，拉动企业投入比例为1：8。中小企业公共服务机构建设获国家支持，当年，山东淄博生产力促进中心等15家中小企业技术服务机构获国家中小企业公共服务机构补助资金支持。自2007年科技型中小企业技术创新基金增设中小企业公共服务机构补助资金以来，山东省有62家服务机构获资金补助，补助金额4 125万元。通过创新基金的支持，累计培植10个上市企业，项目执行期内获发明专利595件。

火炬计划　2011年，山东省有155个项目列入国家火炬计划，项目总量位居全国前列，160个项目列入省级火炬计划，项目涵盖了电子信息、生物医药、新材料及应用、光机电一体化、新能源与高效节能、环境保护及环境建设类等领域，达产后年可实现工业总产值734亿元，利税169亿元，出口创汇13亿美元。

制造业信息化工程　2011年，根据全国制造业信息化工作会议精神，编制《山东省“十二五”制造业信息化科技工程规划》。以“面向‘两区’重点产业的制造业信息化综合应用示范”为题申报“支撑行业、地方支柱产业的制造业信息化综合应用示范”（制造业信息化示范省）项目获科技部立项，国拨经费635万元。在科技部高新司的指导下，中国制造业信息化杂志社与省科技厅联合主办的“2011中国制造业信息化趋势论坛”在潍坊市召开。该论坛为山东省总结“十一五”制造业信息化科技工作，借鉴先进省市的经验，研究制定“十二五”制造业信息化科技工程规划，加速山东省制造业转型升级等工作都具有指导和促进作用。由省科技厅指导，山东省制造业信息化科技工程专家组、e-works中国制造业信息化门户网和山东山大华天软件有限公司联合主办的“2011（第七届）中国制造业产品创新数字化国际峰会”在济南召开。会议的举办，拓展了制造业信息化工作的思路，搭建了软件制造商和制造业企业的合作平台，帮助企业更好的实现信息化产品与解决方案的选型与实施。

金太阳示范工程　2011年，省科技厅联合省财政厅、发改委，确定在威海高新区、高密、聊城冠县等重点区域开展“金太阳”示范工程用户侧光伏发电和集中连片建设，并向科技部、财政部、国家能源局报送了建设试点方案。大唐发电、潍坊孚日和威海中玻等3个集中连片和用户侧并网发电项目列入国家“金太阳”示范工程，示范项目光伏发电装机总规模为33MW，获国家财政补助19 880万元。

国家“十二五”科技计划　通过组织与国家科技计划对接，全省工业高新领域在重大项目立项、争取国家“十二五”科技经费支持等方面取得显著成效。据初步统计，争取国拨经费超过6亿元。

【高新技术产业发展】

高新技术企业　2011年，开展高新技术企业的申报认定（含复审、更名）工作，共505家企业通过复审，430家通过认定。截至年底，山东省认定高新技术企业1 743家（不含青岛市），落实2008～2010年高新技术企业减免税额57.9亿元。

科技企业孵化器　科技企业孵化器作为科技创新基础平台，是建设创新型省份的重要基础，孵化器建设的规模和质量在一定程度上反映了一个地区的自主创新能力和水平。2011年，全省32家国家级创业服务中心通过科技部组织的复核，数量继续保持全国前列。新认定潍坊经济开发区科技企业孵化器、潍坊高新区光电产业园、滨州高新区高新技术创业服务中心、烟台美加科技孵化器有限公司、济南迪亚生物医药孵化器省级创业服务中心5家为省级创业服务中心，全省省级创业中心36家。

国家火炬计划特色产业基地　2011年，科技部火炬中心认定山东省广饶子午胎特色产业基地、临朐磁电装备特色产业基地、潍坊光电特色产业基地、国家火炬明水先进机械制造特色产业基地、国家火炬单县光伏光热特色产业基地、国家火炬烟台海洋生物与医药特色产业基地、国家火炬寿光卤水综合利用特色产业基地等7家基地为国家火炬计划特色产业基地。截至年底，山东省拥有国家火炬计划特色产业基地36家，产业涵盖电子信息、生物医药、新材料和先进制造等重点高新技术领域。全省17个市已有12个市建立了国家火炬计划特色产业基地。

创新型产业集群的建设工程　根据科技部《进一步加强火炬工作，促进高新技术产业化的指导意见》确定的“创新型产业集群的建设工程”，潍坊高新区光电产业集群、青岛高新区数字化家电产业集群被科技部火炬中心列入首批“创新型产业集群试点（培育）”。省科技厅与省财政厅启动山东省科技型中小企业创新发展专项扶持资金支持产业集群试点工作，实施集约投入，重点支持科技型中小企业产业集群和战略性新兴产业培育，确定东营石油装备产业集群、招远电子材料产业集群和福山汽车零部件产业集群3个产业集群作为当年的试点集群，支持资金2 000万元，安排产业集群项目23项。

科技服务体系火炬创新工程　根据科技部《进一步加强火炬工作，促进高新技术产业化的指导意见》的“科技服务体系火炬创新工程”，山东省推荐的东营市石油装备产业提升服务体系建设、济宁高新区装备制造业研发设计能力提升服务体系建设被科技部火炬中心列入首批“科技服务体系试点”。

【高新技术产业开发区】　根据全省“四新一海”发展战略的总体规划，积极推进创新型园区建设，加快“二次创业”，以优化发展环境、强化服务功能和建立创新机制为重点，建立健全能够长期稳定支持自主创新的体制机制，营造优越的创新创业环境，形成完善的科技创新体系和产业集群的内在竞争优势。2011年，经国务院批复，临沂高新区升级为国家级高新区，全省国家级高新区共8个。当年省级及省级以上高新区批准入区项目2 753个，固定资产投资2 777.05亿元；规模以上工业总产值13 369.92亿元；财政收入531.17亿元；实际外商直接投资24.60亿美元；出口额192.49亿美元；专利申请10 325件，其中申请发明专利3 648件；专利授权5 732件，其中发明专利授权1 228件；R&D经费支出278.13亿元。

高新区人才工作目标责任制考核试点工作成效显著。对全省20个省级及省级以上高新区2010年度的人才工作进行考核。组织各高新区形成书面总结并做出自我评价。在对各高新区考核指标数据进行汇总、统计、分析的基础上，组成考核组，采取听汇报、查看资料、座谈会、实地考察等方式，重点筛选部分国家高新区，对其人才工作情况进行现场考核，确定青岛、潍坊、济宁、济南、淄博、威海高新区为优秀档次，滨州、文登、即墨、嘉祥高新区为强化整改档次，并根据整体考核情况，将考核结果报省人才工作目标考核领导小组。

【科技风险投资】　2011年，根据科技部、中国人民银行、中国银监会、中国证监会、中国保监会关于《促进科技和金融结合试点实施方案》（国科发财〔2010〕720号）的要求，在全省开展科技和金融结合试点工作。分别制定《潍坊高新技术产业开发区促进科技和金融结合的试点方案》《济宁高新技术产业开发区促进科技和金融结合的试点方案》，通过了科技部组织的专家评审。做好科技型中小企业创业投资引导基金申请和验收工作，3家企业新获引导资金无偿资助，4家企业通过验收。完成2011年省科技风险投资项目考察筛选工作，确定对2家企业进行投资。启动山东省科技融资担保有限公司筹建的准备工作，在征求有关部门和单位意见的基础上，初步设计公司框架。参与省级创业投资基金理事会办公室对第一批合作创投企业的巡检工作，并开始进行第二批合作单位的考察工作。

（省科技厅高新技术发展及产业化处）

农村科技工作

【黄河三角洲国家现代农业科技示范区建设】 8月22日，在部省工作会商会议上，科技部与山东省人民政府共同签署《共建黄河三角洲国家现代农业科技示范区协议》，将黄河三角洲国家现代农业科技示范区建设列为部省会商会议固定议题。黄河三角洲国家现代农业科技示范区，是国家现代农业“一城两区”（北京国家现代农业科技城、杨凌农业高新技术产业示范区和黄河三角洲国家现代农业科技示范区）战略的重要组成部分，为黄河三角洲高效生态农业国家战略的实施提供科技支撑。通过示范区建设，着力构建“生产—加工—物流—检测”四位一体的现代农业产业链和“政府—企业—大学—院所”共建共赢的现代农村科技服务链，通过资本、技术、信息等现代农业服务要素的聚集，打造高端农业产业新模式，推动传统农业向生态、智慧、安全、高值农业转变。山东省科技厅联合省农业厅、省水利厅、省海洋与渔业厅、省林业局等省直农口部门经过调研，编制《黄河三角洲国家现代农业科技示范区总体规划》，并经专家论证，于12月9日由山东省人民政府正式行文报送科技部。示范区建设坚持边规划边实施。8月26日，先期启动了黄河三角洲优质肉牛科技示范工程，以布莱凯特黑牛科技股份有限公司为龙头，选择高青、阳信、乐陵等具有肉牛养殖基础的10个县（市）作为科技示范工程县（市），形成“十县、百乡、千村、万户”梯次发展格局，探索建立信息化、法人特派员、现代种业三位一体的现代肉牛生产产业体系，推进一、二、三产业有机融合，以现代种业、现代服务业、现代加工业提升传统肉牛产业发展水平，打造高档肉牛新品牌，推动黄河三角洲优质肉牛产业的规模化、产业化发展。

（省科技厅农村科技处）

【国家农村农业信息化示范省建设】 2月25日，《山东省国家农村农业信息化示范省实施方案》获科技部办公厅、中组部办公厅和工信部办公厅正式批复。

山东省农村农业信息化综合服务平台建设 经征求专家意见和不断修改完善平台建设方案，明确平台建设框架和任务分工，综合信息服务平台已基本完成，并于6月份实现网上测试。

专业信息服务系统建设 结合山东省优势产业发展现状和需求，先期启动苹果、蔬菜、花生、肉牛、水产、农产品物流等六大专业信息服务系统建设。分别依托产业优势单位，分析各产业需求重点，制定系统建设方案，依据不同产业的特点，设计各具特色的技术路线和服务模式。各专业系统建设工作进入整合开发阶段，其中蔬菜、苹果和农产品物流等专业信息服务系统已实现测试运行。各系统于9月全部完成建设。

基层信息服务示范站点建设 制定《基层信息服务示范站点建设方案》，印发《山东省农村农业信息化基层信息服务示范站点申报指南》，明确以全省现有农村党员远程教育、星火科技12396等各类农村信息服务站点为基础，通过提升改造，达到功能齐备、设备齐全、特色明显、便捷高效、服务到位、示范带动性强的要求。拟首批建设500个综合信息服务示范站点，200个专业信息服务示范站点，分布在黄河三角洲、胶东半岛、鲁中、沂蒙山区、鲁西南、鲁西北等6个区域。制定信息员选拔、考核标准，星火办组织专家编写《山东省农村农业信息化基层信息员培训教材》。加强信息通道建设，促进三网融合，依托党员干部现代远程教育网络，进一步整合通道资源，实现互联网通道、短信通道、语音通道、视频通道4大信息服务通道接入与服务，在服务平台与基层站点之间搭建了高速、稳定的沟通桥梁。

（省科技厅农村科技处、星火办）

【国家粮食丰产科技工程】 7月12日，科技部、农业部、财政部、国家粮食局在北京召开“十二五”国家粮食丰产科技工程启动会议。全国政协副主席、科技部部长万钢出席会议并作重要讲话。副省长孙伟代表山东省与国务院4部门签署“十二五”期间合作协议，并作典型发言。“十二五”项目启动以来，“黄淮东部（山东）小麦玉米两熟持续丰产高效技术集成研究与示范”课题以小麦玉米超高产、节水抗逆关键技术研究与技术集成示范为突破口，以小麦玉米实用增产技术的组装与示范为重点，开展小麦玉米一体化稳产增效技术创新研究，进一步强化丰产技术集成与大面积示范应用，并取得初步成效，关键技术创新研究和技术优化集成带动了粮食产业科技全面升级，小麦玉米均较前3年平均水平明显提高。2011年，11个课题任务县（市）小麦高产攻关田平均亩产721.45kg，较前3年平均亩增产21.93kg。莱州、诸城两个核心区小麦平均亩产657.2kg，较前3年平均亩增产29.56kg。11个示范县（市）小麦示范面积3.73万hm^2（56万亩），平均亩产617.4kg，平均亩增产45kg，共增产2 520万kg。辐射区45.33万hm^2（680万亩），小麦平均亩产520.3kg，平均亩增产50.2kg，共增产34 136万kg。11个课题任务县玉米高产攻关田平均亩产916.53kg，较前3年平均亩增产3.72kg。核心区平均亩产732.17kg，较前3年平均亩增产2.79kg。示范区面积共3.74万hm^2（56.1万亩），平均亩产703.29kg，平均亩增产57.2kg，共增产3 208.92万kg，增收6 096.95万元。辐射区玉米面积37.89万hm^2（568.4万亩），平均亩产600.1kg，平均亩增产53.6kg，共增产30 466.24万kg，增收57 885.86万元。示范区和辐射带动区共增产33 675.16万kg，增收63 982.8万元。

【农村领域科技计划】 4月29日，科技部农村科技司和中国农村技术开发中心在北京联合召开“‘十二五’国家农村科技计划改革试点案例工作会”，围绕改革试点工作第三阶段案例准备工作进行部署。山东省科技厅作为项目组织单位，组织实施国家科技支撑计划项目“农村农业信息化关键技术集成与示范”，总经费8 340万元。省科技厅组织、协调山东省农业科学院、山东农业大学、中国农业大学等参与单位，完成任务书修订、实施方案完善等各项试点工作。7月1日，科技部副部长张来武召开科技计划改革领导小组会议，省科技厅厅长翟鲁宁对试点工作进行了详细汇报，特别是课题设置、人员配备、设备管理、经费拨付等管理创新方面，得到科技部领导的充分肯定。“温室长季节栽培新品种种苗繁育与示范”等3个项目入选国家科技支撑计划备选项目库。其中，“黄淮海中北部冬小麦夏玉米大面积节水抗逆稳产集成研究与示范”“功能性环保农膜新材料及产品研制”两项目已经科技部批复实施，总经费2 899万元。省级农村领域科技计划以农业高技术、农业生产技术、农业设施装备技术、现代农业产业技术、新农村建设技术等领域为重点，组织实施6个自主创新成果转化重大专项项目和105个科技发展计划项目，支持经费总额5 046万元。

【农业良种工程】 为贯彻落实国务院《关于加快推进现代农作物种业发展的意见》（国发〔2011〕8号），着力推进《山东省种业振兴规划（2011～2015年）》的组织实施，山东省科技厅、发改委、财政厅、农业厅、海洋与渔业厅、林业局、金融办、畜牧兽医局、农科院共同组织编制《山东省种业振兴规划（2011～2015年）实施方案》。在相关专家论证后，经省农业十大产业振兴部门联席会议研究同意，于12月19日由共同编制部门联合印发。《方案》以构建产业为主导、企业为主体、基地为依托、产学研相结合、“育繁推一体化”的现代种业产业体系为目标，围绕加强种质资源保护和创新利用、加快农业新品种培育、加强种业创新平台建设、提升种苗生产能力、加强种业服务体系建设、培育现代种业企业六项重点任务，提出深入实施农业良种工程、种业生产服务能力提升工程、现代种业企业培育工程。省科技厅与省财政对2008～2010年省农业良种工程课题联合开展绩效考评工作，并将考评结果作为调整2011年度计划的重要依据。2011年良种工程计划在原有18个重大课题和各市申报重点课题的基础上，增加了花生、蔬菜、果树、林木、畜禽、水产6个农业生物资源创新利用研究课题和小麦、玉米、棉花、蔬菜、生猪、水产6个种子商品化关键技术研究与集成示范课题，加强对种质资源保存利用的研究和对现代种业企业的引导与培育。为培育现代种业企业，启动实施山东省科技型种业企业自主创新能力建设资金项目，设专项资金1 500万元，支持有条件的科技型种业企业完善建设自有创新机构，着力打造全国种业科技精品工程。

【农业科技成果转化资金】 2011年，24个项目获国家农业科技成果转化资金项目立项，资金1 760万元，立项总数和经费总数与其他3个省并列第一位。其中，寻山集团有限公司申报的“水产集约养殖数字化集成系统的中试与转化”被列为国家重大项目，经费300万元。围绕推进农业科技创新创业和产业链的形成与延伸，山东省安排经费1 000万元，支持50个农业科技成果转化资金项目。

【农业科技创新平台建设】 1月，科技部正式批复依托寻山集团建设国家海产贝类工程技术研究中心。中心获国家和省建设经费800万元，并获国家“十二五”科技支撑计划项目经费700万元。山东省农业领域国家级工程技术研究中心总数达8家，占全国农业领域总数的10%以上。新组建省级农业领域工程技术研究中心35家，全省省级农业领域工程技术研究中心141家。山东省人民政府新批准建设东营、烟台2家省级农业高新技术产业示范区，全省省级农业高新技术产业示范区总数8家。推荐东营市申报国家农业科技园区，获批后山东省国家农业科技园区将达到3家。加强对农业领域产业技术创新战略联盟的指导和管理，在计划项目方面给予倾斜，促进联合开发、优势互补、利益共享、风险共担的紧密型产学研结合新机制的形成。

【科技特派员农村科技创业行动】 截至2011年底，全省111个县（市、区）开展了科技特派员农村科技创业工作，占全省县市区总数的88.1%。下派科技特派员13 647名，法人科技特派员441个。结成经济利益共同体1 410个，创办企业921个，组建合作经济组织或专业协会4 234个，会员人数18.4万人。引进推广新技术、新品种5 787项，培训农民238.91万人，实施科技开发项目2 515项，年项目总投资21.42亿元，实现年利润10.34亿元。科技特派员创业项目直接参与农户21.9万户，安置劳动力409.4万人，辐射带动255.5万人，农村人均纯收入1.08万元，比上年人均收入增幅18.03%。在全国科技特派员农村科技创新创业大赛中，山东省科技厅获“科技特派员农村科技创新创业大赛优秀组织单位”荣誉称号。山东省共获一等奖2项、二等奖3项、三等奖14项。2011年度省科技特派员专项资金安排经费162万元，重点支持科技特派员农村科技创新创业大赛获奖项目。

【科技富民强县专项行动】 按照科技部要求，对2007年度4项国家科技富民强县专项行动计划项目进行绩效考评，对实施效果好、辐射带动强的项目，择优推荐到科技部申请后续资金支持。对新申报的11项国家富民强县项目进行专家评审和推荐。阳信县“优质高效生态肉牛循环产业链构建及示范区建设”等9个项目被列入2011年国家科技富民强县专项行动计划，获专款支持1 449万元，立项数和资金额度分别比上年增加80%和46%。围绕山东省区域优势特色产业发展，安排省专项资金1 000万元，实施了临沂市罗庄区“有机食用菌优质高效栽培技术示范推广及产业化开发”等16个省级科技富民强县专项行动计划项目。

（省科技厅农村科技处）

【星火计划工作】 2011年，星火计划管理工作转变工作思路，根据计划改革在农村领域先行先试的要求，按产业链启动星火计划重大项目的组织工作。依据山东省的自然资源优势，在地方优质猪、鲁西黄牛、烟台苹果等优势农产品领域，进行顶层设计，按照关键节点设计完整的产业链条。山东省推荐上报的多个重大项目被科技部列为2011年度国家级星火计划重大项目。其中，“莱芜猪及其配套系产业化技术集成与示范”“优质高档鲁西黄牛产业技术集成与示范”争取国家扶持资金690万元，“苹果高效生产及精深加工产业化技术集成”项目获得入库资格。获支持资金数目位列全国前列。有94个项目列入国家星火计划，组织实施省级以上星火计划项目295项，其中省级以上立项数创多年来新高。在年度立项的项目中，农产品与食品加工118项，作物优质高效安全生产68项，健康养殖与疫病防控37项，循环农业与生态环境建设31项，其他41项。区域分布覆盖山东省95%以上县市区。项目总投资55.24亿元，其中自筹40.7亿元，预计项目完成后，新增产值295.13亿元，新增利税27.6亿元。

【星火人才培训】 7月6日，省科技厅与团省委、省妇联、省科协联合印发《关于实施农民科技素质提升星火培训工程的通知》（鲁科农字〔2011〕115号），并印发实施意见，培训工程围绕山东半岛蓝色经济区、黄河三角洲高效生态经济区建设等国家战略目标实施对农村人才的实际需求，联合省直有关部门和组织，采取系统联动、资源集成、订单培训、逐级落实的方式，主要依托各部门培训机构大力实施农民科技素质提升星火培训工程。“十二五”期间培训新型农民10万人，其中转移培训2万人，青年星火创业带头人培训1万人，农村科技信息员培训1万人，实用技术培训4.5万人，管理人员培训1.5万人；培养“青年星火创业带头人”“巾帼星火增收带头人”“科普星火带头人”各1 000名。2011年，星火培训采取“多形式、多渠道、多层次”的方法，集成团省委、省妇联、省科协等部门优势，通过共同开展“新时期农民素质提升星火培训工程”，培训各类科技实用人才40万余人。

【苹果高光效树型改造项目】 9月18～23日，日本果树专家末永武雄先生到山东考察“苹果树高光效树型改造”效果。经过对聊城市冠县、泰安市肥城市、济宁市邹城市、枣庄市滕州市、临沂市沂水县改造现场的实地查看，日本专家对山东省实施的“苹果树高光效树型改造配套技术”成效给予肯定。“苹果高光效树型改造项目”是针对山东省乔化密植老苹果园普遍存在的树冠郁闭、光照恶化、产量低、品质差的实际问题，通过引进日本苹果高光效管理技术，结合本省苹果生产的实际，进行技术创新和推广，以彻底解决老果园的优质高效生产的技术难题。经过几年的研究、示范、推广，总结出苹果高光效树型改造的修剪技术体系、苹果优质高效生产的树体结构指标和综合配套的技术措施。苹果高光效树型改造综合配套技术示范面积达百万亩，培训果农6万余人次，优质示范园面积666.67hm^2（1万亩），年均亩产3 000kg左右，优质果率90%以上，经济效益显著。

【科技支援工作】

科技援疆　星火办改变以往提供技术支持、开展人员培训等援助方式，通过扶持鼓励优势企业到喀什投资创业，引导受援地区科技和经济发展。在全省范围内征集农、林、果、畜牧养殖等领域的成熟技术及意向单位。7月，星火办组织山东布莱凯特黑牛科技有限公司、山东肥城坤庆食品有限公司、山东百寿坊食品有限公司、山东济宁友和食用菌有限公司和山东国强科技股份有限公司共5家企业一行赴新疆喀什地区进行实地考察。考察采取召开座谈会、与山东援疆前方指挥部接洽及实地考察相结合的方式。经筛选，最终决定支持山东布莱凯特黑牛科技有限公司、肥城坤庆食品有限公司、山东国强科技股份有限公司、寿光市生产力促进中心就“优质肉牛新品系培育”“优质蔬菜新品种引进、筛选及集约化育苗技术研究”“高密封性门窗五金件研制与应用示范”“设施蔬菜栽培质量控制体系及安全追溯技术研究”等项目到新疆投资兴业。通过援疆企业在新疆落地建厂，将山东的高新技术嫁接到喀什，提升当地的自主创新能力。

科技援藏　7月4～13日，山东援藏（日喀则）第三期农业科技培训班在寿光举办，由西藏日喀则地区科技局局长德吉秧宗率队的17名科技干部参加此次培训。培训着重讲授了《寿光蔬菜产业化形成与发展》，介绍寿光蔬菜发展过程、现状、经验、成就及蔬菜生产发展方向，并结合现场观摩，组织参观新型冬暖式大棚、考察寿光市蔬菜高科技示范园、以色列农业种苗生产基地、寿光蔬菜良种工程中心、新建农产品物流园、寿光市蔬菜电子拍卖市场、寿光市三元朱村、农产品质量检测中心等。培训使藏方学员感受到了山东农业产业化和科技创新方面的先进性，拓宽了创新发展的工作思路。

科技支援库区　作为库区移民县，“十一五”期间山东省对重庆忠县进行科技支援。2011年4月，安排有关人员赴忠县进行调研。在调研的基础上，就科技帮扶达成共识。安排资金10万元，用于支持忠县农村信息化平台建设。

外省来鲁参观考察团　7月，科技部第25届科技扶贫对口帮扶点——陕西榆林市佳县、延安市安塞县一行16人，分别到寿光市、莱芜市参观考察。在莱芜市考察过程中，就佳县4.47万hm^2（67万亩）大枣方面的科技合作和对外出口等方面达成初步合作意向。7月6～9日，河南省光山县考察团一行18人来寿光市考察农业科技工作，该县是科技部第25届科技扶贫团——大别山团对口帮扶点。7月12日，由四川省雅安市科技考察团一行6人到寿光市参观学习。河南和四川省考察团除实地调研外，还分别与寿光科技局、农业局等有关部门领导和专家进行座谈交流，就提升蔬菜种植水平、扩大蔬菜种植规模、强化蔬菜质量安全监管等方面达成初步合作意向。

（省科技厅星火办）

社会发展科技工作

【医药科技创新体系建设】　2011年，山东省医药产业实现销售收入2 032.95亿元，连续八年全国第一，约占全国的14%，规模优势明显。山东省委、省政府3年出台8个加快医药创新与产业发展的政策性文件，对山东重大新药创新平台建设起到很大推动作用。9月23日，国家重大专项评估检查工作组对此给予高度评价，认为该项工作重视程度居各省之首。6月18日，山东省参加了在北京举行的国家新药研发大平台项目课题总结答辩中期评估会，专家组对山东医药产业的雄厚产业基础和科技需求给予肯定。

国家综合性新药研发技术大平台建设总体情况　2011年1月，省科技厅印发《关于做好国家综合性新药研发技术大平台建设总结工作的通知》（鲁科社字〔2011〕7号），对大平台建设3年来的主要成绩、合同任务完成情况、存在的主要问题等以及“十二五”发展规划思路进行了全面总结。据统计，截至年底，山东国家综合性新药研发技术大平台共投入医药科研经费54.7亿元，其中争取国拨经费4.23亿元；获得国家批准新药证书56件，临床研究批件73个；在国内外核心期刊发表学术论文2 457篇，其中SCI、EI收录论文1 191篇，出版学术专著33部；获得省部级以上科技奖励83项；新药研发大平台共申请专利870件，其中授权国际发明专利17件，授权国内发明专利414件。

《山东国家综合性新药研发技术大平台“十二五”科研条件建设规划》　为加快大平台建设，为全省医药科技创新体系建设提供技术支撑，降低医药科研单位和企业新药研发与产业化成本，瞄准国内一流目标，省科技厅组织大平台共建单位联合相关专家编制《山东国家综合性新药研发技术大平台“十二五”科研条件建设规划》（简称《规划》），并通过专家评审论证，经省科技厅批准，正式发布实施。《规划》的主要内容包括“十一五”建设成效、指导思想与基本原则、“十二五”建设任务与目标和推动措施四部分，总体目标是瞄准建设国际先进，国内一流水平的国家综合性新药研发技术大平台，建立适宜重大新药创制和成果转化的科研仪器装备共享管理体制和运行机制，减少仪器设备的重复购置，进一步提高使用效率，加速医药科技创新。

财政配套资金　为支持大平台建设，省财政匹配资金6 000万元。4月，省科技厅、省财政厅在济南召开国家新药大平台2011年度省财政匹配经费论证会，确定配套资金支持重点：①重点建设大平台公共服务平台，进一步完善创新药物研发的技术链，省财政配套4 000万元支持大平台公共服务平台建设。②在省长姜大明支持下，省财政配套1 000万元用于支持建设山东蓝金生物工程有限公司主建的“抗癌缓释植入剂特色平台”。③省财政拿出1 000万元扶持齐鲁医院、省立医院、省中医院、省肿瘤医院4家临床医院建立省级新药临床评价研究（GCP）技术平台。其中，山东大学齐鲁医院心脑血管病新药临床评价研究（GCP）技术平台已列入“重大新药创制”科技重大专项建设计划，获国拨经费800万元。

“泰山学者—药学特聘专家”建设　2011年，根据《山东省人才工作领导小组〈“泰山学者—药学特聘专家”专项建设工程实施方案〉》的要求，面向国外、省外选聘高层次专家，经个人申报、设岗单位推荐，共收到24人申请。6月，省委组织部、省科技厅联合邀请同行专家对候选人进行评审，最终确定赵忠熙等10人为“泰山学者—药学特聘专家”。其中，国外引进5人，外省大院大所引进5人；2人入选国家“千人计划”；1人为国家杰青基金获得者。省科技厅在科技攻关计划中给予每人50万元科研经费支持。11月，省政府办公厅发文公布“泰山学者—药学特聘专家”名单（鲁政办字〔2011〕158号），见表1。

表1　　首批“泰山学者—药学特聘专家”名单

姓　名	岗位名称	设岗单位
赵忠熙	药物分析与质量控制技术	山东省药学科学院
王　鹏	基因重组蛋白药物的研究与开发	山东先声麦得津生物制药有限公司
柳　红	肿瘤化疗药物的研究与开发	寿光富康制药有限公司
吕　扬	药物优势晶型研究技术	山东益康药业有限公司
冯东晓	新制剂与新释药系统	山东绿叶制药股份有限公司
曾　钢	肿瘤免疫药物的研究与开发	潍坊高新区生物医药科技园发展有限公司
陈大为	抗生素类药物的研究与开发	瑞阳制药有限公司
种兆忠	药效学评价技术	山东省医学科学院
李三鸣	冻干粉针剂研究	山东罗欣药业股份有限公司
齐宪荣	注射剂新剂型研究与产业化	辰欣药业股份有限公司

10月14日，省科技厅印发《关于做好“泰山学者—药学特聘专家”申报工作的通知》（鲁科社字〔2011〕195号），继续面向省外、海外选聘第二批“泰山学者—药学特聘专家”，选聘对象以45岁左右的中青年学者为主体，优先选聘入选国家“千人计划”和“国家杰出青年基金”“长江学者”等国家级高层次创新人才计划的科技领军人才。

国家综合性新药研发技术大平台（山东）产业化示范企业认定　为落实《山东省人民政府关于加快医药科技创新体系建设的意见》（鲁政发〔2010〕118号），“十二五”期间继续培育国家综合性新药研发技术大平台（山东）产业化示范企业（以下简称示范企业）。2011年，有10家企业被认定为第二批示范企业（鲁科社字〔2011〕257号）。

2011年新认定国家综合性新药研发技术大平台（山东）产业化示范企业（10家）

济南宏济堂制药有限责任公司
山东金城医药化工股份有限公司
山东凤凰制药股份有限公司
烟台渤海制药集团有限公司
青州尧王制药有限公司
山东沃华医药科技股份有限公司
德州德药制药有限公司
山东达因海洋生物制药股份有限公司
山东洁晶药业有限公司
山东明仁福瑞达制药有限公司

国家山东创新药物孵化基地建设　12月12～14日，国家山东创新药物孵化基地项目调度会在济南召开。会议听取了项目技术负责人凌沛学研究员的项目总体进展情况报告，听取了77位课题负责人关于各课题进展情况的报告。国家山东创新药物孵化基地由省科技厅牵头，组织济南、潍坊和烟台3个生物园区联合申报，上年获“重大新药创制”科技重大专项立项，实施期限为2010～2012年。项目涉及38家单位和77个课题，涵盖创新药物研制、药物大品种技术改造、关键技术攻关、单元技术平台和国际化等课题。截至2011年底，该项目获发明专利授权70件，制定国家药品技术标准14项，正在审评标准8项，获省部级以上奖励32项。

省级创新药物孵化基地建设　12月22日，

省科技厅在济南组织专家对菏泽编制的《山东省创新药物（菏泽）孵化基地“十二五”建设与发展规划》进行论证。专家组对菏泽市科技局和菏泽高新区管委会关于该规划的汇报给予认可。27日，省科技厅正式批准建设“山东省创新药物（菏泽）孵化基地”。

“重大新药创制”国家科技重大专项 2011年，山东省共争取“重大新药创制”科技重大专项项目22项，国拨经费总计7 356万元。

打造新药创制平台，建设生物医药强省调研活动 在2011年度全省政府系统优秀调研成果评选中，省科技厅《努力打造新药创制平台，建设生物医药强省》调研报告获得一等奖。该报告针对山东省医药科技创新体系，提出做大做强山东省生物医药产业的工作思路和政策建议。

【可持续发展实验区建设】

国家可持续发展实验区建设 2月17日，科技部批准潍坊市峡山区和枣庄市山亭区建设国家可持续发展实验区。山东省国家级可持续发展实验区达到8家。烟台龙口市、淄博沂源县、德州德城区申报了国家可持续发展实验区。10月18日和12月28日科技部社发司组织专家对龙口市、沂源县和德城区进行了实地考察。

省级可持续发展实验区建设 2011年，新建济南历下区、莱芜市雪野旅游区、潍坊市高新区、诸城市以及临沂市沂水县5家省级可持续发展实验区，省级可持续发展实验区达到11家。

【节能减排科技工作】 2011年，省科技厅先后从省科技攻关计划和重大专项计划安排节能减排项目，总经费为5 592万元（比2010年增长9%），重点用于节能技术与装备的研究、示范及产业化。针对省政府确定的钢铁、有色、电力、建材等重点节能行业，围绕“五节一循环”技术，实施一批项目，加大节能共性和关键技术的研发。围绕新能源汽车、LED等新能源战略性新兴产业实施重大科技项目产业化示范工程，培育一批适应市场需求、拥有核心技术的新能源优势企业，拉长产业链条，壮大新能源战略性新兴产业规模。推广节能先进技术和产品，推动行业节能技术集成。4月，在全省节能考核电视会议上，省科技厅被省政府授予“山东省节能先进单位”称号，记集体二等功。社会发展科技处王守宝同志获“十一五”期间“山东省节能突出贡献个人”，记一等功。社会发展科技处郭怀芳同志获“十一五”期间“山东省节能先进个人”，记二等功。

【黄河三角洲高效生态经济区建设】 2011年1月，《黄河三角洲高效生态经济区科技发展规划》通过专家组论证。该规划获2011年省政府调研成果三等奖。6月，山东省编办同意设立山东省黄河三角洲可持续发展研究院及管理中心，为副厅级社会公益一类事业单位，实行省市共管，东营为主的管理体制。12月，国家科技部复函省科技厅，同意以山东省黄河三角洲可持续发展研究院为依托，设立黄河三角洲国家可持续发展研究中心。黄河三角洲国家可持续发展研究中心围绕贯彻落实《黄河三角洲高效生态经济区发展规划》与《山东半岛蓝色经济区发展规划》两大国家级战略，面向黄河三角洲可持续发展需求，抓住资源高效利用、环境保护、发展低碳产业和循环经济的主线，以技术产业化为核心，产学研用结合为保障，整合、集成科技资源，建设集信息交流、人才资源、技术研发、成果转化、企业孵化、投融资服务为一体的科技创新机构，逐步将研究中心建设成为国家高效生态经济可持续发展产业技术创新平台，为黄河三角洲国家可持续发展实验区建设提供科技支撑。

【社会事业科技支撑体系建设】 2011年，根据科技部《关于征集十二五国家科技计划社会发展科技领域项目需求的通知》要求，省科技厅共推荐项目24个。其中，资源3项，环境7项，生物技术3项，人口健康6项，公共安全3项，城镇化与城市发展2项。初步统计，山东省社发领域项目共11项完成出库工作，总经费超过8 000万元。山东东阿阿胶股份有限公司“国家胶类中药工程技术研究中心”和中科院海洋研究所“国家海洋腐蚀与防护工程技术研究中心”通过了科技部社发司和计划司组织的专家评审。截至年底，全省社发领域建有8家国家级工程技术研究中心。

（省科技厅社会发展科技处）

科技创新资源与能力

【省科技计划及投入】 2011年度山东省省级科技计划投入情况见表1。

表1 2011年度山东省省级科技计划投入统计表

计划名称	经费（万元）
山东省科学技术发展计划	16 238
山东省科学技术发展计划（软科学部分）	462
山东省自主创新成果转化重大专项	24 000
山东省自然科学基金（含山东省自然科学杰出青年基金1 000万元）	5 000
山东省优秀中青年科学家科研奖励基金	1 600
山东省科技型中小企业创新发展专项扶持资金	6 000
山东省农业良种工程	5 000
山东省农业科技成果转化资金	1 000
合 计	59 300

（数据来源：山东省科技厅）

（省科技厅规划财务处）

【科技创新平台建设】 截至2011年底，山东省共有国家重点实验室（依托高校、科研院所）3个；国家企业重点实验室10个，承担国家973项目课题10个，获经费资助2 500万元（青岛1 250万元）；省部共建国家重点实验室培育基地5个；省重点实验室123个；省企业重点实验室63个，新批准26个；省市共建省重点实验室培育基地9个。新发放实验动物生产许可证3份，实验动物使用许可证19份，注销实验动物许可证11份，累计发放有效实验动物许可证121份，其中，实验动物生产许可证36份，实验动物使用许可证85份。依托山东省大型科学仪器设备协作共用网，通过整合仪器设备资源，建立仪器设备协作共享机制，搭建全省科学仪器设备共享平台，收集和整合仪器设备3 218台（套），原值24.6亿元，其中原值30万元以上仪器设备1 949台（套），50万元以上仪器设备1 095台（套），会员单位623家。

重点实验室建设　2011年，对已建设期满的2个省重点实验室、5个省市共建省重点实验室培育基地进行了验收，对123个省重点实验室全部进行了绩效考评；下达2011年度省重点实验室建设经费3 000万元，对绩效考评成绩优良的实验室进行奖励经费补助。开展2011年新建实验室申报工作，共受理建设申请11项，重点集中在农产品精深加工技术、畜产品质量安全监测与风险评估、中西医结合眼病防治、消费品安全检测、整形与显微修复等5个指南方向。为探讨和研究“十二五”实验室建设与发展工作，切实制定好《省重点实验室“十二五”发展规划》《省重点实验室建设与运行管理办法》《省重点实验室专项经费管理办法》等文件， 2月，省科技厅联合省财政厅组成调研组，对江苏、上海、广东等省市及山东省2010年底前批准建设的113个实验室进行了全面调研。组织省重点实验室针对公众生产、生活实际需求，编写生活科普读物——《科技与生活》一书，初稿已编纂完毕。

3月，省科技厅批准新建26个2010年度省企业重点实验室，见表2。其中，按领域统计，农业与生物技术5个，医药6个，新材料3个，先进制造及装备5个，电子信息2个，新能源2个，资源与环境保护3个；按主管部门统计，烟台5个，威海4个，潍坊3个，济南3个，泰安2个，德州2个，淄博2个，临沂1个，滨州1个，聊城1个，省科学院1个，青岛1个。5月17～23日，省科技厅组织有关专家对26个省企业重点实验室建设计划进行可行性论证。通过论证进一步明确实验室定位，凝练研究方向及内容，规范了管理与运行。

表2　　2010年度山东省企业重点实验室（2011年立项）

实验室名称	依托单位	主管部门
苹果精深加工技术	山东安德利集团有限公司	烟台市科技局
海珍品精深加工技术	好当家集团有限公司	威海市科技局
生物聚酯发酵技术	瑞星集团有限公司	泰安市科技局
酿造食品生物发酵技术	山东景芝酒业股份有限公司	潍坊市科技局
新型农药创制技术	山东华阳农药化工集团有限公司	泰安市科技局
小分子靶向药物	齐鲁制药有限公司	济南市科技局
抗菌药物	瑞阳制药有限公司	淄博市科技局
粘膜与皮肤给药技术	山东福瑞达医药集团公司	济南市科技局
冻干粉针剂药物	山东罗欣药业股份有限公司	临沂市科技局
安全给药器械	山东威高集团医用高分子制品股份有限公司	威海市科技局
肿瘤放射治疗技术	山东新华医疗器械股份有限公司	淄博市科技局
芳纶纤维材料	烟台氨纶股份有限公司	烟台市科技局
高性能热塑性弹性体	龙口市道恩工程塑料有限公司	烟台市科技局
钎钢钎具	山东三山集团有限公司	聊城市科技局
汽车非轮胎用橡胶材料	山东美晨科技股份有限公司	潍坊市科技局
发动机活塞摩擦副	山东滨州渤海活塞股份有限公司	滨州市科技局
远洋船舶压载水处理技术	山东威达集团有限公司	威海市科技局
体育器材制造技术	泰山体育产业集团有限公司	德州市科技局
船载设备	青岛海德威科技有限公司	青岛市科技局
光纤智能传感网技术	威海北洋电气集团股份有限公司	威海市科技局
电声技术	歌尔声学股份有限公司	潍坊市科技局
秸杆生物炼制技术	山东龙力生物科技股份有限公司	德州市科技局
生物质能源综合利用技术	济南圣泉集团股份有限公司	济南市科技局
节能环保制冷设备	烟台冰轮集团有限公司	烟台市科技局
干燥过程节能技术	山东天力干燥设备有限公司	山东省科学院
海藻遗传育种与栽培技术	山东东方海洋科技股份有限公司	烟台市科技局

3月25日，全省企业重点实验室管理培训会议召开。会上，国家科技部基础研究司有关领导介绍企业国家重点实验室建设与发展情况，重点实验室管理方面专家作了报告，省企业重点实验室主任及其依托单位分管领导近200人参加了培训。7月1日，省科技厅启动第三批省企业重点实验室建设工作。申报领域包括农业与生物技术、医药、新材料、电子信息、先进制造技术及装备、环境和新能源7大研究领域的17个研究方向。全省共有76个实验室提出建设申请，经形式审查后，有44个实验室进入专家会议评审。11月2～3日，组织有关专家对2011年度申报新建的实验室进行评审，评审采取实验室答辩，专家评议打分的评审方式。

大型科学仪器协作共用与管理　3月24～26日，由省科技厅主办，省理化分析测试协会、省分析测试中心、山东计量测试学会、青岛市分析测试学会等承办的“第九届山东国际科学仪器及实验室装备展览会暨分析测试学术交流大会”在济南举办。展览分科学仪器设备展览、计量测试仪器设备展览和分析测试学术交流三大部分。展会采用仪器设备展示、学术交流、技术推广、评选、贸易洽谈等多种形式。中科院生态环境研究中心主任江桂斌院士、中国分析测试协会副理事长王顺昌、山东省医科院副书记寻建华、山东省农科院副院长逯岩、山东省科学院副院长王英龙等领导出席开幕式并参观展览会。山东省科技厅副厅长徐茂波、山东省质量技术监督局副局长张闽生和山东省理化分析测试协会理事长刘建华致辞。开幕式由山东省科技厅基础研究与科技条件处处长闵祥娟主持。该届展览会有140余家知名仪器厂商参展，展示最新的仪器设备和应用技术。展会设标准展位171个，展示面积1万m²，集中展示了3 000余种具有国际水准的分析检测仪器，共有来自山东省大型科学仪器设备协作共用网会员单位、协会、质检、药检、商检、疾病控制中心、高校、科研院所以及工业企业质检部、计量处等各个领域的5 000余人次参观。该次展会达成合作意向50余项，合作金额近千万元。

7月7日～8月5日，省科技厅、省财政厅开展全省大型科学仪器设备协作共用绩效考评与2011年度省大型科学仪器设备升级改造技术项目申报工作。山东省大型科学仪器设备升级改造技术项目受理申报项目91个，最终确定支持项目30项，立项率为30%，平均支持资金为6.7万元，安排经费200万元。2011年度大型科学仪器设备协作共用绩效考评有73个省协作网入网单位申请参加，入网仪器设备716台（套）。其中大型科学仪器设备机组271台（套），增加90台（套）。参加考评的仪器对外服务单位15 822个，省外单位占7.71%。其中，服务企业12 653个，占79.97%；科研单位1 444个，占9.13%；高等学校891个，占5.63%。服务16.64万余次，对外服务占24.47%，比上年增加10个百分点。测试样品115.65万个，对外服务占31.76%，增加7个百分点，实际使用机时54.80万h。根据专家考评结果，对在仪器设备开放共享中有突出贡献的山东大学等20个先进单位和省农科院—省作物与畜禽品种改良生物技术重点实验室“DNA测序仪”等40个优秀机组给予通报表彰和奖励（见表3、表4）。

表3　2011年度全省大型科学仪器设备协作共用先进单位

等级	先进单位名称
一等奖	山东大学
	青岛农业大学
	山东理工大学分析测试中心
	省农科院—省作物与畜禽品种改良生物技术重点实验室
二等奖	省分析测试中心—省大型精密分析仪器应用重点实验室
	滨州学院
	泰安市产品质量监督检验所
	省建筑科学研究院—省建筑结构与材料重点实验室
	省医药工业研究所—省化学药物重点实验室
	聊城市产品质量监督检验所
三等奖	东营市众智大型科学仪器设备共享共用服务中心
	潍坊高新生物园发展有限公司
	山东省农业科学院中心实验室
	威海佳成快速成形科技有限公司
	山东省滨州畜牧兽医研究院
	山东科技大学—省矿业安全工程与环境保护重点实验室
	省质检院
	省计算中心—省计算机网络重点实验室
	中国兵器工业集团第五三研究所实验室
	济宁市产品质量监督检验所

表4　2011年度全省大型科学仪器设备协作共用优秀机组

大型精密仪器机组	依托单位
DNA测序仪	省农科院—省作物与畜禽品种改良生物技术重点实验室
场发射扫描电子显微镜（SEM）	山东理工大学分析测试中心
多晶X-射线衍射仪（PXRD）	山东理工大学分析测试中心
高分离液相色谱三重四极杆串联质谱联用仪	省分析测试中心—省大型精密分析仪器应用重点实验室
高效液相色谱仪	青岛农业大学
高效液相色谱仪	滨州学院

续表

大型精密仪器机组	依托单位
X射线荧光光谱仪（XRF）	山东理工大学分析测试中心
X射线衍射仪	青岛理工大学土木工程学院
气相色谱质谱联用仪	滨州学院
超导高分辨核磁共振波谱仪	中国兵器工业集团第五三研究所实验室
气质联用仪	青岛农业大学
热量表检定装置	省计量院—省计量检测重点实验室
电子探针	山东大学
恒温恒湿试验系统	山东建筑大学
防护装置静强度试验台	省农业机械科学研究所
核磁共振波谱仪	省分析测试中心—省大型精密分析仪器应用重点实验室
电感耦合等离子体发射光谱仪	省分析测试中心—省大型精密分析仪器应用重点实验室
液相色谱仪	省农业科学院中心实验室
X射线荧光光谱仪	青岛理工大学土木工程学院
大型移动式高空遥操作机器人	山东科技大学
超导核磁共振波谱仪	中国海洋大学—省糖科学与糖工程高校重点实验室
Objet Eden350三维快速成型打印机	威海佳成快速成形科技有限公司
X射线衍射仪	山东轻工业学院
核磁共振波谱仪	山东大学
高效液相色谱仪	省医药工业研究所—省化学药物重点实验室
音速喷嘴法气体流量标准装置	省计量院—省计量检测重点实验室
气相色谱仪	省质检院
扫描电子显微镜	山东建筑大学
暖通空调设备性能测试分析平台	省建筑科学研究院—省建筑结构与材料重点实验室
气质联用仪	省农业科学院中心实验室
蛋白质纯化系统	青岛农业大学
液质联用仪	省农业科学院中心实验室
原子吸收分光光度计	聊城市产品质量监督检验所
X射线荧光光谱仪	省生物质气化技术重点实验室
发酵膜滤提取干燥机组	省食品发酵研究院—省食品发酵工程重点实验室
高压变频装置试验系统	山东风光电子科技发展有限公司
立式加工中心机	省内燃机研究所
包裹体测试研究系统	山东科技大学
茧丝检验设备（套）	泰安市纺织纤维检验所
中频振动标准装置	威海双丰电子集团有限公司

5月6日，省财政厅、省科技厅、省教育厅在济南联合召开2011年度省级新购大型科学仪器设备联合评议培训会议。省教育厅、省体育局所属驻济高等院校，省科学院、省医科院等单位的科研管理部门、仪器设备管理部门、财务管理部门负责人和省协作网联络员参加了会议。

6月20日，科技部印发《关于征集科研条件领域2012年度国家科技计划备选项目的通知》（国科财便字〔2011〕121号），采取限额推荐方式征集科研条件领域2012年国家科技计划备选项目。备选项目征集包括科学仪器设备、科研用试剂、实验动物、科技文献信息、计量基标准及检测技术等5个技术领域，均为应用开发及集成示范类项目。山东省共推荐9个项目，经评审有6项入库，并在“科学仪器设备”和“实验动物”两个重点方向上有3个项目出库，争取国家支持经费1 000余万元。

4月26日，省科技厅、省财政厅印发《关于申报省大型科学仪器设备资源共享检测研发公共服务基地的通知》，启动了第一批省大型科学仪器设备资源共享检测研发公共服务基地（以下简称服务基地）建设工作。申报对象为参加山东省大型科学仪器设备协作共用的会员单位。共受理服务基地申请30个。9月9日，省科技厅、财政厅印发通知，按照专家材料初评、现场评审结果和意见，批准山东理工大学等协作共用会员单位建设“无机材料结构与成分”等5个服务基地。

实验动物　3月，山东省人大常委会印发《山东省人大常委会2011年地方立法计划》，省科技厅申报的《山东省实验动物管理条例》被列为省人大第三类立法项目（即抓紧研究起草的法规项目）。5月、8月、11月，经审核，省科技厅分3批共发放实验动物生产许可证3份和实验动物使用许可证19份，同意29家单位变更实验动物许可证登记事项（见表5～表7）。

表5　2011年山东省实验动物使用许可证单位名单

许可证号	单位名称	法定代表人	设施地址	适用范围	
SYXK（鲁）2011 0001	鲁南贝特制药有限公司	赵志全	临沂市银雀山路243号	屏障环境	普通级 兔
SYXK（鲁）2011 0002	山东益康药业有限公司	高敬方	山东省滕州市益康大道3288号	普通环境+IVC	SPF级 小鼠
				普通环境	普通级 新西兰兔
SYXK（鲁）2011 0003	山东华鲁制药有限公司	刘　健	山东茌平县华鲁街1号	普通环境+IVC	SPF级 小鼠
				普通环境	普通级 新西兰兔、豚鼠
SYXK（鲁）2011 0004	山东罗欣药业股份有限公司	刘保起	山东临沂高新技术产业开发区罗七路	普通环境+IVC	SPF级 小鼠
				普通环境	普通级 新西兰兔、豚鼠
SYXK（鲁）2011 0005	青岛首和金海制药有限公司	岳　滨	青岛市四方区大沙路27号	普通环境	普通级 兔
SYXK（鲁）2011 0006	济南维尔康生化制药有限公司	刘盛儒	济南市工业北路303号生化制药公司化验室一层	普通环境+IVC	SPF级 小鼠
				普通环境	普通级 新西兰兔、豚鼠
SYXK（鲁）2011 0007	山东泰丰生物制品有限公司	殷　宏	济南市长清区农业高新技术开发区	普通环境	普通级 新西兰兔、豚鼠
				屏障环境	SPF级 小鼠
				正压屏障环境+隔离器	SPF级 鸡
SYXK（鲁）2011 0007	山东泰丰生物制品有限公司	殷　宏	济南市长清区农业高新技术开发区	负压屏障环境+负压隔离器	SPF级 鸡
				屏障环境	SPF级 小鼠、大鼠
				普通环境	普通级 新西兰兔、豚鼠
SYXK（鲁）2011 0009	山东滨州沃华生物工程有限公司	李炳更	滨州市黄河六路218号	普通环境	普通级 兔、豚鼠、小型猪
				屏障环境	SPF级 小鼠、鸡
				负压屏障环境+负压隔离器	SPF级 鸡
SYXK（鲁）2011 0010	齐鲁制药有限公司	李伯涛	济南市历城区董家镇849号	屏障环境	SPF级 小鼠、大鼠
				普通环境	普通级 兔、豚鼠

续表

许可证号	单位名称	法定代表人	设施地址	适用范围	
SYXK（鲁）2011 0011	烟台绿叶动物保健品有限公司	李忠杰	烟台市莱山区桐林路32号	普通环境	普通级 兔、小型猪
				普通环境+IVC	SPF级 小鼠
				普通环境+隔离器	SPF级 鸡、鸭
				正压屏障环境+正压隔离器	SPF级 鸡、鸭
				负压屏障环境+负压隔离器	SPF级 鸡、鸭
SYXK（鲁）2011 0012	山东弘立医学动物实验研究有限公司	厉保秋	济南高新区大学科技园5层B区	普通环境	普通级 比格犬、兔、猴
				屏障环境	SPF级 大鼠、小鼠、豚鼠
SYXK（鲁）2011 0013	山东欣博药物研究有限公司	刘亚玲	山东省德州临邑县富民路南段东侧	普通环境	普通级 比格犬、兔、猴、豚鼠、小型猪
				屏障环境	SPF级 大鼠、小鼠、豚鼠
SYXK（鲁）2011 0014	山东华宏生物工程有限公司（原山东滨州华宏生物制品有限责任公司）	李士成	滨州市经济开发区渤海22路以西挺进路	屏障环境	SPF级 小鼠、鸡、鸭
					普通级 兔、猪
				负压屏障环境+负压隔离器	SPF级 鸡、鸭
SYXK（鲁）2011 0015	青岛华山生化有限公司	奥特罗·李森亚提	青岛即墨市华山镇蓝宝石工业园第七厂房	屏障环境	SPF级 小鼠、大鼠
SYXK（鲁）2011 0016	山东绿都生物科技有限公司	沈志强	山东省滨州市黄河二路169号绿都生物高科技园	普通环境	普通级 兔、猴、猪、比格犬
				屏障环境	SPF级 小鼠、鸡、鸭
				屏障环境+隔离器	SPF级 鸡、鸭
				负压屏障环境+负压隔离器	SPF级 鸡、鸭
SYXK（鲁）2011 0017	青岛易邦生物工程有限公司	马洪超	青岛市城阳区岙东南路21号	普通环境	普通级 兔、小型猪
				普通环境+IVC	SPF级 大鼠、小鼠、地鼠、豚鼠
				普通环境+正压隔离器	SPF级 鸡、鸭、兔
				普通环境+负压隔离器	SPF级 鸡、鸭、兔
SYXK（鲁）2011 0018	瑞阳制药有限公司	何茂群	淄博市沂源县二郎山路6号	屏障环境	普通级 兔、豚鼠
					SPF级 小鼠
SYXK（鲁）2011 0019	山东中医药大学	欧阳兵	山东省济南市经十路16369号	普通环境	普通级 兔、豚鼠、猴
				屏障环境	SPF级 大鼠、小鼠

表6　　2011年实验动物生产许可证

许可证号	单位名称	法定代表人	设施地址	适用范围	
SCXK（鲁）2011 0001	青岛康大生物科技有限公司	高岩绪	青岛胶南市张家楼镇西石岭村村北康大驻地	屏障环境	SPF级 兔
SCXK（鲁）2011 0002	烟台鲁银药业有限公司	王　军	烟台市白石路102号	普通环境	普通级 兔
SCXK（鲁）2011 0003	山东中医药大学	欧阳兵	山东省济南市经十路16369号	屏障环境	SPF级 KM小鼠、Wistar大鼠、SD大鼠

表7　　2011年实验动物许可证登记事项变更

许可证号	申请单位	变更内容
SYXK（鲁）2009 0001	泗水希尔康制药有限公司	单位法定代表人变更为“孙立兵”；单位名称变更为“山东圣鲁制药有限公司”；单位地址变更为“泗水县泗河办泗河路北首”
SYXK（鲁）2009 0023	菏泽睿鹰制药集团有限公司	单位名称变更为“山东睿鹰先锋制药有限公司”
SYXK（鲁）2009 0024	山东鲁抗医药集团鲁亚有限公司	单位名称变更为“山东鲁亚制药有限公司”
SYXK（鲁）2007 0072	菏泽市药品检验所	单位法定代表人变更为“郑兆显”
SYXK（鲁）2007 0075	济南利民制药有限责任公司	单位法定代表人变更为“高峰”
SYXK（鲁）2008 0001	山东长富洁晶药业有限公司	单位名称变更为“山东洁晶药业有限公司”
SYXK（鲁）2008 0007	山东鲁抗医药股份有限公司	单位法定代表人变更为“高祥友”
SCXK（鲁）2008 0002		
SYXK（鲁）2009 0008	山东新华制药股份有限公司	单位法定代表人变更为“张代铭”
SCXK（鲁）2009 0006		
SCXK（鲁）2008 0003	山东昊泰实验动物繁育有限公司	单位法定代表人变更为“李峰”
SCXK（鲁）2008 0006	山东省六一农场无特定病原鸡场	单位法定代表人变更为“王树桂”
SCXK（鲁）2009 0002	济南斯帕法斯家禽有限公司	单位法定代表人变更为“武坚”
SYXK（鲁）2007 0070	青岛澳兰百特生物工程有限公司	适用范围变更为“普通环境：普通级 豚鼠、兔；隔离环境、屏障环境+隔离器：SPF级 鸡（蛋）、大鼠、小鼠”
SYXK（鲁）2007 0075	济南利民制药有限责任公司	适用范围变更为“屏障环境：普通级 兔；SPF级 小鼠”
SYXK（鲁）2007 0080	山东鲁抗辰欣药业有限公司	适用范围变更为“屏障环境：SPF级 小鼠、大鼠；普通环境：普通级 兔、豚鼠”
SYXK（鲁）2008 0001	山东长富洁晶药业有限公司	适用范围变更为“普通环境：普通级 新西兰兔；屏障环境：SPF级 小鼠”
SYXK（鲁）2008 0004	淄博市药品检验所	适用范围变更为“普通环境：普通级 兔；屏障环境：清洁级 豚鼠，SPF级 小鼠、大鼠”
SYXK（鲁）2008 0007	山东鲁抗医药股份有限公司	适用范围变更为“屏障环境：普通级 新西兰兔、豚鼠，SPF级 小鼠、大鼠”
SYXK（鲁）2008 0008	山东省药品检验所	适用范围变更为“普通环境：普通级 兔、豚鼠；屏障环境：SPF级 小鼠、大鼠”
SYXK（鲁）2008 0011	青岛宝依特生物制药有限公司	适用范围变更为“普通环境：普通级 兔、犬；屏障环境：SPF级 鸡、小鼠、大鼠”
SYXK（鲁）2009 0003	临沂上海大陆医药研究院	适用范围变更为“普通环境：普通级 兔、豚鼠、犬；屏障环境：SPF级 小鼠、大鼠”
SYXK（鲁）2009 0006	聊城市药品检验所	适用范围变更为“普通环境：普通级 兔、豚鼠；普通环境+IVC：SPF级 鼠、大鼠”
SYXK（鲁）2009 0008	山东新华制药股份有限公司	适用范围变更为“普通环境：普通级 兔、豚鼠；屏障环境：SPF级 小鼠”
SYXK（鲁）2009 0009	青岛市药品检验所	适用范围变更为“普通环境：普通级 兔、豚鼠、犬；屏障环境：SPF级 大鼠、小鼠、裸鼠、沙鼠，清洁级 豚鼠”
SYXK（鲁）2009 0012	烟台只楚药业有限公司	适用范围变更为“屏障环境：普通级 豚鼠、兔，SPF级 大鼠、小鼠”
SYXK（鲁）2009 0016	山东信得科技股份有限公司	适用范围变更为“普通环境：普通级 兔、豚鼠；普通环境+IVC：SPF级 小鼠、大鼠；普通环境+隔离器：SPF级 鸡；屏障环境（负压）：SPF级 鸡”
SYXK（鲁）2009 0020	青州尧王制药有限公司	适用范围变更为“普通环境：普通级 兔、豚鼠；普通环境+IVC：SPF级 小鼠”
SYXK（鲁）2009 0021	山东北大高科华泰制药有限公司	适用范围变更为“普通环境：普通级 兔、豚鼠；屏障环境：SPF级 小鼠”

5月，2010年度实验动物许可证年检工作结束，共有78份实验动物许可证年检合格，11份许可证注销，29份许可证完成变更许可事项。10月16日，开展了2011年度全省实验动物许可证年检工作。年检范围为2010年12月31日之前取得“实验动物生产许可证”和“实验动物使用许可证”的单位，采取资料审查与实地抽检相结合的方式，重点加强对实验动物饲料、环境设施、实验动物质量的监督检查。5月、9月、10月，在济南和临沂举办了第十二期、十三期和十四期“山东省实验动物从业人员上岗证培训班”，参加培训学员经考试取得上岗证书。11～12月，省科技厅对山东省部分实验动物生产许可证单位进行实验动物质量抽检。委托第三方中介机构承担具体抽检工作，并采取现场抽检方式。实验动物环境设施和实验动物质量检测委托省实验动物中心承担，动物饲料质量检测委托省分析测试中心承担。该次抽检共对15家实验动物生产许可证单位（包括1家实验动物饲料生产单位）的实验动物及饲料进行了抽检。检测实验动物15个群，不合格2个群，合格率86.7%；检测项目参数2 330个，不合格61个（均为禽呼肠孤病毒抗体阳性），合格率97.4%；检测实验动物饲料样品25个，合格12个，合格率48%，其中生产单位合格1个，使用单位合格11个。

【创新方法工作】 2011年3月，为发挥典型企业引导作用，加快创新方法普及应用，启动创新方法试点企业工作。认定莱芜钢铁集团有限公司等50家企业为山东省首批创新方法试点企业。各试点企业先行先试，制定激励政策，采取有效措施，扎实开展了创新方法工作。其中，莱钢集团效果显著，截至年底，该企业举办创新方法培训班61期，培训工程技术人员2 895名，应用TRIZ理论解决精轧机组稳定性等技术难题150项，申请专利35项，取得经济效益达3 000余万元。在12月的全国“创新方法高层论坛”上，莱钢集团作为唯一家创新方法应用企业代表，作大会主题报告，受到参会人员高度关注，并得到国务院参事、科技部原副部长、中国创新方法研究会常务副理事长刘燕华的充分肯定。

4月26～28日，全省第三期创新方法培训班在潍坊举办。7月28～30日，全省创新方法提高班在日照举办。两次培训有来自全省科技系统、企业、高校、科研院所的220余名学员参加。通过培训，带动全省110多家企业参与，企业自主创新意识显著增强，创新人才建设有效推进。11月8～9日，在烟台招远市举办全省企业创新方法工作研讨班，来自全省50家创新方法试点企业技术研发负责人、各市科技局相关人员、部分高校专家学者等70多人参加了研讨班，莱钢集团、鲁能力源电器设备有限公司、丛林集团三家试点单位介绍各自开展创新方法工作的经验和取得的成效。

2011年，完成科技部专项“创新方法推广模式及其绩效追踪评价研究与基地建设”，验收材料准备完毕。项目执行期间，培养创新方法师资105人，申报专利580多件，培训各类人员8 780名。济南大学完成创新方法推广培训绩效追踪评价体系的构建。省科技发展战略研究所完成普及型软件“萃智知识管理与训练系统”开发。山东建筑大学应用虚拟现实技术，成功开发一套塔式起重机人机工程试验系统，并完成塔式起重机试验台实物。山东省科技情报所、山东建筑大学、济南大学完成创新方法推广基地建设。

5月，由省科技厅牵头，省科技情报研究所承担的“以数字化技术促进创新方法推广与应用”项目，通过科技部专家组申报答辩，这是山东省第二个科技部创新方法工作专项。11月17日，省科技厅组织创新方法专家、剧本创作专家、动漫制作专家，召开创新方法动漫剧本与样片评审会。

（省科技厅基础研究与科技条件处）

【科技中介机构建设】

生产力促进中心　2011年，围绕科技部“双服务行动”的部署要求，构建全省生产力中心网络体系，注重发挥龙头骨干中心的示范带头作用，全省生产力中心服务能力得到明显提升，已经成为全省科技创新服务体系的重要组成部分。山东省生产力促进中心达到111家，国家级示范生产力促进中心12家，省级示范27家。全省生产力促进中心服务企业数量达到27 251家，培训人员40万人次，组织人员交流1 448人次，引进项目294项，引进资金2.1亿元，提供咨询18 476次，提供技术服务5 912项次，提供信息73万条，扶持、培育科技型中小企业1 289家，其中经培育已毕业346家。全省有15家服务机构获得国家创新基金公共技术服务机构建设资金资助，成为服务中小企业创新发展的重要平台。

（省科技厅高新技术发展及产业化处）

技术市场

技术交易。2011年，全省技术市场技术合同成交金额接近129.72亿元。技术合同统计情况见表8～表14。

表8　2006～2011年全省技术合同成交情况

	2006年	2007年	2008年	2009年	2010年	2011年
合同数（项）	5 361	7 071	6 954	7 753	7 930	9 096
成交金额（亿元）	24.74	59.47	70.27	89.43	105.15	129.72

表9　2011年全省各市技术合同交易情况

城　市	输出技术			吸纳技术		
	合同数（项）	成交金额（亿元）	排　名	合同数（项）	成交金额（亿元）	排　名
济南市	2 947	24.83	1	2 493	27.99	2
青岛市	2 308	18.48	2	2 338	25.67	3
东营市	1 370	15.66	3	1 289	14.33	4
淄博市	248	12.64	4	497	4.77	8
威海市	179	11.54	5	311	3.55	12
潍坊市	322	9.53	6	666	13.21	5
烟台市	328	5.76	7	548	55.91	1
济宁市	109	5.44	8	492	4.11	10
菏泽市	43	4.08	9	332	8.63	6
泰安市	331	3.37	10	510	3.48	13
临沂市	205	3.26	11	438	5.54	7
滨州市	206	2.98	12	256	3.4	14
德州市	116	2.31	13	313	3.65	11
枣庄市	157	2.22	14	327	3.24	15
聊城市	51	2.14	15	147	2.24	17
莱芜市	90	1.15	16	140	4.77	9
日照市	27	1	17	148	2.38	16

注：排名以交易额为准

表10　2011年全省技术合同社会—经济目标构成情况

社会—经济目标	输出技术		吸纳技术	
	合同数（项）	成交金额（万元）	合同数（项）	成交金额（万元）
合　计	9 037	1 263 777.56	11 391	1 877 483.06
农业、林业和渔业的发展	376	70 015.45	468	68 296.25
促进工业的发展	2 243	414 552.18	2 649	944 594.59
能源的生产和合理利用	929	201 850.03	1 239	163 171.55
基础设施的发展	258	30 729.87	626	119 368.57

续表

社会—经济目标	输出技术		吸纳技术	
	合同数（项）	成交金额（万元）	合同数（项）	成交金额（万元）
环境治理与保护	468	23 983.66	528	24 134.58
卫生（不包括污染）	500	74 297.93	553	56 556.66
社会发展和社会服务	2 949	277 972.48	3 279	295 108.83
地球和大气层的探索与利用	20	1 711.19	26	2 018.52
知识的发展	330	10 447.95	337	17 717.07
民用空间	191	13 806.79	269	19 728.40
国防	22	4 493.24	68	4 493.63
其他	751	139 916.80	1 349	162 294.42

表11　　2011年全省技术合同技术领域构成情况

技术领域	输出技术		吸纳技术	
	合同数（项）	成交金额（万元）	合同数（项）	成交金额（万元）
合　计	9 037	1 263 777.56	11 391	1 877 483.06
电子信息技术	2 751	176 016.61	3 471	245 365.85
航空航天技术	19	5 253.15	77	5 082.84
先进制造技术	1 044	343 448.49	1 340	317 151.48
生物、医药和医疗器械技术	940	204 755.30	1 188	132 758.61
新材料及其应用	810	154 624.46	771	151 493.39
新能源与高新节能	1 808	232 735.15	1 946	252 393.84
环境保护与资源综合利用技术	712	46 099.09	781	557 077.09
核应用技术	1	310	14	1 351.15
农业技术	359	66 091.25	408	61 946.53
现代交通	79	8 273.03	472	67 509.28
城市建设与社会发展	514	26 171.05	923	85 353.01

表12　　2011年全省技术合同知识产权构成情况

知识产权	输出技术		吸纳技术	
	合同数（项）	成交金额（万元）	合同数（项）	成交金额（万元）
合　计	9 037	1 263 777.56	11 391	1 877 483.06
技术秘密	2 918	437 038.94	3 837	1 036 655.72
专利	395	176 497.55	451	104 645.67
计算机软件	1 135	73 661.49	1 528	108 524.45
动、植物新品种	22	9 893.30	19	5 885.78
集成电路布图设计	28	2 102.95	59	4 168.94
生物、医药新品种	209	49 616.75	175	35 988.88
未涉及知识产权	4 330	514 966.58	5 322	581 613.63

表13　　2011年全省登记技术合同计划项目构成

计划类别 / 卖方类别	合计		国家计划		部门计划		省级计划		市县计划		计划外	
	合同数	成交金额（万元）	合同数	成交金额（万元）	合同数	成交金额（万元）	合同数	成交金额（万元）	合同数	成交金额（万元）	合同数	成交金额（万元）
合　计	9 096	1 297 183.91	165	39 232.93	323	24 351.55	1 697	157 657.37	604	131 573.64	6 307	944 368.42
机关法人	370	99 709.04	14	3 942.80			54	3 935.45	117	27 395.39	185	64 435.40
事业法人	3 184	188 939.25	86	9 909.70	192	9 993.60	315	12 607.50	200	31 147.90	2 391	125 280.55
社团法人	141	11 253.36	2	506.00	2	130.00	110	10 017.05	8	370.20	19	230.12
企业法人	5 307	989 815.63	63	24 874.43	66	9 592.47	1 218	131 097.37	276	72 288.15	3 684	751 963.21
自然人	66	6 462.37			63	4 635.47					3	1 826.90
其他组织	28	1 004.25							3	372.00	25	632.25

表14　　2011年全省各类技术合同统计表

	合同类别	合同数（项）	成交金额（万元）	占比（%）	其中技术金额（万元）
总计		9 096	1 297 183.91	100.00	1 172 083.86
技术开发	合　计	6 598	859 137.28	66.23	744 605.45
	委托开发	5 940	669 101.32	51.58	
	合作开发	658	190 035.97	14.65	
技术转让	合　计	745	156 512.39	12.07	152 712.23
	技术秘密转让	428	85 497.02	6.59	
	专利实施许可转让	134	29 811.11	2.30	
	专利权转让	96	18 177.71	1.40	
	专利申请权转让	4	650.00	0.05	
	计算机软件著作权转让	9	1 265.50	0.10	
	集成电路布图设计专有权转让	1	280.00	0.02	
	动、植物新品种权转让	14	6 790.30	0.52	
	生物、医药新品种权转让	59	14 040.75	1.08	
技术咨询		334	85 668.97	6.60	83 796.76
技术服务	合　计	1 419	195 865.27	15.10	190 969.43
	一般性技术服务	1 382	187 670.31	14.47	
	技术中介	8	2 460.00	0.19	
	技术培训	29	5 734.96	0.44	

（表8～表14数据来源：山东省科技厅）

2011年，山东技术交易呈现的总体特点是：①技术交易平稳增长，市场规模日益壮大。共登记技术合同9 096项（登记技术合同包括山东输出技术合同和吸纳境外技术买方代为登记报税的技术合同），成交金额129.72亿元，同比分别增长14.7%和23.37%；山东输出技术合同9 037项，成交金额126.38亿元，同比分别增长14.9%和25.53%；流出山东技术合同2 378项，成交金额56.26亿元，同比分别增长18.25%和67.01%；山东吸纳技术合同11 391项，成交金额187.75亿元，同比分别增长13.2%和50.39%；山东吸纳省外技术4 732项，成交金额117.63亿元，同比分别增长14.47%和96.29%。②技术合同平均成交额逐年递增，技术价值稳步提高。平均每项技术合同成交金额142.61万元，连续四年突破100万元，同比增长7.55%，其中技术开发、技术转让平均每项技术成交金额分别是130.21万元、210.08万元。③电子信息等领域发展迅速。山东输出技术合同中，电子信息、新能源、先进制造和生物医药四大领域占主导地位，共成交合同6 543项，占合同总项数的72.4%，成交金额95.7亿元，占成交总金额的75.73%。其中电子信息领域共成交合同2 751项，成交金额17.6亿元，同比分别增长26.02%和11.11%。新能源和高效节能领域共成交合同1 808项，成交金额23.27亿元，同比分别增长4.93%和15.03%。表明山东“十二五”转方式调结构部署成效显著，开局良好。④技术供需两旺，企业成为技术交易的双主体。企业输出技术交易金额98.98亿元，同比增长23.16%，占省内技术合同成交总金额的76.3%；企业吸纳技术交易金额106.56亿元，同比增长44.43%，占省内技术合同成交总金额的82.15%。⑤各级计划加快进入技术市场，科技成果转化进程加速。省级计划成交1 697项，成交金额15.77亿元，同比分别增长622.13%和283.7%。各级科技计划投入35亿元，带动社会投入129亿元，是全省计划投入的3.7倍，科技计划的引导作用明显。⑥优化技术市场布局，助推蓝黄战略的发展。围绕黄河三角洲高效生态经济区和山东半岛蓝色经济区建设，加快农业、海洋、信息技术、新材料等领域的技术创新和转化。黄河三角洲高效生态经济区吸纳技术1 749项，合同额22.6亿元，占山东省吸纳技术合同总额的12%；山东半岛蓝色经济区吸纳技术5 315项，合同额115亿元，占山东省吸纳技术合同总额的61%，科技成为支撑蓝黄战略发展的重要力量。

技术市场管理与促进工作。2011年，省技术市场协会名誉会长孙伟、会长毛建丰、省技术市场管理办公室主任郭耀正等，先后到德州、烟台、威海、潍坊、淄博、济宁、枣庄、临沂、日照等市进行技术市场工作调研和实地考察。9月13日，第七届环渤海技术转移联盟年会暨鲁南技术市场现场交流会在济南召开。北京、天津、河北、山西、内蒙、辽宁、山东七省（市）技术市场管理部门的领导和有关技术转移机构的负责人参加了会议。省科技厅副厅长徐茂波出席会议并致辞。省技术市场协会会长毛建丰作重要讲话。省技术市场管理办公室主任郭耀正主持会议，副主任廉荣介绍了山东省技术市场工作情况。其他联盟成员单位的领导先后介绍了本地技术转移工作情况和技术市场工作的经验和做法。济宁市技术市场主任田志昂介绍了鲁南地区及济宁市的技术转移工作情况。会议期间，与会代表考察了鲁南技术市场。9月13日，全省技术市场管理工作座谈会在济南市召开，会议通报了2010年全省技术交易情况、科技金桥奖评审情况，与会代表参加了环渤海技术转移联盟年会和鲁南技术市场考察活动。6月7日，科技部印发《关于确定中国技术交易所有限公司等68家机构为第三批国家技术转移示范机构的通知》（国科发火〔2011〕201号），济宁市技术市场、山东大学科技开发部、山东力创科技有限公司等3家机构被列为第三批国家技术转移示范机构，山东已有10家机构被列为国家技术转移示范机构。

科技金桥奖。3月18日，“十二五”农业发展规划高层报告会暨三农科技服务金桥奖”颁奖大会在北京举行，山东省共有28家单位被评为三农科技服务金桥奖先进集体，164名同志获先进个人，获奖总数占全国的9.32%，申报、获奖总数均居全国各省市第一位。省技术市场管理办公室获优秀组织奖。12月18日，中国技术市场协会第五届“金桥奖”颁奖大会在杭州举行。山东省37家单位获先进集体、27名同志获先进个人、23个项目获奖，获奖总数位居全国各省市第一位。省技术市场协会获先进集体荣誉称号。山东技术市场科技金桥奖授予龙口市科技局等38个单位为先进集体，姜学国等75名同志为先进个人，“大断面复杂截面铝合金型材挤压工程化技术研究”等15个项目获一等奖，“硫酸软骨素联产蛋白质清洁化生产”等31个项目获二等奖。

（省技术市场管理办公室）

知识产权

【专利申请和授权】

专利申请数量和结构分布　2011年全省国内专利申请109 599件，与上年相比增长28 743件，增幅为35.55%，较上年提高14.61个百分点。2011年全省国内专利申请按种类分：发明、实用新型和外观设计分别为25 623件、63 004件和20 972件，较上年分别增长48.46%、45.03%和4.05%，各占申请总量的23.38%、57.49%和19.14%。全省国内专利申请按申请人类型分：职务申请54 010件，非职务申请55 589件，较上年分别增长71.31%和12.69%，各占申请总量的49.28%和50.72%。在职务专利申请中，大专院校8 477件、科研单位1 468件、工矿企业42 696件、机关团体1 369件，分别占申请总量的7.73%、1.34%、38.96%和1.25%，较上年分别增长150.50%、9.47%、61.63%和253.75%。在全省17个市中，专利申请量居全省前五位的市依次为：青岛、济南、烟台、淄博和潍坊，如图1所示。

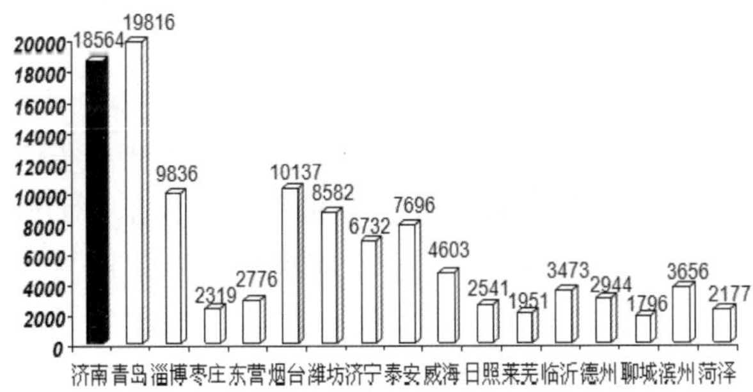

图1　2011年全省各市专利申请量状况

（数据来源：山东省知识产权局）

在全省17个市中，国内专利申请量与上年相比增幅超过全省同期增幅的有5个市，分别为青岛、德州、滨州、济宁和淄博，如表1所示。

表1　2011年全省各市专利申请量增长对照情况

名称	2011年专利申请量	2010年专利申请量	同比增长（%）
济南市	18 564	15 519	19.62
青岛市	19 816	10 742	84.47
淄博市	9 836	7 125	38.05
枣庄市	2 319	1 937	19.72
东营市	2 776	2 050	35.41
烟台市	10 137	7 653	32.46
潍坊市	8 582	6 520	31.63
济宁市	6 732	4 048	66.30
泰安市	7 696	6 738	14.22
威海市	4 603	4 224	8.97
日照市	2 541	2 107	20.60
莱芜市	1 951	1 844	5.80
临沂市	3 473	2 791	24.44
德州市	2 944	1 688	74.41
聊城市	1 796	1 779	0.96
滨州市	3 656	2 124	72.13
菏泽市	2 177	1 967	10.68

（数据来源：山东省知识产权局）

2011年，全省国内发明专利申请量为25 623件，较上年增长8 364件，增幅为48.46%，占专利申请总量的23.38%，发明专利申请量在全国31个省（市、自治区）中居第五位。发明专利申请量排在全省前五位的市依次是：青岛5 347件、济南5 125件、烟台2 629件、泰安2 417件和淄博2 087件。有7个市发明专利申请量占同期总量的比例超过全省同期水平，分别为：威海34.41%、泰安31.41%、济南27.61%、青岛26.98%、烟台25.93%、枣庄24.97%和菏泽23.56%。

专利授权数量和结构分布　2011年，全省国内专利授权58 843件，与上年相比增长7 353件，增幅为14.28%。全省国内专利授权按种类分：发明、实用新型和外观设计专利分别为5 856件、43 442件和9 545件，各占授权总量的9.95%、73.83%和16.22%，较上年分别增长42.62%、19.38%和-13.17%。全省国内专利授权按专利权人类型分：职务和非职务专利授权量分别为27 879件和30 964件，各占授权总量的47.38%和52.62%，较上年分别增长31.89%和2.02%。在授权的职务专利中，大专院校1 332件、科研单位359件、工矿企业10 814件、机关团体155件，分别占全省授权总量的4.80%、1.29%、38.98%和0.56%，较上年分别增长411.28%、152.67%、129.39%和378.67%。在全省17市中，专利授权量排在全省前五位的市依次为：济南、青岛、潍坊、烟台和济宁，如图2所示。

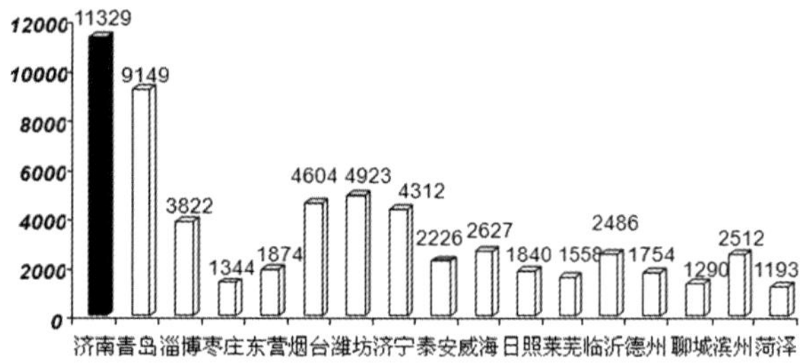

图2　2011年全省各市专利授权量状况

（数据来源：山东省知识产权局）

2011年，全省17市中，专利授权量增幅超过全省同期水平的有7个市，依次为：滨州、日照、青岛、济南、济宁、菏泽和德州，如表2所示。

表2　2011年全省各市专利授权量增长对照情况

名称	2011年专利授权量	2010年专利授权量	同比增长（%）
济南市	11 329	9 593	18.10
青岛市	9 149	6 806	34.43
淄博市	3 822	3 488	9.58
枣庄市	1 344	1 354	-0.74
东营市	1 874	2 017	-7.09
烟台市	4 604	4 146	11.05
潍坊市	4 923	4 797	2.63
济宁市	4 312	3 691	16.82
泰安市	2 226	2 120	5.00
威海市	2 627	3 071	-14.46
日照市	1 840	1 290	42.64
莱芜市	1 558	1 545	0.84
临沂市	2 486	2 287	8.70
德州市	1 754	1 528	14.79
聊城市	1 290	1 348	-4.30
滨州市	2 512	1 380	82.03
菏泽市	1 193	1 029	15.94

（数据来源：山东省知识产权局）

【知识产权战略】

“十二五”规划制定　2011年，专利指标首次被写入《山东省国民经济和社会发展第十二个五年规划》，提出到2015年山东省每万人口发明专利授权数量，要由2010年的0.4件上升到0.8件。省知识产权局出台《山东省专利工作“十二五”规划》，明确“十二五”时期全省专利工作的指导思想、发展目标、工作重点和保障措施。青岛市发布《知识产权事业“十二五”发展规划》，泰安市、聊城市出台《专利工作“十二五”规划》。青岛、枣庄、潍坊、济宁、泰安、滨州、菏泽等市将专利指标或纳入当地“十二五”规划，或纳入全市经济发展综合考核体系。省知识产权局牵头起草《山东省知识产权服务业“十二五”发展规划》，并首次被列入《山东省“十二五”商务服务业发展规划》。

知识产权战略实施　1月25日，全省知识产权工作会议在济南召开。会议总结了“十一五”时期全省知识产权工作，分析知识产权工作面临的新形势，对“十二五”时期全省知识产权工作进行安排部署。副省长李兆前、国家知识产权局副局长甘绍宁出席会议并讲话。9月29日，山东省知识产权联席会议在济南召开。会议总结了上一轮知识产权战略纲要的实施情况，通过了联席会议工作制度和成员单位工作职责，部署启动新一轮战略纲要的制定工作。烟台市发布新一轮的知识产权战略纲要。滨州市出台知识产权战略纲要。山东省出台知识产权战略纲要的市达到9个。潍坊市人民政府出台《关于加强知识产权工作的意见》，泰安、烟台两市分别以知识产权办公会议名义发布知识产权战略纲要年度推进计划和年度知识产权工作推进计划。

【知识产权保护】

“双打”专项行动 2011年，在打击侵犯知识产权和制售假冒伪劣商品专项行动期间，省及各市均成立领导小组，制定实施方案，以各类重要展会、商品流通集散地的检查整治为重点环节，以高新技术产业、药品等为重点领域，以权利人反映强烈、社会影响大的案件为重点案件，加大打击力度。省知识产权局建立了信息上报和案件督办制度，对11市执法工作进行督导检查，组织编纂了《典型案例选编》。据统计，专项行动期间，全省各级知识产权管理部门立案390件，结案330多件，涉案金额2 700多万元，出动执法人员1万余人次，检查企业和商场近2 000家次，检查商品11.6万件。“双打”行动有效地净化了市场环境，同时行动中注重加强舆论引导，在各类媒体上发表专项行动的有关稿件2 000余篇。

知识产权法规政策 2011年，省知识产权局启动《山东省专利保护条例》以及《山东省专利纠纷处理办法》和《山东省查处冒充专利行为暂行办法》两个政府令的修订工作，《山东省专利保护条例》的修订被列入省人大常委会年度地方立法计划，两个政府令的修改被列入省人民政府年度立法计划。淄博启动《淄博市专利管理条例》的修订工作。东营市知识产权局联合市公安局出台《关丁加强行政执法与刑事司法工作的实施意见》。

知识产权维权援助 2011年，枣庄、淄博两个国家级知识产权维权援助中心相继建立，山东省国家级知识产权维权援助中心的数量达到10个。各维权援助中心加强制度建设，有效发挥服务功能。济南中心与市商务局联合建立“服务外包知识产权维权援助工作站”，在齐鲁软件园和高新技术创业服务中心设立维权援助窗口，制定《企业知识产权维权指引》；青岛、东营、潍坊中心与有关部门建立维权援助协作机制；烟台中心在县（市、区）、园区、企业设立维权援助分支机构，构筑了维权援助服务网络，同时成立志愿者服务队，开展志愿者服务活动；济宁、泰安中心出台管理办法；泰安中心建立知识产权维权援助专家库。

知识产权执法长效机制 2011年，山东半岛蓝色经济区知识产权保护联盟成立；黄河三角洲高效生态经济区知识产权保护联盟运行良好，召开黄河三角洲知识产权执法联盟工作交流会，形成联合办案制度。省知识产权局与省公安厅召开座谈会，探讨协作执法机制。济南、青岛、东营、烟台、德州等市建立“横向互动、上下联动”的执法保护长效协作机制。济宁成立由分管副市长任组长的市保护知识产权工作组，统筹协调全市保护知识产权工作，出台《关于加强知识产权保护工作的意见》；德州与河南新乡建立跨地区执法协作机制；菏泽探索企业知识产权保护前移模式，与周边省份的部分地区签署《跨地区知识产权执法合作协议》。

专利行政执法 2011年，日照、滨州专利行政执法支队成立，至此，山东省已有14个市成立执法支队，20个县（市、区）成立执法大队。枣庄、菏泽购置了执法车辆。省知识产权局共举办3期专利保护实务培训班，培训300余人，有效提高了队伍素质。济南、临沂、滨州3市开展无假冒专利商品示范商场评选活动，加强对流通领域专利商品的监管。烟台组织实施亚沙会知识产权保护工作。济南、青岛、东营、烟台、临沂、滨州、菏泽等市开展展会执法工作。临沂出台《展会知识产权保护办法》。

【知识产权管理】

《山东省知识产权促进条例》贯彻落实情况 7月6日，省知识产权联席会议办公室组织召开《山东省知识产权促进条例》实施一周年座谈会，各成员单位交流了做法和经验。烟台、枣庄、济宁等市人民政府就贯彻落实《山东省知识产权促进条例》出台了指导意见；济宁市人大常委会就《专利法》《山东省知识产权促进条例》的贯彻执行情况进行视察；莱芜市设立专利奖。

知识产权试点示范 省知识产权局继续做好各类国家级试点示范的推荐、申报指导和验收工作，召开山东省国家级知识产权试点、示范城市工作座谈会。济宁、泰安全面推进示范创建工作，成立了示范城市创建工作领导小组，制定工作方案；莱芜顺利通过国家试点城市及省级示范城市考核验收；菏泽成立市长任组长的试点城市工作领导小组，召开工作会议。省知识产权局对全省第一批知识产权示范、试点单位进行考核验收。截至2011年底，山东共有省级知识产权试点单位144个，省级知识产权园区23家。

知识产权管理体系建设　2011年，枣庄在全省率先将机构建设延伸到乡镇，在全市5区1市的57个乡镇（街道）建立了知识产权工作站，做到了机构、人员、制度、办公场所“四到位”。烟台将黄金产业知识产权信息中心建成副处级全额拨款事业单位，获市编办批准，编制12人。菏泽在新三定方案中明确了市知识产权局职责，核定编制30个，增加1个科室，有两个县（市、区）成立了正科级的知识产权局。当年，山东发明协会召开会员代表大会，选举了新一届领导班子，为推动发明创造活动提供了组织保障；山东省企业专利协会召开理事会扩大会议，通过了新调整的企业专利协会理事会成员名单，对协会副理事长、常务理事单位进行授牌。

专利发展专项资金　2011年，省及各市在专项资金的使用上逐步向发明专利和PCT申请倾斜。全省有105项PCT申请获得国家资助，总额266万元。省知识产权局专利资助资金兑付办公室共拨付资金1 546.78万元，对3 837件专利进行资助。济南、青岛、东营、烟台、潍坊、威海、日照、莱芜、菏泽等市修订专项资金管理办法，进一步加大对发明、职务申请和向国外申请专利的资助力度。淄博市确定将2012年专利发展专项资金增加到1 600万元。潍坊市重金奖励优秀专利项目，出台对获得中国专利金奖项目一次性奖励100万元的政策。

电子申请推广　2011年，省知识产权局成立电子申请工作领导小组，推行联络员制度，分别在济南、淄博、烟台、临沂、济宁举办了5期培训班，培训673人。同时，利用制作资料光盘、召开座谈会、举办开放日等形式加大宣传力度，通过定期通报、开展调研等加强督导。12月，山东省的电子申请率提高到73.68%。企事业单位电子申请注册近千家，26个代理机构电子申请率90%以上。当年，国家知识产权局专利局济南代办处共受理专利申请82 131件，较上年增长20.22%；共计收费15.3万笔，较上年增长19%；共收费用6 284万元，较上年增长27%。新办理电子申请用户注册900余家，累计1 200家；办理合同备案744件；办理专利证书副本和证明文件215件。

调查研究工作　2011年，省及部分市加大工作调研力度。省知识产权局围绕“十二五”规划的制定，对17市进行了调研；组织开展中小企业专利产业化情况专题调研，并委托济南、青岛、淄博、东营、烟台、泰安、德州等市在各自区域内开展调研。济南、烟台、潍坊、滨州、德州分别围绕专利实施与产业化、区域发展、高新技术企业、产业发展等开展调研，撰写调研报告，为领导决策发挥作用。

专利奖励评选　2011年，山东省知识产权局组织“中国专利奖”的申报，潍坊盛瑞传动股份有限公司的“可动力换挡多档变速器”项目在第十三届中国专利奖评选中获金奖，并获优秀奖5项。开展了第十二届“山东省专利奖”和第六届“山东发明创业奖”的评选。评选出第十二届“山东省专利奖”一等奖10项，二等奖20项，三等奖60项；第六届“山东发明创业奖”评出一等奖10名，二等奖20名，三等奖60名。

【知识产权服务与运用】

企业知识产权工作　2011年，省及各市通过优势培育、试点示范、专利“灭零倍增”行动等措施，推动企业知识产权工作。省知识产权局连续第三年开展企事业单位专利创造能力培育；济南实施企业知识产权战略推进计划，引导企业开展战略研究；青岛开展知识产权优势企业培育工程，确定了百余家单位进行培育；枣庄在规模以上工业企业开展专利“灭零倍增”行动，全市有100家企业实现专利申请“零”的突破，企业专利申请实现翻番；烟台在全市的传统支柱产业、战略性新兴产业和高端产业中，开展知识产权优势企业培育工程；济宁启动重点工业企业调研活动；滨州继续开展知识产权服务企业专项行动，加大对“零专利”企业服务力度；菏泽开展企业自主创新调研，帮助部分企业建立知识产权管理制度。济南、枣庄、东营、济宁、威海、滨州等市还开展企业知识产权试点示范工作。青岛、烟台等市推进中小企业知识产权托管工作。当年，山东省企业专利申请42 696件，占全部申请的比例为38.96%，同比增长61.63%。

知识产权信息服务平台建设　2011年，国家区域专利信息服务中心（济南中心）建设稳步推进，制定详细工作方案，完成了一期工程招标。山东省专利保护技术鉴定中心（山东省专利信息中心）服务地方经济发展，为东岳、莱钢等企业及滨州家纺行业制作国内外专利分析预警报告，全年完成科技查新284项，各类专利检索203项，办理专利加快申请156项，完成司法鉴定2项，司法鉴定采信率100%。17市专利信息公共服务分平台建设完成，覆盖全省的专利信息公共服务网络初具规模。省及各市充分利用平台的数据资源，开展专利信息服务。济南开通在线专利分析系统；青岛专利信息服务平台的信息容量为4 000G，容纳国内外专利信息3 000万篇，新建化工新材料等15个专题数据库；潍坊建成光电产业知识产权信息服务平台。

知识产权转化运用　2011年，济南、烟台发挥国家级专利技术展示交易中心的作用，推进专利技术的实施。青岛成功申报“橡胶谷”国家自主知识产权产业化试点基地，推动优势产业发展。枣庄的“多喷嘴对置式水煤浆或煤粉气化炉及其应用”专利项目，以2亿多元的许可费，完成实施许可。枣庄、东营、济宁划拨专门资金，扶持专利项目产业化。8月19日，第二十届全国发明展览会在威海举行，来自全国各省、市、自治区、解放军及香港、台湾地区的42个展团、1 585个项目参加此次展览会，参展范围涉及工业、农业、电子、环保、交通、轻工等。

知识产权质押融资　2011年，青岛、枣庄、莱芜出台知识产权质押融资的指导意见或管理办法，烟台、威海也通过调研等形式推进此项工作。济南市知识产权局指导山东彼岸电力公司、山东方明彩钢板公司等企业开展知识产权质押融资工作，山东彼岸电力公司以2件发明专利权作为质押，从上海浦东开发银行获得贷款1 000万元。青岛众和恒业蜂窝纸板制品有限公司以2项发明专利权作为质押，获得交通银行青岛分行2 000万元贷款。德州加强与北方技术交易市场、天津滨海国际知识产权交易所的交流与合作，为中小企业开辟融资新渠道。

【知识产权宣传与培训】

宣传与政务信息　2011年，省知识产权局组织了全省知识产权宣传周和专利周活动。宣传周期间，全省各级知识产权管理部门创新宣传形式，丰富宣传内容，通过举行启动仪式、组织广场活动、发布白皮书和公益广告、开辟网站和报纸专栏等形式，营造良好的知识产权文化氛围。省知识产权局发布了《2010年山东省知识产权保护状况》白皮书，与枣庄市人民政府联合举办大型广场宣传咨询活动。济南市知识产权局组织召开专利信息促进企业技术创新研讨会，在《济南日报》开辟“济南市知识产权工作巡礼”专栏。烟台评选“2010年度知识产权十件大事”和“烟台市知识产权十大案例（2010年）”，并向社会公布。淄博在全市中小学中开展发明创造评选活动，10个项目获“十佳专利发明奖”。据统计，宣传周期间，全省各级知识产权管理部门共开展知识产权各类宣传活动200余项，发送各类宣传材料40万余份，接受咨询人数近47万人次。专利周期间，精心组织了报告会、企业工作座谈会、专利技术产品展示交易等多场活动，参加企业超过千家，达成合作意向64项，意向成交额1 800万元。2011年是“十二五”的开局之年，也是入世十周年，省知识产权局在局网站开辟专栏，专题宣传山东省“十一五”知识产权工作新成就；与山东卫视加强联系沟通，宣传入世十年来山东省知识产权工作的成就。12月16日，山东卫视以“十万知识产权，激发山东创造活力”为主题对全省专利工作进行宣传报道。当年，全省被国家知识产权局内刊采用政务信息56篇，居全国第一位。由省知识产权局报送的《山东省农业科学院以知识产权推动自主创新取得显著成效》得到省委副书记刘伟和副省长贾万志的批示。济南、潍坊两市利用政务信息向领导宣传知识产权，多次得到市领导的批示。全年省知识产权局网站发布信息449篇，山东子站发布信息539篇，被国家局网站首页采用信息130篇。

教育培训　2011年，省知识产权局连续第三年开展“知识产权万人培训工程”，加大培训投入，拨付培训经费220万元，在17市安排40个培训班。“知识产权万人培训工程”实施3年来，全省累计拨付培训经费500多万元，举办培训班110个，全省近两万人参加培训，收到了良好的培训效果。淄博、潍坊、泰安等市依托企业、高校建

立知识产权培训基地，搭建培训平台。青岛扩大知识产权国际交流和合作，举办“非洲法语国家知识产权保护与科技经贸发展研修班”和“发展中国家知识产权制度研修班”，来自14个国家的近30名司处级官员参加研修。

（省知识产权局　张忠强　马玉敏　王　婷　冯兴石　孙洪波）

科技合作与交流

【国内科技合作与交流】

与中国科学院合作　2011年，与中科院山东综合技术转化中心共同组织“荣成产业技术创新战略联盟活动周”“威海产学研合作暨科技金融结合推进大会”“2011文登新兴产业科技推进周”等一系列产学研合作创新活动，收集整理企业技术需求和难题近2 000项，邀请组织中科院所属科研单位150多家次，近500人次来山东省考察调研、实施技术对接、成果转化。中科院院地合作局、中科院沈阳分院、山东省科技厅、山东省科学院、中科院山东中心共同组织开展山东省战略性新兴产业调研，组织中科院17个研究所的43位专家以及省科学院的31位专家，用10天时间深入山东10个市、60余个县市区、389家企业，行程万里，征集技术需求和难题700余项，筛选出一批具有先导性、支柱性的战略性新兴产业项目，凝练出一批特色产业链，提出建设一批科技创新平台等。在荣成市召开中科院城乡一体化试点市建设方案论证会，中科院沈阳分院院长包信和院士等近20位专家参加论证会，就如何利用科技引领和推动城乡一体化建设达成共识。在东营举行中科院黄河三角洲滨海湿地生态试验站建设方案论证会暨试验站揭牌仪式。

与中国工程院合作　2011年，在济南举办中国工程院咨询工作调研座谈会，以冯培德院士为组长的调研组与山东省参会代表探讨发挥工程院国家工程科技界最高咨询性学术机构的作用，为山东省宏观战略决策提供咨询服务。以中国工程院原副院长沈国舫院士为组长，由30余位院士、专家成员组成的中国工程院“淮河流域环境与发展问题研究”考察调研组，就山东省淮河流域的环境与发展相关问题进行研讨交流。在烟台市承办“中国工程科技论坛——轻工节能减排和生物质资源高值化利用技术工程科技论坛”，陈克复、孙宝国、石碧院士出席大会并作报告，省内外60余位专家和省内40余位企业董事长、总经理参加论坛。与中国工程院共同举办的中国（济宁）专利高新技术产品博览会、中国（淄博）新材料技术论坛暨国际科技成果招商洽谈会、中国（济南）信息技术博览会、中国（烟台）果蔬加工博览会已在各自领域形成品牌，影响广泛，推动院士、专家与山东省企业建立良好的合作关系。

【国际科技合作与交流】

国家国际科技合作计划和项目　2011年，把争取国家国际科技合作计划项目和经费作为重中之重的工作，强化项目调研、征集、组装、初评以及材料把关、技术答辩、预算编报和评审等基础性工作。争取项目和经费总量迈上新的台阶。除青岛外，全省共争取国家重大国际科技合作项目36项，其中对俄专项15项，专题项目17项，政府间重点合作项目4项，获准填报经费预算首次突破2亿元，在全国各省市中居前列。进一步突出企业的创新主体地位，36个项目中，企业作为承担主体的23项，占总量的63.8%；申报经费额度13 750万元，占总量的68.8%，均比上年有明显提高。进一步扩大覆盖区域，当年，全省13个市成功争取到了国家国际科技合作重大项目，其中聊城、菏泽、济宁、枣庄4市实现零的突破。重大国际科技合作项目带动作业不断增强。国家专项资金带动项目承担单位配套资金92 690万元，其中聊城阳谷祥光铜业有限公司1个项目就投入自筹资金11 200万元。2011年山东省国家重大国际科技合作项目的创新性强，石英纤维制造新技术、光纤激光器、电解平行流技术、大型不锈钢锭电渣重熔技术、石油吸附菌剂生产等项目，在战略装备制造、重大技术突破、节能减排、环境治理等方面具有重要意义。加强在研项目的过程管理，全年有17个国家国际科技合作重点项目通过验收。

【科技合作平台建设】

院士工作站建设　2011年，省科技厅会同省委组织部、省财政厅、省人力资源和社会保障厅、省科学技术协会，对《山东省院士工作站管理办法》进行修订并联合印发，集成相关部门的资源，提高建设标准，推出综合院士工作站建设计划，探索通过院士工作站为行业和产业服务的新路子。2011年度新启动建设69家院士工作站，其中综合院士工作站4家（见表1），企业院士工作站65家（2家院士工作站为重新认定，见表2），共有78位院士进站工作。院士与企业合作项目82项，吸引79个院士工作团队，492人次参与合作企业技术创新和产品研发。山东省以科技合作为基础，通过建设院士工作站，引进高科技资源、研发转化高科技成果的做法，得到中国工程院组织的中央媒体代表团的好评。

表1　2011年度山东省新建综合院士工作站

编　号	院士工作站名称	承建单位	进站院士	合作项目	主管部门
2011YSZ-01	山东省海洋监测设备产业技术创新综合院士工作站	山东省科学院海洋仪器仪表研究所	中国科学院院士胡敦欣	海洋生态环境监测仪器产业化及示范应用研究；海洋焊接关键技术研究；海洋资料浮标和潜标关键技术研究	山东省科学院
			中国工程院院士侯保荣		
			中国工程院院士袁业立		
			中国工程院院士丁德文		
2011YSZ-02	山东省煤矿安全光纤传感技术创新综合院士工作站	山东省科学院激光研究所	中国工程院院士叶声华	接近式激光扫描区域安全保护系统；煤矿光纤矿压实时在线综合监测系统与产业开发；光纤传感器矿山安全物联网工程示范；光纤煤矿井下瓦斯、自然发火在线监测系统的研究及工程开发	山东省科学院
			中国科学院院士宋振骐		
			中国科学院院士姚建铨		
			中国工程院院士张铁岗		
2011YSZ-03	山东省磁电与低温超导磁体应用产业技术创新综合院士工作站	山东华特磁电科技股份有限公司	中国科学院院士严陆光	电磁流体海水浮油分离与回收技术；超导磁共振成像系统的研发；超导磁选机关键技术开发	潍坊市科技局
			中国科学院院士叶朝辉		
			中国科学院院士周远		
2011YSZ-04	山东省绳网产业技术创新综合院士工作站	泰安鲁普耐特塑料有限公司	中国工程院院士郁铭芳	登月环境用绳索开发和技术研究；深海钻井平台用缆绳开发；深海探测及采油缆绳开发	泰安市科技局
			中国工程院院士蒋士成		
			中国科学院院士周远		

表2　2011年度山东省新建企业院士工作站

编　号	院士工作站名称	承建企业	进站院士	合作项目	主管部门
	一、化工冶金材料领域				
2011YS-01	山东省黄金集团院士工作站	山东黄金集团有限公司	中国科学院院士、中国工程院院士王淀佐	难选冶金矿生物冶金提取技术研发	山东省黄金集团
			中国工程院院士邱定蕃	矿冶固体废弃物综合利用技术研发	
			中国科学院院士翟裕生	山东三山岛—仓上金矿带控矿规律研究及深部外围成矿预测研究	

续表

编　号	院士工作站名称	承建企业	进站院士	合作项目	主管部门
2011YS-01	山东省黄金集团院士工作站	山东黄金集团有限公司	中国科学院院士刘光鼎	胶西北金矿集区超深部综合地质研究与资源预测研究	山东省黄金集团
2011YS-02	山东省鲁西化工集团院士工作站	鲁西化工集团股份有限公司	中国工程院院士金涌	甲苯烷基化、合成气综合利用、已二腈生产技术开发	聊城市科技局
2011YS-03	山东省中色奥博特铜铝业院士工作站	中色奥博特铜铝业有限公司	中国工程院院士何季麟	铜基电子接插件材料研发	聊城市科技局
2011YS-04	山东省威力工具集团院士工作站	文登威力工具集团有限公司	中国工程院院士周国泰 中国工程院院士侯立安	环保风机在空气处理中的应用研究；新型复合材料在空气处理设备中的应用研究	威海市科技局
2011YS-05	山东省卡松科技院士工作站	山东卡松科技有限公司	中国工程院院士薛群基	生物可降解绿色液压油研发	济宁市科技局
2011YS-06	山东省圣阳电源院士工作站	山东圣阳电源股份有限公司	中国科学院院士钱逸泰	铅酸电池新技术、新材料研究	济宁市科技局
2011YS-07	山东省蒙山铝业院士工作站	山东蒙山铝业有限公司	中国工程院院士陈蕴博	年产1万t车辆用高强韧镁合金型材研发	临沂市科技局
2011YS-08	山东省威能环保电源院士工作站	潍坊威能环保电源有限公司	中国科学院院士万立骏	电动汽车和储能锂离子动力电池研发	潍坊市科技局
2011YS-09	山东省天维（恒沣）膜科技院士工作站	山东天维膜科技有限公司	中国工程院院士高从堦	应用于蛋白分离的具有高抗污染性PVDF中空纤维膜；应用于电厂等工业项目的反渗透浓水回用DF120系列均相离子交换膜及其应用技术开发	潍坊市科技局
		山东恒沣膜科技有限公司			淄博市科技局
2011YS-10	山东省新艺粉末冶金制品院士工作站	莱芜新艺粉末冶金制品有限公司	白俄罗斯国家科学院院士亚历山大·伊里申科	低合金高密度粉末冶金结构件产业技术开发；高密度粉末冶金连杆的研制开发；粉末复合减摩耐磨材料制备技术的研究	莱芜市科技局
2011YS-11	山东省宝力生物质能源院士工作站	山东宝力生物质能源股份有限公司	澳大利亚工程院院士逯高清	利用耐盐能源植物年产3 000t清洁能源二甲醚	东营市科技局
2011YS-12	山东省大地盐化集团院士工作站	山东大地盐化集团有限公司	中国工程院院士侯保荣	海洋化工装备防腐材料开发应用	潍坊市科技局
2011YS-13	山东省永华滤清器制造院士工作站	淄博永华滤清器制造有限公司	中国工程院院士曾苏民 中国工程院院士张文海	燃油过滤单元、国III及以上排放标准滤清器及各种具有新功能的高性能滤清器	淄博市科技局
2011YS-14	山东省鲁宝冶金院士工作站	山东鲁宝冶金股份有限公司	中国工程院院士殷国茂	高强度液压油缸缸体研究与开发项目	淄博市科技局
2011YS-15	山东省松竹铝业院士工作站	山东松竹铝业股份有限公司	中国工程院院士曾苏民	特种铝合金材料研发与制造	淄博市科技局
2011YS-16	山东省新力环保材料院士工作站	山东新力环保材料有限公司	中国工程院院士姚穆	玄武岩纤维及其复合材料的开发与应用；超细纤维在钢铁和水泥行业的应用与提高	淄博市科技局
	二、先进制造领域				
2011YS-17	山东省潍柴动力院士工作站	潍柴动力股份有限公司	中国工程院院士谭建荣	发动机热管理及可靠性技术研究	潍坊市科技局
2011YS-18	山东省中科盛创（青岛）电气院士工作站	中科盛创（青岛）电气有限公司	中国工程院院士顾国彪	大型海上蒸发冷却永磁半直驱风力发电机研发	青岛市科技局

续表

编　号	院士工作站名称	承建企业	进站院士	合作项目	主管部门
2011YS-19	山东省中国石油集团济柴动力院士工作站	中国石油集团济柴动力总厂	中国工程院院士徐滨士	发动机零部件再制造技术研究	济南市科技局
2011YS-20	山东省宏康机械制造院士工作站	山东宏康机械制造有限公司	中国工程院院士胡正寰	大型数控中厚板精整成套设备开发及产业化	泰安市科技局
2011YS-21	山东省润峰电力院士工作站	润峰电力有限公司	中国科学院院士严陆光	高效准单晶硅电池生产技术研发	济宁市科技局
2011YS-22	山东省鲁电电气集团院士工作站	山东鲁电电气集团有限公司	中国科学院院士卢强	智能配电网的运行、控制和管理理论及关键技术研究；配电网无功优化理论及控制技术研究	济南市科技局
2011YS-23	山东省时风（集团）院士工作站	山东时风（集团）有限责任公司	中国工程院院士郭孔辉	新型电动汽车操纵稳定性、平顺性关键技术研究	聊城市科技局
2011YS-24	山东省新煤机械装备院士工作站	山东新煤机械装备股份有限公司	中国工程院院士张铁岗	煤与矸石分离并将矸石回填的方法及其成套设备研发；KJYF96/10矿用可移动式救生舱研发；差动式工作阻力智能检测报警指示器研发	泰安市科技局
2011YS-25	山东省天元建设集团院士工作站	天元建设集团有限公司	中国工程院院士沈世钊	绿色钢结构住宅研发及产业化	临沂市科技局
2011YS-26	山东省贝尔机械院士工作站	日照贝尔机械有限公司	中国工程院院士周勤之	BL5型数控地毯小样机研发；BLT4型地毯枪刺设备的研发；BLP15型数码地毯数码喷射印花小样机研发	日照市科技局
2011YS-27	山东省联兴炭素院士工作站	潍坊联兴炭素有限公司	中国工程院院士林宗虎	煅烧石油焦余热回收系统研制；高温物料冷却及余热回收系统	潍坊市科技局
2011YS-28	山东省中科纳米管材院士工作站	山东中科纳米管材有限公司	中国工程院院士彭苏萍 中国工程院院士袁亮	煤层气（瓦斯）抽采及安全输送系统	淄博市科技局
2011YS-29	山东省博润工业技术院士工作站	山东博润工业技术有限公司	中国科学院院士闻邦椿	散装物料流动的数学模型及活化给料机系统动力学分析与动态优化设计	淄博市科技局
2011YS-30	山东省齐林电科电力设备制造院士工作站	山东齐林电科电力设备制造有限公司	中国工程院院士饶芳权	电能质量综合治理技术与成套装置开发	淄博市科技局
2011YS-31	山东省路通精密铝业院士工作站	烟台路通精密铝业有限公司	中国工程院院士阮雪榆	汽车发动机典型复杂零部件低压铸造工艺数字化、智能化研究	烟台市科技局
2011YS-32	山东省轨道交通装备院士工作站	济南轨道交通装备有限责任公司	中国工程院院士顾国彪 中国科学院院士卢强	海上风机关键技术研发；风电微网与储能技术研究；风电机组测试与研发平台关键技术研究；大功率风电机组控制系统研发	济南市科技局
2011YS-33	山东省威达重工院士工作站	山东威达重工股份有限公司	中国工程院院士段正澄	高端数控特种制造装备研发	枣庄市科技局
2011YS-34	山东省鑫国重机科技院士工作站	山东鑫国重机科技有限公司	中国工程院院士卢秉恒	多功能旋喷沉桩机研发	淄博市科技局
2011YS-35	山东省安泰矿山设备制造院士工作站	济宁安泰矿山设备制造有限公司	中国工程院院士汪顺亭	矿用隔爆型高功率智能电泵研究与设计；高效节能隔爆型大功率矿用耐磨潜水排沙电泵；离心复合高合金双金属辊圈和耐磨材料	济宁市科技局

续表

编　号	院士工作站名称	承建企业	进站院士	合作项目	主管部门
2011YS-36	山东省希波电气科技院士工作站	山东希波电气科技股份有限公司	中国工程院院士雷清泉	500kV特高压电缆局部放电、耐压试验系统研发；高速铁路机车用高压电缆局部放电在线检测装置研发	莱芜市科技局
	三、电子信息领域				
2011YS-37	山东省神戎电子院士工作站	山东神戎电子股份有限公司	中国科学院院士姚建铨	超远距离激光夜视探测系统研发	济南市科技局
2011YS-38	山东省大众信息产业院士工作站	山东大众信息产业有限公司	中国工程院院士李幼平	数字媒体平台相关技术研究	济南市科技局
2011YS-39	山东省软控院士工作站	软控股份有限公司	中国工程院院士孙优贤	先进控制及优化技术在橡胶轮胎及相关行业应用的研发及产业化	青岛市科技局
2011YS-40	山东省辰龙（索奥）院士工作站	山东滕州辰龙能源集团有限公司	中国科学院院士宋振骐	村庄下压煤充填开采方案设计研发；面向煤矿机械制造企业信息化ASP技术服务平台；基于专利和科技成果转化的矿山机械产业集群技术服务平台；基于矿井提升机高压多PLC变频器低频制动电控系统研制的技术服务项目；基于JKM塔式多绳摩擦式提升机的技术服务项目	枣庄市科技局
		新泰索奥机电科技技术咨询有限公司			泰安市科技局
2011YS-41	山东省电力研究院院士工作站	山东电力研究院	中国工程院院士蔡鹤皋	架空输电线路带电维护机器人研发	济南市科技局
2011YS-42	山东省国建高创科技院士工作站	潍坊国建高创科技有限公司	中国科学院院士、中国工程院院士周干峙	热源与换热站优化运行控制系统研发	潍坊市科技局
2011YS-43	山东省天信电气院士工作站	青岛天信电气有限公司	中国工程院院士王子才	煤矿刮板机变频电控系统项目、矿用瓦斯发电机组项目研发	青岛市科技局
	四、生物医药领域				
2011YS-44	山东省英轩实业院士工作站	山东省潍坊英轩实业有限公司	中国工程院院士杨胜利	柠檬酸高浓度、高温发酵项目研发	潍坊市科技局
2011YS-45	山东省罗欣药业院士工作站	山东省罗欣药业股份有限公司	中国工程院院士刘昌孝	比阿培南及注射用比阿培南的研究与开发；头孢西酮钠及注射用头孢西酮钠的研究与开发；质子泵抑制剂系列药物的研究与开发	临沂市科技局
2011YS-46	山东省瀚霖生物技术院士工作站	山东瀚霖生物技术有限公司	中国工程院院士陈冀胜 中国工程院院士王佛松	利用长链二元酸合成新型工程塑料技术及产业化	烟台市科技局
2011YS-47	山东省汇海医药化工院士工作站	山东汇海医药化工有限公司	中国工程院院士张文海	三嗪环的研究与开发	东营市科技局
2011YS-48	山东省创新药物研发院士工作站	山东创新药物研发有限公司	中国工程院院士洪涛	阿尔茨海默病检测试剂盒开发（一期）	济南市科技局
2011YS-49	山东省淄柴新能源院士工作站	淄博淄柴新能源有限公司	中国工程院院士张齐生	生物质能源多联产技术研究	淄博市科技局
2011YS-50	山东省良福制药院士工作站	山东良福制药有限公司	中国科学院院士佟振合	依泽替米贝原料药及制剂工艺研究	济宁市科技局

续表

编　号	院士工作站名称	承建企业	进站院士	合作项目	主管部门
2011YS-51	山东省福洋生物科技院士工作站	山东福洋生物科技有限公司	中国工程院院士欧阳平凯	工业生物技术与产品升级优化研发	德州市科技局
2011YS-52	山东省华康生物芯片院士工作站	威海华康生物芯片有限公司	中国工程院院士赵国屏	基因组医学检测服务平台	威海市科技局
	五、环境与轻工领域				
2011YS-53	山东省派力迪环保工程院士工作站	山东派力迪环保工程有限公司	中国工程院院士侯立安	节能高效型DDBD工业异味气体处理成套装备开发与应用	淄博市科技局
2011YS-54	山东省东佳集团院士工作站	山东东佳集团股份有限公司	中国工程院院士张懿	亚熔盐钛白清洁生产工艺与集成技术	淄博市科技局
2011YS-55	山东省胜利油田金岛实业院士工作站	胜利油田金岛实业有限责任公司	中国工程院院士孙铁珩	含油污泥无害化处理及资源化利用	东营市科技局
2011YS-56	山东省瑞元香料院士工作站	滕州瑞元香料有限公司	中国工程院院士孙宝国	食品香料香精制备关键技术研究及产业化	枣庄市科技局
2011YS-57	山东省康佰力水务设备院士工作站	山东康佰力水务设备有限公司	中国工程院院士李圭白	环保型海水淡化饮用水设备研发	烟台市科技局
	六、农业领域				
2011YS-58	山东省商业集团院士工作站	山东省商业集团有限公司	中国工程院院士束怀瑞	黄河三角洲高效生态农业冷链技术研发科技示范工程建设	山东省商业集团
2011YS-59	山东省诸城外贸院士工作站	诸城外贸有限责任公司	中国工程院院士刘秀梵	家禽保健及其产品质量安全关键技术研究与示范	潍坊市科技局
2011YS-60	山东省百佳（友发）水产院士工作站	山东省百佳水产有限公司	中国工程院院士雷霁霖	海洋鱼类等海珍品良种培育与工厂化养殖产业化开发；鲆鲽鱼类遗传育种技术及中试；经济鱼类研发及现代设施渔业科技示范推广项目	烟台市科技局
		山东省友发水产有限公司			滨州市科技局
2011YS-61	山东省万兴食品院士工作站	山东省万兴食品有限公司	中国工程院院士方智远	“葱姜蒜”优质高效安全生产技术研究集成与综合示范	莱芜市科技局
2011YS-62	山东省黄海水产院士工作站	海阳市黄海水产有限公司	中国工程院院士唐启升	鲆鲽鱼类低碳养殖技术与海洋牧场技术	烟台市科技局
2011YS-63	山东省海益宝水产院士工作站	山东海益宝水产股份有限公司	中国工程院院士管华诗	海参功效成分与营养功能研究与开发	烟台市科技局
2011YS-64	山东省迅达康兽药院士工作站	山东迅达康兽药有限公司	中国工程院院士陈焕春	阳离子抗菌肽的研制与开发	济南市科技局
2011YS-65	山东省水貂良种场院士工作站	潍坊市水貂良种场	中国工程院院士马建章	毛皮动物良种引进培育及示范养殖技术研发	潍坊市科技局

国家及省级国际科技合作基地建设　2011年，山东省盛瑞传动股份有限公司、淄博工陶耐火材料有限公司、鲁南工程技术研究院被科技部批准为国家级国际科技合作基地，全省国家级国际科技合作基地共12家。批准建设了2011年度省级国际科技合作研究中心67家（见表3），首次批准建设省级国际科技合作基地5家（见表4）。

表3　　2011年度山东省新建省级国际科技合作研究中心

中心名称	建设单位	外方合作单位	主管部门
山东省中日围手术治疗学科技合作研究中心	山东大学齐鲁医院	日本和歌山医科大学	山东大学
山东省中美麻醉与脑代谢科技合作研究中心	山东大学齐鲁医院	美国加州大学麻醉与围手术期中心	山东大学

续表

中心名称	建设单位	外方合作单位	主管部门
山东省中英传统科技合作研究中心	山东大学宗教、科学与社会问题研究所	英国剑桥李约瑟研究所	山东大学
山东省中日岩土工程合作研究中心	山东大学岩土与结构工程研究中心	日本长崎大学	山东大学
山东省中比抗病毒创新药物合作研究中心	山东大学药学院	比利时鲁汶大学医学院微生物与免疫研究所	山东大学
山东省中俄运筹与管理合作研究中心	青岛大学数学科学学院	俄罗斯圣彼得堡国立大学	山东省教育厅
山东省中日碳纳米材料合作研究中心	青岛大学化学化工与环境学院	日本国立材料研究所	山东省教育厅
山东省中法光电纳米纤维和器件合作研究中心	青岛大学物理科学学院	法国南特材料研究所	山东省教育厅
山东省中美数字媒体合作研究中心	山东财经大学（筹）计算机科学与技术学院	美国肯塔基州立大学	山东省教育厅
山东省中匈黄金工业应用合作研究中心	烟台大学化学化工学院	匈牙利科学院化学研究中心	山东省教育厅
山东省中美无脊椎动物细胞培养与细胞工程合作研究中心	青岛农业大学农学与植物保护学学院	美国康奈尔大学BTI研究所	山东省教育厅
山东省中韩食品生物技术研究中心	青岛农业大学食品科学与工程学院	韩国生命工学研究院、韩国食品研究院、韩国庆北国立大学	山东省教育厅
山东省中以蔬菜种子合作研究中心	山东省种子有限责任公司	以色列艾曼种子公司	山东省农业厅
山东省中澳植病生防合作研究中心	山东省科学院生物所	澳大利亚联邦科学与工业研究院	山东省科学院
山东省中丹中药质量鉴别合作研究中心	山东省科学院分析测试中心	丹麦罗斯基勒大学	山东省科学院
山东省中白燃料电池电极材料合作研究中心	山东省科学院新材料研究所	白俄罗斯国家科学院雷科夫热质转换研究所	山东省科学院
山东省中澳移动传感网合作研究中心	山东省科学院计算中心	澳大利亚国立大学	山东省科学院
山东省中-CIMMYT保护性耕作及高效节水合作研究中心	山东省农科院作物所	国际玉米小麦改良中心	山东省农科院
山东省中俄生物防腐保鲜技术合作研究中心	山东省农业科学院农产品研究所	莫斯科大学、全俄植物保护研究所	山东省农科院
山东省中英家禽育种与疫病防控合作研究中心	山东省农业科学院家禽研究所	英国动物卫生研究所	山东省农科院
山东省中韩海洋生物材料国际合作研究中心	中国海洋大学海洋生命学院	韩国高丽大学生命工学院	青岛国家海洋科学研究中心
山东省中美气候变化与区域海洋环境响应合作研究中心	中国海洋大学物理海洋教育部重点实验室	美国德克萨斯农工大学、美国夏威夷大学、美国Woods Hole海洋研究所、美国北卡州立大学	青岛国家海洋科学研究中心
山东省中俄国际海岸带植物合作研究中心	中科院烟台海岸带研究所	俄罗斯远东科学院海洋生物研究所	青岛国家海洋科学研究中心
山东省中加电力机器人合作研究中心	山东电力研究院	加拿大魁北克水电研究院	山东电力集团公司
山东省中乌新材料合作研究中心	山东贝斯特环境技术有限公司	乌克兰国家科学院超硬材料研究所	济南市科技局
山东省中日工业现场诊断与管理合作研究中心	山东万博科技股份有限公司	日本东一株式会社	济南市科技局
山东省中韩甲壳素合作研究中心	济南海得贝海洋生物工程有限公司	韩国宇昌有限公司	济南市科技局
山东省中美电动汽车综合管理平台及高级应用合作研究中心	山东鲁能软件技术有限公司	美国国际商业机器公司（IBM）	济南市科技局
山东省中波干燥技术合作研究中心	山东天力干燥股份有限公司	波兰罗兹工业大学	济南市科技局
山东省中意高端数控装备合作研究中心	山东法因数控机械股份有限公司	意大利菲赛普（FICEP）公司、考格（COLGAR）公司	济南市科技局
山东省中美肿瘤免疫合作研究中心	济南市中心医院	美国霍普金斯大学医学院病理中心	济南市科技局

续表

中心名称	建设单位	外方合作单位	主管部门
山东省中澳个体化治疗靶分子合作研究中心	济南市中心医院	澳大利亚悉尼大学	济南市科技局
山东省中德新能源锅炉合作研究中心	山东多乐采暖设备有限责任公司	德国WOLF公司	枣庄市科技局
山东省中德化工五金工具合作研究中心	枣庄中和制刷有限公司	德国罗特兰德有限公司	枣庄市科技局
山东省中加环境污染治理合作研究中心	山东省油区环境污染治理工程技术研究中心	加拿大里贾纳大学	东营市科技局
山东省中美地热能装备合作研究中心	山东富尔达空调设备有限公司	美国开利公司	烟台市科技局
山东省中美动漫产业合作研究中心	山东中动文化传媒有限公司	美国好莱坞影视公司	潍坊市科技局
山东省中日生物医药产业国际科技研究中心	潍坊高新区生物医药科技产业园管理办公室	日本东京大学	潍坊市科技局
中德智能电器控制合作研究中心	潍坊多元电器设备有限公司	西门子工业业务领域自动化与驱动技术集团	潍坊市科技局
内燃机增压技术国际科技研究中心	康跃科技股份有限公司	俄罗斯中央柴油机技术研究院	潍坊市科技局
山东省中加光伏合作研究中心	山东中晶新能源有限公司	加拿大Skypower Limited公司	济宁市科技局
山东省中美无菌液体包装原纸合作研究中心	山东太阳纸业股份有限公司	美国国际纸业	济宁市科技局
山东省鲁台新能源合作研究中心	山东合兴科技发展有限公司	台湾大学亚泰新能源研究中心	济宁市科技局
山东省中德高功率半导体激光器技术合作研究中心	山东能源机械集团有限公司	德国Edge Wave公司	泰安市科技局
山东省中日高压电缆附件合作研究中心	特变电工山东鲁能泰山电缆有限公司	昭和电线电缆系统株式会社	泰安市科技局
山东省中日苹果科技合作中心	泰安市泰山林业科学研究院	日本岩手县盛冈市熊谷果树园	泰安市科技局
山东省中美灾难逃生装备合作研究中心	山东鲁普耐特新材料工程技术研究中心	美国加州大学洛杉矶分校艺术和建筑设计系、美国德博尔建筑规划设计公司	泰安市科技局
山东省中美无机非金属材料合作研究中心	泰安高新技术创业服务中心	美国PSE公司	泰安市科技局
山东省中埃农机国际科技合作研究中心	山东宁联机械制造有限公司	埃及开罗Techman农业装备集团公司	泰安市科技局
山东省中英防护产品研发测试合作研究中心	泰安东升服装有限公司	英国剑桥大学、英国SATRA公司	泰安市科技局
山东省中日海洋食品加工合作研究中心	乳山正洋食品有限公司	日本长谷川水产株式会社	威海市科技局
山东省中西太阳能光热发电高温集热管合作研究中心	威海市汇银高温集热管有限公司	西班牙能源环境技术研究中心、西班牙伊维尔德罗拉公司、西班牙ACS集团	威海市科技局
山东省中德体外循环技术合作研究中心	威高集团有限公司	德国艾碧斯（IBS）公司、德国依姆特（em-tec）公司	威海市科技局
山东省中日海洋食品合作研究中心	泰祥集团	日本一般法人完善生活设计研究所	威海市科技局
山东省中美子午线轮胎制造技术合作研究中心	成山集团有限公司	美国固铂橡胶轮胎公司	威海市科技局
山东省中日海藻机能食品合作研究中心	山东海之宝海洋科技有限公司	日本理研食品株式会社仙台研究所	威海市科技局
山东省中英生物计算与机器智能合作研究中心	哈尔滨工业大学计算机科学与技术学院	英国曼彻斯特大学物理与天文学院	威海市科技局
山东省中白粉末冶金先进制造合作研究中心	莱芜市新艺粉末冶金制品有限公司	白俄罗斯国家粉末冶金科学生产研究所	莱芜市科技局
山东省中美仪器仪表专用芯片设计合作研究中心	山东力创科技有限公司	美国思尔芯（S2C）信息科技有限公司	莱芜市科技局
山东省中德工程机械多缸柴油机合作研究中心	山东常林机械集团股份有限公司	德国道依茨公司	临沂市科技局

续表

中心名称	建设单位	外方合作单位	主管部门
山东省中日小型四冲程汽油机核心技术合作研究中心	山东华盛中天机械集团有限公司	日本富士重工业株式会社	临沂市科技局
山东省中新金银花合作研究中心	山东亚特生态技术有限公司	新加坡天然药物研究所	临沂市科技局
山东省中西民爆器材合作研究中心	山东天宝化工有限公司	西班牙马克西姆集团公司	临沂市科技局
山东省中荷体育产业合作研究中心	泰山体育产业集团有限公司	荷兰皇家县卡草坪公司	德州市科技局
山东省中英建筑门窗配套件合作研究中心	德州国强五金制品有限公司	英国AK公司	德州市科技局
山东省中意现代生物工程膜分离合作研究中心	山东龙力生物科技股份有限公司	意大利米兰大学兽医学院	德州市科技局
山东省中意1 250MW级封闭母线关键技术合作研究中心	山东达驰阿尔发电气有限公司	意大利Alfa Standard公司	菏泽市科技局

表4　　2011年度山东省新建省级国际科技合作基地

建设单位	合作国家、地区	主管部门
中国海洋大学	美国、德国、英国、加拿大、法国、韩国	青岛国家海洋科学研究中心
中国科学院青岛生物能源与过程研究所	美国、以色列、俄罗斯、英国、韩国、澳大利亚、香港	青岛国家海洋科学研究中心
泰山玻璃纤维有限公司	澳大利亚、美国、加拿大	泰安市科技局
山东常林机械集团股份有限公司	瑞典、日本	临沂市科技局
临沂市科学技术合作与应用研究院	俄罗斯	临沂市科技局

（省科技厅科技合作处）

【山东信息通信技术研究院】

科技计划项目　2011年，研究院共承担各类科技计划52项，获经费支持15 661万元。承担国家项目11项，其中国家863计划项目3项、核高基项目1项、国际科技合作项目2项、国家重点新产品项目1项、国家中小企业创新基金项目2项、国家发改委计划项目1项、国家工信部计划项目1项，获资金支持9 008万元。承担省级项目27项，其中省自主创新成果转化重大专项8项、省科技发展计划项目8项、省中小企业创新基金1项、省发改委计划项目4项、省经信委计划项目5项、省人社厅留学人员项目1项，共获经费支持4 733万元。承担济南市科技计划和有关部门计划项目14项，其中市科技重大专项3项、科技平台专项1项、市经信委计划项目4项，济南高新区科技计划项目6项，共获资金支持1 920万元。有5个项目入选山东省第一批省级战略性新兴产业项目。截至年底，研究院共承担各类项目150项，获经费支持86 062万元。其中，国家级项目36项，经费71 841万元；省级项目69项，经费10 727万元；省级以下和行业项目45项，经费3 494万元。

科技创新平台建设　研究院加快推进重大科技创新平台建设。量子通信试验网建设顺利进行。济南卫星产业园建设全面启动。国家超级计算济南中心正式挂牌，标志着我国成为继美国、日本之后第三个能够采用自主CPU构建千万亿次计算机的国家。继续推进省工程技术研究中心申报工作，驻院省级工程技术研究中心达11家。

公共研发服务平台建设　千万亿次超级计算机、集成电路设计、数字媒体、通信测试和物联网嵌入式系统五大公共研发平台全部建成并投入运行。量子通信、卫星通信研发平台完成一期建设，基本具备研发能力。国家超级计算济南中心建成并投入运行，千万亿次超级计算平台进入应用阶段。量子通信技术研发平台和量子保密通信试验网建设进展顺利。卫星通信研发平台已分阶段在卫星通信天线系统研发、卫星通信特殊部件高精度机加工、半实物数字化仿真、动中通天线跟踪伺服系统六自由度仿真、卫星通信系统的大型测试、嵌入式系统开发硬件及软件、芯片级电子学

结构工艺设计等方面开展科研活动，进展顺利。物联网嵌入式系统研发平台在软件设计、仿真、测试等方面为物联网研发机构提供全面的开发工具支持。集成电路、数字媒体、通信测试研发平台在建设完善的基础上，日益得到推广应用。

科技成果　入驻创新园和研究院的集成电路设计企业达到20家。华芯公司2GB大容量动态随机存储器芯片填补国内空白，获2011年度“中国芯最佳市场表现奖”，并已成功应用于各种整机产品，包括浪潮服务器、高端容错计算机、曙光服务器及网络设备，目前已销售500万颗，销售收入近1亿元。概伦电子科技有限公司承担完成的山东省自主创新成果转化重大专项“基于Prosim的大规模集成电路高精度仿真器Nanospice”项目拥有自主知识产权，技术处于国际领先水平。2011年概伦电子公司销售收入1 300万美元。

2011年驻院团队在国外刊物发表论文15篇，在国内刊物发表论文58篇，出版专著1部。申请国内外专利479件。其中，申请国外专利8件、发明专利268件；获国外专利授权6件，国内专利授权219件。获国家科技进步二等奖1项，省部级奖励15项。完成科技成果鉴定15项。

科技合作与学术交流　2011年，研究院组团赴美国、南非、以色列、英国、德国、芬兰、台湾、香港等国家和地区出访100多人次，参观考察台北内湖科技园区、诺基亚西门子网络公司、英国曼彻斯特大学等20多所大学、研发机构和企业。召开海外留学生座谈会，欢迎海外学子回国创业。接待美国、日本、香港、台湾等国家和地区来访团组89批308人次。研究院与IBM、AMD、美国休斯卫星公司、香港应用科学研究院、清华微电子所等合作项目有序推进。华芯公司与清华大学微电子所和中科院微电子所开展合作，实现高端芯片封装量产核心技术自主可控，华芯高端封测线顺利投产，使我国在先进封装领域达到国际领先水平。

研发团队建设　2011年，山东信息通信技术研究院新增驻院研发团队10个，新增中科院院士1人，国家“千人计划”人选3人，泰山学者海外特聘专家3人。第五批引进海内外高层次人才9人，在研究院工作的海外人才新增19人。驻院团队达到38个，其中国家重点实验室1个，省部级重点实验室1个，国家工程技术研究中心1个，省级工程技术研究中心11个，海外人才领军或加盟的团队26个。驻院团队现有科研人员1 690人，其中博士107人，硕士466人；在研究院工作的海外引进人才55人，其中中科院院士1人，国家“千人计划”5人，泰山学者海外特聘专家15人，泰山学者特聘专家2人，济南市5150计划人才26人，被山东大学聘为教授或讲座教授7人，共获各级人才资金支持9 987万元。

（山东信息通信技术研究院　郝　飞）

政策法规与环境建设

【科技政策与法规】　2011年，《山东省科学技术进步条例》的修订工作完成。制定《山东省“十二五”科学技术发展规划纲要》《山东省“十二五”制造业信息化科技工程规划》《山东省“十二五”科技服务业发展规划纲要》《关于加快培育发展山东省云计算产业的指导意见》《山东省种业振兴规划（2011～2015年）实施方案》《山东省科技发展计划项目验收管理办法》《关于改进和加强财务管理工作的实施意见》《省级科研项目经费会计核算指导意见》《关于改进和加强省级财政科技经费管理，推进自主创新工作的意见》《省重点实验室“十二五”发展规划》《省重点实验室建设与运行管理办法》《省重点实验室专项经费管理办法》《山东国家综合性新药研发技术大平台“十二五”科研条件建设规划》《山东省省属科研单位人才工作目标责任制考核办法》等政策文件。启动《山东省实验动物管理条例》的修订工作，已被列入山东省三类立法计划项目。

【省管科技类社会组织、科技类民办非企业单位管理工作】 2011年，对173家社团、民非组织进行年审，其中社团组织12家、民非组织161家，济南市社会组织近100家，其余16地市社会组织70余家。重新研究制定审批程序，进一步严格成立条件，设置推荐、预审、实地考察、专家论证、材料审查、批复等步骤，将成立审批过程规范化和程序化，并将所有内容在网上公布，提高审批的透明度。综合考虑全省经济发展战略布局，先后对10家单位进行前置审查。根据《关于在省直业务主管单位成立社会组织党委（总支）的意见》（鲁组发〔2011〕35号）要求，开展组建省科技厅社会组织党委工作。上报《关于成立山东省科技厅社会组织党委的申请》，已获省委社会组织党工委批复，同意成立省科技厅社会组织党委。

【国家科技进步县（市、区）考核】 2011年，首次以省政府办公厅名义印发《山东省人民政府办公厅关于做好县（市、区）科技进步考核工作的通知》（鲁政办字〔2011〕77号），向全省各县（市、区）人民政府部署考核工作，将部门工作上升为政府行为，为开展考核工作提供政策环境保障。全省17个市的140个县（市、区）在历届全国科技进步考核中，通过率均达到95%以上。共有14个国家科技进步示范县，占全国的1/10。县域经济占全省经济总量的比重提高到86%，26个县（市）进入全国经济实力百强行列。11月22日，科技部在北京召开全国基层科技工作会议，表彰2011年全国县（市、区）科技进步考核工作先进集体、先进个人，山东省有12个（设区）市、69个县（市、区）、255名先进个人受到表彰，分别授予先进集体和先进个人荣誉称号，山东省科技厅被评为全国县（市）科技进步考核优秀组织单位。山东省科技进步考核工作受表彰的县（市）和个人数量均列全国第一位。

【技术创新工程】

创新型（试点）企业 创新型（试点）企业依靠科技创新驱动企业持续发展的成效突出，成为全省科技进步与创新支撑区域发展的前沿阵地。截至2011年底，全省共培育省级以上创新型（试点）企业392家，其中，国家级创新型（试点）企业35家，居全国前列。济南、威海、菏泽、德州、临沂、广饶等地逐步开展市、县级创新型企业试点工作，形成国家、省、市、县梯次推进创新型企业建设的良好局面。科技部、世界知识产权组织（WIPO）共同在山东省举办“创新型企业科技创新知识产权管理研讨培训班”，各市科技局和国家级、省级创新型企业代表约130人参加专题培训。

产业技术创新战略联盟 2011年，坚持“政府引导、企业主体，深化改革、创新机制，立足当前、着眼长远”的原则，立足山东省产业技术创新需求，以增强主导产业和新兴产业核心竞争力为目标，重点围绕五大重点区域发展战略，统筹谋划和推进山东省产业技术创新战略联盟的构建。截至年底，全省已建设75家省级以上产业技术创新战略示范联盟，其中，由山东省企业牵头的存储、缓控释肥和商用汽车与工程机械新能源动力系统产业技术创新战略联盟已被科技部批准为国家试点联盟，并成功申报国家科技支撑计划项目，争取了1.5亿元计划经费支持。在此基础上，不断深化省科技计划管理改革，探索联盟的运行机制和支持联盟发展的有效措施，通过科技计划委托联盟组织实施国家和地方的重大技术创新项目，支持联盟开展技术创新发展战略研究，规划设计技术创新发展路线图，使联盟在更高层面开展技术创新活动。

（省科技厅政策法规处）

【科技人才队伍建设】

专业技术人才队伍建设

博士后工作。2011年，省人力资源和社会保障厅印发《关于做好山东省博士后创新项目专项资金绩效评估工作的通知》，对获得2007～2009年度山东省博士后创新项目专项资金一、二等资助的150个科研项目和课题进行绩效评估。规范和健全博士后工作管理制度，8家博士后科研工作站顺利通过全国博士后管理办公室的整改验收。印发《关于开展2011年度博士后新设站评估工作的通知》，对2007年设立的山东大学等9所高校的27个一级学科（博士后科研流动站）的新设站评估工作进行部署。组织开展中国博士后科学基金第四批特别资助和第49批、第50批面上资助推荐申报工作，全省有32名博士后研究人员获得中国博士后科学基金第四批特别资助，159名博士后研究人员获得面上资助，受资助人数再创历史新高。组织开展2011年度“内地与香港联合培养博士后研究人员”（简称“香江学者计划”）的申报工作，山东大学王美、吕慧霞和邹永新3人入选“香江学者计划”。省人力资源和社会保障厅会同省财政厅召开2011年度省博士后创新项目专项资金专家评审论证会，对各博士后设站单位呈报的300个项目材料进行分析论证，并根据专家评议意见择优确定160个资助项目，其中一等资助10项，二等资助40项，三等资助110项。完成2011年度省博士后创新项目专项资金拨付工作。

高层次专业技术人才选拔与培养。2011年度山东省有6名院士候选人进入第二轮评审，山东省医科院副院长、省肿瘤医院院长于金明研究员当选中国工程院院士。加强驻鲁院士和聘任院士管理服务，全省驻鲁院士人数达到37名，长期居住院士7名，每年还有60多位省外院士受聘与山东省高校、企业和科研院所开展人才培养、重大课题研究和项目合作。3月，以省政府名义对邢乐成等100名2010年度山东省有突出贡献的中青年专家进行通报表彰。组织2011年度山东省有突出贡献的中青年专家的推荐选拔工作，最终确定100名山东省有突出贡献的中青年专家人选。4月，省人力资源和社会保障厅印发《关于公布山东省2010年度享受国务院颁发政府特殊津贴人员的通知》，曾照香等101名2010年度享受国务院颁发政府特殊津贴人员名单，每人发放津贴2万元。全省享受国务院颁发政府特殊津贴人员达到2 900人。

（省人力资源和社会保障厅　王宏伟）

科研院所领域泰山学者评审。2011年，共接受科研院所领域泰山学者、泰山学者海外特聘专家、省优秀创新团队的申请91人、团队26个，经资格审查，有76人、16个团队进入初评。为确保评审过程的公平、公正，评审专家组外省评委不少于1/3，评审组长由外省专家担任。在评审过程中，严格按照工作要求，组织专家对泰山学者特聘专家、泰山学者海外特聘专家采取材料审核的方式进行初评，对省优秀创新团队采取现场答辩和审核材料相结合的方式进行初评。5月10日～6月15日，省科技厅对29所科研单位的77位泰山学者和海外特聘专家在岗时间和工作任务完成情况等，分3个督察组进行了实地督察。对督查中发现的问题要求相关单位整改。

（省科技厅政策法规处）

专业技术人才继续教育。2011年，组织各级各部门申报全国专业技术人员高级研修班项目。省人力资源和社会保障厅会同省农业厅，在烟台举办对口支援新疆建设兵团果蔬贮藏与深加工技术高级研修班，兵团各基层单位共40名中高级专业技术人员参加培训；在济南举办蔬菜集约化育苗技术高级研修班，15个省市区50多名中高级专业技术人员参加培训研讨。

技能人才队伍建设

高技能人才队伍建设。山东技师学院被列为国家首批扶持的20个高技能人才培训基地建设项目之一，中央财政500万元补助资金已拨付到位。山东省推荐许振超、贾广顺、于建友作为国家级技能大师工作室候选人，并全部获批。11月29日，人力资源和社会保障部职业能力建设司司长吴道槐赴青岛为许振超技能大师工作室揭牌。开展首席技师评审活动，全省最终有250人进入推荐范围，经评审选拔，报请省政府对92名山东省首席技师予以命名表彰。截至年底，全省已评选出各级首席技师3 604人。全面完成8 000人的“金蓝领培训计划”，其中高级技师的培养数量扩大到1 200人。组织开展百万职工技能竞赛系列活动，全省共组织各类大赛近70个项目，其中省级一类大赛项目17个，参赛职工和学生130万人。组织全省技师、高级技师评审工作，全省共收到申报材料4 300多份，评审工作全部完成。对2011年符合入库标准的新增全国技术能手、山东省首席技师等人选做好高层次人才库人选信息录入工作。

职业技能鉴定管理。全年对315个鉴定所（站）进行全面检查和合格评估，评选出17个示范性鉴定所（站）。加强职业技能鉴定质量管理和督导鉴定，召开全省职业技能鉴定质量管理工作会议和“金蓝领”培训工作会议。进一步提高全省职业技能鉴定管理人员和督导人员业务水平，强化命题鉴定的质量和水平。对全省的“金蓝领”培训基地进行检查督导，督促各行业、单位提高培训标准，进一步保证“金蓝领”培训质量。

技工教育。组织专家对山东省高级技工学校等16所院校进行评估，评估合格的向山东省技师学院、高级技工学校设置评议委员会申报改建技师学院。对岱岳区技工学校等5所学校进行评估，经人力资源和社会保障部批准新增4所高级技工学校、1所国家重点技工学校。全年全省技工院校共招生14.8万人。拓展就业渠道，全省技工院校12.1万名毕业生有11.8万人就业，就业率98%。全年利用暑期继续组织机械加工等8个专业的师资培训班，200名教师参加培训。配合省财政厅评估中心组织专家对全省26所学校的27个专业进行评估，1 500万元的扶持资金已全部拨付。组织实施山东省技工院校数控专业师资20人赴德国培训项目。

人才智力引进

外国专家管理工作。对符合条件的36个申报聘请外国文教专家的单位进行资格认可，颁发《聘请外国专家单位资格认可证书》。印发《关于做好2011年度外国文教专家聘请单位年检工作的通知》，对全省493个外国文教专家聘请单位进行年检。10月，在潍坊市举办全省引智工作业务培训班，就“外专千人计划”和高端外国专家项目政策、编报2012年经济技术类和科教文卫类外国专家项目要求、外国专家管理工作有关法律法规和政策规定进行培训。2011年山东省向国家外国专家局推荐的3名外国专家获国家“友谊奖”，获奖专家数量居全国第一位；有22名外国专家获2011年度“齐鲁友谊奖”。

引进国外技术、管理人才项目工作。在全省范围内开展“外专千人计划”申报工作，向国家外专局推荐22名外国专家作为第一批“外专千人计划”人选，其中山东省科学院海洋仪器仪表研究所聘请的白俄罗斯藉专家卡巴诺夫•弗拉基米尔、烟台市农业科学研究院聘请的保加利亚藉专家阿塔纳斯•布拉高夫，入选第一批“外专千人计划”。全省有2项列入2011年高端外国专家项目，4项列入国家外专局备选高端外国专家项目，获国家外专局资金资助96.5万元。围绕山东省“蓝黄”两区建设以及重点领域、重点产业发展需要，在全省组织实施近400项引进国外技术、管理人才项目需求，国家外专局资助山东省引进外国专家项目经费517万元，比上年增加180万元。

引进国外智力成果示范推广。开展2011年度国家引智示范基地、单位和省引智示范基地的申报和评选工作。山东4家单位被命名为国家引智示范基地和单位，数量居全国首位。评选命名15家省级引智示范基地，省级引智示范基地达到135家。发挥重点项目辐射带动作用，对16项发展前景好、示范推广价值大的引智成果示范推广项目给予资助。在寿光组织举办山东半岛蓝色经济区引进国外智力成果经验交流现场会。举办潍坊寿光菜博会和昌邑绿博会，吸引国外参展单位500多家，展现国外新技术、新品种2 300多项，实现引智资源共享和成果互补。实施军地引智成果共享、优良品种和先进技术进军营、专家团队进军营等3大工程，为推动部队后勤保障提供先进技术服务。争取国家在智力拥军政策、资金和先进种养技术等方面的支持，组织农业专家赴济南军区黄河三角洲生产基地考察、制定园区规划，协调省林科院、省果树所提供林果苗木进行推广种植。

对外交流合作。围绕山东省“蓝黄”国家战略的实施，举行一系列大型引智活动。7月，在东营举办全省食品质量安全培训班，邀请美国食品安全方面的官员和专家授课，配合了全国、全省广泛开展的食品质量安全工作。11月，在东营举办“2011中国黄河三角洲高效生态经济区（东营）国际人才交流暨项目洽谈会”，邀请30名高端外国专家参会，达成合作协议100多项，协议引进资金6 000多万元。拓宽高层次引智渠道。5月，与韩中文化经济友好协会签订协议，就中韩人才交流与职业教育等进一步开展合作。11月，组织参加2011年中国国际人才交流大会，接洽外国专家组织30多个，对接并达成初步合作意向的引智项目380余项，计划引进专家620多人次。12月，组织承办由中国国际人才交流协会与台湾海峡两岸新农村建设促进会联合主办的海峡两岸观光农业交流活动。在威海举办全国高端外国专家休假考察活动，16名高端外国专家对烟台、威海等地的经济社会发展情况进行考察并提出相关建议。

事业单位人事制度改革

事业单位岗位设置管理。2011年，全省已核准岗位设置方案的事业单位5万个，占应实施岗位设置管理事业单位总数的95%，核准人数占人员总数的96%；其中省属事业单位中，500多家单位完成了岗位设置方案核准工作，10多万人被纳入岗位设置管理体系，占应纳入岗位设置管理人员总数的90%以上。省人力资源和社会保障厅制定《关于加快事业单位岗位聘用工作有关问题的通知》，印发《关于开展事业单位岗位设置管理和人员聘用工作检查验收的通知》。截至年底，全省共有4.5万个事业单位完成岗位聘用工作，占应实施岗位设置管理事业单位总数的80%，聘用人数占人员总数的81%，其中共有160家省属事业单位完成岗位聘用工作。进一步规范专业技术二级岗位设置管理，全省共有152个事业单位设置496个专业技术二级岗位。

事业单位公开招聘。全省省属事业单位统一组织的初级岗位笔试共有86 982人报考应聘，审核通过70 412人，最终缴费参加考试60 313人，招聘比例平均达44.4∶1；精心组织实施公开招聘面试工作。做好招聘人员的审核备案工作，及时为符合条件人员办理备案手续。全年共有48个省直部门和370家省属事业单位公开招聘工作人员3 208人。加强对全省事业单位公开招聘工作指导监督，通过定期调度、召开座谈会等方式，加强沟通交流，及时解决问题。加大舆论监测处置力度，关注舆论动态，及时调查了解社会关注的问题和事件，指导基层做好突发事件处置工作。

事业单位人员聘用。切实落实事业单位聘用合同的签订工作，借助加快事业单位岗位聘用工作的契机，要求事业单位按照规定与竞聘上岗后的工作人员签订聘用合同。对已经签订聘用合同的，如聘用合同的格式和内容规范，聘用时间、聘用岗位等合同内容不需调整的，聘用合同可继续有效；如格式和内容不够规范，或合同内容需做调整的，应变更相关内容。聘用岗位发生变动的，聘期起始时间应与新聘岗位的聘用合同签订时间一致。对尚未进行人员聘用备案的省属事业单位加强调度，对省政协办公厅、省财政厅、省水利厅等5家部门（单位）1 169名现有在职人员信息进行审核，并为省政协办公厅、省水利厅所属事业单位526名现有在职人员办理聘用备案手续。

事业单位工作人员奖励。省人力资源和社会保障厅与省林业厅联合表彰150名优秀乡镇林业技术人员；与省环保厅、省总工会联合表彰首届全省环境监测技术大比武活动中的先进集体和先进个人；与省卫生厅联合评选表彰37个保健工作先进集体和112名先进个人；与团省委、省教育厅、省公安厅和省少工委联合举办第四届山东省少先队辅导员技能大赛暨风采展示活动，评选表彰6个优秀组织单位、5个优秀活动单位、243名优秀活动个人；对第21批援坦桑尼亚医疗队的优秀队员、文化系统的优秀人员等给予记二等功奖励。

职称制度改革

中小学教师职称制度改革试点。指导潍坊市组织完成人员过渡、岗位设置、竞聘推荐、高级教师评审、岗位聘用等改革试点工作。作为全国3个试点市之一，潍坊市分别在4月29日全国总结会议和9月29日全国扩大改革试点会议上作典型发言，为全国扩大试点积累了经验，得到人力资源和社会保障部、教育部的充分肯定。总结潍坊市中小学教师职称制度改革试点工作经验，针对存在的问题提出了改进完善的措施。

高级专业技术职务资格评审。完成2010年度高级专业技术职务资格审核、备案工作，全省共26 074人申报评审高级专业技术职务资格，通过16 244人。省人力资源和社会保障厅印发《关于做好2011年度专业技术职务资格评审工作的通知》，对2011年度职称评审工作进行部署。继续授权山东师范大学等单位组建相应高级评审委员会，根据核准的专业技术岗位数量、等级结构和本单位专业技术岗位空缺需求，评审本部门所属事业单位或本单位专业技术职务资格，没有空缺岗位的，不再组织申报评审。事业单位严格按照专业技术岗位的设置数量、专业特点和需求，组织专业技术职务资格申报、推荐和评审。其中，实行评聘分开的事业单位高、中级专业技术职务资格人数超过核准的相应岗位数15%和尚未实施岗位设置管理制度的事业单位，除引进急需高层次专业技术人才外，不再推荐评审。

（省人力资源和社会保障厅　王宏伟）

省属科研单位人才工作目标责任制考核　根据省委组织部与省科技厅《山东省省属科研单位人才工作目标责任制考核办法》（鲁科政字〔2011〕63号）要求，省科技厅成立省属科研单位人才工作目标责任制考核组，5月10～20日，对山东省科学院、山东省农科院以及部分厅局主管的31家科研单位进行人才工作目标责任制考核验收。5月23日，省科技厅召开省属科研单位人才工作目标责任制考核汇报总结会，讨论总结出省属科研单位人才工作发展取得的成绩和存在的共性问题，形成整体意见。

（省科技厅政策法规处）

人力资源市场建设

公派出国留学和留学回国工作。2011年，组织非教育系统工作人员申报国家留学基金资助出国留学工作，全省非教育系统共有12人申报，4人获资助出国留学资格。会同省教育厅组织省政府自筹经费资助出国留学的申报、评审工作，全省非教育系统共有68人申报省政府公派出国留学，经专家评审有36人获得资助出国留学资格。会同省发改委服务业办公室组织了从全省重点服务业企业中选派优秀管理干部赴美攻读MBA的报名和选拔，学员于12月底赴美学习。组织“万人计划”第一层次创业人才的申报工作，全省有14个市申报创业人才39人，经资格审查和综合初评，16名人选通过省委组织部总评。对全省60多名留学工作人员进行业务培训。通过山东省海外人才项目信息网面向海外集中公布引才岗位1 269个，到7月底，达成合作意向301个，其中博士引进意向129个，硕士引进意向172个，建立人才与技术项目对接工作常态机制。根据海外人才对接情况，省人力资源和社会保障厅组团，济南、烟台两市人力资源和社会保障局参加，赴欧洲与拟来山东省工作的高层次留学人才进行正式洽谈。组织留学人才资助计划申报工作，全省共有8名留学回国人才和1项引才活动获得人力资源和社会保障部资助，申请资助经费87万元。组织参加“黄河三角洲高效生态经济区高端人才洽谈会暨蓝色经济区海外博士科技行活动”，邀请47名海外博士携带64个涉蓝发展的高新技术项目参会，共签订正式合作协议32个，达成合作意向近百个，此次活动被人力资源和社会保障部列为2011年全国“海外赤子为国服务行动计划”。

人力资源流动配置。省人力资源和社会保障厅会同省财政厅制定《黄河三角洲地区引进急需人才和山东半岛蓝色经济区人才发展省级专项资金管理使用办法》，省人力资源和社会保障厅先后印发《关于做好2011、2012年度山东半岛蓝色经济区人才发展项目申报工作的通知》和《关于做好2011、2012年度黄河三角洲地区引进急需人才项目申报工作的通知》，确定2011年度、2012年度黄河三角洲地区资助项目分别为48项、44项；2011年度、2012年度山东半岛蓝色经济区资助项目分别为39项、38项。项目涉及新能源、新材料、信息技术、生物医药、海洋相关产业等多个领域，拟引进人才中有两院院士、享受国务院特殊津贴专家4人，博士、博士后109人，高级职称专业技术人员26人，硕士13人。利用引进人才专项经费，资助黄河三角洲地区和山东半岛蓝色经济区人力资源和社会保障系统赴美国、加拿大、欧洲、澳大利亚、韩国等海外高层次人才集聚的国家地区推介山东省急需的人才技术项目、招聘海外高层次人才。

（省人力资源和社会保障厅　王宏伟）

【科技系统行风（作风）建设】

机关自身建设

落实党建工作责任制。2011年初，制定《省科技厅党建工作责任制》，明确厅党组书记是机关党建第一责任人，直属机关党委书记是具体责任人，专职副书记和各党委、总支、支部书记是直接责任人。各党委、总支、支部书记签订《党建工作目标管理责任书》，明确各级党组织年度党建工作目标任务和要求。厅党组定期听取党建工作汇报，及时解决相关难题。把实施作风能力建设系统工程、“学习年”主题实践活动、精神文明创建与全面推进党务公开工作，列入重要工作议事日程，机关党建工作经费纳入行政经费预算，并逐年增加。各级党委、总支、支部均配备专兼职党务干部，达到50人以下的党组织党务工作人员不少于2人的要求。通过健全责任机制，全厅形成了厅党组领导、直属机关党委协调、各级党组织齐抓共管、共同推进党建工作的强大合力，形成了层层有责任、年年有考核、任务有落实的工作格局。

抓政治理论学习，加强思想政治建设。厅党组提出建设“学习型、研究型、服务型”机关目标，制定出台《关于推进学习型党组织建设的实施意见》《关于开展创建学习型机关活动的实施意见》《省科技厅关于开展“学党史、增党性、当先锋”主题实践活动实施方案》《省科技厅学习十七届六中全会精神的计划安排》等文件。党组中心组带头学习，制定学习计划，坚持每两个月安排1次专题学习，深入学习中国特色社会主义理论体系，学习经济、法律以及科技创新等知识，提升科技管理工作水平，并且每季度开展1次务虚讨论。坚持和落实党员读书活动制度，在枣庄举办全省科技系统领导干部读书会。开设“科技大讲堂”，不定期邀请专家学者做报告或播放影像资料。启动了读书、荐书活动，厅直属机关党委配发《全国科技管理干部培训阅读丛书》《科学发展主题案例》等14本书籍，开列近几十种推荐阅读书目。依托“山东干部学习网”和科技部、科技厅网站，开展广泛的学习活动。直属机关党委在厅机关局域网上专门开设“机关党建”专栏，构建一个集法律、管理、文化、交流、服务于一体的在线学习平台。

加强基层党组织建设。加强机关党委自身建设，制定《省科技厅直属机关党委加强自身建设的制度》，严格落实机关党委理论学习制度和议事规则。加强基层党支部建设，按照《山东省科技厅基层党组织管理制度》的要求，各基层党总支、支部按期换届，支部成员由机关党委审核把关后配备。严格党的组织生活，落实“三会一课”制度。深入推进创先争优活动，印发《关于在深入开展创先争活动中做好公开承诺的通知》《关于认真做好领导点评工作的通知》《关于印发<省科技厅开展第二轮党组织和党员承诺、践诺、评诺活动的实施方案>的通知》等文件，全厅各级党组织开展了第一轮、第二轮公开“三诺”活动，领导对创先争优履诺情况进行点评。组织开展党内评选表彰活动，发挥先进典型的示范引领作用。参加2009～2010年度先进基层党组织、优秀共产党员和优秀党务工作者评选活动，有1个党委和2名党员受到省委省直机关工委的表彰。做好服务党员工作，制定《关于做好服务党员工作的若干规定》，建立送温暖慰问活动长效机制，厅机关工会累计帮助困难职工28人次，发放困难补助费2.75万元。坚持暖人心工程，“七一”“春节”“中秋节”“重阳节”前后，厅领导带队走访慰问老党员。注重对入党积极分子和预备党员进行培养，培养入党积极分子8名，4名预备党员按组织程序转正。党内信息库建设完整、使用效率高，党内统计工作做到上报及时、数据准确。加强党建宣传信息工作，充分利用“山东机关建设”网及省科技厅“机关党建专栏”等载体，及时交流宣传机关党建工作的典型做法和成功经验，发挥在宣传政策、反映情况、服务决策、交流经验、扩大党内民主等方面的作用。2011年省科技厅被省委省直机关工委授予机关党建宣传报道先进单位称号。

加强机关作风建设，提高机关效能。2011年，重点围绕“十二五”科技发展规划以及困扰山东省科技事业发展的热点难点问题，广泛开展调查研究，深入思考对策办法。组织全省海洋科技界参与到山东半岛蓝色经济区建设中，编写《山东海洋新兴产业调研分析报告》，提出科技支撑蓝区建设和海洋新兴产业发展的意见和政策。研究论文《加强作风能力建设，提高自主创新能力》获省直机关党建优秀调研成果三等奖。坚持基层联系点调研和下派中青年干部到基层联系点挂职制度，下派多名中青年干部到县、乡挂职锻炼。推进行政职能转变和政务公开，坚持依法行政，加强政风行风建设，提高行政效能，抓好工作落实，建设服务型机关。坚持勤俭节约、艰苦奋斗，改进文风、会风。党务、政务公开透明及时，机关绩效建设制度落到实处。做好群众来信来访工作，对上级要求查办的案件及时办结，对群众的各类上访问题认真解答，督促基层及时解决，群众的满意率不断提高。

党建带团建。2011年，工会、共青团和妇女组织健全，人员配备到位。先后成立篮球、羽毛球、乒乓球、瑜伽等4个文体协会。厅团委组织团员青年参观莱芜市红色教育基地莱芜战役纪念馆，接受革命传统教育和爱国主义教育。省科技厅工会在省直机关工会每3年1次评选表彰活动中，获得先进单位荣誉称号。

加强机关精神文明建设。省科技厅制定《厅系统精神文明创建规划》（2011～2015年），建立文明创建的领导机制和制度。厅机关和省知识产权局连续多年获省级文明机关（单位）称号，省情报所等3个直属单位连续多年获省直文明单位称号。2011年，组织了厅系统书画摄影展、有影响的科学家评选、秋季运动会等活动。“慈心一日捐”、救灾捐款等活动共募集善款7万余元。

落实省直机关工委重点工作。制定《省科技厅实施作风能力建设系统工程实施方案》，印发《关于开展“学习年”主题实践活动的通知》，明确开展“学习年”“能力年”“效能年”三项主题实践活动的主要任务、目标要求、保障措施等，制定《省科技厅开展学习年活动计划》。参加首届读书节和以“我的读书故事”为主题的有奖读书征文活动。厅领导带头参加全部五期省直机关领导干部读书学习系列讲座。参加省直机关“五十一百”争创和评选活动，推荐申报省直机关“学习型党组织和学习型机关先进单位”“党员干部学习标兵”“优秀学习成果”等。开展“学党史、知党情、跟党走”专题教育活动，举办厅系统庆祝建党九十周年大合唱汇演，在汇演现场进行了党史竞赛。组织党员干部参观“红色影像——纪念中国共产党建党90周年大型图片实物展”。制定《省科技厅机关党建工作目标管理考评试行办法》和考评打分表，推动机关党建工作的制度化、规范化建设。

（省科技厅人事处、机关党委）

党风廉政建设

党风廉政建设思路创新。2月24日，省科技厅召开全厅党风廉政建设会议，听取各处室和直属单位贯彻落实省纪委九届七次全会精神情况汇报，对进一步贯彻落实全会精神提出要求、作出部署。3月，省科技厅党组研究制定《省科技厅2011年党风廉政建设和反腐败工作要点》，作出具体安排，确保全会精神落到实处。根据科技管理工作实际，提出“四个必须”“三个为主”的新工作思路：即新形势下的纪检监察工作，必须高度重视，扎实工作，防止“轻视、忽视、不以为然”的现象；必须与科技管理工作融为一体，在参与中服务，在服务中监督，防止“两张皮”的现象；必须常抓不懈，做到经常化、常态化，防止“时紧时松”的现象；必须统筹兼顾，突出重点部位和关键环节，防止“眉毛胡子一把抓”的现象。要突出“教育为主、预防为主、监督为主”三个重点。在工作着力点上，要抓宣传教育、抓制度建设、抓关口前移。在工作方法和措施上，要主动抓、抓领导，重点抓、抓关键，发挥反腐倡廉的整体效能。

党风廉政责任制建设。2011年，省科技厅党组书记、厅长翟鲁宁同志，分管厅领导与处室和直属单位主要负责人签订《党风廉政建设责任书》，强化党风廉政建设与科技管理工作融为一体的思想，从科技管理的源头上预防腐败问题发生。召开全省科技局纪检监察工作座谈会，分析新形势下科技系统反腐倡廉工作特点，提出新思路，作出部署。会后及时进行调度、检查，总结经验、推广典型，促进上下联动，调动全省科技局共同做好反腐倡廉工作。

反腐倡廉宣传教育。2011年，省科技厅党组印发《关于在全厅党员领导干部中开展“以人为本、执政为民”教育活动的实施方案》，推动各级各单位结合实际开展教育。开展“运用沈阳案例，开展警示教育”活动。组织党员干部到省监狱进行警示教育，听服刑人员忏悔，参观惩治和预防渎职侵权犯罪展览。建立“影视教育园地”，定期组织观看警示教育片。全年注重加强反腐倡廉工作宣传，及时将科技厅反腐倡廉的经验做法向科技部和省纪委报送，受到科技部纪检组监察局的表彰。

反腐倡廉制度建设。省科技厅出台《科技厅领导干部廉洁从政行为规范》，对科技厅领导干部配偶、子女个人经商办企业不准申报科技厅各类计划和奖励，对科技厅公务员不准作为课题组成员申报科技厅管理的科技计划和科技奖励等作出明确规定。从科技奖励申报和评审两个环节强化源头防腐。与省委组织部等五部门联合印发《关于加强对山东省科学技术奖励候选人管理的意见》，严格掌握科技奖励候选人的条件，对公务员、企事业单位领导班子成员作为候选人申报科技奖励作出具体规定。实行科技奖励管理系统自动遴选网评专家、自动发送评审邀请、自动发送评审通知等办法，保证奖励评审的公平和公正。10月起，组织各处室、直属单位对岗位权力进行梳理，绘制岗位权力运行图，查找廉政风险点，提出廉政风险防控措施，开展廉政风险防控工作，取得初步成效。

监督检查工作。2011年下半年，根据省里统一部署，省科技厅会同有关部门首次在全省开展科技计划项目实施及其经费管理使用情况的监督检查。由厅领导带队，先后对烟台、淄博、泰安、济宁市承担的国家科技支撑计划、国际科技合作专项以及省自主创新成果转化重大专项和科技发展计划中省财政补助经费在100万元以上的30个项目进行重点抽查。通过听取汇报、查阅资料、现场检查、参观考察、座谈交流、专家质询等多种形式，了解项目实施及经费使用情况，发现存在的问题，提出整改意见建议，达到了解情况、总结经验、发现问题、督促整改、改进管理的目的。当年，省科技厅继续开展对重点工作和关键环节的监督检查。对工作人员选聘和干部选拔考察任用全过程、民主生活会、建筑工程招投标、职称评审、直属单位岗位聘用、领导干部述职述廉、科技奖励评审等工作，加大监督检查的广度和深度，做到在参与中监督、在监督中落实。年底，对2011年省科技计划立项情况进行抽查，监督检查科技计划管理相关制度的落实情况，提出意见建议。

政风行风建设。2011年，围绕领导干部思想作风、学风、工作作风、领导作风和生活作风问题，采取多项措施，及时发现和纠正存在的突出问题，确保政风行风建设取得明显成效。认真处理来信来访。继续在门户网站开通“分管副省长信箱”和“厅长信箱”，认真处理群众来信反映的问题。落实全省民主评议政风行风活动整改工作。“阳光政务热线”直播工作受到群众好评。开展《廉政准则》贯彻执行情况专项检查。组织科技厅处以上领导干部对照《廉政准则》和《关于领导干部报告个人有关事项的规定》，进行自查。10月，省纪委检查组对科技厅贯彻执行廉政准则情况进行专项检查，给予充分肯定。开展科技类社团“小金库”专项治理复查和庆典、研讨会、论坛专项清理，扎实开展公务用车专项治理。

（省科技厅监察专员办公室）

软科学与科技咨询

【概述】 2011年，切实改进和加强软科学管理工作，精心组织实施软科学计划研究项目，大力加强软科学研究队伍建设，着力改善软科学发展环境，使山东省软科学事业呈现出良好的发展态势。有4项省科技厅主管的软科学项目列入国家软科学研究计划。其中，由省科技厅厅长翟鲁宁主持的“黄河三角洲高效生态经济区科技发展的重大问题研究”被列为国家软科学研究重大项目。

【软科学研究计划管理】

软科学研究计划立项评审　软科学研究计划选题申报围绕山东经济社会发展重大战略决策和热点、难点问题，突出为决策咨询服务的导向；申报限额继续压缩，继续实行自由申报与单位推荐相结合的方式；评审实行“匿名”“异地”和“背靠背”等方式进行。经专家评审、研究确定，共安排417项，其中重大项目14项、面上项目403项（经费资助项目204项，自筹项目199项）。

软科学研究计划管理办法修订　根据软科学计划管理的实际情况，广泛参考和借鉴国内外成熟理论、经验，召开十余次课题研究调度会和三次专题座谈会，将（阶段性）研究成果广泛征求相关管理、研究、咨询和决策应用等各方面的意见和建议，修订完成《山东省软科学研究计划管理办法》。

重大项目期中考评　从重大项目的期中考评入手，加大过程管理的力度，完成考评内容、考评方式、评价指标的选取及量化，专家遴选、现场答辩、意见反馈等工作，达到预期目的。

软科学管理信息化建设　软科学管理信息化快速推进，专家数据库设计完成并开始征集专家，网上结题验收功能设计基本完成，将在2012年启用；软科学研究成果检索系统已在建设中。

软科学管理　以提高软科学管理队伍整体素

质为出发点，以提高管理效率和水平为落脚点，从战略和战术两个层面入手，省软科学办公室进行了“山东软科学发展战略对策研究”（与山东省科技发展战略研究所合作）和“山东省软科学研究计划管理创新研究”2个课题的研究，将课题研究与实际工作有机结合。

【软科学研究成果】 2011年，省软科学研究计划支持研究的课题取得一批重要研究成果，为各级各类决策提供了有价值的参考。共有300余项软科学计划项目通过科技成果鉴定。这些研究成果，通过不同形式、不同渠道被有关部门和单位采纳，充分发挥了软科学研究为决策科学化提供咨询服务的功能。有16项软科学研究成果获山东省科技进步奖，其中，二等奖10项、三等奖6项。

【软科学研究基地】 2011年，通过软科学计划计划项目的引导、带动和凝聚，软科学研究基地围绕山东省经济、社会和科技发展的前瞻性重大问题开展软科学研究，产出一批创新性研究成果，为省委、省政府重大决策提供较好的咨询服务。

【软科学研究会】 2011年，开展第八届山东软科学优秀成果奖励评审工作，授奖成果540项，其中一等奖77项、二等奖186项、三等奖277项 “区域性智库建设与发展问题研究——以山东省为例”课题列入了国家软科学研究计划。组织会员及专家参加2011年中国软科学研究会学术年会，提交论文5篇。吸收一批新会员，完成学会年检、审计、统计报表等各项工作。

【科技咨询业管理协会】 2011年，与山东软科学研究会联合组织承办第八届山东软科学优秀成果奖励评审工作。完成学会年检、审计、统计报表等工作；对注册咨询专家进行审核年检；加强与中国科技咨询协会和其他省市地方科技咨询协会的沟通和联系，共同促进科技咨询业发展；进一步完善组织机构、财务管理、议事制度和重大事项报告制度。

（省软科学办公室）

科学技术普及

【概述】 2011年，深入推进“科普惠农兴村计划”。获中央奖补资金数量居全国前列，年内争取中央财政资金2 195万元、省配套资金200万元，表彰支持167个农技协、科普示范基地和带头人。探索科技服务社会管理的新路子，在曲阜、章丘两市试点的基础上，将科学城市创建试点工作扩大到荣成、莱阳、滕州、肥城4个市。在全国科普示范县创建工作中，山东省41个县（市、区）被命名表彰。第四届全国公众科学素质电视大赛，山东省荣获亚军。省科协与省委组织部等九部门联合表彰了全省全民科学素质工作先进集体70个、先进个人70名。有6个单位和8名个人受到国家中组部等九部委表彰。出台“十二五”时期《山东省全民科学素质行动计划纲要实施方案（2011～2015年）》。省科协荣获中国科协科技工作者优秀建议组织奖。各市科协围绕中心工作，打造各具特色的科技服务品牌，淄博科协在企业科技工作者中深入开展“四·一”工程，激发一线技术人员的创新力；济宁科协开展科普惠农典型影响力提升工作，以典型示范提升工作水平；泰安科协打造科普惠农金钥匙，完善农村实用人才评价机制建设；威海科协实施人才支撑深蓝战略行动，服务蓝色经济发展。

【科普工作】 2011年，组织开展首届“山东科协星”优秀科普产品评选命名工作，促进科普产业发展。新评选命名济南森林公园等103个单位为全省科普教育基地，推动科普资源共建共享。

开展“百万公众网络科普学习活动”，计划五年内实现100万公众网络学习目标。以科学素质纲要统领科普工作，推进科普服务运行新机制建设和社会化大科普工作格局，已经成为全省各级科协组织的共识。济南科协建立全国首家科普社工工作站，青岛科协开展优秀科普作品评选，枣庄科协推进科普教育基地认证工作，东营科协实施远程科普教育“百站百会联动工程”，潍坊科协打造“科普星光50工程”，莱芜科协派遣科技特派员，临沂科协搭设沂蒙科普大舞台，聊城科协培育科普工作联系点，滨州科协举办大学生科技文化艺术节，菏泽科协建立农业科技信息系统，在为公众提供优质科普服务、推动服务均等化方面迈出了新步伐。组织科普援疆兴边活动，与新疆科协签署科普共建意向书，赠送32万元科普产品；支援内蒙古赤峰市建立了数字科技馆。

院士直通车 创建“院士直通车”制度。余松烈院士提交的推广冬小麦新技术的首个直通车建议，被省委副书记、省政协主席刘伟同志、副省长贾万志同志批示给省农业厅等有关部门落实。

建言献策活动 组织两院院士到潍坊、临沂考察，对县域经济和蓝色经济发展进行高端指导。开展山东省战略性新兴产业发展对策研究，集中9个学会的力量深入调研，形成产业发展报告。推进“院士专家工作站”建设，已建院士专家工作站33家，建立院士专家服务中心2家，初步形成促进产学研相结合的企业创新服务网络。与九三学社山东省委联合开展“百名专家企业行”活动。组织专家深入企业进行技术服务，12名院士专家与潍坊市10多家企业达成合作意向15个。副省长、九三学社山东省委主委王随莲同志参加企业行活动并予以现场指导。各市科协在引导科技工作者建言献策方面也取得成效。济南科协关于促进全市大学生创业就业的建议、青岛科协关于餐厨废弃物处理和监管的建议、烟台科协关于地级市科协决策咨询模式和能力建设的研究、日照科协关于加强海洲湾生物资源保护与利用的建议等，充分展示了科协组织人才荟萃、学科众多的优势。科技思想库建设正在成为新时期全省科协工作的新亮点、新品牌。

【科普工程】

流动科技馆县县通 2011年，山东省“流动科技馆县县通”工程在54个县（市、区）完成巡展。

科普双百工程 2011年，在试点基础上，全面实施“科普双百工程”，争取奖补资金524万元，表彰支持37个“科普村村通百强乡镇”和35个“星级科普教育基地”。

数字科普村村通工程 2011年，省科协与省财政厅、省文化厅联合启动“数字科普村村通工程”试点工作，投入370万元，按照数字科普资源库、总控平台、数字终端建设整体推进的思路，在济南、淄博、日照市先期建设500个数字科普屏，集成一批数字科普资源，建成全省数字化科普总控平台。

【重要事件】

“山东科协星”命名 6月15日，国际天文联合会小行星中心将永久编号为241442的小行星命名为“山东科协星”，这是我国第一颗以科技群团名字命名的小行星。这颗小行星是由省科协、省财政厅命名的三星级科普教育基地——山东大学威海天文台，于2008年11月25日发现。为褒扬省科协在科普工作中取得的成绩，山东大学小行星命名委员会决定将这颗小行星命名为“山东科协星”，并向国际天文联合会小行星中心提出申请，经过国际天文联合会所属的小天体命名委员会讨论通过。

首届山东省十大名医评选 9月，省科协联合省卫生厅、大众报业集团、省医学会启动首届山东省十大名医评选活动。全省17市和22个医科省级学会各推选3名医务工作者，共入围70人，经过初评、终评和社会公示等环节。最终，包括山东省肿瘤防治研究院于金明等3位院士在内的10人获山东省十大名医荣誉称号，山东省千佛山医院于振海等20人获山东省杰出医师荣誉称号，另有26人获提名奖。11月30日，省科协、卫生厅、教育厅、大众报业集团在济南召开首届山东省十大名医表彰大会，省科协名誉主席陆懋曾、山东省副省长才利民、省政协副主席赵玉兰等为获奖名医颁奖，省卫生厅厅长包文辉宣读获奖者名单，省科协党组书记燕翔主持大会。

中国流动科技馆全国巡展启动仪式 9月2

日，“体验科学”——中国流动科技馆全国巡展主场启动仪式在山东省沂水县举行。中国科协常务副主席、书记处第一书记、党组书记陈希，中国科协书记处书记、党组成员、中国科技馆馆长徐延豪，山东省委常委、副省长孙伟出席开幕仪式，省科协副主席、党组书记燕翔主持启动仪式。陈希书记宣布活动启动。中国流动科技馆项目以中国科技馆设计团队为主要力量开发，展览面积约为700m²，设置了声光体验、电磁探秘、运动旋律、生命奥秘和数学魅力5个主题展区，40余件易于组装和布展的小型化经典互动展品与科学表演、科普活动相结合，为公众提供了参与科学实践的活动场所。中国流动科技馆全国巡展活动是中国科协在总结山东省“流动科技馆县县通”工作基础上，面向全国革命老区、经济欠发达地区开展的，以推动科普资源共建共享和科普公平普惠为目的的重要工作项目。首批开发的九套展览，除在山东省临沂市展出外，同时还在其他八个省（区）的革命老区、经济欠发达地区巡回展出，并落户到这些地区进行长期展示，免费向公众开放。

山东半岛蓝色经济区专题展览　6月21日，由省科协、山东半岛蓝色经济区建设办公室联合主办的“蓝色战略 世纪辉煌——山东半岛蓝色经济区专题展览”在省科技馆启动。省委常委、副省长孙伟，省老领导陆懋曾，省老领导何宗贵，中国科学院院士宋振骐，中国工程院院士雷霁霖等出席启动仪式。省科协巡视员许素海主持启动仪式，省发改委副主任、省蓝黄两区建设领导小组办公室常务副主任宋军继同志代表主办单位致辞。省委常委、副省长孙伟与宋振骐院士、雷霁霖院士共同启动蓝色经济区专题展览。展览内容主要包括“沧海纵横 蕴育蓝色梦想”“河海交汇 造就蓝色家园”“海陆统筹 描绘宏伟蓝图”“和谐发展 共铸蓝色辉煌”四大部分，共120块展板，300余件互动展品、数字展项、实物、模型，以及8个科普影视放映点。该展览由省科协、山东半岛蓝色经济区建设办公室联合主办，省科技馆、省科技场馆协会和青岛、东营、烟台、潍坊、威海、日照、滨州等7市科协、市蓝办共同承办。该展览共分两个阶段，第一阶段6月21日～8月21日，在省科技馆临展厅展览两个月，向公众免费开放；第二阶段，通过山东省“流动科技馆县县通”工程等形式在全省巡展。巡展结束后，所展内容将进行数字化加工并纳入科普资源网，实现科普资源共享。

科学抗旱支农工作　2月9日，省科协召开抗旱动员会，传达温家宝总理来山东视察抗旱工作时的重要讲话精神、全省抗旱动员会精神。成立了山东省科协抗旱支农行动领导小组。2月15日，省科协组织农业、林业、水利、植物病理、畜牧兽医、气象、预防医学等方面的11位专家，召开科学抗旱专家建言献策座谈会。省老科协组织“老专家科学抗旱齐鲁行”活动，各市老科协组织老专家深入田间、地头，走进麦田、果园，进行科学抗旱宣传和技术指导。成立老专家科学抗旱志愿者队伍开展科学抗旱宣传，参与《抗旱指南》《节水灌溉、科学抗旱和科学浇水》等科普宣传资料编写，通过举办培训班、科普宣传栏、网站等方式，宣传科学抗旱。发放《山东科技报》“抗旱双保专号”及抗旱科普挂图3 000余份。省科协将1.1万余元的党员爱心捐款、10t新型抗旱保水剂、2 000份科学抗旱专刊及一批科学抗旱科普资料送到济南市仲宫镇核桃园村村民手中。支持50余万元的抗旱物资，在全省建立多处科学抗旱示范点。

山东科学讲堂开讲　9月20日，山东科学讲堂正式开讲，世界著名天体化学家和地球化学家、中国月球探测工程的首席科学家、“嫦娥之父”、中国科学院院士、第三世界科学院院士欧阳自远作为主讲嘉宾，应邀作了题为《嫦娥工程——中国人的探月梦想》的首场科普报告。高校的师生代表，省、济南市科协及直属单位的同志，第三届山东省大学生科技节专题活动承办单位的同志，约3 500余人聆听了欧阳自远院士的报告。山东科学讲堂是由省委宣传部、省科协、齐鲁晚报联合主办，面向全省大众开展的自然科学类系列高端科普讲座。将定期邀请省内外具有一定社会影响力的两院院士、长江学者等知名专家主讲。

【学术交流与合作】　2011年，据不完全统计，全省共举办学术活动807次，其中国际会议38次，交流论文19 011篇。中国科协党组书记陈希，全国政协常委齐让，中国科协书记处书记徐延豪，中国科协党组成员、学会部部长沈爱民等领导到潍坊就企业支持学术交流进行专题调研，充分肯定企业赞助学术交流的做法。承办中国科协“第50期新观点新学说学术沙龙”，全国政协副主席王志珍到会，来自全国的30多位院士专家就罕见疾病开展学术研讨，省委书记姜异康、副书记刘伟等领导会见与会专家。省科协与省医科院联合提出的《关于加强山东省罕见疾病防治工作的意见》，得到省政府领导批示，交由相关部门落实。开展第二届“山东省自然科学学术创新奖”评选，奖励学术创新成果30项、学术创新人才10人，并出版《山东省重点学术研究成果》。济南科协的学术年会和海外引智活动、青岛科协的国际海洋科技论坛、东营科协的黄河口科技论坛、泰安科协的泰山论坛、临沂科协的沂蒙科技论坛，在推动当地科技发展中发挥了作用。

2011国际红枣生物产业高峰会议　9月14日，由省科协发起，省委农村工作领导小组办公室、德州市政府、省科协联合主办，乐陵市政府承办的“2011国际红枣生物产业高峰会议”召开。会议以“红枣生物产业升级、创新与发展”为主题。省老领导、省科协名誉主席陆懋曾宣布会议开幕，国家林业局党组成员、总工程师陈凤学，省政府党组成员、省长助理陈光分别讲话，会议组委会主席、省科协党组书记、副主席燕翔等领导分别在开幕式上致辞。国家农业综合开发办公室副主任李建，省林业局局长贾崇福，省农工办副主任刘同理，省农业厅副厅长周占升，中国科协海智办副主任邱爱军等领导出席会议。期间，举行学术报告会和专家交流座谈会。中科院院士、香港中文大学教授孔祥复，新西兰皇家科学院首席科学家、新西兰天然药物研究所所长高益槐分别作主旨演讲，8位来自日本、韩国、新西兰、中国大陆和台湾等国家和地区的专家作专题报告。1 000多名国内外专家围绕山东省红枣生物产业开发进行科技论证。

海峡两岸科学家论坛　10月23～28日，由省科学院、山东师范大学和山东理工大学等单位的专家学者组成的山东代表团一行10人，参加了在香港、澳门举办的“面向气候变化：新兴再生能源学术研讨会暨海峡两岸科学家论坛”。该届论坛由省科协联合省科学院、中国科学院广州能源研究所、香港京港学术交流中心、香港公开大学和澳门圣约瑟大学等单位主办，以“新能源、新材料的开发与利用”为主题，旨在更好地把握国家“十二五”新能源、新材料领域科技发展的战略思路和总体布局，加强两岸四地间新能源领域专家的沟通和交流。香港特区政府环境局何钟泰博士，中央人民政府驻港联络办教科部副部长曹国英，中国科学院院士刘宝珺，广东省政府副秘书长陈勇，以及主办单位香港公开大学校长、中国科学院院士梁智仁、山东省科协党组书记副主席燕翔、澳门圣约瑟大学校长鲁本文、中科院广州能源所所长吴创之、广州市科协副主席叶显玉、中澳节能环保科技研究中心理事长龚宝美等出席大会开幕式。举行了为期3天的学术研讨会。中科院院士刘宝珺教授作主旨报告，另有28位专家作专题报告。学术研讨会参会代表超过150人，共发表学术论文30余篇。

【人才与建家】　2011年，举办第三届山东省大学生科技节，活动覆盖128所高校，参与企业60多家，1 200余名学生与企业达成聘用意向。与省发展改革委等六部门共同评选表彰第三届山东省十大杰出工程师10名、优秀工程师44名；与省人力资源和社会保障厅联合评选表彰第七届山东省优秀科技工作者68名；与省委组织部、省人力资源和社会保障厅联合推荐2人获中国青年科技奖。特聘17名海外专家担任“海智人才为鲁服务联谊会”常务理事，促成新西兰皇家科学院首席科学家高益槐教授在临沂、德州设立生物技术开发研究基地。首次与省法院合作开展知识产权保护工作，双方签订战略合作备忘录，省科协推荐11位特邀科技专家参与。在研究生中开展科学道德和学风建设宣讲教育活动，邀请中国核工业研究生部主任王乃彦院士、浙江大学校长杨卫院士来鲁作宣讲报告。利用全省30个科技工作者状况调查站点，完成《科技工作者学习贯彻胡锦涛总书记七一讲话精神调查》等调研6次，增强了对科技工作者队伍的了解。

【自身建设】　9月2日，中国科协党组书记陈希到山东省进行调研指导，对山东省科协工作给予高度评价并提出新的希望。2011年，加强省级学会党建，为参与社会管理和创新奠定基础。3月底，实现所属100个省级学会党组织全覆盖，省委组织部和社会组织党工委给予表扬。中国科协在济宁召开现场会推广了山东经验。组织开展纪念建党90周年系列活动，营造良好氛围。编纂出版50多万字的《党旗下的科学家》专著和7万多字的《永远跟党走》诗文集。在全国省级科协中，首家成立科学家艺术团，举办山东省科技界庆祝建党90周年大型文艺演出。组团参加中国科协“八大”会议，山东代表团有6人当选中国科协委员，2人当选常委，1人当选副主席。省科技馆和淄博市临淄区科协主席谭品正作为中国科协系统先进集体标兵和先进工作者标兵在中国科协“八大”会议上受到表彰。开展十佳县级科协组织和县级科协主席表彰工作，举办中青年干部和学会党支部书记培训班。当年，全省科协系统有10个单位和21名个人荣获全国科协系统先进集体和先进工作者称号。

2011年，省科协完成省老科协换届，省农函大重新登记注册工作完成；省青少年科学教育实践基地和省老科协农业示范基地建设取得实质性推进；省青少年科技辅导员协会健康发展；科普展品研制中心工作步入正轨，争取山东科普奖升格为省政府奖的工作取得突破性进展。省科技馆对未成年人免费开放，常设展厅接待公众近40万人次，《山东科技报》发行量创多年来同期最好水平。科技咨询中心传统业务和创新业务实现同步发展。科技培训中心教学全年培训学员1 200余人，输送出国留学人员110余人。日照、菏泽市委、市政府印发关于加强科协工作的意见；潍坊市委组织部出台关于加强科协组织建设的意见；东营市利津县和德州市宁津县、平原县，先后实现科协组织独立建制；青岛、东营、烟台、潍坊、威海、日照、莱芜、临沂、聊城、滨州、菏泽等11市的科技馆建设加快推进。

（省科协办公室）

【科技活动周】 5月14～20日，举办第十一届山东省科技活动周。科技活动周以“科技引领未来发展，创新建设美好山东”为主题，突出宣传科技支撑发展、科技惠及民生和建设创新型省份等方面内容。“振兴老区，服务三农，科技列车沂蒙行活动”是科技活动周的重要内容。5月13～16日，国家科技部等九部委和山东省政府组织近百名国内外知名专家在临沂市开展科技列车沂蒙行暨山东省科技活动周开幕式活动，向临沂有关单位捐赠了价值460万元的科技器材、青少年创新操作室、微机教室和科学储粮小粮仓等物资。据不完全统计，省市两级共开展活动600多项，其中举办各类讲座、报告会、研讨会、论坛等200多场，面向青少年的科技活动150多项，面向农村、为农民服务的各类活动260多项。开放各类重点实验室、科普基地、科技场馆等380多处，接受各类咨询290多万人次，发放技术资料、宣传品等260多万份，全省有400万人以不同形式和不同方式参加各类科技和科普活动。活动周期间，省科技厅、省委组织部邀请18名国家“千人计划”特聘专家，与全省20家省级以上高新区主要负责同志在临沂市举办交流恳谈会。专家就山东省高新技术发展、人才资源培养与使用等问题提出战略性指导意见，初步达成合作意向17项，帮助当地企业解决技术难题9项。临沂市委、市政府和省科技厅将专家聘请为省特聘专家，建立长效合作机制。

（省科技厅政策法规处）

行业科技进步

HANGYE KEJI JINBU

农业科技

【概述】 2011年，全省农业科技工作围绕“农业科技工作服务现代农业、服务新农村建设”这条主线，突出抓好四大体系建设，做好顾问团服务工作，全省主要良种覆盖率96%，农业科技贡献率58%，实现了“十二五”发展的良好开局。全省粮食总产885.3亿斤，比上年增加18.1亿斤，实现了建国以来首次连续九年增产。粮食单产412.9kg，比上年提高4.9kg，再创历史最高纪录。全年瓜菜总产继续稳定在1亿斤以上，果园面积比上年扩大2万多hm^2（30多万亩），达到60万hm^2（900万亩）以上，主要畜产品产量稳中有升，全年肉、蛋、奶产量分别增长2.5%、1.2%、2.6%。全省农民人均纯收入一跃跨过了7 000元台阶，达8 342元，增长19.3%，继续高于城镇居民收入增幅。

【农业技术成果推介发布】 为加快山东省农业科技成果推广应用步伐，引导广大农民使用先进技术成果，省农业厅与省科技厅联合推介发布2011年度44项主推技术和103个主导品种，其中“小麦氮肥后移高产栽培技术”等11项主推技术和“济麦22”等7个主导品种同时被农业部发布。

【成果评审】 2011年，修订《山东省农牧渔业丰收奖奖励办法》，首次设立农业技术推广合作奖。有85个项目近1 700人参与申报省丰收奖。经评审，有51个项目获农业技术推广成果奖，3个项目获农业技术推广合作奖。

【新型农民科技培训工程】 2011年，按照符合“产业发展需要、满足农民实际需求、区别不同培训对象、不断提高培训质量”原则，继续组织实施农民培训工程，全年培训农民150万人次。新型农民科技培训安排在50个项目县，全年培训农民辅导员1万人、示范户20万户。新型农民创业培训全年培训学员13 400人。阳光工程培训项目，全省确定105个项目县，认定262个县级培训基地和8个省级培训基地，全年培训学员15.5万人。首次开展阳光工程职业技能鉴定工作，全省鉴定3万人，涉及9个工种。

【省现代农业产业技术体系创新团队建设】 2011年，继续加快现代农业产业技术体系创新团队建设，新启动小麦、花生、生猪3个产业技术体系创新团队，使体系的规模扩大至6个，涵盖玉米、蔬菜、水果、小麦、花生、生猪6个主要农产品，设置首席专家6名、岗位专家62名，综合试验站34个，累计财政投入资金3 000万元。邀请国家产业体系首席科学家、岗位专家及山东省承担国家产业体系任务的有关人员对新启动的小麦、花生、生猪三个体系创新团队编撰的任务规划书进行论证，并提出修改建议，督促启动实施。省农业厅与省财政厅联合印发《山东省现代农业产业技术体系创新团队考评办法（试行）》，对已启动的玉米、蔬菜、水果三个体系的创新团队一年来的工作进行调度总结。督查各体系落实工作计划，加强技术指导，强化工作措施，注重工作宣传，编发创新团队简报8期。

【基层农技推广体系改革】 2011年，编制《山东省2011年全国基层农技推广体系改革与建设示范县项目实施方案》和《山东省乡镇农技推广机构条件建设规划（2011～2013年）》。截至年底，全省125个应改革县（市、区）中，已出台改革实施意见的123个，占98.4%，农技推广机构覆盖全省的所有乡镇，达到一乡一站。在德州、滨州市等粮食主产区，根据生产的实际需要还设立了区域站，全省区域性机构110个。济南市历城区、桓台县、烟台市牟平区和莱州市等部分县

（市、区）还建立村级农业科技推广服务站。新增滕州、诸城和齐河3个农技推广示范项目县，使山东省项目县数目达41个。全年，全省选聘技术指导员4 109名，遴选确定小麦、玉米、棉花、蔬菜和果树等16个主导产业，筛选411个次主导品种和452项次主推技术，遴选41 041个科技示范户。

【农业科技执法】 2011年，对承担农业部批准的转基因生物安全评价的29例试验，进行安全监管，涉及济南、德州、滨州、东营等10个市。在转基因标识检查工作中，全省出动执法人员2 983人次，检查生产加工企业72家，粮油交易市场、集贸市场388个，超市、商场、经销商店1 419个。印发《农业领域侵权违法集中整治专项行动实施方案》，据不完全统计，全省出动执法人员61 949人次，检查企业（单位）23 774家，查处案件1 820起，捣毁制假窝点16个，挽回经济损失3 847.4万元，全省农业领域侵权行为得到遏制，农资市场秩序好转。

【农业专家顾问团】 2011年，农业专家顾问团积极参与和组织活动，完成全省科技兴农调研，并配合省人大农委调研全省农业科技创新与推广工作，形成的调研报告得到省委、省政府领导的重视。编写《“十二五”山东省农业科技发展规划》。组织“山东省农业科技进步贡献率影响因子分析及对策研究”，经分析研究测算，“十一五”期间全省农业科技进步贡献率58%，高出全国平均水平六个百分点。完成农业部市级农科院（所）条件建设调研，摸清全省地市级农科院（所）的整体情况，为农业部下一步制定相关政策提供决策依据。制定出台《山东省万名科技人员下乡抗旱促春管活动实施方案》（鲁农科技字〔2011〕6号），在全省范围启动万名科技人员下乡抗旱促春管活动。成立由顾问团小麦分团专家为主的省级专家组，分赴全省17个地市开展技术指导。活动期间，全省下派各级农业专家指导组2 850个，深入一线抗旱的农业专家和技术人员52 000人次，累计印发抗旱技术明白纸2 400万张，开展面上普及5 468次，集中办班6 321个，培训人数307.7万人，指导农户191.3万户，服务指导面积275.21万hm^2（4 128.17万亩）。

【农机系统】 2011年，全省农机总动力1.21亿kW，比上年增加3.62%，农机总值695亿元，增加5.3%。拖拉机250万台，增加2.36%，其中大中型拖拉机新增2.44万台，增幅5.73%，总量45万台。联合收割机20.3万台，增加12.34%，其中玉米联合收获机新增1.27万台，增长22.56%，保有量6.5万台，连续四年增加1万台以上。各类配套机具410万台（套），增长4.17%。花生、马铃薯、棉花、“三辣”蔬菜等大宗、特色经济作物机械18万台（套），增幅10%以上。全省农机化综合水平79.5%，比上年增加2.5个百分点，其中粮食生产机械化程度88%，经济作物机械化程度58%。农机化发展效益稳步增长。当年全省农机服务总产值435亿元，比上年增长3.6%；农机服务增加值290亿元，增长3.6%；夏、秋两季农机作业收入分别达35亿元和25亿元，农机合作社作业收入25亿元，农机化为农民增加收入700元以上。

【农业技术推广系统】 2011年，农业部在山东省99个县（市、区）安排小麦、玉米、水稻、马铃薯、花生、大豆6种作物289个万亩高产创建示范片的高产创建任务。选择基础条件好、增产潜力大的4个县（市）、34个乡镇开展粮食高产创建整乡整县整建制推进。小麦十亩高产攻关田平均亩产698.96kg，比上年增加24.34kg；其中有94个万亩示范片平均亩产超700kg，最高亩产788.78kg（滕州市）。玉米十亩高产攻关田平均亩产831.02kg，最高亩产973.4kg（临邑县）。花生十亩高产攻关田平均亩产601.35kg，百亩示范点平均亩产514.26kg，万亩示范片平均亩产399.75kg。水稻十亩高产攻关田平均亩产604.73kg，最高亩产625.8kg。大豆十亩高产攻关田平均亩产243.43kg，最高单产268.48kg（东明县）。马铃薯十亩高产攻关田平均亩产4 528.5kg。当年，省农业厅农技站承担了“小麦宽幅精播”等8个农技推广项目，涉及99个县（市、区）。先后举办大型培训班9期，培训基层专业技术人员1 200多人次，编写培训教材60多万字，发放技术资料3万余份。为推进油料产业振兴，农技站起草《山东省油料产业振兴规划（2011～2015年）实施方案》，完成《关于推进油料产业振兴规划实施的调研报告》。

【棉花系统】 2011年，山东省棉花生产呈现典型的增产减收的现象，全省棉花种植面积75.26万hm^2（1 128.9万亩），比上年83.31万hm^2（1 249.6万亩）减少1.38万hm^2（20.7万亩），减少1.8%；单产69.5kg，比上年增加6.52kg，增长8.4%；总产78.5万t，比上年增加6.1万t，增长8.4%。由于收购价格持续走低，生产成本增加，农民植棉亩收入比上年少485.2元。推介“鲁棉研15”等38个棉花品种为山东省2011年中央财政棉花良种推广补贴主导品种。强化技术培训，加强技术指导。全省共举办县、乡、村三级技术培训班1 785次，重点培训县、乡技术指导员、科技示范核心户263 261人次。当年，山东省棉花高产创建新增3个万亩片，总数42片。涉及63个乡镇，598个村、98 060个农户，实际落实面积292 489.27hm^2（438 739亩）。经复测审核，42个万亩示范片平均单产为102.9公斤/亩，较上年的单产高7.2公斤/亩，亩产100kg以上的示范片27个。制定《山东省2011年棉花轻简育苗移栽万亩示范实施方案》和《山东省2011年棉花轻简育苗移栽万亩示范项目工作方案》。

【果树茶叶系统】 2011年，山东省先后立项并实施“苹果矮砧集约栽培技术推广”等3个财政支持技术推广项目。通过项目实施，建设优质高效示范园110处，面积0.47万hm^2（7.1万亩）；示范推广苹果郁闭园改造、矮砧建园、壁蜂授粉、生草覆盖、配方施肥、绿色控害等关键技术2.45万hm^2（36.7万亩）。先后组织有关人员到项目区进行检查指导3次，与项目市、县联合举办技术培训班6期，培训基层技术人员和农民1 600余人次。组织有关茶叶生产加工企业，参加中国茶叶学会举办的第九届“中茶杯”全国名优茶评比，选送茶叶样品63个，获特等奖3个、一等奖24个。

【土壤肥料系统】 2011年，稳步推进测土配方施肥工作，全省全年累计完成土样采集7.68万个，化验量41.16万项次，完成试验示范2 271处（果菜试验511处），发放施肥建议卡852万份，技术推广面积746.67万hm^2（1.12亿亩），推广配方肥81.5万t，累计节本增效50亿元以上。开展农田有机质提升工程，全年安排项目资金1 380万元，完成推广任务，总实施面积7.7万hm^2（115.5万亩）。做好土壤墒情检测工作，省站全年发布土壤墒情信息25期，网络手机信息4 200多条，在中国节水网上发布墒情信息600多条。落实农业部下达的“设施蔬菜水肥一体化高效节水技术”项目，示范214.67hm^2（3 220亩），带动400hm^2（6 000亩），建立节水省肥效果观测点2处，墒情监测点6个和地力监测点60个，安排灌溉频率等试验，举行培训班8次，专家讲课2次，培训农民2 300余人次，印发宣传彩页15 000余份，印发明白纸60 000份。

【植保系统】 2011年，全省病虫草鼠害综合发生程度为中等，省农作物累计发生各种病虫草鼠害6.2亿亩次，造成各种农作物直接损失600万t左右。全省开展各类农业有害生物防治6亿亩次，约占发生面积的96%。挽回农作物损失：粮食600多万t，棉花20多万t，油料35万t，果、菜1 300多万t。当年，80个全国区域测报站和省级重点测报站，完成收发病虫信息模式电报55种1 400站次，完成率95%；旬报400站次，完成率90%；周报50次，完成率100%。4～9月，完成东亚飞蝗、小麦条锈病等7种重大病虫周报140期，完成率100%。有害生物防控工作成效显著，全省农业重大有害生物应急防治面积6 165万亩次，其中东亚飞蝗545万亩次、小麦条锈病20万亩次、二点委夜蛾3 100万亩次，灰飞虱、烟粉虱等2 500万亩次。做好常见病虫防治指导工作，全年举办各种形式培训班200余次，在《山东植保信息网》刊发防治技术意见、技术知识80余个；在“万灯杀虫工程”项目带动下，全省在46个县建立了蔬菜、果树、粮油等作物核心示范基地8.67万hm^2（130万亩），推广实施各种作物绿色控害面积达60余万hm^2（900余万亩）；通过项目带动，实施农业部“农作物病虫害统防统治中央财政专项”，在章丘等5个项目县（区）开展农作物病虫害专业防治和绿色控害技术示范，在全省建立24个示范县，每县重点扶持4～5个农作物病虫害专业化统防统治组织，开展专业化统防统治示范。

【环保系统】 2011年，大力推进农村清洁工程建设，改善农村生活环境，共建成国家级示范村

8个，省市县级示范村30个。加强技术培训，提高技术人员业务能力；指导60个市县农业质检中心的建设，其中20个初步形成监测能力。大力推进农业清洁生产技术示范，防治农业面源污染。优选出在全省具有代表性的秸秆综合利用类、生态种植与养殖类、农业废弃物综合利用类和农业投入品合理使用类四大类20种不同的清洁生产模式。大力推进农业野生植物保护与外来入侵生物防控，保障农业生态安全。开展莼菜和水蕨等农业野生植物物种的排查，编报沾化甘草、东平野菱、莱芜野百合等原生境保护点、外来入侵生物评价中心建设储备项目。加强对外来入侵生物的应急管理，组织开展农业外来入侵生物状况调查。深入开展技术研究与推广，有6项实用技术转化为山东省地方标准发布实施。在全省选拔培训2人参加全国首届农产品质量安全检测技术大赛，分别获全国一等奖和三等奖。

【种子管理系统】 2011年是农业部组织开展种子执法年活动的第二个年头。全省新发种子生产许可证85个，经营许可证44个，其中，省发证70个，市县发证59个。依法注销生产许可证33个，经营许可证14个，对22家问题企业作出限期整改的决定。强化执法检查，加大案件查处力度。累计出动执法人员44 335人次、执法车辆6 606车次，检查种子交易市场586个次，检查种子生产经营业户26 582个次，检查主要农作物品种14 545个次，现场纠正违法行为2 549起，立案查处案件1 018起，没收违法种子20.3万kg，罚款145.4万元，挽回经济损失2 748.3万元。查处农业部交办案件9起，移交市、县种子执法机构查处46起，农民获得种子质量纠纷赔偿款70余万元。做好培训工作，提高执法成效。加强诚信建设，强化企业自律意识。全年全省举办种子执法人员培训班144次，培训执法人员8 527人次；举办种子生产经营单位培训班157次，培训种子生产经营业户19 190人次。组织省内企业参与中国种子协会企业诚信分类评选，共11家企业参与评选，其中8家获得AAA级、3家获得AA级，推动了种子企业诚信体系建设。完善区试基础设施和管理措施，组织完成全省7种主要农作物、15种非主要农作物、1 312个参试品种、510个点次的区域试验任务；落实58个点次的国家试验任务；对1 440份样品进行抗病、抗虫、品质、田间比对、冬性、DNA、DUS等鉴定分析；对审定品种和在试品种存样，分两次新入库样品439份，累计入库503份。开展农作物种子质量检验机构认证工作，有6个市级检验机构获得国家农作物种子质量检验机构合格证书。

【重点企业科技发展】 2011年，全省规模以上龙头企业8 120家，其中销售收入过亿元的2 000家，规模以上龙头企业实现销售收入1.15万亿元，实现利润750亿元，上缴税金300亿元，龙头企业带动基地农户1 050万户，农户增收总额130亿元，户均1 250元，提供就业岗位255万个，工资总额450亿元，人均年工资1.8万元。行业龙头不断发展壮大，集群集聚发展成效明显。当年，新增国家级龙头企业23家，总数89家，新增数量和总数均居全国首位。以国家级龙头企业为龙头，省级龙头企业为骨干，市县级龙头企业、合作组织为基础的产业化经营格局逐步形成。全省有莱阳市等6个农业产业化经营集群集聚发展比较突出的县（市），被农业部确定为第一批国家农业产业化示范基地。一村一品发展迅速，农业产业链条日趋完善。全省一村一品专业村近7 000个，专业镇近300个。其中，金乡县卜集乡杨庄村、广饶县花官镇等22个专业村镇被农业部认定为全国一村一品示范村镇。推动农垦改革不断深化，农场经济和社会事业健康稳定发展。当年，垦区生产总值4.5亿元，增长8.7%，其中，一、二、三产业分别增加4.3%、14.3%和25%，农场人均纯收入突破9 000元，增长3.2%。粮食产量稳中有升，总产4.7万t，增长5.9%。

（省农业厅　杨武杰　谭　涛）

林业科技

【概述】 2011年，山东省林业系统抓好集体林权制度改革、造林绿化和林业产业三件大事，做好森林防火和林业有害生物防控两项工作。全省323.87万hm^2（4 858万亩）集体林地全部明晰产权。以水系生态建设为重点的造林绿化再创新高。各地创新造林机制，开展抗旱造林，全年新增造林面积21.93万hm^2（329万亩），同比增长9.3%，成为近八年来造林面积最多的一年。全民义务植树1.45亿株。林业产业规模持续壮大，产业总产值2 951亿元。产业结构进一步优化，第一、二、三产业比重由45∶53∶2调整为37.3∶57.7∶5.0。全省林业科技工作围绕以加快生态体系、产业体系和森林文化体系发展科技水平为重点，推进科技资源有效整合，加大科技自主创新力度，加快先进、成熟、实用的科技新技术、新成果、新品种推广应用，为全省现代林业发展提供科技支撑。围绕大力推进科技兴林和人才强林，贯彻实施中长期林业科技发展规划，组织广大科技人员开展一系列科技自主创新活动。加大项目争取力度，一批重大、急需的林业科技项目相继被列入国家和省有关科技发展计划。取得一批技术含量高、开发应用价值大的科技成果，成果质量较往年提升。林业标准化和质量技术监督工作稳步推进，林业标准体系和示范体系进一步健全。科技成果转化与推广应用明显加快，一批重大科技成果列入国家和省推广应用技术计划，在生产中进行了大面积的推广应用。

【科技计划】 2011年，一批重大关键技术研究列入国家和省级科技发展计划，得到资金支助。通过资源整合和加大科技创新团队培育，一些关键技术与良种选育攻关研究正式启动。“林木良种选育”“高档干果（核桃、板栗、枣）新品种选育”“主要林木种质资源保护与评价”列入山东省农业良种工程项目实施计划。围绕重点，加大先进技术引进和重大公益性专项的实施。“灌溉用高矿化度地下水磁化脱盐技术引进”列入2011年度国家林业局引进国际先进农业科学技术项目（948项目）计划，该项目主要是针对盐渍化地区，引进磁化水脱盐技术，改善高矿度地下水农业灌溉，加快盐碱地治理。“国兰新品种培育与产业化生产关键技术研究”列入2011年度国家林业公益性行业科研专项，该项目通过搜集国内外优良国兰品种资源120份，采用杂交、抗性基因转化等育种手段，培育优良国兰品种，形成完整的盆花生产体系。围绕加快林业应用技术研发，启动“黄河三角洲困难立地造林技术研究”“环保节能木材单板微波干燥技术研究”“山东省林业重要外来有害生物信息系统研究”等3项应用技术研发。加强林业科技宏观战略研究，启动林权制度改革和木本粮油等林业宏观战略研究。

【科技创新平台建设】 2011年，按照科学布局、分期分批的原则，加快生态系统定位研究站等科技创新平台体系建设。推进“黄河三角洲盐碱地森林生态定位研究站”筹建，先后完成现场考察、专家论证和建设方案、预算方案的编制与修订工作，争取一期投入资金，稳步推进各项建设任务。启动国家林业局核桃工程技术中心和经济林、种子苗木质量监督检验检测中心的申报与筹建。

【科技推广与成果转化】 2011年，先后组织有关单位完成国家和省农业科技成果转化资金项目的遴选和申报，“白蜡新品种鲁蜡1～6号及其配套栽培技术”“转基因紫花苜蓿耐盐新品种中试与示范”分别列入国家和省农业科技成果转化资金项目计划。为做好人才和项目储备，遴选建立山东省林业科技推广专家数据库和林业科技成果项目数据库，收录推广专家230人，遴选成熟实用技术成果400项。出台《山东省中央财政林业科技推广示范资金项目管理办法（试行）》《山东省中央财政林业科技推广示范资金项目绩效评价实施细则（试行）》《山东省中央财政林业科技推广示范资金项目档案管理办法（试行）》《山东省中央财政林业科技推广示范资金管理使用实施细则（试行）》等4个管理办法，并按管理办法的基本要求，对2009年和2010年的中央财政林业科技推广示范资金项目进行了中期检查和绩效评估。

组织实施林业科技富民工程。2011年争取中央财政资金，遴选12项主推技术在全省进行大面积推广。实施过程中，遴选组织了13个市，37家林业技术推广站、国有林场、科研院所共同参与跨区域、集中式科技示范推广，富民工程的范围扩大，示范内容拓宽。为了解科技富民工程的实施情况，先后对全省在建的20个林业科技富民工程项目进行调研，并撰写《山东省关于实施林业科技富民工程调研报告》，呈报国家林业局和省委省政府有关部门。

【品种与技术创新】 2011年，依托山东省农业良种工程项目，加大对现代育种技术的研发。由山东省林业科学研究院开展的“利用基因工程育种技术选育紫花苜蓿耐盐新品种”研究，依托山东省重点实验室——山东省林木遗传改良实验室，针对耐盐抗旱经济型优良植物材料少，以及饲料作物苜蓿市场需求量大耐盐能力有限的问题，利用基因工程技术和常规育种技术相结合，历时11年成功选育出紫花苜蓿新品种“中苜一号”。建立以中苜一号叶片为外植体的高频再生体系和农杆菌介导的高效基因转化体系，首次获得遗传稳定的8个单价和多价基因转化株系；并通过田间自交提纯、杂交，首次在国内外选育出农艺性状优良、遗传稳定的3个耐盐转BADH基因苜蓿新品种。首次对转化株系进行较为系统的抗逆性生理生化研究；提出适合滨海盐碱地土壤气候条件的新品种配套栽培技术，并进行安全性评价研究，获得中间试验、环境释放和田间试验行政许可证9个。新品种在土壤含盐量为2‰～6‰条件下比对照品种增产10%～25%，在盐碱地区种植具有良好的生态和社会效益。

根据《中华人民共和国种子法》第十六条规定，山东省林木品种审定委员会审定通过‘W_1-141’欧美杨等34个林木品种，认定通过了‘长红2号’枣等8个林木品种。这42个品种可以作为林木良种使用，并在规定的适宜种植范围内推广。具体如下：

通过审定的品种

‘W_1-141’ 欧美杨
报审者：宁阳县林业局 宁阳县高桥林场
学名：*Populus ×euramericana* ‘W_1-141’
通过类别：审定
良种类别：优良品种
编号：鲁S-SV-PE-001-2011
适宜种植范围：鲁中南、鲁西南平原地区。

‘卡帕茨’ 欧美杨
报审者：宁阳县林业局 宁阳县高桥林场
学名：*Populus ×euramericana* ‘Carppaccio’
通过类别：审定
良种类别：优良品种
编号：鲁S-SV-PE-002-2011
适宜种植范围：鲁中南、鲁西南平原地区。

‘9901’旱柳
报审者：山东省林业科学研究院
学名：*Salix matsudana* ‘9901’
通过类别：审定
良种类别：优良品种
编号：鲁S-SV-SM-003-2011
适宜种植范围：山东旱柳适生区。

‘盐柳1号’北沙柳
报审者：山东省林业科学研究院
学名：*Salix psammophila* ‘Yanliu Yihao’
通过类别：审定
良种类别：优良品种
编号：鲁S-SV-SP-004-2011
适宜种植范围：山东黄河三角洲地区。

‘鲁柽1号’中国柽柳
报审者：山东省林业科学研究院
学名：*Tamarix chinensis* ‘Lucheng Yihao’

通过类别：审定

良种类别：优良品种

编号：鲁S-SV-TC-005-2011

适宜种植范围：山东沿渤海地区。

‘鲁柽2号’中国柽柳

报审者：山东省林业科学研究院

学名：*Tamarix chinensis* ‘Lucheng Erhao’

通过类别：审定

良种类别：优良品种

编号：鲁S-SV-TC-006-2011

适宜种植范围：山东沿渤海地区。

‘渤海1号’金银花

报审者：山东省林业科学研究院

学名：*Lonicera japonica* ‘Bohai Yihao’

通过类别：审定

良种类别：优良品种

编号：鲁S-SV-LJ-007-2011

适宜种植范围：山东黄河三角洲地区。

‘烟核1号’核桃

报审者：烟台市经济林管理站

学名：*Juglans regia* ‘Yanhe Yihao’

通过类别：审定

良种类别：优良品种

编号：鲁S-SV-JR-008-2011

适宜种植范围：山东胶东地区。

‘烟核2号’核桃

报审者：烟台市经济林管理站

学名：*Juglans regia* ‘Yanhe Erhao’

通过类别：审定

良种类别：优良品种

编号：鲁S-SV-JR-009-2011

适宜种植范围：山东胶东地区。

‘绿香’核桃

报审者：山东省林业科学研究院

学名：*Juglans regia* ‘Lü xiang’

通过类别：审定

良种类别：优良品种

编号：鲁S-SV-JR-010-2011

适宜种植范围：鲁中南地区。

‘东选1号’酸枣

报审者：东营市农业科学研究所

学名：*Zizyphus jujuba var. spinosa* ‘Dongxuan Yihao’

通过类别：审定

良种类别：优良品种

编号：鲁S-SV-ZJS-011-2011

适宜种植范围：山东枣适生栽培区。

‘鲁枣8号’枣

报审者：山东省果树研究所

学名：*Zizyphus jujuba* ‘Luzao Bahao’

通过类别：审定

良种类别：优良品种

编号：鲁S-SV-ZJ-012-2011

适宜种植范围：山东枣适生栽培区。

‘鲁枣9号’枣

报审者：山东省果树研究所

学名：*Zizyphus jujuba* ‘Luzao Jiuhao’

通过类别：审定

良种类别：优良品种

编号：鲁S-SV-ZJ-013-2011

适宜种植范围：山东枣适生栽培区。

‘鲁枣10号’枣

报审者：山东省果树研究所

学名：*Zizyphus jujuba* ‘Luzao Shihao’

通过类别：审定

良种类别：优良品种

编号：鲁S-SV-ZJ-014-2011

适宜种植范围：山东枣适生栽培区。

‘鲁枣11号’枣

报审者：山东省果树研究所

学名：*Zizyphus jujuba* ‘Luzao Shiyihao’

通过类别：审定

良种类别：优良品种

编号：鲁S-SV-ZJ-015-2011

适宜种植范围：山东枣适生栽培区。

‘长红1号’枣

报审者：卜现勇 黄鑫 雷庆国 杜显龙 付莹 王永春 李洪科 孙兴峰 高允国 高健 姚强 张传芹

学名：*Zizyphus jujuba* 'Changhong Yihao'
通过类别：审定
良种类别：优良品种
编号：鲁S-SV-ZJ-016-2011
适宜种植范围：鲁中南枣适生栽培区。

'夏佳'苹果
报审者：桓台县林业局
学名：*Malus pumila* 'Xiajia'
通过类别：审定
良种类别：优良品种
编号：鲁S-SV-MP-017-2011
适宜种植范围：山东苹果适生栽培区。

'瑞雪'茶
报审者：青岛农业大学
学名：*Camellia sinensis* 'Ruixue'
通过类别：审定
良种类别：优良品种
编号：鲁S-SV-CS-018-2011
适宜种植范围：山东茶主产区。

'仲秋惠'蜜桃
报审者：宋修方 陈宏 段修坤
学名：*Prunus persica* 'Zhongqiuhui'
通过类别：审定
良种类别：优良品种
编号：鲁S-SV-PP-019-2011
适宜种植范围：山东桃适生栽培区。

'中樱圆红'樱桃
报审者：青岛市农业科学研究院
学名：*Prunus pseudocerasus* 'Zhongying Yuanhong'
通过类别：审定
良种类别：优良品种
编号：鲁S-SV-PPS-020-2011
适宜种植范围：山东樱桃适生栽培区。

'中樱圆黄'樱桃
报审者：青岛市农业科学研究院
学名：*Prunus pseudocerasus* 'Zhongying Yuanhuang'
通过类别：审定
良种类别：优良品种
编号：鲁S-SV-PPS-021-2011
适宜种植范围：山东樱桃适生栽培区。

'中樱尖黄'樱桃
报审者：青岛市农业科学研究院
学名：*Prunus pseudocerasus* 'Zhongying Jianhuang'
通过类别：审定
良种类别：优良品种
编号：鲁S-SV-PPS-022-2011
适宜种植范围：山东樱桃适生栽培区。

'红扇'风兰
报审者：山东省潍坊市农业科学院
学名：*Aerides japonicum* 'Red Fan'
通过类别：审定
良种类别：优良品种
编号：鲁S-SV-AJ-023-2011
适宜种植范围：温室设施栽培。

'彩云'蝴蝶兰
报审者：烟台市农业科学研究院
学名：*Doritaenopsis* 'Caiyun'
通过类别：审定
良种类别：优良品种
编号：鲁S-SV-DO-024-2011
适宜种植范围：温室设施栽培。

'亮霞'蝴蝶兰
报审者：烟台市农业科学研究院
学名：*Doritaenopsis* 'Liangxia'
通过类别：审定
良种类别：优良品种
编号：鲁S-SV-DO-025-2011
适宜种植范围：温室设施栽培。

'彩霞'蝴蝶兰
报审者：烟台市农业科学研究院
学名：*Doritaenopsis* 'Caixia'
通过类别：审定
良种类别：优良品种
编号：鲁S-SV-DO-026-2011
适宜种植范围：温室设施栽培。

‘红霞’蝴蝶兰
报审者：烟台市农业科学研究院
学名：*Doritaenopsis* ‘Hongxia’
通过类别：审定
良种类别：优良品种
编号：鲁S-SV-DO-027-2011
适宜种植范围：温室设施栽培。

‘平顶’国槐
报审者：张林
学名：*Sophora japonica* ‘Pingding’
通过类别：审定
良种类别：优良品种
编号：鲁S-SV-SJ-028-2011
适宜种植范围：山东国槐适生区。

‘鲁硕红’蔷薇
报审者：潍坊科技学院
学名：*Rosa multiflora* ‘Lushuohong’
通过类别：审定
良种类别：优良品种
编号：鲁S-SV-RM-029-2011
适宜种植范围：山东蔷薇适生区。

‘晚紫’蔷薇
报审者：刘庆超
学名：*Rosa multiflora var. carnea* ‘Wanzi’
通过类别：审定
良种类别：优良品种
编号：鲁S-SV-RMC-030-2011
适宜种植范围：山东蔷薇适生区。

‘美丽’南天竹
报审者：赵兰勇 李承水 程鹏 于晓艳 崔帅
学名：*Nandina domestica* ‘Meili’
通过类别：审定
良种类别：优良品种
编号：鲁S-SV-ND-031-2011
适宜种植范围：鲁中南地区。

‘玉玲珑’玉玲花
报审者：刘庆华
学名：*Styrax obassia* ‘Yulinglong’
通过类别：审定
良种类别：优良混合家系
编号：鲁S-SF-SO-032-2011
适宜种植范围：山东胶东地区。

‘俏佳人’美丽胡枝子
报审者：刘庆超
学名：*Lespedeza formosa* ‘Qiaojiaren’
通过类别：审定
良种类别：优良家系
编号：鲁S-SF-LF-033-2011
适宜种植范围：山东胶东地区。

‘美少女’美丽胡枝子
报审者：王奎玲
学名：*Lespedeza formosa* ‘Meishaonü’
通过类别：审定
良种类别：优良家系
编号：鲁S-SF-LF-034-2011
适宜种植范围：山东胶东地区。

通过认定的品种

‘长红2号’枣
报审者：卜现勇 黄鑫 王永春 杜显龙 孙兴峰 杨祚平
学名：*Zizyphus jujube* ‘Changhong Erhao’
通过类别：认定
良种类别：优良品种
编号：鲁R-SV-ZJ-001-2011
认定期：5年
适宜种植范围：鲁中南枣适生栽培区。

‘长红4号’枣
报审者：卜现勇 杜显龙 高健 姚强 张传芹 高允国
学名：*Zizyphus jujube* ‘Changhong Sihao’
通过类别：认定
良种类别：优良品种
编号：鲁R-SV-ZJ-002-2011
认定期：5年
适宜种植范围：鲁中南枣适生栽培区。

‘中樱尖红’樱桃
报审者：青岛市农业科学研究院
学名：*Prunus pseudocerasus* ‘Zhongying Jianhong’

通过类别：认定
良种类别：优良品种
编号：鲁R-SV-PPS-003-2011
认定期：5年
适宜种植范围：山东樱桃适生栽培区。

‘玉金刚’风兰
报审者：山东省潍坊市农业科学院
学名：*Angraecum falcatum* ‘Jade King’
通过类别：认定
良种类别：优良品种
编号：鲁R-SV-AF-004-2011
认定期：5年
适宜种植范围：温室设施栽培。

‘粉玲珑’玉玲花
报审者：刘庆华
学名：*Styrax obassia* ‘Fenlinglong’
通过类别：认定
良种类别：优良混合家系
编号：鲁R-SF-SO-005-2011
认定期：5年
适宜种植范围：山东胶东地区。

‘捶尼缇’豆梨
报审者：山东省果树研究所
学名：*Pyrus calleryana* ‘Trinity’
通过类别：认定
良种类别：优良品种
编号：鲁R-SV-PC-006-2011
认定期：5年
适宜种植范围：鲁中南地区。

‘克里弗兰’豆梨
报审者：山东省果树研究所
学名：*Pyrus calleryana* ‘Cleveland Select’
通过类别：认定
良种类别：优良品种
编号：鲁R-SV-PC-007-2011
认定期：5年
适宜种植范围：鲁中南地区。

‘柱冠’英国栎
报审者：山东省果树研究所
学名：*Quercus robur* ‘Fastigiata’
通过类别：认定
良种类别：优良品种
编号：鲁R-SV-QR-008-2011
认定期：5年
适宜种植范围：鲁中南地区。

注：通过认定的林木良种，认定期满后不得作为良种继续使用，应重新进行林木品种审定。

【科技成果与奖励】 2011年度，全省林业系统共有15项成果获得省科技进步奖，其中1等奖一项、二等奖5项、三等奖9项，山东省林业系统连续10年获省科技进步一等奖。

【林业标准化】 2011年，完成部分行业标准的编制任务，组织审查了一系列急需标准。完成《石榴产品质量等级》《甜樱桃培育技术规程》《盐碱地柽柳栽培技术规程》《侧柏容器育苗技术规程》等4项行业标准的编制和征求意见。会同省质量技术监督局，山东省林业标准化技术委员会组织专家对《白蜡育苗技术规程》《白蜡苗木质量分级》《法桐苗木质量分级》《法桐栽培技术规程》《高标准农田林网建设技术规程》《乡村人居林建设技术规程》《飞机施药防治美国白蛾技术规程》等7项省地方标准进行了审查。《海州常山育苗技术规程》《扁桃质量分级》等4项标准顺利通过国家林业局组织的专家审查，正式发布实施。加大国家级林业标准化示范区管理力度。对山东省承担的国家级林业标准化示范区及时进行调度，推进标准化示范区的标准宣贯与实施，提高示范区标准化生产水平。将临朐小萼柿标准化示范区、平邑金银花标准化示范区、沾化冬枣标准化示范区等三个国家级林业标准化示范区作为建设典型推荐上报国家林业局。

【植物新品种保护】 2011年，全省有11项林业植物新品种申请授权，其中有4项申请获得植物新品种权，有4项申请通过国家林业局实质审查，有3项申请由国家林业局初审公告（见表）。截至年底，全省累计有40个林木新品种申请授权保护，其中35个获新品种权，申请数量和授权数量位居全国各省前列。这些新品种具有较高的经济和观赏价值。其中‘泰山玉帘’、‘聚宝’和‘金带’银杏新品种成功实施品种权有偿转让，‘绿香’核桃品种苗木初始销售情况良好。

表　　2011年山东省林业植物新品种申请和授权名录表

品种名称	品种权人	品种培育人	法律程序
绿香（核桃属）	山东省林业科学研究院 泰安市绿园经济林果树研究所	侯立群　王钧毅　赵登超　杨克强 韩传明　崔淑英　张文越　王露琴 王清华	授权，品种权号：20110001
聚宝（银杏）	泰安市泰山林业科学研究院 泰山银杏开发研究联谊会	王　迎　宋承东　郭善基　张泰岩 黄迎山	授权，品种权号：20110005
金带（银杏）	泰安市泰山林业科学研究院 泰山银杏开发研究联谊会	王　迎　宋承东　郭善基　张泰岩 黄迎山	授权，品种权号：20110006
泰山玉帘（银杏）	泰安市泰山林业科学研究院 泰山银杏开发研究联谊会	王　迎　宋承东　郭善基　张泰岩 黄迎山	授权，品种权号：20110007
朝阳椿（臭椿属）	肖进魁	肖进魁	完成实质审查
岱玉杏（杏）	泰安市泰山林业科学研究院	冯殿齐　王玉山　赵进红　王　迎	完成实质审查
山农银一（银杏）	山东农业大学	邢世岩	完成实质审查
山农银二（银杏）	山东农业大学	邢世岩	完成实质审查
日丽（核桃属）	山东省林业科学研究院 泰安市绿园经济林果树研究所	侯立群　王钧毅　赵登超　韩传明 崔淑英　王翠香	初审公告
岱健枣（枣）	泰安市泰山林业科学研究院	冯殿齐　赵进红　王玉山　王　迎 张　辉	初审公告
岱康枣（枣）	泰安市泰山林业科学研究院	冯殿齐　赵进红　王玉山　王　迎 张　辉	初审公告

知识产权保护工作　按照“试点先行、典型引路、示范带动、整体提高”的工作思路，强化对林业知识产权试点单位的管理与督导力度，扶持试点单位开展林业知识产权创造与运用探索。泰安市泰山林业科学研究院作为全国第一批林业知识产权试点单位，探索实施植物新品种权市场化流转，该院5个银杏新品种权以200万元成功转让给北京东方园林股份有限公司，这是山东省第一例林木新品种权转让。当年，山东省林业科学研究院、东营正和木业有限公司两家单位被国家林业局批准为第二批“全国林业企事业单位知识产权试点单位”，山东省累计有3家企事业单位被国家林业局列入试点单位。组织有关单位和相关人员参加国家林业局科技发展中心在昆明举办的林业知识产权保护与管理培训班，泰安市泰山林业科学研究院在培训班上作经验交流发言。编制《林业植物新品种保护战略》。10月，国家林业局知识产权工作调研组到山东省开展调研，对山东省开展和推进林业知识产权保护和管理工作给予高度评价。根据省政府和国家林业局的布署，在全省林业系统组织开展“打击制售假劣林木种苗和保护植物新品种权专项行动”。通过开展“两证（林木种子生产许可证和林木种子经营许可证）”检查清理，严厉打击无证生产经营、制售假冒伪劣林木种苗和侵犯知识产权行为。全省查处出售假劣林木种子案件6起，没收、销毁假冒伪劣林木种子1 800kg，促成植物新品种权转让1宗，涉及新品种5个，转让金额200万元。

植物新品种测试指南研制和测试基地　2011年，山东省承担国家林业局下达的刺槐属、榆属、石榴属、槐属、蛇葡萄属和木瓜属植物新品种DUS测试指南及已知品种数据库的研制课题。其中，刺槐属DUS测试指南已通过国家林业局科技司组织的会议审定，并以林业行业技术标准（LY/T 1871−2010）发布实施；菏泽国家林业局牡丹新品种DUS测试基地通过专家验收，即将开展牡丹新品种DUS测试任务。

【农业技术推广体系建设】　贯彻落实《山东省人民政府关于深化改革加强基层农业技术推广体系建设的意见》，以改善基层林业科技推广站推广能力为重点，加强基层林业科技推广体系建设。获得资金80万元，为临沂市及其各县（区）

林业科技推广机构配备计算机、投影仪等新技术试验示范、技术培训和办公网络设备，改善了基层林业科技推广站的基层条件。

【森林认证试点】 2011年，组织全国森林认证试点市——临沂市大力开展各项试点任务，开展实地调查，编写费县《杨树人工林可持续经营方案》。临沂市被批准为全国森林认证规模试点单位，成为全国首批六家森林认证规模试点单位之一。组织成立了全省第一个森林认证机构——临沂市金兴森林认证中心，并成为国家林业局首批五家推荐至国家认监委的全国森林认证机构之一。7月，邀请国家林业局科技发展中心副主任、中国森林管理委员会主任王伟和北京林业大学有关专家在临沂市举办全省森林认证研讨会，会上国家林业局有关领导对山东省森林认证试点工作取得的成效给予肯定。

【林业科技特派员创业行动】 2011年，贯彻落实国家林业局、科技部《关于开展林业科技特派员科技创业行动的意见》和全省科技特派员农村科技创业行动推进会议精神，与省科技厅联合起草《关于我省开展林业科技特派员工作的意见》，进一步明确林业科技特派员工作的目标和主要任务。遴选第二批60名林业科技特派员，全省林业科技特派员共120名，并逐渐成为全省林业新技术、新成果推广的骨干力量。

【科技培训与科普工作】 2011年，围绕利用现代传媒，普及推广先进实用技术，扩大科技传播迅速与科技影响力，大力开展实用技术培训。根据基层科技需求，组织指导各市围绕区域特色产业发展，增强林农增收致富能力为重点，开展冬枣标准化生产技术、杨树速生丰产林营建技术、美国白蛾防治技术等实用技术培训，提高林农科技水平。围绕全省林业中心工作和推广普及先进科学技术，全省林业系统开展四级联动，开展科技下乡活动。省林业局联合省财政厅、济南市林业局等单位，在济南市历城区仲宫镇举办科技下乡活动，来自山东省林科院等单位专家围绕核桃修剪、嫁接、施肥，浇水、病虫防治等关键技术开展咨询和指导，现场解答果农技术难题，并向核桃生产专业户现场赠送核桃专用肥料，向林农发放核桃栽培技术、病虫害防治技术等林业科技书籍和宣传资料数千册（份）。据不完全统计，全年全省共开展省、市、县、乡四级科技下乡活动35 000多次，培训林农20多万人次。

（省林业厅　杨社良）

畜牧科技

【科技计划】 2011年，“奶牛现代育种技术体系研究”“优质肉牛新品种培育”“优质肉猪新品种（配套系）选育”“优质肉羊新品种培育”“地方优良家禽新品种选育”等5个项目获省农业良种工程重大课题项目立项，财政支持资金730万元。“山东省特有羊品种资源的基因源分析与种质创新利用研究”项目入选省农业良种工程“农业生物资源创新利用研究”课题，获财政资金100万元，推动了全省畜禽种质资源创新。山东省畜牧总站申报的“作物秸秆加工高能饲草技术”项目列入2011年省科技发展计划，获项目资金20万元。山东省兽药质量检验所等单位申报的“盐酸沃尼妙林及其系列产品的研制与产业化”项目和山东省大发饲料有限公司等单位申报的“高效环保型肉牛专用添加剂技术应用与推广”项目列入2011年省科技发展计划（政策引导类项目）。

【平台建设】 2011年，农村畜牧业信息化平台获300万元支持资金，分别由省畜牧总站、省农科院家禽所、青岛农业大学进行生猪、家禽、肉牛专业信息服务平台建设。构筑多层次新兴科技、新兴产业的创新平台，山东省畜牧微生态产业技术战略联盟申报山东省第三批产业技术创新战略示范联盟已通过审核。

【科技成果与奖励】 2011年，全省畜牧行业共获得省科技进步奖一等奖1项、二等奖2项、三等奖5项。获省农牧渔业丰收奖4项（见表）。

表 2011年度畜牧行业获山东省农牧渔业丰收奖项目

获奖等级	项目名称	完成单位
二等奖	奶牛现代养殖技术集成与示范推广	泰安市畜牧科学技术推广站等
	济南市高致病性禽流感防控关键技术应用研究与推广	济南市动物疫病预防与控制中心等
	种公猪自动化管理和人工授精体系建设的推广应用	临沂市生猪产销协会等
三等奖	规模奶牛养殖场粪尿资源沼气发酵无害化处理利用与开发	枣庄市畜牧技术推广中心等

【科技推广与成果转化】 2011年，山东省农业科学院畜牧兽医研究所承担的“功能性发酵乳加工工艺示范与产业化开发”项目获省农业科技成果转化资金项目支持，资金20万元。“小型优质肉鸡配套饲养管理技术研究”和“优质高档肉牛生产技术研究”项目获省农业重大应用技术创新课题支持，资金分别为30万元和40万元。“畜禽发酵床技术推广”和“肉羊规模化育肥与优质肥羔生产技术推广”项目被列入省财政支持农业技术推广项目，由畜牧总站牵头，全省16个市的57个项目县参与，获财政资金支持1 370万元。山东布莱凯特牧业科技有限公司的“优质肉牛新种质培育及产品开发”课题，获省自主创新成果转化重大专项资金支持1 000万元；实施黄河三角洲优质肉牛科技示范工程，力争在选择的“10个县、100个乡镇、1 000个村、10 000个养殖户”中，推进传统肉牛产业化发展。在利用地方畜禽品种培育新品种（系）的同时，面向高端市场需求，科研单位与生产企业紧密结合，研究、试验、总结出利用鲁西黄牛生产高档牛肉、肉羊杂交羔羊育肥、优质肉鸡杂交生产等一系列配套技术，在生产中发挥了巨大效应。

【畜禽良种】 2011年，除加强种畜禽管理外，重点抓好种畜禽质量监测和良种推广。落实各项扶持政策，落实国家畜牧良种补贴项目资金3 860万元，对全省53万头奶牛、96.5万头生猪和22万头肉牛实施精液配种补贴；落实资金85万元，对莱芜黑山羊、微山麻鸭、大蒲莲猪实施种质资源保护，指导完善育种场改扩建，组建核心群，提升技术力量；落实30万元用于组织畜禽地方品种资源调查。推进种畜性能测定，继续开展奶牛DHI测定，建立奶牛DHI测定平台，全年测定奶牛近4万头，提高了奶牛养殖的科技含量和经济效益；获批国家级生猪核心育种场1处；省种畜禽性能测定中心集中测定12家企业的121头种公猪，其中拍卖14头，加强种畜禽场场内测定工作。审核进口种畜禽遗传资源17批次共46.47万头（只）；组织康大肉兔配套系通过品种鉴定；烟台黑猪、沂蒙黑猪通过国家畜禽品种资源鉴定。

【畜禽养殖标准化示范创建】 截至年底，全省创建奶牛、生猪、蛋鸡、肉鸡、肉牛、肉羊6个畜种的国家级示范场186个，奶牛、生猪、蛋鸡、肉鸡、肉牛、肉羊、肉鸭、兔8个畜种的省级示范场356个，市级示范场800多个。示范创建活动有效提升了畜禽养殖规模化标准化程度，生猪、奶牛、肉牛和肉羊等畜种规模化养殖比重提高4个百分点，标准化养殖比重提高6个百分点，促进全省畜牧业生产方式的转变。

【质量安全】 2011年，集中开展生鲜乳、瘦肉精、饲料、兽药等专项整治。对全省808家奶站和573台运输车进行许可备案管理，完成3 186批次生鲜乳抽检。开展三次畜禽“瘦肉精”专项监督抽检工作，安排抽检5 290批次。完成1 788家饲料企业和养殖场（户）的4 185个饲料产品和尿样抽检。全省4 500家兽药经营单位通过GSP验收，启动兽药使用管理规范（GUP）和兽医处方药制度试点，专项整治达到预期目标。组织制修订山东省地方标准33项，审定标准15项；截至当年底，制修订标准161项，畜牧业标准体系进一步完善。全省申报无公害畜产品506个，新认定产地245处，获证产品87个，烟台黑猪等5个畜产品地理标志产品获农业部登记保护。组织开展畜产品质量安全检测机构考核，全省有7家质检机构通过省级考核。

【科技培训】 推进2011年山东省农村劳动力培训阳光工程项目实施，每个学员财政补贴460元，共补贴资金690万元，对全省16个市的2 200名畜禽繁育员、3 800名畜禽养殖技术员、7 000名村级防疫员、2 000名兽药经销员进行分层次、分阶段培训，强化了现代畜牧业发展的人才支撑。畜牧产业技术体系岗位专家在全省各地，就奶牛、生猪、肉牛、水禽、蛋鸡、肉鸡、肉羊、兔、蜂等畜种育种、繁殖、生产、营养、推广等方面，举办养殖户和生产企业培训班，培训5万多人次。

（省畜牧兽医局　卢　宁）

渔业科技

【概述】 2011年，海洋与渔业总产值8 231亿元，同比增长16.3%。全省渔业经济总产值2 676.4亿元，同比增长12.7%。水产品总产量813.8万t，增长3.8%。其中，海水产品产量664.7万t，增长2.8%；淡水产品产量149.1万t，增长8.4%。优质水产品养殖发展加快，刺参产量71 011t；对虾产量75 495t。远洋渔业快速发展，远洋作业渔船608艘，远洋捕捞量12.7万t，产值19.3亿元。

【科技计划】 2011年，组织科研和推广单位进行海洋公益性行业科研专项、农业科技成果转化资金项目、省农业良种工程水产重大项目、科技发展计划项目、省财政重大农业应用技术创新项目、重大农业成果推广项目的申报和实施工作。全年在研项目115项，资金总额11 777万元。新上各类科研项目43项，项目资金2 001万元。在研项目数量和项目资金总额较上年有较大增长。

黄河三角洲池塘多元化生态养殖模式及池塘水环境优化技术研究（省农业重大应用创新项目，项目研究时间为2011年） 该项目进行了鱼鳖生态养殖模式对比试验、不同放养密度及养殖容量的鱼鳖生态养殖模式、黄河三角洲大规格商品河蟹池塘多元化生态养殖模式、光合细菌对养殖池塘水质调控技术等方面的试验研究，推广实施了池塘生态养殖病害防控技术与措施。根据山东省黄河三角洲池塘养殖的实际情况，进行养殖池塘水体环境优化技术的试验研究，初步筛选出几种黄河三角洲盐碱地池塘多元化养殖模式。

黄河口及邻近海域生态系统现状及变化趋势研究（国家海洋公益性行业科研专项，项目研究时间为2011～2014年） 结合历史资料，开展黄河口地区经济状况调查，针对黄河口及其邻近海域出现的水生环境恶化、水生生物资源衰退、水生生物质量安全等问题，选择黄河河口作为研究区域，对黄河河口区域的生态环境质量与水生生物状况进行调查与监测，并对黄河口及邻近海域水生生态系统的影响因子、主要压力和变化趋势进行分析。完成2011年度计划任务，下一步将对黄河口生态系统状况进行综合评价。

【科技创新平台建设】 2011年，科技部正式批准依托寻山集团有限公司组建“国家海产贝类工程技术研究中心”，这是全国海产贝类行业唯一的国家工程技术研究中心。农业部批复建设“山东省水生动物疫病防控中心”和“农业部黄河下游渔业资源环境科学观测实验站”。省科技厅批复建设“山东省海洋生态修复重点实验室”和

"山东省海水健康养殖工程技术研究中心"。山东省外国专家局批复设立"贝类新品系选育省级引进国外智力成果示范推广基地"。2家企业被确定为院士工作站。依托好当家集团，联合中国海洋大学、獐子岛渔业集团等24家院校和骨干企业，在全国范围内发起成立"海参产业技术创新战略联盟"。为促进山东省海岛规划保护与开发管理工作的推进与发展，依托山东省海水养殖研究所成立"山东省海岛开发与保护研究中心"，中心取得了海域使用论证丙级资质、无居民海岛开发和保护规划编制技术单位、省级海洋功能区划编制技术单位、省级海岛保护规划编制技术单位四项资质。

【科技成果与奖励】 2011年，获省级以上科技成果奖励12项。其中，"鲆鲽鱼类抗弧菌病苗种培育及健康养殖技术"获国家海洋创新成果一等奖；"刺参育苗及养成用无公害配合饲料的研制"和"刺参优良新品系的选育与构建"分别获国家海洋局海洋创新成果二等奖。"水产品中雌激素测定技术研究与应用"和"刺参快速生长新品系的选育及应用"项目分别获省科技进步二等奖；"大西洋鲑引种繁育及海淡水养殖技术产业化开发""东平湖渔业生态修复及资源增殖技术研究""鲟鱼规模化适养品种筛选及产业化开发"等项目获省科技进步三等奖。"沿黄低洼盐碱地以渔改碱综合治理技术"获省农牧渔业丰收一等奖；"微山湖乌鳢提纯复壮及良种产业化技术开发"获省农牧渔业丰收三等奖。"泰山赤鳞鱼种质资源保护与开发"获省水利科技进步二等奖。"短鞘人工繁育及养成技术研究"获中国水产科学研究院科技进步三等奖。

黄河三角洲海参池塘生态养殖模式研究（国家海洋公益性行业科研专项经费项目，研究时间为2007～2010年） 该项目探明浮游生物结构变动特征与规律，摸清具有地域特点的海参池塘养殖生态特征，确定不同规格苗种养成规模，筛选符合地理特点的高生产效益参礁。采用科学的平面设计布局、生物制剂微生态调控、池塘藻相调控和水质控制等综合技术，突破黄河三角洲地区海参池塘生态养殖自然和技术制约瓶颈，建立适合黄河三角洲区域海参池塘生态养殖模式，促进山东省西部沿海渔业产业结构调整和升级，使滩涂资源优势转化为产业优势，科研成果大规模推广应用，养殖海参30余万亩，实现经济效益14.37亿元，成功实现了"东参西养"。2011年，该项目通过国家海洋局科技司组织的成果鉴定，总体达到国际先进水平。

大鳞泥鳅人工育苗及无公害养殖技术研究（省攻关计划项目，研究时间为2009～2011年） 该项目进行泥鳅生物学特性的观察试验、亲鱼培育、人工繁殖、胚胎发育、苗种培育、成鱼无公害养殖技术研究，掌握了泥鳅的生物学特性，摸清了生态因子与生长和繁殖的关系，掌握了泥鳅的繁殖规律，成功进行了苗种人工繁育，熟化了亲鱼培育及催产、孵化的技术措施，规范了苗种培育、成鱼池塘无公害养殖技术。进行了成鳅养殖试验、常规药物对泥鳅的毒性试验，得出几种常用药物防治病害的安全浓度，对于防治泥鳅病害的用药量提供科学依据。开展泥鳅营养需求试验，了解泥鳅最佳生长状态下对蛋白质及脂肪的需求量，得出泥鳅获得最佳生长效果时饲料中粗蛋白需要量和最适脂肪含量，为人工饲料的配制提供了科学依据。项目繁育大鳞泥鳅鱼苗2 600万尾，培育夏花鱼种383万尾，培育成活率76.6%，培育大规格鱼种5.7hm²（85亩），平均亩产752kg，成活率81.7%。池塘养成面积16.73hm²（251亩），平均亩产1 034kg，平均体重18.3g，平均体长15.7cm。2011年12月，该项目通过成果鉴定，总体达到国内领先水平。

大泷六线鱼苗种大规模人工繁育技术（省资源修复计划，研究时间为2008～2011年） 项目全面观察了六线鱼早期发育过程中的形态学特征、生态学习性以及相关生物学、生理学等，丰富了六线鱼生物学资料。创建单层平面授精技术和人工吊式孵化技术，解决了六线鱼因鱼卵具高粘性而导致的人工受精率低、孵化率低的难题，受精率97%，孵化率92%。建立六线鱼大规模人工繁育技术，形成"单层平面授精+吊式孵化+规模化苗种培育"技术工艺，通过人工采卵授精，首次突破了六线鱼十万尾的规模化人工繁育，开辟了一条高粘性卵鱼类人工繁育新途径。2011年，项目通过鉴定，总体达到国际领先水平。

【知识产权与论文著作】 2011年，获国家发明专利授权10件，分别是："六线鱼人工授精和孵化方法""一种北方池塘脆江蓠移植栽培的方法""一种海藻饮品的制备方法""一种鹿角菜人工增殖方法""用于水产养殖的中草药制剂和制备方法及应用""泥沙质地池塘刺参生态调控养殖方法""泥沙质地池塘刺参的饵料培植方法""短蛸亲体北方室内越冬方法""一种短蛸人工池塘养殖方法""一种海参酶解方法"。申请国家发明专利7件，实用新型专利9件。制定省地方标准6项，起草国家标准3项，农业部行业标准1项。发表学术论文137篇，其中被CSCD收录1篇，SCI收录4篇，EI收录1篇。参与国家职业分类大典的19个职业（工种）的编写和修订。

【科技推广与成果转化】 2011年，大力实施渔业科技入户工程，构建了"专家组—技术指导员—科技示范户—辐射带动户"的渔业科技成果快速转化机制。成果转化应用以优良品种和关键技术推广为切入点，以主体培训和入户指导为手段，以水产品质量安全为重点，强化渔业科技入户核心示范区示范能力建设，加大科技示范化和龙头企业培育力度。全年举办各类培训班320期。培训人员示范户3万人次，技术指导员入户指导2万人次。培育示范户1.2万户，辐射带动12万户，较上年增加36%。省级示范县主导品种示范面积1.41万hm^2（21.1万亩），总产量12.9万t，实现产值21.6亿元，平均亩产量和亩效益分别比上年增长8%和12%。辐射带动17.26万hm^2（258.9万亩），产量94.5万t，实现产值145.4亿元。主导品种和主推技术入户率均在95%以上。

【科技合作与交流】 2011年，组织召开东北亚地区地方政府联合会海洋与渔业专门委员会海洋资源科学利用论坛，韩国、蒙古、俄罗斯等国家的近百名专家和政府官员参加了论坛。论坛围绕海洋可再生能源的开发利用、碳汇渔业、海洋生态系统修复等内容展开研讨，商讨海洋危机治理办法，提出未来科学利用海洋资源建议。派员赴韩国斐济进行海洋渔业技术考察。接待西班牙Pescafresca公司、江苏海洋水产考察团、深圳海洋与渔业环境监测考察团等交流访问。组织参加第十六届全国动物遗传育种学术会、中韩围填海会议、国际海岸带陆海相互作用开放科学会议、第八届世界华人鱼虾营养学术研讨会、第二届全国石斑鱼类繁育与养殖产业化论坛等13项国内外重大学术会议。参展"十一五"全国渔业科技成果创新、中国国际渔业博览会、山东半岛蓝色经济区海洋食品博览会等多项海洋渔业展会。

（省海洋与渔业厅　徐　涛）

海洋科技

【海洋重大科技项目】

国家重点基础研究发展计划（973计划） 2011年，全省海洋领域新承担973计划2项，总经费7 600万元。一个是中科院海洋研究所宋林生研究员担任首席科学家的"海水养殖动物主要病毒性疫病爆发机理与免疫防治的基础研究"项目，经费3 600万元，该项目将采用现代生物学技术手段系统深入研究海水养殖动物病毒性疫病爆发的分子机制、宿主应对病原感染的免疫应答规律以及免疫防治的技术原理和有效途径，为水产主要疫病防控提供重要理论基础和方法学指导。另一个是中国科学院海洋研究所王凡研究员担任首席科学家的"热带太平洋海洋环流与暖池的结构特征、变异机理和气候效应"项目，经费4 000万元，该项目将开展调控暖池结构与变异的关键海洋过程，以及暖池变异影响ENSO循环、东亚季风和我国气候变异的过程和机理的研究，为提升我国气候预测水平提供科学依据和方法储备，为扩展我国海洋环境安全保障能力提供基于自主获取的基础数据和研究成果的科技支撑。

国家重大科学研究计划　2011年，新承担国家重大科学研究计划2项，总经费6 000万元。一个是中国科学院海洋研究所袁东亮研究员担任首席科学家的“全球变暖下的海洋响应及其对东亚气候和近海储碳的影响”项目，经费3 000万元，该项目的总体目标是通过高分辨率的海洋－大气耦合模式模拟，揭示全球变暖背景下热带太平洋–印度洋海洋动力和热力响应机理及其影响西北太平洋台风及亚洲季风的物理机制，阐释其海–气耦合作用机理与特征，在此基础上评估热带气候变化对我国近海储碳和环流的影响，揭示我国近海陆架海域储碳通量及其在全球变暖背景下的变异与机理，为提高我国气候预测能力和评估近海储碳潜力提供科学依据。另一个是中国海洋大学谢尚平教授担任首席科学家的“太平洋印度洋对全球变暖的响应及其对气候变化的调控作用”项目，经费3 000万元，该项目将面向国家制定应对气候变化宏观政策的需求，重点解决“海洋对全球变暖的响应及其对全球气候的影响和调控作用”这一前沿科学问题，瞄准热带太平洋、热带印度洋和副热带西北太平洋这三个对中国气候有重要影响的海域，揭示全球变暖导致的海洋动力、热力过程变异的机理，评估未来气候的可预测性，为国家应对气候变化宏观决策的制定提供科学依据。

国家科技支撑计划　2011年，1个项目“海水养殖与滩涂高效开发技术研究与示范”获国家科技支撑计划立项，国拨经费7 780万元，设置11个子课题，山东承担其中5个子课题，经费总额3 619万元。该项目的实施能够集成和开发工业化养殖急需的关键技术，将改善我国海水工厂化养殖严重依赖地下水资源和严重过度的开采致使养殖水资源供不应求、生态环境和产业的持续发展受到严重威胁的现状，实现工厂化养殖向工业化养殖转型、升级。

3个国家科技支撑计划海洋领域项目通过科技部验收。“海洋食品精深加工技术研究与产业化示范”项目突破了大宗低值鱼类蛋白的高值化加工、海洋食品原料功效因子的高效制备、海藻新型综合利用技术及海洋水产品质量与安全控制等四项海洋食品加工的重大技术；开发了低温组合干燥等10项海洋食品与功能食品产业制造技术；研制了低盐鱼酱油、脱敏鲐鱼等80种新型海洋食品及营养与功能食品（基料）；建立了海洋大宗低值鱼类精深加工、海洋食品生物活性物质高效制备、高品质海藻胶加工等产业化示范基地7个，中试生产线11条，产业化示范生产线32条。“浒苔大规模暴发应急处置关键技术研究与应用”项目在浒苔生物学基础与暴发生态过程、浒苔灾害监测预警、浒苔围捞清除、无害化处理与资源化利用技术等方面取得重要成果，提出了一系列科学有效的处置方案，为浒苔应急处置工作提供科学依据和决策咨询，保障了2008年青岛奥帆赛和残奥帆赛顺利举办，为浒苔绿潮生态灾害的防控与治理、浒苔的综合利用提供了理论基础和技术支撑。“海洋工程结构浪花飞溅区腐蚀控制技术及应用”项目针对海洋工程结构浪花飞溅区所面临的腐蚀防护和监检测问题开展系统研究，分别在腐蚀防护、监检测与评价、腐蚀数据库建立等方面取得一系列创新性成果，并在青岛港液体码头、日照港30万t级原油码头、青岛海湾大桥等国家重点海洋工程设施中进行应用示范，取得了预期的防护效果。

【科技创新平台】

“科学”号海洋科学综合考察船　2011年，“科学”号海洋科学综合考察船顺利下水。该项目是“十一五”期间国家12项重大科技基础设施建设项目之一，也是到目前为止山东省单体最大的一个科技类项目。2007年由国家发展改革委批准立项，2010年开工建设。该船是我国目前最先进的海洋科学综合考察船，具备全球航行能力，是我国未来10～20年海洋科学考察主力船之一。该船的成功下水，标志着山东海洋科研装备达到了新的水平。

“国”字号海洋科研基地　2011年，国家深海基地在青岛鳌山半岛的最顶端—柴岛正式挂牌筹建。该基地作为目前我国各种深海重要设备的母港，肩负着组织全国海洋科技力量，围绕深海远洋开展科学研究的重任。青岛海洋科学与技术国家实验室建设取得重大进展，省市政府已累计投入近4亿元，拟将其建设成为山东半岛蓝色经济区和青岛“蓝色硅谷”的重要支撑平台。

工程技术研究中心　2011年，“国家海产贝类（北方）工程技术研究中心”和“国家海洋腐蚀防护工程技术研究中心”获科技部批准建设，全省海洋领域国家级工程技术研究中心总数5家，居全国各省市前列。

科研机构　2011年，东营的黄河三角洲可持续发展研究院、滨州的滩涂高效农业研究院进入实质性运作阶段。中集海洋工程研究院依托烟台中集来福士海洋工程有限公司，聚合高校科研院所及企业力量，规划建设全国海工总部，包括计算设计中心、海工共性技术研究中心、国际会议中心等9个中心，以及特种材料实验室、多功能海工水池实验室、三维数字实验室3个实验室。

【科技成果与奖励】　2011年，全省有83项海洋科技成果获市级以上奖励。获国家级奖励3项，其中国家技术发明二等奖1项，国家科技进步二等奖2项。省部级奖励（含青岛市）共56项，其中一等奖13项、二等奖32项、三等奖9项，青岛市最高奖1项，省国际合作奖1项。市级奖励共24项，其中一等奖4项、二等奖8项、三等奖12项。

【海洋新兴产业】　2011年，海洋科技平台的建立和海洋科技成果转化推动了海洋新兴产业快速发展，催生一批涉海企业快速成长。①海洋生物技术产业向规模化发展演进。胶南市启动占地千余亩的海洋生物产业基地建设项目，烟台贝尔特海洋生物科技产业园建成后将成为亚洲技术最先进、综合产能最大的海洋生物产业园区，一批龙头企业如明月海藻、海尔药业、澳海生物、双鲸药业、张裕集团等快速崛起。②海洋装备与工程制造迅速成长为支柱产业。烟台中集来福士年内连续交付5座深水半潜式钻井平台、2条海工船，成为国内首家具有深水半潜式钻井平台批量交付能力的企业。山东省科学院海洋仪器仪表所的研究人员成功掌握海洋焊接关键技术，填补了我国200m水下焊接及深海潜器焊接技术的空白。浪花飞溅区防腐技术在国内外的油田、港口、码头等工程建设中得到广泛应用。③现代海洋渔业和海洋水产品加工业向集约化、生态型升级。海参产业从黄海之滨的岩石海岸逐渐延伸到莱州湾畔的滩涂盐沼，呈现出集约化、规模化的发展态势。人工鱼礁、海洋牧场开始取代传统养殖模式。海洋种业已见雏形，截至年底，全省拥有全国水产原种和良种审定委员会认定的良种20个。水产品加工走向“精深高”转型之路，龙头企业好当家集团2011年实现销售收入30个亿，出口创汇7 000万美元。④大型海水淡化工程全国示范项目在青岛启动。2012年将实现每天海水淡化量20万t，海水冲厕、海水热源发电、海水脱硫工程也在建设中。⑤海洋精细化工产业实现新跨越。形成了环境友好型阻燃材料、高附加值中间体、水处理技术、扩散渗析膜制备、功能材料为支柱的五大产品线。⑥海洋新能源和海洋生物新材料等行业逐渐兴起，如中科院青岛生物能源与过程研究所和美国波音公司合作，建立海洋微藻能源基地共同生产海洋微藻柴油；喜盈门集团正利用青岛大学的海藻纤维技术，开发新型抗菌抗辐射服装。

【沿海7市海洋科技发展】

青岛市　2011年，青岛市海洋产业总产值1 890亿元，新兴海洋产业产值占海洋总产值的15%，青岛市已成为山东半岛新兴海洋科技产业的主要聚集区。重点开展生物活性物质、海洋药物及医用敷料产业化，推广海洋药物、功能食品、化妆品等高附加值精细海洋化工和新型海洋生物制品成果。青岛市现有海洋药物、海洋保健品以及海洋生化制品企业30多家，9个海洋类新药已取得一类新药证书，其他类别的药物近20个，一批功能食品、化妆品、生物制品及其中间产物正在研发或进入生产阶段。甲壳质（壳聚糖）系列衍生物加工利用产业初具规模，3个壳聚糖医用敷料有望近期投产，1个海藻纤维医用敷料进入中试阶段。黄岛电厂、隆海集团与天津海水淡化所分别合作承担了“3万t/d低温多效蒸馏海水淡化”等3个国家科技计划，青岛市已成为我国热法海水淡化和大生活用海水的综合利用示范基地。百发海水淡化有限公司10万m^3/d海水淡化工程正在建设中。青岛海诺水务科技股份有限公司计划投资1.31亿元人民币，在崂山区建设规模化全刚性中空纤维超（微）滤膜与水工业装备产业化基地，目前已具备年加工处理能力为20～30万t/d海水综合利用装置的生产能力。青岛华轩环保科技有限公司形成了水处理中空超滤膜组件生产能力，开始生产中小型海水淡化装备，正着手研制为钻井平台配套的小型海水淡化装备。

胶南明月集团已成为世界最大的海藻加工生产基地，主导产品海藻酸钠年产量达1万t，位居世界同行业首位，开发出海藻肥、海藻酸丙二醇酯、岩藻聚糖硫酸酯、海藻精油等80多个新产品，其中以海藻酸盐为原料开发海藻酸纤维应用于医用敷料，成为未来最理想的医用敷料之一。该公司被国家五部委认定为全国同行业唯一一家国家企业技术中心，国家863计划成果产业化基地。海洋化工研究院在海洋防污防腐涂料方面的研究开发处于国内领先水平，已建成总体配套的舰船涂料研制生产线，具有年产水性涂料1.5万t的能力，成为我国较大的舰船涂料及功能材料科研生产基地。城阳国家级新材料产业基地在新型海洋防护系列独具特色，在海洋船舶结构工程材料、海上安全防护工程材料、海水养殖工程材料等方面占据国内市场较大份额。

海油工程（青岛）有限公司等开展自升式钻井船建造重大关键技术研究，成功设计建造4艘自升式钻井船，产值19亿元。青岛双瑞防腐防污工程有限公司生产的电解次氯酸钠装置占国内电解制氯行业70%以上的市场份额，是我国核电领域电解制氯设备的唯一供应商，研发出具有自主知识产权的船舶压载水处理装置，获国际船级社的认证。青岛海德威科技有限公司生产的船载航行数据记录仪（俗称黑匣子），已成功安装到世界各地的船只上，得到国内外客户的好评。山东省科学院仪器仪表研究所重点在海洋环境监测设备、海洋水声探测设备、深海大洋探测设备等海洋监测和海洋军工技术领域取得一批海洋仪器装备成果，科技部批准该所筹建国家海洋监测设备工程技术研究中心和国家海洋高技术领域成果产业化基地。

东营市　2011年，东营市针对半滑舌鳎、刺参、黄河口大闸蟹、黄河口鳖等优良品种进行重点科研攻关，研究制定了品种（系）繁育及高效生态养殖配套技术。截至年底，全市海水养殖产量26万t。其中，黄河口大闸蟹养殖面积3.33万hm²（50万亩）；半滑舌鳎海水及半咸水养殖面积133.33hm²（2 000亩）；海参池塘养殖面积突破2 000hm²（3万亩），成为全省重要的海参人工池塘养殖基地。2万hm²（30万亩）现代渔业示范区建设快速推进，2 000hm²（3万亩）起步区建设完毕，加工物流区、海水观光休闲区、示范区二期工程、黄河口大闸蟹水产品交易中心、精深加工区和大闸蟹养殖基地等工程正在建设中。

在海洋油气资源利用方面，取得一批近海油气勘探与开采、海洋石油装备制造等领域的新技术、新成果。2011年，海上油气业总产值121亿元。在盐卤资源利用方面，通过实施盐及盐化工产业提升工程、溴素综合利用技术研发等课题，进一步拉长了产业链条，提高了产品附加值。全市海盐产量158万t，盐及盐化工产值105亿元。

2011年，东营市海洋生态得到有效保护与修复。“水力插板技术应用研究”项目，总体水平达到国际先进水平，其中板间连接技术达到国际领先水平，该技术能够满足多种复杂环境条件进行工程建设的需要。山东省黄河三角洲可持续发展研究院承担了国家科技支撑计划项目“黄河三角洲湿地生态系统恢复与重建关键技术研究与示范”，对典型湿地退化过程、驱动机制及其生物响应机制进行研究，建立典型湿地生态修复技术、湿地生物多样性生态保护与退化湿地循环经济生态产业模式示范工程。8月，东营市举办各类海洋方面的科技交流活动20余次，邀请国家及省高校院所的专家就东营市海洋科技的现状和发展等方面进行讨论交流，并提出一系列意见和建议。

烟台市　2011年，海阳市黄海水产有限公司的“黄渤海区鱼类工厂化健康养殖技术集成与示范”和山东东方海洋科技股份有限公司的“浅海增养殖设施与生态高效养殖关键技术研究”2个项目列入国家科技支撑计划，经费分别为625万元和40.3万元。“大叶藻场再建”和长岛县水产研究所“海洋渔业重点开发地区生态修复技术示范”2个项目列入国家政策引导类计划，经费分别为300万元和110万元。莱州明波水产有限公司的“海水鱼循环水养殖系统标准化技术示范”项目列入国家农转资金项目，经费60万元。争取省级计划项目6项，资金214万元。山东东方海洋科技股份有限公司的“耐高温刺参和白海参种苗商品化关键技术集成与示范”项目列入2011年山东省农业良种工程项目，经费100万元。烟台市水产研究所承担的“真蛸的苗种繁育技术研究”项目列入省农业良种工程项目，经费15万元。“斑点鳟鲑健康养殖与无公害防病技术研究”等4个项目列入省科技发展计划，资金99万元。“海岸带活性物质开发”等17个项目列入市科技发展计划，安排资金370万元。

海洋和涉海领域建有国家级工程技术研究中心1处，省级工程技术研究中心6处。国家海藻工程技术研究中心的海藻遗传育种与栽培技术实验室被批准为省级企业重点实验室。当年该实验室收集保存30个具有优良性状的海带株系，对培育的3个海带新品系进行了中试。承担委托的工程化开发任务13项，其中国家支撑计划项目4项，863计划项目2项，国家海洋局公益专项2项。参与制订国家标准3项，行业标准2项。获专利授权4件，其中发明专利2件，实用新型专利2件；申请专利4件。举办4期专题学术报告会，组织相关研究人员参加学术交流100余人次，先后派出科技人员50余人次赴栽培企业进行现场指导和技术培训；接待栽培业户来访100余人，电话咨询120余次，分发技术材料150余份。1人被评为烟台市有突出贡献的中青年专家，1人被评为烟台市十大科技领军人物；有6名工程技术人员在中国海洋大学攻读工程硕士学位。繁育海带良种10.5亿株，推广面积2 800hm^2（4.2万亩）。在保证海带良种生产规模的前提下，充分挖掘设施潜力，开展多元化生产，实现产值1 780万元，利润673万元。

全年获市级以上科技奖励的海洋成果8项。其中，获省科技进步二等奖2项、三等奖1项，市科技进步二等奖2项、三等奖3项。全年海洋领域申请专利68件，授权专利115件。其中，申请发明专利27件，授权发明专利31件。山东东方海洋科技股份有限公司承担的2009年度国家农业科技成果转化资金项目“海洋低值水产品蛋白质高效利用技术转化与示范”通过验收。项目建成年利用2 000t鱼皮、年生产200t胶原蛋白及梯级肽的产业化示范生产线1条，胶原蛋白梯级肽分子量控制在1 000～2 000道尔顿。通过优化生产工艺，解决了产品脱腥、颜色深和喷雾干燥后密度小的技术难题。开发出鱼皮胶原蛋白、鱼皮胶原蛋白肽等7种产品，并完成企业标准备案，通过了胶原蛋白QS认证。完成以秘鲁鱿鱼为原料，进行等电点沉淀法生产冷冻鱼糜的中试试验，建成年加工1 000t鱿鱼鱼糜生产线1条，开发出鱿鱼低温火腿肠、鱿鱼鱼丸等6种鱿鱼鱼糜制品，成品凝胶强度280±20g·cm。该项目申请国家发明专利2项。

潍坊市　2011年，潍坊市编制出台《潍坊市蓝色经济区发展规划》。规划以滨海开发区为中心，寿光北部、昌邑北部为两翼，把北部沿海地区作为支撑全市增量投入、实现跨越赶超的主战场，规划了1 000km^{2}的产业发展区、1 000km^{2}的生态优化区和600km^{2}的现代农业区。北部滨海地区（咸淡水分界线以北）新引进过亿元项目220个、总投资857亿元，新开工过亿元项目273个、总投资1 102亿元，新增配套面积51.7km^2。新城建设顺利推进，科教创新区有25所院校确定入驻、16所学校和科研机构开工建设，其中山东海事职业学院建成招生，国家级职业教育创新发展实验区申报取得重大进展。寿北先进制造业园区、高新技术产业区、生态经济区、海洋精细化工区，累计开工过亿元项目105个，总投资800多亿元。昌北下营、柳疃、龙池三个项目区新落户过5亿元项目32个，总投资500多亿元。

2011年，潍坊市争取省级以上海洋类科技计划30项，其中，国家级计划项目8项，省级科技计划22项；安排市级海洋类科技计划21项。山东兄弟科技股份有限公司的“高分子型环保阻燃剂BPS产业化”“寿光富康制药有限公司的甲氧苄啶（TMP）大品种改造”列入省自主创新成果转化重大专项，每个项目获经费300万元。“溴素资源保障及其高值化利用关键技术集成与示范”项目入库国家支撑计划。“面向酸碱回收的膜材料规模化制备技术”入库国家863计划。“中国对虾养殖良种产业化开发与推广”列入国家星火计划。“磷杂菲对苯二酚的产业化制备技术”列入863计划，“高纯度无污染酮麝香”列入国家科技型中小企业创新基金，寿光富康制药有限公司的“奥美拉唑技术改造关键技术”等列入国家新药创制科技重大专项。“可控分子量溴化聚苯乙烯”列入国家重点新产品计划。山东兄弟科技股份有限公司承担的省科技计划项目“多溴二苯乙烷（HBDPE）的研制”、山东默锐化学有限公司等承担的省科技计划项目“新型环保高效溴系阻燃剂产业化开发”和寿光富康制药有限公司承担的“高附加值溴系医药中间体关键技术及产业化开发”省自主创新成果转化重大专项通过了验收。山东海王化工股份有限公司的“高热稳定性十溴二苯乙烷生产工艺研究”“三溴化磷及其下游产品生产工艺研究”和“溴素生产线节能降耗技术研究”等省技术创新项目均已完成。中国海洋石油总公司“石化盐化一体化”项目获省发展改革委批复。潍柴动力股份有限公司的大功率船用柴油机及配套产业基地一期大型柴油机生产线建成投产，二期铸造项目车间基本建成。弘润石化有限公司的石油储备基地完成300万m^3。华能集团的沿海风电项目完成装机30万kW，中国国电集团一期风力发电项目正进行风机安装和桩基施工。

山东兄弟科技股份有限公司建成山东省无卤阻燃剂工程技术研究中心，寿光富康制药有限公司成为“国家综合性新药研发技术大平台产业化示范企业”，并获批药学特聘“泰山学者”岗位。全市已拥有海洋企业研发机构100多家，其中市级以上工程技术研究中心40多家，建立了溴化物、溴系医药、溴化学品、均相离子膜、溴系阻燃剂、无卤阻燃剂、环保塑料阻燃剂、塑料复合助剂等10家海洋科技省级工程技术研究中心，溴系列精细化工及医药领域研发水平达省内领先水平。山东海洋科技化工学院承建的“山东省溴化技术及应用工程技术研究中心”和“山东省荷电膜工程技术研究中心”于2011年8月通过省级验收。以山东省海洋化工研究院为依托的海洋化工公共研发平台和信息服务平台初见成效。其中山东半岛蓝色经济区建设办公室的“潍坊海洋化工企业服务中心”项目、外贸公共服务平台项目“海洋化工公共技术研发平台”已获准立项，海洋装备制造业研发平台以山东省首家船舶设计院潍坊滨海理工船舶设计研究院为依托成立。海洋装备制造业已形成由潍坊滨海理工船舶设计研究院、潍柴大马力船用发动机、潍坊森达美修造船厂为主的“全产业链”群。海水综合利用与新能源研发平台以潍坊滨海津宇海水利用与新能源研发有限公司为依托成立，将逐步形成集产、学、研于一体的综合研发平台。潍坊滨海经济技术开发区海洋装备制造业研发平台、海水综合利用与新能源研发平台于4月揭牌成立。至此，潍坊蓝色经济研发中心的10大研发平台已成立6个。“卤水精细化工产业技术创新战略联盟”和“海洋化工及石化盐化一体化产业技术创新战略联盟”被认定为省级示范联盟。成立了默锐院士工作站和山东大地盐化集团院士工作站2家院士工作站。寿光卤水综合利用产业基地顺利通过国家科技部基地处实地考察及评审，获批国家火炬计划特色产业基地。推动海洋化工产业领域产业的7家高新技术企业及80多家产业关联性企业以渤海化工园和侯镇项目区为中心区域集群化发展，打造卤水特色鲜明的国家火炬计划集中实施区和国家重点高新技术企业聚集区。昌邑重点以盐和溴素为基础，建设中国北方重要的医药及其中间体、染料及其中间体现代制造业基地。

全年获市级以上科技进步奖励7项，其中国家级专项奖励1项，省级科技进步三等奖1项。全市海洋领域申请专利16件，其中发明专利13件、实用型专利3件。获授权专利33件，其中发明专利17件、实用新型专利16件。新培育认定海洋类高新技术企业7家。先后组织参加蓝色经济区建设北京恳谈暨项目推介会、潍坊“三区”建设项目推介恳谈会、潍坊（北京）实施“三区”战略合作推介会等活动，取得了良好效果。

威海市　2011年，威海市获批省级以上涉海科技项目20余项，市级以上涉海科技奖励成果8项。先后与青岛国家海洋科学研究中心、四川大学等单位建立产学研战略联盟，在海洋开发方面与全市建立产学研合作关系的院所40多家。规划建设山东海洋船舶研究院。7月，山东船舶技术研究院轮机平台建设论证会在哈工大召开，形成轮机工程学科、平台建设方向。山东船舶技术研究院平台建设获山东“两区”项目立项，经费340万元。依托寻山集团有限公司组建的国家海产贝类工程技术研究中心建设卓有成效，该公司2011年承担国家863、科技支撑计划等4项重大科技计划项目，获国拨补助经费2 540万元。推进全国现代海水养殖产业技术创新战略联盟的建设，联盟推荐入库的“十二五”农村领域国家科技计划项目“海湾复合养殖系统关键技术集成与示范”等2个项目启动实施，补助经费1 600多万元。依托好当家集团，联合中国海洋大学、大连獐子岛渔业集团等24家院校和骨干企业，在全国范围内发起成立了海参产业技术创新战略联盟，并推荐进入“十二五”国家科技计划社发领域备选项目库项目1项。新建省级涉海工程技术中心3个，省级涉海重点实验室3个。全市共有国家、省、市涉海工程技术中心20个，省级涉海院士工作站3个，省级涉海重点实验室3个。

日照市　2011年，日照市加强海洋工程技术研究中心、科研机构建设，不断提高现有的山东省鱼类加工食品工程技术研究中心、山东省海藻加工工程技术研究中心等省级工程技术研究中心的基础建设和技术水平，并抓好市水产研究所、山东黄海岛屿海洋资源保护与利用研究所等科研机构的建设。围绕海水养殖优良抗逆品种发掘选育与苗种健康培育、海水规模化健康养殖、海洋生物资源精深加工、近海珍稀生物资源保护修复、海洋资源修复、资源增殖放流、人工鱼礁、海洋腐蚀防治、海洋新能源、海洋碳汇等领域和涉海战略性新兴产业，加强技术集成与示范，组织申报和实施一批重点科技项目。东港区政府申报的“鲆鲽类现代工业化养殖与加工产业化开发”列入省科技富民强项项目，获资金60万元。日照市海洋水产资源增殖站申报的“星斑川鲽性别的人工控制与健康养殖技术研究”项目列入省科技发展计划，获资金25万元。继续组织实施日照市海洋科技创新专项计划，实施“鳗鱼精深加工制品的研究开发”“深井水工厂化斑点鳟鲑生态养殖研究”等6个海洋科技创新项目。以现代渔业领域关键技术集成与产业化、海洋生物制品技术集成与产业化、现代海藻化工技术集成及产业化、海洋工程技术集成与应用等为重点，加快科技成果的转化。根据蓝色经济区和海洋科技创新区建设的需要，建设一批海洋科技成果转化基地。重点抓好日照海域生态环保技术产业示范基地的建设，围绕山东半岛南部海域海洋生物资源持续利用与环境保护、海洋加工食品安全控制技术等重点领域，通过产学研合作，布局和规划建立“中国对虾良种育苗及规模养殖产业化示范基地”“日照海域海洋生物资源可持续利用产业化示范基地”“海洋食品精深加工产业化示范基地”等10个海洋科技成果转化基地。

滨州市　2011年，山东海城生态科技集团有限公司的“渤海湾滩涂区刺参健康养殖生产技术体系开发”项目获省星火计划立项，获经费34万元。4个项目获省科技发展计划立项，包括：山东良宇海洋生物蛋白有限公司的“虾蟹壳及非食用鱼等海洋废弃物萃取生物饲料工艺技术研究与开发”项目获经费20万元；山东滨州港正海科技有限公司的“海洋微藻高效提取DHA产业化技术开发”和“中度吹溴卤水生态系统的生物调控和资源综合利用技术研究”项目，经费分别为10万元和20万元；山东埕口盐化有限责任公司的“4万t/a海水苦卤提取硫酸钾及综合利用产业化技术开发”项目获经费30万元。山东滨州港正海科技有限公司的中国海洋大学（滨州）科技成果转化平台获项目经费50万元。2个项目获市科技发展计划立项，山东省友发水产有限公司的“黄河三角洲地区海参工厂化养殖关键技术研究与开发”项目获经费10万元；滨州市水产研究所的“滨州潮间带青蛤养殖开发模式研究与种质保护区建设”项目获经费10万元。山东鲁北企业集团总公司的“一种无外排海水脱硫综合利用的方法”在2011年获发明专利授权。

（青岛国家海洋科学研究中心
赵喜喜　孙晓春　王　健）

水利科技

【科技项目】 2011年，争取省部级以上科研项目18项、科研经费3 237万元，资金超过“十一五”期间的总和，实现科技投入的新突破。根据省委一号文件精神，按照水利部和省科技厅的申报重点领域和要求，重点围绕水资源管理、水生态保护、水文监测、节约用水、海水淡化等重点领域、关键环节和核心技术，组织申报了一批重大水利科技计划项目。承担水利部重大公益性行业科研专项经费项目5项，获国拨经费1 967万元，项目数量和经费占全国的十分之一；水利部科技推广计划项目1项，获资助经费350万元；水利部948计划项目1项，获资助经费210万元；省财政厅农业重大应用科技创新课题1项、省水利发展计划项目3项。当年，在研水利科技项目进展顺利。水利部公益性行业专项“黄河下游引黄灌区泥沙综合利用技术研究”课题启动。“海水入侵动态监测与预测技术推广”项目通过水利部组织的验收，达到最高标准A级，在全省水利系统是首次。水利现代化示范项目的示范带动作用明显，已实施的111项示范项目整体运行良好。济宁市水资源GIS及优化调度示范项目首次将多种监测进行整体系统研究，研制成功了具有自主知识产权的“JS2005智能测控器”和“CSB-1型土壤含水量测量仪”，获5项国家专利，并且大范围应用于网络监测工程。

【科技成果与奖励】 2011年，全省水利行业获山东省科技进步奖7项；获2011年度山东软科学优秀成果奖9项，其中，二等奖1项、三等奖8项。

【科技推广】 2011年，编制《山东省水利科技推广工作总体设想》，紧跟全省水利推广服务体系建设步伐，依托“水利部科技推广中心山东省推广工作站”和“山东省水利厅科技推广中心”，在科技成果转化、新技术的宣传和培训等方面开展了大量的工作，推广和宣贯了18项技术标准。在济南和青岛举办了“水环境监测技术”和“生态河道治理技术”推广培训班，推广先进实用技术20余项。

【科技创新环境建设】 11月3日，省水利厅、省发展改革委、省科技厅和省财政厅四部门联合出台《关于进一步加强水利科技创新的意见》，对水利科技创新的总体要求、任务目标、工作重点、投入机制和组织领导提出明确要求，并制定多个配套文件。该意见在从水利建设基金中安排专项资金支持重大问题研发及成果推广转化和水利综合试验基地建设、认真落实“工程带科研”政策、切实加强水利质量技术监督、切实加强对水利科技创新的组织领导、严格水利科技管理、健全激励机制、加强水利科技平台建设等七个方面提出明确要求。这是山东省首次由多部门联合出台加强水利科技创新的意见，在全国也属首例。

【科技合作与交流】 2011年，省水利厅机关及直属单位组团出访9批，67人次，随团出访10人次。出访团组紧紧围绕水利重点工作任务，开展对外交流与合作工作。组织召开中德合作项目“变化气候条件下中国威海母猪河滨海流域水资源风险导向模型与综合管理研究”第四次项目会议和第五届联合国教科文组织可持续水管理国际学术培训班暨第四届中德科技合作与交流项目专题研讨会；赴德国与DHI-WASY公司、UGT公司和波鸿大学就中德合作项目二期合作事宜进行洽谈，初步达成合作意向；与韩国斗山重工业株式会社就海水淡化技术应用进行洽谈，派员参加2011青岛国际海水淡化与水再利用大会。接待“澳大利亚南澳州议会”和中澳合作“中澳应对长期严重干旱的对策比较研究项目”代表团考察。山东省水利厅引进国外智力工作取得显著成绩，在3月召开的全省引进国外智力工作会议上，省水利厅作为唯一的省直单位代表作典型发言。在3月召开的全国水利国际合作工作会议上，省水利厅科技与对外合作处获全国水利国际合作工作先进集体荣誉称号。6月21日，召开山东省水资源与水环境重点实验室2011年度学术研讨会，邀请水利部科技委委员董哲仁教授、国际水资源协会主席夏军研究员以及武汉大学、河海大学、山东大学、加拿大康卡迪亚大学的教授作学术报告，并就重点实验室的建设和发展进行研讨。

【山东省农业专家顾问团水利分团工作】 2011年，省农业专家顾问团水利分团，围绕全省水利中心工作，对水利工作的重点、热点和难点问题深入调研，提出意见和建议，充分利用顾问团平台，通过简报、调研报告等形式上报省领导。在山东省农业专家顾问团2011年工作会议上，水利分团的工作得到刘伟、贾万志和陆懋曾等省领导表扬。6月15～16日，邀请陆懋曾总团长亲临南水北调两湖段工程现场进行督导检查。针对南水北调工程建设与管理问题，水利分团向省委、省政府提出加大配套工程建设工作力度、有效推行区域综合水价和尽快确定南水北调运行体制机制等重大建议。水利分团有4篇论文收入《2010年山东省农业专家顾问团论文选编》。对平邑县彭泉小流域开展生态清洁型小流域建设情况进行实地调研，提交了调研报告，并在省农业专家顾问团工作交流研讨会上进行交流。

（省水利厅　赵振林 朱玉芬）

黄河科技

【概述】 2011年，黄河水利委员会山东黄河河务局（以下简称“山东河务局”）新争取水利部科技计划项目1项，在研2项。组织申报水利部948计划项目5项；2项科研项目通过省科技厅组织的成果鉴定，227项科技与创新成果获得奖励；高级工程师比上年增加70人，增长10.54%。

【科技计划】 2011年，山东河务局“基于河道减淤和泥沙配置的河口水沙调控技术”列入水利部公益性行业科研专项经费计划。在研水利部科技项目2项，其中2007年度承担的水利部公益性行业科研专项经费计划项目“基于3S技术的黄河口遥感观测分析系统研究”已完成，先后通过水利部预算执行中心专家组的财务验收和国际合作与科技司项目验收；2010年度承担的水利部科技推广计划项目“高效抗磨泥浆泵”进展顺利，累计推广35台（套），完成水力吹填土方318余万m^3，12月填报了项目年度进展报告。10月，3个项目顺利通过水利科技国际合作与标准化项目执行与经费使用专项检查。3月，征集“ZTS602/602R全站仪”“ADCP走航式声学多普勒流速剖面仪”“BRIDGEBORT® GX1300型立式机械加工中心”“山猫36英寸甲板式割草机”“MG18气垫式割草机”5个项目申报水利部948计划。

【黄河口模型试验基地工程】 2011年，黄河口模型厅工程主体工程整理施工资料，办理完善建设手续，为竣工验收做好准备工作。年初东营市城市规划对模型试验基地用地由66.67hm^2（1000亩）调整为32.07hm^2（481亩）后，委托黄河勘测规划设计有限公司对黄河口模型基地平面布置作调整设计，并按东营市规划部门意见作了三次修改报送，待规划部门批复。

【信息化系统工程】 5月，转发落实黄委《关于加强2011年汛期计算机网络运行管理工作的通知》，进一步加强山东河务局及所属市、县局网络的规范化管理。10月，举办2011年信息技术培训班，对基层从事信息系统运行维护的20余人进行电子政务后台管理与运行维护技术培训。

【科技成果与奖励】 2011年，山东河务局组织鉴定验收科技成果35项，其中2项重大科技成果通过省科技厅成果鉴定。“基于调水调沙黄河河口刁口河流路生态调水研究”达到国际先进水平，“QS30000型黄河堤防道路清扫机研制”达到国内同类产品的领先水平。推荐黄委“新技术、新方法、新材料及其推广应用成果认定项目”成果95项，其中37项通过黄委“三新认定”。获各类奖励科技创成果227项，其中，2项获黄委科技进步奖，“基于调水调沙黄河河口刁口河流路生态调水研究”获黄委科技进步二等奖，“QS30000型黄河堤防道路清扫机研制”获黄委科技进步三等奖。24项获黄委年度创新奖。“黄河三角洲刁口河流路生态调水探索与实践”“山东黄河廉政风险防范管理机制”“YP－A型液压自动抛石机的研制与应用”“全自动储能式高压恒流勘探电源”“BX6－250电焊机遥控安全保护装置的研制与应用”5个项目获黄委年度创新一等奖，“黄河供水专用法兰蝶阀的研制与应用”“HY－

15T型移动液压千斤顶研制与应用”“可控式渠道清淤系统的研制与应用”“浮桥v型碰钩快速对接装置的研制与应用”“汽车自燃预警消防系统的研制与应用”“D206船只防沉防渗无线报警装置的研制与应用”“临湖（河）深基坑工程降水及围封的技术应用”“滚筒式开槽机研制与应用”“铝木仿古窗”“QS30000型黄河堤防道路清扫机的研制与应用”“微创钻孔植骨与介入结合治疗早期股骨头缺血性坏死临床研究”11个项目获黄委年度创新二等奖，“QZ-U型槽成型机研制与应用”“黄河堤防道路工程维修养护实用技术”“PDG-910手扶式割草机的研制与应用”“水闸供水信息管理系统软件研究与应用”“裸岩河床钢栈桥设计与施工技术”“桥式起重机改造与应用”“HT—01型公章指纹识别监控系统应用研究”“便携式钢筋现场弯曲器的研制及应用”8个项目获黄委年度创新三等奖。23个项目获山东河务局科技进步奖。“基于调水调沙黄河河口刁口河流路生态调水研究”等4个项目获山东河务局科技进步一等奖，“东平湖黄河放淤固堤工程现场监测试验研究”等6个项目获山东河务局科技进步二等奖，“向小清河调水补源方案研究”等13个项目获山东河务局科技进步三等奖。44个项目获山东河务局科技火花奖。“橡胶管替代钢管抽芯在预应力T梁的应用”等25个项目获山东河务局科技火花一等奖，“渠道衬砌混凝土防裂防渗技术的改进与应用”等19个项目获山东河务局科技火花二等奖。193个项目获山东河务局年度创新奖。“黄河三角洲刁口河流路生态调水探索与实践”等14个项目获山东河务局年度创新重大成果奖。“基于3S技术的黄河口遥感观测分析系统研究”等56个项目获山东河务局年度创新一等奖，“山东黄河需水管理研究与实践”等70个项目获山东河务局年度创新二等奖，“河道整治工程根石探测技术研究”等53个项目获山东河务局年度创新三等奖。

【科技推广与成果转化】 对2010～2011年279项各类获奖成果推广与转化进行调研分析，其中东平湖管理局研制的“YZH-A（B）型工程抢险应急照明车”在2011年中标淮河水利委员会防汛物资采购，销往浙江防汛办公室、长春防汛物资站等单位30台，已累计推广200余台。菏泽河务局研制的“泥浆船混水集清器”、聊城河务局研制的“移动式多功能刷涂机”、德州河务局研制的“150NL-15型新型泥浆泵”、济南河务局研制的“SZYK型水闸闸门启闭控制系统”、淄博河务局研制的“QZ-U型渠道预制机技术”、滨州河务局研制的“智能印章”、河口管理局研制的“GSM-3微型水位远程观测系统”等许多科技创新成果在生产实践中得到很好应用。

【学术交流活动】 2011年，山东河务局1人参加黄委“澳大利亚中高层人才短期培训团”，赴澳大利亚考察学习。2人随水利部团组赴瑞士参加“第79届国际大坝会议”。1人参加水利部“大型水利设施建设与管理培训团”，赴美国考察学习。4月，参加“第14届海峡两岸多砂河川研讨会”的台湾水利署副署长吴约西等台湾水利专家一行11人，对东平湖、泺口标准化堤防、河口黄河三角洲自然保护区、河口模型等进行了考察。5月，新加坡国立大学李光耀公共政策学院的梁菁讲师一行2人，考察了济南标准化堤防，杨庄、老徐庄、邢家渡引黄闸及邢家渡引黄灌区等，并进行了座谈。10月，在济南召开“山东黄河科学技术委员会暨黄河研究会专题会议”；12月，举办“山东黄河治理学术研讨会”。

【政策法规与环境建设】 5月，印发《关于做好重大科研项目储备工作的通知》，要求局属各单位依照国家、水利部主要科技计划（基金）项目申报条件，针对山东黄河自然规律、关键技术和经济生态问题研究，常年开展重大科研项目储备工作，以提高申报材料的时效、质量和立项率。7月，按黄委《关于编制科技成果奖励规划的通知》，编报《山东黄河河务局“十二五”治黄科技成果奖励规划》。针对山东河务局科技管理机构、科技管理规范化建设、科技与创新投资、科技推广与成果转化等组织调研，分析了科技创新工作中存在的主要问题，并提出改进措施与建议，于12月完成《山东河务局科技管理现状调研分析报告》。7月，按水利部《关于组织申报水利部工程技术研究中心的通知》，组织山东黄河梁山机械厂申报“水利部山东黄河工程技术研究中心”，研究方向为水利专用机械。

【科技人才队伍建设】 2011年，通过后续学历教育，山东河务局有218人取得大专以上学历。其中，硕士学历学位9人，本科139人，专科70人。13人晋升教授级高级工程师、研究员职称，95人晋升副高职称，106人晋升中级职称。8人获高级技师资格，168人获技师资格。全局有1人获2010年度国务院政府特殊津贴，4人分别获“全国水利技能大奖”“全国水利技术能手”“山东省首席技师”等荣誉称号。截至年底，山东河务局在岗职工7 536人，其中博士4人，硕士123人，本科学历2 878人，专科学历1 661人，大专以上学历占全局职工的比例为61.92%。全局各类专业技术职称人才3 061人。其中，正高级职称82人，副高级职称652人，副高以上专业技术人才比上年增加70人，增长10.54%。有高级技师78人，技师1 013人，技师以上高技能人才比上年增加84人，增长8.34%。累计有2人享受国务院政府特殊津贴，6人被评为全国技术能手，6人获全国水利技能大奖，13人被评为全国水利技术能手，2人被评为山东省技术能手，9人被评为山东省首席技师，3人被评为山东省有突出贡献技师。

（山东黄河河务局　李长海）

工业科技

【概述】 2011年，全省工业系统紧紧围绕转方式、调结构重大战略部署，将技术创新作为根本途径和战略核心，推动工业经济尽快走上内生增长、创新驱动的轨道，增强企业自主创新能力和核心竞争力，取得显著成效。全省规模以上工业企业完成增加值较上年增长14%，高于全国0.1个百分点；规模以上工业企业实现主营业务收入10.2万亿元，居全国第二位，同比增长26.4%，实现利税1.1万亿元、利润6 998亿元，均居全国第一位，同比分别增长25.3%和27.2%；125种工业品产量居全国前3位，其中43种居全国第一位；完成规模以上工业技改投资8 054.4亿元、增长15.5%，新口径高新技术产业产值增长27%、占规模以上工业总产值的27.3%；超额完成国家下达的淘汰102户企业落后产能任务，万元生产总值能耗预计能够完成降低3.66%的目标任务。

【技术创新平台建设】 2011年，全省新增国家级企业技术中心10家。新培育省级企业技术中心139家，工业设计中心42家，全省省级企业技术中心总数747家，工业设计中心总数61家。实施企业技术中心创新能力提升工程，当年依托现有国家级和省级企业技术中心，组织实施了44项创新能力建设项目，给予财政资金支持6 000万元。烟台万华聚氨酯股份有限公司、鲁南制药集团股份有限公司、山东如意集团公司、山东新北洋信息技术股份有限公司、海尔集团公司、海信集团有限公司6家企业被认定为首批国家技术创新示范企业。

2011年山东省新增国家级企业技术中心（10家）

山东华凌电缆有限公司
中国石油集团济柴动力总厂
瑞阳制药有限公司
山东玲珑轮胎股份有限公司
山东中际投资控股有限公司
烟台市喜旺食品有限公司
青岛琅琊台集团股份有限公司
山东鲁抗医药有限公司
山东福田药业有限公司
中色奥博特铜铝有限公司

2011年新认定省级企业技术中心（139家）

齐鲁宏业纺织集团有限公司
山东百脉泉酒业有限公司

济南巨能液压机电工程有限公司
山东泰华电讯有限责任公司
济南晶恒电子有限责任公司
山东绿霸化工股份有限公司
山东华民钢球股份有限公司
青岛聚大海藻工业有限公司
青岛东方铁塔股份有限公司
青岛海川建设集团有限公司
青岛德盛机械制造有限公司
青岛瑞源工程集团有限公司
山东长志泵业有限公司
山东龙泉管道工程股份有限公司
山东富欣生物科技股份有限公司
山东兴辉化工有限公司
淄博永华滤清器制造有限公司
山东江辰时装有限公司
山东瑞丰高分子材料股份有限公司
山东松竹铝材股份有限公司
淄博大染坊丝绸集团有限公司
淄博幸运风体育用品有限公司
山东腾达不锈钢制品有限公司
枣庄市三兴高新材料有限公司
山东辛华硅胶有限公司
滕州力华米泰克斯胶辊有限公司
山东永泰化工集团有限公司
山东科瑞控股集团有限公司
山东胜通钢帘线有限公司
山东陆宇塑胶工业有限公司
山东华津植物蛋白有限公司
山东恒宇橡胶有限公司
胜利油田胜利石油化工建设有限责任公司
山东正汉生物科技集团有限公司
烟台华东电子软件技术有限公司
烟台双塔食品股份有限公司
莱州明波水产有限公司
山东丽鹏股份有限公司
山东兴民钢圈股份有限公司
烟台电缆厂
龙口市福尔生化科技有限公司
蓬莱中柏京鲁船业有限公司
山东新龙集团有限公司
潍坊中云机器有限公司
青州尧王制药有限公司
潍坊华港包装材料有限公司
山东潍焦集团有限公司
山东三田临朐石油机械有限公司
山东高强紧固件有限公司
山东海宇鞋业有限公司
山东仙霞集团有限公司
山东潍坊润丰化工有限公司
山东寿光巨能特钢有限公司
山东方健制药有限公司
齐鲁特钢有限公司
山东卡松科技有限公司
山东企鹅塑胶集团有限公司
济宁兴隆食品机械制造有限公司
山东奔腾漆业有限公司
山东星源矿山设备集团有限公司
泗水利丰食品有限公司
山东省航宇船舶修造有限公司
山东泰丰液压股份有限公司
山东春潮色母料有限公司
山东云宇机械集团有限公司
泰安鲁普耐特塑料有限公司
泰安泰山亚细亚食品有限公司
山东德普化工科技有限公司
泰安力博机电科技有限公司
山东宁联机械制造有限公司
山东光大日月集团有限公司
山东兴润建设有限公司
山东华夏集团有限公司
威海建设集团股份有限公司
威海新元化工有限公司
威海万丰奥威汽轮有限公司
威海银兴预应力线材有限公司
荣成市黄海离合器有限公司
威海文隆电源集团有限公司
威海恒邦化工有限公司
山东日照尧王酒业集团有限公司
日照海星针织服装有限公司
山东众山生物科技有限公司
山东晨曦集团有限公司
日照汇丰电子有限公司
日照兴发汽车零部件制造有限公司

山东鼎昌硅业科技发展有限公司
山东科虹线缆有限公司
山东朗进科技股份有限公司
山东莱芜金雷风电科技股份有限公司
莱芜金石集团有限公司
莱芜金鼎电子材料有限公司
力士德工程机械股份有限公司
临沭县华盛化工有限公司
山东金丰粮油集团有限公司
山东天宝化工有限公司
山东清大新能源有限公司
蒙阴银进机械制造有限公司
临沂正科电子有限公司
山东赛博特食品有限公司
临沂业隆通用机械有限公司
山东宏祥化纤集团有限公司
山东百龙创园生物科技有限公司
山东福洋生物科技有限公司
武城县英潮经贸有限公司
山东远大模具材料有限公司
山东德方液压机械股份有限公司
山东中谷淀粉糖有限公司
山东鼎力枣业食品集团有限公司
山东鑫秋种业科技有限公司
山东东阿钢球集团有限公司
聊城昌润超硬材料有限公司
山东哈临轴承实业有限公司
山东嘉鑫换热器有限公司
山东泉林嘉有肥料有限责任公司
山东鑫科生物科技股份有限公司
山东聊城中盛蓝瑞化工有限公司
山东太平洋光缆有限公司
山东神绘激光科技有限公司
金刚新材料股份有限公司
东方地毯集团有限公司
山东珍贝瓷业有限公司
山东开泰抛丸机械有限公司
山东万事达建筑钢品科技有限公司
山东侨昌化学有限公司
山东绿都生物科技有限公司
山东滨奥飞机制造有限公司
山东晨农天然产物有限公司
山东华驰变压器股份有限公司
山东柏斯莱特照明电器有限公司
东明俱进化工有限公司
山东华信集团股份有限公司
山东三箭建设工程股份有限公司
山东亚特尔集团股份有限公司
山东能源机械集团有限公司
山重建机有限公司
山东天力干燥股份有限公司
保利民爆济南科技有限公司
中建八局第二建设有限公司

2011年新增山东省工业设计中心（42家）

山东法因数控机械股份有限公司
章丘市炊具机械总厂
齐鲁宏业纺织集团有限公司
山东省药用玻璃股份有限公司
淄博泰山瓷业有限公司
滕州机床厂
山东拓普石油装备有限公司
万达集团股份有限公司
丛林集团有限公司
烟台新诚钢结构有限公司
山东康泰实业有限公司
烟台三环锁业集团有限公司
烟台红壹佰照明有限公司
盛瑞传动股份有限公司
潍坊正远粉体工程设备有限公司
帛方纺织有限公司
康跃科技股份有限公司
菱花集团有限公司
山东博特精工股份有限公司
山东康平纳集团有限公司
泰安泰山工程机械股份有限公司
威高集团有限公司
威海广泰空港设备股份有限公司
文登市芸祥绣品有限公司
成山集团有限公司
东升地毯集团有限公司
山东泰丰纺织有限公司
山东常林机械集团股份有限公司
山东临工工程机械有限公司

山东临沂临工汽车桥箱有限公司
山东金麒麟集团有限公司
山东普利森集团有限公司
山东泉林纸业夏津有限公司
聊城天艺工业产品设计有限公司
山东金号织业有限公司
山东齐星铁塔科技股份有限公司
山东滨州亚光毛巾有限公司
山东天翔毛纺织有限公司
山东科技职业学院
山推工程机械股份有限公司
山大宏康工业设计研究院
山东省五金所

【技术创新项目】 2011年，全省工业企业组织实施省级技术创新项目2 906项，研发投入200多亿元，其中新材料、新信息、新能源和节能环保等战略性新兴产业项目979项，占项目总数的34%。2 906个项目中达到国际先进水平的952项，占32.8%。组织实施的2 906个项目已获授权专利5 558件，其中授权发明专利765件，占13.8%。申报国家重大科技成果转化项目8项，获国家补助资金2 900万元。

【企业创新能力】 2011年，全省企业申请专利42 696件，同比增长61.6%，其中发明专利1 1768件，同比增长77.8%。获专利授权22 827件，同比增长129.4%，其中发明专利2 491件，同比增长49.6%。全省有5 936家企业拥有专利申请，较上年增加1 641家。山东龙力生物科技股份有限公司和山东大学联合开发的“玉米芯废渣制备纤维素乙醇技术与应用”、山东东岳高分子材料有限公司的“全负离子交换材料制备技术及其应用”和山东吉威医疗制品有限公司的“新型可降解涂层冠脉药物洗脱支架的研制”等3个项目获国家技术发明二等奖；海尔集团的“以开放式研发平台建设为核心的创新体系”、华泰集团“造纸纤维组分的选择性酶解技术及其应用”、齐鲁制药的“重组人白介素-11的研制及产业化关键技术”等13个项目获国家科技进步二等奖。

【产学研合作】 2011年，围绕加快经济结构调整和发展方式转变，将产学研合作模式向“用”上延伸，实施项目立项、研发、中试、孵化、批量生产、市场开拓全过程合作，加快技术创新成果向现实生产力转化，全年完成100项重大科技成果转化项目和100项重大产学研合作项目。6月，在济南举办“2011年山东省产学研展洽会”，这是山东省连续举办的第二十届产学研大会。展洽会集中展示山东省20年来产学研合作的重大创新成果。有200多家企业和省内外100多所高校、科研单位参展，3 000多家企业参会，围绕工业调整振兴和战略性新兴产业发展，展洽会上达成项目合同协议279项，成交金额88.3亿元，其中技术开发费15.9亿元，技术转让费12.5亿元，签约项目中达国际先进水平的72项。20项重大产学研合作项目现场签约，项目总投资额15.8亿元，投资过亿元的5项。中通客车控股股份有限公司与清华大学合作的中通新能源客车核心技术开发项目，总投资3.1亿元，达国际先进水平。

【质量标准化工作】 3月，省经信委与省质监局签署《加强工业产品质量工作合作协议》，构建资源共享、密切协调的质量工作合作机制，强化了工业产品生产制造过程的质量控制。认真贯彻落实省政府《关于实施标准化战略意见》，进一步推动山东省企业标准化工作深入开展，联合省质监局印发《关于组织开展“企业标准创新贡献”活动的通知》，开展“企业标准创新贡献”活动，引导企业严格执行标准，落实质量主体责任，评选表彰一批“标准创新型企业”。

【技术创新政策与环境建设】 2011年，印发《山东省企业技术创新“十二五”规划》，明确了山东省“十二五”期间技术创新工作的思路、任务目标、发展重点和保障措施等。为提高各级各部门领导干部的创新意识和创新积极性，准确评价、监测各市技术创新活动和创新水平，为推动山东省技术创新工作决策提供依据。省经信委制定印发《关于建立全省企业技术创新评价考核指标体系的意见（试行）》，指标考核体系由38个重点指标构成，采取千分制进行考核，主要包括技术创新能力与机制、技术创新产出与效益、产品质量水平和政策落实等四个方面内容，并规定将考核结果与技术创新扶持相挂钩，对做的好的地区和企业，在技术创新扶持政策上给予倾斜。采取计划引导、政策培训、专家辅导、企业示范等多种形式，积极推动企业申报并享受研究开发费用加计扣除优惠政策。省经信委会同省财政、省国税局和省地税局印发《关于进一步落实企业研究开发费加计扣除政策 推动企业技术创新的意见》。全省共落实研究开发费用加计扣除额43.3亿元，其中，国税系统28.8亿元，地税系统14.5亿元；按法定税率折算累计减免所得税额10.8亿元，比上年度增长33.67%。

【科技人才队伍建设】 2011年，依托重大创新项目、重点创新平台，实施“泰山学者”建设工程和“山东省优秀创新团队”建设，全省工业领域已建立起54个“泰山学者”工程岗位，培养造就了8个能够跟踪国际科技发展动态、实现超前研发的优秀创新团队。建立企业与大学合作培养人才的共建机制，鼓励企业与高等院校、职业院校、社会培训机构合作，积极推进“订单式”人才培养，根据企业需要设置相关专业，建立实训基地，开展多层次、多类型的专业培训。已建立“校企合作人才定向培养示范基地”5家，校企合作工科专业112个，实训基地1 056个。

（省经济和信息化委员会 李 刚）

煤炭科技

【概述】 2011年底，全省在籍生产矿井219处，生产原煤1.5亿t。实现营业收入2 400亿元、利税640亿元、利润350亿元，同比分别增长33.8%、23%和25%。推进储煤基地和交易中心建设，龙口应急储备基地已具备60万t储备规模，并被列入“山东半岛蓝色经济区和黄河三角州高效生态经济区建设”与“2011年省级服务业发展引导资金”重点扶持项目。山东省首家煤炭交易中心——鲁中煤炭交易中心于6月28日正式挂牌成立，投入运营，煤炭能源保障实现新提升。全省煤炭企业省外累计获得煤炭资源量556亿t，规划产能1.86亿t。

【科技计划与投入】 2011年，全省煤矿科技活动投入经费55亿元，同比增长7.47亿元，占总销售收入的2.9%；其中省属企业科技经费投入46.97亿元，占销售收入的3.14%。提出“综放开采技术及标准化研究”“综采成套装备与技术研究”等70多项重大研究课题，下达省煤炭工业科技发展计划183项。列入国家级计划6项，兖矿集团“两柱掩护式放顶煤支架”“煤转化过程化学与工程基础研究”项目分别列入国家重大科技成果产业化项目和国家973计划，获财政补助资金2 250万元。“深井无煤柱矸石充填采空区的冲击地压防治机理与应用”“KJSD系列矿用救生舱关键技术研究”等项目列入省科技发展计划。

【技术创新体系建设】 截至年底，已建成省级以上各类科研机构30余个。其中，国家级企业技术中心2个，省级企业技术中心14个，国家级重点实验室1个，国家级工程技术研究中心1个，省级工程技术研究中心2个，院士工作站2个，博士后工作站8个。强化技术创新管理，开展全省煤炭工业“十二五”重大课题申报工作，围绕煤炭资源开发和煤矿重大灾害防治两大主题，提出“综放开采技术及标准化研究”等11项重大研究课题，为进一步提升全省煤炭开采装备水平提供技术支撑。加大科技成果转化力度，开展科技成果重点推广计划项目申报工作，提出了“煤炭自燃液态二氧化碳防灭火技术”等60项山东省煤炭工业科学技术成果推广计划，印发通知在全省煤炭企业进行推广应用，不断提高全省煤炭工业技术装备水平，增强煤矿安全保障能力。

【科技成果与奖励】 2011年，全省煤矿鉴定科技成果144项，省属企业登记的成果128项，占总数的88.89%；地市煤炭企业登记成果16项，占总数的11.11%。其中，13项达国际领先水平，56项达国际先进水平，46项达国内领先水平。原始性创新成果112项，国外引进消化吸收创新成果6项，国内技术二次开发成果24项。稳定应用的成果保持着较高的比例，已推广项目数合计142项，实现净利润23.35亿元，实交税金1.11亿元，节约资金7 169万元；其中产权转让成果26项，占推广总数的18.31%，技术转让收入750万元。新汶矿业集团等单位完成的“我国东部煤矿深井巷道松软围岩失稳安全控制关键技术与应用”项目，首次提出控制围岩最小变形的时空耦合支护方法，首创巷道底板超挖锚注回填等技术，破解了煤矿深井支护等难题，研究成果总体达国际领先水平，获2011年度国家科技进步二等奖。兖矿集团等单位联合完成的“兖州矿区矿震活动规律研究及应用”，系统研究了煤岩震动与采动及构造应力场间的关系，为兖州矿区制定强矿震等动力灾害的防治措施提供科学依据，获省科技进步一等奖；“煤层自燃液态二氧化碳防灭火技术”“黄河北低渗透性难抽煤层瓦斯抽采机理及综合利用技术”“大型矿区三维地理信息系统开发与应用”等8项成果获省科技进步二等奖；“埠村煤矿承压水上条带开采工作面安全尺寸研究”和“微山湖下大采高开采上覆岩体移动规律与湖底变形观测研究”等17项成果获省科技进步三等奖。获中国煤炭工业协会科学技术一等奖成果3项、二等奖14项、三等奖17项。

【行业结构调整】 2011年，先后组织召开全省煤机、科学采煤座谈会等，成立山东煤炭机械工业协会，着力引领全行业深入推进转方式、调结构。山东能源集团确立“建设国际化、现代化大型能源集团”的战略目标，上年煤炭产量过亿吨，有望进入世界500强。兖矿集团制定《关于加快产业产品结构调整促进发展方式转变的实施意见》；举办“第二届中国山东矿山机电暨煤化工产品博览会”，达成意向性协议金额60亿元。新矿集团以“千亿新矿、亿吨集团”为战略目标，已获取煤炭资源200亿t以上，拥有各类矿井49个，设计产能1.03亿t。枣矿集团与世界500强韩国SK公司合作的粗苯加氢精制项目填补了全省新材料领域空白。肥矿集团提前一年完成“五年营造一个新肥矿”目标。全省非煤产业煤化工、矸石电厂、煤建材、煤机制造、电解铝等骨干产业进一步发展壮大。2011年全省煤炭企业省内非煤产值1 480亿元，销售收入1 400亿元，同比分别增长41.7%、39.9%；其中省属煤炭企业非煤产值1 298亿元，销售收入1 217亿元，同比分别增长34.2%、31.4%；从业人员占职工总数的42.9%。非煤产业支撑起全行业的“半壁江山”。

（省煤炭工业局 黄传富 王 景）

电力科技

【科技创新】 2011年，“电网安全与应急作业机器人”被推荐为国家863计划备选项目。“电动汽车智能充换储放一体化”“山东电网应急体系研究与应用”“常规电源调频性能动态评价与维护系统”“双平衡臂组塔起重机”等10余项重点课题通过省科技厅鉴定，整体技术均达国际先进水平。有序用电智能决策系统上线运行，有力地支撑了全省节能减排工作。大力加强前沿领域技术攻关，全面推进“灵活互动的智能用电关键技术研究”等16项课题。提出智能用电双向互动支撑平台的基本技术架构，完成巨磁电阻效应传感器件特性试验平台建设。“基于可靠性的电网风险评估与控制研究”被列入国家自然基金项目。围绕保障公司安全生产、经营管理、电网发展、优质服务和提高效率等核心业务，开展切实解决实际工作难题的群众性创新活动，“地线防振锤检修专用工具”等5项成果获全国电力职工技术成果奖。“电气二次交流回路检测方法”等3项成果获山东省专利奖。

【智能电网建设】 2011年，开展山东电网接入特高压电网的适应性及安全稳定策略研究，完成直流输电工程电磁效应对山东电网影响的评估研究和±660kV直流输电线路运检专用工器具及带电作业方法研究，完成世界首次±660kV直流线路等电位带电作业实践。全力推进智能电网试点项目建设，国家电网公司重大科技项目“灵活互动的智能用电关键技术研究”进展顺利。500kV岱宗变电站被列为国家电网公司“两型一化”智能示范站；220kV午山站（青岛）智能化改造、怡明（潍坊）站智能化新建和110kV黄屯智能站竣工投产；公司在500kV、220kV、110kV智能变电站建设方面都积累了实践经验。全网统一规划、统一设计、统一实施的智能配网建设方案通过国家电网公司评审，智能配网建设全面展开。智能用电、智能园区、智能小区试点建设顺利实施，有序用电智能决策系统上线运行。配合省政府编制完成《山东省电动汽车产业发展规划》，自主创新建成薛家岛智能充换储放一体化大型示范站，成为目前国内外电动汽车推广和充换电站建设的亮点和标志性工程。

【新技术推广应用】 持续加大新技术推广应用力度，2011年投入资金87 036万元。推广时序递进式协调优化的电力系统调度决策技术体系，全面开展节能调度和绿色调度。率先将IEC61850体系应用到继电保护信息系统，形成完整继电保护及故障信息系统技术体系。完成“电网应急指挥系统关键技术研究及应用”项目，开展山东电网黑启动试验，积极组织电网调度异地冗灾备用等项目研发，为电网安全应急处理体系建设提供技术支撑。变电站巡检机器人已在全国严寒、高原、潮湿、沿海等地区推广应用，列入《国家电网公司第一批重点推广新技术目录》。线路除冰机器人、线路清障机器人、带电作业机器人成功投入运行。自主研发的国内首套线路无人直升机智能巡检系统，已在±660kV银东直流、500kV交流输电线路等投入实践运用，获国家电网科技进步一等奖。

【重点实验室建设】 2011年，陆续建成国家电网公司电力机器人技术重点实验室、国家电网公司职业卫生防护与检测实验室和全国电力行业劳动环境检测总站实验室，拥有配电自动化工程技术中心等4个省级工程研究中心，变电站设备状态诊断评价中心等14个公司重点实验室（中心）。新能源并网技术实验室全面开工建设，电网金属材料腐蚀控制实验室入选国网公司储备实验室，并成为中国腐蚀学会电力专委会挂靠单位。完善配网自动化、电力电缆等实验室装备，公司科研试验能力显著增强。

【科技成果与奖励】 2011年，全年获国家科技进步奖1项，获国网公司科技进步奖6项（见表）。获省科学技术奖9项。

表 2011年度山东电力集团公司获国家电网公司科技进步奖项目

等　级	项目名称
特等奖	±800kV特高压直流输电技术研发与工程应用
一等奖	输电线路无人直升机智能巡检系统
	智能变电站关键技术、设计和工程应用
二等奖	国家电网公司营销业务系统标准化设计与应用
	高速铁路接入电网电能质量研究与应用
三等奖	智能电网试点项目评价及应用研究

【知识产权】 2011年，围绕国网公司知识产权战略和集团公司知识产权工作目标，全面加强科技项目中知识产权的研究、产生、利用、转让、改进等全过程管理，确保自主知识产权得到有效保护。开展国际专利保护研究，深入挖掘重点技术领域的知识产权，努力提高发明专利的比例，“一种电动乘用车底盘换电定位装置及其方法”等5件专利申请已取得PCT（国际专利合作条约）受理号，实现专利申请量和授权量的增长，专利指标在国网公司系统的排名不断提升。全年完成专利申请660件，获得专利授权347件，累计拥有专利833件，知识产权意识与创造能力显著提高。建立健全公司技术标准体系，包括技术基础标准和技术专业标准共18个分支、7 332项标准。完成《±660kV直流架空输电线路运行规程》等43项技术标准编制，并上升为国家

电网公司或电力行业技术标准，在智能电网、职业卫生和新能源并网等技术领域具有较强的话语权。

【科技管理】 2011年，山东电力集团加强本部对科技创新的引领统筹，充分发挥山东电力研究院科研创新排头兵作用，统筹基层单位管理和技术资源，引导一线班组开展技术革新。开展科技项目全过程管理，从科技规划、项目立项、结题到后评估，形成一整套固化的管理标准和工作标准。进一步加强科技资源整合，制定重点科技项目推进机制，加快重点领域关键技术攻关。依托重点实验室和重大课题攻关，支持优秀人才承担重点科技项目研发，加快培养适应公司发展需要的高素质技能人才。完成“输电线路移动机器人关键技术研究”等12项国网公司重点科技项目，“输电线路移动机器人关键技术研究”等5项重点科技项目通过国网公司验收。“固定翼无人机智能巡检系统”在500kV光州—大泽输电线路试飞成功，完成了世界首次±660kV直流线路等电位带电作业实践。

（山东电力集团公司　吴观斌）

【山东电力工程咨询院有限公司】 2011年，进一步完善科研组织机构和对科技工作的统筹管理，开展科技政策研究与知识产权战略研究，编制完成企业《知识产权战略规划（2011～2020年）》。落实企业《“十二五”科技发展规划》，围绕“常规火电、输变电、新能源、核电”业务板块，对百万千瓦超超临界机组、特高压交直流输变电、智能电网、生物质直燃发电、潮流能发电等重点研究领域开展科技研发，形成一批创新和知识产权成果。

研发平台管理与产学研合作　2011年，进一步加强研发平台建设，“山东省生物质直燃发电工程技术研究中心”通过省科技厅验收并获“优秀”评价；依托企业的“电厂性能指标研究中心”“清洁能源工程中心”和“电网新技术研究中心”等研发平台，与清华大学、哈尔滨工程大学、山东电力集团公司等国内知名院校和企业开展关键技术研发，在充分利用外部高端资源、提高科技研发水平、形成高水平的科研成果、研发人才培养等方面取得进展。

科技成果与知识产权　2011年，“外电入鲁及山东特高压电网规划研究与应用”项目获2010年度省科技进步一等奖。全年获省部级及以上优秀工程奖42项，其中莱州电厂一期工程可行性研究报告获国家级优秀工程咨询成果奖，向家坝—上海±800kV特高压直流输电示范工程线路工程获电力行业优秀勘测设计一等奖。该公司获国家核电科技奖5项，获专利授权15件（其中发明专利2件），申请专利51件（其中发明专利16件）。取得电力设计专有技术4项，软件著作权登记8项。

（山东电力工程咨询院有限公司　王　毅）

化工科技

【概述】 2011年，按照新的统计口径，全行业规模以上企业4 001家，资产总额10 563亿元，实现主营业务收入19 465亿元、利税2 647亿元、利润1 450亿元，同比分别增长34%、32.7%和34.9%。其中，地方化工实现主营业务收入15 644亿元、利税1 521亿元、利润1 046亿元，同比分别增长37.6%、37.8%和43.2%。山东化工主营业务收入分别占全国化工和全省工业的17.3%和19%，连续20年保持全国首位。

产品产量　多数重点化工产品的产量均有较大幅度增长，全年生产原油2 782万t、原油加工量6 018万t、生产烧碱548万t、纯碱440万t、合成氨696万t、化肥640万t（折纯）、乙烯85万t、甲醇336万t、塑料树脂及共聚物376万t、硫酸608万t、农药53万t、冰醋酸67万t、合成橡胶54万t、轮胎外胎30 451万条。

产品结构　高浓度化肥的比例由95%提高到95.63%，离子膜烧碱的比例由78%提高到85%，子午线轮胎的比例由70%提高到75%，低盐重质纯碱占比65%以上。石化、煤化、盐化、传统精细化工产品加快向“高端、高质、高效”转变，化工新材料、新领域精细化工等战略性新兴产业的占比进一步提高。

园区发展　烟台万华工业园、中国煤基多联产化工产业（济宁金乡）基地、联想控股（汶上）尚瑞化工园区、联想集团（枣庄薛城）煤化工基地、东岳氟硅材料产业园区、聊城化工新材料产业园区、乐陵化工园区、沂水石化区等一批特色产业园区，正在快速发展建设。随着“退城进园”的逐步推进，企业和产业向园区集聚发展的步伐进一步加快。如中化泓润向潍坊滨海经济开发区发展，淄博东部化工区布局调整一期基础设施及首批搬迁项目已经竣工，青岛海湾集团的双桃染料公司、青岛碱业股份公司向新河化工区有序搬迁等。化工园区的集聚式、一体化发展，进一步带动了全省化工行业优化产业布局调整。

企业质效　全行业主营业务收入过100亿元的企业23家，比上年增加5家。其中，过200亿元的企业10家，比上年增加4家。企业的管理水平、品牌建设等方面同步提高。2011年，利华益集团获第三届省长质量管理奖。滨化集团、利华益集团获第二届山东省企业管理奖。华勤橡胶工业集团、山东京博控股股份有限公司、山东万达集团股份有限公司、兖矿国泰化工有限公司、瑞星集团有限公司、山东聊城鲁西化工集团有限责任公司、山东华鲁恒升集团有限公司、山东东岳化工集团有限公司的8项成果获第二届山东省企业管理创新成果奖。全行业有104个化工产品（其中复评67个，新评37个）获山东名牌，潍坊亚星化学股份有限公司、山东潍坊润丰化工有限公司、山东金河实业集团有限公司3家企业的3个产品被中国石化联合会评为“工业知名品牌产品”，兖矿集团有限公司煤化公司被授予“创建山东省优质产品生产基地”称号。集团化和品牌化战略得到推进，企业发展质量提高，市场竞争能力增强。

【科技创新平台建设】　2011年，全行业国家级、省级企业技术中心分别达16个和119个，同比分别增加4个和31个。新批准成立了山东省聚氨酯行业技术中心和山东省轮胎产业聚集区行业技术中心2个行业技术中心，使省级行业技术中心达4个。有8家企业（其中复审7家，新评1家）被中国石化联合会认定为2011年度“中国化工行业技术创新示范企业”。

【科技成果与奖励】　2011年，全行业获国家技术发明二等奖1项，国家科技进步二等奖6项，获省科技进步一等奖2项、二等奖8项、三等奖15项，省技术发明一等奖1项。青岛科技大学的“二甲基二氯硅烷单体合成技术与装备”、山东尚舜化工有限公司的“万吨级高热稳定性不溶性硫磺生产技术”等5项成果获国家石化联合会科技进步一等奖，中国石油大学（华东）的“裂缝性特低渗油藏复合强化开采新技术与应用”等14项成果获国家石化联合会科技进步二等奖。

（省石化协会　苏俊杰）

冶金科技

【概述】

生产　2011年，全省和山东钢铁集团累计完成工业总产值（现价）分别为4 637.69亿元和1 180.39亿元，与上年同期比分别增长20.26%和15.24%。全省17种冶金产品中，11种产品产量比上年同期有所增长。全省和山东钢铁集团累计生产生铁分别为5 608.5万t和2 501.77万t，与上年同期比分别增长1.68%和3.89%；累计生产粗钢分别为5 655.2万t和2 402.32万t，与上年同期比分别增长7.59%和3.76%；累计生产钢材分别为7 033.7万t和2 306.15万t，与上年同期比分别增长5.42%和2.83%；累计生产铁矿石分别为1 926.2万t和619.77万t，与上年同期比分别降低13.16%和14.02%。全省冶金20项主要技术经济指标当中，有7项好于或持平上年同期水平，占35%。

经营　2011年，全省和山东钢铁集团钢材平均销售率分别为100.05%和100.03%；钢材期末库存量分别为45.34万t和35.62万t。累计出口交货值分别为62.15亿元和47.8亿元，与上年同期比分别增长5.61%和−1.04%。累计实现工业增加值分别为927.54亿元和236.08亿元，与上年同期比分别增长20.26%和15.24%；累计实现销售收入分别为4 489.43亿元和1 201.24亿元，与上年同期比分别增长18.59%和10.49%；累计实现利税分别为284.81亿元和69.4亿元，与上年同期比分别增长2.77%和−6.67%。

能源消耗　2011年，全省和山东钢铁集团累计实现万元产值能耗分别为1.18t标煤／万元和1.32t标煤／万元，与上年同期相比分别下降了11.38%和10.93%；全省和山钢集团累计实现万元工业增加值能耗分别为4.5t标煤／万元和4.65t标煤／万元，与上年同期相比分别下降了14.45%和−8.64%；吨钢综合能耗分别为606.17kgce/t和602.68kgce/t，与上年同期相比分别下降了1.75%和2.07%。

环境保护　2011年，济钢、莱钢、张钢、耐火公司、金岭铁矿、青钢、泰钢等7家骨干钢铁企业，累计工业废水排放量为1 277.89万t，其中达标排放量为1 277.89万t，占排放量的100%；烟尘排放量为12 849 507kg，其中达标排放量为12 333 625kg，占排放量的95.99%；工业粉尘排放量为13 740 042kg，其中达标排放量为13 740 042kg，占排放量的100%。

【科技项目】　2011年，列入省科技厅科技发展计划项目3项，财政拨款额度60万元；列入省经信委技术创新项目35项，完成26项。

【科技成果与奖励】　2011年，鉴定科技成果133项，其中技术鉴定99项、产品鉴定34项。达国际先进水平以上的32项，占鉴定总数的24.1%；达国内领先水平的77项，占鉴定总数的57.9%；达国内先进水平24项，占鉴定总数的18%。鉴定科技成果创年经济效益约11.5亿元。冶金行业获省技术发明奖一等奖1项，获省科技进步二等奖3项、三等奖5项。评出省冶金科技进步奖133项，其中一等奖34项（见表）、二等奖43项、三等奖56项。

表　2011年度山东省冶金科技进步一等奖项目

项目名称	完成单位
焦化厂负压脱苯工艺技术开发与应用	济钢集团国际工程技术有限公司、济钢焦化厂、清华大学
大截面热轧H型钢关键生产技术研究与创新	莱芜钢铁股份有限公司型钢厂、北京科技大学
转炉滑动出钢口控渣出钢技术的开发与应用	莱芜钢铁集团银山型钢有限公司炼钢厂
500Mpa级φ6mm～φ10mm超细晶粒碳素钢筋开发	山东石横特钢集团有限公司、钢铁研究总院
120m^{3}高炉科研解剖研究	莱芜钢铁集团有限公司技术中心
钢铁企业自动化集成体系研究与技术创新	莱芜钢铁集团有限公司自动化部
Q345级别H型钢−50℃冲击韧性技术研究与应用	莱芜钢铁集团有限公司品质保证部
同离子抑制提高炼铁除尘灰利用率工艺技术开发	山东乾舜矿冶科技股份有限公司 莱芜钢铁集团泰东实业有限公司
五切分轧制工艺研究及工业化应用	山东石横特钢集团有限公司
合金钢连铸机智能专家控制系统的研究与应用	莱芜钢铁集团有限公司自动化部
60公斤级高强度结构钢合金减量化的研究	济南钢铁股份有限公司
EAF−GOR两步法冶炼铁素体不锈钢工艺	山东泰山钢铁集团有限公司
预硬态贝氏体塑料模具钢J30钢板的研制	济南钢铁股份有限公司技术中心

续表

项目名称	完成单位
大型烧结机全流程智能化控制系统的研发	济南钢铁股份有限公司
ASP中薄板坯超低碳深冲IF钢JSt14的研制	济钢集团有限公司
（0.15～0.25）mm超薄电镀锡冷轧基板研制	莱芜市泰山冷轧板有限公司
出口输气用X80管线钢带的开发	济南钢铁股份有限公司
烧结矿余热高效综合利用技术的开发与应用	济南钢铁股份有限公司
65Mn优质热轧窄钢带的研究与开发	莱芜钢铁集团有限公司技术中心
优钢大方坯优质高效生产集成工艺技术的研究与应用	莱芜钢铁股份有限公司炼钢厂
深冷装置全流程自适应自动化系统的设计与实现	莱芜钢铁集团有限公司自动化部
复杂型工艺布局下经济高效铁水运输技术的研究与应用	莱钢集团有限公司运输部
大型碳钢板坯动态电磁搅拌技术开发与应用	济南钢铁股份有限公司
宽摆堆焊技术研发及在冶金制造业的应用	济钢集团重工机械有限公司
1 500mm宽带收集系统全自动控制开发与应用	山东耐火材料有限公司
智能冲击试样加工组合铣床的研制	济钢集团有限公司质量管理部
近终型异型坯腹板裂纹研究	莱芜钢铁集团有限公司技术中心
焦化废水悬浮物去除技术的研究与应用	莱芜钢铁股份有限公司焦化厂
复吹转炉长寿技术集成与创新	莱芜钢铁集团银山型钢有限公司炼钢厂
同期烘焙提高废弃镁碳砖细粉料利用率工艺研究	山东乾舜矿冶科技股份有限公司 济南钢铁集团耐火材料有限公司
冷轧薄板综合智能控制模型系统的研究与应用	莱芜钢铁集团有限公司自动化部
冷轧薄板综合智能控制模型系统的研究与应用	莱芜钢铁集团有限公司自动化部
硅铝钡合金ICP测定方法国标研制	济钢质量管理部
低碳易切削钢热轧盘条	青岛钢铁控股集团有限责任公司

【2011年度科技项目选介】

ASP中薄板坯超低碳深冲IF钢JSt14的研制 该项目是济钢立足现有“ASP中薄板坯连铸连轧+双机架可逆式冷轧机+全氢罩式退火炉+单机架四辊平整机”的装备特点，通过创新生产思路和工艺、强化关键操作控制点等一系列保障措施，解决了“铸坯厚度较小、冶炼Si含量容易超标、可浇性差、热轧温降快温度不宜控制、冷轧退火温度高容易产生粘结”等技术瓶颈，成功大批量生产了高等级汽车用冷轧深冲钢。该项目获一项国家发明专利“ASP工艺生产超深冲级冷轧钢板”，使济钢成为国内唯一使用“ASP中薄板坯连铸连铸+双机架可逆轧机+罩式退火”生产线，大批量生产汽车用超低碳超深冲IF钢的钢铁企业。结束了山东省内无高端冷轧产品的历史。

60公斤级高强度结构钢合金减量化的研究 该项目通过合金成分的优化减量化研究，提出Q460C钢的成分设计方案和TMCP优化工艺参数，充分利用多种低价位微合金元素部分或完全取代高价位微合金元素，或低价位微合金元素与其它强化元素的合理配合添加，实现生产Q460C钢成本较大幅度降低。采用钢中合金成分与TMCP工艺的协调设计，实现Q460C钢板的合金成本减量化目标。优化后的Q460C中厚板各项力学性能指标均符合标准要求，相比原Q460C中厚板，贵重合金成本降低20%以上，塑性和冲击韧性提高，性能合格率提高，完全满足用户的需求。

钢包喷补续衬焊接技术开发与应用 该项目以莱钢钢包整体浇注成套工艺设备为依托，自主研发，创造了一项钢包浇注工作衬用后反应变质层不剥离、直接喷补续衬、无限循环再利用的独有技术。开发的钢包喷补续衬焊接技术，各项技术指标达国际先进水平。其中，钢包浇注工作衬续衬 8～9 个循环，连续使用寿命达 1 500 炉次以上，达到国际领先水平。开发的钢包喷补续衬焊接工艺，能够减少 80% 套浇工艺所需的浇注料。开发的钢包浇注工作衬无限续衬工艺，同比传统的剥皮套浇工艺，降低钢包耐材吨钢消耗 25% 以上，减少废旧耐材排放量 50% 以上，节能减排效果显著。项目研究成果在莱钢 LF、RH 精炼钢包上推广应用，两年创利润 7 119 万元。关键技术在上海宝明耐火材料有限公司、苏嘉集团新材料有限公司、日照钢铁公司、济南钢铁公司等 10 余家企业推广应用。该项目获授权发明专利 3 项。

宽厚板连铸中间包工艺技术集成与创新　该项目围绕宽厚板坯连铸机中间包控流装置不抗侵蚀，上水口部位渗钢、工作衬事故率高等高效生产中的关键共性技术问题，自主研发，形成了具有世界先进水平的板坯连铸中间包控流装置、水口座砖、中间包工作衬等工艺技术集成系列专利技术，取得了板坯连铸中间包冶金效果和长寿技术的重大突破，实现宽厚板坯连铸机的高效生产。该项目所研制的宽厚板连铸中间包工艺技术，各项技术指标达国际先进水平。其中，中间包控流装置使用寿命提高到 14h 以上，达到国际领先水平。中间包控流装置冶金效果明显，铸坯中小于等于 20μm 的细小夹杂物平均降低 51.4%，大于 20μm 的大型夹杂物基本去除。板坯中间包单包连浇时间同比提高 1 倍以上，同比降低连铸耐材消耗 60% 以上，减少废旧耐材排放量 50% 以上，节能减排效果显著。项目研究成果在莱钢 2#、3#、4# 板坯连铸机推广应用，取得显著的经济和社会效益。该项目推动了宽厚板坯连铸高效生产技术的发展，项目技术获授权发明专利 5 件，授权实用新型专利 3 件。

（省冶金工业总公司　张海昕　金庆珍）

机械科技

【概述】　2011年，全省7 143家规模以上机械企业实现主营业务收入18 226.56亿元，比上年增长21.83%；实现利税1 870.10亿元，比上年增长18.82%，其中利润1 272.57亿元，比上年增长20.03%；完成出口229.61亿美元，比上年增长29.07%，增幅高于全国平均水平4.64个百分点。

【科技研发与创新】　2011年，全省机械工业企业列入省技术创新计划830个项目，其中自主研发560项、引进消化吸收19项、联合创新93项；达到国际水平的296项、填补国内空白的87项。

【科技创新体系建设】　2011年，全省机械行业新增国家级企业技术中心2家，新增省级企业技术中心52家。截至年底，累计建立国家级企业技术中心30家，省级企业技术中心294家，行业技术中心9家。设在省农机研究所的山东省现代农业装备工程技术研究中心通过省科技厅组织的验收，被评为优秀。

【科技成果与奖励】　2011年，全省机械工业共获中国机械工业、省科学技术奖和省机械工业科技进步奖252项。其中，获中国机械工业科学技术特等奖1项、一等奖1项、二等奖7项、三等奖16项，省科技进步一等奖2项、二等奖12项、三等奖27项，省技术发明奖一等奖1项，省机械工业科技进步一等奖28项、二等奖66项、三等奖91项。全年全省机械工业有72项装备被认定为首台（套），政府给予奖励1 350万元，济南二机床集团等10家企业的首台（套）装备每家获100万元的奖励；有103家企业的130个产品列入首批高端技术装备新产品推广目录，其中有69个产品达国内领先水平，55个产品达国际先进水平，6个产品达国际领先水平。评选、表彰了山东省机械工业

“十一五”科技创新、技术改造、高端装备、节能产品典范企业，济南轨道交通装备有限责任公司的贾世瑞等40名同志被评为“十一五”山东省机械工业卓越贡献带头人。

“十一五”山东省机械工业科技创新典范企业　烟台冰轮集团有限公司、山东齐鲁电机制造有限公司、山推工程机械股份有限公司、中国石油集团济柴动力总厂、淄博柴油机总公司、山东工友集团股份有限公司、济南二机床集团有限公司、滕州市大地机床股份有限公司、泰安泰山工程机械股份有限公司、济南四机数控机床有限公司、山东达驰电气有限公司、山东华兴机械股份有限公司、山东省淄博蠕墨铸铁股份有限公司、山东泰山恒信开关集团有限公司、临沂开元轴承有限公司、山东立业机械装备有限公司、济南液压泵有限责任公司、荣成市海山机械制造有限公司、山东工程机械钢圈厂有限公司、淄博大力矿山机械有限公司、北汽福田汽车股份有限公司诸城奥铃汽车厂、中通汽车工业集团有限责任公司、山东滨州渤海活塞股份有限公司、天润曲轴股份有限公司、山东厚丰汽车散热器有限公司、山东金马工业集团股份有限公司、泰安航天特种车有限公司、山东迅力特种汽车有限公司、山东鑫亚工业股份有限公司、青岛海力达齿轮箱有限公司。

“十一五”山东省机械工业技术改造典范企业　中国重型汽车集团有限公司、山东五征集团有限公司、山东凯马汽车制造有限公司、青岛海通车轿有限公司、潍坊宝成离合器有限责任公司、滨州亚泰雅德动力配件有限公司、莱阳市永立精工汽车配件有限公司、齐鲁特钢有限公司、山东润源实业有限公司、威海华东数控股份有限公司、山东阳谷齐鲁电缆有限公司、山东东岳专用汽车制造有限公司、山东犀牛工程机械有限公司、山东梁轴轴承有限公司、济南实达紧固件有限公司、山东红旗机电有限公司、济南高新华能气动液压有限公司。

“十一五”山东省机械工业高端装备典范企业　济南轨道交通装备有限责任公司、山东时风（集团）有限责任公司、山东常林机械集团股份有限公司、盛瑞传动股份有限公司、山东盛泰车轮有限公司、泰安创时代金港机械有限公司、山东普利森集团、力士德工程股份有限公司、山东鲁南机床有限公司、山东丰汇设备技术有限公司。

“十一五”山东省机械工业节能产品典范企业　济南玫德铸造有限公司、烟台东源变压器有限责任公司、山东山博电机集团有限公司、山东省源通机械股份有限公司、济南腾龙排气管有限公司、青岛青义锅炉有限公司、山东海达通汽车零部件有限公司、青州飞达动力机械有限公司、淄博永华滤清器制造有限公司、寿光市泰丰汽车底盘制造有限公司、栖霞市银云活塞液压件有限公司、山东爱普电气设备有限公司、汶瑞机械（山东）有限公司。

【行业科技活动】　3月，成功举办2011第六届中国（山东）国际装备制造业博览会，来自日本、德国、美国等6个国家和地区及国内山东、辽宁、重庆等9个省市的800余家企业参展。展会规模达到2 000个国际标准展位，展示面积46 000m^2，与前五届相比，在规模、专业观众组织、接待和服务、展会宣传、展会现场成交、展会品牌知名度和影响力等方面都有不同程度的提高。省机械工业协会编制《2011年山东省机械工业重点新产品新技术推广计划目录》，向全行业特别是中小企业宣传、推荐、推广机械工业领域新产品新成果。组织企业参加汉诺威农机展、韩国游艇展、上海工博会、北京国际机床展、新疆工程机械展等行业内有影响的展览会，提升企业的市场占有率。

【行业质量管理】　2011年，有203个企业的产品被评为“山东名牌”，10个基地及28个龙头企业被推荐参评省优质产品生产基地，山东时风（集团）有限责任公司、山推工程机械股份有限公司获“省长质量奖”。在全国机械工业三项奖评选活动中，山东双轮股份有限公司、山东五征集团有限公司获“全国机械工业质量奖”，山东五征集团有限公司姜卫东、山东双轮股份有限公司傅元仁获“全国机械工业优秀质量管理经营者”；2个班组获“全国机械工业优秀质量信得过班组”称号，18个班组获“全国机械工业优秀质量管理班组”称号；淄博永华滤清器公司等企业被推荐申报“机械工业管理进步示范企业”。

【节能减排工作】 2011年，参与省发展改革委组织的《山东省“十二五”高端战略新兴产业节能减排规划》及支撑项目的修改讨论，参与山东省《黄蓝两区节能减排项目申报指南》的编制以及国家《2012年环保、节能减排、社会综合利用财政补贴备选项目》的筛选工作，并对山东省《关于加快高效节能电机推广应用的意见》进行调研、分析；与全省13家单位联合主办低碳山东高峰论坛暨绿色低碳发展典型表彰大会，表彰发展绿色低碳经济的先进单位和个人。

【产品结构调整】 2011年，一批具有较高技术含量和较高附加值的产品得到快速发展。全省有3个风电装备项目被认定为首台（套）技术装备并获政府资金支持，4家风电整机企业生产整机574台，同比增长281%，较上年同期增长245%。全省生产金属切销机床13.6万台，同比增长15.25%，其中数控金属切销机床2.3万台，同比增长35.29%，数控机床增幅高于普通机床；全省累计生产大、中、小型拖拉机分别为1.6万台、9.7万台、126.2万台，分别比上年同期增长76.47%、19.75%、5.78%，附加值高的大型拖拉机增幅明显高于中小型拖拉机增幅。全省18家低速电动车生产企业共生产低速电动车56 807辆，同比增长160%；4家新能源客车生产企业共生产新能源客车1 070辆，同比增长241%；14家专用车企业生产新能源专用车6 193辆，同比增长119%，新能源汽车增幅也明显高于普通汽车增幅；一批重大科技装备呈现出良好发展势头，威海华东数控股份有限公司的重型成套设备形成能力，济南二机床集团有限公司的冲压成套生产线成批出口美国。

【“十二五”机械科技规划】

发展思路 以市场需求为导向发展机械工业科技。增强创新能力与引进消化吸收再创新相结合。注重系统集成创新。全面提升机械工业水平。

发展原则 坚持企业为主体、市场为导向的原则。坚持超前部署、重点突出的原则。坚持体制创新、产学研合作的原则。

发展目标 攻克一批先进制造基础共性关键技术，形成较强的技术创新能力，提高机械工业的整体技术水平。打造一批高水平技术创新平台。培育一批新的工业经济增长点。形成一批具有自主知识产权的品牌和标准。培育一批科技拔尖人才。

重点任务 重点抓好关键共性技术的研究与应用。认真抓好高端装备制造的研究开发。积极参与大型能源装备研究开发工作。加强新能源及节能环保型汽车的研究开发。认真抓好现代化农业装备研究开发。节能环保技术及资源综合利用设备。其他重点专用设备。科技创新能力和体系建设。

主要措施 完善科技创新体系建设。加大科技资金投入。加强科技人才队伍建设。搭建科技资源共享平台。扶持重大技术装备发展。推动创新文化建设。

（省机械工业协会 陈 雯）

轻工科技

【概述】 山东省轻工业门类齐全，优势产业突出，已形成包括造纸、家用电器、塑料、食品、日用玻璃、日用陶瓷、日用机械、轻工机械等在内的完整的结构体系。2011年，全省轻工企业进一步加快结构调整全面落实振兴规划和科技创新步伐，企业紧紧围绕转方式调结构上水平，推动产业和产品结构不断优化升级，大力开拓国内国际两个市场，从而使山东省轻工业持续健康稳定发展，继续保持了全国轻工业大省的地位。全省轻工业有规模以上企业11 402家（按照国家规定新的统计口径，规模以上企业是指年销售收入在2 000万元以上的企业），具有从业人员217.27万人。全年完成工业增加值5 544.4亿元，同比增长10.6%。实现销售收入20 000.19亿元，利税2 135.82亿元，利润1 411亿元，分别比上年增长23.1%、21.8%和24.3%，销售收入和利税、利润分别占全省规模以上工业企业的21.35%、19.18%和20.16%，在全省各工业部门中居第一位，在全国同行业中居第二位。经济效益连续七年稳居全国第一位。其中，主要产品产量如原盐、精制食用植物油、鲜冷藏肉、淀粉、功能糖、果蔬加工产品、冷冻水产品、食品添加剂、饮料酒（包括啤酒和葡萄酒）、纸浆、机制纸及纸板、农用薄膜、木质家具、电动自行车、冷冻箱、太阳能器具以及搪瓷制品和白炽灯泡等继续保持全国第一位。乳制品（液体乳）和日用玻璃、玻璃包装容器等产品居全国第二位。白酒、轻革、箱板纸、玻璃保温容器、锁具、不锈钢日用品、塑料加工专用设备、原电池和钟等产品居全国第三位。塑料制品、家用电冰箱、家用电热水器、家用吸排抽油烟机、洗衣机、家具、家用吸尘器、电冷热饮水机、微波炉、电饭煲、家用洗衣机及电光源等产品居全国第四位。

【科技创新体系建设】 2011年，全省轻工行业新增国家级企业技术中心3家，有国家级企业技术中心35家，占全省的32.4%。全省轻工行业新增省级企业技术中心37家，有省级企业技术中心206个，占全省的26.86%。其中海尔集团因拥有935项发明专利，其技术中心评价为全国第一，居全省各行业之首。企业技术中心为所在企业的科技进步发挥了积极作用，这些企业的科技成果和新产品90%以上出自企业技术中心。当年，山东轻工业高新技术产品增加值完成2 218亿元。

2011年山东省轻工行业新增国家级企业技术中心（3家）

青岛琅琊台集团股份有限公司技术中心
烟台喜旺食品有限公司技术中心
山东福田药业有限公司技术中心

2011年山东省轻工行业新增省级企业技术中心（37家）

山东高强紧固件有限公司技术中心
烟台双塔食品股份有限公司技术中心
山东绿都生物科技有限公司技术中心
山东赛博特食品有限公司技术中心
山东丽鹏股份有限公司技术中心
山东泉林嘉肥料有限公司技术中心
东方地毯集团有限公司技术中心
山东珍贝瓷业有限公司技术中心
山东胜通钢帘线有限公司技术中心
泰安鲁普耐特塑料有限公司技术中心
山东企鹅塑胶集团有限公司技术中心
山东百脉泉酒业有限公司技术中心
山东富欣生物科技股份有限公司技术中心
泗水利丰食品有限公司技术中心
山东腾达不锈钢制品有限公司技术中心
莱州明波水产有限公司技术中心
山东正汉生物科技集团有限公司技术中心
山东众山生物科技有限公司技术中心
山东鼎力枣业食品集团有限公司技术中心
青岛聚大海藻工业有限公司技术中心
泰安泰山亚细亚食品有限公司技术中心
济宁兴隆食品机械制造有限公司技术中心
潍坊华港包装材料有限公司技术中心
山东中谷淀粉糖有限责任公司技术中心
山东福洋生物科技有限公司技术中心
山东春潮色母料有限公司技术中心
山东金丰粮油集团有限公司技术中心
山东日照尧王酒业集团有限公司技术中心
龙口市福尔生化科技有限公司技术中心
山东百龙创园生物科技有限公司技术中心
山东柏斯莱特照明电器有限公司技术中心
淄博幸运风体育用品有限公司技术中心
山东陆宇塑胶有限公司技术中心
山东鑫科生物科技股份有限公司技术中心
山东海宇鞋业有限公司技术中心
山东嘉鑫换热器有限公司技术中心
山东华津植物蛋白质有限公司技术中心

【科研与新产品开发】 2011年，全省轻工行业完成科研和新产品开发项目290项。其中，达到国际先进水平的89项，填补国内空白的100项。有23项获省科学技术奖，其中4项获省科技进步一等奖，5项获省科技进步二等奖，16项获山东省科技进步三等奖。有21项获得全国轻工业科学技术奖，其中3项获全国轻工行业科技进步一等奖，5项获全国轻工业科技进步二等奖，13项获全国轻工业科技进步三等奖。轻工新能源、轻工生物制造和轻工文化产业呈现出强劲的快速发展势头，其中太阳能等非电力家用器具产业增长30%，其生产规模和技术水平在全国处于领先地位，已形成了以山东德州皇明集团为龙头的德州“太阳谷”和以山东济南力诺集团为龙头的济南“太阳城”两大产业基地。随着生物技术的广泛应用，推动了山东省食品制造业的快速发展，山东省轻工业在生物工程技术的运用方面，技术水平已达到或接近国际先进水平，特别是利用生物技术开发生产多功能糖、生物多糖和天然食品添加剂等方面，走在了全国前列，接近了世界先进水平。文体产业的发展，借助与传统产业与高新技术的结合，与新材料产业相结合，呈现出高技术、高效益、低消耗的特点。

【高新技术改造传统产业】 2011年，山东省轻工行业坚持用高新技术改造传统产业，注重项目技术水平和科技含量的提高，新上一批高起点和高水平的重点项目。全省轻工行业完成技术改造投资1 096.1亿元，同比增长11.1%，占全省工业技术改造投资的13.6%，居全省工业部门第三位。

【培植企业名牌】 2011年，全省轻工行业根据山东省委、省政府“培植一批支柱产业、一批大型企业集团和一批知名品牌”的要求，以科技为先导，创造出一批自主品牌。全省轻工行业有235种产品获山东名牌称号，占全省的32.7%。海尔品牌价值763.53亿元。全省轻工行业新核准的中国驰名商标40件，获国家驰名商标139件。有222件产品商标被新认定为山东省著名商标，占全省的50%，居全省各行业第一位。截至年底，全省轻工行业有1 428家企业的1 457件轻工产品获山东省著名商标。

【节能减排科技工作】 2011年，全省轻工业积极采用新工艺新技术来淘汰落后产能和生产方式。截至年底，已淘汰落后的造纸产能53.32万t、酒精10.5万t、味精4.2万t、柠檬酸8万t。大力发展低碳新能源产业，大力发展循环经济，向科技要效益，以技术保护环境，规模以上造纸企业工业重复用水率90%以上。通过技术改造，日用玻璃行业平均综合能耗比上年下降5%。陶瓷行业烧成颜料基本使用清洁能源，窑炉余热利用率达86%以上，实现废水、废瓷等的循环利用，减少了对环境的污染，充分体现了科学技术在轻工产业的发展和对环境保护中的重大作用。

（省轻工业协会　王家丰）

纺织科技

【概述】 截至2011年底，山东省规模以上4 094户纺织工业企业实现销售收入8 953.06亿元，同比增长25.48%，实现利税847.95亿元，同比增长20.38%，其中利润553.32亿元，同比增长21.94%。当年全省纺织品服装累计出口203.87亿美元，同比增长17.7%。主要产品产量为：纱723.4万t、布124.5亿m、服装31.18亿件、化学纤维80.9万t。经济总量居全国第三位。其中，纱产量在全国同行业排第一位，布产量在全国同行业排第二位，化纤、服装产量在全国同行业排第四位。实现销售收入与利润分别居全国第三和第二位，出口额居全国第五位，完成固定资产投资额居全国第二位。

【技术创新体系建设】 2011年，山东省纺织行业新增省级企业技术中心9家。全省纺织行业省级以上企业技术中心76家，其中国家级技术中心10家。

2011年山东省纺织行业新增省级企业技术中心（9家）

东方地毯集团有限公司
泰安鲁普耐特塑料有限公司
淄博大染坊丝绸集团有限公司
山东仙霞集团有限公司
山东宏祥化纤集团有限公司
山东江辰时装有限公司
齐鲁宏业纺织集团有限公司
淄博幸运风体育用品有限公司
日照海星针织服装有限公司

2011年，由烟台泰和新材有限公司牵头的“芳纶产业技术创新战略联盟”被省科技厅、财政厅、教育厅、国资委、省总工会、国家开发银行山东省分行联合认定为山东省第二批产业技术创新战略示范联盟。全行业有省级产业技术创新联盟2个。10家企业的设计中心被认定为山东省工业设计中心。山东滨州亚光毛巾有限公司被省经信委认定为首批山东省新材料深加工示范企业。

2011年山东省纺织行业新增省工业设计中心（10家）

齐鲁宏业纺织集团有限公司工业设计中心
帛方纺织有限公司工业设计中心
山东康平纳集团有限公司工业设计中心
文登市芸祥绣品有限公司工业设计中心
东升地毯集团有限公司工业设计中心
山东泰丰纺织有限公司工业设计中心
山东金号织业有限公司工业设计中心
山东滨州亚光毛巾有限公司工业设计中心
山东天翔毛纺织有限公司工业设计中心
山东科技职业学院有限公司工业设计中心

2011年，全省纺织行业有14家企业被省政府授予“山东省产学研合作创新突出贡献企业”。分别是：鲁泰集团、山东澳亚纺织有限公司、烟台氨纶集团有限公司、孚日集团股份有限公司、山东同大集团有限公司、希努尔男装股份有限公司、山东如意科技集团有限公司、山东泰鹏实业有限公司、山东华兴纺织集团有限公司、山东康平纳集团有限公司、东升地毯集团有限公司、山东金号织业有限公司、山东省滨州亚光毛巾有限公司、愉悦家纺有限公司。山东天雁服饰股份有限公司被国家纺织产品开发中心授予“牛仔布服装开发基地”称号。山东省纺织科学研究院的“防护材料耐接触热试验关键技术的研究及相关仪器研制”工程技术研究中心被列入2011年山东省工程技术研究中心组建计划。

【创新型企业建设】 6月17日，国家工信部、财政部联合公布“首批国家技术创新示范企业名单”，山东如意科技集团有限公司凭借在创新方面的表现，成为中国纺织行业唯一获奖的企业。2011年，有6家企业获“全国纺织行业管理创新成果大奖”，其中如意集团、山东鲁泰集团、青岛红领集团3家企业获大奖。10月，在“纪念第42届世界标准日暨标准创新型企业表彰大会”上，青岛即发集团控股有限公司、青岛喜盈门集团有限公司、南山集团有限公司、山东如意科技集团有限公司、威海海马地毯有限公司、山东德棉集团有限公司、山东金号织业有限公司、山东滨州亚光毛巾有限公司8家纺织服装企业获“山东省标准创新型企业”称号。

【科技成果与奖励】 2011年，山东省纺织行业获国家科学技术进步二等奖1项；获省科技进步奖12项，其中，一等奖1项、二等奖5项、三等奖6项；获中国纺织工业协会科学技术进步奖18项，其中，二等奖7项、三等奖11项（获奖项目见表）品牌建设取得较大进展，当年山东省纺织行业有65个产品被评为山东名牌产品，11个商标被认定为中国驰名商标，47个商标被认定为山东省著名商标。全行业已有中国名牌57个，山东名牌163个，中国驰名商标34个，山东省著名商标148个。

表　　2011年度山东省纺织行业获中国纺织工业协会科技进步奖项目

等级	项目名称	主要完成单位
二等奖	羊毛节能染色智能化加工关键技术研究与开发	山东济宁如意毛纺织股份有限公司
	PTT/PET复合弹性系列纤维及高附加值面料制造关键技术及产业化	江苏阳光股份有限公司、总后勤部军需装备研究所、东华大学、江苏港洋实业股份有限公司、泰州吉泰毛纺织染厂、江苏江南高纤股份有限公司、青岛即发集团股份有限公司
	高档运动服装锦梳纺纱技术及产品开发	德州华源生态科技有限公司
	集成纺丝毛蝉翼纱超薄精纺面料关键技术研究与应用	山东南山纺织服饰有限公司、西安工程大学
	纯棉纱线中深色无前处理染色技术与产业化	鲁泰纺织股份有限公司、德州学院
	巾被织物连续轧染及整理技术	孚日集团股份有限公司、青岛大学
	JWF1209型梳棉机	青岛宏大纺织机械有限责任公司
三等奖	椰炭纤维功能性应用研究及系列生态产品的开发	山东省纺织科学研究院、青岛雪达集团有限公司
	雪花纱的开发与规模化生产	青岛纺联控股集团有限公司
	色织和匹染中弹轻薄面料开发	鲁泰纺织股份有限公司、鲁丰织染有限公司
	白竹炭粘胶短纤维的研制开发	山东海龙股份有限公司
	无折纹超纤镜面革的研究	山东同大海岛新材料股份有限公司
	YWRH系列污水换热器	山东省高密蓝天节能环保科技有限公司
	全棉WQ永久免烫床品面料的研发	山东魏桥创业集团有限公司
	自去污功能性面料开发	鲁丰织染有限公司、鲁泰纺织股份有限公司
	多色立体珠光特种复合印花技术的研究与应用	济宁如意印染有限公司
	新型CNU节能锭带的研究开发	济南天齐特种平带有限公司
	纺织品气流阻力测定仪的研制	山东省纺织科学研究院

【获奖项目选介】

棉冷轧堆染色关键技术的研究与产业化　该项目获2011年度国家科技进步二等奖，项目内容详见“科技成果和奖励”部分。该项目的冷轧堆染色一次成功率由原来的70%提高到95%，能拓宽冷轧堆染色工艺的产品适用范围，提高产品质量和工艺水平。棉冷轧堆染色关键技术采用室温冷堆固色，比常规染色节水15%、节电15%、节约蒸汽20%以上、节约染料22%、总出水COD排放减少18%，完全不使用无机盐促染，极为绿色环保。该项目在华纺公司实施近3年，综合节水45万t、节电500万度、节气8.5万t、减少废水排放38.3万t、减少原有化学需氧量（COD cr）排放413t。2010年12月，中国纺织工业协会在华纺股份有限公司召开技术现场推广会，在全行业大力推广该项技术。该项目的推广应用有利于提高我国印染行业节能减排和工艺技术水平。

集成纺丝毛蝉翼纱超薄精纺面料关键技术研究与应用　该项目获2011年度山东省科技进步一等奖，项目内容详见“科技成果和奖励”部分。

半缸染色节能工艺技术的研究与推广　该项目将传统的满缸入水染色变为非满缸浸入水染色，且入水水位控制方式采用连续式，通过预加盐工艺，降低了吨纱用水、电和蒸汽量，并能提高染料上染率，降低染料助剂的工艺耗用量，减少对环境的污染。企业通过推广半缸染色，吨纱用水由2005年的177t，降低为2007年的113t，节约资金293万元；吨纱用电由2005年的1 697度，降低为目前的1 443度，节约资金195万元；吨纱用汽由2005年的14t，降低为现在的10.3t，节约资金550万元，节能减排效果明显。通过该项目的研究，企业在筒子染色节能技术方面达到国际先进水平。2011年，该项目被山东省人民政府授予“山东省重大节能成果”称号，并获奖励100万元。

【节能减排科技工作】 2011年，山东省纺织工业协会开展节能工艺技术研究与推广，一批节能成果获得各种奖励。淄博兰雁集团有限责任公司和孚日集团股份有限公司获山东省节能先进企业称号；泰安康平纳机械有限公司“智能化微波烘干技术及设备”项目获山东省优秀节能成果奖。积极参加国家纺织工业联合会组织开展的“落实责任你我同行”中国纺织服装行业节能减排绩效评价活动，德棉股份有限公司的“筒子染色工艺改进”项目和济宁如意毛纺股份有限公司的“超短时绿色节水型染色技术”获中国纺织服装行业节能减排绿色实践贡献奖，淄博兰雁集团有限责任公司的“牛仔布有机硅润湿剂高压喷射润湿预缩新技术及其产业化”项目和南山纺织服饰有限公司“绿色价值链在毛精纺企业的构建与实施”获中国纺织服装行业节能减排绿色实践优秀奖。山东省纺织协会被省人力资源社会保障厅、省经信委授予山东省节能先进单位。山东省纺织工业协会会同有关部门，加强督查验收，完成了淘汰落后产能的任务，山东纺织行业完成淘汰印染落后产能4亿多m，淘汰化纤落后产能5 000t。

【科技人才队伍建设】 2011年，山东省纺织行业继续围绕企业高级管理人才、高级专业技术人才和高技能人才“三支队伍”建设开展工作。加强人才培养和岗位练兵，举办2011年“魏桥杯”山东省棉纺行业粗纱工职业技能大赛暨全国选拔赛，承办全国决赛，魏桥纺织股份有限公司的刘庆庆、刘娟两名选手分获全国大赛第二名、第三名，并被授予全国技术能手称号；举办2011年“即发杯”山东省针织行业纬编工职业技能大赛暨全国选拔赛，有19名选手参加全国决赛，山东省选手有6人进入全国前十名，3名选手被授予“全国纺织行业技术能手”称号，其中青岛即发集团控股有限公司杨敬双获全国第一名；山东省纺织工业协会被大赛组委会授予2011年全国纺织行业“佰源杯”纬编工职业技能竞赛总决赛“优秀组织奖”。组织实施“金蓝领”工程，开展首席技师评选活动，评选出“山东省纺织工业首席技师”10名；开展粗纱、细纱和织布三个职业（工种）的技师培训和考核鉴定，完成纺织服装类职业技能鉴定674人次。

（省纺织工业协会 于 娟 杨 迅）

卫生科技

【科研项目与成果】 2011年，卫生科研项目立项与成果奖励数量稳步增长。省立医院“排卵障碍相关疾病发生机制研究”项目获国家重大科学研究计划项目资助，经费1 304万元。省医学科学院承担的“中国罕见疾病防治研究与示范”项目获“十二五”国家科技支撑计划资助，经费1 000万元。获省博士基金立项24项，经费108万元；列入省攻关计划53项，经费542万元；列入省软科学计划22项，经费20万元。组织开展2011～2012年度省医药卫生科技发展计划项目立项工作，343项课题获立项。全省卫生行业获省科技进步奖一等奖1项、二等奖15项、三等奖23项。完成山东医学科技奖评审工作，评选出2011年山东医学科技奖一等奖1项、二等奖16项、三等奖66项。

【科技创新平台建设】 2011年，为探索整合全省有关资源，集聚人才、项目、资金等创新要素，增强卫生科技自主创新综合实力，制定发布《关于推动山东省卫生科技创新联盟建设实施意见》《山东省卫生科技创新联盟管理办法》。成立山东省卫生科技创新联盟建设领导小组和专家委员会。省糖尿病肾病科技创新联盟、省皮肤病与性病卫生科技创新联盟项目正式成立。山东省临床医学中心建设工程顺利推进，省卫生厅与省财政厅联合出台《山东省临床医学中心项目实施意见》，指导临床医学中心修订完善建设规划，省预算管理单位6个临床医学中心建设规划通过省财政投资评估中心评估。加大省医药卫生重点学科重点实验室建设力度，组织开展“十二五”省医药卫生重点专业评审工作，20个重点专业入选省医药卫生重点专业，省医药卫生重点专业总数达82个。落实重点学科对口帮扶县级医疗卫生机构各项任务，全省132个重点学科对口帮扶全省103个县（市、区）级医疗卫生机构活动取得实效，各重点学科帮助县级医疗卫生机构制定学科发展规划，选派精干人员深入被帮扶单位培养技术骨干，引进、推广新技术和适宜卫生技术，促进了县级医疗卫生机构学科水平和技术服务能力的提高。

【适宜卫生技术推广】 2011年，适宜卫生技术推广工作成效显著。全面开展第二批20项适宜卫生技术项目推广工作。开展第三批全省适宜卫生技术推广项目遴选工作，经专家评审，遴选出20项适宜卫生技术，编印《山东省第三批卫生强基工程适宜技术培训教材》，继续把适宜技术项目纳入《山东卫生》继续医学教育培训内容。全省累计培训县级卫生技术人员20 338人次，培训乡镇卫生技术人员5 174人次，培训社区卫生机构技术人员7 748人次，培训村卫生室卫生技术人员14 843人次。

【技术准入】 2011年，加强人类辅助生殖技术管理，组织专家对开展人类辅助生殖技术的机构进行准入评审和校验，年内9家医疗机构获准正式运行常规体外授精—胚胎移植技术和卵胞浆内单精子显微注射技术，2家医疗机构正式运行供精人工授精技术，4家医疗机构正式运行夫精人工授精技术，2家医疗机构运行夫精人工授精技术校验合格，1家医疗机构试运行夫精人工授精技术。

【科技管理】 2011年，为科学制定“十二五”卫生科技发展目标任务，召开由中国科学院、中国工程院8位院士及卫生部、省科技厅、省人事厅、省直有关医疗卫生单位有关专家参加的“十二五”卫生科技发展规划论证会。在科学论证基础上，省卫生科技“十二五”发展规划正式出台。加强卫生科技支撑条件建设，完成山东省医药卫生科技信息管理系统开发，并成功应用于卫生科技计划评审和项目管理。全面更新卫生科技评审专家库，聘用江苏、广东、北京、上海、浙江等省市的医学专家645名。落实卫生部《涉及人的生物医学研究伦理审查办法（试行）》，加强全省各级医疗卫生机构医学伦理委员会规范化建设，开展涉及人的生物医学研究及相关卫生技术项目的伦理审查和监督工作。举办全省卫生科教管理人员培训班，不断提高科教管理干部队伍素质。

（省卫生厅　孙晓筠）

医药科技

【概述】 2011年，全省医药工业完成销售收入2 055.68亿元，同比增长27.88%，较上年同期下降1.32个百分点；医药工业实现利税316.44亿元，同比增长25.96%；实现利润223.1亿元，同比增长28.80%。各子行业产销率都保持在97%以上，山东省医药行业产销衔接情况良好。出口交货值完成180.81亿元，同比增长17.40%。

【科技进展】

企业自主创新能力提升　引导企业加大研发投入，建立研发机构，提高自主创新能力。睿鹰先锋制药有限公司先后完成科技成果60余项，30项通过省级鉴定，8项为国内首创，达到国际先进水平。其中，酰基化试剂T-1216被列入国家火炬计划。步长制药有限公司的稳心颗粒被列入国家火炬计划，丹红注射液是全国单品种销量最大中药制剂，相继获2010年度山东省科技进步一等奖、中国第十二届专利金奖。“丹红注射液近红外在线自动质量控制”项目被列入国家“十一五”重大专项山东创新药物孵化基地项目子课题、国家发改委现代中药高技术产业发展专项、2010年山东省自主创新成果转化重大专项和山东省重大药物产值利税双倍增科技示范工程。“稳心颗粒技术改造研究”“丹红注射液谱效及安全性相关评价系统的建立”均被列入国家“十二五”重大新药创制科技专项。得力生注射液是目前国内唯一批准的二类抗癌植物类新药，属世界首创。

产学研联合　2011年，多家企业先后与清华大学、山东大学、山东中医药大学等科研机构、大专院校建立了长期合作关系，其中健民药业有限公司与哈尔滨工业大学、武汉工业学院、哈尔滨商业大学合作，投资2亿元建设了远东海创生物科技项目。香港裕发国际有限公司和韩国克瑞恩株式会社合资2亿元，建设了华普医疗器械项目。华信制药集团与美国慈博生物科技公司合资建设了华信综合制剂项目。润泽制药有限公司联合香港立国制药有限公司、湖南宝利士制药有限公司、海南药业有限公司合资10亿元开工建设了立海润生物制药项目。

高科技项目引进和培育　2011年，菏泽牡丹区发挥生物医药产业集聚优势，突出抓好产业招商、以商招商，重点引进技术基础好、市场前景广、产业关联度大、带动性强的高科技医药项目。新开工建设的誉衡药业有限公司的“银杏内脂B注射液”“艽龙苦素注射液”项目，均被批准为国家一类新药。远东海创生物科技有限公司研发的“直投式发酵剂”“可膨胀膳食纤维”“棉酚精提”，均具有技术领先性和专利独占性。

【重点企业发展】　2011年，山东省50家重点企业销售收入的总和为770亿元，约占全省医药收入的37%。利税总额165亿元、利润总额115亿元，分别占全省医药利税和利润总和的52.2%和51.6%。重点医药企业为全省医药行业的发展做出了突出贡献。据统计，过10亿元企业22家，规模前五位的企业销售收入分别是：威高集团销售收入131亿元，同比增长27.5%；步长集团销售收入58.8亿元，同比增长44.2%；齐鲁制药有限公司销售收入56.3亿元，同比增长12.9%；瑞阳制药有限公司销售收入47.2亿元，同比增长3.4%；山东药玻有限公司销售收入47亿元，同比增长21.7%。根据工信部最新排名，山东省有19家医药生产企业销售收入进入全国百强，比上年增加2家。13家医药生产企业利润总额进入全国百强，威高集团、菏泽步长、齐鲁制药利润总额进入前十名。

（省医药行业协会　王唯佳）

油田科技

【概述】　2011年，胜利油田科技工作立足于提高规模储量发现率、提高储量动用率、油田采收率和产能达标率，深化基础研究，强化技术创新，注重先导试验，加大勘探开发与石油工程一体化攻关，完善科技创新体系，突出配套集成和成果转化，有效地支撑了胜利油田东部老区硬稳定和西部新区的突破，科技创新的支撑引领作用更加显著，实现“十二五”的良好开局。截至当年底，油田有地质科学研究院、物探研究院、采油工艺研究院、钻井工艺研究院、胜利勘察设计研究院有限公司、西部新区研究中心、技术检测中心等7个重点科研单位。拥有山东省工程技术研究中心1个，山东省企业重点实验室1个，中石化首批重点实验室1个，油田级重点实验室共30个。

【2011年度科技项目进展选介】　2011年，全年

油田承担并组织实施各类课题372项，包括国家课题17项，集团公司课题94项，油田课题261项。其中，重大专项项目（课题）7项，中石化“十条龙”科技攻关项目3项，重大先导试验3项，重点攻关项目89项。

国家科技重大专项

渤海湾盆地精细勘探关键技术（研究时间为2011～2015年）　该项目“十一五”期间研究成果通过验收，二期研究已经启动。项目明确了不同烃源岩生排烃系数及排出烃类的差异性和用于研究区油气运移研究的有效指标，建立剩余资源分布预测的技术系列；完成野外模数对比和盒子波噪音调查试验方案设计，建立能代表胜利典型岩性储层特征的保幅评价模型，完成济阳探区低渗透储层构造圈闭地质分类；建立济阳坳陷盆地基本充填模式，完善物理模拟实验系统，建立砂砾岩体低渗透储层成岩演化模式和物性恢复方法；明确东濮凹陷潜山圈闭成因机制、建立不同类型烃源岩分类评价标准；明确渤海湾盆地北部主要沉积凹陷构造演化对沉积体系的控制作用，落实了有效烃源岩分布特征及其与构造/沉积的配置关系；明确南堡凹陷目的层构造特征、完成增储领域勘探关键技术方案设计。

胜利油田特高含水期提高采收率技术（研究时间为2011～2015年）该项目建立孤东油田先导试验区细分到韵律段的储层格架模型，初步建立高渗条带识别标准；初步提出矢量开发定义，确定了矢量开发的技术框架；研究特高含水期层间干扰机理，初步建立多层合采井单层产量分配模型；研发出适合高含水稠油油藏的降粘体系及高温泡沫剂；建立边底水断块相关技术政策界限；完成改性“超高分缔合”聚合物分子结构设计，合成出不同弹性特征的B-PPG系列化产品；初步设计出没有SLPS的二元复合驱油体系及IV类油藏复合堵驱体系；优化软件结构和功能，完成软件前处理方案设计；建立一种适合聚合物驱的驱替特征曲线。

胜利油田薄互层低渗透油田开发示范工程（研究时间为2011～2015年）　该项目建立薄互层低渗透油藏不同渗透率条件下的开发模式，研制裸眼封隔器分段压裂完井工艺，低密度球的材料达到现场应用条件；研制预制多级滑套固井分段压裂完井工艺；实施樊154-平1井裸眼分12段压裂试验，完成樊154-平3等4口井的压裂完井设计；通过深度预处理与精细过滤技术处理后，辛一污出水水质达到A1级水质标准；薄夹层细分注水通过现场试验，定位精度达到了0.2m，一次投捞可同时完成2～3层调配。

低渗油气田高效开发钻井技术（研究时间为2011～2015年）　该项目“十一五”研究成果已通过验收，二期研究已经启动。项目完成河3-支平1井现场试验；完成下一口井5级分支井试验工具的配套准备工作；完成高温对电源模块、电容等元器件影响因素分析研究；完成抗高温驱动器（150℃）的改进制作；完成抗高温脉冲器（150℃）改造；完成高温高压MWD仪器2口井的现场试验；设计研制了适用于5½″套管的耐冲蚀转向装置，转向装置低摩阻内滑道结构设计；设计研制了新型柔性轴；设计加工了一套用于测试喷嘴自进力的实验架；完成RSM旋转导向钻井系统发电机传动机构升级改、导向头整体组装及地面综合性功能测试，正在进行现场试验；完成近钻头方位伽马测量仪部分关键部件可靠性测试、防磨设计制作、地面软件升级改造及第一轮2口井现场试验；完成电磁波MWD发射机系统改进及制作、发射短节绝缘材料研究及可靠性试验、接收部分结构优化设计制作及第一轮现场试验，并实现电地面接口箱初步产业化；完成3口鱼骨状水平井现场推广应用；完成1口长水平段水平井轨道优化设计，正在进行2口长水平段水平井现场推广应用；推广应用无粘土钻井液1口井，无粘土完井液8口井，有机盐钻井液2口井；研制离子型及非离子型表面活性剂微乳液；完成疏水化暂堵钻井液体系关键处理剂研制；构建储层近井地带伤害模型；确立三种适合川西深层水平井的钻井完井液类型；完成了Φ177.8mm实时测压套管阀等专用装置的试制。

国家863科技计划项目

油藏地球物理关键技术（研究时间为2011～2015年）　该项目建立多波地震正演模型；研究多分量叠前联合偏移速度分析的方法技术；形成油藏地球物理各主要方向的技术及软件模块现状分析报告；初步完成“油藏地球物理软件系统”基于ESB/EDB/EMB三总线的架构设

计和初步的服务组件设计及原型开发；完成油藏地球物理领域主要基础数据的分类整理成果、地球物理数据的元数据模型和初步的数据管理平台的建设方案；完成软件系统数据流设计和EDB中地震数据相关服务设计，进行了原型开发初步开发；完成软件系统流程管理服务组件的架构设计和初步的流程管理服务组件的原型开发；系统分析总结了胜利油田采集观测系统的差异；初步建立胜利油田典型地质模型；初步确立地震资料处理的基本框架及需要重点解决的问题；开展了流体替换技术研究；开展了非一致时延地震实际资料选取工作，进行主要开发层位的地震标定和解释；完成微地震资料处理软件基本框架设计，编写了部分微地震数据显示模块和定位算法模块。

数字油气田关键技术研究（研究时间为2009～2011年）　该项目完善了三层元数据模型结构，设计并建立勘探开发领域模型；完善了基于SOA的数据服务平台框架，实现REST风格的数据服务，建立基于元数据的勘探开发领域模型；研发通用服务、定制服务、主题服务、空间关联服务、剖面抽取服务等多种形式的数据服务；研发客户端访问数据服务平台的类库；研发形成了数据服务平台管理功能；形成“专业组件管理规范”和“数据服务管理规范”；研发了项目资源网站；整理形成“数字油气田三维可视化示范流程”；制定地层、油藏、井筒的关键地质信息的多尺度展示数据模型；实现复杂三维空间地质体拾取；形成探井生产预警模块和生产运行管理模块；形成开发案例库应用模块；形成基于油藏模型的动态分析技术研究，编制油藏动态分析软件；形成功能完善的数字油气田应用系统，搭建了系统发布网站。

海上油田二元复合驱提高采收率关键技术（研究时间为2008～2012年）　该项目优选的二元复合驱配方在不同配制水条件下均具有较低的界面张力和较高的粘度以及良好的热稳定性；进行了双管分注工艺技术改进与完善；完成新型双管分层注聚井双控安全阀研制；解决分层注聚的层段封隔问题；设计专用的井下牺牲阳极防腐器，并根据海上实际，确定每20根油管，下入一个防腐器的具体做法；部分设备在孤岛14#配注站进行试验，2月完成了现场试验，5月完成了CB1F二元复合驱先导试验的施工图设计；完成了高效化、小型化设备的研制，装置均已上平台，基本完成现场设备的电器设备的连接及工艺设备的安装；先导试验区4口注聚井现场施工，系列井下工具与工艺得到进一步改进与完善。

捷联式自动垂直钻井系统工程样机研制（研究时间为2009～2011年）该项目完成12¼″井眼垂钻工具（PVB311）执行机构改进；完成PMSM电机、旋转磁场式发电机设计；完成轮设计；完成捷联式自动垂直钻井系统静、动态特性仿真；完成自动垂直钻井工具井下测控系统软件升级及维护；完成自动垂直钻井工具数据处理系统升级；完成自动垂直钻井工具改进调试；完成自动垂直钻井工具综合测试平台开发；完成自动垂直钻井工具调试手册编写；完成自动垂直钻井工具电机矢量控制实现；完成自动垂直钻井工具电机矢量控制实现；完成旧州1井（12¼″）、永938井（8½″）和高庙4井（12¼″）3口上井实验，取得在复杂地质条件下捷联式自动垂直井系统现场试验的阶段性成果。

中国石化“十条龙”项目

单56超稠油油藏蒸汽驱先导试验（研究时间为2008～2012年）　该项目观察井单56-斜观1实现了在线实时监测井筒温度剖面；现场实施单56-9N13井组稠油降粘调剖，累计注入地层调剖体系溶液3 140m³，井组8口油井6口见效，单井日增油2.5t/d；完成试验井组整体汽窜堵调治理方案，制订分井组下步工作预案；转驱后至目前，试验井组21口油井已有19口见效，采油速度3.01%，采出程度32.2%，与继续吞吐相比，汽驱阶段增有效果明显。

烟气二氧化碳超重力法捕集纯化技术及应用示范（研究时间为2011～2012年）　该项目对已建100t/d天燃煤电厂烟气CO_2捕集纯化工程进行投产、调试、优化运行和经济分析；复配并筛选了新型复合脱碳溶剂；开展高效反应器开发；进行了100万t/a燃煤电厂烟气CO_2捕集工程工艺包研究，并与胜利电厂三期工程进行了公用工程对接；进行不同地层油与CO_2的相特性物理实验、不同类型地层油与CO_2混相能力实验；从储层物性、注入气组成、流体性质和注入方式入手，分析不同因素对CO_2驱开发效果的影响；优化设计了

CO_2驱注入和采油管柱和关键配套工具；开展高含水条件下的CO_2驱井下管柱耐腐蚀材料的室内试验和优选；针对气窜封堵，开展了CO_2驱油藏气窜规律研究、CO_2封窜体系研制和室内物理模拟试验研究；完成高89－1区块CO_2驱实施区块集输系统腐蚀原因分析；从管材、缓蚀剂、涂层等不同防腐技术的角度研究了防腐技术的适用性；完成高含CO_2生气脱碳工艺适应性分析研究；建立一套变压吸附脱碳处理装置，并进行现场试验；开展了化学吸收法脱碳工艺研究，并建立一套现场中试试验装置；开展高89－1区块CO_2驱油先导试验，增有效果明显。

中石化重大先导试验项目

超万道单点高密度数字地震采集试验与应用（研究时间为2009～2011年）　该项目依据罗家地区罗37井声波测井数据和罗家地区微测井、小折射等数据，构建了包括近地表的地震模型，运用粘弹性波动理论，完成了高密度采集反射波衰减规律研究；重新构建高密度三维区主力含油层系的精细地质格架，加深了对罗家油田油气成藏特征的认识；通过落实低序级断层及微幅构造，沙一段新增圈闭4个（陈气20断块、罗66断块、罗10-9西部背斜、罗902南断块），储层均为沙一段生物灰岩，圈闭面积1.0km²，部署4口滚动井。

其他重点攻关项目

东营凹陷陡坡砂砾岩扇体成岩圈闭有效性评价（研究时间为2010～2012年）　该项目研究东营北带砂砾岩体油藏类型，主要包括背斜油藏、断层封堵油藏、扇体上倾尖灭岩性油藏和成岩圈闭岩性油藏，其中成岩圈闭油藏主要分布在沙三上、沙三下下部和沙四段；完成了东营凹陷砂砾岩油藏主力烃源岩评价基础图件，完成盐22、永920块开发井油样的分析化验工作，对盐16古冲沟进行重点解剖，明确油气来源和成藏期次，盐家、永安镇地区的油气主要来自沙四段，且以Es4s烃源岩生成油气为主，生物标志物特征表明盐家油气田的降解油经历了两期成藏过程；厘定砂砾岩体岩相类型，并利用常规测井曲线重构岩相LIC识别曲线，建立岩相组合判别模式；选取有效参数实现了利用核磁测井资料求取孔隙结构参数的方法，并建立了不同岩相的储集性能分布图版；利用成岩演化序列约束下的反演回剥法对砂砾岩体储层地质历史时期的物性进行恢复，提出孔隙结构和渗透率的恢复方法。

西部挤压盆地山前带综合建模研究与目标评价（研究时间为2011～2013年）　该项目研究了准北缘山前带，初步建立哈山山前带构造解释模型；基本明确哈山地区的构造演化历程；建立了哈山山前带断裂识别的技术方法；建立了哈山山前带构造样式；明确哈山山前带4个有利的勘探区带，并在勘探工作中取得良好效果；准南缘山前带：初步建立了准南山前带构造几何模型；基本明确阿什里、米泉—大龙口地区构造样式及其叠合模式；提高了阿什里地区圈闭落实程度；柴北缘山前带：基本明确柴北缘山前带发育构造样式及其组合模式；明确了该区地层结构、断裂组合特征，初步建立了柴北缘山前带构造解释模型；综合建模：建立了准北缘、准南缘地层物性模型和物性转换函数；建立了哈山地区、阿什里地区及米泉—大龙口地区的不同初始模型的重力—电法—地震联合建模，针对不同构造模型的特征，提出模型修改参考建议；设计了针对准南缘山前带复杂构造特征的逆掩断层变化的构造模型，在正演模拟的基础上，总结速度变化规律，建立阿什里地区典型剖面的速度模型。

特高含水油藏剩余油微观赋存状态研究（研究时间为2010～2012年）　该项目建立了兼顾短弛豫与高粘度组分的二维谱测量方法，并建立了相应的快速而有效的二维谱反演算法；研制了强大的脉冲梯度单元，能够实现以往研究中难以完成的高粘度油扩散系数测量；建立了一套基于核磁共振扩散弛豫二维谱的剩余油微观赋存状态实验方法及定量表征方法；完成孔隙、喉道及剩余油拓扑关系研究；完成岩心模型孔喉结构的建立，包括细化算法的编制、孔喉中轴的提取及孔喉细化结果的统计；完成吼道信息的提取，包括吼道搜索算法的编制、孔隙节点和路径信息的统计等；形成了比较完善的真实砂岩微观模型制作技术，镜下观测效果明显好于目前国内文献的调研的水平；对微观剩余油类型进行分类，并通过核磁二维谱差谱分析以及CT三维重建、剩余油统计和提取，获得不同渗透率、不同驱替压力梯度下不同剩余油饱和度的各种剩余油相对比例、赋存量、赋存状态和赋存位置的分布特征。

多功能脉冲中子能谱测井技术与应用（研究时间为2009～2011年） 该项目完成了地面采集控制系统研制，实现了探头高压、信号门槛和中子发生器程控化控制，对井下仪上传的地层信息和仪器状态信息进行解码、处理及能谱时间谱数据处理；试验样机实现了一次下井同时测量C/O、中子寿命，并能实现氧活化测井功能；完成地面现场资料处理软件和解释软件的编制，并对测试资料进行处理；完成了刻度装置建造，并对样机进行了刻度实验；完成碳氧比中子寿命模式工程样机现场试验4口；初步完成研究成果报告的编写。

六级分支井钻完井技术研究（研究时间为2007～2011年） 该项目完成了六级分支井地面预成形井眼连接总成研制；完成了六级分支井地面预成形井眼连接大变形有限元分析、预压和膨胀整形实验；完成河3-支平1井的五级分支井现场试验；根据现场试验情况进行分支井可回收开窗系统的优化设计，完成优化设计工作；形成一套五级分支井钻完井技术工艺规程。

【科技成果与奖励】 2011年，获各级科技奖励235项，其中国家级4项、省部级44项、油田级187项。油田牵头完成的2个项目获国家科技进步二等奖，另有2个油田参加项目也获国家级奖励。油田实现了从1999～2011年连续13年获国家级科技奖励，共26项。申请专利520件，其中发明专利162件，完成中石化考核指标（260件）的200%；专利授权331件，其中发明专利26件，同比增加19件。专利申请量在中石化所属企业中保持第一。

中国东部成熟探区新增17亿吨探明储量油气成藏新认识与勘探新技术 该项目获2011年度国家科技进步二等奖。项目简介见“科技成果和奖励”部分。

胜利油田边际稠油高效开发技术与应用 该项目获2011年度国家科技进步二等奖。项目简介见“科技成果和奖励”部分。

高分子多糖生物质加工新技术与产品应用 该项目属轻工业科学技术领域中轻化日用品制造应用技术，主要来源于国家“十一五”科技支撑计划和国家自然科学基金项目等，形成了半干法多糖胶制备与改性等5项关键集成创新技术。羟丙基多糖胶压裂液：改性多糖产品的速溶特性，使压裂液现场直接配置成为可能，简化了施工环节，提高了工作效率，便于远距离和海上施工。能解决多种特殊地层压裂增产问题，胜利油田采用改性多糖胶配置压裂液40万m^3，压裂施工1 260口井。获授权发明专利14件，发表相关学术论文107篇，其中SCI收录37篇、EI收录19篇，出版专著1部。该成果获2011年度国家技术发明二等奖。

万米级特深井陆用钻机设计制造与工业化应用 该项目来源于国家863计划和中国石油集团公司重大专项项目。“十一五”期间研制的12 000m交流变频电驱动钻机具有20项专利技术，是具有自主知识产权的特深井钻井装备，是目前全球技术最先进的陆地用特深井交流变频电驱动石油钻机。“万米钻机”的成功研制，提高了我国陆地和海洋深水油气田、大位移井及其它复杂油气田超深油气藏的勘探开发水平，使我国成为世界第一个独立研制并拥有该级别交流变频陆用钻机的国家，为我国能源安全、国家战略安全做出了贡献。该成果获2011年度国家科技进步二等奖。

【新技术推广应用】 2011年，持续加快科技成果转化和产业化步伐，重点集成并推广应用高精度地震勘探技术、二元复合驱油技术、地质导向钻井技术等新技术，取得良好的应用效果和经济效益，科技成果应用率90%。

【科技管理】 2011年，油田科技工作注重完善科技管理制度体系。修订完善管理制度和科技工作程序，通过精简、整合、补漏、完善，梳理制定11项油田科技管理制度和办法以及8项科技工作程序，配套形成完善的科技管理制度体系。印发《关于加强发明专利管理的通知》，将专利作为项目验收的重要考核指标。注重科技重大项目培育。按照“超前准备一批、适时提升一批”“单项技术攻关到多项技术集成”的科技立项思路，逐步构筑起以国家重大专项、中石化“十条龙”等科技重大项目为龙头、中石化攻关项目为主体、油田项目为准备的“塔”式攻关梯次。高度重视实验室等基础建设，油田目前拥有3个省部级实验室（研究中心）和30个油田重点实验室。当年，筹建“页岩油气藏实验室”“压裂完井工艺实验室”2个实验室，完善配套“沉积模拟和储层评价实验室”等7个实验室。注重知识产权工作，印发《对外技术许可管理办法》。为贯彻落实该办法，油田科技处组织整理对外许可技术60件，其中包含专利与专有技术200余件。印发《关于加强发明专利管理的通知》，将知识产权管理纳入油田级项目指标考核范畴。对职务发明实施“一奖两酬”，全年奖励授权专利223件，奖励实施效益显著的专利177件。将授权发明专利奖励标准提高至3 000元。注重科技成果转化。配套产业化项目和推广项目的管理办法和实施细则；在年度科技进步计划中设立产业化项目和推广项目，约占油田科技项目的1/3；在科技进步奖中设立推广项目奖，奖励力度与科研项目奖励相同。油田推进人才团队建设，紧抓团队带头人队伍建设这个重点，充分发挥油田各类优秀人才在人才培养中的核心作用，在科技创新中重奖有功之臣。

（胜利油田　邹　斌）

汽车工业科技

【概述】　截至2011年底，山东省汽车工业企业1 045家，从业人员32.9万人，总资产3 292.7亿元。

【经济运行】　2011年，全省商用车产销持续下降，除客车增长较快外，重、中、轻型载货汽车下降趋势明显；乘用车产销略有增长，增幅回落大；专用车产销量下滑较快，梁山专用汽车生产基地产销专用车10.61万辆，占全省专用汽车产量的54%。全省汽车行业产值和产品产量完成情况见表1、2。

表1　2011年山东省汽车行业产值及经济指标完成情况

指标名称	本期止累计（单位：万元）	比上年增减（%）
工业总产值（现价）	30 656 310.3	−10.8
其中：新产品产值	13 066 401.0	−15.4
工业销售产值（现价）	30 672 462.5	−9.5
其中：出口交货值	2 765 966.0	25.5
工业增加值（现价）	5 103 330.6	−13.6
主营业务收入	34 922 080.0	−2.2
利税总额	3 005 757.5	−17.4
利润总额	2 318 812.7	−15.0

表2　2011年山东省汽车行业主要产品产量完成情况

产品名称	单位	产量累计	比上年增减（%）	销量累计	比上年增减（%）
一、汽车	辆	1 647 129	−8.43	1 647 928	−8.54
商用车合计	辆	870 406	−19.45	872 476	−19.54
（1）载货汽车	辆	864 739	−19.64	866 869	−20.06
重型载货汽车	辆	244 041	−27.53	254 454	−24.31
中型载货汽车	辆	20 109	−15.39	19 733	−22.18
轻型载货汽车	辆	600 589	−16.07	592 682	−17.49
（2）客车	辆	5 667	26.05	5 607	25.66
乘用车合计	辆	776 723	5.60	775 452	5.55
（1）轿车	辆	373 598	15.97	371 970	15.97
（2）SUV	辆	11 951	−32.65	13 432	−19.00
（3）交叉型乘用车	辆	391 174	−7.38	390 050	−7.77

续表

产品名称	单位	产量累计	比上年增减（%）	销量累计	比上年增减（%）
二、改装车	辆	193 628	−11.00	194 755	−19.94
三、汽车用内燃机	台	1 473 686	4.11	1 461 165	4.47
四、摩托车	台	1 589 726	−3.60	1 825 189	−4.37
五、汽车配件	万元	4 979 201.0	5.8	4 282 485.4	4.8

注：根据山东省汽车行业协会对全省规模以上的汽车企业统计

（表1、2数据来源：山东省汽车行业协会）

汽车出口稳步增长　2011年，全省汽车及零部件出口62.61亿元美元，比上年增长12.32%。出口新能源汽车6 418辆，其中纯电动客车348辆，低速电动车5 921辆，场地用车149辆。

主营业务收入、利润增幅回落　2011年，全省汽车行业实现主营业务收入3 492.21亿元，比上年下降2.2%。从全行业主营业务收入构成情况来看，汽车整车实现主营业务收入1 883.01亿元，比上年下降7.8%；汽车发动机实现主营业务收入1 049.77亿元，比上年增长6.2%；汽车零部件实现主营业务收入358.00亿元，比上年增长6.2%；改装车实现主营业务收入170.69亿元，比上年增长1.4%；摩托车实现主营业务收入30.74亿元，比上年下降20.0%。全省汽车行业实现利润231.88亿元，比上年下降15.0%。从全行业利润构成情况来看，汽车整车实现利润86.19亿元，比上年下降21.7%；汽车发动机实现利润94.75亿元，比上年下降18.6%；汽车零部件实现利润28.17亿元，比上年下降18.6%；改装车实现利润22.77亿元，比上年增长131.3%。

新能源汽车产销快速增长　2011年，全省生产新能源汽车68 203辆。新能源客车864辆，其中，生产纯电动客车694辆，混合动力客车170辆；小型低速纯电动车64 202辆，其中，小型低速纯电动乘用车58 968辆，小型纯电动载货车2 467辆，客货两用电动车2 555辆，厢式纯电动车212辆；场地用车3 137辆。主营业务收入280亿元。

【新产品开发】

中国重汽集团　3月，由中国重汽技术中心申报的《D12.42国III（高压共轨）柴油机》《D12.46国III（高压共轨）柴油机》《ZZ4253S3241C/S1VA−5牵引车及底盘》《ZZ2357M2949B成车及底盘》《ZZ1251N3841C/N1WA水泥搅拌车及底盘》等20个技术创新项目通过山东省经信委授权、济南市经信委组织的技术创新项目鉴定委员会的鉴定；6月，承担的“十一五”国家高技术研究发展计划（863计划）课题“天然气专用发动机开发”，通过国家科技部组织专家组验收；7月，承担的“十二五”国家科技支撑计划项目“汽车零部件再制造关键技术与装备”课题获科技部批准；11月，承担的“十一五”国家高技术研究发展计划（863计划）课题“重型汽车集成开发先进技术”通过国家科学技术部组织的专家组技术验收；12月，举行HOWO轻卡首发仪式，有12款不同配置的中高端轻卡，适用于各种作业环境。

潍柴动力　9月，在潍坊启动“省油动力潍柴行”活动，潍柴全系列省油动力产品全面上市，功率覆盖80～520马力，配套中型、重型卡车，大中型客车以及各类工程机械产品。

上海通用东岳烟台基地　5月，投产新生代越级性能小车雪佛兰爱唯欧；7月，投产新一代环保节能发动机Fam B/C；10月，5款新赛欧两厢及三厢车型、3款爱唯欧车型入围第七批“节能汽车推广目录”，成为在调整后公告目录中入围车型最多的企业。

北汽福田诸城汽车厂　2011年，开发了时代K、H系列，时代骁运系列等多款新产品，不断推向市场，并填补了市场空白，新产品对销量的贡献率超过60%。

【重点企业】

中国重汽集团　2011年，生产汽车15.17万辆，营业收入701.22亿元，利润总额38.20亿元。列2010中国企业效益200佳第96位；列2010中国制造业500强第42位；列2010中国企业500强第105

位；先后获全国文明单位称号和全国机械行业文明单位称号；列2011中国企业500强第103位；2月，被命名为首批“山东省创新型企业”。

潍柴动力　2011年，销售各类发动机69万台，实现销售收入982亿元，继续保持行业绝对领先地位。先后获2011年度中国十大创新型企业、山东省标准创新型企业、海关AA证书、第二届中国工业大奖；列中国企业500强第93位，2010年度中国机械工业百强企业第2位；成为潍坊市首家国家创新型企业。

上海通用东岳烟台基地　2011年，产销整车32万辆、发动机79万台、变速箱52万台，分别比上年增长16%、20%、25%，出口整车3.12万辆、变速箱4.72万台，实现产值300亿元，比上年增长8%，实缴税金19.8亿元，比上年增长31%。

上汽通用五菱汽车股份有限公司青岛分公司　2011年，生产整车39.1万辆，出口整车8 657台。生产发动机42万台，总产值151.2亿元，实现税收11.2亿元。

北汽福田股份有限公司诸城汽车厂　2011年，共产销汽车33万辆，实现销售收入202亿元，利税15.8亿元，厂区主要产品时代轻卡、瑞沃工程车市场占有率进一步提升，继续稳居全国同行业首位。先后获“十一五山东省机械工业科技创新典范企业”“山东制造业与物流业联动发展示范企业”“2011山东企业100强”等称号。

【重点项目】

中国重汽集团　11月，中国重汽集团青岛重工有限公司揭牌暨新工厂投产仪式在青岛高新技术开发区隆重举行。项目计划总投资20亿元。一期建设工程13万m^2，形成年产1.5万辆专用汽车、10万套液压缸和5 000台挖掘机的生产能力。

北汽福田股份有限公司诸城汽车厂　1月，福田北方物流基地在诸城开工建设，项目总投资19.6亿元，一期建设投资6.6亿元，投产后，可实现年销售收入40亿元，利润2.88亿元，税金2.1亿元，创汇5 000万美元；4月，诸城奥铃汽车厂涂装三车间竣工投产，标志着历时两年的诸城厂区系列技改项目全部完工，诸城厂区形成年产45万辆商用车的产能，成为全球最大的商用车制造基地，奥铃工厂成为全球最大的轻卡生产基地。

上海通用东岳烟台基地　2月，投资16.5亿元、新增年产35万台发动机项目东岳动力总成二期项目开工；12月，投资25.3亿元、新增年产24万辆整车项目东岳汽车三期项目首辆车下线。

上汽通用五菱汽车股份有限公司青岛分公司　10月，总投资11.38亿元的整车产能二期扩建项目正式竣工投产，整车年生产能力由原来的30万辆提升至51万辆，产能有效提升70%。

潍柴动力　9月，潍柴蓝擎WP12二期及WP10装配线量产启动仪式，在潍柴动力二号工厂举行。标志着二号工厂已具备年产20万台发动机的生产能力，使二号工厂成为潍柴唯一一个生产国三、国四、国五、四气门WP12蓝擎发动机的生产基地，为公司新增日产200台WP10的生产能力。

（省汽车行业协会　王　哲）

【潍柴动力股份有限公司】　2011年，潍柴动力股份有限公司（以下简称潍柴）不断加大科技投入，投入研发费8.6亿元，进一步提升科技创新能力，在电控柴油机、混合动力发动机、清洁燃料发动机和动力系统总成领域均实现历史性突破，掌握了一系列关键核心技术，开发了拥有完全自主知识产权的WP7发动机。企业被认定为国家创新型企业。

重大科研项目　2011年，重大科研项目开发有序推进，全年在研创新科研项目202项，省级以上科研项目24项。其中，国家863计划项目4项，包括“大功率车用柴油机开发”“重型载货汽车专用CNG发动机产品开发”“潍柴LNG专用发动机开发”和“潍柴客车混合动力重型柴油机研发”；国家科技支撑计划项目2项，包括“商用车用并联式混合动力系统开发”和“工程机械用串联式混合动力系统开发”；国际科技合作计划项目1项，“M26系列大功率节能环保高速柴油机联合研究”。校企合作项目15项。全年共完成4个国家863计划项目技术验收、4个省级计划项目鉴定验收和22个公司级计划项目验收。获省级以上科技成果奖励3项。其中，“WP10/WP12系列重型高速发动机及关键技术”获中国机械工业科技进步特等奖，实现了我国内燃机行业在该奖项历史上零的突破。“WP6、WP4系列Tier3（StageⅢA）排放发电用柴油机开发”“8170ZCA双增压器柴油机开发”获中国机械工业科技进步三等奖。全年申报专利221件，其中发明专利124件，实用新型专利94件，外观设计专利3件；授权发明专利4件，实用新型专利65件。主持或参与国家或行业标准5项。

科技创新平台建设　2011年，在科研设施建设方面，公司投资10亿元建成具有国际一流水平的产品研发中心和产品试验中心，并投入运行。该中心已成为国际同行业规模最大、功能最全、能力最强的发动机研发试验基地之一，将承担潍柴全系列、全领域发动机产品的开发试验，以及与发动机相关的主要零部件的机械开发、整车及动力总成优化匹配、NVH、电控及后处理系统开发试验等任务。投资5亿元新建发动机研制中心，具有较强的柔性制造能力，能够满足多品种柴油机试制与小批生产需要，将有效缩短新产品试制、小批试制乃至批量生产周期，加快科技成果转化步伐。

科技创新体系建设　2011年，围绕“生产一代、研制一代、储备一代”的总体目标，不断完善研发体系建设，建立以企业为主体、市场为导向、产学研相结合的“大技术创新体系”。构筑以国家认定企业技术中心（潍坊技术中心）为核心，包括美国研发中心、欧洲研发中心、重庆研发中心、上海研发中心、杭州研发中心和扬州研发中心在内的全球“三国七地”发动机板块自主创新研发体系，开展基础研究、应用研究、工程化研究和产业化研究等。先后完成电控系统研发并实现发动机台架点火，开发了具有国际先进水平的WP5、WP7系列电控柴油机并实现批量生产，完成基于电控EGR/VGT技术的国IV柴油机开发等。充分利用行业和高校院所的优势资源进行联合创新。依托国家商用汽车动力系统总成工程技术研究中心、国家商用汽车与工程机械新能源动力系统产业技术创新战略联盟、国际科技合作基地、内燃机可靠性国际技术创新联盟、发动机产品研发共同体、产品应用共同体和博士后工作站等开展产业创新。同清华大学、天津大学、山东大学、同济大学、吉林大学、中国汽车技术研究中心、中国汽车工程研究院有限公司、奥地利AVL等国内外知名高校院所开展产学研合作创新，共同承担国家级、省级科技计划项目等。

科技人才队伍建设　2011年，通过走出去招聘、送出去培训、公司内部培养选拔等途径实施人才系统工程，潍柴潍坊本部已拥有一支近2 500人的产品研发和应用人才队伍。通过校园招聘、社会招聘、海外招聘广纳贤才。聘请国内外著名的专家教授作为技术顾问。公司现拥有山东省泰山学者特聘专家7人，千人计划专家2人。通过联合办学进行人才培养，同天津大学、山东大学联合举办工程硕士研究生班，培养了内燃机、材料等方面专业人才。邀请高校专家来潍柴开展前沿技术讲座，企业也为高校相关专业学生提供实践基地和创新基地。

（潍柴动力股份有限公司）

电子科技

【信息技术产业】　2011年，全省信息技术产业主营业务收入9 119.4亿元、同比增长24.2%，实现利润486.8亿元、增长26.8%，利税719.3亿元、增长24%。

山东省信息技术产业加大创新投入，完善创新平台，强化技术攻关，推动产业发展走上创新驱动轨道。通过信息技术产业发展专项等资金引导，组织科技攻关，突破重点核心关键技术。2011年，浪潮集团和中创软件分别获国家“核高基”重大专项支持，金额2 500万元。9个项目获国家工业和信息化部电子发展基金项目支持，资助金额4 300万元。海尔集团的流媒体技术、歌尔声学有限公司的电声器件，山东天岳先进材料科技有限公司的碳化硅晶体材料，概伦电子科技有限公司的EDA工具等一大批自主技术已形成较强的竞争优势，其中浪潮服务器连续10余年保持国产服务器市场占有率第一，海信“信芯”结束了我国平板电视全部采用进口芯片的历史。

大力实施“名城、名园、名企、名品”工程，扶持骨干企业和产业园区做大做强。2011年，山东省5家企业进入全国电子信息百强，2家企业进入电子元器件百强，4个信息技术产业聚集区被认定为国家新型工业化产业示范基地。山东省以青岛为龙头、以胶东半岛为制造业基地、沿胶济铁路线铺开的信息技术产业带已经基本形成。其中，济南的软件和高性能计算机产品，青岛的家用电子和通信产品，烟台的计算机及网络、通信产品，威海的传真机、打印机等计算机外设产品，潍坊的电声器件、光电子产品等特色鲜明，优势明显。

新兴产业发展迅速。围绕新兴产业关键领域和薄弱环节，实施大项目带动战略，为产业更好更快发展注入新的动力。山东省按照“先两头、后中间”思路，优先发展集成电路设计和封测产业，支持山东华芯公司成功收购奇梦达西安研发中心，研发国内首颗65nm存储器芯片，并建成国内首条12英寸高端存储器集成电路封装测试生产线。淄博恒汇电子科技有限公司年产20亿片IC封装载板项目，填补国内空白。高端计算设备领域，浪潮集团为济南千万亿次超级计算中心提供了国内存储规模最大、存储性能最高的海量高端双控存储设备和百万亿次高性能计算机，进一步助力超级计算中心落户山东。浪潮华光光电子有限公司、歌尔声学股份有限公司等一大批光电子项目陆续启动，为山东省培育起新的高端发展载体。

信息技术应用进一步深化。2011年，山东省启动智能交通等12项示范工程，推动高速公路不停车收费（ETC）系统建设，车载电子标签用户达15.5万，数量居全国第三位。以酒类、食品、药品等为重点，推广张裕集团应用经验，有力推动了RFID技术在仓储、物流、防伪及安全追溯领域的应用。建成高效能服务器和存储技术国家重点实验室、国家超算中心和省云计算中心，成功开展软件开发测试、卫生行业云应用等云计算试点，有力带动了产业发展。

（省经济和信息化委员会电子信息处）

【软件和信息服务业】 2011年，山东省统计规模以上软件企业共1 758家，同比增加22.6%。累计完成软件业务收入1 329.1亿元，同比增长45.7%，增速高于全国平均增速13.3个百分点，高于“十一五”期间平均增速18.7个百分点，占全省信息产业比重14.5%。全年完成利润总额76亿元，同比增长21.4%。利税合计137.2亿元，同比增长19.9%。实现软件业出口6.14亿美元，同比增长16.4%。其中，软件外包服务出口2.72亿美元，同比增长33.5%。海尔集团、浪潮集团、中创软件公司、东方电子股份有限公司、海信集团、威海北洋电器集团有限公司、山东巨洋神州信息技术有限公司7家企业入围2011年（第10届）中国软件业务收入前百家企业，浪潮集团、中创软件公司再次进入中国自主品牌软件产品前10家企业名单。新认定省级软件工程技术中心8家，累计53家；新登记软件著作权659个，累计登记3 586个；新登记软件产品824个，累计登记4 813个；新认定软件企业177个，累计认定1 145个。全省计算机信息系统集成资质企业204家。

11月，济南市正式被工业和信息化部授予“中国软件名城”，成为国内第二个获此殊荣的城市。济南市全年实现软件业务收入830亿元，居全国15个副省级城市第三位，同比增长36.1%，拉动全省软件业增长24.2个百分点。青岛市全年实现软件业务收入351亿元，同比增长60.7%，增速列居全国副省级城市第二位。济宁、临沂、潍坊、德州、日照、烟台、青岛、滨州和淄博分别增长235.5%、148.1%、119%、112.7%、103.2%、86.7%、60.7%、53.2%和46.4%。

2011年，山东中创软件工程股份有限公司、济南市经济和信息化委联合承担的“基于国产CPU/OS的地方政府部门办公信息系统应用研究及示范工程”入围2012年“核心电子器件、高端通用芯片及基础软件产品”（简称核高基）国家科技重大专项，获中央财政资金支持800多万元。山东正元地理信息工程有限责任公司“基于网络的数字管网三维可视化管理软件研发”项目获2011年电子发展基金300万资金支持。省信息产业发展专项资金投入3 000余万元支持省内企事业单位软件研发应用和平台建设，云平台弹性计算系统、工业软件云平台、155M国际数字直航网络二期工程建设等重点项目顺利启动，投入近2 000万元对国家核高基科技重大专项提供配套资金。

2011年，积成电子、浪潮集团、龙芯技术、曙光信息、麒麟信息成立“安全可控国产软件产业联盟”，在莒县成功试点应用“基于全国产平台的电网自动化系统”。组织省内企事业单位成立云计算产业联盟，形成省计算中心、齐鲁软件园、国家超算中心（济南）跨区域共享的资源池，部署多个云应用。蒙阴县“卫生云”项目整体投资降低85%，卫生管理实现一体化，居民每年平均节约支出近千元，日照莒县卫生云项目顺利启动实施。认定省软件工程技术中心8家。

2011年第四批山东省软件工程技术中心（8家）

山东三龙智能技术有限公司

烟台海颐软件股份有限公司

创博亚太科技（山东）有限公司

山东万博科技股份有限公司

山东高速信息工程有限公司

莱芜钢铁集团电子有限公司

山东新海软件股份有限公司

山东长征教育科技有限公司

（省经济和信息化委员会软件和信息服务业处）

交通科技

【概述】 2011年，山东交通运输固定资产投资累计完成511亿元，同比增长6.4%。截至年底，公路通车总里程23.3万km，其中高速公路4 350km，全省营运性汽车发展到104万辆，沿海港口总能力4.8亿t，全年完成公路水路客运量24.4亿人、货运量29.5亿t，同比分别增长1%和5.4%，沿海港口吞吐量9.6亿t，同比增长11.3%，内河港口吞吐量完成6 438万t。交通运输节能减排工作成绩显著，全省新能源车辆突破5万辆。全省交通运输基础设施网络逐步完善，运输经济实力持续增强，管理服务更趋高效，资源能源消耗有效降低，民生保障切实加强，交通运输科学发展的水平进一步提高，实现“十二五”良好开局。

【科技计划与投入】 2011年，围绕解决交通发展的重大科技问题制定年度科技创新计划，将“五大体系建设”“智能交通”“交通安全管理”“交通节能减排和低碳发展”等作为研发重点，有59个项目列入省交通科技创新计划，落实补助资金1 660万。省交通科技研发中心主体工程完工，部分投入使用。

【科技成果与奖励】 2011年，不断加强计划项目的过程管理，对依托工程建设环境复杂、技术难度大的重点研发项目重点培养，加强综合督导和协调服务，确保项目的研究水平和质量进度。全年完成科研项目40项，其中25项达到国内先进以上水平。有9项成果获省科技进步奖，其中一等奖1项、二等奖2项、三等奖6项。有1项成果获国家技术发明二等奖。获中国公路学会科学技术三等奖2项。获中国航海学会科学技术二等奖1项、三等奖1项。获中国港口协会科学技术二等奖4项、三等奖11项。

【信息技术集成与应用】 2011年，明确“十二五”信息化发展任务目标，制定《山东省交通运输信息化“十二五“发展规划》，修改完善《山东省交通运输信息化“十二五”建设实施方案》，提出“十二五”信息化发展的总体目标、重点任务和实施措施。完善信息采集和发布管理，统一出行咨询中心服务热线的服务内容和服务质量规范，扩展信息发布形式和领域，加强高速监控信息整合集成，截至年底，信息采集范围已覆盖全省高速公路和干线公路，实现了全省联网高速公路视频监控信息系统平台贯通统一，出行服务水平和监控能力得到进一步提高。全省ETC车道已达222条，非现金支付使用率14.38%。

【节能减排科技工作】 2011年，全省营运货车单位运输周转量能耗下降6.4%（相比于2005年，下同），营运船舶单位运输周转量能耗下降11.5%，港口生产单位吞吐量综合能耗下降5.8%，完成各项目标任务。截至年底，全省有LNG加气站28座，在建14座，LNG车辆2 470辆，各种新能源车辆突破5万辆。ETC不停车收费系统建设快速推进，累计节油60.9万L，减排二氧化碳1 620t。中韩陆海联运、渤海湾烟大航线甩挂运输扎实开展，减少了货物运输时间和成本，仅烟大航线全年完成甩挂车辆5万台次，节油2 215万L，减排二氧化碳26万t。

【科技合作与交流】 2011年，省交通运输厅与交通运输部水运科学研究所、长安大学、北京交通大学、同济大学、山东大学、中国石油大学等科研院所进行合作，确定20余项联合开发科技项目。省交通科研所与辽宁省交通科学研究院建立了定期学术交流机制，分别在济南、沈阳举办两次交流活动。省交通运输厅组织人员对英国和法国进行了为期10天的技术考察，考察了交通相关企业及实验室，就技术交流与仪器设备采购达成合作意向。与法国国家道桥试验中心（LCPC）交流了法国沥青路面设计与高模量沥青混合料技术，与英国COOPER TECHNOLOGY公司开展了新型沥青混合料试验检测技术的交流。

【科技人才队伍建设】 2011年，充分调动广大交通科技工作者的积极性和创造性，鼓励全行业人员积极申报专业技术职务资格，进一步壮大交通行业专业技术人才队伍。认真开展各类干部培训工作。全年完成培训11 394人次。

（省交通运输厅　杜海涛）

广播电视科技

【概述】 “十一五”期间，通过实施广播电视村村通、无线覆盖、农村电影放映等工程，广播电视公共服务水平不断提高，全省广播电视综合覆盖率98%，有线电视用户2 000万户。2011年，以重要播出保障期为重点，全省广播电视系统确保了建党90周年等重大活动，以及两会、十七届六中全会等重要保障任务，完成了全年安全播出工作任务。认真贯彻落实广电总局《广播电视安全播出管理规定》（广电总局令第62号），组织该规定及其实施细则的学习培训，加强安全播出管理的规范化、制度化建设。

【三网融合】 2011年，按照省三网融合工作协调小组和广电总局的部署，积极稳妥开展三网融合各项工作。完成IPTV集成播控平台建设，实现与央视总平台的对接。在青岛建立试验小区，开通测试用户。加快有线网络数字化、双向化的改造，济南、青岛等基本完成有线网络升级改造，为开展三网融合业务打下基础。制定建设IPTV监管系统与互联网音视频监管系统的技术方案和实施计划，目前正积极推进。认真总结广电系统三网融合第一阶段试点工作情况，为扩大试点打下基础。年底，经国务院三网融合协调小组批准，济南市纳入第二批试点城市。

【广播电视数字化网络化和设备升级改造】 2011年，有线网络数字化双向化改造加快进行。济南、青岛等9市进行有线网络升级改造，目前全省有线电视用户已有650万户实现数字化，双向用户200万户。3月，国家广电总局蔡赴朝局长、张海涛副局长对济南数字电视整体转换工作进行调研，充分肯定了济南整转工作。11月，山东网络广播电视台正式上线，其四大板块业务“视频网站、IPTV、互联网电视、山东手机台”同时上线，我国第一个社交电视实验室也正式启动。移动多媒体广播（CMMB）在山东省已建成千瓦级发射站点99个，500W发射站点37个，已实现全省县以上城区信号全覆盖，覆盖人口6 000万，付费用户超70万，其中手机电视付费用户突破50万。加快设备升级改造，省属高山转播台、烟台、威海、济宁、淄博等地加大技术设备投入力度，重点对发射台和广播电视制播系统设备进行升级改造，更新升级发射设备及供配电等基础设施，机房面貌焕然一新。节目制作播出系统基本实现数字化网络化，提高了节目制作播出技术质量。省广播电视台、济南、日照等地建成了包括高清节目频道的节目制播系统，节目制作能力和播出质量进一步提高。

【广电监管】 监测工作在广播电视管理工作中发挥越来越大的作用，全年完成各类无线发射、有线电视及卫星播出广播电视节目累计514万多h的监测任务，及时发现处理各类异态报警400余起，为确保安全播出发挥了作用。省广播电视监测与安全播出调度系统通过省科技鉴定，开展广告监测业务。

【科技管理】 2011年，对广播电视相关信息系统开展等级保护定级工作，全省各地有33个信息系统参与了定级保护。组织2011年度山东省广播电视录制技术质量奖评审，全省有104个项目参与评选，并向总局推荐优秀作品。组织广播电视中心技术培训，全省各地播出一线的100余名工作人员参加了培训，对广播电视中心播出的各项技术要求、测试方法都有了新的认识和提高。组织2011年广播电视中心技术能手竞赛，全省各市和省直各有关单位共100余人参加考试，选拔出参加广电总局组织的技术能手竞赛的4名选手全部获奖，其中一等奖2名、二等奖1名、三等奖1名。组织对“济南高清双向数字电视三网融合应用工程”“日照广播电视台高标清同播系统”“山东广播电视监测、内容监管与安全播出调度系统”等多个项目的科技鉴定，有2个项目上报参加了广电总局科技创新奖的评选。

（省广播电影电视局　韩光玮）

邮政科技

【概述】 2011年，山东省邮政公司将“强管理、重创新、保安全、争一流”作为全省邮政科技及信息技术专业的工作目标，通过开展“争创一流、两个到位（领导重视到位、人员素质到位）、三个提升（提升服务能力、管理能力和支撑能力）、四个建设（做好队伍建设、基础建设、制度建设和文化建设）”活动，不断提高各项工作水平，确保全面完成集团公司布署的各项任务。全省各级邮政科技及信息技术工作部门全面加强制度建设，强化信息网运维管理、工程管理和软件开发管理职能，确保信息网安全稳定运行，有效提升安全运行年考核成绩；加大技术队伍建设力度，全面提升技术人员技能；强化技术引领作用，积极推动新技术在业务、经营、管理中的应用；加强基础建设，优化处理流程，确保全省邮政信息技术工作水平和信息网运行维护质量水平，全省邮政科技及信息技术各项工作继续保持全国领先地位。

【工程项目建设】 2011年，完成中间业务全国平台前置系统、邮储IC卡、POS业务暨银联前置全国集中、二类网点数据传输加密项目等金融类工程项目的建设实施任务，同时在省内骨干网络扩容改造、全省市县级视频会议改造和便民服务站项目组织实施等方面取得明显进展，有效提升了全省邮政的综合实力。

【应用系统开发】 2011年，进行便民服务平台、电子商务平台开发与建设，顺利完成了中间业务平台全国集中的业务移植工作，并在便民服务平台上开发了话费、电费、水费等10余类业务。完成保险理财营销信息系统、工时精细化管理系统、房产租赁管理系统等多项经营管理类软件的开发，有效支撑了企业的发展、经营和管理。

【基础运维管理】 加强全省信息机房的检查整改工作，完善运维制度建设，做好信息网主动性维护工作，全面提升整体运维工作水平。组织开展全省2011年邮政计算机系统安全运行年竞赛活动，积极推进运维工作规范化。进一步抓好全省信息网安全管控，重点确保了两会、园博会和重大节日期间各系统的安全稳定运行。

【科技管理】 2011年，抓好科技人才队伍建设。打通技术人员晋升通道，有效拓宽发展空间，培养高层次技术人才。不断推进开发、运维工作的制度化和规范化建设，完善全省软件开发管理流程，建立软件开发项目价值评判体系，充分发挥软件开发工作对业务发展、经营管理的支撑作用。

（省邮政公司　赵军泰）

建设科技

【概述】 2011年，全省建成节能建筑5 500万m^2，完成既有居住建筑节能改造1 756.52万m^2、公共建筑节能改造152万m^2，完工太阳能光热建筑一体化应用2 273.4万m^2，县城以上城市规划区内可再生能源建筑应用面积占新建民用建筑的比例达40%，生产新型墙材351亿块标砖、县城以上城市规划区内应用新型墙材237亿块标砖，生产、应用比例分别达86.8%、98%。全面完成国家和省确定的各项工作任务，新增节能潜力376万t标准煤，减排二氧化碳978万t、二氧化硫7.6万t，节约土地0.38万hm^2（5.7万亩）；争取中央财政补助资金10.2亿元，其中可再生能源建筑应用示范补助资金5.64亿元、既有建筑节能改造补助资金4.2亿元、公共建筑节能改造及监管体系建设资金4 450万元，获省级财政既有建筑节能改造资金1.5亿元。

【科技计划】 2011年，组织做好建设科技立项工作，获住房城乡建设部科技计划项目立项69项、美国能源基金会项目立项7项、科技厅计划项目立项5项，省住房城乡建设厅科技计划项目立项290项。

【科技成果与奖励】 2011年，召开省建设科技协会二届三次理事会暨建设科技工作座谈会，表彰省建筑节能技术产品50强。全省住房和城乡建设系统有2个项目获国家科技进步二等奖；13个项目获省科技进步奖，其中一等奖2项、二等奖5项、三等奖6项；7个项目获华夏建设科学技术奖，其中二等奖1项、三等奖6项。组织科技成果鉴定36项。组织开展建筑节能与结构一体化技术研究，发布一体化技术相关技术规程、导则7项。出台《省建设科技成果推广应用管理办法》《省建设科技示范工程管理办法》，开展省建筑节能示范工程评审，确定低能耗建筑和节能结构一体化示范项目10项。印发《关于开展建筑节能监测系统应用认定工作的通知》《可再生能源建筑应用技术产品认定实施细则》，推广建设新技术53项，办理建设工业产品备案522项，认定可再生能源建筑应用技术产品5批140项，其中水源热泵机组8项、太阳能热水系统132项。

【建筑节能】

新建建筑节能　2011年，制定发布《山东省建筑节能“十二五”发展规划》，组织开展省居住建筑节能设计标准修编。全面推行建筑节能信息公示制度，严格执行节能设计标准，进一步完善贯穿规划审批、设计、施工图审查、施工许可、监理、质量监督、商品房预售、竣工验收备案等各环节的闭合式监管体系，节能工程质量和标准执行率不断提高。全省县城以上城市规划区竣工节能建筑5 500万m²，与去年同期基本持平；施工阶段标准执行率超过98%，同比提高2个百分点。

既有居住建筑改造　会同省财政厅，对“十一五”既有建筑节能改造191个项目进行省级抽验，并向财政部、住房城乡建设部报告，转拨中央财政奖励资金1.69亿元；汇总上报2011～2013年全省4 938万m²改造任务，获中央补助资金14.47亿元；联合印发《山东省省级既有建筑供热计量及节能改造专项资金管理办法》，拨付本年度既有居住建筑改造中央补助资金2.43亿元、省级奖励资金1.5亿元。日照、文登被确定为国家“节能暖房”工程重点市县。在日照召开既有居住建筑供热计量及节能改造工作座谈观摩会。省政府常务会专题听取全省供热计量改革与既有建筑节能改造工作情况汇报。7月，省政府出台《关于推进供热计量改革与既有建筑节能改造的意见》，召开全省供热计量改革与既有建筑节能改造工作会议，全面部署“十二五”既有建筑节能改造工作，并与17市政府签订目标责任书。全省完成既有居住建筑节能改造1 756.52万m²，超额完成省政府下达的全年700万m²、住房城乡建设部1 453万m²改造任务。

可再生能源建筑应用　制定印发《山东省可再生能源建筑应用“十二五”发展规划》及“黄蓝”两区连片实施方案，3市、6县、1区被批准为全国可再生能源建筑应用示范市（县、区），15个光电建筑应用项目获批示范项目、3家企业获批科技及产业化项目资金支持企业，居全国第一位，获中央财政专项补助资金5.29亿元。会同省财政厅，在潍坊召开全省可再生能源建筑应用示范工作现场交流会，对示范工作进行部署，并对示范市、县进行了全面检查。完成2009年度省管的4个光电建筑应用示范项目验收。分解下达太阳能光热建筑一体化应用任务，进一步加强规划、图审、施工许可、竣工验收备案等环节的监管，确保县城以上城市规划区新建、改建、扩建的12层及以下居住建筑、集中供应热水的公共建筑全部实现太阳能光热建筑一体化，鼓励和指导有条件的地区开展高层建筑太阳能光热建筑一体化应用。编制发布可再生能源建筑应用工程建设标准3项、图集1项，另有5项标准正在编制之中。加强地源热泵系统建筑应用管理，全面开展应用项目技术论证，促进浅层地热资源科学、可持续开发利用。全省完工太阳能光热建筑一体化应用面积2 273.4万m²，超额完成全年1 500万m²的任务。

公共建筑节能　印发《关于做好2011年公共建筑节能工作的通知》，组织编制《山东省国家机关办公建筑和大型公共建筑能耗监测平台建设实施方案》，先后召开全省建筑能源审计培训会、《公共建筑节能监测系统技术规范》宣贯会、节能监测系统建设研讨会，对公共建筑节能工作进行研究部署和交流培训。评审公布省级第二批建筑能源审计机构16家，组织各市审核上报2 373栋公共建筑的能耗数据，位居全国各省区首位，获住房城乡建设部通报表扬。山东省获批国家公共建筑节能监管体系建设示范省，获中央财政1 600万元资金支持；青岛获批公共建筑节能监管体系建设示范市，获中央财政1 250万元资金支持；山东大学、山东轻工业学院、山东科技大学、聊城大学获批建筑节能监管体系建设示范高校，获中央财政1 600万元资金支持，三项资金合计4 450万元。省建筑节能专项资金列支2 000万元支持公共建筑节能监测平台建设和节能改造，新型墙材基金列支500万元支持公共建筑节能监测平台建设。全省完成公共建筑节能改造152万m²，对129栋公共建筑安装分项计量装置和节能监测系统；超额完成全年公共建筑节能改造120万m²，对115栋公共建筑安装节能监测系统的目标任务。

绿色建筑　成立省住房和城乡建设厅绿色建筑发展领导小组，召开领导小组工作会议，印发《关于积极促进山东省绿色建筑发展的意见》，提出绿色建筑发展的指导思想、基本原则、发展目标、工作重点及推进措施。组织开展第三批省级绿色建筑示范工程建设，审查确定18项示范工程，并从新型墙材基金中拿出500万元予以补助。印发绿色建筑评价标识工作规程，组建省绿色建筑评价标识专家委员会，评审公布2批绿色建筑星级标识项目。全省已有22个省级绿色建筑示范项目（建筑面积300多万m²），山东交通学院图书馆获国家“绿色建筑创新奖”一等奖，济南中建文化城一期等10余个项目获得绿色建筑星级标识。

墙材革新　开展“禁实”和新型墙材节能产品认定管理情况调研，印发《关于进一步加强新型墙材建筑节能技术产品应用认定管理的通知》。会同省监察厅、国土资源厅，在临沂召开“禁实”工作现场观摩会，加快推进乡镇“禁实”，推动由“禁实”向“禁粘”、“禁用”向“禁产”过渡。全省新型墙材产量351亿块标砖，县城以上城市规划区应用量237亿块标砖，生产、应用比例分别为86.8%、98%，比上年同期提高3个、2个百分点；实收新型墙材专项基金7.6亿元，墙材基金征管进一步加强；380项新型墙材产品与36项热计量产品通过省建筑节能技术产品认定，198项新型墙材产品通过复审换证。

低碳生态城市建设　会同东营市开展省内外调研，研究编制《低碳生态城市发展战略研究》《低碳生态城市发展规划》，明确低碳生态城市创建目标、发展路径和政策措施。开展低碳生态城市建设相关技术体系研究，构建低碳生态城市发展统计监测指标体系和质量评价指标体系，为深入推进共建工作提供技术支撑和监测评价依据。印发《东营低碳生态城市创建有关示范项目建设实施方案》，启动首批13大类32个低碳生态示范项目建设，编制实施细则和验收标准，明确各项示范的实施标准、推进措施及验收要求。协助东营市举办首届低碳生态城市技术论坛，围绕低碳生态城市发展模式、绿色建筑发展等6项课题深入探讨交流，结合东营实际就低碳生态城市发展道路提出指导意见。低碳生态城市创建工作的开展，为东营市获批“中日生态城”示范城市奠定基础。

建筑节能与结构一体化研究　山东省“建筑节能与结构一体化关键技术研究”课题组自2009年成立，经过近两年的调研论证、试验检测和工程实践，研发了CL结构体系、FS外模板现浇混凝土复合保温体系等六类一体化技术体系，编制发布7项相关技术规程、导则，组织开展300多万m^2的一体化技术示范工程建设，培育发展20余个一体化技术产品生产基地，初步实现产品系列化、生产标准化、产业规模化。在东营召开全省建筑节能与结构一体化技术交流推广会，并印发《关于积极发展应用建筑节能与结构一体化技术的通知》，加快推进一体化技术推广应用，有效杜绝建筑施工消防隐患，提高建筑保温体系抗震、安全性能，实现保温体系与建筑的同寿命。

（省住房城乡建设厅　张洪峰）

测绘科技

【概述】　2011年，全省测绘系统大力推进科技兴测和人才强测战略，把测绘科技创新放在加快测绘事业跨越发展的战略高度统筹谋划和推动，充分发挥国家青年学术带头人等科技人才作用，推进科技团队建设，建立科技创新奖励机制，围绕全省基础地理信息数据库更新、构建数字山东、研发公共服务平台、卫星定位连续运行应用服务等方面的关键技术开展攻关，全面提升全省测绘科技水平。

【科技进展】　2月，山东省卫星定位连续运行综合应用服务系统（简称“SDCORS”）正式投入运行，在网运行的参考站数量达到110个，在全省范围内可以提供统一的、动态的、高精度的空间和时间基准，为政府应急减灾提供测绘保障，为各行各业提供全方位服务。4月，省级1:10000基础地理信息数据采集更新与建库顺利通过验收。该项目利用各种专业数据，采用合理先进的技术路线，突破多项关键技术和建库难题，建立起技术标准、生产更新、数据库、分发服务、质量保证、环境支撑六大体系，建成数据库管理系统，首次实现了3D数字化基础地理信息数据对全省陆域的全覆盖。加快数字城市建设，威海、烟台、聊城、滨州4市先后通过国家验收，项目成果在政府部门和社会公共领域得到了广泛应用，并按照项目建设要求及时归档，实现与国家、省共享。济宁、济南、淄博、泰安先后列入国家数字城市试点或推广计划。截至年底，全省完成或启动数字城市建设的市13个，占全省设区市的76.5%。完成了国家2008年新农村测绘保障试点“基于空间数据的村镇综合信息服务平台建设与示范”项目建设，并通过国家验收。“数字乡镇地理信息综合支撑平台建设及应用示范”项目被列入了国家测绘地理信息局2011年度新农村建设测绘保障试点。省级地理信息公共服务平台（政务版）顺利上线运行，与省水利厅、卫生厅、民政厅、安监局、质监局等多个省级部门交流对接，完成与全省10个市（县）平台的互联互通。大力推进测绘成果目录服务系统建设，完成省级测绘成果网络化分发服务系统建设，创新地建立了成果使用网上申请受理的新模式，完善了成果目录发布制度，定期向社会发布成果目录。项目于1月21日通过专家验收。整合各类应急地理信息资源，理顺生产、研发、成果提供流程，成立专门的应急测绘分队，适应测绘应急保障的需要。主动服务全省抗旱保苗工作，研发了抗旱应急指挥三维辅助决策系统，为省委省政府及时掌握实情、科学决策和调整工作部署提供准确依据。在2011年测绘援疆工作中，布设喀什地区岳普湖、英吉沙、麦盖提三县城区D级GPS控制网，测绘了产业园区26km² 1:1000地形图，采用无人机航测技术制作了城区及两个新农村富民安居工程乡镇74km²正射影像图。

【科技成果与奖励】 2011年，全省测绘单位，特别是规模较大测绘单位及有关高校加大测绘科技经费投入和攻关力度，同时发挥学会、协会的作用，组织省级国土资源和测绘科技成果及测绘优质工程评选，鼓励测绘单位和科研院所开展测绘技术创新，提高科技水平。全年测绘行业共获国家测绘科技进步奖4项，中国地理信息科技进步奖4项，卫星导航定位优秀工程和产品奖1项，省科技进步奖1项，省技术发明奖1项。

精密多波束质量控制体系与数据处理关键技术研发及应用 该项目属海洋调查、海洋测绘和海底科学交叉领域。多波束测深技术代表当代测深领域最新发展的高技术成果，是多传感器复杂集成与数据融合处理的综合系统，我国仍处于研发阶段，系统主要依赖国外产品。软件昂贵、技术封锁，严重制约我国海洋测深事业的发展。为维护我国海洋权益、海洋军事和海洋科学等领域的国家利益、满足自主创新发展迫切需求，开展了系统研究和联合攻关，建立起完整的多波束勘测技术理论体系，自主研发完成成套多波束测深软件系统，解决了多项国际技术难题，打破了国外软件垄断，拓展了多波束数据成果的应用。该项目获2011年全国测绘科技进步二等奖。

中国性别平等与妇女发展地图集编制设计研究 该项目将地图应用在妇女/性别研究中，扩大了地图学的应用领域，为妇女/性别研究提供了一种新的研究手段，推动地图在妇女学、社会学领域的应用，提供了跨学科研究的成功范例。这部《中国性别平等与妇女发展地图集》的编制设计不仅在地图发展史上有所创新，而且在妇女研究史上也具有划时代的重大意义，是一部反映妇女今日面貌和发展历程的重要文献，是妇女研究的综合信息库。《中国性别平等与妇女发展地图集》是我国历史上第一部妇女地图集，在国际上也是第一部反映性别平等的地图集。该项目研究提高了我国性别平等与妇女发展专题地图（集）制图的研究水平，确立了我国专题地图（集）研究在国际制图学领域中的地位。该项目获2011年全国测绘科技进步二等奖。

水下声学定位系统的研制与应用 该项目通过攻克水下声学通讯、海底群目标识别、基于GPS的水下空间定位和水声换能等技术难点，在国内首次研制了一套具有完全自主知识产权的声学定位系统（包括声学应答器、主机和定位解算软件）。经过系统的室内测试、实验以及海上实际定位试验，主要技术指标均优于同类进口设备。自2006年实施批量化生产至2011年底，目前已完成1 500套设备的生产制造，并且成功应用于浅海地震采集项目，解决了水下检波器的定位问题，同时解决了生产急需，取得可观的经济效益和社会效益。该项目获2011年全国测绘科技进步二等奖。

临沂市国土资源数字执法信息系统 该系统以临沂市基础测绘信息为数据基础，利用临沂市

基础地形图、土地利用现状和土地利用规划等空间数据，采用先进的网络编程技术和空间地理信息系统，以临沂市国土资源局内部网络为载体，记录、汇总、统计分析全市违法用地的空间信息，实现执法监察业务的全过程网上流转，为国土资源执法监察管理提供直观快速的决策支持。该项目获2011年全国测绘科技进步三等奖。

多节点协同地理信息公共平台及临沂示范 该项目在国际上首次提出并建立了任务解析分配模型（RAAM）、服务代理模型（SmartSAM）以及一种适用于网络三维模式优化的三维重建方法，攻克了多节点协同的关键技术难题，基于NewMap底层开发了多节点协同地理信息公共平台软件，国内第一次在临沂建立了“1个市级测绘数据主节点+9个县级测绘数据分节点+30个部门专题信息节点”的地理信息公共平台，实现市域全覆盖、总量4.2TB数据的分布式存储、多节点协同、一站式服务，30个部门依托平台建立或扩展了42个专题应用系统，实现了临沂市政务信息化空间支撑全覆盖，并在全国首次建立了政策有保障、技术有手段、落实有机构的平台运行服务的整套长效机制，极大地推动了地理信息资源的共享服务水平。该项目获2011年中国地理信息科技进步奖一等奖。

数字临沂地理空间框架建设及应用示范 该项目构建了多节点协同的地理信息公共平台，突破了原有的1个节点的地理信息公共平台，探索了多节点分布式地理信息公共平台建设的技术路线，为我国其他城市提供示范。该项目获2011年山东省国土资源厅第六届山东省国土资源科学技术奖一等奖。

【科技人才队伍建设】 加强人才队伍建设，优化人才队伍结构，充分发挥省内高校的科技力量，加强人才引进与培养，不断提高专业技术人员比例和水平。2011年，全省测绘行业共有中高级专业技术人员4 756人，占从业人员总数的49.4%，系统专业技术人员占队伍总数的80%以上，引进高级人才2名、院校专业技术人才16名。积极组织30多人次参加国家测绘地理信息局举办的地理信息生产、地图编制、地图审校等方面的标准培训，对全省测绘资质单位近800人开展SDCORS系统应用技术培训，提高了测绘标准和先进生产技术贯彻普及水平。全省有251人在全国首次注册测绘师资格考试中取得注册测绘师资格。组织队伍参加“中测新图杯”第二届全国测绘地理信息行业职业技能竞赛，1人获个人成绩第三名，1人获“全国测绘行业技术能手”荣誉称号。10月，山东测绘学会和山东省测绘行业协会主办“南方测绘杯”山东省第五届大学生测量技能比赛，强化了在校大学生的测绘专业技能，促进了全省高校测绘专业教学的发展。省内高校依托国家自然科学基金、863计划课题、山东省中青年科学家奖励基金等科研基金，锻炼出一批优秀的测绘科技工作者，全省测绘科技队伍整体规模和素质不断提高。

（省国土资源厅　郭正鑫）

环保科技

【环保科研】 2011年，省自主创新成果转化重大专项环保类立项项目5项，补助资金1 600万元，是历年来立项最多、补助资金最多的一年。省级环保产业技术研发资金补助1 500万元，支持48项环保产业研发项目。省环保厅组织12个环保科研成果鉴定和验收结题，其中4项达到国际先进以上水平。全省环保科研成果获国家环境保护科学技术奖二等奖1项、三等奖4项，省级一等奖8项、二等奖19项、三等奖18项。其中，20项环保科研成果获省科学技术奖，5项获国家环境保护科学技术奖，25项获山东省环境保护科学技术奖获奖项目见表。

表　　2011年度山东省环保行业获国家及省级科技奖励主要项目

奖　项	项目名称	完成单位	完成人
国家环境保护科学技术二等奖	SJA1550双辊置换压榨挤浆机	汶瑞机械（山东）有限公司	曹　钦　陈永林　王　涛　王永金　于佃梅　陈全兵　张立勋　李春梅　胡学松
国家环境保护科学技术三等奖	高效快速清洁制浆法	山东金山环保科技有限公司	张承绍　张学军　周　俊　张学民　王　欢
	基于环保监测网及数字表实现自动控制的干法脱硫工艺	碧水蓝天环境工程有限公司	朱学智　蒋和团　郭英强　张彪元　郭效森
	山东省生态环境监测指标体系研究	山东省环境监测中心站	宋沿东　田贵全　曹惠明　孟祥亮　李　晶
	制浆造纸工业水污染物排放标准研究	山东省环境保护厅、山东省环境保护科学研究设计院、中国环境科学研究院	张　波　谢　刚　史会剑　武雪芳　谢　锋
省环境保护科学技术一等奖	山东省中小城镇污水处理技术与模式研究	青岛理工大学	程丽华　刘长青　边兴玉　安红金　康兴生　武鹏崑　刘如玲　刘　浩　吴　涛　毕学军
	制浆造纸废水深度处理回用技术工程示范和基地示范	山东省环境保护科学研究设计院	刘　勃　洪　卫　季华东　苏　颖　庄会栋　王君云
	山东省生物多样性评价研究	山东省环境监测中心站、山东省环保厅自然生态保护处、山东师范大学生命科学学院、山东省野生动植物保护站、山东省淡水水产研究院	田贵全　宋沿东　吴松民　刘　强　宗雪梅　张学杰　耿德江　曹振杰　孟祥亮　曹惠明
	氧化镁湿法烟气脱硫和回收水合硫酸镁新工艺及工业示范工程研究	济南市环境保护科学研究所、清华大学、山东绿盾环保工程有限公司、肥城矿业集团	张战朝　马永亮　汪黎东　韩道汶　刘美芹　徐康富　杜世勇　冯相华　范　成　高永进　刘　红　刘吉卫
	山东省地表水环境功能区划研究	山东省环境保护科学研究设计院	慕金波　杜廷芹　孙　娟　吕培茹　杨慧春　孔立志　曹华英　杜金辉　翟桂元
	兖州矿区环境友好模式研究与示范	兖矿集团有限公司、中国煤炭加工利用协会	石学让　冯　腾　田丰泽　陈聚武　杨继贤　苗素军　骆念海　张绍强　王玖明　谭　杰
省环境保护科学技术二等奖	山东滨海湿地污染控制与生物修复技术研究	山东省环境保护科学研究设计院	边兴玉　刘　勃　洪　卫　苏　颖　孙景宽　孙同秋　季华东　庄会栋　贾洪玉
	稀土永磁絮体分离机	山东华特磁电科技股份有限公司	刘　梅　贾洪利　陈　雷　刘风亮　孙永宝
	循环流化床锅炉配烧驰放气技术工业应用	兖矿鲁南化肥厂	杜彦文　宋　燕　杨贵州　杨军红　隋广科　杭海林　宋　植　郑朝晖　刁　宏　张　岭　周　清　张永祥
	济南市大气颗粒物细粒子（PM2.5）数值预报研究与应用	济南市环境保护科学研究院	侯鲁健　刘文利　吕　波　刘玉堂　田　勇　孙凤娟　李　敏　何　涛
	济南近郊土壤污染现状及污染物迁移转化规律研究	济南市环境保护科学研究院	邓保军　董　捷　马海丽　战锡林　马保民　张学涛　林　勇
	废钻井泥浆环保处理技术开发与应用	东营顺通化工（集团）有限公司	燕文广　周奇军　周宝全　郑　越　马春茂
	污水生态处理人工湿地植物净化功能及湿地园林景观设计研究	山东建筑大学	鲁　敏　李　成　冯兰东　高　凯　郭　振　程正渭　宁　静　裴翡翡　孙晓红　杨义飞　徐　扬　谢　冰
	苦咸水CARIX净化技术研究	山东建筑大学	许　兵　王　琳　谭凤训　黄　敏　王久妹　崔岩菲
	日照市城区环境空气质量预测与容量控制方法研究	日照市环境保护科学研究所	陈亚琳　刘贤宏　黄西宏　王清芬　裴华东

续表

奖　项	项目名称	完成单位	完成人
省环境保护科学技术三等奖	NHD复用及废水环保处理技术工业示范	兖矿鲁南化肥厂、华东理工大学	陈爱忠　颜　芳　孙中耀　金锡标　刘　杰　蔡兰坤　夏水林　娄兰亭　窦怀云　徐宏勇　于海水　周思辰　周　清　孙淑杰　张永祥
	北方地区河流分段式蓄水水体富营养化调查研究及风险防范措施分析	临沂市环境保护科学研究所	王立兴　许　庆　赵凤忠　李明明　满亚丽　冯学岭　何玉峰　李立伟　张丽华　王伟锋
	薄煤层半煤岩综掘工作面螺旋风幕与高效湿式过滤除尘系统	兖州煤业股份有限公司、山东科技大学、长治市赢盛科技开发有限公司	李树荣　郝迎格　周　刚　刘仁智　程卫民　马　旭　王　旭　于岩斌　张连锋　郑　旋　徐晨如　暴晓庆
	造纸污泥资源化及制砖工艺技术研究与应用	德州华北纸业（集团）有限公司	赵德智　谢兴华　赵　军　纪玉华　谢振东　尹　坤　赵俊杰　曲安东
	基于输入响应关系的傅疃河流域污染防治规划研究	日照市环境保护科学研究所	黄西宏　孙　雯　郭和民　丁明明　李　华
	一种基于循环流化床锅炉烟道的再脱硫方法	碧水蓝天环境工程有限公司	朱学智　蒋和团　郭英强　刘永胜
	煤泥锅炉烟气脱硫除尘技术研究与应用	山东华聚能源股份有限公司、洛阳市天誉环保工程有限公司	刘学冰　郝敬武　史选增　徐秀国　陈美玲　苗因德　王洪涤　杨继贤　付从伟　秦兴中　赵作明　秦延忠　张素燕　袁祥燕　尉永波
	循环流化床锅炉脱硫用石灰石检测方法研究及应用	山东华聚能源股份有限公司、山东大学能源与动力工程学院	刘学冰　程世庆　苗因德　徐秀国　牛宪峰　张兴顺　张士海　王　斌　付从伟　杨继贤　张素燕　李学明　杜希禄　刘　丽　周忠鲲
	煤层自燃液态二氧化碳防灭火技术	兖州煤业股份有限公司、西安科技大学	王振平　郝迎格　文　虎　王洪权　马　砺　马　旭　肖　旸　宋先明　翟小伟　王　旭　张辛亥　于晓波
	环境空气检测采样吸收瓶抗逆通装置	烟台市环境监测中心站	毕国明　贺戈羽　栾永胜　周克辉　张春梅　孙爱芹　刘乃芝　刘建慧

“十二五”山东省经济社会发展若干重大环境瓶颈问题解析工作取得显著进展，解析瓶颈问题71项，提炼科技需求46项，形成《山东省经济社会发展中的若十重大环境瓶颈问题解析工作报告》等，初步与省财政厅、省科技厅建立重大环境瓶颈问题解析工作战略合作联盟。山东省环保物联网应用项目建议书和可行性研究报告获环保部认可，环保物联网应用示范工程方案通过国家发展改革委专家论证，并于8月24日获得国家发展改革委和财政部的正式批复。山东省淮河流域环境与健康工作取得阶段性成果。提炼南四湖水专项的科技成果并向全省推广，完成了“十二五”水专项“徒骇河、马颊河流域水污染防治与水质改善技术集成与综合示范”课题实施方案的编制工作并通过了国家论证。

【环保标准】　2011年，颁布实施《山东省环境友好型产品技术要求　本色食品包装纸》（DB37/T1862－2011）、《山东省环境友好型产品技术要求　本色可降解餐饮具》（DB37/T1863－2011）、《山东省环境友好型产品技术要求　坐便洁身器》（DB37/T1864－2011）、《山东省废塑料资源化行业污染防治技术政策》（DB37/T1865－2011）、《山东省环境友好型产品技术要求　静电植绒地毯》（DB37/T1876－2011）、《山东省氧化铝工业污染物排放标准》（DB37/1919－2011）、《山东省铅蓄电池工业污染防治技术规范》（DB37/T1931－2011）、《山东省点燃式发动机在用轻型汽车排气污染物排放限值》（DB37/657－2011）、《山东省压燃式发动机在用轻型汽车排气烟度排放限值》（DB37/1945－2011）、《山东省环境友好型产品技术要求　燃煤型消烟除尘立式锅炉》（DB37/T1987－2011）、《山东省环境友好型产品技术要求　燃煤型消烟除尘锻造窑炉》（DB37/T1988－2011）、《山东省固定源大气颗粒物综合排放标准》（DB37/1996－

2011）等12项地方环境保护标准。

【循环经济】 6月28日，临沂经济开发区、阳谷祥光铜业科技园获得国家环保部、科技部和商务部的正式批复，建设国家级生态工业园区。2011年，开展创建山东德力西再生塑料工业园区、临沂经济技术开发区、龙口经济开发区、新泰经济开发区、德州经济开发区、滕州经济开发区、青岛经济技术开发区、济南高新技术产业开发区、信发集团、山东泉林纸业有限责任公司10家省级生态工业园区。其中，临沂经济开发区、新泰经济开发区、山东德力西再生塑料工业园区的省级生态工业园区规划已通过论证并获准建设。

【环保产业】 2011年，全省有1 400多家企事业单位专营或兼营环保产业，从业职工总数20万人，全省环保产业年工业销售产值1 100亿元，年增长率20%左右。其中，资源循环利用630亿元，环境保护产品205亿元，洁净产品185亿元，环境服务业80亿元。推进污染治理设施运营社会化、市场化、专业化工作，全省有社会化运营单位183个，举办了10期污染治理设施运营培训班，培训设施运营技术管理、操作人员975人。

【科普宣传】 6～8月，省环保厅联合山东农业大学举办山东省大学生千乡万村环保科普行动。有20只小分队、200多名志愿者奔赴山东省17市进行环保科普宣传活动，张贴《农村环保科普知识》挂图5 000余张，发放《化肥使用环境安全技术导则》宣传册5 000余本、《农药使用环境安全技术导则》宣传册5 000余本，惠及群众数目达4万余人。活动对50个重点村庄进行环境污染现状调查分析，发放调查问卷2万余份。山东环境科学学会被中国环境科学学会评为“2011年大学生志愿者千乡万村环保科普行动优秀组织单位”。6月3日，在济南泉城广场举行“山东省暨济南市纪念‘六五’世界环境日大型宣传活动”，省委常委、副省长孙伟，济南市委副书记、市长张建国，省政府副秘书长张德宽，省环保厅厅长张波等领导出席活动。举办“第5届让江河湖泊休养生息学术研讨会”，来自山东大学等院校和科研单位的专家学者以及省环保厅、省南水北调工程建设管理局、济宁市、枣庄市政府各级相关政府部门和部分示范企业的约100多名代表参加了会议。开展第三届“环保科普创新奖”的申报与初选工作，由山东环境科学学会推荐，山东环境影视中心制作的音像制品类作品《彩色梦》动画片获“第三届环保科普创新奖”二等奖。

（省环境保护厅　张希洲　纪　霞）

出入境检验检疫科技

【概述】 中华人民共和国山东出入境检验检疫局（简称山东检验检疫局）是国家质量监督检验检疫总局（简称国家质检总局）设在山东地区的直属涉外行政执法机构。负责山东地区出入境卫生检疫、动植物检疫和进出口商品检验、鉴定、认证和监督管理，实行垂直管理的体制。山东检验检疫局是国家质检总局确定的全国检验检疫系统管理型直属局之一，内设16个行政处室，11个直属企事业单位，下辖23个分支局（其中青岛、济南、烟台、黄岛检验检疫局为副厅级局）和18个办事处，现有在职干部职工4 300余人，辖管山东省12个沿海一类口岸、4个开放空港。截至2011年底，山东局辖管分支机构、人员、开放口岸均位列全国检验检疫系统第二位。检验检疫实力雄厚，基础设施完善，技术装备先进，全省系统固定资产总值22.5亿元，拥有20个国家检测重点实验室，11个区域性中心实验室和6个合资合作实验室，累计具备检测能力的产品类别800余类。山东局先后被国家质检总局评为实验室认可/计量认证转换先进单位，被中国实验室国家认可委员会授予“实验室国家认可杰出贡献奖”，在历次“科技兴检奖”评比中，获奖数量和等次位居直属局前列。

2011年，山东省外贸进出口总值2 300亿美元，山东检验检疫局共检验检疫出入境货物141万批、1 687.9亿美元，同比分别增长11.1%和29.3%，货值、批次分列全国系统第3、第5位，覆盖率74%。出口产品质量明显提升，其中出口法检工业产品被国外通报数量同比下降25%；出口食品被国外通报数量占全国比重由2010年的34.05%下降至上年的28.6%，减少5.45个百分点，特别是出口花生被国外通报数量同比下降19%。进境执法把关成效明显，检出进口不合格货物21 694批、266亿美元，其中检出进口不合格工业品10 479批，货值167.2亿美元；截获进境各类动植物疫情30 662批次，其中检疫性有害生物5 847种次，9种次检疫性有害生物是全国首次检出。完成出入境人员查验401万人次，体检中发现各种病例38 161例，其中传染病421例。检疫出入境船舶26 835艘次，出入境飞机19 734架次，出入境集装箱552.2万标箱，卫生除害处理71万标箱；积极应对日本核泄漏事故，对来自日本的368架次飞机、330艘次船舶、41 348人次实施入境放射性检测。

2011年，编制发布《山东检验检疫局“十二五”科技工作发展规划》，明确“十二五”期间山东检验检疫系统科技发展的目标和任务，进一步增强对全省系统科技工作的宏观指导和规划管理。

【科技标准化】 2011年，全省出入境检验检疫系统获得省部级以上科研项目28项，其中包含首次承担国家自然科学基金1项。获2011年度质检总局科研立项计划24项，立项总数位居全国各直属局第一名。获2011年度检验检疫行业标准立项计划44项，立项总数居全国各直属局第三名。加强基础培训，在全省系统连续举办科研制标培训班，累计培训700余人次。加强进度检查和质量审查，对121项科研标准项目进行进度督查，对72项标准草案进行预审。全面升级全省标准和科技信息文献查询平台，累计提供标准11 203余件，外索购买标准6 152件。

【实验室建设】 2011年，完善全省检测重点实验室规划和建设，新增再生资源和农产品检测2个国家检测重点实验室，重点实验室总数26个，名列直属局第三。科学论证全省区域和常规实验室规划布局，组织全省业务处室和实验室专家，分专业对实验室规划布局进行论证，初步规划区域实验室47个，常规实验室51个，基层实验室技术支撑能力得到加强。

重大突发安全事件应对 针对“瘦肉精”和台湾“塑化剂”事件，及时开展全省能力验证和实验室比对，在短时间内强化实验室检测能力，为监管部门执法把关提供依据。针对日本核泄漏事件，山东检验检疫局国家放射性检测重点实验室启动应急机制，对空气、海水、进出口食品开展严密监测，为综合分析山东海域受核污染情况提供数据支持。欧洲出血性大肠杆菌疫情爆发后，在较短时间内攻克和掌握了肠出血性大肠杆菌O104:H4检测技术，为成功防控疫病疫情的流入提供技术支撑。

三大检测服务平台 推动蓝黄经济区检测基地建设，建成“以省局技术机构为核心、各分支技术机构为补充”的检测服务平台网络体系，鼓励各分支局主动参与地方检测服务平台。筹建蓝黄经济技术研发基地，将青岛生物安全研发基地纳入青岛市蓝色经济区建设规划；筹划在青岛建设全国首家轮胎湿地抓着性能和滚动噪声场地测试基地。打造蓝黄经济技术服务基地，成为山东海事部门“固体散装货物适载性能”指定的唯一取样及检测机构、山东省公安机关打击“地沟油”专项行动指定检测机构、海关缉私部门合作检测机构和青岛市工商局流通环节市场商品质量检测单位。9月，山东检验检疫局“纺织品质量安全检测研发公共服务基地”被纳入山东省首批大型科学仪器设备资源共享检测研发公共服务基地。

实验室管理 强化全省实验室资质认定和认可工作的监督，2011年完成11家食品检测实验室复评工作，占全省实验室总数的58%。加大能力验证开展力度，组织全省实验室参加国际能力验证36项，国内能力验证27项。举办4期专业培训班，共培训166人。

实验室联盟建设 组织淄博局和检科院分别参与国家陶瓷检测重点实验室联盟、国家大型检测仪器设备创新技术联盟的组建。6月，淄博局参与的陶瓷联盟获得总局的批准建立。

【科技成果与奖励】 2011年，全省出入境检验检疫系统共完成各类科研成果222项。其中，11项成果达国际领先水平，43项成果为国际先进水平，84项成果达国内领先水平，60项成果达国内先进水平；12项成果获质检总局2011年“科兴检奖”，获奖总数位居直属局二名；134项成果获2011年度山东检验检疫局科技进步奖。推荐山东检验检疫局4项优秀科技成果参加中国·海峡项目成果交易会，受到广泛关注；推荐山东省检科院作为质检科技创新基地评选，争取获得总局科技成果转化支持。

入境重要资源性商品检验技术研究 该课题获国家质检总局2011年度“科技兴检奖”一等奖。通过对入境重要资源性商品的基础统计学描述的研究，建立检测指标试验数据适合的数据特征描述体系，实现入境重要资源性商品检测指标稳健统计分析描述及关键参数的模拟重复取样理想估计。在此基础上，应用多元统计方法，满足开展入境重要资源性商品风险分析工作中所遇到的复杂、多元变量组份样品对数据结果提出各种要求，突出入境重要资源性商品的特征描述、成因解释及关键指标预测模式，为试验结果的分析、评估，产品质量的差异、变化提供准确、可靠的分析结果，实现危害性风险的定量分析。通过本课题研究，可以建立入境重要资源性商品的风险分析体系，为入境重要资源性商品的风险分析工作提供技术支持。

牙鲆弹状病毒的病原学研究、快速检测方法的建立及疫情普查 该课题获国家质检总局2011年度“科技兴检奖”二等奖。首次从石鲽鱼中分离到牙鲆弹状病毒，命名为牙鲆弹状病毒山东株，对其理化特性、生物学特性进行了鉴定。测定牙鲆弹状病毒山东株的全基因组序列，并进行了与其他弹状病毒的序列比较与分析。建立HRV的分子生物学快速检测方法，包括RT-PCR、实时定量RT-PCR及环介导等温扩增快速检测方法，快速准确。在制备牙鲆弹状病毒单克隆抗体的基础上，建立了HRV的夹心ELISA检测方法。利用建立的病毒分离、RT-PCR、实时定量RT-PCR、环介导等温扩增及ELISA检测方法，对国内主要海水养殖鱼类样品进行监测，为HRV提供了流行病学的调查数据。

日用陶瓷铅镉溶出浸泡室自动加液装置及配套设施的研制 该课题获国家质检总局2011年度“科技兴检奖”三等奖。课题研制的一套自动化日用陶瓷铅镉溶出量检测前处理设备，实现了检测浸泡自动加液系统的精确配酸、自动定位定容加液、废酸液自动中和、自动排放、自动温度控制、自动酸雾排放等功能，将有效提高检测效率和准确性，降低劳动强度，减少对人体健康危害和环境的污染，填补了国内外同类研究的空白，在陶瓷检测领域达到国际领先水平。

国境检验检疫实验室网络体系构建与共享平台建设 该课题获国家质检总局2011年度“科技兴检奖”三等奖。课题建立了一套科学的检验检疫实验室网络体系建设模型。发布实施《检验检疫仪器设备管理办法》；形成检验检疫实验室管理标准化体系框图，纳入检验检疫标准体系；形成系列实验室管理通用标准、实验室综合管理标准，专业技术实验室管理标准。建立一套科学、高效、实用的检验检疫实验室能力建设及评估体系，实现检验检疫实验室能力评估的自动分析。建立实验室投入评价系统、实验室绩效评价系统、实验室仪器设备动态监控系统，开发设计检验检疫实验室投入评价和绩效考核系统。利用信息化手段实现检测资源共享，为检验检疫系统整合实验室检测资源和优化检测资源的配置提供一套切实可行的实现方案。提出检验检疫实验室运行机制的探索性蓝图。

大樱桃苹果蠹蛾等检疫性有害生物解禁措施及检测技术研究 该课题获国家质检总局2011年度“科技兴检奖”三等奖。课题首次对大樱桃中苹果蠹蛾的除害处理方法进行系统研究，采用实验室熏蒸试验，确定溴甲烷熏蒸剂杀灭苹果蠹蛾的常压熏蒸温度、浓度和时间等技术指标；首次将实验室熏蒸试验结果应用于熏蒸库熏蒸大樱桃，确定出对大樱桃品质无明显影响的最佳处理温度、浓度和时间技术指标；根据苹果蠹蛾线粒体COI基因序列设计引物和探针，对苹果蠹蛾及其相似种进行实时荧光PCR检测。该技术可快速准确地鉴定苹果蠹蛾，为检疫性害虫苹果蠹蛾的

检疫提供了一种新的方法。

应用气相色谱-串联质谱和液相色谱-串联质谱等先进技术建立高灵敏度、高选择性的农兽药残留检测平台　该课题获国家质检总局2011年度“科技兴检奖”三等奖。课题采用NCI电离、PTV进样技术，建立了水果和蔬菜中103种农药残留量的GC-MS检测方法、水果和蔬菜中82种农药残留量的GC-MS-MS检测方法；建立了动植物源性食品中阿维菌素、伊维菌素、多拉菌素、莫西菌素、乙酰氨基阿维菌素等5种阿维菌素类药物和地克珠利、妥曲珠利、妥曲珠利砜、妥曲珠利亚砜等4种均三嗪类药物及其代谢物残留的高效液相色谱-串联质谱分析方法，正负离子一针进样，获得理想的灵敏度和分析效率。课题的研究成果，建立完善了利用GC-MS、GC-MS-MS和LC-MS-MS技术对农兽药残留进行分析的高灵敏度、高选择性的检测平台，可同时快速进行多种农兽药痕量残留的分析，满足不同国家限量要求。

日用消费类产品中有毒有害化学物质关键分析检测技术研究　该课题获国家质检总局2011年度“科技兴检奖”三等奖。课题创造性的提出无水硫酸钠净化消除基质干扰技术，提高了检测方法的特异性和灵敏度。研究开发了简单实用的含有害物质的高分子材料标准样品的制备方法，解决了相应检测领域普遍存在的阳性样品制备难题。针对尚无检测方法的5大类材质的日用消费品中的9类有毒有害物质，新建12项具有原始创新型的检测技术方法和标准，填补了消费品相关检测领域的空白。该研究建立的检测技术已制定完成10项行业标准，可在检验检疫、技术监督、行业质检中心、检测服务机构、企业等领域广泛应用。

NASBA、RCA、HDA等一系列非基于PCR的烈性食源微生物新型核酸扩增技术研究及其应用　该课题获国家质检总局2011年度“科技兴检奖”三等奖。课题构建依赖解旋酶DNA恒温扩增（HDA）技术，并成功用来快速检测食品中沙门氏菌、大肠埃希氏菌O157：H7、副溶血性弧菌、单核细胞增生李斯特氏菌、志贺氏菌等烈性食源微生物。构建依赖核酸序列的恒温扩增（NASBA）技术，并成功用来快速检测食品中霍乱弧菌、副溶血性弧菌、创伤弧菌、沙门氏菌、大肠埃希氏菌O157：H7、单核细胞增生李斯特氏菌、志贺氏菌、金黄色葡萄球菌等烈性食源微生物。构建滚环扩增恒温扩增（RCA）技术，并成功用来快速检测食品中副溶血性弧菌、小肠结肠炎耶尔森氏菌等烈性食源微生物。构建切刻内切酶核酸恒温扩增（NEMA）技术，并成功用来快速检测食品中霍乱弧菌、创伤弧菌、沙门氏菌、大肠埃希氏菌O157：H7、单核细胞增生李斯特氏菌、志贺氏菌、金黄色葡萄球菌等烈性食源微生物。构建链置换恒温扩增（SDA）技术，并成功用来快速检测食品中肠炎沙门氏菌、大肠埃希氏菌O157：H7、副溶血性弧菌、单核细胞增生李斯特氏菌、霍乱弧菌、志贺氏菌、小肠结肠炎耶尔森氏菌等烈性食源微生物。构建环介导恒温扩增（LAMP）技术，并成功用来快速检测食品中霍乱弧菌、白色念珠菌、肉毒梭菌、阪崎肠杆菌、产棒曲霉毒素真菌、产单端孢霉烯族毒素真菌等烈性食源微生物。构建PCR-胶体金层析试纸检测法检测技术，并成功用来快速检测食品中沙门氏菌、大肠埃希氏菌O157：H7、副溶血性弧菌、霍乱弧菌、“超级细菌”“超级细菌”NMD-1大肠杆菌等烈性食源微生物。

基于HPLC-ICP-MS技术分析动物源性食品中砷制剂残留表征和标示物的研究　该课题获国家质检总局2011年度“科技兴检奖”三等奖。课题以形态分析为主要研究手段，改进了检测动物源性食品中洛克沙砷、阿散酸和硝苯胂酸方法（HPLC-ICP-MS）中的前处理技术；建立了同时分析动物源件食品中7种砷形态的检测方法（HPLC-ICP-MS）；延展应用建立了食品中6种砷形态的检测方法（HPLC-ICP-MS）；较为系统地对砷制剂及其在动物体内的代谢物进行研究，确定动物体内各组织中砷制剂及其代谢物的残留表征和残留标示物，填补了国际国内该领域研究的空白。课题研究成果应用于威海振威畜禽有限公司等8家畜禽饲养企业，有效指导企业对砷制剂的监控使用，确保了砷形态检测结果的准确性，提高了企业的自检能力，使企业新增产值1 070万元。

食品中八种环境雌激素和六种禁用合成着色剂检测方法的研究　该课题获国家质检总局2011年度“科技兴检奖”三等奖。课题研究建立了水产品和肉制品中八种雌激素化合物的气相色

谱质谱法和液相色谱串联质谱法两种方法，灵敏度高、准确可靠，可满足不同层次检测机构的需求。研究建立的六种禁用合成着色剂检测方法，填补了食品中六种禁用着色剂的检测空白，使我国对食品及农副产品中禁用着色剂的检测技术提高到国际水平。

妇女儿童用品安卫环项目确立及动态跟踪体系研究 该课题获国家质检总局2011年度“科技兴检奖”三等奖。课题通过对发达国家和地区的妇女儿童用品中安卫环项目相关技术法规、标准实时跟踪与分析，建立我国妇女儿童用品安全、卫生、环保指标体系；首次建立了重点、敏感指标体系以及质量指标动态跟踪体系。该课题在妇女儿童用品安卫环项目确立及动态跟踪体系研究方面达到了国际先进水平。

出口肉类食品硝基呋喃类药物残留问题分析与防空措施研究 该课题获国家质检总局2011年度“科技兴检奖”三等奖。课题首次建立了山东出口肉类备案养殖场用兽药和肉制品出口企业所用辅料动态数据库；首次实验分析了偶氮甲酰胺分解产生呋喃西林代谢物的相关性，优化了偶氮甲酰胺的检测方法；首次实验分析了次氯酸钠、酒精等因素对禽肉产品中呋喃西林代谢物检测结果的影响；首次通过检测实验、动物饲养实验以及阳性结果案例分析，全面总结出口动物源性食品中硝基呋喃代谢物残留产生的原因以及干扰呋喃西林代谢物检测结果的因素，提出对出口肉类食品硝基呋喃类药物残留综合防控措施，完善了出口动物源性食品残留监控体系，有效控制出口肉类产品硝基呋喃类药物及其代谢物污染问题。

【科技人才队伍建设】 修订发布《山东检验检疫系统学科带头人选拔管理办法》和《山东检验检疫系统学术技术骨干选拔管理办法》，在全省系统选拔24名学科带头人和64名学术技术骨干，举办学科带头人专业技术培训系列讲座，全省系统累计1 600余人次报名参加培训。

（山东出入境检验检疫局　于立欣）

海关科技

【科技项目】 2011年，完成全国海关H2010工程核心项目综合业务管理平台的开发工作，并在青岛海关试点成功，将在全国海关逐步推广运行。调集关区30余名技术骨干组成开发团队，集中工作10个月，编写程序文件7 000多个、程序代码60万行，开发工作得到海关总署鲁培军副署长等领导的高度评价。10个关级项目的开发进程有序推进。党建平台、关区监管袋管理系统、净菜预订系统已上线运行，青岛前湾保税港区信息化管理系统等7个项目，按既定进度完成了年度项目开发任务。

【信息化基础设施建设】 2011年，完成信息系统中心机房扩建改造。按照国家B类和海关信息系统4类机房标准设计，采用智能型精密配电、ATS等先进技术，打造安全、稳定、节能的中心机房。通过先建设后迁移、分步实施、滚动施工的方法，完成基础系统改造和242台设备的平稳迁移。信息系统基础服务初步实现随需而动。服务器和存储等系统资源整合工作进一步推进，彻底改变过去按应用系统配置服务器的方式，采用12台高性能服务器组成184核CPU、600G内存的系统资源池，为信息化应用系统提供集中的服务，既提高效率和稳定性，又节省了资源，虚拟机数量107个。客户端虚拟化测试工作取得突破性进展，为关区业务现场客户端微机“一机多网”创造了条件。

【科技保障】 2011年，健全信息系统运行保障措施，信息系统济南容灾中心技术基础工作基本完成。建成后可用报文传输平台，大幅提高了关区通关作业和物流监控数据传输的稳定性，确保了新舱单、H2000预定等关键业务系统的连续运行。健全运维制度，形成“安全检查、隐患排查、总结分析、提前防控”的运维管理机制。规范运行维护流程，实现热线电话和系统双路接单、一站式服务，通过“先用备机恢复运行、事后检查维修”的方法，较好解决了故障维修与作业连续性之间的矛盾。全年处理维修单3 900多条，系统反馈满意率100%。保障视频会议27次，节省办公经费约210万元。做好青岛海关开发项目在全国海关的推广和运维支持工作，有力保障了信息系统的正常运行。全面推广应用客户端安全体检。根据隐患级别，自动对客户端实施提醒、警告、隔离、阻断。建立关区网络设备统一认证服务，继续开展关区客户端微机季度安全扫描工作。全年查杀病毒9 873次，比上年降低13.6%，海关内网微机安全合格率提高到99.83%，据总署通报统计，青岛海关年内实现内网信息安全高危零事件、有害程序零事件。

（青岛海关　刘光晨）

气象科技

【科技进展】 2011年，综合气象观测与网络系统不断完善。建成东营、蓬莱风廓线雷达，完成石岛、东营港海洋水文气象观测站和沿海8个船舶站以及部分海岛站改建任务。新建自动土壤水分观测站44个，开展设施农业气象观测站网与实景观测系统建设。完成石岛太阳射电望远镜系统建设，与太阳光球色球望远镜系统一并投入业务运行，为天宫一号和神舟八号顺利发射提供观测数据及保障服务。完成中国气象局卫星广播系统接收站（CMAcast）县级台站安装运行、省-县3G备份线路建设、省级移动气象台双星通信改造、综合气象信息共享平台系统安装调试等工作。全省综合气象观测系统运行监控平台投入业务运行，建立省市两级远程视频装备维修指导系统，建成省级自动站移动标校系统，完成风洞升级改造，开展市级计量检定系统建设试点。

2011年，气象预报预测能力不断提升。组织实施中国气象局3项现代天气业务及4项现代气候业务发展与改革试点工作。制定海洋气象预报业务规定、短时临近预报岗位职责规范和业务流程，提高了海洋天气预报精细化水平。配合国家气象中心开展精细化要素预报业务支撑系统（FUSE）的应用试验和改进，构建省级数值预报解释应用业务框架，建立中尺度分析业务支撑系统，建设短时临近预报系统（SWAN）省市应用平台，局地分析预报系统（LAPS）实现省市实时共享。完成动力与统计集成的汛期气候预测系统、气候信息交互显示与分析平台、极端气候事件监测业务系统。

【科技计划】 2011年，“渤海海效应暴雪的多尺度作用机制及预报技术研究”“超级单体风暴结构和中气旋参数差异性研究”2个项目成功申报国家自然科学基金项目。“北上台风与中纬度系统相互作用的研究”“山东半岛强对流天气的风廓线仪资料应用分析”和“鲁中山区秋季连阴雨环流分布特征”3个项目成功申报2012年中国气象局预报员专项项目。“山东海上大风精细化预报技术研究”被列入2011年山东省科学技术发展计划项目。“灾害性天气监测预警平台”升级完善并投入业务运行。“黄渤海高影响天气预报中的关键技术研究”和“设施农业气象灾害预警及防御关键技术”两个国家公益性行业（气象）科研专项研究进展顺利。完成“山东省短时强降水天气的中尺度分析研究”“山东暴雨影响系统的空间结构特征与落区研究”“济南市暴雨研究及典型疑难个例分析”3项中国气象局预报员专项课题研究。完成中国气象局“船舶站基本构成技术设计与应用”与“山东近海下垫面对风场影响及订正系统研究”两项关键技术集成与应用项目研究任务。

【科技成果及选介】 2011年，全省有24项科研课题分别通过了由中国气象局、山东省科技厅和山东省气象局组织或委托的验收、鉴定工作。其中，3项达国际先进水平，6项达国内领先水平，3项达国内先进水平。“现代农业气象保障服务系统研究”和“渤海海峡大风精细化预警服务系统研究开发”分别获省科技进步二、三等奖。年度共发表科技论文386篇，其中SCI（SCIE）、EI收录2篇，核心期刊上发表论文108篇。

火箭作业方法研究 该项目为2009年山东省气象局重点科研项目，于2011年完成项目研究并进行鉴定。项目根据梯度输送理论，采用迎风作业方法，对以碘化银浓度10L−1为阈值确定的有效播云区进行数值模拟，得到了BL和W系列人工增雨火箭发射优化射击方案。应用湍流扩散的基本规律，论证了湍流扩散系数、最大扩散半径、有效播云面积等关系，得出迎风发射2发或3发火箭弹可达到最佳播撒效果的结果，对火箭人工增雨作业具有明显指导作用。优化的射击方案已编入地市级人工影响天气业务技术系统。该方法已获国家发明专利授权。

中尺度对流系统的多普勒雷达特征研究 该项目为2006年山东省气象局重点科研项目，于2011年完成项目研究并进行鉴定。项目利用新一代多普勒雷达资料，统计分析了116个线状中尺度对流系统的年和月分布特征、典型尺度、典型回波强度，初始回波出现时间、持续时间、移动速度和方向、发展后期回波演变特征、类型等。统计了初始回波出现源地；统计分析了线状中尺度对流系统演变过程回波合并特征，及其在对流系统演变过程中的重要作用；统计分析了弓状回波发生发展特征、形成弓状回波的初始回波特征。统计表明，约63%的弓状回波过程存在合并作用，合并过程出现在弓状回波形成阶段和演变阶段，合并作用对于弓状回波的产生、发展加强都起到重要作用。

山东半岛冷流降雪的空间分布型及其产生机制研究 该项目为2008年山东省气象局重点科研项目，于2011年完成项目研究并进行鉴定。项目利用降雪资料和天气图普查1971～2008年期间所有冷流降雪天气过程，研究冷流降雪的时间和空间分布特征，并统计分析此类暴雪的时空分布特征。分析暴雪个例的环流背景，给出500、700、850hPa等对流层中低层的风场、温度场形势特征。基于多普勒天气雷达产品和降雪实况资料，研究山东半岛冷流降雪的空间分布特点，首次将冷流降雪分为四种空间分布型：L型，单线型，双线型和宽广型，并分析每一种类型的降雪分布特点和雷达径向速度、风场等特征。分析地形影响、天气形势、850hPa风场特征，并采用EVAP反演得到的风场资料揭示冷流暴雪的中尺度风场特征，以此揭示出冷流降雪空间分布的产生机制。研究位涡在冷流降雪中的应用，给出冷流暴雪强降雪时段与位涡对应关系的预报指标。

【科技服务】 2011年，山东天气气候异常，气象灾害频发。面对复杂、严峻的天气气候形势，全省各级气象部门积极应对，及时启动应急预案，组织加密观测，提供实时精细化预报服务，并抓住有利时机开展人影作业。针对汛期13次较大范围降水过程，开展雷达、探空和自动站加密观测，第一时间发布重要天气预报及预警信号，为省委、省政府及有关部门有效组织防范应对和应急处置提供决策服务材料225份。及时启动重大气象灾害（台风）Ⅲ、Ⅱ级预警防御应急响应，成功应对第5号强热带风暴“米雷”和第9号强台风“梅花”。省委书记姜异康、省长姜大明等省领导作出13次重要批示，中国气象局许小峰副局长在山东省汛期气象服务报告上批示并给予肯定。

气象防灾减灾 12月1日，中国气象局与山东省政府第一次省部合作联席会议在北京举行。双方回顾总结一年来合作取得的进展和重要成果，共同商定2012年重点推动山东省气象防灾减灾监测预警中心等项目建设。2011年，省政府颁布了1部政府规章和3个规范性文件。省长姜大明签署第243号政府令，颁布施行《山东省气象灾害预警信号发布与传播办法》。省政府办公厅连续发布《关于加强气象灾害监测预警及信息发布工作的实施意见》《山东省气象事业发展“十二五”规划》和《关于建立山东省气象灾害防御工作联席会议制度的通知》3个规范性文件。济南、德州市政府召开全市气象工作会议；泰安市颁布政府令施行《泰安市气象灾害防御办法》。济宁市政府下发《关于进一步加快气象事业发展的意见》。烟台、威海、日照、菏泽等市政府下发加强气象灾害预警及信息发布工作的配套文件。东营、滨州、聊城等市政府印发气象事业发展“十二五”规划。淄博、莱芜市政府分别出台气象灾害应急预案和气象灾害防御规划。省气象局分别与省民政厅、国土资源厅和山东电力集团、中国移动山东公司4家单位签署合作备忘录与合作框架协议，进一步深化“政府主导、部门联动、社会参与”的气象防灾减灾机制。

为农服务体系建设　2011年，山东省气象局着力推进气象为农服务“两个体系”建设。制定并印发《气象为农服务“两个体系”建设实施方案》，做好5个乡村气象服务专项试点，推动当地政府出台加强农村气象灾害防御的专门文件，将气象为农服务工作纳入政府年度目标考核。新建287个气象信息服务站、562块电子显示屏和8 054个气象预警大喇叭。开展社区（村）气象灾害应急准备认证工作。推进农业气象服务体系建设，开展全省小麦、玉米等作物精细化农业气候区划和主要农业气象灾害风险区划。研发了1～7天日光温室气温预报模型，构建设施农业天气预报系统，完善省市县三级共享设施农业服务业务平台。与济南伟丽种业有限公司签订合作协议，设施农业气象服务技术推广应用试验基地正式挂牌。临沂市政府将农村气象灾害防御体系建设纳入政府考核。潍坊市气象局组建现代农业气象服务专家团开展为农服务。

海洋气象服务　2011年，实施海洋气象服务试点，制定海洋气象服务业务规范，组建团队开发海洋气象预报服务业务平台，建设电子信息显示屏和手机服务网站，增加电视海洋气象服务版面和12121海洋服务信箱，编制海洋气象服务明白卡，推进海洋气象服务社会化。

【科技交流】　2011年，开展上下级和上下游天气会商、联防，举办全省第二届气象台长论坛暨气象预报服务研讨会，召开7次全省重要天气过程预报技术总结会。邀请陈联寿院士和中国海洋大学、南京信息工程大学知名专家作学术报告。与中国海洋大学联合举办2011年学术报告会。

【科技人才队伍建设】　2011年，全省气象部门有正研级专家14人，副研级340人，工程师905人。博士10人，硕士159人，本科1 176人，人才队伍结构进一步优化。在第五届全国气象行业职业技能竞赛中获团体第六名。与省总工会、人力资源和社会保障厅共同举办第二届全省气象行业职业技能竞赛，1人获省总工会授予的“富民兴鲁劳动奖章”，3人获省人力资源和社会保障厅授予的“全省技术能手”称号，13人获省气象局授予的“全省气象行业技术能手”。印发《山东省气象局专业技术人员岗位聘用办法（试行）》《关于市局预报员定期到省气象台访问交流的通知》《山东省气象局干部培训实施方案》等。3人通过竞争上岗被聘任到正研级专业技术岗位。修订了气象科学技术工作奖励办法。开展面向全省预报员的培训。与南京信息工程大学合作举办3期处级领导干部综合素质培训班，首次开展了新进大学生入局教育培训。

（省气象局　杨璐瑛）

地震科技

【概述】　2011年，省地震局认真贯彻落实全国地震科技工作会议精神，充分发挥科技支撑和引领作用，积极推进山东省防震减灾事业的发展。获1项国家自然科学基金委员会青年科学基金项目，1项“十二五”国家科技支撑计划课题已通过科技部组织的课题可行性论证，获6项省部级科研项目立项。设立“山东省地震局重点科研基金项目”，并资助重点科研基金项目10项。获得省部级科技成果奖励2项。

【科技项目】 2011年，山东省地震局获得6项省部级科研项目立项，经费总额67.2万元；其他在研省部级项目5项，经费额度48万元。国家级科研项目立项实现突破，“基于高频GPS观测网的强震地面运动监测方法与地震学应用研究”获国家自然科学基金委青年基金项目立项，“十二五”国家科技支撑计划课题“面向公众的地震监测预警技术研究与集成示范”通过了科技部组织的可行性论证。设立并启动“山东省地震局重点科研基金项目”，着重资助年龄结构合理、学术水平较高的科研团队，致力于打造一批青年学术骨干。本年度资助重点科研基金项目10项，合同制项目49项。加强项目全过程管理，对省地震局承担的6项省部级科研项目和10项省局重点科研基金项目进行中期评估。

基于高频GPS观测网的强震地面运动监测方法与地震学应用研究　该项目将利用高频GPS观测网，结合现代数据处理理论，研究高频GPS在监测强震地表运动时的数据解算方法，关键问题涉及高频GPS各类误差的有效筛分，瞬时模糊度解算，震时大气扰动分析，震时参考站的确定，时空滤波的改进，高频坐标时间序列的信息提取及地震学应用等。该项目将依托中国大陆构造环境监测网络及区域网的高频GPS观测资料开展研究。

面向公众的地震监测预警技术研究与集成示范　该项目是中国地震台网中心张晓东研究员负责的“十二五”国家科技支撑计划“地震分析预测若干实用技术研究”项目的4个课题之一，是山东省地震局首次作为课题牵头单位承担的国家科技支撑课题。主要提出了示范区内地震早期预警、地震认知培训、地震信息采集与分析等综合应用的新技术和新方法，最终形成“专群结合”和行业外网与内网结合的地震监测预警信息集成示范服务平台。这对震后向政府提供应急决策依据，减轻地震灾害，保护人民的生命和财产安全具有重要意义。

【科技成果与奖励】 2011年，全省有2项科研课题通过省科技厅组织的验收，1项通过鉴定并达到国内外领先水平。获省部级科技成果奖励2项。其中，山东省地震工程研究院吴子泉副研究员等承担完成的“济南市主城区活断层探测与地震危险性评价”项目获省科技进步奖二等奖；山东省地震预报研究中心刘希强研究员等承担完成的“‘十五’山东测震台网建设及其专业软件研制”成果获中国地震局防震减灾优秀成果奖二等奖。评选出了省地震局防震减灾优秀成果奖19项。

【科技交流与人才队伍建设】 2011年，省地震局围绕全省防震减灾中心任务，注重加强合作交流，先后邀请17位省内外高层次专家、青年学术带头人举办了7场学术报告会，共240人次参会。先后选派11名同志赴防灾发达国家接受培训或参加学术交流，其中，1人以中国地震局和国家留学基金委联合实施的“地震科技青年骨干人才培养项目”公派出国留学资格赴美国迈阿密大学学习。组织山东省防震减灾科技考察团赴台湾交流活动。接待来自丹麦、日本、韩国等国家的专家到山东省执行合作项目或交流讲座。截至年底，省地震局有山东省有突出贡献的中青年专家4人、中国地震局新世纪百人计划人选2人、研究员13人，硕士生导师5人，硕士以上学位人员比例为27%，中级以上技术人员比例61.3%，35岁以下人员比例47.1%，高层次人才梯队建设效果明显，全局人才队伍结构日趋合理。

【科技服务】 2011年，完成地震速报221次，处理非天然地震505次，测震台网运行率99%，强震台网运行率91%，前兆台网数据连续率99%。全年处理显著性地震事件15次，省和有关市、县地震部门迅速启动地震应急预案，有序开展现场应急、震情研判、新闻应对、社会宣传等工作，维护了社会稳定。在日本“3·11”大地震发生后，全省地震系统作出快速反应，山东省地震局立即进行震情会商，及时向省委省政府报告了该次地震对山东省震情趋势的影响，各级地震部门强化了震情监视、异常判定、舆情引导等工作，稳妥应对该次大地震的社会影响。加强震害防御基础性工作，各级地震部门依法履行抗震设防要求审批职能，省局审批重大建设工程872项，市县地震部门审批一般建设项目2 170项。制定《地震小区划结果使用说明》样本，规范《建设工程抗震设防要求审核意见书》，举办农村民居建筑优秀抗震设计方案评选活动，并出版了优秀设计方案图集。

（省地震局　赵　冰）

人口和计划生育科技

【概述】　2011年，山东省人口和计划生育科技工作以避孕节育为重点，以孕前型管理服务为主线，推进科技创新，强化科技管理，确保手术安全，为稳定低生育水平、统筹解决人口问题提供有力支撑。

【科研项目与经费】　印发《2011年度人口和计划生育科研项目申报指南》，重点围绕避孕节育适宜新技术组织科技攻关，组织相关学科专家对54项申报课题进行评审，立项课题23项，支持资金40万元。印发《关于对在研人口计划生育科研项目进行年度检查的通知》，加强在研科研项目督导。加强科研经费管理，提高经费使用效益。

【科技成果及选介】　2011年，省人口计生委立项课题获省科技进步三等奖1项；获授权专利14件，其中发明专利10件；发表论文41篇。6项课题通过鉴定，其中国际领先水平1项、国际先进水平3项、国内领先水平2项。9项成果获国家人口计生委优秀科技成果奖表彰。

宫腔内窥镜手术钳实现成果转化　7月，宫腔内窥镜手术钳及其配套医用光学器具、仪器获得《医疗器械生产企业许可证》，实现成果转化。该项研究，在不膨宫的情况下，采用可视技术操作，攻克了断裂、嵌顿宫内节育器滞留等技术性难题。

精子DNA检测防治重复性自然流产的研究　该项研究立足于从男性学角度和细胞-分子生物学水平，探讨分析引起重复性自然流产（Recurrent Spontaneous Abortion，RSA）的男性学因素。通过对RSA患者男方精子DNA完整性的检测和治疗，可以有效预防再次流产、继发不育和出生缺陷的发病率。2011年获省科技进步三等奖。

【技术服务】　2011年，坚持避孕为主，保障育龄群众落实安全、适宜、有效的避孕节育措施。全省各级服务机构提供避孕药具服务1 788万人次，开展技术服务咨询指导633万人次，查环查孕4 694万人次，随访服务537万人次，免费开展生殖健康查体1 304万人次。加强技术服务质量管理，开展避孕节育手术126万例，节育并发症发生率低于0.03‰。临淄区、沂源县、垦利县、海阳市、栖霞市、昌乐县、兖州市、东平县、莒县、沾化县10个县（市、区）被表彰为全国计划生育优质服务先进单位。青岛、东营、烟台、泰安、威海、莱芜所辖的市、区全部被授予“全国计划生育优质服务先进县”称号，“国优”覆盖率58.5%。济南、青岛、淄博、东营、烟台、泰安等9个市实现了“全省计划生育优质服务先进县”全覆盖，“省优”115个县（市、区），覆盖率82.1%。大力开展优生科普宣传工作。举办全省预防出生缺陷科普宣传工作培训班，增强优生科普宣传能力。与省卫生厅联合印发《关于进一步做好优生科普宣传工作的意见》，计生、卫生部门通力合作，全省开展优生咨询278万人次、优生监测111.9万人。

2011年，即墨市和胶州市被国家人口计生委列为第二批免费孕前优生健康检查项目试点单位。截至年底，全省10个试点单位检查66 727人，逐户建立免费孕前优生健康检查家庭档案。经检查评估为具有高风险因素者15 699人，占参加检查人数的23.52%，全部建立高危人群家庭档案，实施重点跟踪随访服务。各试点单位孕前优生知识宣传覆盖率、计划怀孕夫妇优生知识知晓率分别为99.2%和98.1%。

【服务能力建设】 2011年，全省计划生育技术服务机构1 826个，从业人员22 664人。其中，技术人员17 781人。具有医师、助理医师执业资格证6 809人，具有护士、药师等执业资格证6 748人，具有技术服务人员合格证15 423人。县乡计生服务机构承担了全省计划生育宣传教育、药具供应、人员培训和90%以上的技术服务工作。县、乡级计生服务机构标准化、规范化和信息化建设取得新进展。结合开展国家免费孕前优生健康检查项目试点工作，深入实施“六千人才”工程，选派32名技术骨干到省级三甲医院进修深造，选派2 500名技术人员到上级医院进修学习。

【科技管理】 2011年，开展计生技术服务机构校验工作，推动提升服务能力。依据《计划生育技术服务机构执业管理办法》等规定，组织专家对服务机构的阵地建设、科室设置、管理制度、人员配备、服务功能发挥等方面进行实地评审校验。校验工作中，提出整改意见152条，对没有达到标准要求的43个计划生育服务站暂缓校验，对71个服务机构的服务项目进行变更。经校验，全省147个县（市、区）和1 677个乡（镇、街办）的计划生育服务机构评审校验合格，重新换发了《计划生育技术服务机构执业许可证》。开展全省病残儿医学鉴定工作，3 157对夫妇符合再生育政策。做好国家避孕药具不良反应监测试点工作，分析各种避孕药具不良反应情况，探索药具不良反应特点、规律，指导选择适宜的避孕方法，推动计划生育优质服务工作深入开展。

（省人口和计划生育委员会　马菲菲）

高新技术产业开发区
科 技 发 展

GAOXINJISHU CHANYE KAIFAQU KEJI FAZHAN

高新技术产业开发区科技综述

2011年，根据“四新一海”发展战略的总体规划，山东省积极推进高新技术产业开发区创新型园区建设，加快“二次创业”，以优化发展环境、强化服务功能和建立创新机制为重点，建立健全能够长期稳定支持自主创新的体制机制，营造优越的创新创业环境，形成完善的科技创新体系和产业集群的内在竞争优势。年内，经国务院批复，临沂高新区升级为国家级高新区，至此全省国家级高新区达到8个。当年，全省省级及省级以上高新区批准入区项目2 753个，固定资产投资2 777.05亿元；规模以上工业总产值13 369.92亿元；财政收入531.17亿元；实际外商直接投资24.60亿美元；出口额192.49亿美元；申请专利10 325件，其中发明专利3 648件；授权专利5 732件，其中发明专利1 228件；R&D经费支出278.13亿元。

（省科技厅高新技术发展及产业化处）

济南高新技术产业开发区

【概述】 2011年，济南高新技术产业开发区（以下简称济南高新区）实现总收入1 801.0亿元，同比增长19.1%，净增288.9亿元；工业总产值1 380.2亿元，同比增长19.7%，净增227.2亿元；工业增加值435.8亿元，同比增长19.6%，净增71.5亿元；利税312.1亿元，同比增长13.6%，净增37.4亿元；出口创汇23.1亿美元，同比增长13.0%，净增26 558.5万美元。

【科技计划与经费】 2011年，济南高新区组织企业实施各级各类科技计划项目123项，其中国家级项目18项、省级项目28项、市级项目74项，获无偿资助资金7 225万元。

【科技成果与奖励】 2011年，“重组人白介素-11的研制及产业化关键技术”成果获国家科技进步二等奖；“规模化固定床生物质热解气化技术开发及其产业化”和“多靶点抗代谢类抗肿瘤药物培美曲塞的研制及产业化”2项成果获省科技进步一等奖，“支持多行业的职业资格服务及运营平台”“新型干法水泥生产过程集成控制应用”和“山东省软件产业发展模式研究”3项成果获省科技进步二等奖，“轧钢生产技能训练与考核模拟仿真系统的开发与产业化”“浪潮票据电子存根系统”“实现嵌入数据库决策支持驱动工作流管理的环境调控装置”“基于多科目的通用考试网上评卷管理系统”“提高移动终端数据传输可靠性的软件技术及产品”“铁路工务起拔激光测量仪”“城市绿色照明节能管理系统”“基于换衬底技术的超高亮度LED制备技术”“超细煤粉生产油煤浆燃料油新技术的开发与应用”“山东电网调度综合数据平台”和“导电高分子护套综合贯通地线”11项成果获省科技进步三等奖，“高功率808nm非对称无铝应变量子阱激光器”成果获省技术发明二等奖；获济南市科学技术最高奖1项，济南市科技进步一等奖2项、二等奖6

项、三等奖7项，济南市技术发明二等奖2项、三等奖2项。

【知识产权管理】 2011年，济南高新区组织申请各类专利2 277件，其中发明专利1 006件；5家企业被认定为济南市第二批开展知识产权战略研究企业；高新区管委会知识产权局被评为2011年度山东省知识产权管理系统先进单位。

【创新型（试点）企业培育】 2011年，山东神思电子技术股份有限公司、山东奥太电气有限公司、山东康威通信技术股份有限公司、济南宏济堂制药有限责任公司等企业被省科技厅认定为创新型试点企业，29项产品被认定为市级创新型产品。

【创新型科技园区建设】

《济南高新区创新创业发展若干规定》修订 2011年，随着创新型园区建设的不断深入，济南高新区在进行一系列大范围、针对性调研的基础上，重新研究修订了《济南高新区创新创业发展若干规定》，同时提出制定“产业政策”的意见。《济南高新区创新创业发展若干规定》已完成初稿，等待进一步讨论通过。

科技计划项目经费管理改革 2011年，济南高新区将原设定的科技项目经费、节能项目经费、工业信息化项目经费、中小企业项目经费、留学人员创业经费进行捆绑使用，加强集成、集中使用，择优重点支持科技创新和产业项目的发展。在反复调研的基础上及时调整工作思路，在保持科技攻关项目不减少，不断壮大科技创业后备队伍的同时，做大科技企业的规模，首次增加产业发展资金，专门从科技和中小企业资金中拿出专款用于支持过亿元企业的发展。

产业集群建设发展规划 根据科技部《关于进一步加强火炬工作，促进高新技术产业化的指导意见》和科技部火炬中心《关于印发〈创新型产业集群建设工程实施方案〉并组织开展集群建设试点工作的通知》要求，自2011年下半年以来，济南高新区对产业发展现状和产业规模及产业链、企业提高自主创新能力、产业发展目标和重点任务等方面进行了梳理论证，初步形成《济南高新区智能电网产业集群建设发展规划》。

【山东重大新药创制中心公共服务平台建设大事记】 4月26日，省科技厅、省财政厅在济南组织召开山东国家综合性新药研发技术大平台（以下简称“国家新药大平台”）2011年度省财政匹配经费论证会。经论证同意省财政配套资金进行集中使用，在济南高新区建设公共服务平台，以解决山东省医药研发力量“散、小、弱”的问题。

6月17日，省科技厅转发《卫生部、总后卫生部关于发布<“重大新药创制”科技重大专项“十二五”计划2012年新增课题申报指南>的公告》，截至2011年底，齐鲁制药等企业累计争取“重大新药创制”科技重大专项项目22项，国拨经费总计7 356.61万元。其中，山东国家综合性新药研发技术大平台承担20项，合计经费6 334.8万元。大平台共建单位山东中医药大学承担1项，9家大平台（山东）产业化示范企业承担17项。

6月18日，省科技厅厅长翟鲁宁率国家新药大平台项目共建单位赴北京参加课题总结答辩评估。专家组对山东医药产业的雄厚产业基础和科技需求给予肯定。

6月25日，省科技厅组织专家对国家新药大平台省级配套资金项目进行专题论证，山东省重大新药创制平台服务中心与省科技厅签订任务合同，获配套资金4 000万元。

6月28日，由平台服务中心与山东省战略研究所共同编制的《山东国家综合性新药研发技术大平台“十二五”科研条件建设规划》，经专家评审论证后报省科技厅批准，正式发布实施。

7月18日，济南高新生产力促进中心（山东省重大新药创制平台服务中心）顺利通过ISO9001质量管理体系认证。

7月23日，齐鲁制药有限公司等企业申报的“抗肿瘤药物培美曲塞二钠及制剂的技术改造”等4个项目被批准列入国家“十二五”科技重大专项，获国家专项资助2 200万元。

8月22～23日，济南高新区管委会副主任崔志强率团赴上海、武汉考察新药大平台建设情况，对武汉生物技术研究院、中国科学院上海药物研究所和上海药明康德新药开发有限公司进行调研考察。山东大学药学院院长王凤山、刘新泳教授和高新区科技局、平台服务中心、创业服务中心有关同志参加了考察。

9月22～23日，山东重大新药创制平台顺利完成国家科技重大专项监督评估工作。国家重大专项评估检查工作组一行14人对山东省新药创制重大专项任务执行情况进行实地调研评估，对山东重大新药创制平台专项实施以来取得的成绩给予好评。

10月17日，高新区财政部门将公共服务平台建设资金列入年度财政预算，根据省财政拨款按1∶1提供配套资金，按照实际用款进度调配使用。

11月1日，国家新药大平台专家赵忠熙被省委、省政府确定为“泰山学者——药学特聘专家”。

12月31日，济南高新生产力促进中心（山东省重大新药创制平台服务中心）被省科技厅认定为省级示范生产力促进中心。

【科技人才管理】 截至2011年底，济南高新区拥有各类专业技术人才3万多人，其中博士、硕士4 700多人，高级专业技术人才6 300多人；累计引进市“5150引才计划”高层次人才147人、省“万人计划”第一层次人才18人、国家“千人计划”人才9人。2011年12月，济南高新区入选第三批国家“海外高层次人才创新创业基地”，成为山东省首家入选国家“海外高层次人才创新创业基地”的高新区。

【高新技术产业发展】 截至2011年底，济南高新区按照2008年新办法认定的高新技术企业总数161家，占全市的45.3%。济南大陆机电股份有限公司申报2011年国家火炬计划重点高新技术企业并获认定。电子信息、生物医药、新材料、光机电一体化、新能源、环境保护六大高新技术领域的总收入、工业增加值、利税和出口创汇占全区总量的比重分别达到57.9%、75.6%、60.2%和80.5%。电子信息产业仍是济南高新区第一大支柱产业，其总收入、工业增加值和出口创汇占全区总量的比重分别达到26.8%、30.9%和59.1%；生物医药是第二大支柱产业，其总收入和增加值占全区总量的比重分别为10.8%和23.7%，利税占全区总量的比重达到27.2%，远高于该产业收入占全区的比重，是高新区财政收入的重要来源。2011年，济南高新区新增各类研发机构21家，其中省级企业技术中心3家、省级工程技术研究中心9家、省软件工程技术中心3家、省重点实验室1家、市级企业技术中心4家；新增孵化企业37家，其中留学人员企业20家；引进久兆新能源、红帆能源等高新技术产业项目落户高新区。

【科技活动】 1月8日，齐鲁泰山电站设备有限公司清洁高效汽轮发电机组生产建设项目在高新区开工。省委常委、副省长王军民，省委常委、市委书记焉荣竹出席奠基仪式。

1月18日，首家总部设在济南市的全国性保险法人机构——泰山财产保险股份有限公司挂牌成立，成为山东省首家本土保险公司。公司由中国重汽集团、山东高速集团、山东省国际信托等16家省属国有企业共同出资设立，注册资本金20.3亿元。

2月15日，沃尔沃建筑设备技术（中国）有限公司正式落户CIIIC。该公司是沃尔沃建筑设备公司在我国设立的首个产品与技术中心，也是我市第一家世界500强企业设立的国家级研发中心。

3月2日，省委常委、副省长王军民来高新区调研战略性新兴产业发展情况，先后考察了北车风电产业园、宝雅新能源汽车股份有限公司和久兆新能源科技有限公司。

3月8日，世界最大轴承和密封件供应商瑞典斯凯孚集团入驻高新区举行签约仪式。

3月12日，中国电科院中电普华软件外包基地揭牌仪式在齐鲁软件园举行。该基地由山东金码信息技术有限公司与中国电力科学研究院北京中电普华信息技术有限公司合作建设，计划用两年时间建设成人员规模达千人以上，能整体承接中国电科院大型电力行业研发项目重要的软件开发保障基地。

3月16日，全球商用车技术领航者、一级供应商威伯科汽车控制系统中国济南六西格玛精益生产基地在高新区开业。

3月18日，商务部部长陈德铭来高新区调研加工贸易发展和出口结构调整情况，先后参观了东方道迩公司、齐鲁软件园新展厅和浪潮集团。

3月26日，中国石化榆林—济南输气管道配套工程开工奠基仪式在高新区举行。榆济天然气管线是国家“十一五”重点项目，线路总长约1 045km，工程跨经陕西、山西、河南、山东四省，设计年输气能力30亿m^3，是继“西气东输”工程之后又一条贯穿东、中、西部的重要能源通道。

4月2日，山东红帆能源发展有限公司揭牌暨“直线驱动列车试验线”项目启动仪式在高新区举行，标志着我国第一辆拥有完全独立知识产权的直线驱动列车即将在济南下线，项目总投资15亿元。

5月16日，中国科学院量子技术与应用研究中心暨济南量子技术研究院揭牌仪式在高新区举行。中国科学院党组书记、院长白春礼，省委副书记、省长姜大明，省委常委、副省长孙伟，市委副书记、市长张建国出席仪式并为中科院量子技术与应用研究中心和济南量子技术研究院揭牌。解放军总装备部顾问、中国工程院院士沈荣骏中将，中国科学院副院长、中国科学院院士李家洋、詹文龙，中国科技大学党委书记许武，市政协副主席冯光文，党工委书记、管委会主任苏树伟出席仪式。

5月18日，沃尔沃建筑设备项目入驻高新区举行签约仪式。

5月28日，高新区举行创新创业发展奖励大会，对2010年度涌现出的重大科技成果、优秀创新创业人才和贡献突出企业进行表彰奖励，奖励总金额3 128.715万元。

◇　中国重汽保税物流业务启动暨出口非洲1 500辆重卡发车仪式在出口加工区举行。

6月24日，济南高新区与深圳证券交易所战略合作签约仪式暨企业上市与“新三板”挂牌高层论坛举行，双方签订《园区企业改制、挂牌、上市战略合作意向书》，将合力为高新区企业改制、“新三板”挂牌及上市提供支持。济南高新区成为全国首个与深交所结成战略合作伙伴的国家级高新区。

7月14日，山东乾舜矿冶科技股份有限公司院士专家工作站授牌仪式在高新区举行。这是济南市成立的第7家企业院士专家工作站。中国工程院余永富院士出席了仪式。

7月22日，山东省首家市级云计算中心——济南云计算中心成立，是国内首个完全基于自主知识产权产品构筑的“济南云”。同时，市政府与浪潮集团签署的战略合作协议约定，济南市将与浪潮集团共同编制济南市云计算产业发展规划，打造一流的云计算产业链，形成2～3个云计算产业基地和产业集群，使以云计算为代表的战略性新兴产业成为“十二五”期间济南市新型工业化的支柱产业。

8月8日，第七届“中国济南创业与投资合作周”生物医药专场推介洽谈会在高新区举行。来自美国、加拿大、法国等12个国家和地区的112名生物医药领域高端人才参加了会议。

10月15日，诺贝尔物理学奖得主、美籍华裔物理学家丁肇中来高新区察看济南热科学研发项目建设情况。

10月18日，沃尔沃建筑设备济南研发中心在高新区奠基。该中心是沃尔沃建筑设备中国地区唯一的产品技术中心，也是世界500强企业在济设立的首家国家级研发中心。

10月26日，中国电力技术装备有限公司济南产业基地落成典礼暨启动重大电力装备研发项目仪式在高新区举行。省委副书记、省长姜大明，国家电网公司总经理、党组书记刘振亚，省委常委、市委书记焉荣竹，中国机械工业联合会执行副会长蔡惟慈，市委副书记、市长张建国等领导同志出席落成典礼。

10月27日，国家超级计算机济南中心在高新区揭牌。省委书记、省人大常委会主任姜异康，省委副书记、省长姜大明，全国政协党委、教科文卫体委员会主任、中国科学院院士徐冠华出席仪式并为国家超级计算济南中心揭牌。

12月13日，济南与微软联合培养服务外包人才签约仪式在齐鲁软件园举行，济南市成为微软在中国的服务外包人才培训和国际认证合作首家示范城市。

12月16日，我国首条高端（FBGA）集成电路存储器封装测试生产线在浪潮产业园上线投产，标志着我国企业拥有了与国际先进工艺水平同步的存储器芯片封装测试技术，对进一步加快中国集成电路产业化进程、提升中国IT产业核心竞争力具有重要意义。省委副书记、省长姜大明，省委常委、副省长王军民，省委常委、市委书记焉荣竹，国家外国专家局副局长刘延国，市委副书记杨鲁豫，以及工信部、科技部、国家发改委、国家重大专项专家组有关领导出席投产仪式。

◇　由工业和信息化部软件与集成电路促进

中心、市经济和信息化委员会主办，国家信息通信国际创新园承办的“2011中国集成电路产业促进大会暨第六届‘中国芯’颁奖典礼”在高新区举行。

12月22日，浪潮集团与山东广电网络有限公司举行全面业务战略合作协议签字暨合资公司成立仪式，旨在将山东广电网络变成全国有线电视网络产业的重要基地，主要发展广电互联网数据中心（MMC）、媒体云业务中心以及三网融合应用中心等功能板块，致力于开展面向全国有线电视网络的未来核心业务。

【项目选介】

清洁高效汽轮发电机组生产建设项目　该项目是山东齐鲁电机制造有限公司依托其全资子公司齐鲁泰山电站设备有限公司组建实施的。该项目位于济南市高新区孙村片区，主营汽轮机及辅机、发电机及发电机组、电动机等产品的制造、销售以及锅炉及辅助设备、电线电缆销售等业务。项目计划占地40.47hm²（607亩），分两期进行，其中，一期拟投资20.74亿元，占地25.67hm²（385亩），总建筑面积17.7万m²，主要包括厂前区、总装车间、大件加工及隔板制造厂房、叶片车间、中小件车间及所需设备的采购安装。项目建成后可形成年产汽轮机700万kW和发电机300万kW的能力，并具备600MW等级产品的生产能力，可新增产值30.9亿元，通过电站成套和工程总包可实现销售收入100亿元以上，可带动周边相关产业链200亿元以上。该项目被国家财政部等四部委给予4.5亿元贴息贷款扶持，被列为省政府重点建设工程项目。

斯凯孚（济南）轴承项目　斯凯孚（济南）轴承与精密技术产品有限公司是斯凯孚（中国）有限公司在济南建设的法人实体公司。项目计划总投资约5亿元，注册资本3 000万美元，净用地面积6.67hm²（100余亩）。厂区参照能源和环保设计认证（Leed）标准建立，主要生产圆锥滚子轴承和卡车轮毂单元，同时为工业市场和汽车后市场提供服务，主要供给中国重汽集团等内地相关企业，并出口世界其他国家。

（济南高新区　陈西武　董建亮）

青岛高新技术产业开发区

【概述】　2011年，青岛高新技术产业开发区（以下简称青岛高新区）围绕国家创新型科技园区建设任务指标，按照“组团发展、多点引领、区园联动”的工作路线，统筹“一区五园”一体化建设，大力引进自主创新资源，培育战略性新兴产业。青岛高新区全年实现总收入1 708.3亿元，同比增长30.6%；工业总产值1 445.2亿元，增长30.7%；完成生产总值349.5亿元，同比增长31.4%；实际上缴税额71.2亿元，增长26.0%；出口24.7亿美元，增长35.0%；企业科技活动内部经费支出77.1亿元，同比增长11.3%；全年科技活动人员18 983人，增长26.0%。

【科技项目与成果】　2011年，中科盛创（青岛）电气有限公司“海上大功率风力发电机制造”、青岛锐晶光电科技有限公司“高亮度LED照明灯具研发”、青岛奥克生物开发有限公司“干细胞培育研发”和青岛威能电动车辆电控有限公司“电动车动力电池研发”等项目获“十二五”国家科技支撑计划资金支持。海信宽带多媒体技术有限公司“基于三网融合应用的Flexware中间件平台技术”和“光纤通讯有源器件（BOSA）技术”项目填补了我国在该领域技术应用的空白。海尔空调电子有限公司“五合一循环能源多联机新产品研发”项目，以创新的循环能源技术实现了家庭节能方式的革命，并在“第二届中国暖通品牌节暨2011中国暖通产业领袖年会”上获最佳节能减排奖。澳柯玛股份有限公司开发新产品120余项，其中“AVM-AE20CH综合饮料交互式多点触控自动售货机”列入2011年国家重点新产品计划，27个项目列入青岛市重点技术创新项目。青岛浩海网络科技股份有限公司“浩海智能，智慧你我”和青岛禾软科技股份有限公司“禾软”品牌列入“青岛名牌”培育计划。

【知识产权管理】 2011年，青岛高新区申请专利2 883件，同比增长10.3%，其中发明专利1 158件，同比增长35.8%。授权专利1 768件，同比增长21.5%，其中发明专利382件，同比增长38.4%。有11家企、事业单位与专利中介服务机构开展知识产权托管外包合作。年内，青岛高新区获“全省知识产权管理系统先进单位”称号。

【国家创新型科技园区建设】 2011年，青岛高新区整合各园区资源申报“青岛新型数字家电创新型产业集群”，并获科技部批准试点建设。青岛国家现代服务业数字化家电产业化基地、青岛国家现代服务业产业化基地建设工作通过科技部组织的复核。青岛高新区“国家高新技术产业标准化示范区”通过国家标准化管理委员会组织的验收考核。青岛高新区获“国家科技计划执行优秀团队奖”。

“人才特区”建设　为大力实施“人才强市”战略，2011年，青岛市委、市政府决定在高新区胶州湾北部园区设立“人才特区”，出台《青岛“人才特区”建设实施办法（试行）》，安排1亿元的人才特区资金，鼓励和支持高层次人才创新创业。年内，青岛高新区在省委组织部和省科技厅组织的人才工作目标责任考核中名列第一，有6人入选国家“千人计划”，5人入选“泰山学者”工程。

新三板试点　2011年，青岛高新区新三板试点工作被纳入省政府《关于金融支持山东半岛蓝色经济区发展的意见》重点支持范围，新三板签约试点企业33家，后备企业110家，备案资格券商23家，完成券商内核企业8家。

【科技创新创业体系建设】 2011年，青岛高新区加快创新创业载体和平台建设。中科院光电院青岛研发基地交付使用，中科院软件所青岛研发基地入驻青岛高新区创业大厦，青岛国家大学科技园开工建设并引进注册20个大学科技企业，青岛市工业技术研究院正式落户。青岛高新区创业大厦、高投科技园一期等孵化器投入使用，蓝色生物医药产业园孵化中心完成一期建设，高投科技园二期、盘谷数字新媒体科技园等孵化器加紧施工建设。新引进国家气象局青岛光电气象探测中心、国际电子锁具研发检测中心、干细胞与生物诊疗国家联合工程研究中心、山东省塑性成形与模具工程技术研究中心，中科院海洋研究所与青岛龙润天力生物科技有限公司共建的海洋生物寡糖中试与检测平台。年内，青岛高新区出台《青岛高新区国家创新型科技园区建设科技创新项目管理暂行办法》和《青岛高新区企业研发费用加计扣除实施意见》，全年科技专项资金支出占全区财政支出6.3%。实施第三批创新型企业培育计划，总数33家。成立青岛拥湾高新创业投资有限责任公司，设立首期规模1亿元的高新创业投资引导基金，重点投向新能源、新材料、新技术、新型服务、生物制药等行业的中小科技型企业，落户股权投资类企业32家，基金总规模40亿元，17家金融机构共同组建高新区创新金融联盟。

【园区发展】

胶州湾北部主园区　2011年，青岛高新区胶州湾北部主园区以建设蓝色硅谷为立足点和出发点，积极构筑蓝色经济高端研发及产业体系。全年完成政府财力投资16.9亿元，水系景观等景观及河道整治工程顺利完成，336套公共租赁住房和1 195套限价商品住房开工建设，污水处理厂一期工程加快推进，水系园林获2011年联合国“亚洲都市景观奖”。

青岛高科技工业园　①2011年，推进青岛国际创新园合作建设，争取相关部门支持，倒排工期、压茬作业，在最短时间内完成土地、规划设计、开工许可等手续办理，计划2012年建成投入使用。二期工程占地约8.13hm²（122亩），总建筑面积约48万m²，正在进行建筑单体设计。②完成国家（青岛）通信产业园各地块建筑单体方案设计和项目引进工作。园区地下空间利用规划和人防设计形成初步成果，北方科技信息中心、山东东软等7个项目签约入驻，2012年将开工建设。③策划推动青岛创业园开发建设。年内，组织实施一期8hm^2（120亩）地块规划设计，同时积极推进大麦岛、午山社区等业主与中联建业达成合作建设中联创意产业园意向，规划建设面积约16万m^2，项目总投资6亿元以上，建成后预期年产出将超过20亿元。④推进崂山生物医药产业园建设，占地面积约50 hm^2（750亩），总投资24亿元，于2011年2月奠基开工。其中，中科院兰州化学物理研究所青岛研发基地正在建设，山东六和集团国家级企业技术中心、海水养殖研究所、银龄美生物、颐中生物、信得药业等5个项目在进行开工准备，高次团粒、海洋特征寡糖、天人环境募投等6个项目正在进行规划及单体方案设计，预计2014年底建成投入使用。

青岛试验区　2011年，青岛试验区被认定为“国家家用电子产品产业园和出口基地”。园区内有海尔、海信、澳柯玛、国风药业四大企业集团及其配套协作企业70余家，其中高新技术企业14家。海尔、海信、澳柯玛三大工业园得到进一步整合，本地配套率得到有力提升。园区已累计完成投资76亿元，实际利用外资1.7亿美元。

青岛科技街　2011年，确立了科技街“一基地、三中心、四组团”创新发展思路，即：数码创意产业基地，科技产品营销中心、科技企业孵化中心、技术产业交易中心，科技与家庭组团、科技与商业组团、科技与文化组团、科技与生活组团。着眼区域科技发展，推动都市型科技产业聚集。制定《关于促进都市型科技产业聚集发展的意见》和《关于加快都市型科技产业聚集发展的优惠办法》等，加强创新人才引进，立足现有的高新技术孵化基地、数码创意园和大学生创业孵化中心等园区资源和科技资源，带动高校毕业生创业、就业2 000多人。扎实开展招商引资工作，全年新增注册都市型科技企业130家，其中注册资金过千万的有4家。引入投资过百亿的青岛华强广场项目，已完成工商、税务登记，注册资金1亿元。

青岛市南软件园　2011年，软件园启动“1.5学历软件人才实训工程”，面向具有良好理论基础但缺乏实战经验的学生，在完成高校学历教育的同时，参与实践课程的学习，与企业接轨。青岛软件园实训中心已与全国20多所高校开展实质性的合作，与青岛市212家、全国450家软件企业建立人才输送渠道，培训毕业4 000余人，就业率90%以上，成为山东省规模最大的专业化软件人才培训机构。

【科技企业发展】　2011年，青岛高新区有工商注册企业1 684家。其中，火炬计划企业164家，收入上亿元企业54家。年内，全区有61家企业通过高新技术企业复审和认定，高新技术企业总数100家，高新技术企业比重61.0%。依托企业新建立海洋领域院士工作站2个，成立产业技术创新联盟2个。

【招商引资】　①2011年，青岛高新区胶州湾北部主园区新引进企业及项目120个，总投资约290亿元。其中，引进海洋生物、海洋仪器装备制造、海洋环保和防腐等蓝色经济重点产业项目26个，总投资51.25亿元。集聚了一批支撑蓝色经济领域的高端研发机构，新引进中科院声学所青岛研发基地、中科院软件所青岛研发基地、省科院海洋仪器仪表研究所国家海洋高技术成果产业化基地、中船重工710研究所青岛海洋装备研发基地。②高科园引进联通集团投资5亿元，在园区建设中国联通青岛云计算中心，为青岛市信息软件产业引进和发展提供关键支撑平台，启用后预计年产出超过3亿元，税收1 500万元以上。引进青岛博益特生物材料有限公司等企业入驻生物医药中试中心。引进青岛高层次人才创业中心落户，首批10家企业已入驻。依托创业孵化基地，新引进青岛中皓生物工程有限公司、青岛泰生农业科技有限公司、青岛新天地资源利用集团公司总部等科技型企业30余家。③科技街完善创新服务体系建设，打造集服务街区经济、街区管理于一体的“科技街民营企业党员服务中心”，引进国家新闻出版总署青岛版权保护站入驻服务中心，填补了青岛市知识产权认定空白。④软件园与加拿大多伦多教育局达成3 000万加元的教育项目开发协议。8月，与微软中国签订基于平台建设和运营，着眼于做大做强软件外包产业的战略合作协议。目前软件园从事软件服务外包的企业32家，业务涉及十几个国家和地区，全年实现软件出口额3 050万美元。

【数字化园区建设】 2011年，青岛高新区制定并发布《青岛高新区数字化园区建设管理暂行办法》和《青岛高新区建设项目用地红线内电信设施建设和使用管理暂行办法》，统筹高新区信息化建设的立项、验收、资源共享等。1 700m²的高新区中心机房建成并正式启用，科技部副部长曹健林，山东省委常委、青岛市委书记李群等领导先后来中心机房视察。完成高速宽带网一期建设，二期初设通过专家评审。全面开展电子政务系统建设，完成地理空间信息资源共享平台基本框架、政务专题数据库及示范应用系统搭建。高新区行政效能电子监察系统上线试运行。数字化园区资源共享平台一期建设方案及概算通过专家评审。

（青岛高新区 张卫平 褚晓明 朱建广 张春雨）

淄博高新技术产业开发区

【概述】 2011年，淄博高新技术产业开发区（以下简称淄博高新区）实现GDP552亿元，同比增长15.0%；营业总收入1 811亿元，同比增长17.5%；工业总产值1 709亿元，同比增长19.5%；工业增加值489亿元，同比增长19.8%；产品销售收入1 679亿元，同比增长19.8%；利税271亿元，同比增长36.2%；出口总额完成28.6亿美元，同比增长47.1%；固定资产投资223.5亿元，同比增长31.9%；完成地方财政收入86.5亿元，同比增长28%。

【产业定位与发展】 2011年，淄博高新区完成《淄博市新材料产业“十二五”发展规划研究报告》编制工作。积极推进中国功能玻璃、无机非金属纳米材料、先进陶瓷、现代医药、先进装备制造5个产业示范基地和钛合金、铝加工、不锈钢三大有色金属新材料板块的发展。新规划建设电子信息产业示范基地和高分子材料产业示范基地。已有总投资近30亿元的12个项目入园。清华大学工程机械学院微纳米系统（MEMS）制造产业基地和中航工业北京航空材料研究院科技成果产业化基地正在加快推进，齐芯科技、中航钛业、中航铝业、中航测控等一批高科技项目进区发展。纳米无机非金属材料、钛合金、铝合金，开关磁阻电机等25条高端产业链条加速发展。与淄川区、博山区、高青县共同设立产业托管区。文化产业加速推进，拥有印刷、发行、包装装潢企业60余家，固定资产总投入达到5.1亿元；文化创意企业64家，注册资本6 696万元；各类文化品牌20余个。印象齐都等3个项目、海尔兄弟等6个品牌及汇文商务等6家企业列入全市文化产业“326工程”。现代服务业加速发展，淄博保税物流中心（B型）封关运营，成为省内唯一一家内陆保税物流中心。服务外包企业79家，全年完成服务外包执行额3 300万美元。中国•淄博太空港、印象齐都出版传媒文化创意产业园、汇金大厦等总投资124.47亿元的十大服务业项目加快推进。4月，淄博高新技术创业服务中心被山东省发展和改革委员会批准为“山东省重点服务业园区”。

【科技计划与经费】 2011年，淄博高新区建立上报备选科技项目的项目库，储备项目212项。推荐2011年国家、省、市科技计划项目86项，立项49项，获无偿支持资金3 111万元，其中国家级21项（国家火炬计划8项、国家重点新产品2个、创新基金3项、国家科技支撑及重大专项8项）、省级9项。推荐2012年国家、省科技备选项目32项，在5项国家科技专项备选项目中有4项入选。完成近3年来省自主创新成果重大专项、“十一五”省级科技发展计划（8项）、国家创新基金项目（6

项）的验收工作。

【科技成果】 2011年，淄博高新区有45项科技成果通过鉴定，其中达到国际领先水平2项、国际先进水平23项。组织申报省科技进步奖5项、市科技进步奖45项、市技术发明奖3项、高新区科学技术奖59项。获市科技进步奖17项、市技术发明奖3项，高新区科技进步奖37项、高新区技术发明奖3项。

通过鉴定的主要科技成果　淄博圣源纳菲尔钨合金表面工程有限公司“高效清洁多元钨合金表面工程新技术研究”，达到国际领先水平。淄博德诺铝业科技有限公司“高档药用铝箔”和“热封用封口铝箔”、淄博双百电子有限公司“BRT智能快速公交系统的研究与应用”，达到国际先进水平。淄博来宝电力电容器有限公司“油田提油机专用电容器”和“圆柱形电力电容器”、山东莱茵科技设备有限公司“模块化《可编程序控制系统设计师》培训鉴定系统开发与研究”、荣昌制药（淄博）有限公司“复方大青叶合剂工艺改进及质量标准提高研究”和“外用痔疮熏洗颗粒（复方荆芥熏洗剂）的研究和产业化”，达到国内领先水平。山东惠工电气股份有限公司“SF6气体分解产物检测仪”等3个项目，达到国际先进水平1项、国内领先水平2项。山东三泵科森仪器有限公司“石油产品酸值测定仪”等2个项目，均达到国际先进水平。鲁泰股份有限公司“扣妥纺工业化成套技术推广”达到国际领先水平，“新型改性淀粉浆料生产与替代PVA应用关键技术”和“管状礼服面料规模化生产的研究与泡沫整理技术的产业化应用”达到国际先进水平。

【知识产权管理】 2011年，淄博高新区共申请专利1 489件，其中发明专利381件；授权专利801件，其中发明专利113件。专利申请量、发明专利授权量分别同比增长15%、22%。兑付2010年下半年专利资助资金227.15万元，受理2011年上半年专利资助申请1 099项。兑付2010年市科技局专利补助资金23万余元。1月，淄博高新区被国家知识产权局批准为国家级知识产权试点园区。为做好试点工作，高新区制定《关于创建国家知识产权试点园区的工作意见》并开始组织实施。

【科技合作与交流】 2011年，淄博高新区继续实施“151”产学研合作推进计划，采取举办科技周、创新论坛、科技交流会等多种形式，建立产学研合作伙伴关系，引进高层次创新创业人才，实施产学研合作项目。组织产学研活动15次，有120余家企业参与活动，与37家高校院所、21个省部级以上重点实验室的180余名专家教授进行了项目对接，共对接各类科技合作项目286项，签约合同、协议和意向171项。区内企业与高校院所联合建设实验室和研发中心4家，引进高层次领军人才4名，新获批山东省院士工作站5个。高新区先后组织“北京科技周”“台湾科技周”“西安、南京科技周”“成都、绵阳科技周”和“武汉科技周”，组织企业参加“第十届新材料论坛”，组织企业与清华大学、山东大学、南京工业大学、吉林大学、美国格莱斯特公司、美国健赞公司等高校、企业专家进行项目洽谈和对接。

【战略性高新技术产业发展】 淄博市被国家确定为“国家新材料产业化基地”“国家火炬计划生物医药产业基地”“国家火炬计划先进陶瓷特色产业基地”和“国家火炬计划功能玻璃特色产业基地”，其核心聚集区位于淄博高新区。上年，淄博高新区出台了《淄博高新区高技术产业自主创新行动计划》，提出重点培植新材料、精细化工、新医药及生物、新型数字化装备、节能环保和高技术服务业六大战略性高新技术新兴产业。通过大力实施“6535”创新和发展赶超工程，全面推进“151”产学研合作计划，淄博高新区高端产业进一步集聚，六大新兴产业集群进一步壮大，并涌现出一批特色鲜明的战略性高新技术产业项目。2011年，淄博高新区高新技术产业实现销售收入1 447亿元，占总收入比重79.9%，较上年提高3.7个百分点。

【科技企业发展】 2011年，淄博高新区评出科技型高成长中小企业5家，新增享受反担保政策企业41家；新增省级高新技术企业12家，山东东大一诺威聚氨酯有限公司被认定为国家火炬计划重点高新技术企业，23家申请复审的高新技术企业通过复审。企业申报省企业重点实验室5家，省工程技术研究中心5家，市工程技术研究中心19家。1月，山东省科技厅正式批准山东蓝星东大化工有限责任公司组建“山东省新型表面活性剂工程技术研究中心”、山东齐鲁石化开泰实业股份有限公司组建“山东省丙烯酸酯工程技术研究中心”、山东博润工业技术有限公司组建“山东省散装物料处理及输送工程技术研究中心”、山东长征教育科技有限公司组建“山东省儿童智能动画电子书工程技术研究中心”。12月，淄博高新区获批市工程技术研究中心14家。至此，淄博高新区累计拥有国家实验室8家，省级研发中心59家，市级研发中心58家，区内70%以上的企业拥有自己的研发机构。

企业研发　①山东新华医疗器械股份有限公司自主研发的基于电子直线加速器的快速调强与影像引导放疗系统，是一种集成了快速调强放射治疗系统、同源双能IGRT系统、基于蒙特卡罗方法和影像引导定位的精确立体定向放射治疗计划系统、快速调强放射治疗计划系统、精确放射治疗剂量验证系统和患者固定定位数字化自动系统等的快速精确放射治疗设备。在高剂量率快速稳定出束技术、“KV/MV同源双束”加速管技术、病人固定技术和定位技术等方面取得重大突破，达到国际先进水平，填补了国内空白。②帝斯曼淄博制药有限公司引进荷兰帝斯曼公司绿色酶法技术，率先采用专有酶法工艺生产头孢菌素。与传统合成技术相比，可减少工艺步骤和有机溶剂的使用，降低能源消耗和环境污染，提高产品收率，减少杂质存留，降低生产成本。③山东派力迪环保工程有限公司引进复旦大学DDBD低温等离子体异味治理技术，研发出DDBD等离子体工业废气处理技术，具有可高效分解污染物分子且处理能耗低等优点。④中材高新材料股份有限公司围绕新能源煤气化、有机硅等领域的高温气体净化，研发刚玉、堇青石、碳化硅质、纤维复合膜等系列高温陶瓷膜及其装备。采用等静压近净尺寸成型技术开发的超大尺寸、高温、高压陶瓷膜产品，综合性能指标达到国际先进水平，获2011年行业科技进步二等奖1项。自主设计开发的国内首台（套）高温陶瓷膜飞灰过滤器，打破了国外技术垄断，并在义煤综能新能源有限公司“年产30万t乙二醇”项目中得到应用。

【创新型科技园区建设】　淄博高新区于2009年启动创新型科技园申报工作。2010年1月，科技部火炬中心委托山东省科技厅组织专家对《淄博高新技术产业开发区建设创新型科技园区规划方案》进行考察论证。同年5月，科技部经研究审议，正式发文同意淄博高新区启动并开展创新型科技园区建设工作。2011年，淄博高新区出台《关于进一步加强区域创新平台建设的意见》，提出加快区域科技创新平台建设，对完善区域创新体系、提高创新能力、推进创新型园区建设具有深远的战略意义。《意见》中提出，要大力实施“66421”区域创新平台建设工程，即：全力建设先进陶瓷、医药生物、精细化工和高分子材料、新能源、先进制造、电子信息六个特色产业创新园，在相应的特色产业园内建设六大公共技术服务平台，加快与高校共建研究院、工程技术研究中心、院士工作站、产业技术创新联盟四类行业创新平台建设，不断优化科技中介服务、科技金融服务两类成果转化服务平台，加快建设一批企业研发中心。年内，淄博高新区相继建立并运行了“无机非金属新材料专业技术孵化平台”“电子仪器仪表专业技术孵化平台”和“生物医药专业技术孵化平台”3个公共专业技术服务平台，并推进“国家高新区MEMS研究院”“山东大学淄博生物医药研究院”“天津大学山东研究院”以及相应领域公共服务平台的建设工作。

【产业技术创新战略联盟构建】　2011年，淄博高新区在出台的《关于进一步加强区域创新平台建设的意见》中明确指出，要加强产业创新战略联盟等四类行业创新平台的建设，并对高新区产业联盟的未来发展方向作了规划部署。高新区对企业成立产业技术创新战略联盟制定鼓励政策，对认定为国家级、省级、市级战略联盟牵头单位的企业，分别给予100万元、50万元、20万元奖励；对认定为国家级、省级战略联盟成员单位的企业，分别给予10万元、5万元奖励。年内，山东新华医疗股份有限公司在中国医疗器械产业技术创新战略联盟基础上又牵头联合成立了放疗治疗设备产业技术创新战略联盟。淄博淄柴新能源有限公司牵头成立的生物质气化发电装备产业技术创新战略联盟、山东硅苑新材料科技股份有限公司牵头成立的日用陶瓷产业技术创新战略联盟、山东金晶科技有限公司牵头成立的超白玻璃产业技术创新战略联盟、山东东大一诺威聚氨脂有限公司牵头成立的聚氨酯弹性体产业技术创新战略联盟、山东齐林电科电力设备制造有限公司牵头成立的电能质量优化产业技术创新战略联盟被认定为市级产业技术创新战略联盟。其中，生物质气化发电装备产业技术创新联盟、日用陶瓷产业技术创新战略联盟、超白玻璃产业技术创新战略联盟被推荐申报省级产业技术创新战略联盟。

【创业服务中心建设】 截至2011年底，淄博高新技术创业服务中心入驻企业261家，其中高层次人才企业53家，海外留学人员创办、参办的企业14家；15人被淄博市人才工作领导小组审批认定为淄博市高层次人才，10人获高新区“三个一百”创业人才支持。2011年，创业中心入驻企业营业收入达到15.94亿元，上缴税收7 542万元，入驻企业累计拥有自主知识产权639项。12月，山东妙典网络文化有限公司等6家创业中心企业获淄博市信息产业发展专项资金支持，共计105万元。

【科技创新现状调研】 2011年，淄博高新区出台《淄博高新区“十一五”科技创新发展报告》，包括知识产权、科技成果、科技计划、产学研合作、科技企业孵化器发展、高新技术企业科技创新和产业发展、科技型高成长中小企业科技创新和产业发展、研发机构特色产业基地与国家创新型园区建设发展、技术创新能力、产业发展、战略性新兴产业发展、科技创新政策体系建设等12个分报告。

【高新区规划与建设】 2011年，淄博高新区立足建设生态和谐宜居文明城市，组织实施了总投资23亿元的城建计划，包括新建、续建重点工程21项。总面积2 000m^{2}的高新区城乡发展规划展览馆对外开放。建成区绿化覆盖率达到50%，绿地率达到43.9%。建立2 000万元节能降耗专项资金，对重点用能企业实行网上在线监测，对进区项目落实能评环评，工业企业排放达标率达到98.2%，城市污水、城乡垃圾实行集中处理，淘汰落后产能任务完成率达到100%，COD排放量控制在3 650t以内，SO_2排放削减率达到3%。年内，淄博高新区出台《关于加快都市农业三大农业基地建设的意见》，建立2 000万元都市农业发展基金，推进现代农业科技示范园等八大都市农业园区建设。加快实施“村级集体增收、农业园区增收、企业带动增收、服务农民增收、品牌农业增收、生态旅游增收、农业科技增收”7项富民工程。规划将57个村居合并为16个大的居住区，已有近20个村庄完成旧村改造。开工建设经济适用房1 200套，实物配租廉租房108套，全年竣工各类保障性住房1 407套，城镇居民住房保障率先实现应保尽保，走在全省前列。投资近10亿元的6所学校扩建改造项目基本完成。

【科技人才管理】 2011年，淄博高新区引进博士以上高层次人才39人，其中海外高层次人才4人。4位高层次人才获高新区“三个一百”（100万元创新创业资金资助，100m^{2}研发场地，100m^{2}公寓住房）创业人才支持。新增院士工作站3家，落实设站补贴60万元。在2011年高新区科技奖励大会上，为近百家企业和部分创新创业人才颁发了近4 000万元科技奖金和支持资金，较上年增长1倍，是2006年的40倍。创新人才政策，突出对领军人才的奖励，为14位高层次人才发放生活补贴21万元。设立900万元人才专项资金，每年按10%的比例递增，用于人才引进、培养和奖励。实施“百名硕士进机关”工程，新选拔7名全国“211工程”大学硕士研究生充实到一线管理岗位。推行全面绩效考核和竞争上岗选拔干部制度，全年对领导干部进行了4次调整，涉及党员领导干部25人。

【科技活动】 5月15～18日，淄博高新区举行“北京科技周”活动。活动期间，高新区代表团一行50余人分组拜访了清华大学、北京航空航天大学、北京科技大学、中航工业北京航空材料研究院、北京化工大学等10余家高校、院所，与60多位学者、专家进行交流，达成合作意向50余项。

6月17日，创业中心组织山东百福基因科技有限公司等5家孵化企业参加“2011年海外华商·博士投资创业淄博行”活动，与来自美国、加拿大等国家和地区的50余名华商、博士进行项目洽谈。

8月20日，创业中心邀请发思特专利商标代理有限公司经理耿霞为园区入驻企业进行“企业知识产权保护实务”讲座。

9月6日，淄博高新区特色产业创新园推介会举行。来自全国20余家高校、院所的专家、教授以及淄博高新区40多家企业负责人参加了推介会。

11月15日，创业中心邀请台湾江氏集团董事总经理江富德为园区入驻企业进行“云计算——ERP助企业运筹七大管理”讲座。

（淄博高新区科技局）

潍坊高新技术产业开发区

【概述】 2011年，潍坊高新技术产业开发区（以下简称潍坊高新区）完成地区生产总值（GDP）230.26亿元，规模以上工业企业完成工业总产值677.81亿元，其中高新技术产业产值406.77亿元，占规模以上工业总产值的比重为60.01%。全区完成财政总收入51.37亿元，同比增长17.9%，其中地方财政收入22.74亿元，同比增长28.1%。

【科技计划与经费】 2011年，潍坊高新区立项市级以上科技计划项目113项，获无偿资金超过2亿元。其中，国家863计划、国家科技支撑计划等国家级科技计划项目39项，山东省自主创新成果转化重大专项等省级科技计划项目32项。当年，潍坊高新区安排区应用技术研究与开发资金1 458万元。

【科技成果与奖励】 2011年，潍坊高新区有40项科技成果通过鉴定，其中省级鉴定23项，同比增长28%。获省级科技进步奖13项，市科技进步奖38项。

【知识产权管理】 2011年，潍坊高新区申请专利1 485件，同比增长25.8%；授权专利1 313件，同比增长14.5%。潍柴动力股份有限公司和歌尔声学股份有限公司专利申请量均突破200件，分别为221件和201件，发明专利占比分别为56%和26.8%。盛瑞传动股份有限公司“可动力换挡多挡变速器”（8AT）获第13届中国发明专利金奖，是山东省近3年来获的唯一一项金奖。潍坊高新区全年获省发明创业奖6项、省专利奖2项，获批市知识产权试点企业5家。

【科技合作与交流】 2011年，潍坊高新区重点推进与大院大所合作，区内企业与112所高校建立产学研合作关系，其中包括25所“211工程”院校，年内完成技术合同额1.89亿元。潍坊高新区管委会与清华大学签订《关于加强科技合作的协议》，设立专项资金鼓励清华大学在高新区研发项目并实现产业化；与中科院光机所签约联合开发光纤数控项目，与高能物理研究所共建超导磁体工程技术中心，建设IBM智慧软件公共技术服务平台、国家半导体器件监督检验（潍坊）中心等；与本地院校合作共建物联网、生物医药等研发中心，与中国专利技术开发公司等技术转移服务机构合作进一步加强。11月，潍坊高新区承办山东省“百名专家企业行”活动，褚君浩院士等10名专家与区内企业就50多项企业技术难题进行了有效对接。

【创新服务体系建设】 2011年，潍坊高新区获批山东省可持续发展实验区，成为全省首家获批建设省级可持续发展实验区的国家级高新区。光电产业园获批省级科技企业孵化器，形成3个国家级、3个省级科技企业孵化器协调发展的多元化孵化体系。获批国家火炬计划潍坊光电特色产业基地，至此全区省级以上特色基地18个。截至年底，潍坊高新区共有博士后科研工作站6个，博士后创新创业基地1个，院士工作站5个，省级企业重点实验室5个，山东省海外高层次人才创新创业基地2个，科技部大学生科技创业见习基地试点单位2个；拥有国家级创新型试点企业1家，省级创新型试点企业21家，国家级产业技术创新战略联盟1家，省级产业技术创新战略联盟6家。

【科技企业发展】 2011年，潍坊高新区新增高新技术企业44家，新批省级以上企业研发中心7家（如表所示）。潍柴集团并购全球最大豪华游艇制造商法拉帝公司，成立内燃机可靠性国际技术创新联盟，获第二届中国工业大奖。歌尔声学股份有限公司获第3届“省长质量奖”。中微光电子（潍坊）有限公司制定LED路灯行业标准，获中国技术市场金桥奖。山东浪潮华光光电子有限公司红光LED、大功率激光器产量及市场占有率均居全国第一，公司获2011年中国半导体照明行业“最具成长性企业”奖。

2011年新认定高新技术企业（44家）

山东亿能光学仪器股份有限公司
潍坊威度电子科技有限公司
潍坊达而高电子技术有限公司
潍坊共业电子科技有限公司
潍坊凌讯智能科技有限公司
潍坊翰顿数控设备有限公司
山东电科四维电气股份有限公司
潍坊五洲浩特电气有限公司
潍坊华普实业发展有限公司
潍坊汇胜绝缘技术有限公司
潍坊新奇机电工程有限公司
潍坊海莱特锥形钢管有限公司
潍坊胜达塑胶有限公司
潍坊新海铝业科技有限公司
潍坊怡兴纺织机械设备有限公司
潍坊中星精细化工有限公司
潍坊万德朗汽车电器制造有限公司
潍坊亚西亚新型建材有限公司
潍坊明锐光电科技有限公司
潍坊中财信科技有限公司
潍坊恩源信息科技有限公司
潍坊亿翔信息技术有限公司
潍坊智捷电子信息有限公司
潍坊金贝尔软件工程有限公司
潍坊恒盛计算机智能控制科技有限公司
潍坊佳华网络科技有限公司
山东弗克斯电子信息技术有限公司
潍坊金三利信息技术有限公司
潍坊市三田科技有限公司
山东兴邦科教仪器设备有限公司
潍坊华光电子仪表有限公司
山东中动文化传媒有限公司
山东天泽网络科技有限公司
山东宏跃网架钢结构有限公司
潍坊道成机电科技有限公司
山东金瑞生物科技有限公司
潍坊紫鸢牧业发展有限公司
山东航维骨科医疗器械股份有限公司
潍坊赛马力发电设备有限公司
潍坊耐普特燃气发电设备有限公司
宇骏（潍坊）新能源科技有限公司
山东潍坊东盛园艺有限公司
潍坊中云科研有限公司
潍坊伟士昕气体设备有限公司

表 **2011年潍坊高新区新批省级以上企业研发中心（7家）**

研发中心名称	依托单位	备注
山东省特高压变压器绝缘材料工程技术研究中心	汇胜集团股份有限公司	省级工程技术研究中心
山东省高压变频节能设备工程技术研究中心	山东瑞斯高创股份有限公司	省级工程技术研究中心
山东省乳品发酵工程技术研究中心	潍坊紫鸢牧业发展有限公司	省级工程技术研究中心
山东省中药在线质量控制工程技术研究中心	山东沃华医药科技股份有限公司	省级工程技术研究中心
山东省工业设计中心	盛瑞传动股份有限公司	省级工业设计中心

续表

研发中心名称	依托单位	备注
山东省工业设计中心	潍坊正远粉体工程设备有限公司	省级工业设计中心
机械工业超导磁体工程技术研究中心	潍坊新立超导磁电科技有限公司	行业工程技术研究中心

【科技活动】 3月28日，省政府印发《关于同意潍坊高新技术产业开发区实施新兴高端产业“63513”示范工程实施方案的意见》（鲁政字〔2011〕69号），批准潍坊高新区“63513”示范工程为全省示范工程。

5月17日，国家科技部发展计划司调研组来高新区调研。调研组一行实地参观考察潍坊高新区动力机械特色产业基地潍柴动力、盛瑞动力和电声器件特色产业基地歌尔集团、浪潮华光等重点项目，随后在第二孵化器进行了座谈。

6月9～10日，科技部纪检组组长郭向远一行来高新区，对科技创新工作进行调研并就高新区对国家计划项目实施及其经费管理使用情况进行监督检查。

6月16日，国家知识产权局副局长肖兴威一行来高新区调研，考察团先后参观山东（潍坊）光电产业知识产权信息服务平台、歌尔声学、盛瑞传动等，详细听取高新区知识产权工作及盛瑞8AT项目的情况汇报。

6月24日，“第二届中国火炬IT服务创新联盟年会暨互联网经济下的创新商业模式（潍坊）论坛”在高新区举行。中科院姚建铨院士，中国软件行业协会副理事长华平澜，中国软件行业协会系统与软件过程改进分会名誉副会长郑人杰，联盟理事长、瑞友科技董事长邵凯，联盟专职副秘书长张葳以及全国多家知名IT企业的负责人和业界精英参加了论坛。

7月13日，省科技厅副厅长、中科院山东中心主任王晓斌带领中科院专家来高新区调研。调研组一行参观考察了歌尔声学、中微光电子、浪潮华光、华辰生物、宏力空调、生物园、俊富新材料、盛瑞传动、沃华医药等企业，并在第二孵化器进行了座谈。

8月10日，省委常委、副省长孙伟一行来高新区就新兴高端产业发展等工作进行调研。

9月23日，省委常委、秘书长王敏一行来高新区就“蓝黄战略”实施情况进行督导检查。

11月13日，科技部火炬中心主任赵明鹏一行，在省科技厅副厅长崔建海等陪同下，来高新区就高新技术产业发展情况进行调研。

11月19日，参加2011年山东省“百名专家企业行”的院士、专家来高新区参观考察。

【项目进展选介】

福田汽车山东多功能汽车厂项目　该项目为山东省重点建设项目，规划总投资72.1亿元，建筑面积52万m^2。该项目集整车与零部件制造、生产与研发于一体，主要生产经济型轿车VAN类全系列、经济型轿车（A0）系列、G03发动机、汽车模具、冲压件等。一期工程在建模具车间、整车一单元等20个单体，共26万m^2，计划于2012年8月正式投产，预计年销售收入20亿元。预计2015年可实现，年产销整车48.6万辆、节能与新能源汽车3万辆、发动机39.5万台。

歌尔光电产业园项目　该项目规划总投资50亿元，建筑面积106万m^2，主要研发生产LED电视、LED背光模组以及智能电视配套产品（智能数字机顶盒、智能电视内置摄像头）等。计划到2015年，产能达到年产LED电视2 000万台以上，年产值500亿元，年利税60亿元，建成全国重要的LED背光模组研发生产基地。

潍柴动力蓝擎发动机和新科技展馆及研发实验、试制中心项目　该项目总投资22.4亿元。新增2条机体、缸盖精加工线，1条总装线，建成后形成新增WP12发动机年产10万台生产能力。研发实验中心项目建设研发大楼、发动机产品分析及试验准备厂房、理化计量档案馆大楼、发动机产品试验室及其公用配套设施，新置世界一流的理化计量、试验等设备及其配套设施，总建筑面积9.7万m^2。试制中心项目主要建设新产品小批量试制及现有产品的重大技术改造试制和验证中心，进行各种工艺试验，承担部分总装工序。科技展馆项目总投资2.9亿元，总建筑面积2.5万m^2，建设3层展馆及配套建筑。

盛瑞传动8档自动变速器研发及产业化项目 该项目总投资10亿元，新建办公生活、研发中心、车间、仓库等设施15万m^2，购置设备36台（套）。分两期建设：一期工程新征土地6.67hm^2（100亩），新建办公生活、研发中心、车间等设施5.28万m^2，购置设备26台（套），项目建成后可实现年产8档自动变速器（8AT）10万台；二期工程新征土地13.33hm^2（200亩），新建车间、仓库、物流中心等设施9.72万m^2，新增生产设备10台（套），项目建成后可实现年增产8档自动变速器（8AT）30万台。2011年11月，“可动力换挡多挡变速器”（8AT）获第13届中国专利金奖。

年产2 000套工业余热型高温水源热泵机组项目 该项目由山东科灵新能源发展有限公司投资建设，计划总投资2.5亿元，主要建设生产车间4.8万m^2，采用太阳能建筑一体化的屋顶光伏发电300kW供生产用电，地源热泵制冷制热；建设研发楼4 500m^2，培训楼5 500m^2；建设工业余热型高温水源热泵装配生产线；建设国内一流的热泵性能检测实验室；购置多功能塔式数控冲床、自动冲床、数控车床等国内外先进的设备。项目建成后，可实现年销售收入3.8亿元，年利税2 800万元，年税后利润4 700万元。项目完成后，年节约原煤量2.5万t，年减少SO_2排放225t，年减少飞灰量456t，年减少灰渣量6 000t。该项目主要产品为山东省名牌产品，其技术达到国内领先水平。

雅士净化空调项目 该项目由山东雅士股份有限公司投资建设，计划总投资4亿元，规划用地13.33hm^2（200亩），主要进行医药领域环境洁净系统、建筑节能系统、地热资源利用系统、移动基站环境控制系统、环保节能商用环境控制系统、楼宇控制系统、新能源及循环能源系统等产品的科发、生产与销售，产品销往世界各个国家和地区。项目达产后，形成年产工业净化系统4万台（套）、建筑节能系统与地热资源利用系统1万台（套）、移动基站环境控制系统1.5万台（套）、楼宇与中央电控控制系统7万台（套）的生产能力，年销售额10亿元，年利税8 000万元。

年产1.5万t SMMS纺熔复合医用非织造材料项目 该项目由山东俊富非织造材料有限公司投资建设，总投资36 824万元，用地面积1.95hm^2（29.2亩）。新建厂房1座，总建筑面积10 488m^2，购置设备78台（套）。该项目于2011年11月开工，2013年10月建成投产。主要生产薄型纺粘法非织造材料，包括亲水系列纺粘产品、柔软系列纺粘产品、功能性纺粘产品、普通纺粘产品等。年产量1.5万t，年销售收入3亿元，实现利润2 000万元，上缴税金617万元。

大洋立体停车设备项目 该项目由潍坊大洋自动泊车设备有限公司投资建设，总投资1.5亿元，用地面积3.33hm^2（50亩），建筑面积22 648万m^2。主要建设办公楼、生产车间，制造、安装、改造、维修、销售机械式停车设备。计划年产车位5万个，实现年销售收入2亿元，利润1 000万元，上缴税金400万元。该项目拥有发明专利16件、实用新型专利36件，液压传动技术处于国内先进水平，智能高速高层液压升降横移类立体停车设备填补了国内技术空白。

（潍坊高新区）

威海火炬高技术产业开发区

【概述】 威海火炬高技术产业开发区（以下简称威海高新区）是1991年3月6日经国务院批准成立的国家级高新技术产业开发区，由国家科技部、山东省政府和威海市政府共同创办，是全国3个火炬高技术产业开发区之一。高新区位于威海市区西北部的文教科研区，总面积120km^2，辖1个镇、2个街道，35个村，38个居委会，总人口26.9万人，区内各类企业4 538家，从业人员10

万多人。2011年，全区完成地区生产总值158亿元，增长10.6%；完成固定资产投资123亿元，增长23.3%；实现工业销售收入468.2亿元，工业利税50.5亿元，利润37.3亿元，分别增长15.8%、18.8%和20.4%；实现财政总收入59.5亿元，一般预算收入12.8亿元，分别增长87.6%和15.1%，工商税收、四税收入占一般预算收入的比重分别高于全市平均水平17.7和19.8个百分点。

【科技计划与经费】 2011年，威海高新区获各类无偿资助项目78项，立项科技补助经费4 301万元。其中，国家级13项，经费2 429万元；省级40项，经费1 283万元；市级25项，经费589万元。“钛合金脊柱骨科材料关键技术及产品研发”和“血糖检测与胰岛素注射微系统”2个项目获国家863计划立项，资助经费1 854万元；“缩聚型固体磷酸酯阻燃ABS/PC合金”等6个项目获国家创新基金立项，资助经费360万元；“碳纤维千吨级生产工艺及装备制造”等2个项目列入省重大专项，资助经费800万元；“真空树脂导入成型技术制备大型复合材料船艇”等4个项目获省创新基金立项，资助资金160万元。

【科技成果与奖励】 2011年，威海高新区有21项科技成果通过鉴定，其中13项达到国际先进水平以上。9个科技型中小企业技术创新基金计划项目通过科技部验收。山东吉威医疗制品有限公司（第二完成单位）“新型可降解涂层冠脉药物洗脱支架的研制”项目获国家技术发明二等奖，哈尔滨工业大学（威海）（第二完成单位）“L-乳酸的产业化关键技术与应用”项目获国家科技进步二等奖，威海华菱光电有限公司“高性能鉴伪用接触式图像传感器”、山东渔翁信息技术股份有限公司“基于国产密码技术的内网安全综合管理平台”等4个项目获省科技进步三等奖；19个项目获威海市科技奖励，其中一等奖6项、二等奖4项、三等奖9项。

【知识产权管理】 2011年，威海高新区申请专利861件，其中发明专利368件；授权专利477件，其中发明专利84件；软件著作权登记41件，集成电路布图设计登记2件。8月，高新区组织区内企业参加第20届全国发明展览会，布置展位15个，参展专利26件，获金奖8项、银奖7项、铜奖5项。12月，山东新北洋信息技术股份有限公司“灰度打印控制方法和装置”专利获第12届山东省专利三等奖。山东新北洋信息技术有限公司、威海华菱光电有限公司、山东华菱电子有限公司3家企业向国外申请的16件专利获国家财政资助57万元，占全市资助额的90.5%。

【科技合作与交流】 2011年，威高集团投入1亿元与浙江大学就人工肝项目签署合作协议，共同成立人工肝技术联合转化中心，同时在威海高新区建立产业化基地，投产后每年为社会提供2 000台具有国际领先水平的人工肝治疗仪，实现经济效益5.6亿元；与华东理工大学签署战略合作协议，共同成立华东理工大学威高研究院，致力于以生物生长因子为代表的多品种骨科再生材料、生物止血敷料、微创手术器械等生物医用材料及医疗器械的开发，共享华东理工大学的40余件发明专利和1件实用新型专利，同时，华东理工大学每年为威高集团提供3个以上高技术产品。威海北洋电气集团股份有限公司累计投入1 633万元与哈尔滨工业大学（威海）合作开发的“基于射频技术的现代国际物流管理信息系统”项目被列为省自主创新成果转化重大专项，获扶持资金300万元；累计投入1 127万元与中国计量学院合作的“基于传感网应用的分布式光纤温度传感器研发与产业化”项目被列为省信息产业发展专项资金项目，获扶持资金100万元。山东卡尔电气股份有限公司投入350万元与哈尔滨工业大学（威海）合作开发的“基于物联网产业链的公共服务平台”被列为国家火炬计划项目，获扶持资金100万元。山东康威通信技术股份有限公司与中国石油大学合作的“基于物联网技术的地下高压电缆网多状态预警成套设备产业化”、山东渔翁信息技术股份有限公司与哈尔滨工业大学（威海）合作的“基于国产密码技术的物联网安全平台产业化”2个项目被列为省第一批战略性新兴产业项目。全年高新区登记技术交易合同16份，技术交易额6.06亿多元。

【科技创新平台建设】 2011年，哈尔滨工业大学（威海）的“山东省船舶设计与装备工程技术研究中心”和“山东省海洋船舶防污工程技术研究中心”2家省级工程技术研究中心获批建立，威海克莱特菲尔风机有限公司的“威海市轴流风机工程技术研究中心”、威海华东电源有限公司的“威海光伏系统工程技术研究中心”和威海天力电源科技有限公司的“威海市新能源汽车功率电子工程技术研究中心”3家市级工程技术研究中心获批建立。

【战略性高新技术产业发展】 威海高新区内形成了以三星数码和新北洋为代表的新信息、以威高集团为代表的新医药、以拓展纤维和三盾焊材为代表的新材料、以中海油和银河风电设备为代表的新能源四大战略新兴产业。2011年，威海高新区高新技术产业产值占规模以上工业产值73.9%；拥有高新技术企业46家，其中国家火炬计划重点高新技术企业3家；获批建设“国家火炬计划威海高新区办公自动化设备特色产业基地”和“威海国家先进复合材料高新技术产业化基地”。

【科技活动】 3月7日，省科技厅党组成员、纪检组长、监察专员赵锦峰一行来高新区围绕科技工作和党风廉政建设开展调研。

6月17日，中共中央政治局常委李长春在省委书记、省人大常委会主任姜异康，省委副书记、省长姜大明等陪同下，深入高新区光威集团和威高集团进行调研，强调坚持以提高自主创新能力为核心，加快推进经济发展方式转变。

7月27日，中国工程院医药卫生学部与威高集团有限公司战略合作协议签字仪式暨发展战略研讨会议在高新区举行。双方将以科技信息为切入口，全面开展战略咨询、国际竞争战略研究、技术引进和人才招聘培养等方面的合作。

8月22日，科技部原部长、中国发明协会理事长朱丽兰来高新区调研，先后参观了火炬创新创业基地展厅，并与区内医疗器械、新材料、电子信息、机电一体化和新能源五大领域的10家代表企业就自主创新体系建设进行座谈。

11月15日，科技部火炬中心主任赵明鹏一行在省科技厅副厅长崔建海等领导陪同下来高新区调研，先后视察了威高初村工业园、高新技术产业化基地、威高集团和火炬创新创业基地，并围绕高新区建设召开座谈会。

11月16日，威海市商业银行高新支行举行开业庆典，正式营业。该行是服务于科技型中小企业的专业性金融机构，是威海市第一家科技支行，立足高新区，面向全市，在为科技型中小企业提供传统金融服务的基础上，提供专利权、商标权、著作权等知识产权的特色抵押贷款服务。

【项目选介】

WIN924对开四色胶印机设备项目 该项目属于威海印刷机械有限公司自主研发的高科技项目。WIN924对开四色胶印机设备属于印刷轻工业设备，是为国内印刷企业“量身定做”的，可满足绝大部分产品的生产要求，具有极高的生产效率，最大印刷速度为1.3万张/时。设备采用7点钟式的滚筒排列、双倍径的压印滚筒和传纸滚筒设计，滚筒的曲率半径加大，传纸过程更平稳舒展，可满足厚纸的印刷；具备微电脑控制和人机对话界面，对印刷过程进行全面控制、监测和诊断；PLC及总线技术的应用使电器控制更快捷、灵敏；气动离合压系统以及滚筒和水墨辊的离合启动控制，更有效地利用机器空间，提高平稳性，减小振动和噪音，整套气路系统采用日本进口气动元件；墨色遥控装置为标准配置，使用日本原装进口和国产遥控墨斗均可，保证色彩修正时反应迅速，长版印刷时墨色稳定。该项目已申请国家专利9件，其中发明专利1件、实用新型专利8件；授权专利8件。威海印刷机械有限公司已在全国各地设有近200个经销公司，形成了覆盖范围较大的营销网络，预计“十二五”末，公司印刷机产值可突破6亿元，基本满足国内印机市场需求的1/4，实现销售收入5亿元，利税1.2亿元。

和谐号大功率机车、动车组用风机项目 该项目为威海克莱特菲尔风机股份有限公司承担的国家火炬计划项目。该项目开发大功率内燃机车和时速250km以上的动车组的牵引、制动系统系列风机产品，实现了空气动力技术的突破——将原有叶轮多翼型结构创新为机翼型，叶片型线设计方法属国内首次使用；机壳采用国内蜗壳型线等环量技术进行计算转化，实现大机壳、低风量、高静压技术的突破；首次将起毂技术应用于

机翼型叶片设计,达到轻量化设计，提高风机性能，大大减少空气对叶轮的阻力，提升风机效率30%以上，该技术已成熟应用于350km/h动车组上，达到高性能、低能耗的要求，并授权专利3件。威海克莱特菲尔风机股份有限公司是铁道部牵引电机通风机部颁标准的制定单位，将发展成为主干线国产化新一代低噪轨道风机生产的集散地，已实现机车、动车配用风机高性能、高可靠性、低噪声等技术标准的突破，年实现销售收入1亿元，利税2 500万元，利润1 800万元。

数字平安校园管理系统项目　该项目为山东卡尔电气股份有限公司自主研发的高新技术项目。数字平安校园管理系统是面向校园的综合安全防范管理系统，在综合运用当代计算机、信号控制、通信、数字视频等高新技术的基础上，研发前端数字化监控系统、结构化布线传输系统、中心监控管理系统，将报警信息及其他专用的图像资源分级管理、统一调度，实现了图像信息和报警信息快速准确的采集、处理，并为监控中心决策、指挥调度提供及时有效的图像、报警等信息。项目已申请国家专利7件，其中发明专利1件、实用新型专利3件。项目达产后，可实现年产数字平安校园管理系统1 200套，实现销售收入4 800万元，实现利税总额1 438万元，新增就业50人。

面向农业领域的SaaS服务管理综合支撑平台项目　该项目为山东农友软件有限公司自主研发的高科技项目。该项目依托公司已建立的农村综合信息服务体系和新型软件服务模式，集成创新资源虚拟化、分布式计算等云计算技术，自主研发SaaS服务综合支撑、通用管理功能支撑、平台的运营管理、通用管理类SaaS服务四大功能，满足平台提供商和服务提供商以SaaS模式提供通用管理服务的要求，实现支撑SaaS服务的部署与交付、规范化管理、信息共享、质量监控及信用评价。项目实现了以下创新：服务模式创新，面向三农以SaaS模式提供信息化服务；用户管理模式创新，按照农村组织体系设计，基层政府、涉农企业、农业合作组织、农户和用户间存在固有关联性；应用服务构件化，提供统一的支撑平台或接口形式，实现不同服务的动态组合，降低了新服务的进入门槛；可控性强，平台采用自主研发单点登录系统。该项目2011年4月取得软件著作权登记，5月通过省科技厅组织的科技成果鉴定，10月获省中小企业科技进步二等奖。平台在全国范围内实现共享，项目建设期内计划为山东、重庆、黑龙江、辽宁4省市的108 700多家乡镇企业、农业企业、农民专业合作社等涉农单位提供在线财务、进销存、电子商务、生产力辅助决策等SaaS管理服务，预计2015年进入市场稳定期，年收入达8 500万元。

【科技人才管理】　截至2011年底，威海高新区专业技术人才30 035人，其中，按学历划分：博士519人、硕士1 810人，本科8 542人；按职称划分：高级职称1 594人、中级职称3 263人、初级职称4 351人；按专业划分:管理类4 716人，文史类2 070人、经济类3 202人、工科类9 290人、理科类8 466人、农学类196人、法学类319人、医学类512人、教育类1　205人。全区拥有国家“千人计划”人选1人，长江学者1人，享受国务院政府特殊津贴专家15人，省“泰山学者”海外特聘专家1人，省、市有突出贡献的中青年专家10人；拥有技术工人12 319人，其中高级工以上1 795人；有29名“两院”院士与区内企事业单位长期合作，3家企业通过与院士密切合作被确定为山东省院士工作站；批准设立“泰山学者”岗位3个，有2位专家被批准为省“泰山学者”特聘专家；设立博士后科研工作站3个，开展博士后工作的企业7个，为人才创新创业提供了良好的平台。

（威海高新区管委会）

烟台高新技术产业开发区

【概述】 2011年，烟台高新技术产业开发区（以下简称烟台高新区）实现规模以上工业总产值470.38亿元，高新技术产业产值181.97亿元，规模以上工业增加值124.14亿元，地方财政收入23.04亿元。全区进出口总额达到27.46亿美元，其中，外贸进口额13.68亿美元，外贸出口额13.78亿美元。

【科技计划与经费】 2011年，烟台高新区实施国家、省、市各类科技计划项目45项。烟台富润实业有限公司的“全数字多通道相控阵激光超声三维成像无损检测系统联合研发”获国家科技部对俄科技合作专项经费支持400万元；山东国际生物科技园发展有限公司的“新型海岸带活性物质高校筛选平台建设”获国家火炬计划经费支持150万元；烟台高新区科技创业服务中心的“先进制造技术创新服务平台建设”获国家火炬计划经费支持100万元；烟台盛利达工程技术有限公司的“自动化钢水高效捞渣系统”获国家科技部火炬中心中小企业创新基金支持80万元；烟台高新区获烟台市风险投资引导基金补助2 000万元。当年，烟台高新区科技经费投入2.97亿元，主要用于企业科技产品的研究开发和投产。

【科技成果与奖励】 2011年，烟台高新区有13项科技成果通过鉴定。“48H超薄静音节能环保电梯专用钕铁硼磁性材料研发及产业化”和“红系分化相关因子表达调控及其功能研究”获省科技进步三等奖，“基于战略供应链的物流系统竞争力评价与应用”获省科技进步二等奖，“中医学心脾证候的演变规律和数学机制研究”和“联合应用NGF和GM1对神经元损伤的保护作用”获省自然科学奖二等奖。“枸橼酸钾颗粒剂的研发与应用”获烟台市科技进步一等奖，“含脂溶性维生素的稳定水溶液制剂研制及其产业化开发”获烟台市科技进步二等奖，“DF6200电能量采集控制装置”获烟台市科技进步三等奖。“绿叶制药科技创新体系建设”获烟台市科学技术创新奖。

【知识产权管理】 2011年，烟台高新区开展知识产权培训7次，培训企业知识产权工作人员720余人次。高新区全年申请专利704件，其中发明专利279件，发明专利占专利申请量的40%。

【科技合作与交流】 2011年3月，赴日、韩参加软通动力展望中国IT行业发展研讨会和烟台市（首尔）发展战略及重点项目信息发布会，与30余家协会和IT企业就两地软件产业发展深入交流，达成合作意向近10项。4月，在北京举行“蓝海英才计划”新闻发布会暨招才引智签约仪式，与北航科技园、中国科学院自动化研究所等高校、院所、企业签订合作协议。与机械科学研究总院先进制造技术研究中心签订合作协议，启动建设“机械科学研究总院先进制造技术中心烟台基地”，主要开展先进制造技术服务及咨询、机电一体化专机开发及服务、汽车零部件先进成形技术开发及应用等业务，为烟台制造业企业技术创新和产品开发提供技术服务和人才培训。参加俄罗斯21世纪新技术展，与乌克兰国家科学院通用与无机化学研究所签订科技合作协议，促成富润实业与俄罗斯莫斯科国立大学激光国际研究中心就“激光超声产品的研发和推广项目”签订合作协议。5月，山东国际生物科技园发展有限公司与俄罗斯科学院远东分院海洋生物研究所就共建“山东国际生物科技园中俄海洋工程研究中心”达成协议。6月，与烟台大学、鲁东大学、航天513所、兵器52所烟台分所等15家驻烟高校、科研院所在共建研发中心、联合技术攻关、科研成果转化、专业培训、项目孵化、决策咨询以及科技资源共享等方面签署全面合作协议，同时区内企业与高校、院所签署产学研合作项目8项。参加广州国际科技合作技术和人才高峰论坛，促成高新区新材料研究所与乌克兰科学院就“用电化学沉积法对管壁进行保护”项目达成合作意向，北方星空与白俄罗斯JIAHTAH控制系统有限公司达成初步合作意向，并与俄罗斯科学院乌拉尔分院、乌克兰科学院、白俄地区科技中心建立合作关系。8月，与张江国家自主创新示范区签署“张江—烟台高科技合作示范园”战略合作框架协议，打造以生物制药、集成电路、通讯、创意软件及服务外包等产业为主导的高科技合作示范园。与韩国京畿高科园签署友好交流合作协议，推动双方在科技创新、经贸交流、人才培养、文化互动等诸多方面开展务实合作。10月，在高新区召开全国对俄科技合作基地联盟第四次会议和烟台高新区蓝色经济创新型特色园区建设研讨会，科技部副部长曹健林作重要发言。会上，中科院计算所烟台分所正式挂牌运营。参加烟台（北京）跨国公司战略合作恳谈会，与首尔星宝置业（烟台）有限公司共同签署《辛安河污水处理厂地下化项目建设合作协议》。10～12月，举办“相约高新区”首届烟台市大学生科技创新创业行动，征集创业项目349项，其中多项成长潜力大的科技项目落户高新区。11月，参加第13届中国国际高新技术成果交易会暨鲁深高新技术交流合作会，与俄罗斯国立鲍曼大学、俄罗斯科学院西伯利亚分院以及俄罗斯远东国立大学建立联系渠道，收集涵盖IT、新材料、自动化领域项目300余项。

【科技企业发展】 2011年，烟台高新区新认定高新技术企业6家，至此全区已有高新技术企业34家，占全市21%。

2011年新认定高新技术企业（6家）

博源科技材料（烟台）有限公司
烟台华东电子软件技术有限公司
烟台金晖铜业有限公司
烟台兴业机械设备有限公司
烟台延锋江森座椅有限责任有限公司
烟台鑫海矿山机械有限公司

【科技活动】

1月15～18日，俄罗斯莫斯科农业科学院实验中心主任米哈伊尔•伊万诺维奇一行4人来高新区考察访问。

2月18日，山东半岛蓝色经济区项目推介会签约仪式在北京人民大会堂举行。中电华通通信有限公司总投资50亿元的无线宽带物联网（数字）产业示范园区落户高新区。

3月15日，钛金紧固件综合研发生产基地举行奠基仪式，该项目是山东省内唯一一个为大飞机高端零部件配套的项目。

3月16日，山东华鼎伟业能源科技有限公司举行奠基典礼。

4月2日，高新区在北京举行“蓝海英才计划”新闻发布会暨招才引智签约仪式。国家外专局原局长、世界创新研究院院长马俊如，中国高新区协会理事长、科技部原党组成员、科技日报社原社长张景安，国家外专局副局长孙照华，国家商务部投资促进事务局局长刘作章等领导出席仪式。

4月9日，中俄科技园被认定为省级高新技术创业服务中心。

5月11日，山东国际生物科技园和拓普邦生物科技园两个项目获批全省首批省级战略性新兴产业项目。

6月3日，高新区举行与驻烟高校科研院所战略合作暨校企合作项目签约仪式，签署战略合作暨校企合作项目协议15项，促成合作项目8项。

7月4～5日，第十八次中日蜂蜜会议在高新区召开。

7月11～13日，由科技部与世界知识产权组织（WIPO）主办，高新区管委会承办的创新型企业科技创新知识产权管理研讨培训班在烟台召开。

7月14日，烟台拓普邦生物科技园和中集海洋工程研究院两个项目入选省蓝色经济区建设“四个一批”重点项目库。

8月10日，高新区举行“张江—烟台高科技合作示范园”战略合作框架协议签约仪式。

8月26日，高新区举行与韩国京畿高科园友好交流合作协议签约仪式。

9月27日，科技部高新司副司长胡世辉一行7人，来高新区督查新升级国家高新区工作落实情况。

10月7日，高新区与共青团烟台市委联合举办“相约高新区”首届大学生科技创新创业行动，面向全市大学生征集创新创业项目。

10月12日，由科技部国际合作司主办，烟台高新区承办的全国对俄科技合作基地联盟第四次会议和烟台高新区蓝色经济创新型特色园区建设研讨会暨中科院计算所烟台分所揭牌仪式成功举行。科技部副部长曹健林，省委常委、副省长孙伟，中国工程院院士陆汝钤，中国科学院院地合作局副局长孙殿义等领导出席会议。

10月14日，山东国际生物科技园承担的“新型海岸带活性物质高效筛选平台建设”和科技创业服务中心承担的“先进制造技术创新服务平台建设”项目被列入2011年度国家火炬计划。

10月26日，烟台智慧城市产业园项目入区暨战略合作签约仪式在高新区举行，中电华通通信有限公司董事长袁毅、总裁邱平，三星电子网络事业部全球销售总裁李晓钟、韩亚银行（中国）公司行长金仁焕等领导出席仪式。

10月30日，烟台泰利集团有限公司乔迁典礼暨迈斯泰（烟台）工厂揭牌仪式举行。澳大利亚新南威尔士州议员Timothy Owen,中澳联合矿业公司董事长周宗波，国家安全管理总局办公厅主任郭云涛，中国模具工业协会秘书长武兵书等领导出席仪式。

11月6日，全国人大常委会副委员长桑国卫来高新区参观考察。

11月8日，洛阳高新区党工委副书记、管委会常务副主任贺敏一行来高新区参观考察。

11月14日，科技部火炬高技术产业开发中心主任赵明鹏、高新区管理处处长李志远等一行5人来高新区调研。

11月，高新区入选“山东半岛蓝色经济区和黄河三角洲高效生态经济区两区”建设重点园区，获扶持资金5 000万元。

12月18日，高新区举行“相约高新区”首届大学生科技创新创业行动颁奖晚会，市委书记郝德军出席并颁奖。

12月21日，科技部火炬中心产业基地处处长宋少刚一行3人，来高新区调研海洋生物与医药特色产业基地建设工作。

【项目选介】

山东国际生物科技园项目　该项目为2011年续建项目，位于高新区核心区，总投资60亿元，由烟台高新区管委与山东绿叶集团共同建设。重点发展生物医药、生物农业、海洋生物等产业，吸引更多的制药企业和科研单位入驻基地，并在公共研发服务平台建设、新药研发、核心技术应用等方面力求实现突破。该项目已列为国家新药研发大平台——山东省重大新药创制中心的重要组成部分，入选国家创新药物孵化基地，成为“山东国家综合性新药研究开发技术大平台”的重要组成部分。2011年，该项目被列入“山东省首批100个省级战略新兴产业项目”和“山东省企业实训基地”，同年，获“中国自主创新园区创新奖”。通过“人才、科技、基地”的良好运行模式，园区平台创新水平不断提升，多项核心技术达国际先进水平。其中，依托于生物技术中心正在建立国内首个具有自主知识产权的“全人单克隆抗体药物研发技术平台”，该项平台结合园区生物中试、临床前评价中心等平台的技术力量，可为抗体药物等生物技术药物从新药筛选到产业化的全程提供链式技术服务与支持；依托于海洋生物研发技术中心的“新型海岸带活性物质筛选平台”，致力于海洋药物与功能食品等高值化产品开发，已获批2011年度国家科技部火炬计划立项。园区发挥技术优势，打造九大公共技术平台，包括：与新加坡A-Bio生技制药有限公司合作共建生物技术中心；药物安全评价中心已通过国家GLP认证，正在与株式会社新日本科学和中科院上海药物所等开展合作,实现国际化升级；与中国医学科学院和中科院上海药物研究所等合作共建药物筛选与评价研究技术中心；与中科院海洋研究所和中科院海岸带研究所等合作共建海洋生物研发技术中心等。

中科院计算所烟台分所（烟台中科网络技术研究所）　该所于2011年10月正式揭牌运营，是中国科学院计算技术研究所与烟台高新区共同组建的网络应用技术研究机构。这是中科院计算所第一个将技术整体转移并实现资源共享、信息

互通的地方分支机构。分所以海量互联网数据的深度信息处理为主要发展方向，承担天玑系列大规模网络数据处理系统的研发工作，并作为天玑网络数据系统的研发和产业化基地。运用处于国内、国际先进水平的技术成果，研制面向政府、行业、企业各类用户的网络信息处理系列产品和服务。目前，分所已为国家舆情主管部门等重要用户提供舆情服务，并承担一批国家发改委、火炬中心、中科院、以及省市级科研项目和国家级重大应用工程。分所长远目标是孵化出以深度信息服务为特色的新型高科技产业链，带动地方的经济发展和产业升级。

商用飞机钛合金紧固件项目　该项目为2011年续建项目，以中国航天513所为技术依托，由中国东方红卫星股份有限公司、烟台蓝天投资开发有限公司共同设立的东方蓝天钛金科技有限公司负责实施，总投资8亿元，位于高新区航空航天科技园内。该项目是中国商用飞机有限责任公司的两大主力机型——ARJ21支线飞机和C919干线客机进行高端零件配套的大型研发生产综合类项目，在中国商飞落实国家重大科技战略、实施大型客机项目的整体产业布局中具有极为重要的配套支撑作用，预计达产后年产值10亿元。

烟台中集海洋工程研究院项目　该项目为2011年续建项目，由中国国际海运集装箱（集团）股份有限公司投资建设，总投资10亿元，主要从事钻井平台、半潜式平台、海底勘油船等海洋工程设计、研发，包括概念设计、基础设计、详细设计和生产设计；船舶与海洋工程贸易和经纪，包括配套设备采购、船舶与海洋工程EPC工程咨询、项目管理、技术培训、会展服务等。该项目被国家能源局授予国家级能源海洋石油钻井平台研发（试验）中心。项目投产后，年实现营业收入7亿元，利税1.4亿元。

正元地理信息产业园项目　该项目为2011年续建项目，由山东正元地理信息工程有限责任公司牵头出资建设，总投资6.4亿元，主要从事地理信息系统软件开发、地理信息数据加工、地图制作、建筑材料及工程检测、GPS高精度单点定位硬件生产等。项目达产后，实现营业收入2.5亿元，利税4 000万元。

【科技人才管理】　2011年，烟台高新区共主办、协办各类招聘活动62场次，有338家（次）企业提供就业岗位6 751个，达成就业意向5 856人次；接收和调入专业技术人才和高校毕业生3 977人，其中硕士以上学历329人，本科学历和中级以上职称人才1 981人；区内有111家企业通过山东高校毕业生就业信息网办理人才招聘、审核及签约。

（烟台高新区　金　键　乔翠红）

济宁高新技术产业开发区

【概述】　2011年，济宁高新技术产业开发区（以下简称济宁高新区）以晋升国家级高新区为契机，以建设科技新城为目标，对战略定位、科技创新、产业发展、城市建设、社会民生等进行全面布局，经济社会保持了转型提升、跨越发展的良好态势。济宁高新区全年实现营业总收入1 722.6亿元，同比增长22%；财政总收入71.1亿元，同比增长23.5%；一般预算收入突破36.3亿元，同比增长23%；实际利用外资3.7亿元，同比增长167.9%，占济宁市的45%；进出口总值20亿美元，同比增长19.5%，占济宁市的1/3。

【科技计划与经费】　2011年，济宁高新区获批国家和省、市各类科技计划项目39项，获经费2 828万元。其中，国家火炬计划项目3项、国家重点新产品3项、国家中小企业创新基金3项、山东省自主创新成果转化重大专项2项。

【科技成果与奖励】 2011年，济宁高新区鉴定科技成果41项。获省科技进步二等奖2项、三等奖2项，济宁市科学技术一等奖5项、二等奖8项、三等奖9项。获山东省名牌产品5个。

【知识产权宣传与管理】 4月，济宁高校区开展知识产权宣传日活动，组织多家企业上街宣传，邀请知识产权专家授课，讲解专利保护法律知识和专利申报、管理中的常见问题；8月，组织区内专利明星企业参加济宁市“十一五”科技宣传活动；9月，组织区内企业参加科技部在青海举办的“创新方法”培训班。全年全区申请专利1 181件，授权专利1 035件，其中发明专利37件；山东如意科技集团有限公司、山东鲁抗医药股份有限公司、济宁盛世光明软件技术有限公司3家企业被授予“济宁市十佳专利明星企业”称号，山东鲁抗立科药物化学有限公司“一种头孢菌素C提取专用大孔吸附树脂及其制备方法”和山东泰丰液压股份有限公司“机械反馈插装式比例节流阀系统”被授予“济宁市十佳专利产业化项目”称号。

【国际科技合作与交流】 2011年，济宁高新区推动山东如意科技集团有限公司与日本伊藤忠商事株式会社、山东浩珂矿业工程有限公司与德国巴斯夫集团合作项目，至此区内企业已与17家世界500强企业进行合资、技术合作并在区内设立研发中心和生产基地。山东英特力实业有限公司与美国代顿大学“中美合作先进超轻型汽车材料研发生产中心”项目签约。大京机械（山东）有限公司、小松（山东）铸钢有限公司和兴和（山东）机械有限公司等3家日资零部件核心企业同时投产，标志着济宁市世界级工程机械产业基地建设进入新的阶段。委内瑞拉驻华大使罗西奥•马内罗为团长的拉美和加勒比14个国家的驻华使节一行18人受邀来高新区参观考察。古巴国家科学中心副主席帕维一行受邀来高新区访问考察，与山东鲁抗医药股份有限公司在生物科技、生物制药等领域达成初步合作意向。

【创新服务体系建设】

创业服务中心建设 济宁高新区创业服务中心现有创业、创新、创意3栋孵化大楼和标准孵化车间8万m²，已形成留学生创业园、省级软件园、专业孵化器、国际企业孵化器竞相发展的格局。2011年，创业、创新、创意3园区引进科技企业31家，其中软件动漫服务外包企业15家、其他科技企业16家；毕业科技企业8家，新认定高新技术企业3家。

产学研基地建设 2011年，济宁高新区全力推进80万m²产学研基地等创新创业载体建设，1～4期工程基本完工；依托产学研基地，与国内重点高校院所共建大学科技园工作进展顺利，签约落户的产学研结合项目18家；国内第二家、江北第一家国家半导体及显示产品质量监督检验中心建设顺利；同济—山推综合技术研究院、山东省科学院济宁分院揭牌成立，山东省鲁南工程技术研究院正式入驻，山推国际研发中心加快建设；国家电液控制工程技术中心、山东省LED工程研发中心、济宁医学院—辰欣药业药物研究中心、光电产业加速器、工程机械与汽车产业加速器等一批平台和加速器项目规划起步建设。

科技服务体系建设 济宁高新区在科技部2011年国家高新区两大创建工程中，成为全国首批25家科技服务体系建设试点单位之一。年内，济宁高新区委托中国科学院科技政策与管理研究所编制《济宁高新区装备制造业研发设计能力提升服务体系建设规划》，以7个装备制造项目为重点，全面开展科技服务体系建设工程。

行业公共技术服务平台建设 截至2011年底，济宁高新区财政累计对山推机械股份有限公司、山东如意科技集团有限公司、山东鲁抗辰欣药业有限公司、山东鲁抗药业集团有限公司、山东英特力光通信有限公司、中国重汽济宁商用车有限公司、山东菱花集团有限公司7个行业公共技术服务平台投入扶持经费2 000万元。2011年，7个公共服务平台开发新产品80余项，授权专利78件，平台承建单位在行业内起到龙头带动作用，为行业内企业提供研究开发、技术推广、设备共用、产品检验检测、信息咨询、人才培训等技术支持服务。

科技金融体系建设 2011年，济宁高新区新引进各类金融机构11家，国泰君安证券、邮储银行、华泰人寿、民安财险、浙商财险等已正式营业，民生银行、日照银行高新区村镇银行正在装

修，汇通小额贷款公司已获省政府批准，全年区内金融机构形成税收1.18亿元，同比增长40%，恒丰银行、浦发银行税收均超千万元。年内，济宁高新区被山东省推荐为国家科技金融结合试点单位，“新三板”扩容试点申报工作取得积极进展。

【科技企业发展】 2011年，济宁高新区获国家新认定高新技术企业12家；获批国家级企业技术中心1个、省级企业技术中心2个、市级企业技术中心3个，至此高新区拥有企业技术中心27家、省级工程技术中心15家、院士工作站2家、博士后科研工作站4家，区内90%以上的大中型企业与高校院所建立了合作关系，建成产学研基地46个。济宁高新区现有山东如意科技集团有限公司1家国家级创新型企业，辰欣药业股份有限公司、山推工程机械股份有限公司、济宁市无界科技有限公司等5家山东省创新型企业，菱花集团有限公司、山东英克莱健身器械科技有限公司等3家山东省创新型试点企业，山东鲁抗中和环保科技有限公司、济宁精益轴承有限公司、济宁远东半导体科技有限公司等23家济宁市创新型试点企业。

【高新区规划与建设】

科技基础设施建设　2011年，济宁高新区科技新城核心区“十大工程”全面推进，产学研基地1～4期主体建成，部分投入使用。科技中心“一体四馆”顺利封顶。

生态环境持续改善　2011年，济宁高新区列入规划的水污染防治项目全部完成，污染物减排指标超额完成，全区水环境质量明显改善，为济宁市代表山东省参加全国重点流域水污染防治考核“确保第一名、夺取五连冠”做出重要贡献，被授予济宁市“全国重点流域水污染防治考核突出贡献单位”和“济宁市‘十一五’主要污染物减排突出贡献单位”荣誉称号，荣记集体二等功两次。建成区绿地面积达到900多万m^2，绿地率35%；绿化覆盖面积1 000多万m^2，绿化覆盖率达到40%，高出国家标准4个百分点；人均公园绿地面积30.4m^2，是国家标准的3.4倍，成为济宁市创建全国园林城市工作的突出亮点。

城建和规划项目获奖　2011年，济宁高新区东部绿洲工程获“中国城市建设优秀项目奖”，廖沟河景观工程获“中国环境艺术奖”；山推国际研发中心大楼等两项工程获山东省建筑工程质量最高奖“泰山杯”；获山东省优秀城乡规划设计三等奖1项，济宁市优秀城乡规划设计一等奖2项、二等奖1项、三等奖1项。

【科技人才管理】 2011年，济宁高新区与世界500强企业万宝盛华公司合作，编制《济宁高新区2011～2015年人力资源发展规划》和《五大产业人力资源规划报告》，在人才猎头、咨询服务、教育培训、人力资源开发等方面进行全面合作。济宁高新区全年引进领军人才2人、高层次人才21人、专业技术人才2 270人，培训（再培训）技能人才2 400人；4人入选山东省“泰山学者”特聘教授，17人入选济宁市引进海外人才“511”计划。年内，济宁高新区被省委、省政府授予“全省人才工作先进单位”称号。

人才特区建设试点　2011年，济宁市委、市政府出台《关于在济宁高新技术产业开发区开展人才特区建设试点的意见》。人才特区建设试点的总体目标是：利用5年时间，支持济宁高新区面向海内外引进集聚发展急需的各类高层次人才，重点是高层次领军创新创业人才和团队，打造“人才智力高度聚集、科技金融高效融合、主导产业高速发展”的人才特区。为确保人才特区建设试点工作的顺利进行，《意见》提出一系列支持政策，包括资金资助、费用减免、发展扶持、人才流动、人才培养、人才兼职、住房保障等十项特殊政策。

【科技活动】 1月20日，科技部党组成员、科技日报社社长王志学一行在省科技厅厅长翟鲁宁的陪同下来高新区就高新技术企业发展情况进行调研。

2月20日，国家科技部奖励办公室主任邹大挺率科技部专家一行来高新区考察。

2月27日，国务院参事、科技部原副部长刘燕华一行来高新区考察部分高新技术企业。

2月28日，为期10天的“济宁高新区干部思维创新推进经济转型升级专题研修班”在浙江大学开班。高新区机关各部门、驻区单位、街道办事处、事业单位共30名青年科级干部参加了培训。

3月14日，由科技部原部长、全国政协科教文卫委员会主任徐冠华，国务院发展研究中心原党组书记、副主任陈清泰，国务院发展研究中心研究员、著名经济学家吴敬琏等组成的调研组来高新区调研指导工作。

3月22日，科技部副部长张来武一行来高新区考察指导工作。

4月15日，济宁高新区举行大京机械（山东）有限公司、小松（山东）铸钢有限公司、兴和（山东）机械有限公司联合开业庆典仪式，3家日资零部件核心企业同时投产，标志着济宁市世界级工程机械产业基地建设进入新的阶段。

4月17日，“济宁国家高新区最具成长性企业转型升级高级研修班”在浙江大学开班，区内30名重点企业的高层管理人员参加了培训。

4月23日，全市工业结构调整项目集中开工暨高新区小松（山东）主机扩产等80个项目奠基仪式在高新区举行。此次全市工业结构调整项目集中开工，涉及高新区10个重点项目，总投资39.3亿元。

4月26日，科技部副部长曹健林率多位科技专家来高新区考察科技创新和高新技术产业发展情况。

5月6日，由委内瑞拉驻华大使罗西奥•马内罗为团长的拉美和加勒比14个国家的驻华使节一行18人在外交部拉美司司长杨万明的陪同下，来济宁高新区参观考察。

6月5日，济宁国家高新区与青岛国家高新区战略合作协议签约仪式在青岛举行。

6月15日，济宁高新区、同济大学、山推工程机械股份有限公司签订共建工程机械综合技术研究院合作协议，并举行校地科技合作洽谈会。

6月22日，德国巴斯夫公司与济宁浩珂矿业工程设备有限公司合资项目举行签字仪式。

7月1日，济宁高新区、济宁医学院和山东鲁抗辰欣药业有限公司签署共建药物研发中心合作协议。

7月7日，由山东浩珂矿业工程有限公司与中国矿业大学联合主办的“新型高强聚酯纤维网使用技术论坛”在高新区举行。

7月16日，山东英特力实业有限公司与美国代顿大学举行“中美合作先进超轻型汽车材料研发生产中心”项目签约仪式。

8月4日，小松山推山东大学社会实践基地挂牌仪式在高新区举行。

8月19日，山重建机有限公司2万台挖掘机项目落成典礼在高新区举行，标志着山重建机有限公司在济宁和临沂建设的两大挖掘机制造基地已全面达产，可形成年产2万台挖掘机的生产能力。

8月31日，山东如意科技集团与日本伊藤忠商事株式会社资本合作签约仪式在高新区举行。

9月20日，同济—山推工程机械综合技术研究院正式挂牌成立。

9月29日，山推国际研发中心开工建设。该中心总投资5.5亿元，集设计中心、整机测试分析中心、实验中心、新产品试制中心“五大中心”于一体，将建成世界级的工程机械综合性研发平台。

10月29日，领先化工技术与矿业生产安全研讨会暨巴斯夫浩珂矿业化学（中国）有限公司成立庆贺仪式在北京举行。

11月4日，大耿电气系统（济宁）有限公司举行开业典礼。

11月18日，济宁市文化产业示范基地、济宁学院动漫教学实习基地、山东美猴动漫公司产学研基地揭牌仪式在高新区创业服务中心举行。

11月27日，科技部火炬中心主任赵明鹏一行来高新区考察指导。

12月13日，鲁抗医药国家级企业技术中心揭牌仪式在高新区举行。

12月16日，萨维奥“百年历史回顾及展望”活动在高新区举行。

12月19日，古巴国家科学中心副主席帕维一行来高新区访问考察。

12月20日，济宁市政府与山东省科学院共建山东省科学院济宁分院签约、揭牌和奠基仪式在高新区举行。

【项目选介】

巴斯夫浩珂矿业化学（中国）有限公司项目 该项目由德国巴斯夫公司与济宁浩珂矿业工程设备有限公司合资建设，总投资10.37亿元，注册资本3.48亿元，主要进行矿用安全高分子材料及相关设备的研发生产，打造矿用非金属安全材料全球生产基地。巴斯夫是全球最大的化工企业，位列世界500强前100位。济宁浩珂矿业工程设备有限公司是我国最大的煤矿安全非金属材料制造商，多个产品填补国内空白，市场占有率行业领先。

山推国际研发中心项目　该中心位于科技新城核心区西北部，总占地面积15.33hm²（230亩），建筑面积10.8万m²，计划总投资5亿元，主要建筑包括设计中心、整机测试分析中心、新产品试制中心及实验中心等，是集研发、设计、试制、实验于一体的综合性研发基地。

立科药业氨曲南项目　山东鲁抗立科药业有限公司的“新型单环β－内酰胺抗生素氨曲南”项目，在关键中间体制备中采用新型催化剂，将原来的四步反应减少为两步反应，节省原材料、缩短生产周期，从而使生产成本降低。山东鲁抗立科药业有限公司是目前国内唯一拥有氨曲南全套合成工艺的生产厂家。该项目工艺已获国家发明专利授权；2009年通过省经贸委组织的成果鉴定，达到国际先进水平；2011年获省科技进步三等奖和省中小企业技术进步二等奖。

山东省科学院济宁分院项目　该项目位于济宁高新区科技新城，分阶段投资3亿元，建筑面积8万m²。项目建成后，山东省科学院激光所、战略所、计算中心、测试中心、材料所等6个研究所及相关企业、创新团体将陆续进驻，成为省科学院在全省设立的唯一一个实质性运作的分院。

中国重汽济宁商用车项目　中国重汽集团济宁商用车有限公司于2005年在高新区成立，是济宁市汽车工业的龙头企业。公司主要产品为15t～55t的“豪瀚”“豪运”牌重型、中重型汽车，适用于长途运输、工程建设、矿山生产等各个生产领域，在国内外市场上极具竞争实力，拥有广阔的市场潜力和前景。2011年，公司投资3亿元建成具有国际先进水平的奔驰技术驾驶室，主要包括车身焊装线和涂装线；同时，为进一步提升底盘外观和装配质量，公司投资3 000万元新上车架冲孔和车架电泳涂装项目。

英特力光通信工业园项目　山东英特力光通信公司成立于1992年，是集光通信、无线宽带、卫星通信产品研发生产和设计施工于一体的高新技术企业，是国内唯一一家自主研发、生产全套专用有线通信网设备（交换、传输、接入）、通信光电缆和国家首批、首家认定的民营军工企业，也是济宁高新区创业服务中心成功孵化毕业的企业之一。其野外光通信设备、光通信综合指挥车等多个型号产品被列入国家工信部、总装备部、总参谋部国防通用和专用装备目录，部队通装率达80%以上，连续多年被解放军总参谋部评为“军工明星企业”。英特力光通信工业园总投资20亿元，兼具研发、实验、生产制造、售后服务、培训及专业保障等各种功能，具有年产31万台（套）光通信综合系统的生产能力，着力打造集光通信、无线宽带、卫星通讯导航、无人机研发生产为一体的国内领先的光通信产业园和江北最大的民营军工生产基地。

华瀚光伏电站项目　该项目是国内技术含量最高、规模最大的硅基薄膜太阳能光伏电池项目，也是全国第一家取得发电类电力业务许可证的太阳能发电站。项目总投资9亿元，年发电量3 833万度，减排CO_2约3.35万t，减排SO_2约420t，一期规模18MW。电站采用国际顶尖的薄膜太阳能光伏技术，与普通晶硅技术相比，生产成本低、采光面积大、弱光发电效果好，光电转化率达到9%，日转化效益超过晶硅电池，衰减率25年内低于15%；发电设计能力为30MW；全部采用煤炭塌陷废弃地建设，符合国家煤炭塌陷地修复改造政策要求。

（济宁高新区　刘祖常　孙　晓）

临沂高新技术产业开发区

【概述】 2011年11月26日，临沂高新技术产业开发区（以下简称临沂高新区）正式升级揭牌，成为全国革命老区中第一家国家级高新区，也是全省第八家国家级高新区。2011年，全区实现技工贸总收入335.2亿元，增长38.2%；GDP70.1亿元，增长30.1%；规模以上工业总产值187亿元，增长44.2%；规模以上工业企业增加值47.1亿元，增长31.9%。完成财政总收入6.39亿元，增长42.6%；地方财政收入2.4亿元，增长43.8%；完成规模以上固定资产投资54.5亿元，增长44.3%；进出口总额2.59亿美元，增长66.2%，其中出口总额2.41亿美元，增长60%；招商引资实际到位市外资金13.5亿元，增长55.1%，实际利用外资1 720万美元。高新技术产业产值占规模以上工业总产值的比重达到29.2%，高新技术产业投资占规模以上工业投资的比重达到41%，分别位居全市第一；规模以上增加值、招商引资到位市外资金两项增幅位居全市前列。在全省20个省级以上高新区中，临沂高新区9项主要经济指标总量均进入前十名，有7项增幅位居前五名。

【高新技术及其产业】 2011年，通过统筹发展和精心培育，临沂高新区产业集群效应初步显现。已经形成以春光磁业、沂光电子、正科电子、雷士照明、中瑞电子、龙立电子等30家规模以上企业为主体的电子与光电一体化产业，年产值达到50亿元。以华盛中天、博胜动力、博发动力、卫士植保、金奥机械等30余家企业为主的植保机械产业，年产值40亿元，产品远销欧美等30多个国家和地区。另外，临沂高新区立足现有机械工业基础，重点发展金星机床、蓝博环保、中矿金鼎、铁马汽车、扬子中天等企业，做优做强数控机床、节能环保设备、煤矿安全设备、汽车改装、玻璃加工设备等装备制造业。以绿因工贸、美国标准纺织等企业为主体，重点发展高端纺织服装业。绿因工贸是亚洲最大的毛毯生产企业，年产能力2 000万条。战略新兴产业快速聚集，成为园区新的经济增长点。以久泰能源和中法利群等企业为依托，重点发展二甲醚、太阳能综合利用等新能源产业。以罗欣药业、绿因药业、三精制药、卫康生物、山东亚特生物技术公司、鲁峰金银花公司为载体，大力发展金银花种植、加工提取、中成药制剂和甲壳素、海参氨糖、壳寡糖等海洋保健药物。以国家临沂新能源汽车城市试点为契机，以新世纪能源研究所、沂星电动汽车及其协作配套厂家为依托，建设新能源汽车产业园。以新华印刷和临沂市创意产业协会为依托，重点发展精品印刷、印刷物流和文化创意等产业，创立新传媒数据处理技术中心，努力建设成为全省文化创意产业基地。

【科技计划与经费】 2011年，临沂高新区申报各类科技项目65项，获立项科技项目29项，其中国家级6项、省级6项、市级17项，获无偿资助资金1 105万元。项目涵盖电子信息、新材料、先进制造、新能源、生物工程、航天航空、网络动漫、先进农业等领域。

【科技成果与奖励】 2011年，临沂高新区内企业获临沂市科技进步二等奖8项、三等奖2项。有11家企业20项成果通过市级以上科技成果鉴定，全部拥有自主知识产权，其中，7项成果达到国内领先水平，13项成果达到国际先进水平。截至年底，全区通过国家、省、市鉴定的科技成果累计388项，实施市级以上科技计划项目435项，其中国家级97项、省级161项。

【知识产权管理】 2011年，在临沂高新区管委制定的实施扶持、鼓励科技创新政策指引下，企业技术创新的热情空前高涨，专利数量和质量大幅提高。截至年底，有340家企业加入自主创新队伍，占全部工业企业的48%，拥有自主知识产权2 403项，授权专利2 092件，其中发明专利623件、实用新型专利800件，有1 328项自主知识产权进入推广应用或处于产业化阶段。年内，山东卫士植保机械有限公司“稳压防滴喷头”和临沂中瑞电子有限公司“一种高磁导率低温烧结NiCuZn铁氧体材料”2个项目获临沂市专利奖一等奖，临沂中法立群太阳能科技有限公司“太阳能无水洗衣机”等6个项目获临沂市专利奖二等奖，临沂龙立电子有限公司“电力防水圆形连接器”等4个项目获临沂市专利奖三等奖。临沂高新区全年组织知识产权培训5次，培训企业40多家。

【科技合作】 2011年，临沂高新区启动“6+2”产学研合作计划，与北京科技大学、西安交通大学、中科院海洋研究所、中科院深圳先进技术研究院开展合作。骨干企业通过与科研院所、大专院校进行技术合作，聚集了大批科技人才，形成省电子元器件产业技术创新战略合作联盟等多个产业联盟。年内，全区有248家企业的380个项目开展各种形式的产学研合作，占规模以上企业总数的38%，其中国际合作项目8个。产学研合作对象有中国科学院、山东省科学院、清华大学、西安交通大学、美国麻省大学全球卫生研究所、新西兰天然药物研究所、韩国三星电子有限公司等46家国内外知名院校和科研机构。合作领域涵盖电动汽车、数控机床、电子元器件、智能化仪表、金属材料表面处理、天然药物的研究、大功能LED电源开关研发、智能云端机顶盒等前沿领域。

【科技人才管理】 2011年，临沂高新区在发展高新技术产业、壮大园区经济的过程中，确立“人才优先发展”的指导思想，走出一条“舆论上引导、政策上扶持、引进与培育相结合”的路子，形成一支富有激情、充满活力、科学合理的创新创业人才梯队。①以政府公信力为基础，着力营造公平诚信的市场环境。②招商引智相结合，更加注重项目的人才支撑。③在创业政策、服务环境等方面完善人才支撑服务体系，包括设立战略人才引进基金、建设专家公寓等。④不断强化“尊重知识、尊重创造、尊重人才”和“鼓励创新、宽容失败、海纳百川、永不言弃”的文化导向。⑤注重人才队伍结构合理，科技英才、管理人才、企业家队伍和创新创业服务团队科学发展、全面发展。

【科技创业园区建设】 临沂高新技术创业服务中心成立于2001年3月，近年来先后被认定为山东省小企业创业辅导基地、省市共建留学人员创业园、大学生科技创业见习基地试点单位。园区创业孵化面积不断扩大，先后投资3亿多元建成5万m^2的二期工程——创新大厦。2011年又开工建设10万m^2的三期工程，包括综合办公研发楼、中试车间、餐厅等，单体面积为全省最大。至此，科技孵化器总面积达到25万m^2，奠定了在国内科技孵化园区的领先地位。2011年11月10日，北京科技大学临沂产学研基地、北京科技大学新材料研究院分院和中科院深圳先进技术研究院光电与光伏技术研发中心在高新区揭牌成立，北京科技大学“光触媒纳米材料”项目正式入驻，成为临沂高新区内第一项国家863计划项目。

【科技产业发展】 自2008年区划调整以来，临沂高新区先后引进投资过5 000万元的项目116个，协议引资360亿元；已建成投产46个，完成投资107亿元，形成了220亿元的产值；实际到位市外资金每年增幅均在50%以上，居全市前列。2011年，临沂高新区新引进过5 000万元项目50个，协议引资155亿元，其中，过80亿元项目1个，过20亿元项目1个，过亿元项目18个。惠特利石英石新型板材项目，投资5.5亿元，充分利用临沂丰富的石英砂资源，年产新型石英石板材1 000万m^2，年消化石英砂40万t，每吨增值3 800元，年实现产值50亿元，成为全国最大的石英石板材加工生产基地。汇富彩板项目，年产铅锌硅、彩涂钢板50万t，投产后可实现产值32亿元，总产能位列全国前十名、山东省第二位。沂星电动客车项目，实现小批量生产，运营状况、技术性能达到国内领先水平，已与华晨集团达成协议，通过合作加快推进新能源汽车产业。格瑞食品植物蛋白饮料项目，2010年开工，2011年12月投产，年产各种饮料25万t，实现产值10亿元，成为全省最大、临沂唯一的乳制品加工龙头企业。新华印刷物流集团跻身全国同行业十强，成为国内印刷行业中唯一具有印刷包装、物流配送、机械设备贸易等配套产业的大型综合性印刷物流集团。

【高新区规划与建设】 2011年，高新区把加快西部新区基础设施建设作为营造良好发展环境的“一号工程”来抓，先后投入近10亿元，使高新区的基础设施、环境面貌、创新平台、园区配套等方面有了全面提升。①投资3亿多元新修总长60km的3条主干道和6条支线道路。②投资2亿多元，完成总长28km的排污管道敷设工程和12km的沿河道路，建设日处理能力3万t的污水处理厂，园区污水收集处理率100%。③投资2.6亿元规划建设总面积20km²的新兴产业园、科技产业园、低碳工业园和商贸物流园“四大园区”。其中，西部新兴产业园区投资近1亿元进行了基础设施配套，引进惠特利石英石板材、汇富彩板、鼎鑫稀土合金、光电与光伏产业园等8个新材料、新能源项目，总投资60.3亿元，建成后年实现产值200亿元，利税20多亿元；中部科技产业园区引进沂星电动汽车、铁马特种车辆、智方仪表、中国五金机电城等10个过亿元项目，总投资64.5亿元，建成后年实现产值120亿元。

（临沂高新区 刘金平）

东营经济技术开发区

【概述】 东营经济技术开发区（高新技术产业园区）是1992年经省政府批准设立的省级经济开发区，2002年9月被省政府批准为高新技术产业开发区，2010年3月被国务院正式批复升级为国家级经济技术开发区。2011年，东营经济技术开发区（以下简称东营高新区）规模以上工业企业实现工业总产值1 078.15亿元，同比增长44.7%；主营业务收入1 068.2亿元，同比增长54.3%；利税108.64亿元，同比增长43.1%；利润66.99亿元，同比增长49.1%；完成进出口总额32.15亿美元，同比增长9.7%，其中出口1.72亿美元，进口30.4亿美元。高新区管委会已连续9年被省政府授予“外经贸工作先进单位”称号。

【科技计划与经费】 2011年，东营高新区组织区内企业申报各级各类科技计划114项，获市级以上科技立项77项（主要科技计划项目如表所示）。全年争取各类科技三项经费3 250万元。

表 2011年东营高新区主要科技计划项目

项目类别	项目名称	申报单位	资助经费（万元）
国家重点专项	X射线三维显微成像检测系统设计和仪器平台研发	东营市三英精密工程研究中心 天津大学	560
	X射线显微成像检测系统精密样品台研发	东营市三英精密工程研究中心 上海交通大学	450
省科技发展计划	天然气储气井水泥胶结成像监测系统	山东荣兴石油工程有限公司	20
	铝合金轮胎模具铸造新工艺	山东鸿基机械科技有限公司	20
	半导体纳晶量子点LED及其在人体介入照明中的应用研究	东营市加文光电有限责任公司	20
	数控电动斜井钻机	胜利油田高原石油装备有限责任公司	20
	甲基环戊二烯三羰基锰生产新工艺	山东东昌精细化工科技有限公司	20

续表

项目类别	项目名称	申报单位	资助经费（万元）
省科技发展计划（第二批）	全液压海洋平台钻井修机设计研究	胜利油田高原石油装备有限责任公司 山东省石油装备工程技术研究中心	50
国家创新基金	水平井无内管免钻塞分级注水泥完井装置开发及应用	胜利油田利丰稠油技术开发有限公司	50
	玻璃钢小套管的研发与应用	胜利油田新大管业科技发展有限责任公司	60
	创业投资引导基金	山东方圆有色金属技术服务有限公司	100
省创新基金	高端多层陶瓷电容器用纳米级钛酸钡粉体材料（重点项目）	东营国瓷功能材料有限公司	60
省基金支持产业集群试点重点项目	煤层气井正压脉冲压裂技术应用	山东荣兴石油工程有限公司	–
	镀渗钨合金钻杆项目	胜利油田胜鑫防腐有限责任公司	80
	JKB型井口热胀补偿器	东营市东达机械制造有限责任公司	80
	石油钻机全数字直流调速系统	东营高原电气有限公司	80
	新型侧钻工具的开发	东营博深石油机械有限责任公司	80
	QYYZ–90全液压车载钻机	东营高原海泰机械制造有限公司	80
东营市创新基金	具备高比强度的双向拉伸聚氯乙烯管材	山东宝塑实业有限公司	20
	铝合金轮胎模具铸造新工艺	山东鸿基机械科技有限公司	20
	黑色高性能聚酰亚胺薄膜	山东万达微电子材料有限公司	30
	小排量液压采油泵	东营东日泵业有限公司	20
	酵母高密度发酵生产S–腺苷–L–蛋氨酸的产业化开发	东营市科维生物技术有限公司	60
	大口径油气输送直缝钢管	胜利油田龙玺石油工程有限责任公司	20
省重大专项	增程式纯电动客车动力系统研发及产业化	东营科岭动力有限公司	300
	节能汽车与新能源汽车专用IGBT芯片研发及产业化	科大半导体有限公司	300
国家火炬计划	钨合金防腐油管	胜利油田胜鑫防腐有限责任公司	–
	SHL5540TLG型连续油管作业设备	胜利油田高原石油装备有限责任公司	–
	高分子量聚乙烯/聚丙烯树脂纺粘非织造布新材料	山东俊富无纺布有限公司	–
	高精度半钢丝子午线轮胎活络模具	山东鸿基机械科技有限公司	–
省创新能力建设项目	胜利油田新大管业科技发展有限责任公司企业技术中心建设	胜利油田新大管业科技发展有限责任公司	50
省级创新先进单位	胜利油田新大管业科技发展有限责任公司	胜利油田新大管业科技发展有限责任公司	10
国家重大科技成果转化项目	年产2 000t多层陶瓷电容器用粉体材料	东营国瓷功能材料股份有限公司	400
市科技发展计划（第一批）	增程式纯电动客车动力系统研发及产业化	东营科岭动力有限公司	50
	节能汽车与新能源汽车专用IGBT芯片研发及产业化	科大半导体有限公司	50
市科技发展计划（第二批）	X射线三维显微成像CT及数字岩心应用	东营三英精密制造工程技术研究中心	10
	塑料管材挤出工艺中热量回收的应用技术研究	山东陆宇塑胶工业有限公司	10

续表

项目类别	项目名称	申报单位	资助经费（万元）
市科技发展计划（第二批）	煤层气井正压脉冲压裂技术应用	山东荣兴石油工程有限公司	10
	全物理场多系统协同仿真平台	山东英纳考尔软件科技有限责任公司	10
市科技成果转化	铝合金轮胎模具铸造新工艺	山东鸿基机械科技有限公司	20
	PVC合金七孔超滤膜	山东中水源膜技术有限公司	20

【科技成果与奖励】 2011年，山东鸿基机械科技有限公司王建军获东营市科学技术成果转化促进奖，胜利油田新大管业科技发展有限责任公司“玻璃钢小套管的研发与应用”获东营市科技进步一等奖，科达集团股份有限公司“废旧胶粉改性沥青应用与温拌橡胶沥青sma关键技术开发”和“路堤边坡土钉墙防护及路基刚度快速检测技术研究”分别获东营市科技进步二等奖和三等奖。

【知识产权管理】 2011年，东营高新区开展知识产权培训5次，培训企业知识产权工作人员230余人次；开展“雷雨”和“天网”知识产权专项行动，4月22～28日举办为期7天的全区“知识产权宣传周”活动；与区内44家企业建立维权联络员制度，深入各企业开展专利执法检查与督导，检查企业15家，检查专利产品50余件；对特色产业核心技术的开发实施，在资金、政策等方面给予扶持。2011年，全区申请市专利实施项目10项，争取无偿资金150万元；实施区专利产业化项目13项，无偿扶持企业资金185万元；申请省、市专利资助160余项。截至2011年底，区内企业共申请国家专利1 400余件，其中发明专利195件，17家企业被列为“东营市知识产权重点培育企业”。

【科技企业发展】 2011年，山东陆宇塑胶工业有限公司组建的省级企业技术中心通过省经信委认定，至此区内企业通过自建或依托高校院所共建省级以上研发中心21家，其中省级工程技术研究中心10家，省级企业技术中心6家，院士工作站2家，博士后科研工作站2家，省级工程实验室1家。年内，山东国瓷功能材料股份有限公司、山东海利丰地源热泵有限责任公司、山东同天电子有限公司、胜利油田胜鑫防腐有限责任公司、山东泰丰清洗科技有限公司5家市级企业技术中心，以及山东鸿基机械科技有限公司、东营艾兰仕家具制造有限责任公司、胜利油田高原石油装备有限公司3家市级工业设计中心通过认定；山东天圆铜业有限公司、山东易博物联电力科技有限公司、东营泰克拓普光电科技有限公司3家企业获“中国民营优秀科技企业”称号。

【科技合作与交流】 2011年，东营高新区对区内高端产业企业进行调研，逐步建立完善科技企业档案；帮助企业加强与高校、科研机构的联系，推动企业科技成果的转化与实施；征集企业项目和技术难题，根据企业需求及时组织专家提供相关的咨询诊断与技术服务；帮助企业寻找好的项目和技术，为企业开展产学研合作牵线搭桥。年内，东营高新区举办黄河三角洲企业发展战略与运营高层论坛、软件开发工程师实训班、高新技术企业申报认定工作培训班和专利知识讲座；举办人才合作座谈会4次，组织银政企洽谈会5次，帮助企业协调贷款232.56亿元。

【科技改革与管理】 2011年，东营高新区在原有的《科技发展计划专项资金管理办法》《关于推进“人才特区”建设的若干政策》等科技政策的基础上，制定、修改《关于支持区内企业人才培训及引进人才的实施意见》《东营经济技术开发区软件及服务外包产业专项扶持资金管理办法》等十多项科技管理政策。根据原有《东营经济开发区（高新区）专家咨询论证委员会管理暂行办法》规定，专家咨询论证委员会由化工、纺织、机械电子、信息技术、新材料、环保、生物工程、规划建设、金融、经济管理、企业管理等各个领域的国内知名专家教授组成，具有为招商引资工作提供咨询服务，以及为投资项目的设计、规划和建设等方面提供咨询论证等主要职责。年内，专家咨询论证委员会为高新区论证、评审项目100余项。

【战略性高新技术产业发展】 2011年，东营高新区深入开展产业招商、专业招商，引进梧桐集团直升机、沃飞裸眼3D电视、李大新医药港、天安基平板电脑、同仁国际健康城等过亿元项目33个，总投资522亿元，其中过百亿元项目2个，过50亿元项目3个，外资项目10个；深入开展“项目攻坚年”行动，建立“三定、四包、五个一”的推进机制（“三定”即：定目标、定时限、定任务；“四包”即：包项目形象进度、包固定资产投资、包协调解决问题、包项目快速建设；“五个一”即：一个项目、一位领导牵头、一个部门负责、一套班子服务、一套推进措施，对项目建设进行全过程推进服务），76个重点项目完成固定资产投资173.2亿元，14个项目建成投产。

【创新型（试点）企业培育】 东营高新区重点培育企业自主创新能力，推进建设以企业为主体、产学研相结合技术创新体系，筛选具有较强技术实力和较好经济效益、在行业中具有显著规模优势和竞争优势的企业进入梯次培育。2011年，山东国瓷功能材料股份有限公司被认定为山东省第二批创新型企业，胜利油田新大管业科技发展有限责任公司、胜利油田高原石油装备有限责任公司、东营方圆有色金属有限公司被认定为山东省第四批创新型试点企业。

【技术创新服务平台建设】

“生态谷” “生态谷”项目建设内容包括黄河三角洲可持续发展研究院、企业研发总部基地、院所合作基地和科技企业孵化社区等功能区。园区与42家研发机构签署入驻协议，已有包括山东大学东营研究院、中科院滨海生态湿地实验站、北京交通大学风电室外实验室等22家研发机构进驻；《中国石油大学科技园“生态谷”项目建设与发展》已作为平台案例入选《2011年中国城市创新报告》，“生态谷”作为区域科技创新平台的重要作用正在日益显现。

东营软件园 2011年，东营软件园起步区已正常运营，中心数据机房、教育培训平台、云计算中心相继投入使用、运营良好。软件园展厅（青少年科普教育基地）建成并投入使用，截至年底完成接待任务3 000余人次。甲骨文公共技术服务平台需求分析及软件开发部分已完成，正在进行部分子平台的测试工作，将于2012年上线并开展相关应用推广工作。软件园二期占地约10hm^2（150亩），建筑面积4.68万m^2，计划总投资2亿元，主要建设13栋企业单体研发楼，部分楼体已封顶。

创业中心 创业中心项目建设内容：①东营石油装备公共技术服务平台。该平台主要围绕石油装备制造业企业创新发展需求而建设，主要包括：工业设计服务平台、工程技术服务平台和行业科技数据库等三部分。该平台已为在孵企业提供石油装备技术研究、产品检测、成果开发、政策咨询、人才支撑等公共服务。②公共分子生物学实验室。实验室完成了耐盐抗旱基因的克隆和修饰、耐盐基因调控序列的分离及功能分析、植物的分子遗传转化，植物抗逆分子等方面的研究，研发出转基因抗盐、耐旱新品种番茄、烟草、杨树、光叶楮、大豆等。③黄河三角洲云计算中心。该中心主要包括云计算基础资源平台、软件公共技术及测试管理服务平台、外包人才实训平台和企业创新服务平台等四部分。其中，云计算基础资源平台和软件公共技术及测试管理平台是云计算中心的核心部分，2011年已建成并投入使用，完成投资1 360万元。

【高新区规划与建设】 2011年，东营高新区对现有主体区进行整合提升，委托同济大学编制主体区控制性详细规划整合方案，实施恒大黄河生态城、金融大厦、沂州路改造提升工程等重点项目。实施水厂等16项重大工程，新建道路7.15km，回填土方912万m^3，完成基础设施投资12亿元。开展创建国家园林城市、“双全行动”和扬尘治理专项行动，改善生态环境。大力发展循环经济，积极推进企业ISO环境管理体系认证，方圆集团获全国循环经济标准化试点，山东天圆铜业有限公司获全省循环经济标准化试点。启动污水处理厂改造提质扩容工程，建设了滨海新材料园公用污水处理厂和环境监管中心。实施黄河路、府前街等重点路段景观提升工程，新增绿化面积54万m^2。规划建设汽车配件产业园、日本工业园等工厂社区，推动中小项目集聚发展。加大土地清理力度，收回闲置土地66.67hm^2（1 000余亩）。年内，东营高新区对开发布局进行调整优化。北部，规划建设41km^2的临空产业区，依托东营机场，集中发展临空产业和高端服务业；南部，规划建设86km^2的临港产业区，实施广利港港区城一体化开发；东八路以东，规划建设17km^2的生态工业示范园区，集中发展新能源装备制造和新能源汽车产业及生物医药产业。

【科技活动】 1月12日，东营经济技术开发区企业互助协会成立。

1月17日，省委常委、副省长王军民到方圆集团调研。

2月14日，高新区召开“项目攻坚年”行动动员大会，对“项目攻坚年”行动进行动员和部署。

2月23日，高新区举行主题为“融资·国际化”的春季企业峰会。

3月4日，阎鹏博士及其团队模拟芯片项目研发及产业化合作签约仪式在高新区举行。

3月6日，高新区举行2011年春季入区项目集中签约仪式和春季重点项目集中开工仪式。

3月6日，省政府特邀咨询阎启俊在省长助理、省黄河三角洲高效生态经济区建设办公室主任陈光的陪同下，率队来高新区进行专题调研。

3月8日，高新区举行国家生态工业示范园区建设动员大会。

3月11日，国土资源部、省国土资源厅联合调研组来高新区就开发区土地集约利用、填海造陆等有关情况进行调研。

4月12日，广汽吉奥汽车有限公司东营分公司挂牌，广汽、吉奥联姻后的首款车型——奥轩G5在东营高新区正式量产下线。

5月23日，华泰化工集团3 000t/a多晶硅项目技术及关键设备引进签约仪式在高新区举行。

5月26日，山东—巴伐利亚清洁技术集群东营办事处落成仪式在高新区举行。

5月27日，东营中外运物流中心项目签约仪式在高新区举行。

5月29日，省委书记、省人大常委会主任姜异康来高新区视察调研。

7月5日，省委常委、宣传部长孙守刚来高新区检查指导工作。

7月7日，东营经济技术开发区、东营市技师学院与东软集团举行合作建设软件与服务外包学院签约仪式。

8月11日，香港联合集团主席李明治一行来高新区参观考察。

8月13日，义乌台商协会会长林正雄一行来高新区参观考察。

8月14日，省委常委、副省长孙伟在省政府有关部门负责同志陪同下来高新区调研。

8月16日，省经信委副巡视员王兆春、产业政策处调研员郑志鹄、省汽车工业协会副秘书长郭金娜一行来高新区就新能源汽车方面工作进行调研。

8月19日，东营软件园工会联合会举行成立大会。

8月22日，北京交通大学东营风电室外实验室在“生态谷”揭牌成立。

9月6日，高新区举行2011年秋季重点项目集中开工仪式。

9月6日，东营泰克拓普科技有限公司与南京农业大学联合成立的“生物光电智能技术实验室”揭牌暨“LED现代照明体验馆”启用仪式举行。

9月20日，省委常委、常务副省长王仁元一行来高新区参观考察。

9月23日，香港梧桐资本集团总裁向宏一行来高新区参观考察。

10月12日，中国外运股份有限公司投资管理部总经理刘瑞玲一行来高新区就东营中外运物流中心项目建设进行现场考察。

10月14日，日本大阪焊接工业株式会社社长鱼谷礼保一行来高新区参观考察。

10月16日，高新区举行创建国家高新技术产业标准化示范区启动仪式。

10月17日，创建山东粒细胞医学中心项目签约仪式在高新区举行。

10月19日，省节能办主任郑晓光一行来高新区就节能降耗工作开展情况进行视察。

11月19日，中国青年企业家蓝色经济齐鲁考察团在共青团中央书记处书记、中国青年企业家协会会长贺军科的带领下来高新区实地考察，共青团山东省委书记王磊随同考察。

11月20日，同仁国际健康城项目签约仪式在高新区举行。

12月1日，颠峰万洲软件外包产业园举行签约仪式，落户软件园。

12月6日，上海先导药业有限公司力达新医药港项目签约仪式在高新区举行。

12月20日，新加坡天安基集团年产1 000万台便携式电脑项目签约仪式在高新区举行。

【科技人才管理】 2011年，为加快推进“人才特区”建设，东营高新区成立人才工作领导小组，组建人才服务中心，建立起联席会议制度，制定12条优惠政策和年度工作要点，实施“百名高层次人才引进计划”，新引进王玉彬博士、王洪声博士等带头的6个高层次创业团队；大力发展职业教育，市技师学院新校区投入使用，成立软件与服务外包培训学院和汽车工程学院，与中国石油大学（华东）联合创办的黄河三角洲高级培训中心正式运营。东营高新区在2011年全省国家级开发区人才工作目标责任制考核中获第三名。

（东营高新区　崔　娜　薄其捷）

泰安高新技术产业开发区

【概述】 2011年，泰安高新技术产业开发区（以下简称泰安高新区）实现地方生产总值166.1亿元；实现技工贸总收入524.8亿元，同比增长25.9%；实现规模以上工业总产值445.1亿元，同比增长26.2%；工业增加值132.2亿元，同比增长24.5%；实现地方财政收入15.6亿元，同比增长25.8%。规模工业企业累计66家，其中销售收入过亿元企业38家。规模工业企业完成品销售收入444.2亿元，同比增长27.8%；实现利税27.3亿元，同比增长20.8%。

【科技计划与经费】 2011年，高新区获批各级各类科技计划项目121项，争取科技无偿资金1 036万元。其中，泰安市迈迪医疗电子有限公司“实时在线电脑自动分析型胎儿母婴监护仪”、泰安三元高新技术开发有限公司“通风除尘的喷雾离心式除尘风机”、山东科大中天电子有限公司“矿山压力位移监测系统”和泰安力博机电科技有限公司“空间转弯越野带式输送系统”4个项目列入国家科技型中小企业技术创新基金项目，获无偿资助340万元；山东泰开高压开关有限公司“ZF-145/3150-40气体绝缘金属封闭开关设备”和泰安力博机电科技有限公司“大倾角上运新型花纹带式输送机”等4个项目列入国家火炬计划项目；山东泰开隔离开关有限公司“GW7F-1100/800三柱水平翻转式特高压隔离开关”和山东泰开高压开关有限公司“ZF16-550/Y5000-63六氟化硫气体绝缘金属封闭开关”2个项目列入国家重点新产品项目；泰安力博机电科技有限公司“空间转弯越野带式输送系统”和山东科大中天电子有限公司“矿山压力位移监测系统”2个项目列入山东省科技型中小企业技术创新基金项目，获无偿资助100万元；山东蓝光软件有限公司“蓝光地理信息系统”项目列入山东省自主创新成果转化重大专项，获无偿资助300万元；泰安市迈迪医疗电子有限公司“基于3G技术无线移动远程医疗监护网络”和山东农大肥业科技有限公司“风化煤生产活性腐植酸复肥关键技术的研究与开发”等4个项目列入山东省科技发展计划；山东鲁能泰山电力设备有限公司“GDGN-6600/17.5还原炉用干式变压器”和泰安航天特种车有限公司“重型矿用自卸车及矿用无轨胶轮运输车的研发”等12个项目列入泰安市科技发展计划项目，获科技扶持资金176万元。

【科技成果与奖励】 2011年，高新区获各类科技奖励27项，奖励资金204.3万元。其中，省级以上奖励18项，奖励资金194万元；市级奖励9项，奖励资金10.3万元。泰安力博机电科技有限公司“长距离多点大角度小半径空间转弯带式输送系统”项目获山东省科技进步一等奖，泰安华鲁锻压机床有限公司“WD43M－60×3000系列大型精密高强板料矫平机”项目获山东省科技进步二等奖，山东泰开成套电器有限公司“TKHD2型1E级（核安全级）K3类中压配电装置”和山东煤机装备集团有限公司“BLZG50/1200×2620立式全自动隔膜压滤机”2个项目获山东省科技进步三等奖；泰安华鲁锻压机床有限公司的刘庆印获泰安市科学技术最高奖。

【知识产权管理】 2011年，高新区专利申请量241件，同比增长26.8%，其中发明专利41件，全区累计专利申请量1 113件；专利授权量186件，至此全区累计专利授权量819件。企业自主知识产权意识明显增强，专利申请及授权量明显增多。年内，泰开集团申请专利65件，授权专利65件；山东鲁能泰山电力设备有限公司授权专利5件；山东泰开隔离开关有限公司授权专利12件。

【科技企业发展】 2011年，高新区参加复审高新技术企业8家，新认定高新技术企业3家，累计国家级高新技术企业31家；新认定工程技术研究中心3家、企业技术中心3家。尤洛卡矿业安全工程股份有限公司与山东科技大学共同申报的“矿山安全检测技术与自动化装备工程研究中心”被国家发展改革委批准为国家地方联合工程研究中心，至此，全区累计工程技术研究（企业技术）中心达到45家，其中国家级4家、省级17家、市级24家。新增山东泰山集团股份有限公司的“泰山”驰名商标以及山东省尤洛卡矿业安全工程股份有限公司的“尤洛卡”和泰安市大康麦饭石开发有限公司的“妙玉”2件著名商标，新增泰安众诚矿山自动化股份有限公司的“众诚牌高压开关设备”（矿用隔爆型移动变电站用永磁式高压真空开关）、山东泰开高压开关有限公司的“组合电器、短路器”、山东泰开真空开关有限公司的“高压开关设备”（真空短路器）3个山东省名牌产品。截至2011年底，高新区有驰名商标6件，著名商标14件，中国名牌2个，山东省名牌产品21个。

2011年新认定高新技术企业（3家）

山东众诚矿山自动化股份有限公司

山东科大中天电子有限公司

山东巨菱钻探装备有限责任公司

【技术创新服务平台建设】 2011年，高新区按照“倾心打造、精心培养、热心推动”的原则，全方位、多渠道推动孵化基地建设，进一步完善了以国家级创业中心为主体，以泰山科技城和星火科技园为两翼，以研发、转化、产业化为梯次的“一体两翼三级孵化”体系，推动高科技项目的“研发—转化—产业化—效益”链条的形成，最终形成产业的聚集和产品的上下游链接，进而形成产业集群，实现整个产业链条的整体价值。2011年，孵化基地新引进企业30家，注册资本约1.4亿元，总投资8.5亿元，累计在孵企业112家。

【高新区发展规划】 2011年，根据高新区发展实际，泰安市将高新区68km²预留区纳入城市总体规划，并与大汶河综合开发规划相衔接，形成高新区未来发展整体版块。年内，高新区聘请北京、济南等地咨询公司编制《泰安高新技术产业园区战略发展规划》和《泰安高新区国民经济和社会发展第十二个五年规划纲要》，聘请国内高层次规划编制机构进行高新区中心商务区规划设计和京沪铁路以东区域规划编制等。

【科技合作与交流】 2011年，高新区组织企业参加“2011第六届中国（山东）国际装备制造业博览会”“13届中国西部国际装备制造业博览会”“2011年山东省产学研展洽会”“全省质量管理小组活动经验交流会”和“全市技术创新培训会”等各类科技培训和交流活动10余次。全区有80%以上的规模企业与高校、科研院所进行合作，与山东科技大学、山东农业大学、泰山医学院等泰安市高校或院所创办和联合创办的企业近50家。

【新上项目及选介】 2011年，高新区注重培育引进传统产业的技术改造和升级项目，以及新能源、新信息、新医药等战略性新兴产业项目和生产性现代服务业项目。全年新签约项目42个，计划总投资210亿元。年内，12个项目实现投产，17个项目开工建设。

航天特车工业园项目　该项目由中国航天科技集团、泰安航天特种车有限公司等四方合资建设，总投资16亿元，拟建设年产3万辆特种车生产基地。泰安航天特种车有限公司曾获2007年国家科技进步特等奖，2009年完成了新中国成立60周年阅兵装备技术保障任务。该项目主要建设23万m^2生产车间、研发中心、仓库等，已完成一期4万m^2的总装车间和3条生产线的安装，总装车间进入试产阶段。项目全部达产后，预计实现销售收入140亿元，税收过10亿元。

泰邦生物科技园项目　该项目计划投资超过20亿元，占地约40hm^2（600亩），主要建设总部大楼、营销中心、研究院、培训中心、体育馆建筑群，普通仓库、低温仓库、冷冻仓库、洁净仓库等10万m^2现代化自动装卸仓库群，生物制药、诊断试剂等生物制品生产区，以及专家楼群和员工宿舍楼群等。该项目正在进行前期规划建设筹备工作。项目建成并完全达产后，预计实现产值100亿元，税收30亿元。

泰山信息服务外包产业园项目　泰山信息服务外包产业园是经省经信委批准设立的省级产业园区。高新区按照既满足入驻企业经营发展需要，又注重整体布局、景观设计、体现产业特色的设计理念进行大规模设计。园区总占地6.2hm^2（93亩），规划总建筑面积13万m^2，重点发展信息服务外包、电子科技、软件研发、网络营销等产业。目前已有山东泰山科技发展股份有限公司、山东泰盈科技有限公司、泰安盛讯网络科技有限公司等企业签订入园协议。计划至“十二五”末，入园企业30家，实现业务总收入5亿元。

（泰安高新区　王凤梅　杨　森）

日照高新技术产业开发区

【概述】　2011年，日照高新技术产业开发区（以下简称日照高新区）完成工业总产值203亿元，工业增加值58亿元，主营业务收入187亿元，利税16亿元，均实现40%以上的增长；完成进出口总额46 431万美元，同比增长22%；完成固定资产投资66 926万元，同比增长21%。

【科技计划与经费】　2011年，日照高新区组织实施申报各级各类科技计划项目45项，其中日照海帝电器有限公司、日照海恩锯业有限公司和山东领信信息科技股份有限公司等13家企业获批市科技计划项目，获扶持资金230万元；山东新贵科技股份有限公司等10家企业已申报省级科技计划项目。高新区全年科技投入6.4亿元，占销售收入的5.39%。

【科技成果与奖励】　2011年，日照红叶环保工程有限公司的“基于托盘式的新型高效脱硫装置”等4项成果通过省级科技成果鉴定；日照海恩锯业有限公司的“双轮异向切割锯”、山东同泰集团股份有限公司的“DG150−130型高压锅给水泵机组”和东升地毯集团有限公司的“多组分生态纤维地毯”等3项产品获省产学研展洽会创新奖，日照贝尔机械有限公司等7家企业获市科技进步奖。高新区对上年度企业在科技创新、人才培养、知识产权等方面取得的成绩予以奖励，奖励扶持资金总额120万元。

【知识产权管理】　2011年，日照高新区组织申报各类专利121件，其中发明专利18件；授权专利52件，其中发明专利8件。日照市活点网络科技有限公司获物联网系统专利4件，日照致远电气有限公司获互感器外型专利9件。日照金禾生化集团、山东长富洁晶药业有限公司等4家企业获山东省著名商标。

【创新服务平台建设】 2011年，日照高新区积极搭建产学研合作平台，先后与山东大学、曲阜师范大学、西安电子科技大学、武汉大学和日照职业技术学院建立合作关系，在创业中心设立合作基地，推动形成以“市场需求为导向，企业发展为目的，科研单位成果转化为动力”的校企合作新机制。高新区与山东大学合作建立软件公共服务平台和软件服务外包产业技术创新联盟。

【创新型科技园区建设】

专业园区建设 2011年，日照高新区继续加大专业园区建设，着力创建省级示范园区。年内，高新区申报创建山东省节能环保产业基地、山东省物联网产业基地和省级文化产业重点园区。目前，高新区已拥有省级可持续发展实验区、省重点服务业园区、最佳投资园区和小企业创业辅导基地等省部级产业园区。

“四园一基地一中心”建设 2011年，日照高新区着力打造电子信息产业园、生物医药产业园、汽车产业园、迎宾物流园、国际服务外包示范基地以及创业服务中心，建设创新型园区，孵化新兴产业。年内完成孵化及公共服务楼房3栋，建筑面积近4.2万m^2。电子信息产业园新建的3号公寓楼和8号研发楼已完成主体建设。汽车产业园内龙泰汽车项目进展良好，建筑面积34 200m^2的总装二车间设备基本安装完成，18 240m^2的涂装二车间已完成钢结构主体建设，22 500m^2的冲压车间和29 250m^2的焊接车间已开工建设。国际服务外包示范基地内1号研发楼已完成主体建设。迎宾物流园区已有5个项目入驻，总投资3亿元的红星美凯龙项目已全面建成使用。

【项目选介】

海帝电器侧光LED背光源及液晶模组研发和产业化项目 日照海帝电器有限公司是一家生产平板电视和液晶模组的高新技术企业，已利用4T（4mm）压克力导光板光学设计及丝印技术，采用高性能高散热性铝基板PCB，开发出多款侧光LED液晶模组及整机产品，产品具备10万小时使用寿命，远高于同类产品5万小时的使用寿命，其技术与LG、奇美等品牌基本同步。该项目总投资2.1亿元，在日照电子信息产业园征地9.6hm^2（144亩），建设LED侧光背光源及其模组生产线3条，LED液晶平板整机生产线4条，SMT（贴片）生产线2条，手插线2条。该项目已具备成熟的规模化生产技术条件，全部完工后达到年产侧光LED背光源及侧光LED液晶模组（屏）100万片、液晶平板电视100万台整机的生产能力，经济效益、节能效益显著。

山东新贵科技远程智能饮品保鲜运输与储存设备项目 山东新贵科技股份有限公司是国内唯一自主研发、生产、销售原浆啤酒车载微电子智能保鲜运输储存设备和原浆啤酒智能销售终端保鲜设备的生产商。公司于2011年9月在齐鲁股权交易中心托管上市，一期投资1.2亿元。该项目是一系列现代技术的集合运用，集智能化温控、先进的无菌处理、自动CO_2压力平衡、电子销售计量系统、智能化无线监控系统于一体，同时与中国移动合作创建了以啤酒销售为主的冷链物流服务终端平台。产品主要用于原浆啤酒的保鲜运输与储存及远程智能管理，通过公共服务平台的控制中心，对每一个智能啤酒保鲜桶和远程智能啤酒保鲜车载运输、储存设备的温度、压力、重量等数据进行实时监控，从而可及时为客户进行调度与服务，解决了原浆啤酒的保鲜运输、储存和灌装等一系列技术难题，并节省啤酒瓶、包装纸箱的使用，省去灌装以后的所有工序，从而使啤酒生产、流通和仓储过程耗能降低50%以上，形成一个低碳循环的绿色产业链。

日照友信信息农产品信息及食品安全公共服务平台项目 日照市东港区友信信息科技有限公司是中国领先的RFID产品和解决方案供应商，拥有多项RFID技术，专业经营多种RFID产品，包括读写器、电子标签、天线及其衍生产品。公司致力于运营推广两大平台——“北方农业信息网”和“农产品质量及供售信息服务平台”，其中“农产品质量及供售信息服务平台项目”总投资200万元，当前已试运营。服务平台主要由农产品统计监测系统、农产品信息追溯查询系统、农产品过程跟踪系统3个子系统组成。农产品统计监测系统是为监管用户提供市场农产品数量的实时监测以及时间段内农产品生产、销售情况等统计数据。农产品信息追溯系统是为消费者提供的通过web方式或者触摸屏方式追溯农产品生产、流通、销售、消费过程详细信息的查询平台。农产品过程跟踪平台是为农户、检验检测机构、物流和销售人员提供的综合业务系统。

日照美爵信达科技年生产100万台通讯终端产品项目　日照美爵信达电子科技有限公司于2011年成立，位于电子信息产业园内，注册资本1 000万元，是一家集电子信息产品研发、生产、销售、服务为一体的高新技术企业。主要经营项目包括：通讯终端产品及销售类电子产品的研发、生产、销售，计算机及配件、仪器仪表销售，软件开发和技术服务，以及货物和技术进出口等。该项目已建设厂房1.2万m^2，引进全自动生产流水线6条，引进高端SMT贴片机、全自动印刷机等国外先进设备以及配套购置测试仪、电话分析仪等国内高端通信设备50台（套），形成起始规模具备批量生产通讯终端产品100万台（套）的生产能力。

（日照高新区）

莱芜高新技术产业开发区

【概述】　2011年，莱芜高新技术产业开发区（以下简称莱芜高新区）实现GDP186亿元，同比增长38%；全区规模以上工业企业累计完成产值486 亿元，同比增长49%；完成规模以上工业增加值155亿元，同比增长48%；完成固定资产投资223亿元，同比增长32.7%；完成地方财政收入17亿元，同比增长80%；实现进出口总额3.8亿美元，其中出口2.8亿美元。

【科技计划与经费】　2011年，莱芜高新区组织申报市级以上科技计划项目49项，列入各级科技发展计划20项（如表所示），获无偿资金1 200万元。

表　　2011年莱芜高新区新上科技项目

项目名称	项目类别	承担单位
仪器仪表用32位微控制器SOC芯片开发及产业化	省自主创新重大专项	山东力创科技有限公司
微功耗32位SOC级微控制器芯片研发	省科技发展计划	
LCR-U型超声波热能表产业化	国家火炬计划	
创业服务体系项目	市中小企业发展专项资金	
Φ100mm～Φ400mm高性能硬质合金锯片基体	国家创新基金	山东黑旋风锯业有限公司
矿用隔爆型集中检选装置	省创新基金	山东能源电器有限公司
矿用隔爆型高压选择性漏电保护装置	工业中小企业技术改造中央投资项目	
光催化纤维/细旦天丝大提花面料开发及应用	国家火炬计划	山东泰丰纺织有限公司
企业品牌建设项目	市中小企业发展专项资金	山东朗进科技股份有限公司
多组并联大功率IGBT逆变模块开发及应用	国家创新基金	山东盖伊尔焊割设备制造有限公司
玉米渣制备高活性纤维素酶	省创新基金	莱芜泰禾生化有限公司
提高柠檬酸钠晶形亮度研发项目	高新技术产品共性技术研发	

续表

项目名称	项目类别	承担单位
超粗药芯焊丝	国家创新基金	莱芜绿得表面工程有限公司
抽油机变频节能控制装置项目	省中小企业发展专项资金	山东力盟电子有限公司
企业信息化项目	国家中小企业发展专项资金	山东润辰工贸有限公司
粉末冶金电机磁芯开发	市科技发展计划	山东呈瑞粉末冶金有限公司
粉末冶金制品专用润滑剂开发	市科技发展计划	山东金宝石新材料有限公司
MGC-2000/6000数控铣磨五面加工中心	市科技发展计划	山东玉成数控机械有限公司
生物抗姜瘟土传病害肥料的开发	市科技发展计划	山东莱芜华润生物工程有限公司
计算机智能控制系统研发生产项目	市科技发展计划	山东英迅智能科技有限公司

【科技成果与奖励】 2011年，莱芜高新区有9项科技成果通过省级鉴定；获省市科技进步奖9项，其中山东泰丰纺织有限公司的“光催化纤维/细旦天丝大提花面料的开发及应用”和山东黑旋风锯业有限公司的“Φ100mm～Φ400mm高性能硬质合金锯片基体”2个项目获省科技进步三等奖，山东泰丰纺织有限公司的“纳米硒聚酯纤维/埃及棉大提花面料的开发及应用”、莱芜市凤凰新能源科技集团有限公司的“集成式太阳能LED路灯”等4个项目获省中小企业科技进步二等奖；获国家技术市场科技金桥奖3项，省技术市场科技金桥奖先进个人奖1项、优秀项目一等奖2项、优秀项目二等奖5项；获省中小企业自主创新奖1项；省产学研合作突出贡献奖1项。

【知识产权管理】 2011年，莱芜高新区内企业专利申请和授权量104件，其中申请专利37件（发明专利12件），授权专利67件（发明专利5件）；山东黑旋风锯业有限公司的“黑旋风”商标被国家工商行政管理局评为中国驰名商标；山东朗进通信有限公司获国家版权局计算机软件著作权登记、省经信委软件产品登记和软件企业认定、国家工商行政管理总局商标注册；山东力创科技有限公司被工业和信息化部认定为集成电路设计企业；山东泰丰纺织有限公司的“TAIFENG及图床上用品”和“TAIFENG蚕丝被”以及山东胜岳精密机械制造有限公司的“胜岳注塑机”获“山东名牌产品”称号。

【科技合作与交流】 6月10日，莱芜高新区首次举办产学研合作项目签约活动，中国工程院雷清泉院士等10位专家教授分别与10家企业签订合作协议，截至2011年底，区内已有50多家企业与中科院、清华大学、北京大学等70多所高校、科研机构建立合作关系。莱芜高新区加强与世界500强、国内100强和行业50强等大企业的联系对接，引进一批投资规模大、科技含量高、带动能力强的项目。全区全年洽谈对接新项目120多个，新引进过亿元项目18个，总投资76.35亿元，其中投资过10亿元项目3个、过5亿元项目3个，主要有投资12亿元的垂直轴风力发电机组、投资10亿元的润通汽车部件、投资10亿元的纤维素酶、投资6亿元的新能源汽车电机等项目。

【科技企业发展】 2011年，莱芜高新区新认定省级高新技术企业2家——山东威马泵业有限公司、山东御鼎冷弯型钢有限公司，新认定国家级高新技术企业1家——山东力创科技有限公司，新增院士工作站1个——山东希波电气科技股份有限公司，新增省级工程技术研究中心1家——莱芜兴业滤材树脂有限公司，新增省级企业技术中心2家——山东朗进科技股份有限公司、山东莱芜金石集团有限公司，新增市级企业技术中心2家——山东力盟电力电子有限公司、山东玉成数控机械制造有限公司，新增山东省创新型试点企业3家——山东泰丰纺织有限公司、山东黑旋风锯业有限公司、莱芜市凤凰新能源科技集团有限公司，新增省级工业设计中心1家——山东朗进科技股份有限公司，新增山东省精细化管理样板企业1家——山东呈瑞粉末冶金有限公司。截至年底，济宁高新区拥有省级高新技术企业10家，国家级高新技术企业4家，博士后科研流动站2个，院士工作站1个，省级工程技术研究中心5家，省级企业技术中心7家，省级创新型试点企业8家，省级创业服务中心1家，市级企业技术中心21家。

山东呈瑞新能源科技有限公司　该公司隶属于山东呈瑞控股集团，注册资金5 000万元，总投资5亿元，总占地面积11.13hm^2（167亩），规划总建筑面积10万m^2，主要建设车间、办公楼、科研楼等生产设施。公司主要研发生产新能源汽车电机及其关键零部件，建成后年产新能源汽车电机5万套、铁芯转子2 000万件，年销售收入30亿元，利税3亿元，安置就业500人。为推进企业的超常规、跨越式发展，公司以打造“百亿新能源产业园”为目标，重点发展新能源汽车电机，配套发展粉末冶金制品、高精密冲件、高性能铝锌镁合金、大型模具和产品物流，力争“十二五”末，形成年产新能源汽车电机20万台，粉末冶金制品1.5万t、高性能铝锌镁合金制品10万t、高精密冲件10万t的规模，年销售收入突破100亿元，利税12亿元。

山东希波电气科技股份有限公司　该公司主要研发生产500kV及以下超高压电缆、高速机车和各种高压设备，技术水平国内领先。公司成立国内首家高电压绝缘专业的院士工作站，开展500kV超高压电缆局放检测系统的研发。公司研发的“500kV及以下交联电缆局部放电试验系统”技术先进、性能可靠，完全可替代进口同类产品，已大量投入使用，与自主研发的“轨道机车用高压电缆局部放电在线检测装置”一起成为公司两大支柱产品，两个项目总投资1亿元，达产后实现销售收入1.5亿元，利税6 000万元。

山东朗进通信有限公司　该公司成立于2010年4月，注册资本1 000万元，是一家专业的物联网通信方案、系统产品及增值服务提供商，现有员工126人，其中博士1人，硕士9人，本科以上学历75人，专业技术系统开发人员44人。公司自主研发的“LLIP配货信息通”现代物流服务系统，基于互联网和无线网技术，利用数据挖掘算法和无线智能终端，打造从制造基地到物流仓储的全程智慧调度的全新物流网络体系；实现配货站、货运车、调度室三位一体的在线信息交互，较大提升物流业综合运营效率和安全保障，促进传统制造业和现代物流业的联动发展；已获软件著作权登记并申报发明、实用新型和外观设计等多件专利，通过鉴定科技成果2项。公司已完成LUCS会员信用管理系统，RFID读卡器、3G数据终端、GPS导航仪等各种应用模块的产品研发和系统集成，启动WBMAN无线宽带移动自组网和WDS无线数字传感器的高端研究；成功打造了“Li-SMAN”朗进物联网行业应用平台，并基于此平台推出Li-TAXI出租车智能调度、Li-STEEL钢铁智能网和CRIOT长江全程综合物流等物联网行业解决方案，已发展物流行业企业会员200余家，司机会员69 000余人，与110个地市的物流信息平台对接，每天100万条及时信息供会员使用，成为拓展西南和东北两大现代物流暨物联网业务示范基地。

山东昊宇车辆有限公司　该公司是莱芜市第一家整车生产企业，是市委市政府重点支持的骨干项目，山东省重点支持的成长型中小企业，山东省汽车产业振兴规划骨干企业。公司始建于2005年，总投资2亿元，占地13.33hm^2（200余亩），建筑面积6万m^2，现有职工300余人，其中工程技术人员60名，大专以上学历120余人，目前公司总资产5亿元。公司拥有国内先进水平的整车涂装线、焊接线、总装配线和电脑监测线，具备年产卡车整车5万台、改装车2万台、新能源电动车5万台的生产能力。公司拥有国家发改委批复的汽车、专用汽车、低速货车、变型拖拉机生产资质，具有国家商务部等五部委联合颁发的“汽车出口许可证”，被列为中国对外贸易经济合作企业协会副会长单位，属行业内整车生产销售资质最完善的少数企业之一。公司打造的“超雷”自主知识品牌，已开发轻卡、中卡、重卡、改装车、低速汽车、新能源汽车六大系列160余个品种；公司研发的电动家用轿车、旅游观光车、轻型货车等，与同类产品相比具有动力大、承载力强、舒适性高、电池使用寿命长等优点，已远销法国、墨西哥、意大利等多个国家以及国内100多个销售网点。

【项目选介】

润通汽车部件项目　该项目由青岛高泰进出口有限公司和山东御鼎冷弯型钢有限公司共同投资建设，占地面积28.62hm^2（429.3亩），总投资10亿元，其中固定资产投资8万元。主要建设15万m^{2}高标准生产车间，以及办公楼、技术研发楼、变电室等设施，以打造“百亿汽车配件产业园”为目标，重点发展轻卡汽车车厢、底盘及总装车。产品主要为中国重汽集团轻卡汽车项目提供配套，引进国内领先水平的大型辊压设备生产线、电泳生产线、自动化焊接流水线与轻卡汽车总装生产线，计划年产轻卡汽车车厢和底盘20万套，年总装能力5万辆，实现销售收入100亿元，利税10万元，安排劳动力1 000人。

风电设备制造基地项目　该项目由深圳市风发科技发展有限公司独资建设，总投资12亿元，总占地面积25.4hm^2（381亩）。一期占地10hm^2（150亩），规划建筑面积7万m^2，主要建设生产车间、成品库、办公楼等设施，引进叶片拉挤设备、数控机床、励磁机等先进设备。该项目主要生产兆瓦级垂直轴风力发电机组，建成达产后，实现年产机组2 000套，年销售收入100亿元，利税20亿元。

新能源电动汽车项目　该项目由山东昊宇车辆有限公司投资建设，已列入全省战略新兴产业重点调度项目，计划总投资5亿元，总占地面积2hm^2（30亩），主要建设厂房1.6万m^2，新上汽车总装线1条，冲压、数控机床100余台（套）。项目建成达产后，年产新能源低速电动汽车5万辆，实现销售收入20亿元，利税3亿元，安置就业200人。

赛洋复合材料项目　该项目由广东冠华复合材料有限公司和莱芜市赛洋复合材料有限公司共同投资建设，总投资3.6亿元，占地面积6.67hm^2（100亩），主要建设车间4个、成品仓库1个及相关配套设施，规划总建筑面积7.1万m^2，建设周期1年。该项目引进中国科技大学专利技术，并计划引进意大利人造石生产线20条、石英石生产线10条，建成达产后，年产人造石板材150万张、石英石板材80万张，年销售收入10亿元，利税1亿元，安置就业500人。

数控机床制造项目　该项目由韩国东方成林株式会社和山东玉成数控机床有限公司共同投资建设，总投资2.2亿元，建筑面积4.3万m^2，重点建设办公楼等基础设施2.4万m^2、2个恒温车间共1.9万m^2。该项目主要从事数控机床、机床附件、机电产品等的加工制造，建成达产后，年产各类数控机械5 000台（套），实现销售收入4.5亿元，利税6 000万元。

华驰挂车项目　该项目由山东坤力挂车有限公司投资建设，总投资2.6亿元，主要生产厢式半挂车、集装箱半挂车等“泰骋”牌挂车，已与中国重汽集团和青岛一汽签订委托改装合作合同。项目建成后，年产“泰骋”牌各类挂车3 000余台，生产委托改装挂车8 000余台，实现销售收入4亿元，利税5 000万元。

鲁元煤业洁净煤项目　该项目由山东鲁元煤业有限公司投资建设，总投资1.1亿元，主要建设8万m^2的车间、办公楼等设施，引进洗煤机、筛选机等生产线及配套设备，生产水洗煤、洗精煤、配煤等产品。项目全部建成后，年产洁净煤100万t以上，实现销售收入7.5亿元，利税5 500万元，安排就业100余人。

（莱芜高新区　亓新刚　朱彩峰）

滨州高新技术产业开发区

【概述】　2011年，滨州高新技术产业开发区（以下简称滨州高新区）实现地区生产总值30亿元，同比增长12%。完成固定资产投资40亿元，同比增长40%；规模以上工业增加值10亿元，同比增长16%；实现财政总收入2.95亿元，同比增长46.8%，其中实现地方财政收入1.79亿元，同比增长58.3%，完成年度预算的120%。主要经济指标增幅始终位居滨州市前列。

【科技项目与成果】　2011年，滨州高新区有6

项科技成果通过省科技厅委托滨州市科技局组织的成果鉴定，其中山东华阳油业有限公司完成的“生物柴油基钻井液的研究与开发”和“固体酸—空化耦合技术在生物柴油制备中的研究应用”，山东科伦药业有限公司完成的“聚丙烯和苯乙烯—乙烯—丁烯—苯乙烯共聚物无缝输液袋的研制”，滨州市金毅设备有限公司完成的“自起动稀土高效节能电机技术”，愉悦家纺有限公司完成的“一种具有高效阻燃、防水及易去污复合防护功能的产业用纺织品”等5项成果达到国际先进水平。愉悦家纺有限公司参与完成的“活性染料湿固色系统技术研究及产业化应用”成果达到国际领先水平。年内，滨州高新区组织申报各类科技计划项目20余项，获批立项省级以上项目5个，其中省科技发展计划4项、省星火计划1项。愉悦家纺有限公司与华纺股份有限公司等单位共同承担的“棉冷轧堆染色关键技术的研究与产业化”项目获国家科技进步二等奖，滨州市华茂工贸有限公司完成的“DC-100无规聚醚的研发”、滨州市正元畜牧发展有限公司完成的“综合处理发酵改善棉籽饼粕营养效价的研究”项目分别获滨州市科技进步一等奖、三等奖。

【知识产权管理】 2011年，滨州高新区获授权知识产权16件，包括发明专利2件、实用新型专利11件、外观设计专利1件、软件著作权2件。

【技术创新服务平台建设】 2011年，滨州高新技术创业服务中心（以下简称“高创中心”）正式投入使用。高创中心总建筑面积6万m²，总投资1.15亿元，其中中小科技型企业研发、孵化及办公面积2万m²，中试厂房建筑面积4万m²，公共配套设施180m²。11月，滨州市编委正式批准设立“滨州高新技术创业服务中心”，为副县级财政拨款事业单位，内设综合事务部、项目服务部和企业发展部。12月，高创中心被省科技厅认定为省级高新技术创业服务中心。年内，黄河三角洲现代农业物联网工程技术研究中心正式落户高创中心。依托愉悦家纺有限公司组建的“山东省生态纺织品工程技术研究中心”被认定为省级工程技术研究中心。

【科技企业发展与产学研合作】 2011年，滨州高新区新认定高新技术企业2家，分别是山东华阳油业有限公司和滨州市正元畜牧发展有限公司。愉悦家纺有限公司、山东华阳油业有限公司、滨州市益谦非晶金属材料有限公司、滨州市正元畜牧发展有限等10余家企业分别与众多省内外高校、科研机构建立产学研合作关系。山东华阳油业有限公司与中国石油大学（华东）等高校在生物柴油、甲醇燃料等领域进行深入地产学研合作，解决了多项技术难题。滨州益谦非晶金属材料有限公司与北京航空航天大学合作研发的“年产1万t变压器用非晶合金超导薄膜带材”项目列入山东省第一批省级战略性新兴产业项目。

【科技活动】 3月21日，沧州高新区副主任尚亮一行35人来高新区考察学习。

3月26日，省个体私营企业协会理事会企业家代表120余人来高新区参观考察。

4月6日，中国产业发展促进会副会长、国家安全部原党委委员、纪委书记、政治部主任樊守志一行来高新区考察愉悦家纺有限公司循环经济发展情况。

4月26日，滨州益谦非晶金属材料有限公司非晶合金薄膜带材项目试产成功。

5月17日，科伦医药贸易有限公司医药仓储物流项目举行奠基仪式。

7月17日，党工委副书记、管委会常务副主任高吉坤率党政企考察团一行32人赴昆山市工业园、昆山高新区、苏州高新区、苏州工业园区、临沂高新区、济宁高新区等地进行为期一周的考察学习。

8月23日，国家科技部副部长张来武一行在省委常委、副省长孙伟的陪同下来高新区视察指导工作。

8月28日，省旅游局规划发展处处长高立平、副处长蒋卫东一行来高新区调研龙庭湖省级旅游度假区项目。

9月6日，省人大常委会委员、农委主任委员班开庆一行6人来高新区调研农业科技创新与推广情况。

9月18日，省政府特邀咨询阎启俊、省长助理陈光一行来高新区视察。

9月22日，中国纺织工业协会副会长王天凯一行来高新区调研。

9月23日，瑞典王国克鲁努贝里省维克舍市市长尼尔斯·庞塞先生在滨州市副市长万永格的陪同下来高新区愉悦家纺有限公司参观考察。

10月5日，滨州丰华橡胶粉制造有限公司1万t橡胶粉生产线投产暨科研中心启用仪式举行。

10月9日，滨州高新区管委会与滨州市星森电子有限公司LED项目合作签约仪式举行。

12月14日，滨州学院教学实验基地暨滨州高新化工研究所揭牌仪式在高新区举行。

【项目选介】

普友电子年产50万套智能通信终端项目　该项目由北京普友科技有限公司与滨州高新技术创业投资有限公司共同投资创立，总投资11 898.15万元，计划建设10条年产规模达50万台的智能移动通信终端生产流水线和软件产品孵化基地。该项目充分利用北京普友科技有限公司核心专利技术和长期积累的智能通信移动终端设计技术、设备生产技术、服务器软件系统技术、行业应用软件技术等，深度挖掘公安、旅游、物流、医疗、教育等行业的特征和需求，通过智能通信移动设备与信息服务的融合设计，为行业用户提供高价值的远程信息服务软硬件解决方案。

星森电子LED芯片设计封装及高功率照明产品项目　该项目总投资5.7亿元，占地16hm^2（240亩），由滨州市甘德电子科技有限公司、SVT有限公司、乔治亚电机控股有限公司合资兴建，美国阿肯色大学、东南大学、南京航空航天大学提供技术支撑。公司集研发、生产、营销为一体，专业从事LED驱动芯片、LED光源产品的设计、研发、销售、生产及新型驱动芯片的制造和封装等。自主研制的LED驱动芯片基于金刚石薄膜和类金刚石薄膜的散热涂层和微流体的LED灯具散热技术，使散热效率大大提高，技术达国际先进水平。项目建成后，年实现销售收入30亿元，利税6亿元。

（滨州高新区　王亮亮）

菏泽高新技术产业开发区

【概述】　2011年，菏泽高新技术产业开发区（以下简称菏泽高新区）规模以上工业企业完成主营业收入171亿元，上缴税金12.7亿元，同比分别增长72.1%和106%。12月，高新区成功创建山东省优质中成药及抗生素药品生产基地，命名为山东省创新药物（菏泽）孵化基地。

【科技计划】　2011年，菏泽高新区承担省级以上科技计划项目9项（如表所示）。

表　　2011年菏泽高新区获省级以上科技计划项目

项目名称	项目类别	承担单位
NTC功能材料、芯片、元件和传感器规模化制造	国家火炬计划	山东中厦电子科技有限公司
高精压延电子铜箔		菏泽广源铜带股份有限公司
测控温型特种热敏电阻ZXT06R242J	国家重点新产品计划	山东中夏电子科技有限公司
铜材短流程生产关键技术开发与工程化	“十二五”国家科技支撑计划	菏泽广源铜带股份有限公司
年产6万t电子电器高精度铜带箔产业化	省第一批省级战略性新兴产业项目	菏泽广源铜带股份有限公司

续表

项目名称	项目类别	承担单位
年产2 000t宽幅板材、7 500t挤压型材、板坯及100万m^2蜂窝板产业化	省第一批省级战略性新兴产业项目	山东华盛荣镁业科技有限公司
年产2 500万支国家一类新药银杏内酯B注射剂配套原料药产业化		山东新花城生物制药有限公司
头孢类生物医药产业化		山东润泽制药有限公司
年产5 000t高精压延电子铜箔	省自主创新成果转化重大科技专项	菏泽广源铜带股份有限公司

【科技成果与专利】 2011年，菏泽高新区开发新技术、新产品30项，取得重要科技成果19项，申请专利100件，授权专利46件，其中发明专利22件。山东睿鹰先锋制药有限公司“拉氧头孢钠合成工艺研究及工业化”获菏泽市科技进步一等奖，菏泽睿智科技开发有限公司“美罗培南新型手性侧链ABPA合成工艺研究与开发”、山东步步赢生物科技有限公司“新型抗病毒中药赢多新在鸡病毒上的防治研究”和菏泽普恩药业有限公司“新型抗病毒中药感力克在鸡病毒上的防治研究”获菏泽市科技进步二等奖，菏泽普恩药业有限公司“中药清毒抗在鸡病毒病上的防治研究”和山东步步赢生物科技有限公司“重组酵母耐热耐碱木聚糖醇制剂生产技术研究”获菏泽市科技进步三等奖。山东步长制药有限公司“一种用于治疗心律失常的中药及其制法”获第12届省专利奖一等奖，成为菏泽市获的首项省专利奖一等奖；山东步长制药有限公司“一种用于治疗鼻渊的药物组合物及其制备方法”获菏泽市专利技术一等奖，山东润泽制药有限公司“美洛西林酸的制备工艺”和山东中厦电子科技有限公司“高均匀性负温度系数热敏电阻材料及其制备方法”获菏泽市专利技术二等奖。

【产业技术创新战略联盟构建】 2011年，菏泽高新区重点选择与高新区特色产业紧密相关的技术领域，以共性技术、知识产权、品牌和产品标准的开发、改造、共享为目标，由菏泽步长制药有限公司发起组建了医药产业技术创新战略联盟，被列为山东省战略联盟。

【高新技术产业发展】 2011年，菏泽高新区实现高新技术产业产值139亿元，占高新区规模以上工业总产值的81.3%。

新医药产业　2011年，菏泽高新区新引进伽华制药、三仪制药、海王药业、华润医药物流、蓝琪生物制药等项目，完成山东步长制药股份制改造，医药及关联企业总数达到40家。步长制药、睿鹰先锋制药继续入围全国制药百强企业，步长制药继续位居全省纳税先进百强企业。医药产业全年实现产值110亿元。

机械电子新材料产业　年内，华盛荣20万t镁合金、广源6万t高精密铜带和5 000t高精压延电子铜箔、海普电器、广信船配、宏瑞氧化锆超高温耐火材料等重点项目扎实推进，山东正时动车刹车片、龙泵油嘴油泵、万吨无铅焊料、润明节能电器等重点项目签约落地。

新能源、新信息及现代服务业　年内，投资10亿元的太皓太阳能和投资16亿元的天翔电子商务产业园建设全面启动，搜三百网络、明光数码、宇生动漫、蓝天动漫、柏盛动漫等企业入区发展，小额贷款、科创基金、合邦基金、天翔融资担保等金融企业已发挥效益。

【科技企业发展】 截至年底，菏泽高新区拥有市级以上高新技术企业25家，其中国家级1家、省级3家；市级以上工程研究中心4家，其中省级1家；市级以上企业技术中心15家，其中省级5家；山东省创新型企业1家，山东省创新型试点企业1家，菏泽市创新型企业6家，菏泽市创新型试点企业7家。

【项目选介】

山东蓝琪生物制药项目　该项目由深圳市蓝安琪生物工程股份有限公司、四川东泰药业有限公司共同投资建设，总投资2.5亿元，主要生产重组人粒细胞巨噬细胞集落因子（GM-CSF）及基因重组类药品，产品广泛应用于癌症化疗、放疗等原因导致的白细胞中性粒细胞减少症。项目建成后，年实现主营业务收入5亿元、利税8 000万元。

山东蓝琪海洋生物技术项目　该项目由青岛蓝燕控股有限公司和山东润泽制药有限公司共同投资建设，总投资1.2亿元，主要生产海洋生物高分子提取物——甲壳素低聚糖（深菌酶解）。项目建成后，年实现主营业务收入2亿元，利税5 000万元。

山东伽华制药项目　该项目总投资2.5亿元，建筑面积6万m^2，采用国际最先进的技术及设备，利用优质农副产品提取培养细菌毒素、药用植物细胞、植物传病、原真菌、细菌虫害基因培育和蛋白、血清、卵抗、干扰素、生物毒素的培育，接种技术已达第五代。项目建成投产后，年产生物类制品100t，实现主营业务收入10亿元，利税1.5亿元。

山东正时高速列车刹车系统项目　该项目由北京蒲然铁路制动科技有限公司投资10亿元建设，一期投资5亿元，建筑面积5万m^2。该项目采用国际先进的粉末冶金等技术生产闸瓦和闸片材料，各项技术指标达到国内先进水平，是目前国内唯一通过欧盟认证的高速列车刹车系统。项目建成后，年实现主营业务收入16亿元，利税1.8亿元。

山东澳威尔新能源汽车项目　该项目由威海鹿洲新能源有限公司和正大集团共同投资建设，计划总投资10亿元，该项目的成功落户填补了菏泽市新能源汽车制造业空白。项目投产运营后，年产新能源电动汽车5万辆，实现销售收入20亿元，利税2亿元。

（菏泽高新区管委会　王　蒙　陈承英）

即墨省级高新技术产业开发区

【概述】　2011年，即墨省级高新技术产业开发区（以下简称即墨高新区）按照“转方式、调结构”的发展主线，全区实现规模以上工业总产值38.54亿元，规模以上固定资产总投资11.96亿元，实际利用内资8.5亿元，吸收外资到账1 726万美元，外贸出口1.43亿美元，实现地方财政收入8 612.08万元。目前区内拥有创新科技（山东青岛）有限公司、青岛高迪数码、青岛小西生物技术有限公司、青岛丰泰海洋生物科技、青岛奥博新能源等多家国内外知名项目71项，初步形成以电子、生物制药、精密机械和新能源为主导的产业结构。

【企业服务体系建设】　即墨高新区管委会实行领导干部联系重点内外资项目制度，建立定期见面会制度，加强与企业之间的了解和沟通，及时发现企业发展中出现的各种问题并帮助解决。为入区投资企业前期审批、开工建设直至竣工投产各个环节提供全程跟踪服务，真正实现“一个窗口对外、一站式服务”。协调地方公安、司法部门成立警区，出资增配警车和协警人员，加强园区重点部位安全防护，确保入园企业的人员和财物安全。

中小企业公共服务平台建设　2011年，通过青岛市经济和信息化委员会验收并授牌“青岛市中小企业公共服务中心（省级高新区服务站）”，成立中小企业公共服务平台。该中心确定了政策咨询、融资担保、中介服务等工作职能，建立起规范的业务流程并实现制度上墙。按照即墨市中小企业融资扶持政策为辖区企业做好投融资服务工作，已为企业解决担保融资贷款4 450万元，组织企业争取国家技改资金180万元。

【知识产权管理】　2011年，高新区进园企业申请发明专利8件，主要集中在太阳能和海洋生物科技领域，包括自主研发的“微生态海藻酸有机肥料增效剂制备方法”“一种海藻生物液肥的生产方法”和“一种农作物秸秆腐熟剂”等。

【科技人才管理】 2011年，高新区制定《即墨省级高新区管委引进优秀人才暂行办法》，吸引优秀人才入区创业发展。组织企业人员参加即墨市及以上部门组织的各类专业培训。向即墨市公安局申请户籍政策支持，完善企业人才落户服务工作。区内现有从业人员5 602人，其中留学归国人员12名，硕士以上学历38人，大专以上学历1 326人。

【项目选介】

香港高迪数码项目　2010年由香港高迪集团独资设立，总投资1亿美元，注册资本3 300万美元，主要从事高清数码摄像机、数码照相机和平板电脑等消费类电子产品研发和生产。该项目于2010年9月开工建设，一期4.3万m²厂房及宿舍楼已完工，累计到位资金1 650万美元，其中2011年到位550万美元。项目全部建成达产后实现年产值15亿元，税收2 000万元。

青岛小西生物项目　由日本脏器制药株式会社独资设立，总投资4 650万美元，注册资本2 000万美元并已全部到账，主要生产神经妥乐平中间产品并全部出口日本总公司。神经妥乐平是将牛痘病毒接种到家兔皮肤中，从发生炎症的皮肤中提取的非蛋白性生物制剂，具有镇痛、镇静、修复神经等作用，适用于治疗腰痛症、肩周炎、变形性关节炎、症状性神经痛、亚急性视神经脊髓病后遗症的冷感、疼痛及感觉异常等神经性疼痛疾病，先后在日本、美国、加拿大、欧洲、中国、韩国等国家和地区获专利授权，属原创专利药物，在全球范围内填补了该技术领域空白。

奥博太阳能项目　2010年由青岛奥博新能源科技有限公司（以下简称奥博公司）投资设立，总投资10亿元，注册资本5 000万元。该项目利用中国航天科技集团空间技术研究院的民用技术，规划建设一座年产1 000MW太阳能电池组件和60万支中高温太阳能集热管的生产基地。奥博公司是中国首家、全球第三家拥有高温真空管吸热器关键技术的新能源企业，2009年获联合国工业发展组织颁发的“全球可再生能源领域最具投资价值的领先技术”重要奖项——“蓝天”奖。该项目一期4万m²厂房及附属设施已建成，全部建成达产后年实现产值17亿元，税收1.3亿元。

青岛丰泰海洋生物科技项目　2011年由青岛宏凯集团投资成立，总投资7.7亿元，分3期建设，总建设期3年。该项目是中国农科科学院自主创新的高科技项目，主要利用天然海藻生产生物有机液肥、海洋生物功能性保健食品、微生物菌剂、海洋生物胶囊等，其生物有机液肥在改良土壤性能、防止化学污染、提高农作物产量、品质等方面效果显著，既可替代化肥，又能满足人们食用绿色食品的需要，是国家鼓励和支持“三农”发展的高科技产品。项目建成达产后，年生产海洋生物制剂和农业有机液肥12万t，实现产值17亿元，税收1.3亿元。

乾程电子项目　2011年由青岛乾程科技控股有限公司投资1亿元成立，以生产销售智能电表为主，同时生产MP3、电视机板、电路板、手机等消费类电子产品。项目全部建成达产后实现年产值10亿元，税收4 000万元。

（即墨高新区管委会）

山东禹城高新技术产业开发区

【概述】 2011年，山东禹城高新技术产业开发区（以下简称禹城高新区）实现主营业务收入455亿元，同比增长30.65%；完成地方财政收入6.89亿元，同比增长39.29%；完成工商税收8.07亿元，同比增长46.9%；引进过亿元项目53项。

【科技计划与经费】 2011年，禹城高新区申报各类科技项目67项，其中科技计划类项目38项、科技平台类项目13项、科技成果类项目16项；获批项目32项，其中国家863计划项目4项、国家科技支撑计划项目2项、国家创新基金项目1项、国家火炬计划项目1项、省自主创新重大专项1项、省财政专项支持科技新产品项目1项，科技计划项目获批数量位居德州各县市开发区首位。高新区全年科技经费投入较上年增长20%以上，规模以上企业研发投入占销售收入的比值1.5%以上，高新技术企业研发投入占销售收入的比值3%以上。

【科技成果与奖励】 2011年，禹城高新区完成省级科技成果鉴定12项。山东龙力生物科技股份有限公司与山东大学联合申报的“玉米芯废渣制备纤维乙醇技术与应用”项目获国家技术发明二等奖，与中国农业大学联合申报的“嗜热真菌耐热木聚糖醇的产业化关键技术及应用”项目获国家科技进步二等奖。

【知识产权管理】 2011年，禹城高新区申请各类专利157件，其中发明专利62件；授权专利76件，其中发明专利31件；获集成电路所有权、新药证书等43项；区内拥有中国专利山东明星企业5家。

【科技创新平台建设】 2011年，禹城高新区福田药业有限公司国家企业技术中心获国家发展改革委批复。山东鸿兴源食品有限公司的山东省生物酶解调味品工程技术研究中心获省科技厅批复。区内功能糖企业联合山东大学、天津大学、江南大学和中国科学院等高校、科研机构联合申报的“功能糖产业技术创新战略联盟”获省科技厅批复。由中国生物发酵产业协会投资建设的国家生物技术孵化器即将投入使用。截至年底，区内建有省级以上研发机构29家。

【科技企业发展】 2011年，禹城高新区内鲁银粉末冶金有限公司被认定为高新技术企业，另有5家参与复审的高新技术企业全部通过复审。山东龙力生物科技股份有限公司获批国家级创新型企业。保龄宝生物股份有限公司获批国家火炬计划重点高新技术企业。

【科技人才管理】 2011年，禹城高新区出台《人才及智力引进优惠政策》，新引入硕士以上人才52人，其中入选国家“千人计划”和山东省“泰山学者工程”人员各1人。保龄宝公司龚方博士研究的“非粮原料菊芋生物炼制油脂及生物柴油制备”项目获山东省博士后创新项目三等奖。截至年底，建有院士工作站1个、博士后科研工作站3个，拥有享受国务院政府特殊津贴专家6人、省级拔尖人才4人、高级以上职称技术人员823人。

【科技活动】 2011年，禹城高新区先后举办生物企业发展战略论坛、高端机械装备研发制造战略合作与技术合作洽谈会，组织企业参加科技部中国生物技术发展中心牵头举办的“功能糖863计划研讨会”，承办由科技部生物技术发展中心牵头的企业发展战略规划研讨恳谈会。

【项目选介】

汉能光伏产业研发制造基地和光伏发电基地

项目　该项目由汉能控股集团投资建设，总投资220亿元，分别建设1 000MW薄膜太阳能电池研发制造基地和500MW光伏发电基地。制造基地投资120亿元，分一期250MW、二期250MW、三期500MW建设，其中一期250MW项目投资32亿元，于2011年2月10日开工建设，12月29日第一批电池下线，转化效率10%，实现当年开工、当年投产。二、三期项目正在进行相关项目设计等方面的工作，预计“十二五”末将全部投产。光伏发电基地投资100亿元，发电装机容量500MW，分4期建设，该项目将建成集清洁能源项目与立体种植、特种养殖、观光旅游于一体的土地高效综合利用示范工程。

宝世达超高压及特种电缆建设项目　该项目为2011年新上项目，由山东宝世达电缆科技有限公司投资建设，固定资产投资30亿元，新增建筑面积343 645m²，购置各类设备仪器827台（套）。项目竣工投产后，年生产高压电力、矿用、船用、核电、风电和潜油等各种型号规格电缆54 860km，年生产高强度钢芯铝合金、耐热铝合金和钢芯铝等各类绞线8 000t，年实现销售收入50亿元，利税10.5亿元。

浩阳土工合成新材料产业化基地项目　该项目为2011年新上项目，由大连合成纤维研究设计院股份有限公司与山东浩阳新型工程材料有限公司联合投资建设，固定资产投资5亿元，总建筑面积15万m²，购置设备仪器290台（套）。项目竣工达产后，年生产防水、防渗软材8.6万t，年实现销售收入10亿元，利税1亿元。

天辰全自动化智能车库项目　该项目为2011年新上项目，由山东天辰智能停车设备有限公司投资建设，固定资产投资5亿元，新增建筑面积96 416m²，购置数控火焰切割机、大型平面钻床、焊接流水线等设备仪器164台（套）。项目建成后，年生产全自动化智能车库3.5万个，年实现销售收入80 500元，利税9 173万元。

（禹城高新区　卢燕平　毛学瑞　刘　震）

高校科技发展

GAOXIAO KEJI FAZHAN

高校科技综述

【高校基本情况】 2011年，全省共有高等学校156所，比上年增加5所。其中，普通高等学校139所（含独立学院12所），比上年增加6所；成人高等学校17所，比上年减少1所。普通高等学校中本科院校63所，比上年增加2所；高职（专科）院校76所，比上年增加4所。全省共有研究生培养机构31个，其中高等学校27个，科研机构4个。国家“211工程”重点建设高校3所，国家“985工程”重点建设高校2所。国家重点实验室3个，省部共建国家重点实验室培育基地4个，教育部重点实验室（含省部共建）28个，山东省重点实验室66个，山东省工程实验室6个。国家工程技术研究中心5个，教育部工程研究中心14个。

国家“211工程”重点建设高校（3所）

山东大学

中国海洋大学

中国石油大学（华东）

国家“905工程”重点建设高校（2所）

山东大学

中国海洋大学

国家重点实验室（3个）

晶体材料国家重点实验室（山东大学）

微生物技术国家重点实验室（山东大学）

作物生物学国家重点实验室（山东农业大学）

国家工程技术研究中心（5个）

国家糖工程技术研究中心（山东大学）

国家胶体材料工程技术研究中心（山东大学）

国家辅助生殖与优生工程技术研究中心（山东大学）

国家海洋药物工程技术研究中心（中国海洋大学）

国家苹果工程技术研究中心（山东农业大学）

【科技人员】 2011年，全省高校科技人员40 082人。其中，教授4 010人，副教授7 193人，其他技术职务系列高级人员4 098人；具有博士学位7 642人，具有硕士学位13 532人。

【科技项目与经费】 2011年，全省高校科技活动经费366 765万元，承担科技课题17 924项。其中，国家973计划项目191项，国家科技支撑计划项目151项，国家863计划项目121项，科技部重大专项113项，国家自然科学基金项目2 239项，企事业单位委托科技项目6 798项，国际合作项目46项。

【科技成果及转化】 2011年，全省高校出版科技著作146部，发表科技学术论文32 890篇，被SCI、EI、ISTP三大检索系统收录论文14 307篇。鉴定科技成果885项，其中国际水平347项。获国家科技奖励17项，省部级科技奖励343项。签订技术转让合同332项，合同金额5 948万元，当年实际收入4 155万元。申请专利5 998件，其中发明专利1 913件、实用新型专利3 989件；授权专利2 707件，其中发明专利845件、实用新型专利1 821件。

（省教育厅）

山东省“十二五”重点学科

2011年6月24日，山东省教育厅、山东省财政厅印发《关于公布山东省“十二五”重点学科的通知》（鲁教研字〔2011〕4号），共批准359个学科为山东省“十二五”省级重点学科，其中108个学科为省级特色重点学科。名单如表所示。

表　　山东省“十二五”重点学科名单

序号	单位名称	学科排序	重点学科名称	其中特色重点学科	序号	单位名称	学科排序	重点学科名称	其中特色重点学科
1	山东大学	1	政治经济学	√	26	山东大学	26	英语语言文学	
2		2	宪法学与行政法学	√	27		27	专门史	
3		3	汉语言文字学	√	28		28	管理科学与工程	
4		4	中国古代文学	√	29		29	发酵工程	
5		5	企业管理	√	30		30	机械电子工程	
6		6	无机化学	√	31		31	机械设计及理论	
7		7	光学工程	√	32		32	工程热物理	
8		8	通信与信息系统	√	33		33	热能工程	
9		9	计算机软件与理论	√	34		34	电机与电器	
10		10	内科学	√	35		35	信号与信息处理	
11		11	中国哲学	√	36		36	环境工程	
12		12	财政学	√	37		37	免疫学	
13		13	国际政治	√	38		38	病原生物学	
14		14	发育生物学	√	39		39	影像医学与核医学	
15		15	病理学与病理生理学	√	40		40	外科学	
16		16	微生物与生化药学	√	41		41	耳鼻咽喉科学	
17		17	考古学及博物馆学	√	42		42	口腔临床医学	
18		18	电力电子与电力传动	√	43		43	比较文学与世界文学	
19		19	外国哲学		44		44	中国近现代史	
20		20	数量经济学		45		45	政治学理论	
21		21	法学理论		46		46	金融学	
22		22	民商法学		47		47	会计学	
23		23	社会学		48		48	原子与分子物理	
24		24	马克思主义基本原理		49		49	理论物理	
25		25	中国现当代文学		50		50	有机化学	

续表

序号	单位名称	学科排序	重点学科名称	其中特色重点学科
51	山东大学	51	植物学	
52		52	岩土工程	
53		53	道路与铁道工程	
54		54	化工过程机械	
55		55	软件工程	
56		56	药剂学	
57		57	遗传学	
58		58	老年医学	
59		59	精神病学	
60		60	空间物理学	
61		61	刑法学	
62		62	俄语语言文学	
63		63	动物学	
64		64	检测技术与自动化装置	
65		65	电磁场与微波技术	
66		66	护理学	
67		67	宗教学	
68		68	体育人文社会学	
69		69	动力机械及工程	
70		70	药理学	
71	中国海洋大学	1	水生生物学	√
72		2	药物化学	√
73		3	船舶与海洋工程	√
74		4	环境工程	√
75		5	会计学	√
76		6	气象学	
77		7	地图学与地理信息系统	
78		8	海洋物理学（海洋信息探测与处理）	
79		9	计算机应用技术	
80		10	应用化学	
81		11	地球探测与信息技术	
82		12	遗传学	
83		13	计算数学	
84		14	区域经济学	
85		15	外国语言学及应用语言学	
86		16	中国现当代文学	
87	中国海洋大学	17	环境与资源保护法学	
88		18	社会学	
89		19	金融学	
90		20	防灾减灾工程及防护工程	
91	中国石油大学（华东）	1	安全科学与工程	√
92		2	环境工程	√
93		3	机械设计及理论	
94		4	工程力学	
95		5	物理化学	
96		6	控制理论与控制工程	
97		7	计算机应用技术	
98	哈尔滨工业大学（威海）	1	通信与信息系统	
99		2	材料加工工程	
100		3	材料学	
101	海军航空工程学院	1	信号与信息处理	
102		2	模式识别与智能系统	
103		3	水声工程	
104	海军潜艇学院	1	水声工程	
105		2	载运工具运用工程	
106	中科院海洋所	1	海洋生物学	
107	中共山东省委党校	1	马克思主义中国化研究	
108	山东师范大学	1	分析化学	√
109		2	原子与分子物理	√
110		3	植物学	√
111		4	发展与教育心理学	√
112		5	管理科学与工程	√
113		6	基础数学	√
114		7	马克思主义中国化研究	√
115		8	计算机软件与理论	√
116		9	文艺学	√
117		10	世界史	√
118		11	人口、资源与环境经济学	√
119		12	艺术学	
120		13	教育技术学	
121		14	动物学	

续表

序号	单位名称	学科排序	重点学科名称	其中特色重点学科
122	山东师范大学	15	自然地理学	
123		16	思想政治教育	
124		17	中国古代文学	
125		18	体育教育训练学	
126		19	英语语言文学	
127		20	世界经济	
128		21	企业管理	
129		22	信号与信息处理	
130	曲阜师范大学	1	运筹学与控制论	√
131		2	光学	√
132		3	专门史	√
133		4	外国语言学及应用语言学	√
134		5	中国古代文学	√
135		6	野生动植物保护与利用	√
136		7	应用数学	√
137		8	体育人文社会学	
138		9	中共党史	
139		10	基础数学	
140		11	物理化学	
141		12	理论物理	
142		13	人文地理学	
143		14	成人教育学	
144		15	汉语国际教育	
145		16	应用心理学	
146		17	中国现当代文学	
147		18	政治经济学	
148	山东农业大学	1	作物遗传育种	√
149		2	蔬菜学	√
150		3	植物学	√
151		4	食品科学	√
152		5	植物病理学	√
153		6	基础兽医学	√
154		7	农业机械化工程	
155		8	水土保持与荒漠化防治	
156		9	土地资源管理	
157		10	结构工程	
158		11	应用化学	
159	山东农业大学	12	预防兽医学	
160		13	农业昆虫与害虫防治	
161		14	园林植物与观赏园艺	
162	山东科技大学	1	大地测量学与测量工程	√
163		2	矿物学、岩石学、矿床学	√
164		3	机械电子工程	√
165		4	岩土工程	√
166		5	计算机软件与理论	√
167		6	材料加工工程	√
168		7	控制理论与控制工程	
169		8	安全技术及工程	
170		9	矿物加工工程	
171		10	应用数学	
172		11	技术经济及管理	
173		12	工程力学	
174		13	信号与信息处理	
175		14	环境与资源保护法学	
176		15	外国语言学及应用语言学	
177	山东中医药大学	1	中西医结合基础	√
178		2	中药学	√
179		3	针灸推拿学	√
180		4	中医儿科学	√
181		5	方剂学	
182		6	中医妇科学	
183		7	中医外科学	
184		8	生药学	
185		9	眼科学	
186		10	中医骨伤科学	
187		11	中医全科医学	
188	青岛大学	1	材料学	√
189		2	病原生物学	√
190		3	凝聚态物理	√
191		4	系统理论	√
192		5	中国现当代文学	√
193		6	纺织工程	√
194		7	计算机应用技术	√

续表

序号	单位名称	学科排序	重点学科名称	其中特色重点学科
195	青岛大学	8	宪法学与行政法学	
196		9	金融学	
197		10	营养与食品卫生学	
198		11	人口、资源与环境经济学	
199		12	内科学	
200		13	儿科学	
201		14	管理科学与工程	
202		15	外科学	
203		16	控制理论与控制工程	
204		17	美术学	
205		18	音乐学	
206		19	课程与教学论	
207		20	车辆工程	
208	青岛科技大学	1	化学工程	√
209		2	材料物理与化学	√
210		3	化工过程机械	√
211		4	应用化学	√
212		5	材料加工工程	
213		6	机械设计及理论	
214		7	材料学	
215		8	控制理论与控制工程	
216		9	企业管理	
217		10	高分子化学与物理	
218	青岛理工大学	1	结构工程	√
219		2	市政工程	√
220		3	机械设计及理论	
221		4	防灾减灾工程及防护工程	
222		5	工程力学	
223		6	建筑设计及其理论	
224		7	供热、供燃气、通风及空调工程	
225		8	岩土工程	
226	山东理工大学	1	机械电子工程	√
227		2	车辆工程	√
228		3	电力电子与电力传动	√
229		4	农业机械化工程	
230		5	应用化学	
231	山东理工大学	6	机械设计及理论	
232		7	交通信息工程及控制	
233		8	生物化学与分子生物学	
234		9	应用数学	
235	济南大学	1	材料学	√
236		2	应用化学	√
237		3	计算机应用技术	√
238		4	眼科学	√
239		5	机械制造及其自动化	
240		6	管理科学与工程	
241		7	控制理论与控制工程	
242		8	肿瘤学	
243		9	水文学及水资源	
244		10	中国古代文学	
245		11	国民经济学	
246		12	社会学	
247		13	微生物与生化药学	
248	山东财政学院	1	财政学	√
249		2	金融学	√
250		3	企业管理	√
251		4	国际贸易学	
252		5	会计学	
253		6	数量经济学	
254		7	西方经济学	
255		8	计算机软件与理论	
256	山东经济学院	1	企业管理	√
257		2	会计学	√
258		3	管理科学与工程	
259		4	政治经济学	
260		5	产业经济学	
261		6	计算机应用技术	
262		7	统计学	
263		8	民商法学	
264	聊城大学	1	分析化学	√
265		2	中国现当代文学	√
266		3	科学社会主义与国际共产主义运动	√

续表

序号	单位名称	学科排序	重点学科名称	其中特色重点学科
267	聊城大学	4	光学	
268		5	课程与教学论	
269		6	自然地理学（黄河下游资源环境与生态安全）	
270		7	系统理论	
271		8	中国近现代史	
272		9	分子生物学与抗体药物工程	
273	鲁东大学	1	英语语言文学	√
274		2	载运工具运用工程	√
275		3	语言学及应用语言学	
276		4	自然地理学	
277		5	高等教育学	
278		6	运筹学与控制论	
279		7	区域经济学	
280	烟台大学	1	民商法学	√
281		2	理论物理	√
282		3	中国少数民族史	√
283		4	药剂学	
284		5	物理化学	
285		6	应用数学	
286		7	生物化学与分子生物学	
287	青岛农业大学	1	生物化学与分子生物学	√
288		2	果树学	√
289		3	植物营养学	
290		4	动物遗传育种与繁殖	
291		5	植物病理学	
292		6	农业机械化工程	
293		7	农产品加工及贮藏工程	
294	山东建筑大学	1	城乡规划学	√
295		2	供热、供燃气、通风及空调工程	√
296		3	结构工程	
297		4	检测技术与自动化装置	
298		5	材料加工工程	
299		6	建筑设计及其理论	
300		7	机械电子工程	
301		8	设计艺术学	
302		9	管理科学与工程（建设领域）	
303	山东轻工业学院	1	制浆造纸工程	√
304		2	发酵工程	√
305		3	皮革化学与工程	
306		4	材料物理与化学	
307		5	高分子化学与物理	
308		6	机械电子工程	
309		7	食品科学	
310	山东体育学院	1	运动人体科学	√
311	山东艺术学院	1	音乐学	√
312		2	美术学	
313		3	戏剧戏曲学	
314	山东工艺美院	1	设计艺术学	√
315		2	艺术学	
316		3	戏剧与影视学	
317	滨州医学院	1	影像医学与核医学	√
318		2	人体解剖与组织胚胎学	
319		3	内科学	
320	泰山医学院	1	药理学	√
321		2	影像医学与核医学	
322		3	病原生物学	
323	潍坊医学院	1	外科学	√
324		2	人体解剖与组织胚胎学	
325		3	影像医学与核医学	
326		4	社会医学与卫生事业管理	
327	济宁医学院	1	病理学与病理生理学	√
328		2	神经病学	
329		3	免疫学	
330	山东工商学院	1	管理科学与工程	√
331		2	企业管理	
332		3	产业经济学	
333		4	计算机应用技术	
334		5	会计学	
335	山东交通学院	1	载运工具运用工程	√
336		2	桥梁与隧道工程	
337		3	交通运输规划与管理	
338	临沂大学	1	高等教育学	
339		2	应用数学	

续表

序号	单位名称	学科排序	重点学科名称	其中特色重点学科	序号	单位名称	学科排序	重点学科名称	其中特色重点学科
340	临沂大学	3	自然地理学		350	菏泽学院	1	应用化学	
341		4	区域经济学		351		2	理论物理	
342	枣庄学院	1	课程与教学论		352	德州学院	1	生物物理学	
343		2	光学工程		353		2	服装设计与工程	
344	滨州学院	1	应用数学		354	济宁学院	1	理论物理	
345		2	生态学		355	山东政法学院	1	刑法学	√
346	潍坊学院	1	光学		356		2	经济法学	
347		2	区域经济学		357	山东警察学院	1	治安学	
348	泰山学院	1	计算机应用技术		358		2	侦查学	
349		2	有机化学		359	山东青年政治学院	1	思想政治教育	

（省教育厅）

山东省“十二五”高等学校科研创新平台

2011年6月28日，山东省教育厅、山东省财政厅印发《关于公布山东省“十二五”高等学校科研创新平台的通知》（鲁教科字〔2011〕8号），共批准155个重点实验室和50个人文社会科学研究基地列入山东省“十二五”高等学校科研创新平台建设工程。其中，强化建设重点实验室42个，强化建设人文社会科学研究基地20个。名单详见表1、表2。

表1　　山东省“十二五”高校重点实验室名单

序号	依托学校	实验室名称	其中强化实验室	序号	依托学校	实验室名称	其中强化实验室
1	山东大学	风险分析与金融计算	√	11	山东大学	腹腔镜技术基础与临床应用	
2		低维材料	√	12		微电子材料与器件	
3		宽带无线通讯技术	√	13		胃肠疾病转化医学	
4		妇科肿瘤	√	14		慢性退行性疾病的蛋白质科学	
5		高分子材料	√	15		应用海洋生物学	
6		药物分子设计与创新药物研究	√	16		卫生毒理学	
7		神经肿瘤免疫	√	17		肾脏组织工程	
8		地下工程突涌水防治材料及设备		18		临床护理	
9		理论与计算化学		19		神经系统变性病转化医学	
10		环境考古学		20		消化系统肿瘤	

续表

序号	依托学校	实验室名称	其中强化实验室
21	中国海洋大学	海洋—大气相互作用与气候	√
22		海洋物理化学	√
23		海洋渔业	√
24		海洋生物工程	
25		山东高校城市与工程管理信息化	
26		海洋信息探测与数字海洋技术	
27		海洋机电装备与仪器	
28		海岸带环境保护	
29		生物化学与生物材料	
30	中国石油大学（华东）	非常规油气资源开发	√
31		生物工程与技术	√
32		盆地分析与油气储层地质	√
33		海洋油气工程	
34		油气储运工程	
35		复杂储层测井新技术	
36		新能源物理与材料科学	
37	哈尔滨工业大学（威海）	现代数字化医疗装备	
38		海洋资源环境检测	
39		超快光子技术	
40	山东科技大学	矿山安全监测技术与系统	√
41		海洋测绘	√
42		深部矿井安全开采	√
43		先进材料与表面改性	
44		数字矿山与软件技术	
45		地下工程	
46		深部矿产资源勘查开发地质研究	
47		低碳能源化工	
48		太赫兹技术	
49	山东农业大学	果树生物学	√
50		作物生理生态	√
51		农业环境	√
52		农药毒理与应用技术	
53		智能化农业机械与装备	
54		森林培育	
55		农业生物分析化学	
56	山东农业大学	食品加工技术与质量控制	
57	山东师范大学	太阳能化学转化与储存	√
58		系统生物学	√
59		信息系统与网络信息安全	√
60		地表过程与环境生态	
61		光电信息处理与显示	
62		科学计算与数值仿真	
63		信息管理与知识工程	
64		人类认知与行为发展	
65	青岛大学	脑功能及其调控	√
66		光子学材料与技术	√
67		智能信息处理	
68		电能变换与先进控制	
69		动力集成及储能技术	
70		分子免疫病理	
71		海洋药物创新	
72		海洋生物质纤维新材料	
73		眼科临床医学	
74	山东中医药大学	中西医结合眼病防治技术	√
75		中药资源学	√
76		中西医结合肿瘤防治	
77		中医心血管病	
78		天然药物	
79		中药制剂	
80	青岛科技大学	生命分析化学	√
81		高分子材料加工机械	√
82		热能工程	
83		纳米材料工程技术	
84		高性能聚合物	
85		清洁化工	
86	青岛理工大学	能源与环境装备	√
87		机械设计与制造	
88		城市规划与景观工程技术	
89		混凝土	
90		摩擦学与先进表面工程	
91	曲阜师范大学	南四湖湿地生态与环境保护	√
92		智能控制技术	√

续表

序号	依托学校	实验室名称	其中强化实验室
93	曲阜师范大学	信息功能材料与光电技术	
94		绿色天然产物及医药中间体开发	
95		体适能监测与调控	
96	济南大学	化学传感分析	√
97		无机功能材料	
98		机械装备设计与仿真	
99		建材工业综合自动化	
100	山东理工大学	精密模具	√
101		先进复合材料	
102		精密工程测量	
103		结构分析与动力学	
104	山东建筑大学	工程结构与防灾减灾	√
105		道路与交通工程	
106		机械工程创新技术	
107		给水排水综合	
108	山东轻工业学院	轻工精细化学品	√
109		轻工装备先进制造与测控技术	
110		非晶/多晶材料	
111		清洁生产与工业废弃物资源化	
112	青岛农业大学	预防兽医学	√
113		动物生殖与种质创新	
114		植物病虫害综合防控	
115		植物生物技术	
116	聊城大学	光信息传输与处理	√
117		智能信息处理与网络安全	
118		清洁化学能源技术	
119		生态学与生物多样性	
120	烟台大学	化工制造工程	√
121		光信息与光功能材料	
122		结构工程	
123		先进制造与控制技术	
124		海产品质量与安全检测	
125		分子药理和药物筛选与评价	
126	鲁东大学	分子设计与材料合成	√
127		高性能与功能高分子材料	
128		应用生物技术	
129		信息物理融合与智能控制	
130	潍坊医学院	应用药理学	√
131		免疫学	
132		临床检验诊断学	
133	泰山医学院	脑微循环	√
134		动脉粥样硬化	
135	滨州医学院	医学生物技术	√
136		肿瘤分子生物学	
137	济宁医学院	神经生物学	
138		行为医学	
139	山东经济学院	经济运行动态仿真	
140	山东财政学院	金融服务外包创新	
141	山东交通学院	路面结构与材料	
142		船舶与海洋运输	
143	山东工商学院	智能信息处理	
144	山东政法学院	证据鉴识	
145	山东青年政治学院	信息安全与智能控制	
146	临沂大学	资源与环境分析化学	
147	滨州学院	航空信息技术	
148	泰山学院	旅游与资源环境	
149	菏泽学院	动物生理生化与应用	
150	枣庄学院	煤化工	
151	潍坊学院	生物化学与分子生物学	
152	德州学院	生物技术与生物资源利用	
153		配位化学与功能材料	
154	济宁学院	无机化学	
155	山东万杰医学院	生物医学工程技术	

表2　　山东省“十二五”高校人文社会科学研究基地名单

序号	依托学校	基地名称	其中强化基地
1	烟台大学	应用法学研究中心	√
2	山东科技大学	山东矿区循环经济与节能减排研究基地	√
3	青岛农业大学	山东省农业传播与农村发展研究中心	
4	山东经济学院	山东省经济理论与政策研究中心	√
5	曲阜师范大学	孔子与传统文化研究中心	√
6		外国语言文化与翻译研究中心	√
7	滨州医学院	医学人文研究中心	
8	聊城大学	运河与区域经济社会发展研究中心	
9		教师教育创新研究基地	
10	菏泽学院	水浒文化研究基地	
11	山东警察学院	侦查对策研究中心	
12	山东理工大学	齐文化研究基地	
13	山东建筑大学	齐鲁建筑文化与景观艺术研究基地	
14	滨州学院	孙子兵法与兵学研究基地	
15	山东青年政治学院	山东省青少年研究所	
16	山东农业大学	农村经济管理研究基地	√
17	临沂大学	沂蒙文化研究基地	
18	山东交通学院	国际商务研究中心	
19	青岛理工大学	城市文化与城市竞争力研究基地	
20	济宁医学院	行为与健康研究基地	
21	济南大学	全球化与跨国经营研究基地	
22		高等教育研究中心	
23	德州学院	食品经济管理研究基地	
24	山东师范大学	马克思主义理论研究中心	√
25		基础教育课程与教学研究中心	√
26	青岛大学	蓝色经济区人口、资源与环境可持续发展研究中心	
27	青岛大学	东亚文学与文化研究中心	√
28	山东轻工业学院	区域创新与可持续发展研究基地	
29	山东财政学院	地方财政政策研究基地	
30	山东体育学院	体育人文社会科学研究基地	
31	潍坊学院	海盐文化研究基地	
32	山东政法学院	民商事法律与民生研究中心	
33	鲁东大学	中华文化传统与中国现代思想研究基地	
34		应用型外语人才培养研究基地	
35	山东工商学院	煤炭产业发展与创新研究基地	√
36	山东艺术学院	文化创意产业与管理研究基地	
37	山东中医药大学	中医药文献与文化研究中心	√
38	山东工艺美术学院	山东省非物质文化遗产研究中心	
39	山东女子学院	女性人力资源开发与管理研究基地	
40	泰山学院	泰山文化研究中心	
41	山东大学	产权理论与法经济学研究基地	√
42		公司治理研究基地	√
43		中华文明起源研究中心	√
44		法律方法论研究中心	√
45		政治文明与宪政研究基地	√
46		中华文化与世界文明对话研究基地	√
47		反垄断与规制经济学研究中心	√
48	中国海洋大学	海洋经济研究中心	√
49		外国语言文学研究基地	√
50	中国石油大学（华东）	中国化马克思主义研究中心	

（省教育厅）

山东大学

【概述】 山东大学是教育部直属重点综合性大学，国家“211工程”和“985工程”重点建设高校之一，国家教育部“珠峰计划”16所名校之一。学校创建于1901年，初名山东大学堂，是继京师大学堂之后我国第二所国立大学。学校总占地面积8 000余亩（含即将启动建设的青岛校区约3 000亩），形成了一校三地（济南、青岛、威海）八个校园（济南中心校区、洪家楼校区、趵突泉校区、千佛山校区、软件园校区、兴隆山校区及青岛校区、威海分校）的办学格局。2011年正值山东大学110周年校庆，学校制定了以建设世界一流大学为目标的“攀越计划”。全年实际拨入各类科技活动经费10.5亿元，其中科研项目经费实到6.9亿元（不含校自主创新基金），较上年增长8.24%。

【科研项目与经费】

自然科学基金 2011年，学校新上各类基金项目617项，立项经费21 208.8万元，实到经费18 211万元，实到科研经费增长显著。学校新上各类基金项目情况如表1所示。

表1 2011年山东大学新上各类基金项目

项目类别	新上项目数	实到经费（万元）
国家自然科学基金（含国际合作）	387	16 296.5
教育部博士点基金（含新教师科研基金）	49	509.2
山东省自然科学基金（含山东省杰出青年基金）	137	1 226
教育部留学回国启动基金	38	143.5
其他各类基金	6	35.8
合 计	617	18 211

国家自然科学基金重点项目基金。2011年，学校共有5位学者获得国家自然科学基金重点项目资助，共获得资助经费1 484万元。其中，岩土与结构工程研究中心李术才教授等申请的“水工隧洞突水涌泥灾害源超前预报定量识别方法及灾害发生机理与控制研究”项目，获得290万元资助；生命科学院李越中教授等申请的“黏细菌细胞群体行为对海洋生境适应的进化基因组分析”项目，获得280万元资助；医学院陈哲宇教授等申请的“BDNF调节记忆形成和消退的神经环路机制研究”项目，获得312万元资助；生命科学院王金星教授等申请的“对虾抗病毒相关基因的功能与抗病毒机理分析”项目，获得294万元资助；化学与化工学院闫兵教授等申请的“典型纳米材料的生物毒性效应及调控研究”项目，获得308万元资助。

国家自然科学基金杰出人才基金。2011年，学校物理学院颜世申教授、数学学院吴臻教授、齐鲁医院彭军教授分别在“铁磁金属、铁磁半导体材料及其异质结的磁性和电输运”“随机最优控制和正倒向随机微分方程理论及其应用”和“原发免疫性血小板减少症免疫耐受研究”等研究领域创新成果突出，分别获得国家自然科学基金杰出青年基金200万元、140万元、200万元资助。

高新技术研究

国家重大、重点科技。2011年，学校国家级各类科技计划项目到位经费21 647.4万元。其中新上国家级各类重大项目87项，到位项目经费12 838.7万元（如表2中前四项所示）；部委计划项目到位经费3 260万元，山东省科技计划项目到位经费2 680万元，国际科技合作项目到位经费399.7万元，其他各类纵向项目到位经费2 469万元。

表2　　2011年山东大学新上国家级重大项目

项目类别	新上项目数（主持及参与）	实到经费（万元）
重大基础研究（973）	34	4 438.9
高技术研究（863）	10	1 104.1
国家重大科技专项	16	1 536.0
国家支撑计划	27	5 759.7
军工任务	28	4 638.4
国际合作	23	399.7
合计	138	17 876.8

由学校作为项目牵头单位，糖工程技术研究中心郭忠武教授作为项目负责人申报的国家863计划项目“糖工程关键技术与重大产品开发”获准立项，项目概算经费1 000万元。控制科学与工程学院李贻斌教授作为课题负责人的国家863计划项目“高性能四足仿生机器人关键单元技术”立项启动，课题专项经费396万元。环境科学与工程学院崔兆杰教授承担的国家863计划项目课题“黄河三角洲深层卤水资源保护性开发及高效高值利用关键技术与工程示范”和齐鲁医院张澄教授承担的国家863计划项目课题“冠心病分子分型和个体化诊疗技术”获准立项，将于2012年启动。山东大学生殖医学中心陈子江教授作为首席科学家申请的国家重大科学计划项目“排卵障碍相关疾病发生机制研究”获得立项，项目概算经费3 000万元。国家辅助生殖与优生工程技术研究中心赵跃然教授作为负责人的国家科技支撑计划项目“生殖障碍性疾病发病机制与诊疗系列技术研究及应用”立项启动，课题专项经费预算1 398万元。国家胶体材料工程技术研究中心陈代荣教授作为负责人的国家科技支撑计划项目“氧化铝微晶陶瓷磨料的关键制备技术与示范”立项启动，课题专项经费1 434万元。医学院张运院士承担的国家科技支撑计划项目“易损斑块的早期识别与治疗及降脂治疗个体化研究”获准立项，将于2012年启动。

国防科技。2011年，学校国防科技实现快速发展，承担了多项国防科技重大专项任务，年度经费增长40%以上。近年来，山东大学国防科技平台增长迅速，国防科技相关资质健全，保密体系安全有效，国防科技综合实力居部属高校前列。

自主创新基金　2011年，山东大学自主创新基金（交叉学科培育项目、重大导向培育项目）共接受申报86项，立项33项。其中，交叉学科培育项目立项27项，重大导向培育项目立项6项。

【科技开发与合作】　2011年，学校继续推进与潍柴、海信、皇明、山东高速、齐鲁证券等大型企业的科技合作，加强与淄博、济宁、日照、威海等重点地市的科技合作，争取政府产学研引导基金420万元，促成百万元以上横向重大项目合作32项。共建山东大学—天桥区新材料产学研基地、山东大学中佳铜业工程技术研究中心等9个企业科技合作研究平台。与济南裕兴化工有限责任公司、山东奔腾漆业有限公司等15家企业建立产学研合作关系。作为重要的技术支撑，参与甘氨酸及其衍生物产业技术创新战略联盟、工业酶产业技术创新战略联盟等8个创新联盟的建设。获得山东省产学研突出贡献奖、山东省技术市场金桥奖、济南市产学研标兵等荣誉称号。年内，山东大学科技开发部被科技部批准为第三批国家技术转移示范机构。

【科研成果】

科技奖励　2011年，学校获得省部级以上科技奖励61项。其中，国家级奖励5项（国家技术发明二等奖1项，国家科技进步二等奖1项，与其他单位合作的国家科技进步二等奖3项）；高校科研优秀成果一等奖1项、二等奖4项；山东省科技奖励50项，包括一等奖7项（含作为合作单位的2项）、二等奖24项、三等奖19项；中华医学会科技奖1项。生命科学院曲音波教授申报的“玉米芯废渣制备纤维素乙醇技术与应用”项目获得国家技术发明二等奖；岩土中心李术才教授申报的“隧道含水构造等不良地质超前预报定量识别及其灾害防治关键技术”项目获得国家科技进步二等奖；李术才教授作为合作者获得国家科技进步二等奖2项，药学院历保秋教授作为合作者获得国家科技进步二等奖1项。

科技论文发表　根据2011年中国科学技术信息研究所发布的国际论文收录情况，山东大学2010年SCIE收录文献1 865篇，论文1 824篇，连续4年在全国高校排名中列第10位。其中，2010年收录论文394篇，在全国高校排名第9位；SCI学科影响因子前1/10的期刊论文149篇，在全国高校排名第14位；世界四大名刊论文1篇，在全国高校排名第13位；作为第一作者国际合著论文265篇，在全国高校排名第9位；即年被引用论文714篇，在全国高校排名第9位。科学引文索引光盘版（SCI-CDE）（2005～2009年）2 197篇论文被引用5 318次，在全国高校排名第12位；工程索引核心部分（EI）收录期刊论文1 297篇、国内论文收录2 592篇、科技会议录引文索引（CPCI-S）收录论文677篇，与上年相比在全国高校排名均持平或略有上升；国内引证次数10 551次，与上年相比在全国高校排名有所下降。年内，学校有7个学科领域SCI收录论文数量进入全国机构排名前20位。信息科学与工程学院赵圣之等人发表在《激光物理快报》上的论文《双损耗调制的调Q锁模激光特性和激光稳定特性研究》和齐鲁医院张澄等人发表在《美国国家科学院学报》上的论文《血管紧张素转换酶2以血管壁细胞作为靶标减轻动脉粥样硬化病变》被评为2010年中国百篇最具影响国际学术论文。数学学院史开泉教授发表在《计算机科学》上的论文《函数S-粗集，函数粗集与信息系统规律拆分—合成》和山东大学齐鲁医院胡三元教授领导的研究小组发表在《腹腔镜外科杂志》上的论文《经脐单孔腹腔镜胆囊切除术》被评为2010年中国百篇最具影响国内学术论文。

专利申请与授权　2011年，学校申请专利873件，较上年增长49%。其中，发明专利636件，较上年增长42%；PCT专利6件，实用新型专利231件。授权专利479件，较上年增长24%。其中，发明专利299件，实用新型专利180件。

【科技创新平台建设】　2011年，依托山东大学建设的国家胶体材料工程技术研究中心、国家辅助生殖与优生工程技术研究中心获科技部批准立项建设。天然产物化学生物学教育部重点实验室获教育部批准立项建设。山东大学高等研究院成立，彭实戈、刘建亚、黄劲松、汉纳•布克达恩（Rainer Buckdahn）4位教授被聘为首席专家。高分子材料等20个重点实验室获批成为“十二五”高校重点实验室。截至2011年底，学校自然科学类共有国家级重点实验室2个，国家工程技术研究中心3个，国家工程实验室、国家工程技术推广中心各1个，国家“111学科创新引智基地”4个，国家新药创制大平台1个，教育部、卫生部重点实验室19个，并有大批省级重点实验室和省级工程技术研究中心。年内，山东大学微生物技术国家重点实验室、密码技术与信息安全教育部重点实验室顺利通过评估；心血管重构与功能研究等3个卫生部重点实验室参加了卫生部组织的评估；软件工程等9个省重点实验室顺利通过省科技厅组织的年度考核，其中，山东省能源碳减排技术与资源化利用实验室、山东省精神疾病基础与临床实验室、山东省心血管疾病转化实验室和山东省软件工程实验室被评为优秀。

【科技人才队伍建设】

创新团队　2011年，教育部公布山东大学岩土中心李术才教授为学术带头人的“地下工程岩体稳定性和灾害控制”团队入选2010年度“长江学者和创新团队发展计划”创新团队；药学院沈月毛教授为学术带头人的“天然产物化学生物学”团队入选2011年度“长江学者和创新团队发展计划”创新团队培育团队。截至2011年底，学校有国家自然科学基金创新群体3个，教育部“长江学者和创新团队发展计划”创新团队5个、创新团队培育团队1个。

国家杰出青年基金获得者　学校物理学院颜世申、数学学院吴臻、齐鲁医院彭军3位学者获得2011年国家自然科学基金杰出青年基金资助。2000～2011年，学校共有28位学者获得国家杰出青年基金资助。

教育部新世纪优秀人才　学校17位学者入选2011年教育部“新世纪优秀人才支持计划”。2004～2011年，学校共有121人入选该计划。

（山东大学　张东鹏　任敏利）

中国海洋大学

【概述】 中国海洋大学是一所以海洋和水产学科为特色的教育部直属重点综合性大学，国家“985工程”和“211工程”重点建设高校之一。学校前身是私立青岛大学，始建于1924年，2002年10月经教育部批准更名为中国海洋大学。学校现辖崂山、鱼山和浮山3个校区，设有20个院，1个基础教学中心，1个社会科学部，72个本科专业。现有8个博士后流动站，12个博士学位授权一级学科，63个博士学位授权学科（专业），34个硕士学位授权一级学科点、179个硕士学位授权学科（专业），13个类别硕士专业学位授权点，是国家首批工程博士专业学位授权点，并具有招收高校教师（15个专业领域）、职业学校教师在职攻读硕士学位资格。拥有2个一级学科国家重点学科、10个二级学科国家重点学科（含1个培育学科），7个教育部重点实验室、4个教育部工程研究中心、1个农业部重点实验室，20个山东省重点学科、2个山东省重点实验室、9个山东省高校重点实验室、3个青岛市重点实验室。国家海洋药物工程技术研究中心、联合国教科文组织中国海洋生物工程中心、由教育部和国家海洋局共建的中国海洋发展研究中心设在学校。拥有国家投资亿元，供教学、科研使用的3 500吨级海上流动实验室——东方红2号海洋综合调查船。2011年，青岛海洋科学与技术国家实验室综合楼及高性能科学计算与系统仿真平台主体完成封顶，二期建设工程进入启动程序。

【科研项目与经费】 2011年，学校实到科技经费首次突破4亿元。获国家自然科学基金资助项目121项，总经费约9 000万元。首次获得国家重大科学研究计划项目和科技部基础性工作专项重点项目各1项，分别获得资助经费约3 000万元和932万元。获得公益性行业科研专项和部委专项总经费6 800余万元。新签订横向项目合同额超过1.5亿元，实到经费首次过亿元，单项合同额创历史新高，达到2 358万元。学校新上省部级以上科研项目情况详见“高校科技发展”篇尾汇总表。

太平洋印度洋对全球变暖的响应及其对气候变化的调控作用 该项目是以学校“千人计划”入选者谢尚平教授为首席科学家申报的国家重大科学研究计划项目，属于全球变化研究领域，2011年获得科技部立项，资助经费约3 000万元。该项目瞄准热带太平洋、热带印度洋和副热带西北太平洋3个对中国气候有重要影响的海域，揭示全球变暖导致的海洋动力、热力过程变异的机理，评估未来气候的可预测性，为国家应对气候变化宏观决策的制定提供科学依据。

【科研成果】 2011年，学校连续第六年获得国家科技奖励，“海洋仪器海上试验与作业基础平台若干关键技术及应用”项目获得国家科技进步二等奖；省部级一等奖项目继续涌现，“海水重要养殖动物池塘养殖结构优化”项目获得省科技进步一等奖，“海洋腐蚀防护功能涂层的设计及应用基础研究”项目获得国家海洋局海洋创新成果一等奖。被国际三大收录系统收录论文1 400余篇，其中被SCI收录近700篇。申请国家专利170件，其中发明专利154件，占90.6%；授权国家专利112件，其中发明专利80件，占71.4%；申请国际专利1件，授权国际专利2件；申请软件著作权登记40件。

【“211工程”与“985工程”建设】 2011年3月，国家教育部、山东省人民政府、国家海洋局、青岛市人民政府四方签署继续共建中国海洋大学协议。根据协议要求，在2010～2013年期间，教育部、山东省、青岛市继续为中国海洋大学提供4.5亿元资金支持，国家海洋局鼓励和支持中国海洋大学申请和承担各类海洋项目，项目数量和规模不低于前期。年内，学校顺利通过青岛市政府共建中国海洋大学二期建设项目验收，积极推进青岛市政府共建中国海洋大学三期建设进程。

【学科建设】 以SCI收录论文为统计指标的美国ESI（基本科学指标）数据库显示，自2011年7月1日起，中国海洋大学在化学学科（领域）进入全球科研机构前1%行列。至此，学校已在地学、植物与动物学、工程技术、化学等四大学科（领域）进入全球科研机构前1%行列。年内，学校新增博士一级学科6个、硕士一级学科17个，获批省“十二五”重点学科21个（其中特色重点学科5个，文化艺术重点学科1个）、省“十二五”高校重点实验室9个（其中强化建设3个）、省“十二五”高校人文社科研究基地2个（均为强化建设基地）。

【科技创新平台建设】 2011年，农业部水产动物营养与饲料重点实验室获批建设，成为学校首个农业部重点实验室。海洋生物遗传学与育种教育部重点实验室建设期满，顺利通过教育部组织的专家验收，至此学校7个教育部重点实验室均进入正式挂牌运行阶段。年内，学校建立完善省部级科研基地的组织机构，实验室主任、副主任、秘书、学术委员会等机构陆续建立并正常运行。山东省海洋工程重点实验室和山东省糖科学与糖工程重点实验室在上年度考评优秀并分别获得25万元奖励性建设经费的基础上，年内又分别获得80万元建设经费。

【科技人才队伍建设】 2011年，学校以深化实施“人才强校战略”为契机，积极利用国家“千人计划”、山东省“泰山学者建设工程”和青岛市“引进急需高层次人才计划”，大力实施“筑峰/绿卡/繁荣/英才”人才工程，集聚一批活跃在国内外学术前沿和国家重大战略需求领域的一流科学家、学科领军人才、学术带头人和优秀青年学术才俊。其中，美国德克萨斯农工大学张平教授、英国邓迪大学董平教授入选国家“千人计划”，梁兴国入选国家“青年千人计划”，日本富山大学张劲教授、美国康涅狄格大学张寰教授受聘“绿卡人才工程”岗位教授，青年经济学家庞春受聘“繁荣人才工程”岗位第二层次特聘教授，从美国德克萨斯大学奥斯汀分校引进的张玲玲博士入选“青年英才工程”。于良民教授入选“泰山学者”攀登计划，杨桂朋、薛长湖教授入选“泰山学者”二期建设工程，张丽娟、何艮受聘“泰山学者”海外特聘专家，梁兴国、张丽娟、何艮受聘青岛市“引进急需高层次人才”。海洋生物资源高效利用研究与开发团队入选教育部“长江学者和创新团队发展计划”，包木太、高勤峰、胡国斌、李锋民、李红岩、李培良、梁丙臣、邵长伦、孙明亮、赵亮、薛桂芳、崔凤12人入选教育部“新世纪优秀人才支持计划”，林霄沛获得山东省杰出青年基金资助。

【国际科技合作与交流】 2011年，学校与利物浦大学、斯特拉斯克莱德大学、高丽大学等11所院校和研究机构建立新的合作关系，与德克萨斯A&M大学等传统合作院校进一步拓展合作。2月24日，中德海洋科学中心在学校揭牌成立，标志着中德三校两所之间在海洋领域的教育和科研合作进入新的阶段。年内，学校师生出国（境）1 002人次。其中，教职工出国（境）425人次，占教师比率27.2%；研究生277人次，占当年录取率10.1%；本科生300人次，占当年录取率7.9%。国家建设高水平大学研究生公派项目录取93人，其中联合培养博士研究生53人、攻读博士学位40人；青年骨干教师出国研修项目共录取35名教师赴国外长期研修。

（中国海洋大学　孙友庆）

中国石油大学（华东）

【概述】 中国石油大学是教育部直属全国重点大学，是国家“211工程”重点建设和“985工程优势学科创新平台”建设的高校之一，建校于1953年。中国石油大学（华东）是教育部和四大石油石化企业集团、教育部和山东省人民政府共建的高校。学校现有青岛、东营两个校区，校园总面积298hm²（4 470亩），建筑面积136万m²；图书馆藏书总量554万册，其中印刷型图书245万册、电子型图书309万册。建有研究生院，设有地球科学与技术学院、石油工程学院、化学工程学院、机电工程学院、信息与控制工程学院、储运与建筑工程学院、计算机与通信工程学院、经济管理学院、理学院、文学院、马克思主义学院、体育教学部等12个教学学院（部），以及后备军官学院、远程与继续教育学院、培训学院、应用技术学院和国际教育学院（筹）。现有5个国家重点学科——矿产普查与勘探、油气井工程、油气田开发工程、化学工艺、油气储运工程，2个国家重点（培育）学科——工业催化、地球探测与信息技术，6个博士后流动站，11个博士学位授权一级学科，49个博士点，33个硕士学位授权一级学科，150个硕士点，另有工商管理、翻译、会计硕士以及20个工程硕士授权领域，56个本科专业，学科专业涵盖石油、石化工业的各个领域，石油主干学科总体水平处于国内领先地位。现有重质油国家重点实验室、油气加工新技术教育部工程研究中心、石油石化新型装备与技术教育部工程研究中心等40个国家及上级部门实验室和研究机构。国家级高新技术企业山东石大科技集团有限公司和山东石大胜华化工股份有限公司已成为石油石化行业重要的科研中试及工业试验基地。

【科研项目与经费】 2011年，学校新增纵向科技项目607项。其中，国家973计划、国家科技支撑计划、国家油气重大专项、教育部科学技术研究重大项目106项，签订“十二五”国家油气重大专项课题、子课题合同101项，承担省部级以上基金项目166项。学校新上省部级以上科研项目情况详见“高校科技发展”篇尾汇总表。签订横向科技合同949项。其中，100万元以上项目72项，1 000万元项目1项。全年到位科研经费突破4亿元。

【科研成果】 2011年，学校有21项成果通过鉴定（如表1所示）。获得省部级以上科技奖励33项（如表2所示）；获得社科类成果奖励49项，其中省社科优秀成果奖2项。申请职务专利、软件著作权登记163件，其中发明专利105件；授权职务专利49件。发表的高水平论文被三大检索系统收录872篇，其中被SCI收录238篇、EI收录462篇、ISTP收录172篇，理学院薛庆忠教授课题组的研究论文《Fabrication of Carbon Nanoscrolls from Monolayer Graphene》被《Nature China》评选为2010年度“Top10”论文。

表1　2011年中国石油大学（华东）通过鉴定成果（21项）

成果名称	成果水平	完成人员	鉴定单位
生物酶可解堵钻井液技术及应用	国际先进	邱正松	省科技厅
特低渗透油田整体压裂开发关键技术	国际先进	罗明良	省科技厅
水平井及大斜度砾石充填过程模拟与优化设计技术及其应用	国际先进	董长银	省科技厅
粉土的p-y曲线及加肋桩基技术	国际先进	王腾	省科技厅

续表

成果名称	成果水平	完成人员	鉴定单位
油气井控安全评价及控制技术	国际先进	刘刚	省科技厅
低渗透油藏驱替机理及提高采收率技术	国际先进	苏玉亮	省科技厅
山东省油气产业可持续发展能力评价与模式构建	国内领先	丁浩	省科技厅
复杂介质条件下电测井数值模拟技术及其应用	整体国际先进，部分国际领先	范宜仁	省科技厅
油气重磁信息识别与评价技术	整体国际先进，部分国际领先	刘展	省科技厅
盐渍化遥感检测及暗管改碱与节水集成技术及其应用	国际先进	樊彦国	省科技厅
海洋工程结构电弧喷涂长效防护涂层设计及应用	国际领先	赵卫民	省科技厅
基于QSAR方法的油气田缓蚀剂分子设计	国际先进	胡松青	省科技厅
环境友好型固定化微生物修复石油污染土壤技术及应用	国际先进	张秀霞等	省科技厅
石油生产及炼化过程的能量检测及评价方法	国际先进	冯洪庆	省科技厅
油田集输系统地热高效利用技术研究与应用	国际先进	王照亮	省科技厅
紧凑型原油脱水静电聚结技术与应用	国际先进	吕宇玲	省科技厅
断陷湖盆复杂砂体精细表征与储层评价关键技术及其应用	国际先进	操应长	省科技厅
建筑能耗闭环控制系统开发及应用	国内领先	蔺爱国	省科技厅
油管变频电磁电热技术研发及应用	国际领先	蔺爱国	省科技厅
微气浮及旋转流荷电膜处理含油污水技术	国际先进	蔺爱国	省科技厅
高效原油降解素研制及应用	国际先进	蔺爱国	省科技厅

表2　　2011年中国石油大学（华东）获得省部级以上科技奖励（33项）

奖项名称	等　级	项目名称	备　注
国家科学技术奖	科技进步二等奖	胜利油田边际稠油高效开发技术与应用	第二完成单位
山东省科学技术奖	自然科学一等奖	新型碳基复合材料中的表面与界面效应	第一完成人
	科技进步一等奖	复杂深层高温钻井液关键技术与工业化应用	第一完成单位
	科技进步二等奖	油田含油污水精细过滤器开发及应用	第一完成单位
	科技进步三等奖	循环冷却水系统生物粘泥生长特性与控制技术	第一完成单位
		缝等效介质模型构建与裂缝检测特色技术及应用	第一完成单位
		复杂条件下高精度地震叠前成像关键技术	第一完成单位
		水平井分段改造增产技术及应用	第三完成单位
高校科研优秀成果奖	科技进步一等奖	柴西第三系构造演化与油气成藏研究	第一完成单位
		高性能谐振式传感器设计与实现	第五完成单位
	科技进步推广类二等奖	氮气泡沫发生系统及增产系列技术在国内外规模应用	第一完成单位
	科技进步二等奖	配电网智能测控装置及其在故障自愈中的应用	第二完成单位
中国石油和化学工业联合会科学技术奖	技术发明三等奖	抗温耐盐多功能钻井液降滤失剂SSPA的研制与开发应用	第一完成单位
	科技进步一等奖	复杂结构井泡沫解堵增产系列技术研究与应用	第一完成单位
		独立主板式直线电机抽油机的开发及应用	第二完成单位

续表

奖项名称	等　级	项目名称	备　注
中国石油和化学工业联合会科学技术奖	科技进步二等奖	复杂条件下高精度地震叠前成像关键技术	第一完成单位
		油气储层裂缝地质与地球物理预测特色技术及应用	第一完成单位
		裂缝性特低渗油藏复合强化开采新技术与应用	第一完成单位
		井底直接调制式脉冲磨料射流钻井技术研究与应用	第一完成单位
		SAGD蒸汽流动规律及氮气辅助技术	第一完成单位
		复杂地质条件下井身结构优化设计与套管柱安全可靠性评价技术与应用	第一完成单位
	科技进步三等奖	多产轻质烯烃和柴油的新型裂化催化剂研究	第一完成单位
		双面辐射深度裂解焦化炉技术研发及应用	第一完成单位
		《石油石化300问》	第一完成单位
		高含水油田化学驱渗流理论与技术及其工业化应用	第一完成单位
		石油资源经济开发的决策支持与应用研究	第一完成单位
国家能源科技进步奖	三等奖	疏松砂岩油气藏防砂综合决策技术及配套防砂工具	第一完成单位
		准噶尔盆地西北缘复杂山前冲断带油气精细勘探地质理论与实践	第一完成单位
		火烧油层传热机理研究及筛选模式的建立	第一完成单位
		柴西第三系构造沉积演化与油气成藏研究	第一完成单位
		油井选择性堵水及配套技术研究与工业化应用	第一完成单位
		高效柔绳—泵单机多井抽油技术	第一完成单位
中国石油天然气集团总公司科技奖	科技进步一等奖	柴油加氢催化剂的研制与工业应用	第二完成单位

【校自主创新科研计划】 借助中央高校基本科研业务费专项资金，学校完成了2011年度校自主创新科研计划项目的评审立项工作。其中，科技专项立项17项，安排经费255万元；油气能源战略专项立项3项，安排经费12万元；前沿交叉基础项目立项94项，安排经费426.9万元；研究生创新项目立项109项，安排经费100.9万元；上级文科项目配套20项，安排经费52万元；上级文科基地1个，安排经费5万元。

【科技创新平台建设】 2011年，重质油国家重点实验室通过国家科技部专家组整改考核。10个科研平台（科研基地）获得上级部门立项建设，其中“海洋油气工程与装备研发平台”项目获得山东半岛蓝色经济区和黄河三角洲高效生态经济区建设专项资金资助。7个中石油集团公司“十一五”共建实验室通过评估和考核。油藏描述和油气地下储库纳入中石油集团公司“十二五”平台建设规划。截至2011年底，学校在建国家及上级部门重点科研机构达到40个（如表3所示），校级科研机构40个 。

表3　　中国石油大学（华东）重点科研机构

科研机构名称	批准部门	科研机构名称	批准部门
重质油国家重点实验室	科技部	石油石化新型装备与技术教育部工程研究中心	教育部
油气钻井技术国家工程实验室	国家发展改革委	石油工程教育部重点实验室	
油气加工新技术教育部工程研究中心	教育部		

续表

科研机构名称	批准部门
石油天然气安全生产工程技术研究中心	国家安监局
材料电子理论研究室和材料界面实验室	中国人民解放军总装备部
油气储层重点实验室—中国石油大学（华东）研究室	中国石油天然气集团公司
测井重点实验室—中国石油大学（华东）研究室	
物探重点实验室	
钻井工程重点实验室—高压水射流钻井研究室	
催化重点实验室	
重质油加工重点实验室	
海洋工程重点实验室—水下装备工程技术研究室	
盆地构造与油气成藏重点实验室—油气运聚机理研究室	
HSE重点实验室—中国石油大学（华东）研究室	
采油工程软件与信息中心	
环境工程研究开发中心	
沥青技术开发中心	
提高采收率研究中心	中国石油化工股份有限公司
重质油利用研究中心	中国海洋石油总公司
山东省油藏地质重点实验室	省科技厅
山东省油田化学工程技术研究中心	

科研机构名称	批准部门
山东省物理法采油技术研究中心	省科技厅
山东省校园节能监测及改造工程技术研究中心	
山东省提高油气采收率工程技术研究中心	
山东省海洋石油钻采装备工程技术研究中心	
山东省油区环境污染治理工程技术研究中心	
山东省油田含油污水处理膜工程技术研究中心	
山东省无石棉摩擦材料技术研究推广中心	
山东省高压水射流新技术研究推广中心	
非常规油气资源开发	省教育厅
生物工程与技术	
盆地分析与油气储层地质	
海洋油气工程	
油气储运工程	
复杂储层测井新技术	
新能源物理与材料科学	
中国化马克思主义研究中心	
山东省高校干部与人才研究基地	省高工委

【“985工程优势学科创新平台”与“211工程”建设】 2011年，学校优势学科创新平台新购置40万元以上大型精密仪器设备31台，其中多台设备处于国内领先水平或国内唯一。“211工程”三期建设中8个重点学科建设项目完成投资2 100万元，购置设备51台（套），建成多个高水平实验平台。

【中国石油大学国家大学科技园建设】 2011年，国家大学科技园中扎实推进东营园区、克拉玛依园区建设，完成青岛园区规划，通过教育部、科技部组织的国家大学科技园绩效评价与复核，评价等级为“A”，名列全国前十位。

【科技合作与交流】

国内科技合作与交流　2011年，学校加强与地方政府和企事业单位的联系，与延长石油集团公司等12家企业签订全面合作协议，与青岛惠城石化等9家企业签署协议，共建实验室、研究中心或教学实践基地。

国际科技合作与交流　2011年，学校与10多所国外大学及科研机构签署合作交流协议，与跨国公司、国际政府间组织、国际学术协会等签订多项科技合作项目，与美国华人石油学会合作成立中美先进石油技术培训咨询中心，签署中欧工程教育联盟里斯本行动计划。聘请150余名长、短期境外专家来校任教、讲学、合作研究，外聘荣誉教授、客座教授18名。派出各类因公出国人员近500人次，启动处级干部境外、海外培训工作。以国家公派研究生项目为依托开拓学生交流项目，近200名学生赴境外高校进行联合培养和交流学习。

【科技人才队伍建设】 2011年，学校新招聘专任教师60人。其中，博士57人，教授4人，具有国（境）外学习学术经历人员14人。刘永红受聘“泰山学者”特聘教授，黄方、朱全民入选山东省引进海外高层次创新人才，侯健、徐海入选教育部“新世纪优秀人才支持计划”，孙宝江、戴彩丽当选山东省有突出贡献的中青年专家，侯健、徐海获得山东省自然科学基金杰出青年基金资助，孙宝江、戴彩丽被评为青岛市拔尖人才。“海洋油气井钻完井理论与工程”创新团队入选教育部“长江学者和创新团队发展计划”，“油气田开发”创新团队入选山东省优秀创新团队，“重质油高效转化的绿色化学与工程”教育部创新团队以优秀成绩通过验收。

【学术交流】 2011年，学校主办、承办或协办各类学术会议500余场次，其中国际和全国性学术会议28场次。聘请院士和国内外知名专家来校进行学术交流、研讨174人次。

［中国石油大学（华东）科技处］

哈尔滨工业大学（威海）

【概述】 哈尔滨工业大学是国家公办的全日制全国重点大学，创建于1920年，1954年进入国家首批重点建设的6所高校行列，1984年再次被确定为国家重点建设的15所大学之一，1996年首批进入国家“211工程”重点建设的院校，1999年被确定为国家“985工程”重点建设的9所大学之一。哈尔滨工业大学（威海）作为哈尔滨工业大学三大跨省校区之一，创建于1985年，原名哈尔滨工业大学威海分校，2002年改为现名。学校占地155.5hm²（2 332.5亩），建筑面积41.3万m²。2010年，工业和信息化部、山东省和威海市人民政府签署共建协议，校区发展进入新的历史阶段。学校现有10个院（系），2个教学部，38个本科专业，共享校本部的148个硕士点和82个博士点，有单独设置的硕士研究生一级学科2个、二级学科19个，形成了船舶、海洋、汽车与先进制造、信息、管理等重点学科、新兴学科和基础学科构成的学科体系，实现了与校本部学科的交叉互补。现有百余个实验室以及57个科研机构。其中，国家级平台4个——哈工大焊接国家重点实验室山东分室、机器人技术与系统国家重点实验室威海分部、国家水资源利用（北方）工程中心威海基地、国家网络信息安全中心威海分中心，省级重点实验室1个，省级工程中心8个，院士亲自领导的研究所（中心）10个。

【科研项目与经费】 2011年，学校承担各类科研项目264项（其中省部级以上科研项目如表所示），科研项目到账总经费6 585万元。

表 2011年哈尔滨工业大学（威海）新上省部级以上科研项目

项目类别	项目名称	项目来源	到款金额（万元）
国家自然科学基金	用波面分割数字全息实现飞秒脉冲空间—时间三维分布同步测量	国家基金委	22
	基于条件随机域切分模型的基因组词语组合挖掘研究		30
	多基地高频地波超视距雷达高度融合估计新方法研究		32.5
	全极化宽带智能MIMO制导雷达系统及多域信息融合编码理论研究		25
	高频地波雷达多域协同系统建模及抗干扰方法		31

续表

项目类别	项目名称	项目来源	到款金额（万元）
国家自然科学基金	新一代抗震设计谱理论体系及其关键问题研究	国家基金委	30
	基于力—位移分控的法向全约束多点成形技术基础研究		30
	随机生物种群模型若干性质的研究		17.5
	时滞微分方程与离散系统的定性理论及其相关问题		5
	基于输出调节理论的复杂多智能体系统的协调控制研究		16.1
	高性能网络模拟中拓扑抽象理论与支撑模型研究		15.4
	微量高粘性液体非接触式分配机理及方法研究		17.5
	超声电弧复合焊接的声学频率影响及能量传输效率研究		17.5
	基于电弧及视觉传感的水下湿法焊接焊缝成形建模与控制研究		18.2
	基于光致伸缩作动器构型理论的弹性薄壳非接触式智能控制的研究		16.8
	重要赤潮藻的并行定量检测新技术——膜斑点—双特异性探针杂交		17.5
	海冰细菌Colwellia sp.硫氧还蛋白（Trx）的基因克隆与功能分析		14
	分子对于石墨烯进行载流子掺杂及修饰石墨烯光电学性质的研究		18.9
	大尺寸“白石墨烯”的可控制备及其形成机理研究		17.5
	嗜冷酵母对重金属胁迫的应答及金属硫蛋白的分离纯化和鉴定		15.4
	基于腔内脉冲调制泵浦技术的纳秒和频激光及其产生机理研究		19.6
数学天元基金	非光滑神经网络动力学性质研究及其在优化中的应用	国家基金委	3
	几类随机混合系统的稳定性及应用		3
	随机传染病模型的动力学行为		3
国家863计划	基于性能参数样本的航空发动机在翼寿命预测技术	哈尔滨工业大学	42
国家863计划子课题	地球系统模式输出数据的快速可视化诊断分析技术	中国科学院研究生院	3
	MRO决策支持工具研究	哈尔滨工业大学	15
国家科技支撑计划子课题	飞机地面拖轮牵引装备整机性能匹配技术研究	威海广泰空港设备股份有限公司	30
	1 000MW超超临界空冷元件性能试验研究	哈尔滨工业大学	6
国防973项目子课题	基于xxx的网络资源控制方法研究	哈尔滨工业大学	10
国家973计划子课题	基于集成计算的材料设计基础科学问题	中国科学院技术研究所	24
山东省自然科学基金	旋转电磁效应与反渗透膜集成的海水淡化关键技术研究	山东省科技厅	3
	协同ABS的电动汽车线控复合制动系统技术研发		3
	有序介孔半导体表面贵金属纳米环的自组装及等离激元共振增强光电池研究		3
	基于无监督与半监督学习的大规模中文扫描文档检索研究		3
	基于local-area大规模并行网络模拟拓扑抽象模型研究		3
	基于振动和声频信号非负张量分解的高速铁路钢轨探伤方法研究		6
	海冰细菌colwellia sp.谷胱甘肽硫转移酶基因克隆与功能研究		6

续表

项目类别	项目名称	项目来源	到款金额（万元）
山东省自然科学基金	时滞微分方程的分支问题	山东省科技厅	5
	新型微电子封装焊盘键合性能及界面特性研究		7
	用于硅太阳电池的稀土离子三掺杂体系的红外量子剪裁研究		8
	多智能体系统分布式输出调节问题的研究		5
	船用继电器耐力学环境性能分析及优化方法的研究		4
	考虑氯离子侵蚀和海水冲磨的在役重力式码头可靠性评估		5
实验室开放基金	铝合金与不锈钢的MIG钎焊实验研究	江苏科技大学	2
	船舶建造厚板窄间隙磁控焊接机理研究		2
	一种面向高粘性液滴非接触式分配操作的压电微喷的研究	西安交通大学	3
	重要赤潮藻的膜分类基因芯片检测技术的初步研究	国家海洋局第一研究所	2
	厚板钛合金窄间隙TIG焊接	哈尔滨工业大学	3.2
	微流体系统的自定位连接技术及相关传输机理研究		9.6
国家海洋中心项目	远洋金枪鱼低温速冻延绳钓船及设备设计与制造关键技术评估	国家海洋中心	50
	山东船舶科技发展战略研究		30
山东省计划专项	三代智能搜索引擎系统	山东省科技厅	10
	交通事故再现中的关键技术研究		10
	新型海洋温度盐度测量激光雷达关键技术研究		10
	面向物流领域的网络化软件关键技术及应用		10
	玻璃钢船艇快速设计技术研究及系统开发		10
	大长细比镁合金毛细管低温挤压成形技术研究		15
其他部委计划专项	备战伦敦奥运会击剑重点运动员的竞赛心理支持研究	国家体育总局	3
	锚定式双导管涡轮潮流发电系统研究	国家海洋局	154

【科研成果】 2011年，学校获得各级科技奖励25项。其中，国家科技进步二等奖2项（第二、三完成单位各1项），国防科技进步二等奖1项，黑龙江省科技进步二等奖2项，黑龙江省高校科技进步一等奖1项，山东省高校优秀科研成果二等奖1项、三等奖2项，威海市科技进步一等奖1项、二等奖2项，威海市自然科学成果一等奖1项、二等奖3项、三等奖1项，威海市社科优秀成果一等奖2项、二等奖3项、三等奖3项。教师发表科技论文382篇，其中被SCI收录117篇、EI收录104篇、ISTP收录24篇。申请专利52件，其中发明专利37件；授权发明专利7件。

【基础性研究】

新能源工程地震安全研究　学校徐龙军副教授综合考虑国家重大需求，将科研重点瞄准核电和海上风电工程的地震安全研究以及地方抗震规范的编制。在核电工程地震安全领域，徐龙军副教授主持的“新一代抗震设计谱理论体系及其关键问题研究”“海洋工程抗震设计谱研究”和“核电厂抗震设计谱”分别获得2011年国家自然科学基金、国家973计划项目子课题和科技部地震行业基金子课题资助，“统一设计谱理论在核电站设计地震动参数确定中的应用”获得2009年山东省自然科学基金支持。在海上风电结构的抗震研究方面，“统一设计谱理论与长周期地震动危险区设计谱研究”获得国家自然科学基金和1个开放实验室项目支持，“北京市近断层工程结构抗震设计地震动参数研究”“青岛市地下空间开发利用中的抗震防灾问题研究”和“核电站工程设计地震动参数研究”等分别获得北京市自然科学基金、青岛市建委和威海市的支持。徐龙军副教授与谢礼立院士一起提出的双规准反应谱概念，已发展成为统一设计谱理论。该理论应用到长周期地震作用设计谱和核电厂抗震设计谱的确定中，与美国学者建立了近断层方向性效应设计谱模型。开展复杂海况下海上风电基础结构的动力可靠性研究。研究结果写入《黑龙江省建筑抗震性态设计规范》，并应用于《山东省建筑抗震性态设计规范》的编制和《核电厂抗震设计规范》的修订工作中。

【应用研究与高技术研究】

石墨深加工技术研发　在石墨深加工材料和碳材料研究和开发方面，学校与萝北云山碳业有限公司联合成立石墨深加工技术研发中心，由温广武教授担任主任。该中心主要开展石墨基超细复合粉体锂离子电池负极材料、石墨基超细复合粉体隐身材料和石墨烯规模化制备技术的研究，并可根据市场情况，开展细结构天然石墨材料和大规格天然石墨电极等产品开发。

航空发动机健康管理与维修决策支持系统　钟诗胜教授主持承担的“航空发动机健康管理与维修决策支持系统”项目获得2010年中国民用航空运输协会科学技术一等奖。该项目由哈尔滨工业大学、中国国际航空股份有限公司、北京飞机维修工程有限公司合作完成，得到国家自然科学基金、国家863计划、民航科技计划和企业自筹资金等多项资助。课题组在总结中国国际航空股份有限公司和北京飞机维修工程有限公司几代工程师发动机安全保障经验的基础上，对发动机性能基线挖掘、性能衰退预测、维修规划优化等关键技术进行攻关，开发出面向大型现代航空公司的发动机安全保障系统平台。平台的成功开发对突破国外技术壁垒，实现从技术引进、消化吸收到技术再创新，研发具有自主知识产权的发动机安全保障核心技术，提高我国航空运输自主安全保障能力具有十分重要的意义。

【科研成果转化】

L–乳酸产业化关键技术研究与应用　海洋学院任秀莲教授及其团队在L–乳酸高性能菌株的选育、糖清液制备和高浓度发酵生产L–乳酸关键技术、L–乳酸分离提取新技术、相关国家标准制定及L–乳酸下游系列产品技术开发4个方面进行自主科技创新，实现了发酵、分离提纯等4项关键技术的重大突破，生产成本大大低于国际同类产品，产品质量和整体技术达到国际先进水平。项目获得河南省科技进步奖、中国发酵工业协会全国有机酸行业科技进步龙腾杯一等奖、中国国际高新技术成果优秀产品奖和国家经贸委重点新产品奖，并获得2011年国家科技进步二等奖（学校为第二完成单位）；申请专利15件，授权专利9件；发表论文15篇。建成亚洲最大的L–乳酸及其衍生物生产基地，形成年产20万tL–乳酸及5万t衍生物的生产能力。2008～2010年累计生产L–乳酸40.81万t，乳酸钙、乳酸钠等乳酸盐6.42万t，固体乳酸1.55万t；实现销售收入332 735.91万元，利税68 470.06万元，出口创汇14 451.53万美元。项目成果打破了发达国家的技术封锁和市场垄断，在国内首次实现L–乳酸的工业化生产，不仅满足国内需求，而且出口80多个国家和地区，为我国聚乳酸产业的发展奠定基础，取得了显著的经济效益和社会效益。

【学科建设】　2011年，学校“通信与信息系统”“材料加工工程”和“材料学”3个学科列入山东省“十二五”重点学科，“信息安全”本科专业被批准为山东省高校特色专业。12月20～21日，哈尔滨工业大学副校长丁雪梅率专家组一行13人，对威海校区“船舶与海洋工程”和“海洋科学”两个学科“985工程”建设项目进行论证。专家们从目标定位、学术方向、队伍建设和平台建设等方面对建设项目进行评议，并予以通过。

【科技创新平台建设】

山东省船舶设计与装备工程技术研究中心　依托学校船舶工程学院，经山东省科技厅批准列入2011年山东省工程技术中心组建计划，将重点开展复合材料船、艇设计的关键技术和相关船、艇装备关键技术的研发及产业化。

山东省海洋船舶防污工程技术研究中心　依

托学校海洋科学与技术学院，经山东省科技厅批准列入2011年山东省工程技术中心组建计划，将利用多学科交叉优势，通过生物、化学、信息、物理、纳米等技术手段研制环保型防污技术及产品，为蓝色经济服务。

山东省中英生物计算与机器智能合作研究中心　依托学校软件学院，2011年11月经山东省科技厅批准建设。王宽全教授担任中心主任，英国曼彻斯特大学张恒贵教授担任副主任。主要开展生物信息处理、医学图像处理、模式识别等领域的研究工作。

山东省"十二五"高校重点实验室　船舶工程学院的"现代数字化医疗装备实验室"、信息与电气工程学院的"海洋资源环境检测实验室"和理学院的"超快光子技术实验室"3个实验室列入山东省"十二五"高校科研创新平台建设工程。

哈工大（威海）Endress+Hauser自动化仪表联合实验室　3月23日，实验室举行揭牌仪式。E+H公司创建于1953年，以开发和制作高技术水准的测量和控制仪表闻名于世，总部位于瑞士，并在瑞士、德国、法国、英国、美国、日本、意大利、印度和中国等国家建立了19个生产中心和近90个销售中心。4月，E+H公司向实验室捐赠自动化仪表25台，用于本科生、研究生的教学活动。

哈工大·新北洋联合工程实验室　3月27日，实验室在哈尔滨工业大学（威海）科学技术研究院揭牌成立。山东新北洋信息技术股份有限公司负责实验室及其相关研发课题的投资，学校负责课题研发，重点围绕专用打印、扫描以及多技术集成领域开展战略性、前瞻性、关键性新技术研发。实验室由中国工程院院士、著名机械电子工程专家蔡鹤皋教授担任顾问，已拥有一支以5名教授、6名副教授为骨干的26人研究团队，并完成了高速无刷电机控制技术、中文OCR引擎等研究项目。

云山碳业—哈工大石墨深加工技术研发中心　11月3日，学校与萝北云山碳业有限公司联合成立"云山碳业—哈工大石墨深加工技术研发中心"举行签约仪式。该中心落户哈尔滨工业大学（威海），依托材料学院的技术力量搭建研发平台，围绕企业提出的产品开发课题进行立项研究。建设和运行资金主要由企业承担，建设和研究工作主要由学校承担，研究成果归合作双方共同所有。云山碳业一期投资2 400万元，包括仪器设备费1 000万元、用房建设资金1 300万元、首年运行与研发经费100万元。研发大楼计划于2012年竣工并投入使用。

哈工大海斯比船艇研究设计院　12月26日，哈工大海斯比船艇研究设计院合作协议签约仪式在学校举行。设计院由深圳海斯比船艇科技股份有限公司与哈尔滨工业大学（威海）在校内以合资形式创建，开展各类新型先进高性能船艇研发，并建设水动力学实验室（水池）和研究设计院综合大楼，打造包括船艇研究与设计中心、船艇水动力研究室、船艇先进材料研究室、船艇推进研究室、电子控制研究室、船艇安全试验室和小艇检测中心等在内的、具有国际一流水平的研究机构。

【科技人才队伍建设】　2011年，学校新引进专任教师33人，全部毕业于国外高水平大学和国内"985工程"高等院校以及中科院研究所，并具有博士学位，其中13人具有国外留学经历，6人在国外取得博士学位。年内，学校在职攻读博士91人，其中8人取得博士学位；有7人被评为博士生导师；马秀娟教授、佟艳华教授被评为山东省教学名师，钟诗胜教授被中国机械工程学会机械工业自动化分会聘为副主任委员，张廷斌教授受聘为中国侨联特聘专家。

【科技合作与交流】　1月10日，山东省科学院海洋仪器仪表研究所所长刘孟德一行6人来校访问，参观了飞秒激光实验室、电子封装实验室和焊接技术实验室，双方对进一步加强人才交流、科研合作及联合培养学生等问题进行交流和探讨。

3月26日，国家863计划重点项目"MRO行业应用构件开发及应用研究"中期检查汇报会在学校举行。该项目由哈尔滨工业大学牵头，北京新洲协同软件技术有限公司、清华大学、北京北重汽轮电机公司和中国南车集团戚墅堰机车车辆厂参与研究，是国家"十一五"规划重点项目之一。项目已达到预期目的和要求，将于2012年11月完成。

4月19日，土木工程系刘荣刚老师与黑龙江中天恒基房地产开发集团有限公司签订太阳能光伏发电科研项目协议。

6月29日，校长冯吉才会见奥地利维也纳大学物理化学研究所朱利斯·舒斯特教授，双方就合作事宜进行商谈。次日，朱利斯·舒斯特教授应邀为材料科学与工程学院部分师生作学术报告。

8月31日，日本神奈川工科大学桥本洋教授来校访问。校长冯吉才和信息与电气工程学院乔晓林教授接待了客人，双方就各自研究方向及科研情况进行了交流。

9月20日，学校汽车工程学院与一汽解放汽车有限公司无锡柴油机厂合作协议签约仪式在校内举行。

10月20日，学校与中国广东核电集团苏州热工研究院人才培养及战略合作交流签约仪式在苏州举行。双方将在人才培养、重大项目论证、关键技术攻关等方面展开全面合作。

11月11日，中通客车控股股份有限公司董事长李海平一行来校访问，洽谈校企合作相关问题并签署战略合作协议。签约仪式结束后，李海平为材料学院全体同学作了题为《我国大中型客车行业的发展现状及其发展趋势》的报告。

12月18日，由学校机器人研究所与威海威高生物科技有限公司合作完成的“全自动化学发光免疫分析系统开发及其产业化”项目通过山东省科技厅成果鉴定。

【科技活动与学术交流】 3月24日，中国造船工程学会游艇设计制造学术委员会一届一次会议在学校召开。深圳海斯比船艇科技发展有限公司董事长施军、中国造船工程学会副秘书长金向军、中国船舶工业协会船艇分会副秘书长钟震德、中交协邮轮游艇分会秘书长郑炜航、海军工程大学董祖舜、上海交通大学船舶海洋与建筑学院副院长马宁、中船重工702所上海分部所长周伟新、哈工大复合材料与结构研究所副所长王荣国等出席了会议。

5月28日，由学校承办的“黑龙江省工业与应用数学学会常务理事会”在校内召开。来自黑龙江省各高校应用数学方面的专家和学者40余人参加了会议。

6月1～2日，山东省产学研展洽会在济南举行，学校应威海市要求参加展洽会。学校与山东新北洋信息技术股份有限公司共同研发的高速铁路售检票系统，打破了国外产品的垄断，已应用于京沪高速铁路等国内多条高速铁路；共同研发的条码打印黏贴机器人填补了国内空白。省委常委、副省长孙伟，省人大常委会副主任温孚江，省政协副主席齐乃贵等在威海市委常委、副市长董进友陪同下考察了学校产学研科技成果。孙伟副省长对学校与山东新北洋信息技术股份有限公司建立联合工程实验室的校企合作模式和研究成果给予充分肯定。

6月12日，中国工程院党组成员、秘书长白玉良在山东省科技厅副厅长徐茂波的陪同下来校调研，考察了船舶工程实验室和特种焊接实验室。

6月30日，威海市政府与哈尔滨工业大学“十二五”共建哈尔滨工业大学（威海）签约仪式在威海举行。

7月19日，由学校承办的“山东省高等学校材料学科联谊会第八次会议”在威海举行。来自全省23所高校的材料学院院长、学科带头人和企业界代表近百人汇聚一堂，围绕服务山东蓝色半岛经济区建设，共同探讨材料学科的发展前景和创新型人才培养新模式。中国工程院院士、哈尔滨工业大学杜善义教授应邀出席会议并作重要报告。

7月28日，由威海市发改委主持的华电乳山光伏发电项目论证会在学校召开。

9月7日，学校材料科学与工程学院特种焊接实验室承担的“有铅无铅混合焊接仿真及材料分析”项目通过阶段评审验收。

9月13～15日，日本国立宇部工业高等专科学校伊藤孝夫教授和吉田政司教授带领9名学生来校进行学术访问和交流活动。

10月8日，“先进焊接与连接国家重点实验室第三届学术委员会第四次会议”在学校召开。北京航空工程制造研究所关桥院士主持会议，重点实验室主任刚铁教授代表实验室作工作汇报。

10月9日，中国工程院首批院士，中国地震局工程力学研究所名誉所长，哈尔滨工业大学土木工程学院教授、博士生导师、威海校区土木工程灾害与防御研究中心名誉主任，中国地震工程联合会会长、国际地震工程协会副主席谢礼立院士来校作了题为《地震，本不该是灾害！——兼论防震减灾之道》的学术报告。土木工程系研究生、本科生及其他院系学生近500人参加了报告会。

10月11日，微软拼音发明人之一王轩教授为计算机科学与技术学院和信息与电气工程学院部分师生作了一场关于物联网技术及其应用的报告。

12月9日，学校青年科技工作者协会举行成立大会，“长江学者”特聘教授马军应邀作学术讲座。协会会长由海洋科学与技术学院归国学者高昌录教授担任，信息与电气工程学院齐晓辉博士和船舶工程学院初冠南博士任副会长，秘书长由材料科学与工程学院张洪涛博士担任。

12月27～30日，“第九届生物防治与生物技术国际学术研讨会”在海南省海口市召开。学校海洋科学与技术学院应用与海洋微生物创新团队负责人闫培生教授应邀作了题为《Biodiversity of antiaflatoxigenic bacteria from geocarposphere of Arachis hypogaea》的报告。

[哈尔滨工业大学（威海） 石景卉]

山东科技大学

【科研项目与经费】 2011年，山东科技大学科研立项994项，计划与合同经费23 115.75万元，实到经费16 164.35万元。①纵向科技类项目立项266项，计划经费5 352.17万元，实到经费4 999.7万元。国家级项目48项，计划经费1 917万元。其中，国家自然基金项目41项，计划经费1 426.5万元，较上年增长44.72%；国家973前期课题1项，计划经费65万元；其他国家级项目6项，计划经费425.5万元。省部级项目立项100项，计划经费1 379.5万元。省部级以上科研项目情况详见“高校科技发展”篇尾汇总表。②纵向人文社科类申报42类396项，立项83项，计划经费241.64万元，实到经费190.06万元。③新签横向科研合同645项，合同经费17 521.94万元，单个项目平均经费27.17万元，实到横向经费10 974.59万元。

【科研成果】 2011年，学校有70项成果（含人文社科类28项）通过鉴定，其中达到国际领先水平4项、国际先进水平31项、国内领先水平17项、国内先进水平33项。以独立或第一完成单位申报科研成果奖励26类203项，获得各类科研成果奖励183项（含人文社科5类35项），其中国家技术发明二等奖1项（第二完成人），国家科技进步二等奖1项（第二完成单位），省部级一等奖10项、二等奖22项、三等奖43项。发表学术论文1 685篇，其中SCI检索论文111篇、EI检索论文641篇、ISTP检索论文26篇、SSCI检索论文1篇、CSSCI检索论文34篇、人大复印资料全文转载论文14篇、国外期刊论文18篇、核心期刊论文234篇；出版科技专著64部。申请职务专利2 895件（含学生2 529件），较上年增长445%，其中发明专利157件、实用新型专利2 736件、外观设计专利2件、授权专利856件（含学生667件），较上年增长620%，其中发明专利42件、实用新型专利814件；争取各类专利专项资金108.49万元；申请计算机软件著作权登记92件，登记批准47件。

煤矿井下运输系统安全保障关键技术和装备 该项目由于岩教授参与完成（第二完成人），获得2011年国家技术发明二等奖。研制出井下无极绳连续牵引成套装备、大型带式输送机可控软启动装置、长距离带式输送机自动张紧装置、井下电机车增摩可靠性技术等4项关键装备，实现了国产高效能运输装备安全可靠性保障技术的重大突破，为解决我国煤矿井下运输装备的安全可靠运行难题提供了技术创新，对减少煤矿井下伤亡事故、实现煤矿安全高效生产具有重大意义。无极绳连续牵引车实现批量生产，在全国18个省（自治区）100多个矿区推广应用1 200余台（套）。带式输送机软启动技术广泛应用于我国煤炭、水泥、钢铁、电力等行业，在国内外200多家企业应

用700多台（套），带来数十亿元经济效益，并出口沙特、越南等国家。带式输送机液压绞车式自动张紧装置已在全国20多个矿务局的600余台带式输送机上推广应用，获得较好的经济效益和社会效益。

我国东部煤矿深部巷道松软围岩失稳安全控制关键技术与应用　该项目由谭云亮教授参与完成（学校为第二完成单位），获得2011年国家科技进步二等奖。该项目针对我国东部矿区进入深部开采后，因地应力高、围岩松软破碎导致巷道极易变形、破坏失稳等问题，以安徽淮南、山东新汶等矿区800m～1 500m埋深的深部松软巷道为研究对象，历经10余年攻关，获得突破性创新成果：揭示了深井松软巷道围岩时空演化失稳机理，首次提出控制围岩最小变形的时空耦合支护方法；基于控制围岩最小变形的时空耦合支护原理，首创巷道底板超挖锚注回填技术，研发出锚网索注整体加固主动支护成套技术；发现深井受采动影响煤巷顶板围岩不连续破裂分布及其演化规律，发明了煤巷顶板锚杆安全评价方法，开发出安全潜力支护设计技术。项目成果已在淮南、新汶、淮北、徐州、国投新集、皖北煤电、大屯煤电、兖州、枣庄等矿区的深部巷道得到广泛应用，实现了深井巷道围岩稳定性有效控制。

【科技合作与交流】　2011年，学校先后走访了临沂矿业集团、龙口矿业集团、兖矿集团、济宁能源发展有限公司、济宁市高新区、潞安集团、大同煤矿集团有限公司、神华集团神东分公司、神华宁煤集团、山西煤炭运销总公司、上海庙矿业有限公司等单位，与海尔集团、青岛前湾港集团、枣庄市科技局组建企业技术创新联盟，与山东能源集团签订校企战略合作协议。参加神华集团煤炭开发利用技术创新战略联盟理事会年会、驻青高校服务青岛经济社会发展情况座谈会、山东省产学研工作会议、徐州市产学研合作交流会、百名专家淄川行暨山东淄川科技成果引进洽谈会、“智慧矿山”现场推广会、第十届中国（淄博）新材料技术论坛暨国际科技成果招商洽谈会、2011青岛产学研合作洽谈会，宣传学校最新科研成果，并取得良好的效果。组织有关专家、教授与神华集团、神华宁煤集团、山东能源集团、大同煤矿集团有限公司、宁鲁煤电有限责任公司、上海庙矿业有限公司、兖矿集团兴隆庄煤矿等煤炭企业进行科技成果对接，达成合作意向或签订技术合同多项。

【重点学科与科技创新平台建设】　6月，学校获批省教育厅“十二五”重点建设项目25个，其中重点学科15个、重点实验室9个、人文社会科学研究基地1个。10月，“虚拟设计艺术科技”学科获批省文化艺术科学“十二五”重点学科。11月，“矿山安全检测技术与自动化装备国家地方联合工程研究中心（青岛）”获国家发改委批准立项建设。12月，“山东省矿山物联网工程技术研究中心”“山东省矿山辅助运输工程技术研究中心”和“山东省煤制甲醇催化剂工程技术研究中心”获省科技厅批准立项建设。学校全年陆续投入建设经费1 100余万元，用于科研创新平台的大型仪器设备购置和改善实验室研究条件。平台实行“开放、流动、联合、竞争”的运行机制，规范管理，及时将实验室购置的大型科学仪器设备加入协作网，提高开放共享效率，获山东省大型科学仪器设备协作共用先进单位1项、先进机组2项，青岛市大型科学仪器协作服务先进机组1项。

【山东科技大学科技园建设】　山东科技大学科技园是国家教育部、科技部认定的“高校学生科技创业实习基地”和山东省批准的“省级大学科技园”，是以山东科技大学为依托，把山东科技大学的人才、技术、信息等综合智力优势与其他社会资源优势相结合，为学校学科发展、科技创新、成果转化、人才培养和服务社会提供发展空间及服务的园区，是科技成果转化基地、高新技术企业孵化基地、创新创业人才培养基地、产学研结合示范基地、学生实习实践创业就业基地。科技园位于山东科技大学青岛校区内的西北地域，规划占地9hm^2（135亩），拟建面积20万m^2，建成后可容纳300多家科技企业和研发机构入驻，园区产品销售、科研、技术服务等年总收入将达到3亿元。已建立比较完备的园区建筑、电力、通信、网络、绿化、道路等设施，入园创业的研发机构、孵化企业、校企合作研发中心80余家，形成了新材料技术、光机电一体化、电子信息、软件开发、环保与化工、仪器仪表、自动化技术、建筑工程技术、职业技能培训、技术服务等产业中心，等离子熔覆技术、矿山安全多功能钻机技术、振弦传感技术、供电安全控制系统、极化水处理系统、大型锂电池组管理系统和车载式移动测量系统等研发成果达到国内领先或国际先进水平。2011年，园区吸纳25家企业及研发机构入园，成功孵化5家企业出园；申请国家发明专利8件、实用新型专利5件；国家创新基金、青岛市、青岛经济开发区科技计划项目9项，获得支持资金330万元。

【科技人才培养与队伍建设】 2011年，学校获得“山东省人才工作先进单位”称号。

高层次人才队伍建设 2011年1月蒋宇静教授入选全国第五批“千人计划”，成为山东省省属高校第一位“千人计划”入选人员；崔洪芝、程卫民入选2010年享受国务院政府特殊津贴专家；曹茂永、张维海当选2010年度山东省有突出贡献的中青年专家；崔洪芝教授当选材料加工工程学科“泰山学者”特聘教授，并组织“控制科学与工程”专题“泰山学术论坛”；田原宇、张维海、程卫民、孙玉宗4人获批2010年度青岛市拔尖人才。截至2011年底，学校有在岗驻鲁驻青院士4人，国家“千人计划”入选者1人，“泰山学者”特聘教授6人，“新世纪百千万人才工程”国家级人选4人，山东省有突出贡献的中青年专家13人。

人才培养与引进 2011年，学校新引进人才65人。其中，博士37人，具有海外博士学位4人，山东省有突出贡献的中青年专家1人，博士生导师2人。继续实施青年教师博士化工程，全年共有69名教师通过在职培养提高了学历（学位）层次，其中博士后出站7人、获得博士学位31人；有54名教师考取了在职攻读博士学位研究生，28名教师进入博士后流动站。继续实施能力提升工程，支持教师开展国内访学进修，鼓励青年教师到国外高水平大学和研究机构进修、留学或从事科研合作。

（山东科技大学　袁传宏　李　磊
申兆亮　鲍　伟）

山东建筑大学

【概述】 山东建筑大学为省属重点大学，创建于1956年。学校占地面积138.73万m²，校舍建筑面积67万m²，教学科研仪器设备总值1.87亿元。图书馆纸质图书186.5万册、电子图书112万册，拥有1 432种中文期刊、73种外文期刊和13个中、外文数据库。学校设有15个学院（部）和成人教育学院，拥有48个本科专业，涵盖工学、理学、管理学、文学、法学和农学六大学科门类；拥有建筑学、土木工程、管理科学与工程14个硕士学位授权一级学科和6个硕士二级学科授权点，具有工程硕士、艺术硕士、工商管理硕士和风景园林硕士专业学位授予权。2011年，学校深入推进节约型校园建设，学校建筑节能监管平台通过国家评估验收，获批并启动1MW校园光伏发电项目建设，争取中央划拨专项经费1 100万元，学校被评为“全国节能管理先进单位”。

【科研项目与经费】 2011年，学校获批纵向科研项目242项，较上年增加70项；继续实施校博士科研基金，为33名符合条件的博士立项，划拨科研经费116万元；继续实施校科研基金支持计划，立项34项。立项横向科研项目135项，较上年增加36项。崔东旭教授主持的“城镇群重大基础设施空间规划关键技术研究”项目成为学校首次以第一单位承担的国家科技支撑计划项目，国家科技支撑计划项目子课题“城市社区绿色化综合改造技术研究及工程示范”通过立项论证，艺术学院陈华新教授“中国民间艺术符号在地域性文化景观中的应用研究”项目获得国家社科基金立项，机电学院宋现春教授与企业合作申报的科技部与工业和信息化部“高档数控机床与装备制造基础”重大科技专项“高速、重载精密滚珠丝杠及直线导轨关键制造技术及工艺”在完成“十一五”项目的基础上再获“十二五”立项。学校新上省部级以上科研项目情况详见“高校科技发展”篇尾汇总表。

【科研成果及选介】 2011年，学校获得省部级科研成果奖励13项，其中省科技进步一等奖2项（含合作项目1项）、二等奖3项、三等奖4项；获得省社科优秀成果二等奖1项、三等奖3项，省软科学优秀成果奖19项（其中一等奖3项），山东高校优秀科研成果一等奖3项、二等奖6项、三等奖9项，省文化厅优秀科研成果奖14项（其中一等奖1项），省建设科技创新奖1项，省机械工业科技进步奖11项（其中一等奖4项）。王崇杰教授主持的“大学园区环境综合保障技术”和张克峰教授参与的“受污染引黄水库水净化处理关键技术装备研究与示范工程”2个项目获得2011年省科技进步一等奖。年内，学校包括国家科技支撑计划子课题、国家863计划子课题在内的97项科研项目通过鉴定或结题验收；申请职务发明专利89件，其中发明专利46件、实用新型专利43件；授权专利55件，其中发明专利26件、实用新型专利29件。

偏心支撑半刚性钢框架的抗震性能及设计对策研究 该项目为国家自然科学基金和教育部新世纪优秀人才支持计划项目。针对半刚性钢框架的特点和不足，创造性地提出偏心支撑半刚性钢框架这一新型建筑结构体系，并围绕其梁柱节点性能、结构动力特性、结构抗震性能等关键技术，进行试验和理论研究。该项目提出常见梁柱连接节点的转动刚度计算方法，解决了半刚性节点弯矩转角关系无法模拟的问题；提出偏心支撑半刚性钢框架的动力特性计算方法，解决了结构动力分析时基本参数无法取值的问题；找出偏心支撑半刚性钢框架的结构抗震计算模型和剪力分配规律，解决了该类结构抗震设计的模型及对策问题。通过与润华集团股份有限公司、山东省建筑设计研究院等单位的技术合作，截至2010年底累计增收节支9 400余万元，具有广泛的应用前景。2011年8月，该项目通过省科技厅组织的成果鉴定，整体达到国际先进水平，在偏心支撑半刚性钢框架体系的抗震计算模型研究方面达到国际领先水平。

建筑物、园区节能监控系统关键技术的研发与应用研究 该项目针对目前公共建筑、大学园区中能源浪费严重，现有的能耗监管平台仅能监测能耗数据，不能对用能设施实行全面有效的节能控制等问题，创新性地攻克了静止人体检测的技术难题，发明出检测动静态人体的宽广角静态红外传感器，开发出具有自主知识产权、国内独有、达到国际先进水平的系列节电产品和监控系统。建立的建筑能耗监测与节能控制平台，将人员信息采集技术、数据实时分析预测、节能优化控制技术进行集成创新，实现了对水、电、暖及路灯等所有用能设施的系统化、网络化最优节能控制。创建的智能化路灯节能监控系统，实现了路灯的监测管理、个性化控制、数据分析、自动巡检、故障报警等功能，节能30%以上。发明的暖通空调系统非线性自适应节能控制方法和基于PID控制增益因子的模糊控制器算法，具有比常规PID控制器更优越的性能。该项目已授权国家专利11件、计算机软件著作权2件，通过省级鉴定成果4项、教育部和住建部工程验收成果1项，编著山东省工程建设标准1部，在国内外重要学术刊物上发表相关论文42篇。国家节能减排督查组对校园节能监控平台进行现场查看，并给予高度评价。成果在济南格林节能开发有限公司、青岛积成电子有限公司进行转化，并在全国19个省（市）、自治区的96所高校和132家企事业单位进行推广应用，节约资金3.7亿元，节约能源折合标准煤约48.3万t，减排CO_2约96.9万t，实现了低投入下节能30%以上的目标。

【科研管理】 2011年，学校根据发展实际对《山东建筑大学科研经费管理办法》进行修订，首次从制度层面上落实重点建设的经费投入，规范重点建设的经费支出，落实项目负责人负责制。

【重点学科与科技创新平台建设】 2011年，学校在全省“十二五”重点学科、高校科研创新平台的申报评审中共申报省重点建设项目23个，最终有9个省级重点学科、4个省高校重点实验室和1个省高校人文社科研究基地获批立项，其中“城乡规划学”和“供热、供燃气、通风及空调工程”学科被列为省级特色重点学科，“工程结构与防灾减灾实验室”被列为强化建设重点实验室，“齐鲁建筑文化与景观艺术研究基地”的获批立项实现了学校省高校人文社科基地建设项目零的突破。年内，学校对5个硕士一级学科学位授权点进行对应调整，新增3个一级学科硕士学位授权点；3个省骨干学科实验室以优秀成绩通过全省绩效考评；材料科学与工程实验中心获批省级实验教学示范中心；省文化艺术科学重点学科“设计艺术学”通过“十一五”验收，被评为优秀，顺利进入“十二五”立项建设。学校对校属科研机构进行全面摸底，对符合条件的28个校级研究所（中心）进行认证登记，对8个校级研究机构进行变更，并按照《山东建筑大学研究所（中心）管理暂行办法》规定，新论证成立了37个校级研究所（中心）。

【科技人才队伍建设】 2011年，学校新引进博士38人，在职考取博士44人，新聘同济大学李国强教授为学校“泰山学者”特聘教授，聘请马中国、翟同广、牛建磊教授为“泰山学者”海外特聘专家；资助29名教师到国内外高校和科研院所访学交流；段培永、张克峰教授被评为山东省有突出贡献的中青年专家，母锐敏博士入选教育部“新世纪优秀人才支持计划”。年内，学校以优秀成绩通过全省高校人才评估考核，被省委、省政府授予“山东省人才工作先进单位”称号。

【科技合作与学术交流】 9月，校长王崇杰率团赴台湾的5所高校进行访问，与台湾义守大学、台湾亚洲大学等高校签订建立友好校际关系协议，并应邀在台湾大学作学术报告，这是学校首次组团访问台湾高校。学校全年共派出4个代表团访问国（境）外友好院校，接待短期来访团组17批次，聘请美国、英国、德国等国家的知名专家来校作学术报告或讲座14场。整理编写最新一期科研成果汇编资料，收编成果163项，新制展板106块。9月17日，主题为“坚持科学发展，节约保护水资源”的“山东省暨济南市2011年全国科普日活动”在学校启动。

（山东建筑大学　孙浩森）

山东轻工业学院

【概述】 山东轻工业学院成立于1978年，前身是1948年由解放军胶东军区军工部建立的胶东工业学校，1982年成为国家首批学士学位授权单位，1998年被国务院学位委员会批准为硕士学位授权单位。学校占地面积153.33hm^2（2 300亩），校舍建筑面积75万m^2，教学科研仪器设备总值1.63亿元，图书馆馆藏纸质图书180余万册，电子图书135余万册。建有山东教育与科研网济南城域网西部大学科技园网络节点，为西部大学科技园的9所高校提供教育科研网络接入服务。设有14个二级学院以及继续教育学院，全日制在校生2.3万余人。现设58个本科专业，其中国家级特色专业4个，省级特色专业7个，涉及工学、理学、文学、经济学、管理学、法学、艺术学等七大门类。有硕士学位授权一级学科9个、硕士学位授权点64个，工程硕士授权领域10个、艺术硕士授权领域1个，19个学科专业接受同等学力人员在职申请硕士学位。近5年来，应届毕业生就业率保持在90%以上，被评为山东省大学生创业教育示范院校。毕业生中涌现出一大批企业家，被新闻媒体称为“轻院老总现象”。在已评选出的40名“山东省高校毕业生十大成功创业者（基层就业标兵）”

中，该校毕业生有6人入选，列全省高校首位。

【科研项目与经费】 2011年，学校获得纵向科技立项106项，立项总经费1 811.5万元。其中，国家级项目19项，经费1 045万元；省部级项目28项，经费322万元。

【科研成果】 2011年，学校共结题、鉴定、验收各类项目69项，在通过鉴定的26项成果中达到国际先进以上水平的有18项。获得科技奖励36项。其中，国家科技进步二等奖1项，省部级奖励11项（包括一等奖1项、二等奖4项、三等奖6项），山东高校优秀科研成果奖15项。被SCI、EI、ISTP收录论文349篇，其中SCI收录148篇、EI收录167篇。申请专利170件，其中发明专利76件、实用新型专利46件；授权专利45件，其中发明专利28件、实用新型专利12项；软件著作权登记5件。学校获得“2011年度驻济专利工作先进单位”称号。

【科技合作】 2011年，学校先后与临沂市人民政府、潍坊市人民政府签署战略性合作协议。参加地市级以上科技洽谈会9期，达成科技合作意向30余项。与22家企业签署产学研合作协议，与7家企业共建产学研基地，与181家企事业单位签署技术合同共计227份，合同金额4 571万元，到位经费3 110万元。

【重点学科与科技创新平台建设】

重点学科（实验室）建设 2011年，学校新增“材料物理与化学”“高分子化学与物理”“机械电子工程”“食品科学”“设计艺术学”和“文化传播学”6个省级重点学科，新增“清洁生产与工业废弃物资源化”和“轻工精细化学品”2个山东省高校重点实验室。至此，学校已有省部级以上重点学科9个、重点实验室12个。

工程技术研究中心建设 12月，学校申报“山东省制浆造纸清洁生产工程技术研究中心”和“山东省流程制造企业信息化工程技术研究中心”2个省级工程技术研究中心获得省科技厅批准立项建设。至此，学校省部级工程技术研究中心数量达到8个。

山东省科普教育基地建设 2011年，学校百姓生活公益科技服务中心被山东省科学技术协会批准为山东省科普教育基地。

【科技活动】 5月，长清区知识产权局与学校联合举办的“第一届大学生科技创新发明大赛”在学校举行。本届大赛共收到12个学院的510件作品参赛。

6月6日，由省社科联、大众报业集团、山东广播电视台主办，山东轻工业大学承办，省企业信用与社会责任协会和省行为科学学会协办的“山东社科论坛——学习省第十次党代会精神暨体制改革与社会管理学术研讨会”在学校举行。

6月14日，第四届济南食品行业产学研合作会议暨成果转化项目签约仪式在学校举行。来自驻济高校、科研院所的专家以及济南市食品行业企业家代表近90人参加了会议。

（山东轻工业学院 洪 静）

山东中医药大学

【概述】 山东中医药大学创建于1958年，原名山东中医学院，1978年被确定为全国重点建设的中医院校，1981年成为山东省重点高校，1996年正式更名为山东中医药大学，是山东省唯一一所独立设置的医药科大学，教育部本科教学工作水平评估优秀学校。学校于2007年主体迁入长清大学科技园，总占地面积121.93hm^2（1 829亩），建筑面积54.5万m^2，仪器设备总值15 546万元，馆藏纸质图书108万册、电子图书47万册，有配置完善的计算机校园网和现代教育技术设施。学校设有13个二级学院，22个本科专业；有中医学、中药学、中西医结合3个博士学位授权一级学科，15个博士点，8个硕士学位授权一级学科、44个硕士点；拥有临床医学专业博士和临床医学、中药学、药学、生物医学工程硕士学位授予权；有3所直属附属医院和9所非直属附属医院、25所教学医院、50余处临床教学基地；有中医学、中药学、中西医结合3个博士后科研流动站，以及4个研究所、6个研究室、6个国家中医药管理局重点实验室、1个教育部重点实验室，2个国家中医药管理局重点研究室、3个山东省工程技术研究中心、1个山东省工程实验室；有国家重点学科2个、国家重点（培育）学科1个，国家卫生部技术准入专科1个，国家中医药管理局重点学科12个、重点专科（专病）3个、重点建设专科5个，山东省"泰山学者"岗位学科8个，山东省人文社科研究基地1个，省级重点学科、重点专科、重点实验室等23个。

【科研项目与经费】 2011年，学校申报科研项目16大类419项，获批立项102项。其中，承担国家自然科学基金24项，经费1 019万元，资助金额首次突破千万大关；承担国家新药创制平台——山东大平台第二批启动项目中"中药临床评价研究"项目，经费200万元；获批省科技厅推荐的国家973计划前期项目名额1项，获批教育部重点研究项目推荐名额1项；获批国家"十二五"科技支撑计划"华中区域中药材规范化种植及大宗中药材综合开发利用技术研究"项目，经费895万元。学校"中医药古籍保护与利用能力建设"项目进展顺利，代表国家中医药管理局举办培训会2次，与十余家出版社就400种书目出版事宜进行招标论证。对科技部创新药物孵化基地项目及其他省级以上在研项目进行中期审计和督察管理，其中4个中药创新药物孵化基地项目通过科技部中期检查。

【科研成果及选介】 2011年，学校有52项厅局级以上科研项目通过验收或鉴定。科技部"十一五"科技支撑计划项目、973项目子课题"脐疗防治疾病的临床疗效评价和机理研究"和国家创新药物研发平台"中药单元平台"项目通过科技部专项经费财务审计。获得厅局级以上科技奖励39项。其中，省科技进步二等奖3项、三等奖9项，山东中医药科技成果类一等奖2项、二等奖4项、三等奖5项，山东中医药科技学术著作类一等奖1项、二等奖2项、三等奖3项，山东高校优秀科研成果一等奖2项、三等奖3项，省自然科学学术创新成果一等奖1项、三等奖1项，省软科学优秀成果二等奖3项。发表论文358篇，出版著作39部。

中药药性理论相关基础问题研究 学校作为首席科学家单位主持完成的国家973计划项目，2011年11月通过科技部组织的结题验收。该项目在中药药性内涵与理论构建原理研究方面，重新诠释了药性内涵，阐明药性理论的发生构建原理，基于药物法象原理构建出植物类中药性状—寒热药性系统评价与统计模式识别模型，实现了依据性状对植物类中药进行寒热药性识别；在中药药性物质基础研究方面，证实表征药性的"寒""热"物质客观存在，发现每味中药中均存在寒热药性物质特征（CHMP-markers），构建出寒热药性的"三元四维"标识体系，对中药"一物二气"学说和药性理论"寒、热、平"三性学说进行验证，回答了中医理论中关于药性长期争议的关键学术问题；在中药药性效应规律研究方面，发现正常动物存在寒热趋向和偏好，制定了寒热中药对寒热证候模型动物研究的生物效应特异性指标，发现并阐明辛热散寒药、芳香开窍药的药性物质基础及其性效发生机制，从性味结合归经角度发现并阐明中药药性效应的特征表达规律；在药性研究技术与方法方面，建立并完善了一系列适用于药性理论研究的技术方法，制定了相应的实验研究标准规范（SOP）。该项目已发表论文397篇，其中在国内核心期刊发表301篇、国际期刊发表67篇，被SCI收录50篇、EI收录13篇；申请专利13件，授权专利7件；申请软件系统著作权登记2件；出版学术著作2部。

针灸治疗原发性痛经的优化方案评价及临床共性技术研究 "十一五"国家科技支撑计划项目，2011年通过科技部组织的结题验收。该项目以原发性痛经为研究病种，发挥针刺治疗的优势，进行优化治疗方案的评价研究，并对影响针刺疗效的关键共性因素（不同针刺时机）进行系统研究，首次在国际上提出针刺治疗原发性痛经

的时效规律及其临床意义，修订国际通用的COX痛经症状量表（CMSS），制定了《基于临床验证的原发性痛经针灸实践指南》，发表科技论文19篇，出版科技著作1部（50万字），取得了显著的社会效益和经济效益。

【科研管理】 2011年，学校制定和修改了《山东中医药大学全国名老中医药专家传承工作室建设实施方案》《山东中医药大学“名科工程”建设实施方案》《山东中医药大学学科建设实施细则》《山东中医药大学关于进一步加强学术讲座活动的意见》和《山东中医药大学科研项目（课题）诚信与安全承诺书》等一系列科研管理文件。

【科技合作与交流】 2011年，学校进一步发挥山东省中医药科技创新基地的作用，先后与日照市中医院、北京红瑞医药科技有限公司、华润三九医药股份有限公司等签订横向技术合作协议8项，合同金额138万元；与曹县人民政府、山东商都药业公司签署产学研框架合作协议；参加“百名专家淄川行”活动，与部分医药企业及医疗机构进行初步合作意向洽谈。

【重点学科与科技创新平台建设】 2011年，学校获批省“十二五”重点学科14个、省高校重点实验室6个、省高校强化建设人文社会科学研究基地1个，“山东省中药药效物质发现与纯化工程实验室”被批准为山东省工程实验室。获得“十二五”省级重点建设项目建设经费382万元。学校重点学科（研究室、实验室）和工程技术研究中心情况详见表1～表4。

表1　山东中医药大学重点学科

学科名称	带头人	类　别	批准时间
中医基础理论	乔明琦	国家重点学科	2007.08
		国家中医药管理局中医药重点学科	2009.10
		山东省“十二五”特色重点学科	2011.06
中医医史文献	王振国	国家重点学科	2007.08
		山东省“十二五”特色重点学科	2011.06
中医内科学	尹常健	国家重点（培育）学科	2007.11
		山东省“十二五”特色重点学科	2011.06
中医文献学	王振国	国家中医药管理局中医药重点学科	2009.10
中医心病学	杨传华	国家中医药管理局中医药重点学科	2009.10
中医脑病学	齐向华	国家中医药管理局中医药重点学科	2009.10
中医肿瘤病学	齐元富	国家中医药管理局中医药重点学科	2009.10
中医妇科学	王东梅	国家中医药管理局中医药重点学科	2009.10
		山东省“十二五”重点学科	2011.06
中医儿科学	李燕宁	国家中医药管理局中医药重点学科	2009.10
		山东省“十二五”特色重点学科	2011.06
中医全科医学	姜建国	国家中医药管理局中医药重点学科	2009.10
		山东省“十二五”重点学科	2011.06
针灸学	吴富东	国家中医药管理局中医药重点学科	2009.10
中药药剂学	田景振	国家中医药管理局中医药重点学科	2009.10
中西医结合基础	王世军	国家中医药管理局中医药重点学科	2009.10
		山东省“十二五”特色重点学科	2011.06

续表

学科名称	带头人	类　别	批准时间
中西医结合临床	葛　明	国家中医药管理局中医药重点学科	2009.10
针灸推拿学	吴富东	山东省“十二五”特色重点学科	2011.06
中药学	田景振	山东省“十二五”特色重点学科	2011.06
方剂学	王均宁	山东省“十二五”重点学科	2011.06
中医外科学	宋爱莉	山东省“十二五”重点学科	2011.06
生药学	李　峰	山东省“十二五”重点学科	2011.06
眼科学	毕宏生	山东省“十二五”重点学科	2011.06
中医骨伤科学	徐展望	山东省“十二五”重点学科	2011.06
针灸学	吴富东	山东省卫生厅重点学科	2003.11
中西医结合医学	王世军	山东省卫生厅重点学科	2003.11
儿科学	葛　明	山东中医药大学校级重点学科	2005.09
方剂学	王均宁	山东中医药大学校级重点学科	2005.09
妇产科学	孙　伟	山东中医药大学校级重点学科	2005.09
眼科学	毕宏生	山东中医药大学校级重点学科	2005.09
药剂学	田景振	山东中医药大学校级重点学科	2005.09
中医临床基础	姜建国	山东中医药大学校级重点学科	2005.09
中医诊断学	刘家义	山东中医药大学校级重点学科	2005.09

表2　山东中医药大学重点研究室

研究室名称	带头人	类　别	批准时间
中医学术流派重点研究室	王振国	国家中医药管理局重点研究室	2009.05
高血压病血脉理论及应用	杨传华	国家中医药管理局重点研究室	2009.05

表3　山东中医药大学重点实验室

项目名称	带头人	类　别	批准时间
中医药经典理论实验室	张惠云	教育部重点实验室	2009.02
中药质量分析实验室	张惠云	中医药三级科研实验室	2003.07
微循环实验室	王世军	中医药三级科研实验室	2003.07
细胞生物学实验室	赵启韬	中医药三级科研实验室	2003.07
中药制剂实验室	杨培民	中医药三级科研实验室	2003.07
视觉分析实验室	毕宏生	中医药三级科研实验室	2009.07
辅助生殖技术实验室	孙　伟	中医药三级科研实验室	2009.07
中医药基础研究重点实验室	张惠云	山东省重点实验室	2008.11
中药药效物质发现与纯化工程实验室	田景振	山东省工程实验室	2011.11
中西医结合眼病防治技术	毕宏生	山东省“十二五”高校强化建设重点实验室	2011.06
中药资源学	张永清	山东省“十二五”高校强化建设重点实验室	2011.06
中西医结合肿瘤防治	王世军	山东省“十二五”高校重点实验室	2011.06
中医心血管病	李运伦	山东省“十二五”高校重点实验室	2011.06

续表

项目名称	带头人	类　别	批准时间
天然药物	石俊英	山东省“十二五”高校重点实验室	2011.06
中药制剂	杨培民	山东省“十二五”高校重点实验室	2011.06

表4　　山东中医药大学工程技术研究中心

工程技术研究中心名称	带头人	类　别	批准时间
山东省中医经方工程技术研究中心	乔明琦	山东省工程技术研究中心	2005.09
山东省中药炮制工程技术研究中心	田景振	山东省工程技术研究中心	2006.04
山东省中药材良种选育工程技术研究中心	张永清	山东省工程技术研究中心	2006.04

【科技人才队伍建设】　学校现有博士生导师76人，硕士生导师370人；全国优秀教师8人，山东省有突出贡献的名老中医药专家5人，山东省名中医药专家44人；张灿岬先后获得国家“国医楷模”和“国医大师”称号，王振国为国家973计划项目首席科学家，乔明琦为全国杰出专业技术人员。学校科技人员情况详见“高校科技发展”篇尾汇总表。

【学术交流】　2011年，学校启动“灵岩论坛”系列学术讲座活动，组织学术报告50场。

【科技期刊编撰】　2011年，学校出版《山东中医药大学学报》6期，总文字量114万字，年发行量9 000册；发表各级科研基金论文115篇，占发表论文总数的47.9%；策划开辟了“优秀科研团队风采”专栏，重点介绍学校在国家重要科研项目研究中逐渐形成的优秀科研人才和团队精神。出版《山东中医杂志》12期，总文字量177万字，年发行量42 000册；发表各级科研基金论文75篇，占论文总数的13.8%。在2011年《中文核心期刊》40家遴选期刊中，按影响因子排名中医学报共有7家，《山东中医药大学学报》列第5位，影响因子为0.0408；省级中医杂志共有7家，《山东中医杂志》列第4位，影响因子为0.0167。在2011年山东省科技期刊质量评估中《山东中医药大学学报》评为优秀，《山东中医杂志》评为良好。

（山东中医药大学　邓华亮　刘　巍）

山东农业大学

【概述】　山东农业大学为省属重点大学，前身是1906年创办的山东高等农业学堂。学校占地面积343hm²（5 145亩），建筑面积118万m²，教学科研仪器设备总值3.7亿元，图书馆藏书227万册，数字资源量61 102GB。设有20个学院，有国家重点学科2个、农业部重点学科2个、省级重点学科21个，博士后科研流动站10个，一级学科博士点10个、二级学科博士点49个、一级学科硕士点24个、硕士点99个，本科专业79个；有国家级科技创新平台4个，其中国家重点实验室1个、国家工程技术研究中心2个、国家工程实验室1个，省部级科技创新平台40个，其中农业部综合性重点实验室1个、农业部专业性（区域性）重点实验室2个、农业部禽病和肿瘤病诊断实验室1个、农业部农业科学观测实验站2个、国家小麦改良分中心1个、黄淮海区域玉米技术创新中心1个、农业部谷物品质检测中心1个、农业部农药环境毒性研究中心1个、国家林业局山东泰山森林生态系统定位研究站1个、省级重点实验室13个、省级人文社科研究基地1个、省级软科学研究基地1个、省级工程技术研究中心12个、省级国际合作研究中心2个。

【科研项目与经费】 2011年，学校新上各级各类科研项目（课题）482项，立项经费20 666.7万元，较上年增长44.5%。其中，国家部委项目179项，立项经费13 570.2万元，占立项总经费的65.7%；省级项目117项，立项经费3 295.7万元，占立项总经费的15.9%；地市、横向合作项目137项，立项经费3 800.8万元，占立项总经费的18.4%。学校新上省部级以上科研项目情况详见“高校科技发展”篇尾汇总表。

【科研成果】 2011年，学校获得科技奖励39项，主要科技奖励如表所示。鉴定成果12项，其中达到国际领先水平1项、国际先进水平8项。申请专利首次突破100件，达到107件；授权专利43件，其中发明专利23件、实用新型专利20件。申请植物新品种权17项，有2个小麦品种通过国家品种审定，有1个小麦品种、1个玉米品种、1个花生品种和5个果树品种通过省级品种审定。发表高水平论文1 238篇，其中被SCI收录364篇，影响因子>5的有9篇（含>9的2篇）。

表　　2011年山东农业大学主要科技奖励

奖项名称	等　级	项目名称	备　注
国家科技进步奖	二等奖	禽白血病流行病学及防控技术	
山东省科技进步奖	一等奖	设施蔬菜节能高效栽培工程关键技术研究与集成示范	
		奶牛精细养殖技术体系研究与应用	
		黄淮东部小麦玉米两熟丰产高效技术集成研究与应用	第二完成单位
	二等奖	可食性全降解食品包装材料工业化制造	
		黄河三角洲刺槐林生产力衰退机理及林分更新恢复技术研究	
		猪鸡健康养殖环境评价及氨气减排技术研究与应用	第二完成单位
		农田水肥高效利用技术研究与应用	第二完成单位
	三等奖	日光温室黄瓜连作土壤障害机理及修复改良技术	
		破坏山体造林绿化及植被恢复研究与示范	
		材用银杏优良无性系的选育	
		文登奶山羊新品种选育及配套技术研究	第二完成单位
		SYZ－60型树干电动注射器的研制与开发	第二完成单位
山东省第25次社会科学优秀成果奖	三等奖	构建和谐社会的心态平衡机制跨学科理论研究	
		新农村建设中粮食主产区农民分化问题的实证追踪研究	
		城市雨水资源化利用政策研究	

【科技创新平台建设】 2011年，学校共争取到平台建设经费3 180万元。“土肥资源高效利用”国家工程实验室获得国家发展改革委正式批复；“作物生理生态与耕作”农业部综合性重点实验室、“作物水分生理与抗旱种质改良”和“黄淮地区园艺作物生物学与种质创制”2个农业部专业性（区域性）重点实验室、“黄淮海设施农业工程科学观测实验站”和“动物疫病病原生物学华东科学观测实验站”2个农业部科学观测试验站获准建设；国家小麦改良分中心二期建设项目获得批准；山东省农田水利工程技术研究中心获得省科技厅立项建设；8个省“十二五”高校重点实验

室和1个省“十二五”高校人文社科研究基地获得省教育厅立项建设，其中强化建设实验室3个、强化建设人文社科研究基地1个；省国土资源厅“新农村建设土地资源空间数据采集与利用”重点实验室获准建设。作物生物学国家重点实验室通过科技部组织的专家评估，被评为良好；有4个省级工程技术研究中心通过验收，全部被评为优秀。

【科技合作与社会服务】 2011年，学校加强与各级地方政府和企业的科技合作，签订各类项目合作协议、技术合同649项，合同金额2 966.57万元。与日照市人民政府合作，继续推进日照市现代农业科技提升“121工程”，部分项目已取得明显成效；与莱芜市人民政府签订新一轮全面合作协议，启动了12个重点科研项目；与青海省海北藏族自治州人民政府签订全面科技合作协议并进行项目对接，学校将在人才培养、科学研究、社会服务等方面对该州进行对口支援与合作，培训项目已启动；与山东黄河河务局签订全面合作协议，双方将围绕山东黄河绿化美化、水利工程建设与管理、土地开发利用等方面开展合作。面对农业灾害频发的现实情况，学校及时组织专家教授加强对灾后农业生产的技术指导，为保障农业丰产丰收提供技术支撑。于振文院士和董树亭教授被授予全国粮食生产突出贡献农业科技人员，受到国务院表彰。学校被山东省人民政府授予“产学研合作创新突出贡献高校”称号。

【科技人才队伍建设】 2011年，学校新引进海外特聘教授2人，聘任讲座教授4人、兼职教授16人、名誉教授1人；张宪省入选“泰山学者攀登计划”，张彦入选“泰山学者”海外特聘教授，郝玉金和郑成超当选“泰山学者”特聘教授；万勇善和胡继连入选山东省有突出贡献的中青年专家，王秀峰和赵兰勇入选享受国务院政府特殊津贴专家；5人入选省教育厅国际合作培养计划，2人入选国内访问学者计划。

【学术交流】 2011年，学校先后组织学科建设研讨会、体系建设研讨会、学术报告等学术活动132场次。承办“泰山学术论坛——作物生物学国际研讨会”，来自美国、英国、新加坡的6位国际知名植物学家和中科院、北京大学等知名院校的12位研究人员作了大会报告，有400余人参加了会议。

4月22～25日，由中国菌物学会、韩国菌物学会主办，山东农业大学承办的“第十届中韩菌物学研讨会”在泰安举行。中韩双边菌物学家、植物病理学家及植物保护学家近百人参加了会议。

5月14日，由山东农业工程学会、山东园艺学会主办，山东农业大学承办的“中日韩农膜新技术学术交流会”在泰安举行。副校长董树亭、科技部国际合作司亚洲处处长姜小平、省科技厅国际合作处副处长王钟伟等领导出席了会议。

11月1日，“山东现代农业产业技术体系创新团队座谈会”在学校召开，来自玉米、水果、蔬菜、小麦、花生、生猪6个体系的20多位专家参加了座谈。

12月27日，国家自然科学基金委员会“科研诚信巡讲”活动在学校举行。国家自然科学基金委员会纪检监察审计监督局副局长陈越就科研诚信问题作专题报告。

（山东农业大学　蓝孝新）

青岛农业大学

【科研项目与经费】 2011年，青岛农业大学获得各级各类科研项目298项，科研总经费15 341.66万元。其中，国家级项目52项，经费7 647.36万元；省部级项目96项，经费1 861.5万元；市厅级项目55项，经费569.1万元；横向课题95项，经费5 263.7万元。学校新上省部级以上科研项目情况详见“高校科技发展”篇尾汇总表。

【科研成果及选介】 2011年，学校获得科研成果奖励60余项，其中国家级1项、省部级6项、厅局级50余项。学校获得的主要科技奖励如表所示。申请专利42件，其中发明专利32件、实用新型专利10件；授权发明专利6件；获得国家软件著作权登记36件。1个花生新品种、1个茶树新品种、5个花卉新品种通过省级审定，选育蔬菜新品种6个，10余项技术和品种被省农业厅和青岛市农委确定为主推技术和主导品种。在国内外公开学术期刊发表学术论文1 286篇，其中被SCI、EI、ISTP收录217篇；出版著作和教材62部。

表　　2011年青岛农业大学主要科技奖励

奖项名称	等　级	项目名称	主持/参与人员
国家科技进步奖	二等奖	猪主要繁殖障碍病防控技术体系的建立与应用	任慧英（第五位） 周　顺（第八位）
山东省科技进步奖	一等奖	黄淮东部小麦玉米两熟丰产高效技术集成研究与应用	宋希云（第七位）
	三等奖	集约化蔬菜生产水肥调控关键技术研究与应用	李俊良
		牡丹春节催花技术体系及其机理	郑国生
		丰香草莓品种引进与配套栽培技术研究及推广	姜卓俊
农业部中华农业科技奖	一等奖	高油酸花生种质创制研究与应用	王晶珊（第八位）
中国农业科学院科学技术奖	一等奖	外来入侵植物黄顶菊防控技术与应用	郑长英（第八位）
山东高校优秀科研成果奖（自然科学）	一等奖	胰岛素调节卵泡发育的分子机制	沈　伟
山东软科学优秀成果奖	一等奖	中国农村合作经济特色体系与运行机制研究	王　伟
		金融危机形势下山东省农业国际竞争力研究	刘学忠
		服务失败与服务补救——基于情绪视角的研究	郑　丹
山东省文化艺术科学优秀成果奖	一等奖	黑格尔悲剧理论研究	孙云宽
青岛市第25次社科优秀成果奖	一等奖	近代学人与中西交通史研究	修彩波
青岛市自然科学奖	二等奖	丛枝菌根真菌多样性研究	刘润进
		果树重要性状分子标记及种质鉴别研究	王彩虹
青岛市科技进步奖	二等奖	茶树抗寒品种选育与优质安全关键技术集成	丁兆堂
		猪四种重大疫病快速诊断技术研究与应用	周　顺
		食源性毒物快速检测技术的研究及应用	单　虎
临沂市科技进步奖	二等奖	4HBL-2型花生联合收获机	尚书旗（第二位） 王延耀（第四位）

集约化蔬菜生产水肥调控关键技术研究与应用　该项目针对全国最大的蔬菜生产基地——寿光在集约化设施蔬菜生产中的水肥资源浪费严重等问题，开展土壤养分调控和水肥高效利用等关键技术的研究与应用。主要内容和创新点：①明确番茄、黄瓜等主要设施蔬菜的养分需求规律和土壤供氮特点，研究建立了基于氮素供应目标值与土壤养分全生育期实时监测相结合的根层养分调控技术体系，实现氮素养分的高效利用。②系统研究集约化设施蔬菜水肥耦合规律，摸清施肥与灌溉用水的关键性指标，提出水肥一体化微喷灌灌溉施肥技术体系，实现水肥资源的高效利用，降低环境污染风险。③在技术应用推广时，将种植填闲作物、石灰氮秸秆太阳能消毒技术及土壤改

良剂施用等技术与水肥调控技术集成于一体，实现增碳减氮和改土培肥。④制定了菜农易懂、可操作性强的设施番茄、黄瓜高产高效技术规程。主编、参编专著9本；发表学术论文52篇，其中被SCI收录9篇、在一级刊物发表13篇。该项目获得2011年省科技进步三等奖。

牡丹春节催花技术体系及其机理　该项目针对大田牡丹花芽分化、光合特性、营养物质和激素的积累动态，集成壮苗培育的系列理论及技术，确定了催花牡丹移栽最佳时期；筛选出27个适于催花的牡丹品种，测定并总结牡丹休眠彻底解除的需冷量，解决了生产中催花品种单一的问题；从内源激素、营养物质和膜脂过氧化反应的变化动态等方面探讨低温解除休眠的生理机制；筛选与休眠解除相关的基因，在Genbank中注册基因38个，证明生长素抑制蛋白和线粒体磷酸转运子基因参与内休眠解除的调控，揭示休眠解除过程中伴随ATP升高的分子机制；建立喷施钙延缓花衰老技术，分析其理论基础；提出催花过程中根际保温和枝条冷冻彻底解除牡丹花芽休眠的关键技术。冬季牡丹催花成花率在95%以上，比传统栽培技术提高20%。生产出的成品花花繁叶茂、植株健壮，显著提高了牡丹花的观赏价值和商品价值。在《Planta》《Acta Physiol Planta》《For. Stud. China》《植物营养与肥料学报》《园艺学报》和《林业科学》等刊物上发表论文23篇，出版专著1本。项目成果填补了国内外牡丹休眠解除理论的空白，并在技术上解决了催花质量差、成功率低等问题，对于推动牡丹反季节催花产业发展具有重要意义。该项目获得2011年省科技进步三等奖。

丰香草莓品种引进与配套栽培技术研究及推广　该项目于上世纪末从日本引进“丰香”草莓品种，并对其在我国保护地栽培环境条件下的品种生长发育规律、栽培技术的基本要素、环境因素的影响等进行系统研究。主要内容和创新点：①确定了具有普遍指导意义的北方地区保护地草莓栽培的适宜定植时间和保温时间。②提出防治草莓低温过量的措施及防治草莓结实疲劳的、强化的疏花疏果手段，为现有设施条件下保护地草莓栽培提供技术支撑。③建立和完善丰香草莓的配套栽培技术。④制定山东保护地草莓栽培技术等7项规范和标准，编导制作首部无加温冬季草莓生产栽培技术科教片。⑤以其配套栽培技术为支撑和载体，对丰香草莓品种在全国范围内进行推广，在鲜食草莓市场占有率达到80%以上。该项目获得2011年省科技进步三等奖。

花生根瘤菌固氮生物学特性与高效施氮技术研究　该项目从理论到实践形成一套完整的花生高效施氮理论与技术体系。主要内容和创新点：①研究确定了花生根瘤菌属于慢生大豆根瘤菌的一个生物型，明确花生根瘤菌的不同类群在不同豆科植物上的共生特点和固氮能力，建立黑色素标记、AFLP检测和直接提取类菌体DNA等3种分子标记研究根瘤菌竞争性的新技术，筛选出6株优良花生根瘤菌菌株并应用于生产。②明确碱性土壤条件下，花生与玉米、小麦等间套作有利于提高根瘤菌固氮能力，探明施氮量对根瘤菌剂的效果及有机肥、铁钼等微肥对根瘤形成和固氮能力的影响，创制出可显著提高根瘤菌固氮能力的“复合根瘤菌+铁钼等微肥”的复合配方。③阐明施氮量对花生群体叶面积消长、光合与呼吸和植株衰老的作用规律，明确根瘤菌固氮活力与植株发育和氮代谢的关系，施氮量、不同形态氮肥与植株氮素积累、碳氮代谢及相关酶活性关系及其生理机制，从形态学、生理学和酶学等方面阐明花生高效施氮的生理基础。④系统研究花生不同生育时期、不同器官对土壤氮、肥料氮和根瘤固氮3种氮源的利用特点及不同形态氮肥氮素利用差异，探明施氮量、不同形态氮肥对花生3种氮源利用及肥料利用率、土壤残留率和损失率的影响，明确施氮量及产量与土壤校正系数、根瘤供氮率及肥料利用率的关系，推导确定适宜施氮量的相关参数，为制定花生高效施氮技术奠定基础。⑤明确不同基因型花生对土壤、肥料、根瘤菌3种氮源的利用差异，在高效品种筛选、缓释肥施用、化学调控等关键技术研究的基础上，集成创建花生高产高效施氮技术体系，制定技术规程，并开发“花生高效施氮计算机专家决策系统”。2007～2011年，在山东、河南、河北、四川、辽宁、北京等省市累计推广208.93万hm^2（3 134万亩），节氮20%～35%，增效36.9亿元，经济效益、社会效益和生态效益显著。2011年，该项目通过省科技厅组织的成果鉴定，总体达到国际领先水平。

花生联合收获关键装备（4HBL-4型花生联合收获机）的研究　该项目对花生收获机关键部件与核心技术进行有效集成创新。研制的悬浮式限深机构，通过仿形轮和挖掘铲的有效融合，能及时调整挖掘铲入土角度，增强机器对地面的适应性，提高挖掘深度和夹持高度的精度。设计的曲线叶片对辊式摘果装置，通过曲线叶片击打花生秧结果区域，使带有泥土的花生荚果摆动振幅增大，有效松散泥土，提高摘果效率，降低收获的破碎率和损失率。设计的去土集果装置，通过偏心机构实现动筛的快速平动，滚动摩擦结合滑动摩擦可将泥土清除干净，有利于后期对花生荚果的处理。田间作业试验结果表明，4HBL-4型花生联合收获机能有效提高花生收获效率和收获质量，田间总损失率＜5%。2011年，该项目通过省教育厅组织的成果鉴定，总体达到国际领先水平。

青花5号（鲁农审2011020号）　该品种属中间型大花生，荚果普通形，网纹较浅，果腰明显，籽仁椭圆形，种皮粉红色，内种皮金黄色，连续开花。区域试验结果：春播生育期127天，主茎高40.5cm，侧枝长45.8cm，总分枝10条；单株结果15个，单株生产力21.4g，百果重216.9g，百仁重89.0g，公斤果数589个，公斤仁数1 279个，出米率71.1%。2008年，经农业部食品质量监督检验测试中心（济南）品质分析：蛋白质含量22.4%，脂肪45.1%，油酸40.2%，亚油酸37.5%，O/L值1.1。产量表现：在2010年全省花生品种大粒组区域试验中，平均亩产荚果328.3kg、籽仁226.4kg，分别比对照丰花1号增产13.0%和11.8%。栽培技术要点：适宜密度为每亩9 000万～10 000万穴，每穴2粒，其他管理措施同一般大田。2011年，该品种通过省级审定。

【科技合作与成果转化】　2011年，学校与哈尔滨博纳科技有限公司、山东信得科技股份有限公司、青岛世园投资管理有限公司、青岛康地恩药业有限公司等数十家企业，以及国家海洋局第一海洋研究所、上海植物园、山东出入境检验检疫局和青岛市七区五市的农业局、土壤肥料工作站等50余家事业单位进行科技合作研究，获得横向科研经费5 263.7万元。自主选育的“青花5号”“青花6号”和“青花7号”3个花生新品种以120万元价格转让给沂南县翔丰农业技术有限责任公司。

【重点学科建设】　2011年，学校启动学术学位点申报工作，重点申报了农业工程、食品科学与工程、生物学、农业资源利用、植物保护、化学工程与技术、农林经济管理和新闻传播学等8个一级学科。经省学位委员会研究并报国务院审批，3月，学校获准增列了除新闻传播学以外的7个一级学科硕士点，涵盖17个二级学科硕士点。5月，学校组织草学和风景园林学2个学科参加国家学位办组织的学位点对应调整工作，2个学科已获得授权。生物化学与分子生物学、果树学、植物营养学、动物遗传育种与繁殖、植物病理学、农产品加工及贮藏工程和农业机械化工程等7个学科被批准为山东省“十二五”重点学科，其中生物化学与分子生物学、果树学2个学科为有经费资助的特色重点学科。

【科技创新平台建设】　2011年，学校申报的“动漫产业核心技术国家地方联合工程研究中心”获国家发展改革委批复建设，“山东省兽药诊断试剂工程技术研究中心”获省科技厅批复建设，“山东省中美无脊椎动物细胞培养与细胞工程合作研究中心”和“山东省中韩食品生物技术研究中心”被批准为山东省国际（港澳台）科技合作平台，“预防兽医学重点实验室”“动物生殖与种质创新重点实验室”“植物病虫害综合防控重点实验室”和“植物生物技术重点实验室”被批准为山东省“十二五”高校重点实验室，“山东省农业传播与农村发展研究中心”被批准为山东省“十二五”高校人文社会科学研究基地。截至2011年底，学校拥有国家地方联合工程研究中心1个，省级重点实验室6个，省级工程技术研究中心4个，省级国际科技合作平台2个，省级人文社科研究基地1个。

【科技人才培养与队伍建设】　2011年，学校在师资引进工作中认真贯彻执行《青岛农业大学人才引进工作暂行规定》，对应聘者的教学水平、科研素养进行全面考察，重点引进有国外学习经历的优秀人才，引进各类人才35名，其中博士18

名、硕士17名、10人具有海外留学背景。定向培养的8名博士研究生毕业回校工作，在教师队伍中新考取定向培养博士研究生36人，其中2人攻读国外博士学位。出台《青岛农业大学师资队伍建设规划（2011～2015）》，确立“十二五”师资队伍建设要紧紧围绕建设特色鲜明的多科性高水平教学研究型大学的目标，至2015年，师资队伍人数要与在校生规模相匹配，专任教师博士化率达到50%以上，优势学科专业新进教师必须具有博士学位和讲师以上职称。新增“泰山学者”特聘教授1人、山东省有突出贡献的中青年专家2人、享受国务院政府特殊津贴专家2人、山东省教学名师2人，聘请中科院生殖生物学中心主任孙青原教授等知名专家15人以兼职教授、客座教授形式与学校开展教学科研合作。职称评审通过教授8人、副教授18人、讲师13人，经学校其他系列专家推荐委员会推荐通过其他系列副高职称3人、中级职称14人。12名教师获得省教育厅“高等学校优秀骨干教师国际合作培养”项目资助，5名教师获得国内访问学者项目资助。35名新教师参加省教育厅组织的岗前培训，其中32人通过考试并获得合格证书；组织第三期28名中青年骨干教师英语口语培训。董雅娟教授获得全国“五一劳动奖章”，林琪教授获得“全国粮食生产突出贡献农业科技人员”称号和山东省“富民兴鲁劳动奖章”。学校在2010年人才工作考核中获得全省高校第六名的成绩，被省委、省政府授予“山东省人才工作先进单位”称号。

【科技培训与学术交流】 1月12日，山东省第一期农技推广示范县基层农技人员重点培训班在学校拉开帷幕。

3月25日，第四届中韩CEO培训班学员毕业典礼在学校举行，经过1年的培训学习，27名学员以优异的成绩毕业。

4月12日，由中国农业生物技术学会主办，青岛农业大学、中国农业科学院生物技术研究所承办的“中国农业生物技术学会第四届会员代表大会”举行。农业部原副部长、九三学社中央原副主席洪绂曾，中国农业科学院副院长、中国农业生物技术学会理事长、中国工程院院士刘旭，中国热带农业科学院党组书记雷茂良研究员，中国科学院院士李季伦，中国工程院院士范云六，中国科学院院士邓子新，校长李宝笃、副校长宋希云等领导和著名学者出席大会开幕式，来自全国农业生物技术领域的140多位专家学者参加了大会。

5月21日，由中国菌物学会药用真菌专业委员会主办，青岛农业大学承办的“第三届药用真菌学术研讨会”在学校举行。

7月18日，首届山东省“乡村之星”培训班开班典礼在学校举行。

8月28日，来自山东省、青岛市等有关部门的领导，省内外有关院校、科研院所从事海岸带及园艺方面的专家学者以及有关企业家会集青岛农业大学，参加面向“蓝黄”战略的海岸带绿色生物产业研讨会。

9月23日，青海省海东地区供销合作社委托青岛农业大学合作社学院举办的农民专业合作社培训班举行开班仪式。

12月8日，由中国昆虫学会主办、学校承办的“中国昆虫学研究与发展战略研讨会”在学校举行。全国昆虫学界的12位知名专家学者就昆虫学研究的新进展、新成果、新方法、新技术进行交流，共商我国昆虫学未来发展战略。

【科技活动】

1月21日，山东朝日绿源农业高新技术有限公司草莓研究所农学博士船津正人、草莓部部长田代孝一行7人来校农学与植保学院考察访问。

3月20日，青岛农业大学教学科研与学生就业实践基地在山东河西黄金集团公司揭牌。

5月16日，在“中国第六届（辽宁·东港）草莓文化节”上，学校姜卓俊副教授选送的“丰香”草莓获得全国草莓文化节精品草莓擂台赛银牌。

5月17日，学校与沂源县悦庄镇人民政府产学研合作签约暨教学科研基地揭牌仪式在悦庄镇举行。

5月19日，学校与青岛即发集团签署产学研合作协议，联合创建高科技现代农业示范园，同时在即发集团建立青岛农业大学教学科研基地。

7月5日，国家农业部党组成员、副部长陈晓华会见青岛农业大学校长兼合作社学院院长李宝笃一行，并听取工作汇报。

8月2日，国际知名育种机械专家、新西兰林肯大学教授、Flexiseeder公司总经理约翰·史蒂文斯博士来校进行学术访问，并受聘担任学校客座教授。

8月19日，省农业机械管理办公室副主任韩永平、省农业机械试验鉴定站站长孟凡记来校机电工程学院考察。

8月19～20日，中国农产品流通经纪人协会法定代表人、常务副会长张元宗一行来校考察访问。

8月31日，农业部农民专业合作社人才培养实训基地揭牌仪式暨农民专业合作社形势报告会在学校举行。农业部副部长陈晓华与副省长贾万志出席揭牌仪式并为基地揭牌。

9月2日，校长李宝笃率学校有关单位负责人出席乳山市农产品推介会暨农超农企对接会，与乳山市人民政府签署了全面战略合作协议。

9月24日，由青岛农业大学合作社学院、淄博市沂源县中庄镇人民政府、烟台市牟平区观水镇人民政府共同发起建立的青岛农业大学苹果产业发展研究中心在学校举行揭牌仪式。

10月15日，学校与台湾大学生物资源及农学院签署合作协议，双方将在框架协议的基础上开展实质性交流与合作。

11月16日，原机械工业部农业装备司司长，中国机械装备公司党组书记、董事长、总裁，现中国农机工业协会理事长高元恩研究员来校访问。

11月22日，学校与临朐县寺头镇相亮山楂专业合作社产学研签约暨教学科研基地揭牌仪式在临朐县举行。

11月29日，学校与青岛盛文集团合作签约暨生态休闲产业发展研究中心揭牌仪式在学校举行。

12月2日，青岛农业大学教学科研与学生就业实践基地在青岛海容食品有限公司签约揭牌。

12月5日，国家农业部科技教育司副司长潘海平、推广处处长王青立，农机化技术开发推广总站副站长李安宁、推广处处长张树阁、计财处副处长陈玮莹以及中国农业大学宋建农教授、杨敏丽教授一行来校就农业科技创新和科技服务工作情况进行考察调研。

12月16日，中国农产品流通与经纪研究院暨中国农产品流通经纪人协会青岛培训中心揭牌仪式在学校举行。

12月17日，省文化厅厅长亢清泉来校就艺术与传媒学院和青岛数码动漫研究院的动漫创作情况进行考察。

12月20日，学校与青岛白龙湾森林公园开发有限公司产学研合作签约暨教学科研及学生就业实践基地揭牌仪式在学校举行。

12月25日，学校与诸城外贸有限责任公司合作共建的“山东省诸城外贸院士工作站”启动仪式在诸城举行。

12月30日，中国工程院院士、国际知名的草业科学家、兰州大学草地农业科技学院院长南志标教授来校访问。

（青岛农业大学　刁志凯）

山东理工大学

【概述】　山东理工大学是山东省重点建设的理工科大学，创建于1956年。学校总占地面积240万m^2，校舍建筑面积106.29万m^2，教学科研仪器设备总值3.33亿元，图书馆藏书285.95万册，电子图书7 500GB，中外文期刊26 971种。现有21个学院，73个本科专业、21个硕士学位授权一级学科，学科专业涵盖九大学科门类。2011年，学校具有独立知识产权的纯电动城市公交概念车试车成功，获得“山东省产学研合作创新突出贡献高校”和“淄博市工业经济过万亿突出贡献单位”称号，通过国军标（GJB 9001B）质量管理体系认证，被教育部评为“R&D资源清查先进单位”。

【科研项目与经费】　2011年，学校获得纵向科研项目150项，获得资助经费1 388万元；与企事业单位签订技术合同（协议）308项。全年到位纵、横向科研经费11 029万元。学校新上省部级以上科研项目情况详见“高校科技发展”篇尾汇总表。

【科研成果及选介】 2011年，学校获得省部级以上科技奖励10项，厅局级科技奖励10项。其中，国家科技进步二等奖1项；教育部高校科研优秀成果奖科技进步二等奖1项；省技术发明二等奖1项、三等奖2项，省科技进步二等奖2项（含第二单位完成单位1项）、三等奖1项；中国机械工业科学技术二等奖1项、三等奖1项；山东高校优秀科研成果奖自然科学一等奖1项、三等奖5项；淄博市科学技术奖4项。鉴定科技成果12项。申请职务专利401件，其中发明专利191件；授权专利289件，其中发明专利47件、实用新型专利240件、外观设计专利2件；登记计算机软件著作权10件。发表科技论文1 347篇，其中被三大检索收录论文805篇；出版著作、教材37部。

农产品高值化挤压加工与装备关键技术研究及应用 该项目获得2011年国家科技进步二等奖，项目内容详见“科技成果和奖励”部分。

配电网智能测控装置及其在故障自愈中的应用 该项目始于1996年，发明了小电流接地故障选线、定位与自适应保护技术和快速自愈技术，研制出系列产品，授权国家发明专利6件，计算机软件著作权3件。在厦门、杭州等国家配电自动化试点城市得到大量应用。获得国家863计划和国家电网重大专项等资金资助。近3年生产销售配电网智能测控装置9 804套，新增产值25 794万元，新增利税10 300万元。该项目获得2011年教育部高校科研优秀成果奖科技进步二等奖。

远红外、热风组合加热蔬菜脱水机关键技术及其应用 该项目发明的双面输送结构使输送距离和生产效率成倍增加，发明的穿流组合加热装置和并流引风装置提高了加热效率和干燥均匀性，研制的远红外、热风组合加热蔬菜脱水设备生产率为17.7kg（干菜）/h，单位能耗5.5MJ/kg（H_2O）。运用基于BP人工神经网络的方法对蔬菜红外干燥进行建模预测，建立了几种蔬菜红外辐射干燥的数学模型。在国内重要学术期刊发表学术论文20余篇，其中被EI收录11篇。成果在宁夏及山东等地推广应用150余台，实现产值2.5亿元，利税1亿元。该项目获得2011年省技术发明二等奖。

罗茨鼓风机叶轮开发加工关键技术研究与成套装备的研制与应用 该项目针对罗茨鼓风机叶轮加工的特殊要求，将正高次曲线差分插补控制方法应用于数控系统，研制出全数字、嵌入式、开放式结构的多功能三坐标数控系统、数控插床和数控龙门刨床，实现罗茨风机叶轮的高精度、高效率加工，为罗茨鼓风机关键部件的加工提供了关键成套设备。对多种国际上先进的罗茨风机复合叶轮型线进行研究，开发出多种填补国内空白的复合型线叶轮，与独创的二次曲线样条函数拟合方法相结合，设计开发罗茨风机叶轮的参数化编程软件，为多家企业开发出填补国内空白、性能达到国际先进水平的双叶和三叶罗茨风机。该项目获得2011年省科技进步二等奖。

结构冗余微定位平台关键技术的研究 该项目研制的二自由度微定位平台样机及其压电陶瓷驱动系统，最大定位范围105μm×105μm，具有良好的同性度和解耦特性。提出的新型多功能微驱动接口模块可实现微位移的单向放大功能，解决了目前多数基于杠杆式放大原理的微定位平台在非驱动方向上引入的耦合误差问题，降低误差源，有效提高微定位平台输出精度。研制的微动平台具有结构紧凑、大行程、无运动副间隙、高精度、整体化结构高、加工制造简单、成本低廉等特点。核心技术授权国家发明专利5件，成果应用于医用电子直线加速器，取得了显著的经济效益和社会效益。该项目获得2011年省技术发明三等奖。

模拟酶催化剂的制备技术及控制氧化应用开发 该项目发明了平面聚合卟啉、聚合酞菁配合物类催化剂和面—面结构的卟啉、酞菁配合物类催化剂的制备方法。发明的催化剂用于对甲酚氧化制备对羟基苯甲醛，具有催化活性高、选择性好、易与反应物分离、可多次重复使用等优点，且无污染、不腐蚀设备，可用于燃料电池、金属空气电池。授权发明专利7件，近3年新增产值39 585万元，新增税收1 979.35万元。该项目获得2011年省技术发明三等奖。

无链式玉米收获秸秆还田装置研究与应用 该项目以秸秆先切断、后分禾输送摘穗为出

发点，发明了无链式玉米收获秸秆还田装置，建立玉米收获机行距适应性数学模型，在提高玉米收获机的适应性和降低动力消耗等方面获得突破。在福田雷沃国际重工等大型企业批量生产悬挂式、自走式玉米收获机，取得了良好的经济效益。该项目获得2011年省科技进步三等奖。

【重点学科与科技创新平台建设】 2011年，学校有11个学科、4个实验室、1个研究基地被省教育厅、省财政厅确定为省“十二五”重点建设项目。

省级重点学科（实验室）、省社科研究基地、省文化厅文化艺术类重点学科

机械电子工程（省“十二五”特色重点学科）

车辆工程（省“十二五”特色重点学科）

电力电子与电力传动（省“十二五”特色重点学科）

农业机械化工程（省“十二五”重点学科）

应用化学（省“十二五”重点学科）

机械设计及理论（省“十二五”重点学科）

交通信息工程及控制（省“十二五”重点学科）

生物化学与分子生物学（省“十二五”重点学科）

应用数学（省“十二五”重点学科）

山东省精密制造与特种加工重点实验室（省重点实验室）

山东省旱作农业机械及信息化实验室（省重点实验室）

精密模具实验室（省“十二五”高校强化建设重点实验室）

先进复合材料实验室（省“十二五”高校重点实验室）

精密工程测量实验室（省“十二五”高校重点实验室）

结构分析与动力学实验室（省“十二五”高校重点实验室）

齐文化研究基地（省“十二五”高校人文社科研究基地）

山东省产业经济研究基地（省社科规划研究基地）

山东省齐文化研究基地（省社科规划研究基地）

山东省生态文化与循环经济软科学研究基地（省软科学研究基地）

齐文化研究（省“十二五”文化艺术科学重点学科）

美术学（省“十二五”文化艺术科学重点学科）

国家级工程技术研究中心

国家工业陶瓷材料工程技术研究中心

省级工程技术研究中心（院）

山东工程技术研究院

山东省清洁能源工程技术研究中心

山东省陶瓷基复合材料工程技术研究中心

山东省生物信息工程技术研究中心

山东省纺织化学品与染整工程技术研究中心

山东省数字化设计制造工程技术研究中心

山东省车辆工程技术研究中心

山东省光纤通信检测工程技术研究中心

山东省高压电网暂态保护工程技术研究中心

山东省矿山尾矿资源化处理工程技术研究中心

山东省道路智能控制与安全运输工程技术研究中心

山东省基础地理空间信息工程技术研究中心

山东省现代金属材料成形工程技术研究中心

山东省运动训练器械工程技术研究中心

【科技合作与交流】 3月11日，学校与山东鲁阳股份有限公司科技合作签约暨兼职教授聘任仪式在公司举行。

3月25日，山东省清洁能源工程技术研究中心易维明教授一行应邀对美国加州大学戴维斯分校进行友好访问，双方就生物质能热化学转化研究等方面签订全面合作协议。

5月27～29日，由农业工程与食品科学学院主办的“2011农业工程新技术国际学术会议暨泰山学者学术论坛”在学校举行。来自美国、德国、澳大利亚、爱尔兰、伊朗、巴基斯坦、尼泊尔等国家以及国内中国农业大学、浙江大学等名校的180余名专家学者与会，作高水平学术报告40余场。中国工程院罗锡文院士、爱尔兰皇家科学院孙大文院士、省教育厅总督学徐曙光、中国农业工程学会秘书长秦京光等国内外专家出席了会议。

6月16日，学校与山东金澳科技股份有限公司科技合作、教学科研实践基地签约，“山东理工大学金澳氧化锆纳米陶瓷技术研发中心”揭牌仪式在淄博举行。

8月4日，由建筑工程学院承办的“2011年全国大地测量学术年会”暨“第六届全国大地测量研究生学术论坛”在学校召开。中国科学院陈俊勇院士、许厚泽院士，学校副校长吕传毅以及来自国内高校、科研机构的130多位专家和研究生出席了会议。

8月5日，学校与天润曲轴股份有限公司成立“山东理工大学天润工程技术研究院”签约仪式在公司举行。

9月8日，学校与淄博强赛特陶瓷有限公司共建“山东理工大学绿色建筑陶瓷工程技术研究中心”和“山东理工大学研究生联合培养基地”在公司挂牌。

10月10日，学校与山东先河悦新机电股份有限公司共建“EPS技术研发中心”揭牌仪式在公司举行。

10月15日，由机械工程学院主办的“中国图学学会第六届数字化设计与制造专业委员会年会”暨“2011年数字化设计与制造学术研讨会”在学校召开。来自中国科学院、清华大学、复旦大学等高校、院所的近20位专业委员会委员及学校百余名教师、研究生参加了会议。

10月17日，学校与山东鲁星工程机械有限公司共建“山东理工大学—山东鲁星公司技术研发中心”和“山东理工大学教学科研实习基地”揭牌仪式在公司举行。

12月14日，学校与山东耐火材料集团有限公司共建“山东理工大学山东耐火材料集团有限公司功能矿物粉体材料工程技术研究中心”揭牌暨兼职教授聘任仪式在公司举行。

（山东理工大学　贾玲玲）

青岛理工大学

【概述】 青岛理工大学是省属多学科综合性重点大学，主管部门为山东省教育厅。前身是1952年创建的山东省青岛建筑工程学校，2004年改为现名。现辖四方、黄岛、费县3个校区，总占地面积约186.8万m^2，校舍建筑面积约102.44万m^2，教学科研仪器设备总值2.23亿元，图书馆藏书180.97万册，电子图书资源量约6 072GB。设有19个教学院部，57个本科专业，7个博士点，2个一级学科博士后科研流动站，18个硕士学位授权一级学科，59个二级学科硕士点，9个工程硕士专业学位培养领域。拥有冶金炉渣高效资源化利用国家地方联合工程研究中心、工业流体节能与污染控制教育部省部共建重点实验室、海洋环境混凝土技术教育部工程研究中心等22个省部级重点学科（实验室）和工程技术研究中心，以及快速制造国家工程研究中心—青岛示范中心、海尔—理工博士后工作站研发基地、山东省城市文化与城市竞争力研究基地、山东省高校大学生创业教育研究基地等。

【科研项目与经费】 2011年，学校承担各类科研项目530项，科研项目总经费6 600余万元。学校新上省部级以上科研项目情况详见“高校科技发展”篇尾汇总表。

【科研成果】 2011年，学校主持的国家“十一五”科技支撑计划重点项目“环境友好型建筑材料与产品的研究开发”子课题“建筑垃圾再生产品的研究开发”通过科技部验收。鉴定成果13项，其中达到国际水平12项、国内先进水平1项。获得省部级科技奖励9项，其中国家科技进步二等奖、青岛市自然科学一等奖、青岛市科技进步一等奖各1项。发表论文885篇，其中被SCI收录34篇、EI收录87篇、ISTP收录146篇。出版著作17部。申请专利97件，授权专利41件。理学院张黎明副教授发表在《岩土力学》（2007年第1期）上的论文《有限元强度折减法在公路隧道中的应用探讨》被评为2010年度中国百篇最具影响国内学术论文。

【重点学科与科技创新平台建设】 2011年，国务院学位委员会印发《关于下达2010年审核增列的博士和硕士学位授权一级学科名单的通知》（学位〔2011〕8号）。学校获批新增土木工程一级学科博士点和应用经济学、力学、材料科学与工程、信息与通信工程、控制科学与工程、计算机科学与工程、建筑学、交通运输工程、环境科学与工程和工商管理等10个一级学科硕士点，学校实现博士学位授权一级学科零的突破。至此，学校拥有一级学科博士点1个、二级学科博士点7个、一级学科硕士点13个、二级学科硕士点59个。“冶金炉渣高效资源化利用国家地方联合工程研究中心”获批建设，学校成为我国东部地区首批国家地方联合工程研究中心建设单位。“青岛理工大学（临沂）土木工程结构鉴定加固研究所”揭牌成立，搭建工程服务和教学科研平台。“山东省城市文化与城市竞争力研究基地”获批建设，学校实现省级人文社会科学研究基地零的突破。“城市文化研究”学科获批山东省文化艺术科学“十二五”重点学科。“山东省高校能源与环境装备”重点实验室通过省教育厅建设计划任务论证。

【科技人才队伍建设】 2011年，学校推荐的美国依阿华州立大学王信伟博士入选“泰山学者”海外特聘专家。至此，学校有“泰山学者”海外特聘专家4人，“泰山学者”特聘教授3人。机械学院兰红波博士入选教育部“新世纪优秀人才支持计划”，获资助资金50万元。环境与市政工程学院孙英杰副教授获得2011年度“宝钢优秀教师奖”。土木学院张纪刚、机械学院李长河、环境学院郭一令3位教师被授予“四方区第八批专业技术拔尖人才”称号。

【科技活动与学术交流】 2011年，学校接受青岛市人大常委会委托，对《青岛市建筑废弃物资源化综合利用管理条例》进行立法前评估。在青岛地铁3号线科研课题招标项目中，竞得6个标段中的2个，总资助经费176.5万元。与山东钢铁集团签订战略合作协议。《百家讲坛》主讲嘉宾之一、著名学者鲍鹏山教授和北京大学外国语学院院长、博士生导师程朝翔教授分别应邀来校作学术报告。德国马格德堡应用技术大学、日本工学院大学、台湾虎尾科技大学、西安交通大学、浙江大学、北京交通大学、北京市建筑工程研究院、深圳大学等国内外高校和科研机构的专家、学者来校进行学术交流。国家自然科学基金委员会中德科学中心常务副主任陈乐生教授以及信息科学部副主任秦玉文、张兆田等领导先后来校座谈并指导工作。7月10日，学校与北京科技大学承办的“中国工业节能减排大学联盟钢铁行业委员会成立会”在青岛举行。国家有关部委、行业协会、重点企业及相关机构的领导和专家，全国十余所钢铁行业相关高校的领导和代表40余人出席了会议。8月19日，山东省自然科学杰出青年基金工程与材料学科中期检查会议在学校举行。11月18～20日，学校承办的“第11届全国青年岩石力学与工程学术大会”在青岛召开。全国20多个省、市、自治区的高校、科研单位的210余位专家学者参加了会议。

（青岛理工大学　陈　栋）

山东师范大学

【概述】 山东师范大学是山东省属重点大学，现有校本部、长清两个校区，总占地面积约258.78万m^2，建筑面积120.66万m^2，教学科研仪器设备总值25 400余万元。设有23个学院，74个本科专业，8个博士后科研流动站，10个博士学位授权一级学科，76个博士学位授权二级学科，29个硕士学位授权一级学科，165个硕士学位授权二级学科，涵盖十大学科门类。拥有1个国家重点学科、1个国家重点（培育）学科，1个省部共建教育部重点实验室，1个教育部工程研究中心，9个中央与地方共建高校基础实验室，1个国家级实验教学示范中心，22个省级重点学科，5个山东省重点实验室，4个山东省工程技术研究中心，8个省高校重点实验室。是国务院学位委员会、教育部批准的教育硕士、公共管理硕士（MPA）、艺术硕士、体育硕士、汉语国际教育硕士和工商管理硕士（MBA）等12个专业学位培养单位。设有教育部人文社会科学重点研究基地——齐鲁文化研究中心等38个省级研究、培训机构。

【科研项目与经费】 2011年，学校新上各级各类科研项目248项，其中纵向项目138项，包括国家级项目30项、省部级项目73项、厅局级及其他项目35项，立项经费4 070.9万元。学校新上省部级以上科研项目情况详见“高校科技发展”篇尾汇总表。

【科研成果】 2011年，学校获得科技奖励17项。其中，李清岭等完成的“微流控芯片流体智能电动控制技术研究及应用”获得省技术发明二等奖，刘培玉等完成的“网络安全审计与Web信息过滤关键技术研究及应用”和帅相志等完成的“山东高校科技创新的实践与发展趋向”两个项目获得省科技进步二等奖；教育部自然科学一等奖1项（第三完成单位），山东高校优秀科研成果奖（自然科学类）一等奖2项、二等奖1项、三等奖8项。鉴定成果10项，其中达到国际先进或国际领先水平7项。申请国家发明专利15件、实用新型专利4件，授权发明专利19件，登记软件著作权2件。发表科技学术论文571篇，出版科技著作16部。根据中国科学技术信息研究所2011年公布的2010年度中国科技论文统计结果，学校被SCI收录论文186篇，其中表现不俗论文32篇；被EI收录论文127篇；SCI被引用论文251篇、613次，在全国高校排名第88位。

【科技合作与成果转化】 2011年，学校与德州市夏津县人民政府签署科技文化合作协议。参加“皖江城市带承接产业转移示范区产学研合作暨巢湖市第九届科技项目对接会”“第四届百名专家淄川行暨山东淄川科技成果引进洽谈会”和“第十届中国（淄博）新材料技术论坛暨国际科技成果招商洽谈会”等活动，推介学校科技成果。接待科技服务项目洽谈200余次，签订科技成果转让、科技服务合同110项，合同金额1 005万元。10月，“应用于小功率质子交换膜燃料电池的高性能储氢合金材料及金属氢化物储氢罐”项目及其主持人石峰分别获得第五届“中国技术市场协会金桥奖”优秀项目奖和先进个人奖。

【重点学科与科技创新平台建设】 2011年，学校获批山东省“十二五”省级重点学科22个，其中特色重点学科11个，获得省教育厅、省财政厅专项建设资助经费320万元，获批省级重点学科及特色重点学科数量均列山东省属高校首位。“逆境植物重点实验室”“精细化学品清洁合成重点实验室”和“分布式计算机软件新技术重点实验室”在山东省重点实验室绩效考评中成绩优秀，获得省科技厅、省财政厅专项建设资助经费185万元。获批山东省“十二五”高校重点实验室8个，其中强化建设重点实验室3个，获得省教育厅、省财政厅专项建设资助经费110万元。“高性能计算与海量网络存储实验室”获得中央财政支持地方基础条件建设专项资助资金150万元。

【科技人才培养与队伍建设】 2011年，学校“国家杰出青年基金”获得者唐波教授入选山东省“泰山学者攀登计划”。以化学化工与材料科学学院董育斌教授为学术带头人的“分子与纳米探针的设计、组装及相关应用的探索性研究”团队入选2010年度教育部“长江学者和创新团队发展计划”创新团队，成为学校首支教育部创新团队。9人入选山东省“泰山学者”特聘教授，3人被评为山东省优秀科技工作者。学校科技人员情况详见“高校科技发展”篇尾汇总表。

【学术交流】 2011年，学校举办各类科研学术报告会100余场次，举办“泰山学者论坛分析科学专题”等学术会议，参加国际学术会议86人次。

（山东师范大学　蒋红花　李　皓）

曲阜师范大学

【概述】 曲阜师范大学为省属重点大学，现有曲阜、日照两个校区，总占地面积176.89hm^2（2 653.41亩），校舍建筑面积102.5万m^2，固定资产总额13.1亿元，教学科研仪器设备总值1.90亿元。设有一级学科博士点5个，博士后科研流动站5个，一级学科硕士点22个，硕士专业学位授权点10个，本科专业70个，专业涵盖文、理、工、法等十大学科门类。设有1个独立学院（杏坛学院），28个院（系），28个研究所，18个省级重点学科，5个省级高校重点实验室（其中强化建设重点实验室2个），2个省级高校强化建设人文社科研究基地。

【科研项目与经费】 2011年，学校新上科研项目298项，其中国家级项目36项（包括国家“948”项目1项），省部级项目121项，横向项目54项。科研项目经费2 339.09万元，其中纵向经费1 330.20万元，横向经费1 008.89万元。学校新上省部级以上科研项目情况详见“高校科技发展”篇尾汇总表。

【科研成果】 2011年，学校获得省自然科学二等奖1项——“均衡优化问题的数值方法研究”，全国教育科学研究优秀成果二等奖2项，“十一五”国家体育总局哲学社会科学优秀成果奖一、三等奖各1项，省社科优秀成果一等奖1项、二等奖8项、三等奖16项，省刘勰文艺评论奖1项，泰山文艺奖三等奖1项，其他厅级奖励57项。鉴定成果11项，其中达到国际先进水平2项。发表科技学术论文503篇，其中被SCI收录120篇、EI收录61篇、ISTP收录70篇。授权发明专利10件。

【重点学科与科技创新平台建设】 2011年，学校获批山东省“十二五”重点学科18个，其中特色重点学科7个，位于省属高校前列。获批山东省“十二五”高校重点实验室5个、人文社科研究基地2个，分别是：南四湖湿地生态与环境保护重点实验室（强化）、智能控制技术重点实验室（强化）、信息功能材料与光电技术重点实验室、绿色天然产物及医药中间体开发重点实验室、体适能监测与调控重点实验室、孔子与传统文化研究中心（强化）、外国语言文化与翻译研究中心（强化）。10月，“生物资源保护与利用研究所”揭牌成立。12月，“孔子礼食研发中心”落户历史文化学院。

【科技人才培养与队伍建设】 2011年，学校“医药中间体及天然药物开发创新团队”被评为济宁市优秀科技创新团队。学校科技人员情况详见“高校科技发展”篇尾汇总表。

“161”人才工程　2011年，学校遴选“161”人才工程新上岗位人员12人。“161”人才工程是该校为提高整体师资力量而实施的高层次人才引进和培养建设工程，具体引进和培养的人才分3个层次，第一层次为国内知名学者，共10名；第二层次为省内知名学者，共60名；第三层次为省内较有影响的学者，共100名。“161”人才工程自2007年实施以来，已先后有121人应聘上岗，学校累计投入经费超过1 200万元，尽最大努力解决了高层次专家的住房、夫妻分居、子女就业等问题。

【科技合作与学术交流】 2011年，学校多次派员到济宁、菏泽、临沂、日照等地进行考察洽谈，先后与兖州煤业股份有限公司、胶南市人民政府等企事业单位签订科技合作协议，实现校地在技术和资源上的优势互补。派出合作研究人员38人次，接受合作研究来访人员25人次；参加国际学术会议72人次，提交学术交流论文50篇，特邀报告11篇。

泰山生物活性先导化合物及其创新药物中间体研究与开发　学校与泰山久宝晟鑫生物工程有限公司所签订的合作项目，主要对天然活性先导化合物进行生物转化，就是利用生物催化剂，将加入到生物反应系统中的天然活性先导化合物进行特异性的分子结构修饰，以获得高效、低毒新化合物。该方法可有效提高已知的天然活性先导化合物的活性、降低毒副作用、改善水溶性和生物利用度。目前，学界对其转化机制、生物转化过程工程以及生物转化产物活性等方面的研究还较少。该项目将现代生命科学技术引入天然活性先导化合物生物转化研究中，将推进天然活性先导化合物研究的快速发展。

消光比测试仪器研制　学校与中国物理工程研究院电子学研究所签订的合作项目，经过两次预验收，于9月完成全部研制工作。仪器运达绵阳后，经过中国工程物理研究院组成的专家组对各项技术指标进行严格测试，顺利通过验收，其中重复测试精度高于合同要求。

（曲阜师范大学　于　健）

济南大学

【概述】　济南大学是山东省重点建设的综合性大学，始建于1948年，拥有学士、硕士学位授予权和硕士研究生免试推荐权，是博士学位授予权立项建设单位，面向全国招生。校园占地面积243万m^2，校舍建筑面积102万余m^2，固定资产总值12.9亿元，教学仪器设备总值3.7亿元，图书馆建筑面积6.3万m^2，藏书及电子文献近400万册，期刊1.4万余种。现设26个学院和2个教学中心。拥有本科专业74个，硕士学位授权一级学科20个、二级学科和专业119个，具有3个硕士专业学位培养门类、13个工程硕士专业学位授权领域，以及材料科学与工程、化学工程与技术、临床医学3个博士学位授权建设一级学科，学科专业涵盖经济学、法学、教育学、文学、历史学、理学、工学、医学、管理学和艺术学等10个门类。建有省部级以上重点学科及研究基地44个，其中省部共建国家重点实验室培育基地1个、教育部工程研究中心1个、省级重点实验室11个、省高校重点实验室4个、省级重点学科13个、省级人文社科研究基地5个、省级工程技术研究中心9个。

【科研项目与经费】　2011年，学校获得纵向科研项目177项，项目总经费3 277.9万元，较上年增长40%。其中，国家级项目53项，经费2 010.4万元；省部级项目75项，经费625万元；军工项目10项，经费337.75万元；其他纵向项目39项，经费304.75万元。

【科研成果】　2011年，学校开展科研项目“结题验收促进年”活动，鉴定、验收、结题各类项目174项。其中，省部级鉴定（验收、结题）102项，厅局级鉴定（结题）26项，校级验收46项。在45项通过鉴定的成果中，研究水平达到国际先进以上的有28项。获得科研成果奖励31项。其中，国家科技进步二等奖1项，省部级奖励16项，山东高校优秀科研成果奖13项，山东省计算机应用优秀成果奖1项。评出济南大学优秀科研成果奖21项。被SCI、EI、ISTP收录论文856篇，其中SCI收录251篇、EI收录520篇、ISTP收录85篇，影响因子>3的文章有53篇（影响因子参考2010年数据）。申请专利126件，其中发明专利71件、实用新型专利55件；授权专利90件，其中发明专利54件、实用新型专利36项；软件著作权登记10件。

【科技合作与社会服务】　2011年，学校开展“济南大学科技宣传服务年”活动，参加地市级科技洽谈会8次；组织专家赴济南、淄博、枣庄等14地市进行技术服务和洽谈对接；与莱芜市政府签订全面科技合作协议；实施“企业调研服务工程”，为教师与企业搭建良好的合作平台。全年签订技术合同152项（含专利实施许可7项），合同金额3 410.4万元，到账经费2 178.5万元，较上年增长29%。

【科技创新平台建设】

工程技术研究中心建设 2011年，学校组织申报“山东省管道气力输送工程技术研究中心”“山东省地下水数值模拟与污染控制工程技术研究中心”和“山东省生态固碳与捕集利用工程技术研究中心”3个省级工程技术研究中心，于12月获得省科技厅批准立项建设。至此，学校省部级工程技术研究中心数量达到10个。

国防科研体系建设 2011年，学校实施“国防科研体系常态化运行机制建设工程”，完成《济南大学质量管理体系手册》的换版和年度监督审核工作；组织相关学院专家到军工科研院所调研、对接，探讨和挖掘新的军工项目增长点。

产学研基地建设 2011年，学校实施“济南大学产学研基地示范工程”。7月29日，济南大学第一个产学研示范基地——山东金城医药化工股份有限公司揭牌成立。学校新建产学研基地1家，与4家企业签订产学研合作协议；批准成立校企合办科研机构12家、校内科研机构31家，新建校企合作科研机构7家。

【科技产业发展】 2011年，山东济大科技发展有限公司运行正常，承担委托科技项目7项，在“国家电网公司集中规模招标采购”中，中标技术开发和设备采购合同1项。

【科技期刊】 据中国科学技术信息研究所2011年统计，《济南大学学报（自然科学版）》在61种综合大学学报中排名第16位，在全部1998种中国科技核心期刊中排名第557位，较上年前进226位，并再次入选中国核心学术期刊，获得中国高校优秀网站奖。《中国粉体技术》和《济南大学学报（自然科学版）》在第八届山东省报刊出版质量综合评估中，均被评为优秀期刊。

【科技人才队伍建设】 2011年，学校科技处被教育部评为“十一五”高校科技管理优秀团队。科技处和刘振分别被评为“十一五”山东省科技计划组织管理先进集体和先进个人。刘宗明教授和郑庚修教授分别获得中国技术市场协会金桥奖先进个人奖和优秀项目奖。

【科技活动】 6月16日，学校主办的“第二届济南大学—济南市科技合作论坛”在校内举行。

7月23日，学校与莱芜市人民政府科技合作协议签字仪式在莱芜举行。双方将在科技、人才、生态软件园、教育等方面开展一系列合作。

12月22～25日，由国家自然科学基金委员会化学科学部主办，学校承办的“第六届全国环境化学学科中青年学者研讨会”在校内召开。国家自然科学基金委员会化学科学部四处主任王春霞，中国科学院江桂斌院士、赵进才院士，环境化学学科“长江学者”、杰出青年基金项目获得者，各高校和科研院所环境化学学科百人计划、新世纪优秀人才等共计80余人出席了会议。

（济南大学　王　平）

青岛大学

【概述】 青岛大学是山东省和青岛市共同建设的省属重点大学，是山东省重点建设高校。前身是1924年创办的私立青岛大学，1993年由原青岛大学与青岛医学院、山东纺织工学院、青岛师范专科学校合并组成现青岛大学。学校分为中心校区、东校区、西校区和四方校区4个校区，总占地面积184.53hm²（2 768亩），建筑面积109万m²，固定资产22亿元。设有22个学院，94个本科专业，涵盖11个学科门类和17种专业学位类型；博士点35个，涉及一级学科10个；硕士点175个，涉及一级学科40个。拥有国家重点学科2个——眼科学、生理学（培育），山东省“十二五”重点学科20个，博士后流动站4个，国家重点实验室培育基地1个——青岛市纤维新材料与现代纺织国家重点实验室培育基地，省部级重点实验室与工程技术研究中心14个。

【科研项目与经费】 2011年，学校获批纵向科研项目280项，其中国家级项目80项（包括重点项目1项）、省部级项目98项、地市厅局级项目102项；签订横向科技开发与合作协议277项，合同经费6 409万元。全年科研项目总经费10 926万元，首次突破1亿元。学校新上省部级以上科研项目情况详见“高校科技发展”篇尾汇总表。

【科研成果及选介】 2011年，学校获得各级科研成果奖励108项，其中省部级22项（一等奖1项，二等奖6项，三等奖15项）、厅局级83项（一等奖12项，二等奖30项，三等奖41项）。鉴定成果9项。在国内外公开刊物发表学术论文910篇，其中被SCI收录144篇、EI收录190篇、ISTP收录21篇；出版学术著作39部。授权发明专利28件。

安全体系结构智能网络终端的研发及其应用 该项目研制出一种新型的高安全性网络计算机体系结构sCPU–dBUS，开发了运行在基于该结构的系统上的、网络结构化的、支持远程故障诊断及自动恢复的操作系统netOS–I。sCPU–dBUS体系结构具有共享的CPU资源和两条独立的高速系统总线——本地子系统总线和网络子系统总线，系统中所有的网络设备都连接在网络总线上，构成网络子系统。当有网络入侵时，其可达范围仅限于网络子系统。用户的重要数据可存储在本地子系统中，这种从体系结构上保证系统的安全性的方法较之现行的安全控制策略可有效地提高系统的安全性。该计算机体系结构已申请国家发明专利。netOS–I操作系统采用网络化的内部结构，实现本地系统内核与网络系统内核的双内核安全切换机制、数据传输私有协议和基于系统路由进程控制的子系统间数据传输接口。鉴定成果4项，获软件著作权9件，申请专利21件，授权专利11件。新增产值29 900万元，利润8 890万元，利税1 250万元，成果已应用于家电、电信、物联网等多个行业。该项目获得2011年教育部高校科研优秀成果奖科技进步一等奖。

纳米光电材料的制备、微观结构、生长机理及物理性能的研究 该项目利用不同的物理和化学方法制备不同种类、不同形态的纳米光电材料，结合高分辨透射电子显微学和电子能量损失谱等多种先进表征手段，系统研究纳米光电材料的微观结构，阐明其生长机理，并关联了微观结构及其电学、光学极磁学等物理性能。在纳米领域发现新现象、提出新概念、建立新模型，为构筑纳米科学新框架奠定基础，成果对制备纳米光电器件具有重要意义。参加在美国、加拿大等地举办的国际会议4次，作邀请报告2次。发表SCI收录论文41篇，其中影响因子>3的论文18篇；被SCI论文引用865次，其中他引759次。该项目获得2011年教育部高校科研优秀成果奖自然科学二等奖。

小儿缺血和慢性缺氧心肌保护的优选方案 该项目为国家自然科学基金、省科技攻关计划和青岛市科技发展基金项目，累计科研经费46万元。采用细胞培养、血清药理学、分子生物学等技术，历时15年建立了小儿慢性缺氧和缺血时心肌保护的策略。主要研究结论与创新点：①从钙代谢角度，发现慢性缺氧大鼠和TOF患儿外周血红细胞游离钙、总钙和心肌细胞游离钙明显升高，而膜钠泵和钙泵活性以及全血游离钙浓度明显下降，同时心肌间质水肿，部分心肌出血坏死，心肌细胞内有挛缩带形成，线粒体肿胀、密度下降，内质网空泡样形成。②发现TOF患儿术后心功能恢复较慢的原因还存在体液免疫、细胞免疫功能的严重紊乱，导致细胞因子的大量释放，促使机体发生全身炎症反应综合症，加重心功能的损伤。因此，从增强心肌收缩力、保护机体免疫功能的角度，在国内外首次提出把黄芪注射液、人类重组生长激素和大剂量免疫球蛋白应用于TOF患儿术后的心肌保护，并应用于临床，取得良好的效果。③应用程序化方法和体外培养，从大鼠外周血获得较为纯化的处于不同分化阶段的内皮前体细胞，创新性发现自体内皮前体细胞移植能够促进缺血心肌微血管新生，对局部梗死心肌组织结构重塑有一定保护作用，并可不同程度恢复缺血心肌的收缩力。发表论文25篇，其中被SCI收录2篇、CSCD收录9篇。该项目获得2011年省科技进步二等奖。

CT、SPECT和SPECT/CT在口腔恶性肿瘤侵犯下颌骨检查中应用价值的研究　该项目对口腔癌侵犯下颌骨而行下颌骨切除的病人进行研究，对比研究癌侵犯下颌骨时CT、SPECT/CT与组织病理之间的关系，评价SPECT/CT同机融合在下颌骨癌侵犯中的诊断价值，为临床手术提供指导。为许多没有SPECT检查条件的医院，提供了根据CT检查结果准确确定手术边界的可能性，具有广泛的推广应用前景。全国已有十余家省、地级医院应用此研究成果对临床病人进行治疗，取得了良好的效果。发表论文5篇，其中被美国医学索引数据库（MEDLINE）收录3篇。该项目获得2011年省科技进步二等奖。

【科技创新平台建设】　截至2011年底，学校有国家重点实验室培育基地1个，山东省重点实验室5个，省人文社科重点研究基地1个，省工程技术研究中心4个，省研究中心1个，省国际科技合作平台3个，厅局级重点实验室、研究中心等22个。学校已通过武器装备科研生产单位二级保密资格。

【科技人才队伍建设】　2011年，以谢俊霞教授为带头人的“医学生理学创新团队”被评为山东省优秀创新团队。韩光亭被省委、省政府确定为青岛大学纺织工程岗位“泰山学者”特聘教授，李长贵被确定为青岛大学医学院附属医院代谢病与痛风病学岗位“泰山学者”特聘专家。学校科技人员情况详见“高校科技发展”篇尾汇总表。

【科技合作】　2011年，学校与青岛市政府、市科技局联合举办首届青岛大学校企产学研对接活动，与青岛高校软控股份有限公司等6家知名企业联合成立青岛青大产学研中心有限公司，与青岛喜盈门集团有限公司等成立青岛康通海洋纤维有限公司。年内，学校被评为“山东省产学研创新突出贡献高校”。

【科技活动与学术交流】　2011年，学校主办国际学术会议7次，参加国际学术会议131人次；交流论文106篇，特邀报告8篇；出访科技人员14人，其中短期项目3人、长期项目11人。12月10日，学校召开第四次科技大会，制定了《青岛大学“十二五”科研发展规划》和《关于进一步加强科研工作　加快推进教学研究型大学建设的意见》等文件。

（青岛大学　郑　蕾）

烟台大学

【概述】　烟台大学为省属重点综合性大学，创建于1984年7月。经原国家教委特批，北京大学、清华大学共同选派教学、科研、管理骨干来校援建，把支援烟台大学纳入长期工作计划，1990年成立“北大、清华支援烟台大学建设委员会”。1995年，学校通过原国家教委组织的本科教学水平合格评价，1998年获得硕士单位授予权，2004年在教育部本科教学工作水平评估中获得优秀。2007年，学校被中国人民解放军总政治部批准为普通高等教育培养军队干部依托培养单位。

【科研项目与经费】　2011年，学校获批科研项目138项，其中国家级35项、省部级68项。主持国家级项目数量首次突破30项，国家社科基金项目数量在省内名列前茅。新上横向课题113项，实际到位经费2 237.3万元，横向课题立项数量和到位经费均创历史新高。全年科研项目总经费3 882万元。学校新上省部级以上科研项目情况详见“高校科技发展”篇尾汇总表。

【科研成果及选介】 2011年，学校获得省部级科研成果奖励14项，其中自然科学类5项、社会科学类9项；获得烟台市科学技术最高奖1项，厅级一等奖8项。傅风华教授“天然活性成分对脑缺血性损伤的干预及其分子机制”项目获得教育部高校科研优秀成果奖自然科学二等奖。鉴定成果9项。发表自然科学类论文501篇，其中被SCI、EI、ISTP收录论文338篇。申请专利55件，其中发明专利46件、实用新型专利9件；授权专利18件，其中发明专利13件、实用新型专利5件；申请计算机软件著作权8件。

山东省氮素淋失敏感性特征与地下水污染的定量评价　2004年省优秀中青年科学家科研奖励基金项目，2011年7月通过省科技厅组织的成果鉴定，达到国内领先水平。该项目揭示了山东省17地市地下水硝态氮含量状况以及与影响氮素淋失的敏感因子之间的关系，查明区域地下水氮素淋失及污染现状；确定了氮肥施用量等因素与地下水硝态氮污染程度的关系；重点对地下水氮污染比较严重的代表性地块进行研究，揭示氮素淋失的敏感特征与农艺措施之间的定量关系，确定区域性高产农区的氮素敏感性因子和指数。该项目研究对提高氮肥利用效率、合理保护和利用地下水资源具有直接的生态效应、资源效应，为有效评估区域地下水污染现状以及制定氮素淋失敏感性分区控制体系提供了科学理论依据。

集成电路用金丝生产新工艺及自动放线系统的研发　2005年省科技发展计划项目，2011年6月通过省科技厅组织的成果鉴定，达到国际先进水平。新研究的金丝生产工艺是具有创新性的熔炼、拉丝、退火方法，在每级收线（丝）或绕制之前增加自动跟随放线（丝）系统，使金丝的输送速度完全跟随收线或绕制速度。该项目分电子控制、机械结构两部分的设计和研制工作。电子控制部分，采用计算机控制技术和自动控制理论，设计研制伺服电机速度自动跟随的闭环控制系统和力矩电机张力自动调节的闭环控制系统，两者有机配合达到控制精度高、稳定性好的极佳效果。机械结构部分，运用CAD/CAM技术和设备进行设计和加工，整体系统具有速度和微张力的自动设定和显示功能。

高效电熔爆铣削加工技术及机床研究　2008年省科技发展计划项目，2011年6月通过省科技厅组织的成果鉴定，达到国际先进水平。该项目技术可广泛应用于冶金、机械、航空、航天、石油、化工等行业，为难加工金属表面处理提供适用、高效、快速可行的技术手段。在加工过程中，带电工具电极与工件表面间产生特殊的电作用，使工件表面局部迅速熔化，在高速工作液的冲击下，熔化金属迅速爆离工件表面，以达到去除金属的目的。电熔爆技术采用非接触性强电加工，与传统加工方法相比，生产率明显提高；与机加工特别是电火花加工相比，能耗明显降低；成本、重量、传动结构简化程度、机床使用寿命等指标均明显优于其他各类传统机床。

【科技合作与成果转化】 2011年，机电汽车工程学院郭忠老师带领的团队与烟台中集来福士海洋工程有限公司签订JU-2000E模具系列协议，合同总金额350万元，到位经费105万元。化学化工学院任万忠教授带领的团队分别与山东恒源石油化工股份有限公司、上海华谊丙烯酸有限公司、北京三聚环保新材料股份有限公司、东华工程科技股份有限公司等7家企业签订合作协议，合同总金额751万元，到位经费374万元。生命科学学院宋建成教授与莱州金海种业有限公司签订玉米分子育种技术研究协议，100万元合同经费已到位。学校与山东招金集团达成为期两年的首期合作计划，山东招金集团出资200万元，先期重点资助祁彩霞老师团队开发研究极具产业化前景的“封闭式二氧化碳激光器用金催化剂开发”和“贵金属纳米材料的规格化制备”两个项目，已到位经费140万元。药学院孙秀燕老师转让发明专利2项，获得转让费60万元。

【重点学科与科技创新平台建设】 2011年，学校新增作物、园艺、农业资源利用、植物保护、渔业、农业科技组织与服务、农业信息化等7个农业推广硕士招生领域。经国务院学位委员会学科评议组审议，学校新增中国史一级学科硕士学位授权点。民商法学、理论物理、中国少数民族史、药剂学、物理化学、应用数学、生物化学与分子生物学7个学科获批山东省“十二五”重点学科，其中民商法学、理论物理、中国少数民族史学科获批山东省特色重点学科。化工制造工程、光信息与光功能材料、结构工程、先进制造与控制技术、海产品质量与安全检测、分子药理和药物筛选与评价实验室等6个实验室获批山东省“十二五”高校重点实验室，其中化工制造工程实验室获批强化建设。应用法学研究中心获批山东省“十二五”强化建设高校人文社会科学研究基地。“国家民委民族问题研究中心烟台大学民族问题研究基地”获批建设，成为国家民委在山东省设立的唯一的研究基地，也是国家民委在非民委直属高校设立的第一家民族问题研究基地。

【科技人才队伍建设】 2011年，学校新聘博士26人，在职教职工中有23人取得博士学位，22人开始攻读博士或硕士学位。杜振宁入选国家“千人计划”，李庆忠入选教育部“新世纪优秀人才支持计划”，祁彩霞受聘“泰山学者”海外特聘专家，傅风华受聘“泰山学者”特聘教授，张骏入选山东省有突出贡献的中青年专家。

（烟台大学　曹永智）

潍坊学院

【科研项目与经费】 2011年，潍坊学院承担市级以上科研项目234项，较上年增长9.3%，科研项目总经费1 190余万元。学校新上省部级以上科研项目情况详见“高校科技发展”篇尾汇总表。

【科研成果及选介】 2011年，学校获得市级以上科技进步奖和社科优秀科研成果奖185项。鉴定成果25项，其中达到国际先进水平2项、国内领先水平23项。发表学术论文1 056篇，其中被SCI、EI等收录444篇；出版学术著作37部。授权专利11件。

农村10kV配电网行波故障测距系统　该项目利用行波故障测距原理设计行波故障测距系统，实现农村10kV配电网线路故障快速准确定位，解决了农村电网小电流接地故障和短路故障定位困难的问题。该项目主要研究一种适合于农村配电网故障自动测距的行波故障测距新算法；提出利用配电变压器提取故障行波信号的有效方法；以故障工频特征量作为测距装置故障启动校验条件的实现方法，增强故障测距鲁棒性；研究利用小波变换技术准确确定故障初始行波波头到达时间的方法，提高故障测距精度；设计开发农村配电网行波故障测距系统，并投入现场试运行。2011年，该项目通过省科技厅组织的成果鉴定，综合技术达到国际先进水平。

镍钯金镀层在电路板引线键合中的工艺　该项目开发出一种新的电路板化学镍钯金涂层，从反应原理上杜绝镀镍层的氧化，在化学镀金过程中阻挡镀镍层与浸金溶液的接触，有效阻挡镍的扩散和迁移，抑制镍表层氧化，防止“黑垫”缺陷产生。应用本工艺生产的新型镍钯金电路板具有优越的性能，特别适合应用于引线键合和表面贴装混合组装板等要求高连接可靠性的产品。将镍钯金电路板应用到半导体封装量产工艺中，可提高产品可靠性、降低原材料成本，具有广阔的应用前景。2011年，该项目通过潍坊市科技局组织的成果鉴定，综合技术达到国际先进水平。

静止无功发生器智能控制系统　该项目主要作用是实时快速地补偿动、静态无功，减少功率损耗，兼有电压调整和谐波抑制功能，能够稳定系统电压，提高供电质量；长距离输电系统有助于提高系统输电稳定性和输电能力，平衡三相负载的有功和无功功率等；采用主回路多重化、脉宽调制技术等措施，大大减少补偿电流中的谐波含量；对节约企业自身电力能源，减少电费投资具有重要意义。2011年，该项目通过省教育厅组织的成果鉴定，综合技术达到国内领先水平。

浮子式容栅雨量计　该项目成果采用精确的容栅传感原理设计制造，完全由数字电路替代传统雨量计的机械部件和触点开关，性能稳定，计量准确，不受任何强度降雨的影响，技术性能远高于国内现有雨量传感器，从根本上解决以往雨量计存在的各种问题。适于装备各地、各种不同气候环境条件下的雨量站和遥测站，完成降水过程的自动测量及数据采集，可使现有的虹吸雨量站实现无人值守和资料的自动整编、自动传输。2011年，该项目通过潍坊市科技局组织的成果鉴定，综合技术达到国内领先水平。

【重点学科与科技创新平台建设】　2011年，学校“光学”和“区域经济学”两个学科获批山东省“十二五”重点学科，“民俗文化学”学科获批山东省文化艺术科学“十二五”重点学科。建成“海盐文化研究基地”和“生物化学与分子生物学重点实验室”两个山东省“十二五”高校科研创新平台。截至2011年底，学校已成立潍坊金融财政研究院、潍坊公共安全研究院、潍坊城市发展研究院、潍坊旅游经济研究所、山东半岛经济社会发展研究院、潍坊市生物工程技术研究中心等40多个研究院所（中心）。

【科技人才队伍建设】　2011年，学校新引进教师53人，其中博士36人、“泰山学者”海外特聘专家1人。新增省级教学名师1人。新聘兼职、客座教授18名，至此学校已聘请国内外知名学者、专家及社会名人189人担任特聘教授、兼职教授或客座教授。

【科技合作】　2011年，学校与潍柴动力股份有限公司开展全面合作，首批科研经费已到位，双方将在技术革新、教育培训、创新奖励等方面进行深度合作。与清华大学环境学院合作的节能减排重点课题“山东省排污权指标交易规划与设计”展开研究工作。与山东寿光蔬菜工程技术研究中心合作成立的“蔬菜组织培养研究室”在模式上尝试由企业投资，校方利用已有实验室和科研人员为地方和企业订单式开展特定项目的培植、研发、检测等工作，提高研究实效。昌邑灶户盐化有限公司“3−氨基−4−甲氧基乙酰苯胺生产技术”、寒亭区开元街道办事处“苹果根区水分调控和高效节水节肥技术研究”、潍坊港华包装材料有限公司“烟草包装材料用安全添加剂”、北京中矿信电科技股份有限公司“矿井排水智能调度系统”、潍坊国建高创科技有限公司“供热管网远程实时监控系统”等一批委托研究项目正在进行。

【科技活动与学术交流】　2011年，学校先后举办了“《潍坊地名文化丛书》编辑研讨会”“王邦直《律吕正声》学术思想研讨会”“2011年中韩饮食文化交流学术论坛”举办“中国民俗学会2011年学术年会”“2011年图伦与组合数学国际学术研讨会”“山东省会计学会会计教育专业委员会2011年年会”和“2011年全省高校科技产业工作会议暨山东高校产业协会年会”等科技和学术活动。全年举办学术报告会136场次，其中外聘国内外知名专家报告会62场次。

（潍坊学院　赵光强　赵文亮）

鲁东大学

【概述】　鲁东大学是以文理工为主体、多学科协调发展的省属综合性大学，创建于1930年，2006年改为现名。学校占地面积142.27hm^2（2 134亩），校舍建筑面积82.6万m^2，固定资产总值11.1亿元，教学科研仪器设备总值2亿元，馆藏纸质图书200余万册。设有18个学院，66个本科专业，其中国家级特色专业建设点5个、省级品牌（特色）专业10个。拥有一级学科硕士点13个，涉及77个二级学科硕士学位授权点。

【科研项目与经费】 2011年，学校新上各级科研项目289项，其中国家级26项、省部级119项、横向课题102项，纵向批准经费2 499.13万元。全年到账经费2 050.33万元，其中纵向1 137.33万元、横向913万元。学校新上省部级以上科研项目情况详见“高校科技发展”篇尾汇总表。

【科研成果】 2011年，学校获得省社科优秀成果一等奖、省科技进步二等奖等省部级奖励21项，获得山东高校优秀科研成果一等奖、烟台市社科优秀成果一等奖等厅局级奖励71项，获得山东省“发明创业奖”二、三等奖各1项。教师发表SCI三区以上论文67篇，EI收录论文130余篇；发表人文社科类高水平论文175篇，被《新华文摘》转载3篇；出版学术著作70余部。申请专利49件，其中发明专利38件、实用新型专利11件；授权专利26件，其中发明专利14件、实用新型专利12件；转化专利2件。

【基础性研究】

控制论研究 学校在该研究方面共申请国家自然科学基金9项、省自然科学基金8项、省中青年科学家科研奖励基金3项、省高校科技计划6项。获得省社科优秀成果二等奖2项，山东高校优秀科研成果一等奖1项、二等奖5项、三等奖8项，省软科学优秀成果一等奖1项。围绕复杂系统预测控制、复杂环境下移动机器人系统建模与智能控制、无线网络系统资源分配、非线性时滞系统鲁棒控制、高阶随机非线性系统控制等问题开展研究。①在预测控制的框架下，研究控制系统设计、优化问题求解、降低算法计算量以及控制系统稳定性、鲁棒性分析等控制系统的核心问题，为提高控制系统的综合性能、降低控制成本，提供有效的理论和方法。②针对移动机器人系统，研究多源干扰的形成机理，提出针对多源干扰进行分类建模、分层控制的新方法。通过引入自学习、神经元网络等智能算法，探讨具有自调节能力的非线性干扰观测器的设计问题。基于分层设计思想，将基于干扰观测器的控制方法与智能控制、非线性控制进行有机结合，研究具有多源干扰的机器人系统智能抗干扰控制策略。③对于随机系统的风险控制，研究在风险指标下，通过调整权值函数来加大反馈容量的能力来抵消海森项对系统产生的影响，探讨状态反馈和输出反馈的二次调节型风险灵敏度指标最优控制问题。④针对非自治的连续生态系统及其对应的时间离散系统，研究正周期解的存在性、持久性及全局渐近稳定性问题，探讨用积分平均的条件取代原有的区间最值条件。对于SIR传染病模型的全时滞稳定性，研究无病平衡点的全时滞稳定的充分必要条件，探讨复杂网络的涌现、协作控制、鲁棒性、一致性和稳定性问题。

分子体系光谱理论、激发态性质和动力学性质研究 学校在该研究方面共申请国家基金项目8项、省部级课题12项，获得2010年省自然科学一等奖1项、2010年和2011年山东高校优秀科研成果二等奖各1项，发表SCI论文96篇。该项研究已形成3个稳定的研究方向，取得一系列原创性研究成果。①在分子体系光谱理论和激发态研究方面，提出确定分子电子态新的理论方法，解决了在低激发态与基态势能曲线相交时如何确定基态的难题。发展了四原子分子高激发转振能级的动力学李代数方法，构造里德堡分子中激发态电子的模型，基于扩展的闭合轨道理论和多通道量子亏损理论，用新的模型解决了里德堡分子和原子在强场中的吸收谱和回归谱问题。②在分子反应立体动力学性质研究方面，利用量子力学理论和高性能计算等方法，研究分子的动力学性质、发展了分子动力学性质激光调控、光谱参数、量子相干等方面的新知识，对动力学性质演化规律有了更清晰的认识。从原子分子水平上认识和理解态—态反应动力学、强场对反应通道控制、原子在表面附近光剥离、混沌动力学调控等动力学过程，为实验实现分子反应通道、原子在表面附近光剥离、混沌动力学人工调控提供理论依据。③在光电材料及应用方面，利用蒙特卡罗方法模拟薄膜的形成过程和掺杂过程，预测具有特殊功能的薄膜材料及其结构；研究特殊形态发光材料的微结构与性能的关系，通过对其结构的研究认识其特殊性能产生的机理，为制备、开发和应用特殊形

态的发光材料体系提供理论依据；优化与发展特殊形态发光材料及其器件的制备方法，实现新型发光材料源头创新。运用分子自组装、自组织和模板技术，研究ZnO纳米点薄膜、氧化铝纳米孔中ZnO颗粒、多孔硅及其复合体系发光材料的光致发光特性和机理；利用相位调制和方位角振幅调制相结合的方法，研究阵列纵向偏振亚波长高分辨率光束的产生机理及其应用。

【应用研究与高技术研究】

分子生物学与基因工程研究　学校在该研究方面共申请国家自然科学基金、省基金、市厅级课题和横向课题十余项，在《Plant Physiology》和《Plant Journal》等期刊发表论文近百篇。主要在分子水平上探讨生长发育、代谢调控、基因功能、抗病互作等的生物学机制，克隆重要的功能基因、抗病基因、调控基因，并利用基因工程手段改造目的生物。①花药及花粉发育分子机理的研究：以林木模式植物杨树等为材料，对参与调控花药及花粉发育的转录因子进行分离、鉴定及功能研究，建立了适合林木基因分离与功能鉴定的实验技术体系。②抗病基因的克隆及与抗病相关的miRNA的筛选与分析：建立适合大麦等作物miRNA分离与克隆的技术体系，筛选、分析了与抗病相关的miRNA，采用生物信息学手段预测miRNA的调控功能，并研究其在作物抗病、防病体系中的作用，从基因表达调控的角度探讨抗病互作机理，为培育出抗病作物新品种奠定基础。③次生代谢物合成途径中关键酶的功能研究：利用P450酶表达的酵母表达系统和大豆的毛状根转化系统，探索大豆苯基丙酸类合成途径中香豆素生物合成酶基因的功能；以大豆香豆素为主要研究对象，建立较低成本的次生代谢物表达系统，利用基因工程的方法提高其产量，为次生代谢物的生产提供更便利、更有效的途径。④肿瘤转移分子机理的研究：通过研究Intein的结构与功能，探讨抗肿瘤转移基因nm23-H1和KAI1抗转移分子机理，获得具有高剪接活性的Ssp DnaB和Ssp DnaE intein，通过intein分子内反式剪接环化的RGD肽，实现抑制肿瘤生长和转移的作用，阐明nm23-H1和KAI1两种抗癌基因作用于uPAR系统的分子机制，通过转基因达到抗肿瘤转移的目的。

高性能与功能高分子材料研究　学校在该研究方面共获得国家基金项目11项、省部级课题21项、厅局级课题16项，与烟台氨纶集团联合承担国家“863”计划项目1项、与企业合作课题12项，获得2010年省自然科学三等奖1项、省科技进步三等奖2项、山东高校优秀科研成果（自然科学类）一等奖1项，发表SCI论文126篇，授权国家发明专利6件。该项研究已形成两个稳定的研究方向，取得系列原创性研究成果。①在新型功能吸附材料的设计、合成及性能研究方面，解决了以天然高分子为基体制备吸附材料过程中吸附性能下降的难题，以及酚醛树脂中活酚羟基易被氧化的问题，合成新型吸附材料前驱体功能化聚丙烯腈树脂。②在单分散微米级聚苯乙烯微球的研制与产业化研究方面，采用“交联剂后滴加分散聚合法”，得到粒径在0.5μm～3.5μm的单分散交联聚苯乙烯微球，特别是粒径为0.5μm、1.0μm、2.0μm、3.0μm、3.5μm的微球，交联剂的最大引入量可达15.0%（文献报道最大引入量为3.0%），获得单分散微米级聚苯乙烯微球的制备新工艺，提出“交联剂后滴加分散聚合法”反应机理；采用沉淀聚合法，使用绿色溶剂代替乙腈，得到单分散交联聚苯乙烯微球；采用复合化学镀工艺在微球表面沉积厚度均匀导电和抗氧化性能优异的亚微米Ni/纳米Au复合镀层，实现镀层的厚度致密性可控，导电性能良好，获得了单分散微米级聚苯乙烯微球化学镀金属层的新工艺。

【科技合作与社会服务】　2011年，学校与山东中矿集团、冰轮集团、山东民和牧业有限公司等企业签署全面合作协议；安排2名博士到山东金宝电子有限公司和烟建集团有限公司挂职、兼职，开展技术服务和开发工作；与烟台市葡萄与葡萄酒局和烟台张裕集团有限公司共建葡萄酒学院，与烟台市旅游局合作成立烟台市旅游规划设计研究院。学校获得2011年“烟台发展突出贡献单位”称号，成为驻烟高校中唯一连续3年获此殊荣的单位。

【学科建设】　2011年，学校“问题青少年教育矫正管理”博士学位人才培养项目通过国务院学位办两轮专家评审，待国务院学位委员会最终评审；英语语言文学、载运工具运用工程、语言学及应用语言学、自然地理学、高等教育学、运筹学与控制论、区域经济学7个学科被批准为山东省“十二五”重点学科，其中英语语言文学、载运工具运用工程2个学科为省级特色重点学科；中国史、世界史、美术学和生态学4个学科获批硕士学位授权一级学科，至此学校硕士学位授权一级学科总数达到13个。

【科技创新平台建设】 2011年，山东省食用菌技术重点实验室通过省科技厅验收。分子设计与材料合成、应用生物技术、高性能与功能高分子材料、信息物理融合与智能控制4个实验室被批准为山东省“十二五”高校重点实验室，其中分子设计与材料合成实验室为强化建设实验室。新增中华文化传统与中国现代思想研究基地、应用型外语人才培养研究基地2个山东省“十二五”高校人文社会科学研究基地。与烟台拓伟机械有限公司、鲁东新能科技有限公司、烟台威尔数据有限责任公司共建了机器人与自动化装备研究所、烟台能源与动力工程研究所、物联网与智能终端工程技术中心。

分子设计与材料合成重点实验室　实验室建筑面积2 000m^2，仪器设备总值2 011万元，已形成发光材料、光电薄膜、分子设计与材料微结构、光电材料器件及应用等4个稳定的研究方向；主持完成国家自然科学基金项目4项、省教育厅项目1项，目前主持国家自然科学基金项目7项、省自然科学基金项目4项，科研经费412万元；发表论文被SCI收录135篇，其中SCI二区刊物10篇；获得省自然科学一等奖1项，山东高校优秀科研成果一等奖1项、二等奖3项、三等奖3项，烟台市第五届青年科技奖2项；申请国家发明专利6件，授权国家发明专利4件；鉴定成果1项，推广成果3项。

机器人与自动化装备研究所　学校发挥人才、智力优势，烟台拓伟机械有限公司每年投入120万元，主要进行各种工业机器人（直角型、关节型、SCARA型，并联）以及各种自动化装备（以数控机床为主）的应用基础研究与产品设计、开发。研究所第一阶段工作主要进行关节型机器人的机械系统设计、优化、分析，设计开发出多种型号的关节型工业机器人，形成相应的模块化部件和企业标准；利用现有的开发平台，研究高层控制算法（包括图像处理、分析，轨迹自主规划等），开发具有自主知识产权的电气控制系统。第二阶段工作主要进行机器人智能设计软件的开发，提高工业机器人机械部分的设计效率；重点研发具有自主知识产权的整机控制系统架构；研究运动控制算法与运动控制开发平台。第三阶段工作重点是研发适合于关节型工业机器人的伺服驱动器。目前，开发的“六自由度关节型搬运机器人”和“垂直越臂式关节型压力罐喷涂机器人”等产品，已成功应用于烟台拓伟机械有限公司、烟台顿汉布什工业有限公司等企业生产中，使企业取得良好的经济效益。

【科技人才队伍建设】 2011年，学校召开鲁东大学第二次人才工作会议，研究出台了《引进高层次人才暂行办法》。新引进博士39人，其中海外博士3人。新聘一批高水平兼职教授，其中院士3人、博士生导师32人。陈厚教授入选教育部“新世纪优秀人才支持计划”，陈厚与俞祖华教授入选山东省有突出贡献的中青年专家，亢世勇教授入选烟台市有突出贡献的中青年专家。董全力博士主持的“利用激光雷达远程监测大气质量”项目获批“山东半岛蓝色经济区人才发展优秀项目”，获得专项经费资助10万元。

【学术交流】 2011年，学校举办“鲁东大讲堂”，组织学术报告100余场；举办“第七届中国多智能体系统与控制会议”等高层次学术会议2次。学校被省社会科学联合会授予“山东省社会科学学术活动先进单位”称号。

（鲁东大学　高淑鹏）

临沂大学

【概述】 临沂大学是省属综合性大学，主管部门是山东省教育厅。学校前身是1941年创建的滨海建国学院，2010年由临沂师范学院改为现名。占地面积400hm^2（6 000余亩），校舍建筑面积155万m^2，教学实验仪器设备总值2.53亿元，馆藏纸质图书422万册，电子图书12 206GB。现有66个本科专业，涵盖十大学科门类。设有19个二级学院，9个研究所，2个分校和1个附属中学。

【科研项目与经费】 2011年，学校新上省部级以上科研项目51项，到位科研项目总经费806万元，其中纵向项目经费484万元，横向项目经费322万元。学校新上省部级以上科研项目情况详见“高校科技发展”篇尾汇总表。

【科研成果】 2011年，学校获得各级科研成果奖励106项。其中，省社科优秀成果奖11项，省软科学优秀成果奖7项，山东高校优秀科研成果奖7项，省自然科学学术创新奖1项，山东“泰山文艺奖”1项，省文化艺术科学优秀成果奖2项，省社会科学普及优秀作品奖1项，山东社科论坛优秀论文3项，全省高校思想政治教育优秀成果奖3项，第八届山东省统计科研优秀成果奖6项，临沂市科技进步奖6项，临沂市社科优秀成果奖58项。在国内外学术期刊发表学术论文838篇，其中被SCI、EI、ISTP收录185篇；出版学术专著、教材50部。

【科技合作与社会服务】 2011年，学校开展校校、校企、校地交流，在科技研发、社会服务等方面开展全面合作，有4位中科院和工程院院士受聘兼职教授，与中国海洋大学、青岛大学、青岛理工大学、青岛科技大学、山东轻工业学院等高校签署校校战略合作协议，与山东荣庆物流有限公司、鲁南制药集团股份有限公司、山东金正大集团、常林股份有限公司、澳柯玛集团等20余家企业建立了校企合作关系，与兰山区政府、莒南县政府、临沭县政府、临沂高新技术产业开发区、临沂经济技术开发区、临沂临港经济经济开发区等地方政府签署校地战略合作协议。学校发挥“临沂市物流人才培训中心职能”，为临沂市培养物流、服务外包等高端服务业人才1 250余人；通过中学校长培训项目，对临沂市230名中学校长进行培训，另培训中小学骨干教师150余人。当年，学校被山东省授予“山东省企校合作培养人才先进单位”和“第七届山东省青年志愿服务先进集体”等称号。

【重点学科与科技创新平台建设】 2011年，学校新增1个省级重点学科——自然地理学、1个省“十二五”文化艺术科学重点学科——红色文化学、1个省国土资源厅重点实验室——地质与古生物重点实验室，2个省级工程技术研究中心——山东省肥料工业废物资源化利用工程技术研究中心、山东省鲁南中药材资源开发工程技术研究中心，3个省级研究基地——山东沂蒙红色文化研究中心、山东羲之书法研究中心、沂蒙文化研究基地。学校现有山东省“十二五”重点学科4个，省“十二五”文化艺术科学重点学科1个，省重点实验室1个，省“十二五”高校重点实验室1个，省国土资源厅重点实验室1个，省工程技术研究中心2个。

【学术交流】 2011年，学校围绕70年校庆组织开展系列学术活动，邀请中国高等教育学会会长周远清，香港科技大学原副校长孔宪铎，美国纽海文大学李昌钰教授，中国工程院院士陈清泉、盖钧镒、刘尚合，中国科学院院士包信和、薛其坤、王克明，国际欧亚科学院院士林珲等著名专家、学者来校作学术报告60余场，聘请外籍专家、教师122人。公派教师参加国际访学89人次、国内访学166人次，派教师参加国际学术会议3人次、国内学术会议161人次，主办或承办国内高层次学术会议8次。

【研究生教育】 2011年，学校新增研究生导师3人；与山东师范大学联合培养研究生进入第三届，在“应用数学”“高等教育学”和“自然地理学”3个专业共招收硕士研究生78人。

（临沂大学 刘新昌 刘佳梅 连振娟 张 明 高振强）

聊城大学

【概述】 聊城大学是省属综合性大学，前身是1974年创建的山东师范学院聊城分院，2002年改为现名。学校占地面积200hm²（3 000余亩），校舍建筑面积75万m²，教学科研仪器设备总值2.4亿元，馆藏纸质图书250万余册，拥有电子图书资料20 138GB。现有32个学院（部），1个教学部，78个本科专业，73个硕士点，5个专业硕士点，17个硕士学位授予权一级学科，本科专业涵盖11大学科门类。

【科研项目与经费】 2011年，学校新上各级科研项目123项，科研项目总经费1 335万元。学校新上省部级以上科研项目情况详见“高校科技发展”篇尾汇总表。

【科研成果及选介】 2011年，学校获得省科技进步二等奖2项、三等奖2项，省软科学优秀成果二等奖3项、三等奖4项，山东高校优秀科研成果奖22项；鉴定成果9项；授权发明专利19件；发表学术论文816篇，其中被SCI收录310篇、EI收录152篇、ISTP收录45篇。

CAN总线高速高档织机电控系统研究 该项目成果与国内同类产品相比有以下优点：①采用CAN总线系统实现数据的采集控制，数据传输速度快、性能可靠；②以SH7047高速单片机作为主控芯片，通过主编码器的数据采集实现对开口装置、引纬装置和打纬装置的控制；③通过友好的640*480分辨率的大屏幕液晶显示人机界面，采用中英文或图形提供信息和操作指示，使人机对话更加符合操作习惯，操作便捷，维护简单，降低劳动强度，改善工作环境；④支持大容量的组织工艺编程，单个花色的组织工艺编程均可达到2.6万段，能够织造长度2.8m的大型图案，品种适应性强，送经装置和卷取装置等5个核心部装置可实现有规律控制。2011年，该项目通过省教育厅组织的成果鉴定，达到国际先进水平。

优质黄桃新品种“黄金魁”“黄金实”的选育 该项目将常规技术与现代生物育种技术相结合、有性杂交育种和自然杂交选种相结合，从分子生物学水平入手，开展POD同工酶分析和DNA分子标记，为黄桃种质创新提供新的视点和资料，选育出育种罐藏加工和鲜食兼用的优质黄桃新品种“黄金魁”和“黄金实”，从而促进我国黄桃品种结构的优化，实现黄桃的可持续发展。2011年，该项目通过省科技厅组织的成果鉴定，达到国际先进水平。

优异山楂种质创新及其系列新品种选育 该项目选取生产上主要栽培的18个山楂品种（系），分析其果实主要营养成分的含量，并利用NPSYS软件和UPGMA法对扩增结果进行品种间相似系数的计算及聚类分析，研究山楂各种质的亲缘关系，为山楂各品系的分类、品种鉴定、新品种选育及其优势利用、从分子水平上进行山楂育种等提供科学依据。提出的配套栽培技术为发展生产和推广应用提供了重要技术支撑，并为发挥山东省山楂种质资源优势、制定开发利用计划、建立优良山楂基地、产品加工和开拓国内外市场提供依据。2011年，该项目通过省科技厅组织的成果鉴定，达到国际先进水平。

黄河故道毛白杨林生长衰退机理及恢复重建 该项目通过对黄河故道沙区毛白杨生长衰退林分的病情、多年气候变化、林分土壤水盐运动规律的调查测定，结合毛白杨人工林生长特性、树体盐分离子分布特征以及不同衰退程度林分生理生化指标差异性的测定分析，揭示黄河故道毛白杨林生长衰退机制。2011年，该项目通过省科技厅组织的成果鉴定，达到国际先进水平。

玉米苗枯病菌与寄主互作机理及其在病害防控中的应用 该项目明确了玉米苗枯病的病原种类，对玉米苗枯病菌和寄主的互作机制进行研究，通过REMI和ATMT技术建立高效遗传操作技术体系，获得包含4 100多个转化子的突变体库，筛选得到生长突变体84个、产孢突变体19个、致病性突变体22个，克隆出致病相关基因4个；建立了测定玉米对苗枯病菌抗病性的平台和指标，调查和测定出玉米主要杂交种和自交系对苗枯病的抗性水平，找到抗性杂交种6个、中抗品种9个、抗性自交系5个、中抗自交系5个，了解玉米对苗枯病抗病性的遗传规律。2011年，该项目通过省教育厅组织的成果鉴定，达到国内领先水平。

大容量高效液相色谱手性柱的制备及应用研究 该项目采用现代先进的材料制备技术，合成适合用作色谱填料的新型二氧化硅介孔材料，其先进性在于利用自制的新型色谱填料的更大孔体积，显著增加手性聚合物的上载量，提高手性柱的柱容量。2011年，该项目通过省教育厅组织的成果鉴定，达到国际先进水平。

【重点学科与科技创新平台建设】 3月，学校化学储能与新型电池技术实验室被省科技厅、省财政厅批准为山东省重点实验室。4月，光通信科学与技术学科被省政府批准为“泰山学者”特聘教授设岗学科。6月，分析化学、光学、自然地理学（黄河下游资源环境与生态安全）、系统理论、分子生物学与抗体药物工程5个学科被省教育厅、省财政厅批准为山东省“十二五”重点学科，光信息传输与处理、智能信息处理与网络安全、清洁化学能源技术、生态学与生物多样性4个实验室被批准为山东省“十二五”高校重点实验室，运河与区域经济社会发展研究中心和教师教育创新研究基地被批准为山东省“十二五”高校人文社会科学研究基地。

化学储能与新型电池技术实验室 该实验室主要依托学校化学化工学院化学一级学科硕士学位点与分析化学省级重点学科（“泰山学者”特聘教授设岗学科）进行建设，主要开展与化学储能和新型电池技术有关的新技术、新材料和新方法的基础理论与应用研究，形成了4个稳定而有特色的研究方向：化学储能技术、电化学燃料电池技术、太阳能电池技术和清洁能源催化技术。实验室现有使用面积1 800m²，仪器设备总值2 800余万元；固定研究人员39人，其中山东省有突出贡献的中青年专家1人、“泰山学者”特聘教授1人。

【学术交流】 2011年，学校邀请国内外知名专家学者来校作学术报告或学术交流161人次，主办国内和省内学术会议5次。

（聊城大学　李永新）

德州学院

【概述】 德州学院主管部门是山东省教育厅，前身是始建于1971年的德州师范专科学校，2000年改为现名。学校占地面积134.73hm²（2 021亩），建筑面积66万m²，教学仪器设备总值11 394万元，馆藏图书184万册。现有52个本科专业，专业涵盖十大学科门类。2009年被确定为山东省硕士研究生联合培养基地，与山东师范大学联合招生。2010年被省人民政府授予“全省教育工作先进单位”称号，被省人力资源和社会保障厅评为“山东省大学生创业教育示范院校”。

【科研项目与经费】 2011年，学校新上省部级以上科研项目41项，市厅级项目57项，横向课题20项。全年到位科研经费367.84万元。学校新上省部级以上科研项目情况详见“高校科技发展”篇尾汇总表。

【科研成果】 2011年，学校获得各级科研成果奖励103项，其中省社科优秀科研成果二等奖2项、三等奖3项，省刘勰文艺评论奖1项。教师在国内外学术刊物上发表科研论文（首位）831篇，其中在核心期刊发表387篇，被SCI收录36篇、EI收录60篇、ISTP收录7篇、CSSCI收录31篇；出版专著15部。授权专利263件，其中发明专利3件、实用新型专利260件。

【重点学科与科技创新平台建设】 2011年，学校加大对重点学科与科技创新平台的建设投入，投入硬件条件建设经费200万元，软件建设经费300万元。“生物物理学”和“服装设计与工程”被批准为省“十二五”重点学科，“民俗文化学”和“地域音乐文化”入选省文化艺术科学“十二五”重点学科，“功能大分子生物物理实验室”被批准为省市共建山东省重点实验室，“生物技术与生物资源利用实验室”和“配位化学与功能材料实验室”被批准为省“十二五”高校重点实验室，“食品经济管理研究基地”被批准为省“十二五”高校人文社会科学研究基地。

【科技合作与社会服务】 2011年，学校制定了《德州学院服务德州行动计划（2011～2015）》。生物系与山东龙力生物科技股份有限公司初步达成全面合作意向，龙力集团在学校设立联合研发实验室，学校在龙力集团设立生物技术研发与转化基地以及生物系专业实习基地。地理系为德州市各大酒店提供人员培训。经济管理系举办了晶华集团工商管理培训班、古北春集团中高层干部培训班、德百集团金牌店长管理技能训练营。医学系与保龄宝生物股份有限公司进行联合办学。

（德州学院　张明峰）

滨州学院

【概述】 滨州学院是教育部批准成立的综合性普通本科院校，占地面积158.67hm^2（2 380亩），校舍建筑面积36.9万m^2，资产总值11.8亿元，教学科研仪器设备总值8 800万元，省高校自动化建设先进图书馆藏书183万册。设有20个实验中心（室），电工电子实验中心为省级实验教学示范中心。

【科研项目与经费】 2011年，学校获得各类纵向项目90项，其中国家级6项、省部级46项、市厅级38项。获得科研经费594.2万元，其中纵向科研经费440.6万元、横向科研经费153.6万元。学校新上国家级科研项目如表1所示。

表1　2011年滨州学院新上国家级科研项目

项目名称	项目类别	承担人	资助经费（万元）
几类非线性波方程的对称性分析、精确解与动力学性质研究	国家自然科学基金面上项目	刘汉泽	45
贝壳堤岛3种灌木光合效率对土壤水分的阈值效应	国家自然科学基金青年科学基金项目	夏江宝	21

续表

项目名称	项目类别	承担人	资助经费（万元）
盐碱化土壤有机碳累积对根系淀积物和环境要素的响应	国家自然科学基金青年科学基金项目	李　玲	28
黑水城文书与元代西北军政研究	国家社科基金	杜立晖	15
生态视野中的网络小说叙事研究	国家社科基金	李盛涛	15
吕剧的盛衰与当代勃兴	国家社科基金（艺术学）	李沈阳	12

【科研成果】　2011年，学校获得市厅级以上科研成果奖励95项。其中，“黄河三角洲移民的特征”获得省社科优秀成果二等奖，“盐碱类湿地生态修复技术与示范——造纸废水灌溉修复盐碱类湿地关键技术与工程示范”获得省科技进步三等奖。鉴定成果5项（如表2所示），结题项目54项，验收项目12项（如表3所示）。发表论文490余篇，其中被SCI收录27篇、EI收录44篇、CSSCI收录33篇、CSCD收录58篇。出版学术著作9部。教师授权专利58件，其中发明专利1件、实用新型专利29件、外观设计专利28件。

表2　　2011年滨州学院通过鉴定成果

成果名称	成果来源	负责人	成果水平
工业废溶剂资源化利用技术研究	省自然科学基金项目	李长海	国际先进
苯胺废水资源化中试关键技术研究	省优秀中青年科学家科研奖励基金项目	李长海	国际先进
黄河三角洲湿地生态系统综合整治技术、模式与示范	国家“十一五”科技支撑计划项目	陆兆华	国际先进
虫生真菌代谢物中毒蛋白的分离及性质测定	滨州市科技发展计划项目	李建庆	国内领先
黄河三角洲区域旅游合作机制实证研究——以滨州、东营两市为例	省软科学研究计划项目	陈玉涛	国内领先

表3　　2011年滨州学院完成验收项目

项目名称	项目类别	负责人	结　论
黄河三角洲生态系统综合整治技术与模式	国家“十一五”科技支撑计划	陆兆华	通过科技部社会发展科技司组织的验收
基于SOC的高效数字频率合成器	省信息产业发展专项资金	谭业武	通过省经济和信息化委员会组织的验收
Internet数字解压缩视频监控系统	省信息产业发展专项资金	张士国	通过省经济和信息化委员会组织的验收
黄河三角洲湿地退化机制、退化湿地恢复关键技术与示范研究	省科技攻关计划	陆兆华	通过省科技厅组织的验收
黄河三角洲海岸带湿地保护与修复技术示范	省科技攻关计划	陆兆华	通过省科技厅组织验收
基于FPGA的分数阶混沌/超混沌通信信号源的研制	省科技攻关计划	王忠林	通过省科技厅组织的验收
Agilent气相色谱仪功能拓展开发技术研究	省科学仪器设备升级改造专项	陆兆华	通过省科技厅组织的验收
受控生态实验室改造及功能开发	省科学仪器设备升级改造技术及测试新方法研究	田家怡	通过省科技厅组织的验收
黄河三角洲生态环境重点实验室建设	滨州市应用技术研究与开发专项	田家怡	通过滨州市科技局组织的验收

续表

项目名称	项目类别	负责人	结　论
虫生真菌代谢物中毒蛋白的分离及性质测定	滨州市科技发展计划	陈印平	通过滨州市科技局组织的验收
高校英语教师专业素质的形成与发展研究	滨州市科技发展计划	裴希山	通过滨州市科技局组织的验收
高校教师科研能力自主发展研究	滨州市科技发展计划	孟丽华	通过滨州市科技局组织的验收

【重点学科与科技创新平台建设】 2011年，学校新增应用数学、生态学2个省级重点学科，以及文化生态学、黄河三角洲文化学2个省文化艺术科学重点学科。新增国家体育总局体育文化研究基地、山东省黄河三角洲野生植物资源开发利用工程技术研究中心、山东省高校航空信息与控制技术重点实验室、山东省高校孙子兵法与兵学研究基地、山东省高校平安校园建设研究基地5个省部级科研平台，以及滨州市液态污染物综合利用重点实验室。

【科技活动与学术交流】 2011年，学校先后举办了海峡两岸孙子文化交流会、海峡两岸大学生孙子兵法友谊辩论赛、全省黄蓝叠加区域经济战略学术研讨会等大型学术活动。组织国家自然科学基金、国家社科基金项目指导论证会，以及4场学术方法指导报告，举办校外专家学术报告27场次、校内教师完成学术报告101场次，参加国际学术会议7场次、国内学术会议23场次，提交会议交流论文21篇。

（滨州学院　李建庆）

泰山学院

【概述】 泰山学院是教育部批准设立的综合性普通本科院校，前身是始建于1958年的泰安师范专科学校，2002年改为现名，2005年获得学士学位授予权。现有南、北两个校区，占地面积96.33hm²（1 445亩），校舍建筑面积52万m²，教学科研仪器设备总值9 600万元，馆藏纸质图书165万册，中外文期刊9 027种，建有反映泰山悠久历史文化的泰山文献古籍资料馆和反映中国农村改革历程的万里图书馆。设有18个教学院（部），57个本科专业，34个专科专业，涵盖九大学科门类。2011年，学校被教育部批准为第三批大学英语教学改革示范点项目学校，成为全国100所示范点项目学校中仅有的两所地方本科院校之一。

【科研项目与经费】 2011年，学校组织申报科研计划27类786个项目，获得立项16类152项；新上横向项目6项。全年科研经费408万元。学校新上省部级以上科研项目情况详见“高校科技发展”篇尾汇总表。

【科研成果】 2011年，学校获得科研成果奖励49项，其中山东高校优秀科研成果奖4项，省软科学优秀成果奖12项，省文化艺术优秀成果奖6项，省第二届大学生展演活动论文奖2项，泰安市社科优秀成果奖25项。鉴定成果（结题项目）48项，其中省级20项、市厅级16项、校级12项，有1项成果达到国际先进水平。发表学术论文746篇，其中在核心期刊发表99篇，被SCI、EI、ISTP等收录97篇，在CSSCI发表25篇；出版学术著作、教材47部。申请专利4件，授权专利4件。

【重点学科与科技创新平台建设】 2011年，学校新增省级特色专业1个，省级精品课程6个（涉及3个课程群）。新增本科专业3个，学士学位授予专业6个，至此学校学士学位授予专业达到42个。获得中央财政支持地方院校发展基金两项——“大学英语一体化实验教学中心”和“机械工程训练中心”，各获得资助经费200万元。

省级重点学科建设 6月，学校“计算机应用技术”和“有机化学”两个学科被确定为省“十二五”重点学科，“旅游与资源环境实验室”被确定为省“十二五”高校重点实验室，“泰山文化研究中心”被确定为省“十二五”高校人文社会科学研究基地。学校省级重点学科（科研创新平台）从“十一五”期间的1个增至“十二五”期间的4个，省高校重点实验室和人文社科基地实现零的突破。10月，学校“泰山美术学”学科被确定为省文化艺术科学“十二五”重点学科。11月，学校按照省教育厅要求完成了省级重点学科任务书的论证工作。

泰山文化研究中心建设 该中心凝聚了以周郢为代表的一批泰山文化研究专家学者，逐步形成特色鲜明的泰山文献研究、泰山宗教民俗研究和世界遗产文化研究等3个研究方向，研究成果在国内外产生了广泛的影响。2011年，该中心有多人参加在中国台湾地区和韩国举办的国际会议和山岳文化研究，并接待韩国庆尚大学研究人员来中心开展研究工作。

校级重点学科和优势学科建设 2011年，学校评选“计算机应用技术”“旅游管理”“凝聚态物理”和“马克思基本原理”4个学科为第一批校级重点学科，评选“分析化学”等7个学科为第三批校级优势学科培养对象，对“专门史”等4个第二批校级优势学科培养对象进行考核验收。

【科技合作与社会服务】 2011年，学校参与泰安“强市名城”建设，开展科技合作和社会服务50余项，在泰安市旅游政策研究、海水侵蚀和土壤盐渍化监测与评价方法验证示范、团中央政策调研、玉米田农药生物测定、泰安蒻云山旅游度假风景区开发与建设咨询服务、中国科学院地质与地球物理研究所测试分析等方面取得较大的社会效益和经济效益。

【科技人才培养与队伍建设】 2011年，学校新增博士10人，其中引进6人、校内教师学成返校4人；选聘7名优秀硕士研究生充实教师队伍。有13名教师考取博士研究生，16人新报考博士研究生，现有34名教师在职攻读博士研究生。9名教师取得国内外访学资格，聘请兼职教授、客座教授13人。验收命名第二批校级优秀教学团队7个，遴选第四批校级优秀教学团队培养对象9个，旅游专业实践教学团队被评为省级教学团队。评审校级教学名师4名，新增省级教学名师2名。年内，学校与东北师范大学、山东体育学院、曲阜师范大学合作建成硕士研究生联合培养基地，东北师范大学部分2011级硕士研究生在泰山学院进行全日制培养。

【科技活动与学术交流】 2011年，学校组织高水平学术报告20余场。万里图书馆与中国改革发展史研究中心成功举办“改革开放历史经验学术研讨会”和“纪念1981年全国农村工作会议30周年座谈会”。泰山研究院作为发起单位与日本、韩国有关研究机构共同组织成立东亚山岳文化研究会，并在韩国召开首届年会。6月，由省教育厅主办、山东大学承办、泰山学院协办的“泰山学术论坛暨973计划项目专题研讨会”在泰安举行，会议期间邀请校兼职教授柴天佑院士作学术报告。

（泰山学院　李丽清）

济宁学院

【科研项目与经费】 2011年，济宁学院新上科研项目58项，其中国家级3项、省部级10项、市厅级23项、校级20项、合作研发项目2项。主持省部级以上项目数量较上年增长18.2%，市厅级项目较上年增长21%。全年科研项目总经费107万元。学校主要新上科研项目如表所示。

表 2011年济宁学院主要新上科研项目

项目名称	项目类别	负责人
新颖多功能硫属化合物微孔材料的设计合成	国家自然科学基金项目	岳呈阳
小分子体系纠缠及量子调控的动力学代数理论	国家自然科学基金理论物理专项	冯海冉
复合介质渗透反应格栅的地下水体修复技术研究	国家水体污染控制与治理科技重大专项子课题	高洪涛
严粲《诗辑》校注	全国高等院校古籍整理研究工作委员会直接资助项目	孔德凌
《儒藏》精华编《毛诗正义》校点	教育部人文社会科学研究专项委托一般项目	孔德凌
新颖“声子玻璃—电子晶体”（PGEC）型热电功能材料的设计与合成	省优秀中青年科学家科研奖励基金项目	雷晓武
羟基磷灰石基复合支架材料的制备及其构建组织工程骨的研究		卢志华
鲁西南地方家禽Mx基因抗性基因型筛选与鉴定		尹春光
过渡金属掺杂TiO_2磁性光催化剂耦合流化床降解环境中的挥发性有机污染物	省自然科学基金项目	刘广军
山东省老年人精神卫生现状调查及健康促进策略	省社科联科研课题	赵　洁
大学生自我和谐与人际信任、心理幸福感的相关研究		崔　磊
基于水资源承载力的山东省城市规模研究	省科技发展计划（软科学部分）	王传武
泰山祭祀用乐与国家礼乐之比较研究	省社科规划研究项目	逯凤华

【科研项目选介】

新颖多功能硫属化合物微孔材料的设计合成　2011年国家自然科学基金项目。该项目以多功能硫属化合物微孔材料为研究对象，从分子水平上筛选一些特殊的非常规有机模板剂，选取不同主族或不同价态的IIIA、IVA、VA族金属，通过有机模板剂的结构导向作用与配位作用设计组装新颖的混主族金属多元微孔硫属化合物，并引入d8/d10过渡金属、稀土金属修饰无机骨架，实现硫属化合物微孔材料骨架成分、结构与功能的多样化。重点研究硫属化合物功能材料的微孔性与光电磁性能，采用量子化学计算方法研究材料的能带结构与光电磁性能，探索材料的物化性能与组成、微观结构之间的内在关系。通过系统地合成—结构—性能—理论研究，筛选具有优异微孔性与光电磁性能的多功能硫属化合物微孔材料，为其在吸附分离、离子交换、催化、非线性光学、半导体、光电磁等诸多领域的开发和应用提供科学依据。

小分子体系纠缠及量子调控的动力学代数理论　2011年国家自然科学基金理论物理专款“合作研修项目”。该项目应用李代数方法对分子体系的量子动力学纠缠和量子调控进行理论研究与探讨。用李代数方法推导出不同分子体系的约化密度矩阵的解析表达式，分析描述分子动力学纠缠的物理量，如线性熵、Von Neumann熵和Lyapuvon函数等动力学演化行为，并利用李代数方法推导得到相应分子的经典哈密顿量，探讨分子振动的混沌与纠缠的相互关系。提出利用分子动力学纠缠的量子调控方案，为实际分子的振动纠缠用于量子信息和量子计算提供理论依据。

新颖“声子玻璃—电子晶体”（PGEC）型热电功能材料的设计与合成　2011年省优秀中青年科学家科研奖励基金项目。该项目在明确影响PGEC型热电材料性能的基础上，从分子水平上设计合成具有优异热电性能的金属间化合物。以功能导向的结构设计思想为指导，选用后过渡金属Zn、Cd、Ag等与重金属元素Sn、Pb、Bi、Te等通过强共价键构筑阴离子框架，同时引入两种具有不同价态（电负性、原子半径、原子质量）的碱金属、碱土金属或稀土金属作为阳离子从而构筑新颖的PGEC型热电材料。探索此类功能材料的构筑方法与合成规律，重点研究其化合物的热电性能。采用第一性原理计算方法并结合玻尔兹曼输运方程，研究此类功能材料的能带结构、电子分布状态以及热电性能，探索热电性能与组成、微观结构之间的内在关系。通过理论计算与实验合成相结合的方法，筛选具有广泛应用前景的高性能PGEC型热电功能材料。

羟基磷灰石基复合支架的制备及其构建组织工程骨的研究　2011年省优秀中青年科学家奖励基金项目。该项目采用共沉淀的方法制备HA/SF-CMCS复合粉体，然后利用全水工艺、采用粒子沥滤结合冷冻干燥工艺制备HA/SF-CMCS复合支架材料。利用基因转染技术将VEGF转染BMSCs植入复合材料内，构建一种新型组织工程骨，使BMSCs在发挥成骨作用的同时，表达分泌VEGF、促进血管化，从而提高骨缺损修复的效果。可为研制理想的骨缺损修复替代材料提供一定的实验依据和理论基础。

鲁西南地方家禽Mx基因抗性基因型筛选与鉴定　2011年省优秀中青年科学家奖励基金项目。该项目结合鲁西南地方品种资源特性，在前期以不同地方鸡种（非鲁西南地区）为研究对象的基础上，扩大群体遗传学研究领域，利用已建立的CRS-RFLP技术，对鲁西南地方家禽品种Mx基因和S631N位点基因突变的检测（抗性基因型AA/GG/AG）、细胞与成体水平的Mx基因表达水平及抗VSV/ND病毒的免疫进行分析。利用SSCP和CRS-RFLP技术，对鲁西南地方家禽品种的Mx基因及其调控区SNP多态位点进行筛选，确定不同基因型与免疫性状的关联度，筛选具有显著效应的SNPs及其组合。获得鲁西南地方禽种Mx基因的群体遗传特性以及具有抗性基因型的特征品种，为进行Mx蛋白水平的免疫检测，探讨Mx基因与免疫机制关联的分子机制及开展标记辅助抗病育种和转基因抗病育种工作奠定基础。

过渡金属掺杂TiO_2磁性光催化剂耦合流化床降解环境中的挥发性有机污染物　2011年省自然科学基金项目。该项目基于磁场流化床设计流化床光催化反应器，以具有可见光响应的复合纳米TiO_2为光催化剂，降解环境中挥发性有机污染物VOCs。建立磁场作用下磁场流化床纳米催化剂颗粒的流动的双流体模型、光辐射传递模型与多组分VOCs降解动力学方程的耦合机理，对光催化技术的工业化应用具有重要作用。

【科研成果】　2011年，学校结题科研项目34项。获得各级科研成果奖励41项。其中，省教育系统优秀调研成果奖6项，省软科学优秀成果奖5项，省文化艺术科学优秀成果奖3项，山东高校优秀科研成果奖4项。教师公开发表论文423篇，其中在核心期刊发表130篇，被SCI、EI收录86篇。出版著作、教材24部。授权专利5件。

【重点学科与科技创新平台建设】　3月，山东省研究生联合培养基地（济宁学院基地）正式揭牌，罗家英、朱松涛、刘广军3位教授受聘校兼职硕士生导师。6月，“理论物理”学科被确定为省“十二五”重点学科，“无机化学实验室”被确定为省“十二五”高校重点实验室。在省科协、省财政厅联合开展的2011年“科普双百工程”项目评审中，生命科学实验中心被评为“三星级山东省科普教育基地”。

【学术交流】　2011年，学校先后邀请中国科学院院士、山东大学终身教授、博士生导师王克明，北京大学白化文教授，山东大学博士生导师王雪林教授，山东体育学院研究生部主任吴耀宇教授、党总支副书记张汀，青岛大学李群教授，山东大学占金华教授等来校讲学。

3月12日，学校召开人文社科科研规划选题研讨会。省社科联党组书记、副主席刘德龙，省社科规划办公室主任刘兵、副主任张淑琴，省教育厅科研处处长张厚吉，省教育科学研究所所长亓殿强，省软科学办公室主任王建国一行6人受邀来校指导工作。

4月8日，学校承办山东省部分高校基础研究工作座谈会。省科技厅基础条件处副处长陈成刚以及泰山学院、菏泽学院、潍坊学院、滨州学院、枣庄学院、德州学院科研处有关负责人，就科研工作及基金管理工作进行经验交流。

12月23日，学校召开硕士专业学位点建设座谈会。省政府学位委员会办公室副主任、省教育厅学位管理与研究生教育处副处长仲红波博士和济宁医学院副院长杨志寅教授出席座谈会。

12月27日，学校承办山东省心理学会2011年学术年会和济宁市心理学会学术年会暨换届大会。山东师范大学副校长、中国心理学会副理事长、山东心理学学会理事长、“泰山学者”张文新，齐鲁师范学院副院长、山东心理学会副理事长张福建等领导出席会议。来自全省高校、企业、司法部门、中小学等70多家单位的150余名代表参加了会议。

（济宁学院　霍雨慧）

菏泽学院

【概述】　菏泽学院是教育部批准设立的综合性普通本科院校。现有25个教学单位，43个本科专业和23个专科专业，涉及九大学科门类。建有2.67万m^2的图书馆，馆藏纸质图书140万册，电子图书100万余种，常年订阅各类期刊资料3 000余种。

【科研项目与经费】　2011年，菏泽学院新上各级科研项目54项，其中国家级3项、省部级13项，获得立项科研经费95.1万元。全年投入科研项目经费134.3万元。学校新上省部级以上科研项目情况详见“高校科技发展”篇尾汇总表。

【科研成果】　2011年，学校获得各级科研成果奖励60项。鉴定成果19项，其中达到国内领先水平11项。发表学术论文974篇，其中在国内核心期刊发表316篇，被SCI、EI、ISTP收录64篇。

【重点学科与科技创新平台建设】　2011年，学校“理论物理”和“应用化学”两个学科被确定为山东省“十二五”重点学科，“财务管理”专业新增为省级特色专业。新增学士学位授予专业7个，至此学士学位授予专业达到28个。“动物生理生化与应用实验室”被确定为山东省“十二五”高校重点实验室。

理论物理学科　该学科现有教授6人，博士2人，在读博士6人。1人被评为山东省教学名师，1人被评为山东省有突出贡献的中青年专家，1人获山东省“富民兴鲁劳动奖章”，3人被评为菏泽市专业技术拔尖人才。拥有引力理论与黑洞物理学研究、凝聚态物理理论研究、量子光学与量子信息理论研究、光与物质相互作用的理论研究4个优势研究方向，在黑洞以及量子光学中新表象的构建、变换和应用研究方面具有鲜明特色。近5年来在《中国科学》发表论文9篇，在国内外权威刊物上发表研究论文118篇，其中被SCI、EI收录70篇。参与国家自然科学基金项目2项，主持省自然科学基金项目3项、省教育厅科技计划项目2项。获得省自然科学奖1项、省优秀教学成果奖1项、山东高校优秀科研成果奖4项。物理学主干课程教学团队被评为省级优秀教学团队，物理学专业被评为山东省特色专业，物理系获得山东省“富民兴鲁劳动奖章”。

应用化学学科 该学科现有教授4人、副教授10人，博士9人、硕士9人，山东省有突出贡献的中青年专家2人，菏泽市专业技术拔尖人才1人，享受国务院政府特殊津贴专家1人、享受地方政府特殊津贴专家1人，曾宪梓教育基金获得者2人。近年来在国内外重要学术刊物上发表论文157篇，其中在国内外权威刊物发表和被SCI、EI收录论文67篇；出版专著、教材6部；授权国家发明专利8件。参与国家863计划项目2项，主持国家星火计划项目1项、国家自然科学基金项目1项、省科技攻关计划项目6项、省高校科研计划项目8项。

动物生理生化与应用实验室 该实验室建筑面积1 440m²，仪器设备总值600余万元。教学和科研人员25名，其中教授4人、博士4人。主要研究方向有动物神经信号网络与胃肠/心血管疾病发生、鱼类生态毒理与营养、中华鳖胚胎发育与性别控制、动物组织微观结构与显微技术等。近3年来承担或参与国家自然科学基金项目2项，承担省部级项目3项，研究经费近150万元。发表研究论文200余篇，其中被SCI收录论文10余篇；出版专著4部。

【科技人才队伍建设】 截至2011年底，学校专业技术人员939人，其中专任教师822人、教辅人员117人。专任教师中教授33人、副教授197人，高职比为28%；硕士498人、博士23人，高学位比为63.4%。聘任100余名具有高学历、高职称的人员和知名人士担任兼职教授，其中院士2名。2011年，学校新增山东省高校教学名师2人，至此学校已有山东省高校教学名师6人，全国优秀科技工作者1人，省级优秀教师3人，“大众报业杯”山东高校十大优秀教师1人，山东青年知识分子标兵2人，市级拔尖人才11人，省级教学团队2个，校级优秀教学团队16个。学校科技人员情况详见“高校科技发展”篇尾汇总表。

【学术交流】 2011年，学校举办各类学术报告会38场次，聘请校外专家学者来校讲学32人，组织人员参加国内学术交流16人次。举办了“菏泽学院第七届学术活动月”和“菏泽学院第八届大学生科技文化艺术节”。

（菏泽学院 田 丰）

山东政法学院

【概述】 山东政法学院是山东省唯一的政法类普通高等院校。占地面积56.91万m²，校舍建筑面积24万m²，固定资产总值4.1亿元，教学仪器设备总值4 037万元。图书馆总建筑面积1.21万m²，馆藏印刷版图书92万册，电子图书3 054GB，拥有电子文献资源信息中心。专业设置涵盖四大学科门类，设有普通本、专科专业25个，其中省级特色专业2个。

【科研项目与经费】 2011年，学校新上科研项目52项，其中国家级3项、省部级30项、厅局级19项，科研项目总经费198万元。学校新上省部级以上科研项目情况详见“高校科技发展”篇尾汇总表。

V2G模式插电式混合动力汽车的能量管理系统优化控制研究 2011年国家自然科学基金青年项目，信息科学技术系吴剑博士为项目负责人。该项目拟利用混杂切换系统理论建立V2G模式PHEV车辆模型；基于并行进化算法和模拟退火算法提出混合多目标优化算法，并运用信息融合和数据驱动技术设计车辆长、短里程的工况预测算法；基于多目标优化方法和工况预测算法研发滚动优化能量管理策略和车辆层充放电管理方

案；在硬件在环实验平台上验证所提出的新理论方法。年内，该项目已提出基于数据驱动技术的车辆短程工况预测方法，并对山东大学千佛山校区至中心校区的校车行驶进行短程预测，其准确率达到81%以上。

基于国家战略的中国区域发展空间重组研究　2011年国家社会科学基金青年项目，商学院副院长刘涛博士为项目负责人。该项目是基于转型期我国区域发展出现多样复杂的区域问题而确定的。年内已对重点区域进行调研，了解国内外相关研究进展和理论基础，完成改革开放以来中国区域差异及其结构分解，对主要城市群地区的发展进行综合比较，被CSSCI收录论文2篇。

【科研成果】　2011年，学校获得省社科优秀成果奖7项，山东高校优秀科研成果奖8项。发表学术论文224篇，其中被SCI、CSSCI等收录88篇；出版著作38部。

【科研管理】　2011年，学校在现有科研信息管理系统的基础上，建立教师科研成果展览室，使职称评审、科研成果奖励评审及科研数据统计等管理工作更加有序。

【科技人才队伍建设】　2011年，学校聘任兼职教师、名誉教师110余人，并常年聘有多名外籍教师。学校科技人员情况详见“高校科技发展”篇尾汇总表。

（山东政法学院　王海军）

山东工商学院

【科研项目与经费】　2011年，山东工商学院获批国家自然科学基金项目9项（其中数理科学3项、信息科学3项、管理科学3项）；获批国家社会科学基金项目8项，项目数量列全省高校第5位、全国财经类高校第15位；获批省部级项目93项，其中教育部人文社会科学研究项目14项，项目数量列全省高校第7位、全国财经类高校第16位；获批厅局级项目90项；签订横向课题38项。全年到位科研项目经费1 153.66万元，其中纵向经费556.7万元、横向经费596.96万元。学校新上省部级以上科研项目情况详见“高校科技发展”篇尾汇总表。

【科研成果】　2011年，学校获得省部级以上科研成果奖励9项。其中，省科技进步二等奖1项，省社科优秀成果一等奖1项、二等奖3项、三等奖4项。发表学术论文1 082篇，其中被SCI、EI、CSSCI等收录452篇；出版著作71部。申请专利10件，其中发明专利1件、实用新型专利9件；授权专利8件，其中发明专利1件、实用新型专利7件。

【科技创新平台建设】　2011年，“智能信息处理重点实验室”被确定为山东省“十二五”高校重点实验室，实现了学校省级重点实验室零的突破。“煤炭产业发展与创新研究基地”被确定为山东省“十二五”高校强化建设人文社会科学研究基地。

（山东工商学院　范德明）

滨州医学院

【概述】 滨州医学院是省属普通高等医学院校，前身是始建于1946年的原国立山东大学医学院，1983年改为现名。现有滨州、烟台两个校区，总占地面积105.97hm^2（1 589.5亩），校舍建筑面积58万m^2，固定资产总值12亿元，教学科研仪器设备总值3亿元，图书馆藏书223万册。设有10个院（系），20个本科专业（方向），3个一级学科硕士学位授权点（下设30个二级学科硕士学位授权点），2个硕士专业学位授权单位。

【科研项目与经费】 2011年，学校新上各级科研项目377项，其中国家级11项、省部级58项、厅局级112项，科研立项总经费1 645.32万元。学校新上省部级以上科研项目情况详见“高校科技发展”篇尾汇总表。

【科研成果】 2011年，学校获得厅局级以上科研成果奖励135项，其中，“中医学心脾证候的演变规律和数学机制研究”获得省自然科学二等奖，“联合应用NGF和GM1对神经元损伤的保护作用”获得省自然科学三等奖，“红系分化相关因子表达调控及其功能研究”获得省科技进步三等奖，“‘十二五’医学人文规划教材大学语文”和“基于工业工程理论的高校校园规划创新研究”获得省社科优秀成果三等奖。鉴定成果81项。发表学术论文589篇，其中被SCI收录42篇；出版学术专著、教材98部。

【重点学科与科技创新平台建设】 2011年，学校“影像医学与核医学”“人体解剖与组织胚胎学”和“内科学”3个学科被确定为省“十二五”重点学科，其中“影像医学与核医学”为省级特色重点学科。“医学生物技术重点实验室”和“肿瘤分子生物学重点实验室”被确定为省“十二五”高校重点实验室，其中“医学生物技术重点实验室”为强化建设重点实验室。“医学人文研究中心”被确定为省“十二五”高校人文社会科学研究基地。省市共建山东省重点实验室培育基地“临床营养与代谢实验室”通过省科技厅组织的专家验收。

【科技人才培养与队伍建设】 2011年，学校新引进双聘院士1人、“泰山学者”特聘专家（教授）2人，新增新世纪优秀人才1人、滨州市有突出贡献的中青年专家3人，引进硕士和博士研究生24人。至此，学校硕士、博士学位专任教师508人，校级学科带头人与学术骨干27人，青年骨干教师24人，创新团队12个。学校科技人员情况详见“高校科技发展”篇尾汇总表。

【科技活动与学术交流】 2011年，学校先后举办了“名家讲坛”“博士论坛”和科技活动周系列活动，举办学术报告会40余场。

（滨州医学院 刘玉霞）

2011年度山东省高校新上省部级以上科研项目汇总表（1）

立项经费单位：万元

学校名称＼类别	国家自然科学基金		国家863计划		国家973计划		“十二五”国家科技支撑计划		国家科技重大专项		国际科技合作重点项目		国家农业科技成果转化资金		国家水体污染控制与治理科技重大专项	
	项目数	立项经费	项目数	立项经费	项目数	立项经费	项目数	立项经费	项目数	立项经费	项目数	立项经费	项目数	立项经费	项目数	立项经费
山东大学	388	19 319.5	10	830	36	2 729	22	3 743	13	840	10	307				
中国海洋大学	121	8 964			1	3 000	3	2 069			3	416				
中国石油大学（华东）	77	3 003	1	15	7	636										
哈尔滨工业大学（威海）	25	860	1	42												
山东科技大学	39	1 409.5			2	181										
山东建筑大学	18	678														
山东中医药大学	24	1 019					1	865								
山东农业大学	58	2 929			8	1 076.8	8	1 399			3	485	5	146		
青岛农业大学	26	875					6	1 609			1	378	2	120		
山东理工大学	23	772					2	451					1	60		
青岛理工大学	21	978			2	100									1	5
山东师范大学	28	992														
曲阜师范大学	20	609.5														
青岛大学	71	2 678.3			1	65										
烟台大学	24	724	1	140			1	30			1	30				
潍坊学院	3	112														
鲁东大学	21	787														
临沂大学	15	313														
聊城大学	20	846														
德州学院	2	123														
滨州学院	3	94														
泰山学院	2	84														
济宁学院	2	43													1	15
菏泽学院	2	47														
山东政法学院	1	24														
山东工商学院	9	375														
滨州医学院	11	502														

注：以上数据及资料由各高校提供。

2011年度山东省高校新上省部级以上科研项目汇总表（2）

立项经费单位：万元

类别 / 学校名称	教育部															
	博士点基金		留学回国人员启动基金		科学技术研究重点、重大项目		新世纪优秀人才支持计划		全国教育科学规划		哲学社会科学研究重大课题攻关		人文社会科学研究一般项目		人文社科研究专项	
	项目数	立项经费	项目数	立项经费	项目数	立项经费	项目数	立项经费	项目数	立项经费	项目数	立项经费	项目数	立项经费	项目数	立项经费
山东大学	49	576	38	127.3			17	850	2	2	2	160	35	281.5	12	227
中国海洋大学	19	176	5	17			12	540	1	2			19	174	1	1
中国石油大学（华东）	9	76	2	6	1	100	2	100					4	28		
山东科技大学	10	88	2	6	1	5	1	50					8	56	1	1
山东建筑大学					1	5	1	25					2	14	2	4
山东中医药大学	5	44			1	10										
山东农业大学	5	32.8			1	150	1	3								
青岛农业大学			2	7									1	7		
山东理工大学									1	3			8	61	4	16.7
青岛理工大学	3	28					1	50					2	14		
山东师范大学	8	100			1	15			1	1			13	97	1	2
曲阜师范大学	5	36							5	31			15	193		
青岛大学	3	28	2	7	1	5							6	45		
烟台大学			2	5			1	25					6	47		
潍坊学院													3	25		
鲁东大学							1	50					15	121		
临沂大学													1	7		
聊城大学							1	20	1	2			12	83		
德州学院													3	27	1	7
泰山学院									1	3			2	17		
菏泽学校									1	3					1	1
山东政法学院													3	25.5		
山东工商学院													14	112		
滨州医学院			1				1	25					1	2		

注：以上数据及资料由各高校提供。

2011年度山东省高校新上省部级以上科研项目汇总表（3）

立项经费单位：万元

类别 / 学校名称	农业部						全国哲学社会科学规划办公室		国家海洋局				住房和城乡建设部		国防任务	
	948计划		公益性专项		国家转基因生物新品种培育科技重大专项		国家社科基金		公益性专项		海洋可再生能源专项					
	项目数	立项经费	项目数	立项经费	项目数	立项经费	项目数	立项经费	项目数	立项经费	项目数	立项经费	项目数	立项经费	项目数	立项经费
山东大学							36	805							31	保密
中国海洋大学	2	110					9	155	1	1 368	4	1 380			6	550
中国石油大学（华东）							1	10								
哈尔滨工业大学（威海）											2	80				
山东科技大学							2	30								
山东建筑大学							1	12					21	596		
山东农业大学	2	117	10	642.68	12	956					1	100	1	26		
青岛农业大学			7	1 588.68	1	57										
山东理工大学							2	30							1	60
山东师范大学							14	209								
曲阜师范大学	1	55					7	102								
青岛大学							8	120								
烟台大学	2	69					7	105								
鲁东大学							5	75								
聊城大学							9	135								
菏泽学院							1	12								
山东政法学院							2	30								
山东工商学院							8	120					11	0		

注：以上数据及资料由各高校提供。

2011年度山东省高校新上省部级以上科研项目汇总表（4）

立项经费单位：万元

类别 / 学校名称	省科技发展计划		省自然科学基金		省农业良种产业化工程		省软科学研究计划		省中青年科学家科研奖励基金（博士基金）		省科学仪器设备升级改造专项		省社科规划	
	项目数	立项经费	项目数	立项经费	项目数	立项经费	项目数	立项经费	项目数	立项经费	项目数	立项经费	项目数	立项经费
山东大学	154	1 644	137	1 212			23	36.5	66	195			50	80.5
中国海洋大学	12	260	34	228			6	6	13	74			11	10
中国石油大学（华东）	3	62	60	377			4	3.5	5	30			8	5
哈尔滨工业大学（威海）	6	125	8	46					5	28				
山东科技大学	3	70	23	180.5			18	15.5	13	75	1	8	13	14
山东建筑大学	5	102	10	57			10	4.5	5	27	1	8	11	9.5
山东中医药大学		2		50	19	105					3	12		
山东农业大学	15	224	14	128	27	1 184	6	6.5	12	69			4	2.5
青岛农业大学	9	126.5	18	150	10	110	6	14.5	6	35			3	1.5
山东理工大学	2	70	30	146			25	14	4	21	1	6	19	20
青岛理工大学	2	35	12	48			3	1.5	3	18			3	3
山东师范大学	9	195	16	105			9	7	9	47			37	35.5
曲阜师范大学	3	33	20	102			8	3	8	46	1	6		
青岛大学	2	40	39	245			5	6	15	79	1	6	12	9
烟台大学			25	149			6	3.5	3	17			14	21
潍坊学院	2	50	8	21			5	2	4	20				
鲁东大学	11	40	18	54			7	5	9	46			33	27.5
临沂大学	2	45	9	35			2	0	3	19			11	8.5
聊城大学	3	25	19	119	1	10	7	3.5	3	19				
德州学院	9	25	6	0			2	0	1	6			15	11
滨州学院	2	40	8	11			1.5	8	6	1	1	6	10	4
泰山学院			8	22			7	3	3	16			4	2
济宁学院			1	6			1.5	1	14	3			1	0

其他

山东科技大学：国家统计局项目5项2万元；

山东农业大学：国家现代农业产业技术体系岗位专家及试验站专项经费1 344.4万元，全国优秀博士学位论文作者专项1项23万元，水利部水土保持规划项目2项74万元，省现代农业产业技术体系创新团队岗位专家专项经费663万元，省财政支持农业重大应用技术创新资金项目7项223万元，省农业科技成果转化资金项目2项40万元；

青岛农业大学：国家现代农业产业技术体系8项2 130万元，省现代农业产业技术体系创新团队14项720万元，省发展改革委“两区”建设专项2项320万元，省自主创新重大科技专项1项60万元；

山东理工大学：国家软科学项目1项自筹经费，文化部科技创新项目1项5万元，全国高校古籍整理研究项目1项2万元；

烟台大学：中国法学会项目2项3万元，国家知识产权局项目1项10万元，省科技厅其他项目3项30万元；

鲁东大学：省星火计划4项，国家语委研究项目3项12万元，教育部专项5项22万元，国家体育总局项目1项1.5万元，省政协项目1项10万元，省发展改革委项目2项25万元；

潍坊学院：国家星火计划9项。

续表

类别 学校名称	省科技发展计划		省自然科学基金		省农业良种产业化工程		省软科学研究计划		省中青年科学家科研奖励基金（博士基金）		省科学仪器设备升级改造专项		省社科规划		其　他
	项目数	立项经费	项目数	立项经费	项目数	立项经费	项目数	立项经费	项目数	立项经费	项目数	立项经费	项目数	立项经费	
菏泽学院	1	15	1	5			1.5	2					2	0	
山东政法学院			1	4	17	20.5	8	8	1	2					
山东工商学院			19	64			13.5	17	5	1			27	23	
滨州医学院	22	40	21	77			4	3.5	1	7					

注：以上数据及资料由各高校提供。

2011年山东省高校科技人员情况汇总表

（截至2011年12月31日）

学校名称	教职工	正高级专业技术职务	副高级专业技术职务	中级专业技术职务	专任教师	其中		教师学位		两院院士		享受国务院特殊津贴专家	百千万人才工程入选人员	国家有突出贡献中青年专家	长江学者	泰山学者	山东省有突出贡献中青年专家	特聘外国专家
						教授	副教授	博士	硕士	本校	外聘							
山东大学	6 723	1 152	2 019	1 996	3 284	986	1 164	1 869	933	4	3	529	26	23	33	38	51	
中国海洋大学	2 748	485	519	1 111	1 384	402	368	818	435	6	2	105	9	9	15	13	16	10
中国石油大学（华东）	3 291	334	946	1 168	1 509	300	527	690	651	1	4	14	5		1	4	10	11
哈尔滨工业大学（威海）	781	85	223	341	471	67	174	189	287		13	2					2	
山东科技大学	2 900	286	668	1 313	1 899	268	483	528	979	4	10	58	2	5		6	13	
山东建筑大学	2 069	184	572	957	1 318	161	424	290	822		3	15	4			10	13	
山东中医药大学	970	118	261	428	517	104	201	148	420			7				8	11	
山东农业大学	2 593	238	675	756	1 700	235	612	482	712	3	3	76	8	4		11	14	
青岛农业大学	1 821	192	412	875	1 369	178	311	363	881			16		14		8	15	
山东理工大学	2 421	192	731	872	1 444	183	558	320	829		5	10	3	1		5	13	
青岛理工大学	2 192	213	642	829	1 501	188	520	247	1 003		7	25	3			7	8	42
山东师范大学	2 622	329	770	833	1 839	309	471	489	831		5	84	1	3		9	20	35
曲阜师范大学	2 261	211	587	929	1 408	193	372	332	655		3	11				3	11	
青岛大学	3 912	373	1 053	1 753	2 155	318	737	536	1 030	2	3	59	2	4		15	20	
烟台大学	1 955	153	447	799	1 183	135	334	375	541	1	13	12	1	1		6	9	19
潍坊学院	2 055	119	512	1 041	1 239	103	297	122	913			2						1
鲁东大学	1 922	171	456	849	1 188	162	348	310	630		13	13				1	8	
临沂大学	1 977	168	574	907	1 075	154	432	185	983		6	4					1	
聊城大学	2 150	209	526	883	1 668	196	460	310	905		1	10				2	6	
滨州学院	1 248	54	244	631	922	50	188	50	619									
泰山学院	1 167	77	283	439	802	65	213	74	504									
济宁学院	899	36	167	296	621	34	143	42	339			1						
菏泽学院	1 332	50	299	569	822	33	197	23	498			2					3	
山东政法学院	753	58	165	369	511	46	128	89	344			3						

续表

学校名称	教职工	正高级专业技术职务	副高级专业技术职务	中级专业技术职务	专任教师	其中		教师学位		两院院士		享受国务院特殊津贴专家	百千万人才工程人选人员	国家有突出贡献中青年专家	长江学者	泰山学者	山东省有突出贡献中青年专家	特聘外国专家
						教授	副教授	博士	硕士	本校	外聘							
山东工商学院	1 169	117	292	584	714	88	203	188	573			4					7	
滨州医学院	1 213	114	290	508	967	108	227	81	589			4				2		

注：以上数据及资料由各高校提供。

科研院所科技发展

KEYAN YUANSUO KEJI FAZHAN

中国科学院海洋研究所

【概述】 中国科学院海洋研究所始建于1950年，是从事海洋科学基础研究与应用基础研究、高新技术研发的综合性海洋科研机构，是中国科学院“创新2020”首批择优支持单位。

【科研重点】 该所重点在海洋资源持续利用和海洋环境安全保障两大领域开展基础性、前瞻性、战略性研究，致力于综合性海洋科学基础研究和技术研发，立足近海环境演变与生物资源可持续利用的理论创新与关键技术的综合交叉和系统集成，拓展深海环境与战略性资源探索的先导性研究。力争在我国海洋生物资源的新品种、新认知和新生产体系、中国近海环境演变机理与生态灾害发生的预测和防控和热带西太平洋环流变异及其对气候、环境的影响等3个领域取得重大突破。重点培育西太平洋地质演化与沉积记录、深海环境综合探测研究、海洋生物多样性与分子系统演化、海洋生物活性物质与生物能源发掘利用和海洋环境腐蚀与生物污损防护技术等5个学科方向。

【科研项目与经费】 2011年，该所在研项目639项，其中新上项目（课题）240项，新上项目合同经费1.84亿元。以宋林生研究员为首席科学家的“海水养殖动物主要病毒性疫病爆发机理与免疫防治的基础研究”和以王凡研究员为首席科学家的“热带太平洋海洋环流与暖池的结构特征、变异机理和气候效应”项目获国家973计划立项，以袁东亮研究员为首席科学家的“全球变暖背景下的海洋响应及其对东亚气候和近海储碳的影响”项目获国家重大科学研究计划立项，侯一筠研究员主持的“南海灾害性海洋动力环境形成机制和测报方法研究”项目获国家自然科学基金重点基金项目支持。新上项目中还包括承担国家863计划项目课题5项、国家科技支撑计划项目课题2项、国家海洋局海洋公益专项1项、科技部农业专项基金项目1项、中国地质调查局地质调查专项1项、国家海洋局海洋专项1项、国家自然科学基金项目46项、山东省自然科学基金项目2项、山东省科技发展计划项目2项、青岛市科技计划项目6项，参与中国科学院先导专项4项。

【科研成果】 2011年，该所有5项成果通过鉴定，23项成果通过验收。“微波新技术制备甲壳低聚糖、寡糖的研究与中试”中试设备及工艺达到国际领先水平，“高产卡拉胶海藻的规模栽培、高值加工与近海环境治理新技术示范”总体达到国际先进水平、部分达到国际领先水平，“刺参优良品系选育、健康苗种培育与生态增养殖技术”“抗2型糖尿病海洋候选药物（海普诺）的研究与开发”和“WR-1型雷达测波系统”达到国际先进水平。获得科技奖励22项（如表所示），其中第一完成单位（人员）19项。申请专利93件，其中国际发明专利1件、国家发明专利88件、实用新型专利4件；授权专利42件，其中国家发明专利37件、实用新型专利5件。发表研究论文572篇，其中被SCI、EI收录380篇，在JCR各学科期刊一区发表论文122篇；出版专著9部。中国近海海洋观测研究网络——主观测浮标系统成功记录了“米雷”和“梅花”强台风路径过程中全程实时观测数据，为上海海洋气象台和国家海洋环境预报中心提供了有效的实时数据，对海洋科学研究、科技发展和防灾减灾工作起到重要的支撑作用。

表　　2011年中国科学院海洋研究所科技奖励

奖项名称	项目名称
国家国家知识产权局优秀专利奖	褐藻多糖硫酸酯在治疗肾衰药品中的应用
山东省技术发明一等奖	典型海湾生境修复与生态增养殖设施
山东省自然科学二等奖	重要水产养殖无脊椎动物免疫防御的分子机制
	卫星海洋微波遥感机理、信息提取方法和应用研究
	真核藻类基因工程原理
山东省科技进步二等奖	海洋植物药用空心胶囊的研制
山东省国际合作奖	袁东亮
国家海洋局创新成果二等奖	黑潮流域古海洋学研究
	鱼类疫苗与抗菌系统的构建与评价
	海藻中抗糖尿病溴酚类化合物的优选与药理研究
	海洋环境中硫酸盐还原菌腐蚀的作用规律研究
	经济海藻羊栖菜苗种工程
	严酷海洋环境中新型防腐蚀材料的研发与应用
	浅海贝藻生态养殖技术研究与开发
国家海洋局海洋工程科技奖	海洋石油平台浪花飞溅区钢结构腐蚀防护与修复技术
	海岸带黄土与古冰川遗迹及陆架沙漠化环境
江苏省科技进步二等奖	耐盐经济植物规模化栽培技术研究与应用
青岛市自然科学一等奖	中国边缘海沉积矿物学的研究
青岛市自然科学二等奖	浒苔及其它绿藻类基础生物学研究
	天然气水合物成矿带及其指示构造形式研究
青岛市科技进步一等奖	刺参优质苗种培育与健康增养殖
青岛市科技进步三等奖	境友好型海水缓蚀剂技术及其应用

【科学考察】　2011年，该所以“科学一号”和“科学三号”为代表的海洋科学考察船队，先后执行了国家973计划项目“中国近海水母爆发的关键过程、机理及生态环境效应”、国家自然科学基金委“东海科学考察实验研究”和“西太平洋科学考察实验研究”共享航次和2011年春、秋季开放共享航次，以及国家海洋局南海区专项、东海地质调查、中国近海浮游动物信息提取与应用示范研究、平台区海洋环境与海管悬跨治理方案研究、北黄海综合水声实验、中国科学院近海海洋观测研究网络建设项目等29个航次的海上考察任务，在航328天，航程41 740nmile（海里）。

西太平洋科学考察实验研究　8月4日，承载“西太平洋科学考察实验研究”共享航次的“科学一号”科考船返回青岛。该航次是“西北太平洋海洋环流与气候试验（NPOCE）”国际合作计划启动以来，中国首次在西太平洋进行的大型科学考察。该航次成功布放深海锚碇潜标2套，投放Argo浮标8个。走航式海流和气象连续观测超过1 200h，获得大量宝贵的第一手科研基础数据和样品。在西太平洋NPOCE海域成功布放深海测流潜标（6 100m和3 400m）。其中，6 100m潜标是我国迄今在大洋成功布放的最深观测潜（浮）标，也是国际上在该海域布放的最深测流潜标。首次实现通过声通机操控潜标系统2台声学剖面海流计（ADCP），并连续收取长达15天的海流观测数据，发现棉兰老潜流（MUC）非常强劲，流速可达30cm/s，甚至40cm/s，为深入了解棉兰老潜流动力学、太平洋西边界流动力结构及其对热量输送和气候的影响具有重要的科学和实践意义。

【科研条件和平台建设】 该所现有10万元以上大型仪器设备9 800余台（套），其中50万元以上国内外领先水平的仪器设备126台（套），在航科学考察船3艘，资产总值5.12亿元。设有实验海洋生物学、海洋生态与环境科学、海洋环流与波动、海洋地质与环境等4个中国科学院重点实验室，以及海洋生物分类与系统演化实验室、海洋生物工程技术研究发展中心、海洋环境工程技术研究发展中心、海洋腐蚀与防护研究发展中心、分析测试中心、文献信息中心、海洋油气研究中心和海洋科学综合考察船队。山东胶州湾海洋生态系统国家野外科学观测研究站、中国科学院现代海底热液活动研究青年实验室、海洋科学大型仪器区域中心、高性能计算环境青岛分中心和农业部贝类产业技术体系研发中心设在该所。与国内机构联合建有部、省、市级重点实验室6个、研发中心1个，与国际学术机构联合建有开放研究实验室、研究中心4个。国家一级学会——中国海洋湖沼学会挂靠该所。

国家海洋腐蚀防护工程技术研究中心 获科技部批准列入2011年度国家工程技术研究中心组建项目计划。该中心建成后将围绕发展海洋经济、保护海洋环境、减少资源浪费等领域，根据国民经济和社会发展的需要，以我国典型海域和流域码头、桥梁、海洋平台等钢结构及钢筋混凝土结构的腐蚀防护为主要研究对象，针对海洋工程腐蚀防护、腐蚀状态监/检测、安全评价与寿命预测等重大关键性、基础性和共性技术问题，开发以钢结构浪花飞溅区腐蚀防护技术、海洋钢筋混凝土结构腐蚀防护与修复补强技术、海洋工程阴极保护优化和腐蚀监/检测技术、海洋工程安全评价与寿命预测技术、海洋生物污损防治技术为主的工程技术，同时涵盖海洋大气腐蚀监测及防护技术、海洋生物腐蚀和污损技术、钢结构的环境敏感断裂与氢渗、牺牲阳极保护技术在内的集成化海洋腐蚀防护技术。中心将致力于科研成果系统化、配套化和工程化研究开发，为企业规模生产提供成熟、配套的技术工艺和技术装备，在保障我国海洋工程安全运行、海洋资源安全开发等方面发挥重要作用，对实现行业优势聚集、资源共享和人才培养，规范行业产品标准体系产生重要推动作用，从而带动我国海洋腐蚀防护技术总体水平的快速发展，促进海洋腐蚀防护成套技术开发进入国际先进行列，以满足我国海洋经济快速发展的迫切需求。

中国科学院海洋生物标本馆 中国规模最大、亚洲馆藏量最丰富的海洋生物标本馆设在该所，馆藏标本77.5万号。2011年，该馆新增海洋生物标本9 900多号，建成“海洋生物标本馆模式标本数据库”和“贝类干壳标本信息数据库”，启动“极地生物标本库”和“浮游生物标本数据库”建设，并对“中国科学院海洋生物标本馆标本资源共享平台”和“海洋生物DNA条形码数据库”进行完善，在已实现数字化的近55万号标本中有39万号实现数字共享，海洋生物标本馆网络信息系统——国际海洋生物地理信息系统（OBIS）中国节点近10万条记录和7个专业数据库实行国际共享。

中国科学院高性能计算环境青岛分中心暨中国科学院海洋研究所高性能计算中心 2011年，该中心提供机时718万多CPU小时，系统平均使用率为76%，为物理海洋学、海洋生物学等领域科学研究提供强大的计算能力支持，有效发挥区域计算中心的辐射和带动作用，在中国科学院信息化评估中获得超算专项第一名。

海洋生物基因资源测序平台 2011年，SOLiD测序仪完成了菊黄东方鲀的高质量基因组测序和红鳍东方鲀、菊黄东方鲀及其正交、反交的后代的转录组测序以及海湾扇贝的转录组测序，3730xl测序仪为科研人员提供4 100个测序反应。

“科学”号海洋科学综合考察船 2011年11月，新建造的国际一流的海洋科学综合考察船“科学”号在武汉下水，标志着我国海洋科学考察能力迈入国际先进行列。“科学”号总吨位4 864t，总长99.6m，型宽17.8m，吃水5.6m；续航能力15 000nmile（海里），自持力60天，最大航速15节，载员80人。在技术和建造方面集成当前海洋基础科考多学科、多领域的先进装备和信息技术，被称为海洋上的“移动实验室”，可进行高精度长周期的动力环境、地质环境、生态环境等综合海洋环境观测、探测以及保真取样和现场分析，为解决重大海洋科技问题提供技术支撑。

【科技合作与学术交流】 2011年，该所积极推进与国际一流研究机构的实质性合作，应邀来所访问、讲学和合作研究专家学者近200人次，派遣出访和合作研究专家学者180人次。主导国际合作计划NPOCE、EASTHAB，承担的科技部、国家基金委、国家海洋局、中国科学院等27项国际合作项目进展顺利。新上国际合作研究项目14项。其中，科技部国际科技合作计划项目1项，国家外专局大科学装置国外智力引进项目1项，国家基金委合作交流项目1项，国家海洋局低敏感海洋领域合作项目1项，中国科学院国际合作重点项目1项，中国科学院人才项目5项，俄罗斯、乌克兰、白俄罗斯科技专项4项。承办“第18届国际扇贝研讨会”“西北太平洋海洋环流与气候试验（NPOCE）国际合作计划科学指导委员会议”“第五届天然产物化学亚洲联络会议”和“第14次东亚共享水域渔业资源保护和利用论坛年会”等国际会议，并成为中美渔业资源工作组正式成员。有38人次在国际学术组织任职。

【科学知识普及】 该所是全国青少年科技教育基地、全国青少年走进科学世界科技示范活动基地、山东省关心下一代科普教育基地、青岛市科普教育基地、山东省少年科学院科普活动基地和青岛市青少年海洋科学实践基地。2011年，该所发挥海洋资源、科技资源、科普网络资源和人才资源优势，以“海洋科普实践教育基地”为平台，组织开展系列海洋科普活动。开展科普公众开放日活动、青岛市第二届中小学生科技节暨科学嘉年华活动、2011年度青岛市大手拉小手海洋科学传播活动；与青岛水族馆联合举办为期1年的“冰海生灵”——北极科考及大型底栖生物展，与青岛市教育局联合举办以“蓝色海洋、魅力科普”为主题的“蓝色海洋——我是小小海洋科学家”活动，与嘉峪关小学共建“海洋科普实践教育基地”；开展科普下乡活动，远赴陕西渭南市华阴县希望小学进行海洋生物科普活动。全年接待来自全国各地的大中小学生和社会各界人士30余次近3万人次。“冰海生灵”——北极科考及大型底栖生物展参观人数达到120万人次，被青岛市设立为未成年人“社会课堂”。

【学术期刊】 该所编辑出版《海洋与湖沼》《中国海洋湖沼学报（英文版）》（SCIE）、《海洋科学》和《海洋科学集刊》等学术期刊。2011年，《海洋与湖沼》影响因子为1.404，在中国科技信息研究所公布的全国1 998种核心期刊中综合评价列第18位。根据2011年度中国科技论文与引文数据库统计结果，该刊入选第二届中国百种杰出学术期刊。根据精品科技期刊服务与保障系统项目组和中国科学技术信息研究所发布的中国精品科技期刊遴选指标体系综合评价结果，该刊入选2011年度中国精品科技期刊。《中国海洋湖沼学报（英文版）》（SCIE）办刊质量稳步提高，汤姆斯路透公司给定影响因子0.325，在被SCI收录的138种中国期刊中列第100位。

【科技人才队伍建设】 截至2011年底，该所在职职工中有科技人员499人。其中，中国科学院院士5人、中国工程院院士2人、发展中国家科学院院士1人，新世纪“百千万人才工程”国家级人选6人、中国科学院“百人计划”学者7人、国家杰出青年基金获得者5人、山东省“泰山学者”特聘专家6人、山东省“泰山学者”海外特聘专家1人、山东省“泰山学者攀登计划”人选1人，中国科学院外国专家特聘研究员14人和客座研究员50人。2011年，该所新引进中国科学院“百人计划”学者3人、海外优秀人才2人、博士46人；新进站博士后17人、出站11人，目前在站博士后50人。胡敦欣院士入选“全国2010年度十大海洋人物”，2人获中国科学技术协会全国优秀科技工作者称号，1人获山东省“富民兴鲁”劳动奖章，1人获“中国科学院卢嘉锡青年人才奖”，1人获山东省有突出贡献的中青年专家称号，11人分获中国博士后科学基金、山东省自然科学杰出青年基金和山东省博士后创新项目专项资金资助。

【研究生教育】 该所是国务院学位委员会批准的首批博士、硕士学位授予单位和中国科学院博士研究生重点培养基地，具有博士研究生导师审定权。2011年，环境科学与工程、水产科学一级学科博士点，大气科学一级学科硕士点获准设立。至此，该所设有一级学科博士学位授权点3个——海洋科学、环境科学与工程、水产科学，一级学科硕士学位授权点1个——大气科学，二级学科博士学位授权点10个、硕士学位授权点12个、工程硕士学位授权点3个，海洋科学一级学科博士后科研流动站1个；拥有山东省重点学科“海洋生物学”以及中国科学院重点学科“海洋生物学”“海洋生态学”和“物理海洋学”。该所现有博士研究生导师93人，其中2人分获中国科学院优秀研究生指导教师和朱李月华优秀教师奖。在读研究生487人，其中博士生204人、硕士生283人。有79人分获中国科学院优秀毕业生、三好学生标兵、优秀学生干部称号，12人分获中国科学院优秀博士学位论文、中国科学院院长特别奖、中国科学院院长优秀奖、中国科学院博士学术新人奖、朱李月华优秀博士生奖和地奥奖学金、山东省研究生优秀科技创新成果奖、山东省优秀硕士学位论文。有3名博士研究生的论文分别在国际期刊《PLoS ONE》《J.Integr. Plant Biol.》和《Plant and Cell Physiology》上发表，有1篇发表在《Geophysical Research Letters》上的文章同时被Nature2和Science3进行报道和评述。毕业研究生就业率达到95%以上。

（中国科学院海洋研究所　邢桂方）

中国科学院青岛生物能源与过程研究所

【概述】 中国科学院青岛生物能源与过程研究所（以下简称青能所）由中国科学院、山东省人民政府、青岛市人民政府于2006年共同出资建设，2009年7月获中央机构编制委员会办公室批复成立，同年11月通过共建三方验收正式成立。主要研究领域包括生物能源、生物基材料、能源应用技术等。2011年，青能所“十二五”规划先后通过青岛市市长办公会和中科院院长办公会审议通过。8月，中国科学院与青岛市人民政府签署共建青能所二期协议。二期建设全面完成后，该所将成为引领我国生物能源与生物基材料科技发展的创新研发基地和具有重要国际影响的战略高技术研发机构。

【科研项目与经费】 2011年，该所在研项目265项（包括新增项目114项），新增项目合同总经费10 740万元。其中，主持或参与国家973计划项目5项（新增1项）、国家863计划项目9项（新增1项），主持或承担科技部创新方法工作项目1项（新增1项），承担国家自然科学基金项目49项（新增22项），主持或承担中国科学院战略先导性课题1项（新增1项）、中国科学院知识创新工程重要方向项目14项（新增5项），承担院地合作项目10项（新增4项），承担“百人计划”10项（新增0项），承担中国科学院重大仪器研制项目3项（新增2项）。

【科研成果】 2011年，该所科研项目取得多项重要阶段性成果。“秸秆基百万立方生物天然气产业化系统”项目已突破秸秆高浓度高效发酵技术，开发出一种秸秆高效发酵制沼气的多功能复合微生物菌剂，并建成年产9万m^3规模的秸秆生物天然气中试系统，沼气产率达到410m^3/t。“高效定向合成生物烃光合蓝细菌的构建”项目初步建立起蓝细菌生物烃基因元件库与合成生物学技术平台，分析表征了25株野生蓝细菌的产烃特性，构建出表达多个蓝细菌脂肪烃生物合成关键基因元件的工程菌12株。“万吨级生物基二元醇产业化系统”项目突破了基于BIVIS机低成本高效预处理糖化、Ni基非贵金属催化氢解反应等关键技术，已完成千吨秸秆/年级预处理装置、10吨糖/年级糖化及糖液纯化装置建设，并与有关企业联系进行中试系统建设。全年在《Energy Environ. Sci.》《PLoS One》《PLoS Genetics》《Metab.Eng.》等高水平科研期刊上发表科技论文148篇，被SCI、EI收录论文99篇。申请国内外专利55件，其中发明专利54件；授权专利9件。

【科技创新平台建设】 该所现有生物资源、生物催化与转化、生物材料、能源应用技术等4个所级科研中心和公共实验室、规划战略与信息中心、中试技术服务中心等3个所级支撑平台，在青岛平度同和生态产业园建有占地面积6.67hm²（100亩）的中试基地。与美国波音公司共建了可持续航空生物燃料联合研究实验室，与澳大利亚西澳大利亚大学联合成立了中澳生物质综合利用联合研究中心。2011年，该所筹建的中科院生物燃料重点实验室通过验收，正式成立。获批组建山东省能源生物遗传资源重点实验室、中科院国家科学图书馆生物能源学科情报研究特色分馆、中科院超级计算环境青岛分中心等3个省部级研究与服务平台。其中，中科院超级计算环境青岛分中心超算平台已建成，形成了4万亿次/秒浮点运算能力，并已为青岛、宁波、苏州、合肥、南京、杭州、广州等地区的近十家科研机构的超算用户提供超级计算服务。依托中试技术服务中心，申报筹建青岛市生物质功能利用工程中心。

【科技人才队伍建设】 该所现有在职职工及客座人员353人。其中，科技人员265人、科技支撑人员54人，有150人进入创新岗位；中组部“青年千人计划”入选者1人（新增1人），中国科学院“百人计划”入选者15人（新增2人），“泰山学者”特聘教授2人（新增1人），山东省杰出青年基金获得者2人。

【研究生教育】 该所设有生物化学与分子生物学、化学工程2个博士研究生培养点，生物化工、生物化学与分子生物学、化学工程、材料学4个专业二级学科学术型硕士研究生培养点，以及生物工程、化学工程、材料工程等3个专业二级学科专业型硕士研究生培养点。现有在读研究生180人，其中硕士研究生62人、博士研究生69人、联合培养研究生49人。

【科技合作与交流】

国际合作与交流　2011年，该所接待国际机构客人来访104人次，聘请欧洲科学院院士、德国慕尼黑工业大学Johannes A. Lercher教授和美国奥本大学终身教授Valery Petrenko为特聘研究员，与美国Johns Hopkins等大学联合培养学生3名。国际出访30人次，与宾夕法尼亚大学、俄罗斯国家工业微生物遗传育种青能所、老挝科技部、壳牌集团、波音公司等国际知名大学和企业开展科技合作与交流。新上国际合作项目11项，项目经费1 196.79万元。

国内合作与交流　2011年，该所承担与地方政府合作项目51项（其中新上项目19项），与企业、科研机构等合作项目55项（其中新上项目27项）。11月，该所与政府、企业合作共同注册成立了青岛中科青能科技创业有限公司，以促进科研成果的转移转化。

【学术交流】 5月25～27日，由该所承办的“第五届中国工业生物技术发展高峰论坛”在青岛举行。论坛的主题为“创新工业生物技术、持续生物经济发展”。来自中科院相关院所、国内高校、美国波音公司、英国壳牌集团、法国道达尔集团、荷兰帝斯曼公司、丹麦诺维信公司、中海油公司、青岛康地恩公司等国内外工业生物技术领域的300余名专家、学者、企业家参加了论坛。

（青能所　谢文斐）

中国科学院烟台海岸带研究所

【概述】 中国科学院烟台海岸带研究所（以下简称海岸带所）是中国科学院与山东省、烟台市共建的院属研究机构。2006年6月开始筹建，2009年7月获中央机构编制委员会办公室批复，2009年12月通过三方筹建验收，并进入常态运行，成为中国科学院正式序列的研究所。设有山东省海岸带环境过程重点实验室、中国科学院环境过程重点实验室，以及海岸带生物资源研究室、环境化学监测研究室、污染过程与控制研究室、滨海湿地研究室、近岸生态与环境研究室、信息集成与应用研究室6个创新研究单元，并建有分析测试中心、中国科学院黄河三角洲滨海湿地生态试验站、中国科学院牟平海岸带环境综合试验站和山东省海岸带环境工程技术研究中心等技术创新与支撑平台。

【发展战略规划】 2011年，该所根据中国科学院统一部署和相关要求，联系自身发展实际，先后组织编制了海岸带所“创新2020”战略规划、“一三五”发展规划和二期建设方案，逐步确定了战略定位、使命和学科方向，提出实现跨越式发展的途径和措施。①在科研方面，力争在黄河三角洲陆海界面过程、生态演变与修复技术，海岸带环境容量与污染控制技术，海岸带耐盐植物产业链构建关键技术集成与示范等3个方面取得重大突破，着力解决一批事关国家及地方经济社会发展需求的重大科技问题。同时，着力培育海岸带环境微生物学及其应用，潮间带功能、演变与保护，海岸带灾害风险与预警，海水资源的生态安全高值利用技术，海岸带陆海信息耦合分析与集成等5个重点研究方向。②在学科建设方面，面向国家战略需求和科学发展前沿，重点发展海岸资源管理、海岸环境保护、海岸生态建设、海岸灾害预警、海岸持续发展等领域，培育近岸海域动力过程、环境容量、微生物生态与分子酶学、资源化学、海水资源化利用、灾害风险、信息集成与制图、数值模拟、海岸管理等研究方向，强化学科交叉，构建海岸科学理论、方法与技术体系。③在空间布局方面，紧密围绕“黄河三角洲高效生态经济区”和“山东半岛蓝色经济区”两个国家战略规划，结合海岸带所“一所两站一船”的发展模式，站稳黄河三角洲，夯实山东半岛北部海岸带，拓展至国家海岸带（即向北拓展至整个环渤海区域，向南拓展至长江口），加强海岸带综合科学考察与观测网络研究，建立国家海岸带资源—环境—生态—经济—社会综合数据库与信息集成系统，实现“一黄一蓝”向“一带”的跨越式发展。

【科研现状】 该所自成立以来，已主持承担国家及地方各类科研项目300余项，到所科研经费逐年增加。申请发明专利118件，授权发明专利15件。在海岸带环境监测与观测、环境过程与污染控制、滨海湿地生态修复、生物资源高值化利用等多个研究领域取得创新性研究成果。发明了可用于非损伤微测系统的重金属离子选择性微电极，研发出海洋环境多参数实时在线监测系统，突破了海水污染物现场快速检测的化学传感器关键技术，开发出系列废水处理与持久性有机污染物消减的新型吸附材料。实现了对黄海大型绿潮漂移路径的持续监测与尺度模拟，以及对渤海溢油灾害的风险评估。建立起黄河三角洲滨海退化湿地的逐级生态修复模式，并建成菊芋规模栽培基地。完成了山东省海岸保护与利用规划，编制出全省海域海岛海岸带整治修复保护规划。

【科研项目与经费】 2011年，该所在研项目253项（其中新上项目112项），项目总经费10 133万元。承担国家863计划项目1项、国家科技支撑计划项目7项、国家自然科学基金项目63项（其中新上项目28项）、中科院知识创新工程方向性项目21项、山东省科技发展计划项目2项、山东省自然科学基金项目13项（其中杰出青年基金项目3项）。

【科技论文】 2011年，该所以第一单位标注的学术论文有102篇。有3篇论文发表在影响因子>9的刊物上。其中，1篇发表于《Chemical Society Reviews》的论文影响因子26.58，1篇发表于《Nature Climate Change》的论文被百余家国际新闻媒体报道，1篇关于“分子印迹聚合物敏感膜离子选择性电极电位法检测电中性有机分子”的研究成果被《Nature Materials》作为亮点评述。

【科研成果转化】 该所自成立以来，已成功转化了“陆海一号”和“海藻糖季铵盐吸湿保湿剂”。“陆海一号”（富硒胶原蛋白—菊粉胶囊）是该所成功转化的首项科研成果，其技术由海岸带所与山东东方海洋科技股份有限公司联合研发，具有自主知识产权，为山东东方海洋科技股份有限公司从以水产品粗加工向精深加工的升级做出了重要贡献。该所与烟台海上传奇生物科技有限公司就生产海藻糖季铵盐吸湿保湿剂的产品专利技术转让达成协议，此产品技术的转让使公司实现了从金属加工企业向生物科技企业的成功转型。

【科研条件和平台建设】 2011年，中国科学院牟平海岸带环境综合试验站奠基开工，同时中国科学院黄河三角洲滨海湿地生态试验站纳入中国科学院生态研究网络运行，为海岸科学的研究提供了野外观测与试验平台。海岸带所分析测试中心现拥有核磁共振、扫描电镜、非损伤微测技术系统等先进仪器设备405台（套），并加入山东省大型科学仪器设备协作共用网。e-Science信息集成平台是海岸带所科研平台建设的另一成果，其运行将为政府决策和海岸带研究者提供有益的素材。

【科技人才队伍建设】 2001年，该所职工168人（平均年龄34岁），其中73%具有博士学位。现有国家973计划、863计划、国家科技支撑计划等首席科学家3人，中组部“青年千人计划”1人、中国科学院“百人计划”入选者10人（其中2011年新引进2人），国家杰出青年科学基金获得者1人、山东省杰出青年科学基金获得者3人、山东省“泰山学者”2人，初步形成了一支以中青年博士为主体的科技创新队伍。

【技术咨询与服务】 2011年，该所向烟台市发展改革委提交了烟台市海岸带综合整治试点的实施方案，向烟台市科技局、牟平区科技局等有关部门提交专题咨询报告多份，就烟台市旅游业、高端服务业等专业领域发展提出具体对策和建议。整理撰写《山东省重点海岛综合整治示范项目可行性研究报告》和《山东省海上风电建设用海控制性研究》，为山东省海岛的综合整治及海上风电建设用海控制提供政策建议。承担或参与烟台市相关蓝色经济规划的编制，正在编制的《烟台市海域使用规划》是烟台市蓝色经济区建设的一项重要规划，将成为今后一段时期内指导烟台市海域使用的指导性文件。参与山东省的各类规划，正在编制的《山东省海岸保护与利用规划》和《山东省海域海岛海岸带整治修复规划》，是山东半岛蓝色经济区建设的两个重要规划，将成为今后一段时期内指导山东半岛蓝色经济区建设海岸利用与保护工作以及海域海岛海岸带修复整治的法律性文件。协助山东省海洋与渔业厅完成中央分成海域使用金对下扶持项目的申报，编制完成《山东省近岸海域环境综合整治规划》。

【科技合作与交流】 ①国际科技合作。该所成立了LOICZ（海岸带陆海相互作用）国际计划东亚地区办公室。与德、英、法、意、澳、荷、俄等7个国家的海岸带研究机构建立合作关系，开展有效的合作研究与学术交流。②与地方政府的合作。先后与烟台高新区、莱山区、牟平区以及东营市、垦利县签订科技合作协议。其中，与垦利县人民政府共建海岸带盐生植物产业垦利基地，旨在加强盐碱地的综合利用与开发，加快黄河三角洲高效生态经济区垦利示范基地的建设，促进科技成果的转移转化。截至2011年底，初步完成6.67hm^2（100亩）菊芋种植示范，建成100吨级规模菊粉的加工装置，实现稳定连续生产。③与企业的合作。与山东东方海洋科技股份有限公司签署建设“海岸带生物资源利用技术中心”的合作协议，从事海岸带藻类资源和耐盐植物资源的种质保存、驯化及其活性物质的开发利用研究。与烟台海诚高科技有限公司建立联合研发中心，开发具有市场潜力和高技术含量的食品和环境等领域的分析检测仪器、环境治理技术及产品。2011年9月7日，由海岸带所、国家海洋局烟台海洋环境监测中心站、烟台海诚高科技有限公司共同申报的“海岸带水体环境的在线监测技术集成与示范”项目在该所正式启动，项目总经费6 000万元。④与高校的合作。与烟台大学共建“海岸带环境化学实验室”，与滨州学院共建“中科院烟台海岸研究所滨海湿地研究基地”。

【学术交流】 2011年8月10～13日，“中国地理学会环境地理专业委员会学术年会暨第九届POPNET研讨会”在该所召开。会议的主题是“中国持久性有机污染物（POPs）研究十年”。会议特邀中国科学院、教育部、环保部等部门以及美国麻省大学的40余位专家学者出席，其中包括中国科学院院士、973首席科学家、863首席科学家和12位国家杰出青年基金获得者。

9月1～2日，环保公益性重大项目“典型地区大气灰霾特征与控制途径预研究”进展工作讨论会在该所召开。环保部、中国科学院、教育部、地方环保系统等20多家课题承担单位的60余位专家学者参加了会议。

9月12～15日，“2011陆海相互作用科学大会（LOICZ-OSC）”在烟台举行。会议由LOICZ（陆海相互作用国际计划）与海岸带所联合主办，以“全球环境变化背景下的海岸带脆弱性和可持续发展”为主题，包括国际科学联合会（ICSU）执行主任、国际地圈—生物圈（IGBP）重大科学计划主席、LOICZ计划主席、联合国开发计划署（UNDP）黄海大生态系项目主任等在内的来自世界20多个国家和地区的350多位专家参加了会议。

11月20日，由该所主办“第一届海岸带生物资源研究与利用学术研讨会”。来自国家海洋局、中国科学院、中国海洋大学、上海海洋大学、南京农业大学等单位的70余位海岸带研究领域的专家、学者参加了会议。与会专家围绕“海藻多样性变化”“菊芋产业链”和“海岸带生物技术”3个主题，通过学术报告的形式，进行深入地交流和探讨。

【研究生教育】 该所现有在读研究生146人，已毕业硕士和博士研究生62人，获得“院长特别奖”1人、“院长优秀奖”3人、教育部“博士研究生学术新人奖”2人、“朱李月华优秀博士生奖”7人。2011年，该所实现了同年获得“院长特别奖”“院长优秀奖”和教育部“博士研究生学术新人奖”3个奖项，并获准增设“环境科学与工程”和“海洋科学”2个一级学科博士培养点，拥有了硕士、博士研究生自主招生权。

（海岸带所　郑茂坤）

国家海洋局第一海洋研究所

【概述】 国家海洋局第一海洋研究所始建于1958年，前身是海军第四海洋研究所，1964年整建划归国家海洋局，是从事海洋基础研究、应用基础研究和高新技术开发，为海洋管理、公益服务、海洋经济发展及海洋安全提供科学技术支撑的综合性海洋研究所。主要研究领域为中国近海、大洋和极地海域自然环境要素分布及变化规律，海洋资源与环境地质，海洋灾害发生机理及预测方法，海洋生态环境变化规律，遥感海洋学和海洋信息系统，海洋环境评价、保护和治理，海洋高新技术发展以及海洋综合管理科学等。拥有5个硕士点、2个博士点（共建）和博士后科研工作站。建有部委重点实验室4个。拥有国际先进水平的科研仪器设备2 800台（套），其中大型海洋调查仪器设备200余台（套）、大型实验室分析设备366台（套）。设有地面卫星站和计算机工作站等计算、通信网络设施。

【科研项目与经费】 2011年，该所在研项目181项。其中，新上项目67项，包括国家863计划子课题1项，国家973计划项目1项，海气相互作用专项9项，海洋公益性行业科研专项4项，极地专项5项，海洋可再生能源专项2项，国家自然科学基金23项，国家海洋局青年基金14项，科技部科技基础性工作专项2项，其他科技部专项2项，山东省和青岛市科技计划项目4项。全年获得立项总经费21 580万元。

【科研成果】 2011年，该所发表论文265篇，其中被SCI收录69篇；编写专著3部，出版图册1部。申请专利5件，其中国际发明专利（PCT）1件；授权专利18件；软件著作权登记18件。“新型浪潮流耦合海洋环境数值预报系统建设与业务化应用”和“海岸带黄土与古冰川遗迹及陆架沙漠化环境”项目获得海洋工程科学技术一等奖，“刺参病害及无公害防治技术研究与应用”和“海洋工程地质环境探测技术集成”项目获得海洋工程科学技术二等奖，“浒苔漂移动力学机制与预警研究”“大深度（500m）多参数拖曳式剖面测量系统”和“近海海洋微生物资源的标准化整理整合与共享”项目获得海洋创新成果二等奖。

【国际科技合作与交流】 该所现有中韩海洋科学共同研究中心、中印尼海洋与气候变化联合研究中心、中印尼巴东海洋联合观测站、联合国教科文组织政府间海洋学委员会海洋动力学和气候培训与研究区域中心（ODC中心）等4个涉外海洋科研中心及观测站。2011年，该所签署所际合作协议十余项，承担ROSE、MOMSEI、SITE、JUV、中俄联合航次等多个涉外航次的审核、报批、协调等工作。

【科技人才队伍建设】 该所现有职工486人。其中，中国工程院院士3人，外聘中国科学院院士1人，中国工程院外籍院士1人；研究员59人，副研究员97人；博士125人，硕士155人，博士生导师19人；聘请国内外客座研究员62人。

（国家海洋局第一海洋研究所　石丰登）

中国水产科学研究院
黄海水产研究所

【概述】 中国水产科学研究院黄海水产研究所（以下简称黄海水产研究所）是农业部所属综合性海洋水产研究机构。1947年1月始建于上海，1949年9月迁至青岛。该所设有实验室9个、实验基地3处、中试基地1处，建有国家水产品质量监督检验中心、农业部水产种质与渔业环境质量监督检验测试中心（青岛）、农业部黄渤海区渔业生态环境监测中心、农业部新渔药临床测试中心、农业部海水养殖遗传育种中心、农业部海水鲆鲽鱼类遗传育种中心（海阳）、农业部黄渤海渔业资源环境重点野外科学观测试验站等挂靠机构，拥有世界先进水平的“北斗”号海洋科学调查船，编辑出版学报级中文核心期刊《渔业科学进展》（原名《海洋水产研究》）。

【科研项目与经费】 2011年，该所在研项目358项（其中新上项目182项），在研项目总经费2.47亿元。其中，主持国家973计划项目3项，承担973

计划子课题4项，主持或参与国家863计划课题4项；承担国家自然科学基金项目56项，科技部国际合作项目3项，科技支撑计划项目8项；承担科技部农转基金、星火计划等国家级项目多项。

【科研成果】 2011年，该所有4项成果通过省科技厅鉴定，有1个科技部国际合作项目、4个山东省科技计划项目、1个农业部948项目、2个农业行业专项通过项目下达单位组织的结题验收，有24个课题进行了现场验收。获得科技奖励12项。其中，金显仕研究员主持的“黄海渔业资源长期变化与评价技术”获得省科技进步一等奖，“金乌贼（Sepia esculenta）苗种规模化繁育与健康养殖技术推广”获得国家海洋局创新成果一等奖，“大菱鲆疾病综合控制技术及示范推广”和“刺参良种培育与健康养殖技术研究和应用”2项成果获得国家海洋局创新成果二等奖，“养殖刺参疾病防控技术及示范推广”和“水产品中多种药物残留同时测定技术研究”分别获得青岛市科技进步二、三等奖。申请专利44件，其中国家发明专利38件、国际发明专利1件；授权专利61件，其中国家发明专利50件。发表论文326篇，其中被SCI收录96篇；出版专著4部。

【科学考察】 2011年，“北斗”号海洋科学综合考察船出航9个航次，海上作业175天，累计航程16 000nmile（海里），完成调查站位270个。

【科研条件建设】 2011年，该所投入2 213万元经费新购置仪器设备547台（套）。其中，进口仪器设备69台（套），共计经费1 380万元。

【科技人才队伍建设】 截至2011年底，该所拥有产业技术体系科学家岗位9个、首席科学家岗位1个，拥有“水产种质资源与生物技术”和“海洋渔业资源与生态”2个“泰山学者”岗位，2人被聘为“泰山学者”特聘教授；博士生、硕士生导师62人，客座研究员和访问学者36人；在读博士28人、硕士267人，博士后科研工作站共有进站博士后35人，出站21人；“渔业资源与生态环境”创新团队被评为山东省首批优秀创新团队，“海洋渔业资源与生态”研究团队被评为2011年农业科研创新团队，“海水养殖病害监测与微生物学防控”团队被评为2010～2011年度院优秀科技创新团队。

（黄海水产研究所　冯晓霞）

中国农业科学院烟草研究所

（中国烟草总公司青州烟草研究所、山东省烟草研究所）

【概述】 中国农业科学院烟草研究所（以下简称烟草研究所）成立于1958年，是经国务院科学规划委员会批准、农业部筹建的国家农业专业研究机构。1959年4月经山东省人民委员会批准增名“山东省烟草研究所”。1987年经国家科委、劳动人事部批准，增挂“中国烟草总公司青州烟草研究所”牌子，实行以中国农业科学院为主的三重领导体制，目前已成为学科齐全、人才集中、优势突出、科技创新和成果转化水平较高的国家级烟草农业综合性研究机构。该所下设5个职能部门、8个研究室（中心）和3个服务机构。国家烟草改良中心、中国烟草遗传育种研究（北方）中心、农业部烟草生物学与加工重点实验室、烟草行业烟草遗传育种重点实验室、烟草行业烟草病虫害监测与综合治理重点实验室、农业部烟草产业产品质量监督检验测试中心、农业部转基因烟草环境安全监督检验测试中心、中国烟草病虫害预测预报及综合防治中心、中国烟草青州原种繁殖基地、中国烟草种质资源平台、中国农业科学院烟草遗传改良与生物技术重点开放实验室、中国农业科学院青岛烟草资源与环境野外科学观测试验站、青岛烟草减害工程技术研究中心、中国农业科学院西昌烟草资源与环境野外科学观测试验站等14个创新平台挂靠该所。青岛中烟种子有限责任公司、上海烟草（集团）公司原料研究一室、山东中烟工业公司原料研发中心、川渝中烟工业公司原料研发中心等科技成果转化平台设在该所。

【科研项目与经费】 2011年，该所新上科研项目45项，其中主持33项。现承担在研科技项目76项，年度合同经费3 100余万元。其中，主持国家公益性行业（农业）科研专项和国家863计划子课题各1项，作为牵头单位承担烟草基因组计划重大专项重点项目“烟草突变体库创制、筛选与分析”和特色优质烟叶开发重大专项横向项目“低危害烟叶研究开发”。

【科研成果】 2011年，该所获得中华农业科技进步三等奖1项，中国烟草总公司科技进步二等奖1项、三等奖1项。育成的优质烤烟新品种“中烟203”通过全国烟草品种审定委员会审定，育成的烤烟新品系“QL-3”通过全国烟草品种审定委员会农业评审、“CF220”通过山东省烟草品种审评委员会农业评审。申请国家发明专利4件，授权发明专利2件、实用新型专利2件。制定行业标准1项、企业标准17项。参编著作23部，公开发表论文84篇，其中被SCI、EI收录12篇，国际会议宣读论文3篇。《中国烟草科学》被评为“2010年百种中国杰出学术期刊”和“第2届中国精品科技期刊”，并获得教育部“中国科技论文在线优秀期刊”一等奖，影响因子1.293。12月9日，该所参与规划设计与实施的全球第一套烟草全基因组序列图谱“绒毛状烟草和林烟草全基因组序列图谱”完成。该图谱是目前已知植物基因组序列图谱中基因组最大、组装精度最高、组装结果最好的图谱，标志着烟草研究从此全面进入基因组时代。

【科技合作与科技服务】 2011年，该所在全国烟叶主产区充分发挥片区管理模式的优势，统一协调各部门在所辖区域内的工作和人员的组织安排，实现了科研和成果转化工作的有机结合。科技人员年度直接技术指导与服务覆盖植烟面积666.67万hm^2（1 000万亩）以上，占全国总植烟面积的2/3，间接辐射带动全国整个植烟区。培训烟农300余场次，共计4.2万余人次。出版烟草生产使用图（手）册或口袋书11套（本），制作VCD教学光盘5版次，赠送各类图书10 000余册，发放明白纸44 000余份，发布全国性烟草病虫害预测预报情报23期。与四川省烟草专卖局、湖北省烟草专卖局、川渝中烟、广东中烟、江西中烟、浙江中烟、贵州中烟、遵义烟草公司等签订合作协议。年内，该所与湖北省恩施土家族苗族自治州烟草专卖局（公司）共同承担的“卷烟品牌导向的‘清江源’特色优质烟叶生产体系研究”获得中国烟草总公司科技进步二等奖，与云南曲靖、大理、福建南平等产区联合承担的科研项目已完成鉴定或正在申请鉴定。

【学科建设】 2011年，该所坚持学科、团队、平台、项目、成果“五位一体”的建设思路，对现有学科方向进行重新梳理与定位，进一步加强了功能基因组学等9个重点学科方向建设，完善重点学科方向考核管理办法，对重点学科方向全面倾斜，并对考核优秀的重点学科方向进行奖励。

【科研条件和平台建设】 2011年，中国农业科学院批准在该所成立“中国农业科学院西昌烟草资源与环境野外科学观测试验站”，成为该所获批建立的第二个中国农业科学院野外科学观测试验站，主要承担植烟土壤与生态监测、烟草种质资源收集和鉴定、烟草新品种选育研究与示范推广等任务。10月，该所申报的“农业部烟草生物学与加工重点实验室”正式获得农业部批准建设。农业部烟草产业产品质量监督检验测试中心、农业部转基因烟草环境安全监督检验测试中心通过农业部“2+1”复查（省资质认定复查现场评审）。年内，为充分发挥国家烟草专卖局和山东省烟草专卖局2 000万元科技创新平台建设经费的作用，该所对烟草行业遗传育种和病虫害监测与综合治理两个行业重点实验室进行科学规划和资源整合，投入600余万元用于行业重点实验室的升级改造，新购置遗传分析仪、流式细胞仪、高效液相色谱、冷冻超薄切片机等大型仪器30余台（套）。建筑面积3 800m^2、自筹资金1 085万元建设的烟叶加工醇化实验室项目主体和单项验收工作已完成，预计2012年初可正式投入使用。青岛实验基地已完成0.94hm^2（14.08亩）建设用地的院墙建设和场平工作，四川试验基地建设已开展前期工作。

【科技人才培养与队伍建设】 2011年，该所聘请河北师范大学孙大业院士，福建农林大学谢联辉院士，中国农科院作物所、国际玉米小麦改良中心中国办事处主任何中虎研究员，中国农科院植保所吴孔明院士等国内专家学者担任农业部和烟草行业重点实验室学术委员会主任（委员）；聘请西南大学夏庆友教授、山东农业大学孔令让教授为该所客座研究员。该所承担农学、理学等相关专业博士、硕士及烟草农业推广硕士的培养任务，并与青岛农业大学联合开展烟草专业本科生教育。年内，该所新引进人才8名，其中博士2人、硕士5人；晋升正高级职称2人，副高级职称5人；新增博士生导师2人，硕士生导师2人。在读全日制博士、硕士研究生106人，其中新招收32人，培养毕业20人，毕业生就业率高达95%以上。培养专业学位硕士研究生43人，其中24人于2011年通过答辩。新招收巴基斯坦博士留学生1名，与山东农业大学、四川农业大学联合培养硕士研究生2名，与青岛农业大学联合培养烟草专业本科生29名。

【学术交流与合作】 2011年，该所接待国外专家交流访问3批4人次，出国考察交流7批8人次。参加ICAE、CORESTA等国际会议7批15人次，组织全国大型学术交流活动16次，邀请国内知名专家来所交流讲座50余人次。与加拿大Guelph大学和美国园艺研究实验室（U.S.Horticultural Research Laboratory）建立了合作关系。

（烟草研究所　孟　鹤）

山东省科学院

【概述】 山东省科学院成立于1979年，前身是始建于1958年的中国科学院山东分院。该院拥有16个独立单位，主要研究领域涉及电子信息、生物技术、新材料、新能源及节能、自动化与智能控制、激光技术、海洋监测、分析测试和软科学等。全院资产总额20余亿元，大型仪器设备近千台（套），占地面积90hm^2（1 350亩），建筑面积20万m^2。建有国家超级计算中心、国家工程技术研究中心、国际科技合作基地、国家科技成果研究推广中心、国家认可实验室、国家成果产业化基地等国家级研发平台9个，省重点实验室、省工程技术研究中心、省工程实验室、省企业重点实验室、省科技成果推广中心、省重大条件建设平台、省产业技术创新战略联盟（牵头）、省国际合作研究中心等省级研发平台54个，院级研发平台25个。8个省级学会（协会）挂靠该院，编辑出版学术报刊6种。建有山东省科学院博士后科研工作站，与多所大学联合设立研究生培养点。

【科研项目与经费】 2011年，该院新上各级科研计划项目154项，经费合同总额1.68亿元，同比分别增长12.41%和54.13%。其中，国家级项目44项，经费合同总额1.16亿元，同比分别增长2.33%和61.11%；省级项目80项，经费合同总额0.34亿元，同比分别增长6.67%和54.55%。年内，该院承担了山东省战略性新兴产业培育、“蓝黄”两区建设和转方式调结构等方面的多项重点计划，新上“光纤传感网络在海洋油气和矿山领域的关键技术研究及产业化”“新型平板太阳能集热器研制及与建筑一体化平板太阳能热水系统的产业化”“基于千万亿次超级计算机的工业设计集成平台”和“云平台弹性计算系统研发与应用”等一批重大项目。

【科研成果】 2011年，该院有86项成果通过鉴定或验收，同比增长43.33%。“光纤综合检测系统应用及产业化”“海底观测网关键技术研究”和“基于云计算的跨区域资源共享服务平台研发与应用”等多项成果达到国际先进或领先水平。获得省级以上科技奖励13项。授权专利、软件著作权和发布标准共155项，同比增长39.64%，发明专利、软件著作权、标准均实现成倍增长。发表论文520篇，出版专著3部，被SCI、EI、ISTP收录论文数量同比增长39%。

【基础性研究】 2011年，该院“氢在高强钢的超高周疲劳中的作用机理”“须根自然腐解对丹参连作障碍形成的作用及其机理研究”“丙烯基苯化合物支链的微生物代谢机理研究”“低表面能亚微米通道内流动阻力与传热机理研究”“哈茨木霉LTR-2重寄生相关基因的发掘”“基于KTN晶体Kerr效应的电光调制研究”和“药芯焊丝水下湿法焊接过程电弧形态与熔滴过渡行为的研究”等项目列入国家自然科学基金计划。“电磁干扰对汽车电子系统安全与可靠性影响的研究”“CoSb3基热电材料防护涂层的EB-PVD制备及服役过程界面扩散行为研究”和“AM菌根真菌—植物—降解石油菌联合修复盐渍化石油污染土壤的机理”等17个项目列入省自然科学基金计划。该院投入230万元，支持“多不饱和脂肪酸纳米态液体制剂关键技术的研究”“连作丹参根际土壤中化感物质及相关微生物区系研究”“铁路用轴承钢的超高周破坏机理研究”“绿色溶剂亚临界水萃取中药活性成分的研究”“新型稀土发光探针及其在生物检测中的应用”和“高速逆流色谱—抗氧化活性扫描一体化技术的建立及应用”等一批基础性研究和应用基础性研究项目。

【应用研究与高技术研究】 2011年，该院围绕国家及山东省经济社会需求，新上省级以上应用及高新技术计划项目100项。其中，在海洋技术、中药现代化、信息技术、资源环境等高技术研究领域承担了“大型赤潮监测浮标”“栝楼规范化种植基地及其sop优化升级研究”“基于千万亿次超级计算机的工业设计集成平台”和“城市垃圾与工业废弃物综合处理技术示范”等国家863、科技支撑和政策引导类等计划项目37项；“基于云的计算机取证系统”“LED封装用高性能有机硅材料”“光纤传感网络在海洋油气和矿山领域的关键技术研究及产业化”“增程式纯电动客车动力系统研发及产业化”和“新型平板太阳能集热器研制及与建筑一体化平板太阳能热水系统的产业化”等项目列入省自主创新成果转化重大科技专项计划。

【科技示范企业】 2011年，该院科技示范企业实现直接销售收入18.69亿元，利税1.88亿元，社会销售规模达到34亿元，同比分别增长24.6%、33.3%和21%；总资产、净资产分别达到11.16亿元和5.78亿元，同比分别增长35.2%和16.3%。年内，该院对科技示范企业股权设置模式进行探讨，在创办企业、股权调整及公司整合等实际工作中进行探索应用。

【科研管理与体制改革】 2011年，该院按照省有关部门要求，组织院属各单位对绩效工资进行调查摸底，完成设岗方案报批工作，对全院事业编制、机构设置和工作人员情况进行调查摸底，组织起草了清理规范意见，积极为事业单位分类改革做好基础工作。

【科技创新平台建设】 2011年，依托该院建设运行的国家超算济南中心建成。该中心拥有国内首个全部采用国产自主中央处理器和系统软件构建的千万亿次计算机系统，实现了国家大型关键信息基础设施核心技术的自主可控。年内，该院获批新建特种焊接、机器人与制造自动化2个省级重点实验室，光电检测安全、镁合金材料2个省级工程技术研究中心以及省干燥过程节能企业重点实验室、省新型有机污染物检测研发公共服务基地和省新能源技术创新与公共服务平台。

【科技人才队伍建设】 2011年，该院新引进博士52人、硕士17人。新获批院士工作站2个，聘任院士8人。新增“泰山学者”海外特聘专家3人，山东省有突出贡献的中青年专家1人，至此全院有“泰山学者”岗位特聘专家6人、“泰山学者”海外特聘专家8人。核拨各类人才经费1 000余万元。该院对第一批选拔的青年学术带头人培养情况和计划执行情况进行了阶段考核。10人获得省市各级优秀人才表彰，5人获得省自筹经费出国资助。接待清华大学、电子科技大学博士、硕士来院开展就业实践。进一步发挥博士后工作站的作用，1名博士进站，2名博士出站。在2011年度省属科研单位人才工作目标责任制考核中，该院以第一名的成绩被评为优秀。

【技术咨询与服务】 2011年，该院共为3 031家企业提供技术咨询、服务7 211项，同比分别增长24.99%和26.15%。

信息技术服务 2011年，国家超算济南中心结合“蓝黄”战略开展服务，完成16个大型应用软件的移植、优化，计算资源利用率超过70%。云计算中心自主研发了业务支撑平台和运维管理平台，为科研机构、政府部门、中小企业等上百家单位提供多种形式应用支撑服务。软件评测机构为400余家企业完成各类软件测试服务1 000余项。

公共检测服务 承担国家级、省级重大建设项目的检测服务，为全省重大安全事故、食品安全检查提供分析检测服务。承担建设项目的竣工环境保护验收监测工作，全年为1 800余家单位的10万余件样品提供检测。

决策咨询服务 参与山东省战略性新兴产业、“蓝黄”两区、新能源专项指南的编制及项目组织实施。参与撰写的《山东省物联网产业发展调研报告》得到省主要领导的重要批示，有关建议纳入2012年省政府工作报告。承担国家和省重大软科学课题多项，一批咨询建议发挥了服务决策的重要作用。开拓新的服务渠道，为企业提供管理诊断服务，为行业提供战略性规划服务。《科学与管理》办刊质量不断提高。《山东科学》学术水平位居地方科学院学术期刊领先地位。

文献信息检索咨询服务 作为全省科技文献共享平台的共建单位，中文文献保障率达到95%以上，外文文献保障率达到70%，各类资源总量增长超过60%。全年数字资源检索130万次，同比增长近10%。课题查新2 400余项，同比增长20%。

【科技合作与交流】

国际合作与交流 2011年，该院获得各类国际科技合作项目22项，获得科技部项目资助经费总额2 330万元。11月，该院召开了“科学发展现场交流暨进一步推动国际科技合作工作会议”。派出考察团组42批89人次，执行国际合作项目和到海外寻找人才的团组明显增加，接待外国专家24批61人次。与该院合作的2位外国专家获得2011年度“齐鲁友谊奖”。

国内合作与交流 2011年，该院承接横向课题232项，合同经费总额1.78亿元，同比分别增长7.91%和4.71%。省经济和信息化发展研究院全面开展工作，省经济和信息化专家咨询委员会组织专家开展调研、咨询建议等活动。与济宁市共建省科学院济宁分院，与泰安、莱芜签署科技合作协议，全年与各地市共建平台17个。年内，该院被省委、省政府授予“山东省产学研合作创新突出贡献科研单位”称号。“海洋仪器装备产业技术创新战略联盟”被推荐至国家科技部并通过初步答辩，新申报“云计算”和“安防技术”两个产业技术创新战略联盟。山东桑乐太阳能有限公司与山东大学共建太阳能选择性吸收涂层联合实验室，自动化研究所与日本会津大学共建察觉计算联合实验室。

【科研成果选介】

山东省云计算平台建设与应用 该项目对虚拟化、分布式存储、分布式测试等云计算关键技术进行攻关，提出多个资源整合模型，并研发出多个信息系统，搭建基于云计算的跨区域资源共享服务平台，聚合山东省计算中心、齐鲁软件园等数据中心共150台服务器和300TB存储；整合客户关系管理、协同办公等20余种应用软件；打造出一站式信息化服务门户，面向单位和个人提供基础设施、平台、软件等信息化服务；形成可推广的云解决方案。该项目成果已在电子政务、医疗、教育、软件开发与测试等领域得到广泛应用，为100余家企业的500余个项目提供服务，累计创造直接或间接经济效益3 000多万元。

国内外标准比对系统研发及应用示范 该项目针对不同产业领域的标准特点，选取标准比对的共同元素和一般方法，形成可为多领域标准比对所采用的通用模型，指导标准比对工作；借助信息技术手段，开发完成“国内外标准比对系统”以提高比对效率，支撑后期数据分析和应用推广。该项目从标准体系、标准框架、标准技术指标3个层面抽取国内外标准共有的关键指标，采用面向领域的比对模型构造方法，构建了一种整体性、技术性兼具的比对模型；借助数据库技术、软件开发技术、云计算技术，将标准比对的原理和方法固化在一个软件系统中，结合标准主管部门、产业企业、研究机构等用户的需求，提供丰富、实用的标准比对结果查询、分析、展现功能，为应对技术贸易壁垒措施提供有效的支撑；项目组选取“通用布缆”领域，完成该领域50个国内标准中910项指标的比对分析，形成专题技术报告，提出该领域我国国内标准制修订建议、国际标准研制建议、有效应对技术贸易壁垒措施的建议，为项目推广提供了样例。该项目制定国家标准13项、山东省地方标准2项，成果已在制造业、信息产业和公共安全等多个行业得到应用。

海洋环境监测装备及灾害预警系统　该项目研制出新型系列浮标、自动化台站、走航式自动测量系统和船载海洋水文、气象、动力、现场生态监测仪器，并在此基础上开发风暴潮、海浪、海冰和赤潮的海洋灾害预警服务平台，集成构建了区域性海洋监测平台和海洋灾害预警系统。系统已在国家海洋局进行业务化运行，获取了大量海洋环境监测数据，完成多次海洋灾害预警，挽回经济损失数十亿元。研制的设备已成为北海区海洋监测的主体，新型系列浮标在北海区11个站位进行业务化观测，每年获取监测数据6 000余万组。2011年超强台风“梅花”期间，近岸海域波浪的实时监测数据为北海区海洋预警提供了第一手关键资料。渤海海峡监测系统的业务化连续观测，获得数据约3.6GB，用于制图600余幅，对进一步掌握海峡流特征起到关键作用。研究成果还在省海洋局、省气象局及多个科研单位进行广泛应用，其中仅新型系列浮标就完成100余套，直接经济效益超过2亿元。

（省科学院　于　萍　朱　亮）

山东省医学科学院

【概述】　山东省医学科学院（简称省医科院）是省政府直属的集医学科研、临床医疗、疾病控制、医学教育、科技支撑管理与服务等职能于一体的综合性医学科研机构。2011年，全院总收入较上年增长24.52%，净资产总额23.14亿元，其中固定资产18.75亿元。

【科研项目】　2011年，该院新上各级科技计划项目116项。其中，国家级项目20项：国家新药创制科技重大专项1项、国家科技装备项目1项、国家自然基金面上项目15项、973前期项目1项、卫生部行业专项1项、农业部行业专项1项；省级项目68项：省新药平台项目2项、省自主创新成果转化重大科技专项计划 1 项、省博士基金4项、省自然科学基金27项，省科技发展计划科技攻关22项、软科学8项，省大型科学仪器设备升级改造技术项目4项；省医药卫生科技发展项目18项，省中医药科技发展项目7项，省信息产业厅项目1项，济南市科技发展项目2项。

基于脐带胎盘间充质干细胞库的干细胞系列制品　获得2011年山东省自主创新成果转化项目资助，是以北京汉氏联合生物技术有限公司、山东省医学科学院（包括山东省多能干细胞库）和国家干细胞工程技术研究中心为技术依托，以山东泰田新药开发有限公司为实施主体的产业化项目。该项目涉及干细胞技术平台及其系列产品的研发，针对血液疾病、心脑血管疾病和糖尿病，研发人类干细胞相关治疗技术与方案，评估干细胞治疗的技术风险，为开发新型治疗性药物和治疗性方法提供支撑服务。重点研发脐带胎盘间充质干细胞治疗技术与方案，目标是建立国际认可的、符合临床级标准的干细胞库以及血液疾病、心脑血管病变、糖尿病的细胞模型和动物模型，开展干细胞治疗技术研究，开发干细胞治疗方案和产品。该项目已建立多能干细胞供者细胞库及其标准试行、GVHD及造血干细胞共移植及缺血性心脏病的动物模型并进行有效性指标评价；建立了一种快速、准确、可靠的干细胞生物学效力检测方法；启动了对干细胞制剂的超低温储存，对冷链运输、使用条件的稳定性进行了验证。

【科研成果】 2011年，该院获得各级科技奖励33项。以谢立信院士为首完成的“感染性角膜病创新理论及其技术应用”项目获得国家科技进步二等奖，以张福仁研究员为首完成的“低流行状态下麻风病防治的基础和应用研究”项目获得山东省科技进步一等奖。另外，获得中华医学科技三等奖1项，山东省科技进步二等奖6项、三等奖6项，山东省医学科技二等奖1项、三等奖1项，山东软科学一等奖2项、二等奖3项、三等奖2项。授权发明专利14件。发表SCI论文100篇，较上年增加22篇，增幅达到28.2%；总影响因子为233.471，较上年增加14.857。麻风防治研究继续保持国际领先水平，继2009年在世界上首次发现7个麻风易感基因后，又发现2个新的麻风易感基因，研究成果被国际著名学术期刊《自然·遗传学》发表，SCI影响因子为36。

【科研管理与体制改革】 2011年，该院按照省委、省政府关于事业单位改革的部署要求，完成院及所属事业单位岗位设置方案上报并获得批准，为下一步开展全员竞聘入岗工作奠定了坚实基础。继续实行科技奖励制度，重奖2011年度获得国家级项目、发表SCI收录论文，以及获得发明专利、新药证书和省级科技奖励的科技人员，发放奖金和匹配科研经费共计483万元。

【科研条件和平台建设】 2011年，该院多次召开重点实验室学术委员会会议和学术交流会。山东省罕少见疾病防治重点实验室和山东省眼科学重点实验室2个省级重点实验室通过年度评估，均被评为优秀。省级重点实验室共获经费资助230万元。重点加强了对山东省罕少见病重点实验室的管理，进一步凝练研究方向，整合资源，确立技术平台，组成新的学术委员会。组织新上山东省大型科学仪器设备升级改造技术项目4项，经费30万元。该院全年共投入科研经费8 179万元，其中购置科研仪器设备经费2 536万元。东部新区全年投入建设资金1.3亿元，至此已累计投入建设资金3.3亿元，一期建设项目基本结束，建成面积10.2万m^2，省医科院产学研基地进入运行发展阶段。经省卫生厅批准成立了山东省多功能干细胞库，开展干细胞治疗产品研发。

中药质量评价生物光子辐射检测新技术实验室建设 2011年获得山东国家综合性新药研发技术大平台资助。旨在建立和完善生物光子辐射检测平台，主要包括恒温、恒湿、避光的实验室环境，以及生物光子探测系统3套——生物光子辐射强度探测及分析系统、生物光子辐射光谱探测及分析系统、生物光子辐射成像及分析系统；在建立生物光子分析技术平台的基础上，对不同药性中药材的生物光子辐射进行检测、分析，根据分析的数据建立数学模型，并建立能够真正揭示中药药性科学本质的质量标准和评价新模式，完善中药质量标准体系，全面提升中药的质量标准水平，为中药的临床治疗提供量化指标，为中药现代化、标准化、国际化奠定基础。

抗肿瘤药物新药临床评价基地建设 2011年获得山东国家综合性新药研发技术大平台资助。旨在建立符合国际规范的抗肿瘤药物新药临床评价研究技术平台，完善原有抗肿瘤新药临床评价系统的管理规范化及网络化，形成抗肿瘤新药临床管理规范及网络化管理平台，提高新药临床研究质量，为新药研发提供支持和服务，推进我国抗肿瘤新药临床研究的国际化进程；建立抗肿瘤药物新药临床研究设计及疗效评价技术指南，为肿瘤新药临床研究设计提供借鉴及指导性服务，为我国新药临床研究的设计及疗效评价提供重要的方法学支撑；培养造就一批从事药物临床试验的高素质学科带头人、专业技术骨干和管理人才，为新药的临床研究提供人才支持及培训服务。

【科技人才队伍建设】 2011年，于金明研究员当选中国工程院院士，谢立信院士、于金明院士被评为首届“山东省十大名医”，角膜病团队被评为山东省优秀创新团队。1人当选享受国务院政府特殊津贴专家，1人入选“泰山学者”攀登计划，1人当选“泰山学者”药学特聘专家，2人当选山东省有突出贡献的中青年专家。新引进博士、硕士共82人。博士后科研工作站新招收博士后3名。2011年，该院被省委、省政府授予“山东省人才工作先进单位”称号。

【本科和研究生教育】 “济南大学山东省医学科学院医学与生命学院”成立于2007年，是山东省内第一所由科研单位与高校实行科教一体化成立的学院。2011年，该院在章丘市投资建设的医学与生命科学学院新校区投入使用，全年招收本科生、研究生400余人。

【国际科技合作与交流】 2011年，该院共派出24批36人次赴英国、法国、瑞典、荷兰、俄罗斯、美国、南非、日本、韩国等17个国家以及台湾地区进行考察访问、学术交流和合作研究。与俄罗斯国家医学科学院、瑞典卡罗林斯卡学院、英国格拉斯哥凯利多尼亚大学、南非夸祖鲁纳塔尔大学、日本职业病学会、韩国职业病学会等机构深化合作关系，与法国国家卫生与医学研究院、荷兰应用科学研究组织、德国国际生物物理研究所等机构首次建立合作伙伴关系。

【科技服务与成果转化】 2011年，该院围绕经济社会发展的需求，广泛开展职业卫生、农药、食品、放射卫生、消毒产品、化妆品、涉水产品、法医鉴定、文献查新等项目的检测与评价工作，以优良的服务受到企业和各界客户的好评。与济南市、历下区有关部门和企业建立了密切的合作关系，推进产学研结合，提高科技成果转化率，全年签订成果（新药、诊断试剂等）转让协议9项，合同金额1 040万元。

【临床医疗与疾病防治】 2011年，该院加强院属医疗单位的规范化建设，完善医院管理和医疗质量管理考核体系，医疗质量和服务水平得到进一步提高，各项医疗指标保持稳步增长。全院医疗收入较上年增长28.45%。门诊人数、入院人数、手术台次较上年分别增长17.98%、28.7%和21.22%。年内，该院在全面完成职业病、寄生虫病、麻风性病、核辐射防治任务的基础上，进一步拓展防治领域，获得海阳核电站周边居民健康基线调查项目立项。罕少见疾病防治研究得到省政府领导大力支持，并得到全国政协副主席王志珍院士的高度评价。继续加强国家“化学中毒医疗救治基地”和“核辐射医疗救治基地”的建设和管理，不断健全应急救治队伍和网络体系，做好各项应急物资储备。

（省医学科学院　杨　军）

山东省农业科学院

【概述】 山东省农业科学院是省政府直属的综合性、公益性省级农业科研单位。该院现有12个处室、20个研究试验单位、2个试验站和18处分院，并设有1处博士后科研工作站。全院国有资产10.3亿元，试验地474.52hm^2（7 117.8亩），5万元以上仪器设备387台（件），保存种质资源3.3万份、图书资料50万册（卷），编辑发行《山东农业科学》等7种科技期刊。主要研究领域涵盖山东乃至黄淮海区域农业发展所需的粮经作物、果树、蔬菜、畜禽、蚕桑、土肥、植保、检测、农产品加工、农业微生物、农业生物技术、信息技术等43个学科。拥有国家和省级创新平台58个。其中，国家工程实验室、国家工程技术研究中心等国家级创新平台11个，农业部重点开放实验室等部级创新及服务平台23个，省级重点实验室等省级创新及服务平台24个。与国际玉米小麦改良中心、国际马铃薯中心等10多个国际组织和50多个国家或地区的科研机构、高等院校建立了良好的交流合作关系。

【科研项目与经费】 2011年，该院新上科研项目310余项，新上项目总经费超过2亿元。"十二五"国家现代农业产业技术体系建设任务增至22个岗位专家和16个试验站站长，居全国省级农科院前列。在山东省启动实施的小麦、玉米、果树、蔬菜、花生、生猪等6个现代农业产业技术体系创新团队建设中，争取到2个首席专家和17个岗位专家。主持承担的"粮食丰产科技工程""农村农业信息化""良种畜禽精液生产"和"农田物质循环"等5个"十二五"国家科技支撑计划课题顺利启动。获得国家自然科学基金立项数量创历史新高，达到21项，总经费724万元。

【科研成果】 2011年，该院获得各级科技奖励32项。其中，"猪主要繁殖障碍病防控技术体系的建立与应用"项目获得国家科技进步二等奖，成为该院历史上获得的首项兽医方面的国家级科技奖励，至此该院已连续10年获得国家级科技奖励；获得山东省科技进步一等奖3项、二等奖7项、三等奖6项；获得中华农业科技奖科研类成果一等奖1项、三等奖2项，优秀创新团队1项；获得山东省农牧渔业丰收一等奖2项、二等奖2项，农业技术推广合作奖1项；获得第20届全国发明展览会金奖1项。全院专利年申请量首次突破200件，其中发明专利年申请量首次突破100件，达到137件；授权专利129件，其中发明专利67件，较上年增长97%。获得软件著作权登记16件，植物新品种权4个，新兽药证书1个。通过国家审（鉴）定品种6个，省级审定品种20个。制定国家标准3项，行业标准2项，省级地方标准14项。发表论文754篇，其中被SCI收录90篇。以自主知识产权推动科研创新的做法得到国家和省知识产权管理部门认可，并在《国家知识产权局信息》中印发，得到省委、省政府领导批示。

【应用研究与高技术研究】

农产品中农药残留安全评价技术体系建立与应用 该项目对蔬果粮油等主要农产品和环境中农药多残留基质分散固相萃取GC/MS、LC/MS快速检测技术体系进行系统研究，建立了五大类150余种农药残留检测方法。揭示阿维菌素、多抗霉素等10种农药在代表性作物和产地残留的化学特性及降解动力学规律，率先提出我国蔬菜中农药残留风险评估的变异因子，创建了既符合国际规范又适合我国国情的蔬菜中农药残留风险评估技术体系，完成市售和大棚蔬菜中农药残留风险评估，构建农药残留数据库和风险预警系统。提出与国际食品法典协调一致的适用于我国的农药残留限量标准制定作物分类原则与框架，累计制修订国家和地方标准、操作规程68项，其中国家标准3项、地方标准20项。研究结果用于制定农业部《用于农药残留限量标准制定的作物分类》、国家农药合理使用准则（40项）和农药残留限量标准（9项），共涉及180余种农药（剂型）以及粮食、油料、水果、蔬菜、棉花等20多种作物。

北方沼气池冬季产气技术研究与应用 该项目研发出分解秸秆和低温下提高产气率的双功能沼气微生物菌剂，具有高效、低廉、使用方便等优点，可提高低温下沼气池产气量60%以上，提高以秸秆为原料的沼气池产气量50%以上。研发出新型耐低温沼气池及新型建池技术，从结构上对户用沼气池进行优化，发酵主池采用"夹芯"层结构，添加保温材料，大大提高保温效果及密闭性，显著改善发酵微生物的环境温度，确保沼气池全年正常使用。研发出沼渣沼液高效综合利用技术和沼液沙系统过滤技术，研究形成的沼液预处理技术和用于蔬菜、果树、大田作物的沼液滴灌技术，可提高作物或蔬果产量13.2%～26.3%。该项目已授权发明专利6件，在山东济南、潍坊、东营等地进行大面积推广应用，取得了显著的经济、社会和生态效益。

主要蔬菜有害生物绿色控制技术研究与应用 该项目鉴定明确了山东省设施蔬菜15种新病害病原生物。首次发现芹菜头孢霉茎枯病、西瓜水瓤病、西葫芦茎基软腐病、番茄漆斑病等4种新病害病原菌。鉴定出抗病毒病的番茄品种12个、抗黄瓜褐斑病的黄瓜品种6个，筛选出多氧霉素、中生菌素等15种高效生物农药。提出太阳能土壤消毒—诱抗健身技术、蔬菜鲜秸秆还田防病技

术、菌渣生态型无土栽培控制土传病害技术、有机生态型无土栽培技术、有机肥趋避害虫技术、净苗—诱抗—隔离—治虫—调控的病毒病控制技术和土壤化学处理技术等防治蔬菜病虫害的绿色防控技术，各试验示范区均取得较好的田间防效。研制出防治蔬菜真菌、细菌病害的新杀菌剂组合物。获得发明专利授权2件，制定技术规程10项，获得有机、绿色及无公害产品证书15个。在全省蔬菜种植区推广应用约13.33万hm^2（200余万亩），示范推广区减少农药用量30%以上，获得经济效益30多亿元。

大宗菇类新品种选育与产业化开发　该项目通过引进驯化、生长筛选试验及栽培区试验获得高产、稳产、优质、抗逆性强、转化效率高的食用菌优良菌株，育成平菇、香菇、金针菇、双孢蘑菇新品种8个，生物转化率较原始菌株提高21%以上，通过国家认定食用菌品种1个，通过省级审定7个。确定了秸秆基质配方的最适碳氮比，优化筛选出秸秆栽培食用菌高效配方2个。摸清喷施百菌清和高效氟氯氰菊酯在双孢蘑菇子实体中的残留规律，建立了双孢蘑菇安全生产管理技术。利用同工酶、RAPD、ISSR等方法对香菇、平菇、金针菇、双孢蘑菇进行多相分类鉴定，构建出含品种来源、菌丝体生物学特性、子实体农艺性状、同工酶谱、DNA指纹图谱、交配型等功能参数的核心种质库，建立起280个平菇菌株网上查询数据信息库。确定栽培原料和覆土材料有害重金属在双孢蘑菇子实体中的富集规律及原材料中重金属含量的限量值，提出平菇、香菇、金针菇、双孢蘑菇安全高效生产栽培技术。建立了香菇转化异源扩张蛋白基因的转化方法。成果累计推广面积5 000万m^2，获得经济效益18.3亿元，育成的平菇、香菇、金针菇和双孢蘑菇品种栽培面积分别占全省同类食用菌栽培面积的30%、50%、60%和25%。

【科技服务与成果推广】　2011年，组织送科技下乡活动200多次，举办各类培训班260余期，培训基层农技人员、农业企业技术人员和农村种养大户4万多人次。新建果树、肉牛等示范基地6处。召开小麦、玉米、水稻等现场观摩会20余次。针对山东省遭遇的严重冬春连旱，组织专家赴重灾区开展科学抗旱活动，为科学抗旱保春播做出应有贡献。科普惠农和科普教育工作扎实开展，该院被省科协授予“三星级科普教育基地”称号。一批优良品种和先进技术被列为国家和省主导品种和主推技术。“济麦22”夏收面积228万hm^2（3 420万亩），占全国小麦种植面积的10%，蝉联全国第一大冬小麦品种地位，为山东省粮食“九连增”做出重要贡献。

【科技创新平台建设】　2011年，小麦玉米国家工程实验室获得国家发改委批复立项，计划总投资5 433万元，成为该院获得的首个国家级工程实验室。4个农业部第二批专业性（区域性）重点实验室和6个科学实验站获准建设，至此该院共承建专业性（区域性）重点实验室5个、实验站7个，总数列全国省级农科院之首。农业部农产品质量安全风险评估实验室（济南）获批建设，作为首批农业部风险评估实验室进入国家农产品质量安全风险评估体系。山东省农药残留检测研发公共服务基地获得省科技厅、省财政厅联合批复，成为山东省第一批检测研发公共服务基地。山东省农作物品种区试站获得省农业厅批复建立。肉牛生产性能测定中心、蔬菜改良分中心二期和桃良种苗木繁育基地3个建设项目获得农业部立项。

【科技人才队伍建设】　2011年，该院在职职工1 799人，一线科研骨干中研究生学历人员占60%以上。新引进博士16人、硕士20人。拥有高级专业技术职务人员541人，博士生导师17人，硕士生导师68人。新增“泰山学者登攀计划”人选1人、“泰山学者”特聘专家1人，引进“泰山学者”海外特聘专家3人，至此该院“泰山学者”人才增至13人。“棉花遗传改良与栽培技术”创新团队被评为中华农业科技奖优秀创新团队，并通过山东省优秀创新团队初评。新增山东省有突出贡献的中青年专家1人，入选济南市第十批专业技术拔尖人才2人。至此，该院已拥有百千万人才工程国家级人选3人，国家有突出贡献的中青年专家5人、山东省有突出贡献的中青年专家16人次，享受国务院政府特殊津贴专家109人。

【科技合作与交流】

国际科技合作与交流　2011年，该院深入实施同纬度、同生态国际先进农业技术成果引进计划，建立了“引进同纬度、同生态国际先进农业技术成果项目库”，与乌克兰、俄罗斯、韩国等国家的多所世界知名科研院校巩固发展了合作关系，引进先进动、植物种质资源260余份。新上国际合作项目10项，争取到山东省国际科技合作平台3个。“国外甜樱桃良种及砧木引进与示范”基地被命名为山东省引智成果示范基地。援助苏丹建设农业技术示范中心项目进展顺利，该院品种试种取得成功，受到苏丹和我国有关部门的高度重视和好评。

国内科技合作与交流　2011年，山东大学农学院在该院揭牌成立，9名博士生导师和19名硕士生导师聘任到位。该院与中国农科院农产品加工研究所签订农产品加工学科共建协议，山东省农业科学院日照分院揭牌成立，至此该院在全省17个地市均已建立分院。

（省农业科学院　赵海军）

山东社会科学院

【概述】　山东社会科学院是省委、省政府直属的综合性社会科学研究机构，前身是1978年成立的山东省社会科学研究所，1980年改为现名。该院有8个职能部门、13个研究所和2个研究辅助机构。山东省马克思主义研究中心、山东省海洋经济研究基地、山东省人口研究基地、山东省对外经济研究基地、山东省生态经济研究基地、山东省经济形势分析与预测软科学研究基地和山东省文化产业理论创新基地设在该院。馆藏社会科学类图书30余万册，主办综合性学术理论刊物《东岳论丛》，国内外公开发行。

【科研项目与经费】　2011年，该院围绕推进新型智库建设不断加大工作力度，坚持以深入研究重大现实问题为主攻方向，合理选题立项，新上各类科研项目180项。其中，国家社科基金项目4项，省社科规划项目15项，省软科学研究项目7项，省领导交办项目78项，横向课题12项，院级项目64项。承担了中组部、中宣部、省委宣传部、省政府调研室、省两区规划建设领导小组等委托的一系列调研课题，完成了《山东“文化强省”建设战略研究》《沂蒙精神与时代精神相结合研究》《中央经济工作会议货币政策解读》《山东省两个同步发展问题研究》《“三个一切”主题教育活动研究》《山东社会管理创新问题研究》《京沪高铁对山东经济社会文化发展的影响与对策建议》《推动山东省城乡居民文化消费快速增长的对策建议》《山东省“农家书屋”建设管理使用情况的调查及对策建议》《山东与京畿道友城联合体发展研究》和《山东省促进就业问题研究》等重大委托课题的调研、论证和撰写工作。全年科研项目总经费295万元。

【科研成果】　2011年，该院获得山东省第25次社科优秀成果奖重大成果奖2项、二等奖4项、三等奖3项，获得全省优秀调研报告2项。获得各类研究成果800项。其中，调研报告408项，述评和综述23项；出版著作32部，包括《马克思主义中国化重大理论问题——七个是什么，七个怎么办》《马克思主义学习型政党建设理论与实践》《马克思主义论坛（第7辑）》《物质进化论的人本哲学》《人类的来龙去脉》《宇宙的DNA》《蓝色战略与蓝色经济区》《文化强省建设关键词解读》《中国近代史新讲》《世界各国智库研究》等；发表论文337篇，《新型智库建设与地方社科院目标定位与路径选择》《实施哲学社会科学创新工程努力建设一流新型智库》《我国新型智库建设与地方社科院科研转型研究》《论地方社科院向新型智库的转型》《弘扬沂蒙精神建设核心价值体系》《大力弘扬新时期的沂蒙精神》《科学回答时代重大问题》《党建科学化:思想铸魂永无止境》《秉持“三个一切”繁荣社会科学》《从战略高度积极推进“资源深层化”》《人类文明演进的规律及历程》《论工业文明的本质》《山东实施陆海统筹的探索实践与重要启示》《山东海洋文化资源转化为海洋文化产业现状分析与对策思考》《地方政府投资行为、地区性行政垄断与经济增长》《后国际金融危机时期提高山东对外开放水平的重大思路研究》和《重新诠释唯物主义辩证法》等35篇论文在《人民日报》《光明日报》《中国社会科学报》《大众日报》《新华文摘》《中国社会科学文摘》《人大复印资料》《经济研究》《经济研究参考》《管理科学与评论》和《海洋开发与管理》等国内著名报刊上发表。

【应用对策研究】 2011年，该院通过《呈阅件》《科研要报》《山东经济蓝皮书》《山东社会蓝皮书》和《山东文化蓝皮书》等多种形式向省领导及时报送科研成果和信息，为省领导科学决策提供咨询服务。18项成果获得国家或省级领导批示。其中，《征地拆迁：好事一定要办好——青岛开发区推进城市化重要举措及其启示》得到中央政治局常委、国务院副总理李克强的肯定性批示，《建立有中国特色的马克思主义理论体系的一些思考》得到全国人大常委会副委员长、全国妇联主席陈至立的肯定性批示，《关于积极实施“产业创新发展工程”的建议》《建设“人才特区”需要注意的几个问题》《加快转变经济发展方式积极建设新型工业化省》《关于我省加快发展战略性新兴产业的思考和建议》《把“生态山东”打造成我省的新名片》《我省应高度重视关注日本灾后重建的合作机遇》《东营市建设生态市的成功探索及启示》《关于实施三大文化建设工程的建议》《山东省城乡低保的主要差距及其对策》《关于引进大型画家村项目推进全省文化产业发展的建议》《关于通过率先同城化推动济南都市圈发展的建议》和《加快发展菏泽及扩大蓝区对黄河流域作用的八个创意性项目》等14项成果得到省委副书记、省长姜大明的肯定性批示，《关于我省加快改造提升传统产业的思考和建议》《我省要高度重视海水淡化产业的战略地位和发展机遇》《山东区域竞争力评估与分析报告》和《曲阜市加快网络文化建设的经验与启示》等4项成果分别得到王仁元、王军民、孙守刚等省领导的肯定性批示。

【科研管理与体制改革】 2011年1月，为鼓励科研人员多出原创性、高质量理论研究成果，促进新型智库建设，该院对《山东社会科学院科研鼓励奖实施办法》进行了重新修订。对人员职称结构、岗位设置等进行全面分析，推进院人事制度改革，制定了《2011年山东社会科学院专业技术资格评审工作实施方案》和《山东社会科学院岗位聘用工作实施方案》。

【科研基地建设】 2011年10月，该院在济南召开了全省地方社科院科研联席会。11月，山东社会科学院菏泽调研基地揭牌成立，至此该院调研基地达到10家。

【科技人才队伍建设】 2011年，该院新引进博士4人。通过组织考察和全国公开选拔招考，3人走上院级领导岗位。有3名正处级干部和3名副处级干部分别进行轮岗，6人竞聘为正处级干部，7人竞聘为副处级干部，中层干部队伍建设得到切实加强。李善峰获得山东社会科学突出贡献奖，张卫国入选高效生态经济研究岗位“泰山学者”特聘专家，孙吉亭和张凤莲入选齐鲁文化英才。

【科研项目选介】

加入政府采购协议对我国产业发展的影响与对策研究　国家社科基金一般项目，起止时间为2011年6月～2013年12月。该项目立足我国已经启动加入GPA谈判的背景，以加入GPA与我国产业发展的关系为研究对象，在GPA、政府采购和产业发展三位一体的基础上开展研究。通过演化博弈模型对GPA、政府采购与产业实体之间的作用机制进行分析，科学测算我国政府采购的规模与结构，分析相关产业的政府采购依存度和国际竞争力，并从谈判清单、产业和政府各个层面为加入GPA提供切实的对策建议。

我国大学生就业质量测评研究　国家社科基金青年项目，起止时间为2011年7月～2013年12月。该项目借鉴国内外关于就业质量研究的最新成果，结合我国当前经济社会发展现实，紧紧围绕大学生就业的及时性、充分性、持续性和发展性四大质量目标，设计符合我国大学生就业特点的质量测评指标体系。通过典型调查和问卷调查相结合的方式获得基础资料，对我国当前大学生就业质量进行实证评估，分析影响大学生就业质量的社会、经济、政治、文化、生态等因素，并从政府引导、市场主导、社会监督的视角提出国家、区域、产业层面干预的有关建议。

创新和发展新型农村经济组织政府扶持体系研究　国家社科基金青年项目，起止时间为2011年7月～2013年6月。主要研究内容：①参照一般企业发展能力的概念和指标体系，结合新型农村经济组织的特殊性，明确新型农村经济组织发展能力的概念和核心指标体系。②对现有新型农村经济组织政府扶持体系进行综合比较，并分类探讨。③对新型农村经济组织发展能力与政府扶持体系进行关联分析。④分别从新型农村经济组织自身方面和扶持政策执行方面提出优化政策绩效的建议，同时揭示对今后制定相关政策的借鉴意义。

我国住宅价格形成机制及发展对策研究　国家社科基金青年项目，起止时间为2011年7月～2013年6月。该项目在收入增长、需求分化、资本深化的特殊国情下，在理论分析的基础上，利用中国城乡居民住宅消费、投资的相关实证数据，对我国住宅价格的形成机制进行深入剖析，提出促进我国房地产市场平稳健康发展的对策建议。首次讨论资本深化条件下的城乡住宅价格差异问题，并通过实证分析验证“资本劳动比”对城乡房价差异的解释力。

（山东社会科学院　杨　梅）

山东省水利科学研究院

【概述】　山东省水利科学研究院创建于1957年，隶属于山东省水利厅，是以基础和应用研究为主的社会公益型研究机构。

【科研项目】　2011年，该院承担省部级以上科研项目20余项。承担的主要科研项目如表1所示。

表1　　2011年山东省水利科学研究院承担的主要科研项目

项目名称	项目类别	备注
山东半湿润区现代节水农业技术研究与集成	国家863计划课题	结转
海底地下水开采对莱州湾东岸海水入侵的影响机制及数值模拟研究	国家自然科学基金面上项目	结转
滨海地区水资源综合管理技术研究	国际科技合作项目	结转
黄河三角洲水资源优化配置与适应性技术研究	水利部公益性行业科研专项	结转
海水入侵的生态防治集成技术研究	水利部公益性行业科研专项	结转
黄河三角洲盐碱地综合治理技术与装备研究	水利部公益性行业科研专项	结转
黄河下游引黄灌区泥沙综合利用技术	水利部公益性行业科研专项	结转
现代农业节水抗旱关键技术推广	水利部重点推广项目	结转
振动射冲成槽地下连续墙施工技术推广	水利部重点推广项目	结转
基于水系联通的水资源优化配置与调度技术	水利部公益性行业科研专项	新上

续表

项目名称	项目类别	备注
黄河河口地区水资源利用与水生态修复技术	水利部公益性行业科研专项	新上
滨海地区高效农业节水技术与示范	水利部公益性行业科研专项	新上
地下水灌抽两用井技术	水利部948计划	新上
灌区现代化建设先进技术集成与推广示范	水利部重点推广计划	新上
新农村规模化安全饮水与水环境综合治理关键技术研究	山东省科技发展计划	新上
高性能新型复合材料（FRP）在水工建筑物中的应用技术研究	山东省科技发展计划	新上

【科研成果及选介】 2011年，该院获得的主要科技奖励如表2所示。鉴定成果18项，验收项目6项。授权发明专利1件："混凝土裂缝自修复材料的配方及制备工艺"，授权实用新型专利5件："地下水分层取样器""一站式多功能土壤墒情监测装置""塑性混凝土渗透试验装置""管道裂缝内修复膨胀装置"和"公路用渗井"，获得软件著作权3项。发表学术论文72篇，其中被SCI收录12篇、ISTP收录1篇。出版专著1部：《山东省水资源可持续利用研究》（黄河水利出版社）。

表2　　2011年山东省水利科学研究院主要科技奖励

奖项名称	等　级	项目名称
山东省科技进步奖	二等奖	山东省地下水环境综合保护技术研究
	三等奖	小型水库无人职守技术的研究与应用
山东软科学优秀成果奖	三等奖	灌溉与农业面源污染控制研究
山东水利科技进步奖	一等奖	小型水库无人职守技术的研究与应用
		山东省水资源高效利用与生态环境保护关键技术研究
	二等奖	山东省地下水环境综合保护技术研究
		山东省区域功能型水网体系建设与水资源优化配置研究
		土坝的病害原因分析与耐久性评价方法研究
		废弃橡胶颗粒改性坝体混凝土防渗墙的性能研究
		钢坝技术研究

山东省半湿润区现代节水农业技术研究与集成　国家863计划项目，属现代农业技术领域现代农业节水技术与产品专题，2010年11月通过科技部组织的验收，2011年12月通过省科技厅组织的成果鉴定，总体达到国际领先水平。该项目针对山东半湿润区既要保持粮食高产又要减少灌溉用水的现实需求，以维持井灌区地下水采补平衡和良好的水生态环境为出发点，通过试验展示基地和示范区建设，形成了集主要农作物节水抗旱品种筛选技术、农艺节水综合技术、精量控制灌溉技术、精细地面灌溉技术、区域地表水、地下水监测调控配置技术和井灌区现代管理机制于一体的现代农业综合节水技术体系，集中展示了我国现代节水农业技术成果和应用效果。已在井灌区桓台县建成试验展示基地14.4hm²（216亩）、示范区666.67hm²（10 000亩），结合国家节水示范项目、小型农田水利重点县的规划建设，全省直接辐射推广综合节水技术面积2.25万hm²（33.76万亩），并在非洲安哥拉共和国0.52万hm²（7.74万亩）灌区节水改造工程规划设计中进行技术应用，产生直接经济效益1.48亿元，创汇30万美元。该项目已出版著作2部，制定地方标准1部，发表论文23篇，获得实用新型专利2件，培养研究生8人。

山东省水资源高效利用与生态环境保护关键技术研究　2009年省科技发展计划项目，2011年1月通过省科技厅委托省水利厅组织的成果鉴定，整体达到国际先进水平，在水资源高效利用与生态、环境保护相结合方面达到国际领先水平。该项目针对山东省资源型和水质型缺水并存的问题，以可持续发展理论为指导，从系统分析水资源、水生态、水环境的相互依存、相互制约关系入手，采取调查、分析、模拟、评价、检验等手段，选取灌区、河道、地下水源地、企业以及行政区域等典型代表，对水资源利用效率（益）、生态环境保护以及相互关系等进行系统研究。创新性地提出并检验了水资源高效利用与生态环境保护的完备技术体系，有针对性地提出面向全省的宏观对策和分区对策措施，为严格水资源管理制度实施和红线控制管理提供技术支撑。成果先后在潍坊、济南、龙口黄水河地下水源地、峡山水库灌区、小清河干流济南段等进行推广应用，取得了良好的社会、经济和生态效益。

社会主义新农村建设高效用水关键技术研究与示范　2007年省科技发展计划项目，2011年4月通过省科技厅组织的成果鉴定，达到国际先进水平。该项目以制约农村发展的“水问题”为突破口，以泰安市岱岳区大陡山村为研究示范区，研究提出农村安全供水和水源保护技术措施，农村村居排水、农村周边小流域水土保持生态治理和农村河（沟）道与坑塘综合生态治理模式，以及农村雨洪和污水的经济资源化生态处理技术模式、现代农业高效节水技术模式、新农村高效用水管理机制等，凝练形成了山东省平原区、引黄区、山丘区三大类型区的新农村建设高效用水技术体系，为山东省新农村建设提供了科学依据和技术支撑。

山东省雨水利用模式及关键技术应用研究　2008年省科技成果转化项目，2011年4月通过省科技厅组织的成果鉴定，达到国际先进水平。该项目针对山东省城市和山丘区水资源短缺、降水时空分配过于集中且易于产生洪灾、城市化造成不透水面积增加等难题，选择胶州市、长岛县、青岛高新区、沂蒙山区作为成果转化示范基地，实施不同类型的雨水利用工程。主要成果：①针对滨海城市水资源短缺问题，以胶州市为例，在城市住宅小区和学校建立地下蓄水池和地面集雨樽相结合的以屋面集雨为主的雨水综合利用工程。②在淡水短缺的长岛县，根据规划范围内的地形、地质等自然条件和社会经济特点，实施山上拦蓄、屋檐接水、路面硬化集水3种模式的雨水利用技术转化工程，解决了该县5个乡镇32个村约4.7万人用水难的问题。③在青岛高新区利用屋面、道路、绿地雨水利用技术，建设实施了以河道补水改善生态环境为目标的工程体系。④在沂蒙山区选取6个片区作为成果转化农业项目区，推广蓄水池、谷坊、塘坝、截水沟等小型雨水利用工程，增加了山区雨水利用效率，防止水土流失，改善了生态环境。

连锁式柱状地下防渗墙设备及施工工艺研究　2007年省科技发展计划项目，2011年4月通过省科技厅组织的成果鉴定，达到国际领先水平。成果应用领域主要针对防渗要求较高的中小型水利设施的基础防渗加固、污染物的防渗漏治理，例如中小型水库坝体坝基防渗、人工湖周边防渗、河道堤防加固该、垃圾厂填埋坑的周边防渗、河道低坝建设、水工建筑物基础围封、建筑基坑防渗，以及应急除险加固等。设备灵活机动、操作简便，对场地要求低，防渗材料可采用自凝灰浆、塑性砼、高防渗性能的特殊砼，以满足不同情况的需要。

山东省现代农业节水工程技术集成研究　2009年省科技发展计划项目，2011年4月通过省科技厅组织的成果鉴定，达到国际先进水平。该项目从引黄灌区区域水资源优化配置入手，以保持区域地下水采补平衡、增加农业高效产出为目标，研究集成水资源优化配置及联合调度技术、水资源优化配置模式。以土地集约化发展方向，兼顾当前土地分散经营的现状，集成研究自流灌区和提水灌区现代农业节水灌溉工程模式，以及以黄河水为水源的浑水管道输水防淤的工程措施和灌溉适宜的工程规模。针对灌溉工程重建轻管、计量收费难的现实情况，利用“一杆式”土壤墒情实时监测平台，研究开发灌溉控制软、硬件及灌溉量水测水系统，实现了基于作物需求的精准灌溉，提出现代化农业节水工程模式及可持续利用的运行管理模式，研究构建了现代农业节水工程水价计算体系，并开发出节水灌溉工程优化设计计算软件。已推广不同类型节水灌溉面积6.67万hm^2（100余万亩），项目区灌溉水利用系数提高15%以上，粮食水分生产率提高18%以上。

在小型农田水利重点县建设应用中效果良好。

再生水灌溉条件下粮食安全保障技术研究 2007年省农业重大应用技术创新资金计划项目，2011年12月通过省水利厅组织的成果鉴定，达到国际先进水平。该项目针对再生水利用率较低及灌溉需水量大的问题，在龙口市、高密市和高青县建立野外试验基地，与室内试验相结合开展再生水灌溉条件下粮食安全保障技术研究，探讨再生水灌溉对当地环境及作物品质的影响。主要创新成果：①在山东省滨海和内陆典型示范区进行再生水灌溉条件下粮食安全保障技术研究和推广应用。②研究不同土壤类型及不同灌溉定额条件下，再生水农业灌溉对作物产量、品质、土壤和地下水的影响，为进一步推广再生水农业灌溉提供实验依据和技术支撑。③对适于灌溉利用的7种再生水深度处理技术进行集成应用；综合分析再生水物理、化学、卫生等因素，建立再生水灌溉水质安全指标体系；制定了符合实际的再生水农业灌溉制度。

地下水回灌补源关键技术应用研究 2007年省农业技术推广专项资金计划项目，2011年12月通过省水利厅组织的成果鉴定，达到国际先进水平。该项目在龙口市黄水河下游推广应用渗井—渗沟等不同组合回灌技术，扩建平原区地下水库汇水区人工回灌补源工程，新建人工湿地1.73km^2。增加汛期雨洪水径流的入渗补给量和补源范围，提高库区农田地下水位。建立黄水河流域地表水与地下水联合调度模型，制定地下水可开采量限采线、农业供水限采线和合理的开采方案，提出地下水保护措施。在博兴县地下水漏斗区建设暗渠补源示范工程。建立水文地质结构和地下水水流数值模型。评价地下水补给资源量和可开采量，制定地下水调蓄方案，预测地下水流场的动态变化趋势，分析地下水位调控效果。

【科研条件和平台建设】 该院固定资产总值3 319万元。2011年，该院购置仪器设备148台（件），投入220余万元购置了液压万能机、静水力学天平、双频道激电仪、土工膜真空检测仪、土工膜气压监测仪、全站仪、裂缝综合测试仪、高密度手持式激光测距仪、数字式超声波探伤仪、电导率仪、数控多功能击实仪、混凝土膨胀缩收仪、塑性混凝土渗透仪、CTD潜水仪、热变形维卡软化点温度测定仪、落锤冲击试验机、电子万能试验机、管材耐压试验机、数显低温恒温箱、微机控制电子万能试验机等设备。院及所属企业4个质量管理体系通过方圆认证中心的监督审核。

【科技人才队伍建设】 2011年，该院新引进博士1人、硕士2人，1人入选水利部青年科技英才，2人在全国水利人才会议上得到表彰奖励，1人被评为全国水利人才工作先进个人，1人入选山东省有突出贡献的中青年专家，6人入选省水利厅第四批“3131人才培养工程”，1人被授予“山东省省直机关第四届职业道德建设十佳标兵”，1人被评为“第三届山东省优秀工程师”，2人取得高级工程师任职资格，1人取得工程师任职资格。

【学术交流】 2011年，该院邀请国际水资源协会主席、“泰山学者”特聘专家夏军研究员来院作了题为《国际国内水科学及水资源新的研究与展望》的学术报告，邀请台湾国立中山大学海洋环境及工程学系水资源研究中心于嘉顺教授、天津大学建筑工程学院黄津辉教授来院作了题为《台湾大鹏湾人工湿地之整合建构与发展模式探讨》的学术报告。派出4人次赴德国、印度、俄罗斯、英国、法国、希腊等国家进行学术交流。

【科技服务】 2011年，设在该院的山东水利科技信息中心站共为45项立项、鉴定、报奖课题进行查新服务。出版《山东水利》12期，全年发行7万余册。摘编发行《水利科技信息》4期。

（省水利科学研究院　陶遵丽）

山东省海洋化工科学研究院

【科研项目与经费】 2011年，山东省海洋化工科学研究院“溴素资源保障及其高值化利用关键技术集成与示范”项目获得国家科技支撑计划立项，“面向酸碱回收的膜材料规模化制备技术”项目获得国家863计划立项，实现了该院为主承担国家级重点科研项目零的突破。申报省科技发展计划项目5项，平台建设项目4项，专项资金项目2项。获批项目6项，总经费563万元，年度实到经费540万元。其中，省平台建设项目2项：“潍坊市海洋化工企业服务中心”经费340万元，“海洋化工公共检验检测平台”经费100万元；省科技发展计划2项：“杂化扩散渗析阳膜制备关键技术”经费50万元，“2-乙醇基吡啶及其衍生物的绿色合成新工艺”经费28万元，年度实到经费15万元；省企业自主创新及技术进步专项引导资金项目1项：“创新型扩散渗析膜关键技术研发及产业化”经费30万元，年度实到经费20万元；市科技发展计划1项：“可控聚合的本质阻燃材料”经费15万元。申报国家行业标准《离子交换膜第2部分扩散渗析膜》，已被正式受理。

2-乙醇基吡啶及其衍生物的绿色合成新工艺 2011年省科技发展计划项目，起止时间为2011～2012年，计划总投资118万元。该项目以实现2-乙烯基吡啶的工业化生产规模为立足点，通过综合考虑分析，试图探索一条以2-甲基吡啶为原料安全环保的合成路线，改变目前对2-乙烯基吡啶全部依赖进口的现状。力求最大限度地降低2-乙醇基系列产品的生产成本，做到生产工艺的最优化和简便化，为工业化设计提供有力的技术支持。该项目已完成调研、资料收集、方案制定等前期准备工作，正在开展实验室研究工作。

【科研成果及选介】 2011年，该院3项成果通过省级以上鉴定、验收，分别是：省科技发展计划项目“新型友好阻燃环氧树脂的开发”和“溴系列荷正电膜及其成膜技术开发”，以及国家科技型中小企业创新基金项目“面向工业废酸回收的渗析阴膜”。院及所属公司申报发明专利7件，授权发明专利4件：“一种中空纤维阴离子交换膜及其制备方法”“一种基于磺化聚苯醚制备有机—无机杂化阳离子交换膜的方法”“一种油田钻井用溴化钙溶液的制备方法”和“一种磷氮系膨胀型阻燃剂的制备方法”。

溴系列荷正电膜材料制备及其成膜技术 2009年省科技发展计划项目，由山东天维膜技术有限公司和山东省海洋化工科学研究院共同承担完成。该项目技术将具有特定结构的高分子聚合物，通过溴化、胺化、交联、浸胶成膜等工艺，制备出荷正电均相离子交换膜，并通过控制溴化、胺化和交联程度，实现膜材料的系列化开发。生产的荷正电膜材料主要用于酸性工业废液的回收处理。基于离子膜的选择透过性，在浓度梯度存在下，由于离子水合半径及荷电性不同，使离子有选择性地透过膜，从而实现分离。可用于钢铁酸洗、化成箔、湿法冶金、有色金属加工、稀土等行业生产过程中的废酸回收再利用。2011年4月，该项目通过省科技厅组织的成果鉴定，技术路线属国际首创，产品各项性能指标均达到国际先进水平。

【科研成果转化及产业化】 2011年，该院研发的“新型反应型阻燃剂中间体DOPO及其衍生物的开发”和“溴系列荷正电膜及其成膜技术开发”2项成果分别在山东天一化学有限公司和山东天维膜技术公司等企业得到应用转化，为企业创造销售收入2 000多万元，直接经济效益1 000余万元。均相阴膜扩散渗析器全年销售60余台，实现产值1 700多万元。扩散渗析器解决了制约冶金产业发展的“废酸回收”环保难题，为行业或产业创造间接经济效益及社会效益超亿元。目前正在开展的产业化项目有2项，分别是：“年产1 500t二苯乙烷”和“年产1 000t溴化环氧树脂”。院属山东天一化学股份有限公司和山东天维膜技术有限公司通过高新技术企业复审。

【科研条件和平台建设】 2011年，该院结合山东省蓝色经济区建设，积极组织申报各类平台建设项目。其中，山东半岛蓝色经济区建设办公室项目“潍坊海洋化工企业服务中心”和外贸公共服务平台项目“海洋化工公共技术研发平台”获准立项，获得建设经费440万元；申报的国家发改委服务业平台建设项目（2012）进入审批程序。年内，该院新购置仪器设备26台（套），主要用于完善实验室、仪器室设备。计划新建实验中心1处，面积约2 000m^2，正在办理前期手续，预计2012年可建成并投入使用。依托该院和山东天维膜技术有限公司，组织申报省级院士工作站，聘请高从堦院士和徐铜文教授等国内一流专家进站，联合进行均相膜材料研发。5月，山东蓝海化工生产力促进中心注册成立。8月，“山东省溴化技术及应用工程技术研究中心”和“山东省荷电膜工程技术研究中心”通过省级验收，其中“山东省荷电膜工程技术研究中心”验收成绩优秀，获得经费奖励50万元。

【科技人才队伍建设】 2011年，该院新引进硕士4人、本科8人。成立了两个研发团队工作室，并计划在未来几年内成立溴系列、均相膜等产业方向的研发团队工作室。

【科技合作与学术交流】 2011年，该院与中国科技大学、北京工商大学等多所院校进行项目合作，并利用现有基础设施和仪器设备为多家企业进行海洋精细化工的产品开发及产品检测等方面的服务。进行的产学研合作项目有3项，分别是：与中国工商大学合作的“DOPO中间试验”项目，在山东天一化学有限公司实施；与中国科学技术大学合作的“阳离子交换膜制备”项目，在山东天维膜技术有限公司实施；与北京石油勘探研究院合作的“合成基油田化学品”项目，在山东天信化工有限公司实施。年内，有多名国内外学者来院进行学术交流和课题研究。5月7日，由该院承办的“第二届中国电驱动膜技术报告会”在潍坊举行。来自国内外高校、科研机构和企业的60多家单位110余人参加了会议。中国工程院高从堦院士和侯立安院士，以及来自欧洲膜学会、韩国膜学会、清华大学、中国科技大学等国内外高校、科研机构的30名著名专家学者在大会上作学术报告。

（省海洋化工科学研究院　李善清）

山东省化工研究院

【科研重点与计划】 2011年，山东省化工研究院以水相有机反应、绿色生产为理论指导，坚持以医药中间体、涂料中间体、饲料添加剂和化工新材料等领域的研发为科研重点，开发市场迫切需求的精细化工产品，突出清洁生产及绿色化学研究。院及所属企业新上科研项目12项，获得资助经费88万元。其中，“一种绿色、高选择性苯酚催化氯化新工艺”获省科技厅立项，“化工企业安全生产设计诊断指导手册编制”获省安全生产监督管理局立项。

【科研成果及选介】 2011年，该院与济南艾孚特科技有限责任公司合作承担的“2，2-二羟甲基丙酸生产新工艺研究与开发”项目获得省科技进步三等奖。院及所属公司承担的科技部中小企业创新基金项目“乙撑亚胺法生产牛磺酸”通过验收，省科技计划项目“牛磺酸新工艺研究与开发”“丙交酯立体选择性聚合新工艺及其新型催化剂制备”和“甲基巯基四唑创新工艺产业化”通过省科技厅组织的成果鉴定，济南市高校院所自主创新项目“三羟甲基乙烷（TME）工业化生产研究”及自选课题“对甲苯磺酰脲新工艺研究与开发”通过济南市科技局组织的成果鉴定。

对甲苯磺酰脲　对甲苯磺酰脲是生产第二代磺脲类降糖药——格列齐特的重要中间体。格列齐特是国内外降糖类医药主流产品，由于疗效好、副作用小，其用量逐年扩大。该院以对甲苯磺酰胺和尿素为原料，经成盐、缩合、酸化和水洗而制得对甲苯磺酰脲。缩合工段创新性地使用路易斯酸和布鲁斯特碱的复合催化剂，对甲苯磺酰胺转化率可提高至98%以上；使用甲苯作为反应溶剂，且甲苯循环套用，基本无损耗；后处理全部在水相中完成。产品各项指标与美国药典（USP31）质量指标相当，应用前景广阔，社会、经济效益显著。

聚丙交酯　聚丙交酯是一种直链型脂肪族聚酯，是被美国FDA批准用于临床的首批可降解高分子材料，也是迄今为止应用最多的可降解生物材料。该院联合济南艾孚特科技有限责任公司开发研制的具有自主知识产权的新型手性四齿氮铝催化剂，用于催化外消旋丙交酯选择性聚合得到高熔点、力学强度大的全同立构嵌段聚丙交酯。与现有工艺相比，聚合工艺催化剂完全自主创新，聚合条件温和、活性高，得到的聚合物熔点高达200℃，并可改变反应物料配比得到任意分子量的等规聚丙交酯以满足不同市场需求，聚合物产品质量指标达到同类进口产品质量技术指标。

【基础性研究】　2011年，该院开展“Lewis酸催化异腈制备5-氨基噁唑类化合物”和“氨基四氮唑乙酸去氨基还原法制备四氮唑乙酸”等多项基础性研究工作。

【应用研究与高技术研究】　2011年，该院开展“叠氮化钠水相合成工艺研究”和“对羧基苯磺酰氯/胺的新合成工艺”等自主创新研究，并对2，5-二巯基噻二唑、去甲噻二唑、己雷锁辛等产品进行技术改造。

【科研成果转化】　2011年，该院甲苯磺酰脲、对羧基苯磺酰氯/胺、去甲噻二唑水相合成工艺等多项科研成果实现产业化生产。

【科技人才培养与队伍建设】　2011年，该院新引进博士1人、硕士5人，派出40余人次参加各类学习培训，邀请中科院化学研究所、华东理工大学、青岛科技大学等多名教授来院进行学术交流，并组织内部专题培训，提高职工科研和业务能力。

（省化工研究院　王　莉　刘丽秀）

山东省林业科学研究院

【概述】　山东省林业科学研究院始建于1956年，隶属于山东省林业局。设有林木遗传育种、森林与湿地、资源与环境、经济林、森林保护与生物药物、园林绿化6个研究所，以及山东省植物新品种权保护事务所、山东省林业信息所、《山东林业科技》编辑部等4个科技服务机构。建有山东省林木遗传改良重点实验室和4个省级工程技术中心，以及东营、泰山、临沂、烟台、淄博5个分院和盐碱地造林试验站、试验苗圃、燕子山试验林场3个科研实验基地。

【科研项目】　2011年，该院新上林木良种选育及定向培育、林业生态建设、林木病虫害防治、木材加工等领域科研项目17项，其中国家级9项、省级8项。首次获批国家公益性行业重大专项1项，“用红外热成像技术研究树种对干热环境的响应机理”项目获得国家自然科学基金资助，“利用生物技术培育耐盐碱林草良种”项目列入“十二五”国家科技支撑计划重点项目。在研课题66项，主要涉及林木抗逆性基因工程遗传改良、沿海防护林体系建设、荒山绿化、速生丰产林、干旱瘠薄山地造林、盐碱地生态治理、经济林良种选育与栽培、优质果品贮藏保鲜等方面。

【科研成果及选介】 2011年，该院完成科研项目14项，验收项目7项，鉴定成果6项。“核桃新品种元林、青林、绿香、日丽选育与应用”等3项成果达到国际领先水平。“利用基因工程育种技术选育紫花苜蓿耐盐新品种”“白蜡良种选育”和“山东省山地直播造林技术研究与应用”3项成果分别获得省科技进步一、二、三等奖。申请专利2件，授权专利1件。通过国家林业局植物新品种审定3项，获得植物新品种权2项。该院被国家林业局评为“第二批林业知识产权试点单位”。出版著作1部，发表论文60余篇，其中被SCI收录3篇、EI收录5篇。制定《石榴产品质量等级》和《甜樱桃培育技术规程》等国家和地方行业标准6项。《沿海防护林体系工程建设技术规程》和《石榴测试指南》完成审定，上升为国家标准。

利用基因工程和常规育种技术选育紫花苜蓿耐盐抗旱新品种 该项目通过苜蓿高效的遗传转化体系，将耐盐抗旱基因BADH、SOS2-SOS3、betA-BADH等8个基因分别转入苜蓿，批量获得转基因抗逆植株及其后代。已申请相关研究国家发明专利3件，获得国家林业局转基因植物安全评价中间试验行政许可证8份、环境释放和生产性试验行政许可证1份。利用大田常规育种技术获得转BADH基因新品种3个。其中，“山苜1号”通过山东省新品种审定及国家林业局转基因植物中间试验安全性评估。

白蜡良种选育 该项目在全国范围内对白蜡属树种资源进行调研，选择白蜡优树65株，建立资源汇集区1处。选育出抗盐型、速生、绿化型白蜡优良无性系鲁蜡1～6号，通过国家林业局新品种认定，获得植物新品种权。初步建立以生理生化指标测定为基础的白蜡抗盐性快速评价技术，为白蜡抗逆良种早期选育提供技术依据。

【应用研究与高技术研究】

良种创新 2011年，该院依托省农业良种工程等重点项目，从国内外收集保存杨树、楸树、苦楝等速生优质用材树种种质资源500份，榆树、柽柳、白蜡、黑松、刺槐等抗盐碱种质资源500份，黄连木、毛梾、文冠果等能源树种种质资源100份，国槐、香樟、苜蓿、广玉兰、大叶女贞等园林绿化树种种质资源300份，核桃、枣、板栗、桑葚、无花果、蓝莓等特色经济林树种种质资源300份。采取生物技术育种手段，克隆出白蜡、苜蓿耐渗透胁迫相关基因3个，绒毛白蜡耐盐性功能基因3个。利用常规育种技术，培育出鲁柽1号、鲁柽2号、渤海1号金银花、盐柳1号、旱柳9901、核桃绿香、日丽、盐草1号等8个优良新品种，其中6个获得省林木良种证、2个获得植物新品种权。

技术创新 ①建立和完善了沿海防护林体系构建、黄河滩地高效利用、退化湿地生态修复与重建技术和评价体系。研制出适于不同树种的育苗轻基质和容器育苗控根及根系修复技术，为荒山和瘠薄山地造林提供技术保证。②开展森林经营技术、用材林和经济林高效栽培技术研究与示范，为山东省森林经营试点和产业发展提供科技支撑。③研究美国白蛾、松材线虫等重大病虫害的灾变规律与发生发展趋势，为重大病虫害的预测预报和防控提供技术支撑。

【科研成果推广转化】

干旱瘠薄山地造林新技术推广 中央财政推广项目。主要对荒山造林植物材料选用技术、平衡根系无纺布容器育苗新技术和保土蓄水整地等造林配套技术进行推广，并对推广成效进行测定，完成项目区现场验收和有关人员技术培训。

核桃新品种绿香苗木繁育技术示范与推广 中央财政推广项目。利用绿香核桃苗木、种条营建采穗圃，通过母树修剪、高接、留空等技术培育良种接穗，通过播种育苗、嫁接繁育良种壮苗。运用建园、土肥水管理、整形修剪等关键丰产栽培技术，建立标准化示范园。通过技术讲座、现场指导、多媒体、发放资料等方式提供技术咨询和培训。建立绿香良种采穗圃2处，繁

育基地3处，繁育苗木10万株。建立绿香示范园33.33hm²（500亩），辐射带动周边地区发展核桃66.67hm²（1 000亩）。制定绿香核桃良种苗木培育技术规程。进行技术培训2次，培训技术人员500人次。

板栗新品种良种繁育及高效栽培技术示范与推广　中央财政推广项目。主要进行板栗苗木培育及高效繁育技术、板栗新品种采穗圃、繁育圃营建技术、新品种高接换头技术、新品种苗木造林及高效栽培技术的示范推广。建立板栗新品种采穗圃2处共1.67hm²（25亩）。建立板栗新品种繁育圃2处共4hm²（60亩）。建立板栗新品种标准化生产示范基地60hm²（900亩），高接换头生产示范基地6.67hm²（100亩）。同时进行现场培训和示范，推广板栗新品种、繁育及造林技术。

核桃新品种良种繁育及丰产栽培技术示范与推广　中央财政推广项目。通过建立核桃优新品种良种采穗圃和苗木繁育圃，采用枝接和方块芽接等方法进行核桃优良品种苗木繁育。采用核桃优新品种"元林""青林"等良种苗木建立标准化核桃示范基地，在北方有关省市进行大面积推广，辐射推广333.33hm²（5 000亩）。在推广区通过技术讲座、现场指导、多媒体、发放资料等方式进行技术培训，提供技术咨询。

杨树胶合板材纸浆材新品种鲁林1、2、3号的推广与示范　中央财政推广项目。主要对杨树新品种鲁林1、2、3号优质壮苗培育快速繁育技术，杨树新品种鲁林1、2、3号胶合板材和纸浆材定向培育技术和杨树新品种鲁林1、2、3号高产栽培优化模式进行推广应用。建立杨树新品种繁育基地面积8hm²（120亩），繁育苗木50万株，制定优质壮苗培育技术规程。建立胶合板培育示范林100hm²（1 500亩），辐射带动周边0.1万hm²（1.5万亩）。进行技术培训3次，培训人员1 500人次。

白蜡新品种鲁蜡1～6号及其配套栽培技术中试与示范　国家成果转化项目。对"白蜡良种选育研究"项目搜集的白蜡属种质资源进行综合利用，对选育出的6个白蜡新品种，根据其不同生物学和生态学特性，在滨海盐碱地区进行中试与示范。其中，鲁蜡1、2、5、6号为速生型，在0.3%含盐量条件下可持续速生；鲁蜡3、4号为高耐盐型，在含盐量0.5%～0.6%条件下可以正常生长发育。针对中试与示范中出现的问题，进行白蜡新品种规模化嫁接繁育技术和造林栽培配套技术研究，对成果进行进一步熟化并组装集成，开展中试与示范。

转BADH基因紫花苜蓿耐盐新品种中试与示范　省成果转化项目。对转BADH基因苜蓿新品种进行环境释放和生产性试验安全性评估，对新品种进行动物饲喂安全性试验。完成了转基因新品种的生态适应性、抗逆性和生产性能的观测。建立良种种质资源圃，建立适合滨海盐碱地土壤气候条件栽培管理的配套技术并进行大田示范推广，分别在山东省济南、东营和寿光市建立示范田2hm²（30亩）。

风沙区生态防护林造林及高效经营技术推广　省财政推广项目。主要进行杨树等防风固沙能力强的生态经济树种推广和杨粮间作、枣粮间作等农林复合经营模式推广，以及林木抚育管理配套造林技术推广。对项目县技术人员进行培训，对各项目县工作进展进行分析总结，并通过了现场验收。

枣树良种及绿色无公害栽培技术推广　省财政推广项目。重点进行枣树良种推广和枣树绿色无公害栽培技术推广。在乐陵市园艺场建立枣树良种采穗圃1处，面积0.67hm²（10亩）。在乐陵市国有枣苗圃、庆云县国有苗圃建立良种繁育基地2处，面积1.33hm²（20亩），示范推广面积33.33hm²（500亩）。

【科研管理与体制改革】　2011年，该院在原有3个分院的基础上，新设立淄博和烟台2个分院，初步建立起省地联合、资源共享、优势互补、协作攻关、共同发展的良好运行机制。对部分科室进行整合和调整，新成立了森林与湿地研究所、林业信息研究所、林业科技开发中心，并按照不同学科的研究领域和发展方向进行了人员调整，形成合理的学科团队。对原有学科进行拓宽和调整，加大对林木遗传育种、森林与湿地生态、资源与环境、有害生物防控等优势学科的建设力度。制定和完善了科研管理办法，对科研项目实行定期检查、监督管理。科研开发实行领导分工负责制，明确任务目标和具体措施，加大研发力度。制定了专业技术岗位竞聘上岗实施方案和专业技术人员、管理人员、工勤人员的分类考核评价指标，完成全员岗位聘任工作。对科研人员采用固定编制和流动编制相结合的形式，实行动态管理。采取“培养、引进、联合”的方法，完善人才队伍建设机制。

【科研条件和平台建设】 2011年，该院投资300余万元对实验楼进行了整修改造，对实验室进行重新布局和调整，并根据功能需求，投资175万元购置了办公自动化设备、试验仪器设备和实验设施，增强了实验室的创新能力和水平。完善了尖端科研仪器设备，对原有仪器设备进行升级改造。对实验室实行开放管理，与山东大学、山东农业大学、甘肃农业大学等高校合作培养博士、硕士研究生。

国家级黄河三角洲森林生态系统定位研究站筹建　2011年，该院在国家林业局现场考察、初步论证的基础上，编制了可行性研究报告，组织专家进行论证上报，已获得国家林业局批复。一期投资510万元，已完成《定位站建设初步设计》，等待批复实施。

山东省林木遗传改良重点实验室建设　2011年，该院明确了实验室的研究方向，确立了“细胞生物学与基因工程”和“种质创新利用与品种遗传改良”2个重点研究领域。对实验室加强管理，实行主任负责制，建立健全年度考核和运行管理机制，完善实验室网站建设，实验室顺利通过省科技厅组织的绩效考评，并获得资金奖励。加强了耐盐转基因四倍体刺槐、苜蓿、国槐、香樟等新品系选育，筛选出苜蓿新品系3个，培育napa草新品种1个，授权发明专利1件。

工程技术（检测）中心建设　①强化“森林植被生态修复工程技术中心”和“林业外来有害生物防控工程技术中心”建设。整合内部机构设置，优化人才队伍，成立资源与环境研究所和森林保护与生物药物研究所，引进博士1名，充实研究人员2名。依托中心建设，积极申请并开展森林生态修复和病虫害防治相关技术研究。②筹建“国家核桃工程技术研究中心”和“国家果品质量检验检测中心”。已将两个中心的可行性研究报告上报国家林业局，等待批复。

【科技人才队伍建设】 2011年，该院新引进紧缺专业博士1人、硕士3人，充实到科研一线。1人被评为山东省有突出贡献的中青年专家，2人被评为济南市拔尖人才，2人被评为“山东低碳经济优秀学者”，5人晋升高级职称。该院通过省委组织部人才领导工作小组人才工作目标责任制考核，评为优秀。

【科技合作与学术交流】 2011年，该院与中国林业科学研究院、北京林业大学、中科院烟台海岸带研究所、山东大学、山东农业大学等8家单位开展合作交流与协作攻关，组织科技人员外出参加各类学术研讨会30余次，举行院内学术交流和课题研讨会3次，接待广西省林业科学研究院、贵州省林业科学研究院、四川省林业科学研究院来院进行考察交流20余人次。充分发挥林学会的职能作用，围绕水系生态建设、林权制度改革、山区绿化、森林火灾和病虫害防治等问题开展调查研究和学术交流。完成山东林学会第八届理事会换届筹备工作。《山东林业科技》出版7期，组稿800余篇，文稿刊载率达到60%，年度发行刊物近2万册。

（省林业科学研究院　秦光华　康　智）

山东省食品发酵工业研究设计院

【概述】 2011年，山东省食品发酵工业研究设计院连续第九年获得省直机关精神文明建设委员会授予的“省直文明先进单位”称号，并获得山东省轻工业协会授予的“2011年度先进单位”和“2011年巾帼建功先进单位”称号。年内，设在该院的山东省食品发酵工程重点实验室在省属重点实验室绩效考评工作中成绩突出，受到省科技厅奖励表彰。

【科研重点与计划】 2011年，该院重点研究领域为：利用生物技术生产有机酸、氨基酸、食品添加剂、生物化工产品、医药前驱体、生物香料等生物制品；开展微生物油脂、生物加工与转化、新型生物化工产品的微生物育种与构建；新资源微生物的筛选、构建与性能评价及应用研究；新型能源微生物的菌株的筛选与构建；新品种酶菌株的筛选、构建及酶工程应用技术；新型功能性微生物的筛选与构建；玉米及农业废弃物等深加工利用技术；高新技术改造传统食品发酵行业；清洁生产与资源利用技术；生物化工产品生产工艺及设备的研究开发等，新型功能因子与应用、食品新资源等。主要科研方向为：微生物资源与新型生物制品的研究与开发；再生资源高值化转化及清洁生产技术；天然活性物质提取、检测及食品安全控制评价；先进分离技术和装备的应用研究开发。

【科研成果及选介】 2011年，该院先后承担完成了食品发酵工程科研、设计成果96项。其中，新上工程咨询项目78项，新上技术转让项目11项。有6个项目通过省级验收或鉴定，分别是：“发酵法生产果酸钙（CCM）的研究”（通过省级验收和鉴定）“γ－聚谷氨酸产生菌的筛选及其发酵条件的研究”“啤酒废酵母提取核糖核酸及单核苷酸制备技术研究”“利用细胞破壁技术从芦笋残渣中提取芦丁及多糖的技术研究”“芽孢激活杀菌、蛋白稳定技术在中性燕麦浓浆生产中的应用”和“脂溶性迷迭香酸酯的酶法合成和应用研究”，综合技术分别达到国内领先、国际先进和国际领先水平。承担的7项国家及省级科技项目按计划进行，包括国家“十一五”科技支撑计划课题1项，国家重大产业技术开发项目1项，山东省自然科学基金课题2项，山东省科技攻关课题3项。年内，该院获得中国技术市场协会金桥奖优秀项目1项，山东省科技进步三等奖1项，山东省技术市场科技金桥奖一等奖1项、先进个人奖1项。申请国家发明专利2件，发表科技论文25篇，其中在国内核心期刊发表科技论文15篇。

可得然胶的工业化制备技术　可得然胶具有加热形成不可逆凝胶的独特性质，作为食品加工用主原料和添加剂，用途非常广泛。该项目对发酵工艺、设备有创新性，使用自行设计的大高径比发酵罐和组合式搅拌装置，利用倒罐加喷气技术，解决了高粘发酵液溶氧及高剪切力对分子聚合度损伤问题，使发酵得率维持在3.75%以上，糖胶转化率高达75%～85%，发酵时间由110hr缩短至84hr～90hr，节能22%。该项目对后提取分离纯化技术进行了系统研究，采取不同的技术手段，利用自行设计制作的分离设备，加入降黏剂有效降低碱溶后液体黏度，用低速分离设备可除去菌体及杂质，提高产品纯度；在碱溶和中和过程出现高粘点，采取的处理措施和方法简单实用；中和后的凝胶脱水方式独特，脱水效率高，除盐效果好，酒精用量减少1/3，生产成本明显降低。根据检测，产品质量指标达到和超过国外水平。已与山东中科生物科技股份有限公司合作，在国内第一个成功实现工业化生产，打破国外产品、技术垄断。2011年，该项目获得中国技术市场协会金桥奖优秀项目和省科技进步三等奖。

以芦笋下脚料为原料生产纳米级膳食纤维素粉　该项目以生产芦笋罐头的下脚料经清洗、破碎、压榨得到芦笋汁后剩余的残渣为原料，经烘干、预粉碎、超微粉碎使原料的细度达到500目，加一定的水调配成20%浓度的浆液，再通过120MPa高压均质，经喷雾干燥得到纳米级膳食纤维素粉，其细度达到1 000目以上，细胞破壁率达到99%以上。该项目在菏泽巨鑫源食品有限公司成功转化，实现纳米级膳食纤维素粉工业化生产，总投资1 800万元，建立年产3 000t纳米级膳食纤维素粉的生产线。可实现年销售收入4 500万元，实现利润1 200余万元，市场前景广阔。2011年，该项目获得省技术市场科技金桥奖一等奖。

【基础性研究】　2011年，该院承担山东省自然科学基金项目2项："D-核糖发酵过程中3-羟基丁酮形成的机理"和"一株红球菌几丁质脱乙酰酶的分离纯化、酶基因克隆及酶学性质的研究"，其研究工作已基本完成，正在进行论文的整理工作，准备结题。

【应用研究与高技术研究】

发酵法生产赤藓糖醇技术的研究与推广　赤藓糖醇是一种新型的多元醇类甜味剂，口味与蔗糖相似，而发热量却接近零，食用后可避免普通糖品带来的高热量、糖尿病、龋齿等困扰，可广泛应用于食品、保健食品、医药等行业。以刘建军为首位研究人员的课题组，从菌种筛选、选育到发酵条件的控制以及提取工艺等全方位开展了发酵法生产赤藓糖醇的研究，最终完成发酵法生产赤藓糖醇一整套生产工艺，于2006年6月在青岛琅琊台集团科海生物工程公司首次正式投产，年生产赤藓糖醇产品2 000t，产品质量稳定，各项指标均达到用户要求。先后为多家企业建设投产赤藓糖醇生产线，包括：滨州三元生物科技有限公司年产3 000t赤藓糖醇，诸城东晓生物科技有限公司年产1万t赤藓糖醇，天津凯奥生物制品有限公司年产3 000t赤藓糖醇技术改造项目，山东聊城百丰农业技术开发有限公司年产3万t赤藓糖醇项目于2011年完成初步设计，滨州沾化海蓝集团年产5 000t赤藓糖醇完成可行性研究。

金丝小枣速溶冻干粉的研发和工业化生产　充分利用金丝小枣资源，经过多次试验，开发出金丝小枣速溶粉，利用复水、打浆、精制打浆、均质、速冻、真空冷冻干燥、气流粉碎等先进的生产工艺生产出金丝小枣速溶冻干粉，并在山东鼎力枣业食品集团有限公司投产，年生产量1 000t，产值1.25亿元。该产品填补了国内空白，加工工艺已申请国家发明专利。以枣粉为主要原料的"靓颜美"营养冲剂、"枣维金"营养嚼片也已实现产业化生产，产品一经上市即得到广大消费者的认可，取得了良好的社会效益和经济效益。

金丝小枣饮料、浓缩汁、金丝小枣啤酒的工业化生产　在该院技术支持下，山东鼎力枣业食品集团有限公司先后建起年产2万t的金丝小枣饮料、年产10万t的枣啤酒、年产1万t的浓缩枣汁生产线。金丝小枣啤酒、金丝小枣汁饮料被中国绿色食品发展中心认证为"绿色食品"，"鼎力"和"金粒宝"商标被评为"山东省著名商标"。2011年，鼎力集团实现销售收入137 000万元，其中利润16 000万元，税金7 800万元。

【科研成果转化】　2011年，该院与兖州市百盛淀粉有限公司、山东中惠食品有限公司、山东朝能福瑞达生物科技有限公司等企业签订技术转让合同11项，合同额共计634万元。技术成果及产品主要涉及赤藓糖醇、韦兰胶、谷物类发酵类及草本类饮料、无水柠檬酸、葡萄糖酸钠等。

【科技人才队伍建设】　2011年，该院新引进博士1人、硕士3人，新增山东省有突出贡献的中青年专家1人、享受国务院政府特殊津贴专家1人，晋升研究员3人、晋升高级工程师2人。已形成了以中青年为主力军的科研学术梯队。该院有博士研究生导师1人、硕士研究生导师3人，1人入选新世纪百千万人才工程国家级人选，1人被山东省人民政府授予"山东省优秀专业技术人员"称号（十佳），省轻工系统专业技术拔尖人才15人，省人力资源和社会保障厅核准的省轻工业系统仅有的3名二级教授（工程技术研究员）全部在该院。

【研究生教育】　该院自2009年5月成立"山东省研究生联合培养基地"以来，已与山东农业大学、山东省师范大学、山东轻工业学院、济南大学等高校联合培养了大批博士、硕士研究生，已毕业研究生56人，在读博士、硕士研究生35人。

【技术咨询、服务与工程设计】 2011年，该院共为30多家企业提供技术服务、技术转让、技术咨询，开展技术培训120多人次，现场服务企业10多家。山东省食品质量监督检验站完成白酒行业鉴评检验样品150个，完成啤酒行业鉴评检验样品37个，委托检验白酒样品10个。山东食品发酵工程设计所共承接咨询设计项目78项。其中，施工设计13项，可行性研究报告44项，资金申请报告7项，项目申请报告4项，方案设计1项，初步设计1项，安全设施设计专篇2项，规划报告3项，节能评估报告3项。主要服务的企业有北京荣喜、天津味千、三井酒业、聊城百丰、沾化海蓝、陕西华榕、山东富欣、广西农垦等，项目收入同比增长12%。

【科技合作与交流】 2011年，该院邀请和聘请国内相关领域专家到实验室进行学术研究与交流。与山东大学、山东轻工业学院等高校和青岛琅琊台酒业集团、淄博中轩生物制品有限公司、山东省龙力生物科技有限公司、山东中惠食品有限公司、兖州市百盛淀粉有限公司、菏泽巨鑫源食品有限公司等大中型企业建立长期合作关系。鼓励科技人员工作在生产一线，对项目进行长期跟踪，使科技创新与生产技术改造相结合，确保科研成果在相当长时期内具有先进性，并保持成果转化企业的行业龙头地位。全年开展开放式课题4项："产碱性木聚糖酶菌种的选育及应用研究""啤酒废酵母提取核酸及单核苷酸""生物法制备琥珀酸关键技术研究与开发"和"高产D-阿拉伯醇菌株的筛选及发酵控制技术研究"。

【学术交流】 2011年，该院与山东省食品科学学会、山东省微生物学会、山东省饮料行业协会、山东省啤酒协会等机构联合举办了学术及行业技术发展交流会。组织举办了"山东省啤酒行业鉴评会"和"山东省白酒行业鉴评会"。组织和参加国内、国际学术会议15次，包括"中国微生物学会学术年会暨中国微生物学会第十次全国会员代表大会""2011年全国生物化工技术发展研讨会""第二届全国发酵工程研究开发与应用新技术、新设备交流研讨会"和"IEEE消费电子、通信和网络国际学术会议（CECNet 2011）"等行业或专业会议。11月29日，"山东省饮料行业协会年会"在山东碧海机械有限公司举行，来自饮料行业的企业代表、相关专家学者100余人参加了会议。

（省食品发酵工业研究设计院　黄少华）

山东省计量科学研究院

【科研项目】 2011年，山东省计量科学研究院新立项科研项目17项。"供热计量体制改革中热量表检测技术与方法的研究"和"矿山用气体检测报警器在线智能检定装置关键技术的研究及应用"列入省科技发展计划（政策引导类）项目，"数字计量中的关键技术研究及其示范"获得省属科研单位专项经费资助；"大口径天然气流量计量检测装置升级改造"获得省大型科学仪器设备升级改造技术项目资助，"山东半岛蓝色经济区能源计量的发展战略研究"获得省软科学研究计划项目立项；"大流量燃气表在线实流检测标准装置"等4个项目列入国家质检总局科技计划项目，"医用诊断X射线辐射源检定装置能力建设"获得国家质检总局技术装备技术改造项目立项；"用能企业能耗动态监测、评价研究及其应用"等6个项目列入山东省质量技术监督局科技计划项目，其中"用能企业能耗动态监测、评价研究及其应用"为重点项目；"有毒有害气体检测报警器智能检定系统的研究与应用”列入济南市科技发展计划项目。《翡翠制品评价规则》和《钻石视频评价规则》等7项山东省地方标准、《电动汽车充电系统》等3项节能类地方标准、《导热系数仪校准规范》等3项地方计量校准规范，以及《能源计量网络图通用技术规范》等2项能源计量类计量技术法规获得省质量技术监督局立项。

【科研成果】 2011年，该院《红外分光光度计检定装置》等2项新建最高计量标准通过了由国家质检总局组织的现场考核，《高压电能表检定装置》等9项新建次级计量标准通过了由省质量技术监督局组织的现场考核。全年完成84项计量标准的复核换证工作。组织完成了《高压电能表》和《电动汽车充电系统》两项节能类地方标准，以及《翡翠制品评价规则》《银质餐具》和《9999千足金首饰》等3项山东省地方标准的审定工作。起草制定的《数字温度计》和《电站锅炉用计算机集散控制系统》两项地方检定规程正式颁布实施。2011年，该院新建计量标准如表所示。

表 2011年山东省计量科学研究院新建计量标准

标准名称	标准等级	证书号
气体（SO_2、H_2S）检测报警器检定装置	最高标准	〔2011〕国量标鲁证字第141号
红外分光光度计检定装置	最高标准	〔2011〕国量标鲁证字第142号
粉尘采样器检定装置	次级标准	〔2011〕鲁量标证字第138号
皂膜式气体流量标准装置	次级标准	〔2011〕鲁量标证字第139号
影像测量仪标准装置	次级标准	〔2011〕鲁量标证字第140号
端度仪器标准装置	次级标准	〔2011〕鲁量标证字第141号
高压电能表检定装置	次级标准	〔2011〕鲁量标证字第142号
明渠堰槽流量计检定装置	次级标准	〔2011〕鲁量标证字第143号
角度尺检定装置	次级标准	〔2011〕鲁量标证字第144号
直角尺检定装置	次级标准	〔2011〕鲁量标证字第145号
烘干法水分测定仪检定装置	次级标准	〔2011〕鲁量标证字第147号

2011年，该院“全球定位系统（GPS）接收机检定的研究”“砝码体积测量系统的研究”和“水溶液系列标准物质的研制”等11项国家质检总局科技计划项目以及山东省质量技术监督局科技计划项目“车载导航GPS接收机检定系统”通过成果鉴定，部分研究成果达到国际先进水平。“镶嵌钻石比例的测定方法”和“单/三相电能表检定装置在线自动检/校系统的研究应用”分别获得省计算机应用优秀成果二、三等奖，“山东省计量技术机构业务发展战略研究”获得省软科学优秀成果三等奖。“定量包装商品净含量可视化管理及自动检测系统v6.0”完成软件著作权登记，“水平尺和建筑工程检测器组的检定装置”等6项实用新型专利获得国家授权。

【科技服务】 2011年，该院新增电离辐射和能源效率等39个项目的检测能力和几何量、电学等24个项目的校准能力，并以医疗卫生、节约能源、惠及民生和保障安全等领域为重点扩大了包括家用微波炉、电冰箱、平板电视、计算机显示器、复印机能源效率等33个项目和13个参数的检测能力。参加CNAS和计量技术委员会组织的能力验证活动14项，参加测量审核8项，全年共返回能力验证结果12项，均为满意。1月3日，该院被中国合格评定国家认可委员会指定为第一批测量审核指定机构，全年共承担完成测量审核工作14批次。作为主导实验室组织全省各地市计量技术机构和山东电力系统的授权机构完成“单三相电能表检定装置电能量值”的比对工作。

科技服务民生 2011年，该院以“科技服务民生”为宗旨，开展了一系列公益活动。①3月13日，为广大消费者进行免费眼镜检测、珠宝鉴定，宣传消费知识、传授消费教育、反映消费诉求、为依法维护权益搭建平台。②3月21日，针对学生视力健康和眼镜佩戴问题，院医检医疗设备检测部专家走进东方双语实验学校开展科普讲座。③5月20日，根据国家质检总局“计量检测、健康生活”的主题精神，按照山东省“推进诚信计量，建设和谐城乡”和“推进能源计量，发展低碳经济”的具体部署，该院围绕“计量与民生”“计量与节能”“计量与环保”“计量与交通”“计量与电力”“计量与科技”“计量与医学”和“计量与工程”等八大主题开展“5·20世界计量日”系列活动，突出宣传计量在社会和经济生活中的重要基础作用和保障作用。当天开展了珠宝首饰、血压计、体温计、眼镜、煤气表、水表、电能表、热量表免费检测活动。④9月，全国第22个“质量月”活动期间，该院黄金珠宝质检部、医疗设备检测部、电器安全检测部和能源计量部根据本部门的实际情况和工作特点，选择1～2个企业和校园，组成技术服务小分队，用计量、检验、标准、认证、节能等质监系统的综合资源进行上门服务，为今后的服务工作积累了丰富经验。⑤年内，该院多次举办能源计量工作人员培训班，分别对新汶矿业集团有限责任公司和莱芜钢铁集团有限公司共计260余人进行了培训。

【科技创新平台建设】 2011年，山东省计量科学研究院国家衡器产品质量监督检验中心当选中国衡器协会副理事长单位。山东省计量科学研究院成为全国衡器计量技术委员会秘书处挂靠单位。年内，该院获得“济南地区大型科学仪器设备共享服务先进集体”称号，“音速喷嘴法气体流量标准装置”和“热量表检定装置”被评为山东省大型科学仪器设备协作共用优秀机组。

【科技人才队伍建设】 2011年，该院具有正高级、副高级、中级专业技术职称人员占职工总人数的比例分别为6.8%、18.5%和21.6%，具有博士、硕士学位人员占职工总人数的比例分别为3.4%和19.3%，人员整体素质和人才队伍结构有了进一步改善。年内，该院派遣3名技术人员赴中国计量科学研究院进修，派遣5名技术人员分赴美国、澳大利亚和新西兰考察学习。依托与济南大学共建的“研究生联合培养基地”，该院曹瑞基、鲁新光、任宏伟、孔炜、杜延春等5位专家被济南大学控制科学与工程学院聘为硕士研究生导师。

【学术交流】 2011年，该院主办了“山东计量测试学会医学计量专业委员会第四届年会”“第八届全国首饰质检机构交流会”和“中国计量测试学会质量计量测试专业委员会2011年工作年会”等学术交流活动，参加了“电子产品节能认证与能效标识”“电子衡器检定与防作弊及称重仪表调试与维修实用技术”“纳米技术与计量检测”和“中美螺纹标准及量规检测技术高端研讨会”等专业研讨会。11月22～23日，由国家质检总局计量司主办，该院承办的“智能表研讨会”在济南召开。研讨会特别邀请德国巴伐利亚州计量局克恩·斯特凡博士和巴登符腾堡州计量局雅罗施·伯恩哈特先生来华进行学术交流，并就德国和欧盟智能表发展现状作专题报告。

【科研项目选介】

镶嵌钻石比例测定仪的研制 该项目针对当前钻石检测分级工作主要是靠肉眼进行，较大的人为因素造成检测结果不统一的情况，研制出测量镶嵌钻石切工比例的仪器，并开发了相应的操作软件，通过计算机采集信息并自动计算，使之可以自动、快速、准确测量镶嵌钻石切工比例，具有精度高、速度快、重现性好，非专业人员也可操作等优点。研制的镶嵌钻石样品夹具和透明样品台，使待测样品特征点完全裸露，利用光学成像系统，采用CCD成像技术将微小尺寸样品的影像采集到计算机中，实现镶嵌钻石的切工分级检验自动化，极大地方便了钻石分级特别是镶嵌钻石的检验，填补了国际空白。该项目成果“镶嵌钻石比例的测定方法”获得2011年省计算机应用优秀成果二等奖，“镶嵌钻石比例测定仪”“镶嵌钻石比例测定仪样品台”和“裸钻比例测定仪样品台”3项成果获得国家实用新型专利授权。

山东省计量技术机构业务发展战略研究 该项目从如何满足山东省经济发展新思路要求的角度着手，通过剖析计量机构业务状况、存在问题，对计量技术机构业务战略目标、业务改进、

机制改革和组织保障等方面进行深入研究，提出山东省计量技术机构业务发展战略和发展目标，并提出体制、机制改革思路和支撑战略、发展目标的组织、人才政策保障要求。2011年，该项目获得省软科学优秀成果三等奖。

血液分析仪量值溯源体系 血液分析仪是各级医疗机构最常用的检验仪器，平均每家医院拥有1～2台，根据国家建设完善基层医疗保障体系的发展计划，至2010年底血液分析仪的保有量已超过20万台。血液分析仪属强制检定的范畴，需要计量检定机构进行周期检定，但是标准物质的不完善导致了目前在实际检定过程中不能完全按照规程进行操作，不能严格的对该计量器具的合格与否进行判定。该项目对血液分析仪检定用标准物质的生产工艺进行研究，确定了标准物质的定值方法，并修改完善了血液分析仪的主要计量性能指标。主要创新点：以蹄科动物血和禽血替代人血作为候选物，避免了以人血作为标准物质原料所出现的各种问题；研究解决了红细胞、白细胞、血红蛋白、血小板、红细胞压积的量值溯源问题，所研制的标准物质可以同时检定或校准血液分析仪的红细胞等5个测量参数。该项目研制的标准物质既可作为计量部门进行周期检定的工具，也可用于医疗卫生机构开展室内、室间质量控制或进行日常校准，规范血液分析仪仪器和试剂的质量评价工作，符合中国计量部门和医疗卫生机构的实际需求，便于技术转让。该标准物质可在全国范围内进行推广，应用前景广阔，具有很大的经济效益和社会效益。

砝码体积测量系统的研究 该项目研制的砝码体积测量系统是依据国际建议R111《砝码》和JJG99－2006《砝码》国家规程设计的，其系统的测试方法、技术要求、测试设备及环境条件等均符合相关规范的要求。该系统由克组砝码体积测量和公斤组砝码体积测量两个子系统组成，以高精度的质量比较仪和电子天平作为称重设备；采用方便、快捷的机械手机构完成了砝码的自动加卸载，自控升降精度达到0.01mm，旋转角度控制精度可达到0.1°。利用计算机自动采集检定数据并通过恰当、合理的数学模型进行数据处理，实现了对E2、F等级克组、公斤组所有规格砝码体积的自动检测，可自动生成检测记录和检定证书。该系统是国内首家（1g～20kg）标准砝码体积自动检测系统，可使我国计量技术机构得以全面执行国际建议和国家规程，从而完成砝码全部参数的检定，对我国与国际接轨起到积极作用，具有较大的推广应用前景。

（省计量科学研究院 张 惠 张瑞锋 梁兴忠 刘 平）

山东省中医药研究院

【概述】 山东省中医药研究院是由原山东省中医药研究所和山东省针灸科学研究所于2003年1月合并组建而成，隶属于山东省卫生厅，是集科研、临床、开发于一体的公益性全额事业单位。该院曾参加全国大协作课题青蒿素及人工合成麝香酮的研究，青蒿素研究获得国家发明奖，该院为青蒿素提取工艺专利持有法人；人工合成麝香酮研究获得国家科技进步一等奖。2011年12月，该院被省直机关精神文明建设委员会授予“省直文明单位”称号。

【科研重点与计划】 2011年，该院在中药质量综合评价技术、中药资源的可持续利用与保护、中药药效及安全性评价技术、金氏脉学的传承和推广、亚健康中医诊疗技术等方面进行了系统研究。全年新上各级计划项目35项。其中，国家自然科学基金项目1项，省科技攻关项目3项，省自然科学基金项目2项，省中医药科技发展计划项目

29项。新上横向合作开发项目9项。

【科研成果及选介】 2011年，该院有10项成果通过鉴定，其中达到国际领先水平3项、国际先进水平3项、国内领先水平4项。获得科技奖励10项。其中，省科技进步奖一、二、三等奖各1项，山东中医药科学技术奖4项，山东省药学科学技术奖2项。申请国家发明专利15件，授权国家发明专利9件。

山东大宗道地药材谱—效相关质量评价新模式 该项目获得2011年省科技进步一等奖，项目内容详见“科技成果和奖励”部分。

中药体内肝毒性研究模式与评价技术的构建与应用 该项目围绕“中药肝毒性科学认知、综合评价、合理控制、科学应用”这一重大科学技术问题，选择柴胡为研究载体，针对毒性文献系统挖掘、毒性物质基础辨析、中药毒性特点规律研究、基于成分辨析的量—时—毒关系、毒效物质作用途径及肝毒作用机制等环节，构建适宜于中药体内肝毒性毒效相关研究与毒性机制评价的关键技术。主要技术创新：①建立基于传统与现代研究毒性文献挖掘技术。②构建基原、产地、炮制、提取方法等因素对毒性和物质基础影响的关联评价技术。③首创适宜中药体内肝毒性研究和基于多水平、多靶点、多途径肝毒机制与中医理论还原、综合分析评价技术。④首次揭示柴胡及不同组分、不同部位体内肝毒性作用特点、作用路径、基因应答机制，赋予“柴胡劫肝阴”一个现代科学内涵，为临床合理用药提供科学依据。2011年，该项目获得省科技进步二等奖。

治疗骨质疏松的野葛藤（总黄酮）提取物制备与作用机理及路径的确定 该项目由正交试验多因素优选了葛藤总黄酮提取和纯化工艺及纯化用大孔树脂型号，在优化的基础上建立了总黄酮含量＞60%的提取纯化工艺，明确了提取物的化学成分。通过对实验室和工业化中试生产得到的16批葛藤提取物中的葛根素、大豆苷和总黄酮含量测定，建立了葛藤总黄酮提取物质量标准的检测方法，制定质量标准（草案）及起草说明，并观察了葛藤提取物的稳定性。提取物对地塞米松和去卵巢骨质疏松大鼠均有明显的保护作用，明显提高骨抗外力，调节血清雌激素和骨钙素水平，降低血清碱性磷酸酶，明显增加骨骼中钙磷含量，改善病理性状况，增加骨小梁数目，无明显毒性。明确了葛藤提取物的分子生物学机制和药效作用路径，临床疗效可靠。2011年，该项目获得省科技进步三等奖。

【国家级中医药继续教育】 2011年10月24～28日，山东省中医药研究院和山东省中医药学会联合主办的国家级中医药继续教育项目“金氏脉学的临床应用”培训班在济南举行，来自国内外的30多位脉学爱好者参加了培训。培训内容主要包括金氏脉学的理论基础、临床指导及临床辨证应用。此次培训对宣传、推广金氏脉学起到重要作用，同时进一步推进了该院“国家中医药管理局金氏脉学流派传承工作室”建设进程。

【科研条件和平台建设】 2011年，该院投入近600万元，对承担的山东省重大新药创制大平台“中药创新药物研究单元技术平台”中的“质量控制与评价单元技术子平台”和“中药药理发现与评价研究单元技术子平台”的建设进行充实和完善。“质量控制与评价单元技术子平台”已基本达到开展符合中医药特点的多成分、定性与定量相结合、化学与药理相结合的中药质量综合评价体系研究的需要。“中药药理发现与评价研究单元技术子平台”已开始建设新的GLP（药品非临床研究质量管理规范）达标的实验中心，基本达到了体外与休内实验相结合，整体与细胞、分子实验相结合的中药药效评价技术体系研究的需要。

【科技人才队伍建设】 2011年，该院新引进硕士4人，新增博士生导师、硕士生导师各1名。该院现有国家科学技术奖励评审专家9人，国家新药评审委员2人，国家保健食品评审专家3人，山东省新药评审委员1人，国家“创新药物和中药现代化”评审专家1人，国家重点新产品评估专家1人，博士生导师1人，硕士生导师12人。

【研究生教育】 2011年，该院作为山东省首批研究生联合培养基地，联合培养山东中医药大学硕士研究生15名，均已取得硕士学位。

（省中医药研究院 陆永辉）

山东省产品质量监督检验研究院

【概述】 山东省产品质量监督检验研究院始建于1980年，隶属于山东省质量技术监督局，是集检测、科研、标准制定于一体的第三方综合性检验机构。该院现有6个国家级质检中心：国家包装产品质量监督检验中心（济南）、国家加工食品质量监督检验中心（山东）、国家节能产品质量监督检验中心、国家装饰装修材料质量监督检验中心、国家低压电器元件及成套开关设备质量监督检验中心、国家消防及阻燃产品质量监督检验中心（山东）。此外，还承担了山东省材料化学安全检测技术重点实验室和山东省食品及包装质量检测研发公共服务基地两个省级科研平台的建设工作。

【科研项目与成果】 2011年，该院参与承担国家级项目4项，承担省部级科研项目7项，承担省质量技术监督局科研项目4项。鉴定成果4项，制定国家标准2项、山东省地方标准11项。

食品接触用纳米材料迁移规律研究　该项目选择聚合物/纳米银材质食品接触材料作为代表，研究了水类、酸类、酒精类、油类等四大类在不同浸泡温度、不同浸泡时间下食品模拟液中的纳米材料迁移，探索出适合食品接触用纳米材料迁移物检测方法和纳米粉体在聚合物包装材料中的赋存状态，完成了纳米食品包装材料在不同的食品模拟液中纳米粉体的迁移研究，并对迁移出的纳米物质进行了尺寸和形貌分析。该项目在国内首次提出食品接触用纳米材料的迁移规律，发现纳米物质以纳米颗粒的形式迁移至食品模拟液中；开发了纳米类食品接触材料中纳米物质的实验方法，并用该方法研究了纳米食品接触材料对人类和环境可能存在的潜在危害性。2011年，该项目通过国家质检总局组织的成果鉴定，达到国际先进水平。

微波食品塑料包装材料安全性能评价与研究　该项目选择具有良好代表性的PP材质、PE材质、密胺材质、PVDC材质和PC材质微波食品塑料包装样品，对其进行真实微波条件下与油类、水类、酸类模拟物接触时的迁移研究及安全性评价，并对常规和微波条件下PC中的双酚A、密胺餐具中的三聚氰胺单体、塑料包装材料中的重金属以及邻苯二甲酸酯类的迁移进行探索性检测和对比分析，对HDPE中的抗氧化剂Irgafos168在微波条件下的迁移进行迁移规律和模型的研究。该项目在国内首次在真实微波条件下对微波食品塑料包装进行系统地安全性评价和研究；首次提出对微波条件下塑料包装材料的物质迁移进行迁移规律的研究；起草微波炉用塑料餐饮具标准和微波用塑料餐饮具检验条件标准，填补了国内微波塑料餐饮具标准的空白。2011年，该项目通过国家质检总局组织的成果鉴定，达到国内领先水平。

抗菌材料中纳米抗菌剂的迁移研究　该项目以抗菌纳米TiO_2涂料和抗菌纳米TiO_2粉体为研究对象，研究其迁移的前处理方法和检测方法；研究不同尺寸的纳米材料在相同本体中的迁移，探索不同尺寸的纳米粉体的迁移规律以及同种尺寸的纳米材料在不同本体材料中的迁移规律；探索时间和温度对迁移规律的影响；指导材料安全评价；研究水类、酸类、酒精类、油类四大类食品模拟液和实际使用中人工汗液中纳米材料的迁移，探索模拟液种类对迁移规律的影响并对迁移出的纳米物质进行尺寸和形貌分析。该项目在国际上首次对纳米抗菌材料中纳米TiO_2的迁移检测方法进行研究；在国内首次提出对抗菌纳米材料中纳米抗菌剂的迁移规律进行研究。2011年，该项目通过国家质检总局组织的成果鉴定，达到国际先进水平。

不同使用条件下PET饮料瓶乙醛释放量的研究

该项目以5种不同类型PET饮料瓶包装材料为研究对象，研究其在不同温度下乙醛释放量的规律，并模拟真实使用条件下PET饮料瓶中乙醛的迁移情况。研究结果显示，5种PET瓶都有不同程度的乙醛释放出来，并且随温度的升高，乙醛释放量增大；PET瓶在水类食品模拟液中发生迁移，且迁移量随浸泡时间的延长而增大。该项目对PET饮料瓶在不同使用条件下乙醛迁移进行研究，得出PET饮料瓶乙醛释放规律。2011年，该项目通过国家质检总局组织的成果鉴定，达到国际先进水平。

【科研条件和平台建设】 2011年，该院共投入2 000万元经费购买科研仪器设备，其中10万元以上大型仪器设备120台（套）。该院荣获2011年度山东省大型科学仪器设备协作共用先进单位三等奖。9月，由省科技厅和省财政厅联合发文，该院的“山东省食品及包装质量检测研发公共服务基地”获批建设。10月，该院3m法电波暗室建设完工。

【科技人才队伍建设】 2011年，该院新引进博士2人，4人晋升研究员，4人晋升副高级职称。目前该院研究生学历以上人员在在职人员中的比例达到1/3以上。

【科技活动】 6月27日，由该院举办的“山东省包装标准化技术委员会年会暨技术交流会”在济南举行。会议的主题是：“推广绿色包装，发展低碳经济”。

6月28日，由该院举办的“山东省材料化学安全检测技术重点实验室学术委员会第二次会议”在济南召开。重点实验室学术委员会主任委员、中国科学院院士、山东大学化学院院长钱逸泰教授主持了会议。

11月22～23日，由该院和商务部出口商品包装技术服务中心共同主办的“中国加入WTO十周年包装论坛暨出口商品包装指南宣贯会”在青岛举行。来自50多家外贸出口企业和出口商品包装服务大型企业的70余名代表参加了会议。

（省产品质量监督检验研究院 陈淑祥 邴欣 王恬 袁淳）

山东省特种设备检验研究院

【科研重点与计划】 2011年，山东省特种设备检验研究院通过研究国家宏观政策和特种设备检验技术发展趋势，出台科研指南、制定科研计划、明确科研方向、强化科研重点，开展与主要业务工作关联度较高的特种设备检测技术与节能技术研究，包括特种设备检测新技术、新工艺、新方法和设备应用研究，锅炉节能技术、新型能源及相应设备开发、起重机械能效分析及节能方面研究等。全年承担各类科研项目33项。其中，国家863计划项目1项，省科技厅项目3项，国家质检总局项目16项，省质监局项目9项。

【科研成果及选介】 2011年，该院有2项成果通过鉴定，其中省部级鉴定11项、市级鉴定1项。获得省部级以上科技奖励2项，发表学术论文37篇，授权发明专利1件、实用新型专利6件、外观设计专利1件。

耐腐蚀高压容器衬里层快速检测技术研究 该项目在耐腐蚀高压容器衬里层缺陷安全评价、薄板焊接结构缺陷检测与定位、薄板母材背侧缺陷快速检测与定位等技术领域实现突破。研究成果不仅可直接应用于化工工业耐腐蚀高压容器安全保障的检验检测，也可应用于其他装置薄板结构特别是不锈钢薄板的快速检测，如危险化学品常压罐车定期检验、制药和食品工业压力容器非介入式检测等。该项目技术可保障设备长周期运行，降低企业停产损失，提高产品质量，对高端无损检测仪器设备国产化开发具有推动作用，对有效预

防恶性事故发生具有巨大的促进作用。该项目获得2011年国家安监总局安全生产科技成果三等奖。

超导热管在余热回收系统中的应用研究 该项目针对传统热管在使用过程中暴露的热管易产生不凝气体、传热效率衰减速度快、使用寿命短等缺陷，分析产生的原因、研究解决的途径。通过进行热管材质和耐蚀研究、工质选用、结构设计，试制新型热管换热器，并进行产品试制、检验、性能对比，最终实现技术参数优化、产品开发、定型制造。产品在节能的同时，减少烟气、烟尘排放，既经济又环保。该项目获得2011年国家质检总局科技兴检三等奖。

【科研条件和基地建设】 该院现有办公、实验面积92 135.3m²。2011年，院本部、山东省劳动防护用品质量监督检验站、山东省质量技术监督局热能产品质量检测中心顺利通过实验室资质认定评审，国家塔式起重机质量监督检验中心顺利通过验收，烟台特种设备安全检测研究基地、淄博市特种设备检验检测研究基地、淄博分院国家级长管拖车检验建设项目、滨州分院高危剧毒介质容器检验技术中心、菏泽压力容器检验技术中心、枣庄分院山东省煤化工设备检验研究中心等建设项目进展顺利，共拥有检验检测仪器装备价值10 599.8万元，装备及技术能力在全国居领先地位。

【科技人才队伍建设】 截至2011年底，该院共有8人获得省质监局首席检测师称号，15人取得高级检验师资格，检验师659人项，检验员2 227人项，高级无损检测资质120人项，美国ASME锅炉检验师国际资质5人项，高级职称人员220人，4人参加全国性的技术委员会，该院已形成了有一定行业影响力的专家团队。

（省特种设备检验研究院 黄克帅）

山东省国土测绘院

【概述】 山东省国土测绘院是省国土资源厅直属公益性事业单位，下设地理信息工程院、地理信息中心、测绘产品质量检验站、研发中心、地质勘查工程处、卫星定位运营中心等业务机构，全国甲级测绘资质单位。2011年，该院被国土资源部评为“全国矿业权实地核查工作先进集体”，并获得“省级文明单位”称号。

【卫星定位与遥感监测】

山东省卫星定位连续运行综合应用服务系统 该系统为“数字山东”的空间基础设施，集成卫星定位、计算机、数据通信、互联网和气象采集等多种高新技术，在全省范围内建立高精度、高效率、实时定位的位置服务网络，实现省、市、行业共建共享，是目前国内已建成的省级同类项目中规模最大、兼容性最好的服务系统，可广泛应用于资源调查、城乡规划、防灾减灾、应急指挥、环境监测、城市管理、公共交通、现代物流、工程建设、科学研究、国防安全以及百姓生活等领域。2011年2月，该系统通过验收并正式开通。同年，获得全国优秀测绘工程奖金奖。

济宁市国土执法监察三级联网全程监管平台 该平台基于山东省卫星定位连续运行综合应用服务系统（SDCORS）进行建设，采用3S技术（遥感技术、地理信息系统、全球定位系统）、移动通信技术、工作流和多媒体技术，充分利用济宁市的遥感影像、基础地理信息数据、土地利用现状数据、土地利用规划数据等信息资源，开发动态巡查数据采集系统，实现了对动态巡查、违法行为发现制止、立案查处、督办、移送移交全过程的数字化、网络化、自动化、可视化管理，并可与其他系统或平台进行数据交换和共享。

山东省苍山地区矿山开采卫星遥感调查与动态监测示范 该项目综合应用卫星遥感技术、

GIS技术辅助矿产资源监督管理。形成矿山开采动态遥感监测的完整技术路线，编制的《山东省矿山开采遥感动态监测技术规程》，填补了国内空白；为国土资源部门矿山开采执法提供信息，为准确发现、及时查处违法开采行为，提高矿产资源执法监管效果提供科学有效的技术手段；提出采用多分辨率卫星遥感数据相结合的监测模式，分层次地实现区域全覆盖普查和疑似开采区重点监控；建立示范地区矿山开采数据库和三维立体景观一体化支持服务系统，为全省矿产资源监督管理建立高技术手段和行政管理相结合的矿山开采动态监测监管长效机制。成果已在全省90多个县、市、区进行连续监测推广，为全省实施“科技管矿”行动提供重要的技术支持。2011年，该项目获得省科技进步三等奖。

【基础测绘】 2011年，该院协助省国土资源厅完成《山东省“十二五”基础测绘规划》编制工作，承担全省52个市、县、区的规划编制任务。10月，《山东省“十二五”基础测绘规划》山东省人民政府印发实施。

山东省基础地理信息1:10 000数据采集、更新与建库 该项目是山东省“十一五”基础测绘规划的重要内容，经过4年多的研发，于2011年4月通过验收。利用各种专业数据，采用合理先进的技术路线，突破多项关键技术和建库难题，建立起技术标准、生产更新、数据库、分发服务、质量保证、环境支撑六大体系。基于成果内容丰富、现势性强等特点，在数字城市和公共服务平台建设、城乡规划、金盾工程、资源调查和开发利用、重大工程建设、国家1：50 000比例尺地形图更新、公众服务等方面得到广泛应用，并取得良好的社会效益和经济效益，使山东省首次实现数字化地理信息数据全覆盖。

山东省测绘成果网络化分发服务系统 该项目于2011年1月通过验收，实现了测绘成果分发业务的实时化、信息化管理，规范测绘成果分发流程，在全国率先实现测绘成果使用申请的网上受理、成果订购和网上审批，以及国家、省、市测绘成果分发服务系统的目录信息互联互通，推动测绘目录的共建共享，最大限度地方便用户使用，提高了测绘成果管理服务的效率和水平。

【地理信息应用】 2011年，该院“地理信息服务山东经济文化强省建设模式研究”项目获得省软科学研究计划重大项目立项。

山东省地理信息公共服务平台建设和应用 该项目是国家测绘地理信息局与山东省人民政府合作建设项目，由省国土资源厅组织建设，省国土测绘院承建并负责运行维护。平台以地理空间框架数据为基础，依托电子政务专网和互联网，建立分布式公共地理信息数据体系和网络化地理信息服务体系，为政府宏观决策、应急管理、公众服务等提供“一站式”在线地理信息综合服务，实现跨地区、跨部门的地理信息资源互联互通和集成应用，全面提升全省地理信息公共服务能力和水平。2011年，政务版平台和“天地图·山东”（公众版平台）先后上线试运行，已有省国土资源、旅游、文物、畜牧、住建等多家单位的十几个应用系统在线调用数据，“天地图·山东”与东营、临沂等9个城市实现互联互通，政务版平台与东营等4个城市实现互联互通。

【国土资源信息管理】 2011年，该院研发的“山东省城乡建设用地增减挂钩项目管理信息系统”，实现了全省1 000多个挂钩项目的入库上图和省市县三级项目信息全过程的一体化管理。研发的“山东省土地开发整理项目管理信息系统”，建立了山东省国家级和省级重点土地开发整理投资项目数据库，实现土地开发整理项目信息的网络化管理和发布，为土地资源的可持续利用、土地开发管理的信息化进程以及土地开发整理复垦项目的按期执行提供了保障。

【科技服务】 2011年，该院为全省抗旱保苗、“4·18”济南森林山火救援、对口支援新疆等提供测绘地理信息应急保障服务。为全省建设用地审批系统、地籍管理系统、综合监管平台等系统提供基础地理信息共享服务。开展全省基本农田视频监控系统建设。参与全省土地利用动态监测，完成多个市、县土地调查更新工作。作为全省矿业权实地核查的技术支持单位，在全国率先开发核查数据管理系统，被国土资源部评为全国矿业权核查先进单位。为全省矿产勘查开采地上监测、地下监控等多个层面提供技术支撑。合作建设山东省路况信息系统，向社会各界提供地形图3 880张，数字产品11 769幅，数据量1 846GB。审核地图210件，检定测绘仪器4 945台次。对全省84家甲、乙级测绘资质单位进行监督抽检，协助做好丙、丁级测绘资质单位送检项目检验复审换证工作。

【技术培训】 2011年，该院测绘产品质量检验站先后承办了全省甲乙级和丙丁级测绘单位专职质检员培训班，共计培训专职质检员1 200余人。该院地理信息中心配合省国土资源厅举办测绘成果网络化分发服务系统建设技术培训班，各设区市及部分县（市）测绘管理科长、测绘成果管理和技术人员等60余人参加了培训。受省国土资源厅委托，该院卫星定位运营中心与省测绘行业协会先后在烟台、日照、威海联合举办SDCORS系统技术应用培训班，3期共培训全省各地市的测绘单位技术负责人和技术骨干近900人次。

【科技活动】 5月，该院承办“山东省地理信息公共服务平台建设与应用领导小组联系人会议”，27家省直厅局单位的相关人员参加了会议。7月，美国TPS公司软件研发团队来院卫星定位运营中心进行技术交流，并分别于10月和12月再次对SDCORS进行回访和系统升级。8月，测量学家、天文学家，中国科学院上海天文台研究员李正心教授应邀来院开展讲座，省科技厅、省地震局以及该院有关领导和技术人员50余人参加了讲座。

【科技人才队伍建设】 2011年，该院公开招聘硕士10人、本科6人，1人晋升研究员、2人晋升高级工程师、20人晋升工程师，组织外出培训150人次、出国培训考察4人次。15名职工通过全国注册测绘师考试取得注册测绘师资格，通过人数为全省测绘单位之首。2名专业技术人员在第二届全国测绘地理信息行业职业技能比赛中成绩优异，分别被国家人力资源和社会保障部、共青团中央、测绘地理信息局授予“全国技术能手”“全国青年岗位能手”和“全国测绘地理信息行业优秀技能人才”称号。

（省国土测绘院　张　婧　寻　妍　李　青　曹洪松　矫　琳）

山东省科学技术情报研究所

【概述】 山东省科学技术情报研究所始建于1959年，是省科技厅直属公益性事业单位，也是省内唯一的省级综合性科技情报研究机构。该所内设业务机构有网络电视中心、信息技术支持中心、机关信息中心、科技文献馆、科技志编辑部、创新战略研究中心、教育与培训中心、科技查新中心、火炬生产力促进中心等。2011年，该所获得省直机关精神文明建设委员会授予的“省直文明单位”称号。

【科研项目与成果】 2011年，该所新上省级以上科研项目6项。在研项目50项，其中20项已完成并提交验收（鉴定）材料。“科技计划立项查新对山东省科研立项及科技计划管理的效果评估研究”获得省软科学优秀成果一等奖，“山东省信息产业统计指标体系研究”获得省软科学优秀成果三等奖。在正式期刊发表论文21篇，其中被ISTP收录1篇。

【科技网络系统建设与维护】

省科技厅政务网建设　全年审核、编辑和更新网络信息2 400条，文字量近30万字。新增“2011年全省科技工作会议”专题。全年浏览量达到107万人次，累计浏览量约570万人次，每天浏览量维持在5 000人次左右。省科技厅网站连续第六年获得“山东省优秀政府网站”称号。

山东省大型精密科学仪器设备协作网建设　参与山东省大型科学仪器设备协作共用绩效考评网上填报系统、山东省大型科学仪器设备协作共用网上评审系统、山东省大型科学仪器设备升级改造技术专项项目管理系统中的项目管理子系统等3个系统的建设、功能修改和完善工作，涉及5个子系统、27个功能模块、337个程序文件的编写，设计数据表49个，并参与系统维护工作，包括系统信息维护、上报数据的维护等。

【科技文献编纂】

《山东省志·科学技术志》　本轮修志自1986～2005年共计20年，参编单位包括省直和市级107家单位。2011年，科技志编辑工作以科技管理部门为中心，实现重点突破。按照年初的工作方案，把省科技厅有关处室、地市科技局及省级以上高新区等科技管理部门作为工作的中心，加强对这些单位的督促、稿件审核以及意见反馈；借鉴兄弟省市的做法，在组稿和修稿工作中，适当采取市场经济的手段解决工作中的难点；起草山东省科技志供稿协议，对任务分配方案重新进行调整，对科技志的篇章节进行重新规划，明确每一个承编单位供稿字数，使方案更具操作性，有效地推动了相关承编单位的编写工作。

《山东科技年鉴》　1月，《山东科技年鉴（2009卷）》在全国地方志系统第二届年鉴评奖工作总结大会上获得专业年鉴一等奖。6月，《山东科技年鉴（2010卷）》在省政府办公厅（省地方史志办公室）举办的“齐鲁新方志奖”评选中获得优秀年鉴奖。《山东科技年鉴（2011卷）》于11月出版，发行量2 000册。文稿部分文字量约92万字，撰稿单位147家。与年鉴同步发行的《山东省科技政策法规实用汇编》年内又加印发行了700本，受到企事业单位科技工作者欢迎。

【科技评审】　2011年，该所共受理审查2011年和2012年储备省科技型中小企业创新发展专项扶持资金项目347项，上报2011年全省申请国家创新基金项目182项。完成两批共154个创新基金项目的书面合同和网络合同签订工作。完成监理半年报98份，监理年报129份。完成2010年度全省管理信息年报汇总上报工作。完成5批创新基金验收材料的上报工作，审核整理验收材料134份。出具全省高新技术发展情况通报4份。为两轮共计452项科技攻关项目进行网上挑选专家。配合科技部做好创新型企业建设服务网地方服务节点工作，受理了52家产业技术创新战略示范联盟的备案申请。完成264家民办非企业单位和16家社会团体的年检工作。开展山东省2011年度资源调查工作，217家法人单位参与调查，上报数据并审核通过217家，新增调查用户20余家，完成2011年资源调查数据分析报告。

【科技查新】　2011年，该所首次直接接受省科技厅委托进行省科技计划项目的查新工作，在3个月的时间内集中完成了2011、2012年共2 260项课题查新任务；受理其他查新课题1 077项，全年完成查新课题3 337项，较上年增长25%。完成社科成果查新375项，审核代理点课题613项。继续优化全省科技查新平台的各项功能，实现与泰安等市查新系统的对接，已进行测试应用，将于2012年正式启用。为了更好利用查新项目资源，该所引进专利信息分析软件ORBIT系统，现已正式开通，利用该软件已完成专利分析报告12份。受省科技厅国际合作处委托，完成山东省十大战略性高新技术产业187个关键技术领域的专利分析工作，并与省科技厅科技合作处联合撰写出版了《山东省高技术产业协同创新资源路线图》。

【科技文献资源共享与建设】　2011年，该所更新数据库数据1 500余万条共1.67TB。其中，更新购置文摘数据库8个，更新自建数据库2个；更新中文期刊全文数据41期913卷，约424.5万篇。目前装机数据库总数据量7.17TB。完成2010年过刊下架、整理、入库工作和2011年新刊登记录入、搬迁、上架工作，及时准确登记、上架期刊2 200余种，全年整理期刊共计45 000余册。订购中文科技期刊2 600余种，订购各类年鉴40余种。9月，该所国家科技图书文献中心（NSTL）济南服务站及全省科技文献共享服务平台正式开通，标志着山东省科技文献信息共建共享工作进入新的发展阶段。该所联合省科技厅规划财务处分别在烟台、潍坊、济宁、济南4个片区举办“科技文献服务山东科技创新”培训活动，覆盖全省17个市地700余家科研院所和企业，有1 000余人参加了培训。

【创新方法推广】 2011年，该所在潍坊、日照、烟台分别组织了全省创新方法培训班、提高班、研讨班，来自全省科技系统、企业、高校和科研院所的300余位科技人员参加了学习和培训。完成全省创新方法试点企业征集工作，各市科技局共推荐试点企业95家，经过专家组认真审核，省科技厅批准首批试点企业50家。完成山东省创新方法研究会组建筹备工作，编写研究会筹备工作报告、研究会章程、财务管理办法（草案）、会员管理办法（草案）、理事人选说明等，征集研究会个人会员200余人、团体会员140多家，其中企业团体会员110家。组织创新方法领域专家、动漫专家和剧本创作专家召开创新方法动漫剧本与样片评审会。

【科技电视宣传】 2011年，该所拍摄完成科技部专题课件20小时，制作完成15小时，通过审核11小时，成片报送量居全国27个省55家制作单位之首，连续两年被科技部评为专题教材制播先进单位。召开全省专题教材选题研讨会以及两期全省专题教材制播培训会，初步建成全省专题教材制播体系。拥有16个专题教材制播选题工作站，威海、临沂、潍坊3个专题教材制播成片工作站，以及6家制片合作单位，形成了50余人的全省专题教材制播队伍。在科技部系统中，是全国唯一的省域完整的制播工作体系，为下一步全省专题教材体系的完善储备了大量的资源。

【科技情报研究】 2011年，“山东省科技决策支持系统”经过方案论证修改、系统开发和试运行，动态信息推送系统已嵌入省科技厅内网并投入使用，取得初步成效；完成济宁、莱芜、聊城3个试点工作站的建站工作；指导济宁市情报所建设具有当地特色的事实型数据库。完成中信所委托研究课题《中国海水淡化与直接利用产业发展研究报告》，以优异成绩通过中信所验收，并获得2012年研究课题“中国海水淡化领域决策服务平台调研及研建”。据中国科技情报网统计，该所在报告上传、报告下载、用户数量等方面的指标均进入全国前五位，被评为“中国科技情报网2010～2011年度工作先进单位”。该所成为中信所批准的唯一一个国家、省、市情报研究三级联动试点单位。首次召开了全省科技情报研究工作座谈会。情报研究从信息初选加工、资料汇编。到观点鲜明的内参和研究报告，层次逐渐加深、体系逐渐形成。全年编辑《今日科技快讯》96期，收集并发布科技动态信息1 000多条，撰写《科技参考》8期、《战略性信息产业专题资料汇编》4册。完成《山东省科技进步条例（修订稿）》的相关工作，目前已通过山东省人民政府审议和山东省人大常委会一审。

【科技人才队伍建设】 2011年，该所通过事业单位公开招聘程序新引进中级岗位专业技术人员3人、初级岗位3人，其中博士2人、硕士3人、本科1人，已全部充实到业务部门。

【科技活动】 1月1日，该所与山东理工大学联合培养研究生基地建设通过省有关部门审批。

2月18日，胜利油田科技处有关领导和专家一行5人来所进行座谈交流。

2月28日，由该所所长胡艳苹带队，济宁市科技局、济宁市科技情报研究所一行5人，前往中国科技信息研究所参加合作洽谈会，中信所、山东所、济宁所三方就业务合作进行了充分交流和探讨。

3月1日，省档案局法规和经济科技业务处处长吴海亭来所对科技档案管理工作进行调研。

3月14日，湖南省科技情报所所长肖雪葵一行来所交流考察。

3月22日，中国科学技术信息研究所一行7人来所对正在建设中的“山东省科技决策支持系统”进行调研。

4月21日，宁夏科技发展战略和信息研究所所长俞鸿燕一行6人来所交流考察。

4月26日，该所与山东理工大学研究生联合培养基地举行揭牌仪式。

4月27日，中国科技信息研究所一行4人来所围绕科技查新数据库建设和相关资源建设进行座谈交流。

6月20～23日，由中国科学技术信息研究所主办、该所承办、烟台市科技情报所协办的“中国科技情报网重点科技领域研究课题验收会”在烟台举行。

7月18日，中国科技信息研究所与该所科技情报系统战略合作协议签字仪式在济宁举行。

9月6日，该所国家科技图书文献中心济南服务站揭牌暨山东省科技文献共享服务平台开通仪式在济南举行。

11月7～11日，中国科技史学会地方科技史志研究会第九次代表大会暨第25次学术研讨会在武汉召开。副所长程凡照参加会议并当选研究会常务理事。

11月14日，吉林省科技信息研究所一行3人来所进行工作调研。

11月21日，中信所信息资源中心副主任赵捷一行来所进行工作调研。

12月14日，由该所主办的“2011年全省科技情报所长座谈会”在泰安召开。

12月31日，受中信所委托，该所承办了日本科技振兴机构（JST）赴德州调研活动。

（省科学技术情报研究所　杨　斌）

山东省科学院生物研究所（生物中心）

【科研项目】　2011年，山东省科学院生物研究所（生物中心）新上纵向科研项目18项。其中，国家级项目6项，包括国家自然科学基金项目1项、国际合作重点项目1项、国家863计划项目2项、国家科技支撑计划项目1项、环保部行业专项1项。

【科研成果及选介】　2011年，该所有8项成果通过鉴定、验收，结题省自然科学基金项目2项：“雷公藤两种单体对斑马鱼心功能毒性作用及分子机理研究”和“绿色荧光蛋白标记P选择素的转基因斑马鱼血栓模型的建立”。“石油污染土壤生物修复关键技术及其应用”获得省科技进步二等奖，“谷氨酸绿色制造关键技术与装备研究开发与应用”获得中国轻工业联合会科技进步三等奖，“海带下脚料深加工关键技术的研究”获得中国食品工业协会科学技术二等奖，与该所（中心）合作的Dr.Bazhanau Dzmitry和Dr.Serhiy Komisarenko两位专家获得齐鲁友谊奖。授权发明专利12件，其中第一专利权人6件：“伯克氏菌多功能工程菌株及其构建方法”“一种产品干燥及溶剂回收工艺和设备”“一种表面活性物质组合物莫尔尤菲及其制备方法与用途”“一种具有生理活性的脂肽复合物及其制备方法与应用”“一种中药组合物及其冲剂的制备方法”和“一体化多组分发酵尾气在线检测装置”。发表论文85篇，其中被SCI收录5篇、EI收录1篇，最高影响因子>2。

石油污染土壤生物修复关键技术及其应用　该项目先后列入国家863计划、山东省科技发展计划、中乌政府间科技合作计划。针对我国油田区石油污染土壤面积大，严重危害油区环境及人类健康的问题，研制了高效石油污染微生物修复剂及微生物植物联合修复技术。主要内容和创新点：①先后从国内外石油污染区采集土样，以石油烃为唯一碳源经富集培养、划线分离获得石油烃降解菌31株，通过反复驯化获得石油降解优势菌株5株，经测定5株菌株能够在含盐量>5%的环境下正常生长，可应用于盐渍地石油污染土壤的修复；②通过不同功能石油降解菌株的合理配伍，在群落水平上进行优化组合，提高了石油污染物降解率；③研制出3种对石油烃和PAHs（多环芳烃）具有高效降解作用的微生物菌剂，通过优化中试发酵生产工艺，建立了菌剂生产工艺条件和技术规范；④针对胜利油田石油污染现场土壤条件，创建了石油污染现场强化修复工艺，提高石油总烃降解率；⑤筛选获得与研制的微生物菌剂协同降解土壤中石油污染物的植物品种，研发出微生物—植物联合修复技术。该项目先后申请国家发明专利3件，授权2件；发表学术论文13篇，其中被SCI收录1篇，在国家核心期刊发表5篇；制定石油污染土壤固体修复菌剂企业生产标准（草案）1项，建立高效石油降解菌剂中试生产线1条，在胜利油田建立石油污染修复技术集成基地4个。成果已在胜利油田多个典型石油污染场地进行实地应用，修复面积约1.8万m²，施用菌剂50t、修复强化剂（肥料等）50t，年石油降解率达到50%以上，经过30个月修复后土壤中石油污染物含量<0.3%。

【科技创新平台建设】

生物制造技术研发平台　2011年完成实验室适应性改造，第一批仪器设备到位。生物技术研究楼获得省发展改革委立项批准，委托清华大学胡绍学大师工作室完成了大楼设计方案。

山东省中澳植病生防合作研究中心　2011年由省科技厅批准建设，外方合作单位为澳大利亚联邦科学与工业研究院（CSIRO）。该中心将承担山东省与澳大利亚植病生防相关合作研究，建立农业微生物菌种资源库，重点开发防治小麦纹枯病、棉花黄萎病、番茄青枯病、蔬菜线虫病等土传病害和稻瘟病、瓜类白粉病等重大气传病害的生物杀菌剂。建立作物生物防治技术体系，特别是设施农业生产病虫害生物防治技术体系和小麦、水稻等大田作物病虫害生物防治技术体系，为我国农业可持续发展提供技术支持。

【科技合作与交流】

国际合作与交流　2011年，该所与韩国、澳大利亚、白俄罗斯、德国、俄罗斯、乌克兰等国家的大学、研究机构在绣球菌、根瘤菌、耐盐牧草、石油污染土壤生物修复技术等方面签署合作协议，并取得实质性进展。5月26日，澳大利亚地中海农业豆科植物中心Neil Lewis研究员和土壤科学与牧场咨询公司Steve Carr博士来所进行工作访问，双方在固氮根瘤菌剂开发利用、耐盐牧草引种及示范推广方面达成合作意向。6月21～26日，乌克兰专家Liudmyla Khokhlova博士和Andrei Khokhlov博士来所访问，双方对各自石油污染修复领域的最新研究进展作了专题报告，并签署合作协议。7月29日～8月3日，韩国朝鲜大学化学与生物化工系申铉载教授来所访问，双方就进一步深化合作以及绣球菌的合作开发达成共识，并签署合作备忘录。9月16日，德国弗劳恩霍夫应用研究促进协会电子射线及等离子体技术研究所代理所长Volker Kirchhoff博士、科学管理助理Marita Mehlstaubl女士、协会北京代表处首席代表韩小丁先生和佩特库斯（PETKUS）科技有限公司胡明先生一行4人来所访问，双方就利用电子射线结合生物杀菌剂处理作物种子的技术合作签订协议。11月16～20日，副所长刘可春率团赴韩国朝鲜大学进行科技合作项目洽谈及学术交流，双方就微藻菌株交换签署合作协议，并对生物柴油领域进一步合作达成意向。

国内合作与交流　2011年，该所继续推动与高校、科研院所、企业和学会的战略合作关系，加入山东省实验动物学会、山东省农药产业技术创新战略联盟和全国海参产业技术创新战略联盟。继续推动与好当家集团的合作，联合承建的国家海参加工技术研发分中心成立，山东省海珍品精深加工技术重点实验室获批建设。与澳利集团深入开展合作，研发的生物有机肥、微生物肥已进入市场，获得了用户的广泛认可。与山东理工大学建立了研究生联合培养基地。

【科技人才队伍建设】　2011年，该所新引进博士2人，继续聘请中科院孙曼霁院士为兼职院士，“泰山学者”海外特聘专家Paul Robert Harvey博士继续来所开展工作，选派张新建博士赴澳大利亚开展合作研究。冯东获得山东省技术市场科技金桥奖，刘昌衡研究员获得“第七届山东省优秀科技工作者”和“省直机关职业道德建设先进个人”称号，史建国研究员被评为“第二届低碳山东十大学者（专家）”，杨合同博士申报济南市第十批专业技术拔尖人才已完成考察和公示。

【学术交流】　3月9日，中国驻俄罗斯、白俄罗斯大使馆原科技参赞，山东省与独联体国家科技合作顾问赵建民先生应邀来所作了题为《中俄关系及中国与独联体国家的科技合作》的学术报告。4月，该所组织了系列专家报告会。

（省科学院生物研究所　李纪顺）

山东省农业科学院作物研究所

【科研项目与经费】 2011年，山东省农业科学院作物研究所在研项目73项，其中新上项目34项，项目总经费1 919万元。主要新上项目如表所示。

表　　2011年山东省农业科学院作物研究所主要新上项目

项目类别	项目名称
国家重点实验室	小麦玉米国家工程实验室
农业部重点实验室	农业部黄淮北部小麦生物学与遗传育种重点实验室
国家自然科学基金	EMS诱变创制小麦淀粉理化特性特异性材料及其淀粉合成机理研究
	利用NNT系统及“后差减剔除”技术克隆与黑麦抗逆相关的重要调控基因
国家科技支撑计划	黄淮东部（山东）小麦玉米两熟持续丰产高效技术集成研究与示范
国家现代农业产业技术体系	小麦育种、小麦栽培、甘薯育种、谷子栽培专家岗位（4个）
	大豆、高粱综合试验站（2个）
农业部人才扶持培养计划	农业科研杰出人才及其创新团队
国家科技成果转化资金	高产抗病甘薯新品种济薯21生产技术试验与示范
国家博士后科学基金	大豆品种抗胞囊线虫优异等位变异发掘及其功能验证研究
农业部新品种测试	植物新品种测试
转基因生物新品种培育重大专项子课题	黄淮海东部麦区抗逆转基因小麦新品种培育
	北方冬麦区小麦转基因品质改良
	黄淮海抗病虫转基因大豆新品种培育
山东省国际（港澳台）科技合作平台	山东省中—CIMMYT保护性耕作及高效节水合作研究中心
山东省农业重大应用技术创新课题	小麦、玉米最佳播期播量（密度）试验研究
	甘薯丘陵薄地高产高效关键技术研究
山东省现代农业产业技术体系	小麦产业技术体系团队首席专家、栽培专家岗位（2个）
地方标准	小麦、甘薯、谷子等6个山东省地方标准制定

【科研成果】 2011年，该所获得科技奖励6项。其中，“超高产多抗广适小麦新品种济麦22的选育与应用”获得省科技进步一等奖，“黄河下游小麦玉米两熟保护性耕作旱地增效技术集成及应用”获得省科技进步三等奖，“甘薯新品种培育与产量调控机理研究”获得中华农业科技奖三等奖，“4 000万亩专用小麦济南17和济麦20优质高产栽培技术示范与推广”获得省农牧渔业丰收二等奖。审（认）定品种3个。其中，济麦22小麦品种通过河南省认定，济谷14通过山东省审定，济谷15谷子品种通过山东省审定和国家鉴定。申请专利9件，授权发明专利4件：“一种促进小麦种子快速发芽的引发剂及其应用方法”“一种提高小麦抗盐性的抗盐制剂及其应用方法”“一种用于甘薯脯加工的甘薯及其栽培方法与应用”和“一种耐低温甘薯贮藏窖及应用”，授权实用新

型专利1件：“一种耐低温甘薯贮藏窖”。发表论文36篇，其中被SCI收录4篇；参编著作1部。6个山东省地方标准通过专家审定。

【科技创新平台建设】 2011年，该所申报的“农业部黄淮北部小麦生物学与遗传育种重点实验室”和“农业部黄淮海薯类科学观测实验站”（与省农业科学院蔬菜研究所联合共建）获批并投入建设。承担的国家黄淮海转基因小麦和大豆中试与产业化基地济南试验站及转基因小麦环境安全评价与检测技术中心济南试验站3个条件建设项目完成大部分建设任务，建设挂藏考种室300m²、隔离围墙1 000m、隔离网室200m²、人工气候室15m²、大豆抗病虫鉴定池200m²、购置实验仪器设备10台（套）；承担的农业部农业综合开发项目“山东省甘薯原原种扩繁基地建设”的育苗棚、地瓜窖完成建设并投入使用，网室和挂藏室完工，仪器设备完成招标。

小麦玉米国家工程实验室 2011年5月，该所与省农业科学院玉米研究所共同申报的“小麦玉米国家工程实验室（济南）”获得国家发展改革委批复立项，项目总投资5 433万元，其中国家安排资金1 500万元，山东省配套资金500万元。实验室主要任务是解决黄淮海区域小麦、玉米科研生产重大技术瓶颈问题，研发“自主基因、自主技术、自主品种”；对接黄淮海区域现有小麦、玉米研发平台，构建仪器设备、种质、技术、信息和人才等科技资源共享体系；联合大型种子企业，拓建高效的新品种新技术转化推广网络；培养优秀科研创新团队。实验室由省农业科学院牵头，与黄淮海区域小麦、玉米研究领域的科研、教学优势单位联合共建。下设分子育种、种质创新、小麦育种、玉米育种、逆境生理、高产栽培、品质改良、种子工程等8个核心技术研究室和10个育种试验站。

【科技成果转化与推广】 2011年，该所先后派出小麦、大豆、甘薯、谷子、高粱专家65人次，深入示范基地进行技术指导和科技服务，举办培训班及成果推介活动22期，培训基层科技人员和农村科技带头人5 000余人次；组织召开“小麦新品种（系）现场观摩会”（济宁）、“国家高粱产业技术体系盐碱地高粱现场观摩会”（济南、东营）和“丘陵薄地甘薯新品种济薯21千亩高产创建现场验收及观摩会”（邹城）等规模较大的现场观摩会10次；在邹城、平阴、泗水、兖州等地建立甘薯、小麦、高粱、谷子等示范基地8处，面积近4 667hm²（7万亩）。

济麦22 2011年，济麦22夏收面积228万hm²（3 420万亩），占整个黄淮麦区的1/6，仍为全国第一大品种。在山东省小麦高产创建活动中，有46个点选用济麦22进行高产攻关，其中28个点亩产超过700kg，平均亩产达到722.24kg，最高亩产788.78kg。2011年秋种济麦22推广面积达到320.23万hm²（4 803.4万亩），其中省外推广面积125.96万hm²（1 889.4万亩）。截至2011年底，济麦22累计推广780万hm²（1.17亿亩），新增经济效益88.37亿元。《新闻联播》《每日农经》《山东新闻联播》以及《科技日报》《科技信息报》等媒体多次对济麦22进行宣传报道。

【科技人才队伍建设】 2011年，刘建军被评为全国粮食生产突出贡献农业科技人员并入选农业部首批农业科研杰出人才，王法宏被批准享受国务院政府特殊津贴并入选济南市第十批专业技术拔尖人才，黄承彦被评为全省粮食生产突出贡献农业科技人员。该所获得科技部颁发的“十一五”国家科技计划执行优秀团队奖，被评为山东省产学研合作创新突出贡献科研单位。

【国际科技合作与交流】 2011年，该所接待韩国、朝鲜、苏丹等国家农业科技代表团来访20余人次，派出20余人次分赴巴西、韩国、苏丹等国家参加国际会议或进行学术交流、技术培训和执行援外项目。

人员出访 5月，李汝玉作为中国代表团成员参加在巴西巴西利亚举行的国际植物新品种保护联盟（UPOV）大田作物技术工作组40届会议。7月，侯夫云赴韩国生命工学院进行为期6个月的甘薯转基因技术培训和合作研究。12月，副所长黄承彦随农业部原副部长刘坚带领的农业部代表团出访苏丹。在苏期间，代表团与苏丹农业部、动物资源渔业部、投资部以及喀土穆州政府就中苏农业合作计划及中苏农业合作开发区建设事宜深入交换了意见，达成广泛共识。代表团还考察了中国援助苏丹农业技术示范中心。

中国援助苏丹农业技术示范中心项目　3月，该项目通过商务部验收。6月，示范中心完成形式移交进入运营期，在作物新品种引进、配套栽培技术研究、生产示范以及合作研发等方面取得突破性进展。10月和12月，示范中心分别举办了“田间观摩研讨会”和“棉花现场观摩会”。苏丹农业部部长、次长和国家农业科学院院长等苏丹农业行政管理、科研、推广领域的官员、专家、农民协会代表等100余人参加了棉花现场观摩会。由示范中心引进推广的转基因棉花比对照的苏丹本地品种在抗虫性、产量和品质等方面具有明显优势。截至2011年底，已有5个小麦品种、2个花生品种、2个玉米品种参加苏丹国家区域试验，2个转基因棉花品种参加安全性鉴定试验和开放性生产试验。示范中心与苏丹国家农业科学院开展广泛合作，在全国十多处作物主产区试验站进行品种及配套栽培技术试验。

【科技产业开发】　2011年，该所控股的山东鲁研农业良种有限公司以“济麦”系列小麦品种为营销核心，与江苏中江种业股份有限公司、安徽皖垦种业股份有限公司、天津科润津丰种业有限责任公司等省外大型种子公司及省内129家种业公司组成小麦良种产业开发战略联盟，形成了覆盖山东、安徽、江苏、河北、河南、天津、山西等整个黄淮北部麦区的市场营销网络。山东鲁研农业良种有限公司年生产销售小麦良种4 000万kg，营业收入10 014万元。该所初步实现了资本的战略布局，控股4家公司——山东鲁研食品技术有限公司、山东金色农业开发有限公司、河北乐土种业公司和山东齐鲁种业公司。山东金色农业开发有限公司在苏丹首都喀土穆投资设立分公司，主要从事棉花、小麦、花生、高粱等作物种子的生产、加工、销售和农药、化肥、农机具等农用物资的进口贸易等。

（省农业科学院作物研究所　刘　佳　戴海英）

山东省农业科学院农产品研究所

【科研项目与经费】　2011年，山东省农业科学院农产品研究所新上各级科研项目28项。其中，国家级项目11项，包括国家自然科学基金3项、国家科技支撑计划子课题2项、科技部创新方法课题1项、农业部公益性行业（农业）科研专项子课题4项、国家留学人员科技活动项目1项；省级项目10项，包括省万人计划“泰山学者”引进项目2项、省科技发展计划2项、省农业良种工程2项、省农业重大应用技术创新课题1项、省农业综合开发产业化经营项目1项、山东软科学研究计划1项、省自然科学基金1项；济南市项目及横向课题5项。全年新上科研项目总经费1 104.3万元。

【科研成果】　2011年，该所小麦新品种“鲁原502”通过国家审定。农业部948项目“引进美国白蛾核型多角体病毒Virin-ABB及其生产应用技术”和省农业综合开发产业化经营项目“300亩名优中药材种植基地扩建”通过验收。“丹参种质资源鉴定评价及创新利用”项目通过省科技厅委托省农业科学院组织的成果鉴定，达到国际先进水平。申请国家发明专利43件、实用新型专利18件、外观设计专利3件，授权发明专利2件、实用新型专利10件，登记软件著作权6件。认定山东省地方标准5项。发表论文65篇，其中被SCI收录8篇、EI收录1篇。

【基础性研究】

丹参MVA、DXP代谢途径相关基因克隆及功能验证　该项目主要研究内容：①利用已建立的丹参毛状根诱导体系，应用蛋白质双向电泳技术，对激素诱导获得的丹参酮含量高低不同、基因型相同的两组毛状根进行差异表达蛋白的分析。共找到60个差异点，从中筛选20个差异明显、点型规则、重复性好的点进行一级质谱分析。除1667和1487质谱分析峰型特征不明显外，其余18个点均获成功。②以MS培养基为基础培养基，建立丹参转基因再生体系，研究激素处理对丹参种子萌发、丛生芽、愈伤组织诱导的影响。不同基因型外植体诱导生根所需的条件不尽相同，需要根据材料优化组培条件。通过激素的配合使用，筛选出丹参愈伤组织诱导、分化和组培苗生根的最佳培养基。③利用丹参两年生根，构建丹参根有关的cDNA文库。

【应用研究】

花生加工特性研究与品质评价技术　该项目对花生加工特性与加工品质相关性进行分析研究，在综合考虑加工特性与制品品质之间的相关系数和显著性的基础上，筛选、确定加工品质评价指标及其权重，并构建花生加工品质评价指标体系。开展花生加工品质评价技术研究，建立一整套完整的评价程序和方法，并重点针对确定的相关系数较高的特征核心指标进行深入研究，提高评价方法的先进性、准确性和可行性。主要内容：①完成2011年全国各省份花生品种收集扩繁，收集来自山东、河南、广东、江苏、云南、河北等省份的花生品种183项。②花生加工品质指标测定。补充测定新增花生品种的感官品质、理化与营养品质及加工品质指标，通过SAS软件分析各指标的平均值、变幅和变异系数。计算花生品种的主成分得分和综合得分，并由此得到不同品种花生加工适宜性。③花生DNA指纹图谱的构建工作。利用AFLP分子标记技术对十种出口性能较好花生品种进行鉴定，以期构建出口型花生品种的DNA指纹图谱。④回收基因组DNA双酶切产物，连接接头后进行PCR扩增。通过聚丙烯酰胺凝胶电泳观测每个品种相应的条带，建立花生DNA指纹图谱库。

【科研成果转化及产业化】　2011年，该所通过“花生加工特性研究与品质评价技术”“无公害花生原料基地建设及其精深加工制品产业化开发”等项目研究，已在山东、河南等地建立花生种植基地2.67万hm^2（40.1万亩），其中绿色无公害基地2.2万hm^2（33万亩）；有机基地0.47万hm^2（7.1万亩），0.21万hm^2（3.1万亩）已取得有机认证。无公害基地花生年产量达11.55万t，有机基地花生年产量达2.13万t。研发出冷榨花生油、花生浓缩蛋白、花生多肽、花生多糖4种新产品的制备技术，形成花生精深加工技术体系，冷榨花生油、花生浓缩蛋白已在花生加工企业进行产业化示范。

低温压榨花生油与功能性花生浓缩蛋白联产体系的建设与产业化　项目主要内容：①针对花生榨油产业中热榨花生油营养价值低、花生蛋白变性严重，冷榨花生油出油率低、花生蛋白利用途径少等突出问题，通过对榨油机的榨螺和榨笼结构改造，使花生冷榨的出油率由40%提高至47%。②通过烷烃低温高效萃取技术，使花生饼粕残油率由7%降至1.5%。③研发花生浓缩蛋白精深加工产品，通过醇洗和生物酶法对花生蛋白进行浓缩和改性，成功研制出溶解型和凝胶型的花生浓缩蛋白新产品，进而开发出花生多肽、花生酸奶和花生多糖3种精深加工产品。④制定花生加工企业HACCP认证和ISO9001质量管理体系，建立覆盖全国的技术服务网络和优质花生制品销售网络。

【科研条件和平台建设】　2011年，该所新设立果蔬加工研究室，新购置果蔬加工仪器设备15台（套），全年招标购置仪器设备共计9.53万元。年内，省科技厅发文正式批准该所与俄罗斯莫斯科大学、全俄植物保护研究所共同承建山东省中俄生物防腐保鲜技术合作研究中心。完成龙山试验基地办公房和道路规划、建设，以及中试车间超微粉GMP车间建设。

【科技人才队伍建设】　2011年，该所新引进油脂精深加工技术、果蔬加工与功能食品“泰山学者”海外特聘专家各1名，赴加拿大人员程安玮博士学成按期回国，引进博士3名，培养硕士研究生7名，3名科技人员受聘硕士生导师。

【科技合作与交流】　2011年，该所邀请俄罗斯莫斯科大学教授、美国农业部人类营养与老龄科学研究中心专家、加拿大联邦国家农业部Guelph食品科学研究中心专家3人次来所进行学术交流，派4人专家团出访俄罗斯莫斯科大学和全俄植物保护研究所进行考察访问。与山东合众正源现代中药有限公司、蒙阴神农中药饮片有限公司建立合作关系，并联合举办培训观摩会。与济阳金宝金针菇专业合作社达成金针菇深加工关键技术成果转让协议，并联合申报济南市科技成果转化项目。

（省农业科学院农产品研究所 祝清俊 刘丽娜 张奇志）

山东省酿酒葡萄科学研究所

【概述】 山东省酿酒葡萄科学研究所成立于1957年（原名山东葡萄试验站），是全国唯一集葡萄良种选育、葡萄栽培技术、葡萄酿酒、葡萄资源开发应用及产业信息研究、传播为一体的国有专业性科研机构，设有5个专业研究室，拥有《中外葡萄与葡萄酒》杂志社、山东佰斯葡萄酿酒公司等专业性法人单位。

【科研项目与经费】 2011年，该所主要在研项目9项。①国家级项目："国家葡萄产业技术体系济南综合试验站的建设"，本年度由国家财政给予50万元资金支持。②省级项目："Monacolin K高产菌株的选育及其发酵条件的优化""葡萄酒产业科技特派员创业链示范建设"和"有益微生物制剂在葡萄病害防治中的应用"，3个项目共获得省财政60万元资金支持。③所内课题："优良桃酒酵母的选育及桃酒发酵工艺技术研究""葡萄藤废弃物综合利用的初步研究""葡萄籽油的分离提取""钙素营养和花色素苷实验"和"桑葚酒的研发与生产"等，由所专项课题基金支持。

【科研成果及转化】 2011年，该所与新疆生产建设兵团合作完成的科技公关计划项目"鲜食葡萄集约化生产关键技术的研究与应用"通过兵团科技局组织的专家鉴定，整体达到国内领先水平。"桑葚酒的研发与生产"成果已在潍坊金盛果业有限公司实现转化，年内已生产出品质优良、具有典型性风格的桑椹酒，并完成质量管理体系认证。

【科技创新平台建设】 2011年，该所在山东省烟台葡萄主产区规划筹建新所区，新区功能定位为：技术创新研发中心、良种繁育与技术推广中心、加工与资源利用工程中心、国际科技合作与文化交流中心。年内，该所申报并筹建"山东省葡萄与葡萄酒工程中心"。

【技术服务】 2011年，该所新承接葡萄栽培技术服务项目3项，服务内容包括建园设计、栽培管理技术培训、技术措施及其实施指导等。①山东省商河现代农业科技示范园。种植葡萄46.67hm²（700亩），栽培鲜食葡萄藤稔、红提、贵妃玫瑰、美人指等十几个品种。②青岛胶南玛丽酒业有限公司葡萄种植基地。种植葡萄4.67hm²（70亩），主栽品种为赤霞珠、白玉霓、藤稔，其他品种包括维多利亚、美人指、夏黑、金手指、巨玫瑰、贵妃玫瑰、无核含香蜜等。③山东瑞邦凤凰谷葡萄酒庄园。栽种葡萄一期面积约33.33hm²（500亩）、二期20hm²（300亩），全部为SO_4和5BB砧木嫁接苗，酿酒葡萄有赤霞珠、贵人香和烟73，鲜食葡萄有贵妃玫瑰、宝石（无核）、巨峰和藤稔等，成活率达到90%以上。

【科技人才队伍建设】 2011年，该所新引进硕士研究生3名。8月，该所召开办公会，决定加快实施人才战略，围绕人才队伍建设，抓好4项措施落实：落实岗位聘用管理、实施公开招聘、集成高层次专门人才、设立突出贡献奖。为更好的落实人才工作，该所还专门设立了实施人才战略领导小组及办公室，组织落实各个方面的具体工作。12月，所长胡文效研究员被省人力资源和社会保障厅、省科协授予“山东省优秀科技工作者”称号，并记二等功。

【科技活动与学术交流】 7月6日，由山东省葡萄与葡萄酒协会主办的“山东省葡萄酒文化建设研讨会”在蓬莱召开。会议主题是“酿造东方风格葡萄酒，建设齐鲁特质酒文化”。

10月24日，美国农业部农业研究服务总署加尼福尼亚研究中心植物病虫害及遗传研究部研究员林宏博士应邀来所进行学术访问。

11月5日，由山东省葡萄与葡萄酒协会主办的“2011年全省葡萄酒（果酒）黄酒、露酒感官质量鉴评会议”在蓬莱召开。山东省葡萄酒（果酒）黄酒、露酒评酒委员及各生产企业代表70余人参加了会议。

11月6～11日，山东省葡萄与葡萄酒协会参与组织了山东省首次品酒师培训及职业资格考评工作。聘请中国葡萄酒技术委员会委员、张裕葡萄酒酿造公司总工程师李记明，中国葡萄酒技术委员会委员、国家葡萄酒检测中心主任朱济义，国家级葡萄酒评酒委员、山东省酿酒葡萄科学研究所研究员王咏梅为培训教师，对158名相关从业人员进行了培训、考评。

12月16日，意大利葡萄酒技术专家一行4人来所进行学术访问。

（省酿酒葡萄科学研究所　张加魁　史红梅）

山东省海洋水产研究所

【科研项目】 2011年，山东省海洋水产研究所新上科研项目如表所示。

表　2011年省海洋水产研究所新上科研项目

项目类别	项目名称
国家海洋公益性行业科研专项	海水鱼低碳高效养殖关键技术集成与示范
	“山东半岛蓝色经济区”建设的海洋空间布局优化技术体系及决策服务系统应用示范 子课题：山东半岛海洋空间资源状况数据采集与分析
	黄渤海浅海底层生物资源产业生态化开发关键技术研究与示范 子课题：开发浅海底层生物适宜性研究和容量评估
	电水联产海水淡化产业化技术及装备系列化 子课题：浓盐水排放对生态的影响研究
	几种海洋功能蛋白规模化生产及高值化产品研制关键技术及产业化示范 子课题：高活性梯级肽精制纯化技术及高值产品设计
国家海洋可再生能源专项资金项目	潮汐能和潮流能重点开发利用区资源勘查与选划 子课题：山东省潮汐能和潮流能重点开发利用区资源勘查与选划
国家近海渔业资源调查管理项目	山东省海洋渔具渔法现状及评价
农业部海洋与河口渔业资源及生态重点开放实验室项目	口虾蛄对石油烃污染的生物富集动力学及生物响应研究
省农业科技成果转化资金项目	刺参快速生长新品系的选育与应用
省自然科学基金	刺参重要经济性状基因的挖掘及功能评价（面上项目）
	凡纳滨对虾整合素integrin免疫功能的研究（青年基金）

续表

项目类别	项目名称
省农业良种工程	优质高产抗逆贝类良种选育（滚动支持） 子课题：牡蛎高产抗逆良种培育 子课题：蛏类高产抗逆新品系培育
	优质抗病速生鱼类良种选育（滚动支持） 子课题：深水网箱适养品种选育
省财政农业重大应用技术创新项目	生物絮团在低碳高效生态健康养殖中的应用研究
省财政农业技术推广项目	黄河三角洲海参池塘生态养殖技术集成与推广
山东省引进国外智力成果示范推广基地项目	引进贝类新品系选育技术
山东半岛蓝色经济区人才发展专项经费资助项目	基于生态系统的典型海域修复与调控技术示范
烟台市科技发展计划	基于生物标志物的莱州湾污染综合评价技术研究
	短蛸池塘规模化苗种繁育及养成技术研究
	金属元素和无机氮对刺参幼体行为与生理学影响及其调控技术研究

【科研成果及选介】 2011年，该所“黄河入海口生物资源可持续利用及海参池塘生态养殖模式研究”“山东近岸海域环境状况和修复研究”和“海洋经济动物引育种技术”等7个项目完成结题验收；完成阶段性验收2项，鉴定成果 4 项。“水产品中雌激素测定技术研究及应用”和“刺参快速生长新品系的选育及应用（合作）”两个项目获得省科技进步二等奖，“刺参育苗及养成用无公害配合饲料的研制”和“刺参优良新品系的选育与构建（合作）”两个项目获得国家海洋局创新成果二等奖，“短蛸人工繁育及养成技术研究”项目获得中国水产科学研究院科技进步三等奖；获得农业部优秀论文三等奖1项、优秀奖2项，山东水产学会优秀论文二等奖1项、三等奖2项、优秀奖5项。授权国家发明专利3件。完成国家标准制定3项，农业行业标准制定 1 项，山东省地方标准制定12项。发表学术论文49篇，其中被SCI收录3篇、EI收录 1 篇。编制完成《2010年山东省海洋环境公报》。

黄河三角洲海参池塘生态养殖模式研究 该项目通过集成、创新，探明了浮游生物结构变动特征、规律，摸清具有地域特点的海参池塘养殖生态特征，根据养殖容量研究结果确定了不同规格苗种养成规模；筛选出符合地理特点的高生产效益参礁，采用科学的平面设计布局、生物制剂微生态调控、池塘藻相调控和水质控制等综合技术，建立了适合黄河三角洲区域海参池塘生态养殖模式，使滩涂资源优势转化为产业优势，促进了山东省西部沿海渔业产业结构调整和升级。该项目成果已推广养殖海参2万hm^2（30余万亩），产生经济效益14.37亿元，成功实现了“东参西养”。2011年，该项目通过国家海洋局科技司组织的成果鉴定，总体达到国际先进水平。

山东近海经济生物资源产卵场、索饵场及生态环境评价 该项目通过整合近年调查资料，结合历史资料分析，查清了山东近海经济生物资源的产卵场、索饵场，包括与幼鱼发生密切相关的产卵场的面积范围、生态条件、产卵亲体数量、产卵量、孵化率，以及与幼鱼补充密切相关的索饵场面积范围、索饵群体数量、食物组成、摄食与被摄食、生长特征、死亡率、索饵洄游特征等，并对山东近海经济生物资源发生与补充现状作出综合评价，为实施海洋经济生物资源的产出与补充提出科学有效的保护措施。2011年，该项目通过省海洋与渔业厅组织的成果鉴定，总体达到国际先进水平。

紫花苜蓿浓缩叶蛋白（LPC）替代鱼粉在星斑川鲽养殖中的应用研究 该项目对紫花苜蓿浓缩叶蛋白的提取工艺进行研究，系统研究了紫花苜蓿浓缩叶蛋白替代鱼粉对星斑川鲽幼鱼的生长指标和饲料利用效果，包括体组成、肌肉品质（氨基酸组成及叶黄素含量）、消化性能（消化

酶及消化率）、血液生化指标（脂肪代谢及免疫性能、抗氧化性能）和养殖水体氨氮排泄的影响等。该项目成果已应用于星斑川鲽等鲆鲽类配合饲料和海参配合饲料的生产中，生产饲料1 300t，产值1 100万元，为紫花苜蓿浓缩叶蛋白在水产养殖中的大规模推广应用奠定了基础。2011年，该项目通过烟台市科技局组织的成果鉴定，总体达到国际先进水平。

莱州湾油污染应急监测与溢油数值预测研究　该项目通过现场调查和历史资料分析，系统掌握了莱州湾主要敏感资源和溢油风险源的分布状况，基于ECOMSED模式构建莱州湾潮流场数值模型，在此基础上构建了莱州湾溢油数值预报模型，用于预测溢油后不同风速、风向的扩散情况，并分析其对莱州湾各生态敏感区的影响。该项目初步构建了莱州湾油污染应急监测体系，编制出溢油应急监测技术规程，为快速、高效开展溢油应急监测提供了技术依据。2011年，该项目通过烟台市科技局组织的成果鉴定，总体达到国内领先水平。

【科研成果转化及产业化】　2011年，该所“鲆鲽鱼类配合饲料的研制与应用”项目继续生产并推广配合饲料1万t；“刺参配合饲料的生产与应用”项目优化并筛选出合适的添加剂增强刺参的抗逆能力，确定了最佳生产配方，并进行产品的大规模推广；依托基于科学投喂海参苗种及养成用配合饲料的“黄河三角洲海参池塘生态养殖模式的应用与示范”项目，在黄河三角洲垦利县滩涂建立科学试验基地1处，3 000m^{2}实验办公楼投入运行，建设标准化示范养殖池塘13.33hm^2（200亩），带动东营、滨州市政府连片规划海参养殖2万hm^2（30万亩），使海参池塘生态养殖在黄河三角洲从无到有，成为一项新兴产业。

【科技创新平台建设】

“水生动物营养与饲料”泰山学者岗位建设　2011年，以该岗位研究人员为主申报的“海水鱼低碳高效养殖关键技术集成与示范”与参与申报的“南海深水区高值鱼类大型网箱健康养殖关键技术集成与示范”等项目获批立项。承担的国家农转资金项目“刺参配合饲料的生产与应用”等重点项目均按计划开展。

山东省海洋生态修复重点实验室筹建　2011年，经省科技厅、省财政厅批准，山东省海洋生态修复重点实验室获准在该所建设。为加快实验室建设进度，提高建设质量，该所邀请国内著名专家组成学术委员会，着重凝练研究方向，确定建设目标。组织召开了“增殖放流技术与评价学术研讨会”和“人工藻场构建技术学术研讨会”。派员访问韩国海洋研究院，与韩方科学家进行学术成果交流。

东营基地建设　2011年，东营基地综合实验楼完工并交付使用，已基本满足科研项目试验及成果推广示范的硬件条件。“‘东参西养’集成技术推广”和“海水工厂化养殖节能减排新技术研究”等十余个省部级重点项目，依托基地开展了鱼、虾、蟹、贝、参的苗种繁育和养成技术开发，以及水生动物营养与饲料中间试验研究。省外国专家局在此设立了“贝类新品系选育省级引进国外智力成果示范推广基地”。

【科技人才队伍建设】　2011年，该所新引进博士后1人、博士1人、硕士2人，在职攻读博士研究生5人、硕士研究生10余人，派员参加各类业务培训100余人次。6月，该所与上海海洋大学联合培养的8名硕士研究生通过论文答辩，至此该所已累计培养、指导硕士研究生30余人。该所科技人员情况详见“科研院所科技发展”篇尾汇总表。

【技术咨询与服务】

水产品质量安全监督检验　完成省水产品质量安全监督抽查600个水产苗种和400个样品的抽检任务，以及海水养殖环境及水产品中“塑化剂”污染状况专项调研98个样品和94个水样的抽样和检测工作。完成农业部水产品质量安全例行监测240个样品、贝类产品卫生监测180个样品、产地水产品质量监督抽查80个样品、深圳大运会农产品质量安全监测及环渤海水产品石油污染应急监测85个样品的抽检任务。

海洋与渔业环境监测　开展烟台近海赤潮监控区、烟台金沙滩滨海旅游度假区、乳山腰岛和莱州金城两个海水增养殖区、烟台长岛海域网箱鱼类养殖区、水产种质保护区和黄河调水调沙生态影响监测与评价，以及莱州湾典型生态系统生物多样性监测等任务。完成山东省2011年渤海溢油事件应急监测以及烟台、威海部分海域水色异常及笼养扇贝生长缓慢原因专项调查等应急监测任务。编制完成《2010年山东省海洋环境公报》和《2011年渤海溢油事件应急监测环境状况简报》等环境专报8本，并对全省入海排污口、增养殖区等监测数据进行审核上报及评价。圆满完成“全国海洋环境监测专业技术竞技大奖赛山东省预赛”的服务工作，以及山东省队集中培训和决赛参赛工作，保障山东省代表队取得了团体二等奖的好成绩，该所孙珊同志荣获个人总成绩全国第一名。

水生动物疫病监测与苗种检验检疫　完成100个鲤春病毒病样品和165个对虾白斑病样品的抽检任务。及时完成102个水产苗种的检验检疫任务，保障了全省增殖放流工作的顺利进行。

其他检验监测工作　完成山东省66个无公害水产品产地的环境现状调查、101个无公害认证产品以及10个地理标志产品的抽检工作。完成7个水产种质鉴定报告以及257次产品委托检验工作。

技术咨询及评价　通过了2011年海域使用论证资质年检，完成烟台打捞局西突堤码头工程、西港区顺岸19号、20号矿石转水泊位等12项海域使用论证工作。进一步加强山东海洋与渔业司法鉴定中心业务管理建设，进行了“AFFLATUS”轮溢油资源损失评估等5起调查、鉴定、损失评估，23个用海项目海洋生态补偿评估。

【科技合作与交流】　2011年，该所派员赴韩国斐济进行海洋渔业技术考察，作为专家组成员参与中韩渔业协定谈判，全力维护了我国海洋渔业合法权益。圆满完成了“海洋贝类分子辅助遗传育种”赴加拿大英属哥伦比亚大学（UBC）和“饲料营养素对水产动物调控作用研究”赴美国夏威夷海洋研究所进行的为期3个月的业务交流和培训。多次邀请中国海洋大学、中国科学院海洋研究所、美国动物蛋白及油脂提炼协会等单位的知名专家来所作学术报告，接待西班牙Pescafresca公司、江苏海洋水产考察团、深圳海洋与渔业环境监测考察团等来所访问。

【科技宣传】　6月8日，该所配合省海洋与渔业厅“海洋宣传日”活动，开展了以“实施海洋战略，发展蓝色经济”为主题的宣传活动，科研人员结合各自学科优势，辅以海洋展览和宣传材料，为公众讲解海洋防灾减灾等科普知识，增强了公众的环保意识。

（省海洋水产研究所　刘义豪　乔瑞光　孙春晓）

山东省海水养殖研究所

【科研项目】　2011年，山东省海水养殖研究所共承担各类科研项目40项，其中，国家级项目14项，省级项目26项。新上项目11项，如表所示。

表　　2011年山东省海水养殖研究所新上科研项目

项目类别	项目名称
国家科技支撑计划	重要海湾海岸带典型受损生境修复关键技术研究与示范
	海水池塘高效清洁养殖关键技术研究
农业部948项目	七带石斑鱼苗种繁育关键技术引进

续表

项目类别	项目名称
农业部产业体系项目	贝类产业技术体系
	虾类产业技术体系
	鲆鲽类产业技术体系
国家海洋局公益性专项	绿潮藻饲料的开发技术与示范
国家海洋局海洋经济规划纲要实施的科技推进平台与运行项目	大型人工藻场构建示范基地建设
省科技攻关计划	大泷六线鱼规模化繁育技术研究
省农业重大应用技术创新课题	斑点鳟鲑引种与养殖产业化技术研究
省农业技术推广项目	刺参网箱生态育苗技术推广

【科研成果及选介】 2011年，该所共获得科技成果奖励3项："鲆鲽鱼类抗弧菌病苗种培育及健康养殖技术"获国家海洋创新成果一等奖，"大西洋鲑引种繁育及海淡水养殖技术产业化开发"获山东省科技进步三等奖，"鼠尾藻大规格苗种提前育成技术"获青岛市技术发明二等奖。授权国家发明专利5件："六线鱼人工授精和孵化方法""一种北方池塘脆江蓠移植栽培的方法""一种海藻饮品的制备方法""一种鹿角菜人工增殖方法"和"用于水产养殖的中草药制剂和制备方法及应用"。鉴定成果6项："六线鱼苗种大规模人工繁育技术"达到国际领先水平，"山东省近岸海域底质环境状况与底播增养殖品种适宜性研究""山东省重点受损养殖区生态评价与修复研究"和"中草药制剂用于海参养殖病害防治的研究"达到国际先进水平，"海水主要养殖品种病控技术与安全用药"达到总体国内领先、部分国际领先水平，"海水主养品种病控与产品安全综合技术的研究"达到国内领先水平。

鲆鲽鱼类抗弧菌病苗种培育及健康养殖技术 该项目应用健康苗种培育技术和海水鱼免疫技术生产鲆鲽鱼类抗弧菌病苗种，应用微生态制剂调控技术、中草药制剂用于海水鱼病害防治技术开展商品鱼养殖期间的病害防治工作，解决海水鱼类养殖生产中的技术问题，推广健康养殖技术，规模化生产无公害商品鱼。该项目已培育出鲆鲽鱼类健康苗种1 300余万尾，健康养殖示范8.2万m^2，辐射推广38万m^2；养殖鲆鲽鱼类760万尾、游泳性鱼类60万尾，成活率达到95%以上，抗生素类药物用量减少90%以上。项目实施单位及推广单位养殖的产品符合国家无公害水产品标准，并全部通过无公害水产品产地认证和产品认证。与企业合作开发出以中草药制剂为主的渔用药物产品14种，形成无公害渔药系列。2011年，该项目获得国家海洋创新成果一等奖。

大西洋鲑引种繁育及海淡水养殖技术产业化开发 该项目通过观察大西洋鲑的生态习性，研究在池塘工厂化养殖过程中大西洋鲑的苗种驯化、放养密度、饵料品种和投喂量、水质管理、病害防治等技术措施，总结池塘集约化养殖技术并找出适宜于养殖大西洋鲑池塘的环境条件。项目实施过程中，先后进行了驯化、幼鱼培育、成鱼养殖、亲鱼培育、人工采卵授精、受精卵孵化、苗种培育等研究，基本摸清了大西洋鲑的海淡水养殖技术和全人工繁育技术，形成一套较为成熟的大西洋鲑海淡水养殖和全人工繁殖技术操作规范程。2011年，该项目获得山东省科技进步三等奖。

六线鱼苗种大规模人工繁育技术 该项目对六线鱼早期发育过程中的形态学特征、生态学习性以及相关生物学、生理学特性等进行全面观察，丰富了六线鱼生物学资料。创建单层平面授精技术和人工吊式孵化技术，解决了六线鱼因鱼卵具高粘性而导致的人工受精率低、孵化率低的难题，受精率达到97%，孵化率达到92%。建立了六线鱼大规模人工繁育技术，形成"单层平面授精+吊式孵化+规模化苗种培育"技术工艺，通过人工采卵授精，首次突破十万尾的规模化人工繁育，开辟了一条高粘性卵鱼类人工繁育新途径。2011年，该项目通过省海洋与渔业厅组织的成果

鉴定，总体达到国际领先水平。

海水主要养殖品种病控技术与安全用药 该项目系统研究了两类卤素类消毒剂的药理学、水产药物包埋诱食剂，筛选出喹诺酮类、酰胺醇类、利福平及磺胺类药物，复配了防治对虾育苗期真菌病的药物，研发出防治育苗期发光细菌病的特效方法，研究了中草药制剂、免疫增强剂、微生物制剂、弧菌疫苗等抗生素替代技术，为鱼类、对虾、刺参等疾病防控与安全用药提供了理论与技术支撑。该项目研发出中草药制剂等产品18个，制定地方标准3项，授权国家发明专利1件。率先开展了PVP-I药理学和水产药物包埋诱食剂研究，创新性地开展了中草药免疫制剂等替代抗生素技术的研发。2011年，该项目通过了省科技厅委托省海洋与渔业厅组织的成果鉴定，总体达到国内领先水平，在中草药制剂替代抗生素技术与安全用药研发方面达到国际领先水平。

中草药制剂用于海参养殖病害防治的研究 该项目研发了中草药制剂（大黄复方制剂）、植物源免疫增强剂（黄芪多糖、茯苓多糖）和微生物制剂（枯草芽孢杆菌）防病系列产品，集成了刺参的健康苗种培育和安全养成技术。对比试验表明，大黄复方制剂对防治海参肠炎病效果明显，临床治疗有效率达到83%以上。综合使用复方中草药制剂、植物源免疫增强剂、微生物制剂，育苗生产试验6 700m^3，育出参苗91 200万头；池塘养殖试验10.53hm^2（158亩），工厂化养殖5 000m^3；育苗和养成试验期间未使用抗生素类药品。该项目技术的实施对避免滥用抗生素、提高养殖刺参质量具有明显的现实意义。2011年，该项目通过省海洋与渔业厅组织的成果鉴定，总体达到国际先进水平。

【科研成果转化及产业化】 2011年，该所建立浅海滩涂贝类示范区400hm^2（6 000亩），底播放流毛蚶苗种2 000万粒、杂色蛤苗种160 000万粒。在山东沿海设立魁蚶增殖区4处、魁蚶增殖示范区1处，底播增殖壳长>1cm的魁蚶7.4亿粒，底播面积0.33万hm^2（5万亩），并作为技术支撑单位协助完成荣成省级魁蚶原种场的建设工作。推广刺参无药残苗种繁育水体43 100m^3，成活率提高15%；推广优质抗逆刺参苗种繁育水体80 000m^3，获得参苗约2.5亿头；推广养殖池塘底质改良面积2 806.67hm^2（42 100亩），底质黑化面积、杂藻生长面积均减少50%以上，病害发生面积减少30%；推广工厂化养殖病害防治技术24 700m^2，刺参生长速度提高10%；建立刺参健康养殖示范点5处，推广刺参高效健康养殖模式5种，示范规模666.67hm^2（1万亩），推广规模约0.67万hm^2（10万亩）。开展各类技术培训班6期，培训基层技术人员700余人次，发放培训材料1 000余份。

【科研管理】 2011年，该所先后出台了《山东省海水养殖研究所科研管理办法》《山东省海水养殖研究所学术委员会章程》和《山东省海水养殖研究所科研成果管理办法》等管理办法，进一步强化科研管理职能，规范科研管理工作。

【科技创新平台建设】 2011年，为促进山东省海岛规划保护与开发管理工作的推进与发展，经省海洋与渔业厅批准，该所成立了“山东省海岛开发与保护研究中心”，已完成海域使用论证丙级资质、无居民海岛开发和保护规划编制技术单位、省级海洋功能区划编制技术单位、省级海岛保护规划编制技术单位4项资质的申报工作，均已获得国家海洋局批复。年内，经农业部批准，“山东省水生动物疫病防控中心”落户该所，依托山东省海水养殖病害防治重点实验室建设“山东省水生动物疫病监控中心”并完成计量认证，设烟台、济南2个分中心和39个县级水生动物疫病防治站，形成覆盖全省的水生动物防疫网络。年内，经省科技厅批准，“山东省海水健康养殖工程技术研究中心”落户该所。

【科技合作与交流】 2011年，该所先后派出4人分赴荷兰、法国、韩国进行学术交流，组织74人次参加国内学术会议和培训，作大会报告8人次。

（省海水养殖研究所 李翘楚）

山东省淡水水产研究所

【科研项目及进展】 2011年，山东省淡水水产研究所承担国家海洋局、省科技厅、省财政厅、省海洋与渔业厅等各级科研项目33项，其中新上项目11项（如表所示）。

表 2011年省淡水水产研究所新上科研项目

项目类别	项目名称
国家海洋公益性行业科研专项	黄河口及邻近海域生态系统现状及变化趋势研究
	海洋微藻源二十碳五烯酸（EPA）高效制备技术研究
农业部948计划	澳洲虫纹鳕鲈人工繁殖与养殖关键技术引进
黄河流域渔业种质资源保护项目	黄河小浪底水库调水调沙试验对黄河下游渔业生态损害补偿措施研究
黄河流域渔业资源管理委员会项目	黄河流域鱼类资源本底调查
省农业良种工程重大课题	乌鳢优异基因资源发掘与创新种质培育
省财政支持农业技术推广	淡水池塘浮动草床微生态调控低碳多元养殖技术推广
	河蟹大规格生态养殖技术推广
省财政支持农业重大应用技术创新项目	采矿塌陷区水域渔业综合利用技术体系研究
省科技发展计划	中华鳖生态养殖新模式及高效生态饲料研究
山东半岛蓝色经济区和黄河三角洲高效生态经济区重大项目	黄河三角洲高效生态经济区高效生态渔业发展模式研究

2011年，该所承担的农业部公益性行业科研专项“冷水性鱼类养殖产业化研究与示范之子任务”和农业部“948”计划“澳洲虫纹鳕鲈人工繁殖与养殖关键技术引进”项目正式启动。黄河流域渔业资源管理委员会“黄河小浪底水库调水调沙试验对黄河下游渔业生态损害补偿措施研究”和“黄河流域鱼类资源本底调查”项目，编写了黄河山东段和河口鱼类资源彩色图谱；资源修复项目“南水北调东线工程对南四湖、东平湖生态环境影响研究”和“南四湖渔业资源修复及增殖技术研究”构建了南四湖增殖放流技术体系，编制出南四湖渔业发展和保护规划，建立了南四湖水环境友好和渔业资源可持续性利用的渔业示范基地；省科技发展计划课题“澳洲虫纹鳕鲈引进及养殖技术研究”与农业部948计划项目“澳洲虫纹鳕鲈人工繁殖与养殖关键技术引进”已初步形成澳洲虫纹鳕鲈适合在山东省进行养殖和推广的养殖技术模式；国家大宗淡水鱼类产业技术体系济南综合试验站完成年度任务，建立了5个示范片。

【科研成果及选介】 2011年，该所通过鉴定成果3项，验收6项。其中，国家海洋公益专项“黄河入海口生物资源可持续利用及海参池塘生态养殖模式研究”通过国家海洋局验收，被国家海洋局列为海洋公益专项成果汇报宣传片中的首项成果。发表学术论文34篇，其中被CSCD收录1篇，《浅析“因废扩荒”推动我国海岛可持续发展》被2011年度中国论坛《海洋经济发展与海岛保护论文集》收录。由中国农业出版社组织、该所编写的《水产养殖环境控制与管理百问百答》完成修改稿。制定山东省地方标准6项。“东平湖渔业生态修复及资源增殖技术研究”项目获得省科技进步三等奖，“沿黄低洼盐碱地以渔改碱综合治理技术”项目获得省农牧渔业丰收一等奖。

乌鳢高效生态养殖模式与关键技术推广 省农业技术推广项目。该项目在济宁、泰安、潍坊、聊城、临沂等地区组织实施，推广乌鳢池塘高效生态养殖模式以及养殖水体生态调控、底泥微生物生态改良、绿色高效饲料选择与投饲控制和营养免疫调控与病害生态防控等关键技术，完善了池塘养殖乌鳢水质综合科学调控及全人工饲料养殖乌鳢技术，形成乌鳢高效生态养殖模式及养殖技术措施，提高了产品质量和养殖效益。该项目共建立示范基地8处，完成推广面积4 889.27hm²（73 339亩），平均亩产2 558.8kg，每亩增加效益1 538元。2011年12月，该项目通过省海洋与渔业厅组织的成果鉴定，总体达到国内领先水平。

大鳞泥鳅人工育苗及无公害养殖技术研究 该项目对大鳞泥鳅生物学特性、胚胎发育、人工繁殖及育苗技术、无公害池塘养殖技术、病害防治技术及营养需求进行试验和研究，建立了亲鱼培育及催产、孵化、苗种培育和养成技术，繁育大鳞泥鳅鱼苗2 600万尾，取得良好的经济、社会和生态效益，在提高大鳞泥鳅人工育苗成活率技术方面有创新。2011年12月，该项目通过省科技厅委托省海洋与渔业厅组织的成果鉴定，总体达到国内领先水平。

俄罗斯鲤鱼引进及养殖技术研究 该项目对俄罗斯鲤的生物学特性、胚胎发育、繁殖技术、苗种培育技术及养成技术、营养需求、病害防治等进行了研究，摸清了其生态因子与生长、繁殖的关系，掌握了人工繁育技术，形成不同情况下自然产卵、人工授精及自然脱粘的措施，提高了产卵率、受精率、孵化率和苗种培育成活率，形成了较完整的人工繁育和池塘养殖技术，在脱粘孵化技术方面具有创新性。该项目已引进俄罗斯鲤亲鱼1 300组，繁育苗种5 841.8万尾，池塘养殖试验面积20.3hm²（304.5亩），平均亩产1 585kg，平均规格1 640g；推广示范193.33hm²（2 900亩），平均亩产1 550kg，平均规格1 590g。2011年12月，该项目通过省海洋与渔业厅组织的验收，总体达到国内领先水平。

【科技合作】 2011年，该所与中国水产科学研究院黄海水产研究所、黑龙江水产研究所、淡水渔业研究中心，以及中国海洋大学、上海海洋大学、山东大学、山东师范大学等高校、院所进一步加强科技合作，使该所学科建设不断拓展；加强了与该所在基层设立的9个试验点的合作，举办各类培训班10余期，培训人员1 000余人次。

【科研条件和平台建设】

中心实验室建设 2011年，该所多方筹集资金150多万元投入中心实验室建设，经过反复研究、修改、论证，1 500m²的实验楼改造工程于12月底竣工，进入仪器设备布设阶段。

垦利基地建设 2011年完成一期工程建设（池塘开发）和二期工程建设规划，共有池塘26个、蓄水池2个。年内进行了河蟹养殖、河蟹苗种培育、鱼虾混养、南美白对虾养殖等示范工作，分别对不同池塘类型进行养殖对比、水草移植种植、人工附着物、螺蚬移植、蟹—鱼混养等试验，取得了初步效果。

科研平台建设 2011年，该所完成了“农业部黄河下游种质资源科学观测实验站”黄河流域水生生物资源养护规划研究任务。8月，该所申报的“农业部黄河下游渔业资源环境科学观测实验站”正式通过农业部批准建设，成为继国家级山东罗非鱼良种场、国家大宗淡水鱼类产业技术体系济南综合试验站之后，落户该所的又一部级科研平台。

【科技人才队伍建设】 2011年，该所引进硕士1人，在职攻读硕士研究生4人，晋升正高级职称1人、副高级职称2人，郑玉珍被评为山东省有突出贡献的中青年专家。

（省淡水水产研究所 董 俊）

山东省交通科学研究所

【科研重点与计划】 2011年，山东省交通科学研究所以道路结构与材料、公路养护、桥梁检测评估、交通决策支持、交通环保节能、交通新产品开发为重点深入开展科研工作，全年新承担各类科研项目12项。其中，交通运输部联合攻关项目1项，交通运输部重点实验室项目1项，省政府调研课题2项，省交通运输科技创新计划项目8项。

【科研成果】 2011年，该所完成各类科研项目15项，鉴定、验收成果11项。其中，“热拌沥青混凝土胶泥性能及作用机理研究”达到国际先进水平，“高速公路机电系统模块化综合检测仪器研制”和“山东省港航系统节能减排考核标准研究”等达到国内领先水平。主持编制的国家标准《交通信息服务 长途客运线路信息》通过评审。“混凝土结构质量现场评价方法研究”和“基于模态分析的单梁承载力快速评定方法的研究”等成果的应用进一步提高了山东省解决交通运输工程实际难题的能力。在交通决策支持方面，完成省政府研究室委托的2项调研课题。在做好《山东交通科技》双月刊出版的同时，积极出版增刊，宣传山东省交通发展和科技创新的成就。

【技术服务】 2011年，依托该所设立的山东省交通建设工程检测中心、山东省交通行业节能工作总站、山东省交通环境监测中心站、山东省交通厅史志办公室等10个挂靠机构，充分发挥职能作用，全面做好公共技术服务工作。

道路工程　充分发挥省部重点实验室在沥青路面建设与养护方面的技术优势，及时将新技术、新工艺、新材料应用于工程实际，完成青岛海湾大桥桥面铺装等省内重点工程项目，全面服务山东省公路建设与养护工程并向国内其他地区辐射，安徽、云南、内蒙古等省区的技术服务工作取得明显成效。

桥梁和交通工程　年内主要完成两座桥梁的施工监控、青岛海湾大桥交工检测等桥梁检测项目，以及德滨、高临等多条高速公路交通安全设施检测工作。

交通标准与计量　完成全省560余家公路实验室的仪器设备校验，开展汽车检测线设备检定、汽车产品检测工作。

交通软科学　完成济南、枣庄、临沂、烟台等市“十二五”交通发展规划的编制工作以及企业委托的多项交通咨询项目。

【科技创新平台建设】 2011年，山东省交通科技研发中心主体建设完工。交通运输部重点实验室“高速公路养护技术交通行业重点实验室（济南）”完成第一批欧洲沥青混合料试验设备采购工作并投入使用。青岛实验研究中心完成青岛海湾大桥建设的技术支持工作，并完成该中心在青岛的搬迁重建。

（省交通科学研究所　崔俊胜）

山东省计划生育科学技术研究所

【科研项目】 2011年，山东省计划生育科学技术研究所在研科研项目21项。其中，承担省自然科学基金项目3项，其他省部级科研项目3项。

【科研成果及选介】 2011年，该所通过鉴定和验收成果各2项，其中2项达到国际先进水平。获得全国人口和计划生育优秀成果二等奖2项（其中合作项目1项）、三等奖1项，省科技进步二等奖2项（分别为第二、三完成单位）、三等奖1项，海南省科技进步二等奖1项（合作项目）。申请专利2件；授权专利14件，其中发明专利10件。发表论文43篇，其中在国外刊物发表3篇，被SCI收录4篇。

孕妇外周血内皮祖细胞的动员及其在产前诊断中的应用 该项目为省人口和计划生育科技发展项目，于2011年12月完成。该项目使用流式细胞仪计数未怀孕妇女和不同孕周孕妇外周血内皮祖细胞的数量，首次提出早孕期间孕妇外周血内皮祖细胞的数目增长最明显，为内皮祖细胞的获取提供理论数据；用微粒化学发光免疫分析测定法检测不同孕周孕妇血清雌激素值的变化，并通过体外跨膜迁移实验进一步明确外周血内皮祖细胞数量和雌激素水平变化的相关性，探讨雌激素对孕妇外周血内皮祖细胞的动员作用；对循环内皮祖细胞数量明显降低的孕妇在其生产时取脐带血，研究脐带血内皮祖细胞的功能变化，并对孕妇所产胎儿进行心血管功能检测，明确孕妇外周血和新生儿脐带血内皮祖细胞数量和功能变化的相关性，初步探讨脐带血内皮祖细胞数量和功能变化与胎儿心血管发育的关系。

TaqMan探针实时PCR检测人MTHFR基因C677T多态性及其临床应用 该项目为省人口和计划生育科技发展项目，于2011年8月完成。主要研究内容：①建立TaqMan探针实时PCR检测人MTHFR基因C677T多态性的方法，结果准确、特异性好，高通量、无污染、安全性好，与常规PCR-RFLP方法结果具有高度一致性，随机样品TaqMan探针分型结果与测序结果完全一致。②探讨了非综合征性唇腭裂患者及其父母MTHFR基因C677T多态性与非综合征性唇腭裂的相关性，并进行遗传风险估计，认为山东地区人群MTHFR基因677T等位基因与NSCL/P存在关联性，MTHFR基因C677T在NSCL/P核心家庭中存在过传递，母亲的MTHFR基因677T突变对后代非综合征性唇腭裂的发生有重要作用，父母传递给子代的T等位基因可能是子代患非综合症性唇腭裂的遗传风险因素。③分析MTHFR基因C677T多态性与原因不明复发性自然流产的相关性，结果表明MTHFR基因C677T多态性可能是山东地区女性URSA发病的遗传风险因素。④探讨MTHFR基因突变与重性抑郁症的相关性并进行遗传风险估计，认为MTHFR基因C677T多态性可能通过影响血清Hcy水平而参与了MDD的发病及临床表现。

【科研条件和平台建设】 2011年，该所对山东省优生技术重点实验室投入建设经费230余万元，购置万元以上设备12台。山东省诚信司法鉴定所通过省司法厅校验。组织国家临床药理基地申报准备工作，对现有人员进行专业技术培训，对场地进行调整和环境改造。设立开放课题3项："孕妇外周血中游离胎儿细胞DNA与胎儿畸形的相关性研究"（唐山市工人医院）、"宫内节育器安置对子宫肌电及形态影响的研究"（山东大学医学院）和"育龄期妇女子宫腔三维成像研究"（海口市人民医院），共计科研经费28万元。开展大型仪器设备共享，对外开放大型仪器设备7台（套）。

【科技人才队伍建设】 该所现有全国人口和计划生育科技先进个人2名、享受国务院政府特殊津贴专家2名、山东省有突出贡献的中青年专家2名，博士5人、硕士10人。重点实验室聘请客座研究员6名，派出12人次参加为期3个月以上的专业培训。设有科研专项基金，主要用于青年科技人员科研经费资助，为培养储备人才和稳定科技人员队伍奠定基础。

（省计划生育科学技术研究所　李欣迎）

山东省遥感技术应用中心

【概述】　山东省遥感技术应用中心组建于1986年，现隶属山东省国土资源厅、山东省科技厅，是山东省唯一从事卫星遥感基础专业研究的公益性科研事业单位，人员编制22人。中心已通过ISO9001-2000质量管理体系认证，具有乙级测绘资质及地质勘查资质。2011年4月25日，国家《科技日报》对该中心作了题为《科技创新、锐意进取》的专题报道，引起社会强烈反响。年内，该中心获得省直机关精神文明建设委员会授予的“省直文明单位”称号。

【科研与监测】　2011年，该中心积极参与省国土资源厅“一个平台，两个市场”建设工作，包括方案的调研论证、为具体建设提供遥感影像服务，以及“山东三维数字国土监测指挥系统”B/S改造等。

土地变更调查与遥感监测　2011年，全国土地变更调查与遥感监测任务主要包括遥感监测、土地变更调查、调查成果核查、更新土地调查数据库以及数据汇总统计等工作。该中心与山东省土地勘测规划院共同承担了全省140个县（市、区）的土地变更调查上报数据内业核查和部分县（市、区）的外业核查工作。完成了山东省2010年度土地变更调查数据的整理、编辑、入库工作。

冬小麦种植面积卫星遥感监测　2011年是山东省执行种粮补贴政策第九年，为及时快速掌握全省冬小麦种植面积动态变化情况，确保小麦种植面积的准确性，山东省在全国首次采用卫星遥感测量技术，对部分市、县（市、区）小麦核定面积进行同步核查。年内，该中心完成了青岛、烟台、济宁和菏泽所辖县（市、区）小麦种植面积的快速监测工作。

【科技人才培养与队伍建设】　2011年，该中心制定了《岗位竞聘工作方案》，进一步建立健全专业技术职务评聘与考核机制，顺利完成岗位竞聘工作。2人晋升研究员资格。对内部技术人员进行集中培训学习3次，赴临沂市调研学习1次，派技术骨干赴北京进行易康软件培训1次，并邀请Skyline全球技术总监Eylon Sirotkin来中心进行技术指导和培训。该中心获得国家测绘局颁发的“十一五”测绘地理信息科技优秀团队奖，丁新华获得“十一五”测绘地理信息科技管理贡献奖。

（省遥感技术应用中心　宋清泉）

山东省农业机械科学研究所

【科研项目】 2011年，山东省农业机械科学研究所共承担科研项目38项。其中，纵向项目15项（新上项目7项，如表所示），企业委托开发和自主研发项目23项（新上项目22项）。

表　　2011年山东省农业机械科学研究所主要新上科研项目

项目名称	项目类别
拔切组合式棉花秸秆收获机中试与示范	科技部农业科技成果转化资金项目
履带式生物有机制肥设备的研制	省财政厅科技专项
自走式大蒜联合收获关键技术研究与产品开发	省科技发展计划项目（第二批）
液压榨油机　质量评价技术规范	农业部行业标准
微耕机　修理质量	农业部行业标准
4J-1型生姜收获机成果转化	济南市科技成果转化项目
穗茎兼收玉米联合收获机秸秆处理功能拓展	济南市企业自主创新项目

【科研成果及选介】 2011年，该所有4项成果通过验收。其中，承担的国家科技支撑计划项目子课题“农林剩余物直燃发电厂自动控制桁架移动式取捆、装载上料成套设备的研究”通过国家科技部组织的专家验收；承担的省科技发展计划项目“水泵试验台升级改造”和“苹果分选自动化系统研究与开发”通过省科技厅组织的专家验收；承担的济南市高校院所自主创新计划项目“农作物秸秆转化有机肥关键设备研发”通过济南市科技局组织的专家验收。有4项成果通过省级鉴定。其中，“水泵试验台升级改造”“4MG-160型棉花秸秆收获机”和“ZF552型全液压自走式翻抛机”通过山东省科技厅鉴定，“气力式玉米精密播种施肥机的研制”通过黑龙江省科技厅鉴定。获得各类科研成果奖励5项。其中，“4YQW-3型穗茎兼收背负式玉米联合收获机”项目和《三轮汽车通用技术条件》国家标准获得省机械工业科技进步二等奖，“2BMFS200免耕播种机主要部件设计与试验研究”获得省机械工业科技进步二等奖（论文类），“影响农业机械标准化发展问题初探”获得省机械管理成果三等奖（论文类），“浅谈圆柱齿轮精度标准的发展变化”获得省机械管理成果优秀奖（论文类）。“一种全液压履带自走式生物有机肥翻抛机”“圆锥螺旋钻管式山药收获机”和“气力式玉米精密播种机播种监控LED显示系统”等16项成果获得实用新型专利授权。科研人员参加全国性学术交流活动10余次，发表学术论文22篇。

水泵试验台升级改造　省科技发展计划项目。主要研究内容：①在原有水泵试验台的基础上，扩大水池容积，使水池容积达到200m³以上；②安装Φ40mm、Φ80mm高压管路和Φ300mm中压管路，配套相应涡轮流量传感器、电动控制阀和压力变送器；③配套高精度光电速度传感器和感应温度传感器，改造相应控制系统、信号转换系统和配电系统；④对安装平台、接线柜、真空泵等硬件设施进行改造。通过升级改造，进一步扩大了试验台的测试范围，提高了测试数据的可靠性和精确度。2011年3月，该项目通过省科技厅组织的成果鉴定，综合技术达到国内领先水平。

4MG-160型棉花秸秆收获机　自选项目。该项目产品采用齿盘式整株拔取、伸缩指式捡拾技术，利用输送链与双层浮动辊组合输送喂入、盘刀式切碎抛送组合装置，集棉花秸秆整株拔取、切碎、抛送、回收等功能于一体，实现了棉花秸秆收获的联合作业，秸秆喂入流畅、切断均匀，可靠性高。项目成果对提高棉花秸秆收获机械化水平、提高棉花秸秆利用率、减轻农民劳动强度、提高生产效率、增加农民收入具有重要意义。2011年3月，该项目通过省科技厅组织的成果鉴定，填补了国内棉花秸秆联合收获技术空白，达到国内领先水平。

ZF552型全液压自走式翻抛机　2009年济南市高校院所自主创新计划项目。该项目成果是在充分吸收国外先进技术的基础上自主研发的新型有机肥制肥机械，可进行农作物秸秆和粪便等固体堆积物的粉碎翻动、混合抛离及堆积等复式作业。主要创新点：①设备集机、电、液于一体，采用全液压自走式作业方式，具有完备的故障预警系统，实现了工作装置的独立控制与主要工作参数的无级可调；②研发的专用履带式行走装置和跨越式钣金结构机架，工作灵活，降低了成本；③对粉碎收拢专用翻抛装置和刀具进行优化，提升了作业质量和效果。2011年10月，该项目通过省科技厅组织的成果鉴定，产品性能先进，造型美观，驾驶舒适，维修方便，填补了国内空白，整机主要技术性能达到国内同类产品领先水平。

【科研条件和平台建设】　2011年，该所投入164.19万元建成防护装置静强度试验台、车辆称重侧翻稳定性综合试验台、液压软管爆破试验台、前照灯全自动远近光测量仪和燃油箱耐压试验台等设备，其中部分设备已加入山东省及济南地区大型科学仪器共享平台，承接来自省内外的样品检测服务工作。年内，该所被批准为省级中小企业公共服务平台、省级示范生产力促进中心、国家自然科学基金依托单位。4月，挂靠该所的山东省农业机械产品质量监督检验站和机械工业农业机械产品质量检测中心（济南）分别通过中国合格评定国家认可委员会组织的实验室复评审、扩项评审和计量认证复评审、扩项评审、机构认定复评审。7月，由该所牵头组建的“山东省现代农业机械工程技术研究中心”通过省科技厅验收，综合评级为优秀。11月，挂靠该所的山东省农业机械产品质量监督检验站、山东省泵类产品质量检测中心和山东省工程机械产品质量检测中心3个省级授权站（中心）通过省质量技术监督局资质认定监督评审。12月，由该所牵头组建的“山东省现代农业装备行业技术中心”通过省经济和信息化委员会复查。

【科技交流】

国际科技交流　2011年，该所派员出访7人次，接待国外来访专家23批58人次。10月，举办科技部第五期“农业机械综合使用技术国际培训班”，对来自约旦、伊朗、蒙古、印度尼西亚、斯里兰卡、乌兹别克斯坦、尼日利亚和孟加拉等8个国家的17名科技人员进行了培训。11月，组织山东常林机械集团股份有限公司、山东汇金集团有限公司等9个单位共15人的“山东农机工业2011汉诺威农机考察团”赴德国进行考察交流。

国内科技交流　2011年，该所举办学术会议、行业工作会议、座谈会、培训班等共计10余次，包括“全国玉米生产农机与农艺融合研讨会”“全省泵行业年会及标准宣贯会”“全省农机行业工作年会”“山东省农机工业调整振兴指导意见、山东省农机工业‘十二五’发展规划座谈会”和“几何公差、极限配合系列基础标准宣贯培训班”等。9月24～25日，由农业部农机化管理司、科技教育司、种植业管理司主办，该所承办的“全国玉米生产农机与农艺融合研讨会”在潍坊举行。会议邀请中国工程院罗锡文院士及来自国家玉米产业技术体系育种、栽培、植保、土肥、病虫害防治、农业机械等有关行业的12名专家作了学术报告。

【科技文献编纂】　2011年，该所编辑出版《农业装备与车辆工程》12期，共收到论文300篇，刊发论文210篇，杂志被引用频次达到490次，影响因子0.338。编辑出刊《农机通讯》12期，及时发布山东省农机行业发展情况及企业信息。按照省经济和信息化委员会、省机械工业协会等上级部门的安排部署，先后完成《山东农机工业2011年市场开拓工作方案》和《山东省农机工业“十二五”发展规划》等编制工作。参与《山东省志·工业志·机械工业篇·农机章》（1986～2005）初稿的修改和审核工作。

【科研管理和队伍建设】 2011年，该所制定并颁布实施了《科研项目管理办法》《科技与经济合同管理制度》和《知识产权管理办法》等9项管理制度，制定或修订了《工资分配制度与相关规定》和《安全事故报告和调查处理办法》等制度。召开第四届职工代表大会二次会议，会议审议通过了该所“十二五”发展规划和所长工作报告。派员参加深圳中旭教育集团组织的“总裁执行模式”课程培训。开展以“责任·执行力 突破·发展”为主题的管理培训，对100名中层以上干部及各部门（单位）骨干进行专题培训。先后派员参加ISO9001系列标准培训、内审员和测量不确定度培训、实验室能力建设培训等。马良、刘继元被评为山东省机械工业有突出贡献科技专家。

（省农业机械科学研究所 党海英）

山东省内燃机研究所

【科研开发】 2011年，山东省内燃机研究所新上科研项目23项，包括省科技攻关计划项目“电控单缸柴油机研制”、省大型科研仪器升级改造项目“NGA2000排放分析仪升级改造”和济南市高校院所自主创新科技计划项目“内燃机气道性能测试分析系统”等。承担的国家环保部基础项目“中国柴油机污染现状评估及清化路径策略研究”子课题“三轮汽车、低速货车排气污染物和CO_2排放现状及管理对策研究”基本结题。作为承担单位之一，完成国家标准《非道路移动机械用柴油机噪声排放限值及测量方法（I、II）》的起草和试验验证工作。承担的“140－260发动机产能扩建”“拖拉机动力输出轴试验台”“60kW发电机试验台”“多机型柴油机缸盖气道试验台”“卷帘机综合性能试验台研制”和“LC单缸柴油机研制”等企业委托项目均按合同顺利执行。

【科研成果及转化】 2011年，该所承担的省科技发展计划项目“发动机尾气排放测试通用计算系统”通过省级鉴定，达到国内领先水平。申请实用新型专利3件：“太阳能集热水器玻璃管中超导液自动加注装置”“增压器流道试验台”和“涡轮增压器超速包容试验台”。“260型柴油机试验台及配套工装”获得省机械工业科技进步二等奖，“非道路用发动机尾气排放机外净化研究”获得省机械工业科技进步三等奖。“立式加工中心机”在2011年度全省大型科学仪器设备协作共用绩效考评中获得优秀机组奖。在国内期刊发表科技论文15篇，“多机型柴油机缸盖气道试验台设计”和“发动机磨合规范之现代探讨”分别获得华东四省一市内燃机学会第14届联合学术会议优秀论文一、二等奖。年内，该所研发的主要产品有“32/40发动机装配设备及工装”“175样机装配工装”“太阳能集热器玻璃管中超导液自动加注装置”“WMF02型多功能通用仪表”“新型油门机执行器”和“新一代油耗仪”等。内燃机零部件中试产品的产量基本保持稳定，经济效益有一定幅度增长。新开发的“莱动KM496型机油泵”已实现小批量生产。

【质检工作与能力建设】 2011年，该所完成了省内外内燃机产品的生产许可证检验、出口质量检验、非道路移动用柴油机型式核准检验和委托检验等工作，出据各类检验报告379份。先后3次接受中国合格评定国家认可委员会、山东省质量技术监督局进行的质检机构质检资质审查验收及监督评审，各项评审和认定工作均顺利通过。新建的“600kW测功器系统”投入使用。获得“非道路移动机械用小型点燃式发动机排放”检验资质。组织质检人员集中培训4次，参加有关主管部门举办的业务培训和学术交流活动11次，组织人员比对试验2批次、实验室间比对试验2次，参加非道路移动机械用柴油机的能力验证试验。

【科技期刊】 2011年，该所编辑出版《内燃机与动力装置》7期（包括增刊1期），在省新闻出版局进行的期刊评选中被评为科学技术类良好期刊。编辑出版《信息荟萃》12期，同时完成其电子版编辑发送。

【山东内燃机学会】 2011年4月，山东内燃机学会在潍坊组织召开“山东内燃机学会理事长、秘书长会议”。8月，承办“华东四省一市内燃机学会第14届联合学术年会”，来自各省市的130余名代表参加了会议。会议共征集论文130篇，其中大会交流论文69篇、山东省征集论文43篇。年内，山东内燃机学会被省科协授予“学会工作先进集体”称号。

（省内燃机研究所　宫坚莉）

山东省农药研究所

【概述】 山东省农药研究所是山东省唯一专业从事农药研究的科研单位。根据我国农业生产需求，承担国家及山东省农药科学研究与检验检测任务，为保障国家粮食安全、构建高效安全的农业发展技术体系、解决“三农”问题，提供公益性技术服务。

【科研项目】 2011年，该所承担“十二五”国家科技支撑计划项目子课题“高效、低毒、低残留农药品种及中间体的清洁生产关键技术开发”，对具有国际竞争潜力的重要农药品种和制约我国农药工业发展的关键中间体进行技术创新研究。全年在研项目26项，其中国家科技支撑计划2项、省科技攻关计划5项、济南市科技计划项目3项，1项国家级项目、2项省级项目和4项市级项目已完成。

【科研成果及选介】 2011年，该所“嘧菌酯中间体开发”“螺环内酯类杀虫剂SD-706的研发”和“除草剂氰氟草酯研制”3项成果通过鉴定，综合技术达到国内领先水平。授权国家发明专利2件。

嘧菌酯中间体开发　省科技攻关计划项目。该项目开发了嘧菌酯中间体邻羟基苯腈、4，6-二氯嘧啶和邻羟基苯乙酸。邻羟基苯腈的合成采用前出料新工艺，合成收率达到90%，含量98.5%。4，6-二氯嘧啶的合成采用钠盐直接氯化工艺，合成收率达到65%，含量98.5%。邻羟基苯乙酸的合成过程采用新的催化反应体系，成功加快了反应速度，避免副反应，合成收率达到93%，含量98%。该项目的实施有利于提高嘧菌酯中间体收率，降低成本，满足嘧菌酯原料的需求，具有较好的经济效益和社会效益。2011年4月，该项目通过成果鉴定，达到国内领先水平。

除草剂氰氟草酯　省科技攻关计划项目。该项目开发了水稻田专用除草剂氰氟草酯的合成新工艺，选用强酸性树脂做酯化催化剂，避免了使用浓硫酸对设备带来的腐蚀，减少了废水的产生量。醚化反应收率94%，酯化反应收率95%，产品含量96%以上。2011年4月，该项目通过成果鉴定，达到国内领先水平。

一种氨氰法合成百草枯的方法　专利号：200910017865.8。该专利创新性地开发出氨氰法合成百草枯工艺路线，采用新型催化技术和新型溶剂，使百草枯工艺废水较老工艺降低50%以上，原料成本降低，收率达到92%以上。已在国内大规模推广，产生了突出的经济效益和社会效益。2011年，该专利获得授权。

【科研成果转化及产业化】 2011年，该所自主研发的1项杀虫剂项目在自有产业化基地完成中试。经济实体全年实现产业总销售收入2.1亿元，其中出口1.1亿元。

【科研条件和平台建设】 2011年，该所投资近200万元购置先进仪器设备30余台（套），满足了自身科研和对外服务的需求。其中，购置岛津液质联用仪1台，主要用于实验室承担企业委托的农药残留检测实验。年内，该所获得省政府授予的产学研合作突出贡献奖，并获得山东省、济南市大型科学仪器共享平台先进集体奖，以及济南市科协先进集体奖。

技术研发平台建设 该所是山东省农药行业技术中心、山东省化学农药重点实验室、山东省化学农药及中间体产品质量监督检验站、山东省农药信息中心的依托单位，是全国农药全分析、农业部农药登记残留分析、山东省农药产业技术创新战略联盟、山东省大型科学仪器共享平台——农药测试中心的挂靠单位。2011年，该所加入济南科技服务新农村建设战略联盟，以科技服务“三农”，推进新农村建设。

分析检测平台建设 ①常规检测。2011年，该所完成委托检验样品800余个，获证检验1 100余个，备案审查农药企业标准1 050余项。取得国家技术监督局颁发的农药生产许可证发证检验资质。②农药残留检测。新承担“70%啶虫脒水分散粒剂”和“64%2–甲–4–氯·烟·莠去津水分散粒剂”等农药登记残留试验项目12项，涵盖作物10余种。参加农业部农药检定所组织的农药残留检测能力验证试验，多年的大量实验工作得到部所领导的肯定。③农药理化性质检测。完成检测样品650多个，并获得省技术监督局的理化性质测定资质认定。④农药室内毒力检测。完成“1.8%阿维菌素乳油对梨木虱活性测定”“阿维菌素与氟铃脲复配防治棉铃虫毒力测定”“苯甲醚甲环唑与戊唑醇复配防治水稻纹枯病毒力测定”和“苯醚甲环唑对西瓜炭疽病室内活性测定”等杀虫剂、杀菌剂、除草剂、安全性测定项目53项。⑤农药全分析检测。全年承担企业委托全分析检测项目8项，完成双氟磺草胺、啶虫脒、烯草酮、乙氧氟草醚、丙环唑、嘧菌酯等检测任务6项。

信息服务平台建设 2011年，该所编辑《今日农药》和《山东农药信息》各12期，每期8万字左右。刊物内容更加丰富，信息服务领域覆盖全省、辐射全国。

【科技人才队伍建设】 2011年，该所新引进人才6人，其中博士2人、硕士3人。在新引进人才中有特聘研究员1名，为研究员、博士生导师，主要从事有机氟化学、含氟高分子和新农药创制等领域的研究工作，是国家有突出贡献的中青年专家、国家973计划先进个人、国家自然科学基金委化学科学部专家评审组成员和国家863计划新材料领域专家组成员；另有国内大型农药企业资深高级技术人员1名。年内，该所选派3名技术人员进行继续教育，其中1人攻读博士研究生、2人攻读硕士研究生。

【科技合作与交流】

国内合作与交流 2011年，该所与省内一农药企业达成协议，共同开发麦草畏合成新技术。与山东大学联合开展农药登记原药全组分分析的课题研究，聘请山东大学环境学院资深教授担任课题负责人，承接企业委托的农药原药全分析任务。与国家农产品现代物流工程技术研究中心合作承担“蒜薹保鲜药剂筛选”项目，主要对蒜薹保鲜药剂进行配方筛选，并完成相应制剂的加工。与省内外中小农药企业签订长期产学研合作协议，对国家和地方重点工程项目、重大科技项目和高技术产品进行联合开发。与省内多家农药企业达成协议，定期为中小企业技术人员提供技术培训服务。8月，该所的主办的“第11届山东省农药信息交流会”在青岛举行。会议邀请国内资深农药专家对国家农药发展方向进行了预测，对国内外农药发展动向进行讲解，为中小企业提供相关建议。会后，免费举办了农药制剂加工技术培训班、农药产品策划与营销实战培训班，来自13个省市的420多名企业代表参加了培训。

国际合作与交流 2011年，该所派出1名技术人员随同中国农药协会访日考察团，对日本的农药生产和研发企业进行了为期10天的考察访问，主要参观考察了位于日本京都的岛津公司工厂。

（省农药研究所 钱玉珍 孙梅心）

2011年山东省科研院所科技人员情况汇总表

院所名称	在职职工	学位		专业技术人员	技术职称			享受国务院政府特殊津贴专家	有突出贡献的中青年专家	
		博士	硕士		正高	副高	中级		国家	山东省
中国科学院海洋研究所	633	213	48	499	94	112	240	2		1
中国科学院青岛生物能源与过程研究所	353	189	110	265	25	38	165			
中国科学院烟台海岸带研究所	168	117	23	152	21	28	67	2		
国家海洋局第一海洋研究所	486	125	155	416	59	97	141	8		
山东省科学院	1 391	222	465	1 119	95	274	574	36	3	13
山东省医学科学院	2 436	127	601	2 237	175	389	663	11	1	10
山东社会科学院	288	31	64	213	50	68	90	26		11
山东省水利科学研究院	223	10	46	208	30	68	85	18		5
山东省海洋化工科学研究院	130		10	70	2	14	27			2
山东省化工研究院	144	3	20	121	14	39	50			2
山东省林业科学研究院	125	15	16	110	27	33	25	5		5
山东省食品发酵工业研究设计院（仅事业编制人员）	63	1	6	51	11	17	19	2		2
山东省中医药研究院	151	7	35	136	25	36	36			1
山东省计量科学研究院	264	9	51	204	18	49	57			
山东省产品质量监督检验研究院	474	16	136	391	13	43	95			
山东省特种设备检验研究院	158	10	27	120	9	26	29			
山东省国土测绘院	413	2	39	382	6	54	163			
山东省科学技术情报研究所	131	3	21	125	16	22	42	1		
山东省科学院生物研究所	72	22	26	69	8	13	36	2		3
山东省科学院中日友好生物技术研究中心	42	10	20	42		6	23			
山东省农业科学院作物研究所	118	21	20	70	26	13	29	6		2
山东省农业科学院农产品研究所	61	16	13	58	10	10	30			
山东省酿酒葡萄科学研究所	115	1	9	61	5	19	18			
山东省海洋水产研究所	162	14	21	115	11	35	58	4		2
山东省海水养殖研究所	125	10	33	81	10	16	40	2		1
山东省淡水水产研究所	125	4	24	81	11	20	33	1		3
山东省计划生育科学技术研究所	66	5	10	53	10	18	25	2		2
山东省农业机械科学研究所	237		26	177	14	52	59			
山东省内燃机研究所	67		4	50	9	22	10			

注：以上数据及资料由各科研院所提供。

区域科技发展

QUYU KEJI FAZHAN

济 南 市

【概述】 2011年，济南市实现高新技术产业产值1 979.67亿元，占规模以上工业总产值比重38.66%。承担国家、省科技计划项目162项，获得资金19 589.5万元。获省级以上科技奖励46项。国家超级计算济南中心、中科院量子技术与应用研究中心暨济南量子技术研究院、国家科技成果转化服务（济南）示范基地、济南云计算中心等一批重大创新平台相继揭牌启用。我国首条高端集成电路存储器封装测试生产线在浪潮产业园上线投产，对进一步加快中国集成电路产业化进程、提升中国IT产业核心竞争力具有重要意义。山东电力研究院等单位研制的智能变电站巡检机器人、济南二机床集团研制的大型快速智能冲压装备等一大批科研成果达到了国际领先水平。济南市成为继南京之后全国第二个“中国软件名城”。济南市通过2009～2010年度全国县（市、区）科技进步考核，连续5届被评为全国科技进步考核先进市。历下区、市中区等7个县（市、区）被评为全国科技进步考核先进县（市、区），创历届新高。

【创新型城市建设】 2月19日，召开济南市科技进步暨创新型城市建设表彰大会。表彰奖励在科技创新和创新型城市建设工作中作出突出贡献的单位和个人，奖励总金额5 379万元。这是该市连续第五次对创新型城市建设进行政策性奖励，累计兑现奖励资金超过2.7亿元。出台《济南市建设国家创新型城市试点工作实施方案》，明确提出到2015年进入全国创新型城市先进行列的战略目标。落实企业研发经费税收优惠1.88亿元、高新技术企业税收优惠6.59亿元。新认定中国驰名商标7个，总数35个；新增山东省著名商标43个，总数214个；新增地理标志集体商标7个，总数17个。新增山东名牌产品26个，总数179个；制定国际标准1项，实现了零的突破；制定国家标准（国家行业标准）15项，总数63项。

【高新技术及其产业】 2011年，济南市规模以上工业高新产值1 979.67亿元，同比增长12.2%，高新技术产值占规模以上工业总产值的比重38.66%，比年初增长1.01个百分点。高新技术产业产值在全省17市中居烟台、青岛、东营、淄博、潍坊后列全省第6位，产值占规模以上工业总产值的比重居青岛、烟台之后列全省第3位。新增高新技术企业86家，总数352家，占全省的16.7%，连续四年总量全省第一。截至年底，全市共建成国家级科技园区5个、火炬计划特色产业基地8个、863成果转化基地2个、国际科技合作基地1个。

【科技计划】 2011年，济南市共承担国家、省科技计划项目162项，获得资金19 589.5万元。其中，国家级项目47项，资金7 596万元；省级项目108项，资金11 993.5万元。山大华天科技股份有限公司、济南二机床集团有限公司、华芯半导体有限公司等企业承担的26个项目被列为国家、省重大专项。安排市级科技计划371项，投入市级应用技术研发经费12 500万元。其中，先进制造与自动化、资源与环境、电子信息、现代农业、生物技术、新材料六大领域的市级应用技术研发经费分别为1 947万元、1 605万元、2 690万元、1 104万元、1 191万元、1 096万元。项目安排上更加注重对战略性新兴产业和科技型企业的支持。设立科技型企业风险补偿资金，安排中小企业创新基金63项、投入1 000万元。

【科技创新平台建设】 2011年，全市新增国家工程技术中心2家，总数4家；新增省级工程技术研究中心19家，总数126家；市级工程技术研究中心总数63家。新增国家级企业技术中心2家，总数15家；新增省级企业技术中心10家，总数56家；新增市级企业技术中心10家，总数153家。新增国家地方联合共建工程实验室1家；新增省级工程实验室2家，总数7家。新增省级软件工程技术中心4家，总数29家。新增省级企业重点实验室2家，总数9家。全市新建产学研合作基地、教学实践基地等39家。全年认定登记技术合同3 200余份，实现技术合同交易额27.4亿元，同比增长30%，增长幅度创历史新高。

【农业与社会发展】 2011年，历下区被省科技厅批准为山东省可持续发展实验区，成为该市首个实验区和全省首个省级可持续发展实验区中心城区。市中区、章丘市被省科技厅认定为山东省科技富民强县试点县。济南宏济堂制药有限公司和山东明仁福瑞达制药有限公司被认定为国家综合性新药研发技术大平台产业化示范企业。全市科技特派员总数发展到150人，以科技特派员为主实行的农业科技创新服务已覆盖全市50%以上的乡镇，累计引进新品种193个，推广新技术163项，与农民或企业结成利益共同体21个，培训农民18.3万人次，发放科普资料30多万份。围绕改善城市环境，重点实施了国家科技重大专项“黄河下游地区饮用水安全保障技术研究与综合示范”项目，建设完成了中试研发平台2个，在济南鹊华、玉清水厂建成示范工程2处。建成济南市超大规模垃圾焚烧发电厂，并采用烟气净化工艺等多项新技术，加速了城市生活垃圾的无害化处理与综合利用。开展济南市数字市政技术集成与示范，提升城市供水、供气、供热、道路照明等8个涉及民生领域的服务能力。开展城市智能公交物联网的研发，提升城市公交智能化管理水平。以创新药物孵化基地建设为突破口，加快新药成果转化体系建设，提升产业自主创新能力。在国家创新药物孵化基地济南、烟台、潍坊三个医药产业园区中，集中了山东省38家优势医药企业，列入国家重大新药创制专项77个子课题。其中，济南市21家企业单位、承担了51个子课题，占全部课题的66%。在已获得的16个新药证书、15个临床批件中，济南市分别获得12个证书和12个临床批件，分别占总数的75%和80%。

【科技成果与奖励】 2011年，济南市共取得重要科技成果417项。有3项成果获国家科技进步二等奖。43项成果获省科学技术奖，其中，科技进步一等奖3项、二等奖9项、三等奖30项，技术发明二等奖1项。以济南市政府名义拿出5 379万元对全市科学技术奖、专利奖、国家特色产业基地、驰名商标等进行表彰奖励。

【知识产权管理】 2011年，济南市知识产权工作会议上升为市政府二类会议。成立济南知识产权研究会。首次以济南市保护知识产权工作领导小组的名义举行“4·26知识产权宣传周”活动启动仪式。联合市工商局、文广新局、法院、济南海关等单位发布《2010年济南市知识产权发展与保护状况白皮书》。出台《2011年济南市专利申请及授权资助标准》，加大对发明专利申请、职务发明和向国外申请专利的资助力度。进一步实施“济南市企业知识产权战略推进计划”，15家企业通过第一批知识产权战略研究课题验收，新增24家企业开展知识产权战略研究。认定10家企业为第七批知识产权试点企业。成立打击侵犯知识产权和制售假冒伪劣商品专项行动领导小组，出台行动方案，开展专利执法专项行动，法定期间结案率100%。与市商务局合作建设“济南市服务外包知识产权维权援助工作站”。制定《济南市企业知识产权维权指引》，深入各县（市）区进行巡回宣讲。当年，济南市专利申请总量18 564件，发明专利申请量5 125件，同比增长49.33%，占全市申请总量的27.61%，所占比例同比增加5.5个百分点。专利授权量11 329件，同比增长18.10%，其中发明专利授权量1 623件，同比增长28.81%。在全省140个县（市）区专利申请量、授权量的前十位排名中，历下区、历城区、市中区的申请量分别位居第二、三、七位；历城区、历下区、市中区、天桥区的授权量分别位居全省第一、二、五、九位。济南市知识产权局先后获“全国知识产权部门和公安机关知识产权执法保护先进集体”“全国知识产权系统打击侵犯知识产权和假冒伪劣商品专项行动先进集体”“全国专利技术展示交易工作先进单位”“全省知识产权管理系统先进单位”“山东省专利执法工作先进单位”“专利创造优胜市”

等称号。

知识产权信息服务平台　2011年，“在线专利分析系统”通过国家知识产权局验收。在县（市）区及高新区建立11个专利信息服务分平台，在近百家企事业单位建立专利信息服务工作站，服务功能得到增强，服务范围和深度进一步扩展。发挥“国家专利信息利用试验基地”的优势，推广专利数据库和专利分析系统的应用。实时开通在线专利分析系统。“中外专利数据库服务平台”成功升级，国内数据量为554万余条，国外数据量为3 000万余条，数据总量3 555万余条。加强省专利信息分平台建设，完善配套的软硬件设施，探索深层次信息利用，为重点企业开展定题分析和战略研究分析。为中航工业济南特种结构研究所、重汽集团建立专利数据库，提供定题检索服务。

【政策法规与环境建设】　2011年，市科技局制订出台《济南市科技特派员工作管理办法（试行）》《济南市引进海内外千层次创业人才实施办法》《济南市建设国家创新型城市试点工作实施方案》《济南市科技发展“十二五”规划》，为科技进步创造了良好的政策法规环境和创新氛围。

【科技合作与交流】　2011年，济南市制定《济南市产学研合作创新行动实施方案》，明确产学研合作创新行动的宗旨、总体目标、主要任务及组织实施办法，为“十二五”期间济南市产学研工作的开展指明方向，对未来五年内的具体工作提出明确要求。济南市新增省级院士工作站11家，数量实现新突破。新增省级国际科技合作平台29家，占全省的43.3%。其中，市属企业平台9家，驻济高校、科研院所等单位20家。自2009年开展省国际科技合作平台建设以来，济南市已连续三年在全省排名第一。济南市已累计拥有国家级国际科技合作基地4家，省级国际科技合作平台64家，占全省的51.6%。全年组织申报、立项科技成果转化及专利实施计划、国际合作计划、技术难题招标计划、高校院所科研人员创业计划等四批计划，共计94个项目，验收往年项目50余项。派出科技考察团组5个，随团出访团组3个。

【科普工作】　5月15日，2011年济南市暨商河县科技活动周在商河县开幕。该届科技活动周，更加注重结合全市创新型城市发展实践，突出“提高自主创新能力、建设国家创新型试点城市”的主题，针对当前社会热点和群众的实际需求，举办了包括“科技活动周启动仪式”“核科学技术知识科普宣传系列行动”“粮油科普知识系列讲座”“校园科学剧表演大赛”“‘关注心理健康，促进社会和谐’—心理健康进社区活动启动仪式”“‘流动科技馆’进校园”“‘专家企业行’报告会”“齐鲁大学生软件设计及外语大赛巡回报告会”“气象学会专家服务站科技服务活动”“济钢科普周”等一系列科普活动。

（济南市科技局　何庆春　张明燕）

青　岛　市

【概述】　2011年，青岛市规模以上工业完成高新技术产业产值4 640.08亿元，占规模以上工业产值比重为38.95%。新认定高新技术企业124家。专利申请和授权量分别为1.98万件和9 149件，其中发明专利申请、授权量分别为5 347件和1 135件。新增5家国家工程技术研究中心、18家市级工程技术研究中心、4家市级重点实验室，引进中科院3个院所落户，全市各类创新平台总数近400家。获国家科技成果奖励14项，获省级科技奖励97项。获批国家半导体照明应用试点城市、国家现代服务业创新发展示范城市。年底，国家重大科学工程“科学”号海洋科学综合考察船正式下水。

【高新技术及其产业】 2011年，青岛市列入省高新技术产业统计口径977家企业，全年实现产值4 640.08亿元，同比增长11.16%，累计占规模以上工业总产值比重为38.95%，居全省首位，高于全省11.64个百分点，比重较年初增长1.03个百分点。全市79个高新技术行业中，13个行业累计产值过百亿。64个行业实现累计产值同比增长，占81.01%，这64个行业累计产值总额3 933.91亿元，占全部977家企业产值总额的84.78%，产值排名前10位的高新技术行业（见表1）累计产值2 971.64亿元，占全部高新技术产业产值的64.04%。

2011年，青岛市新认定高新技术企业124家，同时完成2008年度认定的125家高新技术企业复审工作（其中117家通过复审）。截至年底，青岛市高新技术企业405家，累计实现工业总产值2 003.39亿元，净利润176.93亿元。

表1　　2011年1～12月青岛市主要高新技术产业产值（前10位）

行业	1～12月累计（亿元）	累计同比增长（%）
家用制冷电器具制造	692.19	10.20
车辆、飞机及工程机械轮胎制造	335.26	26.68
铁路机车车辆及动车组制造	321.22	33.05
汽车整车制造	314.31	−19.13
锻件及粉末冶金制品制造	308.72	29.50
家用影视设备制造	293.53	12.90
专项化学用品制造	211.96	19.97
制冷、空调设备制造	186.54	85.18
金属加工机械制造	159.67	46.06
电线电缆制造	148.23	21.66

（数据来源：青岛市科技局）

关键技术攻关　2011年，加快布局新能源、新材料、生物医药、节能减排等战略新兴产业关键技术攻关，完成了57项关键技术攻关计划项目、94项创新型中小企业培育计划项目，实施新能源汽车、锂电池材料等15项重大关键技术产业化项目，开展百余项技术研发与新产品开发。纳入8个战略性新兴产业统计范围的企业共有43家（其中产值过亿元企业14家、过10亿元企业3家），在研项目700余项，研发投入9.2亿元，拥有研发团队近200个，实现产值180亿元。

电子信息　开展基于云平台的数字家庭服务集成应用示范、互联网智能电视终端、多媒体业务云平台及智能终端操作系统、3G/LTE宽带通信系统等关键技术攻关和产业化应用示范。

现代服务业　海信传媒、日日顺乐家、国际商品交易所等3家企业成为国家首批现代服务业创新发展示范企业。“支持资源虚拟化的科技服务集成平台研发与应用”“社区生活圈互动服务平台及应用示范”2个国家科技支撑计划项目获批。

先进制造　开展基于复杂环境下专用机器人、轮胎全生命周期绿色制造装备、大飞机牵引车、废旧汽车绿色拆解、数字化纺机等关键技术与装备的研制。开展基于数字化管理技术开发生产装备的智能化控制终端、产品制造与服务的RFID系统集成应用等制造业信息化服务增效示范工程建设。

新材料　开展新型激光显示材料制备及激光显示技术开发，优化新型稀土硼酸盐体系激光自倍频晶体的生长及后加工工艺，开发激光光源模组和红绿蓝激光合光系统。强化5万t戊丁橡胶产业化新技术研究，完成小试到中试过程中催化剂配方的调试及连续聚合工艺条件研究，放大催化剂配置装置和聚合反应釜等关键生产设备并完成戊丁橡胶在轮胎上应用时对使用部位、硫化配方及硫化工艺等方面的研究。

重点项目　南车青岛四方机车车辆股份有限公司承担的“高速列车关键技术研究及装备研制”“高速铁路重大关键技术及装备研制”“更高速度等级动车组转向架关键技术研究及装备研制”等多个国家重点项目，到位国拨经费1.142亿元。更高速度试验列车成功下线，这是以“十一五”国家科技支撑项目为依托，以南车青岛四方机车车辆股份有限公司为主体，以国家高速动车组总成工程技术研究中心开放的研究平台为基础，采用产、学、研、用相结合的模式，历经两年多科研攻关取得的成果。青岛国林实业股份有限公司承担的关键技术攻关计划“面向环保工程应用的100kg/h大型臭氧装备关键技术研究及产业化”项目中，大型臭氧发生室、大功率容性负载可控硅中频逆变电源等关键技术已获突破，申请发明专利1件、实用新型专利1件。国内第一台具有完全自主知识产权的100kg/h大型臭氧发生器完成样机生产。该公司将成为世界第三个拥有100kg/h大型臭氧发生器全套核心技术的企业。由青岛环球集团股份有限公司自主开发的国内第一台CMT1801全自动落纱粗纱机实现产业化，获国家发明专利6件、实用新型专利13件，实现销售收入5 600余万元。软控股份承担的“低温一次法炼胶工艺技术与装备的研发及产业化”项目提前实现产业化，并申报国家发明专利3件、实用新型专利3件，已销售3套，销售收入6 000余万元。氮化物衬底材料研究项目已完成高温氮化铝生产装置的研制，制备出大尺寸氮化铝单晶（直径20mm），高精度XRD半高峰宽为14.4弧秒。完成第三代氢化物气相外延设备的研制。开发出2英寸直径氮化镓复合衬底。氮化物晶片材料的自主研发，填补了国内空白。千吨级非晶带材生产线搭建完成，可安全稳定的生产30～60mm的铁基非晶带材。

高新技术项目产业化基地建设　2011年，数字家电、半导体照明、新能源、生物技术、软件产业、橡胶谷等13个高新技术项目产业化基地聚集孵化160家科技型企业，培育建设高速列车、数字化家电和现代服务业3个国家级高新技术产业化基地，基地全年完成研发投入50亿元，拥有创新团队350个，预计实现产值达700亿元。当年获批建设国家数字化家电创新型产业集群。

海洋工程装备与仪器设备技术项目产业化基地　启动了海洋防腐、船舶配套、海洋能综合利用领域技术创新工程重大专项。国家海洋腐蚀与防护工程技术研究中心获科技部批准。海洋石油工程（青岛）有限公司与雪佛龙澳大利亚公司签订了LNG模块化工厂建设合同。山东省科学院海洋仪器仪表研究所与高新区管委会正式签署共建协议备忘录，全面启动“国家海洋高技术领域成果产业化基地”的筹建工作。

海水种苗产业高新技术项目产业化基地　成立“海水种苗产业技术创新战略联盟”，组织黄海水产研究所、中国海洋大学等科研机构及青岛市通用水产、宝荣水产等10余家种苗企业协同创新。完成胶南海水种苗基地建设规划编制，启动海水养殖优良种质种苗重大专项，拨款100万元。11月24日，中国水产科学研究院黄海水产研究所海洋渔业科学研究中心在胶南奠基。

软件和集成电路项目产业化基地　软件园一期、二期40万m^2建设工程完成。“OutsCloud”IT外包云计算技术支撑平台基本建成。

新材料技术产业化基地　新建两条动力型锂电池项目生产线，聚合物土工材料项目新建特种格栅生产线1条。新建1万余m^2孵化车间，孵化了络合锑增效阻燃剂、有机硅新材料、TPV热塑性硫化胶等项目。孵化的轿车动力传动系统油封项目产品全部出口，原厂配套通用汽车、德国舍弗勒公司。

高速列车项目产业化基地　建成系统集成技术、车体技术、转向架技术、完善整车振动模态、车体及器件气密疲劳强度、产品可靠性等15个平台。完成了CRH380A新一代高速动车组持续优化，时速400km检测车、更高速度试验列车、CRH6城际动车组、斯里兰卡动车组、广州地铁、成都地铁、标准化B型地铁等设计研发。

数字化轮胎产业基地　胶州装备产业园完成总面积15万m^2的厂房建设，并形成年产500台（套）的生产能力。建成国内首套3万t/a异戊橡胶工业化装置，并实现连续化生产，填补国内空白。

新型显示技术项目产业化基地　大尺寸LED

背光电视液晶模组关键技术研发取得进展，全面掌握了自适应动态背光控制技术、画质改善技术、背光整机一体化SOC技术和LED背光发光单元等自主核心技术，全系列LED背光电视液晶模组月生产能力达到50万片。

数字化家电项目产业化基地　重点研发数字化家电通信技术及协议，数字化家电智能控制技术，数字化家电SoC芯片及嵌入式软件技术，家庭信息化网络平台、电视、手机和计算机产品的融合技术，物联网融合通信技术及互联互通测试等关键技术；重点建设了数字化家电国家重点实验室、数字多媒体国家重点实验室，数字化家电产品年产值400亿元。

新型纺机产业基地　围绕数字化纺机的清梳棉—粗纱—细纱—自动络筒—喷气织机产业链，投入科研经费1 200余万元，重点开展全自动落纱粗纱机化、数字化高速喷气织机研发与产业化。依托基地新组建青岛市粗纱设备工程技术研究中心。

半导体照明项目产业化基地　青岛杰生电气有限公司研发生产的深紫外LED发光强度超过2.0mW，达到世界领先水平。建成1条大功率蓝光芯片中试生产线，实现UV-LED外延、芯片及封装技术和功率型蓝光LED芯片产业化制造技术的突破。开展紫外通信、紫外探测器、氮化镓微波功率器件研发。

新能源基地　3.0MW双馈风电机组通过科技部验收，3.0MW直驱风电机组和3.6MW半直驱风电机组研制进展取得突破。大唐电力并购青岛华创后，产能大幅增加，产值23亿元。

生物技术项目产业化基地　青岛高新区与北科建集团共同规划建设的青岛生物医药产业公共技术服务平台主体落成。“鸡新城疫、传染性支气管炎、禽流感（H9亚型）、传染性法氏囊病四联灭活疫苗制备技术研究”项目已获农业部颁发的新兽药证书和生产文号，形成了年产1.5亿余份的生产规模。“富马酸喹硫平缓释片开发”项目开展中试放大样品进行长期留样稳定性考察试验。“纤维素酶及脂肪酶产业化生产与应用研究”确定了酶源菌及最佳发酵工艺，纤维素酶源液态酶活达到10 000U/ml。

平度中试及产业化示范基地　该基地占地6.67hm^2（100亩），已建成微藻生物柴油/航空煤油、秸秆热解气化合成汽柴油、生物天然气3个中试系统及其科研用房、附属用房等，约3 000m^2；科研办公楼、综合服务楼、动力车间、间苯三酚中试系统、生物基混合二元醇中试系统，共计9 000m^2，相关科研设备仪器已同步采购。

【科技计划】

国家科技计划　2011年，青岛市申报的“轮胎全生命周期绿色制造关键技术与装备研发及产业化”等一批项目，被列为“十二五”国家科技支撑计划重大项目，获经费支持4 500万元；“安心居家数字家庭应用示范和数字家庭服务媒体设备集成技术研究”等一批项目成为首批“十二五”国家科技支撑计划项目，共获经费4 168万元；9个项目入选2012年国家科技计划项目备选库，项目课题数同比增长80%，资金数同比增长370%以上；能源微藻育种等一大批项目得到科技部农村司支持，获得国拨经费1.2亿元；海尔数字化家电、海信数字多媒体技术等5家企业国家重点实验室分别获得国家973计划项目立项，获经费1 300余万元；中科院海洋所、青岛大学2个项目获科技部“重大基础研究前期研究专项”（973前期研究专项）立项，获经费支持150万元；争取国家科技型中小企业技术创新基金项目83项，获经费支持6 430万元；申报国家重点新产品31项，其中获科技部专项资金支持的重点项目14项，重点项目率45%；完成4个2011年国家国际科技合作项目任务合同书填报工作，获国家专项经费2 121万；13家单位完成2012年国家国际科技合作项目预算申报书的填报工作，争取经费6 600万元。

市级科技计划　2011年，全市共安排财政科技专项资金2.87亿元，下达计划项目490项，主要包括针对全市科技创新能力建设和围绕国家技术创新工程试点工作安排的计划项目两部分。针对全市科技创新能力建设，安排市科技发展计划项目472项，经费1.67亿元。其中，公共领域科技支撑计划项目180项，创新体系建设计划项目15项，产学研合作引导计划项目216项，关键技术攻关计划项目52项，科技工作专项计划9项。2011年青岛市科技发展计划经费情况见表2。

表2　　2011年青岛市科技发展计划项目经费情况

财政科技专项资金	计划类别	安排资金（万元）	总计
市科技发展计划	关键技术攻关计划	4 385	1.67亿元
	创新体系建设计划	3 250	
	公共领域科技支撑计划	2 115	
	产学研合作引导计划	3 887	
	科技工作专项计划	3 060	
市技术创新工程重大专项计划	工业技术研究院建设及研发机构引进	10 000	1.2亿元
	重大关键技术产业化计划	2 000	

（数据来源：青岛市科技局）

【科技创新资源与能力建设】

大院大所引进　8月11日，青岛市政府与中科院签署《中科院青岛生物与能源过程研究所二期共建协议》，市科技局分别与中科院声学所、软件所签署研发基地共建协议。青岛市累计有6家中科院所属院所落户。中科院声学所青岛研发基地落户青岛高新区。中科院软件所青岛研发基地入驻青岛高新区。加速推进中科院光电院青岛研发基地科研体系建设。完成激光雷达、光谱测量和气象光电特色学科的布局；与国家气象局等单位联合共建成立“气象监测技术研发中心”。全年争取3项国家级项目、2项院地合作项目和1项青岛市高层次人才引进计划项目，全年争取纵向、横向各类项目经费超过600万元。注册成立第三个项目产业化公司——青岛中科天为光电有限公司，主要开展照明物联网领域项目研发和生产，实现微光夜视仪、电子光源2项科技成果的转移转化工作。

工程技术研究中心　1月，海尔模具“国家家电模具”、南车青岛四方“国家高速动车组总成”、康地恩药业“国家动物用保健品”3个国家工程技术研究中心获科技部批准建设。12月，汉缆股份“国家高压超高压电缆”、中科院海洋所“国家海洋腐蚀防护”2个国家工程技术研究中心获科技部批准建设。青岛市国家工程技术研究中心总数9家。

重点实验室建设　2011年，中国石油大学（华东）校区迁入青岛经济技术开发区，青岛市增加1家国家重点实验室——重质油国家重点实验室。在第一批企业国家重点实验室中，中石化安全工程研究院的危险化学品安全控制国家重点实验室完成建设任务；海尔数字化家电国家重点实验室已提交验收申请报告，等待科技部验收。在第二批企业国家重点实验室中，啤酒生物发酵工程国家重点实验室和海洋涂料国家重点实验室按照科技部批准的计划实施建设。青岛市国家级重点实验室名单见表3。

表3　　青岛市国家级重点实验室

实验室名称	依托单位	成立时间
重质油国家重点实验室	中国石油大学（华东）	1989年
数字化家电国家重点实验室	海尔集团公司	2007年
数字多媒体技术国家重点实验室	海信集团有限公司	2007年
危险化学品安全控制国家重点实验室	中石化安全工程研究院	2007年
啤酒生物发酵工程国家重点实验室	青岛啤酒股份有限公司	2010年
海洋涂料国家重点实验室	海洋化工研究院	2010年

2011年，青岛市新批准建设青岛海藻综合加工技术重点实验室、青岛市消化疾病重点实验室、青岛市甲状腺病重点实验室和青岛市高血压病重点实验室4家市重点实验室，总数40家。

市工业技术研究院建设　2011年，成立由市科技局、财政局、发改委、经信委和生产力促进中心参加的工研院理事会，组织起草工研院有关规章制度，完成高新区企业加速器整体划拨；加强与日本电产、西安交通大学等企业、高校院所的科技合作，启动工研院框架下的智能机器人、海洋先进材料等多个工程技术研究中心建设。

【科技创新服务平台建设】

科技孵化器　2011年，组建青岛市科技企业孵化器联盟，孵化面积48万m^2、在孵企业900余家，累计实现科技成果转化近千项。12月，中航工业青岛科技园被认定为国家级科技企业孵化器。青岛市累计有8家国家级孵化器，包括：青岛软件园发展有限公司、新材料产业科技创新服务中心、科大都市科技园集团有限公司、中联智业管理有限公司、青岛高新技术创业服务中心、青岛高新区产业开发区创业服务中心、青岛经济技术开发区高技术创业服务中心和中航工业青岛科技园。经科技部认定的国家级孵化器孵化面积30.59万m^2，在孵企业675家，就业岗位15 530个。

专业技术服务平台　2011年，胶南市政府与黄海水产研究所等联合组织筹建了海水种苗创新服务平台；海洋石油工程股份有限公司和中国海洋大学联合组建了深海海洋工程腐蚀与控制工程技术中心位于黄岛的海洋工程高新技术项目产业化基地。“青岛市农业科技传播综合服务平台”开通6年来，用户访问量1 573 258人次、回答咨询8 140多人次。青岛市药物非临床研究质量管理规范（GLP）平台取得国家食品药品监督管理局GLP认证。废弃物处理及综合利用技术平台开展了危险废物鉴别技术和方法以及相关标准、规范的研究。

科技研发服务平台建设　2011年，青岛市科技创新综合服务平台受理、评审各类科技计划项目、奖励评价3 000余项，接待人员12 000余人次，受理咨询企业电话3万余个，网站点击量超过25万人次。市大型科学仪器协作服务平台收集原值超过20万元的大型科学仪器信息2 004台（套），原值超过14.7亿元，为272家科技型企业提供仪器共享及研发检验检测服务1 200余次。市科技金融服务平台建立科技金融企业服务数据库，入库企业1 200多家，与30多家银行、担保机构、证券公司和投资公司建立业务合作关系。

【农业与社会发展】

新农村科技示范建设　2011年，莱西市沽河街道办事处后庄扶村承担的科技部新农村建设科技示范村建设专项“村企合一模式下农村综合开发技术集成与应用”通过专家现场验收。该项目累计完成投资3 012万元。胶南市琅琊镇新农村建设科技示范镇（试点）项目总投资4 000万元，推进现代渔业发展。

农村科技服务体系建设　2011年，制定了《青岛市级科技特派员创业链认定实施方案》，启动青岛市科技特派员及科技特派员创业链认定工作。认定青岛农业大学丁兆堂等52名专家为青岛市第二批科技特派员，认定“科技特派员小麦良种产业创业链”等10个创业链为青岛市首批科技特派员创业链。通过培训能够带领农民致富的“田秀才”“土专家”“技术推广能手”“科技致富带头人”，提高农业科技队伍素质。全年共培训10万多人次，组织编写教材30套，印刷发行38 200册，制作远程教育培训课件55件。黄海职业学院被科技部列为国家农民科技培训星火学校。

科技富民强县试点　2011年，完成了胶州市科技富民强县专项行动计划项目验收，完成科技富民强县专项行动项目申报。5月，科技部、财政部共同组织专家对2011年科技富民强县专项行动计划进行项目论证，对胶南市“海水养殖综合配套技术示范与产业化”项目予以立项，并给予150万元专项行动后续奖励支持。

医疗卫生科技发展　2011年，开展公共卫生与重大传染性疾病的防治技术研究、介入治疗与微创技术研究等。共有148项医疗科技项目获市级以上奖励，其中75项医疗科技项目获市级以上科技进步奖、自然科学奖，同比增长66.7%。山东省眼科研究所谢立信院士等完成的“感染性角膜病创新理论及其技术研究”获国家科技进步二等奖，成为山东省卫生领域2011年获得的最高科技奖项；“小儿缺血和慢性缺氧心肌保护的优选方案”等3项成果获省科技进步二等奖；20项成果获省科技进步三等奖；3项成果获青岛市科技进步一等奖；18个项目获青岛市科技进步二等奖；26个项目获青岛市科技进步三等奖；“椎间盘退变细胞凋亡与基因调控”获青岛市自然科学奖二等奖；3个项目获青岛市自然科学三等奖。全年共有

121项课题获国家或省部级科研资金资助，获研究经费2 233万元，同比增长54.5%；其中国家自然科学基金课题42项，同比增长45%。青医附院董蒨教授领衔主持的国家科技支撑计划项目“小儿肝脏肿瘤手术治疗临床决策系统开发”获科技部批准立项，项目总经费400万元；青医附院获批“痛风与代谢病学”泰山学者岗位；青医附院阎胜利教授、青岛市立医院李扬教授、青岛妇女儿童医院邹淑花教授获批国务院政府特殊津贴；青医附院李长贵教授入选“泰山学者—药学特聘专家”。

环境保护领域科技发展 2011年，在生态环境治理与监测、城市点源污染控制和流域面源污染控制、生活垃圾资源化处理处置、建筑节能等方面开展了一批关键技术研究与示范项目，推动青岛市战略性新兴产业创新发展。由青岛高次团粒生态技术有限公司研发的“植物修复土壤培养基配方和制备方法”获得国家发明专利。青岛石油化工有限责任公司与青岛昌华集团股份有限公司等单位，以系统节能方式开展炼油生产供用能优化、合成氨生产系统节能优化改造和企业余热利用，加强对炼油及生产过程中的可燃气体回收利用。华电青岛发电有限公司实施热电联产项目，燃煤转化效率显著提高。由青岛科技大学与青岛天盾橡胶有限公司等单位完成的“废旧特种工程轮胎高值化再制造成套技术装备与应用”已推广应用到载重子午线轮胎和矿山用特种工程轮胎的再制造领域，利用此套技术装备进行轮胎再制造可节省橡胶材料70%～85%，节约能源70%～80%，费用可节省50%以上，该项成果获授权发明专利1件，获2011年度省科技进步一等奖。当年，青岛市重点开展了建筑节能改造、节能型复合墙体与结构材料、建筑垃圾再生产品等研究；开展了建筑节能示范工程关键技术、抗裂装饰保温砂浆的应用技术、利用工业废渣支撑的复合墙体技术等重点建筑项目的研究开发并取得显著成效。青岛理工大学开展的“建筑节能示范工程关键技术研究”，通过在即墨建立综合多种建筑节能技术在内的示范工程，建筑节能率在25%以上。

新能源和资源综合利用领域科技发展 中科院青岛生物能源与过程研究所与美国波音公司合作成立的可持续航空生物燃料联合研究实验室自2010年成立以来，已部署科研项目11个，中试系统建设项目1个，覆盖微藻航空生物燃料的全技术链条。2011年5月，双方决定在原有300万美元投入基础上，追加63万美元用于微藻航空生物燃料中试系统的建设。山东科技大学承担的“生物质下行循环流化床快速热解关键技术集成及产业化”研究开发一种热效率高、投资较低、操作方便的快速热解工艺和专利设备，为彻底解决农林作物资源的最大化利用、改善农业和农村生态环境等生态问题提供技术支撑。中科院青岛生物能源与过程研究所经过4年研究，开发出固体生物质废弃物高效高固含量发酵制备生物燃气与生物燃气净化提质制备生物天然气的全套产业化技术与装备，在平度中试基地建成集生物质预处理、厌氧发酵、燃气净化、脱碳提质与压缩罐装的年产7.5万m^3车用生物天然气成套产业化技术研发平台。青岛天人环境公司开发出新型高效餐厨垃圾资源化利用工艺技术，并已成功完成小试和中试，其中预处理技术工艺参数的确定以及针对餐厨垃圾特殊的物料属性完成专用设备的研发，已中标太原、哈尔滨等多个城市餐厨垃圾资源化利用项目。该项目成功申请“十二五”科技支撑计划项目并获国拨资金600万元。

【科技成果与奖励】 青岛市从2011年开始全面实施科技成果评价工作，当年完成科技成果评价179项，其中，农业项目15项，医疗卫生项目40项，工业项目113项。2011年，全市有14项成果获得国家科技奖励，较上年的项目类奖励数量增加15.4%，这是自1999年国家实行新的科技奖励办法以来，青岛市获奖数量最多的一年。有97项成果获省科技奖，较上年增长11.5%。其中，80项成果青岛市为第一完成单位；自然科学奖4项，技术发明奖4项，科技进步奖88项，国际合作奖1项。获一等奖13项，较上年增长116.7%。青岛市授予市科学技术最高奖2人，分别为袁业立（国家海洋局一所）和韩方煜（青岛科技大学），授予市自然科学奖、市技术发明奖、市科技进步奖共150项，市国际科学技术合作奖6人。主要获奖项目见表4、表5。

表4

2011年度青岛市科学技术奖获奖项目

奖　项	项目名称	完成单位/完成人
市自然科学一等奖	中国边缘海沉积矿物学的研究	陈丽蓉（中科院海洋研究所）等
	弹性流体动力润滑中界面滑移效应的研究	郭峰（青岛理工大学）等
市技术发明一等奖	新型天然纤维素纤维制取方法研究及应用	曲丽君（青岛大学）等
市科技进步一等奖	基于相界面调控的超大处理能力高效立体复合塔板的研制与工业应用	山东科技大学、中国石油大学（华东）
	高炉渣余热综合利用关键技术研究及应用	青岛理工大学
	刺参优质苗种培育与健康增养殖	中国科学院海洋研究所、山东省海水养殖研究所、青岛市渔业技术推广站
	高产稳产小麦新品种青丰1号的选育及产业化开发	平度市种子管理站、山东省青丰种子有限公司
	JWG1001型自动络筒机	青岛宏大纺织机械有限责任公司、北京经纬纺机新技术有限公司
	面向三网融合的新一代交互式数字电视服务平台技术研发及产业化	青岛海信传媒网络技术有限公司
	环保型多官能团金属配合物高效热稳定剂	青岛科技大学、青岛新材料科技工业园发展有限公司
	新城疫病毒分子鉴别技术研究与应用	中国动物卫生与流行病学中心
	大跨度复杂造型网架拔杆扩展提升关键技术研究与应用	青建集团股份公司、青岛理工大学、青岛博海建设集团有限公司
	物联网技术在空调器上的应用	青岛海尔空调器有限总公司
	华南型黄瓜黄白色雌性系与新品种选育	青岛市农业科学研究院
	超低密度深水用固体浮力材料	海洋化工研究院
	先天性心脏病经胸微创封堵技术的研发与应用	青岛市儿童医院
	脑内高铁损伤多巴胺能神经元致帕金森病的机制及其干预研究	青岛大学
	阿尔茨海默病的易感机制与诊治新措施	青岛市市立医院

表5

2011年度青岛市国际科学技术合作奖

获奖人	国籍	合作单位
胡少龙（Sau-Lon James Hu）	美国	中国海洋大学
李大伟（David Li）	美国	青岛海信宽带多媒体技术有限公司
曼弗雷德·帕尔（Manfred Helmut Pahl）	德国	青岛科技大学
艾沃特·斯考特恩（Evert G Schouten）	荷兰	青岛大学医学院
韩献洙（Hernsoo HAHN）	韩国	山东科技大学
迪特·阿皮茨（Dieter E. Apitzsch）	德国	青岛大学医学院附属医院等

【知识产权管理】 2011年，全市专利申请19 816件，比上年增长84.5%，专利授权9 149件，比上年增长34.4%。其中，发明专利申请5 347件，比上年增长87.7%，PCT专利申请150件，年度专利总申请量、发明专利申请量、PCT专利申请量均跃居全省第一位。由职务发明成果提出的专利申请16 536件，比上年增长100.2%，占全市年度总申请量的83.5%。截至年底，全市累计专利申请92 499件，授权48 274件；每百万人有效专利拥有量387.4件，是全国平均水平的1.7倍，全省平均水平的2.4倍。制定实施了《青岛市“十二五”知识产权事业发展规划》；组织100家企业开展知识产权优势企业培育工程、100家企业实施发明专利申请清零计划、70家企业开展专

利申请倍增计划；组织“橡胶谷”申报国家自主知识产权产业化试点基地。资助7 263项专利资金申请、发放资助资金700.2万元；新建“化工新材料”等15个专题数据库。加强联合执法，全年立案查处假冒专利案件17起，处理专利侵权纠纷4起。开展打击侵犯知识产权和制售假冒伪劣商品专项行动。出台《青岛市专利权质押贷款实施指导意见》；推进出台《关于促进高新区知识产权工作发展的意见》；印发《关于建立知识产权举报投诉和维权援助协作机制的意见》；推进《青岛市专利保护规定》立法调研。全国知识产权局系统政府门户网站青岛子站和青岛市知识产权政务网站连续2年获得全国先进称号。举办知识产权宣传周活动。承办两期国家援外知识产权保护与科技经贸促进研修班。承办中非知识产权座谈会，WIPO非洲知识产权局局长、非洲知识产权组织总干事及其成员国的知识产权局局长等29名代表参加会议。

【政策法规与环境建设】

科技政策与法规　2011年，《青岛市科技创新促进条例》于10月1日正式实施。编制出台《高新技术高端产业创新发展工程建设规划》《青岛市技术创新工程重大专项资金管理办法》《青岛市大型科学仪器资源共享促进办法（试行）》，印发《青岛大型科学仪器资源共享促进办法（试行）》《青岛市科技金融专项资金管理办法》《青岛市重点实验室建设与运行管理办法》《青岛市国际科技合作基地认定管理办法》等政策办法。6月，以市政府名义印发《青岛市“十二五”科学和技术发展规划纲要》并全面启动实施。

国家技术创新工程试点工作　1月4日，市政府研究并通过《技术创新工程专项资金使用管理办法》《市工业技术研究院建设方案》和《“十二五”科技发展规划纲要》，确定市财政安排10亿元专项资金、5亿元创业投资引导基金用于支持试点工作，其中2.4亿元用于工业技术研究院等创新平台建设。支持企业科技项目400余项、争取国家支持资金超过3亿元；完成90家市级、16家省级创新型企业（试点）认定推荐工作，全市市级、省级、国家级创新型企业（试点）总数分别达150家、48家、14家，位居全国计划单列城市之首；各类创新型企业拥有专利总量超过1.6万项，承担省部级以上科技项目88项，获经费支持1.47亿元；支持培育东软载波等177家发展初创期的科技型中小企业，给予科技资金支持8 660万元。完成第三批8家产业技术创新战略联盟构建任务，总数25家；组织申报数字家电等6家国家级联盟，15家产业联盟累计承担科技计划项目450项；建设各类创新平台139个，启动的应用科学研究项目累计131项，投入近10亿元。实施科技金融专项行动，对各类科技创新型企业给予优惠利率、实行审贷“绿色通道”等科技金融服务，设立科技金融专项资金，联合银行、担保公司等组建1 000万元科技信贷风险准备金池，获银行1亿元放大授信。4月12日，青岛市委书记李群向科技部部长万钢汇报了青岛市技术创新工程试点工作，万钢部长对青岛市技术创新工程试点工作给予高度评价。

【科技合作与交流】

国内科技合作与交流　中科院和青岛市人民政府联合主办“2011中国·青岛产学研合作洽谈会”。13个科研院所和15所国内知名大学以及300多家青岛企业参加了洽谈会，签订各类科技合作协议26项，达成技术合作意向52项。承办了“第五届中国工业生物技术发展高峰论坛”“青岛大学首届产学研合作洽谈会”，共签订各类科技合作协议22项，达成合作意向60项。组织科技项目“新疆红麻资源的纺织利用与开发研究”“柑橘精品果园综合配套技术集成研究与应用”“高产优质花生新品种示范推广”对口支援新疆、湖北宜昌、莱西等地区。

国际科技合作与交流　据不完全统计，2011年青岛市共承担国家科技部国际科技合作项目11项，总经费5 392多万元；对美高科技合作共引进涉及高端制造、生物和新能源等领域的9项高科技项目；与15个国家（国际组织）签署了26个国际科技合作协议（备忘录），合办国际科技合作科研机构5个，国际科技交流600余人次。

国际科技合作基地建设。软控国际科技合作基地胶州装备产业园一、二期投入使用；制造高性能子午胎重大装备关键技术的引进与联合研发等项目获科技部立项，获得资金720万元；省仪表所国际科技合作基地水下焊接实验室土木和装修工作完成并启动生产；水下焊接切割技术引进与合作研究等项目获科技部支持，争取资金超过2 200万元。出台《青岛市科学技术局国际科技合作基地认定和管理办法》。青岛市6家国合基地与美国、印尼、韩国、加拿大、英国、日本、挪威、以色列等国家开展了海洋、新材料、信息通讯、工程装备等领域的科技合作，引进14项国外先进技术，其中11个项目获国家科技部及其他有关部门支持，经费3 352.6万元；45项技术发明专利和15个软件著作权获得授权；签署10个中外科技合作协议和意向。

关键核心技术引进。主要从美国、欧洲、独联体、日本等技术领先国家和地区引进免维护高端充气柜、冷温性石斑鱼规模化苗种繁育、甲壳素纤维医用生物新材料、尼龙基热塑性硫化橡胶制备、蛋白质高效表达体系构建及新型工业酶、重大传染病早期检测关键技术及诊断试剂研发、巨型全钢子午胎成型重大装备、新型锂离子电池隔膜关键技术、非洲猪瘟综合防控、智能生物电传感等一批影响青岛市主导产业和战略新兴产业发展的关键核心技术。

国际科技合作渠道拓宽。青岛市与芬兰共进行了软质集装箱、RFID、医用骨夹板、机场集成技术等多个项目的对接工作。组织相关人员赴俄罗斯、乌克兰进行科技交流、洽谈合作。喜盈门、正杰实业、沃林农业、莱西蔬菜站等单位申报蓝莓果干加工技术、蓝莓病虫害防治技术、草莓新品种繁育与种植技术、盐碱地改造与绿化、纺织工艺与图案设计、印染技术共6个日本花甲专家项目。

科技定向招商和技术对接活动　4月20日，英国PG公司与青岛市签署合作意向书，将正式入驻青岛市工业设计产业园。5月6～13日青岛市在港举办“2011（香港）青岛经贸活动”，有关企业参加了由省科技厅主办的“鲁港高新技术产业合作洽谈会”，海信电器与香港应用技术研究院签署了关于“动态LED背光项目”的合作协议。7月，青岛市相关单位共20余人参加了科技部、内蒙古主办的“第八届满洲里中俄蒙科技展暨高新技术产品展览会”。

【科普工作】　5月15～21日，青岛市举办科技活动周。开展大型科普展巡展、重点实验室和科普教育基地开放、地震及防核辐射科普宣传、科技下乡、科技人员服务企业、知识产权保护等多个专题活动。市科技局、市科协、市教育局、市公安局、市南区政府等单位共同举办科普知识大型展览活动。组织了“地震灾害预防与核能安全科普专题图片巡展”，宣传地震、海啸及核辐射相关科普知识和防护措施。全市组织金智惠民专家团进村入户对农民进行实用技术培训等科技下乡活动80余次，赶科普大集40场，开展实用技术培训30余场，培训农民5万余人次，发放科普宣传材料18万余份，组织专家咨询服务25场，参与专家300余名，把农业科技知识送到田间地头，普及农业科技常识，为群众解决农业技术难题400多个。活动期间借助科普展牌，宣传节能、生态、保健以及抵制邪教危害、崇尚科学文明等科普知识，全市共展出1 850余场次，发放科普宣传资料13 800余份，受益干部群众28 700余人次。青岛市海洋生物技术重点实验室、青岛市现代分析技术及中药标准化重点实验室等一批重点实验室和科普教育基地免费开放，共接待参观2万余人。由青岛市心理学会组织、驻青11所大学参与，开展了大学生心理宣传健康月活动。

【海洋科技】

科研项目及成果　2011年，“海洋仪器海上试验与作业基础平台若干关键技术及应用”等3个项目获国家科技进步二等奖；“水下无封底混凝土套箱建造技术”获国家技术发明二等奖；“黄海渔业资源长期变化与评价技术”和“海水重要养殖动物池糖养殖结构优化”获省科技进步一等奖；“典型海湾生境修复语生态增养殖设施”获省技术发明一等奖；中科院海洋所研究员袁东亮获得省国际科技合作奖。

科技创新支撑蓝色经济区建设　2011年，编制完成《蓝色经济区建设科技创新专项规划》，通过实施科研机构集聚、创新型企业培育、人才引进培养等创新工程，把“蓝色硅谷”打造成为国际一流的海洋科技研发、成果孵化、人才集聚和海洋新兴产业培育中心。青岛海洋国家实验室综合楼和高性能科学计算和系统仿真平台于当年底投入使用。中海油青岛海洋能基地500kW海洋能独立电力系统示范工程示范项目及基地规划建设工作全面启动。与中国海洋大学、欧洲海洋能源中心（EMEC）签署合作谅解备忘录，以促进三方在项目对接、技术引进、海上测试、企业推介、产业开发等方面的全面合作。重点推进以中科院海洋研究所牵头的海洋防腐产业技术创新战略联盟、以农业部黄海水产研究所牵头的海水种苗产业技术创新战略联盟和以山东省仪器仪表研究所牵头的海洋仪器仪表产业技术创新战略联盟的建设。加快推进中船重工710所、国家深海基地、海洋科学综合考察船码头等创新平台的引进建设工作。启动“国家海洋监测设备工程技术研究中心”筹建工作。培育建设了海洋防腐蚀、海洋监测设备、海水种苗产业技术创新战略联盟，加快推进海洋科技成果创新与产业化进程。

【科技管理】 2011年，深化科技计划管理改革。首创采用智能化学术不端评价系统进行原创性评价，完善科技计划管理信息系统，完成国家科技计划项目网络视频评审和答辩系统建设工作，组织对2010年应结题的241项市科技发展计划项目进行验收和财务评估，验收合格率96%。推进科技成果评价改革。规范科技成果评价工作流程，成立了58人的科技成果评价专家顾问团，指导评价试点机构成果评价项目207项；实施科技成果评价软科学课题研究，出台《软科学成果评审办法》《软科学研究成果管理办法》等文件。加强政策调研和科技发展战略研究。组织开展国内外科技情况调查研究，撰写完成《国内外海洋生物质能的技术和产业现状以及发展对策建议》等11篇调研报告，上报《青岛市规模以上工业企业R&D活动情况分析》等28份科技战略研究类材料，完成《青岛科技创新国际城市对标研究》等的研究出版工作。

（青岛市科技局、青岛市科技信息研究所　王春玲）

淄　博　市

【概述】 2011年，淄博市高新技术产业产值2 544.90亿元，占规模以上工业总产值比重为26.60%。承担省级以上科技发展计划项目254项。全市取得重要科技成果196项，获省级以上科学技术奖26项。淄博市及五区三县均顺利通过全国科技进步考核，淄博市连续第八次被科技部授予“全国科技进步先进市”称号，张店区、临淄区、桓台县获“全国科技进步工作先进区（县）”称号。

【高新技术及其产业】 2011年，全市高新技术产业产值2 544.90亿元，同比增长27.03%，占规模以上工业总产值比重为26.60%，比上年末增长1.25个百分点。

高新技术企业　开展高新技术企业的认定和复审工作。重点围绕新材料、新能源、精细化工、信息、医药、汽车和机电装备等优势产业，选择了一批自主知识产权清晰、科技实力强、示范带动作用大的企业进行推荐申报，当年新认定高新技术企业34家，全市按照新办法认定的高新技术企业总数203家。

国家级特色产业基地　按照科技部开展国家级高新技术产业化基地复核工作的要求，对产业化基地的基本概况、主导产业及成效、研发机构与公共服务平台、管理体制和运行机制、政策措施等方面进行评价，“淄博国家新材料高新技术产业化基地”顺利通过复核评审，保持国家级基地称号。将生物医药、先进陶瓷、泵类、功能玻璃特色产业基地建设成为培植战略性新兴产业的重要平台，形成一批主业突出、辐射带动作用明显、核心竞争力强的高新技术产业集群。

【科技计划】 2011年，淄博市承担省级以上科技发展计划项目254项，获扶持资金10 610.39万元，其中国家级项目60项，扶持资金7 128.39万元。由东岳集团承担的国家科技支撑计划项目“国产全氟离子膜大规模工业应用研究”获扶持资金3 231万元。新华医疗器械公司承担的国家科技支撑计划项目单项扶持资金1 776万元，工陶耐火材料公司承担的国家国际科技合作重点项目单项扶持资金435万元，布莱凯特黑牛科技公司承担的山东省自主创新成果转化重大专项单项扶持资金1 000万元。这3个项目是淄博市历史上同类计划获单项资金最高的重点项目。

【科技创新资源与能力建设】

技术创新平台建设 2011年，全年新增市级工程技术研究中心66家，总数226家；新增省级工程技术研究中心23家（见表1），省级以上工程技术研究中心125家；新增山东省院士工作站12家，总数39家；新增省级重点实验室4家（见表2），总数10家。

表1　　2011年淄博市新增省级工程技术研究中心

中心名称	依托单位
山东省碳五综合利用工程技术研究中心	淄博鲁华泓锦化工股份有限公司
山东省制氢与加氢催化剂工程技术研究中心	山东齐鲁科力化工研究院有限公司
山东省聚氨酯弹性体工程技术研究中心	山东东大一诺威聚氨酯有限公司
山东省氢氰酸应用工程技术研究中心	淄博万昌科技股份有限公司
山东省流体分离膜工程技术研究中心	山东恒沣膜科技有限公司
山东省塑料稳定剂工程技术研究中心	山东慧科助剂股份有限公司
山东省球团冶金添加剂工程技术研究中心	淄博宜龙化工有限公司
山东省铝箔新材料工程技术研究中心	淄博德诺铝业科技有限公司
山东省有机硅烷偶联剂工程技术研究中心	淄博市临淄齐泉工贸有限公司
山东省硫磺回收工程技术研究中心	山东三维石化工程股份有限公司
山东省综采液压支架工程技术研究中心	山东天晟煤矿装备有限公司
山东省玻璃制瓶自动化装备工程技术研究中心	山东嘉丰玻璃机械有限公司
山东省大提花面料工程技术研究中心	淄博银仕来纺织有限公司
山东省肉禽养殖环境控制工程技术研究中心	淄博海王（畜牧）集团有限公司
山东省维生素C工程技术研究中心	山东鲁维制药有限公司
山东省肝病靶向药物工程技术研究中心	山东世博金都药业有限公司
山东省β-内酰胺类药物中间体工程技术研究中心	山东鑫泉医药有限公司
山东省天然植物色素工程技术研究中心	山东天音生物科技有限公司
山东省多元醇发酵工程技术研究中心	淄博中食歌瑞生物技术有限公司
山东省纯粮固态发酵工程技术研究中心	山东扳倒井股份有限公司
山东省聚醚类离子载体发酵工程技术研究中心	山东金洋药业有限公司
山东省船用滤清器工程技术研究中心	淄博永华滤清器制造有限公司
山东省聚合物混凝土工程技术研究中心	山东华伟银凯建材科技股份有限公司

表2　　2011年淄博市新增省级重点实验室

实验室名称	依托单位
山东省船用发动机性能研究企业重点实验室	淄博柴油机总公司
山东省头孢类医药中间体企业重点实验室	山东金城医药化工股份有限公司
山东省脑神经保护类药物企业重点实验室	山东齐都药业有限公司
山东省旱作农业机械及信息化重点实验室	山东理工大学

产业技术创新战略联盟建设 2011年，对全市首批10家示范联盟进行授牌。编制《淄博市产业技术创新战略示范联盟申报指南》，确定生物质气化发电装备产业技术创新战略联盟等15家联盟为淄博市第二批产业技术创新战略示范联盟，市级产业技术创新战略示范联盟达25家。

【农业与社会发展】

农业科技创新支撑体系建设 2011年，推进省级农业高新技术产业示范区建设，加快农业高新技术的研究、转化、推广、应用。创新和完善农村科技信息化服务新模式，全面加强科技特派员创业链建设，在农村开展多种形式的科技富民活动。组织技术推广部门和科技人员开展新技术、新品种的引进试验示范推广。全市主要农作物品种良种覆盖率、农业先进技术推广应用率均保持在98%以上。

社会可持续发展科技支撑体系建设 2011年，支持沂源县省级可持续发展实验区申报国家可持续发展实验区，编制上报《沂源县创建国家可持续发展实验区实施方案》，组织专家组对沂源县创建工作进行实地考察。征集申报“十二五”国家科技计划社会发展科技领域项目，遴选12个科技项目推荐上报，其中8项进入国家预备项目库。

生物医药与中药现代化 2011年，结合淄博市医药产业发展需求，提出“重大新药创制”科技重大专项“十二五”实施计划重点内容、组织实施方式，明确示范企业的科研条件建设目标、建设重点和任务。出台一系列扶持生物医药产业发展的政策措施，在高新区设立新华国际医药工业园，建设国家级高新技术创业服务中心，中心内建立“山东省中药现代化（淄博）科技产业示范园公共试验平台”。高新区建设的医药生物特色产业创新园一期工程4.5万m^2全面完工，一批生物医药项目已进行孵化、建设、投产。

【科技成果与奖励】 2011年，全市取得重要科技成果196项，其中达到国际领先或国际先进水平的64项。获省级及以上科学技术奖26项，其中国家技术发明二等奖1项，国家科技进步二等奖4项，获奖数量居全省前列。评选出2011年度淄博市科学技术奖90项，其中科技进步一等奖8项，技术发明一等奖1项。

2011年，科技成果推广转化平台为会员单位和企业科研中心发布科技成果2 000余项。全市技术交易金额6.18亿元，荣昌制药（淄博）有限公司获2011年度中国技术市场“金桥奖”。

【知识产权管理】 2011年，全市申请国内专利9 836件，同比增长38.1%，其中发明专利2 087件，同比增长42.4%；授权专利3 822件，同比增长9.6%。筹建淄博市知识产权（专利信息）综合服务平台，经国家知识产权局批复成立中国（淄博）知识产权维权援助中心，设立“12330”维权援助服务热线，向社会提供知识产权维权服务和智力支持。淄博市知识产权局被人社部、国家知识产权局共同表彰为“全国专利系统先进集体”，被国家知识产权局表彰为“全国知识产权系统打击侵犯知识产权和制售假冒伪劣商品专项行动工作先进集体”。

【科技合作与交流】

第十届新材料技术论坛 9月，举办了第十一届中国（淄博）国际陶瓷博览会·第十届中国（淄博）新材料技术论坛暨国际科技成果招商洽谈会。活动共对接项目1 513项，签订技术合作项目626项，院士、专家为企业解决重大技术难题156项，可带动科技投入和高新技术产业投资68.6亿元。

科技创新合作平台 2011年，淄博市围绕加强科技创新服务联盟建设，与北京技术交易促进中心、北科院北京器材公司等分别签订技术转移合作协议书，与首都科技条件平台北京市科学技术研究院协商准备在淄博市建立研发实验服务基地淄博合作站，进一步完善科技服务网络，建立日常工作规范，形成制度化、经常化、多层次、多形式、多类型的服务体系。继续采取集中专业领域与科技成果信息发布和常规化对接交流相结合的方式，全年组织专业领域项目发布暨对接会4次，日常“一对一”项目对接活动11次，项目咨询服务102项次，人才需求服务61人次。

国际科技合作交流 2011年，拓展和利用各种对外科技交流渠道，征集国际成果项目，发布淄博市技术难题需求，进一步增强与国外专家、学者的科技合作与交流。全市共实施国际科技合作项目10项，淄博工陶耐火材料有限公司经科技部批准成立国家国际科技合作基地。

【科普工作】 2011年，淄博市科技活动周以“科技引领未来发展，创新建设美好淄博”为主题，突出开展集中宣传科技政策法规活动、科技惠及民生服务活动，在各区县组织了各种丰富多彩、极具时代特色的科普宣传活动。

（淄博市科技局 陈 伟）

枣 庄 市

【概述】 2011年，枣庄市高新技术产业产值542.34亿元，占规模以上工业总产值比重为16.24%。全市承担国家与省级科技计划项目56项，无偿扶持资金2 542万元。获省级科技进步奖9项。全市五区一市全部通过国家科技进步考核，滕州市、峄城区被评为全国科技进步县。

【高新技术及其产业】 2011年，枣庄市高新技术产业产值542.34亿元，高新技术产业总产值增长率为23.11%，占规模以上工业总产值比重为16.24%。新认定高新技术企业9家，全市共有高新技术企业45家。

科技型中小企业　枣庄市有10个项目列入国家科技型中小企业创新基金计划，获得资金660万元；5个项目列入省科技型中小企业创新发展专项扶持资金计划，获得无偿资金220万元。截至年底，共扶持科技型中小企业70家，其中有30家企业年产值超过5 000万元，5家企业年产值过亿元。

高新技术产业集群　枣庄市加大力度，整合资源，以鲁南煤化工工程技术研究院为载体，联合高校、研究院所和枣庄市大型煤化工企业，组建煤化工产业技术创新战略联盟，形成具有枣庄特色的煤化工特色产业园。以市高新区动力电池企业为依托，联合专家组建汽车动力电池产业技术创新联盟，打造锂电新能源产业聚集区，成为继深圳、天津之后的锂电池生产基地。以鲁南机床集团工程技术研究中心为依托，组建数字机床技术创新战略联盟，形成具有一定规模、产业配套健全、产品特色突出、核心竞争力强的中小机床制造优势产业集群。香精香料精细化工产业集群发展迅速，企业总销售收入占全国同行业总销售收入85%以上。

【科技计划】 2011年，全市承担国家与省级科技计划项目56项（见表1），获无偿扶持资金2 542万元。其中，国家级科技项目21项，扶持资金1 210万元，包括国家中小企业技术创新基金计划10项、国家政策引导类计划专项1项、国家重点新产品计划6项、国家星火计划3项、国家科技合作计划1项；省级科技计划项目共35项，扶持资金1 332万元，较上年增加549万元，增幅30%，包括省自主创新成果转化重大专项计划3项、省农业科技成果转化资金计划1项、省农业良种工程计划2项、省中小企业技术创新基金计划5项、省科技发展计划12项。当年，市政府列支1 280万元科技经费，实施各类科技计划项目91项。项目的实施可引领该市电子信息、新材料、光机电一体化、生物医药等领域增加科技研发投入2亿多元。

表1　　2011年度枣庄市承担国家及省级主要科技项目

计划类别	项目名称	承担单位
国家中小企业技术创新基金计划	钛白生产“三废”综合利用及治理工程	枣庄天元精细化工有限公司
	XYJ立式轮辐旋压机	枣庄运达机床有限公司
	微细喷孔电火花数控加工机床的研发	山东鲁南华源数控股份有限公司
	高寿命、水溶性新型锂电池中试	山东神工电池新科技有限公司
国家中小企业技术创新基金计划	TPK611数控卧式铣镗床项目	山东威达重工股份有限公司
	助磨剂及自动控制设备	枣庄市荣宝莱建材科技发展有限公司
	3，4-二氯苯胺工业化技术开发	山东鲁化天九化工有限公司
	E80（E3-IN-1/2032）多功能钣金机床	滕州市三合机械有限公司
	新型复合包覆结构磷酸铁锂动力电池材料建设项目	山东海特电子新材料有限公司
	面向鲁南地区中小企业的技术转移服务平台	枣庄市生产力促进中心
国家政策引导类计划专项	城市废水综合处理关键技术应用示范	山东天畅环保工程有限公司
国家重点新产品计划	环保型无卤低烟防鼠防蚁阻燃耐火电缆	山东华能线缆有限公司
	电子级固体氨基三亚甲基膦酸的制备工艺	山东省泰和水处理有限公司
	阿替洛尔注射液	山东益康药业有限公司
	太阳能风能储能用高聚能胶体电池	山东瑞宇蓄电池有限公司
	木粉（植物纤维）氨基模塑料	山东拓博塑料制品有限公司
	改性酚醛煤岩加固材料	滕州市华海新型保温材料有限公司
国家星火计划	生猪标准化生态养殖与产品加工技术示范	山东龙振生态农牧业科技有限公司
	红薯新品种引进与深加工技术示范	枣庄星火源农业科技有限公司
	石榴保鲜贮藏新技术集成研究与示范推广	枣庄职业学院
国家科技合作计划	车铣复合加工中心	山东鲁南机床有限公司
省自主创新成果转化重大专项计划	龙门五面加工中心	山东威达重工股份有限公司
	电动汽车动力集成系统产业化	山东润峰电子科技有限公司
	利用污水制取再生水设备产业化	山东天畅环保工程有限公司
省农业科技成果转化资金计划	早春马铃薯三膜覆盖高效配套栽培技术转化与示范	枣庄市薛城区创新农业科技开发中心
省农业良种工程计划	“枣庄白莲藕”的优选提纯快繁及产业开发	枣庄市强农农业科技推广有限公司
	枣庄三白西瓜地方品种提纯复壮与开发	枣庄市稷丰生态农业研究所
省中小企业技术创新基金计划	精密卧式加工中心	山东威能数字机器有限公司
	软压光胶辊覆面材料	滕州力华米泰克斯胶辊有限公司
	3，4-二氯苯胺工业化技术开发	山东鲁化天九化工有限公司
	新型复合包覆结构磷酸铁锂动力电池材料建设项目	山东海特电子新材料有限公司
	抗老化高性能氨基模塑料的研究开发	山东拓博塑料制品有限公司
省科技发展计划（第一批）	12kV～40.5kV IAC级抗燃弧交流高压开关柜	山东鲁能力源电器设备有限公司
	组装式气调冷藏库	枣庄冰先制冷设备有限公司
	环保型防海洋生物海底电费	山东华能线缆有限公司
	石榴干腐病微生物源农药的研发与应用	枣庄学院

续表

计划类别	项目名称	承担单位
省科技发展计划（第一批）	利用工业废渣钛石膏生产胶凝材料研究与应用	枣庄市石金矿用材料有限公司
	糖基-PEG-FE_3O_4磁性纳米材料的合成及在靶向药物传输中的应用	枣庄学院
	资源型城市转型的可持续发展与金融支持系统研究	枣庄市生产力促进中心
省科技发展计划（第二批）	鲁南绿色蔬菜关键技术研究与开发	山东枣庄强农农业科技推广有限公司
	新优苹果的引进与高效栽培技术示范	滕州市果树服务中心
	生物质成型燃料加工设备和清洁燃料设备研制与应用	山东滕州科利源生物质技术发展有限公司
	大枣新品种“伏脆蜜”标准化生产技术研究与示范	枣庄市果树科学研究所
	新尼群地平研究	山东益康药业有限公司

【科技创新资源与能力建设】

科技创新平台　2011年，枣庄市打造企业研发、创新服务、产学研联合“三大平台”。山东威达重工、山东省辰龙（索奥）、山东省瑞元香料等3家院士工作站通过省科技厅审批，总数6家；新建省级工程技术研究中心3家（山东省有机节能防火材料工程技术研究中心、山东省水处理杀菌剂工程技术研究中心和山东省草酸工程技术研究中心）。新建市级工程技术研究中心12家，工程技术研究中心总数90家。争取省企业重点实验室1家（山东省晶型药物研究企业重点实验室），实现枣庄市省级重点实验室零的突破。

科技中介机构　2011年，加强以生产力促进中心、高新技术创业服务中心、科技企业孵化器、创业投资公司为主体的科技中介机构建设。鲁南技术市场搜集各类科技成果1 928项，网站发布520项，LED发布236项，促进成果转化20项，签订技术贸易合同130项，交易金额超过2亿元，有效推动科技成果的转化，提升企业科技创新能力。

产业技术创新战略联盟　2011年，由山东省鲁南煤化工工程技术研究院牵头组建的山东省煤化工产业技术创新战略联盟被省科技厅等六部门确立为山东省第二批产业技术创新战略示范联盟。由山东威达重工股份有限公司牵头组建的“中小机床产业技术创新战略联盟”，被列为山东省第三批产业技术创新战略示范联盟。各示范联盟进一步完善组织体系和制度建设，逐步形成各具特色的发展机制和模式。

创新型企业　2011年，4家企业被省科技厅认定为山东省第二批创新型企业，9家企业被认定为山东省第四批创新型试点企业。截至年底，全市拥有山东省创新型企业6家、山东省创新型试点企业15家。各试点企业自主创新能力不断增强，企业发展对技术创新的依存度显著提高，企业研发投入逐年加大，新技术、新产品、新标准不断推出，自主创新能力进一步提升，对区域经济结构调整和产业结构调整升级，起到带动及示范作用。

2011年枣庄市新增省级创新型企业（4家）

山东华能线缆有限公司

滕州市华海新型保温材料有限公司

山东益康药业有限公司

滕州机床厂

2011年枣庄市新增省级创新型试点企业（9家）

山东多乐采暖设备有限责任公司

枣庄市三兴高新材料有限公司

滕州力华米泰克斯胶辊有限公司

山东省泰和水处理有限公司

山东大明消毒科技有限公司

山东腾达不锈钢制品有限公司

山东辛化硅胶有限公司

山东布莱特辉煌新能源有限公司

愚公机械股份有限公司

【农业与社会发展】

优质高效农业　2011年，枣庄市组织实施国家“十一五”科技支撑项目粮食丰产科技工程，全市小麦、玉米单产连创新高，小麦高产攻关田平均亩产719.73kg，玉米高产攻关田平均亩产981.99kg。“新优苹果品种的引进与高效栽培技术集成”等18个项目申报国家级星火计划引导项目和省级星火计划项目。“从秸秆中提取低聚木糖等产品产业化开发”项目作为国家富民强县申报项目被省科技厅推荐到科技部。“早熟马铃薯新品种‘科薯6号’中试及高产配套技术示范推广”项目经专家论证被省科技厅推荐申报科技部农业科技成果转化资金项目。

特色产业培育　2011年，加大对山亭樱桃、滕州市马铃薯、台儿庄食用菌、峄城石榴等特色产业的专项扶持，全市28家农业特色产业基地规模不断壮大。“枣庄三白西瓜品种提纯复壮及开发”“‘枣庄白莲藕’的优选提纯快繁及产业化开发”2个项目列入省农业良种工程重点课题。“石榴干腐病微生物源农药的研发与试用”“糖基-PEG-Fe_3O_4磁性纳米材料的合成及其在靶向药物传输中的应用”和枣庄市石金矿用材料有限公司的“利用工业废渣钛石膏生产凝胶材料研究与应用”项目列入省科技发展计划，获得资金75万元。

科技特派员　2011年，枣庄市果树科学研究所、枣庄强农农业科技推广有限公司、滕州市科利源生物质技术发展有限公司3家单位申报了科技特派员项目，争取无偿资金28万元。260名科技特派员在农村经济第一线进行科技服务。

【科技成果与奖励】　2011年，枣庄市获省科技进步奖9项，其中二等奖1项、三等奖8项。采取“异地评审，专家参与、纪检监督”等方法，评出市科技进步奖120项。滕州市科技局、市科技信息研究所获第五届中国技术市场协会金桥奖先进集体。

【科技交流与合作】　2月24～25日，全省科技合作工作座谈会在枣庄市召开。组织有关企业申报科技部国际合作项目计划和省科技合作专项资金计划，1个项目获省国际科技合作计划立项。山东鲁南机床有限公司承担的车铣复合加工中心合作研发项目获国家科技合作项目计划立项，获资金320万元，实现枣庄市国家级国际合作项目零的突破。组织参加中科院科技成果发布会。中国区域科学协会考察团来滕州市考察，期间，中国工程院院士段正澄与威达重工股份公司达成合作意向。山东省智能光电技术新能源研究院与英国曼彻斯特动力学院吴忠鹏教授进行合作洽谈。峄城区举办院企合作项目签约暨科技服务车授发活动。

【科技人才队伍建设】　2011年，坚持扶持项目出人才，实施培养学科带头人专项资金计划，重点在精细化工、生物技术、电子信息和农业高新技术等高新技术领域选拔了16名学科带头人，总数达160人。山东益康药业有限公司“泰山学者—药学特聘专家”岗位获省科技厅审批。山东威智医药工业有限公司创始人魏彦君纳入国家“千人计划”。举办科技创新战略新思维与创新方法推广培训班，各区（市）科技局分管技术负责人及市直有关科研企事业单位、高新技术企业技术负责人80人参加了培训。

【科普工作】　2011年，开展科技活动周、科技“三下乡”活动，组织科技进社区、进农村、进院校，现场解答群众生产、生活中的技术难题；参与电台、电视台“行风热线”“热点对话”“科技时空”栏目，宣传科技政策、解答科技难题。注重农村一线科技普及工作，引导科技资源向农村一线倾斜，峄城区投资100万元为所属乡镇购买了7辆科技服务车，成立了科技“110”，根据群众科技需要，组织专家将科技知识、科学技术送到田间地头。

（枣庄市科技局　袁　伟　曹瑞民）

东 营 市

【概述】 2011年，东营市高新技术产值2 554.29亿元，占规模以上工业产值比重30.74%；新增高新技术企业18家，市县两级财政科技经费1.34亿元。承担国家与省级科技计划项目137个，获无偿科技经费7 231万元。取得科技成果126项，23项成果获省级以上科学技术奖，首次获省自然科学一等奖。技术交易额在全省率先突破15亿元。黄河三角洲可持续发展研究院机构设置获省编委批复，科技部批准以研究院为依托建设黄河三角洲国家可持续发展研究中心。中国石油大学科技园被省政府列为省级服务业综合改革试点单位。市高效生态农业示范区被省政府批准为省级农业高新技术产业示范区。省部会商确定建设黄河三角洲国家现代农业科技示范区。东营市连续第十年被科技部评为“全国科技进步先进市”。《2011年中国城市创新报告》评定东营市综合创新能力列全国地级城市第22位，产业创新能力列第7位。

【高新技术及其产业】 2011年，全市高新技术产业累计产值2 554.29亿元，同比增长34.79%，占规模以上工业总产值比重30.74%。全市88家高新技术企业累计实现产值1 588.3亿元，利税156.79亿元，利润127.1亿元。胜利开发区、广饶开发区启动创建省级高新区。子午胎特色产业基地被认定为国家火炬计划特色产业基地，全市特色产业基地共3个。石油装备产业集群被省科技厅、财政厅确定为2011年省产业集群试点，获省科技型中小企业创新发展专项1 000万元的资金支持。

【科技计划】 2011年，全市新上市级（含市级）以上科技计划项目227项，其中，国家级的8类34项，省级的11类103项，市级的4类90项。国家级科技计划项目包括国家863计划1项、国家科技支撑计划1项、国家火炬计划11项、国家星火计划项目1项、国家重点新产品计划6项、国家创新基金项目12项、国家农业转化资金1项、国家服务业发展引导资金1项。省级科技计划项目包括省自主创新成果转化重大专项5项、省政策引导类计划28项、省创新基金项目18项、省火炬计划17项、省星火计划项目5项、省农业科技成果转化项目2项、省农业良种工程2项、省攻关计划22项、省科技富民强县专项行动计划1项、省科技合作补助项目2项、省服务业发展引导资金配套项目1项。2011年东营市争取国家及省级科技计划项目见表3。

表3　　2011年度东营市承担国家及省级主要科技项目

计划类别	项目名称	承担单位
国家863计划	抗旱节水材料与制剂	胜利油田长安控股集团有限公司
国家科技支撑计划	黄河三角洲湿地生态系统恢复与重建关键技术研究与示范	山东省黄河三角洲可持续发展研究院
国家创新基金	清洁无聚携砂液	东营利丰化工新材料有限公司
	水平井无内管免钻塞分级注水泥完井装置开发及应用	胜利油田利丰稠油技术开发有限公司
	高效节能轮胎硫化胶囊生产技术研发与应用	东营金泰轮胎胶囊有限公司
	大配比氧化法合成橡胶硫化促进剂DZ	东营万通橡胶助剂有限公司
	玻璃钢小套管的研发与应用	胜利油田新大管业科技发展有限责任公司
	高温泵用气膜润滑非接触式机械密封	东营海森密封技术有限责任公司

续表

计划类别	项目名称	承担单位
国家创新基金	水力螺杆泵产业化	山东大东联石油设备有限公司
	羟肟化水溶性聚电解质反相微乳液的制备	山东瑞特精细化工有限公司
	赛隆-碳化硅-刚玉复合材料	山东宇佳新材料有限公司
	公共技术服务检验平台建设	东营市产品质量监督检验所
	石油装备技术创新公共服务平台	东营市大学科技园发展有限责任公司
	石油装备技术转移服务平台建设	东营市大势石油装备生产力促进中心有限公司
国家农业转化资金	滨海盐碱地人工林恢复重建及混交模式示范	东营市园林绿化处
国家火炬计划	VIS油藏工程实用方法软件OpenREV2.0	胜利油田胜利软件有限责任公司
	环保型炭陶基高端轿车刹车片	信义集团公司
	喷涂聚脲弹性体产业化开发	山东斯泰普力高新建材有限公司
	聚醚封端硅氧烷改性水性聚氨酯	山东圣光化工集团有限公司
	钨合金防腐油管	胜利油田胜鑫防腐有限责任公司
	氮化防腐油管	胜利油田金岛实业有限责任公司
	SHL5540TLG型连续油管作业设备	胜利油田高原石油装备有限责任公司
	400万套/年轻量化子午线无内胎钢制车轮项目	山东盛泰车轮有限公司
	高精度半钢丝子午线轮胎活络模具	山东鸿基机械科技有限公司
	东营盐化工技术转移服务平台	东营市春江化工技术转移中心
	东营石油装备制造综合技术服务平台建设	东营市景华石油石化装备技术转移中心
国家重点新产品计划	相变储能丙烯酸乳液	山东圣光化工集团有限公司
	VIS勘探开发应用协同工作平台系统软件V1.0	胜利油田胜利软件有限责任公司
	硅酸盐复合材料刹车片	东营信义汽车配件有限公司
	水性环氧树脂及其功能地坪涂料	山东泽瑞新材料科技有限公司
	钛酸钾片晶刹车片	信义集团公司
	聚脲弹性体工业地坪材料	山东斯泰普力高新建材有限公司
国家星火计划	SBR技术低成本处理小城镇生活污水及回灌农田	东营市顺势升良种推广技术有限公司
国家服务业发展引导资金	科技企业孵化器	东营市大学科技园发展有限责任公司
省自主创新成果转化重大专项	节能汽车与新能源汽车专用IGBT芯片	科达半导体有限公司
	绿色轮胎节能环保制造关键技术	山东金宇轮胎有限公司
	增程式纯电动客车动力系统	东营市科岭动力有限公司
	60 000m^3/h煤矿通风瓦斯（乏风）氧化装置	胜利油田胜利动力机械集团有限公司
	中药新药芪黄胶囊	山东凤凰制药股份有限公司
省创新基金	抽油机专用变频节能控制装置	东营同博石油电子仪器有限公司
	高端多层陶瓷电容器用纳米级钛酸钡粉体材料	山东国瓷功能材料有限公司
	赛隆—碳化硅—刚玉复合材料	山东宇佳新材料有限公司
	DS-1环境友好型油溶性超稠油降粘剂	东营市大生新材料科技有限公司
	氧氮化硅结合碳化硅陶瓷升液管的研制	东营新科信特陶有限责任公司
	利用植物油脚分离提取单体油酸新技术	广饶县信和化工有限公司
	多功能钻井堵漏剂	东营泰尔石油技术有限公司

续表

计划类别	项目名称	承担单位
省创新基金（产业集群项目）	QYYZ-90全液压车载钻机	东营高原海泰机械制造有限公司
	镀渗钨合金钻杆	胜利油田胜鑫防腐有限责任公司
	新型测钻工具的开发	东营博深石油机械有限责任公司
	JKB型井口热胀补偿器	东营市东达机械制造有限责任公司
	石油钻机全数字直流调速系统	东营高原电气有限公司
	高性能油田深采封隔器	东营百华石油技术开发有限公司
	固井水泥添加剂混拌及输送系统	东营万邦石油科技有限责任公司
	油田集输系统新型全自动排泥设备	胜利油田东立石油机械有限责任公司
	大通道水力锚	东营市兆鑫工贸有限责任公司
	石油装备技术创新公共服务平台	东营市大学科技园发展有限责任公司
	石油装备技术转移服务平台建设	东营市大势石油装备生产力促进中心有限公司
省科技富民强县专项行动计划	黄河三角洲棉花产业可持续发展关键技术集成与示范推广	山东仁和种业有限责任公司
省火炬计划	数字渔业信息化综合管理平台项目	东营市天心软件有限公司
	LED电视背光模组的开发	东营泰克拓普光电科技有限公司
	环保型轻质柔性饰纹砖	山东秦恒科技有限公司
	多元保健功能家纺面料及产品	山东澳亚纺织有限公司
	抗污染无接缝一体化外墙外保温材料产业化	东营瑞源特种建筑材料有限公司
	药芯焊丝	山东中创钢构有限公司
	甲基环戊二烯三羰基锰	山东东昌精细化工科技有限公司
	镁铜合金高速列车接触线	山东天圆铜业有限公司
	10 000t/a精品硼硅药用玻璃产业化生产项目	东营力诺玻璃制品有限责任公司
	氧气底吹连续炼铜清洁生产工艺关键技术及装备研究	东营鲁方金属材料有限公司
	钻井遥控变径扶正器	东营市创元石油机械制造有限公司
	节能型大传动比油田专用减速机项目产业化	山东大王金泰集团有限公司
	环保型醇氢混燃扫路车	东营蒙德金马机车有限公司
	新型节能空心抽油杆	山东宝世达石油装备制造有限公司
	天然气储气井水泥胶结成像监测	山东荣兴石油工程有限公司
	LED防爆灯	山东长安特易光电技术有限公司
	中性除锈清洗剂	山东泰丰清洗科技有限公司
省星火计划	二万亩棉花良种繁育基地建设	东营市顺势升良种推广技术有限公司
	单膜双联连栋温室生态蔬菜种植技术开发	山东华林庄园有限公司
	年产3.8万t芦笋果蔬汁饮料	山东绿洲醇食品有限公司
	黄河三角洲盐碱地菊芋种植及加工技术产业化	东营蓝鑫生物科技有限公司
	黄河三角洲刺参规模化繁育及高效养殖	东营市河口华春水产技术开发有限责任公司
省农业良种工程	榆科植物耐盐良种引进及选育研究	东营市绿洲生态科技有限公司
	渤海三疣梭子蟹良种工厂化繁育及养殖产业化开发	东营市河口华春水产技术开发有限责任公司

续表

计划类别	项目名称	承担单位
省农业科技成果转化资金	黄河口大闸蟹高效生态养殖技术应用与示范	山东天清湖农业发展有限公司
	高耐盐白蜡良种示范与推广	东营林丰生物科技有限公司
省科技合作补助	油田专用大传动比减速器研究与开发	山东大王金泰集团有限公司
	秸秆生物质燃气与生态循环综合利用示范项目	东营长安农业科学技术研究院
省攻关计划（第一批）	石化企业清洁生产关键和共性技术研发与推广	东营市大学科技园发展有限责任公司
	高含水油藏CO_2提高原油采收率和封存的关键技术研究	胜利油田利丰稠油技术开发有限公司
	RH－4原油降解素的研制及应用研究	胜利油田华胜环保产业有限责任公司
	黄河三角洲滨海盐沼泽地植被退化机制及恢复技术	山东省黄河三角洲可持续发展研究院
	缓/控释农药吡虫啉研究与开发	东营万鑫肥料有限公司
	醇氢混燃发动机电器控制装置及冷启动装置的研发与应用	东营蒙德金马机车有限公司
	轻量化无内胎高强度钢车轮研制与应用	山东盛泰车轮有限公司
	黑色高性能聚酰亚胺薄膜	万达集团股份有限公司
	结晶炉窑尾气回收制备层硅新工艺	山东胜通集团股份有限公司
	年产3万t生物可溶性耐火陶瓷纤维	利津县慧通纤维材料有限公司
	半导体纳晶量子点LED及其在人体介入照明中的应用研究	东营市加文光电有限责任公司
	数控电动斜井钻机	胜利油田高原石油装备有限责任公司
	铝合金轮胎模具铸造新工艺	山东鸿基机械科技有限公司
	天然气储气井水泥胶结成像监测系统	山东荣兴石油工程有限公司
	甲基环戊二烯三羰基锰生产新工艺	山东东昌精细化工科技有限公司
省攻关计划（第二批）	区域加热熔融分子扩散法提纯黄磷技术联合研究	东营杰达化工科技有限公司
	黄河三角洲地区景观水体叠绿藻生态控制技术研究	东营市园林局
	油田注水智能化管理系统	山东广域科技有限责任公司 山东省采油生产信息化工程技术研究中心
	绿色环保无铜碳基制动片	信义集团公司 山东省摩擦材料及产品工程技术研究中心
	高效油溶性复合降粘剂技术开发	东营市神州化工有限公司
	专用大豆蛋白关键技术开发应用	山东万德福实业集团有限公司
	全液压海洋平台钻修机设计研究	胜利油田高原石油装备有限责任公司 山东省石油装备工程技术研究中心
省政策引导类计划	耐温抗盐型驱油剂开发	山东宝莫生物化工股份有限公司
	油田注水智能化监控系统	山东广域科技有限责任公司
	新型轻质防弹玻璃	东营胜他玻璃有限公司
	ZJ30/1700Z车载钻机	山东科瑞机械制造有限公司
	油田专用超高压（70MPa）注氮装备研制	山东恒业石油新技术应用有限公司
	混合C4烷烃脱氢催化剂的研究与开发	东营市齐发化工有限公司
	新型起泡剂的研制	山东恒业石油新技术应用有限公司
	巡井手抄器在油井集群数据监控中的应用	胜利油田海博工贸公司
	冲防砂一体化技术研究	山东普瑞思德石油技术有限公司

续表

计划类别	项目名称	承担单位
省政策引导类计划	5-乙酰乙酰氨基苯并咪唑酮	东营市天正化工有限公司
	5 000t/a高氯化聚乙烯（HCPE）	东营旭业化工有限公司
	高固含、低VOC、环保SBS万能胶	山东常青树化工有限公司
	多相流实时自动计量装置	东营汇安高科电子有限责任公司
	钻杆自动上下钻台控制装置	胜利油田海胜实业有限责任公司
	新型开缝结构导叶式旋风管	山东金开石化设备制造有限公司
	1 000t/aDCC研究	山东汇海医药化工有限公司
	不同剂量辛伐他汀对早期糖尿病肾病的影响	东营市河口区人民医院
	银杏叶滴剂的研制与开发	山东仙河药业有限公司
	相变蓄能复合保温材料	东营市东源新型建材有限公司
	年产10.8万t生物柴油制造	东营市慧恩生物燃料有限责任公司
	牛奶蛋白纤维面料	山东澳亚纺织有限公司
	600t/a超大孔容医用硅胶生产工艺研发	垦利三合新材料科技有限责任公司
	新型螺杆钻具	山东宝世达石油装备制造有限公司
	5万t/a甲醇钠扩产及甲缩醛联产研究	东营市大生新材料科技有限公司
	1.3万t/a丁辛醇残液回收装置	东营力帮化学制品有限公司
	TK6513精密数控卧式铣镗床的研制及应用	山东华辰重型机床有限公司
	镁铜合金高速列车接触线生产技术	山东天圆铜业有限公司
	新型随钻扩眼工具的研制	东营博深石油机械有限责任公司
省服务业发展引导资金省配套项目	科技企业孵化器	东营市大学科技园发展有限责任公司

【科技创新平台建设】 2011年，东营市新增省级工程技术研究中心8家，新增省级企业重点实验室1家（山东省油田采出水处理及环境污染治理实验室），新增省级企业院士工作站3家（山东宝力生物质能源股份有限公司院士工作站、山东汇海医药化工有限公司院士工作站、胜利油田金岛实业有限责任公司院士工作站）。

2011年东营市新增省级工程技术研究中心（8家）

山东省无磷助洗剂（层硅）工程技术研究中心

山东省氯化聚乙烯橡胶工程技术研究中心

山东省油田信息化工程技术研究中心

山东省随钻测控工程技术研究中心

山东省物理法采油工程技术研究中心

山东省校园节能监测及改造工程技术研究中心

山东省耐盐碱绿化树种工程技术研究中心

山东省生物质燃气工程技术研究中心

【科技成果与奖励】 2011年，全市共取得科技成果125项，其中获国家科技进步奖3项；省科学技术奖20项，其中科技进步一等奖3项、技术发明二等奖1项。首次获省自然科学一等奖1项。胜利油田高原石油装备有限公司董事长杨献平、山东省油区环境污染治理工程技术研究中心主任蔺爱国获2011年度东营市科学技术最高奖。

【黄河三角洲可持续发展研究院】 2011年，黄河三角洲可持续发展研究院机构设置得到省编委批复，成为建市以来第一家省级国有科研机构，标志着研究院进入全面建设阶段。研究院承担各类计划项目5项，其中牵头承担的“黄河三角洲湿地生态系统恢复与重建关键技术研究与示范”项目列入国家科技支撑计划。研究院与中科院联合建设的黄河三角洲滨海湿地生态试验站通过专家论证，机构获中科院批复，土地征用获省政府批准，正式揭牌运行。

【中国石油大学国家大学科技园】 2011年，全市大学科技园和孵化器设施面积累计达到38.9万m^2，在园企业408家，技工贸收入达到21.3亿元。其中，大学科技园设施面积达到13.7万m^2，在园企业153家，年技工贸总收入15.3亿元，创造就业岗位3 700个。大学科技园生态谷完成基建投资1.1亿元，总开工面积达16万m^2，其中竣工4.2万m^2。大学科技园通过科技部、教育部组织的国家大学科技园绩效评估，获“山东省中小企业公共服务平台”“山东省现代服务业最佳投资园区”“山东省重点服务业园区先进单位”以及东营市创业孵化基地、东营市“十一五”节能先进单位等称号。大学科技园申报的“石油装备研发产业化示范平台”项目通过科技部组织的专家评审，获批与清华大学、浙江大学、复旦大学、同济大学、南昌大学科技园共同实施国家“十二五”科技支撑计划科技服务业专项“高校科技成果产业化集成服务平台研发及示范”项目，获扶持资金312万元，成为我国首个由国家大学科技园为主体承担的国家科技支撑计划项目。

（东营市科技局 邓廷辉）

烟 台 市

【概述】 2011年，烟台市规模以上高新技术产业产值4 709.3亿元，占规模以上工业总产值比重为38.69%。全市争取国家和省各类科技计划项目172项，获支持资金16 442万元，同比增长53.9%。共取得科技成果201项，获国家科技奖3项，省科技奖51项。烟台市和龙口市、莱州市、招远市、蓬莱市、牟平区、莱山区6个市区获2011年度“全国科技进步先进市区”荣誉称号。烟台市科技局被评为“2011年度山东省科技系统先进集体”。

【高新技术及其产业】 2011年，按照新的统计口径，全市规模以上高新技术产业产值4 709.3亿元，同比增长22.71%，占规模以上工业总产值比重为38.69%，比年初提高了2.01个百分点，连续10年实现年增2个百分点的目标，产值和比重分别居全省第一和第二位，其中，高新技术产业产值约占全省总额的16.7%，比重超出全省11.38个百分点。年内有44家企业通过高新技术企业资格认定，51家企业通过了复审，全市高新技术企业总数累计163家，其中16家企业被认定为火炬计划重点高新技术企业。南山铝业承担的国家科技支撑计划获支持资金1 252万元，康泰实业承担的2项国家863计划获支持资金140万元，烟台市东方电子股份有限公司承担的“基于叠波串联技术的DF5000高压变频调速系统”等16个项目列入2011年度国家火炬计划，占全省总额的10.3%。其中，高新区科技创业服务中心、南山科技研究院、山东国际生物科技园获政策类引导计划专项350万元资金支持；烟台希尔德新材料有限公司等20家企业获科技部科技型中小企业创新基金支持1 280万元；省自主创新成果转化重大专项及后补助项目获支持资金2 720万元；烟台宝源净化有限公司等12家企业获省科技型中小企业创新发展专项扶持，支持资金465万元；汽车零部件、电子材料2个产业集群列入山东省产业集群项目，获1 000万元资金补助。全市科技孵化器面积33万m^2。

【科技计划】 2011年，烟台市新上国家和省各类科技计划项目172项，其中，国家级计划项目59项，省级计划项目113项。主要包括：国家科技支撑计划6项，国家863计划6项，国家973计划1项，国家重点新产品计划15项，国家中小企业创新基金20项，国家农业科技成果转化资金3项，国家富民强县计划3项，国家星火计划1项，国家自然科学基金1项；省自主创新成果转化重大专项9项，省科技发展计划33项，省中小企业创新基金12项，省中小企业创新发展专项扶持资金12项，省自然科学基金2项，省优秀中青年科学家科研奖励基金4项，省农业良种工程7项，省农业科技成果转化资金2项，省科技富民强县计划2项。2011年度安排烟台市科技发展计划249项，资金5 510万元。其中重大科技项目27项，资金2 280万元；工业领域项目42项，资金530万元；农村与社会发展领域项目80项，资金484万元；驻烟高校科研院所项目31项，资金252万元；种子项目7项，资金70万元；国际科技合作项目10项，资金145万元；烟台市科技奖励经费310万元；国家、省科技奖配套项目16项，补助资金185万元；市专利补助资金304万元；省工程技术研究中心和省企业重点实验室项目6项，补助资金120万元；国家企业技术中心项目3项，补助资金300万元；省级企业技术中心和省级行业技术中心项目7项，补助资金140万元；烟台市科技型中小企业技术创新基金16项，配套资金200万元；其他科技专项3项，资金190万元。

【科技创新平台建设】 2011年，依托烟台正海磁性材料股份有限公司、烟台台海玛努尔核电设备有限公司等5家企业组建的5个省级工程技术研究中心获批。烟台氨纶集团有限公司牵头的芳纶产业技术创新战略联盟、龙大食品集团有限公司牵头的调理食品产业技术创新战略联盟、烟台北极星国有控股有限公司牵头的时间同步产业技术创新战略联盟成为山东省第二批产业技术创新战略示范联盟。依托山东安德利集团有限公司组建的苹果精深加工技术实验室、依托烟台氨纶股份有限公司组建的芳纶纤维材料实验室等5家企业实验室成为省企业重点实验室。山东省路通精密铝业院士工作站等6家省级院士工作站获批。依托山东富尔达空调设备有限公司与美国开利公司组建了山东省中美地热能装备合作研究中心。2月，由兰州理工大学、燕山大学等5所大学共建，总投资约6亿元的中国机械工业联合大学科技园落户牟平区。4月，中国机械科学研究总院先进制造技术研究中心落户高新区。中科院烟台海岸带研究所牟平海岸带环境综合试验站正式奠基。10月，中科院计算技术研究所烟台分所——烟台中科网络技术研究所正式揭牌。

【农业与社会发展】

农业科技攻关与产业化　2011年，烟台市农业类共承担科技项目30项，经费2 535万元。其中，海阳市黄海水产有限公司的“黄渤海区鱼类工厂化健康养殖技术集成与示范”列入国家科技支撑计划，获支持资金625万元；东方海洋的“大叶藻再建”、牟平农技中心的“城郊生活垃圾分类与废弃物处理技术集成与示范”和长岛县水产研究所的“海洋渔业重点开发地区生态修复技术开源示范”3个项目列入国家科技部2011年政策引导类计划项目，获支持资金530万元。莱阳市政府承担的“高含油花生良种繁育高产栽培及精深加工产业化”、栖霞市政府承担的“栖霞市苹果标准化生产加工技术研究及产业化开发”和龙口市政府承担的“龙口市黄县长把梨（山东梨）品质改良技术研究与产业化开发示范工程”3个项目列入国家科技富民强县专项行动计划，获支持资金476万元。招远、福山分别列入山东省科技富民强县试点计划，获支持资金120万元；山东鲁花集团有限公司的“高附加值花生粕生物技术产业化示范”、山东民和牧业股份有限公司的“特大型集中式鸡粪沼气发电工程技术集成与示范”和莱州明波水产有限公司的“海水鱼循环水养殖系统标准化技术示范”3个项目列入国家农业科技成果转化资金项目，获支持资金260万元；2个项目列入省农业科技成果转化资金项目，获支持资金40万元；山东登海种业有限公司的“玉米种子商品化生产关键技术研究与集成示范”、山东东方海洋科技股份有限公司的“耐高温刺参和白刺参种苗商品化关键技术集成研究与示范”2个项目列入2011年省种子商品化生产关键技术研究与集成示范项目；烟台市种子管理站等单位承担的4个项目列入2011年省农业良种工程重点课题，获支持资金265万元；10个项目列入省科技发展计划，获支持资金219万元。

星火科技　2011年，全市5个项目列入国家星火计划项目。其中，烟台喜旺食品公司参与国家星火计划重大项目，获支持资金20万元；威龙葡萄酒股份有限公司的“有机酿酒葡萄生产与加工关键技术开发与示范”列入国家星火计划重点项目，获支持资金20万元。12个项目列入省星火计划。

农业科技示范　11月4日，省政府批准将蓬莱农业高新技术产业示范区列为省级农业高新技术产业示范区，纳入省级高新技术产业示范区规划管理，享受相关政策待遇。烟台渤海制药集团有限公司被确定为国家综合新药研发技术大平台（山东）产业化示范企业，全市大平台示范企业达4家。

生物技术与制药　2011年，山东国际生物科技园启动区综合研发大楼作为园区首栋建筑已经完成土建建设，首批引进的20家企业可正式入园孵化。从绿叶制药有限公司、先声麦得津生物制药有限公司2家平台示范企业遴选推荐的冯东晓博士和王鹏博士，被聘为山东省“泰山学者—药学特聘专家”，分别获得省科技厅50万元的科研项目经费。11月12日，由同济大学、烟台经济技术开发区与荣昌制药共建的“生物新药创制联合平台及开发基地”举行了开工典礼。同济大学校长裴刚、中国生物技术发展中心副主任马宏建、山东省科技厅副厅长徐茂波、山东省药监局局长李民、烟台市领导和其他相关负责同志出席。山东绿叶制药有限公司承担的“注射用长效和靶向制剂药用辅料关键技术开发与集成示范”、烟台荣昌生物工程有限公司承担的“抗自身免疫疾病一类新药TACI–抗体融合蛋白的研究”获得滚动支持，山东靶点药物研究有限公司承担的“自身免疫性疾病新药临床前研究”项目列入新药创制重大专项，山东绿叶制药有限公司的“乳腺癌治疗单抗LY01006的研究”项目列入国家863计划，获支持资金1 471.01万元。

【科技成果与奖励】　2011年，烟台市共取得科技成果201项。其中，达到国际领先及先进水平的61项，国内领先及先进水平的140项。全市获得国家科学技术进步奖3项。有51项成果获省科学技术奖，获奖数量居全省同类地级市第一。其中，3个项目获省科技进步一等奖，占全省总数的9.1%；19个项目获省科技进步二等奖，占全省总数的12.3%；26个项目获省科技进步三等奖，占全省总数的9.7%；1个项目获省技术发明二等奖，占全省总数的6.3%；“中医学心脾证候的演变规律和数学机制研究”和“联合应用NGF和GM1对神经元损伤的保护作用”分别获省自然科学二等奖、三等奖，均占全省总数的12.5%。王全杰获2011年度烟台市科学技术最高奖；山东绿叶制药有限公司的“绿叶制药科技创新体系建设”项目获烟台市科学技术创新奖；100项科技成果获烟台市科技进步奖，其中一等奖6项、二等奖30项、三等奖64项。

【科技合作与交流】　2011年，开展为期一个月的产学研合作调研活动，调研企业30家，发放调查问卷100份，实地考察北京中关村大学科技园，征集电子信息、化工、新材料等多个领域最新科技成果700余项，为企业和高校院所开展合作搭建桥梁。烟台市科技局执行科技部中朝政府间科技合作计划项目1项，“中国–APEC科技产业合作基金”项目1项。新上国际科技合作项目10项，全市正在实施的与中科院合作项目40项。

【科技宣传】　5月14～20日，以“科技引领转调，创新推动发展”为主线，以“科技支撑发展，科技惠及民生”为主题，举办2011年科技活动周。期间，共制作宣传展板330多个，印发各类科技宣传资料4.5万余份，先后举办科技大集、农业科技知识讲座、农业技术现场会等活动40余次，3.5万余人次参加了科技活动周。

【海洋科技】　2011年，烟台市争取海洋领域国家、省科技计划项目15项，获得支持资金1 999.3万元。安排海洋领域市级科技发展计划25项，安排经费745万元。8月，中科院院士局由赵其国院士、黄荣辉院士领衔的中国科学院“东南沿海发达地区环境质量状况与对策”咨询项目组一行20余位专家到烟台调研，考察了烟台绿环再生资源有限公司、烟台中联环污水处理有限公司和烟台市生活垃圾处理厂，并与烟台市科技局、环保局、国土局、农业局、海洋与渔业局等部门进行座谈。

（烟台市科技局　战永茹）

潍 坊 市

【概述】 2011年，潍坊市新口径统计高新技术产业产值2 349.7亿元，占规模以上工业总产值比重为24.9%。潍坊市承担省级以上各类科技计划项目276项。获省科技进步奖26项。连续五次被评为全国科技进步先进市，峡山国家可持续发展实验区正式授牌。

【高新技术及其产业】 2011年，潍坊市新口径统计高新技术产业产值2 349.7亿元，同比增长30.1%，占规模以上工业总产值比重为24.9%，比年初提高1.12个百分点。

高新技术产业发展 新认定高新技术企业105家，总数324家。潍坊歌尔声学股份有限公司、山东沃华医药科技股份有限公司等7家企业被认定为国家火炬计划重点高新技术企业，总数28家。潍柴动力股份有限公司创建为国家级创新型企业，山起重型机械股份公司、富维薄膜（山东）有限公司等14家企业创建为省级创新型（试点）企业，总数33家。半导体照明产业形成完整产业链，大功率LED路灯应用数量突破10万盏，居全国首位。

重点行业发展 汽车制造、合成材料制造、专用化学产品制造、轮胎制造等产业产值1 192.75亿元，超过全市高新技术产业产值总量的1/2强。其中，汽车制造业总产值576.71亿元，占全市高新技术产业产值的比重为25.41%；合成材料制造业产值196.74亿元，占比为8.67%；专用化学产品制造业产值218.19亿元，占比为9.61%；轮胎制造业产值201.11亿元，占比为8.86%。

园区基地建设 加快潍坊高新区“63513”全省新兴高端产业示范工程实施，推动建成国家创新型科技园区，创新型半导体发光产业集群建设获国家科技部批复。全市已建成LED半导体照明、动力机械、电声器件、潍坊光电、磁电装备、卤水综合利用等6个国家级特色产业基地，形成了光电子、软件、生物医药、潍柴动力、歌尔LED等园区。

【科技计划】 2011年，潍坊市组织实施省级以上各类科技计划项目276项，其中潍柴动力股份有限公司的“商用车用并联式混合动力系统开发”和“工程机械用串联式混合动力系统开发”2个项目列入科技部重大专项，“盛瑞传动8AT”和“歌尔声学智能电声器件”项目列入国家“十二五”重大科技支撑专项，山东亿嘉农化集团、领潮化纤（潍坊）有限公司、山东亿能光学仪器股份有限公司、山东贝瑞康生物科技有限公司、山东柠檬生化有限公司、山东远普光学股份有限公司、康跃科技股份有限公司7家企业获省自主创新重大专项资金扶持。

【科技创新资源与能力建设】

科技创新平台建设 2011年，新增省级工程技术研究中心20家，市级工程技术研究中心58家。全市工程技术研究中心累计423家，其中省级工程技术研究中心96家，国家级1家。潍柴动力国家工程技术研究中心全年开展创新项目202项，省级以上科研项目24项，完成专利申报221件，主持、参与国家或行业标准5项。新建歌尔声学等6家省级企业重点实验室，总数12家。认定市级科技企业孵化器6家，宝兴孵化器被批复为省级科技企业孵化器，潍坊软件园被认定为国家级科技企业孵化器。市级以上科技企业孵化器12家，其中，省级4家，国家级3家。

2011年度潍坊市新增省级工程技术研究中心（20家）

山东省大型收获机械工程技术研究中心

山东省高效高速汽轮机工程技术研究中心

山东省蔬菜种子工程技术研究中心
山东省汽车车桥工程技术研究中心
山东省大型环套数控设备工程技术研究中心
山东省生态养猪工程技术研究中心
山东省热传导用铝基复合材料工程技术研究中心
山东省柠檬酸工程技术研究中心
山东省农用杀菌剂工程技术研究中心
山东省锅炉节能工程技术研究中心
山东省拉削机床工程技术研究中心
山东省固体废弃物资源化工程技术研究中心
山东省特高压变压器绝缘材料工程技术研究中心
山东省高压变频节能设备工程技术研究中心
山东省乳品发酵工程技术研究中心
山东省中药在线质量控制工程技术研究中心
山东省环保塑料阻燃剂工程技术研究中心
山东省塑料复合助剂工程技术研究中心
山东省轻工包装机械工程技术研究中心
山东省真空冻干营养食品工程技术研究中心

2011年度潍坊市新建省级企业重点实验室（6家）
山东省酿造食品生物发酵技术重点实验室
山东省汽车非轮胎用橡胶材料重点实验室
山东省电声技术重点实验室
AT自动变速器关键技术企业重点实验室
磁力应用关键技术装备重点实验室
基因重组蛋白质药物与微生物酶企业重点实验室

科技融智公共信息服务平台建设　2011年，征集发布中科院、清华大学、浙江大学等高校院所最新科研成果2 000多项；加强与我国驻俄罗斯、英国、加拿大等驻外使馆联系，发布1 000多项国外高新技术成果；发布中小企业技术需求信息600多条，促成230多家企业与国内外知名高校、科研机构建立紧密的科技合作关系。

创新战略联盟　新建地热利用及余热回收等10家产业技术创新战略联盟，卤水精细化工等6家联盟被批复为省级产业技术创新示范联盟，全市创新联盟20家，其中，省级6家，国家级1家。

【农业与社会发展】

农业科技创新　2011年，实施农业科技成果转化等各类重大项目23项，获上级无偿经费支持1 770万元。寿光市、昌邑市、寒亭区纳入黄河三角洲国家现代农业发展“一城两区百园”战略部署。青州市华盛农业发展有限公司承担省科技型种业创新重大专项，寿光市建成全省首个蔬菜生产信息化服务系统，在昌乐等县市区建立20个基层农业科技信息服务站。

农业园区建设　2011年，潍坊市峡山生态经济发展区通过科技部考核评审，升格为国家可持续发展实验区。潍坊高新区和诸城市创建为省级可持续发展实验区。全市建成国家级农业科技示范园1个，省级3个，市级25个。潍坊生物医药科技产业园成为山东省“国家综合性新药研究开发技术大平台”一区六基地二十个示范企业的重要组成部分，聘任“泰山学者—药学特聘专家”2名。寿光富康制药有限公司、山东沃华医药科技股份有限公司、青州尧王制药有限公司3个企业成为国家综合性新药研究开发技术大平台（山东）产业化示范企业。

节能减排工作　组织实施了“造纸污泥自动控制快速堆肥及专用肥生产技术研究”“黄河三角洲绿色盐化工业关键技术研究与示范”“地下卤水综合利用”等一批国家863计划示范项目。潍坊金丝达实业有限公司的“城乡生活垃圾资源化利用”项目列入国家“十二五”重大专项预备项目。全市共安排节能减排项目36个，支持经费604.5万元。

【科技成果与知识产权管理】　2011年，潍坊市获省科技进步奖26项，其中，山东晨鸣纸业集团股份有限公司的“速生杨高得率浆的酶精制和配抄高档铜版纸关键技术”项目、寿光市新世纪种苗有限公司与山东省潍坊市农业科学院共同完成的“设施蔬菜节能高效栽培工程关键技术研究与集成示范”2个项目获省科技进步一等奖，4个项目获省科技进步二等奖，20个项目获省科技进步三等奖。培育优秀科研成果390项，评审出市科技进步奖150项，95%以上的成果达到国内领先水平。全年专利授权4 923件，其中发明专利授权308件。全市认定自主创新产品67个。

【科技创新环境建设】　2011年，改进和完善科技奖励指标评价体系，市级科技进步奖向实体经济领域倾斜，加大工业、农业等领域科技创新成果的奖励比重；开展科技和金融结合试点工作，探索科技融资工作新路子；加大厅市会商力度，把创新平台、科技专项、产业基地建设纳入厅市会商内容；强化党政领导干部科技进步目标责任制考核机制，将科技企业孵化器、产业技术创新战略联盟、高新技术企业、研发中心、院士工作站、重点实验室建设等科技指标纳入全市科学发展考核体系；落实自主创新产品政府优先采购政策和高新技术企业15%所得税率、研发经费税前列支等优惠政策，为高新技术企业减免税收4亿多元；坚持高新技术产业发展联席会议制度，及时研究解决高新技术、新兴产业发展中遇到的困难和问题，充分调动各部门推进科技进步和创新的积极性；开展创新方法研究推广工作，提高企业持续创新能力；以“科技引领未来发展，创新建设美好潍坊”为主题，举办第十一届科技活动周。全国政协副主席、科技部部长万钢，省长姜大明等领导多次到潍坊考察指导，对潍坊的创新举措给予了充分肯定。《科技日报》《大众日报》等新闻媒体先后对潍坊市整合国际国内资源、推动自主创新的经验做法，作了典型宣传报道。

【科技合作与交流】 2011年，潍柴动力股份有限公司和盛瑞传动股份有限公司被科技部确定为国际科技合作基地。组织实施“潍柴M26柴油机”“盛瑞8AT”“康跃高效涡轮增压器”和“华光数码新型自动制版设备”4个国际科技合作重点项目。其中，盛瑞传动股份有限公司世界首款前置前驱8挡自动变速器正式投产下线，打破国际垄断，进入批量生产阶段。全市产学研合作基地126家，示范企业67家。继续加强与中科院、中国工程院、中国科技大学等高校院所的深度合作。新建天维膜技术有限公司等10家省级院士工作站，总数20家，其中华特磁电建成潍坊市唯一的省级综合院士工作站，全省仅设4家。

2011年潍坊市新建省级院士工作站（10家）

山东省华特磁电院士工作站
山东省英轩实业院士工作站
山东省威能环保电源院士工作站
山东天维膜院士工作站
山东省水貂良种场院士工作站
山东省诸城外贸院士工作站
山东省大地盐化集团院士工作站
山东省国建高创科技院士工作站
山东省潍柴动力院士工作站
山东省联兴炭素院士工作站

【海洋科技】 （内容详见“行业科技”中“海洋科技”部分）

（潍坊市科技局　赵有志）

济　宁　市

【概述】 2011年，济宁市高新技术产业产值751.04亿元，占规模以上工业产值的比重为19.42%。承担国家科技计划52项、省科技计划130项。获国家及省级科技奖励28项。

【高新技术及其产业】 2011年，按照新的统计口径，全市高新技术产业产值751.04亿元，同比增长29.62%。高新技术产业产值占规模以上工业产值的比重为19.42%，比年初提高1.15个百分点。新认定高新技术企业41家，全市高新技术企业124家。2家企业成为国家创新型企业（兖矿集团有限公司、山东如意科技集团有限公司），5家企业成为省创新型企业、16家企业成为省创新型（试点）企业，3家企业成为省级创新方法试点企业。印发《2011年济宁市高新技术产业发展指导计划》，召开全市科技推动经济转型暨高新技术产业会议和全市高新技术统计工作会议，促进高新技术产业实现质和量同步提高。

2011年济宁市新增省级创新型企业（5家）

兖矿集团有限公司
山东鲁抗辰欣药业有限公司
山推工程机械股份有限公司
山东如意科技集团有限公司
山东新风光电子科技发展有限公司

2011年济宁市新增省级创新型试点企业（16家）

菱花集团有限公司
山东英克莱健身器械科技有限公司
济宁市无界科技有限公司
山东卡松石化有限公司
山东金曼达电工股份有限公司
华勤橡胶工业集团有限公司
曲阜金皇活塞股份有限公司
泰山玻璃纤维邹城有限公司
梁山科泰生物制品有限公司
山东源根石油化工有限公司
山东大丰机械有限公司
曲阜天博汽车零部件制造有限公司
山东鲁抗立科药物化学有限公司
山东合兴科技发展有限公司
山东世纪矿山机电有限公司
山东硕华工贸有限公司

【科技计划】 2011年，济宁市承担国家科技计划52项、省科技计划130项（见表），获资金支持突破1.6亿元，比上年翻一番。“南四湖核心区生态带构建技术及示范”等6个项目列入国家“十二五”科技支撑计划，这是济宁市级科研机构首次牵头承担国家科技支撑计划课题；2个项目列入国家973计划，1个项目列入国家重大国际合作项目，实现济宁市国家973计划和重大国际合作项目零的突破；7个项目列入国家863计划；4个项目列入省自主创新成果转化重大专项计划。22个项目列入2011年度济宁市引导转型自主创新成果转化重大专项，扶持资金1 800万元。项目涵盖新能源、新材料、生物医药、新一代信息技术及节能环保等战略性新兴产业。

表　　2011年度济宁市承担国家及省级主要科技项目

计划类别	项目名称	承担单位
国家重大专项课题	滚动功能部件产业化关键工艺技术及装备开发与应用	山东博特精工股份有限公司
国家农业科技成果转化资金	转基因抗虫棉“山农圣棉1号”的高产示范与产业化开发	山东圣丰种业科技有限公司
国家重点新产品计划	SD42-3履带式推土机	山推工程机械股份有限公司
	水基润滑油（46#水基抗磨液压油）	山东卡松科技有限公司
	机械反馈插装式比例节流阀系统（TLCF-TEA-1X）	山东泰丰液压股份有限公司
	4L-1型自走式大豆联合收割机	山东大丰机械有限公司
	MCR膜絮凝反应器集成装置	山东京鲁水务集团有限公司
国家中小企业创新基金	全自动相控阵超声波探伤试块	济宁瑞祥模具有限责任公司
	大蒜精深加工及加工废水多级处理综合利用设备	济宁益佳科技有限公司
	LXH1000/LXH500/LXH300型沥青路面铣刨机	兖州恒升机械有限公司
	煤矿安全信息管理系统	济宁国强通软有限责任公司
	基于新农合的区域卫生一体化平台	山东济宁新蓝海科技有限公司
	KS06T型（地铁用）光电保护装置	济宁科力光电产业有限责任公司
	内镜专用粒子推注器	梁山县水泊卫生材料有限公司
	膜片式调温器产业化	曲阜天博汽车零部件制造有限公司
	重型恒张力送经三维带芯织机	济宁圣泰机电制造有限公司
国家国际合作项目	聚羟基烷酸酯水污染技术合作研究	山东省意可曼科技有限公司

续表

计划类别	项目名称	承担单位
国家863计划	生物聚合物材料的全生物合成技术	山东鲁抗医药股份有限公司
	可完全生物降解材料聚羟基烷酸酯生物合成技术研究及产业化	山东省意可曼科技有限公司
	大型高温与低温费托合成多联产技术	兖矿集团有限公司
	3 000t/d级水煤浆气化技术开发及工业示范	兖矿集团有限公司
	储能电站用高效率长寿命磷酸铁锂电池	山东润峰集团新能源科技有限公司
	大型光伏系统设计集成技术示范及装备研制	山东润峰集团新能源科技有限公司（合作）
	电动汽车关键技术与系统集成	山东润峰集团新能源科技有限公司（合作）
国家科技支撑计划	基于物联网技术的纺织产品全生命周期管理应用研究与集成示范	山东如意科技集团
	南四湖核心区生态带构建技术及示范	山东省鲁南工程技术研究院
	水冷壁气化炉制造技术集成与应用示范	兖矿集团有限公司
	大型煤炭基地沉陷区黄河泥沙充填修复技术及示范	兖矿集团有限公司
	15万t/a碱性过氧化氢化学机械浆全过程废液零排放技术与示范	太阳纸业股份有限公司
	3 000m^3造纸终端混合废水再生回用技术及示范	太阳纸业股份有限公司
国家973计划	煤液化产品深加工催化剂及基础理论研究	兖矿集团有限公司
	鼠类种群遗传结构动态及遗传调节机制	曲阜师范大学
国家星火计划	优质高档鲁西黄牛生产技术集成与示范	山东科龙畜牧产业有限公司
	设施蔬菜优质高效生产关键技术集成、示范与推广	济宁市任城区蔬菜服务中心
	基于无线传感器网络的农用监控系统应用开发	济宁职业技术学院
国家科技型中小企业创业投资引导基金	国家级科技型中小企业创业投资引导基金风险补助项目	曲阜歌华网络工程有限公司
国家火炬计划	服装行业节能降耗加工关键技术	山东如意科技集团有限公司
	节能环保钢丝绳芯管状输送带	山东安能输送带橡胶有限公司
	PLA聚乳酸全降解发泡片材生产技术及装备产业化	山东通佳机械有限公司
	醚酯型合成润滑油	山东卡松科技有限公司
	高产优质大豆新品种鲁黄1号的推广应用	山东圣丰种业科技有限公司
	锂离子电池磷酸铁锂正极材料产业化	济宁市无界科技有限公司
省自主创新重大专项	光纤传感网络在海洋油气和矿山领域的关键技术研究及产业化（矿山应急通信、应急信息系统研究及产业转化）	山东省科学院激光研究所济宁山科技术总公司、济宁安然智能科技有限公司、山东省科学院激光研究所
	煤焦化萘系列色酚AS的开发与产业化	济宁阳光化学有限公司
	银杏甙元黄酮生物转化及提取纯化技术的研究和产业化应用	山东永春堂集团有限公司
	半导体及显示产品认证检测平台	山东省鲁南工程技术研究院
省科技发展计划	设施大蒜优质高效安全栽培关键技术研究与示范	山东润丰农业科学技术研究院
	选择性发射极多晶硅太阳能电池	润峰电力有限公司
	济宁市采煤塌陷地引黄充填复垦项目	济宁市采煤塌陷地治理办公室
	新型负极材料钛酸锂（$Li_4Ti_2O_5$）在锂离子电池中的应用	山东圣阳电源股份有限公司
	节能环保抗氧多效才有机油技术	山东卡松科技有限公司

续表

计划类别	项目名称	承担单位
省科技发展计划	棉花良种繁育、栽培与加工新技术开发	山东润丰种业有限公司
	新型纳米注射剂的研究与开发	辰欣药业股份有限公司
省优秀中青年科学家科研奖励基金	鲁西南地方家禽Mx基因抗性基因型筛选与鉴定	济宁学院
	新颖“声子玻璃—电子晶体”（PGEC）型热电功能材料的设计与合成	济宁学院
	羟基磷灰石基复合支架的制备及其构建组织工程骨的研究	济宁学院
省自然科学基金	过渡金属掺杂TiO_2磁性光催化剂耦合流化床降解环境中的挥发性有机污染物研究	济宁学院
省科技型中小企业创新发展专项	3万t/a醇法制备大豆浓缩蛋白成套技术装备	山东凯斯达机械制造有限公司
	废啤酒酵母提取新型食品风味剂	济宁圣齐生物工程有限责任公司
	重型恒张力送经三维带芯织机	济宁圣泰机电制造有限公司
	纳米银外用抗菌凝胶	山东梁山三利树脂有限公司
	LED无影灯设计研发	山东育达医疗设备有限公司
	钢丝绳芯强力胶带检测系统	济宁鲁科检测器材有限公司
省软科学研究计划	基于水资源承载力的山东省城市规模研究	济宁学院
	区域经济视角下高等职业教育社会服务能力研究	济宁职业技术学院
	构建高职院校产学研结合体系服务区域经济社会发展研究	济宁职业技术学院
	高职院校服务科技创新型城市建设的研究	山东理工职业学院
	物联网应用技术人才培养的研究与探索	山东理工职业学院
省软科学研究计划	济宁市煤及煤化工产品标准与质量现状及煤化工产业发展战略研究	鲁南煤化工研究院
	新兴产业发展对经济转型作用的研究	山东理工职业学院
省科技富民强县专项行动计划	大豆种业创新体系建设与规模化生产	嘉祥县（圣丰）
	绿色肉鸭标准化养殖与深加工技术集成及产业化	兖州市（绿源）
	有机蔬菜及农业观光一体化产业化开发	山东鼎祥神起农业发展有限公司
省农业科技成果转化资金	高热值秸秆燃气（免除焦）锅炉应用气化机组中试	兖州市新世纪秸秆气化工程有限公司
	采煤塌陷区高效农业技术产业化开发	邹城市鲁为农作物种植有限公司
	金乡县有机大蒜标准化种植技术研究与示范	金乡县宏昌果菜有限责任公司
	高产高淀粉耐肥湿甘薯新品种济徐23配套丰产栽培技术示范与推广	泗水李丰食品有限公司
省良种工程重点课题	姬松茸新品种选育与示范推广	山东瑞芝生物科技有限公司
	微山湖鲤鱼种质资源保护与良种选育	微山县南四湖渔业有限公司 山东省淡水水产研究所
	汶上芦花鸡新品系选育与开发利用	汶上县金秋食品有限公司
	金乡县白梨瓜品种改良及产业化开发	金乡县农业技术推广中心
	泗水裘皮羊毛提纯复壮及产业化开发	泗水县益农裘皮羊保种场
省星火计划重点项目	棉花良种繁育、栽培与加工新技术集成与示范	山东圣丰种业有限公司 山东齐鲁种业有限责任公司
省星火计划项目	优质小麦良种生产基地建设	山东齐鲁种业有限责任公司
	棉花轻简育苗移栽技术示范与推广	山东齐鲁种业有限责任公司

续表

计划类别	项目名称	承担单位
省星火计划项目	山药专用配方肥的研制与推广	济宁市源浓润丰农资有限公司
	1SZL-200深松整地联合作业机的研发	兖州市宇通工贸有限公司
	食用菌智能化工厂栽培及技术推广	山东集盛食品有限公司
	大樱桃矮化砧木组培快繁及产业化开发技术	邹城市果树站
	生物质成型燃料和清洁燃烧设备推广与示范	邹城市农村能源办公室
	食用菌工业化种植与深加工	邹城市食用菌工作站
	小麦宽幅精播高产栽培技术	邹城市农业技术推广站
	β-胡萝卜素的提取研究与开发	金得利食品有限公司
	汶上芦花鸡规模养殖技术及产品深加工	汶上县金秋食品有限公司
	利用日光温室培育甘薯壮苗关键技术研究和产业化示范	汶上县地瓜研究所
	嘉祥县细毛长山药高产高效栽培新技术研究及产业化开发	嘉祥县名豆山药种植专业合作社
	百子鹅选育及产业化开发	济宁华源畜牧养殖有限公司
	圣稻系列水稻品种种子繁育与推广	济宁瑞丰种业有限公司
省经济强县参与国家重大科技计划行动	膜片式调温器产业化	曲阜天博汽车零部件制造有限公司
	甜高梁茎穗联合收获技术与装置研究	山东大丰机械有限公司
	无障碍、智能化、免维护预装式变电站	山东亿九电器发展有限公司
省农业良种工程“种子商品化生产关键技术研究与集成示范”	小麦种子商品化关键技术研究与集成示范	山东圣丰种业科技有限公司
省火炬计划	全自动相控阵超声波探伤试块	济宁瑞祥模具有限责任公司
	可完全生物降解材料PHA产业化	山东省意可曼科技有限公司
	食用菌智能化工厂栽培及技术推广	山东集盛食品有限公司
	年产6 000t酵母抽提物项目	济宁圣齐生物工程有限责任公司
	SCG水平称重装载系统	兖州市量子科技有限责任公司
	车载式混凝土输送泵	梁山通亚重工机械有限公司
	纳米银外用抗菌凝胶	山东梁山三利树脂有限公司
	ZJV9403GHYDY轻型液罐车	梁山中集东岳车辆有限公司
	旋翼密闭型垂直轴磁悬浮风光互补发电系统	山东中晶新能源有限公司
省科技发展计划（政策引导类）	YBB系列矿用节能防爆电机	山东中孚新能源有限公司
	高效节能型毛纺织染整环保加工技术	山东济宁如意毛纺织股份有限公司
	基因工程菌L-色氨酸的研究开发	山东鲁抗医药股份有限公司
	矿用井下手持智能终端	济宁国翔信息科技有限公司
	鲁西南疫区EV71病毒致重症手足口病患儿死亡的病理发生机制研究	济宁医学院第二附属医院
	多电平高压逆变器	山东新风光电子科技发展有限公司
	节能环保抗氧多效柴油机油	山东卡松科技有限公司
	有机全合成液压油（节能环保型）	山东源根石油化工有限公司
	格列齐特缓释片工艺研究及推广生产	山东鲁抗医药股份有限公司

续表

计划类别	项目名称	承担单位
省科技发展计划（政策引导类）	安吡昔康合成工艺研究及推广生产	山东鲁抗医药股份有限公司
	纳他霉素高表达菌种选育及提取技术研究	山东鲁抗医药股份有限公司
	动物专用抗生素——泰拉霉素原料药研制	山东鲁抗舍里乐药业有限公司
	医疗智能终端	山东新蓝海科技有限公司
	头孢噻肟钠新工艺研究及推生产	山东鲁抗医药股份有限公司
	电动汽车用凝胶聚合物磷酸铁锂电池及管理系统	山东圣阳电源股份有限公司
	固定化木瓜蛋白酶制备蛋白水解液的研究	济宁耐特食品有限公司
	DLS885-A轮胎式液压挖掘机研发	山东沃尔华工程机械有限公司
	高压大流量整体式多路阀的研究与制造	山东德立信液压有限公司
	液压回转系统中央回转接头的研究与制造	山东德立信液压有限公司
	抽油机专用变频器能量回馈单元	曲阜嘉信电气有限公司
	硅烷交联物理发泡EPE技术研究	山东通佳机械有限公司
	高效节能型挤出机研究开发	济宁市塑料机械厂有限公司
	智能电网用光电缆（OPLC）	鲁能泰山曲阜电缆有限公司
	开关磁阻电机电动汽车研制项目	山东富平电力机车有限公司
	超高分子量聚乙烯纤维	山东翔宇化纤有限公司
	深井构造复杂煤层综放采场矿压与巷道围岩控制技术	山东济矿鲁能煤电股份有限公司阳城煤矿
	内河LNG单燃料动力船舶的研制	山东省航宇船舶修造有限公司
	LED冷光源低压电力载波路灯监控系统	山东济宁拓新科技有限公司
	叠层印刷改良发射极晶硅太阳电池	润峰电力有限公司
	OMS摆线液压马达	济宁科尔森液压有限公司
	便携式集成光伏离网发电系统及应用产品	山东中晶新能源有限公司
	超大型（80）生物质固体燃料成型设备研制	济宁市田农机械有限公司
	LED路灯的智能化控制系统	山东佛都半导体照明有限公司
	矿用固邦特加固材料产业化项目	山东合兴科技发展有限公司
	架柱式乳化液（防突）钻机	邹城兖矿泰德工贸有限公司
	千米深井安全施工综合技术研究与应用	济宁矿业集团安居井田资源开发有限公司
	新型节能碳纤维发热电缆	济宁益群节能取暖设备有限公司
	1SZ系列震动深松机的研制	兖州市凯兴工矿机械有限责任公司
	低分子量高含量硫酸软骨素的制备方法	山东海钰生物技术有限公司
	高效率长寿命锂离子储能电站关键技术开发	山东润峰集团新能源科技有限公司
	矿用通风机智能变频远程控制技术与应用	济宁矿业集团霄云井田资源开发有限公司
	SD24-5履带式推土机研制	山推工程机械股份有限公司
	SR14D高频电控双钢轮振动压路机研制	山推工程机械股份有限公司
	SD18-5履带式推土机研制	山推工程机械股份有限公司
	济宁矿业集团花园煤矿孤岛煤柱充填开采技术研究	济宁矿业集团花园井田资源开发有限公司
	多喷嘴对置式煤气化技术操作仿真培训系统开发与应用	山东兖矿国拓科技工程有限公司

续表

计划类别	项目名称	承担单位
省科技发展计划（政策引导类）	烟气多级吸入湿法脱硫脱氮除尘器	山东大拇指喷雾设备有限公司
	基于RFID的移动物联网定位系统	山东盛世光明物联网技术有限公司
	网路神警网络安全监管系统	山东盛世光明软件技术有限公司
	煤矿用螺杆钻具	邹城市东远石油机械有限公司
	4LZ-2.5Z履带式全喂入水稻联合收割机开发项目	山东大丰机械有限公司
	再生环保型木塑复合材料	山东霞光实业有限公司
	新型高效培南类抗生素比阿培南的研制	山东鲁抗立科药物化学有限公司
	压缩式垃圾车技术研发项目	兖州环亚挂车制造有限公司
	4YZ-3型自走式玉米收获机	山东国丰机械有限公司
	玻璃钢夹砂管道	兖州创佳玻璃纤维制品有限公司
	1 000t/a中间相沥青、100t/a沥青基碳纤维、泡沫碳及碳碳复合材料	济宁碳素集团有限公司
	变频调速交流电动机机车	济宁市众力矿山设备制造有限公司
	10 000t/a浸渍剂沥青研究与开发	济宁碳素集团有限公司
	重金属废水膜集成处理技术与设备	山东京鲁水务集团有限公司
	农村健康饮用水技术与设备	山东京鲁水务集团有限公司
	YBB系列矿用节能防爆电机	山东中孚新能源有限公司

【科技创新资源与能力建设】 2011年，鲁南工程技术研究院新址正式启用。引进以国家“千人计划”专家钟路华、院士汪槱生及“泰山学者”、海归博士为代表的九大创新团队入驻工研院，注册成立创新企业3家。建立了山推工程机械、梁山专用车等6家工研院研发分院，中科院（沈阳分院）、浙江大学、山东大学等技术研发中心和工作站初见成效。承担的“南四湖核心区生态带构建技术及示范”“蓝天数控技术提升改造普通机床”等重大项目进展顺利。与以色列玛雅孵化器签订合作框架协议。鲁南工程技术研究院正成为对接大院大所的高端平台、重大科研攻关项目的组织实施载体、高新项目的孵化基地。开通中国科技信息研究所、国家工程技术图书馆济宁服务站、国家科技图书文献中心济宁高新区服务站和山东省第一家科技决策支持系统工作站，逐步构建起布局合理、功能齐全、开放高效的科技信息服务平台体系。大型科学仪器平台效果显著，济宁市大型科学仪器协作网入网设备236台，在全省大型科学仪器设备资源共享绩效考评中获得表彰奖励。当年新增市级院士工作站9家，累计24家；全市共建设省级以上工程技术研究中心60家；省级以上重点实验室11个，其中国家级3个；省级产业技术创新战略示范联盟3个；全市科技企业孵化器面积达到100万m^2，在孵项目800个以上；全市科技中介机构500家。

【农业与社会发展】 2011年，实施良种产业化工程，全市引进培育农业优良品种500多个，农业良种覆盖率98%。实施国家农业科技园区发展战略，形成“核心区、示范区、辐射区”的总体布局和“两片六区九中心”的核心格局，为创建国家农业科技园区打下基础。已建设高标准农业示范园23处（省级3处、市级20处）。实施科技富民强县行动计划，突出农业科技成果转化与推广，推进科技成果产业化，金乡、汶上、泗水通过省级验收，富民强县行动计划在济宁市10个县市成功实施。农村科技信息服务体系初步建立，金乡县建立了有机大蒜质量安全信息化管理体系，规范大蒜生产基地，使全县有机大蒜实现规范化、标准化管理；兖州开设具有地方特色的专家咨询热线，通过多种形式的农业信息服务，力求解决农村科技信息传输“最后一公里”的瓶颈问题，实现科技信息进村入户。在民生科技方面，设立节能减排科技支撑专项，加快节能减排技术产业化示范和推广。安排项目80项，扶持资金1 500万元，围绕绿色转型，强化科技的引领支撑作用。组织编制《环微山湖经济带发展规划》，在实现生态全面恢复和加快水源工程建设的同时，大力推进产业同步提升。

【科技成果与奖励】 2011年，济宁市获国家及省级科学技术奖共28项。其中，国家科技进步二等奖1项；省科技进步一等奖1项、二等奖8项、三等奖17项，省自然科学二等奖1项。获山东省软科学优秀成果奖41项，山东省技术市场科技金桥奖9项。

【知识产权管理】 2011年，全市申请专利6 732件，居全省第七位，同比增长66.30%。其中，发明专利696件，占10.34%；授权专利4 312件，居全省第五位，同比增长16.82%。全市累计申请专利27 299件，授权专利18 922件。市政府出台《关于贯彻落实〈山东省知识产权促进条例〉促进我市知识产权事业快速发展的意见》，将知识产权纳入全市科学发展综合考核指标体系。在市委《关于进一步健全和完善全市党政机关事业单位领导班子领导干部督查考核体系的实施意见》中，首次将亿元GDP专利申请量和发明专利占比纳入考核指标。推进国家知识产权示范城市创建工作，成立由分管副市长任组长、31个部门为成员的国家知识产权示范城市创建工作领导小组。出台济宁市人民政府《关于加强知识产权保护工作的意见》《济宁市保护知识产权工作组成员职责和工作制度》，全面深入开展“打击侵犯知识产权和制售假冒伪劣商品专项行动”，共出动执法力量300多人次，对全市流通领域的50个专业市场、大型商场和食品药品经营商店进行了执法检查，处结了一批重点侵权案件。推进中国（济宁）知识产权维权援助中心建设，开展举报投诉与维权援助工作，接听解答各类知识产权咨询432个、举报投诉事项10件，对5个案件开展维权援助。不断优化知识产权发展环境，通过组织知识产权“进机关、进学校、进企业、进社区”、发布《知识产权发展与保护状况白皮书》、设置咨询站点、开展培训等“知识产权宣传周”系列活动，利用各类新闻媒体、公共场所广告等开展知识产权宣传，营造了浓厚的知识产权文化氛围。

【政策法规与环境建设】 2011年，市政府出台《济宁市“十二五”科学技术发展规划》，确定“十二五”科技发展总体目标，明确7项重大创新任务，提出“十二五”时期全市高新技术产业发展的措施和五大新兴产业技术发展路线图。召开全市科技奖励大会，表彰获国家、省、市科技进步奖项目和优秀创新团。组织开展县市区科技进步考核工作。成立了由市长梅永红任组长，市委、市人大、市政府、市政协及相关部门负责人为成员的科技进步考核工作领导小组，全面总结复核、汇总上报了各县市区2009年和2010年两年的科技进步工作。继2009年后，济宁市蝉联“全国科技进步先进市”称号，12个县市区全部通过考核，6个县（市、区）被评为“全国科技进步先进县（市）”。强化科技宣传工作，在中央、省、市新闻媒体、刊物上报道济宁科技工作稿件800余篇，编印《济宁科技》58期。

截至年底，共有钟路华、刘统玉、侯士峰等9个高层次创新创业团队入驻鲁南工研院，其中国家“千人计划”专家3人，中国工程院院士1人，初步形成高端人才集聚效应。引进团队专业涵盖煤化工、生物医药、金融、电力电子等领域，均为济宁市重点发展产业或战略性新兴产业。修订完善全市2011年人才工作3个指导性文件，完善济宁市“511”海外高层次人才引进计划的实施意见和评审程序。完善人才评价使用机制，建立符合人才队伍成长规律的体制机制。

【科技金融】 2011年，济宁市把科技金融工作作为当前转型升级、科技创新的突破口。成立了科技金融领导小组，市政府印发《关于加强科技金融工作的意见》，并出台有关配套政策，建立联席会议制度，会商解决科技金融工作的各类问题。注册成立山东科创投资担保有限公司，引进以色列英飞尼迪股权基金投资集团，成立了济宁英飞尼迪创业投资管理有限公司。山东省第一家科技银行——济宁银行科技支行揭牌运营，同时与浦发银行济宁支行、济宁兴业担保有限公司、济宁银联担保有限公司等分别签订了济宁市科技金融战略合作协议，合作构建起科技、财政、银行、担保机构和相关服务机构等共担风险控制体系。为加强国际科技金融合作，市科技金融代表团赴以色列、土耳其和阿联酋进行访问，3家公司与英飞尼迪股权投资集团达成合作协议。当年，英飞尼迪首批完成投资6 530万元。省内第一家科技金融服务机构济宁市科技金融促进会成立，已吸收了60家科技企业参加，将多渠道、多形式筹集科技资金，推动科技成果商品化、产业化、国际化，优化资金效益，促进科技进步。与近30家投资机构达成合作意向。与北京创投协会的合作，促成了两家投资公司分别注资2亿元在济宁建立分支机构，使济宁市与国内外创投机构合作建立基金总规模达到10亿元。促成2家银行与4家拥有自主知识产权的企业签订知识产权质押贷款协议，落实贷款资金7 300万元。

【科技合作与交流】 2011年，与上海交通大学、浙江大学、同济大学等12所重点高校签约共建济宁科技新城大学科技园，与清华科技园签订战略合作框架协议，促进清华科技园启迪（邹城）科技园建设，与北京理工大学签约共建“济宁技术转移中心”。举办了济宁市政府与中国科学院（沈阳分院）、驻天津市国家级科研院所、浙江大学、山东大学等科技合作推进洽谈会；组织“清华大学百名专家学者济宁行”“院士济宁行”“国家‘千人计划’专家济宁行”等一系列产学研合作活动；引导鼓励企业主动和国内高等院校、科研单位对接，加快成果转化，提升管理水平。建设“山东省中美无菌液体包装纸合作研究中心”等国际合作研究中心3家。

【科普工作】 2011年，济宁市组织科技下乡活动600余次，推广科技成果近2 600项，培训各层次人才100多万人次，有200多万人直接受益。通过举办科技活动周，邀请科技部、省科技厅领导来济宁作专题报告，科技培训班，产学研对接活动等，增强全社会科技意识。

【科技管理】 2011年，建设济宁市科技计划管理信息系统，具备项目在线申报、项目在线审批、科技奖励网上推荐等功能，实现工作流程精简化、科学化。济宁市科技系统开展了“创‘三型’机关、做‘三型’干部，科技提升年”活动，增强为民意识，提高了执行能力。市科技局获“全省科技系统先进集体”“全国R＆D资源清查先进单位”

（济宁市科技局　刘　灏）

泰　安　市

【概述】 2011年，泰安市规模以上工业企业实现高新技术产业产值978.92亿元，占规模以上工业总产值比重为21.27%。争取国家、省科技计划项目58项。取得重要科技成果310项，获省级以上科技奖励57项。泰安市及6个县（市、区）全部通过2011年度全国县（市）科技进步考核，泰安市连续三次获“全国科技进步考核先进市”称号，泰山区、新泰市、东平县分别获全国科技进步考核先进县（市、区）称号。全市科技管理系统先后有10个单位获省级以上先进集体。泰安市科技局获“全省科技管理系统先进集体”。

【高新技术及其产业】 2011年，泰安市规模以上工业企业实现高新技术产业产值978.92亿元，同比增长27.35%，占规模以上工业总产值比重为21.27%，比上年底提高1.18个百分点。全市现有的46个高新技术行业中，42个行业产值同比增长；17个行业增长超过30%；锻件及粉末冶金制品制造，专项化学用品制造，电线电缆制造，变压器、整流器和电感器制造，改装汽车制造，玻璃纤维及制品制造行业产值较大，占高新技术产业产值的55.31%。19家企业顺利通过高新技术企业复审，10家企业被新认定为高新技术企业，10家高新技术企业通过审核备案，泰安市高新技术企业累计59家。1家企业列入国家火炬计划重点高新技术企业，累计4家。

【科技计划】 2011年，泰安市承担国家、省科技计划项目58项，到位资金5 032万元。18个项目获国家科技型中小企业创新基金支持资金1 400万元，7个项目获省科技型中小企业创新基金支持资金300万元，泰安市科技型中小企业创新基金立项数和争取资金数均超过全省10%。争取省自主创新成果转化重大专项4项（其中后补助项目1项），资金1 320万元。当年，泰安市应用技术研究与开发资金1 978万元，市科技发展计划设立优势主导产业创新与发展、战略型新兴产业培育与提升、现代农业生产关键技术研究与示范、社会发展领域关键技术研究与示范、产学研合作、科技基础条件平台建设等六大专项，安排资金1 160万元；其他计划75项，安排资金698万元。

表1　　2011年度泰安市承担国家及省级主要科技项目

计划类别	项目名称	承担单位
国际科技合作计划	管道施工机械极地气候适应性研究	泰山工程机械股份有限公司
	防火管道内缓降自救器	泰安鲁普耐特塑料有限公司
国家科技型中小型企业技术创新基金	电动车自控能量回收电机	东平永鑫机械有限公司
	矿用型气动绞车	泰安巨菱钻探装备有限责任公司
	高性能消防用玄武岩纤维绳	泰安鲁普耐特塑料有限公司
	实时在线电脑自动分析型胎儿母婴监护仪	泰安市迈迪医疗电子有限公司
	煤矿用补偿装置及真空电磁启动器	山东容力达矿用电器设备有限公司
	烟气低能耗脱硫及脱硫废渣资源化利用技术与设备	山东永安环保工程有限公司
	新型跌落式熔断器产业化开发	东平永泰电器科技有限公司
	基于物联网的全方位智能验瓶机	山东明佳包装检测科技有限公司
	喷雾离心式除尘风机	泰安三元通风除尘设备有限公司
	风道式集尘装置	泰安市泰山木工机械有限公司
	船舶三维数控弯板机	泰安市硕力液压设备厂
	高清数码光学滤波器晶体材料	山东博达光电有限公司
	矿山压力位移监测系统	山东科大中天电子有限公司
	智能低功率连续曲线控温回流焊机	泰安普惠电气科技有限公司
	空间转弯越野带式输送系统	泰安力博机电科技有限公司
	基于乙烯基复合材料的旋流喷雾烟气脱硫装置	山东中玻节能环保发展有限公司
	数控大口径螺旋焊管成套设备	泰安市恒嘉机械制造有限公司
国家科技型中小企业创业投资引导基金		泰安三鑫重工有限公司
国家火炬计划	果蔬加工成套设备	泰山集团泰安市普瑞特机械制造有限公司
	复杂断面冷弯型材	泰安科诺型钢股份有限公司
	层叠式中冷器的研制及应用	山东同创汽车散热器装置股份有限公司
	ZF-145/3150-40气体绝缘金属封闭开关设备	山东泰开高压开关有限公司
	大倾角上运新型花纹带式输送机	泰安力博机电科技有限公司

续表

计划类别	项目名称	承担单位
国家火炬计划	4YZ-2型液力四驱的自走式玉米联合收获机产业化	山东宁联机械制造有限公司
	ZC2600/16/25充填矸石液压支架	山东新煤机械有限公司
	0.5～3×800开卷矫平飞剪生产线	山东宏康机械制造有限公司
	ZF口-40.5（L）型气体绝缘金属封闭式组合电器	山东泰开中压开关有限公司
	新一代66kV节能型油浸式电力变压器	山东鲁能泰山电力设备有限公司
	智能变压器	山东泰开变压器有限公司
	机械离心二级分离技术在RT培司生产中的研究与应用	泰安圣奥化工有限公司
	起重机产业园CAD三维设计及制造公共服务平台	山东泰山生产力促进中心
省自主创新成果转化重大专项	蓝光地理信息系统	山东蓝光软件有限公司
	大型数控中厚板精整成套设备	山东宏康机构制造有限公司
	年产2 000t纯壳聚糖纤维	山东华兴纺织集团有限公司
省农业良种工程项目	泰安青皮水果萝卜新品种选育与种质创新的研究	泰安市华泰种业有限公司
	肥城桃原始种质资源保护与示范推广	肥城市肥桃研究所
	名产蔬菜“泰安黄芽大白菜”种质提纯、保存及创新利用	泰安市农业科学研究院
	青鱼良种产业化开发及推广	东平县老湖镇双喜特种水产养殖场
	太空平菇育种与新品种示范推广	宁阳县海鑫生物科技有限公司
省农业科技成果转化资金项目	能源型甘薯新品种“泰中9号”高效生产示范	泰安市农业科学研究院
	精准变率免耕施肥播种机中试与产业化	肥城市畜丰农牧机械有限公司
省自然科学基金	Notch信号通路参与bFGF对神经干细胞辐射损伤保护作用的实验研究	泰安市中心医院
	微生物溶胶与气载内毒素在口腔诊室环境中的发生及传播机制研究	泰安市中心医院
省优秀中青年科学家科研奖励基金	三自由度压电定位工作台的智能化控制技术研究	泰山学院
	骨髓基质干细胞联合VEGF-C质粒局部注射治疗兔肢体继发性淋巴水肿的机制研究	泰安市中心医院
	重型机床多学科设计优化理论与应用研究	泰山学院
	山东省栽培灵芝菌株的遗传多样性分析及种质创新	泰安市农业科学研究院
	对称锥互补问题的光滑算法及其在支持向量机中的应用研究	泰山学院
省科技发展计划	风味花生油系列产品开发	东平金星油业有限公司
	静电混纤玻璃纤维增强热塑性复合材料制备技术研究	山东岱银纺织集团股份有限公司
	智能化网上科技信息检索服务系统	山东泰山生产力促进中心
	基于云计算的政务信息网络服务平台建设	泰安市大通前沿电子科技有限公司
	基于3G技术无线移动远程医疗监护网络	泰安市迈迪医疗电子有限公司
	焦化废弃物联产碳酸氢铵新工艺与成套设备研究与示范	肥城金冠机械工程有限公司
	风化煤生产活性腐植酸复肥关键技术的研究与开发	山东农大肥业科技有限公司
	180级特细型三涂层自粘漆包线技术研发	山东赛特电工股份有限公司
	蛋鸡生态健康养殖标准化技术体系研究与示范	山东众成饲料科技有限公司
	抗枣疯病植原体（MLO）基因克隆与转化试验研究	泰安市泰山林业科学研究院

续表

计划类别	项目名称	承担单位
省科技发展计划	基于纳米技术的海藻纤维织物功能开发	泰安市金飞虹织造有限公司
	基于RFID的绳网物流管理及机器人的研发应用	泰安鲁普耐特塑料有限公司
	输电铁塔用耐候冷弯型钢	泰安市科诺型钢有限责任公司
	DGY70E型履带式吊管机的研制开发	泰安泰山工程机械股份有限公司
	新型活性腐植酸缓释肥的研究与开发	山东鲁中肥料科技有限公司
	优质高效肉兔新品系选育与示范	泰安市泰康兔业科技有限公司
	优质蔬菜新品种引进、筛选及集约化育苗技术研究	肥城坤庆食品有限公司
	绿芦笋及优质青刀豆栽培与深加工技术	泰安泰山亚细亚食品有限公司
	地方风味冷鲜猪肉的开发	山东晴好食品科技有限公司
	VEGF-ASODN对人涎腺腺样囊性癌细胞Acc-2体内外生长影响的研究	泰安市中心医院

【科技创新资源与能力建设】 2011年，新建省级工程技术研究中心11家（见表2），总数37家；新增省级民办研究院（科技类民办非企业）1家，累计6家；新建省企业重点实验室2家，累计3家；新建山东省院士工作站4家，累计11家；新建省国际合作中心8家；构建市级产业技术创新战略联盟7家。截至年底，全市拥有2家863计划成果产业化基地、2家国家火炬计划特色产业基地，1家国家级工程技术研究中心、1家国家重点实验室、4家国家级技术中心、47家市级工程技术研究中心。

表2　　2011年度泰安市新建省级工程技术研究中心（11家）

中心名称	依托单位
山东省生物质聚酯材料工程技术研究中心	瑞星集团有限公司
山东省涤纶纺粘复合材料工程技术研究中心	山东泰鹏无纺有限公司
山东省智慧矿山软件工程技术研究中心	山东蓝光软件有限公司
山东省果蔬加工装备工程技术研究中心	泰山集团泰安市普瑞特机械制造有限公司
山东省矿山救生设备工程技术研究中心	山东能源机械集团有限公司
山东省超高压电缆及附件工程技术研究中心	特变电工山东鲁能泰山电缆有限公司
山东省杏育种与深加工工程技术研究中心	泰安市泰山林业科学研究院
山东省大豆收获机械工程技术研究中心	山东宁联机械制造有限公司
山东省腐植酸高效利用工程技术研究中心	山东农大肥业科技有限公司
山东省远程医疗监护工程技术研究中心	泰安市麦迪医疗电子有限公司
山东省烟气脱硝工程技术研究中心	山东中玻节能环保发展有限公司

【农业与社会发展】 2011年，泰安市继续实施农业良种、科技特派员、农村科技信息进村入户、名特优果品精品示范“四大”工程和农业科技园区创建、科技富民强县、新农村民生科技示范“三大”行动。安排市级农业良种项目7项，经费50万元，培育、引进和繁育新优特色品种87个。全市已下派科技特派员288名，在农业、林业、畜牧、水产、农产品加工等多个领域，以创办、领办、技术入股等多种形式开展服务活动。建成农村科技信息综合服务平台和农业基础数据库，开发专家咨询决策系统、专家农民视频互动系统和手机短信服务系统；建立市级星火科技12396信息服务中心，建成53个农村科技信息基层服务站点。泰安市科技局与泰安人民广播电台合

作播出236期“泰山农科”广播节目，与市党员干部现代远程教育中心合作开展下乡培训活动6次，累计下乡36次，发放技术明白纸6万余份，培训农民2万余人。全市果品精品示范园区20个，辐射带动面积400hm^2（6 000亩）。建立有机蔬菜、桑蚕、苗木花卉、食用菌、黄花菜、中草药等特色产业示范基地62个，带动面积3.85万hm^2（57.8万亩）。制定《泰安市节能减排科技工作实施方案》，筛选一批企业实用技术，取得节能减排科技成果16项，推广应用先进实用节能减排技术30余项。

【科技成果与奖励】 2011年，泰安市取得重要科技成果310项，出现一批具有原创性、带动性、产业化前景广阔的科技成果。全市获省级以上科技奖励57项，位居全省第3名，其中国家科技奖3项，省科技奖54项。泰安力博机电科技公司“长距离多点大角度小半径空间转弯带式输送系统”项目获省科技进步一等奖。山东农业大学董树亭教授、泰安华鲁锻压机床有限公司刘庆印研究员获泰安市科技最高奖。评出市科技进步奖项目98项，其中一等奖9项、二等奖31项、三等奖58项，市技术发明奖2项。

【知识产权管理】 2011年，泰安市国内专利申请7 696件，居全省第6位，同比增长14.22%，增幅居全省第13位。国内发明专利申请量2 417件，居全省第4位，较上年增长518件，增幅为27.28%，发明专利申请所占比例为31.41%，高于全省23.38%的平均比例，居全省第二位。全市国内专利授权2 226件，居全省第10位，同比增长5.00%，增幅居全省第11位。全市PCT国际专利申请23件，其中，新泰市20件、宁阳县2件、岱岳区1件。4月8日，泰安市召开创建国家知识产权示范城市工作会议。当年，围绕传统产业优化升级和战略性新兴产业培育壮大，在重点技术领域加大专利优势培育，打造了一批具有自主知识产权和市场竞争力较强的企业和企业集团。泰安市培育出泰安高压开关集团、华兴纺织集团、鲁普耐特公司等多家专利申请过百件的专利大户。泰山工程机械股份有限公司成为2011年度全省15家专利创造能力培育单位之一。开展“打击侵犯知识产权和制售假冒伪劣商品”专项行动，首次对网上宣传涉嫌假冒专利行为进行了立案调查。中国（泰安）知识产权维权援助中心开通全国统一设定的“12330”知识产权举报投诉服务电话。

【科技合作与交流】 2011年，泰安市政府分别与中科院沈阳分院、东华大学、山东省科学院、西安交通大学等5家院校签订了全面合作协议和合作备忘录，建立技术转移中心。与西安交大成立产学研合作办公室。组织县、市、区科技局及有关企业赴中科院沈阳分院、西安交大、山东省科学院等重点科研单位进行了5次对接交流活动。登山节期间组织北京科技大学、西安交通大学、东华大学等单位进行了科技成果发布暨合作项目签约会。建设了多家产学研合作载体，西南交通大学“牵引动力国家重点实验室”中试基地落户泰安。

【科普及科技宣传】 2011年，举办了以“携手建设创新型泰安”为主题的泰安市第十一届科技活动周，组织各类活动60项，参与组织活动的部门、单位和企业110家，受益群众115万人。大力宣传科技成就、科技典型、科技政策、知识产权战略，国内有关媒体采用科技稿件600篇，其中，《光明日报》头版头条刊发《泰安发展：思想与创新力双翼互动》，《科技日报》先后发表泰安市大学生发明创造引导计划、民间发明计划、网上科技沙龙等长篇报道，山东省政务信息采用泰安市科技信息3条，《泰安日报》头版头条报道3篇，《泰安工作》发表署名文章2篇。《泰安日报》创新泰安栏目开设了科技型中小企业展评、创建国家知识产权示范城市专栏。修订《科技系统宣传考核奖励办法》。泰安市科技局被山东省科技厅表彰为全省科技系统新闻宣传工作先进单位、全省科技系统政务信息工作先进单位。

（泰安市科技局　徐海鹏　姚　文）

威　海　市

【概述】　2011年，威海市开展了第四个“自主创新年”活动，组织实施各级各类科技计划447项，新获批省级以上科技计划项目209项。全市高新技术产业产值1 765.5亿元，占规模以上工业总产值比重33.64%。全市取得重要科技成果197项，获省科学技术三等奖10项。在2011年度国家科技进步考核中，威海市及所辖各市区全部被评为“全国科技进步考核先进单位”。

【高新技术及其产业】　2011年，按新口径统计，威海市高新技术产业产值1 765.5亿元，比上年增长37.52%，占规模以上工业总产值比重33.64%，提高1.06个百分点。高新技术产业固定资产投资占工业固定资产投资的比重为33.08%，增幅位列全省第2位，比重位列全省第4位，产值总量位列全省第7位。新认定国家火炬重点高新技术企业1家，总数10家。新认定高新技术企业20家，复审通过53家，总数95家；其中规模以上企业77家，产值过亿元的48家，利税过亿元企业15家，规模以上高新技术企业科研经费占销售收入的比重4.6%。全市高新技术产品出口15.8亿美元，同比增长4.2%，占全市外贸出口额的4.7%。以四川大学、华东理工大学等优势科技资源为牵引，打造了新材料产业化基地，助推新材料产业集群发展。全国先进复合材料高新技术产业化基地通过科技部复核答辩。

【科技计划】　2011年，全市组织实施市级以上各类科技计划447项。新获批省级以上科技计划项目209项（经费5万元以上项目见表1），其中国家863计划项目6项、国家科技支撑计划5项、国家重点新产品计划3项、国家火炬计划6项、国家星火计划4项、国家自然科学基金计划37项，国家中小企业创新基金7项、省自主创新重大专项4项，其他项目137项。

表1　　2011年度威海市承担国家及省级主要科技项目

项目类别	项目名称	承担单位
国家863计划重点项目	血糖检测与胰岛素注射微系统	山东威高集团医用高分子制品股份有限公司
	钛合金脊柱骨科材料关键技术及产品研发	威高集团有限公司
国家科技支撑计划	黄渤海区典型海湾复合养殖技术集成与示范	现代海水养殖产业技术创新战略联盟、水科院黄海所
	海产贝类产业链关键技术集成与示范	国家海产贝类工程技术研究中心、中科院海洋所、中国海洋大学、水科院黄海所等
	濒海社会主义新渔村可持续发展技术集成与示范	西霞口集团、省农科院
	食品生物毒素控制及放射性污染预警技术集成与示范	泰祥集团、水科院黄海所
	养殖扇贝全基因组选择技术及高产抗逆品种培育	现代海水养殖产业技术创新战略联盟、中科院海洋所、中国海洋大学、水科院黄海所等
国家科技型中小企业技术创新基金项目	鱼粉加工废水治理与资源化利用技术	荣成市明源水产食品有限公司
	直接转矩控制的矢量变频器	山东五福星电器科技有限公司
	财政支农资金监管平台	威海市金财网络技术有限公司

续表

项目类别	项目名称	承担单位
国家科技型中小企业技术创新基金项目	双组份可变比率点胶机	威海市龙升精密机械有限公司
	基于液力传动的新型车载自发电系统	威海西立电子有限公司
	缩聚型固体磷酸酯阻燃ABS/PC合金	威海联桥新材料科技股份有限公司
	新型光活性化合物——PAC系列感光剂	威海经济技术开发区天成化工有限公司
国家星火计划	文登西洋参的精深加工与产业化开发	威海金颐阳药业有限公司
国家科技富民强县专项行动计划	近海贝类优势品种立体养殖研究与深加工技术开发示范推广	乳山市人民政府、乳山正洋食品有限公司、大连工业大学
国家农业科技成果转化资金项目	文登奶山羊快速扩繁技术及产业化开发	文登市畜牧兽医技术服务中心
	水产集约养殖数字化集成系统的中试与转化	寻山集团、中国农业大学
国家政策引导类计划（火炬计划）	节能环保型球铁曲轴制造技术产业化	天润曲轴股份有限公司
	面向物联网产业链的公共服务平台	威海市卡尔电气研究所
国家中小企业技术服务机构补助资金	面向中小企业工业设计创新服务平台	威海佳成快速成形科技有限公司
省自主创新成果转化重大专项计划	碳纤维千吨级生产工艺及装备制造	威海光威精密机械有限公司
	生物涂层膜式氧合器	山东威高集团医用高分子制品股份有限公司
	高速列车刹车盘制造关键技术	山东昊安汽车部件制造有限公司
	30MW连续式硅基薄膜电池制造工艺及设备	威海中玻光电有限公司
省科技发展计划（第一批）	面向物流领域的网络化软件关键技术及应用	哈尔滨工业大学（威海）
	三代智能搜索引擎系统	哈尔滨工业大学（威海）
	智能移动终端个性化来电显示	威海捷讯通信技术有限公司
	陶瓷电子元器件的粉末注射成型生产技术研究与开发	山东金聚粉末冶金有限公司
	大长细比镁合金毛细管低温挤压成形技术研究	哈尔滨工业大学（威海）
	高锰钢耐磨铁路辙叉制造工艺技术研发	山东昊安金科耐磨材料有限公司
	晶粒稳定化钨材料的研究与开发	威海多晶钨钼科技有限公司
	基于嵌入式Linux的RFID读写器及其在仓储领域的应用	文登威力高档工具有限公司
	玻璃钢船艇快速设计技术研究及系统开发	哈尔滨工业大学（威海）
	新型蜗壳预分级给料柱式旋流分级设备	威海市海王旋流器有限公司
	交通事故再现中的关键技术研究	哈尔滨工业大学（威海）
	机场道面除雪专用新型车辆开发与产业化研究	威海广泰空港设备股份有限公司
	暖温带沿海森林城市地方优良观赏植物品种选育技术研究	威海雨林农业发展有限公司
	质构控制及新型灭菌入味技术在贝类精深加工中的产业化应用	乳山正洋食品有限公司
	高效防粘附渔用养殖网具研制	威海市华旺锦纶化工有限公司
	新型海洋温度盐度测量激光雷达关键技术研究	哈尔滨工业大学（威海）
	太平洋鲱种质资源、苗种培育及增殖技术研究	威海市环翠区海洋与渔业研究所
	刺参无药残苗种培育与养成成套技术的研究	山东科合海洋高技术有限公司
	浅海多营养层次养殖技术集成与示范	寻山集团有限公司
	雨生红球藻破壁及天然虾青素超临界二氧化碳提取技术研究	威海威福思特生物技术有限公司

续表

项目类别	项目名称	承担单位
省科技发展计划（第二批）	基于WSID应用的物流管理系统	威海世通网络技术有限公司
	模型驱动的跨公司协同集成信息管理系统	威海新方圆信息管理咨询有限公司
	碳纤维经编织物生产关键技术研究	威海光威集团有限责任公司
	中部槽修复CO_2气体保护药芯焊丝	威海三盾焊接材料公司工程有限公司 山东省耐磨堆焊材料及制品工程技术研究中心
	KYGJ空压机用高效电动机系统研发	山东历久特种电机有限公司 山东省特种电机工程技术研究中心
	海上分布式风力发电系统智能并网控制器研究	哈尔滨工业大学（威海）
	深“V”型复合材料船艇的研制	威海中复西港船艇有限公司
	橡胶型氯化聚乙烯弹性体研发	威海海大塑胶有限公司
	风电齿轮箱专用润滑油	威海旺润来润滑油科技有限公司
	基于绿色食品标准的西洋参栽培技术研究与示范	文登市明忠西洋参种植专业合作社
	无花果深加工新技术研究与应用	山东威海紫光科技有限公司
	高档海参品深加工关键技术研究	倪氏海泰集团有限公司
省科技型中小企业技术创新基金	ZDAL型烟气脱氟除尘净化系统	威海正大环保设备有限公司
	生物可降解冠脉支架用大长细比镁合金薄壁毛细管	威海林润新材料科技发展有限公司
	真空树脂导入成型技术制备大型复合材料船艇	威海中复西港船艇有限公司
	创伤治疗用多孔复合聚乙烯醇材料的制备及应用	威海世创医疗科技有限公司
	粉末冶金安全滑导线刷片的研究开发	山东金聚粉末冶金有限公司
	多功能气候补偿控制器	山东贝特智联表计有限公司
省优秀中青年科学家科研奖励基金计划	基于local-area大规模并行网络模拟拓扑抽象模型研究	哈尔滨工业大学（威海）
	基于无监督与半监督学习的大规模中文扫描文档检索研究	哈尔滨工业大学（威海）
	有序介孔半导体表面贵金属纳米环的自组装及等离激元共振增强光电池研究	哈尔滨工业大学（威海）
	协同ABS的电动汽车线控复合制动系统技术研发	哈尔滨工业大学（威海）
	旋转电磁效应与反渗透膜集成的海水淡化关键技术研究	哈尔滨工业大学（威海）
省农业科技成果转化资金	蟠桃新品种威蟠2号配套丰产栽培技术示范	威海市环翠区果树研究所
省农业良种工程	太平洋鲱种质资源保护及苗种繁育技术研究	威海圣鲲水产有限责任公司 威海市环翠区海洋与渔业研究所
	鲜食甘薯地方品种蜂蜜罐优系选育与开发	威海市农业科学院
	海蜇红色品系的培育	好当家集团
省科技特派员创业项目	基于绿色食品标准的西洋参栽培技术研究推广	文登市明忠西洋参种植专业合作社

【科技创新资源与能力建设】

工程技术研究中心　2011年，威海市创建国家海产贝类工程技术研究中心，成为全国海产贝类行业唯一的国家级工程技术研究中心。该中心依托单位寻山集团有限公司是以海洋产业为主的农业产业化国家重点龙头企业，是首批国家高技术研究发展计划成果产业化基地。积极推进广泰空港国家空港地面设备工程技术研究中心建设，该中心通过承担各级科技计划，建成产品零部件环境模拟等3个专业化研究试验室，形成了抱轮牵引车研究产业化示范生产基地和技术创新平台。两个国家工程技术研究中心的建设，进一步确立了威海市在海产贝类以及空港设备两个领域的技术领先优势和主导地位。2011年，全市新建省级工程技术研究中心8家（见表2），新认定市级工程技术研究中心15家，全市国家工程技术研究中心累计2家，省级工程技术研究中心69家，市级工程技术研究中心149家。

表2　2011年威海市新建省级工程技术研究中心（8家）

中心名称	依托单位
山东省环保高分子材料及助剂工程技术研究中心	山东万图高分子材料有限公司
山东省船舶设计与装备工程技术研究中心	哈尔滨工业大学（威海）
山东省自助服务设备工程技术研究中心	威海新北洋数码科技股份有限公司
山东省大豆生物制品工程技术研究中心	威海紫光生物科技开发有限公司
山东省镇痛药物工程技术研究中心	威海迪素制药有限公司
山东省西洋参工程技术研究中心	威海金颐阳药业有限公司
山东省海洋船舶防污工程技术研究中心	哈尔滨工业大学（威海）
山东省海洋工程装备数字化设计制造工程技术研究中心	乳山市造船有限责任公司

重点实验室　哈尔滨工业大学（威海）、山东威达集团有限公司、山东威高集团医用高分子制品股份有限公司等8个单位获批创建山东省重点实验室（见表3）。

表3　2011年威海市新建省级重点实验室（8家）

实验室名称	依托单位
山东省海珍品精深加工技术企业重点实验室	好当家集团有限公司
山东省安全给药器械企业重点实验室	山东威高集团医用高分子制品股份有限公司
山东省远洋船舶压载水处理技术企业重点实验室	山东威达集团有限公司
山东省光纤智能传感网技术企业重点实验室	威海北洋电子集团股份有限公司
山东省特种焊接技术企业重点实验室	哈尔滨工业大学（威海）
山东省发动机曲轴连杆技术企业重点实验室	天润曲轴股份有限公司
山东省空港地面设备企业重点实验室	威海广泰空港设备股份有限公司
山东省冷冻调理食品加工技术企业重点实验室	泰祥集团

院士工作站　威海华康生物芯片有限公司、文登威力工具集团有限公司2家企业获批创建山东省院士工作站，全市共有院士工作站11家，与两院院士29人建立了联系和合作关系。

【威海市科技大会】　2月23日，威海市委、市政府召开科技大会。会上表彰了寻山集团，并给予100万元奖励；威高集团总工程师殷敬华和哈尔滨工业大学（威海）教授乔晓林分别获得威海市科学技术最高奖和威海市自主创新特别贡献奖；天润曲轴股份有限公司完成的“基于高载荷工况的球墨铸铁关键制造技术研究与应用”等13项成果获得威海市科学技术一等奖，威海建设集团股份有限公司完成的“节能环保型钢结构厂房施工成套技术”等41项成果获二等奖，威海市海王旋流器有限公司完成的“复式流化分选机”等53项成果获三等奖；对威海迪素药业有限公司等11家威海市第四批科技自主创新型企业予以通报表彰；授予荣成市人民政府等50个单位“2010年自主创新年活动先进单位”称号。

【科技成果与奖励】　2011年，威海市取得重要科技成果197项，其中，达到国际先进以上水平的40项、国内领先水平的148项、国内先进水平的9

项。获省科技进步三等奖10项。

【知识产权管理】 2011年，威海市专利申请量4 603件，同比增长8.97%，其中，发明专利1 584件，占总申请量的34.41%，同比增长33.67%；实用新型专利2 341件，占总申请量的50.86%；外观设计专利678件，占总申请量的14.73%；职务专利申请2 848件，占总申请量的61.87%。连续3年获全省发明专利申请量所占比例优胜市奖。

政策支持 威海市知识产权局修订《威海市专利专项资金管理办法》，突出对申请数量和质量同步提高的企业和专利实施水平较高的项目予以重点奖励。按照《威海市专利示范企业认定办法》，评选威海华菱光电有限公司等为2010年度威海市专利示范单位，并予以通报和奖励。

知识产权保护 以全国打击侵犯知识产权和制售假冒伪劣商品专项行动为契机，威海市知识产权局编写《专利保护文件汇编》，向各企事业单位和社会公众发放。市、区（县）专利管理机关联合对大型商场进行专项执法检查，检查商品3万余件，确认17件为假冒专利。处理上海华蓬防爆科技有限公司举报荣成石岛优孚尔设备制造有限公司涉嫌假冒专利行为一案。邀请烟台大学教授对全市专利管理机关工作人员作《知识产权保护与行政执法》专题讲座。

知识产权信息公共服务平台建设 山东省知识产权信息公共服务平台威海分平台设备安装、调试工作完成；市知识产权局员工参加山东省知识产权局举办的专利信息培训，为平台投入使用做好准备；北京怡丰知识产权代理有限公司分支机构在威海市成立。

知识产权宣传 知识产权宣传周期间，举办庆祝专利法实施26周年研讨会。4月26日世界知识产权日，威海市政府举行全市知识产权保护新闻发布会，市知识产权局、工商局、文广新局和中级法院等相关部门通报了知识产权保护状况。第五届中国专利周期间，向全市300余家企业赠送《企业专利商标工作指南》光盘。

知识产权培训 6月，威海市邀请日本原知识产权协会副会长、佳能公司顾问田中信义博士作《技术革新与知识产权》专题讲座。8月，市知识产权局召开了海产品精深加工中小企业集聚区企业知识产权托管工作说明会。第五届中国专利周期间，邀请烟台绿叶制药集团副总裁作《企业知识产权战略及实践应用》专题讲座；邀请北京怡丰知识产权代理有限公司就中小企业如何运用知识产权做专题培训，市区相关企业知识产权工作人员120余人参加。

第20届全国发明博览会 8月19日，由中国发明协会、山东省科技厅、威海市人民政府共同主办的“第20届全国发明展览会”在威海市举办。科技部原部长、中国发明协会理事长朱丽兰，科技部党组成员、科技日报社社长王志学，省政府省长助理周齐，威海市委领导等出席了展会，42家参展团组参加了展会，累计接纳参观人员数万人次。展出优秀专利发明和科技成果1 585项，涉及工业、农业、医药、电子、环保、交通等领域，集中展示了近年来全国各地涌现的新发明、新技术、新产品。展会同时还举办了中小学创新教育论坛，举行了技术、发明项目集中签约仪式，达成合作协议10余项。

【科技合作与交流】 2011年，威海市政府与四川大学、青岛国家海洋科学研究中心建立了产学研战略联盟关系，全市产学研战略联盟13家。全年促成产学研合作协议（合同）100多项。威海市科技局分别与荣成、文登、乳山市政府共同举办“第三届山东荣成产业技术创新战略联盟活动周”“2011乳山市科技创新暨资本运营推进大会”“2011山东文登新兴产业科技推进周”，签订合作项目80项，涵盖机械制造、海洋养殖、船舶制造等20个领域。完成3个国际科技合作项目验收，申报立项国际科技合作重大项目8项，举办大型国际科技会议1个，完成执行政府项目科技团组7个；新组建国际科技合作平台7个，总数16个。

国内科技合作与交流 4月12日，“2011文登西洋参产业发展研讨会”在文登举行。会议邀请国内知名专家、西洋参协会负责人、西洋参种植户代表以及西洋参加工企业等近百人参会，为加快威海市西洋参产业做大做强，促进西洋参产业发展由粗放式经营向种植规范化、质量标准化、加工精深化、产业集约化和效益最大化方式转变提供技术支撑。

6月13～15日，科技部合作司副司级科技参赞刘俊率中央电视台、人民日报、科学日报、中国日报、科技日报等主要媒体记者一行8人组成的国家“十一五”国际科技合作突出成果采访和报道团，在省科技厅副厅长徐茂波的陪同下，就威海广泰空港有限公司、威海中玻光电有限公司和威海华东数控股份有限公司通过实施国际科技合作重大项目，提升企业自主创新能力这一主题进行系列采访和考察调研。

6月25日，“2011威海产学研合作暨科技金融结合推进大会”在威海市召开。大会邀请了中国科学院系统研究所、中国工程物理研究院、四川大学、吉林大学、北京化工大学等34家高校院所的98位专家，以及11家股权投资机构的代表参会。经过对接洽谈，达成产学研合作、投资合作协议和意向76项，45项重点项目集中签约。通过创新产学研合作模式，将“政、产、学、研、金”一体化推进，成功打造山东万图和山东昊安金科2个科技金融结合样板。会议期间，还举行了威海市政府与四川大学产学研战略联盟合作协议签字仪式。四川大学拥有高分子材料国家重点实验室等9个国家级科研机构，在高分子材料、生物医学材料、生物制药、化学化工、节能环保、可再生能源等领域与威海市有着广泛的合作前景。四川大学的“加盟”将为威海市在山东半岛蓝色经济区建设中推进“四海一新”产业发展注入新的活力，这也标志着威海市产学研工作正式进入联盟时代。

8月5～7日，科技部国际合作司司长靳晓明、科技部合作司副司级参赞莫鸿钧、欧洲处处长周隆超、驻加拿大使领馆科技参赞文钧，在省科技厅副厅长徐茂波的陪同下，对威海国际科技合作工作以及承担实施的国际科技合作重大项目进行考察指导。靳晓明司长一行重点考察了威海东生能源科技有限公司“中俄新能源合作研发多孔态聚合物锂离子动力电池复合隔离膜”项目、威海中玻光电有限公司“中美太阳能光伏发电合作”项目、威海华东数控有限公司“中德超大超重型数控机床研制”项目、威海万丰镁业科技有限公司“中德膜法水处理技术合作”项目的实施情况。

9月15～17日，由威海市和哈尔滨工业大学联合承办的“中国—欧盟2011膜法水处理技术研究与应用国际会议”在哈尔滨举行。欧盟膜技术协会名誉主席恩瑞克·德里奥利，欧盟膜技术协会主席利蒂亚·乔诺，中国工程院院士李圭白教授、英国帝国理工学院李康教授等专家，科技部国际合作司副司长陈霖豪，省科技厅副厅长徐茂波，出席研讨会开幕式。自2004年开始，已成功举办了7届中欧膜技术大型国际会议，1万多名国际专家和企业界的代表参加了活动，引进国外专家100多人次，为企业解决了100多个技术难题，取得科技成果28项。

11月25～29日，俄罗斯圣彼得堡大学副校长鲁茨科伊·安德列·伊万诺维奇一行4人，到威海就合作研发聚合物锂电池和纳米材料及高分子膜等进行合作会谈和研讨，并就在威海建立俄罗斯圣彼得堡国立技术大学—威海东生能源科技有限公司—哈尔滨工业大学功能材料科学研究国际联合实验室，签订了合作协议。

【科普工作】 2月25日，威海市暨文登市2011年度文化科技卫生“三下乡”活动在文登市宋村镇大集正式启动。威海市市科技局以“科技为农业服务，帮助农民发展生产、增加收入”为主导思想，结合当地农村实际和农民需求，开展了一系列科技宣传、咨询服务等活动，向农民免费赠送价值2万多元的《地震安全知识手册》《农村实用技术资料汇编》《农村畜禽养殖技术资料》《农作物新品种栽培》《农村致富技术》《渔业养殖》等40余种农村实用科技资料2 000余册。同时，将《科技政策与法规选编（1996～2008）》400多册发放给农民，并讲解了国家、省、市制定的一系列科技优惠政策。

（威海市科技局　李忠磊）

日　照　市

【概述】　2011年，日照市高新技术产业实现产值401.27亿元，占规模以上工业总产值比重为14.62%。争取国家和省科技计划项目34个，扶持资金1 948万元。取得科技成果160项，有3项成果获得省科技进步奖。

【高新技术及其产业】　2011年，日照市高新技术产业实现产值401.27亿元，同比增长30.01%，占规模以上工业总产值比重为14.62%，比年初增加1.27个百分点，完成全年任务目标。新认定高新技术企业5家，高新技术企业共22家，纳入高新技术产业统计范围的企业达到78家。日照市北业制动泵有限公司、日照金禾博源生化有限公司、日照立德电子科技有限公司、日照众兴包装有限公司、日照华轩新能源有限公司5家企业被认定为省级创新型试点企业，试点企业总数17家，海汇集团有限公司、山东五征集团有限公司、山东万通液压机械有限公司、山东遨游汽车制动系统股份有限公司4家企业被正式认定为山东省创新型企业。双港机械电子公司、海汇集团被认定为山东省首批创新方法试点企业。

日照市省级创新型试点企业（17家）

（带*者为省创新型企业）

*海汇集团有限公司
*山东五征集团有限公司
日照金禾生化集团有限公司
*山东万通液压机械有限公司
日照岚星化工工业有限公司
*山东遨游汽车制动系统股份有限公司
山东比特电子工业有限公司
山东洁晶药业有限公司
日照双港机械电子有限公司
山东中泰阳光电气科技有限公司
日照汇丰电子有限公司
山东众山生物科技有限公司
日照市北业制动泵有限公司
日照金禾博源生化有限公司
日照立德电子科技有限公司
日照众兴包装有限公司
日照华轩新能源有限公司

【科技计划】　2011年，日照市争取国家和省科技计划项目34个，扶持资金1 948万元。其中，国家863计划项目1个，扶持资金103万元；国家创新基金5个，扶持资金340万元；省自主创新成果转化重大专项4个，到位资金820万元。主要项目见表1。2011年度市级科技计划立项，按照高新技术、农业与海洋、社会发展3个专项，邀请专家对申报市级科技计划项目进行评审，增强科技工作的透明度。在项目安排上，向高新技术和自主创新倾斜。

表1　　2011年度日照市承担国家及省级主要科技项目

项目类别	项目名称	承担单位
国家863计划	城镇污水处理厂污泥过程减量关键技术开发与示范	日照经济开发区绿源工业废水处理中心
国家农业科技成果转化资金项目	生姜蛋白酶高效分离技术与产业化	日照赛普食品科技有限公司
国家创新基金	福民4H-2型花生收获机	日照福民收割机制造有限责任公司
	Hospot物联网浏览器	日照活点网络科技有限公司

续表

项目类别	项目名称	承担单位
国家创新基金	沼气法集约化处理畜禽养殖面源污染及其综合利用服务系统	日照红叶环保工程有限公司
	高纯γ-氯丙基三乙氧基硅烷高效环保生产技术	日照岚星化工工业有限公司
	食品工业废渣分离提取技术制备海藻生物菌剂	日照海韵环保生物科技发展有限公司
省自主创新成果转化重大科技专项	北方茶树抗寒良种选育与产业化开发	山东日照碧波茶业有限公司
	新能源汽车液压制动系统研发及产业化	日照市北业制动泵有限公司
	HNT系列脱硫除尘一体化设备	海汇集团有限公司（2009年后补助）
	基于超滤酶解技术的高纯度硫酸软骨素产业化	山东众山生物科技有限公司
省科技发展计划（第一批）	星斑川鲽性别的人工控制技术研究	日照市海洋水产资源增殖站
	出口花生新品种选育及良好农业规范技术研究开发	日照职业技术学院
	高端饮品冷链物流系统关键技术研究与开发	山东双贵啤酒保鲜设备有限公司
	重型车盘式制动器总成研究与开发	山东遨游汽车制动系统股份有限公司
	蜜蜂主要病原细菌拮抗菌的筛选及抗菌物质的分离	山东华康蜂业有限公司
省科技发展计划（第二批）	超细矿渣微粉立式磨研制（省工程中心）	海汇集团有限公司
	螺栓密封橡胶帽	山东中泰阳光电气科技有限公司
省国际科技合作项目	硅烷si-69技术工艺研究	日照岚星化工工业有限公司
省软科学计划	山东海藻加工产业升级和可持续发展战略研究	日照市水产集团总公司
	山东半岛蓝色经济区休闲渔业发展战略研究	日照职业技术学院
	山东高职教育对接蓝色经济区发展研究	日照职业技术学院
	蓝色经济区旅游业外语人才发展战略研究	日照职业技术学院
省经济强县参与国家重大科技计划行动专项	新型智能化环网柜	山东中泰阳光电气科技有限公司
	高效生物质能热电关键技术研究与应用	山东海汇环保设备有限公司
省农业科技成果转化资金项目	项目名称山东茶区茶叶高效安全生产技术集成与示范推广	日照浏园生态农业有限公司
	抗裂果枣味油桃新品种“秋红珠”示范与推广	莒县果茶技术推广中心
省星火计划重点项目	绿芦笋及优质青刀豆栽培与深加工技术	日照恒宝食品有限公司
省农业良种工程项目	五莲山杜鹃花种植资源保护与开发利用	日照裕利蔬菜有限公司
	优质高产抗萎缩病桑树新品种选育	莒县海通茧丝绸有限公司
省创新基金	高纯γ-氯丙基三乙氧基硅烷高效环保生产技术	日照岚星化工工业有限公司
	沼气法集约化处理畜禽养殖面源污染及其综合利用服务系统	日照红叶环保工程有限公司
	伸缩式套筒液压油缸	山东万通液压机械有限公司
省科技富民强县专项行动计划	鲆鲽类现代工业化养殖与加工产业化开发	日照市东港区人民政府

【科技创新资源与能力建设】 2011年，建成高新区、开发区高新技术产业园、市北开发区高新技术产业园。新成立山东省破碎与粉磨工程技术研究中心、山东省合成乳胶工程技术研究中心2家省级工程技术研究中心。新建成日照市锂电、地毯、防伪瓶盖、口腔材料、硅材料、海藻生物菌、茶叶加工机械化、丘陵山区地农业机械装备、蓄电池、家用纺织品、电能计量、硅胶共12家市级工程技术研究中心。新建山东省贝尔机械院士工作站，为省级院士工作站。依托山东省科学院，建成“山东省科学院日照博士工作站”和“山东省分析测试中心日照分中心”。五征集团

行走机械实验室获批立项建设省级企业重点实验室。截至年底，日照市有省级以上科技企业孵化器3家，其中，北京清大华创（日照）科技孵化器置业有限公司被认定为国家级科技企业孵化器，日照高新区创业服务中心、日照市高科技创业服务中心两家科技企业孵化器被认定为省级科技企业孵化器，孵化总面积20余万m^2。

2011年，日照市推进水产苗种繁育科技示范基地、深水网箱养鱼科技成果产业化基地、海水增养殖科技成果产业化基地、水产品精深加工科技成果产业化基地、仿生食品加工科技成果产业化基地、海洋化工和海洋生物提取科技成果产业化基地、海洋生态修复技术成果转化基地、港口码头防护与修复科技成果转化基地、中国对虾良种育苗及规模养殖产业化示范基地、日照海域海洋生物资源可持续利用产业化示范基地10个海洋科技成果转化基地建设。完善海藻加工、茶业、鱼类加工、蜂产品加工4个省级工程技术研究中心。依托日照市农科院建成山东省芝麻工程技术研究中心。4月，由日照市水产研究所、水产集团总公司和洁晶集团3家海洋产业方面的龙头企业和科研单位牵头发起，联合8家国家、省海洋（生物）科研机构、高校，和市内外22家企业组建了水产养殖、海洋食品加工和海藻加工3个产业技术创新战略联盟。

【农业与社会发展】 2011年，日照市在农业科技方面，完善10个农业科技园区、10家科技型农业龙头企业、10个科技型农民专业合作社、5个农业技术创新战略联盟和5个农业科技创新创业链建设。组织开展农业关键技术研发与成果转化。围绕发展现代农业，申报、实施国家、省和市级项目，提高农业的科技含量。以日照碧波茶业有限公司为龙头，加强北方茶产业技术创新战略联盟建设，开展产学研合作，优化配置科技资源，提高集成创新能力，与山东省林科院、日照市茶科所合作联合申报的“北方茶树抗寒良种选育与产业化开发”项目被列入省自主创新成果转化重大专项，联盟被省科技厅等部门认定为省级示范联盟。加强蓝色经济区建设，研究制定《关于加快海洋科技创新促进蓝色经济区建设的实施意见》，不断提升全市的海洋科技创新能力。加强与驻青岛海洋科研机构、高校科技合作，推进海洋水产领域产业技术创新战略联盟建设，组织实施一批海洋重点项目。

国家可持续发展先进示范区建设　认真实施《日照市国家可持续发展先进示范区建设总体规划》，组织实施“高纯度柠檬酸清洁化生产及综合节能技术”等10项市循环型低碳生态产业技术创新示范项目，确定日照焦电有限公司等10家企业为循环型低碳生态产业示范企业，日照经济开发区等5家园区为循环型低碳生态产业示范园区。参加由中国21世纪议程管理中心组织的“中国可持续发展25周年成就展”，展示了建设国家可持续发展实验区、先进示范区以来的成果。参加了由中国可持续发展研究会主办的“2011中国可持续发展论坛暨学术年会”。组织企业开展资源循环再利用、节能减排技术改造等技术攻关和成果转化，筛选14项节能减排技术项目进行研发、示范和推广。给予“太阳能在水产养殖领域中应用示范”“超导热管余热回收器研究与开发”“注塑机及节电系统节能技术改造”项目资金支持。加强生物医药技术产业发展和中药现代化工作。围绕日照市生物技术产业优势，支持企业进行电子级柠檬酸、硫糖肽、海藻菌等生物技术产品研发，支持日照援康药业有限公司等加强省级中药现代化示范企业建设。

【科技成果与奖励】 2011年，日照市取得科技成果160项，其中国际先进水平16项，国内领先水平87项。3项成果获省科技进步奖，其中，日照贝尔机械有限公司完成的“BL智控高速地毯织机”获省科技进步二等奖，日照市公路管理局完成的“高疲劳、高强度橡胶沥青应力吸收层技术开发与应用”和日照市国土资源局完成的“基于GNSS的日照市连续运行卫星定位服务平台建设与应用研究”2项成果获省科技进步三等奖。6月，召开全市科学技术奖励大会。对获得2010年度市科学技术奖的120项优秀科技成果进行表彰奖励，其中一等奖16项、二等奖40项、三等奖64项。

【知识产权管理】 2011年，全市专利申请量2 541件，同比增长20.6%，其中，发明专利申请量261件，增长38.83%；专利授权量1 840件，增长42.64%。加大知识产权宣传力度，在“4·26世界知识产权日”，通过日照电视台科教频道《百姓生活》，对拥有多项自主知识产权的山东华龙纺织有限公司、日照环宇塑胶有限公司、山东比特电子有限公司等企业进行系列专题报道。莒县组织25个部门单位进行以知识产权保护与执法内容为主题的大型宣传活动，发放宣传资料1 000余份，接受咨询人数2 000余人次。举办第二届大中专学生创新创意竞赛，评出大中专学生一、二、三等奖和优秀创意奖36项。强化知识产权保护，成立日照市专利行政执法支队，立案调处专利纠纷案件9起，打击专利侵犯行为，维护科技创新环境。加强专利示范企业建设，开展第四批“日照市专利示范企业”认定验收工作，鼓励发明创造、技术创新。

【科技合作与交流】 贯彻落实日照市政府与中国科学院、中国工程院、山东省科学院等单位科技合作协议，加强与知名高校、科研院所产学研合作。2011年，组织全市科技系统及部分企业负责人参观考察了山东省科学院、中国科学院沈阳分院和中国工程物理研究院等科研机构，就加强产学研合作、科技成果转化进行座谈，日照市纳米工程技术研究中心、海汇集团等企业根据技术需求与相关院所达成合作意向。山东省战略性新兴产业调研组对日照市7个领域的近30家企业进行了实地考察。举行了“山东省科学院日照博士工作站”揭牌暨科技合作签约仪式和“山东省分析测试中心日照分中心”揭牌仪式，市科技局向山东省科学院的23名博士、专家发放了聘书，日照海恩锯业有限公司等6家企业与山东省科学院有关研究所签订院企科技合作协议。与市招商局共同组织了环渤海区域产学研（日照）对接活动，发布有关科研院所、院校科技信息198项。

【政策法规与环境建设】 2011年，岚山区、五莲县获全国科技进步先进区县，6人获全国县（市）科技进步先进个人荣誉称号。研究制定《日照市“十二五”科学和技术发展规划纲要》，提出“十二五”科技发展的重点任务及保障措施，增强科技创新和科技事业发展的指导性和针对性。高度重视、办理人大代表建议和政协委员提案。在认真调研的基础上，对承办的5件建议和提案均做当面答复，得到人大代表和政协委员的好评。开展“创新型”“学习型”党组织创建活动，加强基层党组织建设，结合开展机关整改落实满意度测评，召开专题会议，完善各项规章制度。贯彻落实全省科技系统党风廉政建设座谈会精神，开展岗位廉政教育活动，提高依法行政、勤政廉政自觉性。党风廉政建设列入党组重要议事日程，并纳入各项工作的重点，严格按照中央关于换届纪律的要求，党组成员自觉带头，令行禁止。

【科普及科技宣传】 2011年，科技活动周期间，组织科技、文化等“三下乡”和“四进社区”活动，宣传科学知识和法规制度，增强公众的科技意识和科学素质。继续实行科技系统全员科技信息宣传制度，在《日照日报》《辉煌日照》等刊载2010年和“十一五”科技事业发展回顾，与《山东科技信息报》合作编辑出版“创新日照”专刊，《日照科技》编辑发行7期，与大学科技园合作编辑《产学研合作导讯》发行3期。全市科技系统在市级以上新闻媒体发表稿件204件。

（日照市科技局　孙清昱）

莱　芜　市

【概述】 2011年，莱芜市高新技术产业产值197.35亿元，占规模以上工业总产值的比重为14.01%。争取省级以上科技计划项目60项，无偿资金3 600万元。获国家科技进步二等奖1项，省科技进步三等奖4项。首次获全国科技进步先进市称号，莱芜国家新材料产业化基地顺利通过复审。

【高新技术及其产业】 2011年，全市高新技术产业产值197.35亿元，同比增长36.6%，占规模以上工业总产值比重为14.01%，比年初提高1.73个百分点，占比增幅居全省第4位。新认定省级高新技术企业6家，申报省级创新型试点企业7家。

【科技计划】 2011年，莱芜市争取省级以上科技计划项目60项，无偿资金3 600万元，项目争取工作创历年来的最高记录，是2005年的3倍，高于2006～2008年3年的资金总额，达到全省中游水平。其中，3个省自主创新成果转化重大专项，获无偿资金1 100万元；国家星火计划重大专项“莱芜猪产业化开发技术集成”项目，获扶持资金345万元，是历年来农业领域争取资金最多的项目。华安生物“全降解血管支架关键技术研发”成为该市第十个国家863计划项目。主要项目见表1。

表1　2011年度莱芜市承担国家及省级主要科技项目

计划类别	项目名称	承担单位
国家863计划	全降解血管支架材料关键技术及产品研发	山东华安生物科技有限公司
国家创新基金（第一批）	高效微生物生活污水集成处理技术与装备	山东生态洁环保科技有限公司
	高效节能MW级风力发电机主轴开发	山东莱芜金雷风电科技股份有限公司
	利用钢铁渣研发高性能混凝土复合矿物外加剂	莱芜厚泽钢渣环保工程有限公司
	超粗药芯焊丝	莱芜绿得表面工程有限公司
	矿用主通风机安全与智能化运行监控管理系统	莱芜市风机厂
	多组并联大功率IGBT逆变模块开发及应用	山东盖伊尔焊割设备制造有限公司
	风电用新型三室预装式变电站	山东泰莱电气有限公司
	超薄高可靠无卤环保型挠性覆铜箔（FCCL）材料	莱芜金鼎电子材料有限公司
国家创新新基金（第二批）	楔横轧制汽车大型齿轮轴开发	莱芜市汇锋轴齿有限公司
	全触式高效能鼓式制动器	莱芜市腾晟汽车配件有限公司
	高性能复相中空体节能环保材料	莱芜市锐迈新材料有限公司
	Φ100～Φ400mm高性能硬质合金锯片基体	山东黑旋风锯业有限公司
国家国际合作计划	电测控专用SOC芯片研发	山东力创科技有限公司
	新型快速止血药物和新型可吸收载药材料的研发	山东美林制药有限公司
国家新产品计划	环保型双屏蔽地热电缆	山东科虹线缆有限公司
	超高分子量聚乙烯纤维	山东爱地高分子材料有限公司
国家星火计划重大专项	莱芜猪及其配套系产业化开发技术集成与示范	莱芜市种猪繁育场
国家农业成果转化资金	莱芜优质特色猪肉产业化开发技术集成示范	莱芜市鲁莱黑猪研究开发中心
省自主创新重大专项	仪器仪表用32位微控制器SOC芯片	山东力创科技有限公司
	高效节能2.5MV～3.5MV风力发电机主轴	莱芜金雷风电科技股份有限公司
	高效微生物生活污水处理技术及设备	生态洁环保科技有限公司
省创新基金	楔横轧制汽车大型齿轮轴开发	莱芜市汇锋汽车轴齿有限公司
	高性能复相中空体节能环保材料	莱芜市锐迈新材料有限公司
	农作物秸秆氧化接枝制备土壤保水改良剂	莱芜市涌金化工有限公司
	矿用隔爆型集中检选装置	山东能源电器股份有限公司
	玉米渣制备高活性纤维素酶	莱芜泰禾生化有限公司

续表

计划类别	项目名称	承担单位
省科技发展计划（第一批）	长寿命低耗能大直径管模的开发	莱芜锻压有限公司
	风电用远程监测控制预装式变电站	山东泰莱电气有限公司
	优钢精炼促进剂的开发	莱芜市鑫力源冶金材料有限公司
	智能远传控制泡沫灭火装置	莱芜科泰电力科技有限公司
	微功耗32位SOC级微控制器芯片研发	山东力创科技有限公司
	雪野黑兔提纯选育	莱芜市“三黑一花”特色畜禽研发中心
	利用原生质体融合创造生姜抗病新种质研究	莱芜职业技术学院
	钢渣制造高性能复合微粉的研究	莱芜厚泽钢渣环保工程有限公司
	人体生物电图谱仪的研究开发	莱芜职业技术学院
省科技发展计划（第二批）	高速三层单翼迷宫式滴灌带生产线设备及工艺	莱芜福德机器有限公司
	半导电高分子包铜电极自限温伴热电缆开发	山东德美特缆有限公司
	基于物联网的生姜溯源技术的集成与推广	山东省万兴食品有限公司
省国际合作项目	基于32位MCU的超声波测量SOC芯片研发	山东力创科技有限公司
省农业良种工程重大课题	莱芜猪良种商品化生产关键技术研究与集成示范	莱芜得利斯集团
省农业良种工程重点课题	莱芜海棠种质资源评价与新品种选育	莱芜市钢城区金源果业技术开发中心
省研发专项	莱芜猪及其品牌猪肉标准与质量安全可追溯体系建设	莱芜市鲁莱黑猪研究开发中心

【科技创新资源与能力建设】 2011年，国家新材料产业化基地顺利通过科技部复审，启动了国家粉末冶金高新技术产业化基地创建工作。山东希波电器科技股份有限公司、莱芜市新艺粉末冶金制品有限公司、山东万兴食品有限公司3家院士工作站，山东省电力电子与变频传动工程技术研究中心、山东省不锈钢工程技术研究中心、山东省冶金渣综合利用工程技术研究中心3家省级工程技术研究中心，粉末冶金重点实验室、生姜产业联盟以及中白粉末冶金、中美芯片设计2个国际合作平台获省批复，其中莱芜市新艺粉末冶金制品有限公司院士工作站成为全省首家外籍院士工作站。

【农业与社会发展】

省级园区建设 2011年，农高区启动园区总体规划修编工作，委托科技部农村科技开发中心完成了规划修编初稿。山东农业大学科技成果转化基地落户农高区，促成了赢汇食用菌与青岛农业大学等一批合作项目，重点培植山东万兴食品有限公司、莱芜东兴源食品有限公司等农业科技企业，设立扶持科技计划项目4项，生姜、食用菌、金银花、肉鸭等产业初步形成从种养到精深加工技术创新体系。雪野旅游区省级可持续发展实验区通过省科技厅现场考察。

科技特派员农村科技创业行动 2011年，莱芜市以市委、市政府文件印发了行动实施意见并召开了动员大会。从全市各类科技人才中首批选派47名技术人员，与37家农业科技企业、10个农村专业户或专业技术协会结成利益共同体。自9月派驻至当年底，协办科技致富项目50个，提供技术服务200余次，推广农村实用新技术85项，解决技术难题130项，产生显著的经济效益和社会效益。

科技信息村村通 2011年，由莱城区扩大到全市，实现了全市网络直通站点全覆盖。已构建10大数据库，组建了专家顾问团，直通站点由719个增加到1 045个，发布实用技术5 411条，法律法规279条，市场信息2 700条，农业视频400个。在全省率先建立了一套以热线电话、视频诊断、网络答疑、网络课堂“四位一体”“专家+信息+农户”的科技信息综合服务体系。

生姜、莱芜黑猪特色产业开发 2011年，山东省生姜工程技术研究中心顺利通过验收，搜集生姜种质资源8份，总数165份，新开发姜饮料、姜含片等生姜精深加工产品23个。围绕莱芜黑猪

种质资源保护与开发，先后争取国家星火计划重大专项、省农业良种工程重大课题等科技计划项目，突破种猪性能测定与遗传评估等关键技术。白花丹参、桃等特色产业开发进一步加快。

防震减灾工作　2011年，抗震设防工作得到加强，市级台网中心接入信号由7个增至23个，各区抗震设防审核全部纳入基本建设管理程序。开展纪念“5·12”汶川地震3周年暨防灾减灾宣传活动，举行了由3 100余名师生参加的地震应急疏散演练。

【科技成果与奖励】　2011年，莱芜市获国家科技进步二等奖1项，省科技进步三等奖4项。组织鉴定科技成果102项，其中省级32项，是上年的1.5倍。莱芜市新艺粉末冶金制品有限公司“高密度低合金粉末冶金结构件制备新技术与应用”、黑旋风公司“复合型消音硬质合金锯片基体”等成果通过专家鉴定，技术水平达到国际先进。

【知识产权管理】　2011年，全市专利申请量和授权量分别为1 951件和1 558件，创历年之最。其中发明专利申请量和授权量232件和97件，同比增幅50.6%、32.9%。国家知识产权试点城市、省级知识产权示范城市顺利通过国家、省考核验收。省知识产权信息平台莱芜分平台获批复。市政府首次召开全市知识产权工作会议。出台《专利权质押贷款管理暂行办法》，启动专利权融资质押工作。开展打击侵犯知识产权专项行动和“4·26世界知识产权日”系列宣传活动。获全国发明展览会金、银奖各1项，山东省专利一等奖1项、二等奖1项、三等奖3项，第六届山东省发明创业奖一等奖1名，是历年来获奖数量最多、等次最高的一年。

【政策法规与环境建设】　2011年，举办全市科技政策管理培训班，邀请省科技厅5位处长为100家企业的260多名科技管理人员作专题辅导。市政府出台《关于实施科技创新奖励政策的意见》《莱芜市科学技术奖励办法》，加大对经济社会有较大贡献的企业和科技人才的奖励权重，新设立专利奖和企业科技创新奖。加强科技与金融结合，向金融单位新筛选推荐高新技术项目40个。按照市政府为企业排忧解难实施方案，到牵头的3家企业现场办公，解决实际问题。制定《关于进一步转变作风强化企业服务工作的意见》，继续开展市区联动结对帮扶企业活动，市、区工作人员与66家企业结成帮扶对子，重点帮助企业理清技术路线图，做好全方位服务工作。

【民营科技企业发展】　2011年，莱芜市新发展技术贸易机构8家，认定技术合同金额7 016万元。山东力创科技有限公司成为全市首家“国家技术转移示范机构”。

【科技合作与交流】

国内科技合作　2011年，莱芜市政府先后与山东农业大学、济南大学、山东省科学院签署科技合作协议，达成了在技术研发、成果转化、人才培养等方面的30余项合作事项，3家院校与22家单位签署合作项目。引导企业通过联合办学、委托开发、合作开发、技术入股、共建产业联盟、院士工作站、技术转移中心等形式，与国内一流高校院所建立合作关系，重点加强与中国工程院、中国科学院、北京科技大学、浙江大学、哈尔滨工业大学、哈尔滨理工大学、山东大学等高校院所的合作。当年共征集企业技术难题和科技需求63项，促成职业技术学院与北京科技大学、盛德泰与江南大学等科技合作36项，联合攻关科研项目32项，转化高新技术成果26项。引进中国工程院副院长干勇等15位院士、1名长江学者和4名海归博士。山东莱芜汶河化工有限公司与山东东岳集团、山东力创科技有限公司与芯动科技（香港）有限公司、留美博士王翰青、池瑞东等达成一批合作项目。其中莱芜汶河化工有限公司与东岳集团合作的10万t无水氟化氢项目“十二五”末将完成投资15.2亿元，预计实现销售收入27.8亿元。

国际科技合作　2011年，推进莱芜新艺粉末冶金制品有限公司与白俄罗斯国家科学院的合作，通过项目的实施，突破了低合金高密度粉末冶金汽车零部件关键生产技术，技术水平达到国际先进，产品居同类产品国际领先水平。8月，莱芜市政府与白俄罗斯国家科学院粉末冶金研究所签署合作协议，市政府聘请该研究所所长伊里申科院士为科技顾问。促成莱芜市金辰楔横轧轴件有限公司与白俄罗斯、泰钢集团与瑞士、金石集团与日本、山东力创科技有限公司与英国等一批新的国际合作项目。

【科普工作】　2011年，莱芜市科普工作获国家级表彰4个，省级表彰31个。获国家级表彰分别是，弘宝金银花科普示范基地被评为“全国科普惠农兴村先进单位”，里辛二中被评为“全国青少年科技创新大赛基层赛事优秀组织单位”，市科协张俊祯同志被评为“全国科协系统先进工作者”，莱城区张家洼镇侯训菊同志被评为“全国科普惠农兴村带头人”。市科协等35个单位分别获“全国青少年科技创新大赛优秀组织单位”“全国科普惠农兴村先进单位”“全省科协工作创新奖”“山东省全民科学素质工作先进集体”等22项国家和省级荣誉。

第26届山东省青少年科技创新大赛　成功举办了第26届山东省青少年科技创新大赛。全省17市460余名科技辅导员和在校学生参加了5个类别的比赛，参展作品和人员规模创历届之最，获奖作品参加全国青少年科技创新大赛，莱芜市1项获二等奖，1家单位被评为“全国青少年科技创新大赛基层赛事优秀组织单位”。

科普活动　开展了科普电影放映周、省科协老专家科学抗旱莱芜行、核辐射知识展览、地震科普知识进校园等活动。举办“獭兔养殖及疾病防治”“林果管理”等实用技术培训5期，推广新技术、新品种20项，培训农村技术骨干1 000余人。

（莱芜市科技局　滕健鲲）

临　沂　市

【概述】　2011年，临沂市高新技术产业产值1 162.1亿元，占规模以上工业产值的比重20.60%。争取国家级项目71项，省级项目141项。全年取得各项科技成果220多项。获省技术发明二等奖1项，省科技进步二等奖4项、三等奖10项。临沂高新技术产业开发区升级为国家高新技术产业开发区，成为全省第8家国家级高新区。临沂市首次被评为“全国科技进步考核先进市”。

【高新技术及其产业】　2011年，临沂市高新技术产业产值1 162.1亿元，同比增长26.99%，占规模以上工业产值的比重20.60%，较年初增长1.1个百分点；高新技术产业完成固定资产投资241.45亿元，占规模以上固定资产投资的15.0%；新获批建设高新技术企业16家，全市共有高新技术企业63家、国家火炬计划重点高新技术企业10家。35MPa高端液压主件关键技术及产业化等一批重大科技项目取得重大突破，新医药及生物、新能源及节能环保、新材料、新信息、高端装备制造等“四新一高”战略性新兴产业得到较快发展，规模以上战略性新兴产业企业共187家，完成增加值126.5亿元，占规模以上工业增加值的12.5%。以山东常林集团为代表，通过开展国际科技合作与交流、引进先进技术和高端人才等方式，实现了低端产业向高端产业的转变，传统产业转型发展、提档升级成效明显。科技与金融加速融合，银科企合作洽谈机制更加完善，全市科技型中小企业金融服务推介会成功举办，为43家企业落实授信贷款8.7亿元。

【科技计划】　2011年，临沂市承担国家级项目71项，省级项目141项，合计212项，争取省级以上无偿扶持资金6 214万元，主要项目见表。其中，“十二五”国家科技支撑计划1项，资金408万元；国际科技合作重点项目3项，资金1 750万元；国家自然基金11项，资金279万元；国家创新基金7项，资金630万元；国家火炬计划2项，资金150万元；国家农业科技成果转化资金项目2项，资金120万元；国家科技富民强县计划1项，资金147万元；国家星火计划1项，资金30万元；国家新产品计划12项，资金210万元。山东常林机械集团股份有限公司“高端液压主件工艺技术”等4个项目被列入省自主创新成果转化重大专项，扶持资金1 300万元。争取省级以上主要科技计划项目见表。强化市级科技计划的组织实施，全年共实施计划项目132项，落实扶持资金2 035万元，其中，市级重大科技创新计划项目23项，引导项目35项，科技创新平台补助项目3项，科技创新平台奖励项目30项，市级创新基金21项，产学研合作项目10项，富民强县项目5项，市级示范园项目5项。

表　　2011年度临沂市承担国家及省级主要科技项目

计划类别	项目名称	承担单位
十二五国家科技支撑计划	缓控释肥产业技术集成与示范	山东金正大工程股份有限公司
国际科技合作重点项目	35MPa液压主件核心技术联合研究	山东常林机械集团股份有限公司
中俄国际合作重点项目	用于改性钢材和改性合金的纳米散性陶瓷粉末的技术转让	临沂市兴华工程机械有限公司
国际科技合作项目	新型非道路用四冲程汽油机关键技术合作研究项目	山东华盛中天机械集团有限公司
国家创新基金	含短肽、寡糖的新型海洋生物活性糖肽制品	山东鲁健生物医药科技有限公司
	微型柱塞式环保电动喷雾器的研制开发	山东卫士植保机械有限公司
	电力绝缘子烧结密封端子板研制开发	临沂市龙立电子有限公司
	高效能塑料抗氧剂626及其合成新工艺	山东省临沂市三丰化工有限公司
	XYC-2B车载钻机	蒙阴聚龙液压有限公司
	临沂市产学研合作创新平台建设	临沂市科学技术合作与应用研究院
	蒙阴县矿山机械产业集群公共服务平台建设	蒙阴生力科技信息服务中心
国家农业科技成果转化资金	同步型缓释水稻专用肥产业化开发	史丹利化肥股份有限公司
	无菌纸盒灌装机的开发应用	山东碧海机械有限公司
国家科技富民强县专项行动计划	沂水县功能性生物糖产业集群建设	沂水县人民政府
国家星火计划（子项目）	年产10万t猪用非常规蛋白质生物饲料	山东龙盛农牧集团
国家自然科学基金	2011应用数学研讨会	临沂大学（金银来）
	具有靶向和诊断双功能FePt/CNTs纳米复合材料：选控合成和抗肿瘤活性研究	临沂大学（郑秀文）
	沂蒙山区典型成土母质土壤的水分有效性和植被耗水特征	临沂大学（吴元芝）
	棕壤横垄侧渗流产生机制及其对土壤侵蚀的影响	临沂大学（刘前进）
	沂蒙山区花岗岩与石灰岩小流域产沙强度及泥沙来源对比研究	临沂大学（张云奇）
	基于SAR与ATI-SAR的高分辨率浅海地形遥感探测研究	临沂大学（范开国）
	古洪水研究的沉淀学方法	临沂大学（申洪源）
	早白垩世热河群鸟类化石综合研究	临沂大学（郑晓廷）
	山东地区晚第四纪风尘堆积的物质来源研究	临沂大学（徐树建）
	等离子体显示器二次Mg0颗粒膜制备及其特性研究	临沂大学（王剑峰）
	基于广义Jensen-Schur测度的医学图像配准理论和技术研究	临沂大学（胡顺波）
国家新产品计划	新光量子一号激光光子治疗仪	山东新光量子科技股份有限公司
	节能减排二冲程汽油机（1E36F-2E）	山东华盛农业药械有限责任公司
	米格列醇	山东新时代药业有限公司
	盐酸替罗非班	鲁南贝特制药有限公司
	SC360.7液压挖掘机	力士德工程机械股份有限公司

续表

计划类别	项目名称	承担单位
国家新产品计划	兰索拉唑及注射用兰索拉唑	山东罗欣药业股份有限公司
	纯电动城市客车SDL6120EVG	山东中文沂星电动汽车有限公司
	腐殖酸包膜控释肥	山东金正大生态工程股份有限公司
	普鲁兰酶	山东隆科特酶制剂有限公司
	节能型LG953L轮式装载机	山东临工工程机械有限公司
	YJPQ（W）91型全密封位移式六面喷漆立体干燥自动线	蒙阴银进机械制造有限公司
	CTDE18型液压凿岩挖掘机	山东卡特重工机械有限公司
国家火炬计划	沂水功能性生物糖特色产业基地创新服务平台	沂水县生产力促进中心
	临沂动漫制作公共技术服务平台	临沂高新技术创业服务中心
	JCM933D履带式全液压挖掘机	山重建机有限公司
	大规模复杂可编程逻辑电路超声波热能表产业化项目	山东智方仪表科技有限公司
	年产40万t塔式熔体造粒复合肥项目	史丹利化肥股份有限公司
	高密度低频率295芯信号连接器	临沂市龙立电子有限公司
	微型机柜用外壳定位小型矩形片式滤波电连接器	临沂市海纳电子有限公司
	胶合板用无醛豆粉胶黏剂	山东新港企业集团有限公司
	茵栀黄颗粒	鲁南厚普制药有限公司
	米力农注射液	鲁南贝特制药有限公司
	单硝酸异山梨酯	鲁南贝特制药有限公司
	化滞柔肝颗粒	山东新时代药业有限公司
	盐酸头孢吡肟及注射用盐酸头孢吡肟	山东罗欣药业股份有限公司
	硫酸头孢匹罗及注射用硫酸头孢匹罗	山东罗欣药业股份有限公司
	年产10 000台大型自走式玉米联合收获机械驱动桥	山东临沂临工汽车桥箱有限公司
	液压油缸振动砌块成型机产业化项目	山东宏发科工贸有限公司
	年产3万t以羧酸聚合物为基质的高效复合水泥助磨剂	山东宏艺科技股份有限公司
	风光互补路灯	山东佛光照明科技有限公司
	低缩二脲高塔复合肥料	山东富士化肥有限公司
	安全环保型乳化炸药	山东天宝化工有限公司
国家星火计划	天浩有机桑叶茶生产技术产业化开发	沂南县天浩养生茶研究所
	生物环保养猪技术开发与示范	临沂昱兴源肉制品有限公司
	茶山海棠种质资源研究利用及产业化开发	临沂市兰山区黄中皇果树种植农民专业合作社
	有机稻米持续稳产关键技术研究与示范	临沂同德农业科技开发有限公司
	临沂地区猪高热性传染病病原分析与防治技术推广	兰山区畜牧兽医技术服务中心
	可燃垃圾燃烧器	临沂市阳光锅炉制造有限公司
	利用污泥生产生物有机肥关键技术研究与应用	山东金联山生态肥业有限公司
	鲁中绿色富硒大米关键技术研发及产业化建设	沂南县鲁中蔬菜有限公司
	反季节林下香菇标准化生产与示范推广	临沂效峰菌业有限公司
	珍稀食用菌种植关键技术应用	蒙阴县靖添食用菌研究所

续表

计划类别	项目名称	承担单位
国家星火计划	长效缓释复合肥制造技术及产业化	施可丰化工股份有限公司
	多功能一体化复合肥项目	史丹利化肥股份有限公司
	杞柳良种及配套栽培技术示范与推	郯城县林业局
省重大专项	高端液压主件工艺技术	山东常林机械集团股份有限公司
	高可靠滚轮滑环	临沂市海纳电子有限公司
	节能环保特种燃气发动机关键技术	山东华盛中天机械集团有限公司
	太阳能光伏电站跟踪技术及装备	临沂巨皇新能源科技发展有限公司
省重大专项（2009年后补助项目）	新型高效抗菌药物——法罗培南钠	山东新时代药业有限公司
省农专资	加工鲜食兼用黄桃——黄中皇技术推广及产业化开发	临沂市果茶中心 临沂市兰山区果树推广中心
	黄淮夏大豆高产、富硒示范及产业化开发	临沂市农业科学院 山东星发生物科技股份有限公司
省农业良种工程	北方桂花和流苏树种质资源保护及良种选育	临沂市林业科学研究所
	鲟鱼良种人工繁育及产业化开发	临沂市淡水水产研究所
	中小叶类抗寒茶树品种选育与繁育基地建设	临沂市玉芽茶业有限公司
省创新基金	高效能塑料抗氧剂626及其合成新工艺	山东省临沂市三丰化工有限公司
	微型柱塞式环保电动喷雾器的研制开发	山东卫士植保机械有限公司
	ND-Ⅲ内燃捣固镐	山东华盛中天工程机械有限责任公司
	新型塔式熔体造粒复合肥	山东富士化肥有限公司
	JG527A汽车变速器总称开发研究	山东精工通用齿轮厂
	大流量智能控制阀电液驱动器技术的研究与应用	山东郯工液压件制造有限公司
省软科学计划	物流企业市场准入制度研究—兼评新修订的《山东道路交通条例》	临沂大学
	文化生态学视野下的公共文化服务体系构建研究—以临沂市为例	临沂大学
	临床医生绩效评价与实施策略研究	临沂市人民医院
	基于CIS临床路径的实施研究	临沂市沂水中心医院
省攻关计划（一批）	苹果园害虫天敌保护与增殖关键技术研究	临沂大学
	兽用头孢喹诺、沙拉沙星缓释注射液的研制与应用	山东龙盛农牧集团有限公司
	高效生产威兰胶关键技术研究与开发	山东阜丰发酵有限公司
	氨肽酶高产菌株的选育及发酵条件优化	山东隆科特酶制剂有限公司
	高压柱塞液压泵研究与开发	山东常林机械集团股份有限公司
	JTZ-20型定位陀螺仪旋转电连接器组件	临沂市龙力电子有限公司
省攻关计划（二批）	稳定性长效肥氮/磷肥缓释/促释技术研究	施可丰化工股份有限公司
	环境友好型包膜材料研制	山东金正大生态工程股份有限公司
	不同季节商品肉鸭营养需要和生产性能的研究与应用	山东龙盛农牧集团有限公司
	“山东高山绿茶”产业化综合技术研究与开发	山东蒙山龙雾茶业有限公司
	基于迁移途径控制的农业面源污染综合防治技术研发与集成	临沂大学
	抗耐药性治病药——比阿培南原料及制剂的研究与开发	山东罗新药业股份股份有限公司

续表

计划类别	项目名称	承担单位
省大型科学仪器设备升级改造技术	原子吸收分光光度计进样系统自动化升级改造	临沂市科学技术合作与应用研究院
山东省企事业单位专利创造能力培育专项	山东省企事业单位专利创造能力培育	临沂市知识产权局
省科技富民强县专项行动计划	有机食用菌优质高效栽培技术示范推广及产业化开发	罗庄区人民政府
省优秀中青年科学家奖励基金	水稻CCCH型锌指转录因子亚家族Ⅰ在抗逆境胁迫中的功能研究	临沂大学（郗冬梅）
	拟性激素中药治疗绝经期女性骨关节炎的代谢组学量化研究	临沂市人民医院（高万里）
	9–顺式维甲酸协同γ–干扰素体外诱导神经母细胞瘤分化及下调MYCN和MDR1基因mRNA表达的实验研究	临沂市人民医院（孙福涛）
	基于信号识别颗粒的微生物分子育种机制研究	山东新时代药业有限公司（董惠钧）
	石墨烯整流器的结构设计与电子输运研究	临沂大学（刘洪梅）
	GnRH对小尾寒羊常年发情行为影响及其调节机制的研究	临沂大学（吕慎金）
省自然科学基金	TSHR基因与GD甲亢治疗后TRAb变化的相关性讨论	临沂市人民医院（高冠起）
	高自旋系统的一阶量子相变	临沂大学（许长谭）
	甘丙肽在大鼠前扣带皮层镇痛作用的神经机制	临沂大学（王学斌）
	葡萄白藜芦醇诱导合成及调控机制的研究	临沂大学（刘文）
	胞质分裂不完全引起拟南芥根尖分生细胞程序性死亡的超微结构研究	临沂大学（刘林）
	软集理论及其在公钥密码中的应用	临沂大学（姚金江）
	基于彩虹理论的非均匀粒子折射率/温度测量技术研究	临沂大学（姜会芬）
	LBP算子在多相流高速视频分析中的深入研究	临沂大学（张问银）
	基于信贷工厂模式的小微企业贷款产品开发研究	临沂大学（齐春宇）
	沂河流域生态补偿标准、方式与政策研究	临沂大学（陈磊）
省国际科技合作基地	山东省高端液压元件国际科技合作研究合作基地	山东常林机械集团股份有限公司
省国际科技合作研究中心	山东省中新金银花木瓜国际科技合作研究中心	山东亚特生态技术有限公司
	山东省中西民爆器材国际合作研究中心	山东天宝化工有限公司
	山东省中德工程机械用多缸柴油机合作研究中心	山东常林机械集团股份有限公司
省星火计划	不同季节商品肉鸭营养需要和生产性能的研究与应用	山东龙盛农牧集团有限公司
	沂蒙黑山羊品种培育与产业化开发利用	临沂大学
	基于FSC森林认证的杨树人工林经营研究与推广	临沂市林业科学研究所
	核桃油贮藏稳定性的研究与推广	临沂大学
	低变性脱脂豆粕生产线研制与示范	临沂山松生物制品有限公司
	铝合金覆贴天然木皮	山东凯源木业有限公司
	新型蔬菜设施及配套栽培技术示范与推广	临沂市天园有机果蔬研究所
	大球盖菇优质高产种植示范与推广	临沂森罗生态发展有限公司
	秸秆沼气的推广和应用	临沂市森茂木业有限公司
	甜玉米新品种的研究开发	山东省赛博特食品有限公司
	苹果虎皮病发生机制及储存保鲜机制研究与推广	临沂大学

续表

计划类别	项目名称	承担单位
省星火计划	出口花生引进示范及产业化开发	临沂裕隆食品有限公司
	生物环保养鸭技术开发与示范	沂水安达肉联厂
	奶牛生态高效养殖关键技术研究与示范	沂南县瑞沣奶牛养殖合作社
	出口蔬菜速冻技术研究及产业化开发	山东青果食品有限公司
	长毛兔高效繁殖技术与推广	费县蒙雪畜产品养殖加工有限公司
	造纸污泥资源产业化开发与推广应用	山东泽丰生物科技有限公司
	食用菌轻简化高效栽培模式技术集成与示范	蒙阴县宏益食用菌种植技术推广中心
	测土配方施肥专家系统建设与应用	莒南县农业技术推广中心
	板栗专用控释肥产业化研究与示范推广	山东金正大生态工程股份有限公司
	生物腐植酸缓释肥研究与开发	史丹利化肥股份有限公司
	新型塑料复合包装材料防伪技术研究与推广	山东雷华塑料工程有限公司
	风光互补LED太阳能路灯生产技术研究开发	山东佛光照明科技有限公司
	氨酸法长效缓释复合肥技术研究与推广	山东富士化肥有限公司
	无性系茶树栽培技术研究与示范	山东沁园春茶叶有限公司
	新型担架式机动喷雾机的研制与推广	山东卫士植保机械有限公司
	机插水稻精确定量“数字化”栽培技术研究与推广	郯城县农机局
	丹参有效成份提取新工艺研究与示范	山东九间棚药业有限公司
	金银花中木犀草苷提取分离技术研究与示范	临沂市天安药业有限公司
	大蒜有效成分提取工艺研究与推广	山东天元生物工程有限公司
	硫酸脲氨化造粒复合肥料生产技术与产业化开发	山东金山化肥有限公司
省政策引导类项目	基于污泥过程减量机制的小型一体化污水处理技术	沂进民水务有限公司
	超细高纯氢氧化镁包覆氢氧化铝复合型阻燃剂	临沂市兰山区中山化工厂
	电子商务与现代物流	山东金兰现代物流发展有限公司
	用豆粕粉制备胶合板用无醛胶黏剂的研究	山东新港企业集团有限公司
	TGB-1型透明膜裹包机	临沂奇润包装机械有限公司
	双层金属复合板	山东尧舜热能科技有限公司
	碳晶板技术的研发及应用	临沂市珠岳新型材料有限公司
	挤压铝型材在线精密淬火技术与装备	山东蒙山铝业有限公司
	拉米夫定及拉米夫定片的研究与开发	山东罗欣药业股份有限公司
	水泥工业中低活性、耐磨性工业废渣资源化利用	山东宏艺电源技术有限公司
	化学改性废旧塑料在水泥粉磨工艺中的应用研究	山东宏艺科技股份有限公司
	缓释型改性聚醚类聚羧酸高效减水剂开发	山东宏艺科技股份有限公司
	薄壁装载机变速箱壳体V法铸造工艺研究	山东蒙凌工程机械股份有限公司
	ZL15电控变速操纵阀的研制与开发	山东郯工液压科技有限公司
	伊潘立酮新药研究与开发	山东仁和制药有限公司
	淡水池塘浮动草创微生态调控低碳多元养殖技术推广	郯城县渔业技术推广站
	高速瞬时无菌砖型奶包装机的研究与开发	山东碧海机械有限公司

续表

计划类别	项目名称	承担单位
省政策引导类项目	直径800mm壁厚35mm超高分子量聚乙烯管材的研制	山东东方管业有限公司
	高产乳糖酶的菌种选育及产业化	山东隆科特酶制剂有限公司
	金银花有效成分提取及纯化工和活性艺研究	山东九间棚药业有限公司
	MW70经济节能型卫星汽车变速器	山东临沂临工汽车桥箱有限公司
	新型可移动民用爆炸物品贮存设备研发项目	山东天宝化工有限公司
	废气余热回收及除尘脱硫改造项目	山东澳联玻璃包装有限公司
	汽车用镁合金型材研发	费县银光镁业有限公司
	蒸压加气混凝土砌块成套设备	山东宏发科工贸有限公司
	高精密数控机床主轴轴承32013XE/P4研发	山东鲁南轴承有限责任公司
	农用绿色缓控释材料及其保税缓控释肥的开发	山东喜丰田生态肥业有限公司
	熔体造粒多肽稳定性（缓释）肥料	史丹利化肥股份有限公司
	木薯生物炼制乙醛关键技术及产业化	临沂市金沂蒙生物科技有限公司
	氨酸造粒复合肥节能技术研究与开发	山东旭洋肥业有限公司
	果菜类蔬菜无土栽培专用控释肥研制与开发	山东金正大生态工程股份有限公司
	55kW风力发电机研制与开发	山东拓源能源科技有限公司
	负离子空气净化灯生产工艺技术研究	山东佛光照明科技有限公司
	同型半胱氨酸测定方法及试剂	山东科里森生化技术有限公司
	FQNCS长寿命功能系列圆形连接器	临沂市龙立电子有限公司
	企业信息电子商务公共服务平台	临沂永森农产品信息咨询服务有限公司
	静电喷雾施药关键技术的研究与应用	山东卫士植保机械有限公司
	超声波流量计用压电陶瓷换能器研制	山东沂光电子股份有限公司
	一种水波纹云毯及其工艺的研究与开发	临沂绿因工贸有限公司
	6-8T挖掘机油缸的研发	临沂金利液压科技有限公司
	5吨级全液压挖掘机振动与噪声控制研发	山重建机有限公司
	ZL50系列液力变矩器研发与产业化	临沂临工德鑫机械有限责任公司
	第三代低排放二冲程汽油机研发	山东华盛农业药械有限责任公司
	普拉格雷	鲁南新时代生物技术有限公司
	硼替佐米	山东新时代药业有限公司
	盐酸莫西沙星	鲁南贝特制药有限公司
	一种咽炎特效药物的研究开发	鲁南厚普制药有限公司
	匹多莫德	鲁南制药集团股份有限公司
	薄壁镁合金型材宽展挤压技术研究	临沂大学
	用于水质监测的光纤SPR传感系统的研制	临沂大学
	头孢噻呋乳膏剂的研制与应用研究	临沂大学
	围术期血浆β-淀粉样蛋白水平与术后认知功能障碍关系的研究	临沂市人民医院
	银菊散结方剂治疗免疫性疾病桥本氏甲减的临床与药物研究	临沂市人民医院

【科技创新资源与能力建设】 2011年，鲁南制药集团“国家手性制药技术工程技术研究中心”通过科技部验收。山东隆科特酶制剂有限公司、山东常林机械集团股份有限公司、山东新港企业集团有限公司3家企业获批建设省级重点实验室。山东碧海机械有限公司、临沂中瑞电子有限公

司、临沂龙立电子有限公司、山东舜天化工集团有限公司、山东华盛中天机械集团有限公司、山重建机有限公司等14家企业获准建设省级工程技术研究中心。山东罗欣药业有限公司、鲁南制药集团股份有限公司2家企业获批建设“泰山学者—药学特聘专家”岗位。截至年底，全市共有国家级工程技术研究中心2家、省级28家，国家级重点实验室1家、省级8家，国家火炬计划特色产业基地2家，国家级高新技术服务中心1家、省级1家，泰山学者药学特聘专家岗位2个，省级示范生产力促进中心3家，省级农业科技园区1家。注重加强市级技术创新平台建设，共批准组建临沂市中药质量控制工程技术研究中心等19个市级工程技术研究中心。

【农业与社会发展】 截至2011年底，全市共有良种育种研发机构18家，推广机构29家，育种企业11家；全市已建成省级农业科技示范园1个、市级45个、县级305个；组织实施省级良种产业化工程项目11项，全市主要农作物良种覆盖率97%以上；组织实施17项国家、省农业科技成果转化资金项目；国家级星火计划项目13个，省级星火计划项目31个。临沂市农村信息化稳步推进，共发展“双通”手机信息网入网合作社265家，“双通”会员24 800多人，入网会员8 500多人。全市各县区累计选派科技特派员1 780名，派驻到1 674个村（场）开展创业服务行动，共为基层解决2 000多项技术难题，累计开发项目606项，受益农民270万人，带动农民收入增幅近8%。

2011年，临沂市加大对临沂生态可持续发展区的扶持，加快推进先进发展模式探索。重点支持河东滨河湿地和罗庄武河湿地建设，沂水县可持续发展示范区建设通过专家评审。加快推进节能环保关键核心技术的推广和产业化，临沂进民水务有限公司的“城市污水处理厂污泥过程减量化技术及设备制作”项目获国家863计划支持。省政府批准临沂市成为全省推广应用新能源汽车七个示范试点市之一。

【科技成果与奖励】 2011年，取得各项科技成果220多项。其中，获省技术发明二等奖1项（山东罗欣药业股份有限公司完成的“硫酸头孢匹罗及其制剂的制备技术与应用”），获省科技进步二等奖4项、三等奖10项。

2011年，鲁南制药集团股份有限公司副总经理、博士后科研工作站主任李冠忠获临沂市科学技术最高奖；山东临工工程机械有限公司“土方机械技术创新体系”、山东罗欣药业股份有限公司“化学药物科技创新体系”、金沂蒙集团有限公司“生物炼制催化科技创新体系”3项成果获市企业科技创新奖；山东新时代药业有限公司“脂肪肝治疗新药化滞柔肝颗粒的研究与开发”等3项成果获市技术发明一等奖；山东碧海机械有限公司“无菌砖型奶包装机关键技术与装备研究开发”等4项成果获市技术发明二等奖；苍山县德隆机械有限公司“双动力扒装机”等5项成果获市技术发明三等奖；山东新时代药业有限公司、鲁南制药集团股份有限公司“亚胺培南、西司他丁钠及复方制剂的研究与开发”等12项成果获市科技进步一等奖；山东阜丰发酵有限公司、临沂大学完成的“谷氨酸钠双效结晶新工艺研究与应用”等110项成果获市科技进步二等奖；山东聚龙液压机械有限公司“XYC-2B车载钻机”等47项科技成果获市科技进步三等奖。

【知识产权管理】 2011年，临沂市开展专利奖评选活动，评出一等奖20项、二等奖100项、三等奖80项，发放奖金15万余元。开展市级专利实施项目资助，资助“长行程双导向套筒式多级液压缸”等5个项目25万元。为企事业单位办理专利费用减缓申请500余件，组织相关专利权人获得省级发明专利补助100余万元，帮助3家企业的5项专利获得PCT资助7万元。国家知识产权试点城市建设稳步推进，全年专利申请量、专利授权量分别为3 473件、2 486件，同比增长24.44%、8.70%；累计专利申请20 422件，专利授权13 588件，专利申请和授权数量大幅增长，质量明显提高。持续加大知识产权保护力度，受理专利纠纷案件27件，结案27件，查处假冒专利案件74件。相关部门联合出台《临沂市展会知识产权保护办法》，开展“打击侵犯知识产权和制售假冒伪劣商品专项行动”“无假冒专利商场、药店评选”等活动，临沂市知识产权局被国家知识产权局评为“全国打击侵犯知识产权和制售假冒伪劣商品专项行动”先进集体。在第十二届省专利奖中获二等奖1项，三等奖3项；获第十三届中国专利优秀奖2项；获山东省第六届“发明创业奖”一等奖1项、二等奖1项、三等奖3项；山东宏发科工贸有限公司被批准为2011年度山东省专利创造能力培育单位。

【政策法规与环境建设】 在2011年度全国县（市）科技进步考核工作中，临沂市及12个县区全部通过考核，其中临沂市被评为“全国科技进步考核先进市”，兰山区、罗庄区、临沭县、莒南县、费县、沂水县6县区被评为“全国科技进步考核先进县（区）”，市委书记、市人大常委会主任张少军，市委副书记、市长张务锋，副市长左沛廷，市科技局局长王文元等22名同志被授予“全国县（市）科技进步考核先进个人”。严格落实《关于加快推进高新技术产业发展的意见》《关于加快推进技术创新平台建设的意见》等文件，促进了“四新一高”战略性新兴产业的发展和技术创新体系的完善。

【科技合作与交流】 2011年，临沂市政府先后与西安交通大学、中国海洋大学、北京科技大学、北京航空航天大学、山东科技大学、山东轻工业学院、中国科学院海洋研究所等9家国内重点院校、科研院所签订了战略合作协议。临沂市科学技术合作与应用研究院、中国科学院山东转化中心临沂中心、山东省科学院临沂分院、浙江大学技术转移中心等产学研合作平台作用得到较好发挥，院士工作站等企业产学研合作平台建设力度加大，临沂凝聚创新资源的能力显著增强。山东罗欣药业股份有限公司、山东蒙山铝业有限公司、天元建设集团有限公司3家企业获批建设院士工作站，院士工作站11家。全市40%以上规模以上企业开展了产学研合作，合作院校70多家，解决技术难题2 400多项。临沂市先后与俄罗斯、乌克兰、美国、日本、德国、澳大利亚、新西兰等15个国家和地区的21家科研机构建立科技合作关系；新建省级国际科技合作基地2家，分别是：临沂市科学技术合作与应用研究院与俄罗斯合作，常林集团与瑞典、日本合作；新建山东省中德工程机械用多缸柴油机合作研究中心、山东省中日小型四冲程汽油机核心技术合作研究中心、山东省中新金银花国际科技合作研究中心、山东省中西民爆器材国际合作研究中心等省级国际科技合作研究中心4家，中心总量7家。中组部认定的“千人计划”18位专家被聘为临沂市政府特聘顾问，先后引进院士13名，引进高端科技创新人才100多名、创新团队20多个。山东常林集团依托国家科技部重点支持的国际科技合作项目——高端液压主件关键技术研究与产业化项目，先后引进了包括世界500强的德国博世力士乐中国区总经理钟默博士在内的德国、日本专家数十名。

【科普工作】

科技活动周 5月12～17日，由中央宣传部、科学技术部、环境保护部、铁道部、卫生部、国家林业局、国家粮食局、共青团中央、中国科协、山东省人民政府联合主办的2011年全国科技活动周“振兴老区，服务三农，科技列车沂蒙行”大型科普活动在临沂举行。科技部党组成员、中纪委驻科技部纪检组组长郭向远，省委常委、副省长孙伟，省政协副主席李德强等领导出席开幕式并参加有关活动。科技列车沂蒙行科技服务队由“千人计划”专家团、专家咨询小组、医疗卫生小分队等组成，包括农业、科普、机械以及医疗卫生等领域的100多位专家学者，在临沂市及莒南县、蒙阴县、临沭县、沂水县和费县5个县，深入到乡村街道、田间地头、厂矿企业和山村小学开展一系列科技服务活动。共开展实用技术培训50场次，医疗义诊22场次，为沂蒙老区送去了急需的农业科学技术和农村医疗卫生服务。首次组织“千人计划”专家团赴临沂开展项目对接、科技成果推介等活动，包括18位“千人计划”专家在内的26名工业领域专家组织技术对接洽谈会10场次，对接项目企业39家、技术难题85项，初步达成17项合作意向，解决技术难题9项；紧扣民生热点，开展食品安全和核知识科普宣传；采用访谈和远程咨询的方式为老区农户提供生产、生活方面的远程指导和咨询，各地农户和技术人员通过双向视频或热线电话随时与专家互动答疑。活动期间，举办各类专题报告和讲座21场次，现场咨询和答疑80场次，直接受益群众11 840多人。活动主办方还向临沂市捐赠了农村青少年科技创新操作室、奇瑞科技服务车、新型粮仓、科技信息服务站等价值450万元的科技物资。

科技下乡活动 12月25日，由中宣部、科

技部、司法部、农业部等九部门和山东省委、省政府联合举办的全国文化科技卫生“三下乡”活动启动仪式和集中服务活动，在临沂市临沭县举行。中宣部副部长申维辰主持仪式并讲话。科技部党组成员、科技日报社社长王志学，司法部党组成员、纪检组长韩亨林，省委常委、宣传部长孙守刚，副省长张建国以及相关部委领导出席仪式。孙守刚致辞。科技部政策法规司副司长翟立新、农村科技司副司长王喆、省科技厅副厅长郭九成、临沂市政府党组成员宋法亮参加活动。活动期间，王志学社长走访慰问了老党员和困难群众代表，考察了部分高新技术企业，代表科技部向基层群众捐赠10万元现金和价值40多万元的科技物资，省科技厅和临沂市科技局捐赠价值5万余元的科技物资。

2011大使科技创新论坛　10月11日，由科技部国际合作司、山东省科技厅、临沂市人民政府、中国国际科学技术合作协会联合举办的“2011大使科技创新论坛”在临沂举行。前驻俄大使、全国政协常委会委员、外交部外交政策咨询委员会委员刘古昌，前驻英国大使、全国政协常委会委员、外交部外交政策咨询委员会委员马振岗，前驻埃及大使、中国中东问题特使、全国政协外事委员会委员、外交部外交政策咨询委员会委员吴思科，分别围绕中俄科技合作与技术转移、高科技和中国外交、非洲与中东形势和中国“走出去”战略等主题进行了演讲。科技部国际合作司司长靳晓明，中国国际科学技术合作协会会长王葆青，省科技厅副厅长徐茂波，市委书记、市人大常委会主任张少军，副市长左沛廷出席论坛。全市有关企事业单位共计180余人参加了论坛。部分县区、企业代表与3位大使围绕国际科技合作、高端海外人才引进等热点问题进行了沟通交流。

科普宣传　临沂市科技馆正式对未成年人免费开放，罗庄、平邑、沂南3个县级科技馆建成开馆，费县科技馆完成土建。全市建成科普广场4个，科普画廊6 842个，科普示范社区278个，科普活动站3 387个。开展万名沂蒙学子“科普之旅”“北京天文馆天文科普大篷车走进沂蒙巡展”“阳光校园”科技馆大讲堂等科普宣传活动，举办专题科普讲座20场次、“沂蒙科普大舞台”演出11场，编印《科学健身指导手册》1万册。举办公众安全避险逃生知识等专题社区巡展97场。临沂市“阳光校园”科技馆大讲堂被列入全国科普教育基地能力建设项目。

（临沂市科技局　李建亮　李　振）

德　州　市

【概述】　2011年，德州市高新技术产业总产值1 059.51亿元，占规模以上工业总产值的比重为20.50%。全市69个项目列入国家、省科技计划，获补助经费5 700万元。全年完成重要科技成果153项，获国家技术发明二等奖1项，省科技进步二等奖2项、三等奖3项。

【高新技术及其产业】　2011年，德州市高新技术产业总产值1 059.51亿元，同比增长37.24%，占规模以上工业总产值的比重为20.50%，产值规模首次突破千亿元大关。通过强化对企业的服务和指导，引导企业集聚创新资源，促进产业集群式发展，培植了一批新的高新技术增长点。普利森机床公司、远大模具材料公司等13家企业被新认定为省级高新技术企业。全市高新技术企业172家，其中国家火炬计划重点高新技术企业4家，省级高新技术企业49家。龙力生物科技公司被认定为国家级创新型企业，全市省级以上创新型企业16家。

【科技计划】　2011年，全市69个项目列入国家、省科技计划，获无偿经费5 700万元，比上年增加1 900万元。皇明太阳能公司的“太阳能热发电槽式高温集热管研发及产业化”项目列入国家科技支撑计划项目，获无偿经费700万元。通裕重工股份有限公司“AP1000核电主管道”等5个项目列入省自主创新成果转化重大专项计划。

【科技创新平台建设】 2011年，围绕全市产业体系建设，以高新技术产业和战略性新兴产业的骨干企业为重点，抓好科技创新创业平台建设。全市被批准建设的国家级工程技术研究中心和企业技术中心8家，省级工程技术研究中心、企业技术中心、重点实验室79家，省级院士工作站6家，省级产业技术创新战略示范联盟8家，见表1。德城区“国家级可持续发展示范区”和依托泰山体育产业集团组建的“国家新型健身器材产业技术创新战略联盟”通过专家考核及答辩。“德州（乐陵）农业高新技术产业示范区”被省政府批准为“省级农业高新技术产业示范区”，成为全市首个农高区。

表1 2011年度德州市新建省级科技创新平台

	平台名称	承担单位
省企业重点实验室（3家）	体育器材制造技术制造实验室	泰山集团
	秸杆生物炼制技术企业重点实验室	龙力公司
	制动摩擦材料制造技术重点实验室	金麒麟公司
省院士工作站（1家）	山东福洋生物科技院士工作站	山东福洋生物科技有限公司
省国际科技合作研究中心（3家）	山东省中荷体育产业合作研究中心	泰山体育产业集团有限公司
	山东省中英建筑门窗配套件合作研究中心	国强五金制品有限公司
	山东省中意现代生物工程膜分离合作研究中心	山东龙力生物科技股份有限公司
省工程技术研究中心（5家）	山东省芳纶紧密集聚纺工程技术研究中心	德州华源生态科技有限公司
	山东省金丝小枣工程技术研究中心	乐陵市源生态农业生物科技有限公司
	山东省袋式除尘工程技术研究中心	山东奥博环保科技有限公司
	山东省白酒清洁生产工程技术研究中心	古贝春集团有限公司
	山东省生物酶解调味品工程技术研究中心	山东鸿兴源食品有限公司

【科技成果与奖励】 2011年，德州市完成重要科技成果153项。1项获国家技术发明二等奖，这是继2006年、2008年获国家级奖励后再获此殊荣。获省科技进步二等奖2项、三等奖3项，省软科学成果奖47项，获奖层次和数量实现新突破。

【知识产权管理】 2011年，不断加强科技创新和知识产权创造与保护，强化管理与服务，开展优势企业培育工程，进一步推进中小企业的知识产权工作。举办第五届中国专利周（德州）活动。期间，举办了专题报告会、科技创新成就展等系列宣传活动。全年申请专利2 944件，增幅74.41%；专利授权1 754件，增幅为14.79%；增幅分列全省第2位和第7位。筹建山东省知识产权信息服务平台德州分平台和天津滨海国际知识产权交易所——德州新能源产业转化平台。

【科技合作与交流】 2011年，德州市围绕“10+3”产业体系建设，举办了同中科院、省科学院、江南大学、山东科技大学、山东轻工业学院等高校院所新兴产业技术对接等活动，邀请30余名专家来该市从事技术咨询、科研攻关、技术合作等服务，解决技术难题和需求40余项。启动院士工作联络办公室工作，促成中科院金属研究所与通裕重工公司签署战略合作协议，刘昌孝、欧阳平凯、孙宝国、高从堦等10余名院士分别与欣博药物研究公司、福田药业公司等企业签订了技术研发合同（协议）。

【政策法规与环境建设】 2011年，德州市11个县、市、区全部通过国家科技进步考核，乐陵市、禹城市、齐河县、陵县等4县（市）被评为全国科技进步先进县。成立了德州市软科学研究会和市发明协会，提高了社会创新的组织化程度。编制了《科技创新服务手册》和《高新技术企业政策法律汇编》，发放到全市所有规模以上企业。举办了12期科技业务知识培训班，帮助企业了解科技计划和创新平台申报、成果鉴定和奖励、专利申请与保护等政策，全面掌握办事程序，准确把握政策导向，有效利用优惠政策。深入企业调研40余次，形成调研报告10余篇，解决企业发展难题50余项，推动了企业技术创新工作。加大对科技创新的奖励力度，市政府对2011年认定的高新技术企业，国家级、省级工程技术研究中心和企业技术中心、获得国家科学技术奖励和市科技创新十佳企业的单位发放奖励535万元。

【科技宣传】 2011年，在德州日报上开设“科技之窗”专栏，宣传科技政策和创新典型，刊发稿件136篇。被省科技厅及市委市政府办公室采用宣传信息60余条。德州市科技局被省科技厅授予“全省科技系统政务信息工作先进单位”。

【科技系统自身建设】 2011年，德州市科技局成立了廉政风险防控机制建设领导小组，制订《廉政风险防控管理工作实施方案》和《党务政务公开工作实施方案》，以规范权力运行为核心，重点查找重要岗位、关键环节和重点人员在岗位职责、业务流程、制度机制、外部环境等方面可能产生不廉洁行为或诱发腐败的风险点，共排查出风险点70个。对照查找的廉政风险点和风险等级，对每项重点业务工作都制作了权力运行流程图，建立可控的廉政风险点防范措施。有针对性地建立了廉政风险常态化预警机制。

（德州市科技局　张　勇）

聊　城　市

【概述】 2011年，聊城市高新技术产业产值789.7亿元，占规模以上工业总产值的比重14.9%。全市共承担省级以上科技计划项目78项，争取资金4 753万元。获省科学技术奖8项。9月17日，中共中央政治局委员、国务委员刘延东视察聊城市的科技工作，给予了充分的肯定和高度的评价。全市8个县（市、区）顺利通过科技进步考核，聊城市首次命名为“全国科技进步考核先进市”，市委书记宋远方、市长林峰海、副市长张旋宇、科技局局长刘淼等获全国科技进步考核先进个人。

【高新技术及其产业】 2011年，根据新统计口径，全市高新技术产业产值789.7亿元，同比增长34.26%，占规模以上工业总产值比重14.9%，比年初增加1.04个百分点，同比在全省提高2个位次。新认定省级高新技术企业7家，通过省级复审企业7家，高新技术企业共189家。

【科技计划】 2011年，全市共承担省级以上科技计划项目78项，争取资金4 753万元。其中，国家级计划项目25项，经费2 050万元（创新基金11项、国家重大新药创新专项3项、国家重点新产品计划1项、政策引导类项目10项）；省级计划项目53项，经费2 703万元，其中自主创新成果转化重大专项项目6项、省科技发展计划（结转部分）5项、省科技发展计划项目15项、战略性新兴产业科技项目贷款风险补助资金3项、省农业科技成果转化资金项目4项、省创新基金项目10项、省农业良种工程项目5项、省政策引导类项目5项。阳谷祥光铜业有限公司的“节能、高效、强化电解平行流技术合作研发及产业化”项目，被列入科技部国际合作重点项目，支持资金650万元。

【科技创新资源与能力建设】

科技创新平台建设　2011年，聊城市创建省级企业院士工作站3家。新批准建设企业重点实验室13家，其中省级2家（山东省钎钢钎具重点实验室、山东省化学储能与新型电池技术重点实验室），重点实验室总数34家（包括国家级1家、省级6家）。新增工程技术研究中心39家，其中省级3家（山东省螯合肥料工程技术研究中心、山东省病原微生物检验设备工程技术研究中心、山东省羰基合成工程技术研究中心），工程技术中心总数115家（包括国家级2家、省级18家）。山东东阿阿胶股份有限公司组建的“国家胶类中药工程技术研究中心”，顺利通过科技部组织的专家委员会综合评审。阿胶产业技术创新战略联盟升格为省级联盟。

转化服务平台建设　2011年，国家级高新技术创业服务中心快速发展。大学科技园主体楼竣工并投入使用，新增孵化面积1.3万m^2；新增科技型孵化企业12家，毕业企业5家，在孵企业96家，累计毕业企业38家。大力宣传推介快速制造国家工程中心聊城示范中心，提高和拓展中心的业务能力和服务领域，全年实现主营业务收入24万元。生产力促进中心晋升为省级示范生产力促进中心。2.7万m^2的创新大厦完成了方案审定、规划审批、图纸设计和图纸审查工作。6月10日，创业中心与聊城大学联合召开科技成果对接暨大学生创业座谈会，聊城大学汽车学院、理工学院、计算机学院、材料学院和生命学院的近50名专家教授，宣传推介了研究成果，与在孵企业达成6项合作意向。6月22日，创业中心与江南大学举行科技成果项目洽谈会，引进转化科技成果3项。

【农业与社会发展】

科技特派员工作　2011年，按照省科技厅拟定的《科技特派员农村科技创业行动实施意见（讨论稿）》，重点推进了科技特派员农村科技创业行动，选择10名“创业型”科技特派员作为示范典型，对有意创业的科技特派员进行培训指导，引导全市100多名科技特派员从“中介服务型”转变为“实体创业型”。组织25名科技特派员参加“全国科技特派员农村科技创业大赛”，有4个项目获奖。在2010年成功启动企业科技特派员工程的基础上，当年对服务企业开展实地调研，选聘57名企业科技特派员深入企业一线开展技术服务。

社会主义新农村科技支撑体系建设　2011年，结合聊城市特色优势产业和新农村建设的实际需求，新培育认定了13家农业科技创新示范企业、11个科技创新示范园区（基地）、9个科技创新示范乡镇、5个科技创新示范村。截至年底，全市共培育了94家农业科技示范基地，其中包括36家农业科技创新型龙头企业，14个村农业科技示范新村，20个农业科技示范乡镇，24个农业科技示范园区，基本形成涵盖聊城市特色优势产业的农业科技创新服务体系框架，为优势产业向联盟化发展奠定基础。

节能减排和资源节约型社会建设科技支撑工作　2011年，对全市的节能减排情况进行了调查。按照市政府统一安排，组织开展了“节能宣传周”活动，参加了全市节能专项督查。配合有关部门完成省政府对聊城市节能减排指标考核科技指标等材料的整理，顺利完成省政府对聊城市的考核。

【科技成果与奖励】　2011年，聊城市获省技术发明一等奖1项，省科技进步一等奖2项、三等奖4项，省国际科技合作奖1项；获省软科学成果奖12项，其中一等奖1项、二等奖2项、三等奖9项；获第12届山东省专利奖一等奖2项。2011年度科技成果鉴定登记数量217项，其中省级科技成果鉴定34项，市级科技成果鉴定171项；其中达到国际先进水平以上的22项，94%以上达到国内领先以上水平。印发《聊城市科学技术奖励办法实施细则》及《关于市级科技成果鉴定（社会公益类）工作有关要求的通知》，进一步规范聊城市科技奖励评审过程及社会公益类项目鉴定程序。结合《聊城市科学技术奖励办法》的实施，成立了聊城市科学技术奖励委员会及聊城市科学技术奖励监督委员会。共评出聊城市2011年度科学技术最高奖2名，科学技术成果转化促进奖5项，科学技术进步奖（含技术发明奖）119项。其中工农业类一等奖9项、二等奖15项、三等奖25项；医疗卫生类一等奖5项、二等奖15项、三等奖50项。

【知识产权管理】　2011年，全市申请国内专利1 796件，授权1 290件。其中，发明专利申请406件，占总申请量的22.61%，居全省第八位；发明专利授权230件，占总授权量的17.83%，居全省第一位。全年PCT国际专利申请6件，居全省第十位。全年有效国内发明专利515件，同比增长52.82%，居全省第五位。全市每百万人拥有发明专利5.79件，居全省第八位。开展打击侵犯知识产权和制售假冒伪劣商品专项行动，以家电、食品、药品为重点领域进行专利执法现场检查，出动执法人员60余人次，检查五星百货、大商电器、高唐银座超市、华联超市、东方大药店等12家单位，检查商品5 720件，统计专利产品112件，纠正专利标注不规范情况12件，经法律状态检索，未发现假冒专利，有力维护了市场秩序。

【科技合作与交流】　2011年，深入县（市区）开展科技合作交流专项调研，对企业人才和技术需求情况进行摸底，收集整理各类需求97项，编印《聊城企业技术项目需求汇编》，及时与相关高校院所联系，将技术需求通过电子邮件发送到高校院所。围绕聊城市产业特点和发展规划，认真梳理收集到的高校新科技成果、产业化项目351项，组织三次大型科技合作交流活动，及时推介给企业。5月，组织部分科技型中小企业家到广州、深圳等地开展了走访洽谈活动，签订长期科技合作协议2项。6月，在南京举办“2011山东聊城（南京）科技合作洽谈会”，聊城市新能源、环保、医药等领域相关企业与东南大学、南京大学等13所高校签订科技合作项目87项。11月，在西安举办“2011山东聊城（西安）科技合作洽谈会”，西安交通大学、长安大学、西北工业大学等23所高校院所的校长、院士、专家教授86人参加了会议，并与聊城市企业签订科技合作项目85项。

【科普工作】　4月26日，聊城市知识产权局联合市工商局、版权局、公安局及市中级人民法院在新东方广场开展了以“知识产权助推经济转型”为主题的大型广场宣传活动，现场设立咨询台，摆放宣传展板，悬挂条幅，活动期间散发宣传材料5 000余份。5月15～22日，市委宣传部、市科技局、市科协、市公安局联合举办以“科技引领未来发展，创新建设美好聊城”为主题的科技活动周，重点开展了科技政策法规宣传活动，宣传《科技进步法》《专利法》《科学素质纲要》等法律、法规和有关政策，围绕科技支撑经济发展方式转变的需求，组织开展职工技能大赛、青少年科技创新与实践、大学生创新创业、科技创新成果展等活动。

（聊城市科技局　张　平）

滨　州　市

【概述】　2011年，滨州市高新技术产业产值901.02亿元，占规模以上工业总产值的比重为18.93%。争取国家、省各类科技计划项目153项，获无偿经费支持4 902.5万元。获国家科技进步奖二等奖1项，获省科学技术奖8项。滨州市再次获“全国科技进步先进市”殊荣，滨州市科技局被国家科技部评为2011年全国县市科技进步考核先进集体，被第二次全国R&D资源清查领导小组办公室评为“第二次全国R&D资源清查先进集体”；被省人力资源和社会保障厅、科技厅评为全省科技管理系统先进集体。

【高新技术及其产业】　2011年，滨州市高新技术产业产值901.02亿元，同比增长32.41%，高出全省平均增幅5.36个百分点；占规模以上工业总产值的比重为18.93%，比重较年初增加3.50个百分点，高出全省平均增幅2.29个百分点，增幅列全省第1位。新认定高新技术企业18家，高新技术企业共56家。

【科技计划】　2011年，全市争取国家、省各类科技计划项目153项，获无偿经费支持4 902.5万元。其中，国家级23项，经费2 527万元；省级130

项，经费2 375.5万元。

【科技创新资源与能力建设】 2011年，滨州市新建省级企业重点实验室1家（油脂油料精深加工技术重点实验室）、院士工作站1家（山东省友发水产公司院士工作站）、省级工程技术研究中心6家。滨州高新技术创业服务中心通过省级认定。全市省级工程技术研究中心共20家、院士工作站4家、省级产业技术创新战略联盟5家、省级企业重点实验室2家、省级重点实验室1家、省市共建山东省重点实验室培育基地2家。

2011年滨州市新建省级工程技术研究中心（6家）

山东省抛喷丸装备与材料工程技术研究中心

山东省生态纺织品工程技术研究中心

山东省冬枣工程技术研究中心

山东省手性农药工程技术研究中心

山东海洋贝瓷工程技术研究中心

山东省黄河三角洲野生植物资源开发利用工程技术研究中心

十大科技创新平台建设进展顺利。推进农产品安全追溯体系建设，确定“一个中心、四个基地、六个环节、七项关键技术”的总体工作思路，委托北京国家农业信息化工程技术研究中心制定实施方案，应用控制平台已在建设施工，300m^{2}的管理控制中心已建成，与北京国家农业科技城、杨凌国家农业高新区实现联通，构建起国内高效生态农业“一城两区”发展布局，农产品生产基地建设稳步推进，为国家（滨州）农业科技示范园区发展提供全方位服务。

【农业与社会发展】 2011年，“优质高效生态肉牛循环产业链构建及示范区建设”项目获国家富民强县专项行动计划支持，补助经费211万元。中惠食品有限公司“高色价红曲米全封闭、循环发酵、节能高效综合型技术开发和示范”、滨州港正海生态科技有限公司“海洋微藻高效提取DHA产业化开发项目”和山东神力企业发展有限公司“休闲观光农业关键技术研究与示范”3个项目列入省科技特派员奖励项目；一松科技有限公司“冬枣高效安全栽培技术集成研究与示范”和滨州泰裕麦业有限公司“加工专用型优质小麦标准化栽培技术研究与示范”2个项目列入2011年科技特派员产业链项目。

【科技成果与奖励】 2011年，由华纺股份有限公司、愉悦家纺有限公司完成的“棉冷轧堆染色关键技术的研究与产业化”项目获国家科技进步奖二等奖，这是近十年来滨州市企业首次作为主要完成单位获得国家科技进步奖；8个项目获省科学技术奖，其中科技进步一等奖1项、二等奖1项、三等奖5项，省自然科学二等奖1项。评出市科技进步奖100项，其中一等奖10项、二等奖20项、三等奖70项。山东中棉棉业有限公司获“第五届中国技术市场协会金桥奖”先进集体，山东渤海实业有限公司白长军、山东汇能节能科技有限公司王河获“第五届中国技术市场协会金桥奖”先进个人。山东滨农科技有限公司和邹平金刚新材料有限公司获“山东省技术市场科技金桥奖”先进集体，山东惠民华棉种业有限责任公司张延忠等7名同志获“山东省技术市场科技金桥奖”先进个人。

【知识产权管理】 2011年，滨州市专利申请3 656件，列全省第9位，排名较上年前移1个位次，同比增长72.13%，高出全省平均增幅36.58个百分点，增幅居全省各市第三位；专利授权2 512件，列全省第八位，较上年前移5个位次，在全省份额占比中首次超过4%，同比增长82.03%，高出全省平均增幅67.75个百分点，增幅居全省各市第一位。全市发明专利申请与授权量均实现翻番，分别达439件和106件，同比增长103.24%和152.38%，增幅均居全省各市第二位。制定《滨州市创建国家知识产权试点城市工作方案》，并向国家知识产权局提出申报国家知识产权试点城市的申请。9月6日，滨州市政府颁布实施首个知识产权纲要性文件——《滨州市知识产权战略纲要（2011～2020年）》。承办“第五届中国专利周”山东地区的各项活动，专利周期间举办了新专利新成果展览、知识产权报告会、全省企业专利工作座谈会、国家专利战略推进工程项目开题会等多项全省性活动。启动知识产权公共服务平台建设，联合省专利信息中心共同组建山东（滨州）知识产权公共服务平台。开展专利执法专项行动、专利维权集中行动和知识产权“双打”专项行动。与商务、公安等部门协作执法8次，对市区商场、药店等专利产品较为密集的商品流通场所开展专利执法大检查，检查商品6 000余件，查处假冒专利案件10件。全年受理专利侵权纠纷案件7件，全部在法定期限内调解结案。印发《滨州市商品流通企业“无假冒专利示范单位”认定管理办法》，首批认定10家“无假冒专利示范单位”。

【政策法规与环境建设】 2011年，滨州市委、市政府出台《关于加快滨州市十大科技创新平台建设的实施意见》等政策文件，进一步兑现资金扶持、税收优惠、奖励激励等优惠政策。召开全市科学技术大会，表彰全市科学技术奖获得者。完成滨州市本级及各县区2009～2010年度全国科技进步考核工作，滨州市再次获“全国科技进步先进市”殊荣，六县一区全部通过2009～2010年度全国科技进步考核，滨城区、博兴县、邹平县获全国科技进步先进县（区）称号。政府科技投入大幅增加，有效带动了社会资金投入科技活动，全市高新技术产业规模不断扩大，初步形成了以医药制造、食品及饲料添加剂制造、专项化学品制造等领域为重点的高新技术产业群。

【软科学工作】 2011年，滨州市有11项软科学项目被列入山东省科学技术发展计划（见表）。29项软科学成果获山东软科学优秀成果奖，是历届省软科学优秀成果评选中获奖数量最多一次。其中，滨州学院完成的“中国农民工问题研究”等10项成果获二等奖；滨州市农业局完成的“滨州市蔬菜农药残留现状与控制对策研究”等19项成果获三等奖。

表　　2011年滨州市承担省软科学计划项目

项目名称	承担单位
实现黄河三角洲区域棉花收获机械化关键问题对策研究	滨州市农机具科学研究所
缩小山东省城乡居民收入差距的经济路径研究	滨州学院
滨州新能源产业的发展趋势、激励机制及产业政策研究	滨州学院
黄河三角洲高效生态经济区低碳经济发展路径与对策研究	滨州学院
基于高效生态视角的产业结构优化升级研究——以黄河三角洲为例	滨州学院
黄河三角洲高效生态经济区综合自然灾害风险管理研究	滨州学院
青少年体质健康现状与体能锻炼促进体质健康创新体系研究	滨州学院
山东半岛蓝色经济区建设中的滨州市功能定位与发展战略研究	滨州学院
黄河三角洲高效生态经济区生物医药高技术产业发展战略研究	山东省滨州畜牧兽医研究院
黄河三角洲海洋化工产业集聚研究	滨州市委党校
区域技术创新推动黄河三角洲生产性服务业发展策略研究	滨州学院

【科技合作与交流】 2011年，滨州市举办“中科院专家滨州行”活动。中科院智能所、地理所、遥感所、海洋所等10名专家以及北京有关投资公司负责人到滨州就推动“黄河三角洲高效生态经济区”和“山东半岛蓝色经济区”开发建设开展产学研合作调研。滨州市与中科院新农村信息中心签订共建黄河三角洲科技成果转化公共服务平台、共建滨州市现代农业科学试验基地、共建黄河三角洲农村信息化综合服务平台3项科技合作协议。滨州市作为主要协办城市组团参加“第六届中国西安国际高新技术成果交易会暨高新技术人才交流会”，获组委会颁发的最高奖“形象展示金奖”和“最佳组织奖”。清华大学10个院系的24名博士研究生在滨州市开发区、高新区、博兴县、邹平县和市直的12个单位参加了为期六周的社会实践活动。24位博士生在实践单位技术人员的配合下，共完成科研项目20项，撰写调研报告7篇，翻译外文文献21万字，举办培训班17期。滨州市获“清华大学研究生社会实践基地建设工作优秀奖”。

【科普工作】 2011年科技活动周，围绕“科技引领未来发展，创新建设美好滨州”这一主题开展了科技培训及讲座、大学生“五小”科技竞赛、开放省市重点实验室和科普场馆、林业科普志愿者现场服务、科技下乡服务、科技服务热线推广宣传活动等一系列群众性科技活动。活动周期间，市县（区）两级举办各类活动80多项。在承办“第五届中国专利周”山东地区主体活动期间，举办知识产权电视竞赛、广场集中宣传等一系列活动，累计发放宣传材料2万余份、展出宣传展板150余块、接受群众咨询1 500余人次、培训2 000余人，提高了公众的知识产权意识和维权能力。

【海洋科技】 2011年，按照“一核、两翼、多节点”的发展格局，进一步修订《滨州市“十二五”海洋科技发展规划》和《蓝色经济建设科技支撑方案》。围绕山东省关于建设七个山东特色的创新型海洋科技示范基地部署，启动建设黄河三角洲高效生态科技示范基地。邀请《创新力·山东海洋科技专刊》来滨州采访，及时宣传报道滨州市海洋科技工作亮点，全力助推“一黄一蓝”两大国家战略在滨州的实施。

（滨州市科技局　王　磊）

菏　泽　市

【概述】 2011年，菏泽市高新技术产业产值799亿元，占规模以上工业总产值比重为23.53%。有54个科技重点项目列入国家和省各类科技计划，获无偿补助资金3 120万元。有176项科技成果通过市级以上鉴定。获省科技进步奖2项，获省软科学优秀成果奖5项。科技进步对经济增长的贡献率达到48%。牡丹区、单县、东明县、曹县、巨野县通过2011年全国县（区）科技进步考核，获全国科技进步先进县（区）。

【高新技术及其产业】 2011年，全年高新技术产业产值799亿元，同比增长52.23%，增幅居全省第1位，高于山东省25.18个百分点；占规模以上工业总产值比重为23.53%，占比比年初增加3.06个百分点，增幅居全省第2位，高于山东省1.85个百分点。

高新技术企业　山东华信制药等30家企业被认定为市级高新技术企业。菏泽金正大生态工程有限公司等4家企业通过了省高新技术企业认定。山东玉皇化工有限公司成为国家火炬计划重点高新技术企业。全市高新技术企业共161家，其中省级高新技术企业12家，国家级高新技术企业3家。对纳入高新技术产业统计的30户重点企业，进一步加强调度，分类指导，重点支持，促进企业提高自主创新能力，扩大生产规模。

高新技术项目　山东中厦电子科技有限公司的“NTC功能材料/芯片/元件和传感器规模化制造”等7个项目被列入国家和省火炬计划。曹县精锐机械锁业有限公司的“研发试制数控自动化制锁设备”等9个项目获科技部和省科技型中小企业创新发展扶持资金380万元无偿支持。玉皇化工有限公司“10万t稀土顺丁橡胶”、湖西王集团“精密主轴轴承”等117个传统产业改造项目和宇泰光电科技有限公司“太阳能电池转化板”、巨益新能源有限公司“风光互补路灯”等一批投资过亿元的战略性新兴产业项目陆续竣工投产。

【科技计划】 2011年，菏泽市有54个科技重点项目列入国家和省各类科技计划，获无偿补助资金3 120万元。其中，菏泽广源铜带股份有限公司“铜材短流程生产关键技术开发与工程化”项目列入国家“十二五”科技支撑计划，获国家无偿资金支持900万元；山东舜亦新能源有限公司“大功率太阳能电池生产装备技术创新与应用”等4个项目列入省自主创新成果转化重大专项，获无偿支持资金1 200万元。69个项目列入菏泽市科技计划，安排经费2 000万元，其中山东步长神州制药有限公司的“红核妇洁洗液关键技术的研究与应用”等10个项目列入市技术创新提升重大专项，安排专项经费1 000万元。

【科技创新资源与能力建设】 2011年，菏泽市新增省级工程技术研究中心3家、企业技术中心5家，市级工程技术研究中心16家、企业技术中心25家。全市已有130多家企业建立了技术研发机构，其中省级以上工程技术研究中心8家、企业技术中心32家、重点实验室1家、院士工作站1家，市级工程技术研究中心35家、企业技术中心160家。

2011年菏泽市新增省级工程技术研究中心（3家）

山东省电子压延铜箔工程技术研究中心

山东省培南类药物及中间体工程技术研究中心

山东省大环内酯类药物工程技术研究中心

2011年菏泽市新增省级企业技术研究中心（5家）

东明俱进化工有限公司

山东柏斯莱特照明电器有限公司

山东省巨野晨农天然产物有限公司

山东华驰变压器股份有限公司

山东华信制药集团股份有限公司

科技创新公共服务平台　不断加强以重大科技平台为主体的科技服务体系建设，菏泽市科技企业孵化器、山东省鲁南药物研究院、市大型科学仪器协作共用平台、市科技信息情报服务平台等一批科技创新公共服务平台相继建设。菏泽市科技企业孵化器发展为菏泽市首家重大创新公共服务平台；山东省鲁南药物研究院正在加快建设为立足菏泽、服务鲁南、面向全国的重大医药创新公共服务平台；市大型科学仪器设备协作共用服务平台入网仪器345台，总价值1.65亿元；菏泽市科技情报信息服务平台面向全社会开展科技信息数字化优质服务。大力推动以企业为主体的技术创新体系建设，鼓励支持企业建立各类创新平台。

创新型企业　2011年，菏泽市6家省创新型试点企业和20家市创新型试点企业通过评价验收，8家企业被列入省创新型企业试点，35家企业列入菏泽市试点。市级以上创新型试点企业累计100家，其中国家级试点企业1家、省级试点企业20家；市创新型企业30家，省级创新型企业6家。达驰电气有限公司和玉皇化工有限公司成为首批省创新方法试点企业。

产业技术创新战略联盟　2011年，启动建设山东省新能源产业技术创新战略联盟、山东省医药产业技术创新战略联盟、山东省煤化工产业技术创新战略联盟等3家省级产业技术创新战略联盟和5家市级产业技术创新战略联盟。

【农业与社会发展】

科技富民强县试点县建设　2011年，曹县、牡丹区被确定为省级科技富民强县专项行动计划试点县，全市9县区全部承担实施了国家、省级科技富民强县专项行动计划项目，提升牡丹、芦笋、苹果、西瓜、大蒜、食用菌、中药材、青山羊等名特优农产品产业技术水平，延长产业链，提高产品科技含量和附加值，带动广大农民增收致富，壮大县域经济。全年推广应用新技术、新成果42项，建立科技示范基地26个、2.33万hm^2（35万亩），培训农民30万人次，辐射带动农户20万户，培育壮大农业龙头企业12家，项目区农民人均增收739元，实现财政增收4.5亿元。

农业科技成果转化　2011年，菏泽市4个项目列入省农业科技成果转化资金项目计划，居全省第一位。组织实施10个农业科技成果转化资金项目，突出科技示范带动、产业发展带动和科技服务带动，促进科技要素向农业和农村集聚，推进农村科技创业链和产业链的形成与延伸。围绕农业新品种、新技术、新成果的推广应用，建设高产示范田9.07万hm^2（136万亩），完成各项试验52项，取得重要科技成果13项，取得经济社会效益1.8亿元。

农业良种工程　2011年，6个项目列入省农业良种工程重点项目计划，居全省第一位。组织实施省、市农业科技攻关和良种工程计划项目28项，着重围绕菏泽市名特优稀品种资源收集整理、动植物品种保护、提纯复壮及具有区域优势的地方畜禽、林果等优良品种开展农业新品种创新研究。建立省、市级农业科技示范园区11处，建立各类新品种优质高效示范区1.34万hm^2（20多万亩），带动区20多万hm^2（300多万亩），示范区的作物产量及畜禽出栏比率均比全市平均水平提高了10个百分点，有力地促进了农业增产、增效与农民增收的良性循环。

科技特派员农村科技创业行动 2011年，按照做好服务与培育壮大优势特色产业，促进农业增效、带动农民增收的总体要求，围绕薄皮甜瓜、西瓜、大棚蔬菜、林果、花卉、苗木、中药材、水产、畜禽等16个重点产业链，组织动员科技特派员参与全产业链创业和服务。全市已有科技特派员1 212名，实施科技开发项目61项，形成利益共同体210个，创办企业156家，组建合作经济组织和专业协会122个，创业项目直接参与农户108 517户，引进推广新技术89项、新品种61个，开展各类技术培训1 520期、15.6万多人次，有效辐射带动20多万农民增收。

社会发展领域科技创新工作 2011年，围绕医药制造、生物科技、节能减排等社会发展领域，跟踪策划30余项发展前景好、技术水平高、社会带动作用强的项目，其中步长神州制药的“组方配伍新药‘三叶糖脂清片’临床研究”项目被列入国家“重大新药创制”科技重大专项，获得资金500万元。

社会发展领域科技发展规划 2011年，积极参与国家综合性新药研发技术大平台建设工作，组织编制论证了《参建国家综合性新药研发技术大平台“十二五”发展规划》《国家山东创新药物（菏泽）孵化基地“十二五”科研条件建设规划》和《山东创新药物（菏泽）孵化基地“十二五”建设与发展规划》3个规划，并通过省科技厅批准。

【科技成果与知识产权管理】 2011年，全市有176项科技成果通过市级以上鉴定。2项成果获省科技进步奖。山东达驰电器有限公司的“采用国产非晶铁心的高效节能变压器研制及产业化”项目获省科技进步二等奖；山东东明石化集团有限公司和中石化齐鲁石化研究院的“混合油加氢拓宽催化原料来源提高轻质油收率和产品质量的应用研究”项目获省科技进步三等奖。5项成果获省软科学优秀成果奖。100项成果获市科技进步奖，两人获市重大科技贡献奖。全市申请专利2 177件，其中发明专利513件；授权专利1 193件，其中发明专利141件。菏泽高新区被认定为省知识产权园区。全年技术交易额2.7亿元。

【科技合作与交流】 2011年，菏泽市与浪潮集团实现战略合作，建设“四省交界”菏泽云计算中心，推动菏泽市战略新兴产业发展。与天津大学共建天津大学山东化工研究院，输出先进的技术成果和优秀的科技人才。在清华大学举办菏泽市企业管理与创新高级研修班，与天津大学合办化学工程专业硕士学位班，培养120位应用型、复合型高层次人才。舜亦新能源有限公司、协力生物科技有限公司分别与中科院半导体研究所、微生物研究所实现新能源和生物木糖醇技术全面合作。郓城县绅联生物科技有限公司与清华大学生物化学研究所开展肝素钠生产新工艺合作。国际合作方面，重点与独联体、德国、意大利等国加强科技合作。邀请原中国驻俄罗斯科技参赞赵建民来菏泽市指导与独联体国家及国际科技合作。达驰阿尔法电气有限公司获省科技厅批准建设“山东省中意1 250MW级封闭母线关键技术合作研究中心”，拥有首个省级国际科技合作研究中心，“山东省中意1 250MW级封闭母线关键技术合作研发及应用”项目通过科技部国际科技合作计划战略和技术评审，成为首个国家级国际科技合作项目。山东良义化工新材料有限公司与新加坡南洋理工大学合作的“无铅焊料项目的研究和利用”项目列入市科技攻关计划。截至年底，已有220多家企业与国内70余家高校院所建立长期稳固的科技合作关系。

【科普工作】 5月，举办以“科技引领未来发展，创新建设美丽菏泽”为主题的2011年菏泽市科技活动周，在全市范围内广泛开展了大型专题广场活动、“巾帼科技曹州行”活动、科普系列展览、青少年科普教育、卫生防疫等一系列群众性科普活动。联合市电视台、市科协等单位开展了“农业科技巡回展”“送科技下乡”等群众性科技活动。全市公众参与大型科技活动5万人次，发放科普宣传材料和实用技术资料10万份，为群众义诊16 000人次，开放科普基地15个，举办培训班17次、科技报告会12场，放映科普影视8场，制作宣传展板1 043块，更新科普画廊1 200m。与菏泽电视台、菏泽日报社联合开辟了专题栏目。

（菏泽市科技局　许　松）

2011年度山东省17市新认定高新技术企业名单

市	企业名称	数量	市	企业名称	数量
济南	山东鲁信天一印务有限公司	86	济南	济南吉利汽车有限公司	
	山东太平洋环保有限公司			山东奥诺能源科技有限公司	
	山东华腾自动化科技有限公司			山东博奥斯电源有限公司	
	山东汇盛天泽环境工程有限公司			山东银瑞信息科技有限公司	
	山东金视野信息产业有限公司			昱胜资讯（济南）有限公司	
	山东山大华特环保工程有限公司			山东鲁能日和控股有限公司	
	济南艾嘉热泵技术有限公司			济南无线电十厂有限责任公司	
	山东恒宇电子有限公司			济南雪山节能科技有限公司	
	济南西斯普换热系统有限公司			济南法特数控机械有限责任公司	
	山东众阳软件有限公司			济南液压泵有限责任公司	
	创博亚太科技（山东）有限公司			山东优生医疗科技有限公司	
	北车风电有限公司			山东交院机械厂	
	济南和美华动物营养品有限公司			济南世纪华泰科技有限公司	
	海湾电子（山东）有限公司			济南德佳玻璃机器有限公司	
	山东众诚药业股份有限公司			济南风机厂有限责任公司	
	济南东之林智能软件有限公司			山东普利龙压力容器有限公司	
	山东蓝金生物工程有限公司			济南汇和机电设备有限公司	
	山东煌通数码科技有限公司			山东山大附属生殖医院有限公司	
	山东伟基炭科技有限公司			山东普瑞聚能达科技发展有限公司	
	山东华牧天元动物保健品有限公司			山东科麟环保科技有限公司	
	济南政和科技有限公司			济南福深兴安科技有限公司	
	济南三新铁路润滑材料有限公司			山东瀚高科技有限公司	
	山东冠龙医疗用品有限公司			济南广发科技有限公司	
	山东华芯半导体有限公司			山东益龙阀门有限责任公司	
	济南泰星精细化工有限公司			济南海乐•西亚泽食品有限公司	
	山东信科亚卫通科技有限公司			山东德源电力科技有限公司	
	山东明华澳汉智能科技有限公司			山东工大机械有限公司	
	山东舜德数据管理软件工程有限公司			山东银维科技有限公司	
	济南尼克焊接技术有限公司			济南升晓精密机械有限公司	
	济南新天宇汽车电器有限公司			山东兰桥医学科技有限公司	
	济南海能仪器有限公司			山东鲁润热能科技有限公司	
	山东恒能环保能源设备有限公司			济南柴油机股份有限公司	
	济南中正金码科技有限公司			济南奥图自动化工程有限公司	
	济南四机数控机床有限公司			济南艺高数控机械有限公司	
	山东艾诺仪器有限公司			济南金力液压机械有限公司	
	济南德佳机器有限公司			济南同镒节能材料有限公司	
	济南天辰机器集团有限公司			山东四方钢管设备制造有限公司	

续表

市	企业名称	数量	市	企业名称	数量
济南	山东沃尔德科技发展有限公司		青岛	青岛德固特机械制造有限公司	
	济南银河电气有限公司			青岛德盛机械制造有限公司	
	山东新科特电气有限公司			青岛方正机械集团有限公司	
	济南华阳炭素有限公司			青岛纺织机械股份有限公司	
	山东兆丰年生物科技有限公司			青岛丰东热处理有限公司	
	山东民基电力设备有限公司			青岛丰光精密机械有限公司	
	山东伊莱特重工有限公司			青岛福瑞斯生物能源科技开发有限公司	
	济南圣泉倍进陶瓷过滤器有限公司			青岛高科电子通信有限公司	
	山东司邦得制药有限公司			青岛高科技工业园海博生物技术有限公司	
	济南纳诺精密机械有限公司			青岛国标环保有限公司	
	山东科芯电子有限公司			青岛国森机械有限公司	
	特雷克斯拓能（山东）重机制造有限公司			青岛国胜焊割设备有限公司	
青岛	青岛博益特生物材料有限公司	124		青岛海尔家居集成股份有限公司	
	青岛禹人水设备新技术有限公司			青岛海菲勒气控阀门有限公司	
	青岛朗通机器有限公司			青岛海力达齿轮箱有限公司	
	青岛研博电子有限公司			青岛海力商用电器有限公司	
	青岛阿尔普尔新能源科技股份有限公司			青岛海隆机械集团有限公司	
	青岛海威茨仪表有限公司			青岛海纳光电环保有限公司	
	青岛仪迪电子有限公司			青岛海诺奥石油机械制造有限公司	
	青岛康普顿石油化学有限公司			青岛海斯壮铁塔有限公司	
	青岛九龙生物医药有限公司			青岛海通车桥有限公司	
	青岛华世基电子有限公司			青岛昊坤机械制造有限公司	
	青岛中油通用机械有限公司			青岛浩海网络科技股份有限公司	
	青岛和德隆机械有限公司			青岛和美饲料有限公司	
	隔而固（青岛）振动控制有限公司			青岛和泰科技有限公司	
	即墨市吉泰模具制作公司			青岛恒基泰机电科技有限公司	
	立辉集团（青岛）电缆有限公司			青岛恒信塑胶有限公司	
	磐石容器集团有限公司			青岛弘盛汽车配件有限公司	
	青岛澳科仪器有限责任公司			青岛宏达赛耐尔科技股份有限公司	
	青岛百灵信息科技有限公司			青岛鸿森重工有限公司	
	青岛斑科变频技术有限公司			青岛鸿元橡塑发泡有限公司	
	青岛宝麦德生物医药科技有限公司			青岛厚科化学有限公司	
	青岛北海船舶重工有限责任公司			青岛华澳船舶制造有限公司	
	青岛北海油封有限公司			青岛华创风能有限公司	
	青岛长寿食品有限公司			青岛华仁塑胶医药用品有限公司	
	青岛大牧人机械有限公司			青岛华瑞丰机械有限公司	
	青岛德才装饰安装工程有限公司			青岛嘉元正合科技有限公司	

续表

市	企业名称	数量
青岛	青岛杰瑞自动化有限公司	
	青岛捷安信检验技术服务有限公司	
	青岛金黄海集装箱有限公司	
	青岛金立盾电子设备有限公司	
	青岛京诚检测科技有限公司	
	青岛开拓数控设备有限公司	
	青岛凯源祥化工有限公司	
	青岛科恩锐通信息技术有限公司	
	青岛科海生物有限公司	
	青岛科捷自动化设备有限公司	
	青岛莱西天福食品设备有限公司	
	青岛龙泰天翔通信科技有限公司	
	青岛麦科三维测量设备有限公司	
	青岛暖倍儿服饰有限公司	
	青岛诺力达工业装备有限公司	
	青岛平成钢结构有限公司	
	青岛赛瑞达设备制造有限公司	
	青岛山海家居用品有限公司	
	青岛上联机械设备有限公司	
	青岛胜汇塑胶有限公司	
	青岛石大石仪科技有限责任公司	
	青岛世泽电子仪表有限公司	
	青岛市广播电视科学研究所	
	青岛市鑫光正钢结构材料有限公司	
	青岛双林汽车部件有限公司	
	青岛四机宏达工贸有限公司	
	青岛松本包装机械有限公司	
	青岛泰德汽车轴承有限责任公司	
	青岛泰光润能软件股份有限公司	
	青岛腾禹环保有限公司	
	青岛天能电力工程机械有限公司	
	青岛天时海洋石油装备有限公司	
	青岛天信电气有限公司	
	青岛同日电机有限公司	
	青岛万农达花生机械有限公司	
	青岛威奥轨道装饰材料制造有限公司	
	青岛威龙卡特管道系统有限公司	
	青岛唯美德科美容科技股份有限公司	
	青岛伟峰纤维有限公司	
	青岛文达通科技发展有限公司	
	青岛沃富地源热泵工程有限公司	
	青岛武晓集团有限公司	
	青岛新大成塑料机械有限公司	
	青岛新鲁锋王针布有限公司	
	青岛鑫源环保设备工程有限公司	
	青岛兴邦电子电器有限公司	
	青岛兴邦烤箱有限公司	
	青岛艳阳天环保锅炉有限公司	
	青岛以太科技股份有限公司	
	青岛义龙包装机械有限公司	
	青岛益鸿盛软件科技有限公司	
	青岛益泉针织服装有限公司	
	青岛英派斯健康科技有限公司	
	青岛中海泉化工科技有限公司	
	青岛中集集装箱制造有限公司	
	青岛中嘉轨道交通技术有限公司	
	青岛中科软件股份有限公司	
	青岛卓英社科技有限公司	
	荏原电产（青岛）科技有限公司	
	山东英吉多健康产业有限公司	
	石大卓越科技股份有限公司	
	远东电器集团有限公司	
淄博	淄博元星电子有限公司	34
	山东卓创资讯有限公司	
	鲁丰织染有限公司	
	淄博孚日发工贸有限公司	
	山东齐鲁华信高科有限公司	
	山东清田塑工有限公司	
	淄博市临淄齐泉工贸有限公司	
	淄博加华新材料资源有限公司	
	淄博联技甜味剂有限公司	
	淄博英科框业有限公司	
	淄博德丰化工有限公司	
	山东凯胜电子股份有限公司	

续表

市	企业名称	数量
淄博	山东鑫国重机科技有限公司	
	山东欧锴空调科技有限公司	
	山东世拓高分子材料股份有限公司	
	山东新力环保材料有限公司	
	山东慧科助剂股份有限公司	
	山东泰丰源生物科技有限公司	
	山东富欣生物科技股份有限公司	
	山东红阳耐火保温材料股份有限公司	
	山东迅达化工集团有限公司	
	山东海湾大型设备吊装有限公司	
	山东汇祥健身器材有限公司	
	淄博广梓机械有限公司	
	山东派力迪环保工程有限公司	
	淄博桑特动力设备有限公司	
	淄博金硕生物科技有限公司	
	淄博得普达电机有限公司	
	淄博阿尔法电气有限公司	
	淄博淄柴新能源有限公司	
	山东浩特电气有限公司	
	山东佰测仪表有限公司	
	山东申普交通科技有限公司	
	淄博莱宝电力电容器有限公司	
枣庄	山东海吉雅环保设备有限公司	9
	山东大明消毒科技有限公司	
	枣庄市杰诺生物酶有限公司	
	山东风轮轮胎有限公司	
	山东拓博昊源化工有限公司	
	山东盛华光伏材料有限公司	
	山东中力机械制造有限公司	
	滕州市山森创发数控设备有限公司	
	山东贝斯特机械设备有限公司	
东营	中凯风电设备制造有限公司	18
	山东海利丰地源热泵有限责任公司	
	山东陆地科技有限责任公司	
	山东仙河药业有限公司	
	山东万高电子科技有限公司	
	新发药业有限公司	
东营	胜利油田大明新型建筑防水材料有限责任公司	
	山东德仕化工集团有限公司	
	胜利油田胜利化工有限责任公司	
	山东瑞特精细化工有限公司	
	胜利油田龙玺石油钢管有限公司	
	东营利丰化工新材料有限公司	
	山东华东线缆集团有限公司	
	东营威码石油钻具有限公司	
	山东胜油钻采机械有限公司	
	东营市东达机械制造有限责任公司	
	山东贝特尔车轮有限公司	
	山东中创钢构有限公司	
烟台	烟台一方特种化工设备有限公司	44
	烟台海德专用汽车有限公司	
	烟台绿叶动物保健品有限公司	
	烟台海益宝水产有限公司	
	山东瀚霖生物技术有限公司	
	烟台计生药械有限公司	
	山东弘宇机械有限公司	
	烟台开发区绿源生物工程有限公司	
	莱州新忠耀机械有限公司	
	烟台台海玛努尔核电设备有限公司	
	山东富海实业股份有限公司	
	山东豪克国际橡塑工业有限公司	
	莱州市悦龙橡胶科技有限公司	
	烟台巨力异氰酸酯有限公司	
	莱州方泰金业化工有限公司	
	莱州诚源盐化有限公司	
	烟台德尔智能数码有限公司	
	烟台华润锦纶有限公司	
	烟台大明电子有限公司	
	龙口旭鑫机械有限公司	
	烟台路通精密铝业有限公司	
	山东九发生物降解工程有限公司	
	烟台宋和宋科学技术应用工程有限责任公司	
	万华节能建材股份有限公司	
	烟台卡贝欧换热器有限公司	

续表

市	企业名称	数量
烟台	山东新焦点龙盛汽车配件有限公司	
	山东大易化工有限公司	
	烟台创迹软件有限公司	
	鸿富泰精密电子（烟台）有限公司	
	烟台万隆真空冶金有限公司	
	烟台凯实工业有限公司	
	山东华鼎伟业能源科技有限公司	
	烟台桑尼核星环保设备有限公司	
	山东中佳新材料有限公司	
	烟台东源变压器有限责任公司	
	莱阳市鸿达筑路机械制造有限公司	
	烟台安德利果胶有限公司	
	海阳市圣士达涂装机械有限公司	
	蓬莱巨涛海洋工程重工有限公司	
	烟台未来自动装备有限责任公司	
	烟台海源新型建材有限公司	
	烟台火焰山锅炉有限公司	
	烟台双强燃烧控制工程有限公司	
	山东恒邦冶炼股份有限公司	
潍坊	安丘信川机械有限责任公司	105
	山东上存能源股份有限公司	
	潍坊绿霸化工有限公司	
	潍坊先达化工有限公司	
	山东潍坊双星农药有限公司	
	潍坊加华化工有限公司	
	山东国邦药业股份有限公司	
	山东新和成药业有限公司	
	潍坊高信化工科技有限公司	
	潍坊玉成化工有限公司	
	山东润科化工股份有限公司	
	山东裕源集团有限公司	
	中慧农牧有限公司	
	昌乐金晖矿物科技有限公司	
	山东中铁华盛机械有限公司	
	山东乐化漆业有限公司	
	山东比德文动力科技有限公司	
	山东杰富意振兴化工有限公司	
	山东汉兴医药科技有限公司	
	潍坊泉鑫化工有限公司	
	山东福尔沃农业装备有限公司	
	山东华潍膨润土有限公司	
	山东沃得格伦中央空调股份有限公司	
	潍坊康地恩生物科技有限公司	
	山东沃丰格瑞管业有限公司	
	山东省高密蓝天节能环保科技有限公司	
	山东华野机械科技有限公司	
	高密市同创汽车配件有限公司	
	潍坊市明冠节能科技有限公司	
	山东高密润达机油泵有限公司	
	创达电子（潍坊）有限公司	
	潍坊柏立化学有限公司	
	山东长城建材科技有限公司	
	山东潍坊拖拉机厂集团有限公司	
	潍坊亚星化学股份有限公司	
	潍坊浩泰机械有限责任公司	
	山东临朐乾成石油机械有限公司	
	山东华新机电科技有限公司	
	山东魏仕照明科技有限公司	
	青州市华通自动供水设备有限公司	
	青州金青云新材料有限公司	
	山东龙马重工集团有限公司	
	山东吉青化工有限公司	
	山东天力药业有限公司	
	山东东宝钢管有限公司	
	山东新龙硅业科技有限公司	
	寿光市鲁源盐化有限公司	
	寿光卫东化工有限公司	
	潍坊金通管业有限公司	
	山东莱德机械有限公司	
	潍坊多元电器设备有限公司	
	山东富通电气有限公司	
	山东鑫达鲁鑫防水材料有限公司	
	诸城市金隆机械制造有限责任公司	
	诸城福田汽车科技开发有限公司	

续表

市	企业名称	数量
潍坊	诸城市电力大众木器有限公司	
	诸城东晓生物科技有限公司	
	山东大业股份有限公司	
	山东天衡化纤股份有限公司	
	山东泰瑞汽车机械电器有限公司	
	诸城市中泰机械有限公司	
	山东乾龙专用汽车有限公司	
	山东亿能光学仪器股份有限公司	
	潍坊威度电子科技有限公司	
	潍坊达而高电子技术有限公司	
	潍坊共业电子科技有限公司	
	潍坊凌讯智能科技有限公司	
	潍坊翰顿数控设备有限公司	
	山东电科四维电气股份有限公司	
	潍坊五洲浩特电气有限公司	
	潍坊华普实业发展有限公司	
	潍坊汇胜绝缘技术有限公司	
	潍坊新奇机电工程有限公司	
	潍坊海莱特锥形钢管有限公司	
	潍坊胜达塑胶有限公司	
	潍坊新海铝业科技有限公司	
	潍坊怡兴纺织机械设备有限公司	
	潍坊中星精细化工有限公司	
	潍坊万德朗汽车电器制造有限公司	
	潍坊亚西亚新型建材有限公司	
	潍坊明锐光电科技有限公司	
	潍坊中财信科技有限公司	
	潍坊恩源信息科技有限公司	
	潍坊亿翔信息技术有限公司	
	潍坊智捷电子信息有限公司	
	潍坊金贝尔软件工程有限公司	
	潍坊恒盛计算机智能控制科技有限公司	
	潍坊佳华网络科技有限公司	
	山东弗克斯电子信息技术有限公司	
	潍坊金三利信息技术有限公司	
	潍坊市三田科技有限公司	
	山东兴邦科教仪器设备有限公司	
潍坊	潍坊华光电子仪表有限公司	
	山东中动文化传媒有限公司	
	山东天泽网络科技有限公司	
	山东宏跃网架钢结构有限公司	
	潍坊道成机电科技有限公司	
	山东金瑞生物科技有限公司	
	潍坊紫鸢牧业发展有限公司	
	山东航维骨科医疗器械股份有限公司	
	潍坊赛马力发电设备有限公司	
	潍坊耐普特燃气发电设备有限公司	
	宇骏（潍坊）新能源科技有限公司	
	山东潍坊东盛园艺有限公司	
	潍坊中云科研有限公司	
济宁	山东天意机械制造有限公司	41
	山东欧亚专用车辆有限公司	
	邹城兖矿泰德工贸有限公司	
	山东胜利生物工程有限公司	
	济宁圣齐生物工程有限责任公司	
	山东新康恒工贸有限公司	
	山东盛世光明软件技术有限公司	
	山东科大鼎新电子科技有限公司	
	济宁远望软件技术有限公司	
	山东龙昕电工有限公司	
	济宁市鲁星工程机械有限责任公司	
	山东赛瓦特动力设备有限公司	
	山东德源纱厂有限公司	
	山东玉丰农业装备有限公司	
	元鸿（山东）光电材料有限公司	
	济宁耐特食品有限公司	
	济宁精锐液压有限公司	
	山东育达医疗设备有限公司	
	山东中晶新能源有限公司	
	嘉祥县华祥石墨制品有限公司	
	济宁兴隆食品机械制造有限公司	
	济宁奥太电气有限公司	
	山东永春堂集团有限公司	
	山东联诚集团有限公司	

续表

市	企业名称	数量
济宁	山东鲁亚制药有限公司	
	山东东宏集团有限公司	
	兖矿国宏化工有限责任公司	
	山东莱恩光电科技有限公司	
	山东霓虹王电子有限公司	
	山东永华机械有限公司	
	济宁精益轴承有限公司	
	济宁金水科技有限公司	
	山东山推机械有限公司	
	山东省意可曼科技有限公司	
	嘉祥县新兴电碳科技有限公司	
	鲁特电工股份有限公司	
	山东晨光胶带有限公司	
	济宁圣泰机电制造有限公司	
	山东山推胜方工程机械有限公司	
	山东工具制造有限公司	
	润峰电力有限公司	
泰安	泰安巨菱钻探装备有限责任公司	10
	山东能源机械集团有限公司	
	泰安众诚矿山自动化股份有限公司	
	山东华兴海慈新材料有限公司	
	山东光大日月油脂股份有限公司	
	山东宝来利来生物工程股份有限公司	
	山东科大中天电子有限公司	
	新泰昊原化工有限责任公司	
	泰安鼎鑫冷却器有限公司	
	东新巨丰科技包装有限责任公司	
威海	威海金牌饲料有限公司	20
	山东力久特种电机有限公司	
	威海金颐阳药业有限公司	
	山东双轮股份有限公司	
	威海东生能源科技有限公司	
	山东华夏集团有限公司	
	威海大宇电子有限公司	
	山东双轮克莱德联合泵业有限公司	
	威海紫光生物科技开发有限公司	
	威海紫光科技园有限公司	
	威海九跃车桥有限公司	
	威海海明威集团有限公司	
	固铂成山（山东）轮胎有限公司	
	威海新佳电子有限公司	
	山东卡尔电气股份有限公司	
	威海捷讯通信技术有限公司	
	迪沙药业集团山东迪沙药业有限公司	
	山东吉威医疗制品有限公司	
	威海市天罡仪表股份有限公司	
	威海诺金传感技术有限公司	
日照	日照沪鸽齿科工业有限公司	5
	山东遨游汽车制动系统股份有限公司	
	日照嘉宏生物科技有限公司	
	山东亚太森博浆纸有限公司	
	山东鲁圣电气设备有限公司	
莱芜	莱芜润丰节水技术设备有限公司	6
	山东能源机械集团通力装备制造有限公司	
	莱芜金鼎电子材料有限公司	
	山东银山耐火材料有限公司	
	山东御鼎冷弯型钢有限公司	
	山东威马泵业有限公司	
临沂	临沭县华盛化工有限公司	16
	山东省舜天化工集团有限公司	
	山重建机有限公司	
	山东蒙凌工程机械股份有限公司	
	山东三方化工集团有限公司	
	临沂正科电子有限公司	
	山东史贝美肥料开发有限公司	
	临沂市合太恒科技有限公司	
	山东浪潮华光照明有限公司	
	山东卡特重工机械有限公司	
	山东省赛博特食品有限公司	
	临沂金利液压科技有限公司	
	山东新港企业集团有限公司	
	临沂市龙立电子有限公司	
	临沂鼎基网络传媒有限公司	
	山东卫士植保机械有限公司	

续表

市	企业名称	数量
德州	山东国信环境系统有限公司	13
	山东国强五金科技股份有限公司	
	鲁银集团禹城粉末冶金制品有限公司	
	德州泓淋电子有限公司	
	山东宏祥化纤集团有限公司	
	山东陆海石油装备有限公司	
	德州普利森机床有限公司	
	德州东方土工材料股份有限公司	
	宁津美华工业有限公司	
	宁津弹簧有限公司	
	山东省安华瓷业有限公司	
	山东远大模具材料有限公司	
	金能科技有限责任公司	
聊城	山东昌裕集团齐鲁漆业有限公司	7
	山东天工岩土工程设备有限公司	
	山东太平洋光缆有限公司	
	山东东阿史美生阿胶保健股份有限公司	
	山东鑫海汽车配件有限公司	
	山东聊城金泰节能科技有限公司	
	山东燎原发光科技有限公司	
滨州	滨州泓瑞医药科技有限公司	18
	山东远大板业科技有限公司	
	山东华阳油业有限公司	
	邹平县星宇塑料助剂有限公司	
	滨州市正元畜牧发展有限公司	
	山东思诺拜特生物科技有限公司	
	山东中惠食品有限公司	
	邹平田丰机械有限公司	
	山东富力世液压油缸有限公司	
	山东开泰抛丸机械有限公司	
	滨州华晨新型建材有限公司	
	西王药业有限公司	
	山东滨州博莱威生物技术有限公司	
	兆光生物工程（邹平）有限公司	
	山东绿都生物科技有限公司	
	山东光华板材有限公司	
	山东新美达科技材料有限公司	
	山东科大创业生物有限公司	
菏泽	菏泽步长制药有限公司	4
	定陶润鑫精细化工有限公司	
	山东绿能燃气实业有限责任公司	
	菏泽金正大生态工程有限公司	

注：名单由17市科技局分别提供。

2011年度全省各市国家及省级重大科技项目与科技计划投入情况汇总表

单位：万元

市	计划类别	项目数	国家拨款	省级拨款	地方匹配	银行贷款	企业自筹	其他	合计
济南	国家科技型中小企业技术创新基金	19	1 280		1 000				2 280
	国家科技支撑计划	3	2 030						2 030
	国家863计划	3	3 777						3 777
	工信部国家科技重大专项	4	7 032						7 032
	国家国际科技合作项目	1	726						726
	国家农业成果转化资金项目	1	60						60
	国家软科学计划	1	0						0
	国家火炬计划	3	160						160
	国家重点新产品计划	12	270						270
	省结转项目	23		280					280
	省重大专项（后补助）	2		640					640
	省科技发展计划（第一批）	17		232					232
	省科技发展计划（第二批）	25		609					609
	省优秀中青年科学家科研奖励基金	1		3					3
	省创新发展专项扶持资金	7		175					175
	省国际科技合作计划	2		23					23
	省软科学计划	4		1.5					1.5
	省新药创制平台专项	2		5 000					5 000
	省农业成果转化	2		120					120
	省自主创新重大专项	13		4 850					4 850
	省火炬计划	7		0					0
淄博	国家科技支撑计划	5	5 007	50	45		17 669		22 771
	国家农业科技成果转化资金	1	60	0	0	80	120		260
	国家“重大新药创制”科技重大专项	3	644.39	50	20		12 890		13 594.89
	科技部科研院所技术开发研究专项	1	72	0	0		93		165
	国家第一批科技型中小企业技术创新基金	4	250	0	0	1 000	1 228	275	2 753
	国家第二批科技型中小企业技术创新基金	6	400	71	80	300	973		1 824
	国家国际科技合作计划	1	435	0	25		6 400	165	7 025
	国家重点新产品计划	6	60	26	20	200	1 473	300	2 079
	国家星火计划	9	20	0	0	40	220		280
	国家火炬计划	23	180	122	120	12 300	73 159		85 881
	国家软科学研究计划	1	0	0	0		10		10
	省自主创新成果转化重大专项	5		1 800	180	21 900	60 565	43 535	127 980
	省科技发展计划（第一批）	15		365	75	9 380	12 604	12 677	35 101
	省科技发展计划（第二批）	9		531	45	1 200	6 232		8 008
	省中小企业技术创新基金	9		360	35	3 700	4 518	755	9 368

续表

市	计划类别	项目数	国家拨款	省级拨款	地方匹配	银行贷款	企业自筹	其他	合计
淄博	省农业良种工程计划	1		15	20		65		100
	省农业科技成果转化资金项目计划	1		20	0		90		110
	与中国工程院、中国科学院重点合作项目奖励计划	2		30	0		130		160
	省科技发展计划（软科学部分）	10		3	0		17.8	3	23.8
	省优秀中青年科学家科研奖励基金	2		11	20		13	21	96
	资助向国外申请专利专项资金	3		4	0		10		14
	省享受财政专项资金扶持的新产品项目	9		0	0	1 140	9 180		10 320
	省星火计划	11		10		9 050	20 585		29 635
	省火炬计划	23		0		12 235	58 928		71 163
	省科技发展计划（政策引导类）	87		0		1 800	3 690		5 280
枣庄	国家科技型中小企业创新基金	10	660						660
	国家政策引导类计划	1	120						120
	国家国际科技合作计划	1	320						320
	国家星火计划	3	20						20
	国家重点新产品计划	6	90						90
	省农业良种工程项目	2		35					35
	省农业科技成果转化资金项目	1		20					20
	省自主创新成果转化重大专项	3		800					800
	省中小企业技术创新基金计划	5		220					220
	省科技发展计划（第一批）	7		165					165
	省科技发展计划（第二批）	5		92					92
东营	国家863计划	1	1 067						1 067
	国家科技支撑计划	1	635						635
	国家火炬计划	11	240						240
	国家星火计划	1	0						0
	国家重点新产品计划	6	90						90
	国家创新基金	12	1 120						1 120
	国家农业转化资金	1	60						60
	国家服务业发展引导资金	1	300	300					600
	省自主创新成果转化重大专项	5		1 100					1 100
	省政策引导类计划	28		0					0
	省创新基金	18		1 290					1 290
	省火炬计划	17		0					0
	省星火计划	5		10					10
	省农业科技成果转化资金项目	2		40					40
	省农业良种工程项目	2		30					30
	省科技攻关计划	22		542					542

续表

市	计划类别	项目数	国家拨款	省级拨款	地方匹配	银行贷款	企业自筹	其他	合计
东营	省科技富民强县专项行动计划	1		60					60
	省科技合作补助项目	2		30					30
烟台	国家科技支撑计划	7	2 539						2 539
	国家863计划	6	2 782						2 782
	国家973计划	1	236						236
	国家科技型中小企业技术创新基金	20	1 280		200				1 480
	国家农业科技成果转化资金项目	3	260						260
	国家科技重大专项	7	2 800						2 800
	国家自然科学基金	26	1 017						1 017
	国家科技富民强县专项行动计划	3	476		150				626
	国家星火计划	1	20						20
	国家火炬计划项目政策引导计划专项	3	350						350
	国家政策引导类计划	3	530						530
	国家重点新产品计划	9	270						270
	省自主创新成果转化重大专项计划	8		2 000	2 000				4 000
	省自主创新成果转化重大专项后补助项目资金	1		320					320
	省优秀创新团队奖励资金	1		50					50
	省科技发展计划（第一批）	19		291					291
	省科技发展计划（第二批）	14		350					350
	省科技发展计划（结转部分）	17		219					219
	省科技发展计划（软科学部分）	5		1.5					1.5
	省优秀中青年科学家科研奖励基金	6		36					36
	省自然科学基金	4		75					75
	省农业科技成果转化资金项目计划	2		40					40
	省科技型中小企业创新发展专项扶持资金项目	12		465					465
	省科技型中小企业创新发展专项扶持资金项目（产业集群项目）	12		1 000					1 000
	省国际科技合作项目	1		12					12
	省农业良种工程项目计划	7		295					295
	省科技富民强县专项行动计划	2		120					120
潍坊	国家科技型中小企业技术创新基金	17	1 270	320	305	670	6 135		8 700
	国家863计划	1	1 030		214		2 416		3 560
	国家国际科技合作重点项目	1	355				10 000		10 355
	国家科技成果转化资金	1	60						60
	国家星火计划	1	15						15
	国家富民强县计划	1	150						150
	省自主创新成果转化重大专项计划	7		2 320	1 000	4 400	13 300		21 020
	省科技发展计划（第一批）	17		407	162	190	15 310	300	16 369

续表

市	计划类别	项目数	国家拨款	省级拨款	地方匹配	银行贷款	企业自筹	其他	合计
潍坊	省科技发展计划（第二批）	17		635		1 300	20 315		22 250
	省科技型中小企业创新发展专项扶持资金项目	10		420	400	300	5 462		6 582
	省富民强县计划	1			60				60
	省优秀中青年科学家科研奖励基金	6		31	32				63
	省软科学计划	13		9	9		15		46
	省星火计划	1		20					20
	省科学技术发展计划（政策引导类）	78							
济宁	国家重大专项	1	4 000						
	国家重点新产品计划	5	60						
	国家863计划	7	5 008						
	国家科技支撑计划	6	3 908						
	国家973计划	2	250						
	国家中小企业创新基金	10	750						
	国家火炬计划	1	60						
	国家星火重大专项	1	345						
	国家农业科技成果转化资金项目	1	60						
	省自主创新重大专项	4		1 500					
	省科技发展计划	7		230					
	省优秀中青年科学家科研奖励基金	3		14					
	省自然科学基金	1							
	省软科学研究计划	7							
	省经济强县参与国家重大科技计划行动	3		80					
	省科技发展计划（政策引导类）	61							
	省中小企业创新扶持发展资金	7		280					
	省级农业科技成果转化资金	4		80					
	山东省富民强县专项	3		190					
	省级重点星火项目	1		20					
	省级星火培训基地先进单位	1		5					
	种子商品化生产关键技术研究与集成示范	1		100					
	省农业良种工程重点课题	5		75					
泰安	国家国际科技合作项目	2	1 000						1 000
	国家中小型企业创新基金	18	1 400						1 400
	省自主创新成果转化重大专项	4		1 320					1 320
	省农业良种工程项目	5		90					90
	省中小型企业创新基金	7		300					300
	省农业科技成果转化资金项目	2		40					40
	省自然科学基金	2		13					13

续表

市	计划类别	项目数	国家拨款	省级拨款	地方匹配	银行贷款	企业自筹	其他	合计
泰安	省优秀中青年科学家科研奖励基金	5		25					25
	省科技发展计划	20		490					490
威海	国家科技支撑计划	5	3 655						3 655
	国家科技富民强县专项行动计划	1	163						163
	国家863计划	6	1 854						1 854
	国家星火计划	4	20						20
	国家重点新产品	3	0						0
	国家农业科技成果转化资金	2	360						360
	国家国际科技合作专项	2	1 680						1 680
	国家火炬计划	6	180						180
	国家科技型中小企业创新基金	7	460						460
	省农业科技成果转化资金	1		20					20
	省自主创新成果转化重大专项	4		1 100					1 100
	省经济强县计划	1		13					13
	省良种产业化开发项目	3		50					50
	省优秀中青年科学家科研奖励基金	5		28					28
	省火炬计划	8		0					0
	省星火计划	6		16					16
	省攻关计划	32		789					789
	省科技型中小企业创新基金	8		320					320
	省大型科学仪器设备协作共用考评	2		8					8
	省中小企业技术服务机构补助资金	1		50					50
	省优秀创新团队奖励资金	1		50					50
日照	国家科技型中小企业技术创新基金	5	340						340
	国家863计划	1	103						103
	国家农业科技成果转化	1	60						60
	省科技发展计划（第一批）	5		77					77
	省科技发展计划（第二批）	2		75					75
	省科技型中小企业创新基金	3		120					120
	省富民强县专项	1		60					60
	省国际科技合作	1		10					10
	省软科学计划	4		5					5
	省农业成果转化资金	2		40					40
	省自主创新重大专项	4		820					820
	省经济强县参与国家重大科技计划行动专项	2		26					26
	省星火计划重点项目	1		15					15
	省农业良种工程	2		35					35

续表

市	计划类别	项目数	国家拨款	省级拨款	地方匹配	银行贷款	企业自筹	其他	合计
莱芜	国家863计划	1	94						94
	国家国际科技合作计划	2	380						380
	国家创新基金（第一批）	8	580						580
	国家创新基金（第一批）	4	320						320
	国家星火计划重大专项	1	345						345
	国家农业科技成果转化资金	1	60						60
	国家新产品计划	2	60						60
	国家科普惠农兴村计划	2	25						25
	省自主创新成果转化重大专项	3		1 100					1 100
	省研发专项	1		94.5					94.5
	省创新基金	5		200					200
	省科技攻关（第一批）	9		215					215
	省科技攻关（第二批）	5		131					131
	省农业良种重大课题	2		115					115
	省国际科技合作计划	1		14					14
	省科普村村通百强乡镇	1		8					8
	省优秀中青年科学家科研奖励基金	1		6					6
临沂	国家创新基金	7	630						630
	国家科技支撑计划	1	408						300
	国际科技合作重点项目	1	450						600
	国家科技富民强县专项行动计划	1	147						198
	国家农转资项目	2	120						50
	国家新产品计划	12	210						70
	国家星火计划	13	30						30
	国家火炬计划	18	150						150
	国家自然基金	11	279						279
	省重大专项	4		1 300					1 300
	省科技攻关计划	12		307					307
	省创新基金	6		260					260
	省富民强县工程	1		60					60
	省农业良种工程	3		55					55
	省农专资项目	2		40					40
	省企事业单位专利创造能力培育	1		10					10
	省大型科学仪器设备升级改造技术	1		6					6
	省中青年科学家科研奖励基金	6		33					33
	省自然科学基金	10		29					29
	省软科学计划	4							
	省星火计划	31							

续表

市	计划类别	项目数	国家拨款	省级拨款	地方匹配	银行贷款	企业自筹	其他	合计
临沂	省政策引导类项目	53							
德州	国家科技支撑计划	1	700						
	国家科技型中小企业技术创新基金项目	8	508						
	省自主创新成果转化重大专项	5	1 360						
聊城	国家科技型中小企业创新基金	11	820						
	国家重大新药创新专项	3	1 200						
	国家重点新产品计划	1	30						
	省自主创新成果转化重大（重点）专项	6		1 360					
	战略性新兴产业科技项目贷款风险补助资金	3		387					
	省农业科技成果转化资金项目	4		80					
	省科技发展计划（第一批）	8		185					
	省科技发展计划（第二批)	7		78					
	省创新基金	10		385					
	省农业良种工程	5		175					
滨州	国家科技支撑计划	3	1 773			190 000	72 275	230 000	494 048
	国家863计划	1	222					250	472
	国家科技重大专项子课题	1	21		7.5	100	100		228.5
	国家重点新产品计划	7	60						60
	国家火炬计划	3	0						0
	国家科技型中小企业技术创新基金计划	2	150	75			1 955		2 180
	国家级富民强县专项行动计划	1	211				1 439		1 650
	国家农业科技成果转化资金计划	1	60			1 600	1 205.87		2 865.87
	国家星火计划	2	20			1 000	1 500		2 520
	国家专利战略推进工程	1	10						10
	省科技发展计划	16		363	363	4 080	25 226		30 032
	省火炬计划	12		0			1 200		1 200
	省中小企业创新发展专项资金计划	7		280			4 000		4 280
	省自主创新成果转化重大专项	5		1 400	1 400	7 000	26 760		36 560
	省自然科学基金计划	16		96					96
	省优秀中青年科学家科研奖励基金	3		18			15		32
	省大型科学仪器设备升级改造技术研究项目	1		6			6		12
	省农业科技成果转化资金计划	3		60			920		980
	省农业良种工程重点课题	3		60			350		410
	省科技特派员创业项目	3		29					29
	省农业良种工程重大课题	1		25			100		125
	省国际科技合作计划	1		10			200		210

续表

市	计划类别	项目数	国家拨款	省级拨款	地方匹配	银行贷款	企业自筹	其他	合计
菏泽	国家星火计划	2	100						100
	国家科技型中小企业创新发展专项扶持资金	1	60						60
	国家重点新产品计划	2	30						30
	国家火炬计划	4	0						0
	省自主创新成果转化重大专项	4		750					750
	省科技发展计划	6		76					76
	省科技发展计划（第二批）	4		76					76
	省科技型中小企业创新发展专项扶持资金	8		320					320
	省农业科技成果转化资金	4		80					80
	省富民强县工程	2		135					135
	省农业良种工程	5		85					85
	省软科学计划	3		1.5					1.5
	省自然科学基金	1		5					5
	省星火计划	4		10					10
	省火炬计划	3		0					0

注：①青岛市是单列市，统计口径不同，暂不提供。

②以上数据由各市科技局提供。

科技成果和奖励

KEJI CHENGGUO HE JIANGLI

山东省2011年度获国家科学技术奖情况概述

2011年度，山东省获国家科技奖励数量再创新高，共有39个项目获得国家科学技术奖。其中，国家技术发明二等奖6项，国家科技进步二等奖33项；作为第一完成单位的18项，参与完成的21项；企业为完成单位的26项。

（省科技厅科技成果处）

国家技术发明奖

【山东省获奖项目及选介】

表1　　山东省获得2011年度国家技术发明二等奖项目（6项）

编号	项目名称	主要完成人
F-223-2-01	水下无封底混凝土套箱建造技术	姜言泉（山东高速青岛海湾大桥建设指挥部），徐庆军（山东高速青岛海湾大桥建设指挥部），李丕明（山东高速青岛海湾大桥建设指挥部），李术才（山东大学），侯福金（山东高速青岛海湾大桥建设指挥部），韩冰（北京交通大学）
F-251-2-02	玉米芯废渣制备纤维素乙醇技术与应用	曲音波（山东大学），程少博（山东龙力生物科技股份有限公司）朱明田（山东大学），肖林（山东龙力生物科技股份有限公司）方诩（山东大学），阎金龙（山东龙力生物科技股份有限公司）
F-211-2-01	高分子多糖生物质加工新技术与产品应用	彭洪军（中国石化胜利石油管理局井下作业公司）（第六位）
F-213-2-01	全氟离子交换材料制备技术及其应用	高自宏（山东东岳高分子材料有限公司）（第二位），王婧（山东东岳高分子材料有限公司）（第三位），唐军柯（山东东岳神舟新材料有限公司）（第四位），张建宏（山东东岳高分子材料有限公司）（第五位），张恒（山东东岳高分子材料有限公司）（第六位）
F-233-2-01	新型可降解涂层冠脉药物洗脱支架的研制	王吉成（山东吉威医疗制品有限公司）（第二位）
F-238-2-01	煤矿井下运输系统安全保障关键技术与装备	于岩（山东科技大学）（第二位） 周满山（山东科技大学）（第五位）

水下无封底混凝土套箱建造技术　该项目主要成果：①发明了充气胶囊水下无封底技术，创新10m水深下的无封底方法，取得我国围堰施工技术重大突破；②发明了弹性应力吸收层预防套箱开裂技术，混凝土套箱开裂问题得到解决；③研发出利用套箱提高承台耐久性新技术；④发明了套箱提高承台防撞能力新技术。项目技术拥有完全知识产权，填补了国内外桥梁水下基础施工技术空白，与传统工艺相比，提高工效50%，缩短工期30%以上。该项目曾获得2009年中国公路学会科学技术特等奖，“水下无封底混凝土套箱及其应用方法”获得国家发明专利授权，“水下无封底

混凝土套箱施工工法”获国家级工法，出版专著1部，发表论文7篇。项目技术综合解决了跨海大桥非通航孔桥承台水下施工、防腐蚀和防撞等问题，改善桥梁景观，具有广阔的应用前景，其核心技术已被港珠澳大桥采用。

玉米芯废渣制备纤维素乙醇技术与应用　该项目利用木糖醇、低聚木糖等高附加值产品的生产过程，将玉米芯中纤维素、半纤维素、木质素相互束缚的坚固结构变得松散，既可将原料和预处理成本转移到高附加值产品的生产成本中，又在保障预处理效果的前提下，为下一步酶解工艺提供了易酶解的原料。解决了生物质资源中半纤维素部分乙醇转化率低的难题，剩余木质素可生产较高值的化工产品，提高生产工艺的整体经济效益，形成产品多元化的合理产业结构。利用具有自主知识产权的斜卧青霉工业菌株，使用木糖渣等工业废料作为主要培养基成分，就地生产出粗纤维素酶发酵液，大幅降低纤维素乙醇生产的用酶成本。采用基因组重组、蛋白质分泌组学分析、同步糖化发酵、补料分批发酵、pH值分段控制等新技术，克服由于木糖渣作为新工业原料带来的培养基营养成分欠缺、发酵液黏度大、易喷料或挂壁、发酵过程pH值不稳定、产品乙醇浓度低等一系列技术难题，集成发明了成套生产工艺技术。率先在国际上建成用玉米芯年产3 000t纤维素乙醇的中试生产装置和万吨级生产示范装置，并实现较大规模试生产，生产成本接近粮食乙醇生产水平。该项目在国内外知名刊物上发表相关研究论文31篇，先后获得2009年山东省技术发明一等奖和2011年国家技术发明二等奖，并获得国家发明专利授权。新技术通过中石化委托中国国际工程咨询公司进行的规划评估以及国家环保部环境技术评估。

（省科技厅科技成果处）

国家科技进步奖

【山东省获奖项目及选介】

表1　山东省获得2011年度国家科技进步二等奖项目（33项）

编号	项目名称	主要完成单位	主要完成人
J-203-2-01	禽白血病流行病学及防控技术	山东农业大学 扬州大学 山东益生种畜禽股份有限公司	崔治中　秦爱建　孙淑红　曲立新 成子强　杜　岩　郭慧君　金文杰 柴家前　朱瑞良
J-203-2-06	猪主要繁殖障碍病防控技术体系的建立与应用	山东省农业科学院畜牧兽医研究所 武汉中博生物股份有限公司 中国农业科学院哈尔滨兽医研究所 青岛农业大学	王金宝　漆世华　吴家强　崔尚金 任慧英　李　俊　张秀美　周　顺 舒银辉　李　曦
J-205-2-01	架空线路清障检测机器人（工人农民技术创新）	山东电力集团公司超高压公司	高　森
J-206-2-02	海尔以开放式研发平台建设为核心的创新体系（企业技术创新工程）	海尔集团公司	
J-210-2-02	中国东部成熟探区新增17亿吨探明储量油气成藏新认识与勘探新技术	中国石油化工股份有限公司胜利油田分公司、中国石油化工股份有限公司中原油田分公司、中国石油化工股份有限公司江苏油田分公司、中国石油化工股份有限公司河南油田分公司、中国石油化工股份有限公司江汉油田分公司、中国科学院地质与地球物理研究所	蔡希源　张善文　宋国奇　邱桂强 焦大庆　王永诗　陈莉琼　韩文功 林社卿　运华云

续表

编号	项目名称	主要完成单位	主要完成人
J-210-2-04	胜利油田边际稠油高效开发技术与应用	中国石油化工股份有限公司胜利油田分公司、中国石油大学（华东）	孙焕泉　毕义泉　王增林　李振泉　孙建芳　侯　健　吴光焕　王世虎　张继国　束青林
J-211-2-02	造纸纤维组分的选择性酶解技术及其应用	山东轻工业学院 华泰集团有限公司 中国制浆造纸研究院	秦梦华　傅英娟　徐清华　张凤山　曹春昱　李宗全　刘　娜　邵志勇　李晓亮　田居龙
J-212-2-03	棉冷轧堆染色关键技术的研究与产业化	华纺股份有限公司、愉悦家纺有限公司、江苏申新染料化工股份有限公司、天津工业大学	王力民　罗维新　李春光　陈志华　曹连平　王玉平　史锦锋　张健飞　孙　臣　姚永旺
J-213-2-06	第三代头孢抗菌素中间体活性酯关键技术及产业化	济南大学 山东金城医药化工股份有限公司	郑庚修　赵叶青　王秋芬　田忠贞　赵鸿富　张学波　侯乐伟　孙　滨　孙国新　李　平
J-221-2-02	隧道含水构造等不良地质超前预报定量识别及其灾害防治关键技术	山东大学、中国水电顾问集团华东勘测设计研究院、长安大学、二滩水电开发有限责任公司、中铁西南科学研究院有限公司、中国科学院武汉岩土力学研究所、济宁浩珂矿业工程设备有限公司	李术才　李树忱　张庆松　单治钢　李　貅　冉懋鸽　钟世航　何发亮　薛翊国　焦玉勇
J-221-2-08	建筑钢结构新型连接节点及体系的设计理论、关键技术与工程应用	青岛理工大学、清华大学、中冶建筑研究总院有限公司、青建集团股份公司、中冶京诚工程技术有限公司、五洲工程设计研究院	石永久　王　燕　侯兆新　朱广君　王元清　王立军　丁大益　施　刚　郁有升　周建锋
J-235-2-03	重组人白介素-11的研制及产业化关键技术	齐鲁制药有限公司 山东大学 山东元隆生物技术有限公司	王晶翼　孙丽霞　厉保秋　王　革　赵金山　潘怀明　王克波　刘克玲　王庆民
J-239-2-03	工业连续化废橡胶废塑料低温裂解资源化利用成套技术及装备	济南友邦恒誉科技开发有限公司 青岛科技大学	汪传生　牛　斌　曾宪奎　林广义　韩国乾　边慧光　张海敏　杨卫民　刘　志　李镇江
J-251-2-08	农产品高值化挤压加工与装备关键技术研究及应用	山东理工大学 江南大学 江苏牧羊集团有限公司	金征宇　申德超　陈善峰　徐学明　范天铭　李宏军　谢正军　申勋宇　马成业　童群义
J-252-2-03	海洋仪器海上试验与作业基础平台若干关键技术及应用	中国海洋大学 国家海洋标准计量中心	吴德星　陈学恩　郭心顺　鲍献文　吴爱娜　赵忠生　陈永兴　高占科　范洪涛　林霄沛
J-253-2-01	感染性角膜病创新理论及其技术应用	山东省眼科研究所	谢立信　史伟云　王宜强　董晓光　赵　靖　王　婷　周庆军　翟华蕾　吴祥根　高　华
J-202-2-05	银杏等工业原料林树种资源高效利用技术体系创新集成及产业化	山东永春堂集团有限公司（第五位）	
J-203-2-04	坛紫菜新品种选育、推广及深加工技术	中国海洋大学（第四位）	
J-203-2-07	肉鸡健康养殖的营养调控与饲料高效利用技术	山东六和集团有限公司（第三位）	
J-211-2-05	嗜热真菌耐热木聚糖酶的产业化关键技术及应用	山东龙力生物科技股份有限公司（第三位）	
J-211-2-10	L-乳酸的产业化关键技术与应用	哈尔滨工业大学（威海）（第二位）	
J-213-2-03	重油高效转化的加氢处理及其与催化裂化新型组合关键技术	中国石油化工股份有限公司齐鲁分公司（第二位）	
J-216-2-03	大批量混流生产工艺过程优化平台及其在汽车等行业的应用	中国重型汽车集团有限公司（第四位）	

续表

编号	项目名称	主要完成单位	主要完成人
J-216-2-04	大型石化装置系统长周期运行风险的控制与评估关键技术及工程应用	中国石油化工股份有限公司青岛安全工程研究院（第四位）	
J-217-2-03	实现无燃油燃煤电厂的成套技术研究与应用	烟台龙源电力技术股份有限公司（第二位）	
J-221-2-04	大型及复杂水下隧道结构分析理论与设计关键技术	中铁十四局集团有限公司（第四位）	
J-223-2-01	复杂地形地质条件下山区高速公路建设成套技术	山东大学（第四位）	
J-223-2-05	车辆轮轨诱发的环境振动与噪声控制关键技术及产业化	青岛科而泰环境控制技术有限公司（第四位）、隔而固（青岛）振动控制有限公司（第六位）	
J-234-2-01	道地药材形成机理研究及应用	山东省分析测试中心（第三位）	
J-235-2-02	药物制剂缓控释技术的开发与产业化	淄博万杰制药有限公司（第五位）	
J-237-2-01	万米级特深井陆用钻机设计制造与工业化应用	中国石化集团胜利石油管理局（第二位）	
J-238-2-03	我国东部煤矿深井巷道松软围岩失稳安全控制关键技术与应用	山东科技大学（第二位）、新汶矿业集团有限责任公司（第四位）	
J-254-2-01	烟大铁路轮渡系统集成技术及应用	中铁渤海铁路轮渡有限责任公司（第四位）	

禽白血病流行病学及防控技术　该项目在国家自然科学基金、国家科技攻关、国家公益性行业（农业）科研专项等支持下，深入开展禽白血病的流行病学和防控技术研究。技术创新点：①在国际上首先研制出J亚群禽白血病病毒（ALV-J）特异性单克隆抗体及其相应的间接免疫荧光诊断方法，并在国内外广泛推广应用。②在国内首先从白羽肉鸡、三黄鸡和蛋鸡3种不同类型鸡群中分离出ALV-J，并复制出同样的肿瘤病。长期流行病学调查分析结果阐明ALV-J是我国鸡群中白血病的主要亚群，为我国控制禽白血病提供了重要理论依据。③在国际上首先发现和报道了鸡群存在ALV-J和禽网状内皮增生病病毒（REV）的共感染和共垂直感染，并提出两种病毒共感染是我国鸡群中ALV-J感染后引发较高死亡率和肿瘤发生率的重要原因。④在国际上首先证明ALV-J感染可诱发免疫抑制；应用细胞培养模型成功阐明了ALV-J在抗体的免疫压力作用下病毒变异演化的规律。⑤分离并鉴定128株ALV，首先完成了10株ALV-J、2株ALV-A和1株ALV-B的全基因组测序和1株ALV-J感染性克隆的构建，系统阐明我国鸡群中ALV-J的来源及野毒株间的分子演化关系。⑥制定了国家标准《禽白血病诊断技术规程》。⑦集成了对种鸡群的ALV监测和隔离净化等综合防控技术。该项目研究成果为禽白血病的防控提供了科学依据，在国内大型养禽龙头企业进行了十多年实地推广应用，近3年减少由该病带来的经济损失390多亿元，对控制禽白血病在我国流行起到巨大作用，产生了显著的经济和社会效益，在国内外重要学术刊物上发表论文53篇，其中被SCI收录7篇，申请国家发明专利2件，获2002年全国优秀博士学位论文1篇。

猪主要繁殖障碍病防控技术体系的建立与应用　该项目通过系统的流行病学调查，探明了猪细小病毒病、猪繁殖与呼吸综合征和猪圆环病毒病等主要繁殖障碍病的流行规律和疫情动态，筛选出鉴别猪细小病毒（PPV）强、弱毒株的分子标记，发现了猪繁殖与呼吸综合征（PRRSV）和猪圆环病毒2型（PCV2）变异毒株，揭示了我国猪主要繁殖障碍病原的基因变异规律和遗传演化趋势。筛选出病原流行毒株和高效免疫增强剂，改进了制苗工艺，成功研发出具有自主知识产权

的2个灭活疫苗和9个基因工程疫苗。猪细小病毒灭活疫苗（CP−99株）和猪繁殖与呼吸综合征灭活疫苗（SD1株）在抗原培养过程中采用细胞转瓶永续培养技术和专用营养液配方将毒株效价提高10倍以上，在制苗过程中采用抗原纯化工艺降低了异源蛋白对免疫猪造成的应激反应。猪细小病毒病灭活疫苗的免疫保护率达95%以上，猪繁殖与呼吸综合征灭活疫苗的免疫保护率达80%以上。建立了针对猪主要繁殖障碍病血清学抗体检测的ELISA、IPMA及病原学检测的多重PCR、荧光定量PCR等方法，开发出适合临床现地应用的LAMP及免疫胶体金诊断方法，实现了猪主要繁殖障碍病的实时快速鉴别诊断。组装、集成、创新猪主要繁殖障碍病的疫苗研制、快速诊断、卫生消毒、免疫监测、生物安全等关键防控技术，获得国家新兽药注册证书1项、兽药产品生产批准文号2项，授权发明专利2件、实用新型专利1件，制定农业部兽用生物制品质量标准1项、山东省地方标准5项，在国内外期刊上发表研究论文176篇，形成规模化猪场主要繁殖障碍病综合防控技术体系，为猪繁殖障碍病科学防控提供了技术保障。研发的疫苗产品和诊断试剂（盒），转让给两家兽用生物制品企业，已在山东、河南、四川、湖北等生猪主产区进行示范和推广应用，免疫母猪3 045万头，创造了显著的经济效益和社会效益。

架空线路清障检测机器人（工人农民技术创新） 该项目经过多年理论和实践探索，创造性地研制出架空线路清障检测机器人，具备在500kV输电线路进行等点位作业功能，包含超高压线路巡视、检测、清障、视频监控、无线传输等，解决了长期困扰超高压线路遇到故障及异物处理需要停电作业的难题，填补国内该领域多项技术空白。机器人由滑轮、机械手、电路板等700余块模具组成，包含机械、检测、软件等部分。已应用于山东电力集团检修公司500kV输电线路维护工作，年均节约成本9 560多万元。2010年参加全国科技周展出，得到中共中央政治局委员、国务委员刘延东等党和国家领导人的高度评价。先后获得全国电力职工技术成果一等奖、神话杯中央企业创新奖、海峡两岸职工成果奖等多项奖励。

海尔以开放式研发平台建设为核心的创新体系（企业技术创新工程） 该项目实现了以物联网技术、绿色设计、无线电力传输技术、多屏互动技术等为代表的开放式研发创新模式，引领传统家电产业化向数字化、信息化、网络化发展，带动了以开放式创新为核心的现代服务业发展。海尔以开放式研发平台建设为核心，进行全面观念创新、流程创新、技术创新、管理创新等系统工程，运用创新的项目管理机制，构建了开放性的以自主经营体为核心的海尔全流程研发创新体系，首创了“自主经营体管理模式”和“开放式创新研发网络”。通过中、亚、澳、欧、美五大研发中心建设，整合全球一流资源，打造高端高差异化竞争优势，使海尔白色家电成为世界白色家电行业规则的制定者和引领者。构建了数字化家电国家重点实验室、数字家庭网络国家工程实验室、国家家电模具工程技术研究中心等自主研发平台，累计承担国家863计划等国家科技项目70多项，获得国家科技奖励13项，申请专利12 318件，居国内家电企业榜首。在国际舞台上，海尔累计提报IEC国际标准提案77项，其中27项标准已发布实施，成为最早也是最多参与国际标准的中国家电企业。2011年海尔集团技术研发中心在国家发展改革委组织的国家认定企业技术中心评价中获得第一名，连续第十年蝉联榜首。

中国东部成熟探区新增17亿吨探明储量油气成藏新认识与勘探新技术 该项目属于石油、天然气科学技术领域。揭示了咸化湖泊环境烃源岩的高效生排烃机制，建立了“砂层优势输导、断层启闭性评价、动力—阻力耦合控藏”成藏定量模型，提出油气分布“相似性、有序性、差异性”新认识，在国内首次成功实施陆地、全数字、单点高密度地震勘探，自主研发出适用于深层超高温的深穿透定方位射孔技术、压裂液体系和变密度加砂高导流能力压裂工艺。油气成藏定量模型和高温深穿透射孔技术方面达到国际领先水平。该项目成果有力地推动了东部成熟探区精细勘探理论和技术发展，保障中石化东部成熟探区连续12年增储稳产，累计探明储量17亿t，新建产能5 800万t。

胜利油田边际稠油高效开发技术与应用 该项目属于石油、天然气科学技术领域。针对“深”“稠”“薄”“敏”“低”边际稠油油田开发难题，取得3项技术创新：创建稠油非达西渗流理论；首创特超稠油HDCS、强水敏稠油“近热远防”的边际稠油高效开发技术；形成边际稠油高压蒸汽驱和热化学复合驱大幅度提高采收率方法。该项目实现了边际稠油油田的高效开发，近3年累计增产原油1 055万t，增加产值370.6亿元，利税199.2亿元。

造纸纤维组分的选择性酶解技术及其应用　该项目团队历经十余年努力，利用生物技术对传统造纸工业节能减排的关键环节进行创新性研究；创立起具有我国自主知识产权的造纸工业生物酶解关键技术体系；发明了酶促打浆、废纸酶法脱墨、纸浆生物改性等技术。首次提出废新闻纸漆酶—介质脱墨理论和树脂在浆水体系中的双层结构模型，发表学术论文120余篇，项目成果达到国际先进水平。近3年来为我国造纸企业增收节支7亿多元，取得了显著的生态和社会效益。

棉冷轧堆染色关键技术的研究与产业化　该项目通过理论研究和生产实践，对冷轧堆染色技术的设备、工艺、染料和助剂等进行原始和集成创新。研发冷轧堆染色智能化装备、织物带液率及碱浓度自动检测调控系统、均匀混液循环调控系统、专用缝头装置和打卷张力自动控制系统等；研发高溶解度、高稳定性的系列活性染料和专用助剂；建立冷轧堆染色工艺体系，首创多组分纤维冷轧堆染色工艺，创新的打样方法具有快速、可靠、符样率高的特点，经大小样配方修正，提高了工艺稳定性、可靠性和实际生产的快速反应能力。该项目突破了冷轧堆染色多项关键技术，实现冷轧堆染色在我国大范围产业化应用，取得了显著的经济效益和社会效益。

第三代头孢抗菌素中间体活性酯关键技术及产业化　该项目属于精细化学品领域。头孢活性酯合成制备是头孢类抗菌素生产的关键技术，其很好地解决了合成活性酯产品高纯度和低纯度合成物无法利用与合成过程中必须使用高毒性物质、侧链酸合成难以有效控制与合成过程中副产物难以利用、产业规模化与生产过程绿色回收技术三大关键核心技术。开发出乙腈与二氯甲烷溶剂反应结晶技术，实现亚磷酸三乙酯替代高毒性三苯基膦合成活性酯稳定的产业化生产；实现了副产物M和磷酸三乙酯的彻底利用，形成头孢活性酯缩合生产新工艺技术。该项目已形成年产4 600t工业规模生产水平，累计完成产值50多亿元，累计完成经济效益15亿元，出口创汇2亿美元，可满足下游医院用抗生素每年近300亿元药品的生产供应。

隧道含水构造等不良地质超前预报定量识别及其灾害防治关键技术　该项目属于土木工程领域。针对隧道工程建设中的突水等重大灾害防治难题，提出隧道含水构造等不良地质超前预报定量识别的理论与方法，研发了复合式激发极化法、陆地声纳法等隧道超前地质预报技术与装备，建立起四阶段全过程的不良地质综合超前预报技术体系，研发新型注浆材料及工艺，实现隧道工程动水的有效治理。该项目成果授权发明专利7件，纳入2部国家行业标准，在行业内起到引领和示范作用，在数十个国家重点工程中得到应用，避免了突水灾害和人员伤亡，经济效益和社会效益显著。

建筑钢结构新型连接节点及体系的设计理论、关键技术与工程应用　该项目系统研究了建筑钢结构新型连接节点及体系的设计理论和关键技术，提出设计新方法和施工新技术，为我国建筑钢结构工程的结构安全性和施工质量提供了重要技术依据。主要创新性成果：①建立高强度螺栓连接多种构造形式的承载力、高强度螺栓与焊接并用连接节点的承载力、外伸端板连接节点和T形受拉节点中高强度螺栓受拉承载力的计算方法，解决了高强度螺栓转角法施工、预拉力检测关键技术问题；②建立半刚性连接节点的非线性受力—变形计算模型，提出半刚性连接节点设计和抗震计算方法，解决了半刚性连接节点及结构体系的整体稳定和抗震计算关键技术问题；③发明了高延性抗震节点，建立新型梁端削弱型和梁端加强型延性节点抗震计算方法，提出钢框架节点抗震滞回模型和设计方法，解决了多高层钢框架新型延性节点抗震设计中的关键技术问题；④提出强震作用下钢框架结构抗震性能化分析设计方法，优化钢框架的抗震结构体系，并在工程中成功应用，解决了强震作用下建筑钢结构性能化抗震设计难题。该项目成果已纳入4部国家规范和规程，授权专利2件，出版学术专著3部，发表学术论文120余篇，论文被引用1 000余次。在北京国贸三期、北京LG大厦、青岛万邦中心、新加坡圣淘沙名胜世界、天津津塔、唐山曹妃甸首钢一期炼钢、印度佳凯德锅炉钢结构以及汶川地震灾后重建项目等国内外数百个大型钢结构工程中得到应用，使我国相关研究和工程应用进入国际先进行列，具有广阔的应用前景。

重组人白介素-11的研制及产业化关键技术 重组人白介素-11是治疗肿瘤放化疗引起的血小板减少症的首选药物，临床上可有效升高血小板，降低血小板输注的依赖性。该项目发明了利用盐酸羟胺切割融合蛋白和阴阳离子交换柱串联层析的制备工艺并放大至1t规模，成功解决了重组人白介素-11产业化过程中产品活性、纯度和收率低，生产规模小、成本高的难题，产品质量、工艺水平和生产规模达到国际领先水平。项目产品销售额已连续7年居国内同类产品首位，累计生产销售约800万支，使近百万患者得到有效治疗。近3年实现销售收入12.1亿元，取得了巨大的社会效益和经济效益。

工业连续化废橡胶废塑料低温裂解资源化利用成套技术及装备 该项目属于循环经济及节能减排领域，在裂解技术、裂解装备及裂解气、烟气回用及净化处理技术及装备方面有较大技术创新。可将废橡胶、废塑料通过低温裂解工艺提炼出45%～50%燃料油、34%～36%炭黑，处理废轮胎还可回收12%～15%的铁丝。已申请和授权国家发明专利和实用新型专利40多件，获得PCT国际专利20多件，形成了自主创新技术成果并实现产业化。该项目分别于2002年和2007年研制成功并出口第一条废橡胶工业连续化低温裂解生产线和第一条废塑料工业连续化低温裂解生产线，已分别生产废橡胶生产线16条、废塑料裂解生产线10条，销往德国、澳大利亚、泰国、爱沙尼亚、印度、波兰等国家以及台湾地区，累计处理废橡胶16万t、废塑料10万t，实现产值16亿元。

农产品高值化挤压加工与装备关键技术研究及应用 该项目属于农业工程科技领域。研究了稳态化挤压与成型技术、挤压催化与生物转化技术、螺杆柔性组合与压力—温度分段控制技术、高性能系列化挤压机的制造技术等挤压加工与装备关键技术。在农产品高值化挤压加工工艺、挤压装备应用以及挤压机性能提高等方面取得突破。授权国家发明专利18件、实用新型专利25件；发表学术论文129篇，其中被SCI收录25篇、EI收录16篇；完成与挤压技术直接相关的博士/硕士学位论文和专著36篇（部）。成果分别在中粮集团、青岛啤酒有限公司、燕京啤酒股份有限公司、双胞胎集团、湖南金健米业股份有限公司、唐人神集团、新疆天康畜牧生物技术有限公司、山东诸城兴贸玉米开发有限公司、宝宝集团等十多家大型食品和饲料企业得到应用，创造直接经济效益43.02亿元。截至2010年8月底累计销售挤压膨化机527台（套），销售收入11.2亿元，创收外汇4 700万美元，配套设备销售收入4.8亿元，累计创造直接经济效益16亿元。

海洋仪器海上试验与作业基础平台若干关键技术及应用 该项目属于海洋资源调查与观测学科。自主研发了支撑海洋仪器精确观测与比测的基础平台技术，首次建立海洋仪器海上试验的规范和行业标准体系，创建了我国首个支撑海洋仪器研制的海上试验与海上作业基础平台，达到国际先进水平。在国内同期研发的约80%的海洋仪器海试中应用，从根本上促进了我国自主研发高技术海洋仪器的标准化、产业化进程；在沿海7省40余项涉海重大工程前期论证中应用，为建设单位提供科学决策依据；在2 000多天的海上调查与观测中应用，发现新的海洋现象，揭示了若干海洋物理环境变化新特征。

感染性角膜病创新理论及其技术应用 感染性角膜病（真菌性角膜炎、单纯疱疹病毒性角膜炎、棘阿米巴角膜炎和细菌性角膜炎）是发展中国家的主要致盲眼病。该项目对我国感染性角膜病的临床特点，发病机制和防治策略进行系列研究，在真菌性角膜炎的研究中首次提出“不同的真菌菌丝在角膜内存在不同生长方式”的创新理论，并转化应用于临床，促进了“板层角膜移植术应是治疗FK的主要手术方式”的医学模式转化。在国内首先提出单纯疱疹病毒（HSV）在角膜内潜伏感染是造成临床HSK复发的关键因素，创造性地应用多层羊膜移植联合药物治疗基质坏死型HSK；在国际首创应用环孢素药物缓释系统（CsA DDS）前房植入防治高危角膜移植术后免疫排斥反应的方法。授权国家发明专利7件，出版专著3部，发表SCI论文50篇，相关成果使我国在感染性角膜病研究及防治领域走在世界前列。

（省科技厅科技成果处）

2011年度山东省科学技术奖励情况概述

【基本情况】 2011年度，经省政府批准，授予省自然科学奖、省技术发明奖、省科技进步奖和省国际科学技术合作奖共497项，包括一等奖38项（含其他项目1项）、二等奖173项（含其他项目2项）、三等奖283项（含其他项目2项）、省国际科学技术合作奖3项。其中，省自然科学奖一等奖1项、二等奖8项、三等奖8项，省技术发明奖一等奖3项、二等奖9项、三等奖4项，省科学技术进步奖一等奖34项（含其他项目1项）、二等奖156项（含其他项目2项）、三等奖271项（含其他项目2项），省国际科学技术合作奖3项。省科学技术最高奖空缺。

【授奖的主要特点】

*半岛蓝色经济区、黄三角高效生态经济区项目成绩斐然。*在授奖的497个项目中，半岛蓝色经济区域获奖267项，占53%，区域内海洋及相关产业获奖43项，占全部项目的9%；黄三角高效生态区域获奖43项，占全部项目的9%。

*高新技术及产业化项目在促进山东省产业结构调整中发挥了越来越大的作用。*在授奖的497个项目中，生物技术、新能源、新材料、信息通信等领域高新技术项目190项，占39.8%；取得专利授权的280件，占58.7%，说明山东省原始创新能力进一步提高，有效地促进了高新技术产业快速发展，逐渐成为转方式、调结构的主力军。

*重点奖励以企业为主体的技术创新项目。*在授奖的256项省科技进步奖工业类项目中，企业作为第一完成单位的有157项，占全部工业类项目的61%，企业逐步成为技术创新和科技成果转化的主力军。

*更加重视节能环保、现代服务业项目。*在授奖的477项省技术发明奖和科学技术进步奖项目中，涉及资源综合利用、环境保护、循环经济与节能减排等领域的项目157项，占32.9%，持续推动经济增长方式的转变。

*中青年科技人才成为推动创新的主体。*授奖人员中，45岁以下人员2 148人，占拟授奖总人数的63.29%，46～55岁1 028人，占拟授奖总人数的30.29%；具有高级、中级职称的分别为2 120人和998人，分别占拟授奖总人数的62.46%和29.4%，科技队伍结构更加合理。

【评审工作措施】 2011年度省科学技术奖的评审工作，不断改进完善评价指标体系，形成具有专业领域针对性，反映不同领域发展、技术特点的评价指标，提高评价指标的可操作性，使项目评价更加科学规范。改进和完善科技奖励评审系统，全面达到“双盲”评审的目的。全面更新评审专家库，充实了大批省外专家，省外专家约占1/2，专家总数达到1.5万余人。

*初评网络评审系统功能进一步增强。*改进专家遴选原则，实现了按照学科和专业自动遴选网络评审专家、自动发送评审邀请、自动发送评审通知的功能；在专家打分提交前对评审专家信息实现完全保密。改进管理系统的统计分析功能，增加有关统计分析指标，以更好地掌握山东省科技奖励和科技创新的规律。改进管理环节的功能，记录项目管理的结果、过程、责任人员等，以明确工作人员的职责，规范工作人员的行为。增强系统的档案管理功能，实现评审全过程各个环节的在线存档、查询、打印等功能。

*强化公示环节的功能，增加透明度。*在整个评审过程中，进行多次公示（申报单位公示、推荐单位公示、形式审查结果公示、评审委员会评审结果公告），包括项目的创新性和完成人贡献等。经过申报单位公示和推荐单位公示后报至省奖励委员会办公室的项目，不准对申报人和申报

单位的排序做任何调整。

加强评审工作的组织，实行专家遴选和会议答辩封闭评审。为进一步减少评审过程中人为因素的干扰，除主管人员外，其他工作人员不得参与与自己分管领域无关的专业组的专家遴选；答辩会议的前一天下午确定专家名单并下发通知，减少项目完成单位和专家接触的可能性。会议答辩评审实行封闭管理，在评审期间对所有参评专家的通信工具实行集中保管；专家与答辩人不在一个会场，答辩通过电话进行，从而避免项目完成单位和项目完成人在评审期间与专家进行联系，保证了评审工作的客观公正。为避免项目完成单位和评审专家互相接触，从而影响评审的公正性，2011年规定，如果发现完成单位与专家接触，将取消其评审资格。

加强科技奖励监督工作。按照《科学技术奖励监督委员会章程》和《科学技术奖励工作监督试行办法》的要求，加强对科技奖励评审工作的全程监督。在网络评审、会议答辩评审等各个评审环节都邀请省科技奖励监督委员会委员或纪检、监察部门参加，实施评审过程全程监督；实行项目受理公告，将受理项目和评审结果通过省级媒体向社会公示，接受社会监督；按照《科学技术奖励工作行为准则》的要求，通过签署《科技奖励评审专家诚信承诺书》，规范专家评审行为；加强对工作人员的监督，将廉洁从政情况列入年度考核的重要指标。

（省科技厅科技成果处）

山东省科技进步奖

表1　2011年度山东省科技进步奖一等奖项目（34项，含其他项目1项）

编号	项目名称	完成单位	完成人
JB2011-1-1	速生杨高得率浆的酶精制和配抄高档铜版纸关键技术	山东轻工业学院 山东晨鸣纸业集团股份有限公司 华泰集团有限公司	杨桂花　陈嘉川　邵学军　张凤山 王　振　庞志强　王守娟　张　旋 穆永生
JB2011-1-2	快速公交（BRT）智能系统技术开发及其产业化	青岛海信网络科技股份有限公司	刘　新　李月高　王　朋　方思军 万　里　杨金东　王孝坤　徐龙芳 胡基火　万建林　杨　涛　贾艳霞
JB2011-1-3	智能敏捷家庭助理机器人综合平台	山东大学	田国会　孟庆虎　李贻斌　刘伯强 路　飞　周风余　李晓磊　黄　彬 吴　皓　李国栋　薛英花　宋保业
JB2011-1-4	集成纺丝毛蝉翼纱超薄精纺面料关键技术研究与应用	山东南山纺织服饰有限公司 西安工程大学	潘　峰　沈兰萍　王　俊　王进美 刘国辉　罗　杰　宋作杰　刘仁琦 曹贻儒　吕黎丽　朱明广　李世朋
JB2011-1-5	黄海渔业资源长期变化与评价技术	中国水产科学研究院黄海水产研究所	金显仕　赵宪勇　王　俊　李显森 崔　毅　张　波　万瑞景　陈聚法 庄志猛　左　涛　李忠义　单秀娟
JB2011-1-6	万吨级橡胶防焦剂CTP产业化技术开发	山东阳谷华泰化工股份有限公司 国家橡胶助剂工程技术研究中心	王文博　杜孟成　许思俊　郑崇纳 王兴军　魏成磊　李剑波　孙庆刚 师利龙
JB2011-1-7	高性能碳纤维复合芯导线芯棒开发及应用	山东大学	朱　波　王成国　蔡　珣　刘建军 蔡　菲　马　晖　陈　原　宋福如 郭建春　张思夏　韦强启　高学平

续表

编号	项目名称	完成单位	完成人
JB2011−1−8	基于可靠性的状态检修研究与应用	山东电力研究院 淄博供电公司	逯怀东　郭志红　周大洲　李志刚 陈玉峰　沈庆河　王　勇　蒋　哲 孙胜涛　朱振华　武乃虎
JB2011−1−9	高压数字化与FACTS变电站电磁兼容研究及工程应用	山东大学	李庆民　张　波　张　黎　赵　彤 娄　杰　李清泉　王　冠　王　辉 张远涛
JB2011−1−10	规模化固定床生物质热解气化技术开发及其产业化	山东大学 山东百川同创能源有限公司	董玉平　李剑峰　董　磊　景元琢 闫永秀　强　宁　郭飞强　李景东 张兆玲　刘艳涛　张　通　刘桂才
JB2011−1−11	大学园区环境综合保障技术	山东建筑大学	王崇杰　薛一冰　何文晶　管振忠 赵学义　杨倩苗　王德林　岳　勇 陈兆涛　刘青峰　房　涛　赵秀珍
JB2011−1−12	受污染引黄水库水净化处理关键技术装备研究与示范工程	济南市供排水监测中心、山东省给水处理工程技术研究中心、中国石化集团胜利石油管理局供水公司、济南泉城水务有限公司、山东大学、山东建筑大学、淄博华润科贸有限公司、东营市自来水公司、商河县清源制水有限公司	贾瑞宝　孙韶华　曹溪禄　潘世英 高宝玉　燕峒胜　张克峰　雒安国 张增禄　宋武昌　周维芳　王明泉
JB2011−1−13	高等级公路沥青路面改造典型结构的研究	山东省交通厅公路局 东南大学 山东大学	王松根　黄晓明　张玉宏　宋修广 李　昶　毕玉峰　朱海波　张宏博 贾朝霞　唐延钦
JB2011−1−14	复杂条件综放工作面关键设备及其优化配套技术	山东科技大学	曾庆良　张　鑫　万丽荣　刘志海 王成龙　王　亮　曹连民　牛敬业 李来源　岳永强　叶铁丽　钟佩思
JB2011−1−15	模块化矿山冶炼工厂模块建造技术创新	海洋石油工程（青岛）有限公司	杨公升　周学仲　郭志农　单吉华 李淑民　李金龙　蔺　振　闵海晨 徐建娟　毕佳美　李　梁　刘鲁彦
JB2011−1−16	长距离多点大角度小半径空间转弯带式输送系统	泰安力博机电科技有限公司 山东科技大学	张　媛　周满山　于　岩　姜　雪 肖林京　卢玉华　黄　军　陈佩虎 谷明霞　郭泗坡　张　华　王建国
JB2011−1−17	废旧特种工程轮胎高值化再制造成套技术装备与应用	青岛天盾橡胶有限公司 青岛科技大学 上海国际港务（集团）股份有限公司 山东金宇轮胎有限公司	丁乃秀　刘　洋　姚　雪　包起帆 金茂海　刘光烨　魏爱龙　范建共 毛立宏　石　岩　吴　尚　延　安
JB2011−1−18	大型聚煤盆地煤聚积规律、成藏与资源预测及其工程应用	山东科技大学 山东省煤田地质规划勘察研究院	李增学　王怀洪　魏久传　余继峰 房庆华　张心斌　吕大炜　巩　固 刘海燕　王秀东　王明镇　黄春慧
JB2011−1−19	复杂深层高温钻井液关键技术与工业化应用	中国石油大学（华东）	邱正松　黄维安　薛玉志　何振奎 徐加放　陈钢花　黄达全　李公让 王在明　常永铎　吕开河　宋元森
JB2011−1−20	山东省胶西北金矿集中区深部大型—超大型金矿找矿与成矿模式	山东省地质矿产勘查开发局 山东省第六地质矿产勘查院 山东省第三地质矿产勘查院 山东省物化探勘查院	宋明春　崔书学　伊丕厚　徐军祥 袁文花　姜洪利　张丕建　万国普 温桂军　孙丙伦　李世勇　杨之利
JB2011−1−21	兖州矿区矿震活动规律研究及应用	兖矿集团有限公司 中国矿业大学	黄福昌　倪兴华　窦林名　王富奇 李　伟　李仲辉　曹安业　章定强 曲延伦　巩思园　骆念海　贺　虎

续表

编号	项目名称	完成单位	完成人
JB2011−1−22	黄淮东部小麦玉米两熟丰产高效技术集成研究与应用	山东省农业科学院、山东农业大学、青岛农业大学、山东省种子管理总站、烟台市农业科学研究院	董树亭 刘开昌 王法宏 张吉旺 王庆成 李龙凤 宋希云 赵海军 姜鸿明 贺明荣 刘 鹏 李宗新
JB2011−1−23	超高产稳产多抗广适小麦新品种济麦22的选育与应用	山东省农业科学院作物研究所 中国农业科学院作物科学研究所	刘建军 赵振东 宋健民 何中虎 李豪圣 吴建军 刘爱峰 王法宏 程敦公 肖永贵 刘和平 宋华东
JB2011−1−24	设施蔬菜节能高效栽培工程关键技术研究与集成示范	山东农业大学、中国农业科学院蔬菜花卉研究所、寿光市新世纪种苗有限公司、中国农业大学、山东省潍坊市农业科学院、山东省农业科学院蔬菜研究所	于贤昌 艾希珍 马承伟 魏家鹏 贺超兴 王克安 韩太利 史庆华 李清明 段绪胜 高俊杰 桑毅振
JB2011−1−25	奶牛精细养殖技术体系研究与应用	山东农业大学	王中华 林雪彦 苏鹏程 罗 欣 王 云 郭予伟 李法德 杨维仁
JB2011−1−26	利用基因工程育种技术选育紫花苜蓿耐盐新品种	山东省林业科学研究院	夏 阳 梁慧敏 燕丽萍 刘翠兰 李双云 庞彩红 李 丽 毛秀红 刘德玺 刘元铅 王守国 刘桂民
JB2011−1−27	小开河引黄灌区泥沙长距离输送与优化配置	滨州市水利局 中国水利水电科学研究院 滨州市小开河引黄灌溉管理局	曹文洪 王景元 戴 清 傅建国 庞启航 张治昊 韩小军 王艳华 丁殿滨 胡 健 刘翠丽 袁玉平
JB2011−1−28	海水重要养殖动物池塘养殖结构优化	中国海洋大学、淮海工学院、大连海洋大学、好当家集团有限公司	董双林 田相利 王 芳 阎斌伦 姜志强 马 甡 高勤峰 唐聚德 赵 文 吴雄飞 李德尚
JB2011−1−29	帕金森病发病机理及其干预因素的实验研究	山东大学	李新钢 乐卫东 刘树伟 徐淑军 吴承远 李 超 李学恩 黄 斌 侯中煜 孟海伟 程葆华 王东海
JB2011−1−30	低流行状态下麻风病防治的基础和应用研究	山东省皮肤病性病防治研究所 安徽医科大学	张福仁 陈树民 刘 红 孙良丹 刘殿昌 崔 勇 初同胜 张 林 于修路 颜潇潇 刘华绪 张学军
JB2011−1−31	山东大宗道地药材谱—效相关质量评价新模式	山东省中医药研究院 山东省药品检验所 山东省科学院自动化研究所	赵渤年 于宗渊 隋在云 刘 青 丁晓彦 徐丽华 高 燕 吕 凌 李 珂 王 亮 林慧彬 王 平
JB2011−1−32	多靶点抗代谢类抗肿瘤药物培美曲塞的研制及产业化	齐鲁制药有限公司	范传文 林 栋 王晶翼 严守升 马丕林 于艳玲 刘洪艳 杨清敏 张明会 李 霞
JB2011−1−33	基于生物技术的阿胶质量标准研究	山东东阿阿胶股份有限公司 华东理工大学 中国科学院过程工程研究所	周祥山 田守生 张元兴 张贵锋 郭尚伟 尤金花 秦玉峰 段小波 史兆松

速生杨高得率浆的酶精制和配抄高档铜版纸关键技术 资源与环境制约着造纸工业的发展。该项目技术针对速生杨高得率浆存在的精浆能耗高、成浆强度低等问题，对纸浆实施酶精制，以改善速生杨纸浆性能，降低精浆能耗，提高高得率浆配抄比例，降低高档铜版纸生产成本，实现清洁生产。采用该项目技术生产的速生杨高得率浆可降低精磨浆能耗15%～25%，纸浆白度提高1%～5% ISO，强度性能指标，如裂断长、撕裂指数、耐破指数和耐折次数等提高15%以上，改善了浆料性能，可用于配抄高档铜版纸，高得率浆配比可达35%以上，化学浆配比可减少10%，铜版纸的吨纸生产成本明显降低。在铜版纸生产过程中，全面优化配抄技术，探讨湿部化学特性，利用35%以上的高得率浆与针叶木漂白硫酸盐浆（BKP）进行配抄，通过合理添加填料和造纸

助剂，生产出适印性能好的各类高级铜版纸，达到提高速生杨高得率浆的配抄比例和降低高档铜版纸生产成本的目的。2006年初开始在山东晨鸣纸业和华泰集团有限公司进行生产试验并取得成功，生产出高档铜版纸。在此基础上，2007年又将该技术成功应用于华泰集团高得率浆生产线，生产出高质量速生杨BCTMP浆，用于配抄SC纸和涂布纸。2008～2010年共实现产值126.75亿元，实现利税20.5亿元。上述研究已申请发明专利6件，获授权发明专利3件；出版学术专著1部；在国内外学术期刊上发表学术论文39篇。

快速公交（BRT）智能系统技术开发及其产业化　该项目开发了具有自主知识产权的快速公交智能系统技术以及成套设备，能有效解决快速公交运营缺乏实时综合监控管理、乘客出行安全得不到保障等瓶颈问题，大幅提高快速公交运行效率和服务水平。自主研发了符合中国国情和城市分类的公交智能调度优化模型，研发出基于遗传算法的调度模型和动态均车算法，实现了车辆的灵活静态配车和动态调度，以及科学调度优化算法在公交运营实践中的应用；研发出支持主副站同时智能调度、集中化远程智能调度等多种模式的BRT（快速公交）智能运营调度系统，解决了公交运营调度效率低、服务水平低的问题。研制出公交车辆路口公交信号优先策略的DSRC识别技术，同信号机接口实现公交信号优先。实现BRT场、站、道、中心设备的电子化、智能化，实现车次采集准确率达到100%，实现运营全过程监控、规范服务管理等功能应用。研制开发出具有自主知识产权的系列先进嵌入式系统、产品及标准，形成支撑BRT运营的整体技术体系，为BRT成功运营提供智能系统保障。截至2010年底，该技术已在北京、济南、常州、厦门、广州、枣庄等地得到广泛应用，市场占有率居行业首位，近3年实现新增产值28 994万元、新增利润6 088万元、新增税收2 234万元；拉动了80余亿元智能交通相关系统和设备销售市场，市场竞争力大幅提升。该项目解决了公交运营调度效率低、服务水平低等问题，极大提高了快速公交车辆的运行效率，运行成本降低约16%，交通事故率降低约22%，产生了显著的经济、社会和生态环境效益。项目已获授权发明专利3件，实用新型专利5件，外观设计专利2件，计算机软件著作权10项；承担《快速公交BRT控制系统》等7项国家标准的制定工作；获得第九届中国土木工程詹天佑奖。

智能敏捷家庭助理机器人综合平台　针对日常生活中服务任务的复杂性和机器人环境感知能力的局限性，该项目提出“服务机器人智能空间”的理念，进行了相关技术研究和推广应用。建立了服务机器人智能空间构建的方法体系。将机器人从单一本体的工作模式，转变为与智能空间信息交互的分布式计算工作模式。实现了在智能空间平台支持下服务机器人高效自主定位与导航的新模式。保证机器人在动态环境下更加稳定、精确。给出不确定环境下任意位置、多种类家庭物品的搜寻、定位、识别、抓取及运送过程的整体实现技术，提供了复杂环境下任务完成方法。建立了基于对人的动作识别与行为理解的主动式智能服务新模式，开发了家庭服务机器人和病人监护陪伴系统。该技术已在上海未来伙伴机器人有限公司、山东鲁能智能技术有限公司等单位进行推广应用。新增产值2 424万元，利润471.42万元，税收287.64万元，节支总额930.4万元。该项目获授权国家发明专利3件、实用新型专利3件、软件著作权5项；发表论文28篇，其中被EI收录17篇。

集成纺丝毛蝉翼纱超薄精纺面料关键技术研究与应用　该项目通过对集成纺纺纱技术及配套的原料选择与前处理、条染加工、织物设计与织造工艺、后整理加工等5个方面进行研究开发，创造了集成纺纱技术、超细羊毛与蚕丝低温染色技术、刚性剑杆织造技术、平幅退维技术等5项关键技术，形成了丝毛高支轻薄纱线与织物加工的全套新型技术。开发出细度为Nm519.2/2的丝毛蝉翼纱，用其生产的毛精纺顶级超薄面料重仅为59.8g/m^2，使用该面料生产的单件衬衣重仅为135g，其物理机械与服用性能均达到国家标准，适应了高档服装产品的市场需求。该技术目前已成功进行产业化生产应用，近3年累计生产70余万m，实现新增产值超过4亿元，取得了良好的经济效益和社会效益。该项目研发已获授权国家发明专利1件。

黄海渔业资源长期变化与评价技术　该项研究利用具有国际先进水平的专业调查船“北斗”

号在黄海及长江口邻近水域开展了历时10年的有针对性的、具有数据国际可比性的资源调查，全面系统地研究了渔业资源及其栖息环境的长期变化。阐明了黄海渔业资源与环境的长期变化，是国际上对黄海渔业资源与栖息环境至今最系统、时间序列最长的调查研究。系统评价了黄海渔业资源与环境的长期变化，为中韩渔业谈判、黄海渔业资源管理与养护提供科学依据。建立了适合我国海域的海洋渔业资源评估技术，提高了生物量评估准确性。全面系统地总结了渔业资源底拖网和声学两种最为普遍使用的资源评估技术，规范了调查方法、分析了误差的来源及修正方法，使我国海洋渔业资源评估技术和方法与国际接轨。揭示了黄海和长江口两个典型水域的食物网结构及能量流动特征、种间相互作用，引领了国内食物网营养动力学研究。划分出黄东海渔业生物和浮游动物生态群落和功能群，为生态区划分标准的规范提供了科学依据，为实行生态系统水平的渔业管理奠定了理论基础。该项研究成果为保护和合理利用渔业资源，准确系统地了解渔业资源群落结构、数量变动、主要渔业种群生物学特征及食物网结构等变化趋势，解析人类活动和气候变化对渔业资源及生态系统结构与功能的影响机制，从而为实现科学的渔业资源养护、生态系统水平的渔业管理及逐步实行捕捞限额制度提供了科学依据和技术支撑。该项研究已在海洋权益维护、渔业资源养护、海洋渔业捕捞作业结构调整和渔业管理措施制定等方面得到广泛推广和应用，取得了显著的经济效益和社会效益。已获授权发明专利1件，编制国家标准和农业部标准各1项，累计发表科技论文69篇，其中被SCI收录14篇，出版专著1部，编写报告6份，培养研究生21名。

万吨级橡胶防焦剂CTP产业化技术开发　橡胶防焦剂CTP作为近代橡胶工业在高温高速炼胶工艺中不可缺少的助剂，已被现代轮胎加工企业广泛应用。该项目针对国内外橡胶助剂产品发展趋势和国内外橡胶工业的发展态势，进行了关键工艺技术及工业化生产的研究开发和工业化建设，建成了一套收率高、原料单耗低、安全性高、产品质量稳定、清洁生产和更为成熟、完善、先进的生产工艺技术。主要技术创新：①开发了新型催化剂，可减少副反应的发生，使二硫化物的收率由73%提高到81%。②开发了缩合、结晶一步法新工艺，优化了生产流程和工艺条件，生产效率提高35%以上。③开发了母液套用和母液酸化处理回收硫化钠技术，实现对废水中所含原料硫化钠的回收循环利用。④开发了静电消除工艺，在生产过程中杜绝了静电引发的爆炸和燃烧事故，实现安全生产。⑤开发了废水处理的多效蒸发+生化法组合工艺，大大减少了防焦剂CTP生产废水的处理量，减轻了生化处理的负荷，年废水处理量达到10万m^3，回用率达到95%。⑥开发了橡胶防焦剂CTP生产中溶剂汽油的回收技术，实现了环保、节能、安全、高效的目标。该项目产品可有效防止胶料在操作过程中产生早期硫化（焦烧），同时又不妨碍硫化条件下促进剂的正常发挥，能实现胶料的密封混炼，在胶料压出、压延、注压或移膜硫化时可以提高预热温度，从而改善操作性能，提高产品质量和产量。对于已经经受高热或具有焦烧危险的胶料具有再生作用。主要用于轮胎、胶管、胶带、胶鞋、模型制品等各种橡胶制品中，特别是作为高等级子午线轮胎生产配套专用材料。该项目成果已建成世界规模最大，产品质量达到国际领先水平的年产10 000t橡胶防焦剂CTP生产线，累计实现销售收入5.09亿元，利税8 053万元，创汇2 725万元。

高性能碳纤维复合芯导线芯棒开发及应用　开发高性能电力导线，提高输电走廊电力运送能力，一直是国内外电力系统的重点课题。碳纤维复合芯导线与目前常规钢芯铝绞线相比，可提高传输容量1倍，减少传输电力损耗3%以上，减少塔杆20%，提高导线抗拉强度60%以上，抗冰雪，耐老化，是构造安全、环保、高效节约型输电网络的理想产品。该项目首次将碳纤维复合芯导线芯棒设计为编织拉挤复合结构，开发了碳纤维复合芯棒专用改性双马树脂体系，实现了连续编织拉挤工艺制备碳纤维复合芯导线芯棒产业化。项目产品具有优异的抗劈裂性能，常温强度大，高温强度保持率高，抗老化耐腐蚀，热膨胀系数低。与之配套研发的各类金具、施工工装，设计合理，操作方便，应用可靠。利用该项目技术，河北硅谷化工有限公司实现了复合芯导线全面产业化，现有复合芯棒生产线56条，大量产品在多

家电缆厂推广应用，青岛汉缆公司、河南科信电缆公司等多家企业应用效果良好，经华北电网公司等多家电力系统挂线运行表明，实际运行完全满足电力输送要求。与国内外研究及应用现状相比，该项目成果特点突出。经国家电力权威检测机构上海电缆研究所检测表明，各项指标全面满足电力输送挂网运行要求。已获得多件国家专利授权，具有自主知识产权。

基于可靠性的状态检修研究与应用　输变电设备检修是生产管理工作的重要组成部分，随着电网的快速发展以及用户对供电可靠性要求的逐步提高，传统的基于周期的设备检修模式已经不能适应电网发展的要求，迫切需要在充分考虑电网安全、环境、效益等多方面因素的情况下，研究探索提高设备运行可靠性和检修针对性的新的检修管理方式。该项目在输变电设备运行检修理论研究、输变电设备试验诊断研究、以可靠性为中心的输变电设备风险分析研究、状态检修标准体系研究、输变电设备状态检修辅助决策系统研究、基于RCM的设备风险分析系统研究等方面进行了一系列的工作。完成了国家电网公司设备检修模式及标准体系研究，建立了国家电网公司系统状态检修管理体系、技术体系、执行体系三大体系内容和要求。进行了山东电网输变电设备状态检修技术体系建设，突出强调家族性缺陷管理，确定了设备基准周期和试验周期调整原则；研发了输变电设备状态检修辅助决策系统，制定了从全省到地市供电公司输变电设备状态检修各流程和环节的流程管理；创新性地提出基于系统可靠性的输电设备风险分析模型、算法和程序系统，从电力系统运行角度出发，形成了一套包括经济、安全、环境三方面的设备风险评价、排序的模型和算法，可实现对电网不同检修方案的优化分析。通过国家电网公司和集团公司所属各供电公司的分批试点，进行了大量状态检修研究和实践工作。到2010年，状态检修工作在集团公司所属各单位已全面展开。项目开展以来，仅山东电网两年累计新增利润1.28亿元，节支4.09亿元，电网可靠性指标得到较大提升，输变电设备故障率降低20%，减少了设备故障对环境和人身安全造成的危害，减少了用户因停电而产生的损失，同时培养了大批科研和生产技术管理人才，取得了巨大的经济效益和社会效益。

高压数字化与FACTS变电站电磁兼容研究及工程应用　大功率开关器件的快速频繁操作以及高频电磁暂态现象的存在，将产生较高水平的高频电磁干扰，威胁到电子控制和保护电路以及其他二次敏感性设备的正常运行。研究高压数字化与FACTS变电站的电磁兼容问题，实现高频电磁环境的准确监测与科学评估，以及电磁干扰的可靠预测和有效抑制，在当代电网发展中显得愈加紧迫和重要。该项目在国内首次对多个高压数字化与FACTS变电站的高频电磁环境进行现场测量，获得大量第一手的原始数据；提出两种基于频域传递函数的数字化校正新算法，即改进的复向量拟合法和极点置换法；首次提出一种预测温度、湿度、气压等因素对电磁天线测量特性影响的定量分析方法；系统建立基于二维和三维时频分析的电磁干扰特征提取与表征方法，可挖掘更加丰富的干扰非平稳细节特征；纳入大功率器件的高频开关物理机制，建立了高压数字化与FACTS变电站传导与辐射电磁干扰的预测模型；基于传输线理论和对材料复磁谱特性的等效描述，创造性地提出一种磁环对传导干扰抑制特性的仿真分析模型；提出有效的电磁抗扰性试验建议，系统建立了高压数字化与FACTS变电站的电磁兼容测试与优化设计导则。项目成果已成功应用于济南园信电力有限责任公司的继电保护装置研发，莱芜供电公司的山东电网首个数字化变电站建设等工程的电磁兼容优化设计与高频暂态防护中，经济效益显著。截至2011年底，累计新增产值约2 500万元，新增利税约1 000万元。在提高数字化与FACTS变电站供电可靠性、减少强场电磁辐射、避免人体健康危害等方面起到极大的示范和推动作用，由此带来的社会效益巨大。该项目研究成果进一步丰富了电力系统电磁兼容研究的基础理论、创新分析方法与工程设计技术，对高压数字化与FACTS变电站的电磁兼容工程设计、空间布局以及大规模应用具有普遍指导意义。研究成果填补了国内空白，使我国在该技术领域居于国际前列。已获授权发明专利2件、实用新型专利6件，出版中、英文著作各1部，发表论文30余篇；部分原创性成果被国际大电网会议CIGRE推荐列入抗扰性试验标准。

规模化固定床生物质热解气化技术开发及其产业化　随着能源危机和环境污染的加剧，生物质能的开发利用备受关注，而生物质能清洁转化技术装备缺失、项目规模较小等成为制约我国生物质能源发展的瓶颈。该项目针对生物质预处理、清洁转化及终端利用3个核心环节，以高效清洁转化为目标，重点解决了现有生物质气化、净化等存在的技术能耗高、转化效率低、过程污染严重、核心装备缺乏等难题，建立了生物质能产业化发展核心技术体系。主要技术创新：研究采用主动配风分层供氧技术，设计开发了滚动式连续排灰系统，集成研制出工业规模的下吸式固定床连续生物质气化技术装备；以循环溶剂为工质，设计了重质焦油冷凝脱除和轻质焦油吸收清除技术工艺，开发出基于化学吸收的无污染生物质燃气净化技术系统；研究了生物质燃气高效低氮燃烧利用技术，设计了基于梯级利用的能源供给系统，并集成建立了热电冷能源系统。截至2010年底，该项目技术已在国内13个省市示范应用，实现了13.33万hm^2（200余万亩）农作物秸秆的资源化、能源化利用，2008～2010年累计生产清洁燃气近12亿m^3，供热面积129万m^2，发电2 000万kWh，直接与间接经济效益约8.56亿元，替代标准煤78.8万t，减排$CO_2$204.88万t，经济、社会和环境效益显著。

大学园区环境综合保障技术　近年来，高等教育大发展，大学校区迅速扩张，大学发展面临前所未有的机遇与挑战。大学作为特殊的社会单元，人口密集，资源能源浪费严重。国家先后发文要求积极建设绿色大学校园，但目前尚无完整的绿色大学园区技术体系，因此亟待建立指导绿色大学园区建设的技术体系。该项目属于建筑业中的生态与可持续发展技术领域。主要技术创新：①建立了绿色大学园区环境综合保障体系，实现因地制宜地规划与设计、可再生能源技术应用、水资源综合利用技术、节能节材与室内环境、室外环境保障与控制。②开发了大学园区环境保障智能监控系统，实现了园区运行的有效监测、合理控制，显著降低了运行能耗和环境影响。③建设了生态学生公寓等绿色建筑技术示范工程，为绿色建筑技术的展示和推广提供了平台。该项目研究成果结合山东建筑大学校区建设进行了实践，取得了良好效果，起到很好的示范作用，年实现节煤957t、节电220万度、节水67万t，减排$CO_2$2 488t、减排$SO_2$450t，节省资金402万元。项目成果已在山东经济学院、青海师范大学、西北工业大学、华中科技大学、内蒙古农业大学等国内80多所院校推广应用，受到用户的广泛好评。获得授权发明专利2件，出版学术专著4部，编入国家标准和规范2部、标准图集1部，获得软件著作权2件，发表重要学术论文16篇，对绿色大学园区的建设具有显著的规范和指导作用，为节能减排和大学园区的可持续发展做出了重要贡献。

受污染引黄水库水净化处理关键技术装备研究与示范工程　该项目针对黄河下游地区引黄水库水低浊、高藻、高嗅味、高有机物和高溴离子等水质污染特征，攻克了城市供水水质监测评估、适用性药剂研发、深度处理组合工艺等关键技术，通过技术集成和工程示范，构建了适于引黄水库水净化处理的成套技术装备与示范工程体系。主要技术创新：①建立了基于痕量有机污染物质谱筛查—多层次毒理学评估耦合联用的饮用水特征污染物监测评价技术体系。②适于不同水质条件的新型高效净水药剂研发、产业化及大规模应用。③研发了基于溴酸盐控制的臭氧生物活性炭组合工艺和应对高藻、低温低浊水的超滤膜处理组合工艺。项目组在济南建成国内规模最大的给水处理中试科研平台，可实现10种以上的工艺组合与技术比选。研究成果已用于济南、东营等城市6座水厂的提标改造，核心成果已推广至北京、郑州、潍坊等地10余座大型水厂，累计应用规模达到218万m^3/d，示范工程水厂运行稳定，出厂水水质满足新版国家生活饮用水卫生标准。项目成果在2008年奥运会和第十一届全运会供水安全保障以及济南市应对水质突发事件中发挥了重要作用，有力地促进了黄河下游城市经济社会可持续发展。已申请专利18件，获得授权发明专利4件，发表论文35篇，编制企业标准1部，新建检测方法8项，实现了175项水质指标的定量分析。

高等级公路沥青路面改造典型结构的研究　该项目以山东省高等级公路改建工程为背景，在沥青路面结构病害调查的基础上，揭示了沥青路面结构病害产生的机理，提出旧路改建路面结构

设计控制指标，建立了山东省旧沥青路面典型病害库；提出了旧路交通量预测方法和旧路评价体系，建立了旧路典型结构计算理论和设计方法，基于新型大粒径透水性沥青混合料路面结构形式，在积累和总结近10年工程实践应用的基础上，对一般路基和黄泛区特殊路基条件下旧沥青路面结构进行了路用性能试验和理论分析，提出了系列典型结构形式，为旧沥青路面的加铺改造工程提供了一整套解决方案。主要技术创新：根据沥青路面结构病害发生的机理，将病害类型分为三大类13种典型病害，在此基础上，建立了病害数据库；为分析原路病害对加铺结构的影响，首次对存在裂缝、坑洞时的旧路模量等力学参数进行了实测和力学分析；结合旧路改造特点，提出了考虑旧路改造前后交通量变化规律的新型交通量预测方法，并利用已有交通量数据进行验证；在此基础上，首次综合考虑了每车道、每日平均大客车及中型以上的各种货车交通量和累计标准轴次，将交通等级划分为4级标准；在研究了一般路基条件下旧路性能衰减规律和黄泛区特殊路基强度衰减规律的基础上，系统地提出了3类10种新型加铺路面结构，经应用实践证明，反射裂缝率几近为0，根本解决了半刚性基层反射裂缝问题和黄泛区特殊路基的早期病害问题；抗车辙能力提高5～7倍，车辙深度减少70%以上；通过计算分析及工程实践，提出LSPM层的最佳厚度范围（8cm～12cm）；创新性地提出二级疲劳试验方法，并获得用于旧路改造的疲劳方程。在高速公路与路网改建工程中累计应用里程2 000km。应用表明，可显著延长道路使用寿命、降低维修次数，节约资源。经测算，近3年实际节约费用11.9亿元。该项目已申请发明专利7件；发表论文21篇，其中被SCI收录2篇、EI收录14篇；核心成果被纳入《公路沥青路面设计规范》。

复杂条件综放工作面关键设备及其优化配套技术　该项目在国家“十一五”科技支撑计划课题、国家自然科学基金项目等资助下，围绕大倾角、松软煤层等复杂条件综放开采中的关键共性技术问题，取得复杂条件下综放开采装备技术的重大突破，实现了复杂条件综放工作面的高产高效。主要技术创新：①提出基于虚拟样机技术的液压支架设计方法，研制出能在45°大倾角下稳定工作的放顶煤液压支架。②提出基于本体和层次分析法的综放设备配套优化方法，开发出大倾角综放工作面设备配套优化软件系统；③建立了液压支架虚拟样机协同开发平台的体系结构，开发出大倾角液压支架虚拟样机协同开发平台软件。研制的大倾角放顶煤液压支架各项技术指标达到国际先进水平，在适应煤层倾角达45°和推移速度＜10秒/架方面达到国际领先水平。开发的基于本体的综放工作面设备配套优化软件系统，使配套效率提高了约50%。开发的液压支架虚拟样机协同开发平台软件可使产品开发周期缩短约30%。研究成果已在淄矿集团葛亭煤矿等复杂条件煤层的煤炭生产企业和山东天晟煤矿装备有限公司等多家煤机制造企业进行推广应用，取得了显著的经济和社会效益。获得授权发明专利1件、实用新型专利7件，实审发明专利4件，获得计算机软件著作权2件，制定企业技术标准1项，出版专著2部，发表学术论文40余篇，其中被SCI、EI收录23篇。

模块化矿山冶炼工厂模块建造技术创新　镍矿项目是海油工程公司通过竞标获得的国际工程，也是世界首例大型模块化矿冶工厂，其制造精度大大超过常规项目。主要技术创新：首次攻克地基沉降及监控难题，成功建造17个最重达5 000t的钢结构模块，建造精度控制在6mm；首次在软地基上对大型模块进行多点（16点）称重；首次对32条腿柱的大型甲板片开发出空间对接新工艺，成功研制导向机构和顶丝装置；开发多坐标耦合安装技术，解决了大型贯穿设备安装的技术难题；首次采用SPMT专利技术拖运模块、横向装船。该项目在同行业属世界首例，整体工程技术处于国际领先水平，其他行业的模块小、腿柱少、结构难度低。该项目成功推动了世界大型模块化工厂建造的发展，大大提升了公司竞争力，并赢得澳大利亚高跟项目和AKER公司模块项目。创税8 000万元，解决劳动就业5 000余人，促进了地方中小工程企业和海西湾海洋工程产业链的发展，对青岛地区乃至山东省的工业和经济发展起到推动作用。

长距离多点大角度小半径空间转弯带式输送系统　该项目研发的三维空间变向长距离输送系统，对复杂地形有超强的适应能力，过山区、跨河流，保护已有设施如文物保护区、村庄等，可以代替传统汽车运输实现环保节能高效输送。与国内外现有平面转弯技术水平相比，该项目研究三维空间转弯技术，并解决了大角度小半径转弯技术难题，已实现长度25km多点S形三维空间转弯，最大转弯角度47°，采用钢丝绳芯高强输送带最小转弯半径300m。该项目首次建立了长距离空间弯曲输送设计体系，提出复杂空间起伏线路下的各种运行工况计算方法和弯曲段深槽托辊组参数和结构优化设计方法；自主开发出可控起动和制动装置、高寿命低噪声节能托辊等专利产品，其中可控起动、制动装置最大装机功率4 000kW；采用智能控制理论、光纤通信技术及冗余环网技术，实现长距离信息的高速实时传递与系统控制，该项目由泰安力博机电科技有限公司和山东科技大学共同研发，并由力博公司推广实施，先后应用于义煤水泥、龙滩煤矿、龙开口水电站等单位，成功应用大型工程9项，目前承担工程8项，其中海外项目2项，累计合同额45 503万元。2008年以来，累计为工矿企业新增产值473 973万元，新增税收212 627万元，节支总额58 819万元，推广应用专利产品2 000套。该项目已制定标准3项，发表学术论文15篇，其中被EI收录5篇；获得授权专利12件，其中发明专利3件。

废旧特种工程轮胎高值化再制造成套技术装备与应用　目前我国的废旧轮胎再制造产业存在“以‘小而全’的作坊式企业为主，再制造技术装备整体水平落后，缺乏具有自主知识产权的先进技术装备，废旧轮胎胎体质量远不能满足要求”等制约轮胎再制造产业健康快速发展的瓶颈问题。该项目针对技术难度大、再制造价值高、我国大部分依赖进口的港机专用特种工程轮胎，进行了废旧轮胎再制造成套技术与专用装备研究，开发出具有独立自主知识产权的可调周长预硫化环状胎面、特种工程轮胎可多次再制造和环状预硫化胎面注射成型等关键技术与专用装备。主要技术创新：①进行了预硫化胎面用橡胶材料开发、胎面结构优化设计和有限元分析、预硫化胎面注射工艺技术和环激光定位技术研究，开发出环状预硫化胎面成型技术与硫化装备和可调周长预硫化胎面工艺技术与装备。②进行了复合气密层和复合强力层专用材料开发、结构设计、成型技术与专用装备研究和可多次再制造特种工程轮胎的结构设计、成型技术与装备研究，完成了特种轮胎可多次再制造技术与装备的开发，使再制造率由原来的4%提高至40%。③结合港机轮胎的特殊作业特点和条件，测试其动态扭矩等性能，建立专用测试方法，开发了能够进行正向移动并能模拟港机受力状态，进行三维扭转的港口特种工程轮胎专用测试装备。经专家技术鉴定认为，该项技术研究和装备的开发达到国际先进水平。项目成果已在青岛天盾、山东金宇等企业实现产业化（建设了废旧特种工程轮胎高值化资源化利用基地），累计实现产值54 439万元，利税7 901万元。相关产品在新加坡港、韩国港、印度尼西亚港以及国内的上海港、宁波港、青岛港等近20家港口50余家集装箱公司得到应用，取得了很好的应用效果。在上海港建立了港机特种工程轮胎再制造的双向物流3级4S服务体系，进行“回收—再制造—指导安装”全程服务，加大了对项目成果的推广。目前，废旧轮胎再制造技术与装备已推广应用到载重子午线轮胎和矿山用特种工程轮胎的再制造领域，利用此套技术装备进行轮胎再制造可节省橡胶材料70%～85%，节约能源70%～80%，费用减少50%以上，具有十分可观的经济效益和社会效益。已申请国家发明专利2件，获得授权发明专利1件。

大型聚煤盆地煤聚积规律、成藏与资源预测及其工程应用　该项目对山东及邻区含煤盆地充填及煤聚积规律进行了深入研究。运用当代煤地质学、沉积学的理论和方法，对不同沉积体系域煤的聚积规律进行分析，特别是富煤单元的研究，提供了详细的煤聚积、富煤单元资料；运用油气地质学、有机地球化学方法进行煤系源岩热演化史及烃源岩评价；运用当代沉积学的理论和方法，以沉积微相研究为目的，进行成煤沉积体系与微相分析，在此基础上精细研究目标块区和关键层段的沉积微相分布。在地层精细划分与对比的基础上，对储层成岩作用特征进行深入分析，对储层进行分类；对盖层类型及空间分布特征、盖层封闭机理进行了评价。主要技术创新：①通过层序地层格架下的富煤单元、精细聚煤中心划分与评价、不同体系域煤的聚积规律和聚煤中心迁移机制等研究，丰富了含煤盆地分析、煤系沉积学、以煤为主资源评价与预测的理论、方

法与技术。②在建立了陆表海盆地含煤地层高分辨层序地层格架的基础上，提出了“海侵事件成煤”理论和成煤模式。在该理论指导下，地质研究与勘探方法、技术紧密结合，认真组织并实现综合勘查的预期效果，为煤炭地质勘探与煤炭及共伴生矿产资源预测提供了良好的指导作用，研究成果直接服务于勘探和开发。③首次全面进行了山东地区煤成气储层的类型划分和煤成气盖层及生储盖组合研究，综合分析和评价了有效盖层。认为复合型储层是重要的煤成气储层，即两个或两个以上储集空间类型的储层，即孔隙、溶蚀空间发育，或既发育孔隙又发育裂隙等均可形成复合型储层；盐膏岩是最好的盖层，泥页岩是最普遍的盖层，其他各种致密岩类也可形成局限性的盖层。④首次系统进行了山东省煤成气、煤层气资源预测、评价，提出了构造复杂区煤成气与煤层气资源量。认为古生界烃源岩经历了长达数亿年地质热演化，由于受燕山、喜山期差异沉降及燕山期岩浆热液变质作用的影响，现今各区块烃源岩演化强度差异较为明显，天然气生成历程复杂多样，现今烃源岩演化程度较高。该项研究成果已在山东及邻区的山西西山、贵州杨家湾等地区煤炭勘探与资源评价得到应用，新增产值7 278 190.3万元，新增纯收入1 026 677.3万元，新增税收156 900万元，年增收节支67 390万元，取得了巨大的经济效益和社会效益。在项目研究进行中，培养青年教师和青年科技、工程技术人员15人，培养硕士研究生56人、博士研究生11人、博士后科研工作人员6人。

复杂深层高温钻井液关键技术与工业化应用　地下深层油气资源的钻探开发已成为我国石油工业的战略性发展方向，由于地下深层油气资源钻探开发的迫切需要，深井、超深井将越来越多，经常面临井下高温高压苛刻环境，钻井周期较长。钻井液作为油气井工程的“血液”，面临许多新技术挑战，严重制约了我国复杂深层油气资源钻探开发新战略的实施及进程。该项研究综合运用钻井液化学工程、高分子化学、岩土力学、钻井工程以及测井技术等相关学科的基础理论及方法，在复杂深层高温钻井液关键技术研究方面取得新突破。主要技术创新：①在揭示高温水基钻井液主要作用机理和完善超高温钻井液性能评价方法的基础上，通过分子结构优化设计、合成条件优化，研制出抗温达240℃以上的耐盐降滤失剂和降黏剂2种产品，构建了抗温达250℃的超高温水基钻井液体系。②在国内率先建立了泥岩井壁稳定性水化—力学耦合模拟实验装置及压力传递实验方法，突破了泥岩膜效率和极低渗透率的定量测试技术难题；建立了深层泥页岩稳定性的比亲水量评价方法；提出“多元协同”防塌新原理，发展完善了井壁稳定性基础理论和方法。③研制出高温高压堵漏模拟实验装置及评价方法；提出自适应防漏堵漏的新思路，研制出自适应堵漏剂及防漏钻井液体系配方；针对复杂深层多点漏失特殊性，建立了测井资料综合分析漏层的新方法。该项研究成果较好地解决了我国重点超高温超深井的钻井液技术瓶颈问题，已在胜利、大港、河南、辽河、新疆吐哈以及乌斯别克斯坦等国内外多个油田推广应用，现场应用1 850余口井，与钻井液相关的井下复杂事故降低61.1%，钻进时间损失降低58.3%，特别是为我国井下温度最高的胜科1井（235℃/7 026m）和泌深1井（241℃/6 005m）的成功钻探提供了超高温钻井液技术支撑和物质保障，经济效益和社会效益显著。已申请发明专利10件，获授权发明专利4件，发表论文120余篇，培养博士7名、硕士26名，培训技术人员600余人。

山东省胶西北金矿集中区深部大型—超大型金矿找矿与成矿模式　我国主要矿种矿产资源受国外制约严重，深部找矿市场需求程度极高。该项目以深孔钻探技术、地球物理方法为代表的深部找矿方法集成，解决了深部找矿方法技术问题，使我国深部找矿技术水平走在世界前列。主要研究内容：胶西北深部金矿成矿规律与成矿模式、深部成矿预测、深部找矿方法技术和深浅部金矿对比。主要技术创新：①建立了胶西北深部金矿阶梯式成矿模式，实现了理论指导找矿创新，包括焦家金矿带深部金矿矿床模式、胶西北金矿区域成矿模式和胶东金矿矿床成因模式。②提出铲式断裂控矿、焦家式和玲珑式金矿产于同一构造带不同位置、伟德山花岗岩在金矿成矿中的热机作用等创新认识，深化发展了“焦家式”金矿成矿理论。③创建了一套实用的深部金矿勘查技术集成，实现了深部找矿勘查方法创新、

CSAMT、SIP法深部金矿地质—地球物理找矿模型、深孔钻探技术。④科学预测了深部金矿资源潜力和找矿方向预测、胶西北矿集区金矿资源总量预测、焦家金矿带金矿资源定位、定量预测，实现了优选找矿靶区、指导勘查评价创新。⑤创建的新成矿模式、技术与找矿实践紧密结合，实现了攻深找盲、勘查深部大型—超大型金矿创新。该项目成果找矿创造了多项全国之最：深部金矿勘探成本最低；探获了国内埋藏深度最大、规模最大的隐伏金矿床；探获了资源量最大的单一金矿体；探获深部大型—超大型金矿床数量最多；寺庄—焦家矿区为资源量最大的金矿区；创造了全国小口径岩芯钻探最深纪录和深孔钻探最大孔斜纪录。使胶西北在我国成为率先开展深部找矿并取得重大突破的地区，阶梯式成矿模式的建立解决了深部成矿的理论认识问题，已探获深部金矿资源储量627.712t，分别占全国和山东省以往累计探明金矿资源量的11.33%和60.99%。经济效益和社会效益显著，有力推动了我国东部地区深部找矿战略的实施。该项成果勘查投入少、产出大，显著提高了我国地勘行业深部找矿国际竞争力。

兖州矿区矿震活动规律研究及应用　该项研究针对兖州矿区存在的深部矿震动力灾害威胁，综合采用理论分析、实验室试验、数值模拟及现场微震实测等研究手段，系统研究煤岩震动与采动及构造应力场之间的关系，揭示兖州矿区及典型矿井具体工作面内的矿震诱灾机理及活动规律，建立较完备的强矿震监测预警技术，为兖州矿区制定强矿震等动力灾害的防治措施提供科学依据。主要技术创新：①在兖州井田范围内建立了数字遥测矿震监测台网，建立矿井SOS微震监测系统，形成不同尺度的矿、微震联合监测体系，并进行了台网D值优化布局设计。②基于兖州矿区矿、微震联合监测体系，系统研究矿区范围内典型矿震的发生原因和震动机理。③基于矿、微震联合监测系统提供的不同尺度震源信息，系统研究兖州矿区及典型矿井范围内微震活动的时—空—强分布与演化规律，揭示矿震活动与区域构造及采动应力场的相关性。④基于SOS矿井微震监测，通过对典型矿井内矿震活动，尤其是大能级的强矿震的震源时空迁移等进行深入分析，揭示了采场覆岩尤其是主关键层的破断模式与活动范围与震动强度的相关性。⑤通过研究震动波与应力场之间的耦合关系，建立了矿震的震动波CT成像模型；根据SOS微震系统实时采集的矿震事件，反演不同开采时期和不同开采区域的震动波速分布图，并进行兖州矿区主要开采区域的强矿震危险性评价研究。⑥采用灰色系统预测模型对采动过程中厚硬覆岩的跨落步距L进行预测，提前预测强矿震将要发生的开采位置，为防治强矿震诱发冲击灾害提前做好准备。该项研究成果的应用使兖州矿区内强矿震的预测防治工作量及费用大幅度降低，预测动力灾害准确率提高至80%以上，预测不发生动力灾害准确率达到100%，该技术节省时间80%，使预测及防治费用降低约40%，取得了显著的社会效益和经济效益。该项研究成果已在兖矿集团、华亭、平顶山、鹤岗等多个矿井进行推广应用，发表学术论文10篇，培养博士后1人、博士3人、硕士1人。

黄淮东部小麦玉米两熟丰产高效技术集成研究与应用　该项目研究针对生产上小麦玉米群体结构不合理、周年光热资源利用效率低、缺乏高效的水肥调控技术和区域性高产高效技术模式等问题，采取技术创新、技术集成与示范应用3条路线并举，研究建立了山东省小麦玉米两熟丰产高效技术体系。主要技术创新：①揭示了延缓小麦—玉米植株衰老、提高花后群体光合能力是周年高产的生理基础，建立了小麦—玉米周年亩产1 200～1 500kg的高产生理指标体系。②创新了优化周年光热资源配置的“两晚”栽培技术、群体质量调控技术和壮株延衰高产技术等3项共性关键技术。③集成创新出鲁中半干旱区、鲁西沿黄平原区和鲁东丘陵区等3套小麦—玉米一体化周年高产技术模式，支撑了不同生态区大面积高产创建。④在不同生态类型区以同心圆分布的方式建立了高产攻关田、核心区、示范区和辐射区，实现了规模化推广应用。应用该项目技术已建立小麦—玉米超高产攻关田43.63hm^2（654.5亩）、核心区1万hm^2（15.01万亩）、示范区84.70万hm^2（1 270.44万亩），辐射推广1 073.36万hm^2（16 100.36万亩），增产粮食295.91万t，获得社会效益和经济效益45.44亿元，为山东省粮食连续

8年增产起到重大的示范带动作用。该研究发表论文196篇，其中被SCI收录17篇，出版著作16部；获得授权专利4件；有8项技术被农业部或山东省列为农业主推技术；培养博士26人、硕士53人，培训基层农技人员88万人次。

超高产稳产多抗广适小麦新品种济麦22的选育与应用 济麦22是作物所历时17年选育的超高产、稳产、多抗、广适小麦新品种，先后通过国家审定和山东、河南、江苏、安徽及天津5省市审（认）定。2009年农业部组织实打亩产达到789.9kg，创我国一年两熟制下冬小麦高产纪录；在我国两大主产麦区黄淮冬麦区和北部冬麦区大面积推广应用，年种植面积连续3年居全国第一，是近30年来我国年种植面积最大的小麦品种；2011年秋播面积320.25万hm^2（4 803.7万亩），占我国最大麦区黄淮冬麦区的25%，山东省种植面积占全省的50%；自2006年审定以来，全国累计推广780万hm^2（1.17亿亩），增产小麦527万t，新增效益88.4亿元，成为我国新一轮小麦品种更新换代的主体品种，为实现山东省粮食九连增、全国粮食八连增、保障国家粮食安全做出了重大贡献。济麦22集高产、广适、抗逆于一体，实现了小麦高产育种的新突破，引领了我国冬小麦高产育种的新方向。经专家鉴定，该成果达到国际领先水平。主要技术创新及内容：①通过阶梯聚合杂交，创制出高抗倒伏、穗育性好、产量潜力高的优异亲本935106和株型优良、综合抗性好、白粉和条锈病免疫、叶功能期长的优异亲本935024。②建立了以“阶梯杂交聚合优异基因、抗性和产量双向提高”为核心的目标种质定向改良技术和以“前期重稳健、中期重繁茂、后期重茎叶”为核心的全生育期选育技术和以“穿梭育种、水旱轮选、异地鉴定”为核心的杂种后代高效选育技术，形成高产育种技术体系。③济麦22具有产量水平高、稳产性好，综合抗性强，适应性广三大突出特点。④研究了济麦22高产生理基础及栽培技术，制定了不同生产条件下的配套栽培技术规程，建立了“育种单位+良繁基地+种业联盟”三结合、育繁推一体化的开发模式，加快成果转化，促进民族种业发展。据不完全统计，目前已有180余家种业企业推广经营济麦22，累计制种超过10亿kg，增加利润4亿多元。

设施蔬菜节能高效栽培工程关键技术研究与集成示范 该项目从设施、土壤、蔬菜3个方面开展研究，优化了设施结构，改善了采光保温性能，克服或缓解了连作障碍，提高了设施蔬菜耐低温弱光能力，集成了设施蔬菜节能高效栽培工程关键技术。技术创新点：①研发出新型二次下挖式节能日光温室及温室覆盖材料保温性能测试技术。新型二次下挖式日光温室冬季最低气温比地平式提高2.5℃，夏季最高气温降低4.2℃，黄瓜产量增加了36.1%。编制了日光温室多层覆盖传热的软件，研发出国内首台温室覆盖材料传热和保温性能测试的专用设备，制定了《温室覆盖材料保温性测定方法》行业标准。②研究提出日光温室与连栋温室配套使用的集约化育苗技术体系，与普通连栋温室育苗系统相比节能52.3%。③建立简易的设施蔬菜有机基质栽培技术体系，可有效克服土壤连作障碍，番茄增产76.3%。④探明设施蔬菜耐低温弱光和适应亚适宜环境机制，研发出提高其光合生产力的调控技术。筛选出提高设施耐低温耐弱光能力和亚适宜环境下光合生产力的生长调节剂5种。该项目技术已在山东、河北、天津和北京等地进行推广应用，5年累计获得经济效益34.45亿元。获授权发明专利1件、实用新型专利6件，制定国家行业标准1项、山东省地方标准2项，获得软件著作权8项，发表论文59篇。

奶牛精细养殖技术体系研究与应用 该项目在国家农业行业专项、国家奶业产业技术体系、863计划和省奶牛良种工程等课题的支持下，在奶牛饲料营养价值评定、数字化养殖装备、营养新技术等3个方面进行了多项创新研究，集成了奶牛精细养殖技术体系，并在生产中进行了示范推广。主要创新点：①在奶牛饲料营养价值评定技术方面，在国际上首次建立了SF6示踪无干扰测定技术、牛消化道I型肽载体表达量测定技术，研究建立了小肠可消化氨基酸流量测定技术，研究提出5种氨基酸的细胞外液适宜比例。评定了37种奶牛饲料营养价值，测定了6种饲料的小肠可消化氨基酸流量参数、14种饲料的5种过瘤胃可消化蛋白组份估算参数，研究提出了饲料NDF、ADF及消化能估算公式等。②在数字化养殖技术装备方面，开发出国内第一套奶牛数字化养殖系统和一种手持式奶

牛补料数据查询仪。③在应用新技术方面，研究建立了奶牛蛋白质饲料高效利用新技术、乳成分营养调控技术、主要水溶性维生素需要量和过瘤胃包被新技术等。项目建立示范场区74个，举办培训班19期，培训奶农2 129人次，技术推广规模达到60万头，获得经济效益3.3亿元。

利用基因工程育种技术选育紫花苜蓿耐盐新品种 该项目针对耐盐抗旱经济型优良植物材料稀少、饲料作物苜蓿市场需求量大而耐盐能力仍然有限的问题，利用基因工程技术和常规育种技术相结合的方法，历时11年成功选育出紫花苜蓿耐盐新品种。主要技术创新点：①建立了以紫花苜蓿中苜一号叶片为外植体的高频再生体系和农杆菌介导的高效基因转化体系，首次获得了遗传稳定的转BADH、SOS_2—SOS_3和betA—BADH等8个单价和多价基因转化株系；并通过田间自交提纯、杂交，首次在国内外选育出农艺性状优良、遗传稳定的3个耐盐转BADH基因苜蓿新品种。②首次对转化株系进行了较为系统的抗逆性生理生化研究；建立了卡那霉素叶片涂抹法简便快速大量筛选转基因苜蓿的方法；提出了适合滨海盐碱地土壤气候条件的新品种配套栽培技术；对转基因苜蓿进行了系统全面的安全性评价研究，获得中间试验、环境释放和田间试验行政许可证共9个，兔子饲喂试验表明没有影响其正常生长。新品种在土壤含盐量为2‰～6‰条件下比对照品种增产10%～25%，每公顷新增利润0.41万元。转基因新品种在盐碱地区种植具有良好的生态和社会效益。该项目实施过程中培养硕士研究生3人、本科毕业生8人，获得授权和正在审查的国家发明专利3件，获得新品种证1个，发表论文15篇，其中被SCI收录1篇。

小开河引黄灌区泥沙长距离输送与优化配置 该项目通过沉沙模型试验、泥沙长距离输送机理研究，以及10多年的实践跟踪，成功实现了泥沙长距离输送以及水沙资源的综合利用。主要技术创新：①首次提出了“类比法”比尺模型试验设计理论和方法，解决了缺乏资料条件下确定含沙量比尺的试验技术。②建立了引黄灌区水沙资源多目标优化配置数学模型及6个约束条件、5个效益指标，提出了小开河灌区水沙优化配置措施。③首次实现了引黄灌区泥沙长距离输送，通过小开河灌区10年运行实践，建立了黄河下游引黄灌区泥沙优化配置最佳模式：45.4%的泥沙输送至51km处的沉沙池（实现了线上的长距离输送）；50.6%的泥沙分入支渠容沙区和田间（实现了面上的长距离输送）；输沙渠干渠仅淤积了总沙量的4.0%，基本保持冲淤平衡，输沙渠10年无需清淤。④从理论和实践两个方面分析了影响长距离输送的工程设计指标与管理调度等主要影响因素。⑤首次在引黄灌区建立了标准泥沙实验室，培养了泥沙观测队伍。该项目已在滨州市引黄灌区得到广泛应用，经过灌区6个县区（无棣县、沾化县、阳信县、惠民县、滨城区、滨州经济开发区）应用表明，仅农业产值从工程兴建前的6.03亿元增至2007年的23.94亿元，增加了近4倍。在簸箕李、韩墩、位山等引黄灌区节水改造与续建配套工程中也得到应用，减少了泥沙淤积，降低了清淤费用，避免了环境恶化。在引黄灌区具有典型性、示范性和代表性，为同类大型灌区规划、设计、建设和管理运行提供了可借鉴的成功模式，具有很大的推广应用前景。

海水重要养殖动物池塘养殖结构优化 该项目为提高饲料利用率，改善水质、减少排污，优化出17种海水池塘高效清洁养殖结构，并进行了技术集成、示范和推广。主要技术创新：①在方法学方面率先利用人工围隔系统开展池塘养殖结构优化研究，克服了水族箱失真、试验池塘难重复且起始条件难均一的缺陷，使相关研究更便捷、更精确。②在高效清洁养殖模式方面优化出对虾养殖模式9种、刺参养殖模式3种、三疣梭子蟹养殖模式3种、褐牙鲆养殖模式2种，其中对虾—罗非鱼—缢蛏养殖模式，最佳生物量比例是1:0.3:2，比对虾单养模式产量增加82%、N排放减少86%、产出投入比增加10%；刺参—海蜇—扇贝—对虾高效养殖模式中刺参生长速度提高49.3%；牙鲆—缢蛏—海蜇—对虾养殖模式的产出投入比达到2.3，N和P的利用率分别提高94%和61%；梭子蟹—对虾混养模式的总产量提高2.6倍，对N的利用率提高2.8倍。③发明和应用了对虾与滤食性鱼类网隔式混养方法、三疣梭子蟹隐蔽礁体技术、对虾养殖中的优化投喂技术、水产养殖中水质环境原位修复方法、对虾养殖池塘的生态环境优化调控方法。近3年来，该项目技术推

广应用累计2.17万hm^2（32.6万亩），新增产值17.15亿元，新创利税6.34亿元。申请专利33件，获得授权发明专利13件、实用新型专利11件；制定相关地方标准2个、企业标准2个；培养硕士生84名、博士生45名；发表论文228篇，其中被SCI、EI收录55篇。

帕金森病发病机理及其干预因素的实验研究　帕金森病是老年人的一种多发病，随着老龄化社会的来临，我国的帕金森病发病率也在逐年升高，严重威胁着老年人的生活质量和生命安全，并给社会带来沉重的负担。为了进一步阐明帕金森病发病机理、寻找更新的治疗方法手段，该项研究本着以科学研究指导临床实践，临床实践验证基础研究的原则，分别对神经导航下人胚胎神经干细胞（NSC）移植治疗猴帕金森病模型，多巴胺受体激动剂在帕金森模型中的神经保护机制，高酮饮食及D－β羟基丁酸对帕金森病模型的作用及其机制，帕金森病大脑额、顶叶皮质功能改变及其机制，中药颤复宁对帕金森病的治疗作用及其机理进行了多方向的研究。主要技术创新：①建立了新的帕金森病小鼠模型，发现新型多巴胺受体D3激动剂D264具有神经保护作用并初步阐明其作用机制。②在世界上首次发现人NR4A2基因突变能够引起帕金森病相关的多巴胺神经元紊乱。③利用帕金森病体内外模型研究发现高酮饮食对多巴胺神经元的保护作用，并初步揭示其作用机制。④利用活体功能成像技术（PET/CT和MRS）揭示帕金森病不同时期大脑皮质功能变化过程及其分子机制。该项研究及其延伸研究成果自2006年始，已在哈尔滨医科大学附属第一医院、第四军医大学唐都医院、复旦大学附属华山医院、四川大学华西医院、济南军区总医院等大型三级甲等医院的相关基础研究、研究生教育和临床实践中推广应用，取得了明显的效果和社会效益。在项目研究过程中，培养博士生6人，发表学术论文38篇，其中被SCI收录19篇，累计影响因子为142.9（单篇文章影响因子29），共被引用896次。

低流行状态下麻风病防治的基础和应用研究　麻风病是由麻风分支杆菌感染易感个体所致的一种慢性传染病，其显著特征是易导致周围神经损害和致残。山东省经过近40年的积极防治，1994年率先在全国达到“基本消灭指标”，标志着山东省麻风病进入低流行状态。但麻风病的一些问题远远没有彻底解决，如麻风病的流行途径尚不十分清楚，麻风菌不能体外培养，没有一级预防疫苗；麻风病的诊断仍然依靠临床，尚无可靠的现场实验手段，从而使低流行状态下发现病人更为困难。针对麻风病防治仍面临着一级预防、发病后的早发现和畸残防治3个核心问题。近十年来，该项研究在麻风易感基因、麻风早期发现和畸残防治方面进行了一系列研究，主要技术创新：①在国内首次大规模进行麻风的遗传流行病学研究，明确了汉族麻风的遗传度及遗传模式；明确了HLA－DRB1为汉族麻风的易感基因；发现了HLA－DRB1*09等位基因与早发型相关；定位了麻风的7个易感基因并构建通路。②进行麻风早期发现研究。探明了延迟诊断的原因，促进了病例发现，提出并推广采用经济、高效的综合措施早期发现病人的策略。③开展麻风畸残流行现状和防治研究。在畸残防治方面，摸清了山东省麻风畸残流行现状和患者需求，为麻风院村的规划和实施提供了依据。该项目成果的应用，保持了全省麻风病的低流行状态，麻风超标县由2005年的12个下降至2010年的1个；新发病人数由1998年的75例下降至2010年的27例，为近20年来最低。改建麻风院村3处，极大地改善了残老病人的生活状况。取得了明显的经济、社会效益。该项研究先后发表学术论文25篇，其中被SCI收录13篇，代表作《Genome wide association study of leprosy》发表于国际著名学术期刊《New England J of Medicine》（SCI影响因子50.0157），已被国外期刊引用41次，被SCI收录论文引用30次，并入选2010年的F1000论文。研究论文被国内外同行引用104次，其中被SCI收录论文引用64次，研究成果在国内外学术会议上交流50次，用于现场培训14次，共培训省内外人员1 142名，培养硕士研究生5名。

山东大宗道地药材谱—效相关质量评价新模式　如何评价中药质量是中药现代化和国际化进程中亟待解决的一个关键问题。该项目得到国家科技支撑计划的支持，以山东大宗道地药材为研究对象，以建立符合中药特点的新的质量评价模式为目的，开展中药材色谱指纹图谱与其药效相关性研究，并通过运用多个学科包括中药学、应用数学及计算机软件等知识的交叉融合，构建了一种评价中药质量的新模式，即谱—效相关模式。主要技术创新：①建立了中药质量评价谱—效相关的新模式。实现了通过测定中药色谱指纹图谱进而评价其药效优劣的目的，弥补了当前中药质量评价中普遍存在的单纯依靠化学指标而缺乏药效指标的固有缺陷。②将数学方法应用于中药质量评价技术的建立中，实现了中药复杂成分的化学指标与其药效指标通过数学模型直接关联，为中药质量评价技术研究提供了全新的思路。③将所建立的中药谱—效相关数学模型开发成相应的计算机软件，形成快速、简便、直观的中药质量综合评价系统，开辟了运用计算机软件技术进行中药谱—效相关质量评价的新途径。目前成果已在省内2家中药材种植基地的种质优选、1家中药饮片生产企业的质量评价、1家中成药企业的大品种质量评价技术提高和1家高等中医药院校的教学科研中得到广泛应用，取得了明显的经济、社会效益。该项成果模式的建立为中药创新药物研发大平台建设提供了强有力的技术支撑，对中药现代化的发展必将发挥积极的推动作用，具有重要的学术意义和极大的推广应用价值。该项成果已获得计算机软件著作权4件，在国内外学术期刊发表论文5篇，其中被SCI收录2篇。

多靶点抗代谢类抗肿瘤药物培美曲塞的研制及产业化　培美曲塞是近年新进入临床的多靶点抗叶酸代谢类抗肿瘤药物，用于肺癌、胸膜间皮瘤等的治疗，同临床最强效的紫杉烷类抗肿瘤药物相比，具有疗效等同但毒副反应明显低的特点，被公认为近年最具临床价值的抗肿瘤新药。该项目主要技术创新：①首创培美曲塞全新合成路线1。路线1采用先酰化后环合的策略，提前引入谷氨酸酯，使中间体溶解性提高，利于反应后处理；新工艺的产率由文献路线的最优化收率10%提高至14%～17%；生产周期缩短1/4，成本降低30%；路线1的发明，突破了国外专利的封锁，使产品尽早造福于国内患者。②为进一步降低成本，建立了更适于工业化的培美曲塞全新合成路线2。路线2以新化合物N-（4-（丁醛-4-基）-苯甲酰基）-L-谷氨酸二甲酯为关键中间体合成培美曲塞，产率提高了1倍达到25%，生产步骤由8步缩短为5步；生产周期由路线1的120h缩短为100h，成本由2万元/kg降低至0.86万元/kg；并最大程度地减少了三废的产生，保护了环境。③建立高效环保的结晶纯化工艺。发明了以纯水或纯水加少量有机溶剂为溶剂的纯化方法，减少了产品中的溶剂残留，溶剂残留远低于人用药品注册技术国际协调会（ICH）要求的限度，产品质量显著提高并且操作简便，更适合大规模工业化制备。④在国内首家完成培美曲塞一线治疗NSCLC的大规模临床研究。结果表明，培美曲塞一线治疗NSCLC在疗效和安全性方面均优于目前的标准一线治疗方案。该项目已取得可观的经济效益，累计销售培美曲塞17万余支，销售收入4.5亿元，新增利润1.6亿元。成功替代进口，为我国肿瘤患者提供了质优价廉的药物，并为走向国际市场奠定了基础。已申请发明专利5件，获得授权4件；获得新药证书2个、生产批件2个、新药临床批件1个；原料药已向欧美地区提交注册资料。

基于生物技术的阿胶质量标准研究　阿胶作为传统中药已在中药市场上占据了举足轻重的地位。鉴于目前市场上阿胶质量参差不齐，严重影响人民用药安全、有效的现状，该项目利用生物技术对阿胶的质量标准加以补充和提高。按照国际认可的药品标准补充完善阿胶的“农残、重金属及微量元素的检测分析”，保证用药安全；为了保障药效，鉴别真伪，从胶原肽定量、特征DNA标签识别、特征肽识别多角度构筑阿胶史上具有里程碑意义的鉴别方法体系。主要技术创新：①在世界上首次采用DNA指纹图谱建立了驴皮的DNA分子鉴定方法，解决了靠经验不能准确客观鉴定驴皮的难题，该技术被《山东省中药材标准》收载。②首次利用高拷贝基因组种属特异性SINE序列和卫星序列，建立了阿胶的DNA分子鉴定方法。③借鉴明胶动物溯源技术，采用HPLC-MS分析找出驴、牛、猪等动物皮中的特征性多肽，并用于阿胶的真伪鉴别和质量控制。首次完成驴I型胶原蛋白质序列的测定与分析。④模拟人体消化装置对阿胶进行体外降解，并采用体外造血模型筛选，研究发现其补血活性物质。⑤建立了羟脯氨酸、丙氨酸、甘氨酸、脯氨酸4种氨酸及铅、镉、汞、铜、砷5种重金属含量检测标准，并纳入《中国药典》（2010年版）。研究成

果在阿胶行业内得到广泛应用，为监管部门提供了技术支持，提高了全行业质量标准，维护广大消费者的切身利益，取得了显著的经济效益和社会效益。该项目已申请国家发明专利6件，获得授权3件；发表论文11篇，其中被SCI收录5篇、EI收录1篇。

表2　　2011年度山东省科技进步奖二等奖项目（156项，含其他项目2项）

编号	项目名称	完成单位	完成人
JB2011-2-1	可食性全降解食品包装材料工业化制造	山东农业大学、华南理工大学、山东九发生物降解工程有限公司、诸城兴贸玉米开发有限公司	董海洲　侯汉学　杨晓泉　魏宝坤　邱立忠　王兆升　刘传富　张　慧　代养勇
JB2011-2-2	淀粉质原料固定化细胞高效转化海藻糖技术产业化	山东轻工业学院 山东福洋生物科技有限公司	王瑞明　张雷达　王腾飞　马春玲　赵　伟　李丕武　王　健　徐汝意　薛鸿毅
JB2011-2-3	旋翅冷凝器节能技术、节能发泡技术在冰箱上的应用	青岛海尔股份有限公司	李晓峰　张　奎　张延庆　张福玉　蒲显开　刘明勇　王志伟　张书锋　曹东强
JB2011-2-4	多轴伺服制瓶机智能系统	山东三金玻璃机械股份有限公司	姜丰英　朱文金　王　莉　陈晓晨　商　峰　裴晓丽　沈　棕　刘芳粱
JB2011-2-5	超细纤维合成皮革材料制造关键技术	烟台万华超纤股份有限公司	李　革　徐德胜　王成忠　王　锐　曹培利　郝文光　赵春湖　颜　俊　吴发庆
JB2011-2-6	现代港口综合物流信息平台研究与实施	青岛港（集团）有限公司 清华大学	田广文　郭志渝　柴跃廷　李乃宾　张　蕾　庄开宇　徐坤三　杨杰敏　张子青
JB2011-2-7	网络安全审计与Web信息过滤关键技术研究及应用	山东师范大学	刘培玉　徐连诚　鲁　燃　朱振方　马金刚　迟学芝　李凤银　刘玉国　杨淑棉
JB2011-2-8	工作流的建模与动态构建技术研究及应用	山东科技大学	杜玉越　傅　游　张　鹏　庞善臣　刘　伟　曾庆田　张福新　花　嵘　李　鹏
JB2011-2-9	支持多行业的职业资格服务及运营平台	山东大学 山东地纬计算机软件有限公司	李庆忠　任国珍　崔立真　史玉良　孔兰菊　张世栋　董国庆　何　伟　彭朝晖
JB2011-2-10	保型拟合技术在医学影像可视化系统中的应用	山东经济学院 山东省立医院	刘　慧　张才擎　张彩明　迟　静　何　军　张云峰　郭　强　高珊珊
JB2011-2-11	房地产市场信息和预警预报系统	山东省房地产业协会 南京理工大学 西安必特思维软件有限公司	花景新　薄煜明　张一川　朱晓光　徐　涛　李全吉　王　众　蒋晓晨　李妙丽
JB2011-2-12	新型干法水泥生产过程集成控制应用	济南大学 山东恒拓科技发展有限公司	王孝红　袁铸钢　于宏亮　孟庆金　景绍洪　申　涛　张　强　邢宝玲　高红卫
JB2011-2-13	低内阻高循环磷酸铁锂动力电池关键技术	山东润峰集团新能源科技有限公司	李青海　林道勇　司红磊　何　永　陈韵吉　王占伟　杨　森　刘海忠
JB2011-2-14	煤矿灾害光纤检测系统	山东省科学院激光研究所	刘统玉　王　昌　魏玉宾　刘小会　李艳芳　赵燕杰　王金玉　宋广东　刘　媛
JB2011-2-15	基于Wi-Fi的无线通信MIMO天线研究与应用	山东科技大学 烟台宏益微波科技有限公司	王卓鹏　付洪全　肖长虹　逄明祥　孙绪保　王继志　张寿春

续表

编号	项目名称	完成单位	完成人
JB2011-2-16	交捻包芯变倍弹力竹节纱的生产技术	山东岱银纺织集团股份有限公司	李广军 谢松才 王长青 于传文 张秀强
JB2011-2-17	BL 智控高速地毯织机	日照贝尔机械有限公司 山东大学威海分校	王兆森 刘 海 张亚涛 周 岩 孙 毅 王春明 余 旭 王书源 刘立龙
JB2011-2-18	棉、麻生物前处理关键技术研究与示范推广	青岛康地恩生物科技有限公司 华纺股份有限公司	刘鲁民 周英俊 李 群 徐 红 郝荣耀 陈亮珍 宋爱国 沈克群 吕家华
JB2011-2-19	细旦、超柔、高性能卫生用纺熔非织造材料	山东俊富非织造材料有限公司 山东省非织造材料工程技术研究中心	罗 俊 陈光林 王西山 张天雷 常 丽 彭文忠 张 哲 曹仁广 陈志红
JB2011-2-20	高性能纯壳聚糖（海斯摩尔）纤维	山东华兴纺织集团有限公司	周家村 马建伟 胡广敏 徐爱清 周永峰
JB2011-2-21	海洋植物药用空心胶囊的研制	中国科学院海洋研究所	韩丽君 史大永 袁 毅 范 晓
JB2011-2-22	甲醇羰基合成醋酸技术开发与应用	兖矿国泰化工有限公司 兖矿国泰乙酰化工有限公司	孙永奎 张志伟 祝庆瑞 蒋小川 李志远 裴学成 张 彦 赵 洋 戴 彬
JB2011-2-23	醋酸乙酯流程再造及节能新工艺技术	临沂市金沂蒙生物科技有限公司	张立省 何晓芳 王怀利 马晓丽 张金玲 郑 启 张 超 张思武 朱孔师
JB2011-2-24	荧光增白剂技术与产品创新开发及应用推广	山东大学 鲁东大学 山东精细化工集团公司	曹成波 纪春暖 孙登利 孙书安 王平义 田 芳 王春玉 张长桥 韩红滨
JB2011-2-25	HJ-I 环保型橡胶操作油	青岛海佳助剂有限公司	宫相勤 孙 健 林世军 魏爱龙 徐 伟 史联合 乔显荣 刘顺光
JB2011-2-26	聚氯乙烯合金七孔超滤膜的研发及应用	山东中水源膜技术有限公司	刘镇江 王洪声 聂通林 付玉来 孟庆颜
JB2011-2-27	新型塑料粘结磁体的制备及其工程应用	青岛科技大学	赵树高 李培军 史新妍 张 萍 邱桂学
JB2011-2-28	新型环保耐火陶瓷纤维的关键制备技术与产业化	山东鲁阳股份有限公司 山东理工大学	鹿成洪 李呈顺 刘俊成 郑维金 马中军 徐 营
JB2011-2-29	高性能磷酸铁锂生产技术研究及其产业化	烟台卓能电池材料有限公司	胡国荣 黄文杰 都立珍 杨志宽 程元胜 张吉生 钱 玲 李景兰 宋光蕾
JB2011-2-30	新型防弹插板研制	山东三达科技发展公司	李 锋 郑 威 李英建 辛培训 刘光晨 邹积洋 王 玲 杜国源 曲英章
JB2011-2-31	膨胀玻化微珠保温防火砂浆及其制备技术	山东创智新材料科技有限公司	刘伟华 王培铭 严建华 王罗新 罗淑湘 叶 伟 谢俊德 易永红 刘 妍
JB2011-2-32	大型石膏板线热能梯级利用技术	泰山石膏股份有限公司	贾同春 曹志强 高甲明 康志国 张彦修 朱经华 赵合军 李广文 赵秀云
JB2011-2-33	大容量超超临界锅炉运行技术研究	山东电力研究院 华电国际电力股份有限公司邹县发电厂	胡志宏 郝卫东 李京修 王学同 丁立新 任尚坤 杨兴森 刘福国 赵显桥

续表

编号	项目名称	完成单位	完成人
JB2011-2-34	采用国产非晶铁心的高效节能变压器研制及产业化	山东达驰电气有限公司	白峰君 许长华 陈玉国 张厚勇 王勇 康宏彪 吴瑞鹏 刘贞雷 张继兰
JB2011-2-35	可控串补分层控制策略研发与应用	山东大学	李可军 孙莹 高洪霞 邹振宇 谷廷坤 陈达
JB2011-2-36	基于广域测量系统的电网稳定协调优化控制	山东电力研究院、山东电力调度中心、国网技术学院、山东大学、武汉大学	邱夕兆 杨永军 张恒旭 赵义术 雷鸣 王大鹏 王亮 胡志坚 褚晓东
JB2011-2-37	山东电网中长期电网运行及规划重大问题研究	山东电力研究院	牛新生 王春义 贾善杰 王亮 曾鸣 吴奎华 麻常辉 杨慎全 王轶群
JB2011-2-38	特大型集中式鸡粪沼气发电工程技术集成与示范	山东民和牧业股份有限公司 杭州能源环境工程有限公司 山东民和生物科技有限公司	孙宪法 董泰丽 李倩 蔡卓宁 蔡磊 石东伟 蔡昌达 吴军宁 詹偶如
JB2011-2-39	超长连续溶蚀断层破碎带及软岩大变形隧道施工关键技术	中铁十四局集团有限公司	张立丰 刘运平 张焕成 刘红旗 李方东 杨俊泉 梁金宝 姚洪瑞 鲁爱民
JB2011-2-40	燃气管网水力工况模拟理论及应用技术创新体系	山东建筑大学	田贯三 刘庆堂 李兴泉 张增刚 张明光 崔永章 于畅 陈彬剑 王磊
JB2011-2-41	“海洋石油115”FPSO设计与建造	青岛北海船舶重工有限责任公司 中国船舶工业集团公司第七〇八研究所	赵耕贤 沈思危 谷克超 王英 郑素青 倪明杰 孟祥富 尹海军 王胜华
JB2011-2-42	Renewal理论在运输车辆中的应用研究	山东交通学院	徐安 乔向明 王延明 华相纲 刘圣田 赵长利
JB2011-2-43	钢弹簧浮置板道床关键技术与应用	隔而固（青岛）振动控制有限公司 隔而固（青岛）减振技术有限公司	尹学军 王建立 高星亮 张宝才 范利辉 黄俊飞 王建 孔祥斐 薛松
JB2011-2-44	磁控电抗器式动态无功补偿和谐波治理成套装置研制	济南铁路局机务处、济南铁路局科研所、山东米诺电力科技有限公司、济南铁路局济南供电段、中铁电化局济南维管段	张忠权 王新春 李冰 刘杰民 张孟训 罗山 李红军 王学才 李明伟
JB2011-2-45	海洋工程钢筋混凝土结构防腐蚀关键技术及示范工程	中国船舶重工集团公司第七二五研究所青岛分部、山东高速青岛公路有限公司、青岛双瑞海洋环境工程有限公司	孙明先 王洪仁 刘光洲 付洪田 高健 蔡建军 郝少丽 郭保林 王海涛
JB2011-2-46	兆瓦级高效节能风电机组塔架法兰的研制	山东伊莱特重工有限公司 山东建筑大学	景财年 牛余刚 魏洪礼 陈吉元 秦英超 李光凯 郑伟
JB2011-2-47	大截面热轧H型钢关键生产技术研究与创新	莱芜钢铁集团有限公司 北京科技大学	曲为壮 臧勇 康永林 王培文 刘福宁 逄晓男 吕智勇 冯伟 秦勤
JB2011-2-48	500MPa级 Φ6mm～10mm超细晶粒碳素钢筋开发	山东石横特钢集团有限公司 钢铁研究总院	陈小武 王长生 杨忠民 肖立军 张红雁 乔明亮 周志军 刘晓东 鞠镁隆
JB2011-2-49	五切分轧制工艺研究及工业化应用	山东石横特钢集团有限公司	王长生 袁永文 张忠峰 赵衍鹏 李希宝 吴勇 郭其江 宋将 鲍中正

续表

编号	项目名称	完成单位	完成人
JB2011-2-50	农产品中农药残留安全评价技术体系建立与应用	山东省农业科学院农业质量标准与检测技术研究所（山东省农业科学院中心实验室）、中国农业大学、安徽农业大学	吕 潇 任凤山 陈子雷 王文博 赵善仓 刘 宾 谷晓红 李慧冬 于桂香
JB2011-2-51	现代农业气象保障服务系统研究	山东省气候中心	薛晓萍 李鸿怡 李 楠 冯建设 王孝卿 孙仁邦 吕淑芳 王洪良 王琪珍
JB2011-2-52	济南市主城区活断层探测与地震危险性评价	山东省地震工程研究院 济南市地震局	吴子泉 杜贻合 陈时军 张 勇 崔昭文 苏传军 陶九庆 魏佶俐 冯志泽
JB2011-2-53	齐长城总体保护技术研究	山东省文物科技保护中心	孙 博 陈 雯 杨新寿 苏 媛 于 军 齐 敏 别晓燕 程留斌 张艳群
JB2011-2-54	钛合金高效加工关键技术研究	山东大学	李剑峰 孙 杰 张 松 刘逢时 姜 峰 陈建岭 皇攀凌 周 军 宋良煜
JB2011-2-55	高性能新型复合陶瓷工模具设计制造技术及应用	山东轻工业学院、山东建筑大学、山东大学	许崇海 冯益华 孙德明 张勤河 方 斌 张静婕 衣明东
JB2011-2-56	罗茨鼓风机叶轮开发加工关键技术研究与成套装备的研制与应用	山东理工大学 山东轻工业学院	赵玉刚 张海云 王 勇 王 敏 单东日 赵国勇 李继东 林乐忠 齐振鸣
JB2011-2-57	SKYE21225C 型数控伺服转塔冲床	济南铸造锻压机械研究所有限公司	李 兵 王立勤 魏志国 苑金鑫 韩学军
JB2011-2-58	WD43M-60×3000 系列大型精密高强板料矫平机	泰安华鲁锻压机床有限公司	田衍新 王小建 付维爱 张红伟 常 欣 范 颖 隋智伟 王丙奎 辛 杰
JB2011-2-59	石材制品高效复合加工中心	山东大学	张进生 王 志 黄 波 王经坤 王日君 张政梅 王兆生 顾典高
JB2011-2-60	岩屑回注成套设备	烟台杰瑞石油服务集团股份有限公司	陈开军 邓连军 于清峰 王坤晓 张君峰 刘彦成 张建军 贾志男 韩增平
JB2011-2-61	高压比跨声速涡轮增压器研制及应用	潍坊富源增压器有限公司 清华大学	郑新前 刘凤虎 张扬军 刘恩来 诸葛伟林 陈 良 杨名洋 徐作森 王新江
JB2011-2-62	油田含油污水精细过滤器开发及应用	中国石油大学（华东）、胜利油田鲁明油气勘探开发有限公司、山东省油区环境污染治理工程技术研究中心、东营市环境保护科学研究所	蔺爱国 张国忠 杨道永 姚亦华 田 波 段伟刚 王先礼 蒋宝云 邓红平
JB2011-2-63	区域废水深度处理与高值高效资源化关键技术与工程示范	山东省国合循环经济研究中心 金沂蒙集团有限公司 信发集团 山东大学	崔兆杰 张 刚 张立省 张新端 张 超 贾 启 王艳艳 于秋春 王怀利
JB2011-2-64	山东省城市空气自动监测网运行监控及信息管理系统	山东省环境监测中心站 青岛吉美来科技有限公司	杜晓兰 万 黎 许 杨 刘春杰 王德玉 李 彦 崔志伟 刘 玉
JB2011-2-65	石油污染土壤生物修复关键技术及其应用	山东省科学院生物研究所	王加宁 陈贯虹 高永超 胥九兵 孔 学 张 强 迟建国 邱维忠 李 艳
JB2011-2-66	山东省张夏—崮山地区中国寒武系标准剖面地质遗迹研究与保护	山东省地质科学实验研究院	杜圣贤 张尚坤 张增奇 张义江 于学峰 洪 飞 田秀林 梁吉坡 闫 诚

续表

编号	项目名称	完成单位	完成人
JB2011-2-67	大型桩基式海洋平台模块化建造技术及相关配套装备研制	海洋石油工程（青岛）有限公司	淑　民　周学仲　白秉仁　王国栋　沈　岚　徐　慧　宋峥嵘　贾秋玄　刘春杰
JB2011-2-68	海洋钻井废弃液环境污染治理与控制及储层保护新技术	中国石化集团胜利石油管理局海洋钻井公司、中国石油大学（北京）	蒋官澄　史建刚　张金龙　顾洪成　胥洪彪　张　跃　谢水祥　刘传清　黄　春
JB2011-2-69	深部复杂岩性油藏有效识别技术与精细勘探方法	山东科技大学、北京师范大学、中国石化集团胜利石油管理局地质录井公司	张金亮　韩作振　谢　俊　刘宗林　邓美寅　任伟伟　张学才　樊爱萍　唐明明
JB2011-2-70	厚大破碎矿体全分段预裂挤压一次爆破强化开采技术研究	山东黄金矿业股份有限公司新城金矿中南大学	王树海　李启月　范作鹏　李夕兵　张洪训　赵国彦　韦华南　国绍林　王卫华
JB2011-2-71	近距离煤层开采冲击地压安全监测和预测预报技术	山东科技大学、北京昊华能源股份有限公司、新汶矿业集团有限责任公司、中国矿业大学（北京）	王春秋　谭云亮　张　伟　孙春江　姜耀东　赵同彬　宁建国　程国强　顾士坦
JB2011-2-72	煤层自燃液态二氧化碳防灭火技术	兖州煤业股份有限公司 西安科技大学	王振平　郝迎格　文　虎　王洪权　马　砺　马　旭　肖　旸　宋先明　翟小伟
JB2011-2-73	高温矿井热害防治关键技术研究与实践	兖矿集团有限公司 兖煤菏泽能化有限公司 山东科技大学	王用杰　辛　嵩　王振平　林启国　王树胜　阮国强　张祥云　王保齐　褚召祥
JB2011-2-74	煤层顶底板砂岩含水层富水性预测及水害危险性评价	山东科技大学 山东新阳能源有限公司	魏久传　蒋　成　尹会永　秦文露　郭建斌　翟培合　朱　鲁　李守春　卜　军
JB2011-2-75	大型矿区三维地理信息系统开发与应用	兖矿集团有限公司 山东蓝光软件有限公司 兖州煤业股份有限公司	倪兴华　黄显华　卢新明　张连贵　骆念海　桑锦国　尹　红　郑　辉　梁岳林
JB2011-2-76	矿用气动锚杆凿岩机及配套钎具的研制与应用	山东科技大学 青岛达邦钻机有限责任公司	鲍　伟　赵锦桥　宋立新　王洪立　孙文进　李恩忠　张广富　周　涛　初振云
JB2011-2-77	黄河北低渗透性难抽煤层瓦斯抽采机理及综合利用技术	山东新矿赵官能源有限责任公司 山东科技大学 胜利油田胜利动力机械集团有限公司	何希霖　刘永禄　高明涛　刘德春　金焕章　湛厚星　王志春　郭忠平　蔡馨燕
JB2011-2-78	基于地面冷却散热的煤矿井下集中式水冷降温系统研究与开发	煤炭工业济南设计研究院有限公司 兖煤菏泽能化有限公司赵楼煤矿	张枕薪　付小敏　杨庆铭　王树胜　陈　炬　韩秀林　徐　康　张　辉　朱　杰
JB2011-2-79	高产稳产小麦新品种烟农24号（原代号烟475）的选育与应用	山东省烟台市农业科学研究院	刘兆晔　姜鸿明　于经川　姜善涛　丁晓义　周先学　黄代峰　董　超　李林志
JB2011-2-80	基于模型的花生和甘薯管理决策支持系统的构建与应用	山东省农业科学院科技信息工程技术研究中心、泰安市农业科学研究院、聊城大学	朱建华　张晓艳　刘淑云　郑亚萍　于桂香　封文杰　刘延忠　王风云　王丽丽
JB2011-2-81	大宗菇类新品种选育与产业化开发	山东省农业科学院农业资源与环境研究所、山东省农业技术推广总站	宫志远　庞茂旺　万鲁长　任鹏飞　姚　强　任海霞　韩建东　赵淑芳　李　瑾
JB2011-2-82	国外引种风险分析及疫情防控体系研究	山东省植物保护总站	杨勤民　卢增全　张德满　刘　勇　商明清　金扬秀　孙　敏　徐　鲁　牟少敏

续表

编号	项目名称	完成单位	完成人
JB2011-2-83	主要蔬菜有害生物绿色控制技术研究与应用	山东省农业科学院植物保护研究所	李长松 齐军山 李林 张博 曹长余 孔繁华 刘金智 李美 赵玖华
JB2011-2-84	农田水肥高效利用技术研究与应用	山东省土壤肥料总站、山东农业大学、莱州市土壤肥料工作站、全国农业技术推广服务中心、北京富特森农业科技有限公司、烟台市土壤肥料工作站	万广华 李涛 毛伟兵 李金铭 高瑞杰 杨帆 赵景辉 王健 于舜章
JB2011-2-85	鸡新城疫系列灭活疫苗研究及产业化	青岛易邦生物工程有限公司	范根成 杜元钊 李明义 肖璐 左青山 李伟跃 程水生 宫晓 李陆梅
JB2011-2-86	猪鸡健康养殖环境评价及氨气减排技术研究与应用	山东省饲料质量检验所 山东农业大学 北京市劳动保护科学研究所	李祥明 林海 焦洪超 李俊玲 战余铭 汤文利 梁萌 宋志刚 胡玢
JB2011-2-87	自花结实甜樱桃优良品种筛选及栽培技术集成示范	山东省烟台市农业科学研究院	张福兴 孙庆田 张序 李淑平 张广和 姜学玲 李延菊 张洪胜 刘克宁
JB2011-2-88	苹果（套袋）品质提升机理研究及关键技术集成与应用	山东省果茶技术指导站 山东省种子管理总站 沈阳农业大学	迟斌 高文胜 王志刚 崔秀峰 吕德国 秦旭 马怀宇 刘国成 葛晓轩
JB2011-2-89	生鲜农产品储藏与流通冷链工程成套技术开发与工程应用	山东省商业集团有限公司（国家农产品现代物流工程技术研究中心）、山东神舟制冷设备有限公司、山东商业职业技术学院（山东省农产品贮运保鲜技术重点实验室）、山东冰轮工程有限公司	刘向群 宋明刚 周艳蕊 关小满 薛梅 田峰 李丰桐 匡奕珍 邵长波
JB2011-2-90	北方沼气池冬季产气技术研究与应用	山东省农业科学院农业资源与环境研究所、山东金茂农业生物技术研究中心	刘英 王艳芹 袁长波 王梅 姚利 江丽华 张昌爱 边文范 曹德宾
JB2011-2-91	名优花卉新品种选育、关键栽培技术集成与产业化	山东省烟台市农业科学研究院	刘学庆 孙纪霞 丁朋松 刘述河 郭文姣 刘学卿 唐美玲 李涛 翟冬峰
JB2011-2-92	北方观赏树种资源汇集、新品种选育与创新利用	泰安市泰山林业科学研究院 泰安时代园林科技开发有限公司	王长宪 张林 王厚新 王峰 李承秀 孙忠奎 付喜玲 刘静 王斌
JB2011-2-93	优良园林绿化彩叶树种引进与选育研究	山东省果树研究所	苑兆和 尹燕雷 李自峰 冯立娟 招雪晴 张可群 薛培生 王菲 侯宝顺
JB2011-2-94	黄河三角洲刺槐林生产力衰退机理及林分更新恢复技术	山东农业大学、济南军区黄河三角洲生产基地、中国科学院烟台海岸带研究所、山东省林业监测规划院、东营市林业局	曹帮华 刘长宝 毛培利 孟凤芝 田文侠 秦永建 吴俊杰 吴丽云 杜相海
JB2011-2-95	白蜡良种选育	山东省林业科学研究院	刘德玺 吴德军 夏阳 王守国 刘桂民 周健 高军胜 尹国良 石成利
JB2011-2-96	大型渠道设计与施工新技术	山东省南水北调工程建设管理局、山东省水利勘测设计院、河海大学、水利部交通运输部国家能源局南京水利科学研究院、山东省调水工程技术研究中心、南水北调东线山东干线有限责任公司	罗辉 李永顺 曲卓杰 瞿潇 李旺林 张展羽 陆采荣 刘霞 杜培文

续表

编号	项目名称	完成单位	完成人
JB2011-2-97	新型EXC电动液压水文巡测车	山东省水文水资源勘测局	张锡永 薛庆兰 高 伟 姜松燕 余国倩 孙寿义 张文韬 骆 工 邢瑞萍
JB2011-2-98	山东省地下水环境综合保护技术	山东省水利科学研究院	张保祥 田守岗 刘青勇 范明元 刘 江 孟凡海 黄继文 王明海 刘海娇
JB2011-2-99	刺参快速生长新品系的选育及应用	烟台市芝罘区渔业技术推广站、山东省海洋水产研究所、烟台市崆峒岛实业有限公司、鲁东大学	宋志乐 杨建敏 孙国华 孙振兴 郑志芳 王卫军 刘相全 孙元虎 刘飞宏
JB2011-2-100	水产品中雌激素测定技术研究及应用	山东省海洋水产研究所	张秀珍 徐英江 宫向红 邢红艳 张世娟 刘小静 田秀慧 刘慧慧 刘义豪
JB2011-2-101	心房颤动和心室颤动的共性及转复方法学的研究	山东大学	钟敬泉 张 运 朱 慧 王志浩 张 薇 荣 冰 刘红臻 李景莎 衣少雷
JB2011-2-102	心脏自主神经系统之间的功能联系及其对心脏电生理特性的影响	山东省千佛山医院	侯应龙 刘 蔚 高 梅 王奖荣 王 清 王晓军 张 勇
JB2011-2-103	原发性肝癌与生物学病因及宿主遗传易感性相关性系统分析	青岛市市立医院	宣世英 辛永宁 董全江 陈 桦 李 宁 林中华
JB2011-2-104	肠易激综合征发生机制及治疗的研究	山东大学	左秀丽 李延青 于岩波 李建军 曾 娟 郭玉婷 杨 静 赵秋洁
JB2011-2-105	脑淋巴引流途径在蛛网膜下腔出血后脑血管痉挛及脑损伤中的作用	泰山医学院	孙保亮 杨明峰 袁 慧 张颜波 王 轩 贾 莉 贾丽丽 程子翠 刘玺昌
JB2011-2-106	干细胞与胰岛β细胞功能调控机制及治疗的研究	山东大学 南京鼓楼医院	陈 丽 董建军 侯为开 孙 宇 宋 君 林 鹏 刘福强 唐东起 朱大龙
JB2011-2-107	家族性甲状腺疾病TSH受体基因突变的研究	山东省立医院	赵家军 张海清 宋怀东 梁 军 李友章 马春燕 管庆波 周新丽 高 聆
JB2011-2-108	白血病耐药机制及其干预策略的研究	山东大学	陈春燕 孔德晓 王涓冬 刘 勇 黄 涛 刘 永 于晓林
JB2011-2-109	非小细胞肺癌淋巴结转移机制及拮抗措施的研究	济南军区总医院	王宝成 王 俊 毕经旺 刘 欣 狄剑士 李错男
JB2011-2-110	临沂地区世界首报染色体异常核型的种类及与疾病关系的研究	临沂市人民医院、（中南大学）医学遗传学国家重点实验室、中国医学科学院基础医学研究所	李 琳 王素芹 肖淑辉 衡雪源 孙培玉 何 方 朱晓燕 龙志高 孙 淼
JB2011-2-111	人组织型Kallikrein基因家族的表达调控与临床应用	济南军区总医院	胡成进 陈英剑 孙晓明 闻新棉 张 芳 陈奎香 张 华
JB2011-2-112	颅内压增高状态脑静脉系统调控机制	山东省立医院	庞 琦 司志超 傅艺冰 王成伟 丁 锋 郭 华 辛 涛 孙金龙 王国栋
JB2011-2-113	自制手套装置和悬吊式免气腹经脐单孔腹腔镜技术的临床应用	山东大学	胡三元 张光永 刘少壮 刘 南 于文滨 王可新 李 峰 杨庆芸 肖思建
JB2011-2-114	乳腺癌高危人群筛选模型的建立与化学预防	山东大学、天津医科大学附属肿瘤医院、江苏省肿瘤医院、河北医科大学第四医院	余之刚 贾存显 张 瑾 唐金海 耿翠芝 刘丽媛 马忠兵 傅勤烨 张 强
JB2011-2-115	Ivor-Lewis手术、二野淋巴结清扫治疗食管癌的临床系列研究	山东省立医院	王 洲 刘相燕 刘凡英 陈 钢 王功朝 刘 颖

续表

编号	项目名称	完成单位	完成人
JB2011-2-116	人体正常皮肤和瘢痕组织的神经构筑学研究	山东省立医院	王一兵　曹永倩　张　芮　冯永强　李　霞　薛文君
JB2011-2-117	乳腺癌前哨淋巴结活检术替代腋淋巴结清扫术应用研究	山东省肿瘤防治研究院	王永胜　于金明　刘娟娟　刘雁冰　左文述　陈　鹏　赵　桐　孙　晓　王春建
JB2011-2-118	胰腺癌淋巴转移、淋巴管生成中趋化因子的作用机制	山东省肿瘤防治研究院	李　胜　管仲安　张　睿　薛　雁　李　焱　肖振良　王　鹏　佟　峰　林美英
JB2011-2-119	双侧第二足趾移植修复全手及全手指缺损	济南军区第401医院	侯书健　程国良　王振军　刘亚平　张元信　孙乐天
JB2011-2-120	不同组织类型肺癌胆碱代谢的机理研究	山东省立医院	刘庆伟　李　昕　张鹏举　周存升　孟　龙　杜家军　林祥涛　侯中煜　李　军
JB2011-2-121	小儿缺血和慢性缺氧心肌保护的优选方案	青岛大学医学院附属医院 青岛儿童心脏中心	李自普　曹　倩　张秋业　邢泉生　林　毅　董增义
JB2011-2-122	间充质干细胞的基础生物学研究与临床应用	山东大学	鞠秀丽　李　栋　孙念政　时　庆　李义召　窦　健　高玉伟　黄志伟　汪大琨
JB2011-2-123	无神经节巨结肠病的发病机理及干细胞移植治疗的实验研究	山东省立医院 山东大学	吴荣德　刘　伟　董云玲　王和峰　高英茂
JB2011-2-124	CFH基因多态性与年龄相关性黄斑变性的相关性分析	山东大学	曲　毅　周　芳　许孝义　张　晓　蒋　华　张小燕　季　强　石　晶
JB2011-2-125	CT、SPECT和SPECT/CT在口腔恶性肿瘤侵犯下颌骨检查中应用价值	青岛大学医学院附属医院	贾暮云　段青云　袁荣涛　卜令学　尚　伟　李玉军
JB2011-2-126	导航数字引导及鼻内镜微创在鼻颅底病变治疗中的应用	烟台毓璜顶医院	宋西成　张庆泉　张　华　孙　岩　陈秀梅　文　真　王　强　栾建刚
JB2011-2-127	山东省消除班氏丝虫病的研究	山东省寄生虫病防治研究所	邓绪礼　王培义　陈锡欣　高长兰　公茂庆　刘　新　付兆义　周开学　甄天民
JB2011-2-128	色库蚊抗药性相关基因的克隆与鉴定及用基因沉默消除蚊抗药性的研究	山东省寄生虫病防治研究所	公茂庆　程　鹏　朱昌亮　王海防　寇景轩　刘丽娟　赵玉强　代玉华　王怀位
JB2011-2-129	慢性肝病患者的临床病理、流行病学及相关基础研究	中国人民解放军第八十八医院 中国人民解放军第二军医大学	于建国　戚中田　商庆华　李乃义　任　浩　王永清　邵圣文　安　永　白　薇
JB2011-2-130	膀胱功能障碍的临床与基础研究	山东大学齐鲁医院	史本康　杨向东　陈　军　朱耀丰　张克勤　王延伟　郭　玲
JB2011-2-131	病机—证治体系规范化模式构建及其在两种重大疾病中的应用	山东中医药大学	李可建　马丽虹　孟令军　鲁明源　杨久山　迟华基
JB2011-2-132	中药治疗高半胱氨酸血症及其动脉硬化的机理研究	山东大学齐鲁医院	张继东　刘德山　张维东　胡连海　刘粉叶　杨瑞雪　杨发林　李丽珍　来丽萍
JB2011-2-133	更年期记忆障碍的中药干预治疗研究	山东大学齐鲁医院	李淑玲　邢　毅　巩　丽　李育竹　李　辉　王玖玲
JB2011-2-134	逐盘颗粒对植入性胎盘MTX灭活后子宫复旧影响的临床及实验研究	山东省立医院	李克勤　蔡平平　王谢桐　左常婷　张燕妮
JB2011-2-135	补肾活血胶囊促进骨修复与血管生成治疗股骨头坏死新方法	山东中医药大学 山东中医药大学附属医院	李　刚　颜　冰　孟　凯　刘　晶　蔡余力　路士华
JB2011-2-136	仙鹿活骨丸治疗股骨头坏死的分子作用机制	山东省医学科学院附属医院 山东省中医药研究院	师　彬　王　平　孙　谊　赵渤年　王忠儒　孙国栋　陈　宏　贾恩礼　王周武

续表

编号	项目名称	完成单位	完成人
JB2011－2－137	中药体内肝毒性研究模式与评价技术的构建及应用	山东省中医药研究院 山东省医药工业研究所 山东省地方病防治研究所	孙　蓉　吕丽莉　孙　玲　黄　伟　翟丽屏　李素君　陆永辉　龚彦胜　杨　倩
JB2011－2－138	中药及其活性提取物的免疫调控关键技术与抗肿瘤作用研究	山东省医学科学院基础医学研究所 山东省分析测试中心	姜国胜　姚成芳　张维东　王　晓　张　玲　李翠玲　温培娥　任　霞　唐天华
JB2011－2－139	抗癌新药替吉奥原料及制剂的研制开发	鲁南制药集团股份有限公司 山东新时代药业有限公司	赵志全　张贵民　刘延奎　刘　忠　时晓光　周宗仪　郝贵周　姚景春　王　颖
JB2011－2－140	山东道地药材生产及质量控制技术体系建立与应用	山东中医药大学、山东省分析测试中心、山东省农业科学院原子能农业应用研究所、山东省中医药研究院、聊城大学	张永清　商庆新　周凤琴　王　晓　李　佳　胡晶红　郭庆梅　林慧彬　柳仁民
JB2011－2－141	RSY2-1-2500 型大输液软包装全自动制袋灌封机	山东新华医疗器械股份有限公司	杨兆旭　李之良　黄利军　朱庆国　王树新　籍文涛　徐文建　张礼存　王圣伟
JB2011－2－142	改善不孕患者治疗结局的基础研究与临床应用	烟台毓璜顶医院 山东省计划生育科学技术研究所	郝翠芳　张　宁　张梅心　包洪初　曲庆兰　王文娟　刘晓妍　王　雄　王昕荣
JB2011－2－143	行政服务标准体系构建	新泰市公共行政服务中心	刘洪识　杨世东　吴　萍　刘　燕　郭洪亮　张清明
JB2011－2－144	山东省软件产业发展模式研究	山东财政学院 山东中创软件工程股份有限公司	方　慧　张　青　赵全红　黄保亮
JB2011－2－145	山东高校科技创新的实践与发展趋向	山东师范大学 济南大学	帅相志　王　勇　吕　芳　盛振文　冯巍巍　周东群　傅　鹏　潘建飞　石　倩
JB2011－2－146	基于生态足迹指数的区域可持续发展测度研究	山东经济学院	苏　昕　杨　林　王晓辉　于仁竹
JB2011－2－147	科技进步与经济发展的相关性理论及应用	山东经济学院	刘　超　王书会　李　文　朱德建　孟　涛　张　杰　李新运　王桂月　姜绍华
JB2011－2－148	基于战略供应链的物流系统竞争力评价与应用	山东工商学院	杨建华　傅克俊　杨永清　李静宜　阮国祥　杨鸿章　郝占刚
JB2011－2－149	医院核心竞争力及其培育途径	山东大学	陈晓阳　杨同卫　曹秀玲　曹永福　姜　政　王云玲　沈秀芹　郑林娟　李　泉
JB2011－2－150	高技术企业战略管理模式的创新研究	山东经济学院	王爱国　刘惠萍　夏　宁　张志红　葛　锐　亓　云　吴大新
JB2011－2－151	山东省企业能源管理体系建设	山东节能协会、山东省高新节能技术推广中心、德州市能源利用监测中心、山东质量认证中心、山东长润节能技术服务公司	赵旭东　朱　辉　王世岩　傅经纬　裴祎荣　尹洪坤　徐　峰　任香贵　张　涛
JB2011－2－152	山东省城镇化与城乡统筹发展研究	山东省建设发展研究院	朱洪祥　雷　刚　吴先华　王志燕　张振国　王　力
JB2011－2－153	创新型省份的内涵、特征、评价指标和对策研究	山东省科技发展战略研究所	刘君钦　周　勇　李晓力　詹可军
JB2011－2－154	轨道交通用车体结构铝合金材料国产化自主创新平台（企业科技创新）	丛林集团有限公司	

表3　2011年度山东省科技进步奖三等奖项目（271项，含其他项目2项）

编号	项目名称	完成单位	完成人
JB2011-3-1	大蒜精深加工关键技术研究及产业化	中华全国供销合作总社济南果品研究院 山东省巨野晨农天然产物有限公司	吴茂玉　赵　岩　刘义恩　朱风涛 周元炘　和法涛
JB2011-3-2	生物法生产长链二元酸技术开发与产业化	山东瀚霖生物技术有限公司 中国科学院微生物研究所	曹务波　陈远童　王志洲　傅深展 葛明华　席　悦
JB2011-3-3	花生油脂加工关键新技术产业化开发及标准化安全生产	山东鲁花集团有限公司 江南大学	孙东伟　宫旭洲　毛文岳　王兴国 王珊珊　李　秋
JB2011-3-4	生物酶解、脱色脱酸及无菌贮存技术集成在浓缩苹果汁加工中应用研究	烟台北方安德利果汁股份有限公司 中国农业大学	曲昆生　张　辉　倪元颖　董　杰 吴继红　于浦云
JB2011-3-5	葡萄与葡萄酒质量安全综合检测平台建设及控制技术研究与应用	烟台张裕集团有限公司	李记明　于　英　司合芸　段　辉 赵荣华　李学慧
JB2011-3-6	基因工程微生物谷氨酰胺转氨酶（MTG）高效表达技术	齐河百多安生物医药科技有限公司	张海军　徐　斌　郭海宏　高仁伟 刘庆高
JB2011-3-7	大豆低聚糖生产技术研究开发	临沂山松生物制品有限公司	张立峰　刘庆富　张季川　李　辉 咸宝龙　贾学德
JB2011-3-8	脉冲电场对大豆组分的影响研究与应用	山东轻工业学院	李迎秋　田文利　刘秀河　何金兴 宋俊梅　贾秀春
JB2011-3-9	芝麻香兼浓香型白酒的研制	山东扳倒井股份有限公司 山东省食品工业总公司	赵纪文　张锋国　信春晖　胡风艳 王凤丽
JB2011-3-10	可得然胶的工业化制备技术	山东省食品发酵工业研究设计院 山东中科生物科技股份有限公司	吉武科　严希海　赵双枝　董学前 张彦昊　兰文忠
JB2011-3-11	智能双模控制技术在高效空调器上的开发与应用	海信（山东）空调有限公司	别清峰　赵可可　王宗良　李永彬 范智刚　孟庆刚
JB2011-3-12	HG50R 燃气工业烘干机	山东蓬莱小鸭洗涤设备有限公司	张郁利　熊文华　赵　富　姜晓东 魏原芳　王美艳
JB2011-3-13	废纸制浆关键技术研究	华泰集团有限公司 山东轻工业学院	张凤山　李晓亮　高　扬　徐自文 张　莹　魏文光
JB2011-3-14	造纸用琥珀酸淀粉酯涂布粘合剂生产工艺研究	诸城兴贸玉米开发有限公司	邱立忠　卞希良　邹秀华　宋瑞江 孙纯锐　许炳铭
JB2011-3-15	硅烷交联阻燃抑烟聚氯乙烯电缆料	聊城大学	滕谋勇　邵　鑫　陶绪泉　贾正锋 邓爱霞
JB2011-3-16	轧钢生产技能训练与考核模拟仿真系统的开发与产业化	山东星科智能科技有限公司	王　继　霍　锋　曲科进　周遂京 孙　灿
JB2011-3-17	浪潮票据电子存根系统	浪潮齐鲁软件产业有限公司	武立忠　汪东起　王耀选　于治楼 王洪军　宋若翔
JB2011-3-18	实现嵌入数据库决策支持驱动工作流管理的环境调控装置	山东正晨科技有限公司 山东建筑大学 北京航空航天大学	高　鹤　朱本春　丁成伟　周富强 齐保良
JB2011-3-19	基于GIS技术的非煤矿山安全管理信息系统	山东金软科技有限公司 山东招金集团有限公司	吕瑞祥　李守生　王迷军　王吉清 张进强　姚卫东
JB2011-3-20	基于国产密码技术的内网安全综合管理平台	山东渔翁信息技术股份有限公司	郭　刚　王晓春　商建伟　张燕燕 殷秀静　冯浩杰
JB2011-3-21	基于协同学习技术的网络资源智能检测平台	山东师范大学 山东财政学院	张化祥　陆　晶　计　华　李明方 张云涛　王至超
JB2011-3-22	基于软件构件的企业集团预算管理系统研究与开发	山东经济学院、山东菏泽烟草有限公司、 山东省企业电子商务工程技术研究中心	张　新　刘位龙　王洪海　王华杰 刘政敏　张　戈
JB2011-3-23	玻璃纤维制造企业资源管理与信息集成系统	山东轻工业学院	耿玉水　王新刚　姜雪松　周　军 杨振宇　姜　燕

续表

编号	项目名称	完成单位	完成人
JB2010-3-24	基于多科目的通用考试网上评卷管理系统	山东大学、山东山大鸥玛软件有限公司、山东省教育招生考试院	魏光祥 张华英 赖松青 张荣光 刘 希 张武贞
JB2011-3-25	提高移动终端数据传输可靠性的软件技术及产品	山东神思电子技术有限公司	赵爱波 陈德展 赵曰侠 沈 军 常 锋 王新杰
JB2011-3-26	铁路工务起拨道激光测量仪	济南蓝动激光技术有限公司	王道睿 李朝正 杨 宇 陈 强 王彦春 林宪旗
JB2011-3-27	内网智能安全系统研究与应用	潍坊银行股份有限公司 杭州华三通信技术有限公司	史跃峰 仪修喜 任军亮 闫学顺 丁荣军 周 珂
JB2011-3-28	热源及换热站运行优化控制系统	潍坊国建高创科技有限公司、潍坊学院、雷奇节能科技股份有限公司	季 涛 于金伟 曾淑英 张金刚 陈家欣 刘保新
JB2011-3-29	基于模式识别的纸浆纤维检测方法及仪器	山东轻工业学院	邱书波 李庆华 张凯丽 王 磊 綦星光 杨秀蔚
JB2011-3-30	城市绿色照明节能管理系统	山东泰华电讯有限责任公司	周永利 彭立武 李建国 陈文赞 杨 林 许孝刚
JB2011-3-31	汽车车身网络及相关 ECU 系列电子产品的开发与产业化	山东省科学院自动化研究所	王知学 李建新 刘学军 李研强 刘晓建 于良杰
JB2011-3-32	热插拔式智能监控 EPON OLT 光模块技术	青岛海信宽带多媒体技术有限公司	张 华 张春刚 吴锡贵 单传伟 李 刚 潘红超
JB2011-3-33	支持互联网资源推送播放、具备内容可控机制的网络电视技术及应用	青岛海信电器股份有限公司	訾怀刚 成 刚 龚连发 曹建伟 李 宾 冯爱民
JB2011-3-34	多模无线数字流媒体电视终端及内容服务平台研发与应用	青岛海尔电子有限公司	黄俊杰 张 明 魏志强 翟翌立 刘 超 王敏刚
JB2011-3-35	基于换衬底技术的超高亮度 LED 制备技术	山东浪潮华光光电子有限公司	任忠祥 夏 伟 徐现刚 李树强 苏 建 张 新
JB2011-3-36	高性能鉴伪用接触式图像传感器	威海华菱光电有限公司	张文波 戚务昌 刘振翔 魏晓丽 邓 娟 刘 伟
JB2011-3-37	BG217 型非织造布梳理机	青岛东佳纺机（集团）有限公司	李月海 纪合聚 郭瑞勇 龚素红 唐 明
JB2011-3-38	光催化纤维 / 细旦天丝大提花面料的开发及应用	山东泰丰纺织有限公司	刘庆平 刘纯伟 邹生成 魏红琴 刁建民 时 振
JB2011-3-39	纯棉无捻自然舒适弹力、自然免烫多功能衬衣面料	山东菲捻科技发展有限公司	马玉成 于振福 马伟华 肖彦霞 王春亮 鲁冬晓
JB2011-3-40	纯棉纱线中深色无前处理染色技术与产业化	鲁泰纺织股份有限公司	张建祥 任纪忠 倪爱红 崔金德 郑贵玲 邢成利
JB2011-3-41	牛仔无水染色新技术及产品开发	淄博兰雁集团有限责任公司	姜 明 宋桂玲 王 伟 胡乃杰 逄春华 张立勇
JB2011-3-42	高铁 CA 砂浆灌注袋用涤纶纺粘热轧无纺布	山东泰鹏无纺有限公司	刘建三 范 铭 王绪华 李桂芹 张 静 张成国
JB2011-3-43	超细煤粉生产油煤浆燃料油新技术的开发与应用	济南开发区星火科学技术研究院、山东星火科学技术研究院、济南联星石油化工有限公司、北京欧美中科学技术研究院、山东省质量监督检验研究院	张成如 熊长祥 邹惠玲 张绍启 白乐兴 马俊华
JB2011-3-44	维生素 B1、B6、K3 合成新技术的研究与开发	新发药业有限公司	李新发 陈 军 李 涛 王 涛 王成威 李 波
JB2011-3-45	2 000t/a 丙环唑原药清洁生产工艺	山东亿嘉农化有限公司	刘在成 郝炳伟 李国泰 李新国 张 涛 杨树堂
JB2011-3-46	新型单环 β－内酰胺抗生素氨曲南的研究开发	山东鲁抗立科药物化学有限公司 山东轻工业学院	王 玲 秦大伟 赵新祥 李建国 张振安 孟 霞

续表

编号	项目名称	完成单位	完成人
JB2011-3-47	木粉（植物纤维）氨基模塑料生产技术开发与应用	山东拓博塑料制品有限公司 青岛科技大学	章庆乐 冯绍华 夏兆庆 杨丰科 辛 田 渠怀明
JB2011-3-48	氧化铝赤泥沉降絮凝剂研发	东营市诺尔化工有限责任公司	荣敏杰 韩春清 唐 建 李保福 于爱华 尹献孔
JB2011-3-49	蓖麻油基阳离子聚氨酯剥离蒙脱土制备水基新型复合树脂	青岛科技大学	李再峰 孙宝全 王世颖 王胜军 李金艳 田 慧
JB2011-3-50	发动机活塞固体润滑减摩涂层材料的研究与应用	山东省科学院新材料研究所 山东滨州渤海活塞股份有限公司 山东久隆高分子材料有限公司	唐守秋 张 利 彭 丹 张荣军 李如钢 张国华
JB2011-3-51	均温构件流化床甲醇脱水制二甲醚工业试验	山东清大新能源有限公司 清华大学	张元习 王金福 孙成贵 王铁峰 孙春文 韩明汉
JB2011-3-52	混合油加氢拓宽催化原料来源提高轻质油收率和产品质量的应用研究	山东东明石化集团有限公司 中石化齐鲁石化研究院	李湘平 丁书兵 张居超 李克勤 夏伯恩 胡智超
JB2011-3-53	2，2- 二羟甲基丙酸生产新工艺研究与开发	山东省化工研究院 济南艾孚特科技有限责任公司	孟宪兴 贾卫斌 刘丽秀 潘劲松 张立东 曹 波
JB2011-3-54	德士古水煤浆气化耐磨喷嘴研发与应用	兖矿鲁南化肥厂 华东理工大学	吕运江 龚 欣 吕传磊 刘海峰 叶盛芳 李伟锋
JB2011-3-55	熔体料浆塔式造粒复合肥关键技术研究与应用	史丹利化肥股份有限公司	曹广峰 高进华 张保卫 高文靠 曹 杰 杨 洁
JB2011-3-56	新型水煤浆气化在线投料技术研究与工业示范	兖矿国泰化工有限公司 华东理工大学	祝庆瑞 朱 敏 孙永奎 张基永 张翼飞 姜新芳
JB2011-3-57	复合材料船艇真空树脂导入成型技术	威海中复西港船艇有限公司	吴忠友 苗会文 李 年 李 林 冉高华 谷展鹏
JB2011-3-58	脱硫石膏在普通干混砂浆中的关键应用技术	山东华森混凝土有限公司 同济大学	谢慧东 孙振平 薄 超 齐新贞 张云飞 董全文
JB2011-3-59	生物质能发电汽轮机关键技术开发与应用	青岛捷能汽轮机集团股份有限公司	潘世明 张佩娟 郑晓宗 谭卫衡 孔祥标 韩守晓
JB2011-3-60	煤泥循环流化燃烧技术及系统	肥城白庄煤矿有限公司、山东科技大学、肥城矿业集团有限责任公司	赵树平 曹茂永 李 军 王 毅 程栾庆 杨 平
JB2011-3-61	超超临界机组用 Super304H 钢焊接接头组织和性能变化规律研究	山东电力研究院 山东大学 华电邹县发电有限公司	张忠文 李新梅 邹 勇 魏玉忠 杜宝帅 赵永宁
JB2011-3-62	特高压钢管塔	潍坊长安铁塔股份有限公司	李志刚 王 军 任吉华 宋振涛 宿孝涛 田会业
JB2011-3-63	TKHD2 型 1E 级（核安全级）K3 类中压配电装置	山东泰开成套电器有限公司 核工业第二研究设计院	丰正茂 陈怀宇 李培忠 范君龙 张宪东
JB2011-3-64	WGNB40 宽范围稳压稳频电源	威海广泰空港设备股份有限公司 中国科学院电工研究所	王 平 雷小明 李子欣 陈江岸 朱海滨 常国杰
JB2011-3-65	供电企业精益生产方式研究与应用	山东电力集团公司淄博供电公司 淄博大孚计算机科技有限公司	郭继洲 张 鑫 于长城 王爱华 咸日常 石 岩
JB2010-3-66	农村智能配电网建设与管理模式	商河县供电公司	刘儒水 高存利 张保国 张 健 张 峰 郑伟然
JB2010-3-67	智能配电网自动化终端装置	山东科汇电力自动化有限公司 山东理工大学	王敬华 徐丙垠 王俊江 孙瑞正 薛永端 杨建平
JB2010-3-68	新型电力控制装置及系统	烟台东方威思顿电气有限公司	邓文栋 赵正聪 蒋剑跃 刘志军 赵永胜 李海健
JB2010-3-69	山东电网调度综合数据平台	山东电力集团公司、积成电子股份有限公司、北京科东电力控制系统有限公司、北京清大科越科技有限公司、威海欣智信息科技有限公司	刘红军 荆 铭 梁成辉 延 峰 张 昀 李建英

续表

编号	项目名称	完成单位	完成人
JB2010-3-70	生物质成型及高效燃烧技术和装备	山东省科学院能源研究所 肥城宏源环保机械有限公司 山东创佳石油机械制造有限公司 济南百奥能源环境科技有限公司	许崇庆　张晓东　马振洪　郑家远 伊晓路　孙　立
JB2010-3-71	爆破震动对结构危害及控制研究与应用	山东科技大学	陈士海　毕卫国　高文乐　逄焕东 魏海霞　张安康
JB2010-3-72	高性能再生混凝土研究及应用	青岛理工大学	李秋义　杨向宁　秦　原　金祖权 曹　剑　朱亚光
JB2010-3-73	青岛海湾大桥耐腐蚀混凝土及配套技术研究	山东高速青岛公路有限公司、中交四航工程研究院有限公司、同济大学、山东省交通科学研究所	周　勇　邵新鹏　王胜年　杨钱荣 郭保林　季　辉
JB2010-3-74	双电源双显示供暖分户计量与智能节能系统研制	山东建筑大学、济南雪山节能科技有限公司、山东三箭建设工程股份有限公司	宋传增　刘学来　于复生　李长亨 左利琴　毕洁航
JB2010-3-75	QDT5160TYC 潜水运船车	青岛中汽特种汽车有限公司	纪爱师　李守欣　郝本习　纪建奕 郑招强　卢泽杰
JB2010-3-76	大型客滚船的研制	黄海造船有限公司	赵建平　董昭模　时金宝　常红燕 王志军　姜海滨
JB2010-3-77	高疲劳、高强度橡胶沥青应力吸收层技术开发与应用	日照市公路管理局 南京航空航天大学	金立柱　张春海　高俊启　张洪强 杨路廷　盛余祥
JB2010-3-78	大跨径、小半径曲线滑移模架施工技术	山东高速青岛公路有限公司、山东省路桥集团有限公司、山东鲁桥建设有限公司	艾贻忠　李丕明　傅柏先　赵根生 路征远　王晓乾
JB2010-3-79	近海环境桥梁混凝土耐久性和施工技术研究	青岛市公路管理局 长沙理工大学	黄绍锋　孔大川　张起森　宋夫才 房文涛　初金章
JB2010-3-80	旧路等级改造设计控制指标与路面优化结构	济宁市公路管理局 山东大学	李运恒　姚占勇　李世华　商庆森 李树睿　朱德建
JB2011-3-81	交通荷载作用下道路软弱土地基的变形和稳定性研究	山东省交通规划设计院 山东大学	张　珂　崔新壮　刘正银　李术才 王成军　丁万涛
JB2011-3-82	350km/h 高速铁路复杂环境下 112m 跨钢管混凝土提篮拱桥关键施工技术	中铁十四局集团有限公司	周长进　刘志波　王　剑　刘运平 孙晓迈　李树敬
JB2011-3-83	导电高分子护套综合贯通地线	济南瑞通铁路电务有限责任公司	车春生　任凤森　杨显佛　殷明顺 陈　社　刘江峰
JB2011-3-84	提速 200km/h 改造评估和线路维护技术	济南铁路局工务处	孙韶峰　吕关仁　任贵山　李光林 王卫东　朱　玮
JB2011-3-85	大功率 LED 陶瓷散热基板	淄博市临淄银河高技术开发有限公司	李　磊　王锦泽　孙桂铖　张维海
JB2011-3-86	原子自组装纳米球固体润滑剂	山东万众科技有限公司	宫志利　张　涛　员文杰
JB2011-3-87	48H 超薄静音节能环保电梯专用钕铁硼磁性材料研发及产业化	烟台正海磁性材料股份有限公司	王玉林　于永江　史丙强　李志强 陈贵荣　邵梅竹
JB2011-3-88	镀锌墨绿色钝化工艺	潍坊学院 莱州市华银电镀有限公司	王　宏　曹玉宝　曹光明　袁　驰 于　新　宋　健
JB2011-3-89	Φ100mm ~ Φ400mm 高性能硬质合金锯片基体	山东黑旋风锯业有限公司	洪余才　冯浩华　黎维明　鲁立芬 郑　科　郑元知
JB2011-3-90	高性能粒状贝氏体心轨钢及其制造技术	山东远大模具材料有限公司	曹衍学　岳可来　丁　飞　孟　超 刘　超　曹耕义
JB2011-3-91	高性能粉末冶金温压凸轮	莱芜市新艺粉末冶金制品有限公司	周传秀　吕元之　张应波　吴兆花 吴荣昌　李　伟
JB2011-3-92	高强度铸铁短流程熔炼技术开发与应用	山东建筑大学 青州豪章铸造有限公司	李明弟　贾贵平　王远成　孙清洲 王志刚　刘学亭

续表

编号	项目名称	完成单位	完成人
JB2011-3-93	新型节能铝电解用异形阴极炭块开发与应用	兖矿集团有限公司 山东兖矿炭素制品有限公司	赵增玉 韩 华 陈晓军 张 涛 刘 杰 石 彤
JB2011-3-94	近终型异型坯腹板裂纹研究	莱芜钢铁集团有限公司	张 婕 李洪建 韩文习 王学新 邓存善 李 雷
JB2011-3-95	60 公斤级高强度结构钢合金减量化的研究	济南钢铁股份有限公司	孙卫华 冯 勇 孙 浩 周兰聚 贾慧领 陈守乾
JB2011-3-96	转炉滑动出钢口控渣出钢技术的开发与应用	莱芜钢铁集团有限公司	吕 铭 武光君 孟宪俭 李洪建 王淑华 吴 强
JB2011-3-97	钢铁企业自动化集成体系研究与技术创新	莱芜钢铁集团有限公司	郭维河 柳希泉 于海忠 殷世宏 王大海 张 霖
JB2011-3-98	复吹转炉长寿技术集成与创新	莱芜钢铁集团有限公司	李洪建 武光君 王学新 王金洪 胡晓红 郑春玉
JB2011-3-99	农作物病虫害监测预警技术体系研发与推广应用	山东省植物保护总站、滨州市植物保护站、鹤壁佳多科工贸有限责任公司	董保信 杨万海 纪国强 王帅宇 刘庆年 朱军生
JB2011-3-100	中国花生品质区划研究	山东省农业可持续发展研究所	郭洪海 杨丽萍 李新华 杨 萍 万书波 符明联
JB2011-3-101	渤海海峡大风精细化预警服务系统研究开发	烟台市气象局	阎丽凤 李 刚 薛 波 高瑞华 石 磊 黄本峰
JB2011-3-102	能源行业用全自动高速高精密硅钢片落料生产线关键技术及设备	济南二机床集团有限公司	卢建生 邵国辉 门 勇 张 朋 甄 珍 陈文平
JB2011-3-103	5.5m 超宽钢板表面预处理生产线	山东开泰抛丸机械有限公司 济南大学	王瑞国 王守仁 戴勋章 吴成民 孙茂军 朱庆云
JB2011-3-104	平行分度凸轮虚拟铣削加工系统	济南大学 山东济大科技发展有限公司	郭培全 王守仁 崔焕勇 樊 宁 史锦屏 李涛远
JB2011-3-105	XK2840×160 数控动梁龙门移动式镗铣床	济南二机床集团有限公司	陈进虎 刘 通 王凤利 张晓宏 纪晓静 刘义军
JB2011-3-106	BMT65 卧式动力刀塔	山东鲁南机床有限公司	李 鹤 白 迪 刘春联 王其松 董文平 赵其英
JB2011-3-107	DC150a 型数控全自动活塞加工中心	龙口市大川活塞有限公司	解居麟 严高潮 郑德本 解金顺 高 涛
JB2011-3-108	T21100 型大型超长深孔钻镗床	山东普利森集团有限公司	战伯良 朱玉华 黄居河 任传文 贾 强 李国胜
JB2011-3-109	高速数控转塔冲床液压伺服控制系统的研究及推广应用	济南大学 济南德森特数控机械有限公司	董学仁 马玉真 杨现德 李安章 卢秋霞 孙一平
JB2011-3-110	2BEC120 超大抽气量高效水环真空泵	淄博水环真空泵厂有限公司	荆延波 孟凡瑞 宋文玲 齐晓明 侯启金 马新华
JB2011-3-111	双级配搭撬块机组的研发与产业化	烟台冰轮股份有限公司	于志强 刘春梅 杨永才 缪会军 王 楠 张浩杰
JB2011-3-112	大流量（80 通径）双主动电液比例插装式节流阀研制及产业化	山东泰丰液压股份有限公司	王振华 张海平 于良振 方锦辉 张春光 王德勇
JB2011-3-113	BLZG50/1200×2620 立式全自动隔膜压滤机	山东煤机装备集团有限公司	杨玉华 曲胜利 杨全庆 代方军 刘彦伟 邹潇洲
JB2011-3-114	KX6-1015 数控双工位定子自动嵌线机	山东中际电工装备股份有限公司	王伟修 姜焕林 程 军 王 进 辛 杰 王柏林
JB2011-3-115	4L22CR/3L16CR 车用系列节能环保柴油机开发及产业化	山东华源莱动内燃机有限公司	张天文 张子辰 王照辉 刘洪德 李海强 孙模师
JB2011-3-116	YH 型 200/50t 淬火起重机	山起重型机械股份公司	房师平 吴洪国 贾旺兴 陈晓庆 李明春 苏峻青

续表

编号	项目名称	完成单位	完成人
JB2011-3-117	轿车发动机用铸态球墨铸铁曲轴的开发	天润曲轴股份有限公司	孙海涛 丛建臣 邵诗波 丛红日 李首锋 于建波
JB2011-3-118	纯电动豪华客车核心技术研究	中通客车控股股份有限公司、北京理工大学、聊城大学	时洪功 王钦普 林 程 王 军 王 力 高振波
JB2011-3-119	节能减排二冲程汽油机	山东华盛农业药械有限责任公司 山东华盛中天机械集团有限公司	李宗喜 陈秀明 李清砺 胡永进 田 洪 邵逸群
JB2011-3-120	SC360.7 液压挖掘机	力士德工程机械股份有限公司	李兆良 季 辉 王振华 许跃雷 公维水 石 岩
JB2011-3-121	节能型 LG953L 轮式装载机开发	山东临工工程机械有限公司	支开印 迟 峰 李连刚 熊玉力 杨洪波 王 永
JB2011-3-122	安全可靠高速大型塔式起重机关键技术研究与应用	山东建筑大学 方圆集团有限公司	董明晓 张明勤 张瑞军 王积永 杨红娟 陈继文
JB2011-3-123	NHD 复用及废水环保处理技术工业示范	兖矿鲁南化肥厂 华东理工大学	陈爱忠 颜 芳 孙中耀 金锡标 刘 杰 蔡兰坤
JB2011-3-124	循环冷却水系统生物粘泥生长特性与控制技术	中国石油大学（华东）	刘 芳 赵朝成 王永强 卢 磊 耿春香 刘其友
JB2011-3-125	铝型材污水回用技术研究与实施	济南大学	杜 斌 魏 琴 王晓东 闫良国 姬广磊 闫 涛
JB2011-3-126	深海、极地微生物胞外多糖的水处理效能及机制研究	山东大学	周维芝 孙瑞莲 贾洪玉 贾 曼 赵海霞 申博玲
JB2011-3-127	盐碱类湿地生态修复技术与示范	滨州学院 山东海韵生态纸业有限公司	田家怡 李甲亮 孙景宽 谢文军 陆兆华 赵东方
JB2011-3-128	基于 GNSS 的日照市连续运行卫星定位服务平台建设与应用研究	日照市国土资源局 山东科技大学	徐茂波 徐启营 于胜文 蔡 静 郑作亚 徐东奎
JB2011-3-129	淮河流域（山东段）环境地质调查	山东省地质调查院	徐建国 朱恒华 李 壮 庞绪贵 徐 华 卫政润
JB2011-3-130	山东省苍山地区矿山开采卫星遥感调查与动态监测示范	山东省国土测绘院	宋保国 曹洪松 陈玉成 石 建 邓先睿 张巧莲
JB2011-3-131	复杂条件下高精度地震叠前成像关键技术	中国石油大学（华东）	李振春 宋建国 孙成禹 曹文俊 孙小东 张 凯
JB2011-3-132	裂缝等效介质模型构建与裂缝检测特色技术及应用	中国石油大学（华东）、中国石油化工股份有限公司胜利油田分公司临盘采油厂、中国石油化工股份有限公司胜利油田分公司新疆勘探开发中心、中国石油集团川庆钻探工程有限公司地球物理勘探公司山地分公司	杜启振 李 静 查 明 杨少春 宋维琪 陈庆春
JB2011-3-133	青东滩海走滑盆地勘探技术及桥东油田的发现	中国石化股份胜利油田分公司物探研究院	张善文 谭明友 张明振 赵丽平 冯德永 杨泽蓉
JB2011-3-134	水平井分段改造增产技术及应用	中国石油化工股份有限公司胜利油田分公司采油工艺研究院、中国石油大学（北京）、中国石油大学（华东）	李根生 马利成 黄中伟 杨同玉 牛继磊 李爱山
JB2011-3-135	招平断裂带大尹格庄—后仓段深部找矿新技术开发应用	山东招金集团有限公司 中南大学	翁占斌 李守生 王 慧 杨 斌 彭省临 席振铢
JB2011-3-136	高黏性细粒尾矿胶结充填技术研究与应用	山东科技大学、邯邢冶金矿山管理局、淄博邯邢高阳铁矿	吕宪俊 王广义 胡术刚 岳润芳 邱 俊 霍俊发
JB2011-3-137	金属地下矿山数字化关键技术	山东黄金矿业股份有限公司 北京科技大学	陈玉民 胡乃联 何吉平 裴佃飞 董金奎 王树海

续表

编号	项目名称	完成单位	完成人
JB2011-3-138	防治煤自燃阻化泡沫及其应用研究	兖州煤业股份有限公司 煤炭科学研究总院重庆研究院	王绪友 陆 伟 邓小林 李继良 张青松 杨旭伟
JB2011-3-139	地质异常区域小煤柱沿空掘巷整体加固技术	兖州煤业股份有限公司 中国矿业大学	邓小林 李桂臣 王春耀 李伟清 李 磊 肖耀猛
JB2011-3-140	煤矿冲击型复合厚煤层开采技术	兖州煤业股份有限公司 北京科技大学	王富奇 姜福兴 冯增强 王 平 王道宗 郝迎格
JB2011-3-141	特深矿井采区优化布置与高应力围岩控制技术研究与应用	新汶矿业集团有限责任公司孙村煤矿 中国矿业大学	莫 技 孙春江 邸建友 杜计平 聂 翊 张传昶
JB2011-3-142	特大型富水矿井高温高压涌水治理关键技术	山东新巨龙能源有限责任公司 山东大学	辛恒奇 李海燕 李 伟 张庆松 武文东 潘光明
JB2011-3-143	新汶矿区复杂条件巷旁多模式充填留巷机理与应用体系	新汶矿业集团有限责任公司 安徽理工大学	成云海 郭信山 庞继禄 唐 军 李明国 房希江
JB2011-3-144	深井大倾角高应力区岩巷高抗剪锚杆耦合让压支护技术研究及应用	新汶矿业集团有限责任公司华丰煤矿 捷马（济宁）矿山支护设备制造有限公司 山东科技大学	安伯义 陈尚本 于永春 胡兆锋 陈东印 连传杰
JB2011-3-145	煤层顶板稳定性多源信息预测方法研究	山东省煤田地质规划勘察研究院 山东科技大学	王怀洪 李增学 巩 固 吕大炜 张 晖 王秀东
JB2011-3-146	兖州矿区奥灰水防治关键技术参数及突水危险性预测	兖州煤业股份有限公司 山东科技大学	官云章 魏久传 刘瑞新 郭建斌 胡东祥 朱 鲁
JB2011-3-147	埠村煤矿承压水上条带开采工作面安全尺寸研究	淄博矿业集团有限责任公司、中国矿业大学、安徽惠州地下灾害研究设计院	孙希奎 许进鹏 马光军 张友明 徐新启 谭允寿
JB2011-3-148	微山湖下大采高开采上覆岩体移动规律与湖底变形观测研究	枣庄矿业集团高庄煤业有限公司 山东科技大学	高化军 栾元重 刘中胜 王均才 谢瑞斌 刘 娜
JB2011-3-149	ZY2400/5.5/12 极薄煤层掩护式液压支架开发与推广	山东矿机集团股份有限公司 山东科技大学	吴突围 曹连民 冯 坤 王建祥 王成龙 张立涛
JB2011-3-150	井下煤水分离系统开发	兖州煤业股份有限公司 河南理工大学	张广文 焦红光 吴向前 路 阳 周 霖 李靖如
JB2011-3-151	深部开采综放工作面较大变形顺槽超前支护液压支架研制	兖州煤业股份有限公司 天地科技股份有限公司	孟祥军 刘 健 邓小林 王国法 刘新华 李伟清
JB2011-3-152	复杂条件大倾角综放工作面顶板管理及安全开采技术	淄博矿业集团有限责任公司（葛亭煤矿） 中国矿业大学（北京）	李来源 何富连 张福成 张 文 张守宝 贺智敏
JB2011-3-153	煤泥中精煤的分级法回收技术	淄博市王庄煤矿 青岛理工大学	石建新 朱申红 刘树江 荀志远 王向宏 崔荣贵
JB2011-3-154	煤矿安全生产智能管控系统	山东鲁能菏泽煤电开发有限公司 上海宝信软件股份有限公司	谭炳刚 谢 晓 王新坤 唐中华 周均民 张 哲
JB2011-3-155	高淀粉甘薯新品种烟薯 22 选育及高产栽培模式研究与应用	山东省烟台市农业科学研究院	林祖军 辛国胜 韩俊杰 刘志坚 商丽丽 邱鹏飞
JB2011-3-156	胶东春玉米新品种丹玉 86 号选育和栽培技术研究与开发	烟台市种子管理站 丹东农业科学院	马京波 何 晶 姜善涛 张百泉 李安东 马淑丽
JB2011-3-157	小麦亩产 700kg 超高产栽培技术研究与开发	兖州市农业科学研究所、济宁市农业技术推广站、菏泽市农业技术推广站	武同华 白洪立 王西芝 王立功 李洪梅 蒋明洋
JB2011-3-158	黄河下游小麦玉米两熟保护性耕作旱地增效技术集成及应用	山东省农业科学院作物研究所	王法宏 张 宾 马根众 孔令安 吕军杰 窦乐智
JB2011-3-159	春秋大白菜新品种选育与应用	山东省潍坊市农业科学院	韩太利 王冰林 杨晓东 宋银行 谭金霞 王林武
JB2011-3-160	泰山主要药用真菌资源利用及加工技术研发	泰安市农业科学研究院、中国人民解放军济南军区总医院、泰山医学院	安秀荣 苏延峰 王庆武 王明才 于清伟 薛会丽

续表

编号	项目名称	完成单位	完成人
JB2011-3-161	日光温室黄瓜连作土壤障害机理及修复改良技术	山东农业大学	魏　珉　王秀峰　丁延芹　杨凤娟 杨守祥　史庆华
JB2011-3-162	大葱、洋葱新品种选育与育种技术研究	山东省农业科学院蔬菜研究所	陈运起　吴　雄　高莉敏　刘冰江 杨妍妍　缪　军
JB2010-3-163	山东省花生田杂草群落分布及综合治理技术研究与应用	山东省农业科学院植物保护研究所	李　美　高兴祥　于建垒　高宗军 宋国春　孙作文
JB2010-3-164	腐殖酸包膜缓控释肥的研究与开发	山东金正大生态工程股份有限公司 菏泽金正大生态工程有限公司	陈宏坤　万连步　解玉洪　范玲超 陈剑秋　李广涛
JB2010-3-165	集约化蔬菜生产水肥调控关键技术研究与应用	青岛农业大学、中国农业大学、寿光市土壤肥料工作站	李俊良　陈　清　金圣爱　陈永智 刘庆花　何　华
JB2010-3-166	高致病性禽流感防制技术措施经济学评价	中国动物卫生与流行病学中心	谢仲伦　杨　楠　王志亮　文祯中 孙承英　马洪超
JB2010-3-167	文登奶山羊新品种选育及配套技术研究	文登市畜牧兽医技术服务中心 山东农业大学	褚建刚　王建民　王桂芝　许刚璞 郤明玉　王德义
JB2010-3-168	鲁莱黑猪专门化品系的培育	莱芜市畜牧技术推广中心	徐云华　沈彦锋　孙延晓　刘珊珊 李　燕　魏海峰
JB2010-3-169	优质牧草品种选育及产业化开发	山东省畜牧总站	翟桂玉　姜慧新　李爱海　王艳芹 原培勋　毕云霞
JB2010-3-170	鲁西黑头肉羊多胎品系培育	山东省农业科学院畜牧兽医研究所	刘守仁　王金文　曲绪仙　崔绪奎 张果平　柳　楠
JB2010-3-171	极早熟大果优质毛桃新品种选育	山东省潍坊市农业科学院	林云弟　韩　霞　赵庆柱　张东起 邱玉宾　姜官恒
JB2010-3-172	丰香草莓品种引进与配套栽培技术研究及推广	青岛农业大学	姜卓俊　刘成连　崔秀峰　张运涛 王义庆　刘家斌
JB2010-3-173	国际动物疫情电子信息自动检索智能识别系统	中国动物卫生与流行病学中心	滕翔雁　郑雪光　宋建德　黄保续 王幼明　盖华武
JB2010-3-174	无链式玉米收获秸秆还田装置研究与应用	山东理工大学 福田雷沃国际重工股份有限公司 山东庆云颐元农机制造有限公司	张道林　刁培松　董　峰　朱金光 杨金常　张杰云
JB2010-3-175	软籽石榴选育及开发	枣庄市市中区林业局 枣庄市果树科学研究所	安广池　张立海　朱元庆　郝兆祥 陈庆文　张朝军
JB2010-3-176	牡丹春节催花技术体系及其机理	青岛农业大学	郑国生　盖树鹏　赵海军　王宗正 黄　鑫　穆　平
JB2010-3-177	优质耐贮浓红型早中熟桃新品种选育与开发	山东省果树研究所	王金政　张安宁　王志刚　薛晓敏 王长君　郭长利
JB2010-3-178	基于PLC技术的农林虫情自动监测预防系统的研制与应用	济南祥辰科技有限公司、山东省森林病虫害防治检疫站、青岛市林业局、枣庄市林业局	秦绪兵　王金秀　耿以龙　王雪君 张长普　张秋梅
JB2010-3-179	SZY－60型树干电动注液器的研制与开发	泰安市泰山林业科学研究院 山东农业大学	王新花　王会明　侯加林　庞献伟 张庭强　刘志荣
JB2010-3-180	破坏山体造林绿化及植被恢复研究与示范	山东农业大学、烟台市林业局、蒙阴县科学技术局	孙明高　李传荣　董　智　孙玖世 邢世岩　张光灿
JB2010-3-181	材用银杏优良无性系的选育	山东农业大学、郯城县林业局、莱州市小草沟园艺场	邢世岩　韩克杰　苏明洲　巩其亮 孙　霞　邵士娟
JB2010-3-182	山东省山地直播造林技术研究与应用	山东省林业科学研究院	宋玉民　马风云　王清华　田敏华 刘幸红　黄景云
JB2010-3-183	城郊破损山体植被恢复与景观营造技术	山东省林业监测规划院	张学峰　任方喜　杜文峰　王富海 郑兆亮　谭玉屏

续表

编号	项目名称	完成单位	完成人
JB2010-3-184	型钢混凝土锚体弧门支座预应力闸墩研究与应用	山东省水利勘测设计院	和桂玲 姜葵红 李玉莹 刘长余 杜九博 李振山
JB2010-3-185	小型水库无人职守技术的研究与应用	山东省水利科学研究院	刘春华 程桂福 宋玉田 田 野 张长江 赵思科
JB2010-3-186	农村饮水安全集成技术研究与示范	济南市水利局 山东省水利科学研究院	雷印安 李向富 李百全 高建青 王孝青 巩振茂
JB2010-3-187	鲟鱼规模化适养品种筛选及产业化开发	泗水县虹鳟鱼良种场	刘传忠 孙 剑 来长青 王恩坤 朱艳秋 孙 凯
JB2010-3-188	大西洋鲑引种繁育及海淡水养殖技术产业化开发	山东省海水养殖研究所	官曙光 高 翔 郑永允 刘洪军 关 健 于道德
JB2010-3-189	东平湖渔业生态修复及资源增殖技术研究	山东省淡水水产研究所	王钦东 李秀启 朱永安 王志忠 孙 栋 冷春梅
JB2010-3-190	噻唑烷二酮及黄芪对实验性自身免疫性心肌炎大鼠作用的研究	济南市中心医院 山东省立医院	苏国海 赵 鹏 肖晓燕 苑海涛 王 磊 褚 熙
JB2010-3-191	直接置入药物洗脱支架对急性心肌梗死心肌无复流的影响及临床应用	烟台毓璜顶医院	方毅民 任法新 仲 琳 杨 军 窦秀娟 刘少荣
JB2010-3-192	心房颤动并卒中患者溶血磷脂类分子的预警价值及干预研究	威海市文登中心医院	李振光 于占彩 盛 芳 于成勇 周 丽
JB2010-3-193	血管紧张素Ⅱ 2 型受体基因多态性对钙拮抗剂降压疗效的影响	济宁医学院	高东升 甘立军 高 立 张韶辉 李传方 张金国
JB2010-3-194	人体衰竭心肌组织钙调神经磷酸酶激活机制的研究	山东省立医院	王建春 赵 勇 崔国明 李晓东 朱艳利 王传霞
JB2010-3-195	“多靶点”药物治疗方法对高血压病远期治疗效果研究	中国人民解放军济南军区联勤部疾病预防控制中心	韩 娉 刘元东 黄尉初 戚金荣 苏静静 付留杰
JB2010-3-196	海洋动植物活性先导化合物抗肝癌作用研究	青岛市中心医院	宋修岐 郭恒照 王炳高 孙少杰 姚如永 邢智远
JB2010-3-197	切除修复交叉互补基因 1、X 线修复交叉互补基因 1 多态性与大肠癌化疗敏感性的关系	青岛大学医学院附属医院	梁 军 姚如永 张海平 隋爱华 姜 韬 于 丽
JB2010-3-198	阿尔茨海默病药物保护机制及其与 Prion 蛋白基因多态性的关系	济南市中心医院	李晓红 盛文化 王 敏 张媛媛 张 峰 李 恒
JB2010-3-199	抗癫痫药的药物遗传学及其在癫痫治疗中的应用	青岛市市立医院	谭 兰 郁金泰 田 燕 王学峰 马 腾 欧江荣
JB2010-3-200	颈动脉闭塞病变介入治疗术后预后和再狭窄机制的研究	聊城市人民医院 中国人民解放军南京军区南京总医院 聊城市第三人民医院	曲怀谦 夏章勇 杨 华 徐格林 李守社 岳炫烨
JB2010-3-201	线粒体病基因诊断平台建立及其临床应用	山东大学	焉传祝 刘淑萍 赵玉英 马道新 王 康 吴金玲
JB2010-3-202	每日两次即混胰岛素及胰岛素泵在 2 型糖尿病强化治疗的效果比较	潍坊市市立医院	王玉霞 王全利 李 宁 李会全 王会明 徐伟红
JB2011-3-203	人体测量学指标与心血管危险因素的相关性研究	潍坊医学院 青岛市内分泌糖尿病医院	张 磊 董砚虎 王 娜 井 源 朱娅梅 高 强
JB2011-3-204	C/EBPα-Per2 在慢粒急变中调节机制研究及模型鼠实验应用	烟台毓璜顶医院 重庆医科大学	孙成铭 李少君 冯文莉 栾材富 牟肖东 王臣玉

续表

编号	项目名称	完成单位	完成人
JB2011-3-205	红系分化相关因子表达调控及其功能研究	滨州医学院 山东中医药大学附属医院	谢书阳　王萍玉　迟永良　李有杰 岳　真　马　颖
JB2011-3-206	抗肿瘤药物相关性骨髓抑制人群发生情况动态预警模型的建立	青岛市市立医院	李德爱　王大志　温成泉　袁　蕾 王红程　郭成业
JB2011-3-207	肺癌生长抑素受体的表达及其介导的肺癌靶向治疗研究	山东大学	王秀问　王亚伟　魏军民　李　蓓 王　朴　扈东艳
JB2011-3-208	影像引导非小细胞肺癌放射治疗临床应用研究	山东省肿瘤防治研究院	李建彬　张英杰　孙新东　邢　军 马志芳　尹　勇
JB2011-3-209	人白细胞分化抗原59特异性短肽封条的抗肿瘤免疫效应研究	青岛大学	高美华　褚现明　王　冰　张　蓓 李　冰　王国英
JB2011-3-210	藻蓝蛋白基因的表达及对肿瘤细胞免疫逃逸信号的封闭效应研究	青岛大学	李　冰　褚现明　高美华　张学成 冯献启
JB2011-3-211	移植排斥反应过程中宿主外周血ＭＨＣ表达变化的动物实验及临床应	山东大学齐鲁医院	邹　雄　陆　楠　张　义　杨晓静 王传新　田　军
JB2011-3-212	颅脑损伤病人的综合救治及预后评估	聊城市人民医院	杨风海　赵青菊　孙　明　张士刚 朱建新　商晓鹰
JB2011-3-213	NF-kB圈套抑制脑血管痉挛机制的探讨	山东大学	王志刚　冀　勇　丁　璇　王益华 臧贻征　韩　超
JB2011-3-214	新的无创检测法在肝移植受者免疫调控及相关并发症防治中的应用	青岛大学医学院附属医院	吴力群　胡维昱　韩　冰　赫建帅 曹永献　卢　云
JB2011-3-215	结肠癌转移中FAT1及其密切相关因子的信号网络研究	山东大学齐鲁医院	刘恩宇　牛卫博　牛　军　彭　程 林鹏飞　王　健
JB2011-3-216	提高胞内w-3不饱和脂肪酸水平抗乳腺癌研究	青岛大学	葛银林　侯　琳　张金玉　张　峥 田润华　赵　辉
JB2011-3-217	p21WAF1-p27KIP1基因串联表达对乳腺癌细胞中心体复制的影响	青岛大学医学院附属医院	李福年　曹明智　姜丹丹　王新刚 刘相萍
JB2011-3-218	肝细胞癌生物学特性及免疫功能的研究	山东省千佛山医院	李　杰　徐宗珍　曹莉莉　贾欣永 张洪彬　时昌文
JB2011-3-219	冠状动脉旁路移植术后竞争血流致桥血管衰坏的分子生物学基础及防治研究	山东大学齐鲁医院	毕研文　孙文宇　付　强　于建民 刘　蔚
JB2011-3-220	自体骨软骨移植治疗急性距骨骨软骨骨折临床研究及应用	烟台市烟台山医院	刘万军　王　海　慕宏杰　林　娟 王维光　孔德海
JB2011-3-221	小肠黏膜下层为支架材料构建仿生骨膜体内成骨修复骨缺损的实验	泰安市中心医院	张开刚　赵　铭　王　军　马玉栋 王永福
JB2011-3-222	前交叉韧带重建替代腱的细胞、分子与基因水平研究及疗效分析	青岛大学	孙　康　夏长所　张积华　田少奇 张才龙　王华磊
JB2011-3-223	小胶质细胞免疫调节对脊髓损伤后修复的作用	青岛大学医学院附属医院	于腾波　马学晓　陈伯华　赵　鹏 寇德伟　陈晓亮
JB2011-3-224	TACE与TAI干预对肝癌生物学特性的影响及影像学评价的实验研究	潍坊医学院	王　滨　孙业全　高志芹　王锡臻 宁厚法　葛艳明
JB2011-3-225	肝灰阶超声造影及其血流灌注的声学定量研究	山东大学	李　杰　李传福　董向毅　王　磊 马祥兴

续表

编号	项目名称	完成单位	完成人
JB2011-3-226	多层螺旋CT冠状动脉成像辐射剂量控制研究	山东省医学影像学研究所	宋少娟 王锡明 张 翼 亓恒涛 马新武 黄 玲
JB2011-3-227	FDG PET/CT对肺癌和食管癌区域淋巴结诊断价值的评价	山东省肿瘤医院	杨文锋 张永明 董传海 郭洪波 付 正 穆殿斌
JB2011-3-228	FLT PET/CT在食管鳞癌精确放疗生物靶区勾划中的临床病理及基础研究	山东省肿瘤防治研究院	韩大力 钟小军 付 正 杨文锋 穆殿斌 国 前
JB2011-3-229	PET/CT双时相显像对非小细胞肺癌放射敏感性的预测	山东省肿瘤防治研究院	胡 漫 朱旭东 乔志正 左太阳 孔 莉 神兆玉
JB2011-3-230	系统性红斑狼疮分子发病机制的研究	山东省立医院	张源潮 杨清锐 刘凤霞 董 静 尹宏恩 李 鸣
JB2011-3-231	患者自身综合因素对体外受精胚胎移植结局影响的临床观察与分析	青岛市妇女儿童医疗保健中心	邹淑花 任春娥 王晓明 巩向玲 张 鹏 宋东坡
JB2011-3-232	人胎盘多能干细胞的分离、培养及诱导分化	山东大学齐鲁医院	王国云 李 栋 张 静 李建军 时 庆 侯怀水
JB2011-3-233	不随意运动型脑瘫的病因、临床特征及影像学	青岛市妇女儿童医疗保健中心	候 梅 傅 平 于 荣 赵建慧 孙殿荣 王 珂
JB2011-3-234	瘦素受体外显子突变与ACE基因联合作用对肥胖儿童脂代谢的影响	潍坊医学院	刘长云 王永芹 张志清 刘 源 徐学农 孙中厚
JB2011-3-235	青春前期肾病综合征生长激素—胰岛素样生长因子轴紊乱的研究	济南军区总医院 济南军区第456医院	张纪芸 步晓冬 杨剑辉 郑 楠 满立新 许 波
JB2011-3-236	固定矫治器对牙龈健康的影响及伴放线放线杆菌基因多态性研究	济南市口腔医院 山东省医药生物技术中心	肖水清 韩 凉 刘晓华 刘 毅 朱绍平 张 勇
JB2011-3-237	并发呼吸道梗阻的小儿脉管畸形治疗的研究	临沂市肿瘤医院	刘学键 秦中平 郃茂众 徐 岩 金德芹 李爱萍
JB2011-3-238	温敏海洋生物材料的研发及在牙周病治疗领域的应用	青岛大学医学院附属医院	吉秋霞 陈西广 宋文斌 于新波 袁昌青 徐全臣
JB2011-3-239	即刻牙种植软组织美学设计与处理	青岛大学医学院附属医院	赵保东 王艳辉 郑 军 许家森 刘 沂 李宁毅
JB2011-3-240	盐藻β－胡萝卜素（顺式异构体）的抗氧化作用与应用	青岛大学医学院	王春波 陈雪红 唐启令 曲海军 荆凡波 徐贵义
JB2011-3-241	重大活动中食品安全保障技术研究	青岛市卫生局卫生监督局	高汝钦 靳晓梅 于维森 林 洪 张业中 程显凯
JB2011-3-242	微板法检测媒介蚊虫抗药性及其抗药性治理	济宁医学院	李士根 蒋 滨 刘永春 谭文彬 全 芯 高红刚
JB2011-3-243	南水北调沿途相关疾病疫源地调查及动态监测研究	山东省疾病预防控制中心	王显军 李 忠 丁淑军 王连森 吕 慧 杨丽萍
JB2011-3-244	砷致癌氧化应激机制研究—无机砷甲基化代谢诱发氧化应激	山东省医学科学院放射医学研究所	安 艳 李 贞 张爱真 李洁清 李全太 刘 伟
JB2011-3-245	新血府逐瘀汤干预高血压心肌纤维化及与血栓病危险因子相关性研究	青岛市海慈医疗集团	吉中强 纪文岩 卢英红 李 洁 武文辉 王 慧
JB2011-3-246	冠心病情志因素与血管内皮功能损伤的关系及中药干预	山东中医药大学附属医院	薛一涛 苏文革 曹 斌 殷镜海 吴 彤
JB2011-3-247	寒邪及相关因素犯肺的实质分析及模拟研究	山东中医药大学附属医院	张 伟 贾新华 岳 淼 刘 江 贺 倩 刘海瑜

续表

编号	项目名称	完成单位	完成人
JB2011-3-248	糖尿病肢体动脉闭塞症中医证候辨证规律研究	山东中医药大学附属医院	陈柏楠 秦红松 刘 政 邹 静 宋岳梅 王雁南
JB2011-3-249	温肾调经颗粒治疗肾阳虚证排卵功能障碍性不孕症的研究	山东中医药大学附属医院 山东省中医药研究院	王东梅 刘静君 贾元印 刘金星 董丽云 李广文
JB2011-3-250	祛湿降浊法干预良性小动脉性肾硬化症的研究	山东中医药大学附属医院、烟台市烟台山医院、威海市中医院	郭兆安 白长慧 张爱真 赵海霞 刁亚军 潘 甦
JB2011-3-251	川芎嗪联合环孢霉素A逆转恶性淋巴瘤多药耐药的研究	山东省肿瘤医院	杨锡贵 姜 超 魏 玲 贾丽雅 范开席 杜 芹
JB2011-3-252	基于四性的常用活血祛瘀中药组群性效关系研究	山东中医药大学	商庆新 王 鹏 王振国 刘 方 齐冬梅 孙巍巍
JB2011-3-253	野葛藤（总黄酮）提取物治疗骨质疏松作用与作用机理及路径的确定	山东省中医药研究院 山东省千佛山医院	李贵海 刘逢芹 孙付军 王 瑜 陆永辉 苏乐群
JB2011-3-254	中药饮片硫熏与脏器损伤的相关性评价	山东中医药大学附属医院 山东省疾病预防控制中心	赵海霞 郭 婕 徐向东 张天亮 袁 晶 徐龙进
JB2011-3-255	湿润祛瘀生肌法促进创面愈合的研究	山东中医药大学第二附属医院 山东中医药大学附属医院	黄 铭 郝永龙 陈柏楠 韩英华 郝清智 陈美荣
JB2011-3-256	脑储备评价体系对中风病患者预后的研究	山东中医药大学附属医院	殷镜海 殷 颖 吴国英 王红梅 时均贵 刘凡杰
JB2011-3-257	盐酸二甲双胍大品种改造关键技术	寿光富康制药有限公司	宋伟国 宋成刚 高东升 董良军 张福建 夏 艳
JB2011-3-258	高纯静注人免疫球蛋白产业化工艺开发	山东泰邦生物制品有限公司	庞广礼 仲立军 林 锋 马 山 冯卫国 范加金
JB2011-3-259	吸入性全身麻醉药异氟烷的研究与开发	山东省医药工业研究所 山东科源制药有限公司	段崇刚 陈广岭 邢玉仁 杨珮琨 武复荣 王元梅
JB2011-3-260	硫酸软骨素开发及应用	青岛大学	高 华 刘 坤 刘克为 于兹东 张克凌 张 丽
JB2011-3-261	马山镇丹参规范化种植技术及质量研究	山东省药品检验所 山东医药技师学院	李 涛 徐丽华 李松涛 李 军 林永强 范令刚
JB2011-3-262	富血小板血浆（PRP）制备用套装	山东威高集团医用高分子制品股份有限公司	张华威 吕汝举 乔建文 赵恒坤 吕洪敏 于灵云
JB2011-3-263	精子DNA完整性检测防治重复性自然流产的研究	山东省计划生育科学技术研究所	张丽红 邱 毅 王磊光 王克华 刘 艳 王秋菊
JB2011-3-264	《医疗事故处理条例》的实施对医生自卫医学行为的影响与对策研究	山东大学	徐 萍 王书会 王云岭 曹永福 杨同卫 沈秀芹
JB2011-3-265	发展文化创意产业，促进经济发展与文化建设	山东师范大学	李茂民 魏鹏举 贾辛欣 王 宏 刘家亮 贾巍巍
JB2011-3-266	医疗卫生服务改革对策	山东省立医院、山东省财政学院	赵伟力 邢永杰 陈剑平 吕爱芝
JB2011-3-267	转型期应对危机事件对策研究	山东省人民政府办公厅	韩金峰 赵遵军 艾 量 刘险峰 张立红 张欣平
JB2011-3-268	县域经济科学发展评价体系	山东省科学院情报研究所	孔凡萍 冯海洲 于俊凤 王 蕾 赵燕清 朱世伟
JB2011-3-269	基于专利的山东省区域创新效率研究	山东省科技发展战略研究所	彭利民 尹 奥 崔恺媛 姚 英 常世旺 张红波

（省科技厅科技成果处）

山东省技术发明奖

表1　　2011年度山东省技术发明奖一等奖项目（3项）

编号	项目名称	完成人
FM2011-1-1	典型海湾生境修复与生态增养殖设施	杨红生（中国科学院海洋研究所）、许强（中国科学院海洋研究所）、张立斌（中国科学院海洋研究所）、周毅（中国科学院海洋研究所）、刘鹰（中国科学院海洋研究所）、张涛（中国科学院海洋研究所）
FM2011-1-2	有机硅单体合成技术与装备	李建隆（青岛科技大学）、王伟文（青岛科技大学）、陈光辉（青岛科技大学）、范军领（青岛科技大学）、仇汝臣（青岛科技大学）、姜晖琼（青岛市锅炉压力容器检验所）
FM2011-1-3	粗铜无氧化无还原火法精炼工艺及产业化应用	周松林（阳谷祥光铜业有限公司）、周皓（阳谷祥光铜业有限公司）、祁茂刚（阳谷祥光铜业有限公司）、刘卫东（阳谷祥光铜业有限公司）、陈迎武（阳谷祥光铜业有限公司）、葛哲令（阳谷祥光铜业有限公司）

典型海湾生境修复与生态增养殖设施　山东省海湾众多，生物资源丰富，自古以来就是人类开发利用海洋的重要区域，也是海水增养殖业分布最主要的区域，与此同时，海湾也是受人为影响最大、生境受损最为严重且亟待修复的重要区域。该项研究为了实现海湾生态系统健康与可持续利用，针对近岸泥沙质海湾、离岸开放海域和静水围堰3种增养殖生境的受损现状，开展相关关键技术的研究并创新发明了三大类共计6种新设施，实现了对不同典型海域的生境修复和高效生态增养殖。其主要技术发明：①创新发明了适用于近岸海湾的生境修复和生态增养殖牡蛎壳海珍礁、牡蛎壳海珍礁配套制作装置、浅海贝类排粪物再利用的养殖装置专用新设施。②创新发明了适用于离岸开放海域的生境修复和生态增养殖大型藻类抗风浪沉绳式养殖和“海龙I型”底播式海水增养殖专用新设施。③创新发明了适用于围堰的生境修复和生态增养殖多层板式立体海珍礁专用新设施。该项技术研究和发明解决了我国生境修复和生态增养殖设施研发中的多项技术难题，建立了区域性海域的生境修复和生态增养殖新的技术体系，实现了对不同类别增养殖生境的有效修复。发明成果于2007年至今已在我国黄渤海典型海湾受损海域大连、烟台、威海、青岛、日照等6家水产相关企业进行综合推广应用。据不完全统计，仅在威海、青岛、烟台3家水产企业就建立海湾生境修复和增养殖示范区466.67hm²（7 000亩），获得了较好的生境修复和生态增养殖效果，取得了显著的经济效益和社会效益。该项研究成果已获得授权发明专利8件。

有机硅单体合成技术与装备　有机硅材料及产品性能优越，在航空航天、电子电器等高新技术领域以及汽车、轻工等工业领域应用广泛。生产有机硅产品的基础是合成有机硅单体，该工艺流程长、技术难度大，其核心技术是有机硅流态化单体合成与合成气净化技术，国外在该技术领域一直对中国实施技术封锁。该项研究从多相流及湍流流场模拟入手，由理论分析，查找影响有机硅单体合成流化床反应器及其后续设备技术性能的不利因素，创新性地设置并优化了内构件，抑制甚至消除了上述不利因素，并结合实验、模拟和现场数据建立了计算物性参数与设备技术性

能指标的数学模型，以此为指导，开发出具有国际先进水平的有机硅单体合成技术与装备。其主要技术发明：①发明了均热直流式大型流态化反应器的取热新模式，解决了大型流态化反应器普遍存在的取热不均、流态化效果差的国际性技术难题。②发明了有机硅单体流化床反应器的催化剂直接回收方法及其装置，解决了颗粒带出导致的床层波动等国际性技术难题，实现了近于散式流态化的流动。③发明开发了环流式旋风多级分级装置和环流循环除尘系统的导流整流器，提高了旋风分离器的除尘效率和操作稳定性。④发明开发了高效精馏洗涤技术与装备，消除了超细颗粒去除不彻底、气液分离效率低、操作弹性小、塔内件易堵塞等一系列弊端。该项发明成果已在国内13家有机硅单体生产企业推广旋风除尘器152台（套），各行业累计推广500多台（套），市场占有率达到90%以上，推广应用流化床反应器和高效精馏洗涤塔各3套，在国内新上有机硅项目的市场占有率达到50%以上。上述装备为企业新增产值20多亿元/年，节支金额6 000多万元/年，经济效益和社会效益显著。该项研究成果已获得授权发明专利6件、实用新型专利2件，打破了国外对中国的技术封锁，对于推动我国有机硅单体生产领域的技术水平进步以及下游产业的健康快速发展具有重要意义。

粗铜无氧化无还原火法精炼工艺及产业化应用　该项目基于铜冶炼高效、节能、环保的需求，研发出具有自主知识产权的粗铜无氧化无还原火法精炼新工艺，取消铜工业生产中的氧化和还原两个作业过程，利用惰性气体搅拌达到一步精炼目的。打破了传统的氧化还原火法精炼理论，创造性地提出火法精炼新原理，世界首创无氧化无还原火法精炼新工艺，实现了铜工业生产上的无氧化无还原精炼作业。该项目已成功应用于阳谷祥光铜业公司40万t铜冶炼工程，3年运行实践表明：精炼作业时间由10h以上减少至1h以内，生产效益得到大幅提高；实现了还原用天然气的零消耗，不仅节约了大量能源，而且彻底解决了世界粗铜火法精炼普遍存在的黑烟污染难题，主要指标明显优于目前世界最先进的美国肯尼科特冶炼厂。3年来为企业新增铜产量20.6万t，节约天然气2 915万m^3，节约耐火材料2 400t，新增销售收入92.29亿元，累计创造利润4.37亿元。该项目的成功应用使祥光铜业公司被国家环保部授予全国“十大环境友好工程”。该项研究成果填补了世界粗铜火法精炼技术1项空白，对推动中国乃至世界铜冶炼行业技术进步具有重大意义。

表2　2011年度山东省技术发明奖二等奖项目（9项）

编号	项目名称	完成人
FM2011-2-1	远红外、热风组合加热蔬菜脱水机关键技术及其应用	王相友（山东理工大学）、孙传祝（山东理工大学）、许云理（山东理工大学）、郭超（山东理工大学）、彭丽芳（山东理工大学）、林喜娜（山东理工大学）
FM2011-2-2	高功率808nm非对称无铝应变量子阱激光器	夏伟（山东华光光电子有限公司）、徐现刚（山东华光光电子有限公司）、李沛旭（山东华光光电子有限公司）、张新（山东华光光电子有限公司）、汤庆敏（山东华光光电子有限公司）、李树强（山东华光光电子有限公司）
FM2011-2-3	河豚鱼安全食用和河豚毒素检测、提取、制备技术体系构建	宫庆礼（中国海洋大学）、刘岩（中国海洋大学）、邓志科（中国海洋大学）、周丽（中国海洋大学）、阎承璋（中国海洋大学）、纪元（中国海洋大学）
FM2011-2-4	微流控芯片流体智能电动控制技术的研究与应用	李清岭（山东师范大学）、陈蓁蓁（山东师范大学）、田洪孝（山东师范大学）、徐克花（山东师范大学）、崔官伟（山东师范大学）
FM2011-2-5	架空线路清障检测机器人	刘洪正（山东电力集团公司超高压公司）、张军（山东电力集团公司超高压公司）、高森（山东电力集团公司超高压公司）、张天河（山东电力集团公司超高压公司）、冯迎春（山东电力集团公司超高压公司）、吕宁（山东电力集团公司超高压公司）

续表

编号	项目名称	完成人
FM2011-2-6	高性能无银铜基电接触复合材料	耿浩然（济南大学）、郭忠全（济南大学）、钱宝光（济南大学）、滕新营（济南大学）、周国荣（济南大学）
FM2011-2-7	增压器涡轮转子及其制造技术	王守仁（济南大学）、刘恩来（潍坊富源增压器有限公司）、刘风虎（潍坊富源增压器有限公司）、王勇（济南大学）、杨学锋（济南大学）、陈良（潍坊富源增压器有限公司）
FM2011-2-8	MS脱硫真空过滤机产业化及应用	龚景仁（核工业烟台同兴实业有限公司）、冯庸（核工业烟台同兴实业有限公司）、苏梅（核工业烟台同兴实业有限公司）、李林（核工业烟台同兴实业有限公司）、李明（核工业烟台同兴实业有限公司）
FM2011-2-9	硫酸头孢匹罗及其制剂的制备技术与应用	刘保起（山东罗欣药业股份有限公司）、李明华（山东罗欣药业股份有限公司）、朱全明（山东罗欣药业股份有限公司）、李明杰（山东罗欣药业股份有限公司）、范丽（山东罗欣药业股份有限公司）、刘明霞（山东罗欣药业股份有限公司）

表3　　2011年度山东省技术发明奖三等奖项目（4项）

编号	项目名称	完成人
FM2011-2-1	皮革无缝粘接技术	王吉万（青岛亨达股份有限公司）、单存礼（青岛亨达股份有限公司）、单玉萍（青岛亨达股份有限公司）、单玉香（青岛亨达股份有限公司）、刘泽顺（青岛亨达股份有限公司）
FM2011-2-2	模拟酶催化剂的制备技术及控制氧化应用开发	李忠芳（山东理工大学）、王素文（山东理工大学）、于先进（山东理工大学）、于如军（山东理工大学）、王捷（山东理工大学）、姚福生（山东理工大学）
FM2011-2-3	结构冗余微定位平台关键技术的研究	张彦斐（山东理工大学）、宫金良（山东理工大学）、魏修亭（山东理工大学）、陈海真（山东理工大学）、郝秀清（山东理工大学）、郭宗和（山东理工大学）
FM2011-2-4	撬装式超重力伴生气脱硫技术	张建（胜利油田胜利勘察设计研究院有限公司）、李清方（胜利油田胜利勘察设计研究院有限公司）、张新军（胜利油田胜利勘察设计研究院有限公司）、李振虎（胜利油田胜利勘察设计研究院有限公司）、杨建平（胜利油田胜利勘察设计研究院有限公司）、王智（胜利油田胜利勘察设计研究院有限公司）

（省科技厅科技成果处）

山东省自然科学奖

表1　　2011年度山东省自然科学奖一等奖项目（1项）

编号	项目名称	完成人
ZR2011-1-1	新型碳基复合材料中的表面与界面效应	薛庆忠（中国石油大学（华东））、郑经堂（中国石油大学（华东））、阎子峰（中国石油大学（华东））、邢伟（中国石油大学（华东））、刘振宇（中国石油大学（华东））

新型碳基复合材料中的表面与界面效应　新型碳基复合材料在整个材料学中具有特殊的不可取代的重要地位，它是兼有金属、陶瓷和高分子材料三者性能于一身的独特材料，具有广泛的适

用性。该项研究围绕新型碳基复合材料的设计、制备及理化特性，系统地研究了多孔碳材料、碳纳米管复合材料、碳纤维复合材料的表面、界面结构与其理化特性之间的本质联系，取得了一系列在国际上有影响的原创性成果。其主要创新点：①建立了考虑界面效应的碳纳米管复合材料的热输运模型，成功解释和预测了碳纳米管复合材料中异常热输运现象。②研究了有序介孔碳材料的双电层电容特性。设计并制备了具有有序介孔结构的多孔碳材料，利用该材料制备的双电层电容器具有高比电容、大功率输出、高频稳定等性能。③提供了一种制备有序介孔碳材料的简单方法。④发现化学修饰可以很好地增强碳纳米管/聚偏氟乙烯复合材料的介电特性。该项目发表高水平SCI收录论文95篇，其中影响因子＞3的论文38篇。发表的论文被SCI刊物上的论文他引近千次，8篇代表论文被SCI他引384次。在国内外学术会议上作邀请报告20余次，获授权发明专利16件。相关研究成果被《Nature China》作为“研究亮点”进行了报道。该研究成果丰富和发展了新型碳基复合材料的设计理论，为能源与环境领域提供了多种具有重要应用价值的新材料。

表2　2011年度山东省自然科学奖二等奖项目（8项）

编号	项目名称	完成人
ZR2011-2-1	均衡优化问题的数值方法研究	王宜举（曲阜师范大学）、崔玉泉（山东大学）、祁力群（香港理工大学）、屈彪（曲阜师范大学）、王长钰（曲阜师范大学）
ZR2011-2-2	卫星海洋微波遥感机理、信息提取方法和应用研究	何宜军（中国科学院海洋研究所）、陈戈（中国海洋大学）、魏恩泊（中国科学院海洋研究所）、韩勇（中国海洋大学）、丘仲锋（中国科学院海洋研究所）
ZR2011-2-3	掺杂氧化物半导体的电子结构及光催化性质研究	戴瑛（山东大学）、黄柏标（山东大学）、杨可松（山东大学）、魏巍（山东大学）
ZR2011-2-4	表面活性剂聚集体结构及其在钛硅氧化物制备中的性能研究	周国伟（山东轻工业学院）、刘素文（山东轻工业学院）、盖利刚（山东轻工业学院）、陈静（山东轻工业学院）
ZR2011-2-5	重要水产养殖无脊椎动物免疫防御的分子机制	宋林生（中国科学院海洋研究所）、王玲玲（中国科学院海洋研究所）、邱丽梅（中国科学院海洋研究所）、张峘（中国科学院海洋研究所）、高强（中国科学院海洋研究所）
ZR2011-2-6	真核藻类基因工程原理	秦松（中国科学院海洋研究所）、姜鹏（中国科学院海洋研究所）、李富超（中国科学院海洋研究所）、张亦陈（中国科学院海洋研究所）
ZR2011-2-7	原发免疫性血小板减少症患者T细胞免疫失耐受与重建	侯明（山东大学）、彭军（山东大学）、秦平（山东大学）、石艳（山东大学）、张晓琳（山东大学）
ZR2011-2-8	中医学心脾证候的演变规律和数学机制研究	孙喜灵（滨州医学院）、张晓林（烟台大学）、赵岩（滨州医学院）、刘琳（滨州医学院）、刘孟安（滨州医学院）

表3　2011年度山东省自然科学奖三等奖项目（8项）

编号	项目名称	完成人
ZR2011-3-1	基因组比较与智能学习算法与复杂性	朱大铭（山东大学）、马绍汉（山东大学）、冯好娣（山东大学）、刘宏（山东大学）、崔筠（山东大学）
ZR2011-3-2	自润滑干切削刀具及其相关基础研究	邓建新（山东大学）、艾兴（山东大学）、宋文龙（山东大学）、刘建华（山东大学）、赵金龙（山东大学）
ZR2011-3-3	若干重要分子的结构、性质及作用的理论研究	李庆忠（烟台大学）、栾锋（烟台大学）、李文佐（烟台大学）、程建波（烟台大学）
ZR2011-3-4	有机/无机功能性复合材料基础理论研究	唐新德（山东交通学院）、庞来学（山东交通学院）、王彦敏（山东交通学院）、韩念凤（山东交通学院）
ZR2011-3-5	脑缺血损伤及中药活性成分的保护作用和机制	张岫美（山东大学）、傅风华（烟台大学）、刘慧青（山东大学）、田京伟（烟台大学）、安杰（山东大学）

续表

编号	项目名称	完成人
ZR2011-3-6	糖尿病肾病大鼠血、尿CTGF浓度变化及其意义	关广聚（山东大学第二医院）、柳刚（山东大学第二医院）、任小军（山东大学第二医院）、李学刚（山东大学第二医院）、刘海英（山东大学第二医院）
ZR2011-3-7	联合应用NGF和GM1对神经元损伤的保护作用	黄飞（滨州医学院）、张璐萍（滨州医学院）、阚氏海（滨州医学院）、赵冬梅（滨州医学院）
ZR2011-3-8	外源性MSC移植及动员自体骨髓干细胞对脑缺血的神经保护作用	刘雪平（山东省立医院）、于炳新（山东省立医院）、姚红（山东省立医院）、董泗芹（山东省立医院）、侯训尧（山东省立医院）

（省科技厅科技成果处）

山东省国际科学技术合作奖

（3人）

埃利亚科·史劳密　男，1949年10月10日生，以色列籍，由省农业厅推荐。

史劳密先生现任以色列艾曼种子公司总经理，从事蔬菜科研育种工作30多年，选育出许多优秀的蔬菜品种，尤其是长货架番茄和抗TY病毒番茄品种的选育及出口。其与山东省种子有限公司从20世纪90年代开始就建立了业务联系，最早将温室长货架番茄引进山东地区，并在山东省寿光市建立了番茄品种示范基地。从2000年开始，先后引进三大作物（番茄、辣椒、西葫芦）60多个品种，在不同地区进行试验示范，筛选出适合山东省种植的不同作物品种10余个，在全省推广应用，目前已辐射到9个省、市、区。

史劳密先生对中国有着特殊的感情，每年至少来中国两次，与合作单位山东省种子有限公司一道，深入农村，考察其公司品种在当地市场的表现，传授现代农业技术，累计培训农民1 000多人次，使许多农民更新了种植观念，逐步走上脱贫致富的道路。2003年，山东省种子有限公司的前身——山东省种子总公司在史劳密先生建议下撰写了《长货架番茄高产优质栽培技术推广》。2007年，山东省人民政府将史劳密先生在山东寿光的试验基地认定为引进国外新品种示范园。

王乐信　男，1963年3月24日生，澳大利亚籍，由聊城市科技局推荐。

王乐信现任澳大利亚查尔斯特大学心血管病研究中心主任，终身教授，博士研究生导师，澳大利亚麦考瑞（Macquarie）大学心脏内科教授。王乐信教授是中国90年代初经导管射频消融治疗心动过速的奠基人之一。近年来在心肌不应期离散度、冠脉内皮细胞在心电生理的调控以及心力衰竭等方面完成了多项国际首创性工作。2001年在国际首次开展经胸腔镜切除交感链治疗长QT综合征，为药物治疗无效的病人提供了新的治疗方法。

王乐信教授自2000年开始与聊城市人民医院开展合作，每年来聊城市人民医院工作两次，累计2～4个月。2008年，王乐信教授领导的澳大利亚的心血管系统研究团队以及聊城市人民医院心脏内科主要研究人员，成立了澳大利亚查尔斯特大学—聊城市人民医院心血管病研究中心，由查尔斯特大学和聊城市人民医院分别设立专项研究基金，投入冠心病、心力衰竭及高血压方面的研究项目。近年来，王乐信教授每次在聊城期间出门诊20次、查房10次、手术20例、指导研究生15人次，为聊城市人民医院临床及科研能力的提高奠定了基础。2010年10月，澳大利亚查尔斯特大学—聊城医学中心成立，标志着双方在临床、科研、教学等方面的合作不断深入。聊城市人民医院被确定为查尔斯特大学博士后科研流动站和博士研究生培养基地。王乐信教授与聊城市人民医院的研究团队一起，在高血压、冠心病、心脏外科技术、脑肿瘤的分子学机制、中医药对肺癌及肾癌的临床研究等方面，开展国际前沿性研究，已在国际医学期刊联名发表文章41篇。在心内科开展了三腔起搏器治疗心力衰竭、心房颤动射频消融术、干细胞治疗心肌病、肥厚性心肌病的起搏器治疗、房颤的起搏治疗等新技术项目，填补了省内空白。

袁东亮　男，1966年6月27日生，美国籍，由青岛市科技局推荐。

袁东亮现任中国科学院海洋研究所研究员，博士生导师，为国家杰出青年基金获得者、中国科学院“百人计划”学者、新世纪百千万人才计划国家级人选。

袁东亮研究员自进入中国科学院海洋研究所工作以来，已培养硕士研究生10人、博士研究生6人，建立了由1名副研究员、5名助理研究员、1名博士后流动人员、1名项目管理支撑人员和1名技术支撑人员组成的科研团队，带领“卫星遥感及四维同化研究”课题组，长期从事陆架环流的研究，在中国黄、东海跨陆架环流的热、动力学过程，以及赤道海洋长波动力学与上层热力学等研究领域取得了具有国际影响力的研究成果。

（省科技厅科技成果处）

全省科技管理系统先进集体和先进个人

【2011年度全省科技管理系统先进集体和先进个人名单】　2011年，在省委、省政府的正确领导下，全省科技系统认真贯彻落实科学发展观和人才强省战略，紧紧围绕全省经济社会发展大局，不断完善自主创新体制机制，在提升自主创新能力，推进经济发展方式转变，建设创新型省份的工作中做出了重要贡献。为表彰先进，树立典型，省人力资源和社会保障厅、省科技厅决定，授予济南市科学技术局高新技术发展及产业化处等43个单位“山东省科技管理系统先进集体”称号；给予济南市科学技术局李海波等42名同志记二等功；给予济南市历城区科学技术局赵旭东等73名同志记三等功。名单如下：

先进集体（43个）

济南市科学技术局高新技术发展及产业化处
济南市科学技术信息研究所
济南市市中区科学技术局
章丘市科学技术局
青岛市城阳区科学技术局
青岛市市北区科学技术局
青岛市四方区科学技术局
平度市科学技术局
淄博市科学技术局
淄博高新技术产业开发区科学技术局
沂源县科学技术局
枣庄市峄城区科学技术局
枣庄市山亭区科学技术局
东营市科学技术局
利津县科学技术局
烟台市科学技术局
龙口市科学技术局
招远市科学技术局
蓬莱市科学技术局
潍坊市科学技术局
寿光市科学技术局

诸城市科学技术局
潍坊市奎文区科学技术局
济宁市科学技术局
济宁市生产力促进中心
邹城市科学技术局
泰安市科学技术局
新泰市科学技术局
威海市科学技术局
威海火炬高技术产业开发区科学技术局
日照市东港区科学技术局
莱芜市钢城区科学技术局
临沂市科学技术局
蒙阴县科学技术局
沂南县科学技术局
乐陵市科学技术局
禹城市科学技术局
临清市科学技术局
高唐县科学技术局
滨州市科学技术局
邹平县科学技术局
菏泽市牡丹区科学技术局
单县科学技术局

先进个人（100名）

一、记二等功（42名）

李海波　济南市科学技术局组织人事处处长
赵金霞　济南市历下区科学技术局局长
陈　波　济南市科学技术局高新技术发展及产业化处主任科员
刘向东　青岛市科学技术局副调研员
曹义德　青岛市李沧区科学技术局局长
管　红　青岛市科学技术局副主任科员
王纯国　淄博市科学技术局副局长
林志强　淄博市科教兴市领导小组办公室主任
周荣吉　淄博市桓台县科学技术局局长
国际昌　枣庄市科学技术局副局长
杜益宏　枣庄市科学技术局政策法规科科长
李春祥　东营市科学技术局农村科技科科长
李连文　东营市科学技术情报研究所信息网络科副科长
李瑞庆　烟台市科学技术局副局长
王永波　烟台市科学技术局高新技术发展及产业化科科长
丁　慧　烟台经济技术开发区科学技术局局长
张玉田　潍坊市科学技术局办公室主任
孙彩秀　潍坊高新技术产业开发区科学技术局局长
杨　梅　潍坊市科学技术局管理科科长
宋洪泰　济宁市科学技术局副局长
汪忠阔　济宁市科学技术局规划财务科科长
韩畅巨　宁阳县科学技术局局长
王士华　东平县科学技术局副局长
丛群滋　威海市科学技术局副局长
刘黎明　荣成市科学技术局副局长
王俊存　五莲县科学技术局局长
潘玉斌　莱芜市科学技术局副局长
刁宏伟　莱芜市科学技术局发展计划与对外合作科科长
沈如茂　临沂市科学技术合作与应用研究院院长
殷洪涛　临沂市科学技术局政策法规科科长
郭士林　临沂市罗庄区科学技术局局长
时建强　德州市科技情报研究所所长
崔　华　临邑县科学技术局局长
刘　淼　聊城市科学技术局局长
郝英涛　聊城市科学技术局计划科科长
吴铭兴　聊城市东昌府区科学技术局局长
陈希涛　滨州市科学技术局政策法规科科长
陈爱锋　滨州高新技术产业开发区科学技术局局长
王红梅　滨州市知识产权局副主任科员
徐　静　菏泽市科学技术局副局长
马月伦　菏泽市科学技术局农村科技科科长
王景义　东明县科学技术局局长

二、记三等功（73名）

赵旭东　济南市历城区科学技术局科技管理科科长
张　勐　济南市科学技术信息研究所办公室副主任
张业鹏　济南市槐荫区科学技术局发展计划科科长
韩　芾　济南市产学研协作管理服务中心办公室主任
李新颜　济南高新生产力促进中心综合科科员
赵振江　胶州市科学技术局党组书记
韩利军　青岛市科学技术局主任科员
张德震　青岛市科学技术局主任科员
宋宗泽　青岛市科学技术局副主任科员
闫　玮　胶南市科学技术局副局长
苏雪梅　淄博市知识产权局办公室主任
公翠娟　淄博市淄川区科学技术局副局长

谢中强　淄博市临淄区科学技术局计划科科长
张　芹　淄博市博山区科学技术局计划成果科科长
颜道羽　枣庄市科学技术局科技合作科科长
林　森　枣庄市山亭区科学技术局局长
王介宏　枣庄市滕州市科学技术局副局长
孙宝峰　枣庄市薛城区科学技术局副主任科员
孟晓捷　中国石油大学国家大学科技园管理委员会办公室综合部主任
吴敬芝　东营市科学技术情报研究所办公室主任
姜凤军　东营市河口区科学技术局局长
王富杰　东营经济技术开发区科学技术局局长
于泉芝　烟台市牟平区科学技术局局长
吴开平　莱州市科学技术局局长
孙振山　招远市科学技术局党组书记、中国（烟台）黄金产业知识产权信息中心主任
李宝清　烟台高新技术产业园区科学技术与信息产业局党组书记、烟台高新技术产业园区科技创业服务中心主任
林乐岐　烟台市莱山区科学技术局局长
姜孟东　潍坊市科学技术局农社科科长
陈　雁　潍坊市科学技术局科技合作科科长
李永兴　昌邑市科学技术局局长
陈云翔　潍坊市寒亭区科学技术局局长
甄树田　安丘市科学技术局局长
国德传　山东省鲁南工程技术研究院管理中心副主任
刘元宁　济宁市任城区科学技术局副局长
宋吉民　兖州市科学技术局局长
韩　益　曲阜市科学技术局局长
刘　群　汶上县科学技术局局长
赵醒玉　金乡县科学技术局科长
刘志刚　泰山苗木花卉科技示范园管委会办公室副主任
陶　静　泰安市科学技术局高新科科长
岳　峰　泰安市科学技术局科技合作科科长
孙培国　泰山科学院院长、泰安市科技情报所所长
黄伟强　威海市环翠区科学技术局副局长
马洪乐　文登市科学技术局高新技术发展及产业化科科长
张　军　乳山市科学技术局发展计划科科长
冯世武　莒县科学技术局局长
潘宏伟　日照市岚山区科学技术局局长
吴林燕　日照经济开发区科学技术局科长
聂玉军　莱芜市莱城区科学技术局副局长
李传珍　莱芜市钢城区科学技术局科技开发中心主任
蔡增祥　临沂市科学技术局农社科科长
上官平　临沂市河东区科学技术局局长
张学会　苍山县科学技术局局长
李大星　平邑县科学技术局局长
郭飞跃　临沂经济技术开发区科技信息局局长
邢学文　宁津县科学技术局局长
王立杰　齐河县科学技术局局长
雷士军　夏津县科学技术局副局长
展世英　陵县科学技术局办公室主任
王秀娟　德州市德城区科学技术局政策法规科科长
于得华　聊城市科学技术局成果科科长
和学勇　聊城市科学技术局高新科科长
何新华　临清市科学技术局局长
李金伟　阳谷县科学技术局局长
丁长岭　惠民县科学技术局局长
赵　静　滨州市滨城区科学技术局副主任科员
赵元明　博兴县科学技术局副局长
杨凤荣　无棣县科学技术局副局长
陈　栋　滨州市农村科技信息化管理中心副主任
黄胜昔　成武县科学技术局局长
刘占民　定陶县科学技术局局长
郭宝锋　菏泽市科学技术局办公室主任
徐福平　巨野县科学技术局局长

（省科技厅政策法规处）

科技统计

KEJI TONGJI

表1 2011年全省各类科技机构概况

项目	单位	政府部门属科技机构					非政府部门属研究与开发机构和综合技术服务业有R&D活动的事业单位	转制机构
		县以上部门属研究与开发机构合计	自然科学和技术领域	社会与人文科学领域	科技信息和文献机构	县属研究与开发机构		
全省								
机构数	个	224	187	14	23	49	47	38
职工总数	人	20 527	18 737	669	1 121	630	7 128	6 860
单位在职从事科技活动人员	人	15 372	13 818	542	1 012	441	3 716	2 766
大学本科及以上学历	人	11 576	10 364	409	803	220	2 944	2 119
R&D人员折合全时工作量	人年	8 539	8 063	265	211	62	1 368	1 101
科技活动收入	千元	4 606 496	4 317 566	121 172	167 758	25 241	1 597 458	439 700
政府拨款	千元	3 544 563	3 278 331	107 205	159 027	23 761	446 690	129 280
科技经费内部支出	千元	4 544 441	4 268 625	123 994	151 822	34 589	1 460 759	678 593
资产购建支出	千元	1 214 208	1 172 482	7 587	34 139	10 588	79 502	168 544
R&D经费内部支出	千元	2 688 127	2 612 575	45 074	30 478	2 246	511 186	350 980
固定资产	千元	6 479 147	5 857 881	68 792	552 474	58 984	1 744 952	1 973 315
课题数	个	3 983	3 774	154	55	39	165	218
课题经费支出	千元	1 352 749	1 305 539	23 570	23 641	9 504	303 194	331 468
R&D课题经费支出	千元	1 079 243	1 050 048	15 842	13 353	2 166	280 588	279 126
课题投入人员	人年	9 324	8 703	288	333	124	1 382	1 194
R&D课题投入人员	人年	7 402	7014	205	183	61	1 225	993
专利申请受理	项	773	768	0	5	252	213	190
专利授权	项	547	544	0	3	7	160	123
科技论文	篇	6 695	6 078	492	125	76	510	392
科技专著	种	158	122	35	1	0	24	7

注：本表及以下各表的范围为县以上政府部门属研究与开发机构，即自然、社人、信息文献三个领域中的机构。

表2 2011年机构、人员和经费概况

项　目	机构数（个）	从业人员总数（人）	单位在职科技活动人员	大学本科及以上学历	经费收入总额（千元）	政府资金	科技活动贷款（千元）	经费支出总额（千元）	科技经费支出
1.按地域分布									
全省									
总　计	224	20 527	15 372	11 576	7 125 790	3 784 854	29 170	6 982 774	4 544 441
济南市	107	11 485	8 252	6 367	3 996 264	1 420 028	29 170	3 974 393	2 031 364
青岛市	26	3 870	3 117	2 505	2 326 553	1 846 275	0	2 236 968	1 938 524
淄博市	13	554	460	296	69 688	32 086	0	68 561	53 852
枣庄市	2	69	54	43	5 700	4 990	0	4 870	4 870
东营市	3	77	64	48	10 296	10 296	0	10 296	10 296
烟台市	13	1 212	959	763	250 657	186 694	0	253 111	217 560
潍坊市	9	527	377	258	119 835	36 815	0	114 145	35 531
济宁市	10	680	501	325	167 556	77 071	0	145 221	86 517
泰安市	9	604	534	326	65 290	63 637	0	59 407	57 876
威海市	3	94	77	74	6 423	6 288	0	7 564	7 482
日照市	2	152	96	30	7 648	7 648	0	8 822	8 822
莱芜市	5	207	142	100	8 908	7 048	0	8 788	7 148
临沂市	5	377	238	154	26 358	25 827	0	26 358	26 358
德州市	2	151	116	63	13 388	12 206	0	13 469	13 309
聊城市	4	126	97	66	19 250	17 913	0	19 134	15 936
滨州市	8	193	161	102	20 439	18 495	0	23 294	21 682
菏泽市	3	149	127	56	11 537	11 537	0	8 373	7 314
2.按隶属关系分布									
全省									
总　计	224	20 527	15 372	11 576	7 125 790	3 784 854	29 170	6 982 774	4 544 441
地方部门属	216	17 972	13 133	9 764	5 183 721	2 184 587	29 170	5 083 111	2 815 994
省级部门属	102	11 631	8 750	6 801	4 092 811	1 724 049	29 170	4 023 631	2 277 558
副省级城市属	11	733	551	464	139 398	84 370	0	133 241	80 370
地市级部门属	103	5 608	3 832	2 499	951 512	376 168	0	926 239	458 066
中央部门属	8	2 555	2 239	1 812	1 942 069	1 600 267	0	1 899 663	1 728 447
中国科学院	3	1 163	1 086	935	1 041 874	990 341	0	1 026 640	938 241
中央属									
总　计	8	2 555	2 239	1 812	1 942 069	1 600 267	0	1 899 663	1 728 447
农业部	2	568	461	310	284 008	156 694	0	276 908	246 344
国土资源部	1	264	171	146	166 939	147 384	0	166 514	161 239

续表

项　目	机构数（个）	从业人员总数（人）	单位在职科技活动人员	大学本科及以上学历	经费收入总额（千元）	政府资金	科技活动贷款（千元）	经费支出总额（千元）	科技经费支出
国家海洋局	1	486	447	370	404 881	294 975	0	386 152	378 241
中华全国供销合作总社	1	74	74	51	44 367	10 873	0	43 449	4 382
中国科学院	3	1 163	1 086	935	1 041 874	990 341	0	1 026 640	938 241
地方属									
总　计	216	17 972	13 133	9 764	5 183 721	2 184 587	29 170	5 083 111	2 815 994
济南市	106	11 411	8 178	6 316	3 951 897	1 409 155	29 170	3 930 944	2 026 982
青岛市	20	1 566	1 129	915	490 197	317 461	0	436 349	270 054
淄博市	13	554	460	296	69 688	32 086	0	68 561	53 852
枣庄市	2	69	54	43	5 700	4 990	0	4 870	4 870
东营市	3	77	64	48	10 296	10 296	0	10 296	10 296
烟台市	12	1 035	782	592	189 311	126 114	0	197 516	161 965
潍坊市	9	527	377	258	119 835	36 815	0	114 145	35 531
济宁市	10	680	501	325	167 556	77 071	0	145 221	86 517
泰安市	9	604	534	326	65 290	63 637	0	59 407	57 876
威海市	3	94	77	74	6 423	6 288	0	7 564	7 482
日照市	2	152	96	30	7 648	7 648	0	8 822	8 822
莱芜市	5	207	142	100	8 908	7 048	0	8 788	7 148
临沂市	5	377	238	154	26 358	25 827	0	26 358	26 358
德州市	2	151	116	63	13 388	12 206	0	13 469	13 309
聊城市	4	126	97	66	19 250	17 913	0	19 134	15 936
滨州市	8	193	161	102	20 439	18 495	0	23 294	21 682
菏泽市	3	149	127	56	11 537	11 537	0	8 373	7 314
3.按服务的国民经济行业分布									
全省									
总　计	224	20 527	15 372	11 576	7 125 790	3 784 854	29 170	6 982 774	4 544 441
农、林、牧、渔业	60	4 957	3 947	2 629	1 032 279	798 402	15 000	995 502	854 525
农业	25	2 714	2 186	1 382	462 733	328 871	15 000	472 655	448 337
林业	6	255	224	174	15 816	14 528	0	15 272	14 299
畜牧业	3	180	164	114	43 919	39 617	0	42 425	38 964
渔业	7	873	645	403	250 481	225 794	0	230 591	200 732
农、林、牧、渔服务业	19	935	728	556	259 330	189 592	0	234 559	152 193
制造业	52	3 797	2 521	1 891	941 159	407 770	170	909 801	462 634
农副食品加工业	3	140	102	71	66 639	2 874	0	51 028	3 918
食品制造业	3	165	139	114	19 688	12 713	0	20 035	7 047
纺织业	3	146	88	35	27 479	11 886	0	27 415	16 846

续表

项目	机构数（个）	从业人员总数（人）	单位在职科技活动人员	大学本科及以上学历	经费收入总额（千元）	政府资金	科技活动贷款（千元）	经费支出总额（千元）	科技经费支出
皮革、毛皮、羽毛及其制品和制鞋业	1	24	18	10	3 369	733	0	3 369	1 859
家具制造业	1	21	16	9	2 795	2 320	0	2 757	1 332
造纸和纸制品业	2	104	62	45	15 009	3 084	0	15 194	5 430
文教、工美、体育和娱乐用品制造业	1	15	10	7	3 082	2 804	170	3 063	2 500
化学原料和化学制品制造业	8	445	331	263	92 368	49 259	0	92 757	50 261
医药制造业	7	575	435	360	127 480	61 459	0	131 410	109 134
化学纤维制造业	1	58	16	11	2 584	2 584	0	2 584	2 584
橡胶和塑料制品业	1	33	19	12	4 704	3 790	0	4 704	2 760
非金属矿物制品业	2	144	24	21	30 210	2 135	0	32 464	2 287
通用设备制造业	6	440	295	206	65 596	27 517	0	64 858	45 046
专用设备制造业	7	494	310	213	54 279	45 016	0	52 345	33 841
电气机械和器材制造业	1	61	60	56	14 972	10 808	0	14 704	14 704
计算机、通信和其他电子设备制造业	2	453	211	124	237 366	9 750	0	223 208	14 456
仪器仪表制造业	3	479	385	334	173 539	159 038	0	167 906	148 629
建筑业	6	1 283	560	507	525 401	19 245	0	508 488	228 159
房屋建筑业	4	791	508	466	354 372	17 375	0	328 398	196 048
土木工程建筑业	1	476	38	33	168 342	0	0	177 488	29 945
建筑装饰和其他建筑业	1	16	14	8	2 687	1 870	0	2 602	2 166
批发和零售业	1	14	6	5	993	710	0	993	810
批发业	1	14	6	5	993	710	0	993	810
交通运输、仓储和邮政业	1	94	89	72	42 180	42 180	0	40 051	40 051
道路运输业	1	94	89	72	42 180	42 180	0	40 051	40 051
信息传输、软件和信息技术服业	3	211	154	128	76 664	55 696	0	47 992	26 170
电信、广播电视和卫星传输服务	2	43	41	24	5 731	5 213	0	5 114	3 943
软件和信息技术服务业	1	168	113	104	70 933	50 483	0	42 878	22 227
租赁和商务服务业	1	17	17	3	2 762	2 762	0	2 761	2 761
商务服务业	1	17	17	3	2 762	2 762	0	2 761	2 761
科学研究和技术服务业	63	6 394	5 098	4 057	2 803 757	2 137 204	0	2 745 318	2 289 621
研究和试验发展	28	2 827	2 377	1 979	975 909	791 660	0	972 732	900 741
专业技术服务业	24	3 214	2 410	1 848	1 794 407	1 313 323	0	1 739 302	1 356 336
科技推广和应用服务业	11	353	311	230	33 441	32 221	0	33 284	32 544
水利、环境和公共设施管理业	11	828	507	430	323 931	69 616	0	386 130	179 944
水利管理业	2	283	212	184	87 701	19 961	0	89 356	29 227

续表

项目	机构数（个）	从业人员总数（人）			经费收入总额（千元）		科技活动贷款（千元）	经费支出总额（千元）	
			单位在职科技活动人员	大学本科及以上学历		政府资金			科技经费支出
生态保护和环境治理业	8	452	238	206	221 542	42 239	0	282 516	144 433
公共设施管理业	1	93	57	40	14 688	7 416	0	14 258	6 284
教育	2	63	57	52	9 143	6 277	0	9 143	6 216
教育	2	63	57	52	9 143	6 277	0	9 143	6 216
卫生和社会工作	20	2 569	2 137	1 564	1 295 361	188 539	14 000	1 263 543	391 812
卫生	20	2 569	2 137	1 564	1 295 361	188 539	14 000	1 263 543	391 812
文化、体育和娱乐业	4	300	279	238	72 160	56 453	0	73 052	61 738
文化艺术业	3	288	272	232	71 250	55 543	0	72 142	60 828
体育	1	12	7	6	910	910	0	910	910
中央属									
总　计	8	2 555	2 239	1 812	1 942 069	1 600 267	0	1 899 663	1 728 447
农、林、牧、渔业	3	642	535	361	328 375	167 567	0	320 357	250 726
农业	1	209	145	103	127 266	20 137	0	136 157	131 234
渔业	1	359	316	207	156 742	136 557	0	140 751	115 110
农、林、牧、渔服务业	1	74	74	51	44 367	10 873	0	43 449	4 382
科学研究和技术服务业	5	1 913	1 704	1 451	1 613 694	1 432 700	0	1 579 306	1 477 721
研究和试验发展	4	1 280	1 137	1 021	702 692	559 082	0	682 525	669 339
专业技术服务业	1	633	567	430	911 002	873 618	0	896 781	808 382
地方属									
总　计	216	17 972	13 133	9 764	5 183 721	2 184 587	29 170	5 083 111	2 815 994
农、林、牧、渔业	57	4 315	3 412	2 268	703 904	630 835	15 000	675 145	603 799
农业	24	2 505	2 041	1 279	335 467	308 734	15 000	336 498	317 103
林业	6	255	224	174	15 816	14 528	0	15 272	14 299
畜牧业	3	180	164	114	43 919	39 617	0	42 425	38 964
渔业	6	514	329	196	93 739	89 237	0	89 840	85 622
农、林、牧、渔服务业	18	861	654	505	214 963	178 719	0	191 110	147 811
制造业	52	3 797	2 521	1 891	941 159	407 770	170	909 801	462 634
农副食品加工业	3	140	102	71	66 639	2 874	0	51 028	3 918
食品制造业	3	165	139	114	19 688	12 713	0	20 035	7 047
纺织业	3	146	88	35	27 479	11 886	0	27 415	16 846
皮革、毛皮、羽毛及其制品和制鞋业	1	24	18	10	3 369	733	0	3 369	1 859
家具制造业	1	21	16	9	2 795	2 320	0	2 757	1 332
造纸和纸制品业	2	104	62	45	15 009	3 084	0	15 194	5 430
文教、工美、体育和娱乐用品制造业	1	15	10	7	3 082	2 804	170	3 063	2 500

续表

项　目	机构数（个）	从业人员总数（人）	单位在职科技活动人员	大学本科及以上学历	经费收入总额（千元）	政府资金	科技活动贷款（千元）	经费支出总额（千元）	科技经费支出
化学原料和化学制品制造业	8	445	331	263	92 368	49 259	0	92 757	50 261
医药制造业	7	575	435	360	127 480	61 459	0	131 410	109 134
化学纤维制造业	1	58	16	11	2 584	2 584	0	2 584	2 584
橡胶和塑料制品业	1	33	19	12	4 704	3 790	0	4 704	2 760
非金属矿物制品业	2	144	24	21	30 210	2 135	0	32 464	2 287
通用设备制造业	6	440	295	206	65 596	27 517	0	64 858	45 046
专用设备制造业	7	494	310	213	54 279	45 016	0	52 345	33 841
电气机械和器材制造业	1	61	60	56	14 972	10 808	0	14 704	14 704
计算机、通信和其他电子设备制造业	2	453	211	124	237 366	9 750	0	223 208	14 456
仪器仪表制造业	3	479	385	334	173 539	159 038	0	167 906	148 629
建筑业	6	1 283	560	507	525 401	19 245	0	508 488	228 159
房屋建筑业	4	791	508	466	354 372	17 375	0	328 398	196 048
土木工程建筑业	1	476	38	33	168 342	0	0	177 488	29 945
建筑装饰和其他建筑业	1	16	14	8	2 687	1 870	0	2 602	2 166
批发和零售业	1	14	6	5	993	710	0	993	810
批发业	1	14	6	5	993	710	0	993	810
交通运输、仓储和邮政业	1	94	89	72	42 180	42 180	0	40 051	40 051
道路运输业	1	94	89	72	42 180	42 180	0	40 051	40 051
信息传输、软件和信息技术服务业	3	211	154	128	76 664	55 696	0	47 992	26 170
电信、广播电视和卫星传输服务	2	43	41	24	5 731	5 213	0	5 114	3 943
软件和信息技术服务业	1	168	113	104	70 933	50 483	0	42 878	22 227
租赁和商务服务业	1	17	17	3	2 762	2 762	0	2 761	2 761
商务服务业	1	17	17	3	2 762	2 762	0	2 761	2 761
科学研究和技术服务业	58	4 481	3 394	2 606	1 190 063	704 504	0	1 166 012	811 900
研究和试验发展	24	1 547	1 240	958	273 217	232 578	0	290 207	231 402
专业技术服务业	23	2 581	1 843	1 418	883 405	439 705	0	842 521	547 954
科技推广和应用服务业	11	353	311	230	33 441	32 221	0	33 284	32 544
水利、环境和公共设施管理业	11	828	507	430	323 931	69 616	0	386 130	179 944
水利管理业	2	283	212	184	87 701	19 961	0	89 356	29 227
生态保护和环境治理业	8	452	238	206	221 542	42 239	0	282 516	144 433
公共设施管理业	1	93	57	40	14 688	7 416	0	14 258	6 284
教育	2	63	57	52	9 143	6 277	0	9 143	6 216
教育	2	63	57	52	9 143	6 277	0	9 143	6 216
卫生和社会工作	20	2 569	2 137	1 564	1 295 361	188 539	14 000	1 263 543	391 812

续表

项　目	机构数（个）	从业人员总数（人）	单位在职科技活动人员	大学本科及以上学历	经费收入总额（千元）	政府资金	科技活动贷款（千元）	经费支出总额（千元）	科技经费支出
卫生	20	2 569	2 137	1 564	1 295 361	188 539	14 000	1 263 543	391 812
文化、体育和娱乐业	4	300	279	238	72 160	56 453	0	73 052	61 738
文化艺术业	3	288	272	232	71 250	55 543	0	72 142	60 828
体育	1	12	7	6	910	910	0	910	910
4.按机构所属学科领域分布									
全省									
总　计	224	20 527	15 372	11 576	7 125 790	3 784 854	29 170	6 982 774	4 544 441
自然科学领域	16	2 247	1 977	1 573	1 770 880	1 542 410	0	1 737 539	1 592 258
农业科学领域	64	5 329	4 103	2 740	1 092 267	826 776	15 000	1 058 345	884 238
医学科学领域	28	3 146	2 582	1 915	1 401 581	251 470	14 000	1 378 678	486 254
工程科学与技术领域	81	8 223	5 338	4 277	2 601 330	943 641	0	2 538 301	1 332 816
社会、人文科学领域	35	1 582	1 372	1 071	259 732	220 557	170	269 911	248 875
5.按机构中从事科技活动人员规模分布									
全省									
总　计	224	20 527	15 372	11 576	7 125 790	3 784 854	29 170	6 982 774	4 544 441
500～999人	2	1 616	1 457	1 057	1 686 964	886 584	0	1 669 535	879 677
300～499人	4	1 621	1 421	1 227	732 804	536 475	0	693 092	618 600
200～299人	9	2 498	2 085	1 643	882 817	316 703	14 000	872 519	620 151
100～199人	26	4 765	3 560	2 686	1 543 144	924 062	0	1 515 177	1 039 983
50～99人	58	5 404	4 129	3 076	1 236 306	753 185	15 000	1 163 833	843 193
30～49人	33	2 131	1 231	928	635 645	190 511	0	675 075	329 998
20～29人	30	986	714	469	156 665	85 553	0	155 275	106 242
10～19人	44	1 165	664	416	200 906	81 102	170	181 557	93 902
0～9人	18	341	111	74	50 539	10 679	0	56 711	12 695
中央属									
总　计	8	2 555	2 239	1 812	1 942 069	1 600 267	0	1 899 663	1 728 447
500～999人	1	633	567	430	911 002	873 618	0	896 781	808 382
300～499人	3	1 198	1 105	911	631 149	487 675	0	601 167	567 615
100～199人	3	650	493	420	355 551	228 101	0	358 266	348 068
50～99人	1	74	74	51	44 367	10 873	0	43 449	4 382
地方属									
总　计	216	17 972	13 133	9 764	5 183 721	2 184 587	29 170	5 083 111	2 815 994
500～999人	1	983	890	627	775 962	12 966	0	772 754	71 295
300～499人	1	423	316	316	101 655	48 800	0	91 925	50 985

续表

项　目	机构数（个）	从业人员总数（人）	单位在职科技活动人员		经费收入总额（千元）		科技活动贷款（千元）	经费支出总额（千元）	
				大学本科及以上学历		政府资金			科技经费支出
200～299人	9	2 498	2 085	1 643	882 817	316 703	14 000	872 519	620 151
100～199人	23	4 115	3 067	2 266	1 187 593	695 961	0	1 156 911	691 915
50～99人	57	5 330	4 055	3 025	1 191 939	742 312	15 000	1 120 384	838 811
30～49人	33	2 131	1 231	928	635 645	190 511	0	675 075	329 998
20～29人	30	986	714	469	156 665	85 553	0	155 275	106 242
10～19人	44	1 165	664	416	200 906	81 102	170	181 557	93 902
0～9人	18	341	111	74	50 539	10 679	0	56 711	12 695

表3　2011年经费收入

单位：千元

项目	科技活动收入	政府资金	财政拨款	承担政府科研项目收入	其他	非政府资金	技术性收入	国外资金	生产经营活动收入	其他收入
1.按地域分布										
全省										
总　计	4 606 496	3 544 563	2 057 241	770 754	117 404	1 061 933	918 395	13 632	1 135 978	1 383 316
济南市	2 003 043	1 286 558	868 721	273 939	56 357	716 485	672 341	0	882 923	1 110 298
青岛市	2 028 104	1 751 883	813 288	403 694	41 645	276 221	177 996	13 632	57 931	240 518
淄博市	34 389	29 576	28 711	230	150	4 813	4 813	0	32 766	2 533
枣庄市	5 700	4 990	4 990	0	0	710	710	0	0	0
东营市	10 296	10 296	10 001	295	0	0	0	0	0	0
烟台市	235 443	182 286	115 496	49 164	9 823	53 157	52 722	0	2 833	12 381
潍坊市	36 805	36 805	30 999	4 030	60	0	0	0	79 829	3 201
济宁市	81 560	72 795	44 775	21 455	1 780	8 765	8 631	0	77 349	8 647
泰安市	63 775	63 637	60 764	2 840	0	138	138	0	1 475	40
威海市	6 370	6 288	4 978	1 310	0	82	82	0	0	53
日照市	7 648	7 648	1 382	200	6 066	0	0	0	0	0
莱芜市	7 838	7 048	6 648	400	0	790	190	0	770	300
临沂市	26 268	25 827	17 459	8 338	30	441	441	0	0	90
德州市	11 871	11 871	7 842	2 029	0	0	0	0	0	1 517
聊城市	17 913	17 913	17 545	0	368	0	0	0	0	1 337
滨州市	17 936	17 605	14 672	575	940	331	331	0	102	2 401
菏泽市	11 537	11 537	8 970	2 255	185	0	0	0	0	0
2.按隶属关系分布										
全省										
总　计	4 606 496	3 544 563	2 057 241	770 754	117 404	1 061 933	918 395	13 632	1 135 978	1 383 316
地方部门属	2 792 520	2 000 302	1 322 476	507 347	69 094	792 218	742 156	0	1 109 606	1 281 595
省级部门属	2 278 484	1 548 426	949 769	454 147	55 387	730 058	682 020	0	593 672	1 220 655
副省级城市属	84 619	82 609	65 390	14 433	1 726	2 010	1 310	0	46 863	7 916
地市级部门属	429 417	369 267	307 317	38 767	11 981	60 150	58 826	0	469 071	53 024
中央部门属	1 813 976	1 544 261	734 765	263 407	48 310	269 715	176 239	13 632	26 372	101 721
中国科学院	1 000 013	948 903	290 816	151 700	48 310	51 110	36 551	13 632	300	41 561
中央属										
总　计	1 813 976	1 544 261	734 765	263 407	48 310	269 715	176 239	13 632	26 372	101 721

续表

项目	科技活动收入	政府资金	财政拨款	承担政府科研项目收入	其他	非政府资金	技术性收入	国外资金	生产经营活动收入	其他收入
农业部	250 311	151 979	97 352	52 892	0	98 332	19 415	0	2 330	31 367
国土资源部	156 436	137 531	137 531	0	0	18 905	18 905	0	0	10 503
国家海洋局	396 343	294 975	198 193	58 815	0	101 368	101 368	0	0	8 538
中华全国供销合作总社	10 873	10 873	10 873	0	0	0	0	0	23 742	9 752
中国科学院	1 000 013	948 903	290 816	151 700	48 310	51 110	36 551	13 632	300	41 561
地方属										
总　计	2 792 520	2 000 302	1 322 476	507 347	69 094	792 218	742 156	0	1 109 606	1 281 595
济南市	1 992 170	1 275 685	857 848	273 939	56 357	716 485	672 341	0	859 181	1 100 546
青岛市	286 224	279 075	122 814	151 465	1 726	7 149	2 400	0	55 301	148 672
淄博市	34 389	29 576	28 711	230	150	4 813	4 813	0	32 766	2 533
枣庄市	5 700	4 990	4 990	0	0	710	710	0	0	0
东营市	10 296	10 296	10 001	295	0	0	0	0	0	0
烟台市	174 220	121 706	82 078	37 986	1 432	52 514	52 079	0	2 833	12 258
潍坊市	36 805	36 805	30 999	4 030	60	0	0	0	79 829	3 201
济宁市	81 560	72 795	44 775	21 455	1 780	8 765	8 631	0	77 349	8 647
泰安市	63 775	63 637	60 764	2 840	0	138	138	0	1 475	40
威海市	6 370	6 288	4 978	1 310	0	82	82	0	0	53
日照市	7 648	7 648	1 382	200	6 066	0	0	0	0	0
莱芜市	7 838	7 048	6 648	400	0	790	190	0	770	300
临沂市	26 268	25 827	17 459	8 338	30	441	441	0	0	90
德州市	11 871	11 871	7 842	2 029	0	0	0	0	0	1 517
聊城市	17 913	17 913	17 545	0	368	0	0	0	0	1 337
滨州市	17 936	17 605	14 672	575	940	331	331	0	102	2 401
菏泽市	11 537	11 537	8 970	2 255	185	0	0	0	0	0
3.按服务的国民经济行业分布										
全省										
总　计	4 606 496	3 544 563	2 057 241	770 754	117 404	1 061 933	918 395	13 632	1 135 978	1 383 316
农、林、牧、渔业	897 883	772 791	463 164	266 153	25 554	125 092	40 413	0	62 061	72 335
农业	444 093	328 871	235 781	81 409	1 735	115 222	30 978	0	3 247	15 393
林业	14 570	14 143	10 230	3 243	670	427	427	0	0	1 246
畜牧业	43 681	39 617	30 223	9 394	0	4 064	3 629	0	110	128
渔业	214 638	213 338	104 204	97 601	9 798	1 300	1 300	0	3 292	32 551
农、林、牧、渔服务业	180 901	176 822	82 726	74 506	13 351	4 079	4 079	0	55 412	23 017
制造业	423 650	292 934	176 936	101 256	9 097	130 716	120 188	0	362 471	155 038

续表

项目	科技活动收入	政府资金	财政拨款	承担政府科研项目收入	其他	非政府资金	技术性收入	国外资金	生产经营活动收入	其他收入
农副食品加工业	2 449	2 314	1 244	0	1 070	135	25	0	56 270	7 920
食品制造业	10 076	6 274	6 029	0	0	3 802	3 802	0	1 945	7 667
纺织业	9 754	5 237	5 037	200	0	4 517	688	0	10 036	7 689
皮革、毛皮、羽毛及其制品和制鞋业	733	733	733	0	0	0	0	0	58	2 578
家具制造业	1 267	930	930	0	0	337	337	0	0	1 528
造纸和纸制品业	4 955	883	283	600	0	4 072	4 072	0	7 853	2 201
文教、工美、体育和娱乐用品制造业	821	600	600	0	0	221	221	0	0	2 261
化学原料和化学制品制造业	46 253	22 288	17 024	4 470	794	23 965	23 965	0	8 149	37 966
医药制造业	90 530	55 050	50 275	3 052	1 723	35 480	28 891	0	20 501	16 449
化学纤维制造业	2 584	2 584	2 584	0	0	0	0	0	0	0
橡胶和塑料制品业	1 765	1 500	900	600	0	265	265	0	625	2 314
非金属矿物制品业	2 585	1 135	1 135	0	0	1 450	1 450	0	26 625	1 000
通用设备制造业	45 572	10 461	8 875	1 586	0	35 111	35 111	0	2 413	17 611
专用设备制造业	36 994	32 990	28 510	370	4 110	4 004	4 004	0	1 190	16 095
电气机械和器材制造业	10 913	7 988	6 284	1 704	0	2 925	2 925	0	0	4 059
计算机、通信和其他电子设备制造业	10 560	9 750	0	2 950	1 400	810	810	0	226 806	0
仪器仪表制造业	145 839	132 217	46 493	85 724	0	13 622	13 622	0	0	27 700
建筑业	193 920	14 481	12 201	2 280	0	179 439	169 358	0	326 447	5 034
房屋建筑业	191 772	12 611	11 231	1 380	0	179 161	169 080	0	157 584	5 016
土木工程建筑业	0	0	0	0	0	0	0	0	168 342	0
建筑装饰和其他建筑业	2 148	1 870	970	900	0	278	278	0	521	18
批发和零售业	200	200	200	0	0	0	0	0	183	610
批发业	200	200	200	0	0	0	0	0	183	610
交通运输、仓储和邮政业	40 290	40 290	11 355	0	0	0	0	0	0	1 890
道路运输业	40 290	40 290	11 355	0	0	0	0	0	0	1 890
信息传输、软件和信息技术服务业	66 812	52 504	1 177	47 291	4 036	14 308	14 308	0	518	9 334
电信、广播电视和卫星传输服务	5 213	5 213	1 177	0	4 036	0	0	0	518	0
软件和信息技术服务业	61 599	47 291	0	47 291	0	14 308	14 308	0	0	9 334
租赁和商务服务业	2 762	2 762	2 762	0	0	0	0	0	0	0
商务服务业	2 762	2 762	2 762	0	0	0	0	0	0	0
科学研究和技术服务业	2 457 747	2 067 445	1 167 363	306 602	69 845	390 302	373 233	13 632	206 947	139 063
研究和试验发展	932 238	776 135	597 476	102 751	16 104	156 103	148 049	6 756	1 599	42 072

续表

项目	科技活动收入	政府资金	财政拨款	承担政府科研项目收入	其他	非政府资金	技术性收入	国外资金	生产经营活动收入	其他收入
专业技术服务业	1 492 923	1 259 424	541 761	200 091	53 741	233 499	225 084	6 876	205 128	96 356
科技推广和应用服务业	32 586	31 886	28 126	3 760	0	700	100	0	220	635
水利、环境和公共设施管理业	127 130	65 542	42 475	21 338	200	61 588	51 772	0	170 119	26 682
水利管理业	81 177	19 961	19 961	0	0	61 216	51 400	0	6 524	0
生态保护和环境治理业	38 537	38 165	16 393	21 338	200	372	372	0	156 323	26 682
公共设施管理业	7 416	7 416	6 121	0	0	0	0	0	7 272	0
教育	6 216	5 516	4 754	0	762	700	700	0	0	2 927
教育	6 216	5 516	4 754	0	762	700	700	0	0	2 927
卫生和社会工作	324 713	174 725	119 481	25 834	7 910	149 988	148 423	0	3 549	967 099
卫生	324 713	174 725	119 481	25 834	7 910	149 988	148 423	0	3 549	967 099
文化、体育和娱乐业	65 173	55 373	55 373	0	0	9 800	0	0	3 683	3 304
文化艺术业	64 263	54 463	54 463	0	0	9 800	0	0	3 683	3 304
体育	910	910	910	0	0	0	0	0	0	0
4.按机构所属学科领域分布										
全省										
总　计	4 606 496	3 544 563	2 057 241	770 754	117 404	1 061 933	918 395	13 632	1 135 978	1 383 316
自然科学领域	1 656 003	1 466 148	653 101	272 692	51 659	189 855	175 331	6 876	22 659	92 218
农业科学领域	922 851	797 850	492 563	258 984	26 373	125 001	40 322	0	86 407	83 009
医学科学领域	414 227	231 247	168 994	29 388	9 633	182 980	180 119	0	3 838	983 516
工程科学与技术领域	1 376 254	833 471	533 603	208 280	27 134	542 783	511 109	6 756	1 018 019	207 057
社会、人文科学领域	237 161	215 847	208 980	1 410	2 605	21 314	11 514	0	5 055	17 516

表4　　2011年经费支出

单位：千元

项目	科技经费内部支出	科技经费日常支出	人员劳务费	设备购置费	其他日常支出	科研基建	生产经营支出	其他支出
1.按地域分布								
全省								
总　计	4 544 441	3 840 275	1 274 141	510 042	2 056 092	704 166	1 057 516	1 374 364
济南市	2 031 364	1 875 063	603 604	260 557	1 010 902	156 301	874 461	1 068 563
青岛市	1 938 524	1 433 753	381 336	196 416	856 001	504 771	47 567	250 877
淄博市	53 852	52 317	34 764	1 569	15 984	1 535	11 668	2 960
枣庄市	4 870	4 870	4 400	100	370	0	0	0
东营市	10 296	10 296	5 916	3 530	850	0	0	0
烟台市	217 560	188 824	78 316	19 574	90 934	28 736	1 116	34 435
潍坊市	35 531	33 815	19 540	1 471	12 804	1 716	75 720	2 894
济宁市	86 517	81 732	40 743	18 456	22 533	4 785	45 543	7 681
泰安市	57 876	57 843	40 789	2 863	14 191	33	238	736
威海市	7 482	7 482	4 585	12	2 885	0	82	0
日照市	8 822	8 822	5 898	60	2 864	0	0	0
莱芜市	7 148	7 148	6 074	418	656	0	670	970
临沂市	26 358	26 358	15 650	990	9 718	0	0	0
德州市	13 309	10 765	6 917	262	3 586	2 544	0	160
聊城市	15 936	15 936	11 843	755	3 338	0	0	3 198
滨州市	21 682	18 064	9 588	2 827	5 649	3 618	451	831
菏泽市	7 314	7 187	4 178	182	2 827	127	0	1 059
2.按隶属关系分布								
全省								
总　计	4 544 441	3 840 275	1 274 141	510 042	2 056 092	704 166	1 057 516	1 374 364
地方部门属	2 815 994	2 618 700	965 954	323 772	1 328 974	197 294	1 015 819	1 244 845
省级部门属	2 277 558	2 120 475	669 543	290 500	1 160 432	157 083	606 434	1 139 634
副省级城市属	80 370	76 888	45 178	5 880	25 830	3 482	36 659	16 212
地市级部门属	458 066	421 337	251 233	27 392	142 712	36 729	372 726	88 999
中央部门属	1 728 447	1 221 575	308 187	186 270	727 118	506 872	41 697	129 519
中国科学院	938 241	480 164	162 431	76 837	240 896	458 077	300	88 099
中央属								
总　计	1 728 447	1 221 575	308 187	186 270	727 118	506 872	41 697	129 519
农业部	246 344	235 516	46 788	33 140	155 588	10 828	2 330	28 234
国土资源部	161 239	161 239	20 454	30 933	109 852	0	0	5 275

续表

项目	科技经费内部支出	科技经费日常支出	人员劳务费	设备购置费	其他日常支出	科研基建	生产经营支出	其他支出
国家海洋局	378 241	340 274	75 849	45 143	219 282	37 967	0	7 911
中华全国供销合作总社	4 382	4 382	2 665	217	1 500	0	39 067	0
中国科学院	938 241	480 164	162 431	76 837	240 896	458 077	300	88 099
地方属								
总　计	2 815 994	2 618 700	965 954	323 772	1 328 974	197 294	1 015 819	1 244 845
济南市	2 026 982	1 870 681	600 939	260 340	1 009 402	156 301	835 394	1 068 563
青岛市	270 054	264 562	96 619	19 243	148 700	5 492	44 937	121 358
淄博市	53 852	52 317	34 764	1 569	15 984	1 535	11 668	2 960
枣庄市	4 870	4 870	4 400	100	370	0	0	0
东营市	10 296	10 296	5 916	3 530	850	0	0	0
烟台市	161 965	140 822	57 511	10 694	72 617	21 143	1 116	34 435
潍坊市	35 531	33 815	19 540	1 471	12 804	1 716	75 720	2 894
济宁市	86 517	81 732	40 743	18 456	22 533	4 785	45 543	7 681
泰安市	57 876	57 843	40 789	2 863	14 191	33	238	736
威海市	7 482	7 482	4 585	12	2 885	0	82	0
日照市	8 822	8 822	5 898	60	2 864	0	0	0
莱芜市	7 148	7 148	6 074	418	656	0	670	970
临沂市	26 358	26 358	15 650	990	9 718	0	0	0
德州市	13 309	10 765	6 917	262	3 586	2 544	0	160
聊城市	15 936	15 936	11 843	755	3 338	0	0	3 198
滨州市	21 682	18 064	9 588	2 827	5 649	3 618	451	831
菏泽市	7 314	7 187	4 178	182	2 827	127	0	1 059
3.按机构所属学科领域分布								
全省								
总　计	4 544 441	3 840 275	1 274 141	510 042	2 056 092	704 166	1 057 516	1 374 364
自然科学领域	1 592 258	1 103 562	269 127	137 177	697 258	488 696	10 936	134 345
农业科学领域	884 238	844 574	305 113	77 407	462 054	39 664	92 441	80 774
医学科学领域	486 254	462 822	190 373	92 270	180 179	23 432	9 287	883 137
工程科学与技术领域	1 332 816	1 183 294	404 561	175 171	603 562	149 522	942 917	257 007
社会、人文科学领域	248 875	246 023	104 967	28 017	113 039	2 852	1 935	19 101
4.按服务的国民经济行业分布								
全省								
总　计	4 544 441	3 840 275	1 274 141	510 042	2 056 092	704 166	1 057 516	1 374 364
农、林、牧、渔业	854 525	819 536	290 019	72 866	456 651	34 989	73 255	66 835
农业	448 337	425 222	167 683	29 667	227 872	23 115	1 968	22 350

续表

项目	科技经费内部支出	科技经费日常支出	人员劳务费	设备购置费	其他日常支出	科研基建	生产经营支出	其他支出
林业	14 299	14 299	9 331	1 662	3 306	0	0	973
畜牧业	38 964	38 964	13 319	2 610	23 035	0	0	3 461
渔业	200 732	197 297	53 617	24 907	118 773	3 435	2 710	27 149
农、林、牧、渔服务业	152 193	143 754	46 069	14 020	83 665	8 439	68 577	12 902
制造业	462 634	454 789	176 978	73 782	204 029	7 845	321 027	120 660
农副食品加工业	3 918	3 918	2 797	16	1 105	0	35 330	6 300
食品制造业	7 047	6 802	3 988	336	2 478	245	1 775	11 213
纺织业	16 846	16 846	10 653	466	5 727	0	10 569	0
皮革、毛皮、羽毛及其制品和制鞋业	1 859	1 859	790	0	1 069	0	58	1 452
家具制造业	1 332	1 332	335	900	97	0	0	1 425
造纸和纸制品业	5 430	5 430	3 503	117	1 810	0	7 621	2 143
文教、工美、体育和娱乐用品制造业	2 500	2 500	500	500	1 500	0	0	563
化学原料和化学制品制造业	50 261	50 261	18 966	9 009	22 286	0	5 447	37 049
医药制造业	109 134	109 134	46 503	19 392	43 239	0	15 509	6 767
化学纤维制造业	2 584	2 584	470	882	1 232	0	0	0
橡胶和塑料制品业	2 760	2 760	1 412	0	1 348	0	1 294	650
非金属矿物制品业	2 287	2 287	1 587	200	500	0	30 063	114
通用设备制造业	45 046	45 046	16 599	3 279	25 168	0	2 644	17 168
专用设备制造业	33 841	31 641	20 600	881	10 160	2 200	2 070	16 434
电气机械和器材制造业	14 704	14 704	3 733	2 007	8 964	0	0	0
计算机、通信和其他电子设备制造业	14 456	9 056	6 528	0	2 528	5 400	208 647	105
仪器仪表制造业	148 629	148 629	38 014	35 797	74 818	0	0	19 277
建筑业	228 159	228 159	55 739	17 588	154 832	0	273 269	7 060
房屋建筑业	196 048	196 048	36 671	4 910	154 467	0	125 290	7 060
土木工程建筑业	29 945	29 945	17 967	11 978	0	0	147 543	0
建筑装饰和其他建筑业	2 166	2 166	1 101	700	365	0	436	0
批发和零售业	810	810	318	29	463	0	183	0
批发业	810	810	318	29	463	0	183	0
交通运输、仓储和邮政业	40 051	11 116	2 603	1 699	6 814	28 935	0	0
道路运输业	40 051	11 116	2 603	1 699	6 814	28 935	0	0
信息传输、软件和信息技术服务业	26 170	26 170	8 175	10 150	7 845	0	0	21 822
电信、广播电视和卫星传输服务	3 943	3 943	2 732	6	1 205	0	0	1 171
软件和信息技术服务业	22 227	22 227	5 443	10 144	6 640	0	0	20 651
租赁和商务服务业	2 761	2 761	1 326	0	1 435	0	0	0

续表

项目	科技经费内部支出	科技经费日常支出	人员劳务费	设备购置费	其他日常支出	科研基建	生产经营支出	其他支出
商务服务业	2 761	2 761	1 326	0	1 435	0	0	0
科学研究和技术服务业	2 289 621	1 680 453	517 206	232 379	930 868	609 168	222 710	232 901
研究和试验发展	900 741	835 825	235 500	119 204	481 121	64 916	33 540	38 370
专业技术服务业	1 356 336	812 084	259 969	112 033	440 082	544 252	188 940	194 021
科技推广和应用服务业	32 544	32 544	21 737	1 142	9 665	0	230	510
水利、环境和公共设施管理业	179 944	178 415	52 897	5 580	119 938	1 529	164 635	41 551
水利管理业	29 227	29 227	24 544	1 630	3 053	0	49 328	10 801
生态保护和环境治理业	144 433	144 199	26 871	3 152	114 176	234	107 333	30 750
公共设施管理业	6 284	4 989	1 482	798	2 709	1 295	7 974	0
教育	6 216	6 216	5 248	86	882	0	0	2 927
教育	6 216	6 216	5 248	86	882	0	0	2 927
卫生和社会工作	391 812	370 112	148 785	80 722	140 605	21 700	2 437	869 294
卫生	391 812	370 112	148 785	80 722	140 605	21 700	2 437	869 294
文化、体育和娱乐业	61 738	61 738	14 847	15 161	31 730	0	0	11 314
文化艺术业	60 828	60 828	14 488	14 934	31 406	0	0	11 314
体育	910	910	359	227	324	0	0	0

表5 2011年基本建设与固定资产

单位：千元

项目	基本建设投资实际完成额	科研仪器设备	科研土建工程	科研基建	政府资金	企业资金	事业单位资金	其他资金	年末固定资产原价	科研房屋建筑物	科研仪器设备	进口
1.按地域分布												
全省												
总　计	710 619	94 808	609 358	704 166	599 164	145	99 887	4 970	6 479 147	1 392 722	2 773 523	1 080 085
济南市	156 306	42 972	113 329	156 301	87 541	100	66 790	1 870	3 562 535	555 660	1 469 493	519 297
青岛市	504 771	42 707	462 064	504 771	493 256	0	11 515	0	2 175 186	575 641	1 045 967	485 914
淄博市	1 616	725	810	1 535	485	45	1 005	0	36 608	8 443	19 024	5 405
枣庄市	0	0	0	0	0	0	0	0	20 370	19 100	1 270	0
东营市	0	0	0	0	0	0	0	0	67 920	39 800	22 630	8 000
烟台市	28 736	0	28 736	28 736	7 803	0	19 233	1 700	232 686	81 946	122 091	55 830
潍坊市	1 716	606	1 110	1 716	1 716	0	0	0	28 740	11 108	5 018	1 493
济宁市	10 265	4 785	0	4 785	4 785	0	0	0	130 660	17 631	31 864	0
泰安市	590	33	0	33	33	0	0	0	53 476	18 787	22 128	231
威海市	0	0	0	0	0	0	0	0	16 268	5 273	3 890	0
日照市	0	0	0	0	0	0	0	0	62 718	13 352	2 845	0
莱芜市	0	0	0	0	0	0	0	0	24 678	16 100	7 128	0
临沂市	0	0	0	0	0	0	0	0	22 085	8 563	6 079	0
德州市	2 544	705	1 839	2 544	2 000	0	544	0	5 684	3 679	905	0
聊城市	0	0	0	0	0	0	0	0	14 234	6 879	1 811	0
滨州市	3 948	2 148	1 470	3 618	1 418	0	800	1 400	19 243	8 166	9 506	3 915
菏泽市	127	127	0	127	127	0	0	0	6 056	2 594	1 874	0
2.按隶属关系分布												
全省												
总　计	710 619	94 808	609 358	704 166	599 164	145	99 887	4 970	6 479 147	1 392 722	2 773 523	1 080 085
地方部门属	203 747	55 801	141 493	197 294	101 385	145	90 794	4 970	4 673 256	1 021 936	1 773 677	623 387
省级部门属	157 088	44 739	112 344	157 083	89 123	100	64 290	3 570	3 696 687	694 365	1 461 668	552 895
副省级城市属	3 482	1 690	1 792	3 482	1 060	0	2 422	0	172 384	56 125	78 289	45 332
地市级部门属	43 177	9 372	27 357	36 729	11 202	45	24 082	1 400	804 185	271 446	233 720	25 160
中央部门属	506 872	39 007	467 865	506 872	497 779	0	9 093	0	1 805 891	370 786	999 846	456 698
中国科学院	458 077	0	458 077	458 077	458 077	0	0	0	794 094	130 253	482 937	285 718
中央属												
总　计	506 872	39 007	467 865	506 872	497 779	0	9 093	0	1 805 891	370 786	999 846	456 698

续表

项目	基本建设投资实际完成额	科研仪器设备	科研土建工程	科研基建	政府资金	企业资金	事业单位资金	其他资金	年末固定资产原价	科研房屋建筑物	科研仪器设备	
												进口
农业部	10 828	1 040	9 788	10 828	1 735	0	9 093	0	385 705	112 060	56 365	31 405
国土资源部	0	0	0	0	0	0	0	0	185 607	36 966	111 566	65 955
国家海洋局	37 967	37 967	0	37 967	37 967	0	0	0	400 797	83 140	317 657	73 620
中华全国供销合作总社	0	0	0	0	0	0	0	0	39 688	8 367	31 321	0
中国科学院	458 077	0	458 077	458 077	458 077	0	0	0	794 094	130 253	482 937	285 718
地方属												
总　计	203 747	55 801	141 493	197 294	101 385	145	90 794	4 970	4 673 256	1 021 936	1 773 677	623 387
济南市	156 306	42 972	113 329	156 301	87 541	100	66 790	1 870	3 522 847	547 293	1 438 172	519 297
青岛市	5 492	3 700	1 792	5 492	3 070	0	2 422	0	482 013	213 222	150 472	74 381
淄博市	1 616	725	810	1 535	485	45	1 005	0	36 608	8 443	19 024	5 405
枣庄市	0	0	0	0	0	0	0	0	20 370	19 100	1 270	0
东营市	0	0	0	0	0	0	0	0	67 920	39 800	22 630	8 000
烟台市	21 143	0	21 143	21 143	210	0	19 233	1 700	159 656	81 946	49 061	10 665
潍坊市	1 716	606	1 110	1 716	1 716	0	0	0	28 740	11 108	5 018	1 493
济宁市	10 265	4 785	0	4 785	4 785	0	0	0	130 660	17 631	31 864	0
泰安市	590	33	0	33	33	0	0	0	53 476	18 787	22 128	231
威海市	0	0	0	0	0	0	0	0	16 268	5 273	3 890	0
日照市	0	0	0	0	0	0	0	0	62 718	13 352	2 845	0
莱芜市	0	0	0	0	0	0	0	0	24 678	16 100	7 128	0
临沂市	0	0	0	0	0	0	0	0	22 085	8 563	6 079	0
德州市	2 544	705	1 839	2 544	2 000	0	544	0	5 684	3 679	905	0
聊城市	0	0	0	0	0	0	0	0	14 234	6 879	1 811	0
滨州市	3 948	2 148	1 470	3 618	1 418	0	800	1 400	19 243	8 166	9 506	3 915
菏泽市	127	127	0	127	127	0	0	0	6 056	2 594	1 874	0

表6　2011年课题概况

项目	课题数合计（个）	R&D课题	课题经费内部支出（千元）	政府资金	R&D课题经费	课题投入人员（人年）	其中：R&D人员	其中：外聘流动学者	其中：在读研究生
1.按地域分布									
全省									
总　计	3 983	3 349	1 352 749	1 109 727	1 079 243	9 324	7 402	180	648
济南市	1 670	1 333	558 789	388 724	395 541	4 753	3 576	49	177
青岛市	1 628	1 429	603 783	542 829	534 305	2 584	2 285	119	398
淄博市	14	12	7 278	5 542	6 898	89	82	0	0
枣庄市	0	0	0	0	0	0	0	0	0
东营市	5	5	645	645	645	7	7	0	0
烟台市	319	304	79 541	76 891	64 963	564	478	7	71
潍坊市	27	27	9 080	7 715	9 080	143	143	0	0
济宁市	91	71	35 808	35 798	30 727	301	245	3	2
泰安市	115	91	20 100	19 417	16 733	308	255	0	0
威海市	6	0	2 902	2 032	0	44	0	0	0
日照市	8	7	974	948	774	31	25	2	0
莱芜市	4	3	1 650	1 050	1 050	55	25	0	0
临沂市	31	21	12 226	10 758	5 070	181	100	0	0
德州市	16	14	4 180	3 950	3 940	67	63	0	0
聊城市	14	9	8 799	8 799	4 520	62	37	0	0
滨州市	23	15	4 367	2 002	3 490	68	43	1	0
菏泽市	12	8	2 627	2 627	1 508	67	39	0	0
2.按隶属关系分布									
全省									
总　计	3 983	3 349	1 352 749	1 109 727	1 079 243	9 324	7 402	180	648
地方部门属	2 386	1 905	812 409	628 797	596 573	7 150	5 418	65	219
省级部门属	1 866	1 539	650 314	484 887	484 532	5 268	4 157	52	190
副省级城市属	136	94	37 068	33 830	28 660	365	266	4	21
地市级部门属	384	272	125 027	110 081	83 381	1 518	995	9	8
中央部门属	1 597	1 444	540 341	480 930	482 671	2 174	1 984	116	430
中国科学院	894	894	264 789	257 679	264 789	1 139	1 139	116	300
中央属									
总　计	1 597	1 444	540 341	480 930	482 671	2 174	1 984	116	430
农业部	380	343	126 638	115 548	117 229	400	351	0	49
国土资源部	17	17	13 777	13 777	13 777	103	103	0	0
国家海洋局	296	190	130 797	92 926	86 876	512	391	0	81

续表

项目	课题数合计（个）	R&D课题	课题经费内部支出（千元）	政府资金	R&D课题经费	课题投入人员（人年）	其中：R&D人员	其中：外聘流动学者	其中：在读研究生
中华全国供销合作总社	10	0	4 340	1 000	0	20	0	0	0
中国科学院	894	894	264 789	257 679	264 789	1 139	1 139	116	300
地方属									
总　计	2 386	1 905	812 409	628 797	596 573	7 150	5 418	65	219
济南市	1 660	1 333	554 449	387 724	395 541	4 733	3 576	49	177
青岛市	259	203	83 182	78 299	67 034	598	469	4	21
淄博市	14	12	7 278	5 542	6 898	89	82	0	0
枣庄市	0	0	0	0	0	0	0	0	0
东营市	5	5	645	645	645	7	7	0	0
烟台市	101	86	64 142	61 492	49 564	397	311	6	19
潍坊市	27	27	9 080	7 715	9 080	143	143	0	0
济宁市	91	71	35 808	35 798	30 727	301	245	3	2
泰安市	115	91	20 100	19 417	16 733	308	255	0	0
威海市	6	0	2 902	2 032	0	44	0	0	0
日照市	8	7	974	948	774	31	25	2	0
莱芜市	4	3	1 650	1 050	1 050	55	25	0	0
临沂市	31	21	12 226	10 758	5 070	181	100	0	0
德州市	16	14	4 180	3 950	3 940	67	63	0	0
聊城市	14	9	8 799	8 799	4 520	62	37	0	0
滨州市	23	15	4 367	2 002	3 490	68	43	1	0
菏泽市	12	8	2 627	2 627	1 508	67	39	0	0
3.按课题活动类型分布									
全省									
合　计	3 983	1 708	1 405	1 352 749	1 109 727	9 324	5 854	180	648
基础研究	891	362	291	203 649	181 262	1 535	1 110	31	207
应用研究	1 321	572	427	414 691	361 123	2 604	1 812	82	294
试验发展	1 137	483	369	460 903	386 030	3 263	1 934	51	119
研究与试验发展成果应用	365	146	155	157 508	119 401	1 174	599	8	21
科技服务	269	145	163	115 999	61 911	748	398	9	7
4.按服务的国民经济行业分布									
全省									
总　计	3 983	3 349	1 352 749	1 109 727	1 079 243	9 324	7 402	180	648
农、林、牧、渔业	1 308	1 113	430 071	395 740	357 889	2 776	2 255	16	131
农业	573	476	202 014	181 515	166 457	1 529	1 253	10	56
林业	63	46	9 520	9 442	6 517	162	117	0	0

续表

项目	课题数合计（个）	R&D课题	课题经费内部支出（千元）	政府资金	R&D课题经费	课题投入人员（人年）	其中：R&D人员	其中：外聘流动学者	其中：在读研究生
畜牧业	67	61	21 339	20 578	18 466	138	117	1	28
渔业	366	334	122 778	122 698	109 390	473	394	0	44
农、林、牧、渔服务业	239	196	74 420	61 507	57 059	475	375	5	4
制造业	397	290	154 016	80 583	114 286	1 216	818	13	4
农副食品加工业	1	1	320	300	320	4	4	0	0
食品制造业	24	13	2 059	1 280	1 492	57	37	0	0
纺织业	5	4	2 410	550	1 950	15	7	0	0
皮革、毛皮、羽毛及其制品和制鞋业	2	1	250	250	200	8	4	0	0
家具制造业	2	2	882	0	882	11	11	2	0
造纸和纸制品业	4	4	1 267	200	1 267	18	18	0	0
文教、工美、体育和娱乐用品制造业	1	0	2 500	2 500	0	17	0	7	0
化学原料和化学制品制造业	100	77	34 868	11 792	19 040	239	134	0	0
医药制造业	120	96	40 744	15 578	36 704	309	253	0	4
化学纤维制造业	0	0	0	0	0	0	0	0	0
橡胶和塑料制品业	3	1	1 350	600	350	12	4	0	0
非金属矿物制品业	0	0	0	0	0	0	0	0	0
通用设备制造业	33	4	7 252	710	1 006	118	15	0	0
专用设备制造业	31	24	14 275	4 132	6 648	127	97	1	0
电气机械和器材制造业	21	21	6 666	4 796	6 666	44	44	0	0
计算机、通信和其他电子设备制造业	9	1	1 843	565	430	56	8	0	0
仪器仪表制造业	41	41	37 331	37 331	37 331	181	181	3	0
建筑业	37	20	8 314	2 477	4 854	122	60	0	0
房屋建筑业	36	20	7 914	2 077	4 854	118	60	0	0
土木工程建筑业	0	0	0	0	0	0	0	0	0
建筑装饰和其他建筑业	1	0	400	400	0	4	0	0	0
批发和零售业	0	0	0	0	0	0	0	0	0
批发业	0	0	0	0	0	0	0	0	0
交通运输、仓储和邮政业	47	26	3 052	2 042	1 734	34	21	0	0
道路运输业	47	26	3 052	2 042	1 734	34	21	0	0
信息传输、软件和信息技术服务业	58	51	13 848	13 848	10 088	93	83	1	0
电信、广播电视和卫星传输服务	0	0	0	0	0	0	0	0	0
软件和信息技术服务业	58	51	13 848	13 848	10 088	93	83	1	0
租赁和商务服务业	0	0	0	0	0	0	0	0	0
商务服务业	0	0	0	0	0	0	0	0	0
科学研究和技术服务业	1 741	1 514	605 397	539 356	471 518	3 487	2 788	150	440

续表

项目	课题数合计（个）	R&D课题	课题经费内部支出（千元）	政府资金	R&D课题经费	课题投入人员（人年）	其中：R&D人员	其中：外聘流动学者	其中：在读研究生
研究和试验发展	937	784	301 712	253 520	245 439	1 923	1 678	33	233
专业技术服务业	788	730	297 399	281 149	226 078	1 458	1 109	117	207
科技推广和应用服务业	16	0	6 287	4 687	0	106	0	0	0
水利、环境和公共设施管理业	55	24	36 240	33 726	23 163	172	75	0	0
水利管理业	17	9	7 282	6 741	3 748	32	18	0	0
生态保护和环境治理业	32	15	24 778	24 555	19 415	100	57	0	0
公共设施管理业	6	0	4 180	2430	0	40	0	0	0
教育	11	2	685	595	180	13	4	0	0
教育	11	2	685	595	180	13	4	0	0
卫生和社会工作	327	307	100 710	40 944	95 117	1 405	1 294	0	74
卫生	327	307	100 710	40 944	95 117	1 405	1 294	0	74
文化、体育和娱乐业	2	2	416	416	416	6	6	0	0
文化艺术业	2	2	416	416	416	6	6	0	0
体育	0	0	0	0	0	0	0	0	0
5.按课题所属学科分布									
全省									
总　计	3 983	3 349	1 352 749	1 109 727	1 079 243	9 324	7 402	180	648
自然科学领域	1 207	1 071	469 394	409 449	362 403	1 985	1 679	105	312
数学	2	2	298	298	298	3	3	0	0
信息科学与系统科学	6	4	2 611	1 526	556	40	12	0	0
力学	1	1	58	58	58	0	0	0	0
物理学	1	1	10	10	10	1	1	0	0
化学	86	79	23 061	16 666	19 906	199	168	1	8
地球科学	946	830	387 164	349 293	286 225	1 380	1 153	96	266
生物学	165	154	56 192	41 599	55 350	363	344	8	38
农业科学领域	1 341	1 139	448 209	404 161	369 962	2 989	2 362	21	137
农学	716	590	261 653	223 814	209 760	1 923	1 515	20	59
林学	69	47	13 459	11 631	6 476	188	111	0	0
畜牧、兽医科学	118	105	35 890	31 729	31 407	256	217	1	28
水产学	438	397	137 208	136 988	122 320	622	520	0	50
医学科学领域	491	456	132 698	67 111	125 611	1 772	1 645	0	100
基础医学	145	145	36 171	15 346	36 171	496	496	0	24
临床医学	162	151	50 190	18 641	47 128	654	606	0	57
预防医学与公共卫生学	46	39	15 030	9 866	13 168	247	198	0	5
军事医学与特种医学	1	1	12	12	12	1	1	0	1

续表

项目	课题数合计（个）	R&D课题	课题经费内部支出（千元）	政府资金	R&D课题经费	课题投入人员（人年）	其中：R&D人员	其中：外聘流动学者	其中：在读研究生
药学	62	47	16 608	10 866	14 776	170	144	0	8
中医学与中药学	75	73	14 687	12 380	14 356	204	200	0	4
工程科学与技术领域	804	582	276 672	203 505	203 402	2 303	1 526	43	98
工程与技术科学基础学科	54	30	6 530	2 911	4 645	68	28	0	0
信息与系统科学相关工程与技术	30	20	13 175	11 920	4 086	139	64	0	0
自然科学相关工程与技术	37	36	18 912	16 889	16 132	100	89	3	13
测绘科学技术	10	9	844	844	144	11	3	0	0
材料科学	83	69	22 810	15 786	18 252	210	157	9	11
机械工程	21	11	7 541	5 259	5 169	115	48	0	0
动力与电气工程	27	7	5 952	1 472	1 836	48	20	0	0
能源科学技术	41	31	24 800	18 537	22 007	199	143	12	16
核科学技术	2	2	222	222	222	2	2	0	0
电子与通信技术	26	18	25 084	24 236	23 671	167	119	2	3
计算机科学技术	64	50	21 144	19 911	14 095	145	92	1	0
化学工程	47	41	25 935	9 121	17 078	175	142	4	13
产品应用相关工程技术	3	1	442	342	180	5	3	0	0
纺织科学技术	5	4	2 410	550	1 950	15	7	0	0
食品科学技术	40	25	14 833	8 757	9 507	171	129	7	16
土木建筑工程	35	17	10 033	1 335	3 783	168	47	0	0
水利工程	18	11	5 633	5 092	2 318	26	13	0	0
交通运输工程	38	21	2 675	1 810	1 565	30	19	0	0
环境科学技术及资源科学技术	125	101	40 494	37 037	33 364	232	174	4	25
安全科学技术	30	28	16 022	10 572	15 212	139	127	1	1
管理学	68	50	11 182	10 903	8 186	140	101	0	0
社会、人文科学领域	140	101	25 777	25 501	17 866	275	190	11	2
马克思主义	1	1	102	102	102	2	2	0	0
艺术学	2	1	2 680	2 680	180	20	3	7	0
历史学	1	1	67	67	67	1	1	0	0
考古学	2	2	416	416	416	6	6	0	0
经济学	84	69	10 513	10 501	8 473	122	102	4	1
政治学	5	5	535	535	535	8	8	0	0
法学	5	5	670	670	670	10	10	0	0
社会学	17	5	3 447	3 300	871	45	11	0	0
民族学与文化学	1	1	68	68	68	1	1	0	0
图书馆、情报与文献学	11	9	6 594	6 567	6 304	48	43	0	1

续表

项目	课题数合计（个）	R&D课题	课题经费内部支出（千元）	政府资金	R&D课题经费	课题投入人员（人年）	其中：R&D人员	其中：外聘流动学者	其中：在读研究生
教育学	11	2	685	595	180	13	4	0	0
6.按课题技术领域分布									
全省									
总　计	3 983	3 349	1 352 749	1 109 727	1 079 243	9 324	7 402	180	648
非技术领域	352	296	95 632	90 754	86 746	524	404	31	43
信息技术	116	91	41 400	38 421	24 703	371	220	1	2
生物和现代农业技术	1 606	1 396	500 732	438 516	428 038	3 386	2 794	52	219
新材料技术	155	135	46 441	28 629	40 288	476	390	13	22
能源技术	114	106	74 317	65 429	71 132	438	385	15	44
激光技术	3	3	5 294	5 294	5 294	19	19	2	1
先进制造与自动化技术	96	49	38 456	26 570	27 916	271	139	2	0
资源与环境技术	817	664	341 389	299 764	220 378	1 447	1 090	45	221
其它技术领域	724	609	209 088	116 349	174 748	2 392	1 961	19	97
中央属									
总　计	1 597	1 444	540 341	480 930	482 671	2 174	1 984	116	430
非技术领域	163	159	66 698	66 698	66 251	165	164	27	43
信息技术	6	6	1 863	1 863	1 863	9	9	0	1
生物和现代农业技术	524	482	164 020	148 610	150 918	578	510	29	96
新材料技术	19	19	13 614	10 387	13 614	88	88	8	15
能源技术	85	85	60 785	57 882	60 785	308	308	15	44
激光技术	1	1	12	12	12	1	1	0	1
先进制造与自动化技术	8	8	2 314	2 314	2 314	8	8	1	0
资源与环境技术	700	593	206 114	168 243	161 993	928	807	27	211
其它技术领域	91	91	24 921	24 921	24 921	89	89	8	18
地方属									
总　计	2 386	1 905	812 409	628 797	596 573	7 150	5 418	65	219
非技术领域	189	137	28 934	24 056	20 495	359	239	4	0
信息技术	110	85	39 538	36 559	22 840	362	211	1	1
生物和现代农业技术	1 082	914	336 712	289 906	277 120	2 808	2 284	22	123
新材料技术	136	116	32 827	18 242	26 674	388	302	5	7
能源技术	29	21	13 532	7 547	10 347	130	77	0	0
激光技术	2	2	5 282	5 282	5 282	18	18	2	0
先进制造与自动化技术	88	41	36 142	24 256	25 602	263	131	1	0
资源与环境技术	117	71	135 275	131 521	58 385	518	284	18	9
其它技术领域	633	518	184 167	91 428	149 827	2 304	1 873	11	79
7.按课题来源分布									

续表

项目	课题数合计（个）	R&D课题	课题经费内部支出（千元）	政府资金	R&D课题经费	课题投入人员（人年）	其中：R&D人员	其中：外聘流动学者	其中：在读研究生
全省									
总　计	3 983	3 349	1 352 749	1 109 727	1 079 243	9 324	7 402	180	648
中央政府部门下达课题	1 638	1 512	723 470	669 382	649 470	3 525	3 062	122	434
国家重大科技专项	66	60	52 093	43 293	44 921	201	179	3	16
国家自然科学基金课题	462	462	89 339	82 680	89 339	762	762	44	161
863计划课题	85	85	66 015	62 506	66 015	214	214	9	14
国家科技支撑(攻关)计划课题	73	70	41 080	33 832	39 020	186	174	4	24
国家火炬计划课题	1	0	730	0	0	10	0	0	0
国家星火计划课题	12	1	7 146	3 121	970	73	2	0	0
国家973计划课题	56	56	38 938	38 908	38 938	132	132	4	39
公益性行业科研专项	135	124	96 234	95 754	86 902	403	346	8	31
国家社会科学基金课题	5	5	1 840	1 840	1 840	18	18	0	0
其它课题	743	649	330 056	307 449	281 525	1 526	1 235	52	149
地方政府部门下达课题	1 531	1 288	414 071	324 719	303 018	4 180	3 334	38	145
地方自然科学基金课题	310	310	45 455	28 284	45 455	643	643	4	48
地方科技攻关计划课题	434	368	125 452	97 693	102 289	1 389	1 130	18	43
地方火炬计划课题	2	0	110	110	0	6	0	0	0
地方星火计划课题	5	2	773	767	209	13	4	0	0
地方社会科学基金课题	39	26	5 542	5 418	2 788	92	49	4	0
其它课题	741	582	236 740	192 447	152 278	2 037	1 509	13	55
企业委托课题	224	73	89 389	26 357	25 755	376	131	7	7
自选课题	249	194	41 646	25 271	30 051	545	345	1	5
国际合作课题	36	35	19 742	15 851	19 612	84	83	5	10
其它课题	305	247	64 432	48 148	51 338	615	446	7	48
中央属									
总　计	1 597	1 444	540 341	480 930	482 671	2 174	1 984	116	430
中央政府部门下达课题	1 070	1 047	401 530	392 950	394 040	1 566	1 541	95	346
国家重大科技专项	1	1	256	256	256	0	0	0	0
国家自然科学基金课题	371	371	65 039	64 889	65 039	485	485	43	142
863计划课题	66	66	41 270	41 270	41 270	95	95	9	13
国家科技支撑（攻关）计划课题	28	28	15 331	15 331	15 331	52	52	4	13
国家星火计划课题	4	0	3 000	460	0	7	0	0	0
国家973计划课题	49	49	35 043	35 043	35 043	95	95	4	34
公益性行业科研专项	52	52	39 149	39 149	39 149	93	93	2	19
其它课题	499	480	202 442	196 552	197 952	739	721	34	124

续表

项目	课题数合计（个）	R&D课题	课题经费内部支出（千元）	政府资金	R&D课题经费	课题投入人员（人年）	其中：R&D人员	其中：外聘流动学者	其中：在读研究生
地方政府部门下达课题	159	157	27 785	27 785	27 220	145	143	8	36
地方自然科学基金课题	54	54	5 198	5 198	5 198	49	49	1	13
地方科技攻关计划课题	65	64	12 635	12 635	12 377	66	65	3	19
其它课题	40	39	9 952	9 952	9 645	30	30	5	4
企业委托课题	159	53	65 086	23 515	21 165	188	67	7	7
自选课题	59	55	5 691	5 691	5 447	27	26	1	5
国际合作课题	22	22	9 477	6 067	9 477	43	43	2	9
其它课题	128	110	30 772	24 922	25 322	206	164	2	28
地方属									
总　计	2 386	1 905	812 409	628 797	596 573	7 150	5 418	65	219
中央政府部门下达课题	568	465	321 940	276 432	255 430	1 959	1 521	27	89
国家重大科技专项	65	59	51 837	43 037	44 665	200	179	3	16
国家自然科学基金课题	91	91	24 300	17 791	24 300	277	277	1	19
863计划课题	19	19	24 745	21 236	24 745	119	119	0	1
国家科技支撑(攻关)计划课题	45	42	25 749	18 501	23 689	134	122	0	11
国家火炬计划课题	1	0	730	0	0	10	0	0	0
国家星火计划课题	8	1	4 146	2 661	970	66	2	0	0
国家973计划课题	7	7	3 895	3 865	3 895	37	37	0	4
公益性行业科研专项	83	72	57 085	56 605	47 753	310	253	6	12
国家社会科学基金课题	5	5	1 840	1 840	1 840	18	18	0	0
其它课题	244	169	127 615	110 898	83 573	787	514	18	25
地方政府部门下达课题	1 372	1 131	386 286	296 934	275 798	4 036	3 191	30	109
地方自然科学基金课题	256	256	40 257	23 086	40 257	594	594	3	35
地方科技攻关计划课题	369	304	112 817	85 058	89 912	1 323	1 065	16	24
地方火炬计划课题	2	0	110	110	0	6	0	0	0
地方星火计划课题	5	2	773	767	209	13	4	0	0
地方社会科学基金课题	39	26	5 542	5 418	2 788	92	49	4	0
其它课题	701	543	226 788	182 495	142 633	2 008	1 480	8	51
企业委托课题	65	20	24 303	2 842	4 590	188	65	0	0
自选课题	190	139	35 955	19 580	24 604	518	319	0	0
国际合作课题	14	13	10 265	9 784	10 135	41	41	3	1
其它课题	177	137	33 660	23 226	26 016	408	282	5	20
8.按课题合作形式分布									
全省									

续表

项目	课题数合计（个）	R&D课题	课题经费内部支出（千元）	政府资金	R&D课题经费	课题投入人员（人年）	其中：R&D人员	其中：外聘流动学者	其中：在读研究生
总　计	3 983	3 349	1 352 749	1 109 727	1 079 243	9 324	7 402	180	648
与境外机构合作	51	51	36 351	29 378	36 351	145	145	5	12
与国内高校合作	145	119	54 564	41 661	44 654	410	317	7	33
与国内独立研究机构合作	293	267	182 076	174 899	166 404	779	656	14	57
与境内注册的外商独资企业合作	2	2	740	679	740	14	14	0	0
与境内注册的其他企业合作	171	123	63 015	44 421	48 358	371	273	6	24
独立研究	3 222	2 722	986 517	795 123	765 321	7 387	5 858	149	497
其他	99	65	29 486	23 566	17 417	219	139	0	25
中央属									
总　计	1 597	1 444	540 341	480 930	482 671	2 174	1 984	116	430
与境外机构合作	35	35	12 617	9 207	12 617	55	55	2	12
与国内高校合作	36	34	8 475	8 375	8 227	48	46	5	15
与国内独立研究机构合作	131	126	99 162	98 862	98 332	210	205	7	41
与境内注册的外商独资企业合作	1	1	147	147	147	1	1	0	0
与境内注册的其他企业合作	57	48	26 026	21 067	21 938	86	72	2	20
独立研究	1 335	1 198	393 724	343 082	341 220	1 771	1 603	100	342
其他	2	2	190	190	190	2	2	0	0
地方属									
总　计	2 386	1 905	812 409	628 797	596 573	7 150	5 418	65	219
与境外机构合作	16	16	23 734	20 171	23 734	90	90	3	1
与国内高校合作	109	85	46 089	33 286	36 427	361	271	2	19
与国内独立研究机构合作	162	141	82 914	76 037	68 072	569	452	7	16
与境内注册的外商独资企业合作	1	1	593	532	593	13	13	0	0
与境内注册的其他企业合作	114	75	36 989	23 354	26 420	284	201	4	4
独立研究	1 887	1 524	592 794	452 041	424 101	5 616	4 255	49	155
其他	97	63	29 296	23 376	17 227	217	137	0	25
9.按课题的社会经济目标分布									
全省									
总　计	3 983	3 349	1 352 749	1 109 727	1 079 243	9 324	7 402	180	648
环境保护、生态建设及污染防治	383	315	141 619	126 839	112 577	627	499	12	79
环境一般问题	58	56	14 723	14 723	14 663	72	68	3	17
环境与资源评估	105	60	52 444	40 475	32 362	158	97	4	14
环境监测	80	73	23 633	23 077	20 016	162	140	1	12
生态建设	54	53	14 425	14 425	14 112	64	62	2	19
环境污染预防	34	27	6 224	5 690	2 674	46	24	1	4

续表

项目	课题数合计（个）	R&D课题	课题经费内部支出（千元）	政府资金	R&D课题经费	课题投入人员（人年）	其中：R&D人员	其中：外聘流动学者	其中：在读研究生
环境治理	46	40	22 434	20 713	21 014	114	97	0	9
自然灾害的预防、预报	6	6	7 736	7 736	7 736	11	11	1	4
能源生产、分配和合理利用	202	170	134 970	111 230	99 089	716	551	47	75
能源一般问题研究	20	18	9 168	9 151	9 029	22	19	1	3
能源矿产勘探技术	7	4	19 722	19 572	602	34	4	4	1
能源矿物开采和加工技术	2	1	2 681	2 681	181	17	0	7	0
能源转换技术	11	10	9 980	7 371	9 780	47	44	3	9
能源输送、储存与分配技术	5	5	2 970	2 970	2 970	18	18	3	3
可再生能源	93	86	56 377	45 576	51 849	291	270	19	50
能源设施和设备建造	15	6	14 427	8 539	7 969	74	28	1	0
能源安全生产管理和技术	5	4	2 060	1 560	1 260	21	16	0	0
节约能源的技术	35	29	15 508	12 428	13 841	155	129	7	6
能源生产、输送、分配、储存、利用过程中污染的防治与处理	9	7	2 078	1 383	1 608	36	23	3	2
卫生事业的发展	515	473	138 579	71 871	129 688	1 772	1 623	4	108
卫生一般问题	164	154	39 306	14 967	38 551	519	507	1	34
诊断与治疗	203	179	58 606	26 464	52 136	790	696	0	57
预防医学	47	46	11 371	7 417	11 343	163	162	0	8
公共卫生	27	24	10 441	9 084	9 632	106	86	0	2
营养和食品卫生	5	5	1 590	1 590	1 590	11	11	0	0
药物滥用和成瘾	2	2	308	53	308	5	5	0	0
社会医疗	3	2	1 513	1 251	1 250	13	7	0	2
卫生医疗其他研究	64	61	15 444	11 045	14 878	166	149	3	4
教育事业发展	15	6	1 887	1 647	1 382	25	16	0	0
教育一般问题	10	3	1 075	995	660	14	7	0	0
学历教育	1	0	60	50	0	1	0	0	0
非学历教育与培训	4	3	752	602	722	10	9	0	0
基础设施以及城市和农村规划	76	42	17 834	9 632	13 267	139	73	1	1
交通运输	52	29	5 913	4 693	4 140	55	40	1	0
通信	1	0	50	50	0	4	0	0	0
广播与电视	1	1	430	0	430	8	8	0	0
城市规划与市政工程	7	2	2 882	1 077	507	49	5	0	0
农村发展规划与建设	5	4	6 495	1 867	6 465	13	12	0	0
交通运输、通信、城市与农村发展对环境的影响	10	6	2 064	1 945	1 725	10	8	0	1
社会发展和社会服务	293	220	80 496	67 341	50 788	839	560	11	12

续表

项目	课题数合计（个）	R&D课题	课题经费内部支出（千元）	政府资金	R&D课题经费	课题投入人员（人年）	其中：R&D人员	其中：外聘流动学者	其中：在读研究生
社会发展和社会服务一般问题	67	54	13 776	11 962	9 972	182	131	4	1
社会保障	18	17	8 560	4 170	8 520	78	77	0	0
公共安全	39	28	12 190	11 387	5 615	171	101	4	10
社会管理	11	11	1 192	1 192	1 192	20	20	0	0
就业	3	3	572	572	572	8	8	0	0
法律与司法	3	2	939	939	409	9	6	0	0
政府与政治	10	9	1 287	1 287	1 177	21	18	0	0
语言与文化	11	8	1 426	1 419	1 117	23	17	0	0
传媒	3	2	284	284	226	6	5	0	0
科技发展	49	37	13 715	11 185	10 327	149	103	0	2
国土资源管理	2	0	3 998	3 998	0	13	0	0	0
其他社会发展和社会服务	77	49	22 557	18 946	11 661	161	74	3	0
地球和大气层的探索与利用	528	473	201 425	184 250	180 659	816	752	41	152
地壳、地幔、海底的探测和研究	146	146	63 637	63 637	63 637	248	248	22	43
水文地理	23	22	4 723	4 723	4 614	26	25	1	4
海洋	338	284	127 610	110 435	106 954	522	459	17	100
大气	10	10	3 901	3 901	3 901	14	14	1	4
地球探测和开发其他研究	11	11	1 554	1 554	1 554	7	7	1	1
民用空间的探测及开发	3	2	699	499	419	4	3	0	2
空间探测和开发其它研究	3	2	699	499	419	4	3	0	2
促进农林牧渔业发展	1 600	1 382	498 026	437 840	415 259	3 325	2 686	52	200
农林牧渔业发展一般问题	157	144	52 215	43 751	43 433	291	246	3	28
农作物种植及培育	515	422	196 790	174 053	156 901	1 528	1 208	14	31
林业和林产品	47	35	8 594	8 363	6 396	107	81	1	1
畜牧业	121	111	35 391	30 790	31 513	259	227	2	28
渔业	423	384	108 998	108 266	101 740	512	442	5	46
农林牧渔业体系支撑	306	260	87 238	67 580	70 121	541	416	25	51
农林牧渔业生产中污染的防治与处理	31	26	8 801	5 038	5 155	88	67	3	14
工商业发展	277	180	117 587	80 131	56 996	905	494	12	12
促进工商业发展的一般问题	23	22	3 339	3 192	3 200	36	35	0	0
产业共性技术	7	1	1 936	226	26	62	0	0	0
非能源资源矿产的开采	7	2	28 940	28 940	2 750	67	13	3	0
食品、饮料和烟草制品业	46	25	11 024	4 715	6 117	108	68	0	0
纺织业、服装及皮革制品业	6	5	2 610	750	2 150	19	11	0	0

续表

项目	课题数合计（个）	R&D课题	课题经费内部支出（千元）	政府资金	R&D课题经费	课题投入人员（人年）	其中：R&D人员	其中：外聘流动学者	其中：在读研究生
化学工业	53	47	21 683	10 100	19 171	239	190	4	11
非金属与金属制品业	10	6	5 668	4 833	3 800	36	12	1	0
机械制造业（不包括电子设备、仪器仪表及办公机械）	28	10	7 713	3 542	4 073	56	30	0	0
电子设备、仪器仪表及办公机械	14	14	4 814	4 744	4 814	30	30	0	0
其他制造业	23	14	7 811	3 136	5 688	98	40	2	0
热力、水的生产和供应	1	0	120	120	0	3	0	0	0
建筑业	20	15	4 678	447	3 168	57	41	1	0
信息与通信技术(ICT)服务业	2	1	461	461	61	5	1	0	0
技术服务业	23	10	7 697	6 786	1 362	51	15	1	0
金融业	2	2	131	131	131	2	2	0	0
商业及其他服务业	7	5	1 044	1 044	443	13	7	0	0
工商业活动中的环境保护、污染防治与处理	5	1	7 919	6 964	42	24	1	0	0
非定向研究	84	84	18 066	17 631	18 066	141	141	0	9
自然科学领域的非定向研究	41	41	10 986	10 886	10 986	78	78	0	8
工程与技术科学领域的非定向研究	21	21	1 729	1 394	1 729	23	23	0	0
农业科学领域的非定向研究	5	5	927	927	927	10	10	0	0
医学科学领域的非定向研究	4	4	1 080	1 080	1 080	13	13	0	0
社会科学领域的非定向研究	13	13	3 344	3 344	3 344	18	18	0	1
其他民用目标	7	2	1 562	817	1 054	15	4	0	0
中央属									
总　计	1 597	1 444	540 341	480 930	482 671	2 174	1 984	116	430
环境保护、生态建设及污染防治	297	255	69 389	57 710	55 800	283	245	12	73
环境一般问题	50	50	12 982	12 982	12 982	48	48	3	17
环境与资源评估	96	55	30 073	18 614	16 729	93	55	4	11
环境监测	56	55	4 642	4 422	4 397	39	39	1	9
生态建设	49	49	6 955	6 955	6 955	53	53	2	19
环境污染预防	22	22	1 768	1 768	1 768	15	15	1	4
环境治理	18	18	5 233	5 233	5 233	24	24	0	9
自然灾害的预防、预报	6	6	7 736	7 736	7 736	11	11	1	4
能源生产、分配和合理利用	126	118	84 097	70 394	74 659	357	335	28	70
能源一般问题研究	18	18	9 029	9 029	9 029	19	19	1	3
能源矿产勘探技术	4	4	602	602	602	4	4	2	1
能源矿物开采和加工技术	1	1	181	181	181	0	0	0	0

续表

项目	课题数合计（个）	R&D课题	课题经费内部支出（千元）	政府资金	R&D课题经费	课题投入人员（人年）	其中：R&D人员	其中：外聘流动学者	其中：在读研究生
能源转换技术	6	6	6 798	6 509	6 798	37	37	3	9
能源输送、储存与分配技术	5	5	2 970	2 970	2 970	18	18	3	3
可再生能源	76	72	51 056	42 255	46 801	252	242	19	50
能源设施和设备建造	7	3	8 142	3 529	2 959	14	3	0	0
节约能源的技术	5	5	5 130	5 130	5 130	10	10	0	2
能源生产、输送、分配、储存、利用过程中污染的防治与处理	4	4	189	189	189	3	3	0	1
卫生事业的发展	27	27	5 120	5 120	5 120	24	24	4	6
卫生一般问题	5	5	984	984	984	7	7	1	3
预防医学	2	2	138	138	138	2	2	0	1
公共卫生	2	2	224	224	224	1	1	0	0
营养和食品卫生	2	2	740	740	740	1	1	0	0
卫生医疗其他研究	16	16	3 034	3 034	3 034	15	15	3	2
基础设施以及城市和农村规划	9	7	2 272	1 922	1 867	9	8	0	1
交通运输	1	0	280	40	0	1	0	0	0
城市规划与市政工程	1	1	142	142	142	0	0	0	0
交通运输、通信、城市与农村发展对环境的影响	7	6	1 850	1 740	1 725	8	8	0	1
社会发展和社会服务	15	15	2 214	2 145	2 214	11	11	2	1
社会发展和社会服务一般问题	3	3	183	183	183	4	4	0	1
公共安全	2	2	750	750	750	2	2	0	1
科技发展	8	8	1 053	984	1 053	4	4	0	0
其他社会发展和社会服务	2	2	228	228	228	2	2	2	0
地球和大气层的探索与利用	519	467	194 446	177 271	174 416	796	739	41	152
地壳、地幔、海底的探测和研究	146	146	63 637	63 637	63 637	248	248	22	43
水文地理	17	17	2 185	2 185	2 185	16	16	1	4
海洋	335	283	123 169	105 994	103 139	512	455	17	100
大气	10	10	3 901	3 901	3 901	14	14	1	4
地球探测和开发其他研究	11	11	1 554	1 554	1 554	7	7	1	1
民用空间的探测及开发	3	2	699	499	419	4	3	0	2
空间探测和开发其它研究	3	2	699	499	419	4	3	0	2
促进农林牧渔业发展	559	521	160 860	149 454	151 272	579	529	28	113
农林牧渔业发展一般问题	6	6	505	505	505	8	8	1	3
农作物种植及培育	60	43	36 956	26 466	31 426	152	114	0	16
林业和林产品	4	4	2 143	1 946	2 143	10	10	1	1

续表

项目	课题数合计（个）	R&D课题	课题经费内部支出（千元）	政府资金	R&D课题经费	课题投入人员（人年）	其中：R&D人员	其中：外聘流动学者	其中：在读研究生
畜牧业	3	3	46	46	46	1	1	0	0
渔业	330	310	84 979	84 979	81 100	252	241	5	42
农林牧渔业体系支撑	150	150	34 997	34 397	34 997	147	147	22	45
农林牧渔业生产中污染的防治与处理	6	5	1 234	1 115	1 055	9	8	0	5
工商业发展	21	11	11 619	6 835	7 279	58	38	1	5
食品、饮料和烟草制品业	10	0	4 340	1 000	0	20	0	0	0
化学工业	8	8	7 167	5 723	7 167	36	36	0	4
非金属与金属制品业	1	1	16	16	16	0	0	0	0
其他制造业	1	1	33	33	33	1	1	0	0
建筑业	1	1	63	63	63	1	1	1	0
非定向研究	21	21	9 625	9 580	9 625	52	52	0	9
自然科学领域的非定向研究	20	20	7 710	7 665	7 710	41	41	0	8
社会科学领域的非定向研究	1	1	1 915	1 915	1 915	11	11	0	1
地方属									
总　计	2 386	1 905	812 409	628 797	596 573	7 150	5 418	65	219
环境保护、生态建设及污染防治	86	60	72 230	69 129	56 777	344	254	0	6
环境一般问题	8	6	1 741	1 741	1 681	24	20	0	0
环境与资源评估	9	5	22 371	21 861	15 633	65	41	0	3
环境监测	24	18	18 991	18 655	15 619	122	101	0	3
生态建设	5	4	7 470	7 470	7 157	12	10	0	0
环境污染预防	12	5	4 456	3 922	906	31	9	0	0
环境治理	28	22	17 201	15 480	15 781	90	73	0	0
能源生产、分配和合理利用	76	52	50 873	40 836	24 430	358	216	19	5
能源一般问题研究	2	0	139	122	0	3	0	0	0
能源矿产勘探技术	3	0	19 120	18 970	0	30	0	2	0
能源矿物开采和加工技术	1	0	2 500	2 500	0	17	0	7	0
能源转换技术	5	4	3 182	862	2 982	10	7	0	0
可再生能源	17	14	5 321	3 321	5 048	39	28	0	0
能源设施和设备建造	8	3	6 285	5 010	5 010	60	25	1	0
能源安全生产管理和技术	5	4	2 060	1 560	1 260	21	16	0	0
节约能源的技术	30	24	10 378	7 298	8 711	144	119	7	4
能源生产、输送、分配、储存、利用过程中污染的防治与处理	5	3	1 889	1 194	1 419	34	21	3	1
卫生事业的发展	488	446	133 459	66 751	124 568	1 748	1 599	0	102
卫生一般问题	159	149	38 322	13 983	37 567	512	501	0	31

续表

项目	课题数合计（个）	R&D课题	课题经费内部支出（千元）	政府资金	R&D课题经费	课题投入人员（人年）	其中：R&D人员	其中：外聘流动学者	其中：在读研究生
诊断与治疗	203	179	58 606	26 464	52 136	790	696	0	57
预防医学	45	44	11 233	7 279	11 205	161	161	0	7
公共卫生	25	22	10 217	8 860	9 408	105	85	0	2
营养和食品卫生	3	3	850	850	850	11	11	0	0
药物滥用和成瘾	2	2	308	53	308	5	5	0	0
社会医疗	3	2	1 513	1 251	1 250	13	7	0	2
卫生医疗其他研究	48	45	12 410	8 011	11 844	151	135	0	2
教育事业发展	15	6	1 887	1 647	1 382	25	16	0	0
教育一般问题	10	3	1 075	995	660	14	7	0	0
学历教育	1	0	60	50	0	1	0	0	0
非学历教育与培训	4	3	752	602	722	10	9	0	0
基础设施以及城市和农村规划	67	35	15 562	7 710	11 400	129	65	1	0
交通运输	51	29	5 633	4 653	4 140	54	40	1	0
通信	1	0	50	50	0	4	0	0	0
广播与电视	1	1	430	0	430	8	8	0	0
城市规划与市政工程	6	1	2 740	935	365	49	5	0	0
农村发展规划与建设	5	4	6 495	1 867	6 465	13	12	0	0
交通运输、通信、城市与农村发展对环境的影响	3	0	214	205	0	1	0	0	0
社会发展和社会服务	278	205	78 282	65 196	48 574	828	548	9	11
社会发展和社会服务一般问题	64	51	13 593	11 779	9 789	178	127	4	0
社会保障	18	17	8 560	4 170	8 520	78	77	0	0
公共安全	37	26	11 440	10 637	4 865	169	100	4	9
社会管理	11	11	1 192	1 192	1 192	20	20	0	0
就业	3	3	572	572	572	8	8	0	0
法律与司法	3	2	939	939	409	9	6	0	0
政府与政治	10	9	1 287	1 287	1 177	21	18	0	0
语言与文化	11	8	1 426	1 419	1 117	23	17	0	0
传媒	3	2	284	284	226	6	5	0	0
科技发展	41	29	12 662	10 201	9 274	145	99	0	2
国土资源管理	2	0	3 998	3 998	0	13	0	0	0
其他社会发展和社会服务	75	47	22 329	18 718	11 433	159	72	1	0
地球和大气层的探索与利用	9	6	6 979	6 979	6 244	20	13	0	0
水文地理	6	5	2 538	2 538	2 429	11	9	0	0
海洋	3	1	4 441	4 441	3 815	10	4	0	0
促进农林牧渔业发展	1 041	861	337 166	288 386	263 987	2 746	2 158	24	87
农林牧渔业发展一般问题	151	138	51 710	43 246	42 928	282	238	2	25

续表

项目	课题数合计（个）	R&D课题	课题经费内部支出（千元）	政府资金	R&D课题经费	课题投入人员（人年）	其中：R&D人员	其中：外聘流动学者	其中：在读研究生
农作物种植及培育	455	379	159 834	147 587	125 475	1 375	1 094	14	15
林业和林产品	43	31	6 451	6 417	4 253	97	71	0	0
畜牧业	118	108	35 345	30 744	31 467	258	226	2	28
渔业	93	74	24 019	23 287	20 640	260	201	0	4
农林牧渔业体系支撑	156	110	52 241	33 183	35 124	394	269	3	6
农林牧渔业生产中污染的防治与处理	25	21	7 567	3 923	4 100	79	59	3	10
工商业发展	256	169	105 968	73 296	49 717	847	456	11	7
促进工商业发展的一般问题	23	22	3 339	3 192	3 200	36	35	0	0
产业共性技术	7	1	1 936	226	26	62	0	0	0
非能源资源矿产的开采	7	2	28 940	28 940	2 750	67	13	3	0
食品、饮料和烟草制品业	36	25	6 684	3 715	6 117	88	68	0	0
纺织业、服装及皮革制品业	6	5	2 610	750	2 150	19	11	0	0
化学工业	45	39	14 516	4 377	12 004	203	153	4	7
非金属与金属制品业	9	5	5 652	4 817	3 784	36	12	1	0
机械制造业（不包括电子设备、仪器仪表及办公机械）	28	10	7 713	3 542	4 073	56	30	0	0
电子设备、仪器仪表及办公机械	14	14	4 814	4 744	4 814	30	30	0	0
其他制造业	22	13	7 778	3 103	5 655	98	40	2	0
热力、水的生产和供应	1	0	120	120	0	3	0	0	0
建筑业	19	14	4 615	384	3 105	56	40	0	0
信息与通信技术（ICT）服务业	2	1	461	461	61	5	1	0	0
技术服务业	23	10	7 697	6 786	1 362	51	15	1	0
金融业	2	2	131	131	131	2	2	0	0
商业及其他服务业	7	5	1 044	1 044	443	13	7	0	0
工商业活动中的环境保护、污染防治与处理	5	1	7 919	6 964	42	24	1	0	0
非定向研究	63	63	8 441	8 051	8 441	90	90	0	0
自然科学领域的非定向研究	21	21	3 276	3 221	3 276	37	37	0	0
工程与技术科学领域的非定向研究	21	21	1 729	1 394	1 729	23	23	0	0
农业科学领域的非定向研究	5	5	927	927	927	10	10	0	0
医学科学领域的非定向研究	4	4	1 080	1 080	1 080	13	13	0	0
社会科学领域的非定向研究	12	12	1 429	1 429	1 429	7	7	0	0
其他民用目标	7	2	1 562	817	1 054	15	4	0	0

表7 2011年专利

项目	专利申请受理数（件）	发明专利	专利授权数（件）	其中：发明专利	其中：国外授权	有效发明专利数（件）	专利所有权转让及许可数（件）	专利所有权转让与许可收入（千元）
1.按地域分布								
全省								
总　计	773	511	547	310	17	990	73	17 076
济南市	424	241	263	121	17	480	64	15 971
青岛市	258	216	206	142	0	390	4	500
淄博市	0	0	0	0	0	12	0	0
枣庄市	3	0	3	0	0	0	0	0
东营市	2	1	1	1	0	1	0	0
烟台市	38	32	23	20	0	45	4	600
潍坊市	10	8	5	5	0	7	0	0
济宁市	13	4	11	8	0	18	0	0
泰安市	12	8	13	5	0	15	1	5
威海市	0	0	0	0	0	0	0	0
日照市	0	0	17	8	0	8	0	0
莱芜市	1	0	0	0	0	0	0	0
临沂市	0	0	1	0	0	3	0	0
德州市	1	0	1	0	0	0	0	0
聊城市	0	0	0	0	0	0	0	0
滨州市	5	1	0	0	0	0	0	0
菏泽市	6	0	3	0	0	11	0	0
2.按隶属关系分布								
全省								
总　计	773	511	547	310	17	990	73	17 076
地方部门属	533	287	393	190	17	665	65	15 976
省级部门属	479	272	351	174	17	608	64	15 971
副省级城市属	21	7	9	3	0	5	0	0
地市级部门属	33	8	33	13	0	52	1	5
中央部门属	240	224	154	120	0	325	8	1 100
中国科学院	180	174	65	58	0	84	5	1 100
中央属								
总　计	240	224	154	120	0	325	8	1 100
农业部	48	39	65	50	0	169	3	0
国土资源部	0	0	4	4	0	4	0	0
国家海洋局	5	4	18	7	0	67	0	0

续表

项目	专利申请受理数（件）	发明专利	专利授权数（件）	其中：发明专利	其中：国外授权	有效发明专利数（件）	专利所有权转让及许可数（件）	专利所有权转让与许可收入（千元）
中华全国供销合作总社	7	7	2	1	0	1	0	0
中国科学院	180	174	65	58	0	84	5	1 100
地方属								
总　计	533	287	393	190	17	665	65	15 976
济南市	417	234	261	120	17	479	64	15 971
青岛市	57	30	68	36	0	98	0	0
淄博市	0	0	0	0	0	12	0	0
枣庄市	3	0	3	0	0	0	0	0
东营市	2	1	1	1	0	1	0	0
烟台市	6	1	9	7	0	13	0	0
潍坊市	10	8	5	5	0	7	0	0
济宁市	13	4	11	8	0	18	0	0
泰安市	12	8	13	5	0	15	1	5
威海市	0	0	0	0	0	0	0	0
日照市	0	0	17	8	0	8	0	0
莱芜市	1	0	0	0	0	0	0	0
临沂市	0	0	1	0	0	3	0	0
德州市	1	0	1	0	0	0	0	0
聊城市	0	0	0	0	0	0	0	0
滨州市	5	1	0	0	0	0	0	0
菏泽市	6	0	3	0	0	11	0	0
3.按国民经济行业分布								
总　计	773	511	547	310	17	990	73	17 076
农、林、牧、渔业	302	199	231	137	10	385	5	201
制造业	150	82	124	62	0	287	62	15 775
建筑业	4	2	4	2	0	17	0	0
批发和零售业	0	0	0	0	0	0	0	0
交通运输、仓储和邮政业	0	0	2	2	0	2	0	0
信息传输、软件和信息技术服务业	14	4	12	1	0	5	0	0
租赁和商务服务业	0	0	0	0	0	0	0	0
科学研究和技术服务业	260	208	129	84	2	228	6	1 100
水利、环境和公共设施管理业	10	2	12	3	5	23	0	0
教育	0	0	0	0	0	0	0	0
卫生和社会工作	33	14	33	19	0	43	0	0
文化、体育和娱乐业	0	0	0	0	0	0	0	0

续表

项目	专利申请受理数（件）	发明专利	专利授权数（件）	其中：发明专利	其中：国外授权	有效发明专利数（件）	专利所有权转让及许可数（件）	专利所有权转让与许可收入（千元）
中央属								
总　计	240	224	154	120	0	325	8	1 100
农、林、牧、渔业	55	46	67	51	0	170	3	0
科学研究和技术服务业	185	178	87	69	0	155	5	1 100
地方属								
总　计	533	287	393	190	17	665	65	15 976
农、林、牧、渔业	247	153	164	86	10	215	2	201
制造业	150	82	124	62	0	287	62	15 775
建筑业	4	2	4	2	0	17	0	0
批发和零售业	0	0	0	0	0	0	0	0
交通运输、仓储和邮政业	0	0	2	2	0	2	0	0
信息传输、软件和信息技术服务业	14	4	12	1	0	5	0	0
租赁和商务服务业	0	0	0	0	0	0	0	0
科学研究和技术服务业	75	30	42	15	2	73	1	0
水利、环境和公共设施管理业	10	2	12	3	5	23	0	0
教育	0	0	0	0	0	0	0	0
卫生和社会工作	33	14	33	19	0	43	0	0
文化、体育和娱乐业	0	0	0	0	0	0	0	0
4.按机构所属学科领域分布								
总　计	773	511	547	310	17	990	73	17 076
自然科学领域	131	124	91	70	2	190	13	3 120
农业科学领域	261	154	232	135	0	375	6	206
医学科学领域	68	40	65	47	0	142	50	13 150
工程科学与技术领域	311	192	157	58	15	283	4	600
社会、人文科学领域	2	1	2	0	0	0	0	0

表8　2011年论文、著作及其他科技产出

项目	科技论文（篇）	国外发表	科技著作（种）	形成国家或行业标准数（项）	集成电路布图设计登记数（件）	植物新品种权授予（项）	软件著作权数（件）	新药证书数（件）
1.按地域分布								
全省								
总　计	6 695	1 231	158	83	0	10	62	2
济南市	2 694	356	69	57	0	3	28	2
青岛市	2 775	678	64	7	0	1	33	0
淄博市	101	1	0	0	0	0	0	0
枣庄市	18	0	0	0	0	0	0	0
东营市	5	0	2	0	0	0	0	0
烟台市	336	157	3	12	0	0	1	0
潍坊市	43	0	0	0	0	0	0	0
济宁市	159	13	0	0	0	2	0	0
泰安市	212	10	14	5	0	3	0	0
威海市	18	0	0	0	0	0	0	0
日照市	17	0	0	0	0	0	0	0
莱芜市	9	0	0	0	0	0	0	0
临沂市	94	1	2	2	0	0	0	0
德州市	22	0	0	0	0	0	0	0
聊城市	12	12	0	0	0	0	0	0
滨州市	158	3	3	0	0	0	0	0
菏泽市	22	0	1	0	0	1	0	0
2.按隶属关系分布								
全省								
总　计	6 695	1 231	158	83	0	10	62	2
地方部门属	4 967	473	134	81	0	9	36	2
省级部门属	3 193	443	83	72	0	5	35	2
副省级城市属	973	8	36	1	0	0	1	0
地市级部门属	801	22	15	8	0	4	0	0
中央部门属	1 728	758	24	2	0	1	26	0
中国科学院	863	556	12	2	0	1	3	0
中央属								
总　计	1 728	758	24	2	0	1	26	0
农业部	460	84	4	0	0	0	3	0
国土资源部	122	6	3	0	0	0	2	0
国家海洋局	265	94	3	0	0	0	18	0

续表

项目	科技论文（篇）	国外发表	科技著作（种）	形成国家或行业标准数（项）	集成电路布图设计登记数（件）	植物新品种权授予（项）	软件著作权数（件）	新药证书数（件）
中华全国供销合作总社	18	18	2	0	0	0	0	0
中国科学院	863	556	12	2	0	1	3	0
地方属								
总　计	4 967	473	134	81	0	9	36	2
济南市	2 676	338	67	57	0	3	28	2
青岛市	1 301	89	45	5	0	0	8	0
淄博市	101	1	0	0	0	0	0	0
枣庄市	18	0	0	0	0	0	0	0
东营市	5	0	2	0	0	0	0	0
烟台市	100	6	0	12	0	0	0	0
潍坊市	43	0	0	0	0	0	0	0
济宁市	159	13	0	0	0	2	0	0
泰安市	212	10	14	5	0	3	0	0
威海市	18	0	0	0	0	0	0	0
日照市	17	0	0	0	0	0	0	0
莱芜市	9	0	0	0	0	0	0	0
临沂市	94	1	2	2	0	0	0	0
德州市	22	0	0	0	0	0	0	0
聊城市	12	12	0	0	0	0	0	0
滨州市	158	3	3	0	0	0	0	0
菏泽市	22	0	1	0	0	1	0	0
3.按国民经济行业分布								
全省								
总　计	6 695	1 231	158	83	0	10	62	2
农、林、牧、渔业	1 910	229	44	31	0	9	20	2
制造业	667	99	4	16	0	0	1	0
建筑业	127	2	0	10	0	0	0	0
批发和零售业	0	0	0	0	0	0	0	0
交通运输、仓储和邮政业	26	2	0	0	0	0	0	0
信息传输、软件和信息技术服务业	64	48	0	0	0	0	8	0
租赁和商务服务业	0	0	0	0	0	0	0	0
科学研究和技术服务业	2 840	738	60	25	0	1	31	0
水利、环境和公共设施管理业	144	10	0	1	0	0	2	0
教育	2	0	0	0	0	0	0	0
卫生和社会工作	901	103	47	0	0	0	0	0
文化、体育和娱乐业	14	0	3	0	0	0	0	0

续表

项目	科技论文（篇）	国外发表	科技著作（种）	形成国家或行业标准数（项）	集成电路布图设计登记数（件）	植物新品种权授予（项）	软件著作权数（件）	新药证书数（件）
中央属								
总　计	1 728	758	24	2	0	1	26	0
农、林、牧、渔业	478	102	6	0	0	0	3	0
科学研究和技术服务业	1 250	656	18	2	0	1	23	0
地方属								
总　计	4 967	473	134	81	0	9	36	2
农、林、牧、渔业	1 432	127	38	31	0	9	17	2
制造业	667	99	4	16	0	0	1	0
建筑业	127	2	0	10	0	0	0	0
批发和零售业	0	0	0	0	0	0	0	0
交通运输、仓储和邮政业	26	2	0	0	0	0	0	0
信息传输、软件和信息技术服务业	64	48	0	0	0	0	8	0
租赁和商务服务业	0	0	0	0	0	0	0	0
科学研究和技术服务业	1 590	82	42	23	0	0	8	0
水利、环境和公共设施管理业	144	10	0	1	0	0	2	0
教育	2	0	0	0	0	0	0	0
卫生和社会工作	901	103	47	0	0	0	0	0
文化、体育和娱乐业	14	0	3	0	0	0	0	0
4.按机构所属学科领域分布								
全省								
总　计	6 695	1 231	158	83	0	10	62	2
自然科学领域	1 217	487	21	7	0	1	22	0
农业科学领域	2 319	212	49	30	0	9	11	2
医学科学领域	1 133	129	48	2	0	0	0	0
工程科学与技术领域	1 451	389	5	43	0	0	23	0
社会、人文科学领域	575	14	35	1	0	0	6	0

表9 2011年R&D人员

项目	R&D人员（人）	女性	按工作量分		按学历分			
			R&D全时人员	R&D非全时人员	博士毕业	硕士毕业	本科毕业	其他
1.按地域分布								
全省								
总　计	10 092	3 645	6 900	3 192	1 542	2 755	4 143	1 652
济南市	4 842	2 047	3 184	1 658	523	1 299	2 304	716
青岛市	3 268	981	2 203	1 065	801	1 057	937	473
淄博市	118	42	98	20	0	6	63	49
枣庄市	0	0	0	0	0	0	0	0
东营市	11	4	11	0	2	7	1	1
烟台市	519	175	392	127	153	109	191	66
潍坊市	195	36	193	2	1	50	97	47
济宁市	381	123	252	129	23	85	157	116
泰安市	336	117	231	105	28	79	165	64
威海市	0	0	0	0	0	0	0	0
日照市	32	8	17	15	0	1	8	23
莱芜市	42	6	32	10	0	6	30	6
临沂市	107	30	101	6	1	16	51	39
德州市	67	16	64	3	1	15	29	22
聊城市	63	22	33	30	0	5	47	11
滨州市	68	28	64	4	8	19	29	12
菏泽市	43	10	25	18	1	1	34	7
2.按隶属关系分布								
全省								
总　计	10 092	3 645	6 900	3 192	1 542	2 755	4 143	1 652
地方部门属	7 231	2 834	4 960	2 271	702	1 862	3 440	1 227
省级部门属	5 566	2 271	3 747	1 819	633	1 539	2 581	813
副省级城市属	311	133	208	103	23	94	160	34
地市级部门属	1 354	430	1 005	349	46	229	699	380
中央部门属	2 861	811	1 940	921	840	893	703	425
中国科学院	1 904	536	1 088	816	591	611	490	212
中央属								
总　计	2 861	811	1 940	921	840	893	703	425
农业部	417	138	417	0	100	112	74	131
国土资源部	124	41	97	27	31	39	50	4

续表

项目	R&D人员（人）	女性	按工作量分		按学历分			
			R&D全时人员	R&D非全时人员	博士毕业	硕士毕业	本科毕业	其他
国家海洋局	416	96	338	78	118	131	89	78
中华全国供销合作总社	0	0	0	0	0	0	0	0
中国科学院	1 904	536	1 088	816	591	611	490	212
地方属								
总　计	7 231	2 834	4 960	2 271	702	1 862	3 440	1 227
济南市	4 842	2 047	3 184	1 658	523	1 299	2 304	716
青岛市	584	240	379	205	83	193	254	54
淄博市	118	42	98	20	0	6	63	49
枣庄市	0	0	0	0	0	0	0	0
东营市	11	4	11	0	2	7	1	1
烟台市	342	105	276	66	31	80	171	60
潍坊市	195	36	193	2	1	50	97	47
济宁市	381	123	252	129	23	85	157	116
泰安市	336	117	231	105	28	79	165	64
威海市	0	0	0	0	0	0	0	0
日照市	32	8	17	15	0	1	8	23
莱芜市	42	6	32	10	0	6	30	6
临沂市	107	30	101	6	1	16	51	39
德州市	67	16	64	3	1	15	29	22
聊城市	63	22	33	30	0	5	47	11
滨州市	68	28	64	4	8	19	29	12
菏泽市	43	10	25	18	1	1	34	7
3.按机构所属学科领域分布								
全省								
总　计	10 092	3 645	6 900	3 192	1 542	2 755	4 143	1 652
自然科学领域	2 256	665	1 451	805	492	674	753	337
农业科学领域	2 999	1 045	2 434	565	338	718	1 239	704
医学科学领域	2 004	1 116	1 091	913	156	471	1 039	338
工程科学与技术领域	2 411	651	1 663	748	512	797	892	210
社会、人文科学领域	422	168	261	161	44	95	220	63

表10 2011年R&D经费支出

项目	R&D经费内部支出	按活动类型分			按来源分					R&D经费外部支出
		基础研究	应用研究	试验发展	政府资金	企业资金	事业单位资金	国外资金	其他资金	
1.按地域分布										
全省										
总　计	2 688 127	624 917	1 064 881	998 329	2 232 136	104 981	251 443	6 581	92 986	30 757
济南市	804 558	80 977	317 498	406 083	527 651	48 623	208 381	1 061	18 842	896
青岛市	1 596 489	498 766	695 464	402 259	1 444 626	54 771	20 476	4 820	71 796	29 661
淄博市	13 872	0	0	13 872	7 583	787	5 502	0	0	0
枣庄市	0	0	0	0	0	0	0	0	0	0
东营市	1 062	0	0	1 062	1 062	0	0	0	0	0
烟台市	115 836	24 886	37 732	53 218	105 138	0	8 968	0	1 730	0
潍坊市	15 255	0	0	15 255	14 535	0	720	0	0	0
济宁市	64 622	15 255	5 760	43 607	59 638	0	4 984	0	0	0
泰安市	44 693	4 157	6 848	33 688	43 031	0	1 312	0	350	0
威海市	0	0	0	0	0	0	0	0	0	0
日照市	1 302	0	0	1 302	1 302	0	0	0	0	0
莱芜市	1 050	0	0	1 050	1 050	0	0	0	0	0
临沂市	6 380	0	610	5 770	6 362	0	0	0	18	0
德州市	7 210	0	494	6 716	6 410	0	800	0	0	0
聊城市	7 555	0	0	7 555	7 555	0	0	0	0	0
滨州市	5 485	876	475	4 134	3 435	800	300	700	250	200
菏泽市	2 758	0	0	2 758	2 758	0	0	0	0	0
2.按隶属关系分布										
全省										
总　计	2 688 127	624 917	1 064 881	998 329	2 232 136	104 981	251 443	6 581	92 986	30 757
地方部门属	1 146 472	109 910	387 915	648 647	843 384	50 347	227 950	1 761	23 030	1 096
省级部门属	990 077	105 703	363 990	520 384	699 663	48 623	218 538	1 061	22 192	896
副省级城市属	37 695	2 247	9 840	25 608	34 698	137	2 670	0	190	0
地市级部门属	118 700	1 960	14 085	102 655	109 023	1 587	6 742	700	648	200
中央部门属	1 541 655	515 007	676 966	349 682	1 388 752	54 634	23 493	4 820	69 956	29 661
中国科学院	938 241	333 014	477 267	127 960	880 634	37 127	15 493	4 820	167	0
中央属										
总　计	1 541 655	515 007	676 966	349 682	1 388 752	54 634	23 493	4 820	69 956	29 661
农业部	231 432	41 343	45 444	144 645	136 136	17 507	8 000	0	69 789	15 762
国土资源部	38 660	24 196	14 464	0	38 660	0	0	0	0	0
国家海洋局	333 322	116 454	139 791	77 077	333 322	0	0	0	0	13 899

续表

项目	R&D经费内部支出	按活动类型分			按来源分					R&D经费外部支出
		基础研究	应用研究	试验发展	政府资金	企业资金	事业单位资金	国外资金	其他资金	
中华全国供销合作总社	0	0	0	0	0	0	0	0	0	0
中国科学院	938 241	333 014	477 267	127 960	880 634	37 127	15 493	4 820	167	0
地方属										
总　计	1 146 472	109 910	387 915	648 647	843 384	50 347	227 950	1 761	23 030	1 096
济南市	804 558	80 977	317 498	406 083	527 651	48 623	208 381	1 061	18 842	896
青岛市	110 429	8 111	42 630	59 688	102 501	137	5 951	0	1 840	0
淄博市	13 872	0	0	13 872	7 583	787	5 502	0	0	0
枣庄市	0	0	0	0	0	0	0	0	0	0
东营市	1 062	0	0	1 062	1 062	0	0	0	0	0
烟台市	60 241	534	13 600	46 107	58 511	0	0	0	1 730	0
潍坊市	15 255	0	0	15 255	14 535	0	720	0	0	0
济宁市	64 622	15 255	5 760	43 607	59 638	0	4 984	0	0	0
泰安市	44 693	4 157	6 848	33 688	43 031	0	1 312	0	350	0
威海市	0	0	0	0	0	0	0	0	0	0
日照市	1 302	0	0	1 302	1 302	0	0	0	0	0
莱芜市	1 050	0	0	1 050	1 050	0	0	0	0	0
临沂市	6 380	0	610	5 770	6 362	0	0	0	18	0
德州市	7 210	0	494	6 716	6 410	0	800	0	0	0
聊城市	7 555	0	0	7 555	7 555	0	0	0	0	0
滨州市	5 485	876	475	4 134	3 435	800	300	700	250	200
菏泽市	2 758	0	0	2 758	2 758	0	0	0	0	0
3.按机构所属学科领域分布										
全省										
总　计	2 688 127	624 917	1 064 881	998 329	2 232 136	104 981	251 443	6 581	92 986	30 757
自然科学领域	1 254 146	463 691	581 976	208 479	1 197 497	37 215	12 685	84	6 665	13 899
农业科学领域	647 177	55 927	134 040	457 210	515 941	19 808	33 592	1 486	76 350	16 858
医学科学领域	275 438	64 124	125 902	85 412	128 621	10 149	136 203	275	190	0
工程科学与技术领域	453 017	32 790	187 785	232 442	336 155	37 809	67 711	4 736	6 606	0
社会、人文科学领域	58 349	8 385	35 178	14 786	53 922	0	1 252	0	3 175	0

表11　2011年R&D经费内部支出

单位：千元

项目	R&D经费内部支出	经常费支出	人员费用	设备购置费	其他	基本建设费	仪器设备费	土建费
1.按地域分布								
全省								
总　计	2 688 127	2 096 454	755 240	330 906	1 010 308	591 673	74 514	517 159
济南市	804 558	733 644	306 850	138 336	288 458	70 914	27 020	43 894
青岛市	1 596 489	1 095 374	303 235	156 964	635 175	501 115	40 584	460 531
淄博市	13 872	12 459	7 811	776	3 872	1 413	692	721
枣庄市	0	0	0	0	0	0	0	0
东营市	1 062	1 062	556	0	506	0	0	0
烟台市	115 836	106 333	48 566	12 176	45 591	9 503	0	9 503
潍坊市	15 255	13 539	9 846	364	3 329	1 716	606	1 110
济宁市	64 622	59 837	25 756	18 315	15 766	4 785	4 785	0
泰安市	44 693	44 693	30 377	2 513	11 803	0	0	0
威海市	0	0	0	0	0	0	0	0
日照市	1 302	1 302	958	60	284	0	0	0
莱芜市	1 050	1 050	970	50	30	0	0	0
临沂市	6 380	6 380	6 054	79	247	0	0	0
德州市	7 210	5 910	4 290	100	1 520	1 300	300	1 000
聊城市	7 555	7 555	5 135	450	1 970	0	0	0
滨州市	5 485	4 685	3 249	723	713	800	400	400
菏泽市	2 758	2 631	1 587	0	1 044	127	127	0
2.按隶属关系分布								
全省								
总　计	2 688 127	2 096 454	755 240	330 906	1 010 308	591 673	74 514	517 159
地方部门属	1 146 472	1 059 581	479 167	170 603	409 811	86 891	36 504	50 387
省级部门属	990 077	910 078	378 460	162 954	368 664	79 999	33 295	46 704
副省级城市属	37 695	34 653	25 739	620	8 294	3 042	1 690	1 352
地市级部门属	118 700	114 850	74 968	7 029	32 853	3 850	1 519	2 331
中央部门属	1 541 655	1 036 873	276 073	160 303	600 497	504 782	38 010	466 772
中国科学院	938 241	480 164	162 431	76 837	240 896	458 077	0	458 077
中央属								
总　计	1 541 655	1 036 873	276 073	160 303	600 497	504 782	38 010	466 772
农业部	231 432	221 697	39 497	33 140	149 060	9 735	1 040	8 695

续表

项目	R&D经费内部支出	经常费支出				基本建设费		
			人员费用	设备购置费	其他		仪器设备费	土建费
国土资源部	38 660	38 660	18 734	9 800	10 126	0	0	0
国家海洋局	333 322	296 352	55 411	40 526	200 415	36 970	36 970	0
中华全国供销合作总社	0	0	0	0	0	0	0	0
中国科学院	938 241	480 164	162 431	76 837	240 896	458 077	0	458 077
地方属								
总　计	1 146 472	1 059 581	479 167	170 603	409 811	86 891	36 504	50 387
济南市	804 558	733 644	306 850	138 336	288 458	70 914	27 020	43 894
青岛市	110 429	106 503	47 967	5 541	52 995	3 926	2 574	1 352
淄博市	13 872	12 459	7 811	776	3 872	1 413	692	721
枣庄市	0	0	0	0	0	0	0	0
东营市	1 062	1 062	556	0	506	0	0	0
烟台市	60 241	58 331	27 761	3 296	27 274	1 910	0	1 910
潍坊市	15 255	13 539	9 846	364	3 329	1 716	606	1 110
济宁市	64 622	59 837	25 756	18 315	15 766	4 785	4 785	0
泰安市	44 693	44 693	30 377	2 513	11 803	0	0	0
威海市	0	0	0	0	0	0	0	0
日照市	1 302	1 302	958	60	284	0	0	0
莱芜市	1 050	1 050	970	50	30	0	0	0
临沂市	6 380	6 380	6 054	79	247	0	0	0
德州市	7 210	5 910	4 290	100	1 520	1 300	300	1 000
聊城市	7 555	7 555	5 135	450	1 970	0	0	0
滨州市	5 485	4 685	3 249	723	713	800	400	400
菏泽市	2 758	2 631	1 587	0	1 044	127	127	0
3.按机构所属学科领域分布								
全省								
总　计	2 688 127	2 096 454	755 240	330 906	1 010 308	591 673	74 514	517 159
自然科学领域	1 254 146	766 447	219 452	109 605	437 390	487 699	37 115	450 584
农业科学领域	647 177	616 921	230 881	66 507	319 533	30 256	13 399	16 857
医学科学领域	275 438	262 240	133 090	60 900	68 250	13 198	10 651	2 547
工程科学与技术领域	453 017	392 882	145 734	91 820	155 328	60 135	13 349	46 786
社会、人文科学领域	58 349	57 964	26 083	2 074	29 807	385	0	385
4.按机构服务的国民经济行业分布								
全省								
总　计	2 688 127	2 096 454	755 240	330 906	1 010 308	591 673	74 514	517 159
农、林、牧、渔业	631 842	604 152	218 481	65 728	319 943	27 690	12 185	15 505

续表

项目	R&D经费内部支出	经常费支出	人员费用	设备购置费	其他	基本建设费	仪器设备费	土建费
农业	327 072	309 603	126 062	26 423	157 118	17 469	4 759	12 710
林业	8 355	8 355	6 507	1 000	848	0	0	0
畜牧业	27 067	27 067	10 169	1 896	15 002	0	0	0
渔业	157 584	154 149	42 946	24 406	86 797	3 435	1 040	2 395
农、林、牧、渔服务业	111 764	104 978	32 797	12 003	60 178	6 786	6 386	400
制造业	191 810	190 565	82 675	57 759	50 131	1 245	145	1 100
农副食品加工业	320	320	160	0	160	0	0	0
食品制造业	1 745	1 500	654	336	510	245	145	100
纺织业	2 000	2 000	1 656	0	344	0	0	0
皮革、毛皮、羽毛及其制品和制鞋业	300	300	250	0	50	0	0	0
家具制造业	900	900	203	600	97	0	0	0
造纸和纸制品业	3 642	3 642	2 338	0	1 304	0	0	0
文教、工美、体育和娱乐用品制造业	0	0	0	0	0	0	0	0
化学原料和化学制品制造业	22 179	22 179	6 585	8 048	7 546	0	0	0
医药制造业	66 849	66 849	33 880	15 933	17 036	0	0	0
化学纤维制造业	0	0	0	0	0	0	0	0
橡胶和塑料制品业	1 350	1 350	913	0	437	0	0	0
非金属矿物制品业	0	0	0	0	0	0	0	0
通用设备制造业	1 006	1 006	573	278	155	0	0	0
专用设备制造业	12 033	11 033	7 797	304	2 932	1 000	0	1 000
电气机械和器材制造业	7 766	7 766	3 676	1 376	2 714	0	0	0
计算机、通信和其他电子设备制造业	705	705	685	0	20	0	0	0
仪器仪表制造业	71 015	71 015	23 305	30 884	16 826	0	0	0
建筑业	6 790	6 790	2 386	650	3 754	0	0	0
房屋建筑业	6 790	6 790	2 386	650	3 754	0	0	0
土木工程建筑业	0	0	0	0	0	0	0	0
建筑装饰和其他建筑业	0	0	0	0	0	0	0	0
批发和零售业	0	0	0	0	0	0	0	0
批发业	0	0	0	0	0	0	0	0
交通运输、仓储和邮政业	8 004	1 827	656	363	808	6 177	0	6 177
道路运输业	8 004	1 827	656	363	808	6 177	0	6 177
信息传输、软件和信息技术服务业	18 467	18 467	5 057	9 144	4 266	0	0	0
电信、广播电视和卫星传输服务	0	0	0	0	0	0	0	0
软件和信息技术服务业	18 467	18 467	5 057	9 144	4 266	0	0	0
租赁和商务服务业	0	0	0	0	0	0	0	0

续表

项目	R&D经费内部支出	经常费支出	人员费用	设备购置费	其他	基本建设费	仪器设备费	土建费
商务服务业	0	0	0	0	0	0	0	0
科学研究和技术服务业	1 557 813	1 012 718	330 199	147 112	535 407	545 095	53 265	491 830
研究和试验发展	629 218	569 028	169 521	85 933	313 574	60 190	48 739	11 451
专业技术服务业	928 595	443 690	160 678	61 179	221 833	484 905	4 526	480 379
科技推广和应用服务业	0	0	0	0	0	0	0	0
水利、环境和公共设施管理业	58 085	58 085	14 290	1 531	42 264	0	0	0
水利管理业	3 748	3 748	1 486	358	1 904	0	0	0
生态保护和环境治理业	54 337	54 337	12 804	1 173	40 360	0	0	0
公共设施管理业	0	0	0	0	0	0	0	0
教育	1 010	1 010	910	0	100	0	0	0
教育	1 010	1 010	910	0	100	0	0	0
卫生和社会工作	210 753	199 287	97 601	48 051	53 635	11 466	8 919	2 547
卫生	210 753	199 287	97 601	48 051	53 635	11 466	8 919	2 547
文化、体育和娱乐业	3 553	3 553	2 985	568	0	0	0	0
文化艺术业	3 553	3 553	2 985	568	0	0	0	0
体育	0	0	0	0	0	0	0	0
中央属								
总　计	1 541 655	1 036 873	276 073	160 303	600 497	504 782	38 010	466 772
农、林、牧、渔业	231 432	221 697	39 497	33 140	149 060	9 735	1 040	8 695
农业	120 201	112 201	13 866	13 660	84 675	8 000	0	8 000
渔业	111 231	109 496	25 631	19 480	64 385	1 735	1 040	695
农、林、牧、渔服务业	0	0	0	0	0	0	0	0
科学研究和技术服务业	1 310 223	815 176	236 576	127 163	451 437	495 047	36 970	458 077
研究和试验发展	501 841	457 278	118 859	80 028	258 391	44 563	36 970	7 593
专业技术服务业	808 382	357 898	117 717	47 135	193 046	450 484	0	450 484
地方属								
总　计	1 146 472	1 059 581	479 167	170 603	409 811	86 891	36 504	50 387
农、林、牧、渔业	400 410	382 455	178 984	32 588	170 883	17 955	11 145	6 810
农业	206 871	197 402	112 196	12 763	72 443	9 469	4 759	4 710
林业	8 355	8 355	6 507	1 000	848	0	0	0
畜牧业	27 067	27 067	10 169	1 896	15 002	0	0	0
渔业	46 353	44 653	17 315	4 926	22 412	1 700	0	1 700
农、林、牧、渔服务业	111 764	104 978	32 797	12 003	60 178	6 786	6 386	400
制造业	191 810	190 565	82 675	57 759	50 131	1 245	145	1 100
农副食品加工业	320	320	160	0	160	0	0	0

续表

项目	R&D经费内部支出	经常费支出	人员费用	设备购置费	其他	基本建设费	仪器设备费	土建费
食品制造业	1 745	1 500	654	336	510	245	145	100
纺织业	2 000	2 000	1 656	0	344	0	0	0
皮革、毛皮、羽毛及其制品和制鞋业	300	300	250	0	50	0	0	0
家具制造业	900	900	203	600	97	0	0	0
造纸和纸制品业	3 642	3 642	2 338	0	1 304	0	0	0
文教、工美、体育和娱乐用品制造业	0	0	0	0	0	0	0	0
化学原料和化学制品制造业	22 179	22 179	6 585	8 048	7 546	0	0	0
医药制造业	66 849	66 849	33 880	15 933	17 036	0	0	0
化学纤维制造业	0	0	0	0	0	0	0	0
橡胶和塑料制品业	1 350	1 350	913	0	437	0	0	0
非金属矿物制品业	0	0	0	0	0	0	0	0
通用设备制造业	1 006	1 006	573	278	155	0	0	0
专用设备制造业	12 033	11 033	7 797	304	2 932	1 000	0	1 000
电气机械和器材制造业	7 766	7 766	3 676	1 376	2 714	0	0	0
计算机、通信和其他电子设备制造业	705	705	685	0	20	0	0	0
仪器仪表制造业	71 015	71 015	23 305	30 884	16 826	0	0	0
建筑业	6 790	6 790	2 386	650	3 754	0	0	0
房屋建筑业	6 790	6 790	2 386	650	3 754	0	0	0
土木工程建筑业	0	0	0	0	0	0	0	0
建筑装饰和其他建筑业	0	0	0	0	0	0	0	0
批发和零售业	0	0	0	0	0	0	0	0
批发业	0	0	0	0	0	0	0	0
交通运输、仓储和邮政业	8 004	1 827	656	363	808	6 177	0	6 177
道路运输业	8 004	1 827	656	363	808	6 177	0	6 177
信息传输、软件和信息技术服务业	18 467	18 467	5 057	9 144	4 266	0	0	0
电信、广播电视和卫星传输服务	0	0	0	0	0	0	0	0
软件和信息技术服务业	18 467	18 467	5 057	9 144	4 266	0	0	0
租赁和商务服务业	0	0	0	0	0	0	0	0
商务服务业	0	0	0	0	0	0	0	0
科学研究和技术服务业	247 590	197 542	93 623	19 949	83 970	50 048	16 295	33 753
研究和试验发展	127 377	111 750	50 662	5 905	55 183	15 627	11 769	3 858
专业技术服务业	120 213	85 792	42 961	14 044	28 787	34 421	4 526	29 895
科技推广和应用服务业	0	0	0	0	0	0	0	0
水利、环境和公共设施管理业	58 085	58 085	14 290	1 531	42 264	0	0	0
水利管理业	3 748	3 748	1 486	358	1 904	0	0	0

续表

项目	R&D经费内部支出	经常费支出				基本建设费		
			人员费用	设备购置费	其他		仪器设备费	土建费
生态保护和环境治理业	54 337	54 337	12 804	1 173	40 360	0	0	0
公共设施管理业	0	0	0	0	0	0	0	0
教育	1 010	1 010	910	0	100	0	0	0
教育	1 010	1 010	910	0	100	0	0	0
卫生和社会工作	210 753	199 287	97 601	48 051	53 635	11 466	8 919	2 547
卫生	210 753	199 287	97 601	48 051	53 635	11 466	8 919	2 547
文化、体育和娱乐业	3 553	3 553	2 985	568	0	0	0	0
文化艺术业	3 553	3 553	2 985	568	0	0	0	0
体育	0	0	0	0	0	0	0	0

表12 2011年R&D经费外部支出

项目	R&D经费外部支出	对国内科研机构支出	对国内高等学校支出	对国内企业支出	对境外机构支出
1.按地域分布					
全省					
总　计	30 757	15 150	10 320	5 287	0
济南市	896	896	0	0	0
青岛市	29 661	14 254	10 320	5 087	0
淄博市	0	0	0	0	0
枣庄市	0	0	0	0	0
东营市	0	0	0	0	0
烟台市	0	0	0	0	0
潍坊市	0	0	0	0	0
济宁市	0	0	0	0	0
泰安市	0	0	0	0	0
威海市	0	0	0	0	0
日照市	0	0	0	0	0
莱芜市	0	0	0	0	0
临沂市	0	0	0	0	0
德州市	0	0	0	0	0
聊城市	0	0	0	0	0
滨州市	200	0	0	200	0
菏泽市	0	0	0	0	0
2.按隶属关系分布					
全省					
总　计	30 757	15 150	10 320	5 287	0
地方部门属	1 096	896	0	200	0
省级部门属	896	896	0	0	0
副省级城市属	0	0	0	0	0
地市级部门属	200	0	0	200	0
中央部门属	29 661	14 254	10 320	5 087	0
中国科学院	0	0	0	0	0
中央属					
总　计	29 661	14 254	10 320	5 087	0
农业部	15 762	6 305	4 729	4 728	0
国土资源部	0	0	0	0	0
国家海洋局	13 899	7 949	5 591	359	0
中华全国供销合作总社	0	0	0	0	0

续表

项目	R&D经费外部支出	对国内科研机构支出	对国内高等学校支出	对国内企业支出	对境外机构支出
中国科学院	0	0	0	0	0
地方属					
总　计	1 096	896	0	200	0
济南市	896	896	0	0	0
青岛市	0	0	0	0	0
淄博市	0	0	0	0	0
枣庄市	0	0	0	0	0
东营市	0	0	0	0	0
烟台市	0	0	0	0	0
潍坊市	0	0	0	0	0
济宁市	0	0	0	0	0
泰安市	0	0	0	0	0
威海市	0	0	0	0	0
日照市	0	0	0	0	0
莱芜市	0	0	0	0	0
临沂市	0	0	0	0	0
德州市	0	0	0	0	0
聊城市	0	0	0	0	0
滨州市	200	0	0	200	0
菏泽市	0	0	0	0	0
3.按机构所属学科领域分布					
全省					
总　计	30 757	15 150	10 320	5 287	0
自然科学领域	13 899	7 949	5 591	359	0
农业科学领域	16 858	7 201	4 729	4 928	0
医学科学领域	0	0	0	0	0
工程科学与技术领域	0	0	0	0	0
社会、人文科学领域	0	0	0	0	0
4.按机构服务的国民经济行业分布					
全省					
总　计	30 757	15 150	10 320	5 287	0
农、林、牧、渔业	16 858	7 201	4 729	4 928	0
农业	896	896	0	0	0
林业	0	0	0	0	0
畜牧业	0	0	0	0	0
渔业	15 762	6 305	4 729	4 728	0
农、林、牧、渔服务业	200	0	0	200	0

续表

项目	R&D经费外部支出	对国内科研机构支出	对国内高等学校支出	对国内企业支出	对境外机构支出
制造业	0	0	0	0	0
农副食品加工业	0	0	0	0	0
食品制造业	0	0	0	0	0
纺织业	0	0	0	0	0
皮革、毛皮、羽毛及其制品和制鞋业	0	0	0	0	0
家具制造业	0	0	0	0	0
造纸和纸制品业	0	0	0	0	0
文教、工美、体育和娱乐用品制造业	0	0	0	0	0
化学原料和化学制品制造业	0	0	0	0	0
医药制造业	0	0	0	0	0
化学纤维制造业	0	0	0	0	0
橡胶和塑料制品业	0	0	0	0	0
非金属矿物制品业	0	0	0	0	0
通用设备制造业	0	0	0	0	0
专用设备制造业	0	0	0	0	0
电气机械和器材制造业	0	0	0	0	0
计算机、通信和其他电子设备制造业	0	0	0	0	0
仪器仪表制造业	0	0	0	0	0
建筑业	0	0	0	0	0
房屋建筑业	0	0	0	0	0
土木工程建筑业	0	0	0	0	0
建筑装饰和其他建筑业	0	0	0	0	0
批发和零售业	0	0	0	0	0
批发业	0	0	0	0	0
交通运输、仓储和邮政业	0	0	0	0	0
道路运输业	0	0	0	0	0
信息传输、软件和信息技术服务业	0	0	0	0	0
电信、广播电视和卫星传输服务	0	0	0	0	0
软件和信息技术服务业	0	0	0	0	0
租赁和商务服务业	0	0	0	0	0
商务服务业	0	0	0	0	0
科学研究和技术服务业	13 899	7 949	5 591	359	0
研究和试验发展	13 899	7 949	5 591	359	0
专业技术服务业	0	0	0	0	0
科技推广和应用服务业	0	0	0	0	0
水利、环境和公共设施管理业	0	0	0	0	0
水利管理业	0	0	0	0	0

续表

项目	R&D经费外部支出	对国内科研机构支出	对国内高等学校支出	对国内企业支出	对境外机构支出
生态保护和环境治理业	0	0	0	0	0
公共设施管理业	0	0	0	0	0
教育	0	0	0	0	0
教育	0	0	0	0	0
卫生和社会工作	0	0	0	0	0
卫生	0	0	0	0	0
文化、体育和娱乐业	0	0	0	0	0
文化艺术业	0	0	0	0	0
体育	0	0	0	0	0
中央属					
总　计	29 661	14 254	10 320	5 087	0
农、林、牧、渔业	15 762	6 305	4 729	4 728	0
农业	0	0	0	0	0
渔业	15 762	6 305	4 729	4 728	0
农、林、牧、渔服务业	0	0	0	0	0
科学研究和技术服务业	13 899	7 949	5 591	359	0
研究和试验发展	13 899	7 949	5 591	359	0
专业技术服务业	0	0	0	0	0
地方属					
总　计	1 096	896	0	200	0
农、林、牧、渔业	1 096	896	0	200	0
农业	896	896	0	0	0
林业	0	0	0	0	0
畜牧业	0	0	0	0	0
渔业	0	0	0	0	0
农、林、牧、渔服务业	200	0	0	200	0
制造业	0	0	0	0	0
农副食品加工业	0	0	0	0	0
食品制造业	0	0	0	0	0
纺织业	0	0	0	0	0
皮革、毛皮、羽毛及其制品和制鞋业	0	0	0	0	0
家具制造业	0	0	0	0	0
造纸和纸制品业	0	0	0	0	0
文教、工美、体育和娱乐用品制造业	0	0	0	0	0
化学原料和化学制品制造业	0	0	0	0	0
医药制造业	0	0	0	0	0
化学纤维制造业	0	0	0	0	0
橡胶和塑料制品业	0	0	0	0	0

续表

项目	R&D经费外部支出	对国内科研机构支出	对国内高等学校支出	对国内企业支出	对境外机构支出
非金属矿物制品业	0	0	0	0	0
通用设备制造业	0	0	0	0	0
专用设备制造业	0	0	0	0	0
电气机械和器材制造业	0	0	0	0	0
计算机、通信和其他电子设备制造业	0	0	0	0	0
仪器仪表制造业	0	0	0	0	0
建筑业	0	0	0	0	0
房屋建筑业	0	0	0	0	0
土木工程建筑业	0	0	0	0	0
建筑装饰和其他建筑业	0	0	0	0	0
批发和零售业	0	0	0	0	0
批发业	0	0	0	0	0
交通运输、仓储和邮政业	0	0	0	0	0
道路运输业	0	0	0	0	0
信息传输、软件和信息技术服务业	0	0	0	0	0
电信、广播电视和卫星传输服务	0	0	0	0	0
软件和信息技术服务业	0	0	0	0	0
租赁和商务服务业	0	0	0	0	0
商务服务业	0	0	0	0	0
科学研究和技术服务业	0	0	0	0	0
研究和试验发展	0	0	0	0	0
专业技术服务业	0	0	0	0	0
科技推广和应用服务业	0	0	0	0	0
水利、环境和公共设施管理业	0	0	0	0	0
水利管理业	0	0	0	0	0
生态保护和环境治理业	0	0	0	0	0
公共设施管理业	0	0	0	0	0
教育	0	0	0	0	0
教育	0	0	0	0	0
卫生和社会工作	0	0	0	0	0
卫生	0	0	0	0	0
文化、体育和娱乐业	0	0	0	0	0
文化艺术业	0	0	0	0	0
体育	0	0	0	0	0

表13　　2011年R&D经常费支出

单位：千元

项目	R&D经常费支出	按活动类型分			按来源分				
		基础研究	应用研究	试验发展	政府资金	企业资金	事业单位资金	国外资金	其他资金
1.按地域分布									
全省									
总　计	2 096 454	429 041	803 929	863 484	1 687 236	104 840	208 511	6 131	89 736
济南市	733 644	77 080	297 923	358 641	489 790	48 523	176 828	1 061	17 442
青岛市	1 095 374	312 962	458 543	323 869	953 493	54 771	10 494	4 820	71 796
淄博市	12 459	0	0	12 459	7 108	746	4 605	0	0
枣庄市	0	0	0	0	0	0	0	0	0
东营市	1 062	0	0	1 062	1 062	0	0	0	0
烟台市	106 333	21 559	34 200	50 574	97 335	0	8 968	0	30
潍坊市	13 539	0	0	13 539	12 819	0	720	0	0
济宁市	59 837	12 623	5 042	42 172	54 853	0	4 984	0	0
泰安市	44 693	4 157	6 848	33 688	43 031	0	1 312	0	350
威海市	0	0	0	0	0	0	0	0	0
日照市	1 302	0	0	1 302	1 302	0	0	0	0
莱芜市	1 050	0	0	1 050	1 050	0	0	0	0
临沂市	6 380	0	610	5 770	6 362	0	0	0	18
德州市	5 910	0	405	5 505	5 610	0	300	0	0
聊城市	7 555	0	0	7 555	7 555	0	0	0	0
滨州市	4 685	660	358	3 667	3 235	800	300	250	100
菏泽市	2 631	0	0	2 631	2 631	0	0	0	0
2.按隶属关系分布									
全省									
总　计	2 096 454	429 041	803 929	863 484	1 687 236	104 840	208 511	6 131	89 736
地方部门属	1 059 581	103 037	366 452	590 092	795 266	50 206	193 018	1 311	19 780
省级部门属	910 078	99 133	343 273	467 672	654 417	48 523	186 985	1 061	19 092
副省级城市属	34 653	2 161	9 377	23 115	33 638	137	688	0	190
地市级部门属	114 850	1 743	13 802	99 305	107 211	1 546	5 345	250	498
中央部门属	1 036 873	326 004	437 477	273 392	891 970	54 634	15 493	4 820	69 956
中国科学院	480 164	158 491	254 359	67 314	422 557	37 127	15 493	4 820	167
3.按机构所属学科领域分布									
全省									
总　计	2 096 454	429 041	803 929	863 484	1 687 236	104 840	208 511	6 131	89 736
自然科学领域	766 447	279 578	346 859	140 010	709 798	37 215	12 685	84	6 665
农业科学领域	616 921	53 375	129 420	434 126	501 615	19 808	19 962	1 036	74 500
医学科学领域	262 240	59 838	119 862	82 540	115 623	10 149	136 003	275	190
工程科学与技术领域	392 882	27 934	172 903	192 045	306 663	37 668	38 609	4 736	5 206
社会、人文科学领域	57 964	8 316	34 885	14 763	53 537	0	1 252	0	3 175

表14 2011年人员流动情况

单位：人

项目	本年新增人员	应届高校毕业生	招聘的其他人员	其它新增人员	本年减少人员	离退休人员	离开本单位的人员	其它减少人员	本年不在岗人员
1.按地域分布									
全省									
总　计	1 025	564	338	123	828	409	334	85	268
济南市	482	244	146	92	378	193	120	65	142
青岛市	314	213	87	14	288	109	169	10	80
淄博市	24	20	4	0	17	9	7	1	13
枣庄市	0	0	0	0	0	0	0	0	0
东营市	0	0	0	0	0	0	0	0	0
烟台市	62	36	19	7	58	34	24	0	14
潍坊市	13	11	2	0	24	19	4	1	0
济宁市	21	15	2	4	16	11	4	1	15
泰安市	16	12	3	1	15	9	3	3	0
威海市	0	0	0	0	0	0	0	0	0
日照市	8	5	2	1	2	1	0	1	4
莱芜市	0	0	0	0	1	1	0	0	0
临沂市	77	5	71	1	11	8	2	1	0
德州市	7	2	2	3	3	3	0	0	0
聊城市	0	0	0	0	4	4	0	0	0
滨州市	0	0	0	0	4	3	1	0	0
菏泽市	1	1	0	0	7	5	0	2	0
2.按隶属关系分布									
全省									
总　计	1 025	564	338	123	828	409	334	85	268
地方部门属	764	397	261	106	609	363	171	75	188
省级部门属	522	283	152	87	398	199	136	63	42
副省级城市属	36	25	9	2	50	48	2	0	0
地市级部门属	206	89	100	17	161	116	33	12	146
中央部门属	261	167	77	17	219	46	163	10	80
中国科学院	172	123	44	5	102	16	82	4	0
中央属									
总　计	261	167	77	17	219	46	163	10	80
农业部	37	28	0	9	22	12	5	5	43
国土资源部	13	3	10	0	4	3	1	0	0
国家海洋局	26	3	22	1	91	15	75	1	37

续表

项目	本年新增人员	应届高校毕业生	招聘的其他人员	其它新增人员	本年减少人员	离退休人员	离开本单位的人员	其它减少人员	本年不在岗人员
中华全国供销合作总社	13	10	1	2	0	0	0	0	0
中国科学院	172	123	44	5	102	16	82	4	0
地方属									
总　计	764	397	261	106	609	363	171	75	188
济南市	469	234	145	90	378	193	120	65	142
青岛市	103	82	17	4	89	63	26	0	0
淄博市	24	20	4	0	17	9	7	1	13
枣庄市	0	0	0	0	0	0	0	0	0
东营市	0	0	0	0	0	0	0	0	0
烟台市	25	10	13	2	38	34	4	0	14
潍坊市	13	11	2	0	24	19	4	1	0
济宁市	21	15	2	4	16	11	4	1	15
泰安市	16	12	3	1	15	9	3	3	0
威海市	0	0	0	0	0	0	0	0	0
日照市	8	5	2	1	2	1	0	1	4
莱芜市	0	0	0	0	1	1	0	0	0
临沂市	77	5	71	1	11	8	2	1	0
德州市	7	2	2	3	3	3	0	0	0
聊城市	0	0	0	0	4	4	0	0	0
滨州市	0	0	0	0	4	3	1	0	0
菏泽市	1	1	0	0	7	5	0	2	0

（数据来源：山东省科技厅）

（山东省科技干部学校）

科技大事记

KEJI DASHIJI

2011年山东省科技大事记

1月

4日　国务院以国函〔2011〕1号文件批复《山东半岛蓝色经济区发展规划》，标志着山东半岛蓝色经济区建设正式上升为国家战略，成为国家海洋发展战略和区域协调发展战略的重要组成部分。

9日　省科技厅、青岛国家海洋科学研究中心在青岛组织召开“建设山东半岛蓝色经济区海洋科技座谈会”。中国工程院院士侯保荣、雷霁霖，中国科学院海洋研究所、中国海洋大学、国家海洋局第一海洋研究所、中国水产科学院黄海水产研究所等国家驻鲁和省属海洋科研教学单位的主要负责人参加了会议。省科技厅副厅长、青岛国家海洋科学研究中心主任李乃胜出席会议并讲话。

12～13日　副省长李兆前一行先后到清华大学、北京大学、中国工程院、中国科学院进行走访，就进一步加强省校（院）科技合作与4个单位进行深入的座谈和交流。清华大学党委副书记邓卫，北京大学常务副校长吴志攀、副校长鞠传进，中国工程院院长、党组书记周济、副院长旭日干、干勇，中国科学院党组成员、秘书长邓麦村等领导以及四单位相关部门的负责同志分别会见了李兆前副省长一行。省科技厅厅长翟鲁宁、副厅长徐茂波陪同走访。

25日　省政府在济南召开2011年全省科技工作会议。会议全面总结“十一五”科技工作，深入分析当前科技工作面临的新形势，对“十二五”期间科技工作进行了安排部署。副省长李兆前出席会议并讲话，省科技厅厅长翟鲁宁作了2010年度科技工作报告，省府办公厅副主任刘爱军主持会议。

◇　省政府在济南召开全省知识产权工作会议。会议全面总结“十一五”时期全省知识产权工作，对“十二五”时期全省知识产权工作进行安排部署。副省长李兆前、国家知识产权局副局长甘绍宁出席会议并讲话。省政府办公厅副主任刘爱军主持会议。省政府知识产权联席会议副召集人、省科技厅厅长翟鲁宁围绕进一步加强省政府知识产权联席会议制度等有关方面的工作作了重要讲话。省知识产权局局长李爱民全面总结了2010年全省知识产权工作情况。

26日　山东省广饶子午胎特色产业基地、临朐磁电装备特色产业基地、潍坊光电特色产业基地被科技部火炬中心认定为国家火炬计划特色产业基地。

◇　由省科技厅组织编制的《黄河三角洲高效生态经济区科技发展规划》通过了黄河三角洲高效生态经济区建设办公室组织的专家论证。

2月

17日　科技部批准潍坊市峡山生态经济发展区和枣庄市山亭区为国家可持续发展实验区。

18日　科技部社发司组织有关专家在北京召开了“十一五”国家支撑计划项目“海洋工程结构浪花飞溅区腐蚀控制技术及应用”项目验收会。科技部社发司司长马燕合，中科院资环局副局长常旭，山东省科技厅副厅长、青岛国家海洋科学研究中心主任李乃胜出席会议并讲话。

24～25日　全省科技合作工作座谈会在枣庄市召开。省科技厅副厅长徐茂波、枣庄市副市长张鲁军等出席座谈会。全省17市科技局分管负责同志参加座谈会。

28日　全省科学技术奖励大会在济南山东大厦召开，表彰为山东省科技事业发展和现代化建设作出突出贡献的科技工作者。会议由省委常委、副省长王军民主持，省委书记、省人大常委会主任姜异康为2010年度山东省科学技术最高奖获得者于金明、王恩东颁发获奖证书。省委副书记、省长姜大明出席会议并讲话，副省长才利民宣读省政府《关于2010年度山东省科学技术奖励的决定》。

3月

7日　山东省委、省政府启动实施“泰山学者攀登计划”。计划自2011年到2015年，围绕全省重大战略部署和产业发展方向，遴选30至40名优秀泰山学者人选或其他高层次专家学者，培养造就一批具有世界科研前沿水平的高层次科技领军人才，入选者每人将获得不低于700万元的资金支持。

10～11日　中科院城乡一体化试点市建设方案论证会在山东省荣成市召开。中国科学院院士、中科院沈阳分院院长包信和带领来自中科院金属所、生态所、自动化所和大连理工大学等10余所高校、科研单位的近20位专家参加了论证会。山东省科技厅厅长翟鲁宁、副厅长徐茂波、副厅长王晓斌，中科院烟台海岸带所、青岛能源与过程所及荣成市的主要领导参加论证会并陪同调研。

12日　省科技厅厅长翟鲁宁，副厅长徐茂波、王晓斌等一行到烟台市调研。翟鲁宁厅长一行实地考察了烟台万华集团、烟台杰瑞石油服务集团有限公司和烟台台海玛努尔核电设备有限公司，并听取了公司科研生产情况汇报。

18日　省科技厅召开“促进科技和金融结合座谈会”，就如何落实科技部、人民银行、银监会、证监会、保监会《促进科技和金融结合试点实施方案》要求，开展相关试点工作，促进科技资源和金融资源有效对接等问题，邀请山东省相关金融监管部门和部分金融机构进行座谈。省科技厅厅长翟鲁宁出席会议并讲话，副厅长崔建海主持会议。

29日　省科技厅、省统计局在济南召开全省高新技术统计工作会议。省科技厅厅长翟鲁宁、副厅长崔建海、副巡视员段晓青，省统计局副局长姜玉山等出席会议。翟鲁宁厅长、姜玉山副局长分别在会上作重要讲话。崔建海副厅长主持会议。

30日～4月2日　科技部国际合作司调研组来山东省重点调研国际科技合作工作情况，特别是列入国家支持的国际科技合作项目的实施情况。省科技厅副厅长徐茂波会见了调研组一行。

4月

12日　力诺光伏集团与IBM就新一代高效太阳电池及组件技术研发签订战略合作协议。省科技厅副厅长徐茂波，山东信息通信技术研究院管理中心常务副主任王登启，济南市副市长张宗祥，济南市政协副主席、科技局局长冯光文等有关领导出席签约仪式。

21日　国家科技部、国务院国资委、中华全国总工会联合发布了第三批创新型企业名单，威海广泰空港、山东冠丰种业、中国重汽、兖矿集团、潍柴动力、绿叶制药、时风（集团）、泉林纸业、金正大、龙力生物、软控股份、青岛港（集团）、青特集团等13家山东省企业名列其中。山东省国家创新型企业累计24家，新增和累计总量均居全国各省市首位。

23日　“中国科学院—威高集团高技术研究发展计划”（简称“威高计划”）首届项目启动会暨2011年项目申报指南发布会在北京召开。中国科学院院地合作局局长戚强，中科院沈阳分院院长包信和，省科技厅厅长翟鲁宁、副厅长徐茂波等领导出席会议。

26日　科技部副部长曹健林到济宁市考察科技工作。省科技厅厅长翟鲁宁、副厅长崔建海，省科学院党委书记李海舰、副院长于承建，济宁市委副书记、市长梅永红，副市长佘春明等陪同考察。

5月

9～13日　省科技厅厅长翟鲁宁率山东科技代表团参加“2011（香港）山东周”活动并取得圆满成功。省科技厅副厅长徐茂波，山东信息通信技术研究院管理中心副主任王登启，省科学院书记李海舰，省科学院激光所、自动化所等单位的负责同志随团参加系列活动。

12日　由省科技厅及香港特区政府创新科技署主办的“2011年香港山东周鲁港高新技术产业合作洽谈会”在香港君悦酒店举行。香港特区政府创新科技署署长王荣珍、中联办教育科技部副部长董翠娣、香港应用科技研究院副总裁王克中、香港山东商会常务理事、震坚实业有限公司董事长蒋丽苓，来自山东省30余家企业、科研单位及香港政府部门、高校、科研单位和企业的80余位专家、代表参加了洽谈会。

14日　“振兴老区 服务三农 科技列车沂蒙行”活动暨2011年山东省科技活动周在临沂市全面展开。中央纪委驻科技部纪检组长、科技部党组成员郭向远应邀出席开幕式并作重要讲话。省委常委、副省长孙伟宣布活动周开幕并致辞。省政协副主席李德强出席开幕式。省科技厅副厅长郭九成、临沂市有关领导及社会各界代表参加开幕式。

16日　中国科学院量子技术与应用研究中心暨济南量子技术研究院揭牌仪式在山东信息通信技术研究院举行。中科院院长白春礼，省委副书记、省长姜大明，省委常委、副省长孙伟和济南市委副书记、市长张建国出席仪式并分别为中国科学院量子技术与应用研究中心和济南量子技术研究院揭牌。揭牌仪式由省科技厅厅长翟鲁宁主持。

17日　由国家科技部发展计划司司长王晓方、高新司副司长张志宏组成的调研组，到潍坊高新区调研指导工作。省科技厅副厅长崔建海，潍坊市副市长陈白峰等陪同调研。

22日　中科院黄河三角洲滨海湿地生态试验站建设方案论证会暨试验站揭牌仪式在东营举行。中国工程院院士刘兴土，中科院烟台海岸带所主要负责同志和来自中科院、国家海洋局、中国水科院黄海所等单位的10余位专家参加了论证会。省科技厅厅长翟鲁宁，中科院资环局副局长常旭，东营市委常委、副市长曹杰出席论证会并为中国科学院黄河三角洲滨海湿地生态试验站揭牌。省科技厅副厅长徐茂波、副厅长王晓斌出席论证会。

25日　第五届中国工业生物技术发展高峰论坛在青岛市开幕。论坛由中科院生命科学与技术局、国家发改委高技术产业司、科技部中国生物技术发展中心等主办。中科院副院长李家洋院士出席论坛并讲话。省科技厅副厅长徐茂波应邀出席会议。

◇　中国工程院咨询工作调研座谈会在济南召开。中国工程院冯培德院士和来自中国工程院政策研究室、中国航天工程咨询中心、中国社科院数量经济与技术经济研究所等单位的7位专家参加座谈会。山东省科技厅纪检组长、监察专员赵锦锋出席座谈会并讲话。省经济和信息化委副主任李莎及省发展改革委、教育厅、农业厅、省半岛蓝色经济区建设办公室、省黄河三角洲高效生态经济区建设办公室科技主管处室主要负责同志参加座谈会。

30日　科技部党组成员、纪检组长郭向远到山东信息通信技术研究院进行考察、调研，省科技厅厅长翟鲁宁，省科技厅纪检组长、监察专员赵锦锋等陪同。

30日～6月16日　科技部、财政部会同中纪委、监察部组成检查组，由科技部党组成员、中纪委驻科技部纪检组长、监察专员郭向远同志带队，对山东省开展国家科技计划项目实施及其经费管理使用情况的监督检查。省科技厅厅长翟鲁宁，纪检组长、监察专员赵锦锋等全程陪同检查。

6月

1～10日　应芬兰赫尔辛基市政厅和瑞典皇家工程科学院的邀请，省科技厅副巡视员段晓青率山东科技代表团访问了芬兰和瑞典。

12～15日　科技部国际合作司邀请中央电视台、人民日报、中国日报、科技日报、科学时报等5家中央新闻媒体，在科技部新闻办和科技部信息中心人员陪同下，到山东省就国际科技合作项目情况进行调研采访。省科技厅厅长翟鲁宁在济南会见采访组一行，并全面介绍了山东省国际科技合作项目的相关情况，副厅长徐茂波全程陪同采访。

15日　经国务院批复，临沂高新区正式升级为国家高新技术产业开发区。

21日　由中国科学技术交流中心、山东省科技厅和山东大学共同主办的“欧盟第七框架计划宣讲会”在济南召开。省科技厅副厅长徐茂波出席宣讲会并致辞。

30日　“泰山学者—药学特聘专家”评审会

在济南召开。来自中国医学科学院、北京大学、清华大学、军事医学科学院等5名国内知名医药专家组成评审专家组。省委组织部副部长胡文容、省科技厅厅长翟鲁宁出席会议并讲话。省科技厅副厅长郭九成主持会议。

7月

5日　省科技厅厅长翟鲁宁会见西藏日喀则地区科技局局长德吉秧宗、副局长黄鹏，双方就科技对口援藏工作进行会谈。

5～14日　应澳大利亚昆士兰大学及新西兰奥克兰理工大学的邀请，省科技厅副厅长崔建海率团访问了澳大利亚、新西兰，有效推动了山东省与新南威尔士大学电力工程与通信学院在光纤传感技术领域的重点合作项目进程，进一步加强了与澳大利亚UNIQUEST公司、CSIRO等机构的合作。

18日　中国科技信息研究所与山东省科技情报系统战略合作协议签字仪式在济宁举行。中国科技信息研究所所长贺德方、书记邢宪力，省科技厅副巡视员于健樵，济宁市人民政府副市长陈颖出席签字仪式。

20日　2011年度山东自然科学基金委员会会议在济南召开。会议听取了省自然科学基金委办公室工作报告，审议通过了2011年度山东省自然科学基金项目、山东省自然科学杰出青年基金项目，并对今后省基金委工作进行了规划。省自然科学基金委员会副主任、省科技厅厅长翟鲁宁出席会议并讲话。会议由省自然科学基金委员会委员、省科技厅副厅长徐茂波主持。

25日　山东省科技厅印发《山东省“十二五”科学技术发展规划纲要》，确定了“十二五”时期山东科技工作发展的指导思想、奋斗目标，明确了科技发展重点领域和关键技术，强调了科技创新平台及园区建设，提出了保障科技发展的重要措施，为“十二五”时期山东科技发展提供了重要保障。

28日～8月8日　应南非科技部、埃及农业部与以色列贸工部邀请，省科技厅厅长翟鲁宁率团访问了南非、埃及、以色列3国。与埃及环境部在秸秆气化技术综合利用方面的合作取得实质性进展。与以色列贸工部就加强科技合作，共同建立产业研发合作基金达成一致，就引进以色列滴灌、喷灌技术，推动设施农业技术合作达成共识，为山东省有实力的种业企业进军南非市场，建立新品种繁育基地开拓了合作渠道。

8月

4～6日　由中国工程院主办，山东省科技厅与中国工程院环境与轻纺工程学部、中国工程院科技合作委员会轻工科技发展促进会、中国轻工业联合会轻工表面活性剂应用研究分会共同承办的“中国工程院工程科技论坛——轻工节能减排和生物质资源高值化利用技术工程科技论坛”在烟台举行，中国工程院院士陈克复、孙宝国、石碧出席论坛并作大会报告。山东省科技厅副巡视员段晓青出席论坛开幕式并致辞。

11日　山东大学召开新闻发布会，宣布因为在国际重大科学计划——阿尔法磁谱仪（AMS）项目中作出基础性贡献，该校程林教授获得美国宇航局特别嘉奖。程林教授是唯一获此殊荣的中国人。

19日　全省科技系统领导干部读书会在枣庄召开，省科技厅厅长翟鲁宁出席会议并作重要讲话，副厅长、青岛国家海洋科学研究中心主任李乃胜主持会议，厅领导徐茂波、崔建海、郭九成、赵锦锋、王晓斌、于健樵、段晓青出席会议。各市科技局、省级及以上高新区主要负责同志，厅机关、直属单位主要领导同志参加会议。

22日　国家科技部、山东省人民政府在济南举行2011年部省工作会商会议，双方共同签署了《部省工作会商制度议定书》和《部省共建黄河三角洲国家现代农业科技示范区协议》。全国政协副主席、科技部部长万钢，副部长张来武、陈小娅；山东省委书记、省人大常委会主任姜异康，省委副书记、省长姜大明，省委常委、副省长孙伟，省委常委、秘书长王敏，省政协副主席王志民等出席会议。会议由陈小娅副部长主持，万钢部长、姜异康书记、张来武副部长分别发表重要讲话。部分省直部门主要负责人参加会议。省科技厅厅长翟鲁宁汇报了部省会商工作情况，厅领导徐茂波、崔建海、郭九成、赵锦锋、段晓青，山东信息通信技术研究院管理中心、省知识产权局和厅机关处室主要负责人参加了会议。

26日　黄河三角洲优质肉牛科技示范工程启动仪式在淄博市高青县举行。示范工程旨在加大山东黑牛科技成果的转化与示范，落实《科学技术部、山东省人民政府共建黄河三角洲国家现代农业科技示范区协议》，促进黄河三角洲高效生态经济区建设国家战略的实施。省政府党组成员、省长助理陈光，省科技厅厅长翟鲁宁，省畜牧兽医局局长冯继康等出席仪式并作重要讲话。省科技厅副厅长郭九成主持启动仪式。

28日　省科技厅副厅长、青岛国家海洋科学研究中心主任李乃胜率沿海7市科技局有关领导以及青岛国家海洋科学研究中心有关人员赴辽宁沿海经济带调研。重点调研了葫芦岛、锦州、盘锦、营口、丹东五市的海洋科技创新、新兴产业及高新技术产业发展情况，双方还就加强科技合作与交流，共同推动海洋产业发展交换了意见。

9月

6日　国家科技图书文献中心济南服务站揭牌暨山东省科技文献共享服务平台开通仪式在济南举行。国家科技图书文献中心主任袁海波，省科技厅副厅长徐茂波及有关负责同志出席仪式。

10日　山西省科技厅与山东省科技厅在济南共同签署了《山西省科学技术厅、山东省科学技术厅科技合作框架协议》。协议约定双方建立科技合作会商制度，在信息、现代农业、环保、生物医药、新能源、新材料、装备制造、现代煤化工等产业领域加强科技合作，共同推进区域科技创新发展。山西省科技厅厅长贺天才、山东省科技厅厅长翟鲁宁分别代表两省科技厅签署协议。

12日　山东省人民政府与中国科学院就开展量子技术与应用研究签订合作协议。双方将在量子技术与应用研究、高层次人才集聚与培养和原创性量子技术成果转化等方面开展密切合作。合作协议的签订，对加速量子技术成果产业化步伐，抢占未来信息技术发展的制高点，促进山东省转方式、调结构具有重要意义。

23日　国家超级计算济南中心通过科技部中期检查。科技部高新司副司长杨咸武、信息化处处长李莉、高技术中心副研究员谈儒云等领导以及北京航天航空大学6位专家出席中期检查会。省科技厅厅长翟鲁宁会见了科技部领导和专家组一行。省科技厅副厅长崔建海出席会议。

25日　“中国科学院—威高集团高技术研究发展计划”第四次领导小组会议在威海召开。中科院沈阳分院院长包信和，中科院高技术研究与发展局化工处副处长唐清，省科技厅副厅长徐茂波，副厅长兼中科院山东综合技术转化中心主任王晓斌，威海市委常委、副市长董进友等出席会议。

27～28日　国家科技部督察组来山东省督查新升级国家高新区工作落实情况。督察组先后对山东省新升级的烟台、济宁两个国家级高新区进行了督导检查。省科技厅副厅长崔建海陪同督查。

10月

10～12日　由科技部国际合作司主办，山东省科技厅、临沂市人民政府、中国国际科技合作协会承办的“科技之家大使俱乐部”活动在临沂市举行。科技部国际合作司靳晓明司长，省科技厅副厅长徐茂波，临沂市委书记张少军出席论坛并致辞。部分大使就中俄科技合作与技术转移、高科技和中国外交、非洲与中东形势和中国“走出去”战略发表了演讲。

12日　烟台高新区蓝色经济创新型特色园区建设研讨会暨中国科学院计算技术研究所烟台分所揭牌仪式举行。科技部副部长曹健林，省委常委、副省长孙伟出席仪式。省政府副秘书长张德宽、省科技厅副厅长崔建海参加活动。

◇　由国家科技部合作司、全国对俄科技合作基地联盟、山东省科技厅联合主办，烟台市科技局、烟台市中俄基地管委会承办的全国对俄科技合作基地联盟第四次会议在烟台召开。科技部副部长曹健林，省委常委、副省长孙伟出席会议并分别作重要讲话。省科技厅副厅长徐茂波出席会议。

18～19日　以中国工程院原副院长沈国舫院士为组长，30余位院士、专家为成员的中国工程院“淮河流域环境与发展问题研究”项目组到临沂、济宁等市考察调研淮河流域环境与发展情况。省政府党组成员、省长助理陈光在济南会见考察组一行。省科技厅副厅长徐茂波全程陪同调研并主持座谈会。

18～21日　科技部组织国家可持续发展实验区专家组，对沂源县、龙口市申报的国家可持续发展实验区进行现场考察。专家组听取了沂源县、龙口市可持续发展实验区创建情况的汇报，现场考察了两地经济、社会、环境保护、资源利用、民生事业等建设情况。专家组一致同意两地参加国家可持续发展实验区联席评审会。省科技厅副厅长徐茂波代表山东省科技厅在考察会上作表态发言。

24日　省医科院召开新闻发布会，宣布省皮肤病性病防治研究所继2009年《新英格兰医学杂志》发表麻风易感基因研究成果之后，在麻风易感基因研究方面再获原创性成果，研究论文在国际著名学术期刊《自然•遗传学》（Nature Gentic）在线发表，标志着我国在该领域继续处于世界领先水平。

27日　国家超级计算济南中心在济南高新区正式揭牌启用。中心装备国内首台全部采用国产自主中央处理器和系统软件构建的“神威蓝光”千万亿次计算机系统，标志着我国成为继美国、日本之后能够采用自主中央处理器构建千万亿次计算机的国家。省委书记、省人大常委会主任姜异康，省委副书记、省长姜大明，全国政协常委、科教文卫体委员会主任、科技部原部长徐冠华院士出席仪式并揭牌。省委常委、济南市委书记焉荣竹出席仪式，省委常委、副省长孙伟讲话，济南市委副书记、市长张建国出席仪式。省科技厅厅长翟鲁宁主持。

28日　科技部高新司陈家昌副司长一行到淄博市考察新能源汽车研究开发和示范推广工作情况。淄博市委副书记、市长周清利，副市长庄鸣和省科技厅副厅长崔建海陪同考察。

31日～11月1日　国家部委驻天津部分科研单位与济宁市产学研对接洽谈活动在济宁举行。科技部政策法规司副司长翟立新，天津市科委副主任陈养发，山东省科技厅副厅长徐茂波，济宁市市委副书记、市长梅永红出席活动并讲话。

11月

1日　山东省政府办公厅公布首批10名“泰山学者—药学特聘专家”名单（鲁政办字〔2011〕158号）。

12日　由同济大学、烟台经济技术开发区与烟台荣昌制药有限公司共建的“生物新药创制联合平台及开发基地”开工典礼在烟台举行。中国生物技术发展中心副主任马宏建，同济大学校长裴刚，省科技厅副厅长徐茂波，省药监局局长李民，烟台市委常委、烟台经济技术开发区工委书记、管委主任王曰义等出席开工典礼。

12～15日　科技部火炬中心主任赵明鹏一行对山东省青岛、潍坊、烟台、威海四个国家高新区进行了考察调研。省科技厅厅长翟鲁宁、副厅长崔建海先后陪同考察。

14日　“山东省心脏移植中心”揭牌仪式在山东省千佛山医院举行。山东省政协副主席王志民、省科技厅副厅长徐茂波、山东省卫生厅副厅长康永军等领导及相关专业专家出席揭牌仪式。

21日～12月2日　应匈牙利国家创新署、罗马尼亚科技部和保加利亚农业科学院的邀请，省科技厅副厅长徐茂波率团访问匈牙利、罗马尼亚、保加利亚三国。通过访问，进一步开拓了山东省与东欧三国的合作渠道，建立了政府层面的合作关系，深入了解了3个国家在农业方面的科技与创新资源，为下一步山东省农业科技与对方全面、实质性的合作奠定了基础。

24～25日　由山东省科技厅指导，山东省制造业信息化科技工程专家组、e-works中国制造业信息化门户网和山东山大华天软件有限公司联合主办的“2011（第七届）中国制造业产品创新数字化国际峰会”在济南召开。省科技厅副厅长崔建海出席会议并致辞。来自全国制造业企业、软件企业和科研院所的近千名代表参加了会议。

26日　临沂国家高新技术产业开发区建设推进大会在临沂召开。科技部副部长曹健林、省长助理周齐、临沂市委书记张少军出席会议并共同为临沂国家高新技术产业开发区揭牌。科技部高新司司长赵玉海在会上宣读了国务院《关于同意临沂高新技术产业园区升级为国家高新技术产业开发区的批复》。省科技厅厅长翟鲁宁、副厅长崔建海参加会议并陪同考察。

26～27日　科技部副部长曹健林一行赴青岛调研，先后考察了南车集团四方车辆厂、高校软控股份有限公司和青岛高新区。期间，省委常委、青岛市委书记李群会见了曹健林副部长一行。省科技厅厅长翟鲁宁，青岛市常委、副市长张惠等领导陪同调研。

27日　科技部火炬中心主任赵明鹏、副主任张卫星一行对济宁国家高新区的建设与发展情况进行考察。省科技厅副厅长崔建海陪同考察。

30日　我国新一代海洋科学综合考察船——“科学”号在武汉武昌船舶重工有限责任公司顺利下水，标志着我国海洋科学考察能力迈入国际先进行列。“科学”号海洋科学综合考察船是我国目前最先进的海洋科学综合考察船，具备全球航行能力，船舶和船载探测与实验系统处于国际先进水平。中科院副院长丁仲礼，山东省委常委、副省长孙伟，湖北省政府、国家发改委、教育部、青岛市政府、中国船舶重工集团公司等部门和单位有关人员出席了下水仪式，丁仲礼为海洋科学综合考察船下水行“掷瓶礼”。孙伟副省长发表讲话。省科技厅副厅长、青岛国家海洋科学研究中心主任李乃胜参加了“科学”号下水仪式。

12月

3日　由何梁何利基金评选委员会和山东省科技厅主办、山东大学承办的何梁何利基金高峰论坛在山东大学中心校区举行，省科技厅厅长翟鲁宁主持论坛。

12日　国家科技部批准设立黄河三角洲国家可持续发展研究中心。该中心以山东省黄河三角洲可持续发展研究院为依托，将建设成为国家高效生态经济可持续发展产业技术创新平台，为黄河三角洲国家可持续发展实验区建设提供科技支撑。

16日　我国首条高端（FBGA）集成电路存储器封装测试生产线在济南高新区浪潮产业园上线投产，标志着中国企业拥有了与国际先进工艺水平同步的存储器芯片封装测试技术。省委副书记、省长姜大明，省委常委、副省长王军民，国家外国专家局副局长刘延国，省委常委、济南市委书记焉荣竹，济南市委副书记杨鲁豫等有关领导出席投产仪式。省科技厅厅长翟鲁宁参加仪式并致辞。

17～18日　“全国沿海海洋科技管理联席工作会议”联络员会议在威海召开。科技部社会发展科技司、中国21世纪议程管理中心有关人员围绕国家在海洋科技领域的部署、海洋科技进展作了专题报告。省科技厅副厅长、青岛国家海洋科学研究中心主任李乃胜出席会议。

22日　山东省科学技术厅与中国科学技术发展战略研究院合作协议签约仪式在北京举行。中国科学技术发展战略研究院常务副院长王元，党委书记胡志坚等领导同志到会。省科技厅厅长翟鲁宁代表山东省科技厅签约并致辞，省科技厅副巡视员于健樵参加仪式。

◇　省科技厅批准济南市历下区、潍坊高新技术产业开发区、诸城市、莱芜雪野旅游区、沂水县为省级可持续发展实验区，全省省级可持续发展实验区达到14家，数量居全国第三。

25日　由中宣部、科技部、司法部、农业部等九部门和山东省委、省政府联合举办的全国文化科技卫生“三下乡”活动启动仪式和集中服务活动，在山东省临沭县举行，标志着2012年全国“三下乡”活动拉开帷幕。中宣部副部长申维辰主持仪式并讲话。科技部党组成员、科技日报社社长王志学，司法部党组成员、纪检组长韩亨林，省委常委、宣传部长孙守刚，副省长张建国以及相关部委领导出席仪式。省科技厅副厅长郭九成、临沂市政府党组成员宋法亮出席活动。

26日　世界首款前置前驱8挡自动变速器盛瑞投产下线仪式及国家科技支撑计划8AT自动变速器项目启动大会、汽车AT自动变速器产业技术创新战略联盟成立大会在盛瑞传动有限公司隆重举行。科技部计划司司长王晓方、潍坊市委书记许立全共同为首台国产8AT自动变速器揭幕。潍坊市委副书记、代市长刘曙光致辞祝贺，高新司副司长陈家昌介绍了国家科技支撑计划批复情况，并与省科技厅副厅长崔建海、潍坊市副市长陈白峰等领导共同启动国家科技支撑计划8AT自动变速器项目。盛瑞8AT的诞生填补了我国汽车科技领域的一项空白，打破了长期以来国外在高端自动变速器领域对中国的技术封锁和产品垄断。

附　录

FULU

山东省科学技术厅
内设机构及主要领导名录

（以2011年12月31日在职者为准）

厅领导

厅长、党组书记、
山东信息通信技术研究院管理中心主任：翟鲁宁
副厅长、党组成员、
青岛国家海洋科学研究中心主任：李乃胜
副厅长：徐茂波
副厅长、党组成员：崔建海
副厅长、党组成员：郭九成
纪检组长、监察专员、党组成员：赵锦锋
副厅长（挂职）：王晓斌
副巡视员：于健樵

办公室

主任：于智勇

人事处

处长、机关党委专职副书记：王保国

政策法规处

处长：董守义

规划财务处

处长：李储林

基础研究与科技条件处

处长：闵祥娟

科技合作处

处长：于永信

高新技术发展及产业化处

处长：毕建明

农村科技处

处长：许　勃

社会发展科技处

处长：赵友春

科技成果处

处长：孙高祚

监察专员办公室

主任：于洪宁

地址：山东省济南市高新区舜华路607号
邮编：250101
传真电话：0531—66777200
值班电话：0531—66777100
网址：www.sdstc.gov.cn

山东省市、县
科技局（委）领导名录

（以2011年12月31日在职者为准）

济南市科技局

局长、市创新办主任、市政协副主席：冯光文
副局长：郑应德
副局长：马淑民
副局长：马素刚
副局长：刘德志
市创新办副主任（副局级）：陈启璋
总工程师：贾文涛
副巡视员：罗　涛
副巡视员：于海波
历下区科技局局长：赵金霞
市中区科技局局长：吴乃锋
槐荫区科技局局长：王玉英
天桥区科技局局长：李恩广
历城区科技局局长：李富刚
长清区科技局局长：武孟臣
章丘市科技局局长：陈祥运
平阴县科技局局长：陈泽成
济阳县科技局局长：张本才
商河县科技局局长：李泽敬
高新区科技经济局局长：陈西武

青岛市科技局

副局长（主持工作）：盖　健
副局长：许　辉
党组成员：陈华庭
市纪委派驻第三纪检组巡视员：宫学翰
副局长：栾　新
副巡视员：周　清
副巡视员：杨　军
副巡视员：杨成志
市南区科技局局长：吴启涛
市北区科技局局长：孙春艳
四方区科技局局长：张永伟
李沧区科技局局长：曹义德
崂山区科技局局长：王　刚
开发区科技局局长：吴志成
城阳区科技局局长：程平清
即墨市科技局局长：刘积学
胶州市科技局局长：郝国新
胶南市科技局局长：刘建锡
平度市科技局局长：兰彬良
莱西市科技局局长：孙承浩
高新区科技局局长：褚晓明

淄博市科技局

局　长：周元军
副局长、知识产权局局长：王纯国
副局长、淄博高新区管委会副主任：牛圣银
副局长：毕红卫
副局长：张旭东
工会主席：臧金强
副调研员：赵乃军
副调研员：吴建虹
张店区科技局局长：于善永
淄川区科技局局长：晏明君
博山区科技局局长：王建照
周村区科技局局长：张昊宇
临淄区科技局局长：徐昭玲
桓台县科技局局长：周荣吉
高青县科技局局长：张彩青
沂源县科技局局长：陈学德
高新区科技局局长：牟先泉

枣庄市科技局

局　　长：傅廷安
党组书记：史　峰
副 局 长：葛　勇
副 局 长：国际昌
调 研 员：陈德林
副调研员：杨升光
市中区科技局局长：刘传稳
薛城区科技局局长：张玉三
峄城区科技局局长：王　莹
台儿庄区科技局局长：沈忠臣
滕州市科技局局长：董鸿洋
山亭区科技局局长：林　森
高新区科技局局长：田家增

东营市科技局

局　长：孙　波
副局长、调研员：生钦勇
副局长：李树坤
副局长：由立红
副局长：宋建业
调研员：陈泽郊
副调研员：杨学武
东营区科技局局长：赵树平
河口区科技局局长：姜凤军
广饶县科技局局长：崔志远
垦利县科技局局长：孙际珍
利津县科技局局长：扈长青
东营经济技术开发区科技局局长：王富杰

烟台市科技局

局长、中科院烟台海岸带研究所党委副书记：许前东
副局长：王宜清
副局长：李瑞庆
副局长：孟庆国
副局长：王有林
副局长：孙慧勇
党组成员、知识产权局局长：张　丛
党组成员、烟台生产力促进中心主任：辛献杰
副调研员：许　博
芝罘区科技局局长：张成礼
福山区科技局局长：纪　鹏
莱山区科技局局长：林乐岐
牟平区科技局局长：林　弘
海阳市科技局局长：隋德斌
莱阳市科技局局长：张丰周
栖霞市科技局局长：范庆信
蓬莱市科技局局长：孙军典
长岛县科技局局长：刘红梅
龙口市科技局局长：温孚恩
招远市科技局局长：栾浩光
莱州市科技局局长：刘　宏
经济技术开发区科技局局长：丁　慧
高新技术产业开发区科技局局长：于红绫

潍坊市科技局

局　长：李春玲
副局长：李金刚
副局长：安卫红
副局长：董　民
副局长：李培金
副调研员：李振忠
副调研员：张宏岩
奎文区科技局局长：戴敬春
潍城区科技局局长：王　勇
寒亭区科技局局长：陈云翔
坊子区科技局局长：赵连任
青州市科技局局长：付　晓
诸城市科技局局长：鞠学涛
寿光市科技局局长：张允生
安丘市科技局局长：甄树田
昌邑市科技局局长：李永兴
高密市科技局局长：杜敦义
临朐县科技局局长：尹秀荣
昌乐县科技局局长：张卫昌
高新区科技局局长：孙彩秀
经济区经发局局长：鲁俊伟
滨海区科技外经贸局局长：曲伟健

济宁市科技局

局　长：贺永红
党组副书记、知识产权局局长：李亦军
副局长：隋玉怀
副局长：宋洪泰

副局长：王金栋
市中区科技局局长：杜贻社
任城区科技局局长：姜香菊
兖州市科技局局长：宋吉民
曲阜市科技局局长：韩　益
邹城市科技局局长：陈　伟
泗水县科技局局长：刘　伟
微山县科技局局长：朱长忠
鱼台县科技局局长：张体玉
金乡县科技局局长：杨金旭
嘉祥县科技局局长：马　德
汶上县科技局局长：刘　群
梁山县科技局局长：王先华

泰安市科技局

局　长：郭向军
副局长：张秀峰
副局长：刘桂选
副局长：陈士昌
副局长：李景文
党组成员、市知识产权局局长：陈书林
党组成员、副调研员：王东之
副调研员：朱荣梅
泰山区科技局局长：谭培生
岱岳区科技局局长：张家栋
新泰市科技局局长：林铁军
肥城市科技局局长：辛培祥
宁阳县科技局局长：韩畅巨
东平县科技局局长：孙培然

威海市科技局

局　长：高同璞
副局长：丛群滋
副局长：崔继泽
副局长：赵　静
副调研员：孙玉忠
党委委员、知识产权局局长：姜启安
党委委员、局办公室主任：谭志刚
荣成市科技局局长：项福进
文登市科技局局长：邓志坚
乳山市科技局局长：姜国臻
高区科技局局长：刘　涛
经区科技局局长：李书同
工业新区经合局局长：蔡曙光

日照市科技局

局　长：徐东光
副局长：冯志亮
副局长：戴玉堂
副局长：丁　华
副局长：张宗焕
党组成员、知识产权局局长：秦泗瑜
副调研员：张　斌
副局长（挂职）：陈庆锋
副调研员：张纪德
副调研员：曹加升
东港区科技局局长：齐延龙
岚山区科技局局长：潘宏伟
莒县科技局局长：冯世武
五莲县科技局局长：王俊存
日照开发区科技局局长：王　熙

莱芜市科技局

局长、科协主席：冯兆华
调研员：张俊祯
党组成员、科协副主席：刘爱忠
副局长：潘玉斌
副局长：何文红
副调研员：申洪柱
莱城区科技局局长：刘胜群
钢城区科技局局长：任维水

临沂市科技局

局　长：王文元
党组副书记、
市科学技术合作与应用研究院院长：沈如茂
副局长：董瑞东
副局长：丁　勇
副局长（挂职）：童文辉
副局长（挂职）：姜海辉
副局长（挂职）：孙长高
副调研员：胡俊保
副调研员：赵世荀
兰山区科技局局长：刘维军
罗庄区科技局局长：郭士林

河东区科技局局长：上官平
郯城县科技局局长：张贵平
苍山县科技局局长：张学会
莒南县科技局局长：刘建峰
沂水县科技局局长：魏书文
蒙阴县科技局局长：伊永久
平邑县科技局局长：李大星
费县县科技局局长：田德兴
沂南县科技局局长：刘洪君
临沭县科技局局长：冯树方
高新区科技信息局局长：张庆红
经济技术开发区科技信息局局长：郭飞跃
临港产业区科技文化信息局局长：高玉彬

德州市科技局

局　长：张书鹏
副局长、调研员：任长春
调研员：杨瑞平
副局长：王希刚
副局长：王秀勇
副调研员：耿　欣
党组成员、知识产权局：武月岭
德城区科技局局长：王新峰
乐陵市科技局局长：宋丙伦
禹城市科技局局长：蔡明忠
陵县科技局局长：任功玉
宁津县科技局局长：邢学文
齐河县科技局局长：王立杰
临邑县科技局局长：崔　华
平原县科技局局长：张本勇
武城县科技局局长：刘　健
夏津县科技局局长：徐大庆
庆云县科技局局长：林洪刚

聊城市科技局

局　长：刘　淼
副局长：李学胜
副局长：韩道莹
副局长：范纯志
副局长：王海涛
副县级领导干部：许海燕
党组成员、知识产权局局长：张银芳
副调研员：刘　琴
东昌府区科技局局长：吴铭兴
临清市科技局局长：何新华
冠县科技局局长：焦梅学
莘县科技局局长：孙振卿
阳谷县科技局局长：李金伟
东阿县科技局局长：金元思
茌平县科技局局长：付长荣
高唐县科技局局长：张光臣

滨州市科技局

局　长：纪思彬
党组副书记、滨州黄河三角洲高效生态产业现代技术研究院院长：李文柳
副局长：曹玉斌
副局长：冯明江
副局长：李风华
党组成员、市科技情报研究所所长：张　兵
副调研员：盖其德
副调研员：徐新忠
滨城区科技局局长：孙明亮
惠民县科技局局长：丁长岭
阳信县科技局局长：王志勇
无棣县科技局局长：邢呈军
沾化县科技局局长：张史政
博兴县科技局局长：刘继刚
邹平县科技局局长：李新军

菏泽市科技局

局　长：耿振华
副局长：李　松
副局长：徐　静
副局长：陶福占
牡丹区科技局局长：卞维宇
曹县科技局局长：师祥体
定陶县科技局局长：刘占民
成武县科技局局长：黄胜昔
单县科技局局长：许　涛
巨野县科技局局长：徐福平
郓城县科技局局长：吕福奎
鄄城县科技局局长：郑　炜
东明县科技局局长：王景义

2011年度山东省有突出贡献的中青年专家名单

（共100名）

宋国栋　济南市中心医院烧伤整形外科主任，主任医师
孙韶华　济南市供排水监测中心副主任，工程技术应用研究员
邢泉生　青岛市儿童医院副院长，主任医师、教授
张庆财　青岛港（集团）有限公司安技部部长，高级工程师
吴荣华　青岛科创新能源科技有限公司总工程师，高级工程师
陈维强　青岛海信网络科技股份有限公司总经理，高级工程师
石建新　淄博市王庄煤矿矿长，高级工程师
赵玉山　瑞阳制药有限公司董事局主席，高级工程师
吕凤琴　淄博市五音戏剧院一级演员
吴修荣　枣庄市妇幼保健院院长，主任护师
张凤山　山东华泰纸业股份有限公司副总工程师，高级工程师
蔺爱国　山东省油区环境污染治理工程技术研究中心主任，高级工程师
王　锋　山东玲珑轮胎股份有限公司总经理，高级工程师
赵　倩　山东省烟台市农业科学研究院高级农艺师
杨　军　烟台毓璜顶医院心内科主任医师，教授
赵东日　山东日科化学股份有限公司董事长，高级工程师
王　航　康跃科技股份有限公司副总经理，高级工程师
卢秀莲　辰欣药业股份有限公司总工程师，高级工程师
王新花　泰安市泰山林业科学研究院研究员
高俊杰　泰安市农业技术推广站站长，高级农艺师
丛建臣　天润曲轴股份有限公司总工程师，工程技术应用研究员
孙丽霞　日照市金海岸小学中学高级教师
徐云华　莱芜市畜牧技术推广中心副主任，高级畜牧师
李明华　山东罗欣药业股份有限公司总经理兼技术中心主任，高级工程师、主管药师
秦中平　临沂市肿瘤医院院长，主任医师
田　强　山东福田药业有限公司副总经理，高级工程师
潘秀芝　德州德药制药有限公司常务副总经理，高级工程师
尤金花　山东东阿阿胶股份有限公司副总经理，工程技术应用研究员
方纪明　聊城市住房和城乡建设委员会建设工程质量监督站副站长，高级工程师
王黎明　滨化集团股份有限公司副总经理，工程技术应用研究员
李剑峰　山东大学机械工程学院院长，教授
胡三元　山东大学齐鲁医院副院长、骨外科主任，主任医师、教授
潘爱玲　山东大学管理学院教授
于广利　中国海洋大学医药学院教育部重点实验室副主任，教授
张志明　中国海洋大学化学化工学院教授
林承焰　中国石油大学（华东）研究生院常务副院长，地球科学与技术学院教授
冯其红　中国石油大学（华东）教务处处长，石油工程学院教授
芦令超　济南大学材料科学与工程学院院长，教授
姜　宏　青岛大学医学院教科办主任，教授
兰　翠　烟台大学人文学院院长，教授
黄富峰　聊城大学科研处处长，教授
王怀生　聊城大学材料科学与工程学院教授
韩作振　山东科技大学科研处处长，地质科学与工程学院教授

田原宇　山东科技大学化学院能源化工系主任，教授
李少香　青岛科技大学环境与安全工程学院副院长，教授
李再峰　青岛科技大学科技处副处长，教授
王在泉　青岛理工大学科技处处长，教授
张克峰　山东建筑大学市政与环境工程学院院长，教授
段培永　山东建筑大学教务处处长，教授
徐　坤　山东农业大学园艺科学与工程学院教授
刘　霞　山东农业大学林学院院长，教授
周国伟　山东轻工业学院化学工程学院教授
单　虎　青岛农业大学动物科技学院院长，教授
李可建　山东中医药大学基础医学院副教授
毕华林　山东师范大学科技处处长，教授
徐继存　山东师范大学教育部基础教育课程研究中心主任，教授
张红凤　山东财经大学（筹）公共管理学院院长，教授
方　慧　山东财经大学（筹）国际经贸学院教授
解学军　曲阜师范大学电气信息与自动化学院副院长，教授
曹　莉　曲阜师范大学体育科学学院院长，教授
原　达　山东工商学院计算机科学与技术学院院长，教授
陈　厚　鲁东大学化学与材料科学学院副院长，教授
俞祖华　鲁东大学中国思想文化学院院长，教授
唐　华　泰山医学院免疫学研究所所长，教授
秦成勇　山东省立医院副院长，主任医师、教授
王　洲　山东省立医院胸外科主任，主任医师、教授
赵渤年　山东省中医药研究院院长，研究员
侯应龙　山东省千佛山医院心血管内科主任，主任医师、教授
薛一涛　山东中医药大学附属医院副院长，主任医师
李自普　青岛大学医学院附属医院西海岸普通儿科主任，主任医师
田守岗　山东省水利科学研究院副院长，工程技术应用研究员
宋茂斌　山东省水利工程管理局副局长，工程技术应用研究员
卫政润　山东省地质调查院水文环境地质所所长，工程技术应用研究员
胡玉禄　山东省环境地质监察总站副站长，研究员
乔云萍　山东省乒乓球运动管理中心国家级教练
林修功　山东广播电视台新闻中心主任，高级编辑
赵祥颖　山东省食品发酵工业研究设计院工程技术应用研究员
郑玉珍　山东省淡水水产研究所副主任，农技推广研究员
夏　阳　山东省林业科学研究院遗传育种所所长，研究员
徐丽华　山东省食品药品检验所中药科主任，主任药师
冯维春　山东省化工研究院省生物化学工程重点实验室主任，工程技术应用研究员
孟宪兴　山东省化工研究院省精细化工中试基地主任，工程技术应用研究员
张岱州　山东省医药工业研究所注册临床部主任，主任药师
王　昭　山东省建筑科学研究院院长助理，工程技术应用研究员
刘昌衡　山东省科学院生物研究所研究室主任，研究员
师　彬　山东省医学科学院附属医院中医骨伤科主任，主任医师
宫志远　山东省农业科学院农业资源与环境研究所副所长，研究员
李善峰　山东社会科学院社会学研究所所长，研究员
王钦普　中通客车控股有限公司首席技术专家，研究员
冯　婕　山东乾舜矿冶科技股份公司总经理，工程技术应用研究员
孙　玮　济钢集团有限公司中原板厂厂长，高级工程师
李洪建　莱芜钢铁集团有限公司炼钢厂副厂长，高级工程师
陈明忠　浪潮集团山东通用软件有限公司副总经理兼技术总监，工程技术应用研究员
林忠礼　大众传媒股份有限公司（大众网）董事长、总经理，高级编辑
肖兰喜　山东省地震台网中心主任，研究员
唐志军　中国石化集团胜利石油管理局钻井工艺研究院副院长，教授级高级工程师
张　建　胜利油田胜利勘察设计研究院有限公司副总经理、总工程师，教授级高级工程师
吕关仁　济南铁路局工务处正高级高级工程师
冯典英　中国兵器工业集团第五三研究所所长助理，正高级高级工程师
陈四清　中国水产科学研究院黄海水产研究所副主任，研究员

（省人力资源和社会保障厅）

2011年度"齐鲁友谊奖"外国专家名单

（共22名）

专家姓名	申报单位	国籍
霄·安凯	山东钢铁济钢集团用户应用技术中心	澳大利亚
弗朗兹·努林格	中国重型汽车集团有限公司	奥地利
艾乐文	青岛四方庞巴迪铁路运输设备有限公司	加拿大
曼弗雷德·帕尔	青岛科技大学	德国
张东柯	中国科学院青岛生物能源与过程研究所	澳大利亚
玄承镇	淄博东邦彩钢复合板有限公司	韩国
阿杜	山东珀默珀尼卡果汁有限公司	美国
乔德睿	东营光伏太阳能有限公司	印度
罗伯特·丁洛特	张裕葡萄酿酒股份有限公司	法国
阿诺德·史蒂夫	康跃科技股份有限公司	美国
罗纳德·朗·莫尔	潍柴重机股份有限公司	美国
施晓旦	兖州东升精细化工有限公司	法国
池田秀夫	肥城天和食品有限公司	日本
顾霄	山东塔高矿业机械装备制造有限公司	波兰
戴斯·肯尼迪	豪顿华工工程有限公司	英国
宋昌一	现代派沃泰自动变速箱（山东）有限公司	韩国
钟默	山东常林机械集团股份有限公司	德国
菲利普·李维特	临沂市圣鑫机械制造有限公司	法国
谢尔盖·科米萨林克	山东省科学院生物研究所	乌克兰
德米特里·巴扎诺夫	山东省科学院中日友好生物技术研究中心	白俄罗斯
王敦友	山东师范大学	美国
尤丽娅·恰西娜	潍坊医学院	乌克兰

（省人力资源和社会保障厅）

2011年山东省新增院士

于金明　1958年1月出生，山东潍坊人。中国工程院院士，放射学博士，山东省医学科学院名誉院长（正厅级）、山东省肿瘤医院院长，研究员，博士生导师，中华医学会放射肿瘤学专业委员会前任主任委员和中国抗癌协会放疗专业委员会候任主任委员，山东省抗癌协会理事长，中央保健会诊专家和中央联系的高级专家，现任《中华肿瘤防治杂志》等多家杂志的主编或副主编。

1988～1993年在美国弗吉尼亚大学和哈佛大学从事肿瘤放射治疗研究5年，近年来带领其团队创造性地率先开展影像引导的放疗、生物靶向放疗等多项新技术，是我国现阶段开创性地开展肿瘤精确放疗新技术、新方法的开拓者之一。他的研究成果修改了美国、欧洲、加拿大和中国等多个国家的肿瘤临床治疗指南和规范，其率领的团队被山东省委、省政府评为“山东省十大优秀创新团队”，并记集体一等功。

先后获得国家和省部级科技奖励12项，其中以首位完成人获得国家科技进步二等奖2项、省科技进步一等奖3项，2010年荣获山东省科学技术最高奖。主持和参与国家863计划、“十一五”和“十二五”重大攻关项目以及国家自然科学基金等项目20余项。以第一或通讯作者在国内外杂志发表论文500余篇，其中SCI收录100余篇，被《新英格兰医学杂志》和《柳叶刀》等国外期刊引用500余次。多次应邀到美国斯坦福大学等国际著名大学和医疗机构进行学术讲座，多次应邀到欧美等国际学术大会作主题报告。近年来先后培养硕士、博士和博士后90多名。

先后荣获山东省五一劳动奖章和全国五一劳动奖章，山东省劳动模范、全国卫生系统和全国劳动模范等称号。先后被评为山东省十大中青年科技专家，山东省十佳优秀专业技术人员，山东省和卫生部有突出贡献中青年专家，山东省委、省政府首批“泰山学者”特聘专家，山东省首批“泰山学者攀登计划”专家，全国优秀留学归国人员和国家人事部特聘专家，是第十届全国人大代表和中共十七大党代表。

（省人力资源和社会保障厅）

索 引

说 明

1. 本索引采用关键词索引，以信息条目的标题、摘要或正文中出现的具有检索意义的词汇作为索引标目。

2. 本索引基本按汉语拼音音序排列。首字相同时，以第二字排序，依次类推。以数字开头的，排在最前面。

3. 索引标目后面的数字，表示检索内容所在页码；数字后面的字母a、b，分别表示该页码的左、右栏。

4. 黑体字为分目或条目名称。

5. “特载”和“附录”不列入索引范围。

0～9

A

B

C

D

E

F

G

H

I

J

K

L

M

N

O

P

Q

R

S

T

W

X

Y

Z

CONTENTS

Special Issues

Management of Science and Technology

Science and Technology Development of Industry

Science and Technology Development in High-Tech Industrial Development Zones

Science and Technology Development in Universities

Science and Technology Development in Research Institutes

Science and Technology Development of Regions

Science and Technology Achievements and Awards

Science and Technology Statistics

Chronicle of Science and Technology

Appendix

图文专稿

■ 工业园科技大楼

潍柴动力

WEICHAIDONGLI

■ 潍柴动力董事长兼首席执行官谭旭光

■ 引进国际先进设备的装配线

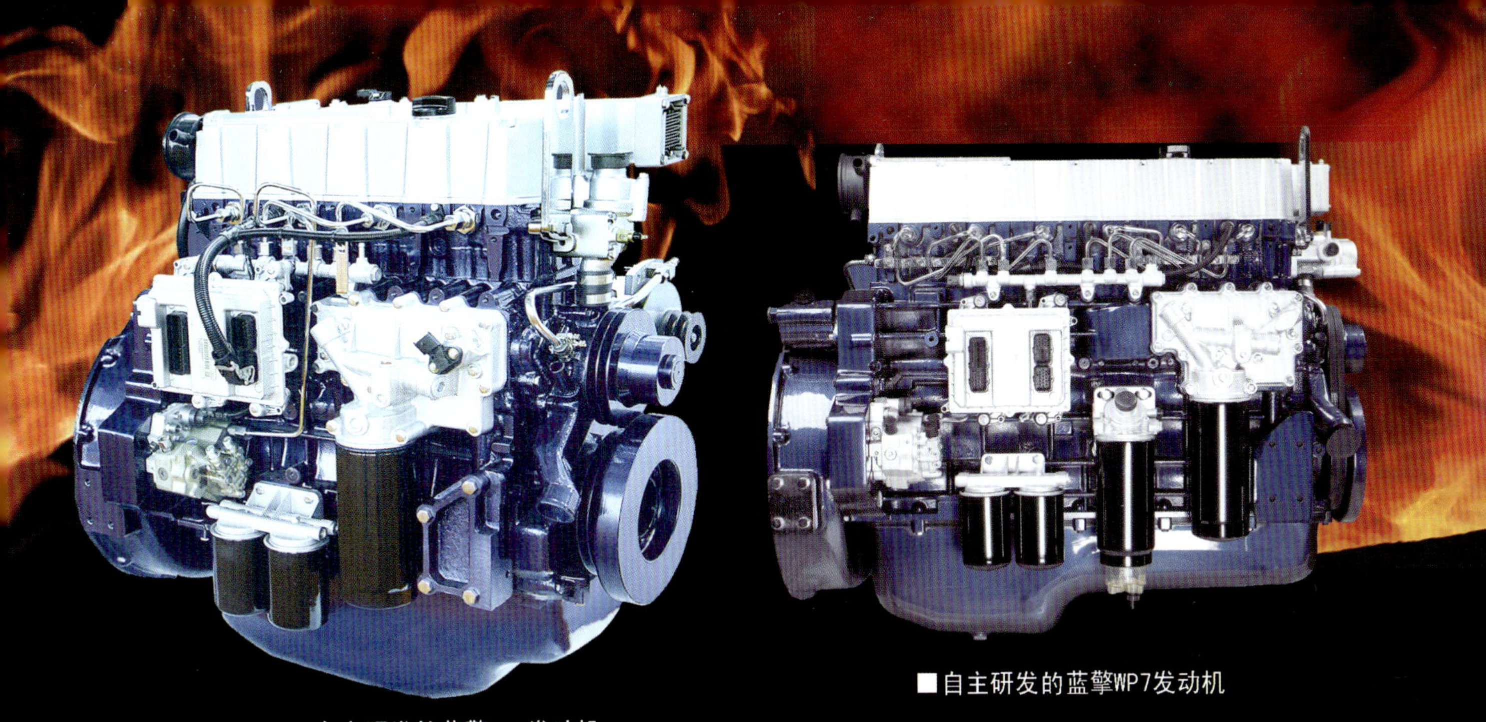

■ 自主研发的蓝擎WP7发动机

■ 自主研发的蓝擎WP5发动机

■ 设备先进的生产线

■ 国内高端总装车间

淄博柴油机总公司

公司自主研发的 16V170 型柴油机

淄博柴油机总公司下设四家公司，分别是全资子公司——南通淄柴船舶机械公司，控股公司——青岛淄柴博洋柴油机股份有限公司、淄博淄柴新能源有限公司。拥有 Z150、Z170、210、L250、300、N330 六大系列柴油机及以此为原动机的柴油 / 气体发电机组，产品品种达 400 多个，具备年产 350 万 kW 的生产能力。

2011 年，公司通过对面临的竞争环境和内部产业结构分析，结合公司下一时期的发展，提出了“创新引领发展，变革成就未来”的理念，以适应我国调结构、转方式的总体布局，加快产业调整，2011 年，在国际国内海运与船舶市场持续低迷的情况下，公司抢市场、抓机遇，千方百计保稳定，一心一意

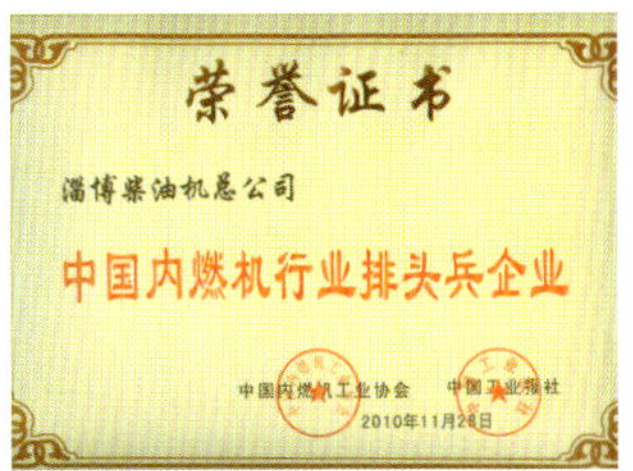

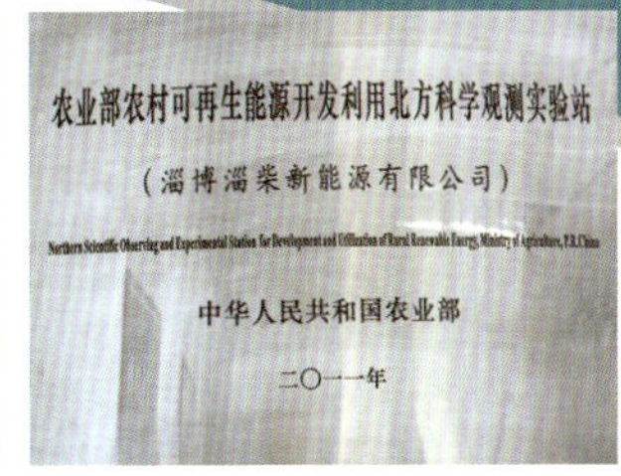

谋发展，保持了企业在行业中较快的发展速度和较高的市场份额。

公司围绕新产品开发和创新平台建设做了大量卓有成效的工作。2011 年自主研发的 16V170 柴油机技术输出至东南亚国家，实现了我国大功率柴油机技术输出国外的重要突破；自主研发 9330 和 9340 型柴油机，为公司自主研发大缸径、高功率柴油机做了很好的技术储备，并为我国在大功率柴油机一直为国外许可技术生产的局面提供了国有自主品牌发展的有效空间；自主研发的 LC9250ZLC 型柴油机获中国机械工业科学技术奖二等奖；根据我国节能环保总体发展要求及船舶配套发展趋势，公司与高校合作加快船用双燃料发动机开发，“小功率船用中速双燃料发动机关键技术研究”项目被列入国家高技术船舶科研项目予以实施。承担实施 2012 年山东省科技发展计划项目 1 项——船用 6210 准内混式电控燃气喷射 / 柴油双燃料发动机开发。

2011 年，公司被山东省科技厅列为山东省第四批创新型企业试点企业；依托于淄柴的“山东省船用发动机性能研究重点实验室”获得山东省科技厅批准正式筹建，为淄柴加快船用发动机技术创新步伐提供了更高的平台；淄柴新能源公司被评为“高新技术企业”，并依靠自身优势，成为农业部农村可再生能源开发利用重点实验室参与者，作为北方科学观测实验站依托单位，将建设我国北方地区唯一一家科学观测实验站，与中国工程院成立了“生物质发电与联产技术研究院士工作站”。

山东华辰生物科技有限公司
博士后科研工作站
POSTDOCTORAL PROGRAMME
人力资源和社会保障部 全国博士后管委会 制发
二〇〇八年六月

山东省工程实验室
山东省发展和改革委员会
二〇一一年九月

山东华辰生物科技有限公司

与中国水产科学研究院青岛黄海水产研究所签署合作协议

863计划现场验收会

研发中心外部

研发中心内部

生产设备

实验室

山东华辰生物科技有限公司成立于2001年6月，是一家以生物技术为核心，在医药原料、动物健康领域快速成长的制药公司。公司致力于以创新的生物技术为人与动物提供营养产品和健康解决方案，其核心业务为干扰素、抗菌肽和小肽等蛋白质医药，以及动物保健品、维生素原料的研发、生产与销售。

公司注册资本1 100万元。公司产品覆盖基因工程蛋白质药物、微生态制剂、化药制剂与维生素B5（右旋泛酸钙）等四大系列六十多个品种。华辰生物拥有国内一流的生产车间，均采用国际先进水平的生产设备。公司陆续通过农业部GMP认证、ISO9001国际质量管理体系认证、ISO14001国际环境管理体系认证、FAMI-QS欧洲饲料添加剂及添加剂预混合饲料质量体系认证、KOSHER犹太洁食认证，主导产品英特菲、百畜泰、抗菌肽等蛋白质、微生物制剂的销售遍及全国各地，先后与泰国正大、台湾大成、福建森宝、诸城外贸、莱西九联、阳谷凤祥、河南华英、大北农集团等集团公司建立了长期稳定的合作关系。维生素B5原料更是远销欧美、东南亚、南美、非洲等30多个国家和地区。

2002年，公司与山东畜禽疫病防治中心合作成立了潍坊亚欧动物医学研究所。

2004年，以中国水产科学研究院为依托与黄海水产研究所合作成立了生物科技研发中心，并在青岛建立了生物制品中试基地，同年通过高新技术企业认证。

2005年8月，公司获批成为潍坊市农业产业化龙头企业。

2006年10月，由省科技厅批复成立省级工程技术研究中心——“山东省畜禽基因干扰素工程技术研究中心”。

2007年3月，在潍坊市高新技术产业开发区建成集科学实验、化工研究、生物检测、细胞培养、制剂生产为一体的综合性研发中心一座；8月投资建设专业生产维生素B5原料药的华辰生物化学公司；同年6月公司被列为市高新技术产业发展基金重点支持企业。

2008年元月，公司“畜禽高效生物制剂（BKC）和基因工程干扰素”课题荣获“鸢都学者”岗位称号；7月获批设立博士后科研工作站；8月，新扩建的粉针、粉／散／预混剂、大容量／小容量注射液、口服溶液、固体／液体消毒剂七条生产线，通过农业部GMP验收；12月，公司被重新认定为高新技术企业。

2011年8月，公司被列入山东省蓝色经济带重点企业。

2011年11月，公司通过山东省高新技术企业复审。

姜正军　公司法定代表人、董事长，工商管理硕士。先后荣获“山东省富民兴鲁劳动奖章获得者”“潍坊市劳动模范”“潍坊市第九批拔尖人才”“潍坊市青年科技进步奖”“潍坊市优秀民营企业家”“潍坊市优秀青年企业家”“潍坊市优秀中国特色社会主义事业建设者”“首届潍坊市最具社会责任感优秀企业家”等荣誉称号。

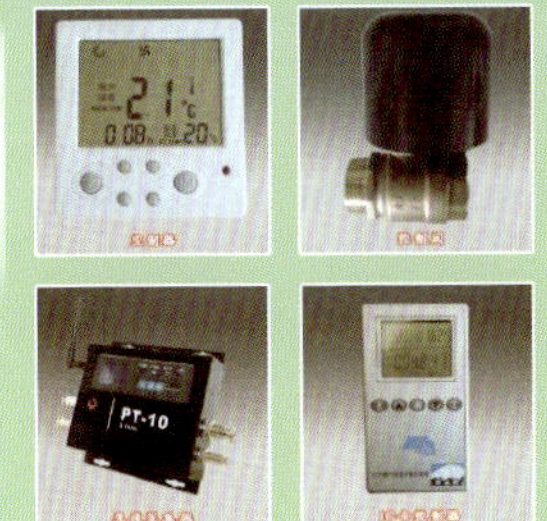

济南雪山节能科技有限公司

雪山牌供暖计量与温控一体化装置

一、可视 可调 可控

可视

1、管理人员可以通过数据远传系统评密码在任意互联网电脑上看到每一住户家的室内温度、累计的用暖时间、分摊的热量、分摊的热费和控制阀的开关状态，坐在电脑前即可掌握整个小区和每一户的采暖情况。

2、住户家里安装有控制器，通过控制器显示的室内温度、累计的用暖时间、分摊的热量、分摊的热费和控制阀的开关状态掌握自己家的采暖情况。

可调

1、管理人员可以通过数据远传系统评密码操作电脑调节每一户的室内温度，或调节整个小区的供暖压力和流量，防止过度供暖。

2、住户通过家里的控制器随意调节室内温度和用暖时间，达到设置温度或设置时间自动开关控制阀，实现自动节能。

可控

1、管理人员可以通过数据远传系统评密码操作电脑开关每一户的控制阀，对于供暖出现的非正常情况可以主动控制。

2、住户通过家里的控制器随意开关自己家的控制阀，自己决定用暖或不用暖，实现行为节能。

二、计量与调温一体化

该供暖计量与温控一体化装置采用“通断时间面积法”计量，同时又是一个室内温度调节装置，集计量和温控与一体。

三、简单可靠

该供暖计量与温控一体化装置主要由控制阀、控制器、数据采集器和管理软件组成。控制阀是球阀，由2W的微电机带动工作，正转90°完全打开，反转90°完全关闭。控制器安装在住户家里，和家用电视遥控器使用方法类似。数据采集器是485通讯方式，在每一栋楼的楼顶上安装一个，采集和发送用户的采暖数据，也完成远程控制的功能。

四、适合各种采暖系统计量与调温

1、单户控制共用立管环状供暖系统，在入户或出户的环状管路上安装一个控制阀。暖气片采暖、地板辐射采暖都可用。

2、传统上供下回的双管系统，在每个暖气片前安装一个控制阀。

3、传统上供下回的单管系统，在每个暖气片前安装一个控制阀，同时要加一个跨越管。

五、安装简单

在管路上安装控制阀和安装普通阀门一样，没有直管段的要求，没有方向性，只要不漏水即可。特别适合既有建筑节能改造。新建筑在安装时可以替代暖气片前的手动阀。

六、计量精确

按用暖时间和面积的乘积分摊总表的热费，建筑物的面积是定值不需计量，只计量时间，由用户管理软件自动时实计算用户的用热量和采暖费。计量时间采用万年历，非常精确，与水质和温度无关。

七、使用方便

1、控制器是安装在住户家里墙上的，大夜晶屏显示，室内温度、累计的用暖时间、分摊的热量、分摊的热费一目了然。

2、通过控制器住户可以自由开关控制阀，家里无人时关闭，来人后打开。

3、可自由设置室内温度，使室内环境更加舒适。

八、管理方便

管理人员可以通过数据远传系统调节每一户的室内温度，或调节整个小区的供暖压力和流量，防止过度供暖。也可以开关每一户的控制阀，对于供暖出现的非正常情况可以主动控制。数据远传系记录每一住户家的室内温度、累计的用暖时间、分摊的热量、分摊的热费，不需上门抄表。

九、无压力损失

控制阀是通孔的球阀，和管道的内径一样，无台阶，压损可以忽略不计，本身有调温功能，不需暖气片前安装恒温阀。

十、使用成本低

将220V市电变压成5V直流电为控制阀提供动力，不用电池。停电阀门常开，内置一超级电容可提供15日的临时用电。使用寿命可达11年，这11年间不需要更换电池，免维护。

十一、使用寿命长

用聚四氟乙稀制成密封圈和阀芯，控制阀是通孔的，永远不结垢，永远不堵塞，计量部分完全和热源分开，使用寿命可达11年。9年内如出现质量问题厂家免费维护或更换。

十二、节能效果显著

节能是热改的根本目的。节能途径有三条：①住户可以自由开关控制阀，主动节能。②可自由设置室内温度，主动节能。室温达到设定值时控制阀自动关闭，室温低于设定值2℃时，控制阀自动打开，室温相对恒定，实现自动节能。③当室内温度设定值低时，会在较短的供暖时间内达到这一设定值，控制阀自动关闭，实现自动节能。近500万平方米的工程实际应用证明节能在30%左右。

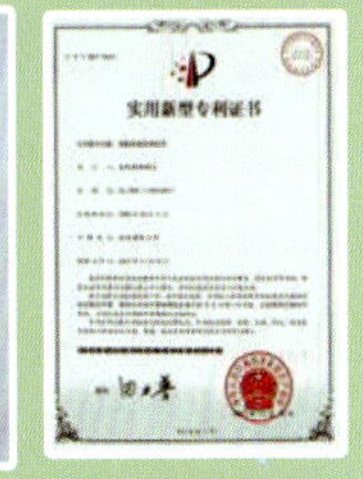

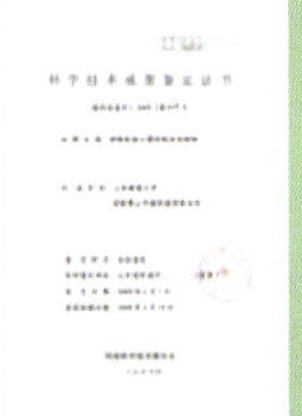

日照港集团有限公司

董事长杜传志和中科协、省科协领导参加日照港院士工作站揭牌仪式

副董事长孔宪雷陪同中科院侯保荣院士视察海港码头混凝土防腐工地

日照港是我国重点开发建设的沿海主要港口，新亚欧大陆桥东方桥头堡。1982 年开工建设，1986 年开港开放，2006 年吞吐量突破 1 亿吨，成为全国沿海最年轻的亿吨大港，2010 年吞吐量突破 2 亿吨，4 年再造了一个亿吨港。目前拥有石臼、岚山两大港区，46 个生产性泊位，吞吐量居全国沿海港口第 9 位、世界港口第 15 位。

日照港是现代化的双亿吨大港。拥有一批世界一流的铁矿石、原油、煤炭、集装箱、粮食、木片、水泥等大型专业化深水泊位，铁矿石、原油泊位等级达到 30 万吨级，创造了铁矿石卸船每小时 9 786 吨、煤炭装船每小时 9 486 吨等世界纪录，打造了享誉世界，以铁矿石、煤炭运输为核心的大宗干散货运输优势，并初步形成了以原油运输为核心的液体散货运输新优势。

日照港是优势突出的创新型港口。拥有日照港院士专家工作站，与中国工程院就海港码头防腐蚀修复等课题开展合作研究，总体达到国际先进水平。大力实施“科技兴港”战略，将科技成果转化为促进港口发展的生产力，先后获得国家及省部级奖 10 余项，其中工程质量银质奖 1 次，交通水运系统合理化建议优秀成果奖 5 次，省科技进步二等奖、三等奖各 1 次以及中国港口科技进步奖二等奖和三等奖各 2 次。

日照港是特色鲜明的人才强港。拥有包括享受国务院特殊津贴、山东省有突出贡献的中青年专家、山东省十大杰出工程师、山东省优秀科技工作者在内的专业化人才队伍，人力资源总量 8 000 余人，其中专业技术人员 2 270 人，专业门类齐全，实践经验丰富，为港口发展提供了雄厚的智力支持和人才保障。

卡萨帝酒柜

智慧双温 窖藏体验

钟情于7-10℃恒温典藏的白葡萄酒，怎能与16℃最佳贮藏温度的红葡萄酒共享一室？卡萨帝酒柜，创新独立双温区科技，满足最挑剔的红、白葡萄酒对于不同温度的严苛要求，一室之内，各享独立温控，给予美酒最适合的私藏之所，并确保内部保持恒温、恒湿、静音，完全媲美酒窖环境，典藏你的最爱。

独立双温

智能物联网

恒温恒湿

进口压缩机

www.casarte.cn | 服务热线：4006399699

MILAN | LONDON | BERLIN | NEW YORK | TOKYO | SHANGHAI

Casarte

REFINED LIVING

中国石化集团胜利石油管理局钻井工艺研究院

中国石化集团胜利石油管理局钻井工艺研究院创建于1973年8月，是中国石化集团公司重点研究院，为胜利石油管理局骨干科研单位，主要承担着石油钻井、石油完井、石油滩海工程新技术研发应用、钻井工程设计以及技术服务。先后通过ISO9001质量体系认证、API产品认证、职业健康安全管理体系认证、环境管理体系认证和HSE管理体系认证，在钻井工程设计、定向井水平井工程技术服务、钻井取心技术服务、钻井液技术服务、欠平衡及气体钻井等五个方面取得了中石化工程队伍甲级资质，海上石油平台、装置、海底管线及电缆设计取得了中国船级社海洋工程设计资质，具有海洋工程及船舶设计资质。现有职工1 038人，其中技术干部492人，包括教授级高工21人，高级职称220人，中级职称275人；博士29人，硕士211人，油田学术技术带头人63人，涌现出了以中国工程院院士顾心怿为代表的一大批优秀人才。下设10个专业技术研究所、1个博士后工作分站、2个生产实验中心，配套了中石化重点实验室——随钻测控实验室等8个实验室，形成了较完善的实验体系，每年承担省部级以上科研课题40项左右。建院39年来，研究院共承担局级以上科研项目800多项，取得局级以上科技成果578项，其中国家发明奖、技术进步奖24项，省部级科技进步奖116项，拥有国家授权专利410项，其中发明专利54项，逐步形成了独具特色的优势技术：深井超深井钻井技术、复杂结构井钻井技术、压力管理钻井技术、随钻测控技术、钻井装备工具研发技术、钻井液及油气层保护技术、钻井完井配套技术、膨胀管技术、钻井信息技术、海洋工程技术及装备，这些技术处于国内领先地位，有的达到了世界先进水平。

胜利滩海石油工程关键装备技术与应用

针对胜利油田滩海特殊环境和油藏条件对于石油工程装备的需求，开展了滩海轻型平台、高效油气生产设备及浅吃水滩海施工装备等三大系统的攻关研究。开发了水下三桩塔式单立柱抗冰轻型平台、可移动桶形基础采油平台、模块式采修一体化平台、海水超重力脱氧装置、油井两相分离变压自动控制计量装置、油气混输管线段塞流捕集器、海上采油平台35kV高压电气成套设备、超浅吃水铺管敷缆船、浅吃水破冰三用工作船、平台组块海上整体浮式安装等十项特殊装备技术。

◎技术创新点与知识产权

（1）创新开发了滩海轻型快速安装系列化平台技术，研制了适合我国滩海油田石油工程特点的“单立柱抗冰轻型平台”“桶形基础采油平台〞“采修一体化平台〞等系列轻型快装平台，推动了滩海油气田的高速高效开发与建设。

（2）“滩海模块化平台高效油气生产成套设备技术”采用小型、高效、模块化的油气水处理技术，研制的滩海模块化高效油气生产成套设备，解决了海水脱氧、油井自动计量、段塞流防治等关键技术难题，“海上采油平台35kV高压电气设备”填补了国内空白。

（3）“超浅吃水滩海施工技术及装备”项目研制的“抗搁浅超浅吃水浅海铺管敷缆船”“浅海破冰型三用工作船”等两栖式滩海海工施工装备和“大型平台浮装与液压顶升施工技术”，解决了滩海地区大型装备难以进入的施工难题。

（4）获得国家专利14项（其中发明专利6项）。

◎应用效果

该项目研究成果已全部推广应用，自行设计建设了胜利902铺管船和中心三号平台，建成新型平台22座，并逐步系列化、标准化，使得胜利滩海油田实现了高速、高效、高水平发展，建成了我国第一个年产240万t的滩海大油田，累计生产原油超过3 160万t，近3年新增利润23.4亿元，具有显著的经济效益和社会效益。

◎获奖情况

获山东省科技进步一等奖1项，中石化科技进步一等奖1项，中国造船工程学会科学技术一等奖1项。

◎推广前景

项目研究成果实现了滩海石油工程关键装备国产化、工业化应用，填补了国内多项滩海石油开发领域装备空白，促进了我国滩海石油开发技术发展，具有广阔的推广应用前景。

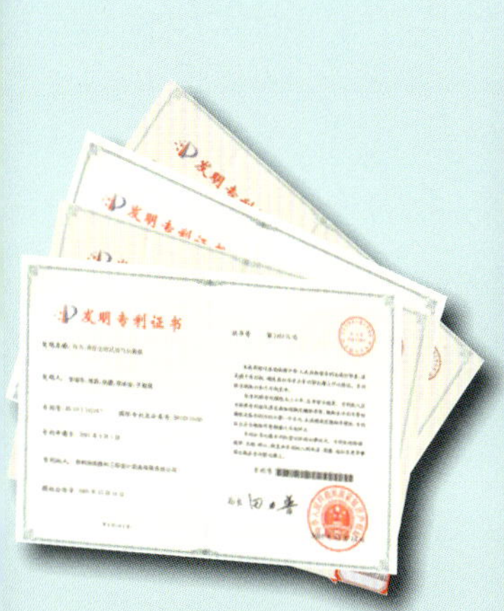

桶形基础平台构思图

铺管敷缆船动画演示

滕州辰龙集团

滕州市副市长朱晏辰下井视察绿色开采项目

集团党委书记、董事长徐兴伟视察绿色开采项目

山东滕州辰龙能源集团有限公司创立于2005年初，是定位于煤炭、煤化工、机械制造、港口物流、生态旅游度假规模系列化发展的重点国有独资大型企业。为打造长远经济增长点，提高资源回收率，解放村下压煤，延长矿井服务年限，集团科学决策，决定在级索煤矿实施绿色充填开采。充填开采实验过程中，集团领导亲临矿井指导，对充填开采的考察、调研、优化给予了关心、支持。为降低充填成本，提出以建筑垃圾为充填骨料，实现了建筑垃圾资源优化利用，保护了矿区生态环境和地质环境。2011年11月，绿色充填开采工作通过了山东省煤炭工业局组织的专家审查，标志着绿色充填开采由试验转入了生产阶段。同时充填开采每年可置换煤炭约30万吨，为矿井可持续发展打下坚实基础。

滕州市级翔（集团）级索煤矿，始建于1986年，核实年生产能力18万吨，井田内村庄压煤占矿井可采储量的82%，为控制地表沉陷，在村庄下进行了20年的条带开采、已采出条带655个，564个条带作为上覆岩层的支撑体遗留井下，561万吨村下压煤尚未开采。实施条带充填开采，回收遗留煤柱成为矿井亟需解决的问题，根据辰龙集团公司部署安排，矿井与山东科技大学合作，实施建筑物下膏体充填开采，充填开采过程中，克服种种困难、大胆尝试、牢牢把握“骨料质量、膏体工艺、冲采效率”三个重点。为降低充填成本，利用当地城市建筑垃圾为骨料，探索出了一条具有特色的绿色开采之路，取得了充填开采的初步成功。

集团公司副总经理、总工程师王洪彪和级索煤矿技术人员研究绿色开采方案

级索煤矿办公楼

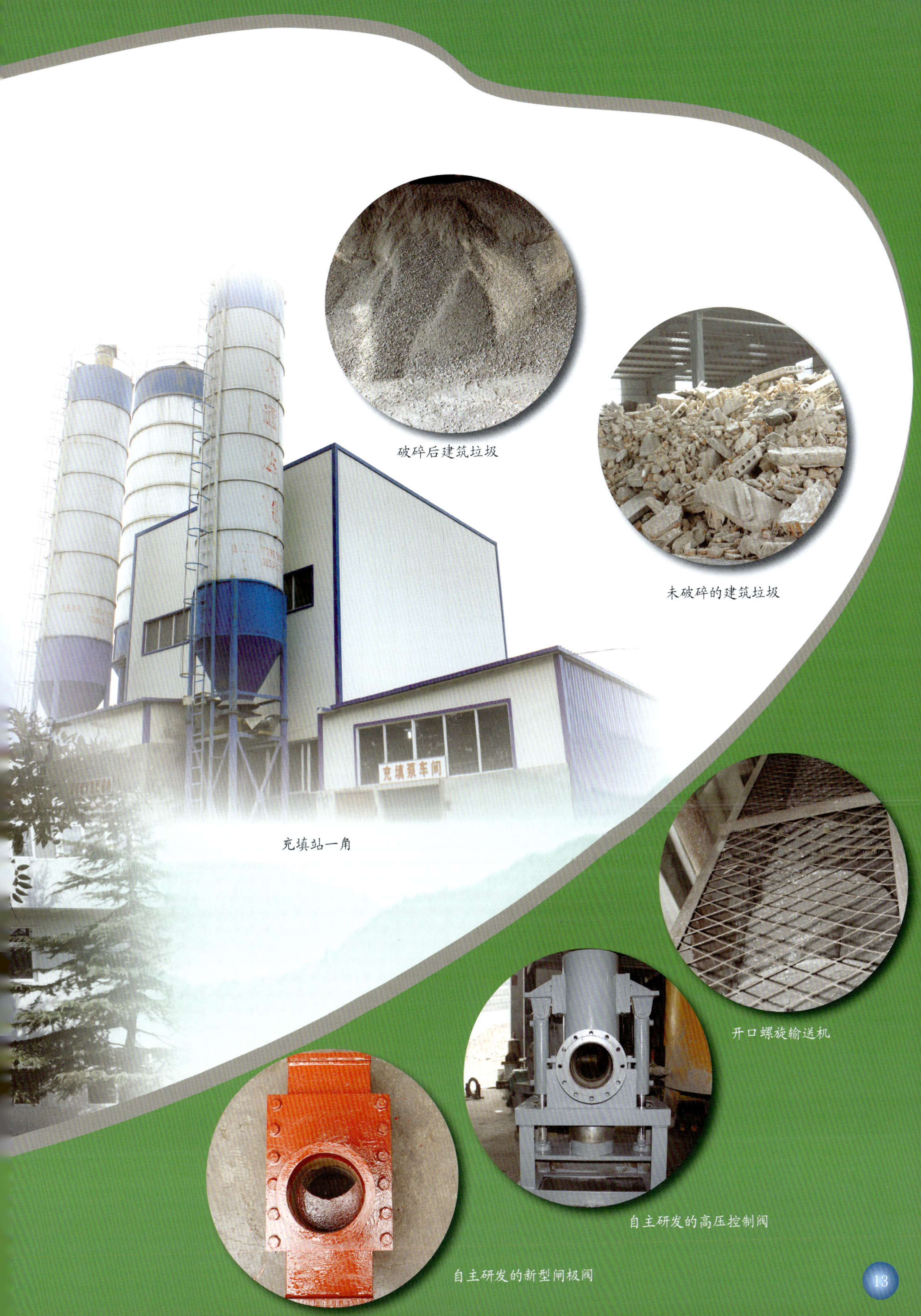

破碎后建筑垃圾

未破碎的建筑垃圾

充填站一角

开口螺旋输送机

自主研发的高压控制阀

自主研发的新型闸板阀

山东鑫秋种业科技有限公司

山东鑫秋种业科技有限公司成立于2001年，是集棉花良种“育、繁、推”一体化，“产、加、销”一条龙的农业高新技术企业。注册资本3 590万元，现有员工258人，其中大专以上学历86人。

公司被评为“中国种业骨干企业”“中国种子行业企业信用评价AAA级信用企业”“山东省高新技术企业”“山东省农业产业化重点龙头企业”“山东省农业产业化优秀龙头企业”“山东省优秀民营科技企业”“山东省守合同重信用企业”。公司注册的“鑫秋”牌商标被评为“山东省著名商标”“中国名牌”产品。公司已通过ISO9001国际质量管理体系认证、环境管理体系认证、职业健康管理体系认证、测量管理体系认证、AAA级标准化良好行为企业认证。

公司始终坚持“以科技为先导”的企业理念，不断建设巩固科技创新平台，现有山东省开放式植物组培工程技术研究中心、山东省鑫秋科技院士工作站、山东省企业技术中心、山东省优质棉产业技术创新战略联盟、德州市鑫秋棉花研究所等科技研发机构和平台。为加快人才引进步伐，提升科技创新能力，引进院士2名、博士2名、研究生8名。

公司主要生产销售“鑫秋”牌系列棉种，销售区域覆盖山东、河北、河南、陕西、山西、天津、江苏、安徽、湖北、新疆等10个省（市）260个县区，其中自主选育的三个抗虫棉新品种均通过国家审定，成为山东省通过国家审定棉花品种最多的种业企业。公司目前拥有省级科技成果奖2项、授权专利2项、受理专利7项、申请新品种保护产品5个，七个品系参加国家及有关省份的区试和生产试验，承担的项目获全国农牧渔业丰收奖一等奖1项，山东省科技进步奖三等奖1项。

济宁高新区新世纪广场

东部绿洲

济宁高新技术产业开发区

东部绿洲

廖沟河湿地公园

产学研基地

济宁高新技术产业开发区（以下简称“济宁高新区”）创建于1992年，2010年升级为国家高新技术产业开发区。区内建有国家级创业中心、国家级生产力促进中心、国家级留学生创业园、国家级博士后工作站以及国家级生物技术产业基地、工程机械产业基地、纺织新材料产业基地和光电特色产业基地，是全国首批科技服务体系建设试点单位。2011年，济宁高新区以晋升国家级高新区为契机，以建设科技新城为目标，对战略定位、科技创新、产业发展、城市建设、社会民生等进行全面布局，强力推进“73大三重项目”建设，经济社会保持了转型提升、跨越发展的良好态势。

2011年，济宁高新区牢固树立“赢在战略”的理念，根据国家高新区应承担的创新引领发展使命，提出了建设“创新型国际化科技新城”的定位和打造全国重要知识创新基地、淮海经济区科技创新中心的战略目标，以及建设运营科技新城的思路措施。面对复杂多变的经济形势、紧缩政策和通胀压力，在科技、金融、产业等方面密集出台了“1+x”（1个创新发展的规定，一系列配套文件）政策措施。开通了海关直通场站，减少企业通关环节，降低运营成本。协调区内银行推出了中小企业集合票据等融资工具和小微企业贷款“商贷通”业务，缓解了中小企业贷款难问题。采取向上争取、挂钩置换、废弃地清理、购买指标、分期供地多种方式，基本保证了重点项目用土。密切关注行业动态，加强调度和统计分析，经济保持平稳健康运行。

济宁高新区一角夜景

禹城高新技术产业开发区

禹城市及高新区领导到企业现场调研

保龄宝 F55 高果糖浆生产车间

禹城高新技术产业开发区（以下简称“禹城高新区”）是省政府批准的全省第一家设在县级的省级高新区。辖 1 个街道办事处，51 个行政村，总面积 48.15km²，总人口 5 万人。是国家高技术（生物）产业基地核心区、全国百佳科学发展示范园区、山东省最佳投资园区、山东省科技兴贸出口创新基地、山东省生态经济十佳开发区、山东省县域经济十大规模企业聚集园区。

禹城高新区现有入区企业 213 家，其中，上市企业 4 家（保龄宝、通裕、龙力、浩阳新材料），国家科技部认定的高新技术企业 9 家。已形成生物、机械装备制造、新能源、新材料、绿色食品、高档纺织六大特色产业。建成省级及以上各类研发机构 29 家，拥有院士工作站 1 家、博士后工作站 3 家，高级以上职称技术人员职称 823 人，享受国家特殊津贴 6 人。先后承担完成国家 863 计划、科技支撑计划等科技攻关项目 13 项，取得重要科技成果 106 项，主持制定国家行业及产品标准 17 项，获授权发明专利 160 项，先后获得国家技术发明二等奖 2 项、科技进步二等奖 1 项，科技进步对经济的贡献率达 58%。

2010 年以来，禹城高新区牢牢把握“解放思想、放开搞活，集中精力、率先跨越”的工作主题，大力实施“二次创业”，一年打基础、两年大变样、三年出水平，全力打造招大引强的主战区、高新产业的聚集区、自主创新的示范区、财税增长的主体区，奋力向创建国家级高新区目标迈进。

通裕集团生产现场

龙力公司研发中心

禹城汉能光伏公司工人正在加紧生产

威海火炬高技术产业开发区

高新区夜景

中科院威高高技术研究发展计划签字

威高与美敦力合作

高新区管委会

威海火炬高技术产业开发区是1991年经国务院批准，由国家科技部、山东省政府和威海市政府共同创办的国家级开发区，也是全国三个火炬开发区之一。先后被认定为国家知识产权试点园区、国家（威海）计算机外设产品产业园和国家先进复合材料高新技术产业化基地；2009年被国家科技部列入全国首批启动并开展创新型园区建设的高新区之一；被授予国家科技计划（火炬计划）实施20周年先进管理单位。高新区始终坚持“科学技术是第一生产力”的指导思想，以增强自主创新能力为主线，按照“生产一代、开发一代、预研一代”的创新战略，打造和培育了一批以原始创新技术为先导，具有较强国际竞争力的高端企业集群，成为拉动威海区域经济发展、带动经济结构调整的重要引擎。

2011年，高新区完成地区生产总值158亿元，增长10.6%；完成固定资产投资123亿元，增长23.3%；实现工业销售收入468.2亿元，增长15.8%；工业利税50.5亿元，利润37.3亿元，分别增长18.8%和20.4%；实现财政总收入59.5亿元，增长87.6%。截至2011年底，全区累计实施市级以上各类科技计划745项，累计争取资金4.2亿元，其中国家创新基金项目72项、863计划项目27项、火炬计划65项。累计申请专利4 784件，其中发明专利1 346件。经认定的高新技术企业46家，省级创新型（试点）企业13家。拥有国家级研发中心（实验室）5家，省级29家，院士工作站3个。

地址：威海文化西路288号高新大厦
邮编：264209
电话：0631-5680711
传真：0631-5680205
网址：www.whctp.gov.cn

荣誉

高新区全景

工程中心

国家农产品现代物流工程技术研究中心

国家农产品现代物流工程技术研究中心（以下简称“工程中心”）是我国物流行业的第一个国家级工程技术研究中心，中心以推进组织机构改革为主线，建设以工程中心为主体、山东省农产品贮运保鲜重点实验室和山东鲁商物流科技有限公司为两翼的组织管理构架。发挥企业类国家级工程中心建设在企业所属大专院校这一独特产学研模式的优势，以企业化的产学研团队开展科学技术研究、工程化突破及产业化推广，实现运营机制的创新。通过合理调整、归并、设置职能部门，实现智能部门的科研性、经营性和协作性。在各个职能部门之间明确合理地划分职责与权限，形成相互协调、分工明确、精简高效的组织关系。

工程中心在明晰我国目前农产品物流产业发展需求和技术路径实现的基础上，实现“科学、技术、工程化、产业化推广”四个层次突破。在基础研究方面，加强“温控物流魔方理论”应用基础理论与工程中心科研团队建设；技术方面，突破前沿技术，加强前沿技术和相关技术与装备的集成、转化；工程化项目方面，继续开展四大国家工程的实施与优化；产业化项目方面，加大成果转化力度，实现科研成果可向市场拿钱，形成基础研究、前沿技术、工程化项目及产业化项目的成果，进而实现“一流的研发能力、一流的人才队伍、一流的实验条件、一流的管理水平”四个一流。工程中心产学研团队从“十一五”开始共获鉴定成果10项、专利10余项。承担了国家级科研课题9项，省部级10项，在“十一五”期间承担国家科技支撑课题2项、国家重大科技专项1项，国家重点民生工程4项；在“十二五”开局之初，工程中心成功申报国家高技术研究发展计划（863计划）1项、科技支撑计划3项、面向黄三角国家战略启动黄三角地区重点建设4项。目前重点开展了国家863计划“农业物联网与食品质量安全控制体系研究”和面向黄河三角洲高效生态经济区这一国家战略的“黄河三角洲高效生态农业冷链产业科技示范工程”，科技部与山东省政府的部省合作项目“山东省国家农村农业信息化示范省建设”和商务部重点民生工程——“放心肉”服务体系四大工程与项目的建设工作，“十一五”期间实现直接经济效益近5 000万元，带动相关产业实现社会效益近10亿元。

山东日照高新技术产业开发区
SHANDONG RIZHAO HIGH-TECH INDUSRIAL DEVELOPMENT ZONE

概述

2011年，日照高新区完成工业总产值203亿元，工业增加值58亿元，主营业务收入187亿元，利税16亿元，均实现40%以上的增长；完成进出口总额46 431万美元，同比增长22%；完成固定资产投资66 926万元，同比增长21%。

科技计划项目与经费

2011年，日照高新区组织实施申报各级各类科技计划项目45项，海帝电器、海恩锯业、领信信息等13家企业成功申报市科技计划项目，获得扶持资金230万；新贵科技等10家企业已申报省级科技计划项目。高新区全年科技投入6.4亿元，占销售收入的5.39%。

科技成果与奖励

2011年，日照高新区内金禾生化的“柠檬酸生物制造关键技术及应用”获得山东省科学技术奖；东升地毯等3家企业获得2011年山东省产学研展洽会创新奖；红叶环保的“基于托盘式的新型高效脱硫装置”等4个项目通过省科学技术成果鉴定；贝尔机械等7家企业获得市科学技术进步奖。高新区对上年度企业在科技创新、人才培养、知识产权等方面取得的成绩进行奖励，奖励扶持金额计120万元。

知识产权管理

2011年，日照高新区组织申报各类专利121件，其中发明专利18件；授权专利52件，其中发明专利8件。其中活点网络获得物联网系统专利4项，致远电气获得互感器外型专利9项。日照金禾生化集团、洁晶药业等4家企业获得省级著名商标。

专业园区建设

2011年，日照高新区继续加大专业园区的建设，着力创建省级示范园区。年内申报创建了山东省节能环保产业基地、山东省物联网产业基地、省级文化产业重点园区。目前园区还成功创建了省级可持续发展实验区、省重点服务业园区、最佳投资园区、高新技术创业服务中心、国际服务外包示范基地、电子信息产业园和小企业创业辅导基地等省部级产业园。

创新服务平台建设

高新区致力于搭建创新服务平台，强化服务功能，并着重在搭建服务平台、优化服务路径上下功夫。积极搭建产学研合作平台，已先后与山东大学、曲阜师范大学大学、西安电子科技大学、武汉大学、日照职业技术学院建立合作关系，在创业中心内设立合作基地，推进产学研合作向纵深发展。同时积极做好与金融、担保、投融资机构的联系合作。推动形成以“市场需求为导向，企业发展为目的，科研单位成果转化为动力”的校企合作新机制。与山东大学合作开发的软件公共服务平台和软件服务外包产业技术创新联盟，为服务外包产业发展提供了良好的载体和平台。

创新型科技园区建设

日照高新区着力打造电子信息产业园、生物医药产业园、汽车制造基地和服务外包基地及创业服务中心，建设创新型园区，孵化新兴产业。2011年，高新区不断推进“四园一基地一中心”建设，累计完成孵化及公共服务楼房23栋，建筑面积近20余万平方米。电子信息产业园新建厂房1座；3号公寓楼和8号研发楼都完成了主体建设；汽车产业园内的龙泰汽车项目进展良好，建筑面积34 200m²的总装二车间设备基本安装完成，建筑面积18 240m²的涂装二车间已经完成钢结构主体建设，冲压焊接车间已开工建设（其中，冲压车间22 500m²、焊接车间29 250m²）；国际服务外包示范基地内1号研发楼已完成主体建设；迎宾物流园区已有5个项目入驻，总投资3亿元的红星美凯龙项目已经全面建成使用。

招商热线：0633-2225601　2225696　传真：0633-2225658　邮箱：gky5600@163.com
电　　话：0633-2225600　地址：山东省日照市山东路507号　网址：www.rzgxq.gov.cn

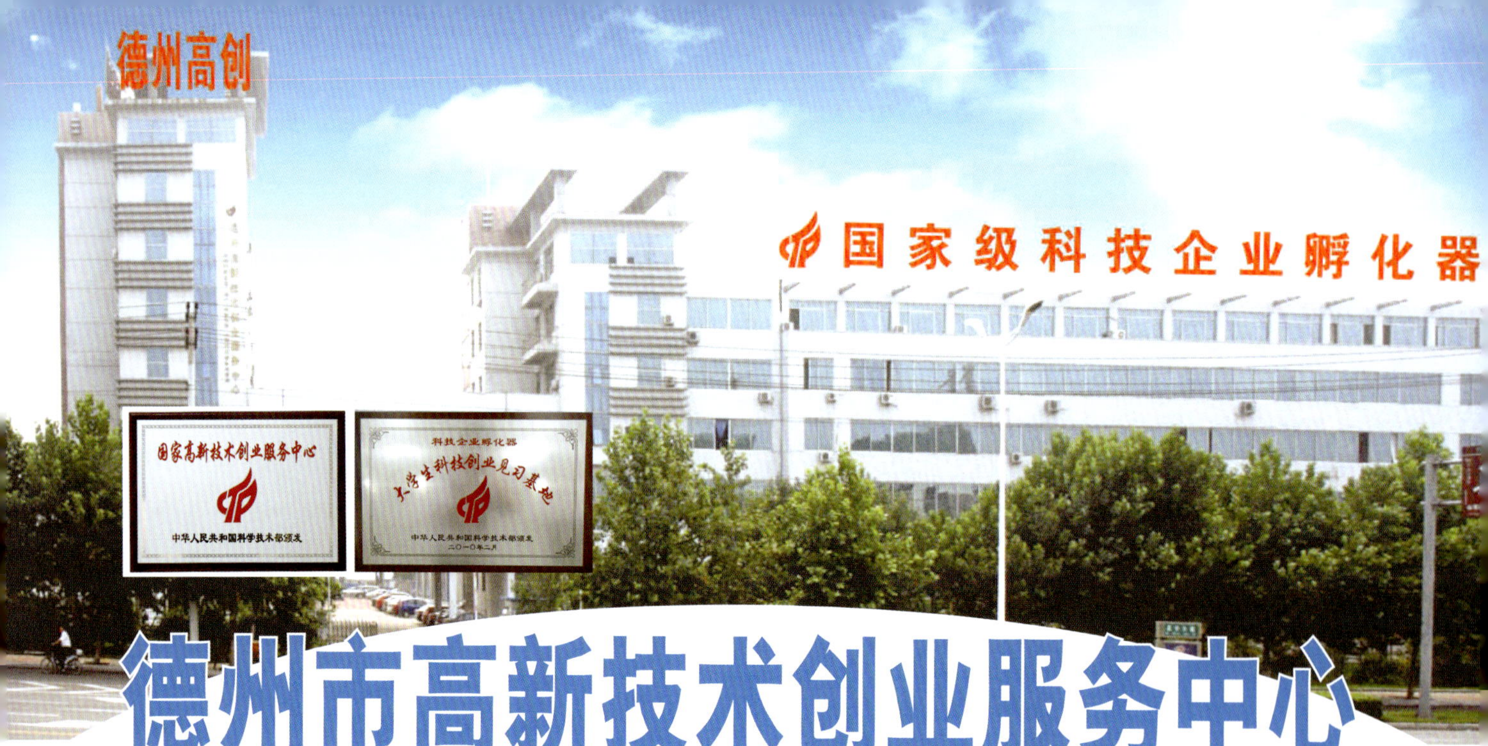

德州高创

国家级科技企业孵化器

德州市高新技术创业服务中心

德州市高新技术创业服务中心成立于2007年，是由德州市人民政府投资兴办的社会公益性科技服务机构，2010年2月被国家科技部火炬中心授予“大学生科技创业见习基地”荣誉称号，同年12月被科技部认定为国家级科技企业孵化器。其主要职责是：为初创科技企业、科研机构和科技人才提供综合服务，促进科技成果转化，培养高新技术企业和企业家。

创业服务中心总占地面积9万m^2，规划建筑面积6.6万m^2，总投资8 000多万元人民币。园区现建有A、B、C、D四个楼座和3 600m^2孵化车间，孵化楼水、电、暖及通讯设备齐全，同时配套建设了多功能报告厅、展示厅、会议中心、培训室、商务会所等公用设施，基础设施及配套完善，能满足近百家科技项目和企业科研、生产的需要。

创业服务中心为入孵企业提供一系列优惠政策，入孵企业在孵化期内可享受“免二减一”的财政奖励扶持和房租减免优惠政策。创业服务中心内部设立了“商务部”“综合部”“物业部”三个服务部门，可为入孵企业提供完善的服务。经过5年的探索实践，最终形成一套针对小微型企业的“五员”服务工作法，即做好企业的理论员、宣传员、调研员、指导员、服务员，快速有效地帮助企业将外围技术、人才、政策信息、市场等创新资源配置到创业全过程，为企业的成功创业、顺利发展奠定了坚实的基础。

截至目前中心已累计培育毕业企业29家，在孵企业87家。其中市级高新技术企业14家，市级技术研发中心2家。2011年，在孵企业完成技工贸总收入2.2亿元，其中出口881万美元，实现利税4 400万元，解决就业岗位1 108个，申请专利67项，批准42项。

技术对接座谈会

中国人民大学经济学科研实习基地落户中心

高新技术展厅

高创中心大厅

地址：德州经济技术开发区晶华路587号 邮编：253034 电话：0534—2556587
传真：0534—2556586 邮箱：dz587@163.com 网址：www.dzgczx.com

潍坊国家高新技术产业开发区

科技部计划司司长王晓方（左一）和潍坊市委书记许立全（右一）为国产化样机下线

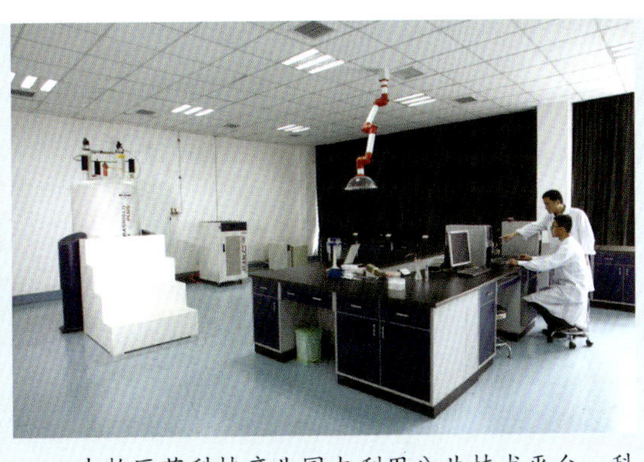

生物医药科技产业园内利用公共技术平台，科研人员进行药物微观结构鉴定

歌尔二期注塑车间

潍坊国家高新技术产业开发区1992年设立于潍坊中心城区东部，面积110km²、人口19万。近年来，高新区坚持创新驱动、内生增长方针，着力又好又快发展，主要经济指标实现3年翻一番，获批建设国家创新型科技园区、国家知识产权试点园区和省可持续发展实验区，国家级产业化基地、国家级科技企业孵化器、省级以上创新型企业、高新技术企业数量和争取上级科技创新资源、人才工作综合考评成绩进入全省国家高新区前列。

特色产业加快发展

以新兴高端产业发展“63513”全省示范工程为抓手，大力培育和发展新兴高端产业，形成电声器件、半导体照明、软件与信息“三大亮点”加快提升，蓝光外延炉、高硅光刻胶、8挡自动变速器“高新三宝”国际领先，潍柴动力、福田汽车、歌尔集团“三驾马车”协同拉动，“六新”产业快速崛起的特色产业发展新格局。新装备、新光源、新信息产业产值占全市比重达到80%以上，承担全国“十城万盏”半导体照明应用工程试点任务，获科技部批准建设国家创新型半导体发光产业集群。

光电产业园一期

创新能力明显增强

坚持创新驱动、内生增长，建成3个国家级、3个省级孵化器和2个高端产业加速器、5个国家级和13个省级产业化基地，正在建设完善10个公共技术平台；成立21家企业研究院、126家市级以上企业研发中心、13个省级以上实验室、5个院士工作站、6个博士后科研工作站、7个省级以上产业技术创新战略联盟；拥有14名国家“千人计划”和19名省“万人计划”第一层次人选。

科技服务不断繁荣

坚持以研发孵化、服务外包、总部经济、科技金融等为重点，加快提升科技服务业发展水平。依托山东商业数据后台服务基地、软件园、国家级生物医药公共技术平台，大力发展呼叫、软件、生物医药实验外包业务，积极创建国家级服务外包示范基地。推进科技金融深度融合，投资18亿元建设金融广场，打造全市金融产业聚集区。

市民健康中心

社会民生和谐幸福

加快城市转型升级，建成泥河国家水利风景区和3A级旅游景区，成为全国首个白光照明全覆盖高科技园区，加快建设十大城市化集中居住区，建成区绿化覆盖率达到56%。近年来财政民生建设投入保持年均30%以上增幅，人均社会保障费、新农合财政补助、大病救助、城乡低保、五保集中供养等水平均居全市首位。

潍坊高新区泥河

烟台高新技术产业开发区

烟台高新区科技中央商务区（科技 CBD），总投资 80 亿元，建筑高度 133m，共 33 层，包括创业大厦、研发孵化园、软件园、文化创意产业园、科技广场以及金融广场等，是目前烟台市最大的单体建筑。2012 年将实现主体完工，建成后将成为建筑形象现代、配套功能完善的国内一流的科技创新平台和烟台城市建设的新地标、新亮点。

中国烟台留学人员创业园区 烟台国家高新技术创业服务中心

烟台留学人员创业园区是为吸引海外留学人员归国创业而设立的高科技园区，创建于1996年10月，是全国最早设立的留学人员创业园区之一。2001年，被国家科技部、人事部、教育部和外国专家局认定为“国家留学人员创业园”；2003年，被中组部、中宣部、统战部、人事部、教育部、科技部联合评选为“留学回国人员先进工作单位”，被科技部批准为国家高新技术创业服务中心；2009年，被山东省政府授予“全省留学人员回国创业工作先进单位”。

目前，园区孵化面积共计12万m²，配套设施完善。先后与美国、加拿大、德国等22个国家和地区的3000多名留学人员建立了联系，317名留学人员来区创业，8人入选国家“千人计划”，9人获聘山东省“泰山学者海外特聘专家”，累计创办各类科技企业481家（3家企业已上市），拥有专利（专有）技术760项，其中核心技术230项，1个国家工程实验室，1家博士后科研工作站（下设8家企业分站），形成了20多个“海归”博士创新团队，在国内外具有较大影响，构筑起以生物医药、信息工程、精细化工、新材料为主导的产业格局，成为高新技术产业的前沿阵地和经济发展的重要增长点，被社会各界誉为“金种子工程”。

中共中央总书记胡锦涛视察园区企业

人大常委会委员长吴邦国视察园区企业

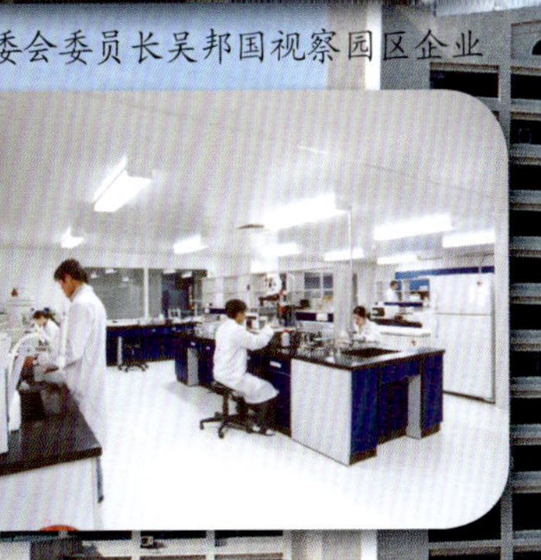

创业人员进行科技研发

烟台留学人员创业园区标准厂房

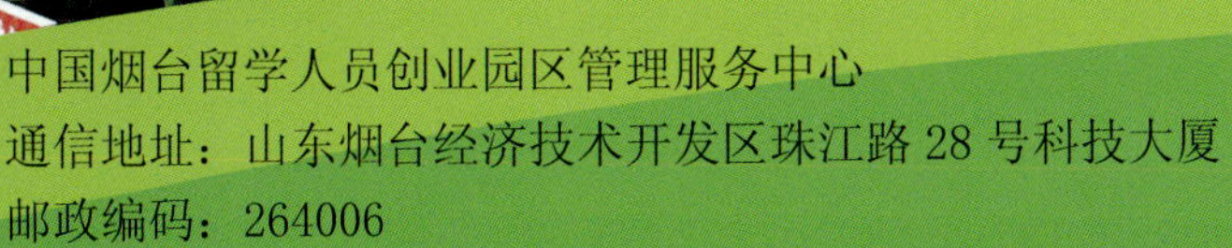

烟台留学人员创业园区

中国烟台留学人员创业园区管理服务中心
通信地址：山东烟台经济技术开发区珠江路28号科技大厦
邮政编码：264006
电　话：0535—6379571　6385289　6370563
传　真：0535—6379571　6385289
网　址：www.cyyq.org
邮　箱：yt_cyyq@126.com

山东省农业科学院中心实验室

山东省农业科学院中心实验室（山东省农业科学院农业质量标准与检测技术研究所）隶属于山东省农业科学院，建有“农业部食品质量监督检验测试中心（济南）”“农业部农产品质量安全风险评估实验室（济南）”“山东省食品质量与安全检测技术重点实验室”等平台。

“十一五”以来，在农产品质量安全检测技术、农产品质量安全风险评估技术、农业标准化等学科领域，获得省部级成果奖励7项，制定国家、行业标准近20项、发明专利9项。当前主持承担国家自然基金1项、国家科技支撑子课题3项、国家农业成果转化资金项目1项、“948”项目2项、国家标准制修订4项。

代表性成果：山东省科技进步二等奖“农产品中农药残留安全评价技术体系建立与应用”（JB2011-2-50-1）；山东省科技进步一等奖“出口农产品GAP技术标准体系研究与应用”（JB2010-1-17-2）；NY/T751-2011绿色食品食用植物油；NY/T1835-2010大葱等级规格；GB/T23375-2009蔬菜及其制品中铜铁锌钙镁磷的测定；发明专利ZL201010170371.6一种检测猪肉中莱克多巴胺的生物传感器方法。

所　长：张树秋
副所长：柳　琪　　谷晓红
地　址：济南市工业北路202号
电　话：0531—83178325　83178282　83179267
传　真：0531—88960397

山东国际生物科技园

Shandong International Biotechnology Park

2010年8月6日，山东国际生物科技园奠基仪式

山东国际生物科技园是在山东省科技厅和烟台市政府的大力支持下，由烟台高新区管委和山东绿叶制药集团有限公司共同投资建设的生物科技研发园区。园区规划占地（1 046亩），包括科技研发区和生活配套区两大部分。其中，科技研发区面积 37.73hm²（566亩），设计建筑面积56万m²，未来可容纳300家以上高科技企业入园创业。

在运营模式上，园区采取“政府主导、企业化运作、高度市场化运营”的创新模式，充分利用烟台以及山东地区的地理、资源、产业基础等优势，以生物医药与海洋科技为核心，以“大生物，大健康”为导向，秉承“诚信、专业、创新”的宗旨，积极搭建各类创新创业公共技术平台和公共服务平台，围绕研发创新、中试孵化等开展配套服务，优化公共服务体系，着力推进生物医药、海洋生物和生物农业等高端产业项目的研发及产业化。

在定位上，科技园抓住了国家建设山东半岛蓝色经济区、发展生物技术产业的战略机遇，着力打造“国内一流、国际先进、优势集中、特色突出”生物科技创新基地和国家级示范型海内外人才聚集高地，成为“烟台高新区国家火炬计划海洋生物与医药特色产业基地”的核心依托载体以及山东省重点建设的三大“国家创新药物孵化基地”之一，被山东省发改委列为“山东省首批100个省级战略新兴产业项目”。在2011年举行的第五届中国自主创新评选活动中，园区荣获“中国自主创新园区创新奖”。

园区建设启动以来，得到了国内各界的高度重视和积极响应。自2010年8月奠基启动以来，共有包括中共中央政治局常委、全国政协主席贾庆林以及全国人大常委会副委员长桑国卫等在内的多位国家、省市领导莅临园区参观指导工作。园区已与中国科学院上海药物研究所、上海中医药大学、山东大学、中科院海洋研究所、中科院海岸带研究所、美国哈姆纳研究院、新加坡裕廊国际等多家知名机构、高校院所签订了入园合作协议。

目前，已有二十多个创业项目已完成注册手续正式入驻园区，引进具有博士学历的高层次领军人才15名（12名具有海外留学背景），其中包括“泰山学者海外特聘专家”3名，“泰山学者药学特聘专家”1名，双百计划人才7名，在建设运营和招才引智工作方面取得了实质性的进展。

山东农业大学

山东农业大学坐落在泰山脚下，前身是1906年创办于济南的山东高等农业学堂。是一所具有一百多年办学历史，以农业科学为优势，生命科学为特色，融农学、理学、工学、管理学、经济学、文学、法学、艺术学等学科门类于一体的多科性大学。

学校现有在校生31 953人，其中本专科生28 619人，博士、硕士研究生3 334人。另有继续教育类学生13 870人。现有教职工2 593人，教师中有教授、副教授657人，中国科学院院士2人，中国工程院院士4人，入选国家“百千万人才工程”专家8人，国家有突出贡献的中青年专家4人，国家青年千人计划1人，国家级教学名师4人；“长江学者和创新团队发展计划”创新团队2个，国家级教学团队3个；泰山学者攀登计划1人、“泰山学者”13人。

学校拥有10个博士后科研流动站，10个一级学科博士点、49个二级学科博士点，24个一级学科硕士点、99个硕士点，79个本科专业；有1个国家重点实验室、2个国家重点学科、2个国家工程技术研究中心、1个国家工程实验室，2个农业部重点学科、1个农业部综合性重点实验室、2个农业部专业性（区域性）重点实验室、1个农业部禽病和肿瘤病诊断实验室、2个农业部农业科学观测实验站、1个国家林业局山东泰山森林生态系统定位研究站，21个省级重点学科、13个省级重点实验室、1个省级人文社科研究基地、1个省级软科学研究基地，1个国家小麦改良分中心、1个农业部谷物品质检测中心、1个农业部农药环境毒性研究中心、1个黄淮海区域玉米技术创新中心、12个省级工程技术研究中心、2个省级国际合作研究中心。

学校设有农学院、植物保护学院、资源与环境学院、园艺科学与工程学院、林学院、动物科技学院（动物

2011年2月7日，中国工程院院士、山东农业大学于振文教授（右）陪同农业部部长韩长赋（左）在陵县万亩小麦高产田视察旱情。

2011年3月3～4日，受科技部委托，国家自然科学基金委组织专家对作物生物学国家重点实验室进行评估。

崔治中教授主持完成的“禽白血病流行病学及防控技术”研究成果荣获2011年度国家科技进步二等奖。

地址：山东省泰安市岱宗大街 61 号
邮编：271018
网址：http://www.sdau.edu.cn

医学院）、机械与电子工程学院、经济管理学院、食品科学与工程学院、信息科学与工程学院、化学与材料科学学院、生命科学学院、文法学院、外国语学院、水利土木工程学院、体育与艺术学院、国际交流学院、马克思主义学院、继续教育学院和农民学院等 20 个学院。

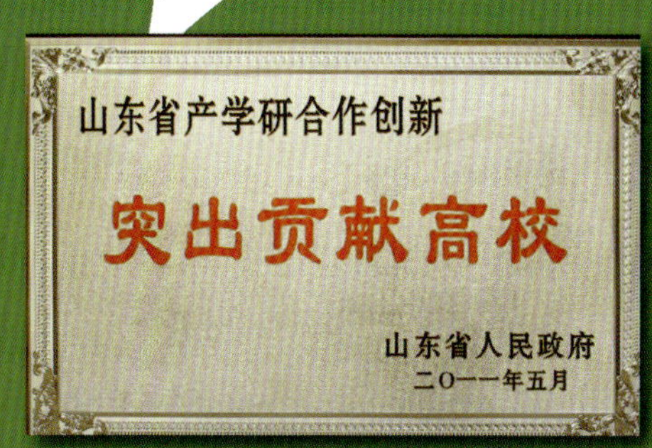

改革开放以来，学校获得包括国家技术发明一等奖在内的国家级科技成果奖 25 项，省部级以上科技成果奖励 370 多项。获得国家级教学成果奖 8 项，其中国家级教学成果特等奖 1 项、一等奖 2 项，省级以上教学成果奖励 61 项。建校以来，培养了以中国科学院院士李振声、印象初、朱兆良，中国工程院院士束怀瑞、山仑、于振文、李玉等为杰出代表的各类优秀人才 17 万余人。

学校坚持科技工作面向经济建设的方针，立足于农业增效、农村经济发展和农民增收的要求，发挥自身优势，走研、学、产相结合的道路，先后被中共山东省委、山东省人民政府授予“科教兴鲁先进单位”“科教兴鲁先进集体”“全省农业科研与技术推广先进单位”“山东省产学研合作创新突出贡献高校”等荣誉称号。

妙香 1 号

妙香 1 号草莓

玉米新品种“山农糯 168”

国审小麦新品种“山农 22 号”

国审小麦新品种“山农 20”

山东大学

2011年度山东省科学技术进步奖一等奖——“智能敏捷家庭助理机器人综合平台”项目

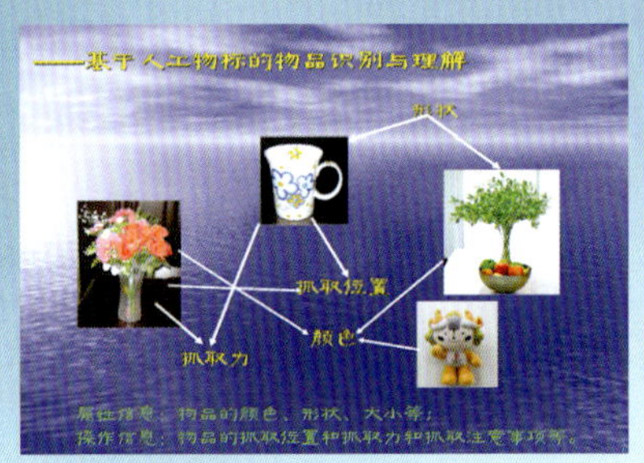

智能空间中物品识别与理解示意图

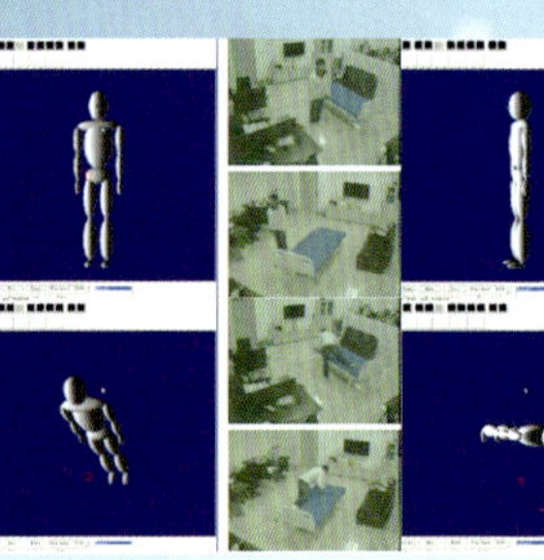
智能空间中人的动作识别与行为理解示意图

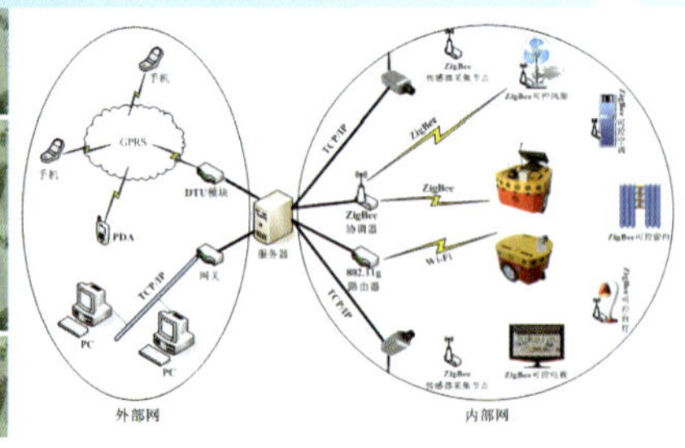

服务机器人智能空间异构网络结构模型

“智能敏捷家庭助理机器人综合平台”
项目负责人　田国会

随着社会老龄化问题的日益突出，家庭服务机器人的研究与应用正受到人们越来越多的重视。服务机器人工作环境是非确定性的，这种环境下物品的复杂性和多样性以及人和障碍物的动态随机移动造成机器人工作环境变化，使得服务机器人导航定位问题具有更大的难度和挑战性。另一方面，日常生活中的服务任务更加复杂，需要机器人对服务环境有更加快速和准确的认知能力、对服务任务和服务对象（包括人的意图和行为）有更深刻的理解能力，对机器人主动式智能化的服务任务执行能力提出了更高要求。但由于移动服务机器人仅依靠自身传感器获取信息的局限性，成为目前服务机器人广泛应用的制约瓶颈。

该项目提出了“服务机器人智能空间”的理念，在国家863计划“服务机器人”重点项目等课题的支持下，取得了重要成果：建立了服务机器人智能空间构建的方法体系，将机器人从多种传感器和计算设备集于单一本体的工作模式，转变为与智能空间信息交互的分布式计算工作模式；实现了在智能空间平台支持下服务机器人高效自主定位与导航的新模式，保证机器人在动态环境下更加稳定、精确地工作；给出了不确定环境下任意位置、多种类家庭物品的搜寻、定位、识别、抓取及运送过程的整体实现技术，为复杂环境下服务任务的完成提供了实用化的方法；建立了基于对人的动作识别与行为理解的主动式智能服务新模式。发表论文28篇，其中SCI(EI)收录17篇，授权发明专利3项、实用新型专利3项、软件著作权5项。

家庭服务机器人智能空间示意图

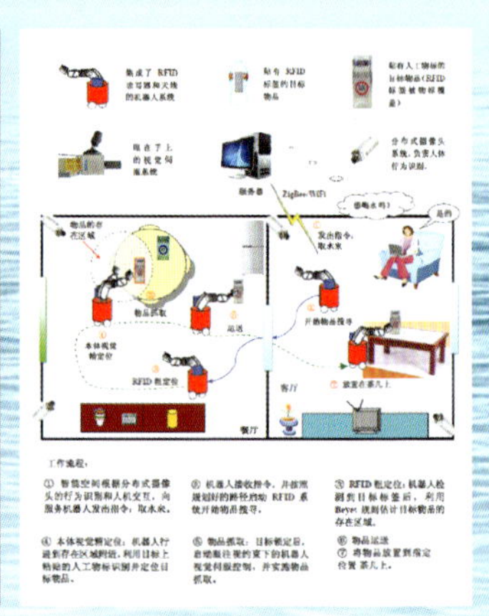
智能空间中的物品搜寻及操作过程示意图

“高性能碳纤维复合芯导线芯棒开发及应用”项目

开发高性能电力导线，提高输电走廊电力运送能力，一直是国内外电力系统的重点课题。随着我国国民经济的快速发展，国内输电弊端日益凸现，输电线路已不堪承受快速扩容的重负，停电、断电故障频频发生，电力传输成为电力工业发展的“瓶颈”。加快各级电网升级改造，提高电网输送能力与效益，节约资源、降低消耗已列为国家电网公司电网建设重点工作目标之一。

碳纤维复合芯导线与目前常规钢芯铝绞线相比，可提高传输容量 1 倍，减少传输电力损耗 3% 以上，减少塔杆 20%，提高导线抗拉强度 60% 以上，抗冰雪，耐老化，是构造安全、环保、高效节约型输电网络的理想产品。

项目首次将碳纤维复合芯导线芯棒设计为编织拉挤复合结构、开发了碳纤维复合芯棒专用改性双马树脂体系、实现了连续编织拉挤工艺制备碳纤维复合芯导线芯棒产业化。该项目产品具有优异的抗劈裂性能，常温强度大，高温强度保持率高，抗老化耐腐蚀，热膨胀系数低，与之配套研发的各类金具、施工工装，设计合理，操作方便，应用可靠。

该项目被列为国家 863 计划攻关应用课题，利用项目技术河北硅谷化工有限公司实现了复合芯导线全面产业化，现有复合芯棒生产线 56 条，大量产品在多家电缆厂推广应用，青岛汉缆公司、河南科信电缆公司等多家企业应用效果良好，经华北电网公司等多家电力系统挂线运行表明，实际运行完全满足电力输送要求。

碳纤维复合芯导线被电力专家誉为是 21 世纪最有发展潜力的导线，国内需求量每年 80 万～ 100 万 Km，每公里产值 10 万元～ 20 万元，经济效益和社会效益特别显著。

与国内外研究及应用现状相比，该项目特点突出，经国家电力权威检测机构上海电缆研究所检测表明，各项指标全面满足电力输送挂网运行要求，并已申请获得了多项国家专利，具有自主知识产权，综合水平国际领先。

碳纤维复合芯导线

电力输送冰雪灾害

碳纤维复合芯导线应用施工

山东农业大学动物学院

SHANDONG NONGYE DAXUE DONGWU XUEYUAN

山东省动物生物工程与疾病防治重点实验室

山东省动物生物工程与疾病防治重点实验室属于山东省基础研究和应用基础研究重点实验室，挂靠山东农业大学动物科技学院，实验室现在依托预防兽医学、基础兽医学和动物繁育学三个省级重点学科，现有畜牧学和兽医学两个博士后科研流动站、兽医学一级学科博士点和动物繁殖育种二级学科博士点以及畜牧学和兽医学两个一级学科硕士点。以该重点实验室为依托建有农业部动物病原生物学重点华东科学观测实验站、农业部禽白血病和肿瘤病诊断实验室（筹）和山东省畜禽疫病防制工程技术研究中心。

山东省动物生物工程与疾病防治重点实验室在畜禽功能生物学研究方面处于全国同类实验室先进水平，部分研究方向处于国内领先水平，现包括四个大的具有鲜明特色的研究方向：畜禽生殖发育与种质创制、营养与畜禽功能生物学、畜禽疫病发病机理及防治、畜禽免疫生物学，并在此基础上形成四个大的研究实验室。近年来实验室主持包括973计划、863计划、国家自然科学基金等项目在内的国家及省级课题100余项，发表SCI论文近200篇，获得省部级以上科研奖励10余项，其中包括国家科技进步二等奖1项、山东省科技进步一等奖2项。

山东省动物生物工程与疾病防治重点实验室建筑面积2 960m²，建有山东农业大学畜牧科研实验站和面积200多m²的SPF动物房，为顺利开展科学依据奠定了良好的基础。十一五期间，山东农业大学对山东省动物生物工程与疾病防治重点实验室重点投入1 300余万元进行了实验室改造和先进仪器设备购置。目前，实验室30万元以上专用仪器设备包括激光共聚焦显微镜、显微操作系统、毛细管电泳仪、分选式流式细胞仪、实时荧光定量PCR仪、储磷屏系统、毛细管流式细胞仪、超速离心机、氨基酸制备分离系统、液闪计数仪、显微工作站、荧光图像分析工作站、图像测量分析工作站以及三维观察及测量系统等，目前仪器设备总值1 560余万元。

山东省动物生物工程与疾病防治重点实验室是我省畜牧兽医科学研究的重大基础工程，建设的总体目标是以生物技术和信息技术应用为重点，形成我省畜牧兽医基础科学理论和重大高新技术创新的源头高地，为发展我省的现代畜禽育种产业、现代动物生物工程产业和发展现代畜牧生产技术、现代兽医技术，建立安全、优质、循环的可持续现代畜牧生产系统提供源头创新支撑。

“禽白血病流行病学及防控技术”项目获2010年度山东省科技进步一等奖以及2011年度国家科技进步二等奖

项目简介：

禽白血病是由禽白血病病毒（ALV）引起的肿瘤病，多年来由于缺少特异性诊断方法和有效的防控措施，在我国鸡群中危害越来越严重。本项目率先在我国白羽肉鸡中分离鉴定了J亚型ALV（ALV-J），研制出特异性鉴别ALV-J的单克隆抗体和快速诊断ALV-J的检测方法，制订了国家标准《禽白血病诊断技术》；阐明了J亚群禽白血病在我国鸡群中传播广泛、危害严重的原因和发病特点；建立了大批量样品ALV分离培养检测方法，实现了致病性ALV的动态监测和种群净化；建立了切断垂直传播、阻断横向传播相结合的禽白血病综合防控技术，该技术已在我国65%的祖代白羽肉鸡和60%的祖代蛋鸡推广应用。近三年来减少由该病带来的直接和间接经济损失240多亿元，经济、社会效益显著。该项目获得2010年度山东省科技进步一等奖和2011年度国家科技进步二等奖。

完成单位：

山东农业大学，扬州大学，山东益生种畜禽股份有限公司

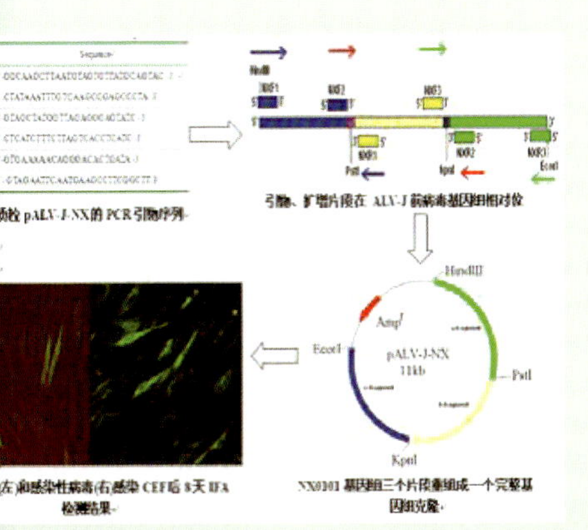

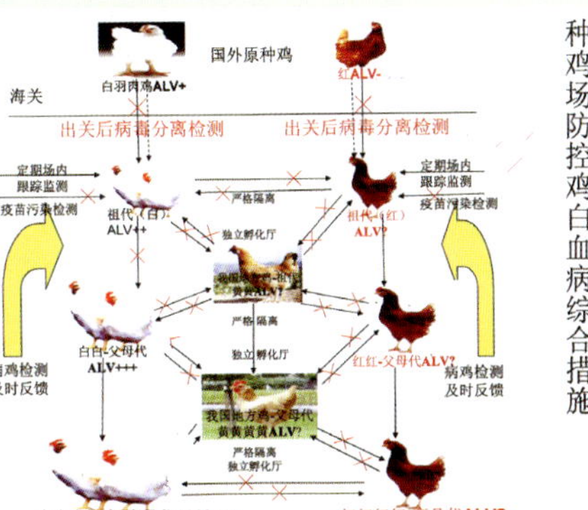

种鸡场防控鸡白血病综合措施

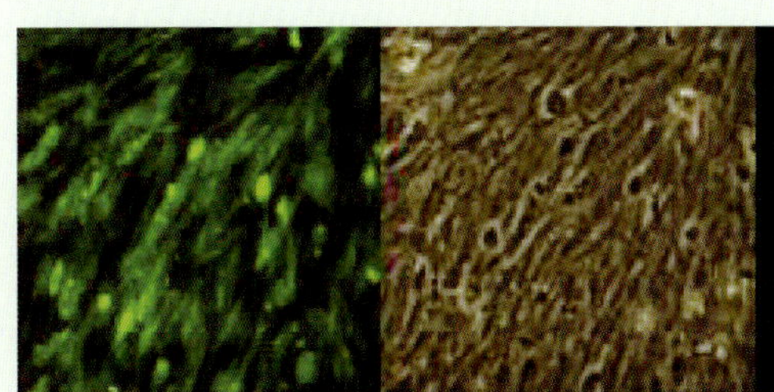

单克隆抗体-IFA检测感染细胞中ALV-J（左，阳性；右，阴性）

“奶牛精细养殖技术体系研究与应用”项目获2011年省科技进步一等奖

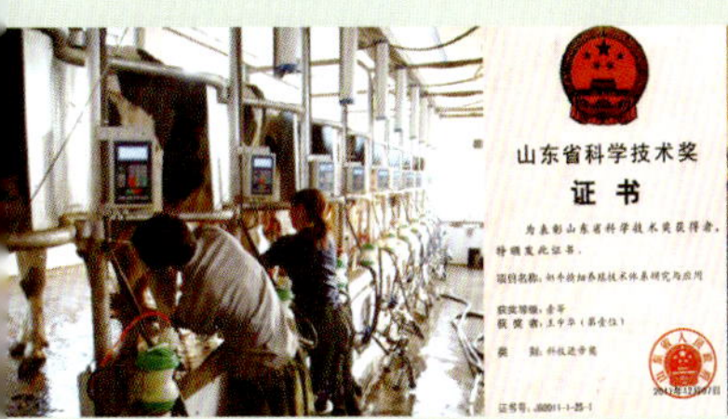

获奖者王中华在2011年度山东省科学技术奖励大会上

一、立项背景

饲养管理粗放大约造成了40%左右的产奶损失，并且缩短了奶牛的生产寿命，是奶牛养殖亟需解决的技术问题。奶牛精细养殖的核心是测产配料，这需要为奶牛养殖场区提供掌握饲料养分含量、记录分析个体生产性能和以奶定料的技术手段。为此，项目在国家农业行业专项（nyhyzx07-036-05）、国家奶业产业技术体系（CARS-37）、863计划（2006AA10Z243）和省奶牛良种工程等课题的支持下，在奶牛饲料营养价值评定、数字化养殖装备、营养新技术等三个方面进行了多项创新研究，集成了奶牛精细养殖技术体系，并在生产中进行了示范推广。

二、创新点

在奶牛饲料营养价值评定技术方面，在国际上首次建立了SF6示踪无干扰测定技术、牛消化道I型肽载体表达量测定技术，研究建立了小肠可消化氨基酸流量测定技术，研究提出了5种氨基酸的细胞外液适宜比例。评定了37种奶牛饲料营养价值，测定了6种饲料的小肠可消化氨基酸流量参数、14种饲料的五种过瘤胃可消化蛋白组份估算参数，研究提出了饲料NDF、ADF及消化能估算公式等。

在数字化养殖技术装备方面，开发了国内第一套奶牛数字化养殖系统和一种手持式奶牛补料数据查询仪。

在应用新技术方面，研究建立了奶牛蛋白质饲料高效利用新技术、乳成分营养调控技术、主要水溶性维生素需要量和过瘤胃包被新技术等。

三、经济效益

在一个奶牛场安装了数字化养殖系统，全年经济效益提高了35%；在12个奶牛场进行了系统的示范应用，成母牛单产平均提高520kg；课题技术辐射规模60余万头，已获效益3.3亿元。

四、水平

课题共建立4项国际新技术和11项国内新技术，经省级鉴定，整体研究达到国际先进水平。

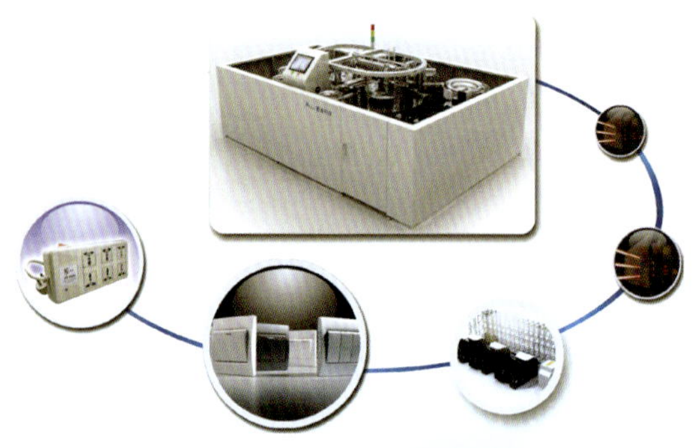

山东爱通工业机器人科技有限公司

山东爱通工业机器人科技有限公司是专门从事研制、开发和制造工业生产领域机器人等技术装备的高科技企业，公司产品涵盖加工、制造业各类柔性装配线、生产、工艺、输送、仓储等各生产环节。与哈尔滨工业大学等科研院所的的全面技术合作铸就了公司在同行业的高技术水准。爱通科技致力于加工、制造产业生产环节的自动化研究，专注于开发生产环节自动化系统管理平台及其相关设备、设施、技术装备，为各类企业生产环节量身定做生产管理系统、柔性生产线、智能生产装备、自动化改造及各类自动化整体解决方案，为您实现产业转型、技术升级提供全方位的技术支持。

团结奋进的领导班子

新泰市公共行政服务中心

——推行行政服务标准化引领政府管理创新

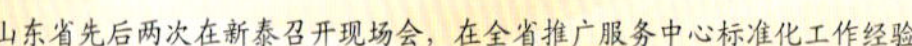

山东省先后两次在新泰召开现场会，在全省推广服务中心标准化工作经验

意气风发的工作团队唱响《服务之歌》

服务中心优质高效的服务赢得企业、社会和群众的一致称赞，服务对象满意率达到99.99%以上。

新泰市公共行政服务中心成立于2003年6月，现有进驻部门49个，承办各类审批服务事项401项，税费事项124项，年办件12万余件，年收取税费15亿余元，群众满意率始终保持在99.99%以上。服务中心高分通过国家级服务业标准化试点评估，是山东省文明单位、山东省服务名牌、山东省标准化工作先进单位、山东省服务标准化示范单位。

围绕规范行政行为、提高行政效能和服务质量，服务中心在国内率先探索实施行政服务标准化，首创了符合行政服务运作规律的标准体系，下辖服务通用基础、服务保障和服务提供3大支柱体系和21个子体系，共计1 036项标准。通过标准体系的建立实施，把政府行政服务各项工作的目标、任务、内容、要求、范围、程序、行为，全部用定量、统一的标准确定下来，使政府行政行为有了一个可量化、可操作、可评价的标准，解决了政府行政服务工作的规范化、标准化问题，实现了一切工作有标准，一切标准有程序，一切程序有监督，一切监督有公开。《行政服务标准体系构建》填补了我国行政服务标准体系构建研究的空白，先后荣获中国地方创新政府榜样奖、中国标准创新贡献奖、山东省科技进步奖等多项殊荣。

服务中心起草制定的五项行政服务地方标准自2008年起在全省发布实施，并承担了九项行政服务国家标准的起草制订工作。标准化创新做法被列入《中国电子政务蓝皮书》和《服务业组织标准化工作指南》，在全国推广。北京、广东、浙江等二十多个省（直辖市、自治区）的三百余家单位先后来考察交流，引领了全国政府管理服务的创新。还先后应邀参加了第三届、第四届国际电子政务理论与实践会议，并在会上作了《中国县级政府行政服务全程标准化》的主题发言和核心对话，提升了国际影响力。

服务中心荣获中国标准创新贡献奖和山东省科技进步奖

服务中心领导先后应邀参加第三届、第四届国际电子政务理论与实践会议，并在会上作主题发言和核心对话。

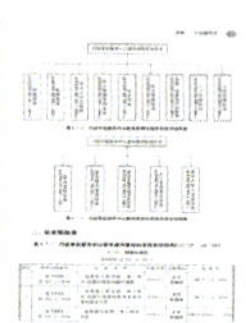

标准化创新做法被列入《服务业组织标准化工作指南》和《中国电子政务蓝皮书》

山东省林业科学研究院

山东省林业科学研究院始建于1956年，是全省唯一一所省级林业综合科研机构，建有国家级黄河三角洲森林生态系统定位研究站、省级林木遗传改良重点实验室和省级工程技术中心等科研平台。主要任务是：针对区域和全省林业生产中的重要科学技术问题，开展应用基础研究、应用研究和开发研究，承担国家和省部级下达的科研开发、成果转化和推广项目，提供林业技术咨询和服务，培养林业科技人才。主要研究方向是：林木遗传育种、森林培育、森林生态、经济林、森保和生物药物、湿地保护、园林绿化等。

紫花苜蓿耐盐新品种

鲁蜡1号

育苗容器成型机

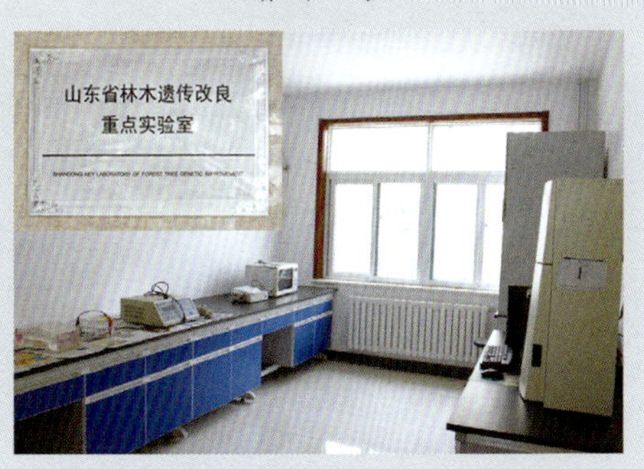

山东省林木遗传改良重点实验室

“利用基因工程和常规育种技术选育紫花苜蓿耐盐抗旱新品种”课题 该课题建立了以苜蓿叶片为外植体的高频再生体系和农杆菌介导的高效基因转化体系，获得了稳定遗传的转BADH等8个单价和多价基因转化株系，选育出转BADH基因紫花苜蓿耐盐新品种3个，获得2011年度山东省科学技术进步一等奖。

“白蜡良种选育”课题 该课题在全国范围选择白蜡优树并建立资源汇集区，选育出抗盐型、速生型、绿化型白蜡优良无性系鲁蜡1-6号。2010年获得国家林业局新品种认定和山东省林木良种审定，获得2011年年度山东省科技进步奖贰等奖。

“平衡根系轻基质容器育苗关键技术”是引进国外技术经消化吸收和再创新而形成的具有自主知识产权的科技成果，该项技术由育苗容器成型机、轻型基质和配套育苗技术组成，为我国林木容器育苗的革命性技术，2011年通过专家技术鉴定，成果属于多方面显著国际领先。

山东省林木遗传改良重点实验室以林木分子育种、林木常规遗传育种、林木种质创新利用为研究方向，在林草抗逆基因转化、杨树、白蜡、核桃等新品种选育等方面形成了鲜明的特色，取得了多项创新成果和自主知识产权，成为山东省林木遗传改良领域科学研究和人才培养的重要基地。

滨州市小开河引黄灌溉管理局

国家水利风景区
National Water Park

渠首俯瞰

小开河引黄灌区泥沙长距离输送与优化配置研究

该课题涉及流体力学、泥沙运动学、水力学、生态学、相似理论、线性规划、多目标优化配置、水利工程设计、施工、管理等领域。

引黄灌区不仅承担沿黄地区工农业和城市、农村供水任务，同时还承担引黄入卫、引黄济津、引黄济青等跨流域调水任务，已经成为沿黄地区乃至华北国民经济的生命线。然而泥沙治理始终是引黄灌区长期安全、经济运行的首要问题，迫切需要研究解决。本项目紧密结合引黄灌区的关键技术问题，以维持引黄灌区可持续发展为目标，以实现泥沙长距离输送为切入点，围绕水沙资源利用和有效配置开展研究。历时15年，对小开河引黄灌区从规划设计、建设直至运行管理的全过程进行了系统研究，实现了泥沙作为资源从认识到实践的飞跃。

主要技术内容

（1）首次提出了“类比法”比尺模型试验方法，解决了缺乏资料条件下，确定含沙量比尺的试验技术。

（2）提出了泥沙长距离输送的科学调度方案和泥沙长距离输送的标志性指标。即通过输沙渠将总引沙量的45.4%输送到51km外沉沙池的线上泥沙长距离输送，50.6%分入支渠容沙区和田间的面上泥沙长距离输送，4.0%淤积在输沙渠，输沙渠基本实现年际间的泥沙冲淤平衡。

（3）建立了引黄灌区水沙资源多目标优化配置数学模型，给出了在设计引水引沙条件下灌区泥沙配置模式。

（4）提出合理的泥沙利用方式，解决了引黄灌区对环境伤害最大的泥沙问题。

研究成果得到同行业权威专家高度评价，被鉴定为居国际领先水平。同时，小开河灌区被评为国家水利风景区，也是全国水利风景区评选历史上第一个引黄灌区水利风景区。

项目研究成果已在滨州市的引黄灌区得到广泛应用，经过灌区六个县区（无棣县、沾化县、阳信县、惠民县、滨城区、滨州经济开发区）应用表明，仅农业产值从工程兴建前的6.03亿元增至2007年的23.94亿元，增加了近4倍。研究成果在簸箕李、韩墩、位山等引黄灌区节水改造与续建配套工程得到应用，减少了泥沙淤积，降低了清淤费用，避免了环境恶化。在引黄灌区具有典型性、示范性和代表性，为同类大型灌区规划、设计、建设和管理运行提供了可供借鉴的成功模式，具有很大的推广应用前景。

输沙渠道

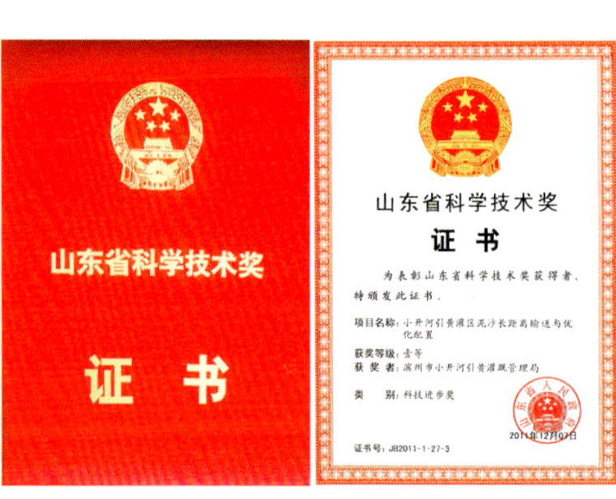
山东省科学技术奖

证书

山东省科学技术奖

证书

为表彰山东省科学技术奖获得者，特颁发此证书。

项目名称：小开河引黄灌区泥沙长距离输送与优化配置

获奖等级：壹等

获 奖 者：滨州市小开河引黄灌溉管理局

类　　别：科技进步奖

2011年12月07日

证书号：JB2011-1-27-3

济南市历下区科学技术局

4 月 14 日，市政协副主席、市科技局局长冯光文到历下区调研创新型城市建设工作。

5 月 26 日，历下区召开知识经济工作会议。

11 月 26 日，山东省可持续发展实验区专家组到历下区现场考察。

2011 年，济南市历下区科学技术局紧紧围绕区委、区政府中心工作，深入推进创新型城区建设，创建可持续发展实验区，着力培育打造知识经济产业体系，有力推动了全区经济社会全面协调发展。历下区连续第五次荣获“全国科技进步考核先进区”称号，并被认定为“省级可持续发展实验区”；区科技局荣获“全省知识产权管理系统先进单位”“济南市科技管理系统先进集体”等荣誉称号。

一、出台配套政策，为知识经济发展营造良好氛围。在广泛调研的基础上，起草了《济南市历下区知识经济发展规划纲要（2011-2015 年）》《关于加快发展知识经济的意见》《历下区关于促进知识经济发展的实施办法（试行）》等文件。区委、区政府于 5 月份召开了全区知识经济工作会议，印发了促进知识经济发展的若干政策文件，营造了良好的发展氛围。

二、建立健全工作推进机制，为知识经济发展提供有效保障。召开全区知识经济工作办事处会议，从提高认识、扩大宣传、调查摸底、项目策划等 6 个方面对下步工作进行安排部署，将知识经济纳入办事处考核内容。牵头成立了以区发改委、财政局等 13 个部门组成的知识经济联席会议议事机构，制订了《区知识经济工作联席会议议事规则》，定期召开联席会议，协调解决具体问题，确保知识经济工作的推进。

三、建立知识经济数据库，为工作开展提供分析决策依据。开发建设知识经济综合管理系统软件，建立区域知识经济资源的静动态数据采集和管理机制，为知识经济决策提供信息支持。系统录入知识经济从业机构 660 家，其中科研院所 84 家，设计机构 176 家，文化创意 49 家，经营性教育医疗机构 109 家，科技中介机构 139 家，其他机构 103 家，基本覆盖全区 5 大类重点知识经济从业机构。

四、自主创新能力不断增强，高新技术产业继续保持健康发展态势。全年共组织企业申报科技计划项目 120 余项，立项 61 项，获上级资金支持 1 700 余万元。新认定省级高新技术企业 5 家；市级自主创新产品 21 项，创新型企业 5 家，技术先进型企业 1 家，实现了我区技术先进型企业零的突破。全区专利申请总量为 4 513 件，其中发明专利申请量 1 831 件，在全市 10 个县（市）区专利申请量排名中继续保持第一位，专利授权总量排第二位。2011 年，全区高新技术产业产值达 77.75 亿元，同比增长 23.71%；占规模以上工业总产值比重 21.07%，比年初提高 2.38 个百分点，圆满完成年提高 2 个点的目标任务。

五、科技进步综合实力继续保持全市领先位次，可持续发展实验区创建工作取得新突破。创新型城区建设各项指标继续位居全市前列，历下区顺利通过“2009—2010”年度全国科技进步考核，并继续保持先进县（市）区荣誉称号，是历下区连续第五次通过全国科技进步考核。11 月，顺利通过了山东省可持续发展实验区专家组考察，被省科技厅命名为全省首个省级可持续发展实验区的中心城区，是济南市首家可持续发展实验区。

国土资源科学技术奖

获奖证书

获奖项目：华北平原地下水可持续利用调查评价

获奖等级：一等

获 奖 者：山东省地质调查院

华北地下水可持续调查壹等奖（部）

国土资源科学技术奖

获奖证书

获奖项目：环渤海地区地下水资源与环境地质调查评价

获奖等级：二等

获 奖 者：山东省地质调查院

为表彰国土资源科学技术奖获得者，特颁发此证书。

环渤海科学技术二等奖（部）

山东省科学技术奖

证 书

华北平原科技进步三等奖（省）

山东省科学技术奖

证 书

环渤海科学技术三等奖（省）

山东省科学技术奖

证 书

淮河环境调查科学技术三等奖（省）

山东省地质调查院

水文环境所

山东省地质调查院是2000年9月经山东省机构编制委员会批准成立的公益性地质勘查事业单位，是国家地质“野战军”的组成部分，是省公益性基础性地质调查主力军。水文环境所是该院五个业务所之一，也是服务领域最贴近民生的业务所。

水文环境地质所主要研究及业务领域 开展地质环境调查与保护研究工作，主要承担环境地质与灾害地质调查评价与预警、地质环境及地质灾害规划的研究及编制、地质遗迹调查与保护、地壳稳定性评价与重大工程选址等；承担水文地质、环境地质、工程地质等地质调查评价与研究；开展地热资源及水气矿产的调查评价与勘查研究；地质公园的申报和评价论证等工作。

承担并完成的水文地质环境地质调查项目 “华北平原（山东部分）地下水资源综合调查评价”“黄河中下游（山东段）主要环境地质问题调查评价” “环渤海地区（山东部分）地下水资源与环境地质调查评价”“华北平原（山东部分）地下水可持续利用调查评价”“淮河流域（山东段）环境地质调查”“黄河下游（山东段）环境地质调查” “环渤海地区（山东部分）重点地段环境地质调查评价——莱州湾海水入侵研究” “泰安地区岩溶塌陷调查与评价” “山东平原区地下水污染调查评价” “山东省地热资源调查与区划”等国家地质大调查项目和“山东半岛蓝色经济区地质环境保障调查”“高密市地氟病高发区地下水勘查与供水安全示范”“寿光市地氟病高发区地下水勘查与供水安全示范”“济南城市地质调查”等省地质勘查项目，取得了一系列地质成果，为我省的国土规划、绿色能源建设和生态环境保护提供了重要的基础资料。

在完成国家和省基础性、公益性调查项目的同时，积极发挥人才技术优势，为政府决策和管理提供技术支撑。编制了山东半岛蓝色经济区与黄河三角洲高效生态经济区地质保障工作总体方案；2011年山东省遭遇百年一遇的大旱，编制了《山东省受旱区地下水开采条件分区图》和《山东省受旱区应急集中供水地下水源地分布图》，指导应急找水打井工作顺利开展。

淄博市科学技术局

全国县(市)科技进步考核
科技进步先进市
中华人民共和国科学技术部
二〇一一年十一月

淄博市连续第八次被国家科技部授予“全国科技进步先进市”荣誉称号

国家科技部副部长曹健林在省市领导陪同下视察淄博市高性能镍氢动力电容电池产品生产线

山东（淄博）国家新材料高新技术产业化基地发展战略指导委员会成立大会会场

淄博市新材料发展“十二五”规划座谈会会场

2011年，淄博市科技工作深入实施科教兴市和人才强市战略，以科学发展为主题，以加快转变经济发展方式为主线，以淄博市“十二五”经济社会发展规划和“十二五”科技发展规划为引领，进一步解放思想、改革创新、锐意进取，全市科技综合实力显著提升，各项科技事业取得重大进展，为加快建设创新型城市和殷实和谐经济文化强市提供了坚实的科技支撑。淄博市连续第八次被国家科技部授予“全国科技进步先进市”荣誉称号。

2011年，全市高新技术产业实现产值2 544.90亿元，同比增长27.03%，占规模以上工业总产值的比重达到26.60%，比上年末提高1.25个百分点；全市新材料产业实现产值2 170.76亿元，同比增长19.84%。全市共承担国家863计划、国家科技支撑计划、国家自主创新产品专项、山东省自主创新成果转化重大专项、科技型中小企业技术创新基金等重大科技项目254项，获得扶持资金10 610.39万元，其中国家级项目60项，争取资金7 128.39万元。取得重要科研成果196项，其中达到国际领先或国际先进水平的64项；获得省以上科学技术奖26项，其中获国家技术发明二等奖1项，国家科技进步二等奖4项。争创省级工程技术研究中心23家，省级以上工程技术研究中心达到125家，其中国家级1家。积极创建高层次创新平台，新增山东省企业重点实验室4家，获批组建山东省院士工作站12家，总数分别达到10家和39家。积极开展高新技术企业申报认定工作，全市按照新办法认定的高新技术企业达到203家。全市申请国内专利9 836件，专利授权3 822件，同比增长分别为38.1%和9.6%。

第十届中国（淄博）新材料技术论坛暨国际科技成果招商洽谈会以丰富的内涵、鲜明的特色，充分展示了淄博广阔的新材料产业前景和独特的城市魅力，为加强淄博与国内外的科技交流与合作，扩大淄博市作为“新材料名都”的对外影响，打造了国际知名、全国一流的品牌展会。活动期间，共对接项目1 513项，签订技术合作项目626项，院士、专家为企业解决重大技术难题156项，可带动科技投入和高新技术产业投资68.6亿元。

4月27日，淄博市科技系统第三届乒乓球比赛隆重举行

2011院士淄博科技行暨国际科技成果招商洽谈会签约仪式会场

3月21日召开全市科学技术奖励大会暨科技工作会议

1月8日，淄博市政府与山东理工大学签署《合作发展框架协议》

中国水产科学研究院黄海水产研究所

2011年该所共获各类科技奖励12项，黄海所作为第一完成单位有8项。其中由金显仕研究员主持完成的“黄海渔业资源长期变化与评价技术”获山东省科技进步一等奖，陈四清研究员主持完成的“金乌贼（Sepia esculenta）苗种规模化繁育与健康养殖技术推广”获国家海洋创新成果一等奖，王印庚研究员主持完成的“大菱鲆疾病综合控制技术及示范推广”获中华农业科技二等奖，“养殖刺参疾病防控技术及示范推广”获青岛市科技进步二等奖，冷凯良副研究员主持完成的“水产品中多种药物残留同时测定技术研究”获青岛市科技进步三等奖。

成果名称：黄海渔业资源长期变化与评价技术

主要完成人：金显仕　赵宪勇　王俊　李显森　崔毅　张波　万瑞景　陈聚法　庄志猛　左涛　李忠义　单秀娟

主要完成单位：中国水产科学研究院黄海水产研究所

荣获2011年度山东省科技进步一等奖

利用具国际先进水平的专业调查船“北斗”号在黄海及长江口邻近水域开展了历时10年有针对性的资源调查，全面、系统地研究了渔业资源及其栖息环境的长期变化，评估了我国近海渔业资源量和可捕量；研发了适合我国海域的渔业资源评估技术，研究了食物网营养动力学特征以及生态划区方法。（1）应用拖网/渔业声学方法开展了31航次的资源评估调查，系统全面地分析了渔业资源种类组成、群落结构、数量分布、生物量的长期变动规律，15种主要渔业种类的生物学特征和资源量以及水文、营养盐、浮游植物、浮游动物、鱼卵仔鱼的年际和季节变化，是迄今国际上对黄海渔业资源与栖息环境最系统、时间序列最长的调查研究结果。（2）优化了鳀鱼目标强度传统单因子（体长）模型和双因子（体长、水深）模型，量化了不同水层鳀鱼目标强度及其昼夜变化对资源量评估的影响，创新了鳀鱼等海洋渔业资源声学评估技术，提高了渔业声学资源量评估精度，确立了鳀鱼年总允许可捕量及其限额捕捞工作程序和内容。（3）在国内率先综合应用胃含物分析和碳氮稳定同位素技术、生态能量通道动态模型，研究和阐明了黄海和长江口陆架区水域食物网营养动力学和能量流动特征；量化了黄海中南部海域23种鱼类在秋季对饵料生物的摄食量。划分出黄东海渔业生物生态群落和功能群，为生态区划分标准的规范提供了科学依据。发表论文69篇，出版专著1部，获授权专利2项，制定行业标准1项、报告11份。成果研究成果在海洋权益维护、渔业资源养护、海洋渔业捕捞作业结构调整和渔业管理措施制定等方面已经推广应用，具有明显的社会、经济和生态效益。渔业资源评估技术方面的研究成果已在实践中得到广泛应用。

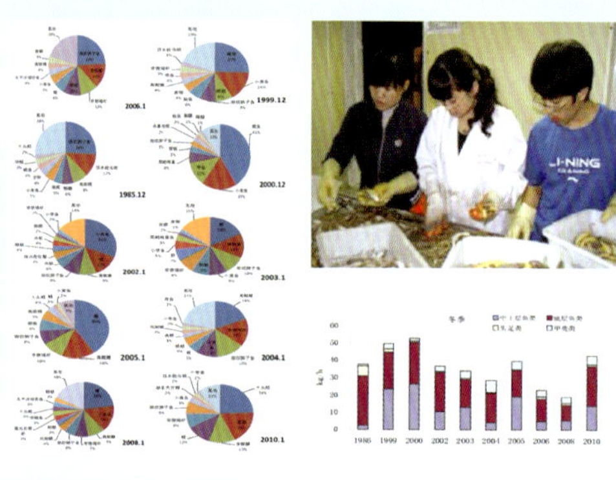

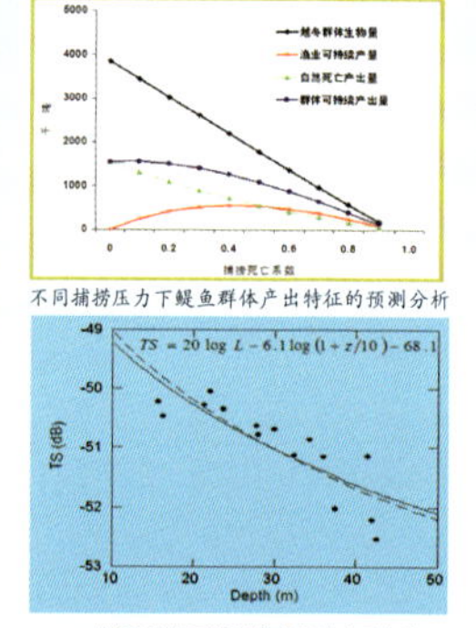

不同捕捞压力下鳀鱼群体产出特征的预测分析

鳀TS随水深递减并遵循波义耳定律

成果名称：金乌贼（Sepia esculenta）苗种规模化繁育与健康养殖技术推广

金乌贼

主要完成人：陈四清　庄志猛　刘长琳　邹健　燕敬平　薛祝家　孙建明　刘克奉　贾文平　王晓华　刘春胜　柳淑芳　滕家麟

主要完成单位：中国水产科学研究院黄海水产研究所、青岛金沙滩水产开发有限公司、青岛龙湾生物科技有限公司

荣获2011年度国家海洋创新成果一等奖

“金乌贼（Sepia esculenta）苗种规模化繁育与健康养殖技术推广”研究了金乌贼生长、繁殖特性、系统进化特征、染色体核型特征及胚胎发育特征等。建立了一套完善的野生亲体采集、驯养及培育管理技术，筛选确定了适宜的产卵基，优化了受精卵孵化的适宜条件；制定剥离孵化和原基孵化两种孵化方法的技术操作规程、工厂化和池塘养殖技术操作规范，建立了金乌贼苗种规模化繁育技术体系、健康养殖技术体系；率先开展并突破了人工越冬养殖技术，保障了亲体供应及种质连续性；制定了大规格苗种放流和分批放流技术要求，提高了放流成活率。同时，创建了国内第一家省级金乌贼良种场，每年坚持金乌贼繁育及良种选育，累计采捕驯化金乌贼亲体2 078只、繁育苗种115.82万只、放流苗种18.75万只、示范养成30万只；创建了多个金乌贼苗种繁育和养殖示范基地，目前养殖范围已推广到山东、天津、江苏、福建、浙江等省市，辐射养殖面积250亩，养殖规模和范围正逐步扩大，为头足类养殖产业的开展奠定了基础。

金乌贼增殖放流

项目阶段验收

成果名称：“大菱鲆疾病综合控制技术及示范推广”

主要完成人：王印庚 莫照兰 张正 史成银 陈吉祥 雷霁霖 李秋芬 梁萌青 高淳仁 荣小军 曲江波 刘寿堂 常青 朱建新 陈霞

荣获2010-2011年度中华农业科技二等奖

“大菱鲆疾病综合控制技术及示范推广”，该项目率先对我国养殖大菱鲆流行病学、病原学、病理学、病原检测、防治药物、免疫增强剂、疫苗、水质净化和养殖工艺等方面进行了全面系统性研究，发现并命名大菱鲆20余种新的疾病，分离鉴定了病毒、细菌、寄生虫30余种，完成了8种重要疾病的组织病理学分析，查明病因并建立了疾病档案。研制成功10类技术产品，集成建立了一套大菱鲆疾病综合防治技术体系。研发的系列化专用药品对减少滥用抗生素，保障水产品质量安全将发挥重要作用；筛选的中草药复方，对根治盾纤毛虫病和小瓜虫病等寄生虫性顽症有突破性进展，可大大减少数以吨计的甲醛、杀虫剂等化学品滥用，对保护生态环境意义深远。

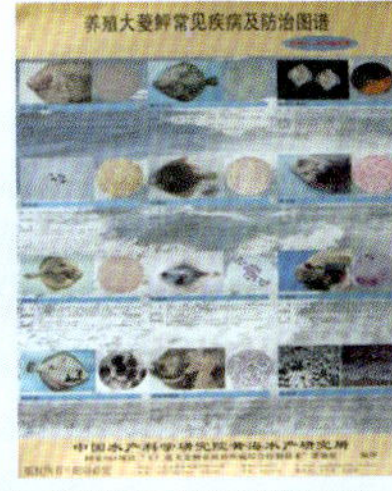

养殖大菱鲆常见疾病及防治图谱

大菱鲆健康养殖与疾病综合防治技术光盘

研发的养殖大菱鲆疾病防控系列药物

该项目共发表论文72篇，获国家发明授权专利8项，申请7项，培养硕士、博士58名，出版发行《海水鱼类养殖理论与技术》《大菱鲆养殖技术》和《海洋微生物学》专著，1辑《养殖大菱鲆常见疾病及防治图谱》和1套《大菱鲆健康养殖与疾病防治技术》光盘。另我所参与项目“刺参良种培育与健康养殖技术”获中华农业科技二等奖

成果名称：养殖刺参疾病防控技术及示范推广

主要完成人：王印庚 荣小军 廖梅杰 张正 孙慧玲 陈贵平 薛太山 陈霞 朱建新 梁萌青

主要完成单位：中国水产科学研究院黄海水产研究所

荣获2011年度青岛市科技进步二等奖

“养殖刺参疾病防控技术及示范推广”对养殖刺参的流行病率先进行了系统、全面调查，发现并命名了腐皮综合征、烂边病、烂胃病等11种病害，完成了7种疾病的组织病理学研究，阐明了养殖系统微生态特征、季节性变化及其疾病发生的相关性，研制出病原快速检测技术、抗菌免疫双效型中草药复方、微生态制剂、底质改良剂、流体饲料消毒器等多种技术和产品，建立了刺参疾病档案和疾病防控技术体系。该项目成果填补了该领域的研究空白，整体上达到国际先进水平，在综合防病技术方面达到国际领先水平。发表论文36篇，出版《海参健康养殖技术》专著1部，制定刺参健康养殖技术规范4项，申请、获得专利12项。该研究成果已在山东、辽宁、河北、浙江等省份刺参养殖主产区进行了广泛的推广应用，通过近百次培训班和技术讲座，培训基层技术人员5 000余人次，病害防控技术信息普及率达85%以上，疾病治愈率达到80%以上，每年可减少产业经济损失10亿元以上，经济效益十分显著。该项成果能在产业中预防疾病发生、提高养殖效益，正确指导生产、提高工艺技术水平，实现刺参健康养殖，具有重要的现实意义。

建立起水产疾病远程会诊中心

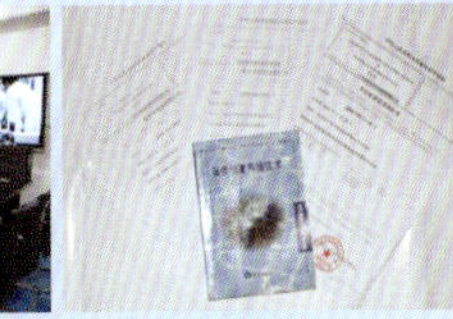
出版的专著和申请的专利

主办首届海参学术研究与产业发展论坛

研发出海参病害防控系列药物

成果名称：水产品中多种药物残留同时测定技术研究

成果名称：水产品中多种药物残留同时测定技术研究

主要完成人：冷凯良 孙伟红 邢丽红 翟毓秀 李兆新

主要完成单位：中国水产科学研究院黄海水产研究所

荣获2011年度青岛市科技进步三等奖

“水产品中多种药物残留同时测定技术研究”建立了同时测定水产品中17种磺胺类及15种喹诺酮类药物残留量的高效液相色谱－串联质谱（HPLC-MS/MS）检测技术，一次进样同时实现定性定量检测，提高了检测效率并降低了检测成本；改进了样品提取及衍生化技术，将样品前处理过程简单化，提高了水产品中硝基呋喃类代谢物残留的检测灵敏度；制定完成行业标准2项，均已发布实施并得到广泛应用，促进了我国水产品质量安全水平的提高。

成果名称：海洋生物酯酶及生物拆分手性化合物的研究与开发

成果名称：海洋生物酯酶及生物拆分手性化合物的研究与开发

主要完成人：孙谧 王跃军 姜正军 刘均忠 郭礼强 郝建华 王少娟 王海英 郑媛 付新华 王芳 康梅

主要完成单位：中国水产科学研究院黄海水产研究所；山东华辰生物化学有限公司

荣获2011年度潍坊市科学技术进步一等奖

该成果获得了具有我国自主知识产权的高效稳定的新型海洋微生物酯酶，实现了30吨发酵罐规模的产业化生产；突破了固定化酶工艺技术，研发的固定化酯酶对DL-泛酸内酯拆分率可达到45%，得到的L-泛酸内酯光学纯度达到98%e.e.，同时其产生的右旋泛酸内酯转化率基本为100%，成功地实现了固定化酯酶拆分DL-泛酸内酯生产右旋－泛酸钙的产业化生产，该生物酶制造技术与化学工艺法相比，原材料消耗减少70%，废液、废渣排放分别减少65%和40%，能耗减少10%，生产成本降低25%；开展了酯酶对农药清除的应用和产品开发；成果取得了良好的社会和经济效益，在国内率先建立了海洋微生物酯酶应用技术体系和研发基地。生产线自2008年建设投产以来，销售收入已突破4.4亿元人民币，创收外汇2 000多万美元，其技术和产品已引起该领域国际领先水平的帝斯曼集团的关注并开始了产品应用合作，预计今后三年内国际市场占有率将突破50%。该成果的产业化实施对我国海洋科学技术和蓝色产业的发展起到积极的推动作用，加速了化工、医药、食品、养殖等相关应用行业的发展，形成绿色产业链，发挥了保护生态环境和保障食品安全的作用。

验收专家及项目组成员

专家现场验收

研发的准三维裂隙动水注浆试验台　研发的大型地质力学模型试验系统　研发的大型地质力学模型试验系统

山东大学岩土与结构工程研究中心

山东大学岩土与结构工程研究中心（以下简称中心）成立于2001年4月，拥有大型地下洞室群教育部工程研究中心，山东省高校岩土力学与工程重点实验室、山东省高校地下工程突涌水防治材料及设备重点实验室，拥有土木工程一级博士点和一级硕士点、工程力学博士点及城市地下空间工程本科专业。

中心现有科研人员32人，博士、硕士研究生100余人。其中教授博导8人，长江学者特聘教授2人、国家杰出青年基金获得者1人，新世纪百千万人才工程国家级人选2人，教育部新世纪优秀人才支持计划3人，国务院特殊津贴专家3人。获得国家科技进步二等奖4项、国家科技发明二等奖1项，省部级科技进步一等奖7项，国家发明专利30余项。承担国家973课题3项，863计划项目2项，国家自然科学基金重大国际合作项目2项，国家杰出青年基金1项，国家自然科学基金重点项目5项，面上项目或青年基金31项，省部级及大型工程项目100余项。

中心自主研发了大型地质力学模型试验系统、多功能动水注浆三维模型试验系统、隧道复合式激发极化仪、高温高压三轴流变仪和岩石三轴伺服压力机等设备。拥有TSP203隧道地震波超前预报设备、SIR-3000系列地质雷达、Protem47HP瞬变电磁仪、声发射仪、土工大三轴试验机等一批国际先进设备。经过十年的发展，形成了以下6个特色方向：地下工程不良地质超前预报理论与设备；地下工程水害治理技术、注浆材料及设备；大型地下洞室群围岩稳定性分析与支护优化；大型地质力学模型试验系统研发与应用；海底隧道最小岩石覆盖层厚度研究；岩体高边坡稳定性分析与加固。

中心面向国家重大工程需求致力于解决工程建设中出现的关键难题。研究成果广泛应用于水电、交通、矿山、能源储备等领域，在三峡工程、小浪底工程、溪洛渡工程、龙滩工程、厦门翔安海底隧道、青岛胶州湾海底隧道、湖北沪蓉西高速公路、宜万铁路、三峡翻坝高速公路、菏泽龙固煤矿、菏泽郭屯煤矿及济南张马屯铁矿，黄岛国家石油战略储备库等数十个重大工程中发挥了重要作用，避免了工程灾害，为工程安全建设提供了有力支撑。

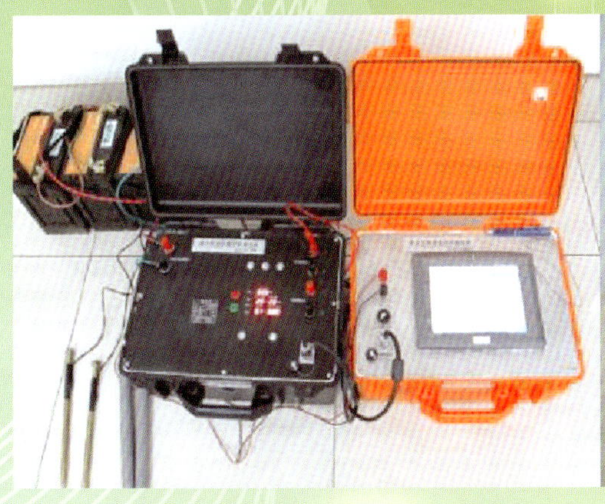

复合式激发极化仪

陆地声纳仪

国家科学技术进步奖

证　书

为表彰国家科学技术进步奖获得者，特颁发此证书。

项目名称：隧道含水构造等不良地质超前预报定量识别及其灾害防治关键技术

奖励等级：二等

获 奖 者：李术才

2011年12月23日

证书号：2011-J-221-2-02-R01

国家科技进步二等奖获奖证书

2011年度国家科技进步二等奖

——“隧道含水构造等不良地质超前预报定量识别及其灾害防治关键技术”项目

项 目 简 介

一、立项背景

随着公路、铁路等交通和水电工程的发展，我国已是世界上隧道建设规模和难度最大的国家，在地质条件十分复杂的隧道中遭遇了“强岩溶、高水压、大流量突涌水”等前所未有的挑战，导致施工中时常发生重大突水、涌泥等地质灾害，造成了人员伤亡和经济损失。以往的隧道超前地质预报以单一预报方法为主，预报准确率低且无法估算水量，不能有效指导施工。

二、创新点

1. 突破了隧道施工期含水构造超前探测三维定位与水量估算等难题。揭示了隧道掌子面前方含水体的主要地球物理响应特征，研发了相应的隧道含水构造超前地质预报仪器，实现了突涌水地质灾害源的全空间瞬变电磁法中距离（80m）定位识别与复合式激发极化法近距离（40m）水量估算。

2. 解决了隧道施工期含水构造等不良地质超前综合预报技术难题。建立了“宏观－远距离－中距离－近距离”四阶段全过程的含水构造等不良地质综合超前预报方法和技术体系。

3. 攻克了隧道典型含水构造突水涌泥等灾害防治的技术难题。提出了不同含水构造失稳判据与防突最小安全厚度分析方法，建立了隧道突水等地质灾害风险定量评价方法和临灾预警机制。研发了新型凝胶可控型水泥基注浆材料，实现了高压动水的有效封堵。

三、经济和社会效益

该项目在具有突水风险的锦屏二级水电站辅助洞、青岛海底隧道、湖北沪蓉西高速公路、三峡翻坝高速公路和宜万铁路等数十个重大工程中得到成功应用，避免了突水灾害和人员伤亡，经济社会效益显著。

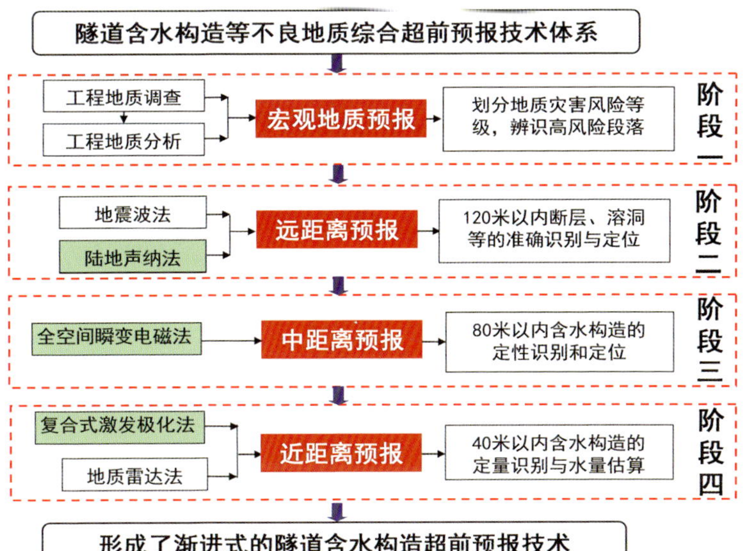

“四阶段全过程”的隧道不良地质综合超前预报定量识别技术

山东省科学技术奖

证书

为表彰山东省科学技术奖获得者，特颁发此证书。

项目名称：木糖废渣生产纤维乙醇

奖励等级：壹等
获 奖 者：曲音波（第壹位）
类　　别：技术发明奖

山东省人民政府

2010年01月18日

证书号：FM2009-1-1-1

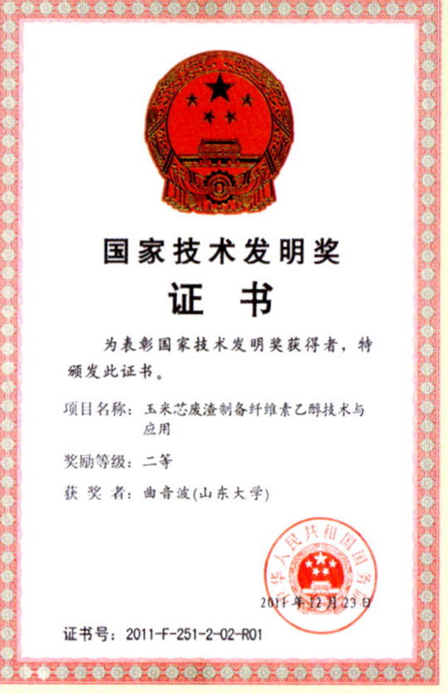

国家技术发明奖

证书

为表彰国家技术发明奖获得者，特颁发此证书。

项目名称：玉米芯废渣制备纤维素乙醇技术与应用

奖励等级：二等

获 奖 者：曲音波（山东大学）

中华人民共和国国务院

2011年12月23日

证书号：2011-F-251-2-02-R01

成果获得 2009 年度山东省技术发明一等奖和 2011 年度国家技术发明二等奖

国家技术发明二等奖——
“玉米芯生物炼制生产纤维素乙醇技术”项目

山东大学微生物技术国家重点实验室长期从事纤维素酶基础和应用研究而获得大量成果。山东禹城龙力公司已建立起玉米芯生产木糖系列产品技术并实现大规模产业化。在此基础上，曲音波教授等提出了利用玉米芯木糖加工废渣生产纤维素酶和燃料乙醇的新技术路线，成功地利用木糖醇、低聚木糖等高附加值产品的生产过程，将玉米芯中纤维素、半纤维素、木质素相互束缚的坚固结构变得松散，既可将原料和预处理成本转移到了高附加值产品的生产成本中，又在保障预处理效果的前提下，为下一步的酶解工艺提供了易酶解的原料，提高了纤维素乙醇生产的经济性。同时，通过在预处理阶段将玉米芯的半纤维素部分转化为低聚木糖、木糖醇等高附加值产品，解决了生物质资源中的半纤维素部分乙醇转化率低的难题，剩余的木质素也可以生产较高值的化工产品，从而提高了生产工艺的整体经济效益，形成产品多元化的合理产业结构。

在新工艺中，利用具有自主知识产权的斜卧青霉工业菌株，使用木糖渣等工业废料作为主要培养基成分，现场就地生产出粗纤维素酶发酵液，避开了酶制剂加工、运输的较大成本增加，大幅度降低了纤维素乙醇生产的用酶成本。同时，采用基因组重组、蛋白质分泌组学分析、同步糖化发酵、补料分批发酵、pH 分段控制等新技术，克服由于木糖渣作为新工业原料而带来的培养基营养成分欠缺、发酵液粘度大、易喷料或挂壁、发酵过程 pH 不稳定、产品乙醇浓度低等一系列技术难题，集成发明了成套生产工艺技术。

在这些技术发明的基础上，率先在国际上先后建成了用玉米芯年产 3 000t 纤维素乙醇的中试生产装置和万吨级的生产示范装置，并实现了新工艺在较大规模上的试生产，生产成本接近粮食乙醇生产水平。相关技术先后多次通过了各级政府组织的成果鉴定，在国内外本领域知名刊物上发表相关研究论文 31

扩大建设中的玉米芯生物炼制生产纤维素乙醇的示范生产线

篇，先后获得2009年度山东省技术发明一等奖和2011年度国家技术发明二等奖，并获得国家发明专利授权。新技术通过了中石化委托中咨公司进行的规划评估及国家环保部环境技术评估。山东龙力生物科技股份有限公司5万t/a纤维燃料乙醇项目获得国家发展改革委核准，成为国内首家获得国家正式批准的纤维素乙醇生产厂。木质纤维素生物炼制的理念正在被扩展至其他企业中去，可望为逐步形成生物质炼制巨型行业，部分替代不可再生的一次性矿产资源，实现以碳水化合物为基础的经济社会可持续发展做出贡献。

（曲音波、肖林）

国家海洋局第一海洋研究所

◀2012 年 3 月 17 日，12 个蓝色经济重点项目在青岛签约落地。作为此次签约项目之一的“国家海洋局第一海洋研究所鳌山涉海综合实验基地扩建项目”由研究所所长马德毅与青岛蓝色硅谷核心区工委书记、青岛市副市长王广正共同签署。山东省委书记姜异康、省长姜大明、青岛市委书记李群等领导参加了签约仪式。

国家海洋局第一海洋研究所鳌山涉海综合实验基地将作为海洋一所的科研实验核心区，主要设有：海洋物理学科、海洋地质学科、海洋工程勘察设计和山东省蓝色经济发展研究院四大重要科研领域和部门，同时还将为国内外海洋系统提供临海实验平台。

◀3 月 20 日上午，863 计划海洋技术领域办公室组织相关专家对研究所王揆洋研究员作为课题组长承担的“十一五”专项“南海深水油气田勘探开发关键技术及装备”重大项目“深水高分辨率浅地层探测技术”课题进行验收。通过审阅有关验收材料、听取课题组汇报，并在质询和讨论的基础上，验收专家组一致同意通过课题任务验收。

◀3 月 31 日，中国海洋工程咨询协会一届三次理事会议暨首届海洋工程科学技术奖和“双十佳”颁奖大会在北京隆重举行。全国 99 个项目经过严格评选，10 项获得一等奖，19 项获得二等奖。研究所获一等奖 2 项，二等奖 2 项，在全国海洋系统获奖最多。同时，副所长孙永福荣获首届海洋工程咨询行业“十佳标兵”称号。

◀4 月 8 日，国家海洋局第一海洋研究所所长马德毅和相关处室领导前往上海极地考察国内基地码头迎接中国第 28 次南极考察队和研究所科考队员。参加中国第 28 次南极考察的研究所科考队员杨效东、连展、冯颖（女）、王海员、黄元辉、阚光明、裴彦良在经历了 163 天的冰雪考验后完成了各项任务归来。

▲5 月 20 日，由研究所和国家海洋局北海分局牵头的三个 2012 年度海洋公益性行业科研专项项目启动会在青岛召开。会议由副所长李培英主持，国家海洋局科技司周庆海司长、处长辛红梅、省海洋与渔业厅副厅长王伟杰出席会议并发表重要讲话，国家海洋局北海分局书记滕征光、研究所书记徐承德、丁德文院士出席会议并致辞。包括项目咨询专家、项目参加单位的一百多名代表出席了会议。

◀7 月 2 日上午，中国第五次北极科学考察队乘“雪龙号”科学考察船从青岛市奥帆中心码头起航，前往北极执行科学考察任务。国家海洋局局长刘赐贵，省委常委、青岛市委书记李群出席欢送仪式。

省级文明单位

山东省国土测绘院

2009年4月9日，国家测绘局局长徐德明和副省长才利民在济南就合作建设山东省地理信息公共服务平台协议书举行签字仪式。

山东省国土测绘院是省国土资源厅直属事业单位，具有国家甲级测绘资质。主要承担全省基础测绘更新、全省基础地理信息数据库建设，省级地理信息公共服务平台的建设、管理和运维，全省卫星定位连续运行综合应用服务系统的管理及维护，卫星遥感应用研究，地图编制，测绘成果与测绘档案管理，测绘成果资料提供及分发服务，测量标志维护管理，测绘仪器检定、测绘产品质量检验，固体矿产勘查，遥感地质、水文地质、工程地质及环境地质调查，地质灾害治理，地质灾害危险性评估等工作。现有在职人员406人，其中研究员7人，高级工程师53人，具有硕士研究生以上学历的44人，国家测绘局青年学术带头人2人，注册测绘师15人。先后获得"全国测绘科技工作先进集体""全国矿业权实地核查工作先进集体""山东省科学技术进步奖三等奖""省直文明单位"等50多项荣誉称号，2011年荣获省级文明单位称号。

近年来，院测绘地理信息事业硕果累累，先后完成了全省1：1万地理信息更新、全省卫星定位连续运行系统、省级地理信息公共服务平台、影像山东、全省矿业权核查、全省城乡建设用地增减挂钩动态管理等重大项目，在全省重大规划决策、突发事件应急处理、海洋利用规划、地质灾害预报预警、土地执法监查、国防动员和科技管矿等多个领域发挥了重要作用，在援川、援疆、救灾、救火、抗旱、第一书记扶贫中展现出来的及时有力的测绘应急保障服务水平，受到了省委省政府及对口地区的一致好评。

山东省地理信息公共服务平台，集中了全省权威、标准的地理信息数据，为各级政府部门在线提供一站式地理信息服务

省公安交警总队基于平台开发了GPS车辆调度指挥系统和全省高速公路图像管理系统，实现了全省警用车辆的监控管理、指挥调度和公路监控图像管理。

省地震局基于"天地图—山东"地图开发了地震应急避难场所查询服务系统，方便百姓进行应急避难场所位置、容纳人数等信息的查询。

引进了无人机航摄系统和车载移动测量系统，测绘科技含量和保障服务水平进一步提升

2012年4月，启动了应急预案II级响应，利用无人机为惠民县"第一书记"帮扶村提供了实时、准确的影像资料及地理信息数据。

2011年4月18日，济南南部山区发生火灾，省国土测绘院利用无人机准确标定着火点位置，为省和济南军区领导决策及救援工作提供了及时的地理信息服务，有力保障了救火行动的顺利开展。

利用无人机航摄制作的0.2m分辨率影像图。

利用车载移动测量系统对青岛胶州湾跨海大桥进行数据采集。

构建全省新一代现代化的大地基准，初步形成了"一网覆盖齐鲁、随时随地定位"的应用格局

建成了覆盖全省陆域的卫星定位连续运行综合应用服务系统，已在国土、规划、交通、水利、工程施工、海洋等行业领域得到广泛应用。图为SDCORS参考站布点略图。

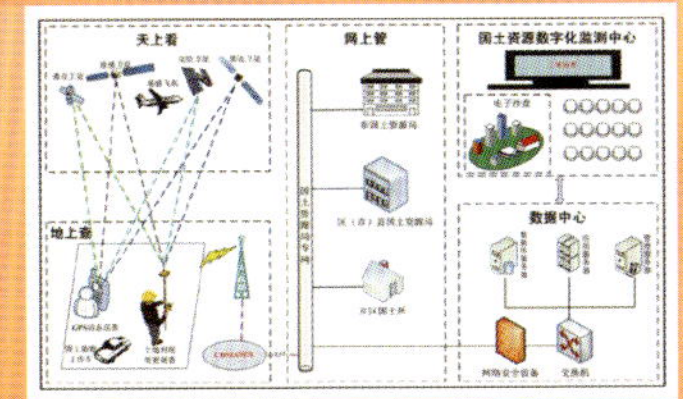

研发了国土执法监察三级联网全程监管平台，利用SDCORS快速定位的优势，为土地执法提供快速、精确的数据支持。

在地面遥感监测和地下三维监管的基础上，建设了远程信息传输、三维可视化的网格化管理系统

对全省基岩地区进行遥感动态监测，形成了对违法开采案件的查处、反馈和监管的快速反应机制。图为无证金矿采点遥感影像和核查照片示意。

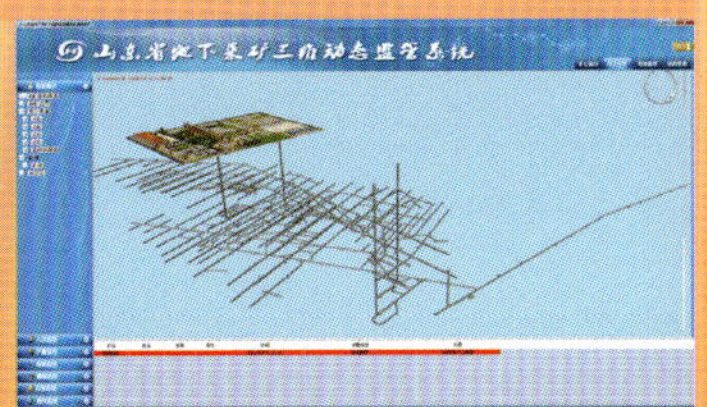

地下采矿三维动态监管系统通过鉴定，认为该系统整体达到同类技术国际先进水平，在"双超"非间断式监管技术方面达到国际领先水平。

山东省交通运输厅公路局

高等级公路沥青路面改造典型结构的研究

高等级公路沥青路面改造是保持公路网总体服务水平主要技术手段之一，节约环保型的改造关键技术是公路领域亟需攻克和解决的重大技术难题。为了解决这一难题，山东省交通运输厅公路局开展了《高等级公路沥青路面改造典型结构的研究》，并联合东南大学共同进行研究，基于旧沥青路面直接加铺以及加铺层材料、结构等进行了系统研究，在充分利用旧路资源、发挥旧路残余强度、加铺路面结构经济耐久、改造后新寿命周期内经济与社会效益最大化等多方面获得了重大技术突破，为实现公路交通健康可持续发展，建设资源节约、环境友好型行业提供了强有力的技术支撑和保障。

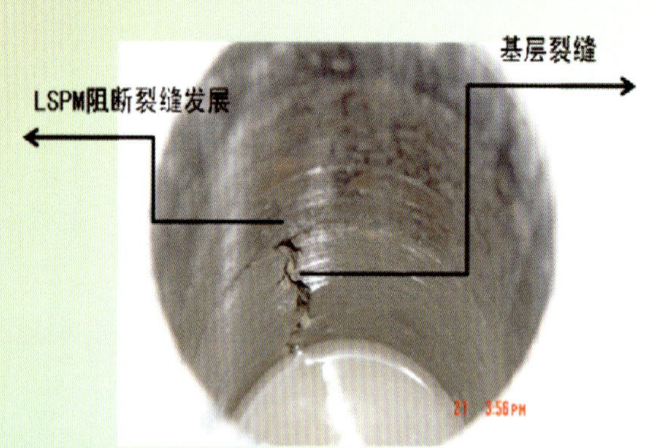

LSPM 结构阻止了裂缝的进一步扩展

该项目在国家 863 计划等多个研究计划支持下，通过产学研联合，历经多年攻关，自主研发了旧沥青路面加铺新型路面结构与材料等先进技术，在大规模推广应用的基础上，建立了一整套新的技术标准和体系。针对旧沥青路面传统加铺结构易出现早期水损害、反射裂缝、疲劳、车辙等损害，在国内率先成功研发了大粒径透水性沥青混合料（LSPM）和基于 LSPM 的新型路面加铺结构，实现了路面材料的创新与加铺路面结构的更新换代。提出了临界空隙率 13% ～ 18%、沥青膜厚度 13 ～ 16um，突破了渗透性与耐久性矛盾的技术瓶颈；抗车辙能力提高了 5 ～ 7 倍；发明了基于 LSPM 的 3 类 10 种典型结构，既充分利用了旧路剩余能力，又大幅度提高了加铺路面整体耐久性，延长了道路的使用寿命，实现了旧沥青路面资源充分利用和新旧路面结构的协调转换。

部分典型结构汇总表

累计标准轴次（万次/车道）	自上而下的结构层（材料 / 厚度范围）					
	1	2	3	4	5	6
<300	AC-13/4cm	AC-20/5 ～ 6cm（或不设）	LSPM-25/8cm	旧沥青路面		
300 ～ 1200	AC-13/4cm SMA-13/4cm	AC-20/5 ～ 6cm（或不设）	LSPM-25/8 ～ 12cm	旧沥青路面		
1200 ～ 2500	SMA-13/4cm AC-13/4cm	AC-20/5 ～ 6cm	AC-25/8cm（或不设）	AC-10/3 ～ 5cm（或不设）	LSPM-25/8 ～ 12cm	旧沥青路面
2500 ～ 4000	SMA-13/4cm AC-13/4cm	AC-20/5 ～ 6cm	AC-25/8cm	AC-10/3 ～ 5cm	LSPM-25/8 ～ 12cm	旧沥青路面

山东省科学技术奖

证 书

为表彰山东省科学技术奖获得者，特颁发此证书。

项目名称：大粒径沥青混合料柔性基层在老路补强中的应用研究

奖励等级：壹等

获 奖 者：山东省交通厅公路局（第壹位）

类 别：科技进步奖

2007年04月29日

证书号：JB2006-1-15-1

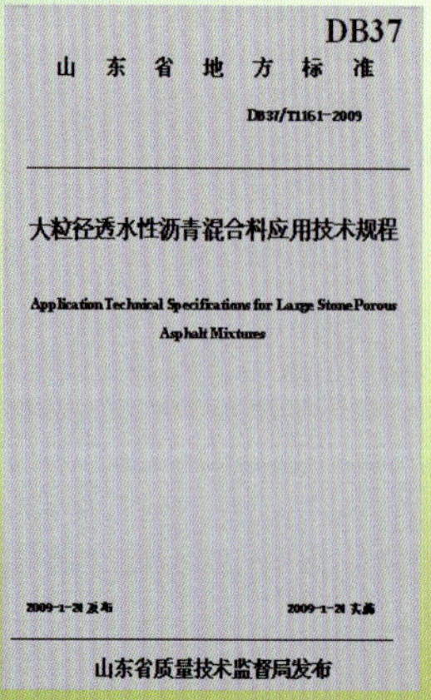

DB37

山 东 省 地 方 标 准

DB37/T1161-2009

大粒径透水性沥青混合料应用技术规程

Application Technical Specifications for Large Stone Porous Asphalt Mixtures

山东省质量技术监督局发布

该项目成果获山东省科技进步一等奖；取得了系列自主知识产权，共申请专利 5 项，授权发明专利 2 项、实用新型 4 项；省级工法 1 项；出版专著 2 部、发表论文 20 篇，SCI 收录 1 篇、EI 收录 10 篇；核心成果制定山东省地方标准，部分成果纳入《公路沥青路面设计规范》（JTG D60-2006）。本项目填补了国内空白，达到国际先进水平，部分成果国际领先，已应用于山东、安徽、辽宁、浙江等十余个省份，累计应用里程 3 000Km 以上，节约费用达到 40 亿元，工期平均缩短 50% 以上，对正常道路交通影响降至最低、节约大量资源、保护环境，实现了旧路改造利用技术的跨越式发展，取得了重大社会效益。

山东省农科院资环所

2011年度山东省科技进步二等奖——大宗菇类新品种选育与产业化开发

该项目经5年的研究和应用，在大宗菇类菌种多相鉴定与活力评价体系、核心种质库与信息数据库建立，平菇、香菇、金针菇、双孢蘑菇新品种的选育，良种良法标准化生产技术集成，质量安全技术体系的建立，以及良种产业化开发方面，做出了创造性贡献，取得了显著的经济、生态和社会效益。

项目主要技术内容：

1. 搜集大宗菇类菌株422个，建立了多相鉴定方法体系及种质资源库，为食用菌新品种选育搭建了平台。

2. 建立了集菌丝体微观形态、生物学特性、子实体农艺性状、同工酶谱、分子特异性标记等多种参数于一体可上网查询的平菇菌种信息数据库。

3. 选育出大宗菇类新品种7个，生物转化率较原始菌株产量显著提高，且优质、抗病抗逆性强，推动了我省大宗菇类品种的更新换代。

4. 研发了花生秧、玉米秸秆、棉渣等新型栽培基质并优化出高产配方，制定了大宗菇类系列生产技术标准。

5. 研究确定了双孢蘑菇原材料、覆土材料中重金属最高限量值，建立了可控制、可追溯的质量安全技术体系。

应用推广及效益情况：

先后在山东省十七市100多个县（市、区）进行了大面积推广应用，平菇、香菇、金针菇和双孢蘑菇新品种推广面积占全省栽培面积分别达到30%、50%、60%和25%以上；建立了55个示范基地；在全省累计应用5 000万m^2以上，已获经济效益18.3亿元，对促进农民增收做出了巨大贡献。

病虫害防控培训

花生茎蔓栽培金针菇配方试验

病害防控示范

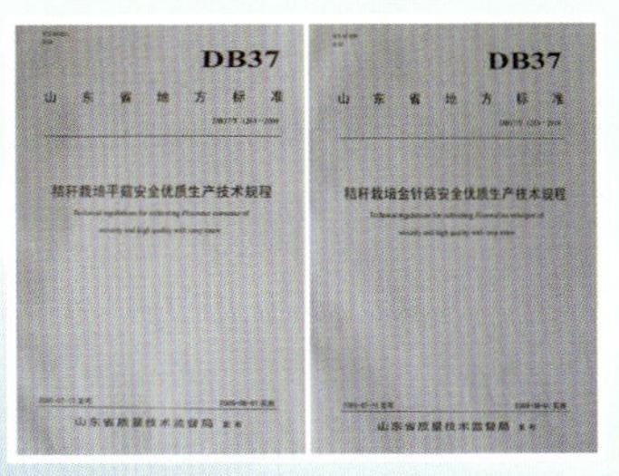

山东创智新材料科技有限公司

SHANDONG CHUANGZHI XINCAILIAO KEJI YOUXIAN GONGSI

山东创智新材料科技有限公司是一家集科研、开发、生产、销售为一体的专业性公司，公司坐落在世界闻名的风筝之都潍坊市寒亭区。公司占地面积200亩，拥有员工150多人，其中技术人员60人，工程师19人。

公司主要从事建筑节能应用技术及装备技术研究开发，主要产品有：膨胀玻化微珠、膨胀玻化微珠保温防火砂浆、膨胀玻化微珠防火保温板材及制品、膨胀玻化微珠轻质砂浆成套装备等系列产品，并通过产品技术鉴定，总体技术水平达到国内领先、国际先进水平。先后参编了《膨胀玻化微珠》《膨胀玻化微珠轻质砂浆》《膨胀玻化微珠保温防火砂浆》《干混砂浆生产工艺与工程应用技术规范》《膨胀玻化微珠轻质砂浆及制品》《膨胀玻化微珠复合外墙外保温系统》等国家行业标准和省地标准、图集的编制工作，拥有20多项国内、国际专利，并被中国散协批准为“轻质砂浆产品与设备制造示范基地”。先后获得了国家及行业“防火保温节能墙材十大品牌企业”“绿色建材十大品牌企业”“中国优秀绿色环保产品重点推广单位”“全国建筑节能技术创新企业”“创新技术推荐品牌”“中国工程建设重点推广产品”“企业科技成果自主创新优秀奖”“国家康居示范工程选用部品与产品”“华夏建设科学技术奖”“中国建筑节能贡献奖”“山东省建设科技协会2010年度50强”“山东省科技成果二等奖”“中国产学研科研成果奖”等荣誉称号。公司被批准为中国城市住宅产业理事会“常务理事单位”、中国建筑节能减排产业联盟“理事单位”、住建部建设科技理事会“常务理事单位”。并在2011年被国家科技部、发改委推荐为国家“十二五”重大支撑计划和低碳技术项目。科研成果技术并入库国家863计划、“十二五”国家重点节能技术项目目录、发改委节能减排重大案例、公安部消防局科研项目计划和国家级星火计划项目。

在节能减排科学发展的事业中，公司坚持科技兴企的战略方针，充分发挥产、学、研研发中心和技术中心优势，不断进行科技创新，提升和完善膨胀玻化微珠工业化生产装备和系列产品的科学应用技术水平，不断开发建筑节能新产品、新技术，为我国节能减排战略实施做出新的贡献。

2011年项目汇总

1. 2011年11月30日，北京评审。“膨胀玻化微珠保温防火砂浆及其制备技术”国家发改委列入“重点节能推广项目”。
2. “玻化微珠防火保温系列新型建材及技术装备制造”项目被山东省发改委列为“2011年度“两区”建设专项资金”合作贷款和贴息资金投资计划项目。
3. “新型低碳材料膨胀玻化微珠及其应用研究”项目列入国家科技部863计划。
4. “高性能膨胀玻化微珠及其应用关键技术研究”项目列入国家科技部“科技支撑计划”。
5. “年产1000万平方米膨胀玻化微珠建筑保温防火板”列入国家科技部“星火计划”。
6. “膨胀玻化微珠外墙保温防火技术研究”项目列入国家公安部消防局“科研成果计划”。
7. “低碳材料膨胀玻化微珠保温防火砂浆”列入山东省科技厅“科技攻关计划”。
8. “年产30万立方米膨胀玻化保温防火砂浆”项目被国家列为“节能重点工程循环经济和资源节约重大示范工程”。

产品展示

创智公司新厂效果图

膨胀玻化微珠轻质砂浆生产装备

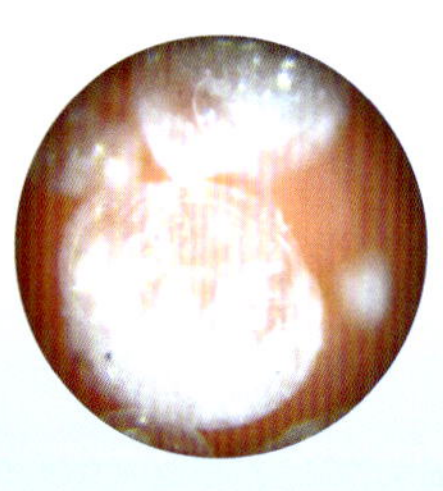

显微镜下玻珠

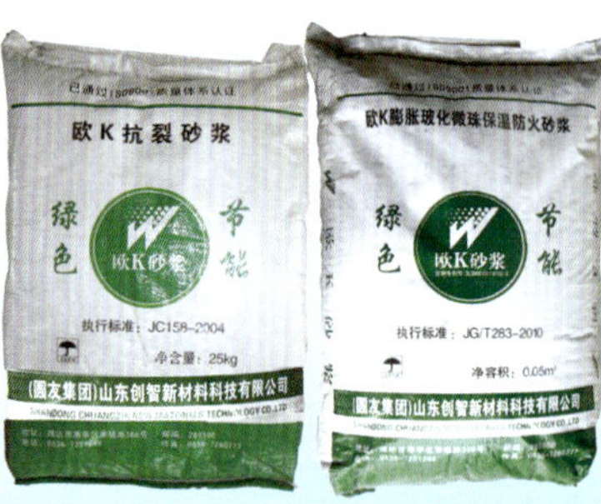

单袋砂浆

地址：山东省潍坊市寒亭区幸福路366号
邮编：261100　电话：0536-7287122
传真：0536—7287122
E-mail:lwh3943@sohu.com
网址：www.chuangzhitech.com

张裕公司原酒信息化管理系统

原酒管理信息化系统
葡萄基地管理信息化系统

张裕

CHANGYU

烟台张裕集团有限公司

YANTAI ZHANGYU JITUAN YOUXIAN GONGSI

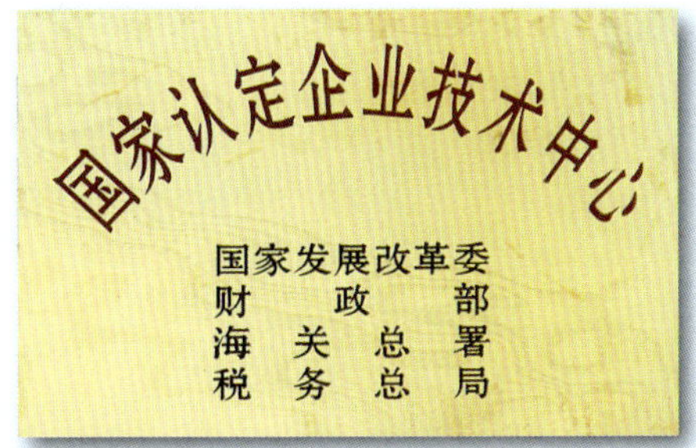

张裕公司国家级企业技术中心

国家地方联合
工程实验室
国家发展和改革委员会

国家地方联合工程实验室

烟台张裕公司成立于1892年，是中国第一个工业化生产葡萄酒的企业。2011年实现销售收入124亿元，利税36亿元，已经发展成为中国乃至亚洲最大的葡萄酒生产经营企业，名列全球葡萄酒十强企业第五位。

公司建有国家、省、市三级企业技术中心、博士后科研工作站、“泰山学者”岗位、山东省葡萄酒微生物与酶工程实验室、CNAS国家认可中心化验室等研发平台。2011年张裕公司“葡萄酒微生物与酶国家地方联合工程实验室”和“山东省葡萄酒微生物发酵技术重点实验室”项目先后被国家发改委和省科技厅批准建设。

近年来公司致力于葡萄栽培和葡萄酒酿造技术研究，先后承担国家、省市重点项目近10项，开展葡萄新品系选育、病虫害防治、葡萄酒酿造微生物、葡萄酒风味、葡萄酒橡木制品等课题，取得发明及实用新型专利11项，获得省部级鉴定成果9项，省市科技进步奖10余项。

公司始终将葡萄酒质量安全作为重点研究内容，已建成国内领先水平的葡萄与葡萄酒质量安全分析检测平台，开发并运行了葡萄种植和葡萄酒生产全程质量管理信息化系统，将RFID射频识别技术应用于葡萄酒生产，建立起葡萄酒质量安全可追溯体系。为巩固和提高张裕葡萄酒百年品牌提供有力保障。

法国 ALLIANCE Futura 葡萄酒连续分析仪

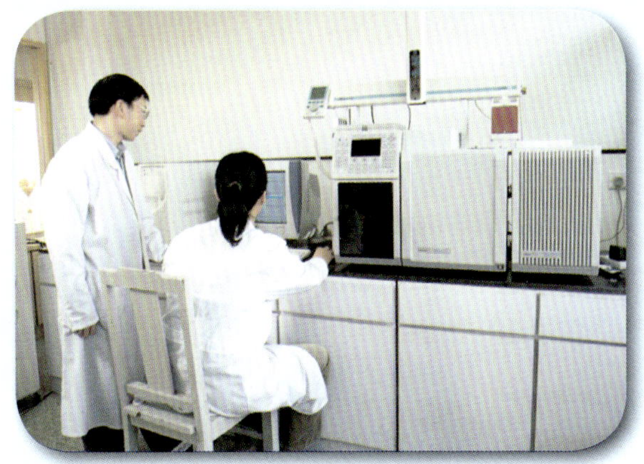
美国 Varian CP-3800 Staturn 2200 气质用联仪

“农村智能配电网建设与管理模式”科技成果鉴定会

商河县供电公司

勇于创新谋发展　构建卓越新蓝图

商河县供电公司地处鲁西北平原，承担着全县1 162km²、61万人口的供电任务，县境内有220kV变电站1座，辖有110kV变电站4座，35kV变电站11座，有4条110kV线路与主网联接，城区配网实现了绝缘化、自动化，为地方社会经济的发展提供了可靠的电力保障。

公司紧紧围绕建设“一强三优”现代公司的总体目标，加快推进“两个转变”，牢固树立“四个意识”，各项工作取得新成绩，先后荣获“省级文明单位”“国家电网公司一流县供电企业”“山东电力集团公司先进县供电企业”等荣誉称号，连续两年被评为“山东电力集团公司综合管理标杆单位”。

近年来公司坚持电网创新、通讯创新和平台创新，从解决漏电导致人身触电安全的问题入手，建成全国第一个农村智能化配电网。该模式由智能化配电台区”“现代化通信系统”“地理信息系统”“调度自动化和配网自动化系统”“小容量、密布点、短半径、绝缘化、智能化的农村电网”以及“配电运行监控系统”构成。该项目通过山东省科技厅鉴定，获得4项国家专利、中国科学技术成果三等奖和山东省科学技术三等奖。

商河农村智能配电网的建设，在国内第一个将智能触电识别技术应用于人身安全保护；第一个把3G无线专网用于智能电网通信；第一个把地理信息系统与配电网监控和管理相结合；第一个把远程抄表、远程操作、远程监测和故障预警有机结合，从而达到方便、快捷、准确、高效的事前控制和主动预防，实现了人身用电安全和设备管理的可控、能控、在控，开创了我国农村智能配电网建设与管理的新模式。国家电网公司领导及清华大学、中国电科院的专家对此给予了高度评价，大批省内外专家前来交流考察，中央电视台等多家媒体对此进行了专访。

目前农村智能配电网已经覆盖全县1 200余个台区，在电网安全、信息传递、优质服务等方面实现全新突破。其中，智能触电识别技术利用新型漏电装置区分漏电特种波形，切实保障人身安全；智能电网通信通过3G无

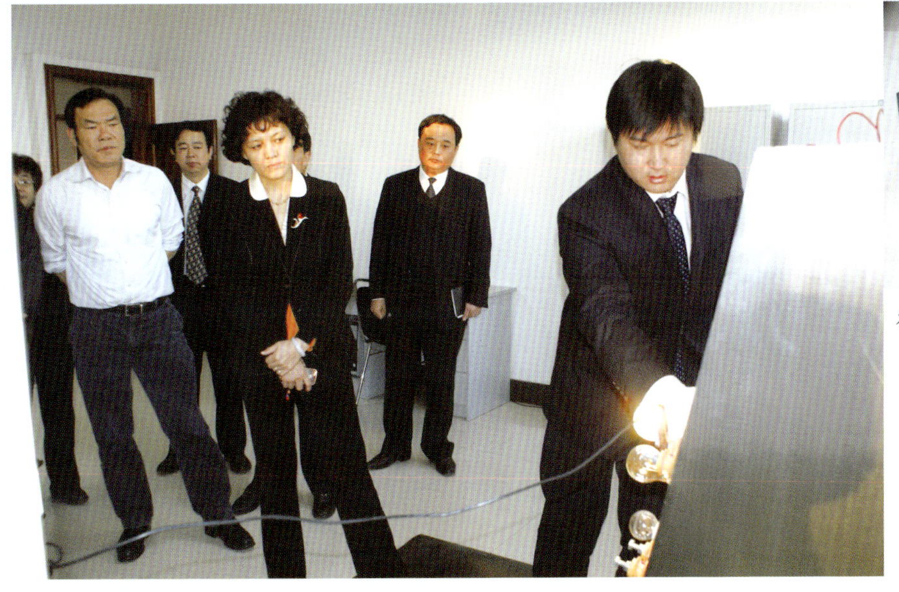

国家电网公司农电部副主任张莲瑛到公司调研

农村智能配电网建设获得4项国家专利

线专网应用，实现移动办公、智能巡检、远程抄收以及一体化的配变监控；地理信息系统与配电网监控和管理的有机结合，切实实现主动服务、事故提前预防；农村智能配电网安全运行监控管理系统的应用，实现安全、营销、配网、调度、服务一体化管理。自农村智能配电网建设和管理模式建成以来，电网稳定和供电安全得到有效保障，农村配网服务水平获得一致好评。

山东省科学技术奖

证书

为表彰山东省科学技术奖获得者，特颁发此证书。

项目名称：农村智能配电网建设与管理模式

获奖等级：叁等

获 奖 者：商河县供电公司（第壹位）

类　　别：科技进步奖

山东省人民政府

2011年12月07日

证书号：JB2011-3-66-1

山东省科技进步奖证书

业内同行到公司就智能电网建设进行交流考察

完成智能化改造的公用台区

中央电视台《中国新闻》报道公司农村智能化配电网建设

商河县供电公司智能化配电网建设现场施工

海洋石油工程（青岛）有限公司

大气漂亮的青岛场地大门

锦州 25-1S WHPB 组块

中共中央总书记胡锦涛与王文贵握手

海洋石油工程（青岛）有限公司（以下简称“青岛公司”）是由中国海洋石油总公司控股的海洋石油工程股份有限公司于 2005 年 3 月投资成立的全资子公司，注册资金 30 亿元人民币。

青岛场地码头岸线长 1 645m，码头水深 10 ～ 12.4m，现有 5 条 120 ～ 340m 不同长度的滑道，单件产品重量最大可达 4 万 m，可采用吊装或滑移方式进行大型结构物装船。承载能力达到 4 万 t 的 5# 滑道将极大增强青岛场地建造和装备实力，为青岛公司进军世界知名品牌能源工程公司的阵营打下坚实基础，同时也适应向深水产品及新领域产品拓展的需求，并将首次用于国内首个深水天然气开发项目荔湾 3-1 上部组块建造（荔湾 3-1 深水气田位于南海东部海域，水深约 1 500m，主要设施包括一座设计重量约 32 000t 的导管架和一座设计重量约 35 000t 的上部组块）。

青岛场地分三期建设，总投资 39 亿元人民币，总占地面积约 120 万 m^2，为目前亚洲最大的海洋工程制造场地，具有每年 20 万 t 的钢材加工能力。

场地建有制管车间、结构预制车间、涂装车间、组块配套车间、总装下水滑道、重力码头、深水装备 / 浮体制造平台（30 万吨级海洋石油工程坞）等重要生产设施，主要从事 FPSO（浮式生产储存卸货装置）、钢质导管架平台、深水浮式平台 TLPs（张力退式平台）、Spars（深水浮筒平台）、Semi-Submersible（半潜式平台）等海上油气田设施的陆地建造与海上安装。产品可覆盖中国各海域的浅、深水油气田工程设施制造，并辐射澳洲、东南亚、中东、西非、南美等市场。

青岛场地平面效果图

镍矿全景

山东省科技进步奖一等奖

——模块化矿山冶炼工厂模块建造技术创新

KONIAMBO镍矿项目是中国海洋石油总公司下属海洋石油工程股份有限公司通过国际竞标获得的国际工程项目，是世界首例大型模块化矿冶工厂工程，其制造精度大大超过其他常规项目。目前在国内主要是核电站采用模块建造，但重量通常只有几百吨左右。本项目模块单重最重达5 000t，加上均在非滑道软基础上建造。加上建造工期紧，生产组织、进度管理难度极大，还要完成13 000t组合梁、107片甲板预制，1 869台（套）设备安装，吊装总计达6 035次。该项目17个模块的建造工作量相当于完成6～8个传统海洋工程项目；组合梁预制包含了33种材料规格、尺寸精度要求，设备、管道的安装精度和数量大大超过其他项目。

该项目针对世界首例大型矿冶工厂模块化建造工程——KONIAMBO镍矿项目的建造工艺与技术展开研究，提炼出具体的技术创新和成果。该项目结合传统海洋工程技术与矿山冶炼厂的特点，在我公司乃至国内都是第一次。主要创新有：①首次攻克地基沉降及监控难题，成功建造17个最重达5 000t的钢结构模块，建造精度控制在6mm。②首次在软地基上对大型模块进行多点（16点）称重。③首次对32条腿柱的大型甲板片开发出空间对接新工艺，成功研制导向机构和顶丝装置。④开发多坐标耦合安装技术，解决了大型贯穿设备安装的技术难题。⑤首次采用SPMT专利技术托运模块，横向装船。

该项目拥有多项专利，并形成了一套行业建造工法，为后续非滑道区软地基模块的建造提供了科学依据。经过专家鉴定，本项目整体工程技术和成果达到了国际领先水平，并荣获山东省科技进步奖一等奖。项目的成功实施吸引了多个大型项目入驻青岛，同时解决了当地就业，取得了良好的经济效益和社会效益，促进了青岛地区工业和经济的发展。公司在非滑道区软地基大型模块化建造方面形成的核心技术，将有助于拓展模块建造业务的市场领域，对促进产业结构优化，加快企业发展方式转变起着重要的作用。

现场图片1

现场图片2

装船离港

“大型桩基式海洋平台模块化建造技术及相关配套装备研制”项目

（山东省科技进步二等奖）

2700t大型组合体翻身90°吊装及4台以上吊机吊装同步作业

针对大型桩基式海洋平台制造标准要求高、质量要求严、技术难度大、制造工期短等特点，研发高效、高质量、低成本、节能、环保先进的建造模式，解决我国尚不掌握300m海域大型桩基式海洋平台建造技术难题，海洋石油工程（青岛）有限公司自筹资金完成了“大型桩基式海洋平台模块化建造技术及相关配套装备研制”技术成果。

项目研发出国内首台管端旋压扩口翻边机、管端挤压成型机；大型桩基平台组块制造三步立体作业方法”和“大型桩基平台导管架制造分层、分块预制，滑道总装合拢技术；深水大型导管架陆地建造的吊装方法；大型深水导管架尺寸控制系统和海洋工程加工设计软件系统；超厚板焊接节点断裂韧性评估技术（CTOD）；结构物滑移装船的减摩滑靴装置。实现了工艺管线非焊接连接及连接件的国产化、大型桩基平台组块和导管架制造模块化组装；2 700T大型组合体翻身90度吊装复杂计算及4台以上吊机吊装同步作业、海洋工程建造组装全过程尺寸控制、管材下料及变角度坡口加工一次成型、免除最大95mm厚板焊接后热处理的工艺过程、大型组块低牵引力牵引及减摩材料国产化等。获中国授权发明专利2项、实用新型专利1项、计算机软件著作权3项，受理发明专利2项、实用新型专利2项，获省部级工法2项。

通过在公司建造的工程项目中实践与应用，证明该成果技术成熟、安全可靠，可用于150～300m海域大型桩基式海洋平台建造，与原有技术和工艺方法相比其建造周期缩短20%，新增经济利润15 727万元。摆脱了国外公司建造大型桩基式海洋平台的垄断地位，带动了配套企业的发展。对保证中国海洋油气田顺利开采，解决能源瓶颈和保障国家能源安全具有重要意义。

大型桩基式海洋平台

管端旋压扩口翻边机

管端挤压成型机

阳谷祥光铜业有限公司

旋浮铜冶炼工艺研究及产业化应用鉴定会现场

阳谷祥光铜业有限公司是新建大型现代化有色金属冶炼企业，建设规模年产 40 万 t 阴极铜（一期 20 万 t）。公司位于江北水城山东省聊城市阳谷县石佛镇，占地面积 1 344 亩；员工总数 1 343 人，其中专业技术人员 518 人，高级职称 62 人，中级职称 117 人，从事高新技术产品研究开发技术人员 232 人。2011 年 5 月二期工程建设采用自主研发的“旋流铜冶炼工艺技术”顺利投产，公司实现年产阴极铜 40 万 t/a、硫酸 150 万 t/a、金 20t/a、银 600t/a 以及 1 000t 稀散金属的生产能力。

2011 年 5 月 15 日，赞比亚矿业与矿产发展部副部长邦费思·恩卡塔一行考察祥光铜业

公司依照清洁生产、循环经济为发展理念，注重科技创新。公司为高新技术企业，拥有山东省铜冶炼及稀散金属提取工程技术研究中心、山东省铜冶炼清洁生产与综合利用工程实验室和山东省企业技术中心。公司被列入国家第一批铜冶炼行业准入名单，被评选为十大“国家环境友好工程”之一，被批准为国家“资源节约型、环境友好型”企业试点建设单位。

公司研发的“粗铜无氧化无还原火法精炼工艺及产业化应用”项目获 2011 年山东省科技发明一等奖，专利“无氧化无还原火法精炼铜工艺”获 2011 年山东省专利一等奖。公司科技成果“旋浮铜冶炼工艺研究及产业化应用”和“旋浮铜冶炼生产过程在线控制系统”2011 年通过省科技厅组织的技术鉴定，专家组评议该技术达到了国际领先水平。公司拥有的核心技术奠定了祥光铜业在世界有色金属行业的领先基础。

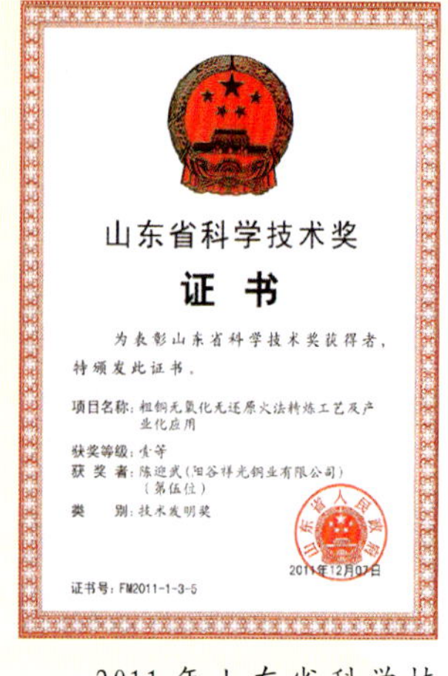

山东省科学技术奖

证　书

为表彰山东省科学技术奖获得者，特颁发此证书。

项目名称：粗铜无氧化无还原火法精炼工艺及产业化应用

获奖等级：壹等

获 奖 者：陈迎武（阳谷祥光铜业有限公司）（第伍位）

类　　别：技术发明奖

2011年12月07日

证书号：FM2011-1-3-5

2011 年山东省科学技术发明奖一等奖证书

山东省专利奖

证　书

为表彰山东省专利奖获得者，特颁发此证书。

专利名称：无氧化无还原火法精炼铜工艺

专 利 号：ZL200710109374.7

奖励等级：一等

获 奖 者：周松林

山东省知识产权局

2012 年 1 月

证书号：Z2011-1-2

2011 年山东省专利奖一等奖证书

高新技术企业

证书

企业名称：阳谷祥光铜业有限公司　　证书编号：GF201137000025

发证时间：2011 年 10 月 31 日　　有 效 期：三年

批准机关：

2011 年公司通过山东省高新技术企业复审

山东高速集团有限公司

集团董事长孙亮在大桥通车仪式上

山东高速集团有限公司是经山东省人民政府批准成立，以公路、高速公路、桥梁、铁路、港口、航运、物流的投资、建设、经营、管理为主业，集主业产业链上建设、建材、信息、金融、地产于一体的现代化、国际化、高效化、综合型国有独资特大型交通企业集团。

截至目前集团注册资本150亿元，年经营收入近300亿元，利税总额34亿元，资产总额突破1 600亿元；管理的已通车高速公路1 700km，在建500km；已通车铁路482km，在建铁路743km，并代表省人民政府承担了全省3 800km、总投资1 500亿元铁路的新建、改建任务。

集团拥有全国路桥类资产规模最大的上市公司、蓝筹股代表山东高速公路股份有限公司；具有特级施工资质、全国省级路桥优质施工企业山东省路桥集团；建设世界最长跨海大桥山东高速胶州湾大桥的青岛公路公司等28家权属单位，职工人数5万多人。

集团大力实施“走出去”战略，“立足山东、面向全国、走向世界”，国内投资、建设领域已遍及22个省，投资总额400多亿元；海外投资建设的基础设施项目遍布五大洲102个国家和地区，累计合同金额达30多亿美元。集团连续5年入选“中国企业500强”，经营管理的公路、高速公路连续两届获得全国干线公路养护管理大检查第一名；投资、建设、经营、管理的世界最长跨海大桥山东高速胶州湾大桥，2011年9月上榜“福布斯”，荣膺“全球最棒桥梁”称号。

海湾大桥

混凝土套箱下放安装

课题成果鉴定

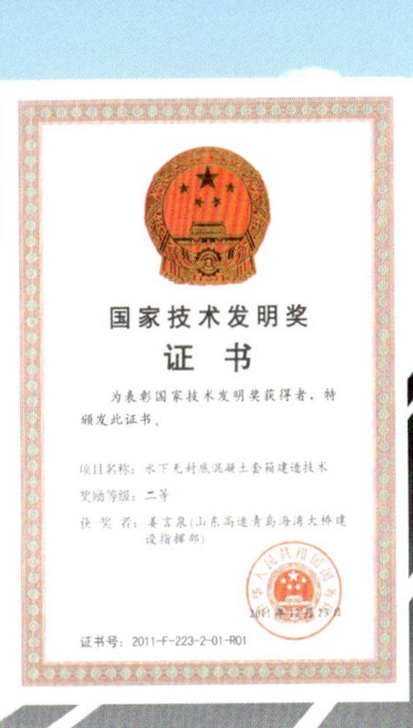
国家技术发明奖

证 书

为表彰国家技术发明奖获得者，特颁发此证书。

项目名称：水下无封底混凝土套箱建造技术

奖励等级：二等

获 奖 者：姜言泉（山东高速青岛海湾大桥建设指挥部）

2011年12月23日

证书号：2011-F-223-2-01-R01

发明证书

瑞阳制药
REYOUNG

瑞阳制药有限公司

山东省科技厅副厅长徐茂波来公司视察指导工作

山东省第二批创新型企业

国家认定企业技术中心

高新技术企业证书

瑞阳制药有限公司创建于1966年，是一家集新药研发、生产、销售于一体的现代化综合制药企业。公司为国家火炬计划重点高新技术企业、国家火炬计划生物医药产业基地骨干企业、山东省第二批创新型企业、全国守合同重信用企业，“瑞阳”商标被认定为中国驰名商标。2010年经济效益位居中国医药工业企业第21位。

目前瑞阳制药粉针生产规模在全国范围内居前五名；每年1 000t的头孢类无菌原料药生产能力，是全国最大的头孢类原料药生产基地之一；主导产品美洛西林钠原料药及其制剂、注射用葛根素、葛根汤颗粒、瓦松栓等品种国内市场占有率均位居首位。

持续创新是瑞阳制药不断发展的动力之源。瑞阳制药通过加强产品创新、技术创新、营销创新和管理创新形成了自己的发展特点，取得了较快的发展。公司拥有国家认定企业技术中心、国家博士后科研工作站、山东省头孢类原料药工程技术研究中心，并设有山东省“泰山学者—药学特聘专家”岗位，先后与清华大学、山东医科院等30多家高校和科研机构建立了常年科研合作关系。公司先后获得国家科技进步二等奖1项、山东省科技进步二等奖2项，承担国家新药创新重大专项3项，国家级火炬计划项目3项，获得国家授权专利70余项。新药葛根汤颗粒、厚朴排气合剂被认定为“国家重点新产品”，公司的粉针制剂分装水平、中药提取水平和头孢类原料药合成技术均达到国内领先水平。

取得的成果

2011年公司成果丰硕，先后获得国家授权专利7项，其中发明专利1项；厚朴排气合剂被认定为国家重点新产品，“力扬”牌注射用美洛西林钠被认定为山东名牌产品；公司美洛西林钠药物大品种的技术改造项目被列入国家“重大新药创制”科技重大专项，复方烟酸辛伐他汀缓释片的研究等5个项目被列入山东省技术创新项目计划。

公司技术中心被认定为国家级企业技术中心，公司被评为山东省第二批创新型企业，同时被山东省科技厅批准建设山东省抗菌药物企业重点实验室，被山东省人民政府批准设立抗菌药物研究与开发山东省“泰山学者—药学特聘专家”岗位。

国内一流的粉针剂自动装盒生产线

科技人才队伍建设

以山东省“泰山学者—药学特聘专家”岗位建设为契机聘任沈阳药科大学陈大为教授为该岗位特聘专家；聘任美籍华人李伟博士为公司副总裁兼首席科学家，主管公司新产品研发工作。2011年公司引进博士研究生6人、硕士研究生12人，公司研发人才队伍不断壮大，综合创新能力进一步增强。

瑞阳制药

瑞阳制药有限公司研发中心

瑞阳制药有限公司远景

山东民和牧业股份有限公司

山东民和牧业股份有限公司成立于1997年，是亚洲最大的父母代肉种鸡生产企业，也是国内肉种鸡养殖行业首家上市公司。已形成以父母代肉种鸡饲养和商品代肉鸡苗生产为核心，肉鸡养殖、屠宰加工与生物科技相结合的较为完善的产业链。先后被授予农业产业化国家重点龙头企业、全国农业标准化示范区、国家出口鸡肉标准化示范区和全国畜牧优秀企业等荣誉称号。2011年公司资产达21亿元，实现销售收入13亿元。

民和股份立足种禽繁育，发展产业经营，实现可持续发展。自主研发的“肉用种鸡全程笼养新技术开发”获国家星火计划奖；“鸡鲜精稀释及冻业技术研究”获山东省科技进步二等奖；“商品肉鸡全程笼养技术研究”获山东省科技进步三等奖。公司以领先的技术优势和行业主导地位入选“亚洲家禽行业50强企业”。

民和股份于2008年投资8 000多万元建设了国内家禽养殖行业规模最大、现代化程度最高、运行机制最先进的“粪污处理大型沼气发电工程”，该项目于2011年获山东省科技进步二等奖。

项目以日常的鸡粪和废水为原料，应用热电联产的沼气发电技术，对鸡粪废弃物进行资源化开发和多层次利用。项目吸收了世界新能源领域发达国家丹麦、德国相关沼气项目建设经验，集成世界最先进的沼气发电技术，实现了在除砂预处理、发电余热回收利用、中温发酵增温和保温技术、生物脱硫等多项技术的创新与发展，大大提升了该项目的科技含量与水平。项目实现鸡粪的沼气化应用且并网发电，成为全国大农业行业第一个CDM项目。民和股份以此为载体，建立起具有自身特色的“生态健康养殖—安全绿色食品—资源高效利用—有机果蔬种植”完善的生态农业循环产业链，实现污染物的零排放和温室气体减排，着力提升产业高度。

济宁曲阜市供电公司

JINING QUFU POWER SUPPLY COMPANY

曲阜市供电公司是山东电力集团公司全资子公司，固定资产5.42亿元，现有员工416人。担负着曲阜市12个镇（街道）的供电任务，供电区域896km²，供电人口63.8万。曲阜电网拥有35千伏及以上变电站16座，总容量63.265万kVA；35及以上千伏输电线路30条，全长261.46km；10千伏配电线路85条，全长1 236km；配变3 925台，总容量59.32万kVA。

曲阜公司是国家电网公司首批一流县供电企业，近年来，先后荣获国家电网公司文明单位、新农村电气化建设先进单位、山东省“富民兴鲁劳动奖状”荣誉称号、山东电力集团公司农电技术进步示范单位，连续21年保持“省级文明单位”荣誉称号。

曲阜市供电公司深入学习实践科学发展观，紧紧围绕“三抓一创”工作思路，坚持“继承、创新、争先”，加快推进“两个转变”，提质增效，创新发展，全面创先争优，开创了“十二五”发展新局面。

——**率先建成山东省农电系统第一座智能化变电站**，通过山东省科技厅科技项目鉴定，全站集中式保护及信息共享技术达到国内领先水平。

——**率先建成全省县级营配调度中心**，形成24小时统一供电服务体系和高效顺畅的跨专业服务协同机制，配网运行能力、营销管控能力、客户服务能力全面提升。

——**率先启动全省县级核心城区智能配网建设**，曲阜城市中心区配电自动化建设被山东电力集团公司列为智能配网建设示范工程。

——**率先应用线路故障检测、抢修和3G视频在线监视系统**，实现了故障快速定位、快速隔离、电网重构，快速恢复供电，全工程实施在线监控，全面提升了互联互供和自动化水平。

——**率先应用接地线实时定位监测、安全工器具智能化管理和视频监视系统**，获得了国家专利，实现作业现场的“多点”管控。

基于DMP5000系统智能变电站开发应用项目简介

基于DMP5000系统的智能变电站以建设创新示范型智能变电站，以智能变电站设计导则及规范为依据，以智能自动化系统、智能在线监测系统、智能辅助系统三大智能系统为支撑。重点实现了数据采集数字化、系统分层分布化、系统结构紧凑化、信息交互网络化、信息应用集成化、设备检修状态化、设备操作智能化。

2012年3月25日通过了山东省科技厅、山东电力集团公司的“基于DMP5000系统的智能变电站开发应用”科技成果鉴定会。专家们一致认为，基于DMP5000系统的智能变电站功能齐全、实用性强，整体技术达到了国内先进水平，其中全站集中式保护及信息共享技术达到国内领先水平。

神戎® 山东神戎电子股份有限公司

SHEENRUN Shandong Sheenrun Optics & Electronics Co.,Ltd.

省委常委、副省长孙伟一行来神戎公司调研指导工作

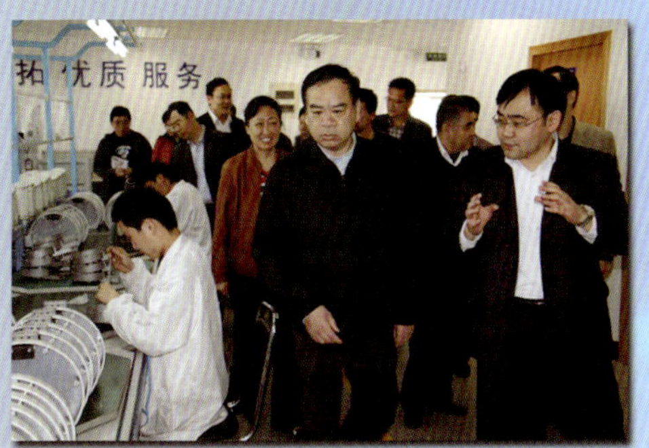

济南市委书记王敏，省科技厅厅长翟鲁宁一行来神戎公司调研指导工作

省科技厅厅长翟鲁宁一行来神戎公司调研指导工作

中科院院士姚建铨来神戎公司指导工作

山东神戎电子股份有限公司成立于2004年，公司现有员工230余人，其中研发人员占比40%，研究生以上学历占比30%，是山东省神戎电子院士工作站以及山东省夜视监控工程技术研究中心的依托建设单位。公司坚持自主创新，是激光夜视产业的开创者，率先开发出世界首创的具有自主知识产权的激光夜视仪和连续变焦红外热成像仪，同步变焦激光夜视和连续变焦热成像技术水平处于国际领先地位，激光夜视仪市场占有率第一。公司的产品已经广泛应用于国防、国家安全、公安武警以及交通、油田等行业，实现全天候视频监控，为维护国家安全和社会稳定提供技术保障。除了国内市场，公司产品已出口至美国、法国等20多个国家和地区。

公司在进行科技创新的同时，积极实施知识产权战略和知识产权保护，已累计申请近百项专利，其中发明专利20余项，同时，申请软件著作权5项，制定企业标准6项。公司先后被评为第四批全国企事业单位知识产权试点单位、山东省第二批知识产权试点企业、中国专利山东明星企业、济南市第四批知识产权试点企业、2009年度及2011年度济南市知识产权先进单位、济南市成长型中小企业、济南高新区科技科学技术创新先进单位、高新区创新园优秀企业。“非制冷型大口径变焦红外热成像仪”项目专利获得第十一届山东省专利奖二等奖；“激光照明器的同步变焦装置”专利在第三届中国、山东专利活动期间开展的优秀专利评选中获得金奖，并获得第十二届山东省专利二等奖。

公司坚持“军品做技术，民品做品牌”、“军品民品协同发展”的企业经营发展战略。先后通过国军标质量体系认证、武器装备二级保密资格认证、国家武器装备科研生产许可认证以及装备承制单位资质认证，具备了军品科研和生产的全部资质，并承担了多项军品科研生产任务。激光夜视仪、高清夜视仪及热成像仪产品获得中国人民解放军军用安全技术防范产品安全认证中心的认证；系列激光夜视和热成像产品通过欧洲CE认证和美国的FCC认证。“同步变焦激光红外夜视仪”和“非制冷型大口径变焦红外热成像仪”项目产品先后被科技部等四部委列入2010年度及2011年度国家重点新产品计划项目；“同步变焦激光红外夜视仪”被山东省经信委列入2011年度山东省第一批高端技术装备新产品推广目录。“高清激光高速球形夜视仪”和“高清激光夜视仪”产品分别被中国安全防范产品行业协会评为“2010年度中国国际社会公共安全产品博览会创新产品优秀奖”及“平安城市”建设优秀安防产品。

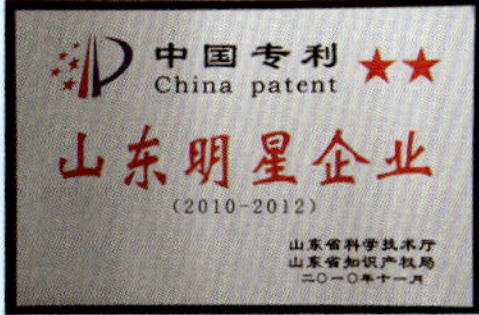

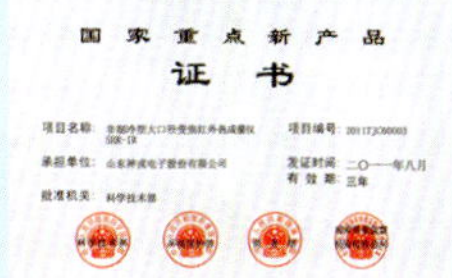

山东布莱凯特黑牛科技股份有限公司

山东布莱凯特黑牛科技股份有限公司，是由我国首例体细胞牛研究专家董雅娟博士等一批高科技人才，于2004年创建的国家级高新技术型企业，公司注册资金4 330万元，主要进行高档牛繁育与产业化开发。公司先后被评为国家农业标准化示范区、国家级示范养殖场、国家引智基地、国家农业综合开发产业化重点龙头企业，中国林牧渔业经济学会肉牛经济专业委员会副理事长单位、山东省农业产业化重点龙头企业，公司建有山东省黑牛繁育（省级）工程技术研究中心。

目前通过克隆技术、胚胎移植和人工授精技术，已累计繁育布莱凯特黑牛26 000余头，形成了“布莱凯特黑牛繁育—养殖育肥—精深加工—市场销售—酒店餐饮”的产业化链条，建立了产、学、研相结合产业开发技术创新体系。

公司有关人员多年来一直从事牛的遗传育种与繁殖科研与成果转化工作。主持参加多项国家和省部级重大科技攻关项目，填补了奶牛半胚裸露冷冻保存技术的国内空白，获得我国首例玻璃化冷冻保存一步法移植犊牛，2001年做出我国首例健康成活的体细胞克隆牛。2001年获山东省十大科技成果奖，2002年获得山东省科技进步一等奖。2003年获得国际首例体细胞克隆牛玻璃化冷冻胚胎移植犊牛和国内首例体细胞克隆自繁后代，

科技部副部长张来武视察公司黑牛产业发展情况工作

省长姜大明莅临公司检查指导工作

布莱凯特高档牛肉

布莱凯特高档牛肉

哺育中的布莱凯特黑牛

育肥中的布莱凯特黑牛

2004 年获山东省科技进步一等奖。2006 年 4 月作出世界首例携带抗疯牛病基因的体细胞克隆牛。主持承担的山东省自主创新科研成果转化重大专项，2009 年 7 月通过了山东省科技厅组织的权威专家的鉴定验收，在国内首次培育出高档肉牛新种质——布莱凯特黑牛，其肉质香嫩多汁、营养丰富，达到日本和牛牛肉等级 A3 级水平，可与神户牛肉相媲美。生产的高档牛肉已经陆续进入部分大中城市高端消费市场，同时成为 2010 年上海世博会“神州之韵中华名茶美食馆”布莱凯特牛肉供应商及“神州之韵茶餐饮”最佳供应商。2010 年 9 月布莱凯特黑牛产品荣获首届黄河三角洲高效生态农业投资贸易洽谈会金奖。2010 年 12 月公司在齐鲁股权托管交易中心成功挂牌交易。

公司正在实施的 10 万头优质肉牛新种质产业化开发项目，被列为高青县委县政府十大重点建设工程之一，同时该项目已经列入淄博市农业领域的重大开发项目、山东省“十二五”农业七大振兴产业规划实施项目之一、黄河三角洲高效生态经济区重点建设项目之一、山东省自主创新科研成果转化重大专项、国家科技部成果转化资金重大专项、科技部“十二五”国家支撑计划项目。山东省省委副书记、省长姜大明，科技部副部长张来武等领导多次到公司视察布莱凯特黑牛产业化开发工作，指出以布莱凯特公司为依托，将布莱凯特黑牛产业打造成高效、生态、低碳的巨大产业链，把黄河三角洲地区建成山东省乃至全国重要的高档肉牛产业基地，促进牧业增效，带动农民增收。

新城金矿矿级领导班子

新 城 金 矿

XINCHENG JINKUANG

“厚大破碎矿体全分段预裂挤压一次爆破强化开采技术研究”项目

新城金矿副矿长、技术负责人 张洪训

随着浅表易采资源的开采殆尽，深部厚大破碎矿体将成为我国矿业资源开采的主要对象之一。针对新城金矿深部厚大破碎矿体开采中存在的应力高、矿岩破碎、作业安全性差、矿体短厚、可供布置的采场数少、采场生产能力低和回采成本高等技术难题，联合中南大学展开回采技术研究，以提高工效、降低成本和控制“两率”为突破口，在获取大量基础性数据与原始材料的基础上，引入中深孔回采工艺，进行分段开采，创新性地提出和实施了全分段预裂挤压一次爆破采矿法。通过矿岩稳固性调查与评估、采矿方法优化选择、采场顶板加固支护与安全监测、采场轮廓控制爆破、二步采充填体自立性、切割天井一次爆破成井、全分段一次挤压爆破、无轨设备配套选择和大爆破衍生危害安全控制等内容与技术的研究，形成了全分段预裂挤压一次爆破采矿法的全套技术，实现了深部厚大破碎矿体全分段的强采、强出、强充的强化开采。项目整体技术达到国际先进，其中全分段预裂挤压一次爆破强化开采方法居国际领先水平，该项目于2011年获得山东省科学技术进步二等奖。

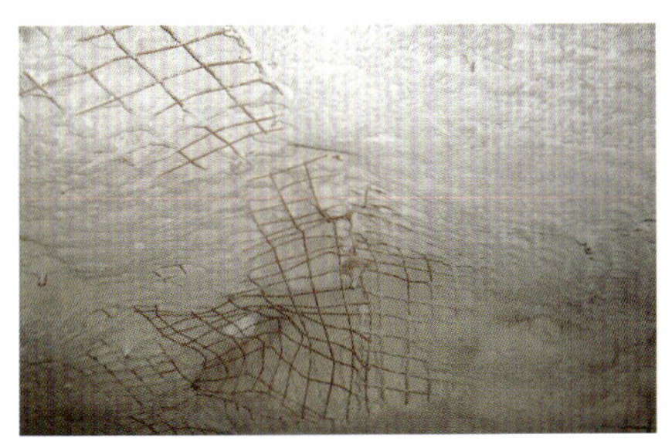
预控顶支护

装药现场

爆破矿石堆

1.主要技术内容：

（1）全分段预裂挤压一次爆破采矿方法与技术

通过分段开采，提高单位面积回采强度，采用获得专利的采矿方法，进行无轨采准、全分段预裂挤压一次爆破落矿、智能遥控铲运机全分段集中出矿，实现采场回采单循环作业，通过开采过程优化，使回采顺序、采场结构参数科学合理，运用效能最大化原理，优化了无轨设备的配套，提高了采场生产能力，降低了开采成本。

（2）预控顶支护技术

预控顶采用树脂锚杆＋挂金属网＋喷射混凝土的支护方式，经拉拔试验和爆破后效果来看，树脂锚杆的锚固力满足了支护要求，而金属网及喷射混凝土支护则避免了小石块坠落伤人，从最大程度上确保了作业人员的安全。

（3）预裂爆破技术

回采中采用预裂爆破技术，提高了爆破半孔率，确保了两帮顺滑、直立，防止采场超、欠采现象的发生，保证了出矿时作业人员的安全。

（4）采场安全保障技术

通过对采场顶板岩移和锚杆轴力的长期监测，建立了采场顶板支护安全时间序列预测模型与分析技术，实现了对采场顶板支护的定量评价与优化，创新提出一种利用爆破信号能量突变的盲炮快速识别技术，解决了深部厚大破碎难采矿体的采场支护安全和大规模爆破安全两大关键技术，确保回采时限内人员与设备的安全。

2.专利：

全分段预裂挤压一次爆破采矿法，201110041350.9；

天井深孔法掘进中的爆破法扩孔工艺，ZL98117929.0；

一种新型水泥卷锚杆杆体结构，ZL98218958.3。

3.技术经济指标：

①采场综合生产能力 512t/d；②矿石回收率达 90.1%；③矿石贫化率 5.1%；④掌子面工效 77.8t/ 人班；⑤炸药单耗 0.18g/t；⑥采矿综合成本 255.35 元 /t。

4、推广应用及经济效益：

在新城金矿应用 3 年，累计实现直接经济效益 17 608.37 万元，全面推广应用后，累计创造经济效益可达 11.5 亿元。山东黄金有色矿山应用该技术，创造经济效益可达 30 亿元。全国金属地下矿山中与新城金矿类似开采技术条件的矿体占相当比重（统计占 35% 储量），应用该技术新增经济效益可达 100 亿元 /a 以上。

预裂爆破效果

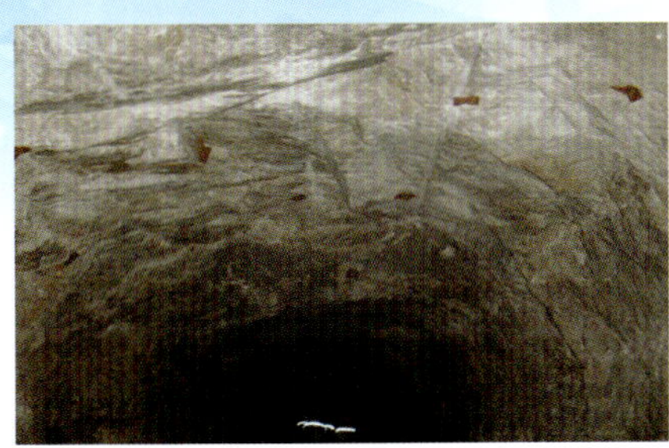
出矿巷道

遥控铲运机出矿

煤炭工业济南设计研究院有限公司

COAL INDUSTRY JINAN DESIGN & RESEARCH CO.,LTD.

煤炭工业济南设计研究院有限公司前身为“上海煤矿设计院”，成立于1953年，是山东省唯一以煤炭工程设计咨询为主的跨行业、多专业综合性甲级勘察设计单位，持有各类甲级资质证书17项。现有职工327人，其中中国工程设计大师1人、中国工程监理大师1人、山东省工程设计大师3人；具有工程师以上技术职称人员240人。公司从业人员共836人，具有国家各类注册资格证书人员284人次。公司2008年被审核认定为“高新技术企业”。

公司依靠技术创新，促进科技成果转化，完成了一大批国家和山东省重点煤矿工程的勘察设计咨询和科研项目。公司先后获得国家科技进步奖4项、国家优秀工程勘察设计特奖1项、国家优秀工程勘察设计金、银、铜奖分别为6项、6项、3项，鲁班奖7项，“太阳杯”奖16项。特别是近几年来在高产高效矿井开采技术、矿井冻结凿井井壁结构技术、特厚表土层冻结技术研究、煤矿立井无轨辅助系统、煤炭地下气化技术、井下降温技术等领域取得了突出的成就，技术水平处于国内领先、国际先进的地位。公司主编和参编了国家、煤炭行业技术标准11项。

公司承担的山东省煤炭工业科学技术发展计划项目——“基于地面冷却散热的煤矿井下集中式水冷降温系统研究与开发”2010年通过了山东省科技厅组织的鉴定。鉴定委员会认为：“研发的地面散热井下集中式水冷降温系统，技术先进，系统简单、运行可靠，具有创新性，经济、社会效益显著，达到了国际领先水平，为我国煤矿降温地面散热系统的应用提供了成功范例，有广泛的应用推广价值”。该技术成果已在赵楼、北徐楼、郭屯、龙固、陈蛮庄等煤矿推广应用，取得了客户满意的效果。该成果荣获2011年度山东省科学技术进步奖二等奖。

山东省科学技术奖项目应用证明

（2011年度）

项目名称	基于地面冷却散热的煤矿井下集中式水冷降温系统研究与开发		
应用单位	兖煤菏泽能化有限公司 赵楼煤矿		
通讯地址	山东省郓城县南赵楼乡 赵楼煤矿		
应用成果起止时间	2008－2010年		
经济效益（万元）			
年　度	2008年	2009年	2010年
新增产值（产量）	960万元	6400万元	10500万元
新增利税（纯收入）	655.65万元	5486.54万元	8636.64万元
年增收节支总额	1455.65万元	6686.54万元	11436.64万元

具体应用情况：

我矿于2008年5月安装调试完毕地面冷却散热、井下集中式煤矿降温系统（一期工程总制冷量6660kW），6月正式投入生产运行，每年运行4～5个月（6～10月），已运行3年（2008、2009、2010年），期间采掘工作面干球平均温度由32～34℃以上，降至24～28℃以下，降温效果显著，采掘工作面工作环境得到很大改善，职工的身体健康得到充分保障，达到预期的效果。

该系统在运行过程中，性能平稳，维护方便。

由于采掘工作面温度的降低，井下工人的劳动生产率得到大幅提高，煤矿产值不断，采掘设备故障率降低，工人安全得到保障，井下热害所导致的疾病不断减少，煤矿医疗费支出不断减少，经济、社会效益非常显著，工作面温度的降低，使井下工人劳动生产力得以提高，由此产生的2008、2009、2010年新增产值分别为：960、6400、10500万元；新增的产值扣除降温设备的用电费用，新增工人的收入、设备的维修费用，材料的消耗、设备的折旧费用后，新增利税分别为：655.65、5486.54、8636.64万元；新增利税加除税额，加上减少的井下工人高温医疗费、补助费以及设备损坏率的降低，年增收节支总额分别为：1455.65、6686.54、11436.64万元。特此证明。

应用单位（盖章）

2011年3月16日

说明：本表为应用证明，填写后作为附件证明材料一起报送。

成果推广应用客户证明之一

山东省科学技术奖

证书

为表彰山东省科学技术奖获得者，特颁发此证书。

项目名称：基于地面冷却散热的煤矿井下集中式水冷降温系统研究与开发

获奖等级：贰等

获 奖 者：煤炭工业济南设计研究院有限公司（第壹位）

类　　别：科技进步奖

2011年12月07日

证书号：JB2011-2-78-1

科技创新　成果转化　服务客户　贡献社会

成果实物照片

井下降温水冷机组

井下降温管道系统

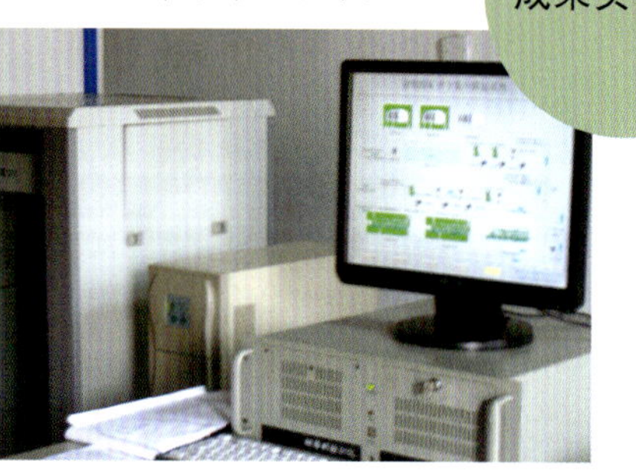

井下降温控制装置

地面散热设备

山东百川同创能源有限公司是以山东大学为技术依托，专业从事生物质能技术研发、装备制造、项目建设和投资运营的科技型高新技术企业，具有生物质能及环保专项施工资质。经过多年的发展，已形成“产、学、研”紧密结合的良好运行模式，在生物质热解气化供气/供热、MW级生物质气化发电、生物质燃气工业化利用、大中型沼气制备、生物质固体燃料制备等领域形成了自己的优势和特色。

作为国内生物质秸秆能源化处理利用的龙头企业，近六年来，行业市场占有率稳居首位。公司现为科技部城市集中式生物质燃气技术创新战略联盟单位以及山东省生物质能技术创新战略联盟副理事长单位，是中国生物质能开发中心理事、国家环保农业废弃物综合利用技术中心常务理事、中国农村能源行业协会常务理事、CERD专家咨询单位。

山东百川同创能源有限公司

规模化固定床生物质热解气化技术开发及其产业化

项目名称：规模化固定床生物质热解气化技术开发及其产业化

完成单位：山东大学、山东百川同创能源有限公司

获奖情况：2011年度山东省科技进步一等奖

完成人：董玉平　李剑峰　董磊　景元琢　闫永秀　强宁　郭飞强　李景东　张兆玲　刘艳涛　张通　刘桂才

该项目针对生物质预处理、清洁转化及终端利用三个核心环节，以高效清洁转化为目标，重点解决了现有生物质气化、净化等存在的技术能耗高、转化效率低、过程污染严重、核心装备缺乏等瓶颈难题，建立了生物质能产业化发展核心技术体系，主要创新点如下：①研究采用主动配风分层供氧技术，设计开发了滚动式连续排灰系统，集成研制出工业规模的下吸式固定床连续生物质气化技术装备。②以循环溶剂为工质，设计了重质焦油冷凝脱除和轻质焦油吸收清除技术工艺，开发出基于化学吸收的无污染生物质燃气净化技术系统。③研究了生物质燃气高效低氮燃烧利用技术，设计了基于梯级利用的能源供给系统，并集成建立了热电冷能源系统。经山东省科技厅鉴定，项目2项核心技术“生物质高效规模化热解气化”与“基于化学溶剂的无污染燃气净化”属国内首创，达到国际领先水平，目前已全部产业化推广。截至2010年底，项目技术已在全国13个省市示范应用，实现了200余万亩农作物秸秆的资源化、能源化利用。2008～2010年累计生产清洁燃气近12亿m^3，供热面积129万m^2，发电2000万kW·h，累计直接与间接经济效益共约8.56亿元，替代78.8万t标准煤，减排CO_2近204.88万t，经济、社会和环境效益显著。

连续生物质固定床气化炉

海城部队生物质气化燃气净化系统

连云港振兴花卉集团生物质气热联供项目

生物质直燃锅炉

山东天宝化工有限公司

董事长　蔡长存

山东天宝化工有限公司是国家定点从事民用爆破器材生产的企业，始建于1958年10月，1996年底由国有企业改制为股份制企业，被工信部和山东省工办纳为民爆行业发展重点扶持企业和民爆产品出口重点基地，先后被认定为山东省高新技术企业、山东省创新型（试点）企业，是山东省企业技术中心、山东省中西民爆器材合作研究中心、临沂市民爆新材料及设备自动化工程技术研究中心依托单位。

公司目前占地120万㎡，在职员工1 100余人，下设10余家全资子公司，总资产43 753万元，固定资产12 099万元，产品年许可生产能力工业炸药5万余t，索类火工品6 000万m，远销亚洲、非洲等十几个国家和地区。2011年10月，公司注册商标“天宝 Tianbao®”被山东省工商行政管理局认定为“山东省著名商标”。

公司始终以技术进步为研究重点，以开发新工艺、新技术、新产品为课题，通过对国内外新产品、新技术的吸收和创新，先后获得了山东省中小企业科技进步奖1项、临沂市科学技术进步奖3项，并被国家知识产权局授权实用新型专利8项。2011年公司在研的“安全环保型乳化炸药”列入火炬计划。

公司项目简介：

为完善一体化模式适应行业发展趋势，公司于2007年8月进行了露天型乳化炸药、多孔粒铵油炸药、重铵油炸药混装车和移动地面站及生产工艺的研究开发，其开发成果通过民爆行业组织的专家验收，各项技术指标均达到国内领先水平或国际先进水平。

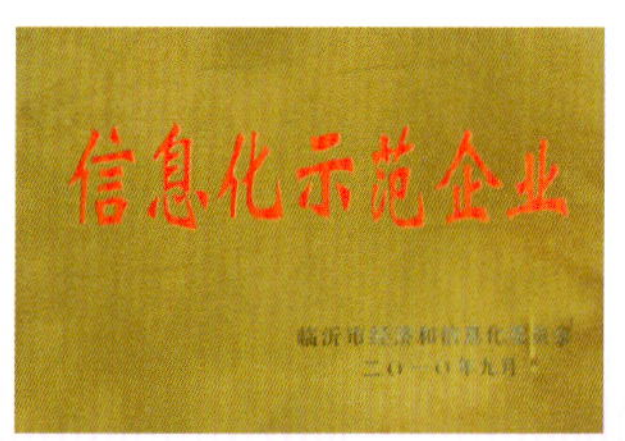

2010年9月份公司中标成为南山集团人工岛建设项目用现场混装炸药唯一供应商。该项目位于渤海龙口湾南部海域，是山东省唯一获准实施的区域建设用海规划、首个规模化集中集约用海蓝色经济突破区、国内在建的最大海上人工岛群，并获得国家海洋局批复获准实施。

公司成立龙口项目部建设现场混装工业炸药系统，于2011年1月10日建成投产。目前拥有乳胶基质制备站1套、多孔粒状铵油上料塔1套、混装车6台，年设计产能为19 000t，填补了山东民爆行业现场混装炸药系统用于矿山爆破的空白。

爆破作业船天宝006试航　　龙口项目部

临沂会宝岭铁矿有限公司

中国煤炭建设协会会长安和人为临沂会宝岭铁矿有限公司总经理周启昆颁奖

团结务实的领导班子

会宝岭铁矿采选工程项目是经国家发改委核准，山东省国资委批准由山东能源临矿集团投资建设的铁矿（采选）项目。铁矿位于苍山县尚岩镇，矿区查明资源储量为 1.73 亿 t，预测深部资源储量约 1 亿吨，平均品位 TFe31.48%，mFe18.77%，矿区面积约 4.23km^2。项目总投资 17.17 亿元，设计规模为年产铁矿石 300 万 t，精矿粉 75 万 t（品位 66%），是省内冶金行业第一个年产能达 300 万 t 的矿山项目，已于 2012 年 6 月 16 日实现联合试运转，计划 2014 年达产。

会宝岭铁矿自筹建以来，大力发展科技创新，依靠科技来扎实推进矿山建设。先后与高校、科研所、设计、施工等部门建立科研合作关系，同时成立专门的科技创新团队，完成了多项科研攻关项目。其中“极硬岩层掘进技术与工艺的开发应用”科研成果经山东省科技厅组织专家鉴定，达到国际先进水平，并在矿井建设应用中创下集团公司建井以来炮掘最高纪录；“主井溜破系统掘砌与地面井塔同时施工以提高工程进度的研究”“RTK 在矿山地形测绘中的应用”等科研项目的开展，为铁矿建设缩短了工期，节约了投资，取得了较好的经济效益和社会效益。2011 年会宝岭铁矿矿建一期工程，被评选为 2010 ～ 2011 年度全国煤炭行业优质工程，并被评为“太阳杯”工程。目前正在积极开展“急倾斜极硬岩层矿体绿色开采与安全高效采矿技术研究”等 9 项科研课题的研究。

行政办公楼

工业区鸟瞰图

生活区鸟瞰图

选矿厂车间内部

中细碎车间内部

国家糖工程技术研究中心

国家糖工程技术研究中心（以下简称“糖中心”）2007年4月经国家科技部批准、依托山东大学组建。2011年4月通过科技部验收并正式成立。“糖中心”通过研究开发糖的工业规模制备和利用技术、分析与评价技术，搭建一个以糖为主要研发对象的工程化技术研究平台，围绕糖类生物质资源产生能源和化工产品、新型糖及其衍生物药物的研发以及功能糖的研制及其在食品、饲料、农药等方面的应用，面向企业规模生产的实际需要，促进糖科研成果向生产力转化，提高现有糖科技成果的成熟性、配套性和工程化水平，并不断地研发具有高科技含量、高增值效益的糖产品。

“糖中心”目前拥有一支以千人计划、长江学者、国家杰出青年为学术带头人，涵盖糖生物学、糖化学、糖结构分析、药物筛选等研究领域的高水平人才队伍；拥有总值约6 000万元人民币的先进实验仪器设备；在合作单位山东省生物药物研究院、保龄宝生物股份有限公司、山东龙力生物科技股份有限公司、山东福田药业有限公司建有功能糖孵化器、发酵及分离中试、化学转化中试、微生物多糖发酵中试生产线以及生物炼制法生产纤维乙醇示范工程。

山东电力设备有限公司

山东电力设备有限公司是隶属于国家电网公司的大型国有企业，始建于1958年，主要生产10kV～1000kV交流变压器、换流变压器、配电变压器、并联电抗器、平波电抗器等电工电气产品，是中国大型输变电装备骨干生产企业。公司拥有省级企业技术中心和省级工程技术中心，被认定为高新技术企业，是中国电器工业协会变压器分会的副理事长单位。

公司变压器类产品年生产能力超过4 000万kVA。公司拥有完善的质保体系，先后通过了ISO9001质量体系认证、ISO14001环境体系认证、OHSMS18001职业健康安全管理体系认证，法国BV、英国劳式船级社、瑞士SGS等国际知名咨询机构的第三方审查。产品覆盖全国26个省市自治区，远销亚洲、非洲、美洲和欧洲等多个国家。

2011年9月研制成功的“DFP-400000/1000特高压升压变压器”

山东远大模具材料有限公司

电话：0534—5677205　传真：0534—5670808　邮箱：qiheyuanda@163.com　网址：http://www.sdydmjcl.com.cn

公司是研究开发和生产高端特种金属材料及其制品的专业化企业，具备精炼、锻造、热处理、机加工、组装、检验试验等全过程的生产设施和生产条件，年产高端特种金属材料及其制品1万余吨。目前，主要产品有：模具材料及成品模具、高速铁路用特殊金属材料及其制品、石油钻探用特殊金属材料及其制品、航空航天及其核电用特殊金属材料等，还可根据用户需求生产其他特种金属材料及其制品。公司拥有10余项发明专利，50%以上的产品具有独立知识产权，年产值2.4亿元。

公司拥有员工260余人，其中工程技术人员40余人，是山东省高新技术企业，拥有省级企业技术中心、省级工程技术研究中心和省级重点实验室，与中科院、铁科院、省科院共建和联建研究开发中心两个，与中科院、北钢院、铁科院、省科研、东北大学、山东大学、山东建大等十余所高等院校和科研院所具有长期合作关系。公司已通过质量管理体系认证、职业健康安全体系认证、环境管理体系认证，光谱仪、氮氢氧检测仪、超声波探伤仪及其它物理化学检验试验设备配置齐全，具有可靠的质量保证能力。

公司位于山东省齐河县经济开发区，占地200亩，交通便利，区位优势突出，欢迎各界朋友前来考察指导。

山东华芯半导体有限公司

华芯半导体公司（以下简称华芯）是中国领先的存储器芯片设计研发和高端集成电路芯片封装测试企业。公司总部位于济南，下设西安华芯半导体有限公司（存储器研发中心）、SoC研发中心、山东华芯微电子科技有限公司（封装测试事业部），并在硅谷、慕尼黑和香港设立合作研发中心。2009年5月，公司成功收购德国奇梦达中国研发中心，自主研制大容量动态随机存储器（DRAM）芯片并成功量产销售；2011年公司研发出USB3.0超高速存储控制SoC芯片；同年公司在济南建成高端集成电路封装测试生产线。华芯将持续加大研发创新力度，积极构建芯片设计、晶圆制造以及封装测试产业链，与中国集成电路产业共同成长。

高水平的研发团队和先进的设计平台

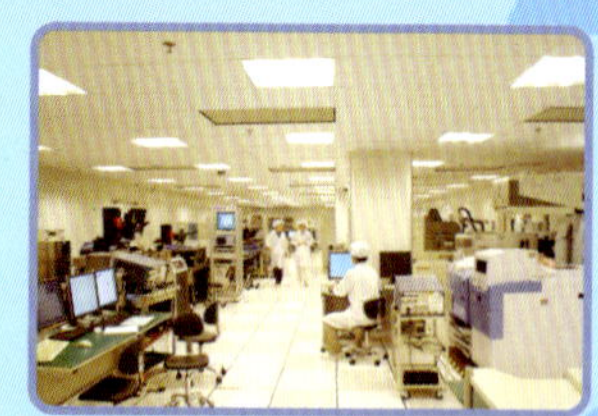

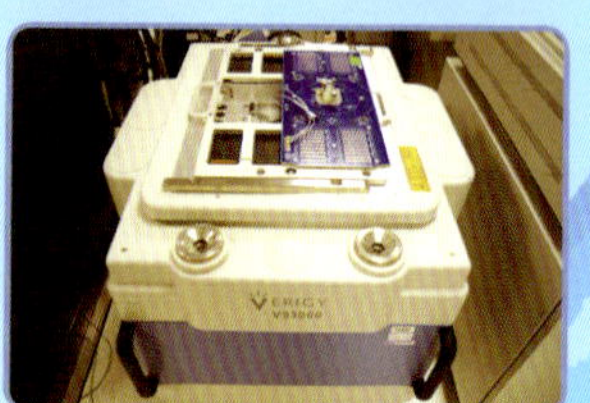

华芯拥有国内顶尖的集成电路研发设计团队，其中外籍专家5人，海归人员8人，拥有硕士学位及以上的技术人员超过150人，技术能力涵盖产品定义、数字设计、布局布线、芯片分析验证和方案设计等各个环节，是国内唯一拥有基于世界先进工艺进行存储器及存储控制芯片研发的创新团队，并拥有大量的自主知识产权。

公司具有极为丰富的存储器产品开发和量产经验，世界领先的产品开发流程和质量管理体系。拥有世界先进水平的分析测试实验室，设备包括HP，Advantest，MOSAID，IMS等高端测试设备，可提供硅片、芯片、模组及应用方案的验证测试，及完整的芯片分析、产品测试和验证服务。

世界先进水平的高端芯片封装测试生产线

华芯集成电路封装测试生产线是中国首条高端存储器封装测试生产线，也是国内领先、国际先进的集成电路封装生产线。生产线主要工艺技术为FBGA（Fine-pitch Ball Grid Array），即细间距球珊阵列封装工艺，并可向更先进封装工艺和测试技术发展。生产线提供面向大容量半导体存储器芯片和MCP、SiP等多功能芯片的封装测试服务。

封装车间

测试车间

国家重大专项引领存储器产业创新发展

2010年，华芯承担国家“核高基”重大专项——“高性能低功耗动态随机存储器产品研发”项目，在国家支持下加快国产DRAM芯片的研发和产业化。2011年，华芯再次承担“核高基”重大专项——“嵌入式存储器IP核开发机应用”，牵头承担863计划主题专项——“新型非易失存储器设计共性关键技术研究”项目。在工业和信息化部、科技部、国家发改委和财政部等部委支持下，华芯将致力于中国存储器芯片的创新研发和产业化，为中国集成电路产业发展壮大发挥重要作用。

公司大事记

2011 年度"中国芯"最佳市场表现奖

2010 年 4 月 22 日，国务院秘书长马凯视察华芯
2010 年 4 月 30 日，科技部副部长曹健林视察华芯
2010 年 10 月 21 日，工信部副部长杨学山视察华芯 DRAM 芯片重大成果
2011 年 3 月 7 日，科技部部长万钢在"十一五"重大科技成果展上视察华芯 DRAM 芯片重大成果
2011 年 12 月 16 日，中共山东省委副书记、省长姜大明，省委常委、副省长王军民，省委常委、济南市委书记焉荣竹，国家外国专家局副局长刘延国，济南市市长杨鲁豫共同启动华芯封装测试生产线
2012 年 1 月 31 日，中共山东省委书记姜异康，济南市委书记王敏视察华芯封装测试生产线

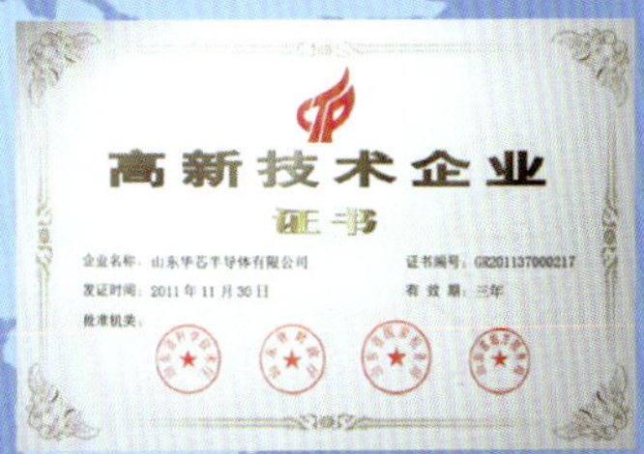

2012 高新技术企业证书

华芯产品：

1、中国自主创新 DRAM 芯片

DDR2：512Mb/1Gb/2 Gb

DDR3：1Gb/2Gb

华芯 DRAM 芯片具有大容量、高性能、低功耗等明显优势。产品已在下列领域和客户中取得大批量应用：

服务器及网络设备：浪潮、曙光、龙芯、Nokia-Siemens（欧洲）
计算机：浪潮、龙梦、北大众志、星网锐捷等。
平板电脑：富士康、蓝魔、熊猫、国微、佳得美、智器
智能高清电视：创维、海信
机顶盒：浪潮、陇华

2、华芯模组：

华芯内存模组具有速度快、功耗低、数据频宽高、信号完整性强、系统兼容性强等特点。

多样丰富的产品线满足不同客户需求。包括各种容量、速度的 U-DIMM、SO-DIMM、R-DIMM、Fully buffered-DIMM 等产品，并可为客户开发定制模组、高级系统调优服务。

3、USB3.0 超高速存取控制芯片

USB3.0 接口技术已经在 IT 业界广泛推广，传输速度较 USB2.0 提升了 10 倍，将成为与 USB 接口相关产品的应用主流，带给用户更好的使用体验。

华芯于 2011 年成功研发出国内第一款支持 UASP 和 60 位 ECC 纠错功能的 USB3.0 主控芯片，将 USB3.0 的性能提升了 20%，同时提高了 Flash 的访问速度。华芯 USB3.0 主控芯片同时支持 USB3.0/2.0 接口，并且整合了 3.3V 和 1.2V 电源输出解决方案，优化了后续的应用开发，采用了创新的动态面、块、页三维地址映射和延长 Flash 寿命的磨损均匀算法。USB3.0 主控芯片广泛应用于大容量 U 盘、安全 U 盘及各种移动终端超高速数据传输接口。

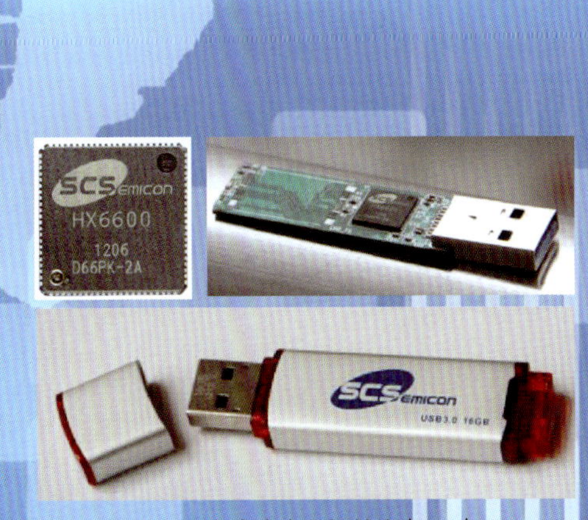

USB3.0 超高速存取控制芯片 +U 盘

公司地址：济南市高新区新泺大街 1768 号 齐鲁软件园大厦 B 座（信息通信技术研究院） A414
邮编：250101

公司生产基地地址：济南市高新区孙村镇科航路 2877 号
邮编：250104
电话：0531-86133323

西安公司地址：西安市高新 6 路 38 号腾飞创新中心 A 座 4 层
邮编：710075
电话：029-88318000
邮箱：scs@scsemicon.com

国务委员刘延东出席金融信息量子通信验证网开通仪式

中国科学院院长白春礼，省委副书记省长姜大明莅临公司参观指导

山东量子科学技术研究院有限公司

山东量子科学技术研究院有限公司于2010年3月成立，主要致力于量子通信的成果转化和产业化工作。公司的成立是山东省政府与中国科学技术大学战略性合作的重要体现，也是全面推动量子通信技术产业化重要、务实的一步。

公司总经理由赵勇博士担任，国际知名学者——中国科学技术大学潘建伟院士任公司首席科学顾问，中国科学技术大学合肥微尺度物质科学国家实验室作为公司理论及实验技术研究的后援。赵勇博士毕业于德国海德堡大学，入选山东省“万人计划”，并被授予“泰山学者海外特聘专家”荣誉称号，是潘建伟院士团队的核心成员。潘建伟教授于2011年当选中国科学院院士，是目前我国最年轻的院士。潘建伟院士团队在量子通信领域处于国际领先地位，代表了目前国内量子信息和量子通信领域研究的最高水平。

公司研发团队的主要成员由海外归国博士、211工程以上高校博士、原国内知名IT企业资深工程师等组成，具有丰富的软硬件开发经验和较强的系统集成能力，于2011年评选为“济南市优秀创新团队”，并通过双软企业认证。

公司正在承担国家863计划主题项目1项、山东省自主创新成果转化重大专项2项，正在承建山东省重大科技创新平台——山东量子技术研发公共平台和山东省首批战略性新兴产业项目——济南量子通信试验网。2011年底，山东量子科学技术研究院有限公司、中科院量子技术与应用研究中心一起建设了新华社“金融信息量子通信验证网”。作为国际上首个金融信息领域的量子通信验证网络，该网络的建成也意味着我国在量子通信技术的应用研究方面继续保持着国际领先优势。

济南量子通信试验网集控中心

济南量子通信试验网高新区集控站

产品—高速量子通信终端机

产品—量子网关

产品—SIR D-100单光子探测器

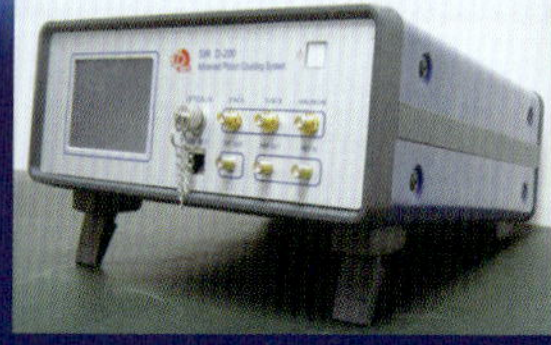
产品—SIR D-200单光子探测

淄博高新技术创业服务中心

宋健

淄博高新技术创业服务中心是淄博高新区管委会设立的为中小科技企业提供创业服务的科技服务机构，是科技部认定的国家级创业中心，是科技部表彰的国家火炬计划实施二十周年先进服务机构。淄博创业中心以促进科技成果转化、扶持中小科技企业成长、培养科技企业家为已任，以“博学、创新、宽容、奉献”为创业文化，不断营造优良的创业环境，实施优惠的扶持政策，提供优质的全程服务，培育优秀的科技企业。

淄博高新区全力实施“六五三五”创新和发展赶超工程，相继规划建设了由淄博创业中心统一管理服务的集研发、集聚、孵化、产业化示范、辐射于一体的先进陶瓷、生物医药、精细化工和高分子材料、电子信息、先进制造、新能源六大特色产业创新园，并在相应的创新园内建设了六大公共技术服务平台，推动了与高校共建研究院、工程技术研究中心、院士工作站、产业技术创新联盟四类行业创新平台的建设。

淄博创业中心正在由综合孵化器发展成为专业孵化器＋加速器，已成为高新技术成果转化、高层次人才创业、高成长企业培育和高新技术企业发展的“四高”基地。

这里是——创业的沃土、成功的家园；

在这里——实现理想、成就事业。

地址：淄博高新区政通路 135 号　电话：0533-3583090 3580205　传真：0533-3580205
网址：www.ziboibi.com　E-mail:zbcyzx@sina.com　邮编：255086

山东圣丰种业科技有限公司

山东圣丰种业成立于2004年9月，前身为2001年9月创办的东丰农科所，是以大豆、棉花、小麦、花生种子为主导产业的国家重点高新技术企业，获农业部“育繁推一体化”认定，属国家一级资质，有效区域全国，并获农业部转基因种子生产、经营许可证。企业下设科研中心、生产中心、营销中心等五大中心和北京、黑龙江、新疆、济宁等四家子公司。公司总部坐落于曾子故里嘉祥，隶属孔孟之乡济宁市管辖。

公司依托国家大豆改良中心成立了圣丰院士工作站（中国豆种唯一），与盖钧镒院士为首席专家的科研团队进行了紧密合作，共同推进我国大豆产业发展，并设立院士工作站专家顾问委员会为公司高层咨询机构，成为产学研推进种业创新的典范。

公司与广东农科院作物研究所、山东省花生研究所联合开展花生A基因组野生种“A.duranensis”全基因组测序工作。并聘请国际半干旱研究所Rajeev先生为我公司“国际花生A基因测序课题组”客座研究员，Rajeev Kumar Varshney是国际半干旱热带作物研究所（International Crops Research Institute for the Semi-Arid Tropics ICRISAT）基因组学首席科学家。在国内第一个开创了企业开展花生A基因组野生种“A.duranensis”全基因组测序工作的先例，将标志着公司在花生相关研究走在了花生行业的最前列，将在国际豆科和花生界产生重大影响。

圣丰科研中心占地约1 060亩，建有实验楼、种质资源库等基础设施近万平米，设有分子、抗性等7个完善的育种实验室，各类实验仪器完备，并有小区播种机、康拜因等田间育种机械，并在全国范围内实施开展“24423育种工程”。“24423育种工程”即为两大育种中心、四大育种站、四大联合育种实验室及23个区试点，分别是黄淮海育种中心、东北育种中心，北京通州区育种站、新疆库尔勒育种站、海南三亚育种站、安徽濉溪育种站，山农大小麦联合实验室、山农大花生联合实验室、华南农大大豆联合实验室、广东农科院花生联合实验室等。“24423育种工程”构建了覆盖全国的科研育种网络，为圣丰提供了坚实的科研支持。

公司科研中心下设大豆、棉花、花生、小麦4个育种部，辖有圣丰农科院、嘉星农科院两个农科院，自有科研团队150人，拥有研究员、教授、硕博士等高级专业技术人员57人，另聘请了40余位著名育种、栽培专家为技术顾问，拥有种质资源近万个，目前已育成自主知识产权大豆、棉花、小麦、花生等国审、省审新品种共11个，另有30余个品种参加国家、省区域试验和生产试验，先后承担多项发改委、农业部、科技部等国家级项目和重大课题及省市科技攻关项目。

公司按照“四级种子生产体系”要求，大力发展自营原种繁育农场，截至2011年末已在山东嘉祥等地流转土地5万余亩，另拥有长期合作的订单良种繁育基地27余万亩，并组建了圣丰、花小宝两个农民专业合作社。公司分布在山东嘉祥、黑龙江五大连池、新疆库尔勒、青岛平度等地的种子加工、仓储设施总建筑面积逾15万m²，拥有12条现代化的成套种子加工流水线。公司多次通过GB/TIS09001质量管理体系认证，GB/TIS014001环境管理体系认证，GB/TOHSMS18001职业安全健康管理体系认证，建有完善的种子质量检验体系，种子质量历次抽检均达标。

圣丰牌种子畅销全国19个省市区，在全国发展有2 000余个经销商及7 000余个终端服务点。在良种推广过程中，圣丰围绕“良种良法配套”“农机农艺融合”，配有专门的技术服务部门和团队，综合运用品种示范、农技培训、信息服务平台、全国免费技术服务电话、短信平台、经销商服务车队等服务措施，为农户提供直达田间地头的农技服务，打造“丰收汇”服务品牌，保障良种增产，促进农民增效。

圣丰豆种销量连续多年在全国遥遥领先（据中国种子协会统计），棉种、花生、大豆种销量居山东省第一名。公司获得70余个注册商标，“圣丰”品牌荣膺“中国驰名商标”（中国油料作物唯一）、“山东省著名商标”，并获马德里国际商标局注册。圣丰旗下豆种、棉种、花生种、小麦种均为“山东名牌”产品，并获评科技部“技术创新金桥奖”。

公司先后荣获山东省农业产业化重点龙头企业、农业部中国农技推广协会副会长单位及油料作物分会会长单位、生物技术进展理事会副理事长单位、中国农技协大豆委员会副理事长单位、中国老科协农业分会副会长单位、国家标准化良好行为企业、省级守合同重信用企业、省级消费者满意单位、山东种业骨干企业、山东最具发展潜力民营企业等多项资质及荣誉称号，是世界大豆研究大会战略合作伙伴。2012年获得济宁市科技最高奖和济宁市优秀创新科研团队称号。

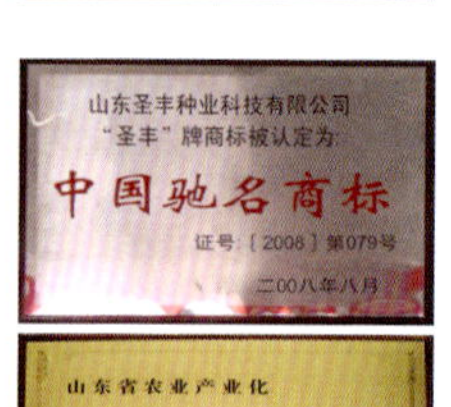
山东圣丰种业科技有限公司
“圣丰”牌商标被认定为：
中国驰名商标
证号：[2008]第079号
二〇〇八年八月

山东省农业产业化
重点龙头企业

高新技术企业
证书

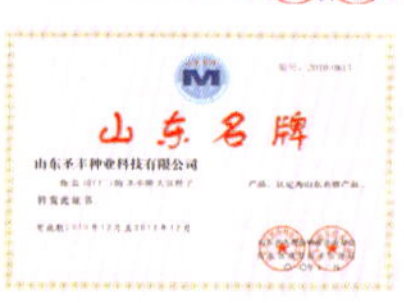
山东名牌

山东名牌

国家火炬计划
重点高新技术企业
证书

2004年3月山东省副省长王军民、（时任）济宁市委书记贾万志来公司视察工作

2008年9月德国棉花专家赫尔曼先生（右一）视察指导科技园棉花长势情况。

科技部副部长张来武莅临圣丰考察指导工作

2009年8月11日，山东圣丰种业科技有限公司作为钻石级赞助商参加了第八届世界大豆研究大会，圣丰旗下的大豆种子受到世界顶尖的大豆研究专家的一致好评。

2010年8月25日—27日，由农业部全国农技推广中心主办，省种子管理总站和山东圣丰种业承办的“国家棉花品种试验培训会议”在山东省嘉祥县成功举办。

2010年10月4日，省农业厅战树毅厅长一行，在济宁市人民政府韩军副市长陪同下，到圣丰科技园区的育种站指导、考察工作，并给予高度评价。

2012年2月2日，农民日报社与圣丰集团战略合作签字仪式在京举行，双方强强联合，共同致力于种业科技创新，做大做强我国种业，推动现代农业健康发展。农民日报社党委书记、社长唐园结与圣丰集团公司董事长王书平在仪式上致辞，并代表合作双方在协议书上签字。

盖钧镒院士在圣丰院士工作站田间指导技术人员工作

山东圣丰种业科技院士工作站成立

聘请国际半干旱研究所Rajeev先生为我公司“国际花生A基因测序课题组”客座研究员

农业部副部长宋树友到圣丰考察指导工作

金钟衡器生产基地

济南金钟电子衡器股份有限公司

济南金钟电子衡器股份有限公司是山东省高新技术企业。企业设有省级企业技术开发中心和山东省工业智能衡器工程技术研究中心两个独立的研究机构，主要研究创新内容为衡器产品的智能化、数字化、网络化和物联化。其主导产品为“金钟牌”电子衡器、称重传感器、称重显示控制器以及基于称重技术的系统集成和软件开发等，企业从产品种类、技术水平和生产能力及规模均居行业领先地位。企业已通过 ISO9001 质量管理体系、ISO14001 环境管理体系、ISO18001 职业健康安全管理体系以及 ISO10012 计量确认管理体系认证工作。设立了全国衡器标准化技术委员会秘书处，负责全国衡器技术标准制修订的组织和管理工作。

金钟衡器研发中心

兖煤菏泽能化有限公司总经理王用杰，兖煤菏泽能化有限公司党委书记朱永淮在井下检查工作

兖煤菏泽能化有限公司副总经理、赵楼煤矿矿长李峰

兖煤菏泽能化有限公司赵楼煤矿

协管撑起安全半边天，赵楼煤矿许凤霞

兖煤菏泽能化有限公司赵楼煤矿位于著名的水浒文化发源地山东省郓城县境内，是兖矿集团在巨野煤田开发建设的第一对现代化煤矿。矿井北临日兰高速公路，南靠新兖铁路，西依京九大动脉，东邻京杭大运河，地理位置优越，交通便利。

赵楼矿年设计能力300万t，服务年限60.1年，主采煤层煤质为低灰、低硫、低磷、高挥发分、高发热量1/3焦煤。2005年1月开工建设。针对矿井大埋深、高地热特点，井下安装了降温制冷系统，科学设计通风和排水设施，解决了建设过程中遇到的高温、高地压、涌水量大等难题。2009年3月28日矿井实现联合试运转，2009年底具备正式投产的各项条件。

2011年，赵楼矿围绕“达产达效”和“03172526”

精益求精赵楼煤矿王庆波

制冷系统

制冷系统

赵楼煤矿选煤厂全景

整装待发的井下设备

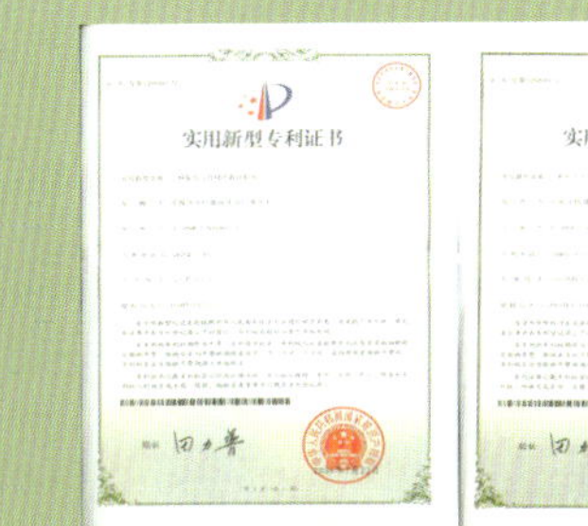
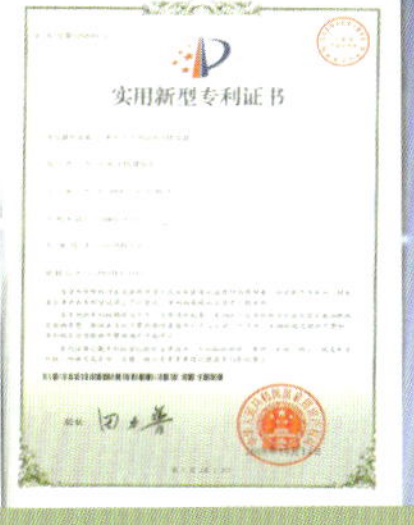

一种矿井回风余热回收装置

山东省富民兴鲁劳动奖状

兖矿集团文明单位奖牌

的目标，充分发挥党委政治核心、党支部战斗堡垒和党员先锋模范作用，扎实推进“双创三争”创先争优活动，全力打好“开拓接续、采煤生产、成本控制、压煤搬迁、节能减排”五大硬仗。从安全管理、生产组织、党的建设、队伍建设、经营管理等方面入手，加强干部职工队伍教育培训，不断深化“三位一体和手指口述”安全确认制度落实，科学组织原煤生产，高效推进掘进工程，健全完善安全避险“六大系统”，着力提高矿井防灾抗灾能力。严格生产成本控制，细化精细化管理，不断增强经济运行质量，全面提升矿井集约化、规范化、专业化水平。1～11 月累计生产原煤 272 万多 t，掘进进尺 14 580m。

该矿积极开展技术攻关和科研创新，先后获得省部级科技成果奖 12 项，集团公司级 20 项。其中“高地温、高地压、大埋深大型矿井安全快速建设关键技术”荣获山东省科技进步二等奖、中国煤炭工业科学技术二等奖；“赵楼矿井深厚表土冻结法凿井井筒安全施工监测监控技术研究”获山东煤炭科技进步一等奖。质量 / 环境 / 职业健康安全管理体系通过中质协认证。矿井通过省级瓦斯治理示范矿井验收，被评为一级安全质量标准化矿井、安全程度评估 A 级矿井。2012 年，赵楼矿作为兖矿集团发展中的新投产矿井，将发挥后发竞争优势，凝聚全体干部职工的整体合力，加快推进科学发展、和谐发展，推动整体工作迈上新台阶、实现新跨越。

制冷系统

制冷系统

井下集中制冷降温系统

以技术创新为引擎，提升核心竞争力

青岛啤酒股份有限公司

啤酒生物发酵工程国家重点实验室主任　董建军

公司发展概述

青岛啤酒创设于1903年，是中国最早的啤酒企业，也是中国最具价值与影响力的啤酒品牌。百余年来，青岛啤酒形成了自己独特的工艺与醇厚的口味。可靠的质量、卓越的品质，使青岛啤酒屡获殊荣，目前品牌价值502.58亿元，居中国啤酒行业首位，产品畅销全世界70多个国家和地区，为世界第六大啤酒厂商。近年来，青岛啤酒尽掀购并、整合、国际合作等变革浪潮，并一次次将啤酒酿造技术推进到一个新水平。截至2011年底，青岛啤酒在全国18个省市、自治区共有56家啤酒生产企业和2家麦芽厂。2011年青啤公司全年销售收入和净利润创历史新高，继续位居中国啤酒行业盈利能力排名第一名。

公司于1994年创设了啤酒行业第一家啤酒研究机构——青岛啤酒科研开发中心，1996年被认定为中国啤酒行业首家国家级企业技术中心。2000年，中国啤酒行业第一个博士后科研工作站落户于此；2005年，通过了中国实验室国家认可委（CNAS）认可。2009年10月，被认定为高新技术企业。2010年12月，“啤酒生物发酵工程”国家重点实验室通过科技部批准，为啤酒行业唯一的国家重点实验室。

青岛啤酒重视创新，强化投入。研发中心建设与运行费用列入公司年度预算，每年科技活动经费占主营业务收入的3%以上。目前拥有一座建筑面积10 000多m^2的现代化研发中心大楼和价值4 000余万元的仪器和设备，等离子体发射光谱质谱联用仪、电子自旋共振波谱仪、蛋白质层析系统、荧光定量PCR、基因芯片检测系统等仪器设备为行业仅存。研究开发条件居行业领先地位，为企业和行业的技术创新、科研开发奠定了坚实的基础。

团结的科研创新团队

公司研究开发人员400余人，其中国务院特殊津贴专家5人，山东省有突出贡献中青年专家3人，泰山学者特聘专家1人，青岛专业技术拔尖人才2人，应用研究员7人，博士11人，硕士34人，研究人员的学历、职称、年龄、知识结构合理，研发能力强、综合素质高，具有承担国家重

国家、省、市科技进步奖证书

实验室副主任尹花（左六）带领研发团队参加973项目中期回顾会议

2011年7月9日，召开国家重点实验室第一届学术委员会（前排中为管华诗院士）

大科研课题和参与国际竞争的能力。

国际化的发展战略让青岛啤酒立足中国，面向世界，走国际化的合作创新之路。和国内外著名研究机构建立了长期、稳定和密切的合作交流关系，形成了资源共享和优势互补，促进了多学科的融合和交叉，为啤酒生物发酵的研究提供了新的力量。和国际知名的英国国际酿造研究院、加拿大谷物学院、法国酿造研究院、德国哈特巴斯酒花公司开展多方面的合作。与江南大学建立了啤酒联合研究所，与中国科学院微生物研究所建立了啤酒酵母研究联合实验室，与浙江大学、深圳华大基因研究院、天津科技大学、中国海洋大学等开展多个研究课题的合作研究。

领先的自主技术研发能力

9项国家级重点技术创新项目，2项“十一五”国家科技支撑计划项目，1项963国家科技计划项目，2项973国家科技计划项目，200多项省市级科研项目，众多拥有自主知识产权的研发成果。

获国家科技进步二等奖2次，15次获省部级科技进步奖，7次获得青岛市科技进步奖，2项产品被列入国家新产品试制计划；400余篇专业论文刊行国内外学术期刊，授权发明专利9项，申请发明专利19项。取得的成果缩短了中国啤酒业与国际领先水平的差距，产生了重大的经济效益和良好的社会影响。

青岛啤酒以啤酒生物发酵工程国家重点实验室为依托，以啤酒生物发酵领域的“应用基础研究基地、人才培养基地和学术交流基地”作为发展目标，针对啤酒行业发展中亟需解决的科技创新和技术转化的重大科技问题，通过集中攻克一批对啤酒产业技术升级、产业结构调整有重大带动作用，对上下游产业有显著促进作用的关键和共性技术，促进我国啤酒发酵工程技术达到国际先进水平，全面提升我国生物发酵工业的国际竞争力。

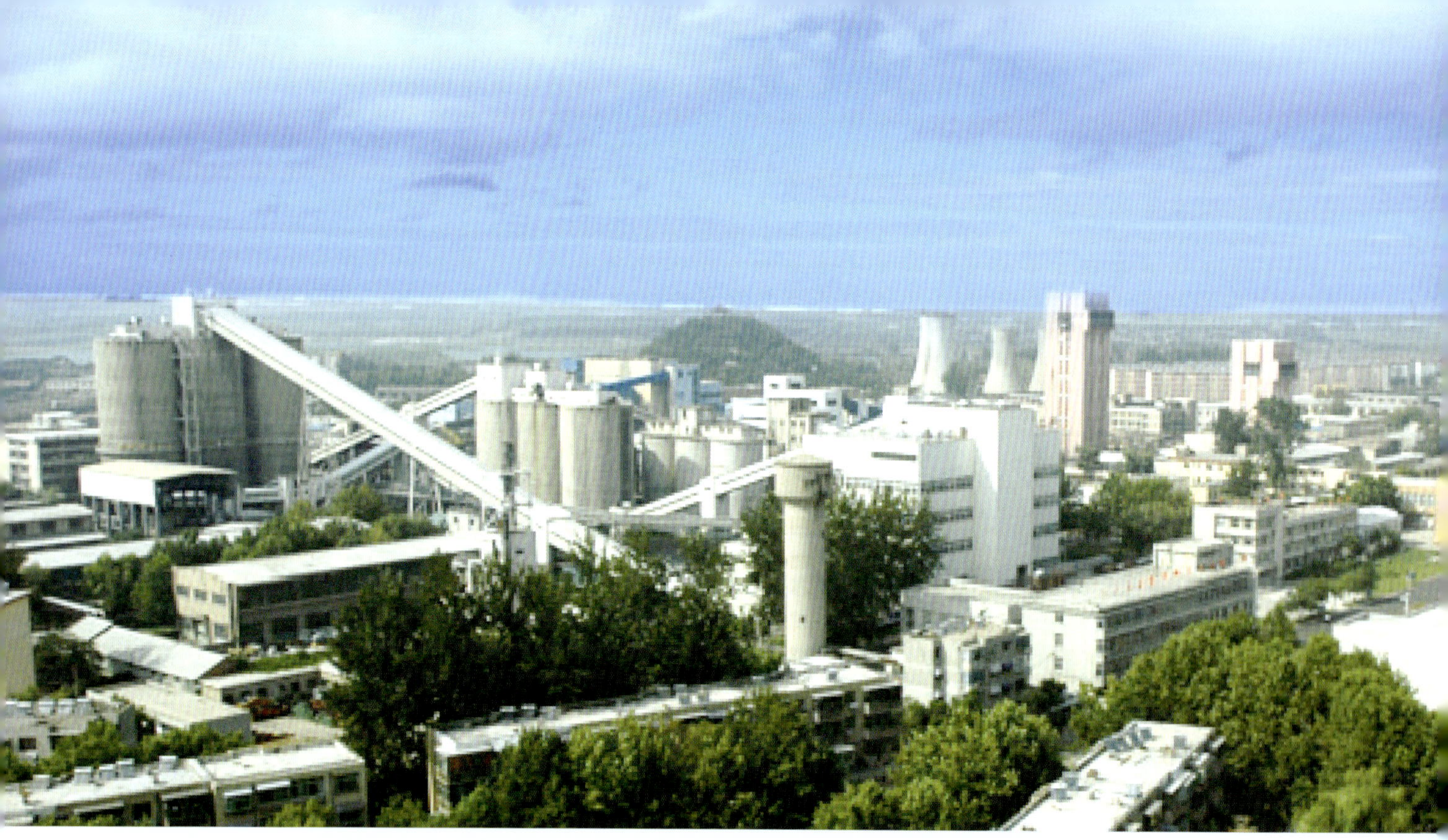

兖州煤业股份有限公司兴隆庄煤矿

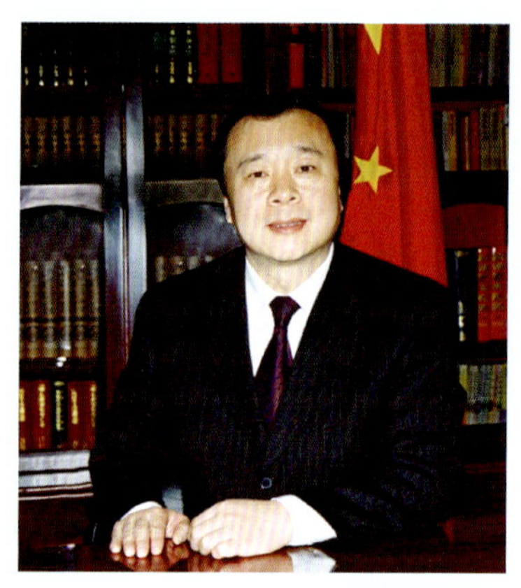

兴隆庄煤矿矿长　李佃平

兴隆庄煤矿是我国“六五”期间自行设计和建设的第一座大型现代化矿井，1981 年 12 月 21 日正式投产，原设计年生产能力 300 万 t，经过 30 年的科技创新，系统升级，现核定年生产能力 660 万 t，采掘机械化程度达到 100%，矿井配套建设一座核定年入洗能力 600 万 t 高产高效综放工作面的大型选煤厂。

矿井位于兖州市城南偏东约 8km 处，京沪高铁，京沪，兖石和兖新铁路贯穿其中，公路北临日东高速和 327 国道，东临京沪、京福高速和 104 国道，形成极其便利的交通运输网络。煤炭产品低灰、低磷、高发热量，是良好的动力用煤和炼焦配煤。精煤荣获国家煤质最高奖——银质奖，国优产品和中国煤炭知名出口品牌称号。

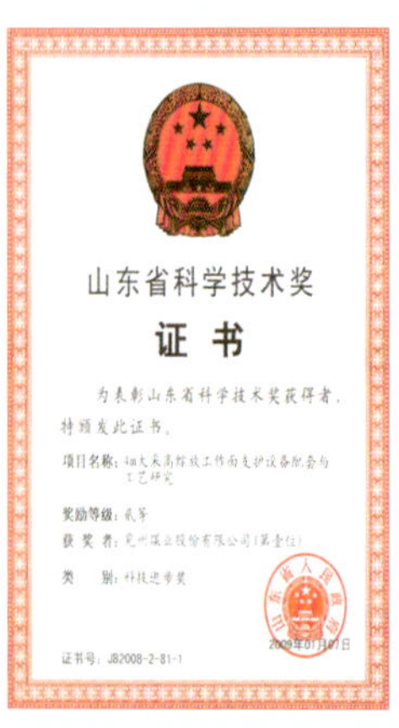

山东省科学技术奖
证书
为表彰山东省科学技术奖获得者，特颁发此证书。

4M 大采高综放工作面支护配套设备与工艺研究

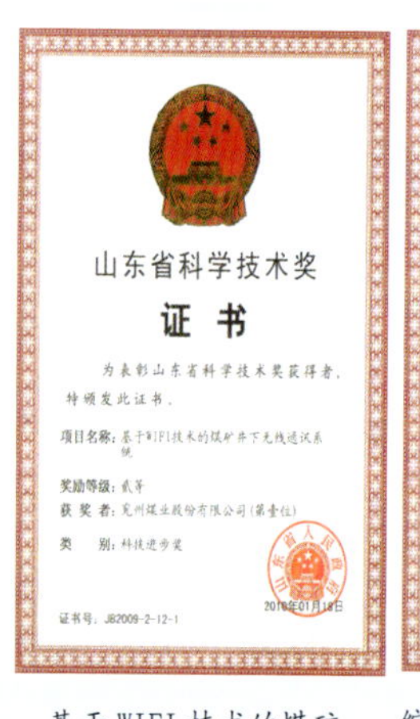

山东省科学技术奖
证书
为表彰山东省科学技术奖获得者，特颁发此证书。

基于 WIFI 技术的煤矿井下无线通讯系统

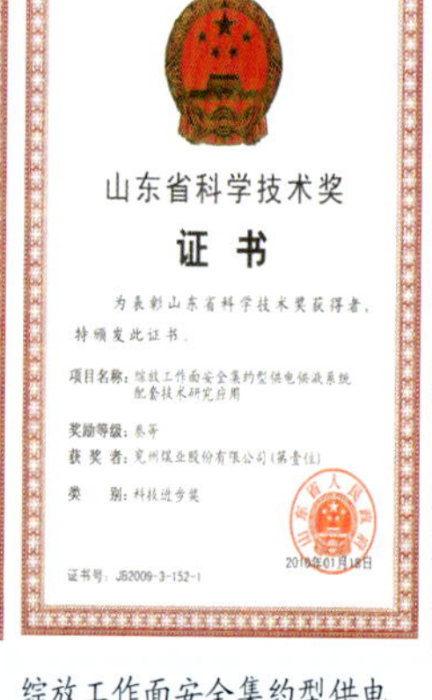

山东省科学技术奖
证书
为表彰山东省科学技术奖获得者，特颁发此证书。

综放工作面安全集约型供电供液系统配套技术研究应用

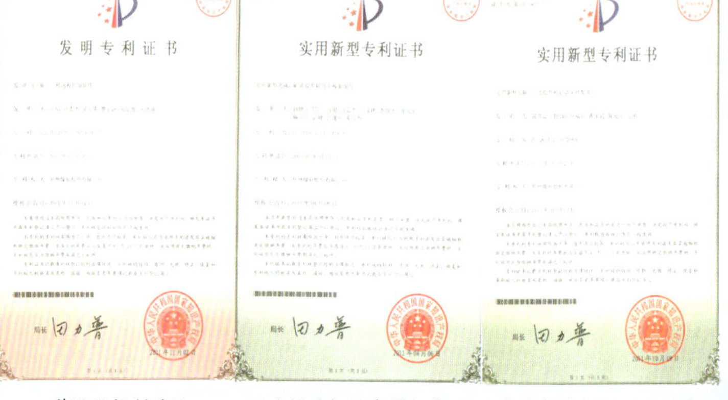

发明专利证书

一种远程控制系统

实用新型专利证书

矿井提升机仿真模拟装置

实用新型专利证书

斗式提升机自动采样装置

矿区全貌

全国五一劳动奖状

中华全国总工会

51劳动奖状

第五届安全生产科技成果奖

证书

为表彰在促进安全生产科学技术进步工作中做出突出贡献的单位，特颁发此证书。

兴隆鼎安全文化体系研究

第五届安全生产科技成果奖

证书

为表彰在促进安全生产科学技术进步工作中做出突出贡献的单位，特颁发此证书。

采区三维地震资料精细构造解释及煤厚预测技术研究

第五届安全生产科技成果奖

证书

为表彰在促进安全生产科学技术进步工作中做出突出贡献的单位，特颁发此证书。

综放工作面表面活性剂的降尘工艺及其应用技术研究

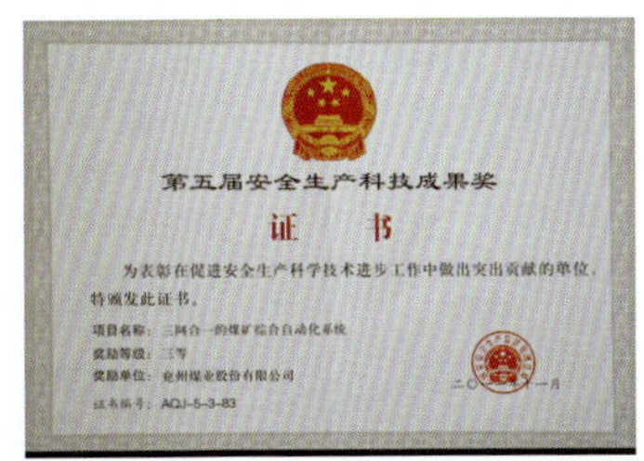

第五届安全生产科技成果奖

证书

为表彰在促进安全生产科学技术进步工作中做出突出贡献的单位，特颁发此证书。

三网合一的煤矿综合自动化系统

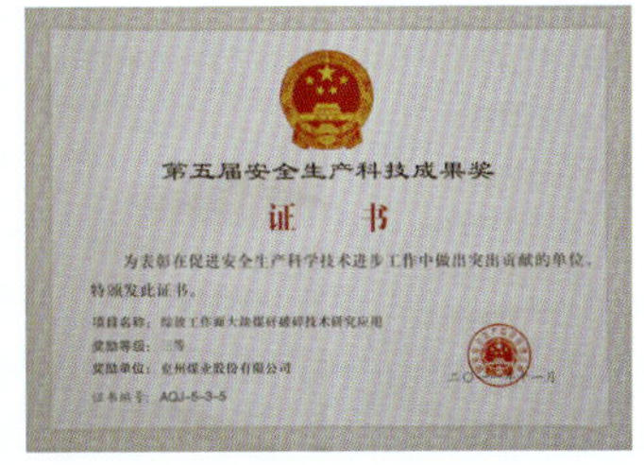

第五届安全生产科技成果奖

证书

为表彰在促进安全生产科学技术进步工作中做出突出贡献的单位，特颁发此证书。

综放工作面大块煤矸破碎技术研究应用

矿井以企业改革为动力，以效益为中心，以科技进步为依托，以创建“中国第一、世界一流”高效洁净矿井为主攻方向，坚持走“大规模、低成本、高效益和品牌制胜”发展之路，吸收借鉴国内外煤矿先进管理经验和技术装备，大力实施科技、文化、制度、管理创新，推动了矿井安全周期持续延长、煤炭产量稳产高效、经济效益持续增长。截至2011年底，矿井实现连续安全生产十周年，创出全国同类矿井安全最好水平；累计生产原煤1.41亿t，上缴税金55亿多元，经济效益连续八年位于全国同类煤炭行业榜首，为中国煤炭工业的振兴和地方经济的繁荣发展做出了卓越的贡献。

兴隆庄煤矿党委书记　梁树臻

兴隆庄煤矿在全行业率先通过质量保证、环境管理、职业健康安全管理和测量管理体系的认证，企业管理精细规范。矿井连续13年被评为全国特级安全高效矿井，连续9年获得山东省安全程度评估A级矿井，荣获中国矿井排头兵、全国文明单位、全国“五一”劳动奖状、国家级安全质量标准化煤矿、首批国家级绿色矿山、全国煤炭工业质量奖、中国煤炭工业科技创新示范矿等180多项国家级和省部级荣誉。

矿区一景

600万t高产高效综放工作面

淄博供电公司

2008年，淄博供电公司在全面总结输变电设备检修已取得的经验和科研工作所取得的成果基础上，会同山东电力集团公司提出并完成了“基于可靠性的状态检修研究与应用”课题，课题全面总结了国家电网公司系统各单位多年来在状态检修方面的实践经验，系统地提出并建立了状态检修管理体系、技术体系和执行体系及其内涵，制定了完整的管理和技术方面的规定、规程、导则等，首次规范了国家电网公司系统输变电设备状态检修维护策略，保证了状态检修工作的规范有效开展。2011年，该课题荣获山东省科技进步一等奖。课题主要创新点及相关技术内容：

1、结合国情，拓展了状态检修的内涵，将状态检修提升到电网设备检修管理策略高度。2、提出了一系列输变电设备试验、诊断、评价的方法和标准。3、提出了大型电力系统和输变电设备的风险评估模型和算法。4、提出并构建了输变电设备状态检修实施体系。结合山东电网特点，细化管理、技术标准体系，研究制定了《山东电网状态检修总体目标和规划》等20余项实施标准。5、研制了流程清晰、实用的辅助决策系统和基于RCM的输变电设备风险分析系统。

2008年，淄博供电公司通过该课题进行了大量的状态检修研究和实践工作，高分通过了国家电网公司状态检修第一批试点验收。2009年，山东电网其余17个供电单位分批推广应用。2010年状态检修工作已在山东电网所属供电单位全面开展。

课题实施以来，山东电网可靠性指标得到较大提升，输变电设备故障率降低20%，有效降低了设备故障对环境和人身安全所产生的危害，最大程度减少了用户因停电所产生的损失，同时课题培养了大批科研和生产技术管理人才，产生了巨大的社会效益。

精益生产项目

精益生产是一种以最大限度地减少企业生产所占用的资源和降低企业管理及运营成本为主要目标的生产方式。

精益生产源于日本汽车行业，伴随着日本汽车产业的奇迹在全球企业界声名鹊起。精益生产是当前工业界最佳的一种生产组织体系和方式。

实施精益生产就是追求卓越的过程。精益生产的特点 是消除一切浪费，追求精益求精和不断改善。去掉生产环节中一切无用的东西，每个员工及其岗位的安排原则是必须增值，撤除一切不增值的岗位。

精益生产不单纯追求成本最低、质量最优，而是追求用户和企业都满意的质量、追求成本与质量的最佳配置、追求产品性能价格的最优比。

近几年来国家电网公司在推行二维对标和设备状态检修工作，其目的和意义在于引导各级电网企业开展精益生产的探索与实践，寻求服务水平与检修成本的最佳配置。通过生产管理的标准化、流程优化、持续改进来降低成本，提高供电可靠性，是落实国家电网公司“集团化运作、集约化发展、精细化管理、标准化建设”的重要举措。

该系统：

（1）构建了以输变电资产运行维护绩效管理为核心的供电企业精益生产方式。

通过资产绩效分析系统分析设备绩效数据，结合国家电网公司开展的二维对标，找到输变电运行维护中存在的问题。利用精益生产工具，对这些问题进行分析与改进，并将信息采集工作纳入流程，实现流程的标准化和信息采集的标准化，体现将精益深入到生产一线，全员参与的基本理念。再将改进后的流程固化到信息系统中，将理论应用到实际工作中，达到优化流程，降低成本，提高供电可靠性的目的。

（2）构建了以设备状态检修为核心的供电企业精益生产方式

通过设备状态检修辅助决策系统制定有效的检修策略，减少过剩检修造成的浪费与不足检修造成的损失，达到在保证电网可靠运行的前提下，成本最低的目标。

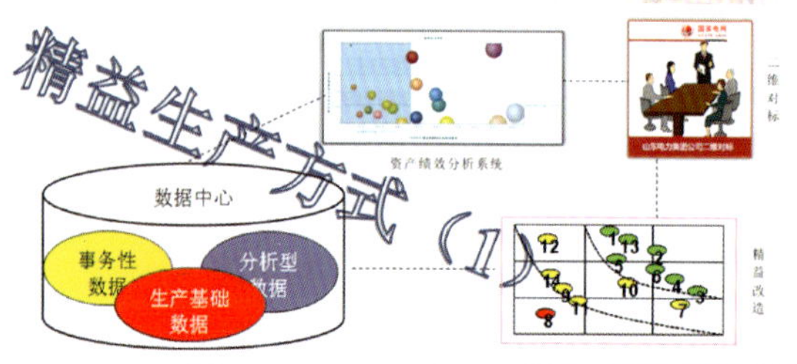

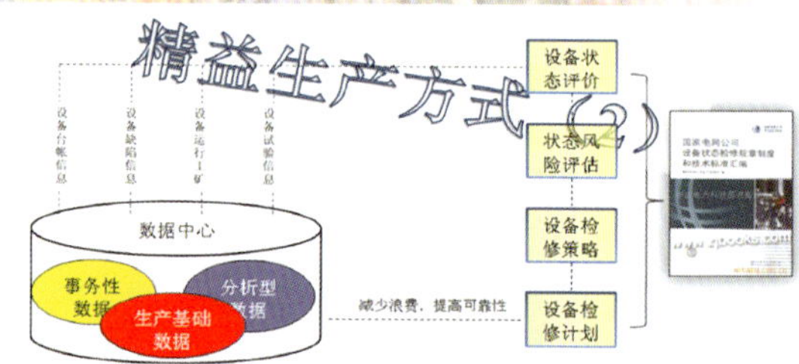

全国免费服务电话
800 860 9616

山东康洋电源有限公司座落于风景秀丽、交通便捷的山东省五莲县境内，是集电动车蓄电池、充电器、控制器，研发、生产和销售为一体的大型现代化企业。现已通过 ISO9001 ：2008、ISO14001 ：2004、GB/T28001-2001 三大国际管理体系认证、CE 出认证和山东省环保厅“清洁生产”验收，荣获“山东省著名商标”“山东省最具环境责任企业”等多项荣誉称号，被日照市科技局认定为“蓄电池工程技术研究中心”，被日照市经信委认定为“企业技术中心”。

公司始建于 2002 年，占地 400 余亩，现有职工 2 000 余人，各类工程技术人员 206 名。公司技术力量雄厚，拥有国内一流的工艺水平和先进的生产设备，已具备电动车蓄电池及极板 800 万套的年生产能力，系江北最大的电动车蓄电池生产基地。

公司强化产学研结合，致力于新产品开发，组建了一支技术过硬、经验丰富的科研队伍，与沈阳蓄电池研究所强强合作，成功研发生产了电动车纳米强劲型蓄电池、新能源电动汽车蓄电池、电动车动力锂电池和电动车新型智能控制器等新产品，产品投放市场后，备受业内专家的一致好评。截止目前，共获得国家专利 16 项，其中发明专利 2 项、实用新型专利 9 项、外观设计专利 5 项。

公司以诚信为立厂之本，执着品牌建设与提升，聘请著名笑星牛群先生作为康洋品牌的形象代言人，着力打造诚信、务实的“牛”文化，康洋品牌的知名度和美誉度已位居全国同行业的前列。

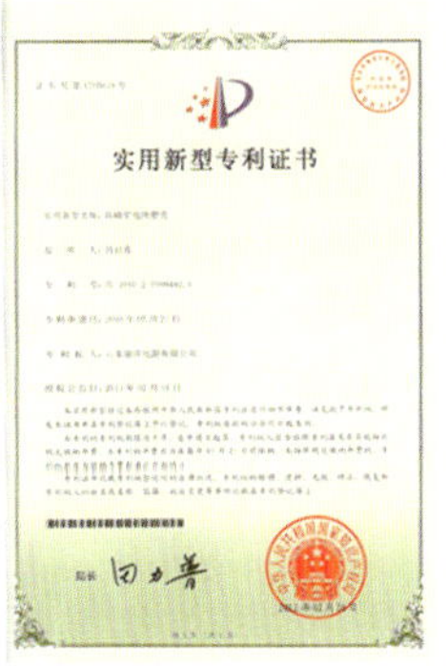

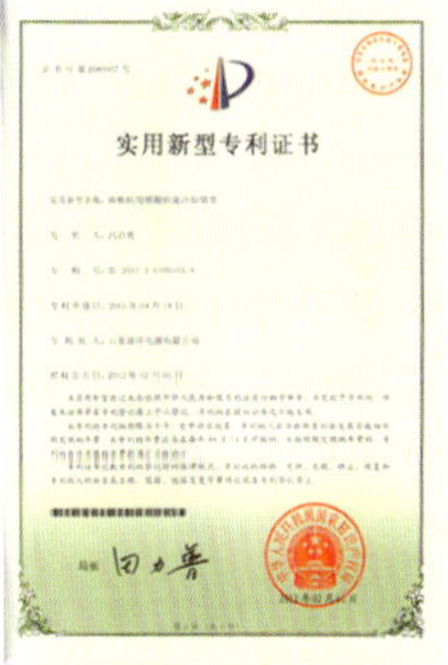

科技部重点示范项目“数字北川”

住建部国家示范项目“济南数字市政”指挥大厅

住建部仇保兴部长指导数字市政建设情况

山东泰华电讯有限责任公司

山东泰华电讯有限责任公司是专注于数字城市领域，尤其是城市基础设施数字化与智能化解决方案的专业供应商。公司成立于2002年，注册资本金4 675万元（2012年6月增资到9 000万元），员工360余人，其中研发团队占公司员工人数50%以上。是高新技术企业和国家火炬计划骨干企业。

公司主营业务：面向城市基础设施数字化和智能化领域，从事行业研究、咨询、设计、软硬件产品研发及整体解决方案。主要涵盖城管、国土、房产、供水、排水、水质监测、燃气、热力、防汛、城市照明、道桥、智能交通等领域。

公司注重技术创新，现拥有1个省级企业技术中心、2个省级工程技术研究中心、1个博士后流动站。公司已形成专利及软件著作权近60项，先后承担国家、部委及省市项目50多项，已有系列成果被列为国家火炬计划项目；获得国家重点新产品、中国软件和信息服务最佳产品、山东省名牌产品、山东省优秀节能成果等荣誉称号。

公司业务以山东为中心，已开始辐射全国多个省区，凭借其核心竞争优势，已在城市基础设施信息化应用领域，尤其在城市基础设施的资源管理、安全与预警管理、公共服务与品质管理及运营节能管理数字化和智能化方面确立了领先地位。泰华承担的科技部重点示范项目“数字北川”、住建部国家示范项目“济南数字市政”及“济南市城市照明单灯控制项目”在业内有着重要的影响和示范作用。

公司注重行业标准的制定并推动行业的发展，参与“新型城市照明系统”“城市照明节能评价标准”的起草，作为住建部中国城科会数字市政学组副组长单位，将于2012年6月与住建部联合发布“2011年中国数字市政发展报告”。

董事长马述杰是住建部数字城市专家组成员和山东省智慧城市专家组成员，连续多年被评为“山东省优秀软件企业领军人物”，2010年被中国软件行业协会评为“2009～2010年度中国软件行业十大领军人物”，2011年先后荣获“影响济南年度经济人物”“济南市十大功勋民营企业家”称号，担任济南市政协委员和市工商联副主席。

济南市城市照明单灯控制项目签约仪式

办公场景

山东节能协会

山东省能源管理体系建设项目

能源管理体系是运用现代管理思想，借鉴成熟的管理模式，将过程分析方法、系统工程原理和PDCA循环管理理念引入企业能源管理，在企业建立覆盖能源利用全过程的能源管理体系，并通过体系的运行，建立自我发现问题、持续不断改进的节能管理机制。

山东省能源管理体系建设项目是针对山东省节能工作需要，在研究借鉴国际先进经验基础上提出来的。2006年，山东省按照国家部署，对1 000家重点用能企业进行了能源审计。审计发现，企业在能源管理方面普遍存在一系列的共性问题，例如节能法律法规没有得到全面有效贯彻，节能标准没有得到有效执行，节能技术获取渠道不畅，能源管理机构设置、计量统计、目标建立及分解考核等基础工作不系统、不规范、不完善等。为解决上述问题，省政府节能办组织的专家团队进行了深入研究，认为仅采用一些单项的节能措施，难以有效解决企业节能工作的问题，必须采取综合性、系统性的方法，引导企业建立自我完善、持续改进的节能机制，进而不断改善节能管理，提高能源效率。从而提出山东省能源管理体系建设项目，从制订标准入手，沿着试点、示范、总结、推广的路径，开展了能源管理体系研究和建设。

2009年7月22日，山东省在济钢召开了能源管理体系建设试点工作总结会议。来自国家发改委、工信部、国家认监委等有关单位的领导和专家一致认为：山东省能源管理体系建设，一是走创新之路，在全国率先引入能源管理体系的概念；二是以标准为先导，开创了能源管理规范化建设的先河；三是确立了工业特点的能源管理体系内涵并在实践基础上丰富完善；四是建立了能源管理体系建设成功样板，总结了一套具有创新性的适合我国国情的管理思想和方法，处于国内领先水平。

2010年10月18日，在德州市能源管理体系建设国际研讨会上，来自美国、英国、法国、爱尔兰、韩国等17个国家的专家一致认为山东省能源管理体系建设理论和实践处于国际先进水平。

山东省能源管理体系建设的成果，推动了国家标准出台，并为国家标准提供了实践经验和案例，丰富了国家标准的内容，山东省能源管理体系项目研究团队还受邀参加了能源管理体系国际标准的制订工作，2009年3月和2011年6月能源管理体系国家标准（GB/T 23331）和国际标准（ISO50001）相继发布。

山东省能源管理体系研究的成果上升为国家节能决策。国务院《关于印发“十二五”节能减排综合性工作方案的通知》（国发〔2011〕26号）要求企业“建立健全企业能源管理体系”；国家发改委等12部门印发的《万家企业节能低碳行动实施方案》（发改环资〔2011〕2873号）更加明确具体地提出“万家企业要建立健全能源管理体系，逐步形成自觉贯彻节能法律法规与政策标准，主动采用先进节能管理方法与技术，实施能源利用全过程管理，注重节能文化建设的企业节能管理机制，做到工作持续改进、管理持续优化、能效持续提高。”

国家有关部门把能源管理体系作为“十二五”推动企业节能的总抓手，正在全国范围推广，预计未来三至五年我国至少有1.6万家企业建立能源管理体系。

山东核电设备制造有限公司

地址：山东省海阳市临港产业区兴港路 99 号
邮编：265100
电话：0535—3305111
传真：0535—3305000
网址：www.snpemc.com

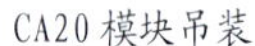
CA20 模块吊装

CV 底封头焊缝焊接

CV 底封头吊装

山东核电设备制造有限公司成立于 2007 年 7 月，是由国家核电技术公司控股组建的全球首家 AP1000 核电设备专业制造企业，肩负着 AP1000 及 CAP1400 核电项目有关关键设备国产化、自主化的历史使命。公司注册资本金 22 000 万元，位于海阳市临港产业区。

公司于 2009 年通过美国 ASME 协会 N、NPT、NA、NS 核级认证，成为中国第一家在生产与组装领域和核电工程现场的质量管理体系方面取得 ASME 综合认证的企业；并于同年获得中国国家核安全局颁发的民用核安全机械设备制造许可证。2010 年 9 月，公司被认定为山东省省级技术中心，截至 2011 年底，共有 10 项技术或发明获国家专利，其中“大型先进压水堆钢制安全壳压力容器”项目入选山东省 2011 年度自主创新成果转化重大专项项目库。公司也是先进压水堆国家重大专项课题承担单位，负责 AP1000 钢制安全壳（CV）制造技术和一体化顶盖组件制造技术的研究。2010 年 12 月，公司通过了 ISO9001 质量管理体系、ISO14001 环境管理体系、GB/T28001 职业健康安全三标管理体系认证。

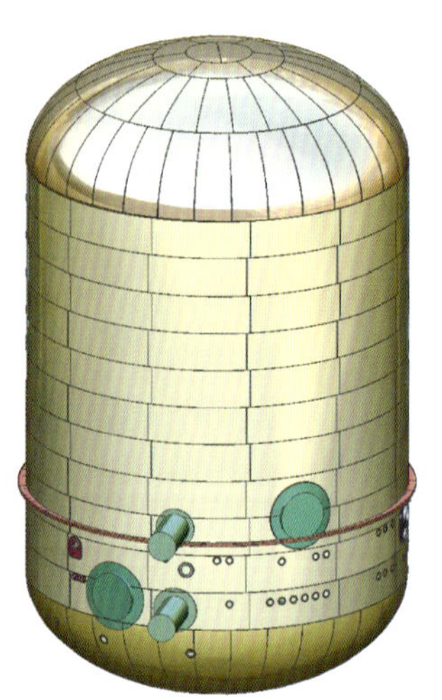
钢制安全壳效果图

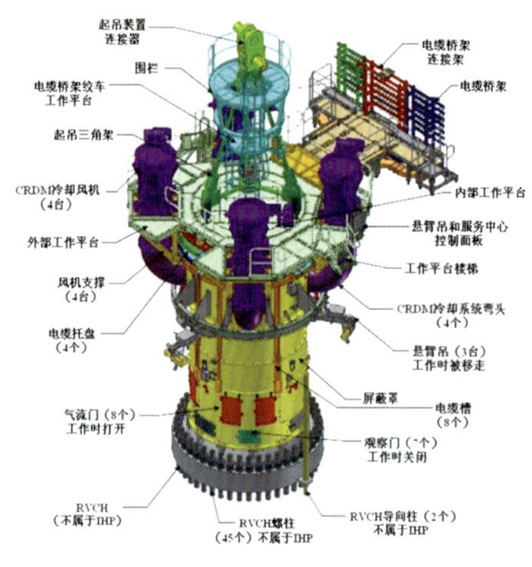

一体化顶盖组件图示

公司在世界上率先成功掌握了三代核电 AP1000 钢制安全壳和模块制造及组拼装的先进工艺，形成了批量化生产能力，为我国第三代核电自主化发展战略的实施奠定了基础；公司承担的我国首台国产化 AP1000 一体化顶盖组件的研究制造任务，填补了我国核电装备制造相关领域的空白。

产品

山东新力环保材料有限公司

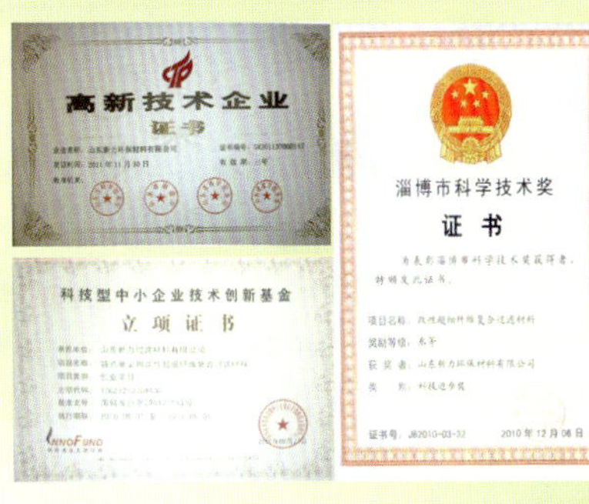

公司创立于2009年1月，是一家集玻璃纤维及复合环保过滤材料的研发、生产、销售为一体的高新技术企业。占地150亩，现有员工298人，其中工程院院士1人，高级职称14人，中级职称13人，初级职称8人。年产玻璃纤维7 000t，过滤材料500万m^2。公司拥有各类专利21项，其中发明专利10项，与西安工程大学、上海东华大学、东北大学滤料检测中心等科研院所建立了良好的产学研合作关系。2010年组建淄博市袋式除尘用复合过滤材料工程技术研究中心，组建淄博市企业技术中心，2011年成立山东省环保除尘滤料院士工作站，2011被认定为山东省高新技术企业。承担国家科技型中小企业技术创新基金项目1项、国家火炬计划项目1项，承担山东省科技发展计划1项，承担山东省重点节能改造项目1项、省科技发展计划1项、山东省享受财政专项资金扶持的新产品项目1项。

公司拥有从纤维拉丝、短切、制毡、缝纫等完整的产业链结构，公司全资子公司淄博新力特种纤维科技有限公司是中国最大的专业为过滤材料生产企业提供原材料的厂家，年产各类除尘滤袋用玻璃纤维材料7 000余t，在我国高端滤料的市场占有率达60%以上。

公司主要从事工业用过滤材料及用于过滤材料制造的中高温纤维的研究、制造与销售，以及技术转让、咨询服务、工程设计与承包业务。

公司始终致力于为社会提供最优质的环保过滤材料，目前，公司成功研发了玻纤与P84复合滤料、PTFE滤料、PPS与PTFE复合滤料、改性超细玻纤复合滤料等系列高端滤料产品，分别针对钢铁高炉煤气、垃圾焚烧炉、玻璃窑炉、燃煤锅炉、水泥窑窑头窑尾、炭黑行业等烟气除尘，公司在稳固现有产品市场的基础上不断向高端滤料产品进军。

面向“十二五”，公司计划除对传统优势产业强化技术改造外，还要在新能源支持材料、环保材料、结构功能一体化材料、高性能复合材料等方面加大研发投入，继续加强与西安工程大学、四川省纺织研究院、山东丝绸纺织学院的产学研合作，提高自身的技术创新水平，以先进的技术成果辐射带动行业发展，将自己建设成为对行业有突出贡献的科技创新型企业，做世界一流的无机非金属新材料供应商。

袋式除尘行业展

地址：山东省淄博市沂源县石龙工业园
邮编：256112
电话：0533—3462666　3462888
传真：0533—3462666
邮箱：lcbg@xinligroup.cn
网址：www.sdxllc.com

山东金马工业集团股份有限公司

山东金马工业集团股份有限公司是省级规范的股份制企业、高新技术企业。集团占地面积93万m²，资产总额13亿元，其中固定资产6亿元，职工2 650人，主要生产设备1 500余台(套)。集团下设9个全资子公司和2个中外合资企业。主要从事汽车零部件、精细化工、建筑建材三大行业。产品主要有：汽车零部件产品、索具、工具、线路金具、羧基丁苯胶乳、铝塑门窗等。2011年实现销售收入18亿元。

公司被认定为山东省企业技术中心、山东省热模锻工程技术研究中心、山东省热模锻工程实验室、山东省合成胶乳工程技术研究中心，与山东大学、青岛科技大学等7所高校、院、所建立了长期稳定合作关系。与山东大学共建了山东金马工业集团模具研究基地，与北京机电研究所成立了塑性成形工程技术中心。拥有专利8项，其中发明专利3项。获山东省科技进步一等奖1项、山东省科技进步二等奖1项、日照市科技进步一等奖1项、日照市最高科学奖1项。

公司索具产品、铝塑门窗、合成胶乳均获山东名牌产品。先后通过了ISO9001国际质量体系认证、ISO/TS16949质量体系认证及ISO14001环境体系认证。荣获了国家机电产品出口基地企业、国家汽车零部件出口基地企业、国家级守信用重合同企业、全国机电产品出口先进单位、山东省先进企业、山东省产学研突出贡献企业等称号。

济南润谱通信工程有限公司

济南润谱通信工程有限公司是由身处英国的世界顶级无线网络优化团队创办的，以自身核心技术为支撑，服务于通信行业的软件研发及网络规划优化服务公司。润谱始终坚持利用世界尖端技术为移动通信运营商提供最优秀的网络优化和综合覆盖解决方案。

iBuildNet简介

iBuildNet是一款针对室内无线网络的规划优化工具。利用本产品，室内无线网络规划优化工程师可以更快捷地获得更可靠的室内无线网络的新网设计以及现网改造优化方案。iBuildNet拥有全自动三维建筑物建模功能，在利用其内部无线信号传播仿真引擎的情况下，可以进行高精度的3D无线信号传播仿真及预测分析，从而为实现准确室内无线网络规划和优化设计奠定了坚实的基础。

WLAN网络优化

WLAN Optimization

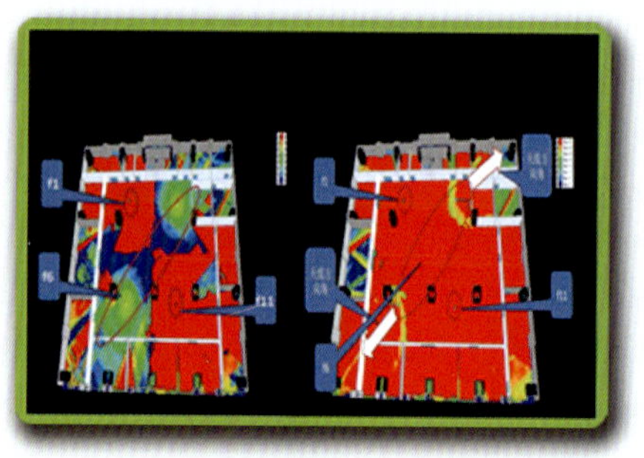

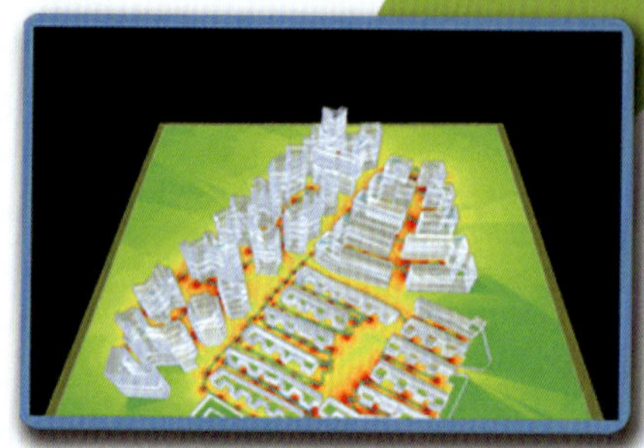

室内室外联合规划

Indoor-Outdoor HetNet Planning

iBuildNet主要功能

- 适用于多种系统(2G，3G，Femtocell, WLAN)的室内方案设计与优化；
- 高效三维建筑物建模, 支持建筑物图纸的绘制和CAD文件的导入；
- 三维场强仿真视图直观反映建筑物内无线信号覆盖情况；
- 利用内置的Ranplan射线传播仿真器（RRPS）可以为使用者提供各种场景下精确的无线信号预测；
- 室内外联合仿真；
- WLAN的信道优化与干扰分析；
- 路测数据导入功能，方便实测数据与仿真数据进行对比；
- 内置完善的材质，通信器件以及系统数据库，所有数据均来自真实建筑物材质信息，厂商器件信息以及多种网络制式信息。

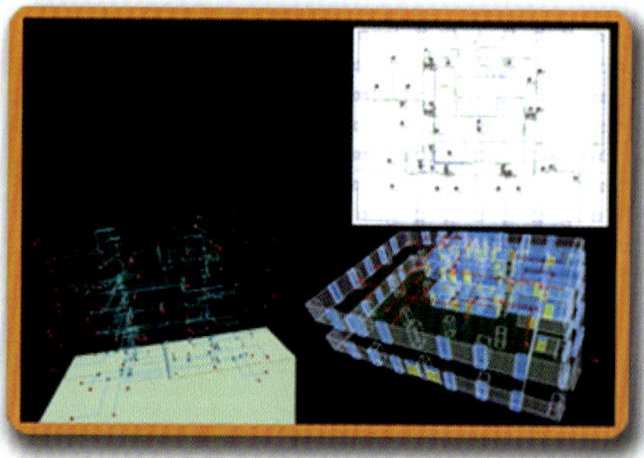

3D室内分布式系统设计

3D DSA Design

精确的3D无线信号评估

3D Wireless System Evaluation

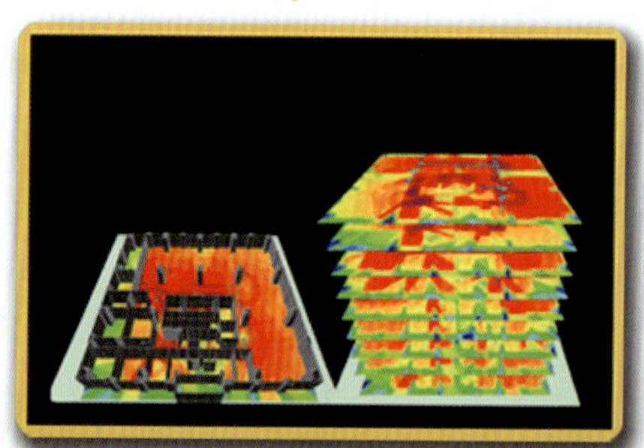

威海中复西港船艇有限公司

威海中复西港船艇有限公司拥有科技人才 121 人，中高级以上技术职称 42 人，先后成立了山东省玻璃钢船艇工程技术研究中心、威海市企业技术开发中心、威海船艇技术应用中心、复合材料船艇设计研究中心。具备年建造 350 艘大型复合材料船艇的生产能力，并具有设计、建造 45m 以内复合材料船艇的资质，为同行业最高资质。公司以雄厚的科技力量为依托，复合材料渔船国内市场占有率达 90% 以上。

公司拥有专利 110 项，其中发明专利 47 项，授权专利 34 项。公司自主研发的三体消波船艇、真空树脂导入成型技术等多项产品技术经鉴定均达到国内领先水平，其中复合材料无模成型技术达到国际先进水平。

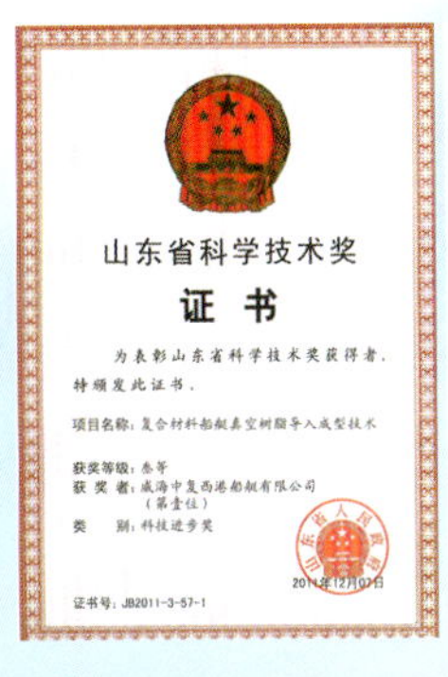

山东省科学技术奖
证书
为表彰山东省科学技术奖获得者，特颁发此证书。
项目名称：复合材料船艇真空树脂导入成型技术
获奖等级：叁等
获 奖 者：威海中复西港船艇有限公司
（第壹位）
类　　别：科技进步奖
2011年12月07日
证书号：JB2011-3-57-1

威海中复西港船艇有限公司
高新技术企业

威海市科技自主创新型
先进企业
威海市人民政府
二〇〇九年二月

汇祥 HUIXIANG 电动跑步机

山东汇祥健身器材有限公司

山东汇祥健身器材有限公司于1996年开始电动跑步机的设计与制造，是国内最早研发设计电动跑步机的企业，被 业内人士誉为“第一民族品牌”。

公司先后荣获“中国名牌” “山东名牌” “中国十大体育用品品牌” “山东省著名商标” “中国轻工业体育用品行业十强” “山东省健身器材行业领军企业” “山东省健身器材生产基地龙头企业”等一系列的荣誉称号。2012年伊始，公司又通过了国家级 高新技术企业 的认定，这是对公司研究开发组织管理水平和科技成果转化能力的最好肯定，为公司下一步的发展提供了良好的外部环境和发展空间。而“中国驰名商标”的获得不仅大大增加了“汇祥”的品牌价值，更代表“汇祥”品牌已经被国家权威部门认定为优质产品，预示着汇祥在以后国内外市场的 开拓发展中将受到更多法律保护，将为公司带来巨大的品牌效益和经济效益。

展望未来，汇祥将继续以“致力于为大众缔造快乐健康”为企业运营使命，以“专业创新、卓越品质、诚信服务、合作共赢”为核心价值观，结合国际健康产业发展趋势，针对社会健身机构多层次需求，全力开发中高档次系列健身产品，为中国全民健康工程努力奉献高品质产品和专业服务。

高新技术企业
证书
企业名称：山东汇祥健身器材有限公司　　证书编号：GR201137000086
发证时间：2011 年 11 月 30 日　　有 效 期：三年
批准机关：

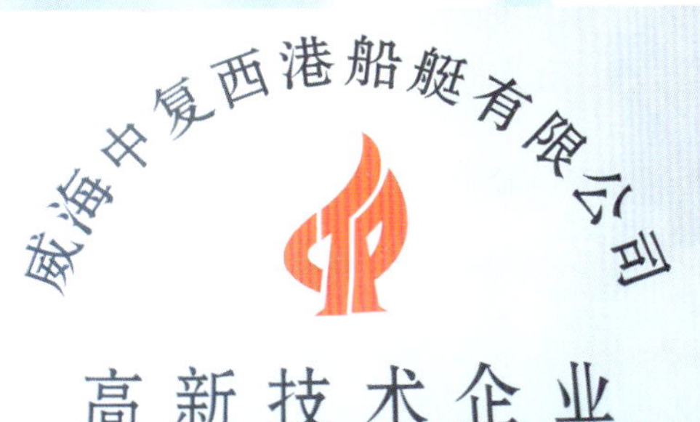

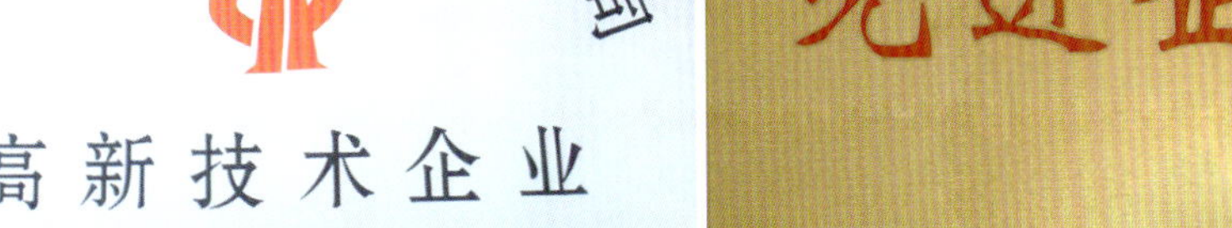

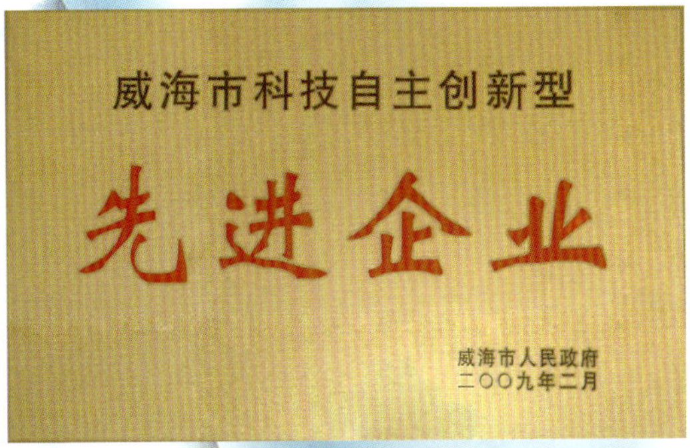

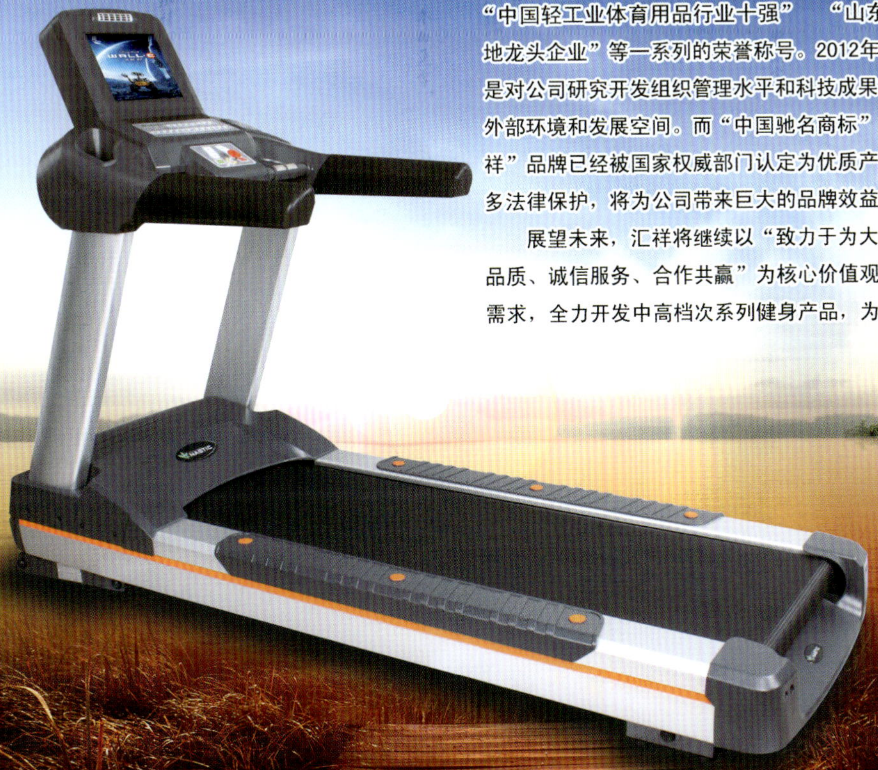

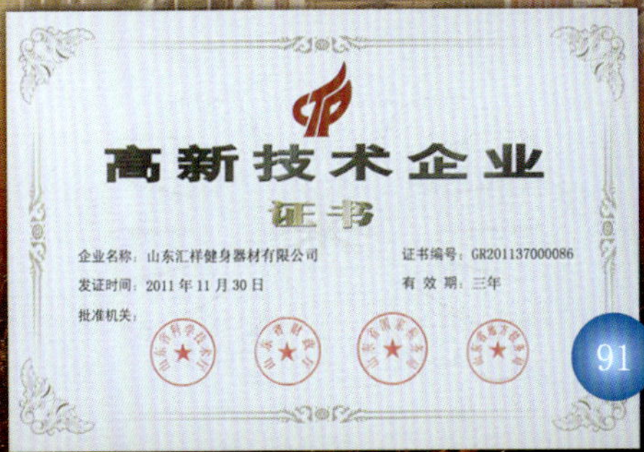

沪（上海）宁（南京）高速铁路

中铁十局集团有限公司

中铁十局集团有限公司隶属于中国中铁股份有限公司，是以建筑工程施工特级总承包为主的跨行业跨国经营的国有特大型企业集团，企业下设 21 个子分公司，总资产 156 亿元，现有职工近 15 000 人，共有各类专业技术人员 7 000 余人，其中拥有高中级及以上专业技术职务人员 2 000 多人，年施工能力 300 亿以上，主要承担铁路、公路、房屋、市政、水利、港口等大中型工程项目的施工。“十一五”期间，公司荣获“中国土木工程詹天佑大奖”3 项，省部级以上科技进步奖 16 项，并被授予“‘十一五’全国建筑业科技进步与技术创新先进企业”荣誉称号。

科研条件和平台建设 公司技术中心于 2008 年通过山东省认定为省级技术中心，现拥有取得国家计量认定认证资质的试验检测中心 3 个，公路综合乙级资质的试验检测中心 3 个，乙级资质工程测绘院 1 个，铁路行业设计院 1 个，40 107m² 科研大厦 1 座。“十二五”期间，公司将力争通过国家级企业技术中心认定。

科研成果 2011 年获得省级以上（含国家认可的社会力量设奖）科学技术奖 5 项；荣获国家级工法 3 项，省级工法 12 项；省部级以上优质工程奖 10 项；新增专利申请 40 项，其中发明专利 11 项；新增专利授权 19 项，其中发明专利授权 2 项；全年在省部级以上学术期刊发表各类学术论文共计 56 篇。

2011 年公司总研科研项目 54 项，共有 17 项完成局级科技成果评审，通过省级鉴定的成果 7 项，其中：

大跨度 H 型钢平面组合结构张弦梁施工及空中换索施工技术研究 该课题依托济南西客站无站台柱风雨棚工程，通过结构分析、试验与研究，成功地解决了非设计工况下张弦梁“四点支撑”初始索力的确定问题，在不卸除上部荷载的工况下，高空单向卸载拆除既有索、悬挂新索、单向预应力张拉等技术难题。经山东省科技厅组织鉴定，达到了国际先进水平。

客运专线（济南东站）车站信号改造工程安全、高效（低停点）施工技术研究 该课题依托客运专线济南东站信号改造工程，通过课题研究、试验与技术应用，成功解决了在确保运输畅通条件下，繁忙客运专线客运

中铁十局科研大厦

济宁市太白路洸府河特大桥

车站信号设备大规模利旧改造的施工方案设计与实施问题，探索出满足“7h以内”大要点的前提下，繁忙客运专线客运车站信号设备大规模利旧改造施工的主要技术方法。总结并形成了“客运专线（济南东站）车站信号改造工程安全、高效（低停点）施工技术研究”成果，经山东省科技厅组织鉴定，该成果达到国内领先水平。

新型前卡式千斤顶快速张拉施工技术 该课题以大西客专等高速铁路预制箱梁预应力工程为依托，针对“新型前卡式千斤顶的设计研发技术、新型前卡式千斤顶加工、制作施工技术、新型前卡式千斤顶快速张拉施工技术”等内容开展研究、试验与应用，总结并形成了“新型前卡式千斤顶快速张拉施工技术”研究成果，经山东省科技厅组织鉴定，该成果达到国内领先水平。

科研队伍建设 2011年，公司加强专家型技术人才队伍建设，培养了教授级高级工程师6人，高级工程师54人，工程师248人。成立了局专家委员会，共有69位高工以上职称的技术人员成为专家库成员。为加强对创新型科技人才的培养，先后组织1 312余人次参加各类技术培训，为公司科技人才队伍的持续健康发展提供有力支撑。

大连地铁盾构区间出渣作业

大（理）丽江铁路禾洛山三线隧道

承建烟台火车站

沪杭高铁杭州艮山门动车所

山东黄金　生态矿业

——山东黄金矿业（鑫汇）有限公司

山东黄金矿业（鑫汇）有限公司位于平度市西北部，灰埠镇与长乐镇交界处，隶属于山东黄金集团青岛黄金有限公司，是一个集采、选、冶综合配套的国有黄金矿山企业，主要生产黄金、白银，附产铅锌，年产黄金40 000余两。公司现有员工425人，其中有高级职称8人，中级职称36人，下设生产运营部等10个部室及6个生产、辅助生产车间，拥有处理量2 000t/d选厂1个，年处理矿石量70万t。

1993年，经平度市人民政府批准投资2 200万元组建了平度市大庄子金矿，企业性质为地方全民所有制企业；1998年，企业改制为青岛平度市鑫汇黄金矿业有限责任公司；2000年3月，企业加入山东黄金集团；2002年4月，企业改制为平度黄金有限公司分公司，定名为山东黄金集团平度黄金有限公司鑫汇金矿；2008年8月定名为山东黄金矿业（鑫汇）有限公司，公司类型为一人有限责任公司（法人独资）。

公司不断加大安全投入、技术创新力度，企业规模不断扩大，经济效益连年增长。先后投入2 000余万元实现了井下安全生产质量标准化；投入800余万元建成视频监控、井下人员定位系统、顶板动态监控的现代化信息中心；同时，按照集团“既要座座金山、更要绿水青山”的矿山环境改造的总体要求，先后投入资金1 000余万元，绿化矿区面积达14万m²，打造了一座现代化的绿色、数字矿山。

鑫汇公司先后荣获“纳税先进单位”“山东省思想政治工作优秀企业”“青岛市先进基层党支部”“青岛市样板企业”“清洁生产单位”“青岛市先进星单位”“青岛环境友好单位”“青岛市企业信用单位”“青岛市安全生产标准化示范企业”“青岛市先进职工之家”等多项荣誉称号，并通过了ISO14001环境质量体系认证。

青岛鑫汇公司以科技创新激活发展动力源

山东黄金矿业（鑫汇）有限公司作为青岛市矿业界的龙头，多年来，始终坚持“自主创新、重点跨越、支撑发展、引领未来”方针，紧扣“外延发展向内涵发展转变，粗放型发展向精约化发展转变，要素驱动向创新驱动转变”主题，立足于黄金企业生产现场，深入开展科技创新、技术攻关、小改小革活动，依靠科技创新解放生产力、提升竞争力、增强发展活力，荣获了“‘十一五’期间全国黄金行业科技先进集体”等称号，科技创新成为“十二五”迅猛发展的动力源。

完善机制打造创新软环境

青岛鑫汇公司积极顺应发展形势需要，在科技人才队伍和创新环境上下功夫，不断完善科技创新体系，构建了以各专业主任工程师为主力、全员参与技术创新的梯队，制定完善了技术创新评审规定、创新活动管理办法、员工创新激励考核机制，为员工创新“压担子、架梯子、抬轿子”，全力搭建了良好的创新平台。同时，每月进行岗位创新成果推选，并由成果评审委员会定期对提报的技术创新项目进行评估、评审，对创新点突出、应用效果好的项目，推荐参加国家、行业创新项目评选，并大张旗鼓地表彰在技术创新项目及涌现出来的先进集体、先进个人，将技术创新、科研攻关成果作为晋升职称、提拔任用、评先树优的重要依据，良好的激励机制，不断激发了全员创新热情，掀起了“时时创新、处处创新、人人创新”的热潮。

产学研结合缔造创新硬成果

该公司坚持“引高、学高、用高、超高、做高”原则，积极推行产、学、研结合创新模式，先后与有关大专院校和科研单位建立了合作关系，健全了以矿山为主体、以科研院所为技术支撑的“产、学、研、用”一体化技术创新体系。采取立项悬赏、引“外脑”攻关、引科研成果等方式，联合开展了采矿方法、成矿规律、选冶工艺优化、通风系统改造、信息化、数字化矿山建设等科研课题攻关，关键技术课题取得较大突破，近年来，获得中国黄金协会科技进步一等奖 1 项、省科技进步二等奖 1 项、青岛市科技进步二等奖 1 项；《安全生产动态监测监控系统》项目被国家工信部确定为“首批两化融合促进安全生产重点推进项目”，黄金生产科技含量明显提高，“科技兴金”战略持续推进。

自主创新助推技术创新热潮

在推进科技创新进程中，该公司本着“结合实际、突出实用、注重实效”原则，积极开展群众性的自主创新活动，充分发挥科技创新工人的引领带动作用，引导广大员工立足岗位，开动脑筋，踊跃提报合理化建议，参与创新成果推广应用，自主开展技术革新，创新氛围空前高涨，创新成果层出不穷，近年来自行设计了自动闭锁装置、智能螺旋轴式自动风门、铲运机防滑链、斜井防溜车叉尾器、井下自动喷雾除尘装置、岩心自动切割机等 30 多项技术装备，其中 7 项获得国家知识产权局授权的专利，“井下低压供电漏电保护器”项目有效破解了井下漏电安全隐患难题，填补了山东省黄金矿山企业的技术空白。同时，不断加快创新成果向经济效益、安全效益的转化，创造直接经济效益 1 000 多万元，提升了企业经营创效能力和核心竞争实力。

济南全通信息科技有限公司

济南全通信息科技有限公司注册成立于2009年，依托留美归国博士，受邀入驻山东信息通信技术研究院，携手山东大学，以建立中国最具有权威和影响力的交通科学技术公司，发展与推广世界先进并且真正适合中国国情的交通控制、管理与规划技术，提供世界范围内的交通控制、管理与规划咨询等领域相关的服务为目标，服务于国内交通领域。

公司目前为“国家留学人员创业企业”，已先后自主研发了大型城市科学交通组织优化与仿真平台、城市公交智能调度系统、公交车辆维修系统、多路口协调优化控制系统等多项拥有自主知识产权的交通控制与管理系统。同时参与了多个国家政府贷款、全球环境基金、世界银行在国内外的城市交通发展项目，以及各级政府、企事业单位委托的多项科技项目。

科研方向

- ◎ 城市交通规划与顾问服务
- ◎ 智能交通系统解决方案
- ◎ 智能交通系统软硬件产品开发
- ◎ 公共交通系统解决方案

系统研发

◎ 基于现有基础交通仿真软件，设计并研发了大型城市科学交通组织优化与仿真平台。该平台主要是为提升城市交通组织和管理水平，包括对路口交通组织与管理、区域交通组织与管理、交通基础数据管理、区域交通分析与设计等项目的方案和决策进行辅助设计和评估。该平台将集成微观、中观和宏观仿真工具软件，并且实现三维可视化的交通仿真功能，建设成一个多层次、全方位、立体化的综合交通仿真平台。

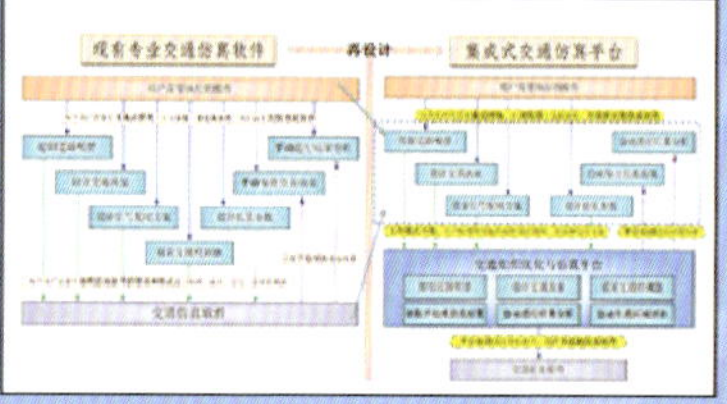

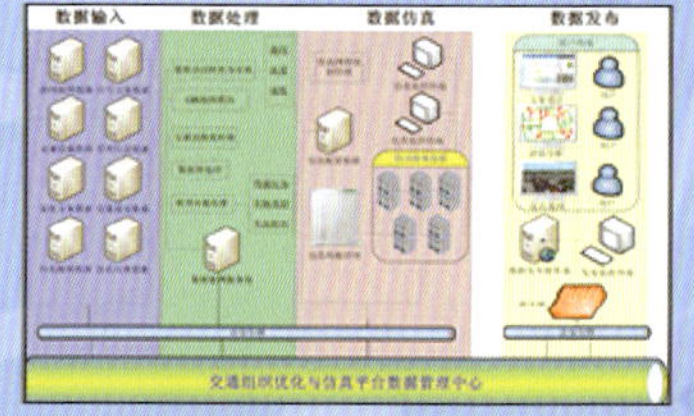

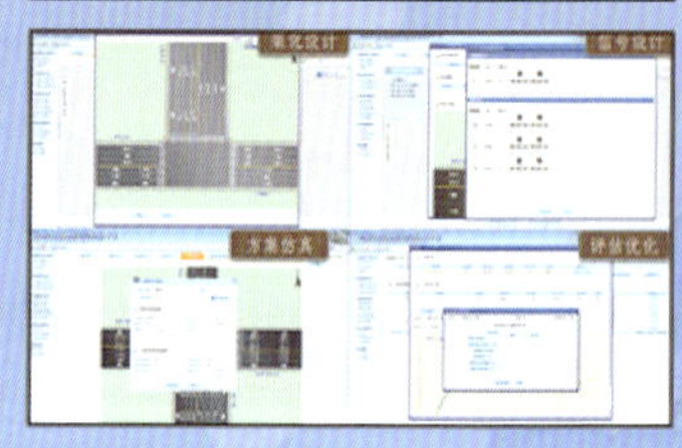

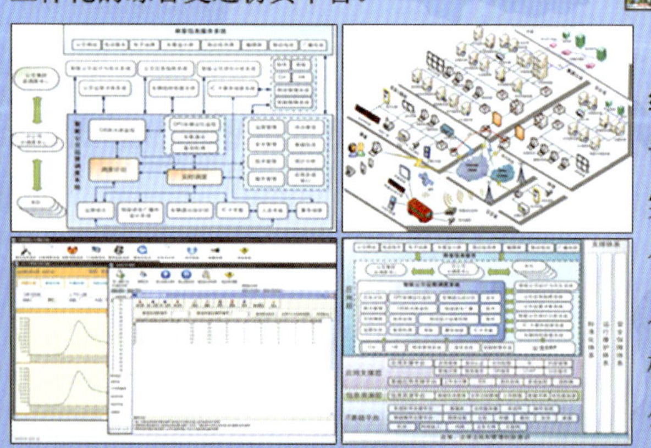

◎ 自主研发了《城市公共交通智能调度系统》，该系统集成了国际先进的智能调度模型和算法，并结合经验丰富调度员的实际经验，自动根据客流编制作业计划、人车配班、实时监控调度以及运营成本分析等内容。该软件调度算法综合考虑了公交系统中的人（参与者：乘客、司乘人员、管理人员）、公交设施（道路、场站等）和公交车辆等之间的有机联系，从而最佳地利用了交通系统的“时空”资源，降低公交运营成本，提高了调度效率和服务水平。

◎ 研发了公交车辆维修系统，该系统是国内首次为公交维修公司研发的智能化管理平台，结合作业的实际需求，集成先进信息化技术，优化车辆维修流程，有效解决现有流程中存在的效率低、流程繁琐、数据科学分析能力低等问题，提高了维修业务的信息化水平，以及人员日常作业的准确性、规范性、高效性，同时为管理人员提供科学的辅助决策支持。

济南全通信息科技有限公司
地址：济南市齐鲁软件大厦 B 座 A511
电话：0531-66680117　66680118

◎　承担了由国家自然基金以及山东省自然科学基金共同支持，总额为30万元的在复杂城市网络条件下公共交通枢纽布局优化理论研究与系统开发。

◎　自主研发了城市公交运营与信号优化仿真平台，该平台针对城市客运全线进行社会车辆和公共交通车辆的联合交通仿真建模，在仿真系统中再现其交通运行情况，并对路段上的乘客需求分布、公交线路运营方案、站台交通组织方式和路口信号配时方案进行优化设计与仿真评估，研发具有普适性和示范性的“城市公交运营与信号优化仿真平台”，辅助公交调度人员和管理人员进行科学的、合理的公交调度方案设计与信号配时优化。该平台让使用者通过简单的操作完成调度方案和信号配时方案的设计，并利用平台结果分析模块自动进行仿真结果输出、方案评估与比选，并以图片、表格和三维视频等方式展示评估结果。经过该仿真平台优化的方案，能有效提高城市客运交通的道路通行能力和公交运行效率，改善公交运营环境，提高公交到站准点率。

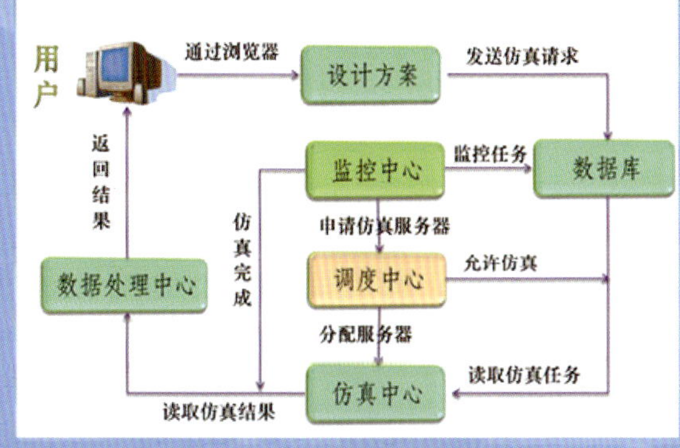

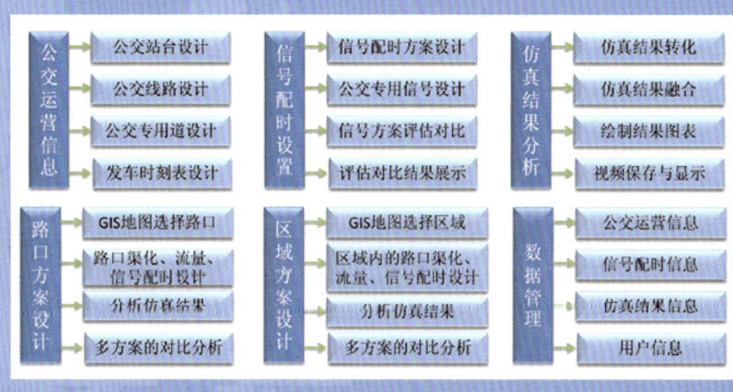

专业咨询

◎　城市交通发展策略

世界银行中国缓堵减排发展支持战略

长治绿色三位一体可持续交通发展策略

济南“公交都市”发展策略

天津中新生态城交通发展策略

◎　城市交通一体化走廊建设

◎　城市交通智能管理规划与解决方案

城市综合智能交通系统

先进城市交通智能控制系统

城市交通科学分析决策

物联网与导航技术

新型交通服务模式

◎　交通安全

世界银行中国道路安全行动计划

综合性交通“安全系统”

儿童交通安全

公共交通安全

◎　世界银行项目

山西省长治市可持续发展世界银行贷款项目

世界银行中国道路安全行动计划

参与众多的世界银行技术援助项目和贷款项目的申请、前期准备、策划设计、与实施管理等全方位的工作

项目覆盖范围包括越南等其它国家

山东国威卫星通信有限公司

山东国威卫星通信有限公司（简称山东国威）于 2011 年 3 月在山东济南创立。公司致力于优质的卫星通信运营服务以及新一代宽带卫星通信应用产品的研发，是济南卫星产业园的投资和运营主体单位。

山东国威按照“打造平台、品牌开发、集团上市”三步走发展战略，凭借专业的管理和研发团队，尖端的技术，以为社会提供高品质的“天地一体”电信增值业务和创新的技术服务为使命，努力把国威卫星前沿的技术转化为贴近用户需求的应用系统，构建多频段、多轨位、广覆盖、多业务、创新的服务运营体系，以市场化、规模化、现代化为方向，立足山东，面向全国，提供 7×24 小时的全天候高品质服务。

公司以技术立足，加大马力全速航行，持续增加研发投入，致力于培育拥有自主知识产权的新产品，强化企业的自主创新能力和核心竞争力。目前公司拥有全球领先的新型裂隙平板卫星天线的发明专利和实用新型专利、新一代卫星通信天线、卫星通信终端的生产与集成技术。基于我国卫星产业的快速发展，山东国威拟定了初步的产业化计划，谋求在未来的高技术竞争中占据战略制高点，使公司发展渐入产业化阶段，通过在高端、特殊市场的示范应用，营造市场需求，扩大市场规模，构造完整成熟的产业链。

公司研发团队的建设本着“以引进国内外一流行业专家为核心，以本地人才为主要培养对象，组建能够立足于山东，辐射全国的研发队伍”的思想，引进了包括前美国休斯太空通信国际公司首席科学家沈军、英国利兹大学博士生导师张莉教授在内的多名国内外知名专家。同时不断吸纳其他优秀人员加入公司，力求构建一支充满活力而又不失严谨作风的研发队伍。

秉持“合各方利益，实现多赢共好”的价值理念，山东国威与多方开展密切协作，与全球卫星通信的领先者——美国休斯网络系统公司等多家国内外卫星设备生产及网络运营商建立了战略合作关系；与英国利兹大学建立了联合研究和培养机制。此外，公司还与中国联通山东分公司签署战略合作框架协议，进一步推动通信业务的产业升级。

卫星宽带服务

第六届中国（济南）国际信息技术博览会——工作人员耐心讲解公司及展品信息

查看精雕机对天线精细结构的生产过程

山东国威集团与山东联通公司签约仪式

山东电力集团公司检修公司

中共中央总书记胡锦涛在国家科技奖励大会上亲切接见公司员工高森

科技成果鉴定会

山东电力集团公司检修公司于2012年5月11日，在原山东电力集团公司超高压公司基础上，正式组建运营，主要负责全省500kV交流输变电设备、±660kV直流线路及换流站的运检工作，实施“检修专业化”及“运维一体化”管理模式。目前，山东电力集团公司检修公司拥有员工620人，设置七个专业管理部室，两个中心、一个直流管理处和淄博、临沂等六个检修分部。管辖500kV变电站30座，变电容量4 350万kVA，500kV线路75条，总长5 626km；±660kV换流站1座，直流线路416km，接地极线路47km。每年经超高压电网输送的电量占山东网供电量的40%以上，设备精良、科技领先、管理高效——飞跨齐鲁的现代化超高压大电网已成为山东电力的“脊梁”。

近年来公司相继荣获并保持“全国文明单位”“全国一流超高压输变电企业”“全国质量管理小组活动优秀企业”“中国企业教育先进百强”“国家电网公司先进集体”“国家电网公司文明单位标兵”“山东省劳动关系和谐企业”“山东省思想政治工作优秀企业”“山东省富民兴鲁劳动奖

±660kV 直流架空输电线路带电作业

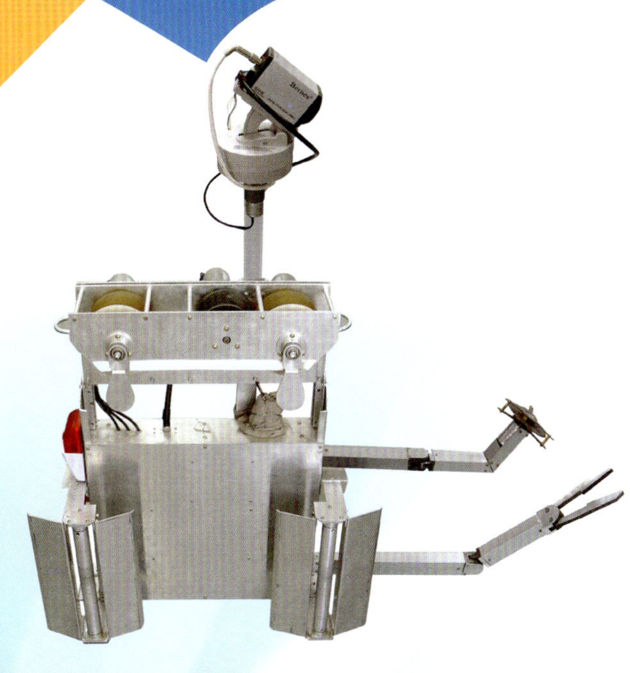

架空线路清障检测机器人

总经理卢刚参加国家科技奖励大会

状”“山东电力集团公司先进企业”等荣誉称号。2011年10月17日，党的十七届六中全会期间，公司成功开展世界首次±660kV直流输电线路带电作业，带电作业人员王进荣获“国家电网公司特等劳动模范”称号；2012年2月14日，公司“500千伏架空线路清障机器人”项目荣获国家科技进步二等奖，一线员工高森同志作为全国工人创新的杰出代表，登上国家科技最高领奖台，受到中共中央总书记胡锦涛、国务院总理温家宝等国家领导人的接见，并获得全国“五一”劳动奖章，集中展示了国家电网公司一线员工敢为人先、勇攀高峰的精神风貌。

国家科学技术进步奖

证　书

为表彰国家科学技术进步奖获得者，特颁发此证书。

项目名称：架空线路清障检测机器人

奖励等级：二等

获奖者：高　森

国家科技进步二等奖证书

国家电网公司

科学技术进步奖

获奖证书

获奖项目：输电线路无人直升机智能巡检系统

获奖等级：一等

获 奖 者：山东电力集团公司超高压公司

奖励年度：2011年

发证机构：国家电网公司

证书号：20111067-D02

国家电网公司科技进步一等奖证书

专利

证　书

2009年全国电力职工技术成果奖

一等奖

全国电力职工技术成果一等奖证书

山东电力工程咨询院有限公司

山东电力工程咨询院有限公司（以下称山东院）创建于1958年，现隶属于国家核电技术公司，是国内一流、具有一定国际竞争力的电力设计咨询和工程建设服务供应商。历经五十多年的创新发展，形成了集工程咨询、规划评估、勘察设计、工程总承包、工程项目管理等业务于一身的发展格局，具备了为电力工程建设和运营提供全方位、全产业链条的资质和能力。

山东院现拥有工程咨询、电力设计、工程勘察、工程总承包等甲级资质，拥有对外经济技术合作经营权和进出口权。连续多年位居“中国勘察设计单位综合实力百强”“中国勘察设计行业工程总承包营业额百强”“中国勘察设计行业工程项目管理百强”前列。山东院拥有山东省生物质发电工程技术研究中心，是山东省高新技术企业。市场覆盖全国27个省（市、区）及巴西、印度、伊拉克、委内瑞拉、赞比亚等22个国家和地区。

山东院现有员工1 600多人，大学本科以上学历占员工总数的88%，研究生以上学历占40%。其中全国工程勘察设计大师1人，全国电力勘察设计行业资深专家1人，山东省勘察设计大师3人，山东省有突出贡献的中青年专家1人，国家核电“813”科技创新人才52人。

紧紧围绕主营业务开展重点领域关键技术研究，山东院成立清洁能源发电、电厂性能指标、空冷技术、钢结构设计技术、电网新技术研究中心等八个工程技术研究中心。与国内外高校、科研机构、公司开展科研合作，联合攻关，形成一系列高水平的科技成果。

作为我国火电工程设计咨询能力最为成熟、技术最为先进的企业之一，山东院累计完成工程咨询设计项目380多项，完成1 000MW机组设计咨询56多台，完成600MW级机组设计咨询120多台，累计设计完成发电工程250项。与法国电力、阿尔斯通、比利时哈蒙、奥地利AEE等多个国际知名公司合作，开展包括空冷、湿冷两种百万千瓦机型工程设计技术研究。山东院在生物质发电、醇电联产、太阳能、海上风电、潮流能、岩土工程等技术等方面加大技术创新研究并取得诸多行业领先技术成果。山东院目前正在参与山东海阳核电厂一期、山东荣成重大专项示范工程等项目管理业务，承担了三门核电3、4号机组常规岛及其BOP采购和项目管理，正在开展“核岛非能动堆芯冷却系统试验设施”的工程总承包。

输变电及规划咨询业务立足山东、服务山东。承担山东省各类电力和新能源规划以及半岛蓝色经济区、黄河三角洲等区域性能源规划。承担了山东省各类电厂接入系统设计。承担了山东电网全部500kV和绝大部分220kV输变电工程的勘测设计任务，承担了山东省各智能变电站可研咨询工作，掌握了1 000kV特高压和±800kV、±660kV输电设计技术。

山东院建立以设计为龙头的与国际接轨的工程项目管理体系，承揽国内外总承包项目近40项。获得国家优秀工程总承包“金钥匙奖”2项，“银钥匙奖”5项，“铜钥匙奖”4项，“金钥匙奖”数量和奖牌总数均居全国电力勘察设计行业首位。

法定代表人：侯学众

通信地址：山东省济南市闵子骞路106号

山东省遥感技术应用中心

山东省遥感技术应用中心组建于 1986 年，现隶属山东省国土资源厅、山东省科技厅，是山东省唯一从事卫星遥感基础专业研究的公益型科研事业单位，人员编制 22 人。通过了 ISO9001-2000 质量管理体系认证，具有乙级测绘资质及地质勘查资质。

多年来，该中心在国土资源、遥感监测、信息化建设等方面取得了丰硕的成果，积累了丰富的经验，掌握了最新的遥感前沿技术，已成为一支具有雄厚实力的集科研和技术应用于一体的专业化科技队伍。该中心的科研生产能力有了质的提高和发展，多项研究课题研究水平达到国内领先、国际先进水平。多次获得省部（局）级科技进步一、二、三等奖。2011 年 4 月 25 日，国家《科技日报》对该中心做了“科技创新、锐意进取”的专题报道，引起了强烈反响。

2011 年，该中心荣获省直机关精神文明建设委员会授予的“省直文明单位”称号。

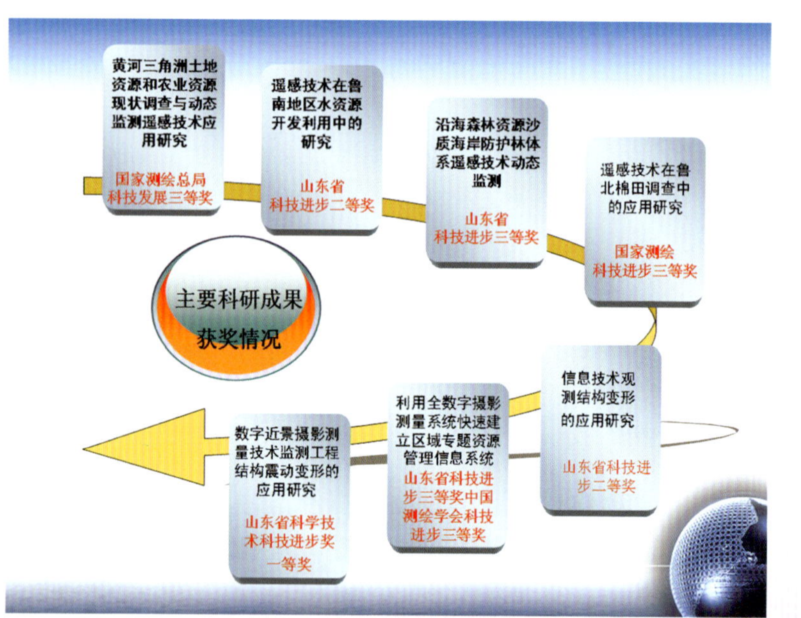

获省、部（局）级科技进步一、二、三等奖的科研项目

科技日报 SCIENCE AND TECHNOLOGY DAILY 2011年4月25日 星期一

创新周刊 CHUANGXINZHOUKAN 第429期 5

科技创新 锐意进取

——记山东省遥感技术应用中心

2011 年 4 月 25 日，国家《科技日报》对该中心做了“科技创新、锐意进取”的专题报道

威高集团有限公司

2010年4月29日中科院威高签约

威高集团有限公司1988年3月设立于威海火炬高技术产业开发区内。占地面积220万㎡，员工14 000多人。集团骨干企业——威高股份于2004年2月在香港成功上市，是中国医疗行业第一家境外上市企业。威高集团有限公司现拥有总资产118亿元，资产负债率34%，银行信誉等级为AAA，2011年度实现销售收入131亿元，利润总额达到18.62亿元，税金10.17亿元。2012年预计实现销售收入165亿元。

公司积极走产学研合作科技创新之路，同中科院长春应化所等具有雄厚科技研发实力的科研院所和哈尔滨工业大学等大专院校联手成立了长春威高医用高分子研究发展中心、哈尔滨工业大学威高电子工程实验室等6个技术研发中心，开创了官、产、学、研一体化的发展道路。2001年至今，公司先后承担了20多个国家级项目，集团下属企业有5个省级高新技术企业，先后有山东省医用高分子材料研发中心、山东省血液净化工程中心落户威高集团。2006年9月集团企业技术中心被国家发改委、科技部等五部委认定为国家级企业技术中心，2009年3月经国家发改委批准，建立医用植入器械国家工程实验室。目前公司已授权的专利有243项。

威高集团通过了ISO9000质量体系认证、欧盟CE标准认证和医疗器械认证。在全国30个省、市、自治区设立了100个办事处，同全国4 000多家医院建立了长期稳定的业务关系。

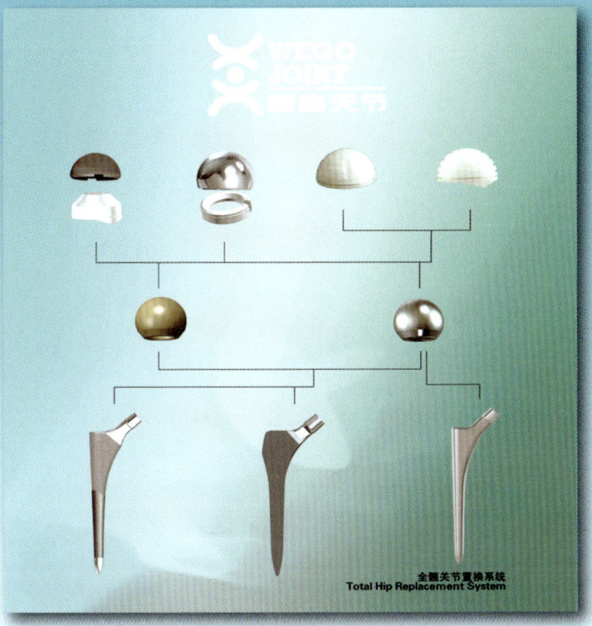

全髋关节置换系统

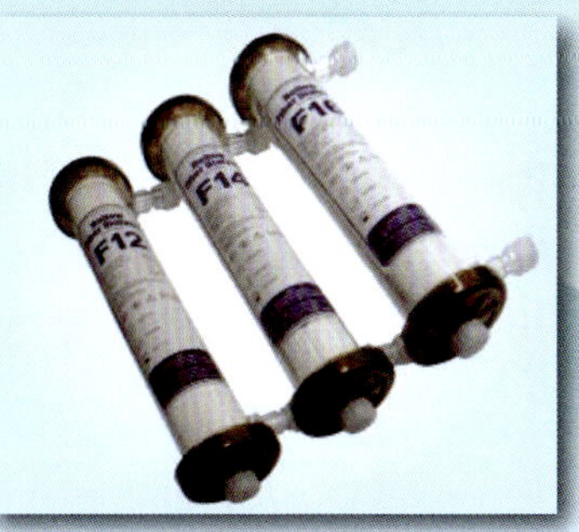
合成膜透析器

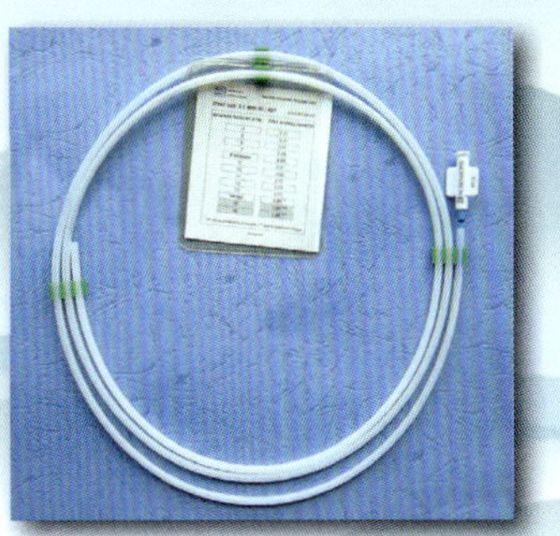
心脏支架

国家科技进步二等奖

临沂市龙立电子有限公司

临沂市龙立电子有限公司是一家专业生产高端电连接器的高新技术企业，公司占地面积 24 000m²，总建筑面积 18 000 余 m²。公司是国家高新技术企业、山东省创新型企业、山东省专利明星企业、“守合同重信用”企业，通过了 ISO9001 质量管理体系认证。近几年，公司有二十余个科研项目被列入科技部和省市科技计划，先后获得过山东省科技进步奖、山东省中小企业科技进步奖、临沂市科技进步奖等多项省市级奖励。

公司注重与国内大专院校、科研院所的技术合作，与山东省科学院、山东大学、山东理工大学、临沂大学等高校、院所有着密切的合作关系。公司拥有山东省工程技术研究中心和临沂市企业技术中心各一处，各种实验检测设备齐全，满足了各种连接器性能指标检测需求，为企业技术创新和新产品开发提供了强有力的技术支撑。公司的“电力环网柜六氟化硫防泄漏连接器”“电力绝缘子烧结密封端子板”等数个产品被列入科技部创新基金、省市科技计划，并获得“山东省科技进步奖”“山东省中小企业科技进步奖”等多项省市级奖励，其中，“电力环网柜六氟化硫防泄漏连接器”“LFC80 型高密度 295 芯防水圆形连接器”被列为国家火炬计划项目。公司十分重视知识产权的保护和新产品的开发，目前公司共申请了 42 项专利，发明专利 6 项；获得授权专利 24 项，发明专利 2 项。

由龙立电子全资控股的济南无线电九厂有限公司是国家研制和生产电连接器的专业厂家，“航天产品用电子元器件定点供应单位”“装备部承制单位”“军用电子元器件合格供应商”，积累了四十余年的科研、生产经验，技术力量雄厚，生产的高可靠性连接器先后为导弹、潜艇等军用设备、人造卫星、长征系列运载火箭、载人宇宙飞船等重点工程配套，多次受到中共中央、国务院、中央军委的嘉奖。

公司目前主要有 Q 系列小圆形连接器、FQ 系列、FQN 系列等防水连接器、SFX 系列等水下圆形连接器、MFX 系列环网柜六氟化硫防泄漏连接器、玻璃烧结防泄漏连接器、YD41 系列智能电网气密封圆形连接器、YDL41 系列智能电网防水圆形连接器、TDT 系列插头自导通智能电网圆形连接器、YD30 系列智能电网连接器以及 YWT 系列耐环境高速网络圆形连接器等几十个系列、上千种规格的产品，广泛用于国内航天、航空、兵器、国防电子工程、军事电子装备等高科技领域和船舶、通讯、计算机、铁路及电力等国民经济各个部门。

公司已建立起成熟稳定的销售网络，销售客户遍布全国各地，目前与电子 14 所，航天 1 院、2 院、3 院、5 院、8 院，空空导弹研究院，国防科技大学，南车集团，北车集团，ABB 有限公司，南京南瑞继保电气有限公司，北京科锐配电自动化股份有限公司等 1 000 多家客户有着良好密切的合作关系。公司积极开拓国际市场，目前已与美国、英国、俄罗斯、加拿大、日本、伊朗等国外客户建立了业务合作关系。

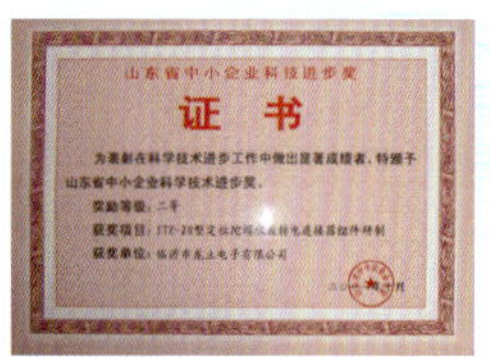

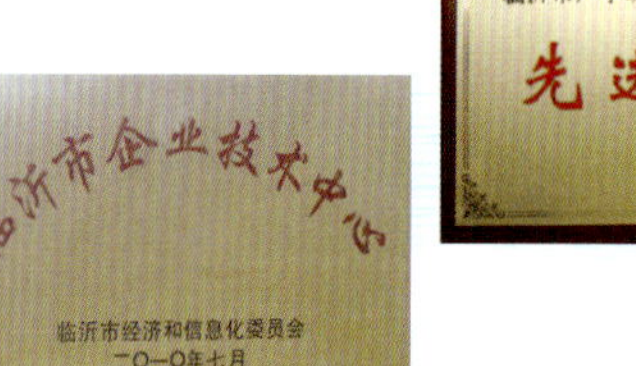

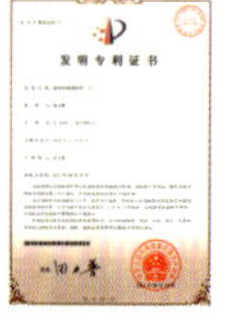

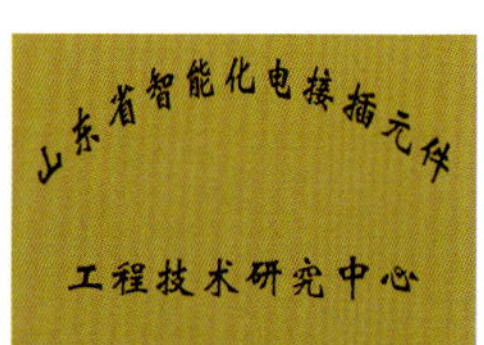

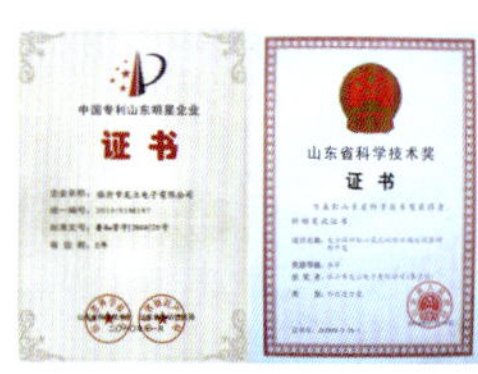

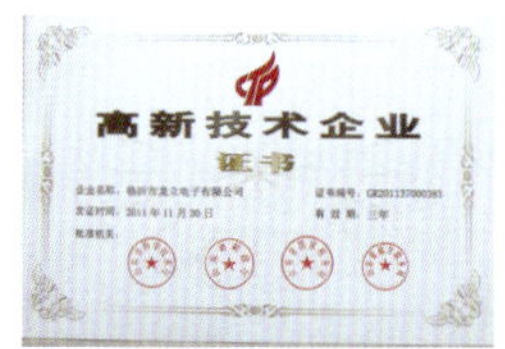

山东渔翁信息技术股份有限公司

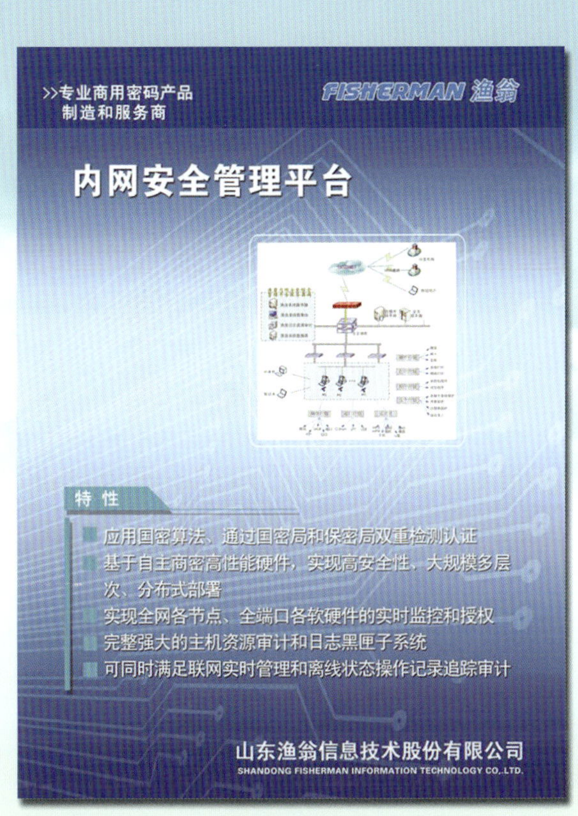

内网安全管理平台

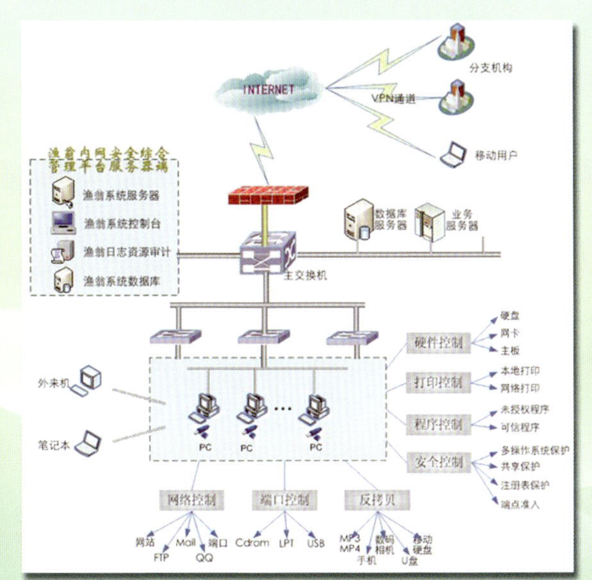

山东渔翁信息技术股份有限公司1998年正式成立，注册资本金1 020万元。公司专业从事计算机信息安全行业密码应用技术的研发、生产和销售，是目前国内拥有全系列密码产品的厂商之一。

山东渔翁是国家商用密码产品生产定点单位和商用密码产品销售许可单位；拥有工信部颁发的计算机信息系统集成资质和双软认证，是山东省科技厅认定高新技术企业；是山东省科学技术厅认定的山东省密码及其应用产品工程技术研究中心和山东省经信委认定的山东省软件工程技术中心，2011年公司通过ISO9001质量管理体系认证。

公司主要产品分为基础类产品、应用类产品、整体解决方案三大类，多项核心技术填补了国内空白，处于国内、国际先进水平。公司现有产品58项，其中42项产品申请了计算机软件著作权，15项产品申请了国家专利，取得专利授权11项，30款产品通过国家密码管理局鉴定并获得商用密码产品型号证书。主要产品有PCI密码卡、PCI-E高速密码卡、USB Key、加密服务器、CA认证中心、内网安全管理平台、加密U盘、文档安全保险柜系统、电子签章系统、高速VPN网关等系列产品。公司产品种类齐全，多项技术为国内首创，填补了国内空白，达到国际先进水平。已在国内政府、行业等多个领域获得了应用，取得了较好的经济效益和社会效益。

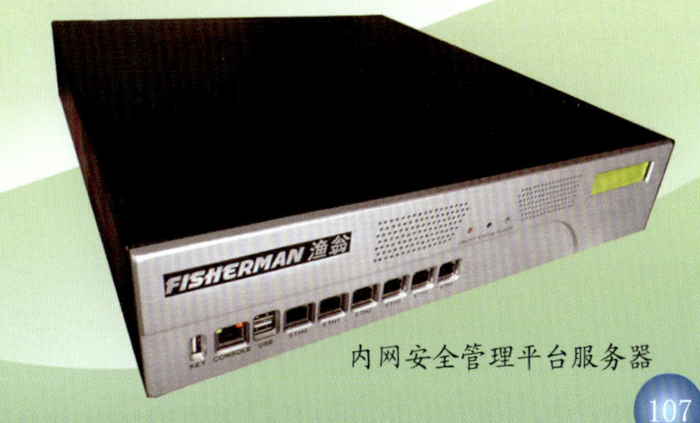

内网安全管理平台服务器

微山崔庄煤矿有限责任公司

公司董事长、党委书记、总经理 路明文

公司领导下井检查安全工作

2011年7月11日的崔庄煤矿

现代化变电所

● 矿井简介

微山崔庄煤矿有限责任公司是微山县一家国有独资股份公司，位于山东省微山县欢城镇境内，西靠京杭大运河，东邻京沪高速铁路，矿井井田面积约11.9km^2，其中陆地面积占1/3，湖区面积占2/3，1987年动工兴建，国家批准概算投资为1.58亿元，1998年正式建成投产。总的地质储量为1.6亿t，煤层厚度平均为8m，分两层开采，矿井服务年限42年，可采储量6 171.3万t。井田内煤质稳定，属中等程度的气煤和肥煤，可做良好的配焦用煤和动力用煤。公司现有员工3 197人，井下现设两个综合机械化采煤面，生产工艺先进、安全可靠，机械化程度高、劳动强度低。多次评为山东省安全程度评估AAA级矿井、安全质量标准化和双基建设矿井一级矿井，获山东省价格诚信单位、济宁市安全工作先进单位、微山县功勋企业等荣誉称号。

多年来，崔庄煤矿在县委、县政府的正确领导下，在各位领导及前辈和社会各界的关心支持下，在全体崔庄煤矿人的共同努力下，坚持走安全有保障、资源利用率高、生产环境优良、经济效益好、可持续发展的新型煤炭工业化道路，20年来，由一个设计年产45万t的小型矿井，逐步发展成为一个拥有年产120万t矿井，年吞吐量100万t的自备水运港口，年入洗能力100万t的正源洗选有限公司和微山湖湿地投资有限公司、多种经营分公司、鲁星矿山机械设备公司、星光蜡业有限公司、常熟煤炭销售公司等多家非煤产业，员工3 500多人，资产总额16亿多元，年销售收入10亿多元，年实现利税5亿多元的大型现代化煤炭企业，完成了由小到大的蜕变，经济效益、全员工效、安全生产等经济指标均名列山东省地方煤矿前列，成为微山县地方社会经济发展的重要力量。近年来，公司先后荣获山东省煤矿安全评估A级矿井、省“双基”建设先进矿井、省质量标准化建设一级矿井、济宁市“文明单位”、济宁市安全生产先进单位、微山县功勋企业等荣誉称号。

目前，崔庄煤矿保有资源储量13 197.9万t，保有可采、预可采储量5 059.9万t，按照核定生产能力120万t/a，剩余矿井服务年限30年。

2010年，崔庄矿安全生产原煤115万t，完成掘进进尺7 746m，在原煤价格下滑，产量较上年降低的情况下，创新经营管理，做到了减产不减效，实现了经济效益持续攀升，累计实现销售收入11.5亿元，实现利税5亿元，实现利润3.5亿元，创历史新高。

● 项目简介

“微山湖及松散含水层复合水体下近距离煤层安全开采研究”项目涉及工程地质、水文地质、采矿工程与安全工程等科学领域。

系统收集和分析了矿区与井田地质、开采、地表和湖堤移动变形等资料，采用理论分析、经验类比、数值模拟、物理模拟等手段，分析和计算近距离主采煤层开采产生的地表移动变形、土层内部变形与破坏、覆岩破坏高度和范围，阐明引发湖水下渗和松散层水砂突涌的可能性，提出湖下安全开采的技术措施。

重点在三采区33上01、33下01、33上02和33下02四个辅助工作面实施研究和覆岩破坏实测，建立了以工程地质为基础的大型地表水体和松散含水层复合水体下安全开采评价、决策的系统方法；综合研究了近距离厚煤层综放开采覆岩破坏高度的叠加效应，得出采放高度、煤层间距、覆岩性质等对叠加效应的影响；采用简化的格林菲思准则推导出开采沉陷地表黏土层最大裂缝深度公式；采用颗粒流数值模拟技术模拟了断层活化对松散层底部黏土层变形破坏的影响。最终保障安全采煤158万t，新增产值9.5亿元，取得了显著的经济效益。

建立的大型地表水体和松散含水层复合水体下安全开采评价、决策的系统方法，对类似问题具有普遍参考意义。对近距离厚煤层综放开采覆岩破坏高度的叠加效应，开采沉陷地表黏土层最大裂缝深度公式，以及采用颗粒流数值模拟技术模拟断层活化对松散层底部黏土层变形破坏的影响方面获得的认识对于深化相关科学问题的进一步研究具有科学价值。推广本成果于兖州、济宁等类似条件的矿区，将产生巨大的经济效益和社会效益。

2011-07-05 崔庄煤矿全景

迪沙药业集团

研究人员在进行样品质量检测

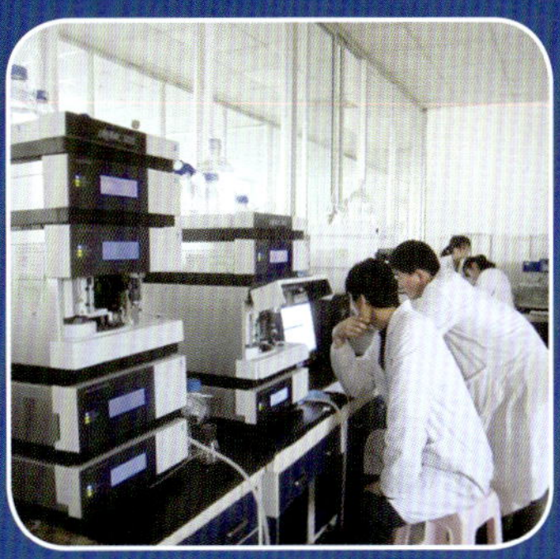
科研人员在进行方案讨论

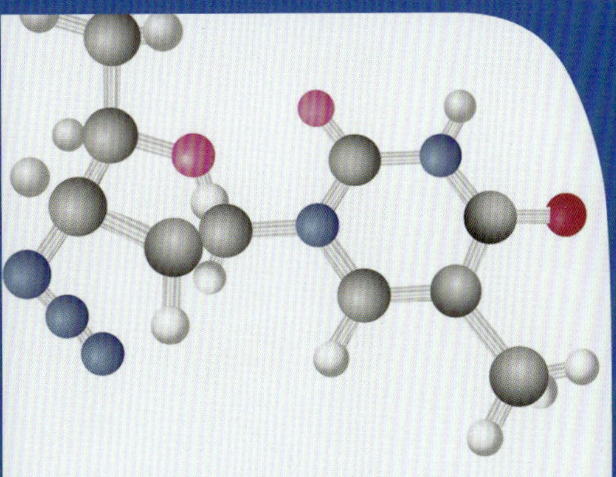

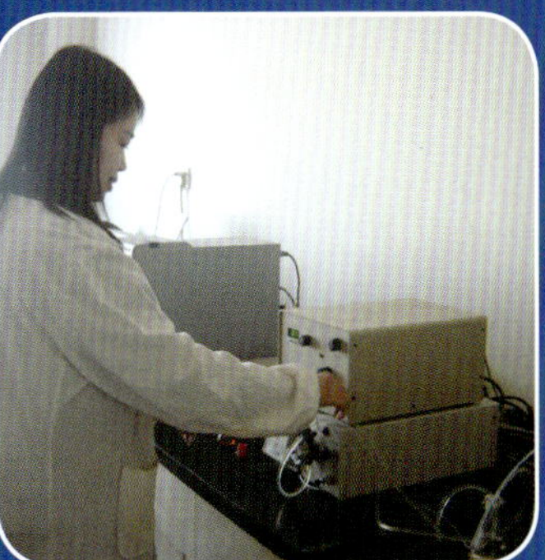
药品成分检测分析

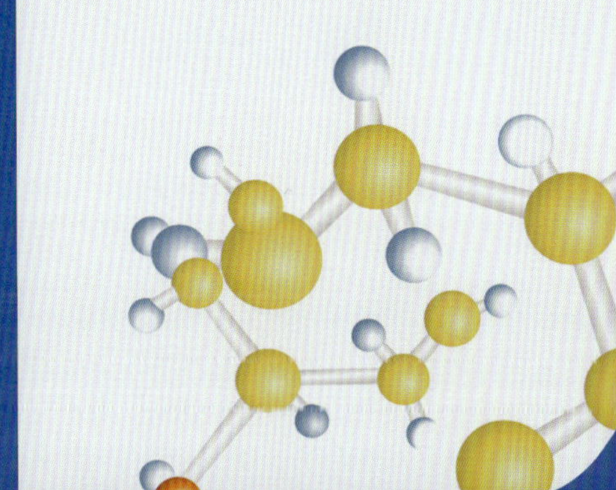

科研人员利用高效液相色谱仪分析药品样品组成成分

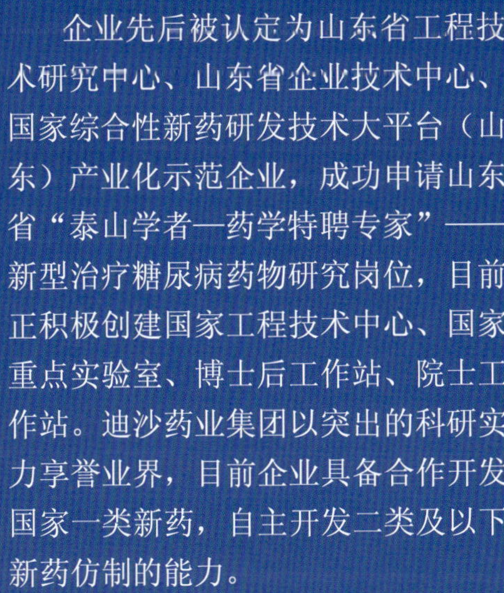

迪沙药业集团是国家级高新技术企业。作为中国医药工业百强，集团始终将“科研立本 创新先行”作为支撑企业发展的持续动力。

企业先后被认定为山东省工程技术研究中心、山东省企业技术中心、国家综合性新药研发技术大平台（山东）产业化示范企业，成功申请山东省“泰山学者—药学特聘专家”——新型治疗糖尿病药物研究岗位，目前正积极创建国家工程技术中心、国家重点实验室、博士后工作站、院士工作站。迪沙药业集团以突出的科研实力享誉业界，目前企业具备合作开发国家一类新药，自主开发二类及以下新药仿制的能力。

药品溶出度试验

科研人员在进行药品溶出度试验

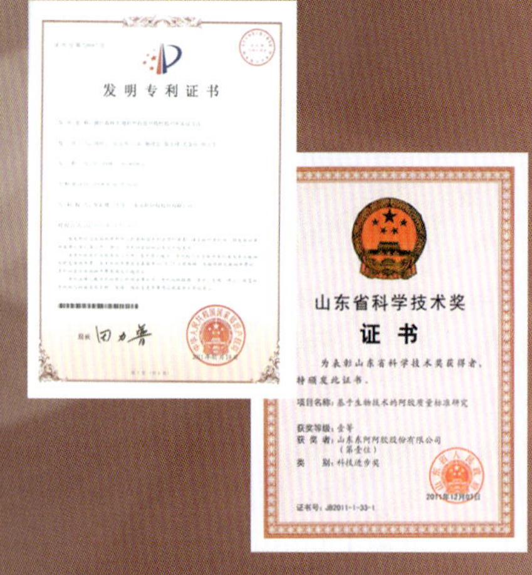

阿胶作为传统中药，已经在中药市场上占据了举足轻重的地位。鉴于目前市场上阿胶质量参差不齐，严重影响人民用药安全、有效的现状，该项目利用生物技术，对阿胶的质量标准加以补充和提高。首先，按国际认可的药品标准，补充完善阿胶的“农残、重金属及微量元素的检测分析”，保证用药安全；其次，为了保障药效，鉴别真伪，从胶原肽定量、特征DNA标签识别、特征肽识别多角度构筑阿胶史上具里程碑意义的鉴别方法体系。研究成果居国际先进水平。

该项目主要创新点如下：

1. 在世界上首次采用DNA指纹图谱建立了驴皮的DNA分子鉴定方法。解决了驴皮鉴别靠经验，不能准确客观鉴定驴皮的难题，该技术被《山东省中药材标准》收载。

2. 首次利用高拷贝基因组种属特异性SINE序列和卫星序列，建立了阿胶的DNA分子鉴定方法。

3. 借鉴明胶动物溯源技术，采用HPLC-MS分析找出驴、牛、猪等动物皮中的特征性多肽，并用于阿胶的真伪鉴别和质量控制。首次完成驴I型胶原蛋白质序列的测定与分析。

4. 模拟人体消化装置对阿胶进行了体外降解，并采用体外造血模型筛选，研究发现其补血活性物质。

5. 建立了羟脯氨酸、丙氨酸、甘氨酸、脯氨酸四种氨酸及铅、镉、汞、铜、砷五种重金属含量检测标准，并纳入《中国药典》2010年版。

申请国家发明专利6项，其中授权3项。基础研究在《Zeitschrift für Naturforschung C》《Journal of Food and Drug Analysis》《Chinese Journal of Analytical Chemistry》等学术刊物发表论文11篇，其中SCI收录5篇，EI收录1篇。

研究成果在阿胶行业内得到了广泛应用，为监管部门提供了技术支持，提高了全行业质量标准，维护广大消费者的切身利益，取得了显著的经济和社会效益。

山东东阿阿胶股份有限公司

许厂煤矿全景图

山东能源淄矿集团许厂煤矿

矿长　张玉军

许厂煤矿隶属于山东能源淄矿集团，是淄矿集团走出困境、实现经济扭亏增盈、完成第二次创业的救命工程。矿井自投产以来，始终坚持以科技管理创新为先导，积极推动“科技兴安”“科技兴煤”战略，加大科技基金投入，不断对制约矿井安全生产的提升、运输、供电等各大系统进行技术升级改造，矿井机械化、自动化、信息化水平不断提升，矿井自主创新能力、生产能力和劳动效率大大提高，经济效益连年攀升，企业的核心竞争力日益增强。

许厂煤矿以产学研项目实施及科技成果转化作为科技工作重点，以环保节能、绿色开采为切入点，重点开展了“建筑物下厚煤层膏体充填开采技术研究”“复杂条件下孤岛工作面安全开采技术研究”“矿井提升机液压制动系统可靠性设计以及监测系统的开发与应用”“矸石置换煤关键技术研究与应用”“铁路站场道岔群下开采沉陷治理及集约化生产技术研究”及“称重防作弊技术研究与应用”等课题，积极推广应用新技术、新工艺、新设备、新材料，实现了企业规模和经济效益的同步快速增长。截至2011年底，累计完成省级以上科技成果鉴定54项，申请国家专利37项，获国家发明专利6项、实用新型专利26项，获国家级科技成果奖励1项、省级科技成果奖励24项、市级科技成果奖励81项，被中国煤炭工业协会授予“2011年度煤炭工业科技创新示范矿”“2005年科技创新优秀矿井”及“2006年度科技创新型矿井”，被山东煤炭工业局授予“全省煤炭行业第四届十佳煤矿”等荣誉称号。

组织完成的“矿井提升机液压制动系统可靠性设计以及监测系统的开发与应用”荣获2011年国家第五届安全生产科技成果二等奖、山东省科技进步三等奖；“矸石充填置换煤关键技术研究与应用”荣获2008年国家科学技术进步二等奖、2007年中国煤炭工业科学技术进步一等奖。

荣誉证书

国家及省部级获奖证书

国家科技进步奖证书

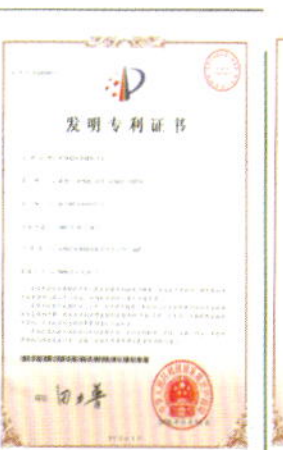

国家专利证书

威海三盾焊接材料工程有限公司

威海三盾焊接材料工程有限公司成立于1999年12月，是一家专门从事耐磨堆焊材料及制品研究、开发、生产、经营的高新技术企业。公司自创立之日起就确立了“科技创新，诚信为本”的经营理念，多年来始终把自主创新工作放在首要位置，以科技求生存，以创新求发展，目前已经发展成为国内规模最大、品种最全的耐磨堆焊材料及制品生产企业。

公司拥有1个省级工程技术研究中心和1个市级技术开发中心，并与哈尔滨工业大学、山东大学、北京钢铁研究总院等科研院校建立了长期的合作关系。公司共计获得国家专利授权18项，其中发明专利8项；获省级科技奖2项，市级科技奖5项；承担省级以上科研项目16项；通过省级鉴定的科技成果6项，备案企业标准7项。公司通过了ISO9001∶2000质量体系认证，并被评为威海市自主创新先进企业、山东省诚信企业和中国专利山东明星企业。

山东科大微机应用研究所有限公司

山东科大微机应用研究所有限公司1996年成立，属国家高新技术企业，集科、工、贸为一体，主要从事拖拉机、汽车检测设备的研发、生产和销售。持有国家技术监督局颁发的制造计量器具许可证，是国家信息产业部认定的软件产品企业。近几年多次承担过国家农业部、交通部、解放军总装备部等拖拉机、汽车检测项目的研发。

山东科大公司现有员工130人，拥有7 000m^{2}现代化机械加工车间，5 000m^{2}的科研办公大楼。现主要产品有：移动式、固定式（平板、搓板）农机检测线，滚筒式农机检测线，移动式、固定式农机桩考仪，农机、汽车检测设备，农机无纸化理科考试系统，农机事故现场勘查处理设备，农机事故勘查绘图软件，移动式农机检测车，农机驾驶人考试车，农机事故现场勘查车，汽车综合性能检测线，汽车安全性能检测线，汽车二级维护检测线，汽车环保检测线，等产品。主要生产设备有：车床、铣床、刨床、折弯机床、剪板机床、喷漆、烤漆设备、动力平衡机、钻床、计算机等大型设备。

产品优势突出

山东科大经过多年的发展，产品已占领全国一定的市场份额，在全国已建、在建和改造的检测线已近800余条，遍布全国各省市。同时也形成了一支经过实践锻炼的安装、调试、维修的技术队伍，拥有丰富的经验，对设备的安装、调试、培训得心应手，能迅速处理突发和怪异故障，是及时解决客户问题的保障；公司发展至今，已有足够的自主产业，雄厚的财力和充足的备品备件库存，是保证产品质量和售后服务质量的优越条件。

山东科大是同行业中为数不多的既生产检测设备机械台体又生产微机电控系统的企业之一。这不仅是一个公司实力的体现，更主要的是能充分保证为用户更好的服务。比如：便于微机系统联网及针对不同需求的修改，由我公司统一安排台体机械部分和控制仪表部分的安装调试时间表，能确保工期，便于统一的售后服务。这是我们的产品结构优势所在。可根据用户的要求，随时修改微机控制系统软件（程序）。

ISO9001：2000质量体系保证

山东科大自建立以来，便以创新求发展，以质量求生存，不断的开发新产品，完善产品技术，在产品的产、销、售后服务及公司内部的质量管理中严格贯彻执行ISO9001质量认证体系。

公司设有科研开发部、销售部、售后服务部、生产部、质检部、物流部、后勤部、资料室；还有专门的用户档案室，保存了自科大公司成立以来所有用户档案，包括用户的名称、联系方式、所购设备的名称、主要部件技术参数、产品出厂检验单、设备的安装调试验收单、所有出厂资料的光盘备份、维修记录等均有详细记录，为更好的服务于用户提供了依据和保障。